三国志
魏书

[西晋] 陈寿 撰

[南朝宋] 裴松之 注

陕西新华出版 三秦出版社

果麦文化 出品

出版说明

本版《三国志》，以清乾隆武英殿本为底本，参校日本宫内厅藏南宋刊本、百衲本、卢弼《三国志集解》及后代诸校本。异体字除人名中保留，行文中皆从正体；古今字、通假字，一从底本。

裴松之原注卷帙浩繁，本版去粗取精，使之精简而周。并附裴松之《上三国志注表》于卷末。

目录

二十一卷
魏书二十一｜王卫二刘傅传

一卷 魏书 一

武帝纪 ｜ 武帝操

○武帝操

太祖武皇帝，沛国谯人也，姓曹，讳操，字孟德，汉相国参之后。《曹瞒传》曰：太祖一名吉利，小字阿瞒。桓帝世，曹腾为中常侍、大长秋，封费亭侯。养子嵩嗣，官至太尉，莫能审其生出本末。嵩生太祖。太祖少机警，有权数，而任侠放荡，不治行业，故世人未之奇也；《曹瞒传》云：太祖少好飞鹰走狗，游荡无度，其叔父数言之于嵩。太祖患之，后逢叔父于路，乃阳败面喁口；叔父怪而问其故，太祖曰："卒中恶风。"叔父以告嵩。嵩惊愕，呼太祖，太祖口貌如故。嵩问曰："叔父言汝中风，已差乎？"太祖曰："初不中风，但失爱于叔父，故见罔耳。"嵩乃疑焉。自后叔父有所告，嵩终不复信，太祖于是益得肆意矣。惟梁国桥玄、南阳何颙异焉。玄谓太祖曰："天下将乱，非命世之才不能济也，能安之者，其在君乎！"孙盛《异同杂语》云：太祖尝私入中常侍张让室，让觉之；乃舞手戟于庭，逾垣而出。才武绝人，莫之能害。博览群书，特好兵法，抄集诸家兵法，名曰《接要》，又注《孙武》十三篇，皆传于世。尝问许子将："我何如人？"子将不答。固问之，子将曰："子治世之能臣，乱世之奸雄。"太祖大笑。年二十，举孝廉为郎，除洛阳北部尉，迁顿丘令，征拜议郎。

光和末，黄巾起。拜骑都尉，讨颍川贼。迁为济南相，国有十余县，长吏多阿附贵戚，赃污狼藉，于是奏免其八九；禁断淫祀，奸宄逃窜，郡界肃然。久之，征还为东郡太守；不就，称疾归乡里。《魏书》曰：于是权臣专朝，贵戚横恣。太祖不能违道取容。数数干忤，恐为家祸，遂乞留宿卫。拜议郎，常托疾病，辄告归乡里；筑室城外，春夏习读书传，秋冬弋猎，以自娱乐。顷之，冀州刺史王芬、南阳许攸、沛国周旌等连结豪杰，谋废灵帝，立合肥侯，以告太祖。太祖拒之，芬等遂败。司马彪《九州春秋》曰：于是陈蕃子逸与术士平原襄楷会于芬坐，楷曰："天文不利宦者，黄门、常侍真族灭矣。"逸喜。芬曰："若然者，芬愿驱除。"于是与攸等结谋。灵帝欲北巡河间旧宅，芬等谋因此作难，上书言黑山贼攻劫郡县，求得起兵。会北方有赤气，东西竟天，太史上言"当有阴谋，不宜北行"，帝乃止。敕芬罢兵，俄而征之。芬惧，自杀。

金城边章、韩遂杀刺史郡守以叛，众十余万，天下骚动。征太祖为典军校尉。会灵帝崩，太子即位，太后临朝。大将军何进与袁绍谋诛宦官，太后不听。进乃召董卓，欲以胁太后，《魏书》曰：太祖闻而笑之曰："阉竖之官，古今宜有，但世主不当假之权宠，使至于此。既治其罪，当诛元恶，一狱吏足矣，何必纷纷召外将乎？欲尽诛之，事必宣露，吾见其败也。"卓未至而进见杀。卓到，废帝为弘农王而立献帝，京都大乱。卓表太祖为骁骑校尉，欲与计事。太祖乃变易姓名，间行东归。《魏书》曰：太祖以卓终必覆败，遂不就拜，逃归乡里。从数骑过故人成皋吕伯奢；伯奢不在，其子与宾客共劫太祖，取马及物，太祖手刃击杀数人。｜《世语》曰：太祖过伯奢。伯奢出行，五子皆在，备宾主礼。太祖自以背卓命，疑其图己，手剑夜杀八人而去。｜孙盛《杂记》曰：太祖闻其食器声，以为图己，遂夜杀之。既而凄怆曰："宁我负人，毋人负我！"遂行。出关，过中牟，为亭长所疑，执诣县，邑中或窃识之，为请得解。卓遂杀太后及弘农王。太祖至陈留，散家财，合义兵，将以诛卓。冬十二月，始起兵于己吾，是岁中平六年也。

初平元年春正月，后将军袁术、冀州牧韩馥、《英雄记》曰：馥字文节，颍川人。为御史中丞。董卓举为冀州牧。于时冀州民人殷盛，兵粮优足。袁绍之在渤海，馥恐其兴兵，遣数部从事守之，不得动摇。东郡太守桥瑁诈作京师三公移书与州郡，陈卓罪恶，云："见逼迫，无以自救，企望义兵，解国患难。"馥得移，请诸从事问曰："今当助袁氏邪，助董卓邪？"治中从事刘子惠曰："今兴兵为国，何谓袁、董！"馥自知言短而有惭色。子惠复言："兵者凶事，不可为首；今宜往视他州，有发动者，然后和之。冀州于他州不为弱也，他人功未有在冀州之右者也。"馥然之。馥乃作书与绍，道卓之恶，听其举兵。豫州刺史孔伷、《英雄记》曰：伷字公绪，陈留人。｜张璠《汉纪》载郑泰说卓云："孔公绪能清谈高论，嘘枯吹生。"兖州刺史刘岱、岱，刘繇之兄。事见《吴志》。河内太守王匡、《英雄记》曰：匡字公节，泰山人。轻财好施，以任侠闻。辟大将军何进府进符使，匡于徐州发强弩五百西诣京师。会进败，匡还乡里。起家，拜河内太守。渤海太守袁绍、陈留太守张邈、东郡太守桥瑁、《英雄记》曰：瑁字元伟，玄族子。先为兖州刺史，甚有威惠。山阳太守袁遗、遗字伯业，绍从兄，为长安令。河间张超尝荐遗于太尉朱儁，称遗"有冠世之懿，干时之量。其忠允亮直，固天所纵；若乃包罗载籍，管综百氏，登高能赋，睹物知名，求之今日，邈焉靡俦"。济北相鲍信信事见子勋传。同时俱起兵，众各数万，推绍为盟主，太祖行奋武将军。

二月，卓闻兵起，乃徙天子都长安。卓留屯洛阳，遂焚宫室。是时绍屯河内，邈、岱、瑁、遗屯酸枣，术屯南阳，伷屯颍川，馥在邺。卓兵强，绍等莫敢先进。太祖曰："举义兵以诛暴乱，大众已合，诸君何疑？向使董卓闻山东兵起，倚王室之重，据二周之险，东向以临天下；虽以无道行之，犹足为患。今焚烧宫室，劫迁天子，海内震动，不知所归，此天亡之时也。一战而天下定矣，不可失也。"遂引兵西，将据成皋，邈遣将卫兹分兵随太祖。到荥阳汴水，遇卓将徐荣，与战不利，士卒死伤甚多。太祖为流矢所中，所乘马被创，从弟洪以马与太祖，得夜遁去。荣见太祖所将兵少，力战尽日，谓酸枣未易攻也，亦引兵还。太祖到酸枣，诸军兵十余万，日置酒高会，不图进取。太祖责让之，因为谋曰："诸君听吾计，使渤海引河内之众临孟津，酸枣诸将守成皋，据敖仓，塞轘辕、太谷，全制其险；使袁将军率南阳之军军丹、析，入武关，以震三辅：皆高垒深壁，勿与战，益为疑兵，示天下形势，以顺诛逆，可立定也。今兵以义动，持疑而不进，失天下之望，窃为诸君耻之！"邈等不能用。

太祖兵少，乃与夏侯惇等诣扬州募兵，刺史陈温、丹阳太守周昕与兵四千余人。还到龙亢，士卒多叛。《魏书》曰：兵谋叛，夜烧太祖帐，太祖手剑杀数十人，余皆披靡，乃得出营；其不叛者五百余人。至铚、建平，复收兵得千余人，进屯河内。刘岱与桥瑁相恶，岱杀瑁，以王肱领东郡太守。袁绍与韩馥谋立幽州牧刘虞为帝，太祖拒之。绍又尝得一玉印，于太祖坐中举向其肘，太祖由是笑而恶焉。《魏书》曰：太祖大笑曰："吾不听汝也。"绍复使人说太祖曰："今袁公势盛兵强，二子已长，天下群英，孰逾于此？"太祖不应。由是益不直绍，图诛灭之。

二年春，绍、馥遂立虞为帝，虞终不敢当。夏四月，卓还长安。秋七月，袁绍胁韩馥，取冀州。黑山贼于毒、白绕、眭固等十余万众略魏郡、东郡，王肱不能御，太祖引兵入东郡，击白绕于濮阳，破之。袁绍因表太祖为东郡太守，治东武阳。

三年春，太祖军顿丘，毒等攻东武阳。太祖乃引兵西入山，攻毒等本屯。《魏书》曰：诸将皆以为当还自救。太祖曰："孙膑救赵而攻魏，耿弇欲走西安攻临菑。使贼闻我西而还，武阳自解也；不还，我能败其本屯，虏不能拔武阳必矣。"遂乃行。毒闻之，弃武阳还。太祖要击睢固，又击匈奴於夫罗于内黄，皆大破之。《魏书》曰：於夫罗者，南单于子也。中平中，发匈奴兵，於夫罗率以助汉。会本国反，杀南单于，於夫罗遂将其众留中国。因天下挠乱，与西河白波贼合，破太原、河内，抄略诸郡为寇。夏四月，司徒王允与吕布共杀卓。卓将李傕、郭汜等杀允攻布，布败，东出武关。傕等擅朝政。

青州黄巾众百万入兖州，杀任城相郑遂，转入东平。刘岱欲击之，鲍信谏曰："今贼众百万，百姓皆震恐，士卒无斗志，不可敌也。观贼众群辈相随，军无辎重，唯以钞略为资，今不若畜士众之力，先为固守。彼欲战不得，攻又不能，其势必离散，后选精锐，据其要害，击之可破也。"岱不从，遂与战，果为所杀。信乃与州吏万潜等至东郡迎太祖领兖州牧。遂进兵击黄巾于寿张东。信力战斗死，仅而破之。购求信丧不得，众乃刻木如信形状，祭而哭焉。追黄巾至济北。乞降。冬，受降卒三十余万，男女百余万口，收其精锐者，号为青州兵。

袁术与绍有隙，术求援于公孙瓒，瓒使刘备屯高唐，单经屯平原，陶谦屯发干，以逼绍。太祖与绍会击，皆破之。

四年春，军鄄城。荆州牧刘表断术粮道，术引军入陈留，屯封丘，黑山余贼及於夫罗等佐之。术使将刘详屯匡亭。太祖击详，术救之，与战，大破之。术退保封丘，遂围之，未合，术走襄邑，追到太寿，决渠水灌城。走宁陵，又追之，走九江。夏，太祖还军定陶。下邳阙宣聚众数千人，自称天子；徐州牧陶谦与共举兵，取泰山华、费，略任城。秋，太祖征陶谦，下十余城，谦守城不敢出。是岁，孙策受袁术使渡江，数年间遂有江东。

兴平元年春，太祖自徐州还，初，太祖父嵩去官后还谯，董卓之乱，避难琅邪，为陶谦所害，故太祖志在复仇东伐。《世语》曰：嵩在泰山华县。太祖令泰山太守应劭送家诣兖州，劭兵未至，陶谦密遣数千骑掩捕。嵩家以为劭迎，不设备。谦兵至，杀太祖弟德于门中。嵩惧，穿后垣，先出其妾，妾肥，不时得出；嵩逃于厕，与妾俱被害，阖门皆死。劭惧，弃官赴袁绍。后太祖定冀州，劭时已死。｜韦曜《吴书》曰：太祖迎嵩，辎重百余两。陶谦遣都尉张闿将骑二百卫送，闿于泰山华、费间杀嵩，取财物，因奔淮南。太祖归咎于陶谦，故伐之。夏，使荀彧、程昱守鄄城，复征陶谦，拔五城，遂略地至东海。还过郯，谦将曹豹与刘备屯郯东，要太祖。太祖击破之，遂攻拔襄贲，所过多所残戮。会张邈与陈宫叛迎吕布，郡县皆应。荀彧、程昱保鄄城，范、东阿二县固守，太祖乃引军还。布到，攻鄄城不能下，西屯濮阳。太祖曰："布一旦得一州，不能据东平，断亢父、泰山之道，乘险要我，而乃屯濮阳，吾知其无能为也。"遂进军攻之。布出兵战，先以骑犯青州兵。青州兵奔，太祖阵乱，驰突火出，坠马，烧左手掌。司马楼异扶太祖上马，遂引去。袁暐《献帝春秋》曰：太祖围濮阳，濮阳大姓田氏为反间，太祖得入城。烧其东门，示无反意。及战，军败。布骑得太祖而不知是，问曰："曹操何在？"太祖曰："乘黄马走者是也。"布骑乃释太祖而追黄马者。门火犹盛，太祖突火而出。未至营止，诸将未与太祖相见，皆怖。太祖乃自力劳军，令军中促为攻具，进复攻之。与布相守百余日，蝗虫起，百姓大饿，布粮食亦尽，各引去。

秋九月，太祖还鄄城。布到乘氏，为其县人李进所破，东屯山阳。于是绍使人说太祖，欲连和。太祖新失兖州，军食尽，将许之。程昱止太祖，太祖从之。冬十月，太祖至东阿。是岁谷一斛五十余万钱，人相食，乃罢吏兵新募者。陶谦死，刘备代之。

二年春，袭定陶。济阴太守吴资保南城，未拔。会吕布至，又击破之。夏，布将薛兰、李封屯钜野，太祖攻之，布救兰，兰败，布走，遂斩兰等。布复从东缗与陈宫将万余人来战。时太祖兵少，设伏，纵奇兵击，大破之。《魏书》曰：于是兵皆出取麦，在者不能千人，屯营不固。太祖乃令妇人守陴，悉兵拒之。屯西有大堤，其南树木幽深。布疑有伏，乃相谓曰："曹操多谲，勿入伏中。"引军屯南十余里。明日复来，太祖隐兵堤里，出半兵堤外。布益进，乃令轻兵挑战，既合，伏兵乃悉乘堤，步骑并进，大破之，获其鼓车，追至其营而还。布夜走，太祖复攻，拔定陶，分兵平诸县。布东奔刘备，张邈从布，使其弟超将家属保雍丘。秋八月，围雍丘。冬十月，天子拜太祖兖州牧。十二月，雍丘溃，超自杀。夷邈三族。邈诣袁术请救，为其众所杀，兖州平，遂东略陈地。是岁，长安乱，天子东迁，败于曹阳，渡河幸安邑。

建安元年春正月，太祖军临武平，袁术所置陈相袁嗣降。太祖将迎天子，诸将或疑，荀彧、程昱劝之。乃遣曹洪将兵西迎，卫将军董承与袁术将苌奴拒险，洪不得进。汝南、颍川黄巾何仪、刘辟、黄邵、何曼等，众各数万，初应袁术，又附孙坚。二月，太祖进军讨破之，斩辟、邵等，仪及其众皆降。天子拜太祖建德将军。夏六月，迁镇东将军，封费亭侯。秋七月，杨奉、韩暹以天子还洛阳，奉别屯梁。太祖遂至洛阳，卫京都，暹遁走。天子假太祖节钺，录尚书事。洛阳残破，董昭等劝太祖都许。九月，车驾出轘辕而东，以太祖为大将军，封武平侯。自天子西迁，朝廷日乱，至是宗庙社稷制度始立。张璠《汉纪》曰：初，天子败于曹阳，欲浮河东下。侍中太史令王立曰："自去春太白犯镇星于牛斗，过天津，荧惑又逆行守北河，不可犯也。"由是天子遂不北渡河，将自轵关东出。立又谓宗正刘艾曰："前太白守天关，与荧惑会；金火交会，革命之象也。汉祚终矣，晋、魏必有兴者。"立后数言于帝曰："天命有去就，五行不常盛，代火者土也，承汉者魏也，能安天下者，曹姓也，唯委任曹氏而已。"公闻之，使人语立曰："知公忠于朝廷，然天道深远，幸勿多言。"

天子之东也，奉自梁欲要之，不及。冬十月，公征奉，奉南奔袁术，遂攻其梁屯，拔之。于是以袁绍为太尉，绍耻班在公下，不肯受。公乃固辞，以大将军让绍。天子拜公司空，行车骑将军。是岁用枣祗、韩浩等议，始兴屯田。《魏书》曰：自遭荒乱，率乏粮谷。诸军并起，无终岁之计，饥则寇略，饱则弃余，瓦解流离，无敌自破者不可胜数。袁绍之在河北，军人仰食桑椹。袁术在江、淮，取给蒲蠃。民人相食，州里萧条。公曰："夫定国之术，在于强兵足食，秦人以急农兼天下，孝武以屯田定西域，此先代之良式也。"是岁乃募民屯田许下，得谷百万斛。

吕布袭刘备，取下邳。备来奔。程昱说公曰："观刘备有雄才而甚得众心，终不为人下，不如早图之。"公曰："方今收英雄时也，杀一人而失天下之心，不可。"

张济自关中走南阳。济死，从子绣领其众。

二年春正月，公到宛。张绣降，既而悔之，复反。公与战，军败，为流矢所中，长子昂、弟子安民遇害。《魏书》曰：公所乘马名绝影，为流矢所中，伤颊及足，并中公右臂。｜《世语》曰：昂不能骑，进马于公，公故免，而昂遇害。公乃引兵还舞阴，绣将骑来钞，公击破之。绣奔穰，与刘表合。公谓诸将曰："吾降张绣等，失不便取其质，以至于此。吾知所以败。诸卿观之，自今已后不复败矣。"遂还许。《世语》曰：旧制，三公领兵入见，皆交戟叉颈而前。初，公将讨张绣，入觐天子，时始复此制。公自此不复朝见。

袁术欲称帝于淮南，使人告吕布。布收其使，上其书。术怒，攻布，为布所破。秋九月，术侵陈，公东征之。术闻公自来，弃军走，留其将桥蕤、李丰、梁纲、乐就；公到，击破蕤等，皆斩之。术走渡淮。

公还许。公之自舞阴还也，南阳、章陵诸县复叛为绣，公遣曹洪击之，不利，还屯叶，数为绣、表所侵。冬十一月，公自南征，至宛。《魏书》曰：临清水，祠亡将士，歔欷流涕，众皆感恸。表将邓济据湖阳。攻拔之，生禽济，湖阳降。攻舞阴，下之。

三年春正月，公还许，初置军师祭酒。三月，公围张绣于穰。夏五月，刘表遣兵救绣，以绝军后。《献帝春秋》曰：袁绍叛卒诣公云："田丰使绍早袭许，若挟天子以令诸侯，四海可指麾而定。"公乃解绣围。公将引还，绣兵来追，公军不得进，连营稍前。公与荀彧书曰："贼来追吾，虽日行数里，吾策之，到安众，破绣必矣。"到安众，绣与表兵合守险，公军前后受敌。公乃夜凿险为地道，悉过辎重，设奇兵。会明，贼谓公为遁也，悉军来追。乃纵奇兵步骑夹攻，大破之。

秋七月，公还许。荀彧问公："前以策贼必破，何也？"公曰："虏遏吾归师，而与吾死地战，吾是以知胜矣。"吕布复为袁术使高顺攻刘备，公遣夏侯惇救之，不利。备为顺所败。九月，公东征布。冬十月，屠彭城，获其相侯谐。进至下邳，布自将骑逆击。大破之，获其骁将成廉。追至城下，布恐，欲降。陈宫等沮其计，求救于术，劝布出战，战又败，乃还固守，攻之不下。

时公连战，士卒罢，欲还，用荀攸、郭嘉计，遂决泗、沂水以灌城。月余，布将宋宪、魏续等执陈宫，举城降，生禽布、宫，皆杀之。太山臧霸、孙观、吴敦、尹礼、昌豨各聚众。布之破刘备也，霸等悉从布。布败，获霸等，公厚纳待，遂割青、徐二州附于海以委焉，分琅邪、东海、北海为城阳、利城、昌虑郡。初，公为兖州，以东平毕谌为别驾。张邈之叛也，邈劫谌母弟妻子；公谢遣之，曰："卿老母在彼，可去。"谌顿首无二心，公嘉之，为之流涕。既出，遂亡归。及布破，谌生得，众为谌惧，公曰："夫人孝于其亲者，岂不亦忠于君乎！吾所求也。"以为鲁相。《魏书》曰：袁绍宿与故太尉杨彪、大长秋梁绍、少府孔融有隙，欲使公以他过诛之。公曰："当今天下土崩瓦解，雄豪并起，辅相君长，人怀快快，各有自为之心，此上下相疑之秋也，虽以无嫌待之，犹惧未信；如有所除，则谁不自危？且夫起布衣，在尘垢之间，为庸人之所陵蹈，可胜怨乎！高祖赦雍齿之仇而群情以安，如何忘之？"绍以为公外托公义，内实离异，深怀怨望。

四年春二月，公还至昌邑。张杨将杨丑杀杨，眭固又杀丑，以其众属袁绍，屯射犬。夏四月，进军临河，使史涣、曹仁渡河击之。固使杨故长史薛洪、河内太守缪尚留守，自将兵北迎绍求救，与涣、仁相遇犬城。交战，大破之，斩固。公遂济河，围射犬。洪、尚率众降，封为列侯，还军敖仓。以魏种为河内太守，属以河北事。初，公举种孝廉。兖州叛，公曰："唯魏种且不弃孤也。"及闻种走，公怒曰："种不南走越、北走胡，不置汝也！"既下射犬，生禽种，公曰："唯其才也！"释其缚而用之。

是时袁绍既并公孙瓒，兼四州之地，众十余万，将进军攻许，诸将以为不可敌，公曰："吾知绍之为人，志大而智小，色厉而胆薄，忌克而少威，兵多而分画不明，将骄而政令不一，土地虽广，粮食虽丰，适足以为吾奉也。"秋八月，公进军黎阳，使臧霸等入青州破齐、北海、东安，留于禁屯河上。九月，公还许，分兵守官渡。冬十一月，张绣率众降，封列侯。十二月，公军官渡。袁术自败于陈，稍困，袁谭自青州遣迎。术欲从下邳北过，公遣刘备、朱灵要之。会术病死。程昱、郭嘉闻公遣备，言于公曰："刘备不可纵。"公悔，追之不及。备之未东也，阴与董承等谋反，至下邳，遂杀徐州刺史车胄，举兵屯沛。遣刘岱、王忠击之，不克。《献帝春秋》曰：备谓岱等曰："使汝百人来，其无如我何；曹公自来，未可知耳！" |《魏略》曰：王忠，扶风人，

少为亭长。三辅乱，忠饥乏啖人，随辈南向武关。值娄子伯为荆州遣迎北方客人；忠不欲去，因率等件逆击之，夺其兵，聚众千余人以归公。拜忠中郎将，从征讨。五官将知忠尝啖人，因从驾出行，令俳取冢间髑髅系著忠马鞍，以为欢笑。庐江太守刘勋率众降，封为列侯。

五年春正月，董承等谋泄，皆伏诛。公将自东征备，诸将皆曰："与公争天下者，袁绍也。今绍方来而弃之东，绍乘人后，若何？"公曰："夫刘备，人杰也，今不击，必为后患。袁绍虽有大志，而见事迟，必不动也。"郭嘉亦劝公，遂东击备，破之，生禽其将夏侯博。备走奔绍，获其妻子。备将关羽屯下邳，复进攻之，羽降。昌豨叛为备，又攻破之。

公还官渡，绍卒不出。二月，绍遣郭图、淳于琼、颜良攻东郡太守刘延于白马，绍引兵至黎阳，将渡河。夏四月，公北救延。荀攸说公曰："今兵少不敌，分其势乃可。公到延津，若将渡兵向其后者，绍必西应之，然后轻兵袭白马，掩其不备，颜良可禽也。"公从之。绍闻兵渡，即分兵西应之。公乃引军兼行趣白马，未至十余里，良大惊，来逆战。使张辽、关羽前登，击破，斩良。遂解白马围，徙其民，循河而西。绍于是渡河追公军，至延津南。公勒兵驻营南阪下，使登垒望之，曰："可五六百骑。"有顷，复白："骑稍多，步兵不可胜数。"公曰："勿复白。"乃令骑解鞍放马。是时，白马辎重就道。诸将以为敌骑多，不如还保营。荀攸曰："此所以饵敌，如何去之！"绍骑将文丑与刘备将五六千骑前后至。诸将复白："可上马。"公曰："未也。"有顷，骑至稍多，或分趣辎重。公曰："可矣。"乃皆上马。时骑不满六百，遂纵兵击，大破之，斩丑。良、丑皆绍名将也，再战，悉禽，绍军大震。公还军官渡。绍进保阳武。关羽亡归刘备。八月，绍连营稍前，依沙堆为屯，东西数十里。公亦分营与相当，合战不利。习凿齿《汉晋春秋》

曰：许攸说绍曰："公无与操相攻也。急分诸军持之，而径从他道迎天子，则事立济矣。"绍不从，曰："吾要当先围取之。"攸怒。

时公兵不满万，伤者十二三。臣松之以为魏武初起兵，已有众五千，自后百战百胜，败者十二三而已矣。但一破黄巾，受降卒三十余万，余所吞并，不可悉纪；虽征战损伤，未应如此之少也。夫结营相守，异于摧锋决战。《本纪》云："绍众十余万，屯营东西数十里。"魏太祖虽机变无方，略不世出，安有以数千之兵，而得逾时相抗者哉？以理而言，窃谓不然。绍为屯数十里，公能分营与相当，此兵不得甚少，一也。绍若有十倍之众，理应当悉力围守，使出入断绝，而公使徐晃等击其运车，公又自出击淳于琼等，扬旌往还，曾无抵阂，明绍力不能制，是不得甚少，二也。诸书皆云公坑绍众八万，或云七万。夫八万人奔散，非八千人所能缚，而绍之大众皆拱手就戮，何缘力能制之？是不得甚少，三也。将记述者欲以少见奇，非其实录也。按《钟繇传》云："公与绍相持，繇为司隶，送马二千余匹以给军。"《本纪》及《世语》并云公时有骑六百余匹，繇马为安在哉？绍复进临官渡，起土山地道。公亦于内作之，以相应。绍射营中，矢如雨下，行者皆蒙楯，众大惧。时公粮少，与荀彧书，议欲还许。彧以为："绍悉众聚官渡，欲与公决胜败。公以至弱当至强，若不能制，必为所乘，是天下之大机也。且绍，布衣之雄耳，能聚人而不能用。夫以公之神武明哲而辅以大顺，何向而不济！"公从之。

孙策闻公与绍相持，乃谋袭许，未发，为刺客所杀。汝南降贼刘辟等叛应绍，略许下。绍使刘备助辟，公使曹仁击破之。备走，遂破辟屯。袁绍运谷车数千乘至，公用荀攸计，遣徐晃、史涣邀击，大破之，尽烧其车。公与绍相拒连月，虽比战斩将，然众少粮尽，士卒疲乏。公谓运者曰："却十五日为汝破绍，不复劳汝矣。"冬十月，绍遣车运谷，使淳于琼等五人将兵万余人逆之，宿绍营北四十里。绍谋臣许攸贪财，绍不能足，来奔，因说公击琼等。左右疑之，荀攸、贾诩劝公。公乃留曹洪守，自将步骑五千人夜往，会明至。琼等望见公兵少，出阵门外。公急击之，琼退保营，遂攻之。绍遣骑救琼。左右或言"贼骑稍近，请分兵拒之"。公怒曰："贼在背后，乃白！"士卒皆殊死战，大破琼等，皆斩之。《曹瞒传》曰：公闻攸来，跣出迎之，抚掌笑曰："子卿远来，吾事济矣！"既入坐，谓公曰："袁氏军盛，何以待之？今有几粮乎？"公曰："尚可支一岁。"攸曰："无是，更言之！"又曰："可支半岁。"攸曰："足下不欲破袁氏邪，何言之不实也！"公曰："向言戏之耳。其实可一月，为之奈何？"攸曰："公孤军独守，外无救援而粮谷已尽，此危急之日也。今袁氏辎重有万余乘，在故市、乌巢，屯军无严备；今以轻兵袭之，不意而至，燔其积聚，不过三日，袁氏自败也。"公大喜，乃选精锐步骑，皆用袁军旗帜，衔枚缚马口，夜从间道出，人抱束薪。所历道有问者，语之曰："袁公恐曹操钞略后军，遣兵以益备。"闻者信以为然，皆自若。既至，围屯，大放火，营中惊乱。大破之，尽燔其粮谷宝货，斩督将眭元进、骑督韩莒子、吕威璜、赵叡等首，割得将军淳于仲简鼻，未死，杀士卒千余人，皆取鼻，牛马割唇舌，以示绍军。将士皆怛惧。时有夜得仲简，将以诣麾下，公谓曰："何为如是？"仲简曰："胜负自天，何用为问乎！"公意欲不杀。许攸曰："明旦鉴于镜，此益不忘人。"乃杀之。

绍初闻公之击琼，谓长子谭曰："就彼攻琼等，吾攻拔其营，彼固无所归矣！"乃使张郃、高览攻曹洪。郃等闻琼破，遂来降。绍众大溃，绍及谭弃军走，渡河。追之不及，尽收其辎重、图书、珍宝，虏其众。《献帝起居注》曰：公上言："大将军邺侯袁绍前与冀州牧韩馥立故大司马刘虞，刻作金玺，遣故任长毕瑜诣虞，为说命录之数。又绍与臣书云：'可都鄄城，当有所立。'擅铸金银印，孝廉计吏，皆往诣绍。从弟济阴太守叙与绍书云：'今海内丧败，天意实在我家，神应有征，当在尊兄。南兄臣下欲使即位，南兄言，以年则北兄长，以位则北兄重。便欲送玺，会曹操断道。'绍宗族累世受国重恩，而凶逆无道，乃至于此。辄勒兵马，与战官渡，乘圣朝之威，得斩绍大将淳于琼等八人首，遂大破溃。绍与子谭轻身迸走。凡斩首七万余级，辎重财物巨亿。"公收绍书中，得许下及军中人书，皆焚之。《魏氏春秋》曰：公云："当绍之强，孤犹不能自保，而况众人乎！"冀州诸郡多举城邑降者。初，桓帝时有黄星见于楚、宋之分，辽东殷馗善天文，言后五十岁当有真人起于梁、沛之间，其锋不可当。至是凡五十年，而公破绍，天下莫敌矣。

六年夏四月，扬兵河上，击绍仓亭军，破之。绍归，复收散卒，攻定诸叛郡县。九月，公还许。绍之未破也，使刘备略汝南，汝南贼共都等应之。遣蔡杨击都，不利，为都所破。公南征备。备闻公自行，走奔刘表，都等皆散。

七年春正月，公军谯，令曰："吾起义兵，为天下除暴乱。旧土人民，死丧略尽，国中终日行，不见所识，使吾凄怆伤怀。其举义兵已来，将士绝无后者，求其亲戚以后之，授土田，官给耕牛，置学师以教之。为存者立庙，使祀其先人，魂而有灵，吾百年之后何恨哉！"遂至浚仪，治睢阳渠，遣使以太牢祀桥玄。进军官渡。绍自军破后，发病欧血，夏五月死。小子尚代，谭自号车骑将军，屯黎阳。秋九月，公征之，连战。谭、尚数败退，固守。

八年春三月，攻其郭，乃出战，击，大破之，谭、尚夜遁。夏四月，进军邺。五月还许，留贾信屯黎阳。己酉，令曰："《司马法》'将军死绥'，故赵括之母，乞不坐括。是古之将者，军破于外，而家受罪于内也。自命将征行，但赏功而不罚罪，非国典也。其令诸将出征，败军者抵罪，失利者免官爵。"

秋七月，令曰："丧乱已来，十有五年，后生者不见仁义礼让之风，吾甚伤之。其令郡国各修文学，县满五百户置校官，选其乡之俊造而教学之，庶几先王之道不废，而有以益于天下。"八月，公征刘表，军西平。公之去邺而南也，谭、尚争冀州，谭为尚所败，走保平原。尚攻之急，谭遣辛毗乞降请救。诸将皆疑，荀攸劝公许之，《魏书》曰：公云："我攻吕布，表不为寇，官渡之役，不救袁绍，此自守之贼也，宜为后图。谭、尚狡猾，当乘其乱。纵谭挟诈，不终束手，使我破邺，遍收其地，利自多矣。"乃许之。公乃引军还。冬十月，到黎阳，为子整与谭结婚。尚闻公北，乃释平原还邺。东平吕旷、吕翔叛尚，屯阳平，率其众降，封为列侯。《魏书》曰：谭之围解，阴以将军印绶假旷。旷受印送之，公曰："我固知谭之有小计也。欲使我攻尚，得以其间略民聚众，比尚之破，可得自强以乘我弊也。尚破我盛，何弊之乘乎？"

九年春正月，济河，遏淇水入白沟以通粮道。二月，尚复攻谭，留苏由、审配守邺。公进军到洹水，由降。既至，攻邺，为土山、地道。武安长尹楷屯毛城，通上党粮道。夏四月，留曹洪攻邺，公自将击楷，破之而还。尚将沮鹄守邯郸，又击拔之。易阳令韩范、涉长梁岐举县降，赐爵关内侯。五月，毁土山、地道，作围堑，决漳水灌城；城中饿死者过半。秋七月，尚还救邺，诸将皆以为"此归师，人自为战，不如避之"。公曰："尚从大道来，当避之；若循西山来者，此成禽耳。"尚果循西山来，临滏水为营。《曹瞒传》曰：遣候者数部前后参之，皆曰"定从西道，已在邯郸"。公大喜，会诸将曰："孤已得冀州，诸君知之乎？"皆曰："不知。"公曰："诸君方见不久也。"夜遣兵犯围，公逆击破走之，遂围其营。未合，尚惧，遣故豫州刺史阴夔及陈琳乞降，公不许，为围益急。

尚夜遁，保祁山，追击之。其将马延、张顗等临阵降，众大溃，尚走中山。尽获其辎重，得尚印绶节钺，使尚降人示其家，城中崩沮。八月，审配兄子荣夜开所守城东门内兵。配逆战，败，生禽配；斩之，邺定。公临祀绍墓，哭之流涕；慰劳绍妻，还其家人宝物，赐杂缯絮，廪食之。

初，绍与公共起兵，绍问公曰："若事不辑，则方面何所可据？"公曰："足下意以为何如？"绍曰："吾南据河，北阻燕、代，兼戎狄之众，南向以争天下，庶可以济乎？"公曰："吾任天下之智力，以道御之，无所不可。"《傅子》曰：太祖又云："汤、武之王，岂同土哉？若以险固为资，则不能应机而变化也。"

九月，令曰："河北罹袁氏之难，其令无出今年租赋！"重豪强兼并之法，百姓喜悦。《魏书》载公令曰："有国有家者，不患寡而患不均，不患贫而患不安。袁氏之治也，使豪强擅恣，亲戚兼并；下民贫弱，代出租赋，衒鬻家财，不足应命；审配宗族，至乃藏匿罪人，为逋逃主。欲望百姓亲附，甲兵强盛，岂可得邪！其收田租亩四升，户出绢二匹、绵二斤而已，他不得擅兴发。郡国守相明检察之，无令强民有所隐藏，而弱民兼赋也。"天子以公领冀州牧，公让还兖州。公之围邺也，谭略取甘陵、安平、渤海、河间。尚败，还中山。谭攻之，尚奔故安，遂并其众。公遗谭书，责以负约，与之绝婚，女还，然后进军。谭惧，拔平原，走保南皮。十二月，公入平原，略定诸县。

十年春正月，攻谭，破之；斩谭，诛其妻子，冀州平。《魏书》曰：公攻谭，旦及日中不决；公乃自执枹鼓，士卒咸奋，应时破陷。下令曰："其与袁氏同恶者，与之更始。"令民不得复私仇，禁厚葬，皆一之于法。是月，袁熙大将焦触、张南等叛攻熙、尚，熙、尚奔三郡乌丸。触等举其县降，封为列侯。

初讨谭时，民亡椎冰，臣松之以为讨谭时，川渠水冻，使民椎冰以通船，民惮役而亡。令不得降。顷之，亡民有诣门首者，公谓曰："听汝则违令，杀汝则诛首，归深自藏，无为吏所获。"民垂泣而去。后竟捕得。

夏四月，黑山贼张燕率其众十余万降，封为列侯。故安赵犊、霍奴等杀幽州刺史、涿郡太守。三郡乌丸攻鲜于辅于犷平。秋八月，公征之，斩犊等，乃渡潞河救犷平，乌丸奔走出塞。九月，令曰："阿党比周，先圣所疾也。闻冀州俗，父子异部，更相毁誉。昔直不疑无兄，世人谓之盗嫂；第五伯鱼三娶孤女，谓之挝妇翁；王凤擅权，谷永比之申伯；王商忠议，张匡谓之左道：此皆以白为黑，欺天罔君者也。吾欲整齐风俗，四者不除，吾以为羞。"冬十月，公还邺。

初，袁绍以甥高干领并州牧，公之拔邺，干降，遂以为刺史。干闻公讨乌丸，乃以州叛，执上党太守，举兵守壶关口。遣乐进、李典击之，干还守壶关城。

十一年春正月，公征干。干闻之，乃留其别将守城，走入匈奴，求救于单于，单于不受。公围壶关三月，拔之。干遂走荆州，上洛都尉王琰捕斩之。秋八月，公东征海贼管承，至淳于，遣乐进、李典击破之，承走入海岛。割东海之襄贲、郯、戚以益琅邪，省昌虑郡。《魏书》载《十月乙亥令》曰："夫治世御众，建立辅弼，诚在面从，诗称'听用我谋，庶无大悔'，斯实君臣恳恳之求也。吾充重任，每惧失中，频年已来，不闻嘉谋，岂吾开延不勤之咎邪？自今以后，诸掾属治中、别驾，常以月旦各言其失，吾将览焉。"

三郡乌丸承天下乱，破幽州，略有汉民合十余万户。袁绍皆立其酋豪为单于，以家人子为己女，妻焉。辽西单于蹋顿尤强，为绍所厚，故尚兄弟归之，数入塞为害。公将征之，凿渠，自呼沲入泒水，名平虏渠；又从泃河口凿入潞河，名泉州渠，以通海。十二月春二月，公自淳于还邺。丁酉，令曰："吾起义兵诛暴乱，于今十九年，所征必克，岂吾功哉？乃贤士大夫之力也。天下虽未悉定，吾当要与贤士大夫共定之；而专飨其劳，吾何以安焉！其促定功行封。"于是大封功臣二十余人，皆为列侯，其余各以次受封，及复死事之孤，轻重各有差。

将北征三郡乌丸，诸将皆曰："袁尚，亡虏耳，夷狄贪而无亲，岂能为尚用？今深入征之，刘备必说刘表以袭许。万一为变，事不可悔。"惟郭嘉策表必不能任备，劝公行。夏五月，至无终。秋七月，大水，傍海道不通，田畴请为乡导，公从之。引军出卢龙塞，塞外道绝不通，乃堑山埋谷五百余里，经白檀，历平冈，涉鲜卑庭，东指柳城。未至二百里，虏乃知之。尚、熙与蹋顿、辽西单于楼班、右北平单于能臣抵之等，将数万骑逆军。八月，登白狼山，卒与虏遇，众甚盛。公车重在后，被甲者少，左右皆惧。公登高，望虏阵不整，乃纵兵击之，使张辽为先锋，虏众大崩，斩蹋顿及名王已下，胡、汉降者二十余万口。辽东单于速仆丸及辽西、北平诸豪，弃其种人，与尚、熙奔辽东，众尚有数千骑。初，辽东太守公孙康恃远不服。及公破乌丸，或说公遂征之，尚兄弟可禽也。公曰："吾方使康斩送尚、熙首，不烦兵矣。"九月，公引兵自柳城还，《曹瞒传》曰：时寒且旱，二百里无复水，军又乏食，杀马数千匹以为粮，凿地入三十余丈乃得水。既还，科问前谏者，众莫知其故，人人皆惧。公皆厚赏之，曰："孤前行，乘危以徼幸，虽得之，天所佐也，顾不可以为常。诸君之谏，万安之计，是以相赏，后勿难言之。"康即斩尚、熙及速仆丸等，传其首。诸将或问："公还而康斩送尚、熙，何也？"公曰："彼素畏尚等，吾急之则并力，缓之则自相图，其势然也。"十一月至易水，代郡乌丸行单于普富卢、上郡乌丸行单于那楼将其名王来贺。

十三年春正月，公还邺，作玄武池以肄舟师。汉罢三公官，置丞相、御史大夫。夏六月，以公为丞相。秋七月，公南征刘表。八月，表卒，其子琮代，屯襄阳，刘备屯樊。九月，公到新野，琮遂降，备走夏口。公进军江陵，下令荆州吏民，与之更始。乃论荆州服从之功，侯者十五人，以刘表大将文聘为江夏太守，使统本兵，引用荆州名士韩嵩、邓羲等。皇甫谧《逸士传》曰：汝南王儁，字子文，少为范滂、许章所识，与南阳岑晊善。公之为布衣，特爱儁；儁亦称公有治世之具。及袁绍与弟术丧母，归葬汝南，儁与公会之，会者三万人。公于外密语儁曰："天下将乱，为乱魁者必此二人也。欲济天下，为百姓请命，不先诛此二子，乱今作矣。"儁曰："如卿之言，济天下者，舍卿复谁？"相对而笑。儁为人外静而内明，不应州郡三府之命。公车征，不到，避地居武陵，归儁者一百余家。帝之都许，复征为尚书，又不就。刘表见绍强，阴与绍通，儁谓表曰："曹公，天下之雄也，必能兴霸道，继桓、文之功者也。今乃释近而就远，如有一朝之急，遥望漠北之救，不亦难乎！"表不从。儁年六十四，以寿终于武陵，公闻而哀伤。及平荆州，自临江迎丧，改葬于江陵，表为先贤也。益州牧刘璋始受征役，遣兵给军。十二月，孙权为备攻合肥。公自江陵征备，至巴丘，遣张憙救合肥。权闻憙至，乃走。公至赤壁，与备战，不利。于是大疫，吏士多死者，乃引军还。备遂有荆州、江南诸郡。《山阳公载记》曰：公船舰为备所烧，引军从华容道步归，遇泥泞，道不通，天又大风，悉使羸兵负草填之，骑乃得过。羸兵为人马所蹈藉，陷泥中，死者甚众。军既得出，公大喜，诸将问之，公曰："刘备，吾俦也。但得计少晚；向使早放火，吾徒无类矣。"备寻亦放火而无所及。

十四年春三月，军至谯，作轻舟，治水军。秋七月，自涡入淮，出肥水，军合肥。辛未，令曰："自顷已来，军数征行，或遇疫气，吏士死亡不归，家室怨旷，百姓流离，而仁者岂乐之哉？不得已也。其令死者家无基业不能自存者，县官勿绝廪，长吏存恤抚循，以称吾意。"置扬州郡县长吏，开芍陂屯田。十二月，军还谯。

十五年春，下令曰："自古受命及中兴之君，曷尝不得贤人君子与之共治天下者乎！及其得贤也，曾不出闾巷，岂幸相遇哉？上之人不求之耳。今天下尚未定，此特求贤之急时也。'孟公绰为赵、魏老则优，不可以为滕、薛大夫。'若必廉士而后可用，则齐桓其何以霸世！今天下得无有被褐怀玉而钓于渭滨者乎？又得无盗嫂受金而未遇无知者乎？二三子其佐我明扬仄陋，唯才是举，吾得而用之。"冬，作铜爵台。

十六年春正月，《魏书》曰：庚辰，天子报：减户五千，分所让三县万五千封三子，植为平原侯，据为范阳侯，豹为饶阳侯，食邑各五千户。天子命公世子丕为五官中郎将，置官属，为丞相副。太原商曜等以大陵叛，遣夏侯渊、徐晃围破之。张鲁据汉中，三月，遣钟繇讨之。公使渊等出河东与繇会。是时关中诸将疑繇欲自袭，马超遂与韩遂、杨秋、李堪、成宜等叛。遣曹仁讨之。超等屯潼关，公敕诸将："关西兵精悍，坚壁勿与战。"秋七月，公西征，与超等夹关而军。公急持之，而潜遣徐晃、朱灵等夜渡蒲阪津，据河西为营。公自潼关北渡，未济，超赴船急战。校尉丁斐因放牛马以饵贼，贼乱取牛马，公乃得渡，《曹瞒传》曰：公将过河，前队适渡，超等奄至，公犹坐胡床不起。张郃等见事急，共引公入船。河水急，北渡，流四五里，超等骑追射之，矢下如雨。诸将见军败，不知公所在，皆惶惧。至见，乃悲喜，或流涕。公大笑曰："今日几为小贼所困乎！"循河为甬道而南。贼退，拒渭口，公乃多设疑兵，潜以舟载兵入渭，为浮桥。夜，分兵结营于渭南。贼夜攻营，伏兵击破之。超等屯渭南，遣信求割河以西请和，公不许。九月，进军渡渭。《曹瞒传》曰：时公军每渡渭，辄为超骑所冲突，营不得立，地又多沙，不可筑垒。娄子伯说公曰："今天寒，可起沙为城，以水灌之，可一夜而成。"公从之，乃多作缣囊以运水，夜渡兵作城，比明，城立，由是公军尽得渡渭。超等数挑战，又不许；固请割地，求送任子，公用贾诩计，伪许之。韩遂请与公相见，公与遂父同岁孝廉，又与遂同时侪辈，于是交马语移时，不及军事，但说京都旧故，拊手欢笑。既罢，超等问遂："公何言？"遂曰："无所言也。"超等疑之。他日，公又与遂书，多所点窜，如遂改定者；超等愈疑遂。

公乃与克日会战，先以轻兵挑之，战良久，乃纵虎骑夹击，大破之，斩成宜、李堪等。遂、超等走凉州，杨秋奔安定，关中平。诸将或问公曰："初，贼守潼关，渭北道缺，不从河东击冯翊而反守潼关，引日而后北渡，何也？"公曰："贼守潼关，若吾入河东，贼必引守诸津，则西河未可渡，吾故盛兵向潼关；贼悉众南守，西河之备虚，故二将得擅取西河；然后引军北渡，贼不能与吾争西河者，以有二将之军也。连车树栅，为甬道而南，既为不可胜，且以示弱。渡渭为坚垒，虏至不出，所以骄之也；故贼不为营垒而求割地。吾顺言许之，所以从其意，使自安而不为备，因畜士卒之力，一旦击之，所谓疾雷不及掩耳，兵之变化，固非一道也。"

始，贼每一部到，公辄有喜色。贼破之后，诸将问其故。公答曰："关中长远，若贼各依险阻，征之，不一二年不可定也。今皆来集，其众虽多，莫相归服，军无适主，一举可灭，为功差易，吾是以喜。"冬十月，军自长安北征杨秋，围安定。秋降，复其爵位，使留抚其民人。十二月，自安定还，留夏侯渊屯长安。

十七年春正月，公还邺。天子命公赞拜不名，入朝不趋，剑履上殿，如萧何故事。马超余众梁兴等屯蓝田，使夏侯渊击平之。割河内之荡阴、朝歌、林虑，东郡之卫国、顿丘、东武阳、发干，钜鹿之廮陶、曲周、南和，广平之任城，赵之襄国、邯郸、易阳以益魏郡。冬十月，公征孙权。

十八年春正月，进军濡须口，攻破权江西营，获权都督公孙阳，乃引军还。诏书并十四州，复为九州。夏四月，至邺。五月丙申，天子使御史大夫郗虑持节策命公为魏公，曰：

"朕以不德，少遭愍凶，越在西土，迁于唐、卫。当此之时，若缀旒然，宗庙乏祀，社稷无位；群凶觊觎，分裂诸夏，率土之民，朕无获焉，即我高祖之命将坠于地。朕用夙兴假寐，震悼于厥心，曰：'惟祖惟父，股肱先正，其孰能恤朕躬？'乃诱天衷，诞育丞相，保乂我皇家，弘济于艰难，朕实赖之。今将授君典礼，其敬听朕命。

"昔者董卓初兴国难，群后释位以谋王室，君则摄进，首启戎行，此君之忠于本朝也。后及黄巾反易天常，侵我三州，延及平民，君又翦之，以宁东夏，此又君之功也。韩暹、杨奉专用威命，君则致讨，克黜其难，遂迁许都，造我京畿，设官兆祀，不失旧物，天地鬼神于是获乂，此又君之功也。袁术僭逆，肆于淮南，慑惮君灵，用丕显谋，蕲阳之役，桥蕤授首，稜威南迈，术以陨溃，此又君之功也。回戈东征，吕布就戮，乘辕将返，张杨殂毙，眭固伏罪，张绣稽服，此又君之功也。袁绍逆乱天常，谋危社稷，凭恃其众，称兵内侮，当此之时，王师寡弱，天下寒心，莫有固志，君执大节，精贯白日，奋其武怒，运其神策，致届官渡，大歼丑类，俾我国家拯于危坠，此又君之功也。济师洪河，拓定四州，袁谭、高幹，咸枭其首，海盗奔迸，黑山顺轨，此又君之功也。乌丸三种，崇乱二世，袁尚因之，逼据塞北，束马县车，一征而灭，此又君之功也。刘表背诞，不供贡职，王师首路，威风先逝，百城八郡，交臂屈膝，此又君之功也。马超、成宜，同恶相济，滨据河、潼，求逞所欲，珍之渭南，献馘万计，遂定边境，抚和戎狄，此又君之功也。鲜卑、丁零，重译而至，单于、白屋，请吏率职，此又君之功也。君有定天下之功，重之以明德，班叙海内，宣美风俗，旁施勤教，恤慎刑狱，吏无苛政，民无怀慝；敦崇帝族，表继绝世，旧德前功，罔不咸秩；虽伊尹格于皇天，周公光于四海，方之蔑如也。

"朕闻先王并建明德，胙之以土，分之以民，崇其宠章，备其礼物，所以藩卫王室，左右厥世也。其在周成，管、蔡不静，惩难念功，乃使邵康公赐齐太公履，东至于海，西至于河，南至于穆陵，北至于无棣，五侯九伯，实得征之，世祚太师，以表东海；爰及襄王，亦有楚人不供王职，又命晋文登为侯伯，锡以二辂、虎贲、钺、秬鬯、弓矢，大启南阳，世作盟主。故周室之不坏，繄二国是赖。今君称丕显德，明保朕躬，奉答天命，导扬弘烈，绥爰九域，莫不率俾，功高于伊、周，而赏卑于齐、晋，朕甚恶焉。朕以眇眇之身，托于兆民之上，永思厥艰，若涉渊冰，非君攸济，朕无任焉。

"今以冀州之河东、河内、魏郡、赵国、中山、常山、钜鹿、安平、甘陵、平原凡十郡，封君为魏公。锡君玄土，苴以白茅；爰契尔龟，用建冢社。昔在周室，毕公、毛公入为卿佐，周、邵师保出为二伯，外内之任，君实宜之，其以丞相领冀州牧如故。又加君九锡，其敬听朕命。以君经纬礼律，为民轨仪，使安职业，无或迁志，是用锡君大辂、戎辂各一，玄牡二驷。君劝分务本，穑人昏作，粟帛滞积，大业惟兴，是用锡君衮冕之服，赤舄副焉。君敦尚谦让，俾民兴行，少长有礼，上下咸和，是用锡君轩县之乐，六佾之舞。君翼宣风化，爰发四方，远人革面，华夏充实，是用锡君朱户以居。君研其明哲，思帝所难，官才任贤，群善必举，是用锡君纳陛以登。君秉国之钧，正色处中，纤豪之恶，靡不抑退，是用锡君虎贲之士三百人。君纠虔天刑，章厥有罪，犯关干纪，莫不诛殛，是用锡君钺各一。君龙骧虎视，旁眺八维，掩讨逆节，折冲四海，是用锡君彤弓一，彤矢百，玈弓十，玈矢千。君以温恭为基，孝友为德，明允笃诚，感于朕思，是用锡君秬鬯一卣，圭瓒副焉。魏国置丞相已下群卿百寮，皆如汉初诸侯王之制。往钦哉，敬服朕命！简恤尔众，时亮庶功，用终尔显德，对扬我高祖之休命！"

秋七月，始建魏社稷宗庙。天子聘公三女为贵人，少者待年于国。九月，作金虎台，凿渠引漳水入白沟以通河。冬十月，分魏郡为东西部，置都尉。十一月，初置尚书、侍中、六卿。《魏氏春秋》曰：以荀攸为尚书令，凉茂为仆射，毛玠、崔琰、常林、徐奕、何夔为尚书，王粲、杜袭、卫觊、和洽为侍中。马超在汉阳，复因羌、胡为害，氐王千万叛应超，屯兴国。使夏侯渊讨之。

十九年春正月，始耕籍田。南安赵衢、汉阳尹奉等讨超，枭其妻子，超奔汉中。韩遂徙金城，入氐王千万部，率羌、胡万余骑与夏侯渊战。击，大破之，遂走西平。渊与诸将攻兴国，屠之。省安东、永阳郡。安定太守毌丘兴将之官，公戒之曰："羌、胡欲与中国通，自当遣人来，慎勿遣人往。善人难得，必将教羌、胡妄有所请求，因欲以自利；不从便为失异俗意，从之则无益事。"兴至，遣校尉范陵至羌中，陵果教羌，使自请为属国都尉。公曰："吾预知当尔，非圣也，但更事多耳。"三月，天子使魏公位在诸侯王上，改授金玺，赤绂、远游冠。秋七月，公征孙权。《九州春秋》曰：参军傅幹谏曰："治天下之大具有二，文与武也；用武则先威，用文则先德，威德足以相济，而后王道备矣。往者天下大乱，上下失序，明公用武攘之，十平其九。今未承王命者，吴与蜀也。吴有长江之险，蜀有崇山之阻，难以威服，易以德怀。愚以为可且按甲寝兵，息军养士，分土定封，论功行赏，若此则内外之心固，有功者劝，而天下知制矣。然后渐兴学校，以导其善性而长其义节。公神武震于四海，若修文以济之，则普天之下，无思不服矣。今举十万之众，顿之长江之滨，若贼负固深藏，则士马不能逞其能，奇变无所用其权，则大威有屈而敌心未能服矣。唯明公思虞舜舞干戚之义，全威养德，以道制胜。"公不从，军遂无功。初，陇西宋建自称河首平汉王，聚众枹罕，改元，置百官三十余年。遣夏侯渊自兴国讨之。冬十月，屠枹罕，斩建，凉州平。公自合肥还。十一月，汉皇后伏氏坐昔与父故屯骑校尉完书，云帝以董承被诛怨恨公，辞甚丑恶。发闻，后废黜死，兄弟皆伏法。《曹瞒传》曰：公遣华歆勒兵入宫收后，后闭户匿壁中。歆坏户发壁，牵后出。帝时与御史大夫郗虑坐，后被发徒跣过，执帝手曰："不能复相活邪？"帝曰："我亦不自知命在何时也。"帝谓虑曰："郗公，天下宁有是乎！"遂将后杀之，完及宗族死者数百人。

十二月，公至孟津。天子命公置旄头，宫殿设钟虡。乙未，令曰："夫有行之士未必能进取，进取之士未必能有行也。陈平岂笃行，苏秦岂守信邪？而陈平定汉业，苏秦济弱燕。由此言之，士有偏短，庸可废乎！有司明思此义，则士无遗滞，官无废业矣。"又曰："夫刑，百姓之命也，而军中典狱者或非其人，而任以三军死生之事，吾甚惧之。其选明达法理者，使持典刑。"于是置理曹掾属。

二十年春正月，天子立公中女为皇后。省云中、定襄、五原、朔方郡，郡置一县领其民，合以为新兴郡。三月，公西征张鲁，至陈仓，将自武都入氐；氐人塞道，先遣张郃、朱灵等攻破之。夏四月，公自陈仓以出散关，至河池。氐王窦茂众万余人，恃险不服，五月，公攻屠之。西平、金城诸将麹演、蒋石等共斩送韩遂首。《典略》曰：遂字文约，始与同郡边章俱著名西州，章为督军从事。遂奉计诣京师，何进宿闻其名，特与相见，遂说进使诛诸阉人，进不从，乃求归。会凉州宋扬、北宫玉等反，举章、遂为主，章寻病卒，遂为扬等所劫，不得已，遂阳兵为乱，积三十二年，至是乃死，年七十余矣。

秋七月，公至阳平。张鲁使弟卫与将杨昂等据阳平关，横山筑城十余里，攻之不能拔，乃引军还。贼见大军退，其守备解散。公乃密

25

遣解慑、高祚等乘险夜袭，大破之，斩其将杨任，进攻卫，卫等夜遁，鲁溃奔巴中。公军入南郑，尽得鲁府库珍宝。《魏书》曰：军自武都山行千里，升降险阻，军人劳苦；公于是大飨，莫不忘其劳。巴、汉皆降。复汉宁郡为汉中；分汉中之安阳、西城为西城郡，置太守；分锡、上庸郡，置都尉。八月，孙权围合肥，张辽、李典击破之。九月，巴七姓夷王朴胡、賨邑侯杜濩举巴夷、賨民来附，于是分巴郡，以胡为巴东太守，濩为巴西太守，皆封列侯。天子命公承制封拜诸侯守相。孔衍《汉魏春秋》曰：天子以公典任于外，临事之赏，或宜速疾，乃命公得承制封拜诸侯守相，诏曰："夫军之大事，在兹赏罚，劝善惩恶，宜不旋时，故《司马法》曰'赏不逾日'者，欲民速睹为善之利也。昔在中兴，邓禹入关，承制拜军祭酒李文为河东太守，来歙又承制拜高峻为通路将军。察其本传，皆非先请，明临事刻印也。斯则世祖神明，权达损益，盖所用速示威怀而著鸿勋也。其《春秋》之义，大夫出疆，有专命之事，苟所以利社稷安国家而已。况君秉任二伯，师尹九有，实征夷夏，军行蕃甸之外，失得在于斯须之间，停赏俟诏以滞世务，固非朕之所图也。自今已后，临事所甄，当加宠号者，其便刻印章假授，咸使忠义得相奖励，勿有疑焉。"冬十月，始置名号侯至五大夫，与旧列侯、关内侯凡六等，以赏军功。《魏书》曰：置名号侯爵十八级，关中侯爵十七级，皆金印紫绶；又置关内外侯十六级，铜印龟纽墨绶；五大夫十五级，铜印环纽，亦墨绶，皆不食租，与旧列侯、关内侯凡六等。｜臣松之以为今之虚封盖自此始。十一月，鲁自巴中将其余众降。封鲁及五子皆为列侯。刘备袭刘璋，取益州，遂据巴中；遣张郃击之。十二月，公自南郑还，留夏侯渊屯汉中。是行也，侍中王粲作五言诗以美其事，曰："从军有苦乐，但问所从谁。所从神且武，安得久劳师？相公征关右，赫怒振天威。一举灭獯虏，再举服羌夷。西收边地贼，忽若俯拾遗。陈赏越山岳，酒肉逾川坻。军中多饶饫，人马皆溢肥。徒行兼乘还，空出有余资。

拓土三千里，往反速如飞。歌舞入邺城，所愿获无违。"

二十一年春二月，公还邺。《魏书》曰：辛未，有司以太牢告至，策勋于庙，甲午始春祠，令曰："议者以为祠庙上殿当解履。吾受锡命，带剑不解履上殿。今有事于庙而解履，是尊先公而替王命，敬父祖而简君主，故吾不敢解履上殿也。又临祭就洗，以手拟水而不盥。夫盥以洁为敬，未闻拟向不盥之礼，且'祭神如神在'，故吾亲受水而盥也。又降神礼讫，下阶就幕而立，须奏乐毕竟，似若不衎烈祖，迟祭不速讫也。故吾坐俟乐阕送袖乃起也。受胙纳袖以授侍中，此为敬恭不终实也，古者亲执祭事，故吾亲纳于神，终抱而归也。仲尼曰'虽违众，吾从下'，诚哉斯言也。"三月壬寅，公亲耕籍田。夏五月，天子进公爵为魏王。《四体书势序》曰：梁鹄以公为北部尉。｜《曹瞒传》曰：为尚书右丞司马建公所举。及公为王，召建公到邺，与欢饮，谓建公曰："孤今日可复作尉否？"建公曰："昔举大王时，适可作尉耳。"王大笑。建公名防，司马宣王之父。代郡乌丸行单于普富卢与其侯王来朝。天子命王女为公主，食汤沐邑。秋七月，匈奴南单于呼厨泉将其名王来朝，待以客礼，遂留魏，使右贤王去卑监其国。八月，以大理钟繇为相国。冬十月，治兵。遂征孙权，十一月至谯。

二十二年春正月，王军居巢，二月，进军屯江西郝溪。权在濡须口筑城拒守，遂逼攻之，权退走。三月，王引军还，留夏侯惇、曹仁、张辽等屯居巢。夏四月，天子命王设天子旌旗，出入称警跸。五月，作泮宫。六月，以军师华歆为御史大夫。冬十月，天子命王冕十有二旒，乘金根车，驾六马，设五时副车，以五官中郎将丕为魏太子。刘备遣张飞、马超、吴兰等屯下辩；遣曹洪拒之。

二十三年春正月，汉太医令吉本与少府耿纪、司直韦晃等反，攻许，烧丞相长史王必营，必与颍川典农中郎将严匡讨斩之。《三辅决录注》曰：时有京兆金祎，字德祎，自以世为汉臣，自日磾讨莽何罗，忠诚显著，名节累叶。睹汉祚将移，谓可季兴，乃喟然发愤，遂与耿纪、韦晃、吉本、本子邈、邈弟穆等结谋。纪字季行，少有美名，为丞相掾，王甚敬异之，迁侍中，守少府。邈字文然，穆字思然，以祎慷慨有日磾之风。又与王必善，因以间之，若杀必，欲挟天子以攻魏，南援刘备。时关羽强盛，而王在邺，留必典兵督许中事。文然等率杂人及家僮千余人夜烧门攻必，祎遣人为内应，射必中肩。必不知攻者为谁，以素与祎善，走投祎。夜唤德祎，祎家不知是必，谓为文然等，错应曰："王长史已死乎？卿曹事立矣！"必乃更他路奔。一曰：必欲投祎，其帐下督谓必曰："今日事竟知谁门而投入乎？"扶必奔南城。会天明，必犹在，文然等众散，故败。后十余日，必竟以创死。｜《献帝春秋》曰：收纪、晃等，将斩之，纪呼魏王名曰："恨吾不自生意，竟为群儿所误耳！"晃顿首搏颊，以至于死。｜《山阳公载记》曰：王闻王必死，盛怒，召汉百官诣邺，令救火者左，不救火者右。众人以为救火者必无罪，皆附左；王以为"不救火者非助乱，救火乃实贼也"，皆杀之。曹洪破吴兰，斩其将任夔等。三月，张飞、马超走汉中，阴平氏强端斩吴兰，传其首。夏四月，代郡、上谷乌丸无臣氏等叛，遣鄢陵侯彰讨破之。《魏书》载王令曰："去冬天降疫疠，民有凋伤，军兴于外，垦田损少，吾甚忧之。其令吏民男女：女年七十已上无夫子，若年十二已下无父母兄弟，及目无所见，手不能作，足不能行，而无妻子父兄产业者，廪食终身。幼者至十二止，贫穷不能自赡者，随口给贷。老耄须待养者，年九十已上，复不事，家一人。"六月，令曰："古之葬者，必居瘠薄之地。其规西门豹祠西原上为寿陵，因高为基，不封不树。《周礼》冢人掌公墓之地，凡诸侯居左右以前，卿大夫居后，汉制亦谓之陪陵。其公卿大臣列将有功者，宜陪寿陵，其广为兆域，使足相容。"秋七月，治兵，遂西征刘备。九月，至长安。冬十月，宛守将侯音等反，执南阳太守，劫略吏民，保宛。初，曹仁讨关羽，屯樊城，是月使仁围宛。

二十四年春正月，仁屠宛，斩音。《曹瞒传》曰：是时南阳间苦繇役，音于是执太守东里衮，与吏民共反，与关羽连和。南阳功曹宗子卿往说音曰："足下顺民心，举大事，远近莫不望风；然执郡将，逆而无益，何不遣之。吾与子共戮力，比曹公军来，关羽兵亦至矣。"音从之，即释遣太守。子卿因夜逾城亡出，遂与太守收余民围音，会曹仁军至，共灭之。夏侯渊与刘备战于阳平，为备所杀。三月，王自长安出斜谷，军遮要以临汉中，遂至阳平。备因险拒守。《九州春秋》曰：时王欲还，出令曰"鸡肋"，官属不知所谓。主簿杨脩便自严装，人惊问脩："何以知之？"脩曰："夫鸡肋，弃之如可惜，食之无所得，以比汉中，知王欲还也。"夏五月，引军还长安。秋七月，以夫人卞氏为王后。遣于禁助曹仁击关羽。八月，汉水溢，灌禁军，军没，羽获禁，遂围仁。使徐晃救之。九月，相国钟繇坐西曹掾魏讽反免。《世语》曰：讽字子京，沛人，有惑众才，倾动邺都，钟繇由是辟焉。大军未反，讽潜结徒党，又与长乐卫尉陈祎谋袭邺。未及期，祎惧，告之太子，诛讽，坐死者数十人。王昶《家诫》曰"济阴魏讽"，而此云沛人，未详。冬十月，军还洛阳。孙权遣使上书，以讨关羽自效。王自洛阳南征羽，未至，晃攻羽，破之，羽走，仁围解。王军摩陂。《魏略》曰：孙权上书称臣，称说天命。王以权书示外曰："是儿欲踞吾著炉火上邪！"侍中陈群、尚书桓阶奏曰："汉自安帝已来，政去公室，国统数绝，至于今者，唯有名号，尺土一民，皆非汉有，期运久已尽，历数久已终，非适今日也。是以桓、灵之间，诸明图纬者，皆言'汉行气尽，黄家当兴'。殿下应期，十分天下而有其九，以服事汉，群生注望，遐迩怨叹，是故孙权在远称臣，此天人之应，异气齐声。臣愚以为虞、夏不以谦辞，殷、周不吝诛放，畏天知命，无所与让也。"

二十五年春正月，至洛阳。权击斩羽，传其首。庚子，王崩于洛阳，年六十六。《世语》曰：太祖自汉中至洛阳，起建始殿，伐濯龙祠而树血出。

｜《曹瞒传》曰：王使工苏越徒美梨，掘之，根伤尽出血。越白状，王躬自视而恶之，以为不祥，还遂寝疾。遗令曰："天下尚未安定，未得遵古也。葬毕，皆除服。其将兵屯戍者，皆不得离屯部。有司各率乃职。敛以时服，无藏金玉珍宝。"谥曰武王。二月丁卯，葬高陵。《曹瞒传》曰：太祖为人佻易无威重，好音乐，倡优在侧，常以日达夕。被服轻绡，身自佩小鞶囊，以盛手巾细物，时或冠帢帽以见宾客。每与人谈论，戏弄言诵，尽无所隐，及欢悦大笑，至以头没杯案中，肴膳皆沾污巾帻，其轻易如此。然持法峻刻，诸将有计画胜出己者，随以法诛之，及故人旧怨，亦皆无余。其所刑杀，辄对之垂涕嗟痛之，终无所活。初，袁忠为沛相，尝欲以法治太祖，沛国桓邵亦轻之。及在兖州，陈留边让言议颇侵太祖，太祖杀让，族其家。忠、邵俱避难交州，太祖遣使就太守士燮尽族之。桓邵得出首，拜谢于庭中，太祖谓曰："跪可解死邪！"遂杀之。尝出军，行经麦中，令"士卒无败麦，犯者死"。骑士皆下马，持麦以相付，于是太祖马腾入麦中，敕主簿议罪；主簿对以《春秋》之义，罚不加于尊。太祖曰："制法而自犯之，何以帅下？然孤为军帅，不可自杀，请自刑。"因援剑割发以置地。又有幸姬常从昼寝，枕之卧，告之曰："须臾觉我。"姬见太祖卧安，未即寤，及自觉，棒杀之。常讨贼，廪谷不足，私谓主者曰："如何？"主者曰："可以小斛以足之。"太祖曰："善。"后军中言太祖欺众，太祖谓主者曰："特当借君死以厌众，不然事不解。"乃斩之，取首题徇曰："行小斛，盗官谷，斩之军门。"其酷虐变诈，皆此之类也。

评曰：汉末，天下大乱，雄豪并起，而袁绍虎眎四州，强盛莫敌。太祖运筹演谋，鞭挞宇内，揽申、商之法术，该韩、白之奇策，官方授材，各因其器，矫情任算，不念旧恶，终能总御皇机，克成洪业者，惟其明略最优也。抑可谓非常之人，超世之杰矣。

二卷 魏书 二

文帝纪 ｜ 文帝丕

○文帝丕

文皇帝讳丕，字子桓，武帝太子也。中平四年冬，生于谯。《魏书》曰：帝生时，有云气青色而圜如车盖当其上，终日，望气者以为至贵之证，非人臣之气。年八岁，能属文。有逸才，遂博贯古今经传诸子百家之书。善骑射，好击剑。举茂才，不行。建安十六年，为五官中郎将、副丞相。二十二年，立为魏太子。《魏略》曰：太祖不时立太子，太子自疑。是时有高元吕者，善相人，乃呼问之，对曰："其贵乃不可言。"问："寿几何？"元吕曰："其寿，至四十当有小苦，过是无忧也。"后无几而立为王太子，至年四十而薨。太祖崩，嗣位为丞相、魏王，尊王后曰王太后。改建安二十五年为延康元年。元年二月《魏书》载庚戌令曰："关津所以通商旅，池苑所以御灾荒也。设禁重税，非所以便民；其除池籞之禁，轻关津之税，皆复什一。"辛亥，赐诸侯王将相已下大将粟万斛，帛千匹，金银各有差等。遣使者循行郡国，有违理掊克暴虐者，举其罪。壬戌，以大中大夫贾诩为太尉，御史大夫华歆为相国，大理王朗为御史大夫。置散骑常侍、侍郎各四人，其宦人为官者不得过诸署令；为金策著令，藏之石室。

初，汉熹平五年，黄龙见谯，光禄大夫桥玄问太史令单飏："此何祥也？"飑曰："其国后当有王者兴，不及五十年，亦当复见。天事恒象，此其应也。"内黄殷登默而记之。至四十五年，登尚在。三月，黄龙见谯，登闻之曰："单飑之言，其验兹乎！"《魏书》曰：王召见登，谓之曰："昔成风闻楚丘之繇而敬事季友，邓晨信少公之言而自纳光武。登以笃老，服膺占术，记识天道，岂有是乎！"赐登谷三百斛，遣归家。己卯，以前将军夏侯惇为大将军。濊貊、扶馀单于、焉耆、于阗王皆各遣使奉献。夏四月丁巳，饶安县言白雉见。庚午，大将军夏侯惇薨。《魏书》曰：王素服幸邺东城门发哀。│孙盛曰：在礼，天子哭同姓于宗庙门之外。哭于城门，失其所也。五月戊寅，天子命王追尊皇祖太尉曰太王，夫人丁氏曰太王后，封王子叡为武德侯。《魏略》曰：以侍中郑称为武德侯傅，令曰："龙渊、太阿出昆吾之金，和氏之璧由井里之田；砻之以砥砺，错之以他山，故能致连城之价，为命世之宝。学亦人之砥砺也。称笃学大儒，勉以经学辅侯，宜旦夕入侍，曜明其志。"是月，冯翊山贼郑甘、王照率众降，皆封列侯。《魏书》曰：初，郑甘、王照及卢水胡率其属来降，王得降书以示朝曰："前欲有令吾讨鲜卑者，吾不从而降；又有欲使吾及今秋讨卢水胡者，吾不听，今又降。昔魏武侯一谋而当，有自得之色，见讥李悝。吾今说此，非自是也，徒以为坐而降之，其功大于动兵革也。"酒泉黄华、张掖张进等各执太守以叛。金城太守苏则讨进，斩之。华降。六月辛亥，治兵于东郊，庚午，遂南征。《魏略》曰：王将出征，度支中郎将新平霍性上疏谏曰："臣闻文王与纣之事，是时天下括囊无咎，凡百君子，莫肯用讯。今大王体则乾坤，广开四聪，使贤愚各建所规。伏惟先王功无与比，而今能言之类，不称为德。故圣人曰'得百姓之欢心'。兵书曰：'战，危事也。'是以六国力战，强秦承弊，阚王不争，周道用兴。愚谓大王且当委重本朝而守其雌，抗威虎卧，功业可成。而今创基，便复起兵，兵者凶器，必有凶扰，扰则思乱，乱出不意。臣谓此危，危于累卵。昔夏启隐神三年，《易》有'不远而复'，《论》有'不惮

32

改'。诚愿大王揆古察今，深谋远虑，与三事大夫算其长短。臣沐浴先王之遇，又初改政，复受重任，虽知言触龙鳞，阿谀近福，窃感所诵，危而不持。"奏通，帝怒，遣刺奸就考，竟杀之。既而悔之，追原不及。秋七月庚辰，令曰："轩辕有明台之议，放勋有衢室之问，皆所以广询于下也。百官有司，其务以职尽规谏，将率陈军法，朝士明制度，牧守申政事，缙绅考六艺，吾将兼览焉。"孙权遣使奉献。蜀将孟达率众降。武都氐王杨仆率种人内附，居汉阳郡。《魏略》载王自手笔令曰："吾前遣使宣威灵，而达即来。吾惟《春秋》襃仪父，即封拜达，使还领新城太守。近复有扶老携幼首向王化者。吾闻夙沙之民自缚其君以归神农，邴国之众襁负其子而入郐、镐，斯岂驱略迫胁之所致哉？乃风化动其情而仁义感其衷，欢心内发使之然也。以此而推，西南将万里无外，权、备将与谁守死乎？"甲午，军次于谯，大飨六军及谯父老百姓于邑东。《魏书》曰：设伎乐百戏，令曰："先王皆乐其所生，礼不忘其本。谯，霸王之邦，真人本出，其复谯租税二年。"三老吏民上寿，日夕而罢。｜孙盛曰：魏王既追汉制，替其大礼，处莫重之哀而设飨宴之乐，居贻厥之始而堕王化之基。及至受禅，显纳二女，忘其至恤以诬先圣之典，天心丧矣，将何以终！是以知王龄之不遐，卜世之期促也。八月，石邑县言凤皇集。冬十月癸卯，令曰："诸将征伐，士卒死亡者或未收敛，吾甚哀之；其告郡国给槥椟殡敛，送致其家，官为设祭。"丙午，行至曲蠡。

汉帝以众望在魏，乃召群公卿士，袁宏《汉纪》载汉帝诏曰："朕在位三十有二载，遭天下荡覆，幸赖祖宗之灵，危而复存。然仰瞻天文，俯察民心，炎精之数既终，行运在乎曹氏。是以前王既树神武之绩，今王又光曜明德以应其期，是历数昭明，信可知矣。夫大道之行，天下为公，选贤与能，故唐尧不私于厥子，而名播于无穷。朕羡而慕焉，今其追踵尧典，禅位于魏王。"告祠高庙。使兼御史大夫张音持节奉玺绶禅位，册曰："咨尔魏王：昔者帝尧禅位于虞舜，舜亦以命禹，天命不于常，惟归有德。汉道陵迟，世失其序，降及朕躬，大乱兹昏，群凶肆逆，宇内颠覆。赖武王神武，拯兹难于四方，惟清区夏，以保绥我宗庙，岂予一人获义，俾九服实受其赐。今王钦承前绪，光于乃德，恢文武之大业，昭尔考之弘烈。皇灵降瑞，人神告征，诞惟亮采，师锡朕命，金曰尔度克协于虞舜，用率我唐典，敬逊尔位。於戏！天之历数在尔躬，允执其中，天禄永终；君其祇顺大礼，飨兹万国，以肃承天命。"乃为坛于繁阳。庚午，王升坛即阼，百官陪位。事讫，降坛，视燎成礼而反。改延康为黄初，大赦。干宝《搜神记》曰：宋大夫邢史子臣明于天道，周敬王之三十七年，景公问曰："天道其何祥？"对曰："后五年五月丁亥，臣将死；死后五年五月丁卯，吴将亡；亡后五年，君将终；终后四百年，邾王天下。"俄而皆如其言。所云邾王天下者，谓魏之兴也。邾，曹姓，魏亦曹姓，皆邾之后。

黄初元年十一月癸酉，以河内之山阳邑万户奉汉帝为山阳公，行汉正朔，以天子之礼郊祭，上书不称臣，京都有事于太庙，致胙；封公之四子为列侯。追尊皇祖太王曰太皇帝，考武王曰武皇帝，尊王太后曰皇太后。赐男子爵人一级，为父后及孝悌力田人二级。以汉诸侯王为崇德侯，列侯为关中侯。以颍阴之繁阳亭为繁昌县。封爵增位各有差。改相国为司徒，御史大夫为司空，奉常为太常，郎中令为光禄勋，大理为廷尉，大农为大司农。郡国县邑，多所改易。更授匈奴南单于呼厨泉魏玺绶，赐青盖车、乘舆、宝剑、玉玦。十二月，初营洛阳宫，戊午幸洛阳。《魏略》曰：诏以汉火行也，火忌水，故"洛"去"水"而加"隹"。魏于行次为土。土，水之牡也，水得土而乃流，土得水而柔，故除"隹"加"水"，变"雒"为"洛"。是岁，长水校尉戴陵谏不宜数行弋猎，帝大怒；陵减死罪一等。

二年春正月，郊祀天地、明堂。甲戌，校猎至原陵，遣使者以太牢祠汉世祖。乙亥，朝日于东郊。初令郡国口满十万者，岁察孝廉一人；其有秀异，无拘户口。辛巳，分三公户邑，封子弟各一人为列侯。壬午，复颍川郡一年田租。《魏书》载诏曰："颍川，先帝所由起兵征伐也。官渡之役，四方瓦解，远近顾望，而此郡守义，丁壮荷戈，老弱负粮。昔汉祖以秦中为国本，光武特河内为王基，今朕复于此登坛受禅，天以此郡翼成大魏。"改许县为许昌县。以魏郡东部为阳平郡，西部为广平郡。《魏略》曰：改长安、谯、许昌、邺、洛阳为五都；立石表，西界宜阳，北循太行，东北界阳平，南循鲁阳，东界郯，为中都之地。令天下听内徙，复五年，后又增其复。诏曰："昔仲尼资大圣之才，怀帝王之器，当衰周之末，无受命之运，在鲁、卫之朝，教化乎洙、泗之上，凄凄焉，遑遑焉，欲屈己以存道，贬身以救世。于时王公终莫能用之，乃退考五代之礼，修素王之事，因鲁史而制《春秋》，就太师而正《雅》《颂》，俾千载之后，莫不宗其文以述作，仰其圣以成谋咨，可谓命世之大圣，亿载之师表者也。遭天下大乱，百祀堕坏，旧居之庙，毁而不修，褒成之后，绝而莫继，阙里不闻讲颂之声，四时不睹蒸尝之位，斯岂所谓崇礼报功，盛德百世必祀者哉！其以议郎孔羡为宗圣侯，邑百户，奉孔子祀。"令鲁郡修起旧庙，置百户吏卒以守卫之，又于其外广为室屋以居学者。三月，加辽东太守公孙恭为车骑将军。初复五铢钱。夏四月，以车骑将军曹仁为大将军。五月，郑甘复叛，遣曹仁讨斩之。六月庚子，初祀五岳四渎，咸秩群祀。丁卯，夫人甄氏卒。戊辰晦，日有食之，有司奏免太尉，诏曰："灾异之作，以谴元首，而归过股肱，岂禹、汤罪己之义乎？其令百官各虔厥职，后有天地之眚，勿复劾三公。"秋八月，孙权遣使奉章，并遣于禁等还。丁巳，使太常邢贞持节拜权为大将军，封吴王，加九锡。冬十月，授杨彪光禄大夫。《续汉书》曰：

彪见汉祚将终，自以累世为三公，耻为魏臣，遂称足挛，不复行。积十余年，帝即王位，欲以为太尉，令近臣宣旨。彪辞曰："尝以汉朝为三公，值世衰乱，不能立尺寸之益，若复为魏臣，于国之选，亦不为荣也。"帝不夺其意。黄初四年，诏拜光禄大夫，秩中二千石，朝见位次三公，如孔光故事。彪上章固让，帝不听，又为门施行马，致吏卒，以优崇之。年八十四，以六年薨。**以谷贵，罢五铢钱。**《魏书》曰：十一月辛未，镇西将军曹真命众将及州郡兵讨破叛胡治元多、卢水、封赏等，斩首五万余级，获生口十万，羊一百一十一万口，牛八万，河西遂平。帝初闻胡决水灌显美，谓左右诸将曰："昔隗嚣灌略阳，而光武因其疲弊，进兵灭之。今胡决水灌显美，其事正相似，破胡事今至不久。"旬日，破胡告檄到，上大笑曰："吾策之于帷幕之内，诸将奋击于万里之外，其相应若合符契。前后战克获虏，未有如此也。"**己卯，以大将军曹仁为大司马。十二月，行东巡。是岁筑陵云台。**

　　三年春正月丙寅朔，日有蚀之。庚午，行幸许昌宫。诏曰："今之计考，古之贡士也；十室之邑，必有忠信，若限年然后取士，是吕尚、周晋不显于前世也。其令郡国所选，勿拘老幼；儒通经术，吏达文法，到皆试用。有司纠故不以实者。"《魏书》曰：癸亥，孙权上书，说："刘备支党四万人，马二三千匹，出秭归，请往扫扑，以克捷为效。"帝报曰："昔隗嚣之弊，祸发栒邑，子阳之禽，变起捍关，将军其亢厉威武，勉蹈奇功，以称吾意。"**二月，鄯善、龟兹、于阗王各遣使奉献，诏曰："西戎即叙，氐、羌来王，《诗》《书》美之。顷者西域外夷并款塞内附，其遣使者抚劳之。"是后西域遂通，置戊己校尉。三月乙丑，立齐公叡为平原王，帝弟鄢陵公彰等十一人皆为王。初制封王之庶子为乡公，嗣王之庶子为亭侯，公之庶子为亭伯。甲戌，立皇子霖为河东王。甲午，行幸襄邑。夏四月戊申，立鄄城侯植为鄄城王。癸亥，行还许昌宫。五月，以荆、扬江表八郡为荆州，孙权领牧故也；荆州江北诸郡为郢州。闰月，孙**

权破刘备于夷陵。

初，帝闻备兵东下，与权交战，树栅连营七百余里，谓群臣曰："备不晓兵，岂有七百里营可以拒敌者乎！'苞原隰险阻而为军者，为敌所禽'，此兵忌也。孙权上事今至矣。"后七日，破备书到。

秋七月，冀州大蝗，民饥，使尚书杜畿持节开仓廪以振之。八月，蜀大将黄权率众降。《魏书》曰：权及领南郡太守史部等三百一十八人，诣荆州刺史奉上所假印绶、棨戟、幢麾、牙门、鼓车。权等诣行在所，帝置酒设乐，引见于承光殿。权、部等人人前自陈，帝为论说军旅成败去就之分，诸将无不喜悦。赐权金帛、车马、衣裘、帷帐、妻妾，下及偏裨皆有差。拜权为侍中、镇南将军，封列侯，即日召使骖乘；及封史部等四十二人皆为列侯，为将军、郎将百余人。九月甲午，诏曰："夫妇人与政，乱之本也。自今以后，群臣不得奏事太后，后族之家不得当辅政之任，又不得横受茅土之爵；以此诏传后世，若有背违，天下共诛之。"庚子，立皇后郭氏。赐天下男子爵人二级；鳏寡笃癃及贫不能自存者赐谷。

冬十月甲子，表首阳山东为寿陵，作终制曰：

"礼，国君即位为椑，存不忘亡也。昔尧葬谷林，通树之，禹葬会稽，农不易亩，故葬于山林，则合乎山林。封树之制，非上古也，吾无取焉。寿陵因山为体，无为封树，无立寝殿，造园邑，通神道。夫葬也者，藏也，欲人之不得见也。骨无痛痒之知，冢非栖神之宅，礼不墓祭，欲存亡之不黩也，为棺椁足以朽骨，衣衾足以朽肉而已。故吾营此丘墟不食之地，欲使易代之后不知其处。无施苇炭，无藏金银铜铁，一以瓦器，合古涂车、刍灵之义。棺但漆际会三过，饭含无以珠玉，无施珠襦玉匣，诸愚俗所为也。季孙以玙璠敛，孔子历级而救之，譬之暴骸中原。宋公厚葬，君子谓华元、乐莒不臣，以为弃君于恶。汉文帝之不发，霸陵无求也；光武之掘，原陵封树也。霸陵之完，功在释之；原陵之掘，罪在明帝。是释之忠以利君，明帝爱以害亲也。忠臣孝子，宜思仲尼、丘明、释之之言，鉴华元、乐莒、明帝之戒，存于所以安君定亲，使魂灵万载无危，斯则贤圣之忠孝矣。

"自古及今，未有不亡之国，亦无不掘之墓也。丧乱以来，汉氏诸陵无不发掘，至乃烧取玉匣金缕，骸骨并尽，是焚如之刑也，岂不重痛哉！祸由乎厚葬封树。'桑、霍为我戒'，不亦明乎？其皇后及贵人以下，不随王之国者，有终没皆葬涧西，前又以表其处矣。盖舜葬苍梧，二妃不从，延陵葬子，远在嬴、博，魂而有灵，无不之也，一涧之间，不足为远。若违今诏，妄有所变改造施，吾为戮尸地下，戮而重戮，死而重死。臣子为蔑死君父，不忠不孝，使死者有知，将不福汝。其以此诏藏之宗庙，副在尚书、秘书、三府。"

是月，孙权复叛。复郢州为荆州。帝自许昌南征，诸军兵并进，权临江拒守。十一月辛丑，行幸宛。庚申晦，日有食之。是岁，穿灵芝池。

四年春正月，诏曰："丧乱以来，兵革未戢，天下之人，互相残杀。今海内初定，敢有私复仇者皆族之。"筑南巡台于宛。三月丙申，行自宛还洛阳宫。癸卯，月犯心中央大星。《魏书》载丙午诏曰："孙权残害民物，朕以寇不可长，故分命猛将三道并征。今征东诸军与权党吕范等水战，则斩首四万，获船万艘。大司马据守濡须，其所禽获亦以万数。中军、征南攻围江陵，左将军张郃等舳舻直渡，击其南渚，贼赴水溺死者数千人，又为地道攻城，城中外雀鼠不得出入，此几上肉耳！而贼中疠气疾病，夹江涂地，恐相染污。昔周武伐殷，旋师孟津，汉祖征隗嚣，还军高平，皆知天时而度贼情也。且成汤解三面之网，天下归仁。今开江陵之围，以缓成死之禽。且休力役，罢省繇戍，畜养士民，咸使安息。"丁未，大司马曹仁薨。是月大疫。夏五月，有鹈鹕鸟集灵芝池，诏曰："此诗人所谓污泽也。《曹》

诗'刺恭公远君子而近小人',今岂有贤智之士处于下位乎？否则斯鸟何为而至？其博举天下俊德茂才、独行君子,以答曹人之刺。"六月甲戌,任城王彰薨于京都。甲申,太尉贾诩薨。太白昼见。是月大雨,伊、洛溢流,杀人民,坏庐宅。秋八月丁卯,以廷尉钟繇为太尉。辛未,校猎于荥阳,遂东巡。论征孙权功,诸将已下进爵增户各有差。九月甲辰,行幸许昌宫。《魏书》曰：十二月丙寅,赐山阳公夫人汤沐邑,公女曼为长乐郡公主,食邑各五百户。是冬,甘露降芳林园。

　　五年春正月,初令谋反大逆乃得相告,其余皆勿听治；敢妄相告,以其罪罪之。三月,行自许昌还洛阳宫。夏四月,立太学,制五经课试之法,置《春秋谷梁》博士。五月,有司以公卿朝朔望日,因奏疑事,听断大政,论辨得失。秋七月,行东巡,幸许昌宫。八月,为水军,亲御龙舟,循蔡、颍、浮淮,幸寿春。扬州界将吏士民,犯五岁刑已下,皆原除之。九月,遂至广陵,赦青、徐二州,改易诸将守。冬十月乙卯,太白昼见。行还许昌宫。《魏书》载癸酉诏曰："近之不绥,何远之怀？今事多而民少,上下相弊以文法,百姓无所措其手足。昔泰山之哭者,以为苛政甚于猛虎,吾备儒者之风,服圣人之遗教,岂可以目玩其辞,行违其诫者哉？广议轻刑,以惠百姓。"十一月庚寅,以冀州饥,遣使者开仓廪振之。戊申晦,日有食之。十二月,诏曰："先王制礼,所以昭孝事祖,大则郊社,其次宗庙,三辰五行,名山大川,非此族也,不在祀典。叔世衰乱,崇信巫史,至乃宫殿之内,户牖之间,无不沃酹,甚矣其惑也。自今,其敢设非祀之祭,巫祝之言,皆以执左道论,著于令典。"是岁穿天渊池。

　　六年春二月,遣使者循行许昌以东尽沛郡,问民所疾苦,贫者振贷之。三月,行幸召陵,通讨虏渠。乙巳,还许昌宫。并州刺史梁习讨鲜卑轲比能,大破之。辛未,帝为舟师东征。五月戊申,幸谯。壬戌,荧惑入太微。六月，利成郡兵蔡方等以郡反，杀太守徐质。遣屯骑校尉任福、步兵校尉段昭与青州刺史讨平之；其见胁略及亡命者，皆赦其罪。秋七月，立皇子鉴为东武阳王。八月，帝遂以舟师自谯循涡入淮，从陆道幸徐。九月，筑东巡台。冬十月，行幸广陵故城，临江观兵，戎卒十余万，旌旗数百里。《魏书》载帝于马上为诗曰："观兵临江水，水流何汤汤！戈矛成山林，玄甲曜日光。猛将怀暴怒，胆气正从横。谁云江水广，一苇可以航？不战屈敌虏，戢兵称贤良。古公宅岐邑，实始翦殷商。孟献营虎牢，郑人惧稽颡。充国务耕殖，先零自破亡。兴农淮泗间，筑室都徐方。量宜运权略，六军咸悦康；岂如《东山》诗，悠悠多忧伤。"是岁大寒，水道冰，舟不得入江，乃引还。十一月，东武阳王鉴薨。十二月，行自谯过梁，遣使以太牢祀故汉太尉桥玄。

七年春正月，将幸许昌，许昌城南门无故自崩，帝心恶之，遂不入。壬子，行还洛阳宫。三月，筑九华台。夏五月丙辰，帝疾笃，召中军大将军曹真、镇军大将军陈群、征东大将军曹休、抚军大将军司马宣王，并受遗诏辅嗣主。遣后宫淑媛、昭仪已下归其家。丁巳，帝崩于嘉福殿，时年四十。六月戊寅，葬首阳陵。自殡及葬，皆以终制从事。《魏氏春秋》曰：明帝将送葬，曹真、陈群、王朗等以暑热固谏，乃止。｜孙盛曰：夫窀穸之事，孝子之极痛也，人伦之道，于斯莫重。故天子七月而葬，同轨毕至。夫以义感之情，犹尽临隧之哀，况乎天性发中，敦礼者重之哉！魏氏之德，仍世不基矣。昔华元厚葬，君子以为弃君于恶，群等之谏，弃孰甚焉！

初，帝好文学，以著述为务，自所勒成垂百篇。又使诸儒撰集经传，随类相从，凡千余篇，号曰《皇览》。《魏书》曰：帝初在东宫，疫疠大起，时人雕伤，帝深感叹，与素所敬者大理王朗书曰："生有七尺之形，死为一棺之土，唯立德扬名，可以不朽，其次莫如著篇籍。疫疠数起，士人雕落，余独何人，能全其寿？"故论撰所著《典论》、诗赋，盖百余篇，集诸儒于肃城门内，讲论大义，侃侃无倦。常嘉汉文帝之为君，宽仁玄默，务欲以德化民，有贤圣之风。时文学诸儒，或以为孝文虽贤，其于聪明，通达国体，不如贾谊。帝由是著《太宗论》曰："昔有苗不宾，重华舞以干戚，尉佗称帝，孝文抚以恩德，吴王不朝，锡之几杖以抚其意，而天下赖安；乃弘三章之教，恺悌之化，欲使襄时累息之民，得阔步高谈，无危惧之心。若贾谊之才敏，筹画国政，特贤臣之器，管、晏之姿，岂若孝文大人之量哉？"三年之中，以孙权不服，复班《太宗论》于天下，明示不愿征伐也。他日又从容言曰："顾我亦有所不取于汉文帝者三：杀薄昭；幸邓通；慎夫人衣不曳地，集上书囊为帐帷。以为汉文俭而无法，舅后之家，但当养育以恩而不当假借以权，既触罪法，又不得不害矣。"其欲秉持中道，以为帝王仪表者如此。

评曰：文帝天资文藻，下笔成章，博闻强识，才艺兼该；《博物志》曰：帝善弹棋，能用手巾角。时有一书生，又能低头以所冠著葛巾角撇棋。若加之旷大之度，励以公平之诚，迈志存道，克广德心，则古之贤主，何远之有哉！

三卷 魏书 三

明帝纪 | 明帝叡

○明帝叡

　　明皇帝讳叡，字元仲，文帝太子也。生而太祖爱之，常令在左右。《魏书》曰：帝生数岁而有岐嶷之姿，武皇帝异之，曰："我基于尔三世矣。"每朝宴会同，与侍中近臣并列帷幄。好学多识，特留意于法理。年十五，封武德侯，黄初二年为齐公，三年为平原王。以其母诛，故未建为嗣。《魏略》曰：文帝以郭后无子，诏使子养帝。帝以母不以道终，意甚不平。后不获已，乃敬事郭后，旦夕因长御问起居，郭后亦自以无子，遂加慈爱。文帝始以帝不悦，有意欲以他姬子京兆王为嗣，故久不拜太子。｜《魏末传》曰：帝常从文帝猎，见子母鹿。文帝射杀鹿母，使帝射鹿子，帝不从，曰："陛下已杀其母，臣不忍复杀其子。"因涕泣。文帝即放弓箭，以此深奇之，而树立之意定。七年夏五月，帝病笃，乃立为皇太子。丁巳，即皇帝位，大赦。尊皇太后曰太皇太后，皇后曰皇太后。诸臣封爵各有差。《世语》曰：帝与朝士素不接，即位之后，群下想闻风采。居数日，独见侍中刘晔，语尽日。众人侧听，晔既出，问："何如？"晔曰："秦始皇、汉孝武之俦，才具微不及耳。"癸未，追谥母甄夫人曰文昭皇后。壬辰，立皇弟蕤为阳平王。八月，孙权攻江夏郡，太守文聘坚守。朝议欲发兵救之，帝曰："权习水战，所以敢下船陆攻者，几掩不备也。今已与聘相持，夫攻守势倍，终不敢久也。"先时遣治书侍御史荀禹慰劳边方，禹到，于江夏发所经县兵及所从步骑千人乘山举火，权退走。辛巳，立皇子冏为清河王。吴将诸葛瑾、张霸等寇襄阳，抚军大将军司马宣王讨破之，斩霸，征东大将军曹休又破其别将于寻阳。论功行赏各有差。冬十月，清河王冏薨。十二月，以太尉钟繇为太傅，征东大将军曹休为大司马，中军大将军曹真为大将军，司徒华歆为太尉，司空王朗为司徒，镇军大将军陈群为司空，抚军大将军司马宣王为骠骑大将军。

太和元年春正月，郊祀武皇帝以配天，宗祀文皇帝于明堂以配上帝。分江夏南部，置江夏南部都尉。西平麹英反，杀临羌令、西都长，遣将军郝昭、鹿磐讨斩之。二月辛未，帝耕于籍田。辛巳，立文昭皇后寝庙于邺。丁亥，朝日于东郊。夏四月乙亥，行五铢钱。甲申，初营宗庙。秋八月，夕月于西郊。冬十月丙寅，治兵于东郊。焉耆王遣子入侍。十一月，立皇后毛氏。赐天下男子爵人二级，鳏寡孤独不能自存者赐谷。十二月，封后父毛嘉为列侯。新城太守孟达反，诏骠骑将军司马宣王讨之。《魏略》曰：达以延康元年率部曲四千余家归魏。文帝时初即王位，既宿知有达，闻其来，甚悦，令贵臣有识察者往观之，还曰"将帅之才也"，或曰"卿相之器也"，王益钦达，逆与达书曰："近日有命，未足达旨，何者？昔伊挚背商而归周，百里去虞而入秦，乐毅感膈夷以蝉蜕，王遵识逆顺以去就，皆审兴废之符效，知成败之必然，故丹青画其形容，良史载其功勋。闻卿姿度纯茂，器量优绝，当骋能明时，收名传记。今者翻然濯鳞清流，甚相嘉乐，虚心西望，依依若旧，下笔属辞，欢心从之。昔虞卿入赵，再见取相，陈平就汉，一觐参乘，孤今于卿，情过于往，故致所御马物以昭忠爱。"又曰："今者海内清定，万里一统，三垂无风尘之警，中夏无狗吠之虞，以是弛罔阔禁，与世无疑，保官空虚，初无质任。卿来相就，当明孤意，慎勿令家人缤纷道路，以亲骇疏也。若卿欲来相见，且当先安部曲，有所保固，然后徐徐轻骑来东。"达既至谯，进见闲雅，才辩过人，众莫不属目。又王近出，乘小辇，执其手，抚其背戏之曰："卿得无为刘备刺客邪？"遂与同载。又加拜散骑常侍，领新城太守，委以西南之任。时众臣或以为待之太猥，又不宜委以方任。王闻之曰："吾保其无他，亦譬以蒿箭射蒿中耳。"达既为文帝所宠，又与桓阶、夏侯尚亲善，及文帝崩，时桓、尚皆卒，达自以羁旅久在疆场，心不自安。诸葛亮闻之，阴欲诱达，数书招之，达与相报答。魏兴太守申仪与达有隙，密表达与蜀潜通，帝未之信也。司马宣王遣参军梁几察之，又劝其入朝。达惊惧，遂反。｜干宝《晋纪》曰：达初入新城，登白马塞，叹曰："刘封、申耽，据金城千里而失之乎！"

二年春正月，宣王攻破新城，斩达，传其首。分新城之上庸、武陵、巫县为上庸郡，锡县为锡郡。蜀大将诸葛亮寇边，天水、南安、安定三郡吏民叛应亮。《魏书》曰：是时朝臣未知计所出，帝曰："亮阻山为固，今者自来，既合兵书致人之术；且亮贪三郡，知进而不知退，今因此时，破亮必也。"乃部勒兵马步骑五万拒亮。遣大将军曹真都督关右，并进兵。右将军张郃击亮于街亭，大破之。亮败走，三郡平。丁未，行幸长安。《魏略》载帝露布天下并班告益州曰："刘备背恩，自窜巴蜀。诸葛亮弃父母之国，阿残贼之党，神人被毒，恶积衅身灭。亮外慕立孤之名，而内贪专擅之实。刘升之兄弟守空城而已。亮又侮易益土，虐用其民，是以利狼、宕渠、高定、青羌莫不瓦解，为亮仇敌。而亮反裘负薪，里尽毛殚，刖趾适屦，刻肌伤骨，反更称说，自以为能，行兵于井底，游步于牛蹄。自朕即位，三边无事，犹哀怜天下数遭兵革，且欲养四海之耆老，长后生之孤幼，先移风于礼乐，次讲武于农隙，置亮画外，未以为虞。而亮怀李熊愚勇之志，不思荆邯度德之戒，驱略吏民，盗利祁山。王师方振，胆破气夺，马谡、高祥望旗奔败。虎臣逐北，蹈尸涉血，亮也小子，震惊朕师。猛锐踊跃，咸思长驱。朕惟率土莫非王臣，师之所处，荆棘生焉，不欲使十室之邑忠信贞良与夫淫昏之党，共受涂炭。故先开示，以昭国诚，勉思变化，无滞乱邦。巴蜀将吏士民诸为亮所劫迫，公卿已下皆听束手。"夏四月丁酉，还洛阳宫。赦系囚非殊死以下。乙巳，论讨亮功，封爵增邑各有差。五月，大旱。六月，诏曰："尊儒贵学，王教之本也。自顷儒官或非其人，将何以宣明圣道？其高选博士，才任侍中、常侍者。申敕郡国，贡士以经学为先。"秋九月，曹休率诸军至皖，与吴将陆议战于石亭，败绩。乙酉，立皇子穆为繁阳王。庚子，大司马曹休薨。冬十月，诏公卿近臣举良将各一人。十一月，司徒王朗薨。十二月，诸葛亮围陈仓，曹真遣将军费曜等拒之。

《魏略》曰：先是，使将军郝昭筑陈仓城；会亮至，围昭，不能拔。昭字伯道，太原人，为人雄壮，少入军为部曲督，数有战功，为杂号将军，遂镇守河西十余年，民夷畏服。亮围陈仓，使昭乡人靳详于城外遥说之，昭于楼上应详曰："魏家科法，卿所练也；我之为人，卿所知也。我受国恩多而门户重，卿无可言者，但有必死耳。卿还谢诸葛，便可攻也。"详以昭语告亮，亮又使详重说昭，言人兵不敌，无为空自破灭。昭谓详曰："前言已定矣。我识卿耳，箭不识也。"详乃去。亮自以有众数万，而昭兵才千余人，又度东救未能便到，乃进兵攻昭，起云梯冲车以临城。昭于是以火箭逆射其云梯，梯然，梯上人皆烧死。昭又以绳连石磨压其冲车，冲车折。亮乃更为井阑百尺以射城中，以土丸填堑，欲直攀城，昭又于内筑重墙。亮又为地突，欲踊出于城里，昭又于城内穿地横截之。昼夜相攻拒二十余日，亮无计，救至，引退。辽东太守公孙恭兄子渊劫夺恭位，遂以渊领辽东太守。

三年夏四月，元城王礼薨。六月癸卯，繁阳王穆薨。戊申，追尊高祖大长秋曰高皇帝，夫人吴氏曰高皇后。秋七月，诏曰："礼，王后无嗣，择建支子以继太宗，则当纂正统而奉公义，何得复顾私亲哉！汉宣继昭帝后，加悼考以皇号；哀帝以外藩援立，而董宏等称引亡秦，或误时朝，既尊恭皇，立庙京都，又宠藩妾，使比长信，叙昭穆于前殿，并四位于东宫，僭差无度，人神弗祐，而非罪师丹忠正之谏，用致丁、傅焚如之祸。自是之后，相踵行之。昔鲁文逆祀，罪由夏父；宋国非度，讥在华元。其令公卿有司，深以前世行事为戒。后嗣万一有由诸侯入奉大统，则当明为人后之义；敢为佞邪导谀时君，妄建非正之号以干正统，谓考为皇，称妣为后，则股肱大臣，诛之无赦。其书之金策，藏之宗庙，著于令典。"冬十月，改平望观曰听讼观。帝常言"狱者，天下之性命也"，每断大狱，常幸观临听之。初，洛阳宗庙未成，神主在邺庙。十一月，庙始成，使太常韩暨持节迎高皇帝、太皇帝、武帝、文帝神主于邺，十二月己丑至，奉安神主于庙。癸卯，大月氏王波调遣使奉献，以调为亲魏大月氏王。

四年春二月壬午，诏曰："世之质文，随教而变。兵乱以来，经学废绝，后生进趣，不由典谟。岂训导未洽，将进用者不以德显乎？其郎吏学通一经，才任牧民，博士课试，擢其高第者，亟用；其浮华不务道本者，皆罢退之。"戊子，诏太傅三公：以文帝《典论》刻石，立于庙门之外。癸巳，以大将军曹真为大司马，骠骑将军司马宣王为大将军，辽东太守公孙渊为车骑将军。夏四月，太傅钟繇薨。六月戊子，太皇太后崩。丙申，省上庸郡。秋七月，武宣卞后祔葬于高陵。诏大司马曹真、大将军司马宣王伐蜀。八月辛巳，行东巡，遣使者以特牛祠中岳。乙未，幸许昌宫。九月，大雨，伊、洛、河、汉水溢，诏真等班师。冬十月乙卯，行还洛阳宫。庚申，令："罪非殊死，听赎各有差。"十一月，太白犯岁星。十二月辛未，改葬文昭甄后于朝阳陵。丙寅，诏公卿举贤良。

五年春正月，帝耕于籍田。三月，大司马曹真薨。诸葛亮寇天水，诏大将军司马宣王拒之。自去冬十月至此月不雨，辛巳，大雩。夏四月，鲜卑附义王轲比能率其种人及丁零大人儿禅诣幽州贡名马。复置护匈奴中郎将。秋七月丙子，以亮退走，封爵增位各有差。《魏书》曰：初，亮出，议者以为亮军无辎重，粮必不继，不击自破，无为劳兵；或欲自芟上邽左右生麦以夺贼食，帝皆不从。前后遣兵增宣王军，又敕使护麦。宣王与亮相持，赖得此麦以为军粮。乙酉，皇子殷生，大赦。八月，诏曰："古者诸侯朝聘，所以敦睦亲亲协和万国也。先帝著令，不欲使诸王在京都者，谓幼主在位，母后摄政，防微以渐，关诸盛衰也。朕惟不见诸王十有二载，悠悠之怀，能不兴思！其令诸王及宗室公侯各将适子一人朝。后有少主、母后在宫者，自如先帝令，申明著于令。"冬十一月乙酉，月犯轩辕大星。戊戌晦，日有蚀之。十二月甲辰，月犯镇星。戊午，太尉华歆薨。

六年春二月，诏曰："古之帝王，封建诸侯，所以藩屏王室也。《诗》不云乎，'怀德维宁，宗子维城'。秦、汉继周，或强或弱，俱失厥中。大魏创业，诸王开国，随时之宜，未有定制，非所以永为后法也。其改封诸侯王，皆以郡为国。"三月癸酉，行东巡，所过存问高年鳏寡孤独，赐谷帛。乙亥，月犯轩辕大星。夏四月壬寅，行幸许昌宫。甲子，初进新果于庙。五月，皇子殷薨，追封谥安平哀王。秋七月，以卫尉董昭为司徒。九月，行幸摩陂，治许昌宫，起景福、承光殿。冬十月，殄夷将军田豫帅众讨吴将周贺于成山，杀贺。十一月丙寅，太白昼见。有星孛于翼，近太微上将星。庚寅，陈思王植薨。十二月，行还许昌宫。

青龙元年春正月甲申，青龙见郏之摩陂井中。二月丁酉，幸摩陂观龙，于是改年；改摩陂为龙陂，赐男子爵人二级，鳏寡孤独无出今年租赋。三月甲子，诏公卿举贤良笃行之士各一人。夏五月壬申，诏祀故大将军夏侯惇、大司马曹仁、车骑将军程昱于太祖庙庭。戊寅，北海王蕤薨。闰月庚寅朔，日有蚀之。丁酉，改封宗室女非诸王女皆为邑主。诏诸郡国山川不在祠典者勿祠。六月，洛阳宫鞠室灾。保塞鲜卑大人步度根与叛鲜卑大人轲比能私通，并州刺史毕轨表辄出军，以外威比能，内镇步度根。帝省表曰："步度根以为比能所诱，有自疑心。今轨出军，适使二部惊合为一，何所威镇乎？"促敕轨，以出军者慎勿越塞过句注也。比诏书到，轨以进军屯阴馆，遣将军苏尚、董弼追鲜卑。比能遣子将千余骑迎步度根部落，与尚、弼相遇，战于楼烦，二将败没。步度根部落皆叛出塞，与比能合寇边。遣骁骑将军秦朗将中军讨之，虏乃走漠北。秋九月，安定保塞匈奴大人胡薄居姿职等叛，司马宣王遣将军胡遵等追讨，破降之。冬十月，步度根部落大人戴胡阿狼泥等诣并州降，朗引军还。《魏略》曰：朗游遨诸侯间，历武、文之世而无尤也。及明帝即位，授以内官，为骁骑将军、给事中，每车驾出入，朗常随从。时明帝喜发举，数有以轻微而致大辟者，朗终不能有所谏止，又未尝进一善人，帝亦以是亲爱；每顾问之，多呼其小字阿稣，数加赏赐，为起大第于京城中。四方虽知朗无能为益，犹以附近至尊，多赂遗之，富均公侯。十二月，公孙渊斩送孙权所遣使张弥、许晏首，以渊为大司马乐浪公。《世语》曰：并州刺史毕轨送汉故度辽将军范明友鲜卑奴，年三百五十岁，言语饮食如常人。奴云："霍显，光后小妻。明友妻，光前妻女。"｜《傅子》曰：时太原发冢破棺，棺中有一生妇人，将出与语，生人也。送之京师，问其本事，不知也。视其冢上树木可三十岁，不知此妇人三十岁常生于地中邪？将一朝欻生，偶与发冢者会也？

二年春二月乙未，太白犯荧惑。癸酉，诏曰："鞭作官刑，所以纠慢怠也，而顷多以无辜死。其减鞭杖之制，著于令。"三月庚寅，山阳公薨，帝素服发哀，遣使持节典护丧事。己酉，大赦。夏四月，大疫。崇华殿灾。丙寅，诏有司以太牢告祠文帝庙。追谥山阳公为汉孝献皇帝，葬以汉礼。《献帝传》曰：帝变服，率群臣哭之，使使持节行司徒，太常和洽吊祭，又使持节行大司空，大司农崔林监护丧事。诏曰："盖五帝之事尚矣，仲尼盛称尧、舜巍巍荡荡之功者，以为禅代乃大圣之懿事也。山阳公深识天禄永终之运，禅位文帝以顺天命。先帝命公行汉正朔，郊天祀祖以天子之礼，言事不称臣，此舜事尧之义也。昔放勋殂落，四海如丧考妣，遏密八音，明丧葬之礼同于王者也。今有司奏丧礼比诸侯王，此岂古之遗制而先帝之至意哉？今谥公汉孝献皇帝。"

是月，诸葛亮出斜谷，屯渭南，司马宣王率诸军拒之。诏宣王："但坚壁拒守以挫其锋，彼进不得志，退无与战，久停则粮尽，虏略无所获，则必走矣。走而追之，以逸待劳，全胜之道也。"《魏氏春秋》曰：亮既屡遣使交书，又致巾帼妇人之饰，以怒宣王。宣王将出战，辛毗杖节奉诏，勒宣王及军吏已下，乃止。宣王见亮使，唯问其寝食及其事之烦简，不问戎事。使对曰："诸葛公夙兴夜寐，罚二十已上，皆亲览焉；所啖食不过数升。"宣王曰："亮体毙矣，其能久乎？"五月，太白昼见。孙权入居巢湖口，向合肥新城，又遣将陆议、孙韶各将万余人入淮、沔。六月，征东将军满宠进军拒之。宠欲拔新城守，致贼寿春，帝不听，曰："昔汉光武遣兵县据略阳，终以破隗嚣，先帝东置合肥，南守襄阳，西固祁山，贼来辄破于三城之下者，地有所必争也。纵权攻新城，必不能拔。敕诸将坚守，吾将自往征之，比至，恐权走也。"秋七月壬寅，帝亲御龙舟东征，权攻新城，将军张颖等拒守力战，帝军未至数百里，权遁走，议、韶等亦退。群臣以为大将军方与诸葛亮相持未解，车驾可西幸长安。帝曰："权走，亮胆破，大将军以制之，吾无忧矣。"遂进军幸寿春，录诸将功，封赏各有差。八月己未，大曜兵，飨六军，遣使者持节犒劳合肥、寿春诸军。辛巳，行还许昌宫。

司马宣王与亮相持，连围积日，亮数挑战，宣王坚垒不应。会亮卒，其军退还。冬十月乙丑，月犯镇星及轩辕。戊寅，月犯太白。十一月，京都地震，从东南来，隐隐有声，摇动屋瓦。十二月，诏有司删定大辟，减死罪。

三年春正月戊子，以大将军司马宣王为太尉。己亥，复置朔方郡。京都大疫。丁巳，皇太后崩。乙亥，陨石于寿光县。三月庚寅，葬文德郭后，营陵于首阳陵涧西，如终制。顾恺之《启蒙注》曰：魏时人有开周王冢者，得殉葬女子，经数日而有气，数月而能语；年可二十。送诣京师，郭太后爱养之。十余年，太后崩，哀思哭泣，一年余而死。是时，大治洛阳宫，起昭阳、太极殿，筑总章观。百姓失农时，直臣杨阜、高堂隆等各数切谏，虽不能听，常优容之。《魏略》曰：是年起太极诸殿，筑总章观，高十余丈，建翔风于其上；又于芳林园中起陂池，楫棹越歌；又于列殿之北立八坊，诸才人以次序处其中，贵人夫人以上转南附焉，其秩石拟百官之数。帝常游宴在内，乃选女子知书可付信者六人，以为女尚书，使典省外奏事，处当画可。自贵人以下至尚、保，及给掖庭洒扫，习伎歌者，各有千数。通引谷水过九龙前，为玉井绮栏，蟾蜍含受，神龙吐出。使博士马均作司南车，水转百戏。岁首建巨兽，鱼龙曼延，弄马倒骑，备如汉西京之制，筑闾阖诸门阙外罘罳。秋七月，洛阳崇华殿灾。八月庚午，立皇子芳为齐王，询为秦王。丁巳，行还洛阳宫。命有司复崇华，改名九龙殿。冬十月己酉，中山王衮薨。壬申，太白昼见。十一月丁酉，行幸许昌宫。《搜神记》曰：初，汉元、成之世，先识之士有言曰：魏年有和，当有开石于西三千余里，系五马，文曰"大讨曹"。及魏之初兴也，张掖之柳谷，有开石焉，始见于建安，形于黄初，文备于太和，周围七寻，中高一仞，苍质素章，龙马、麟鹿、凤皇、仙人之象，粲然咸著，此一事者，魏、晋代兴之符也。至晋泰始三年，张掖太守焦胜上言，以留郡本国图校今石文，文字多少不同，谨具图上。按其文有五马象，其一有人平上帻，执戟而乘之，其一有若马形而不成，其字有"金"，有"中"，有"大司马"，有"王"，有"大吉"，有"正"，有"开寿"，其一成行，曰"金当取之"。

四年春二月，太白复昼见，月犯太白，又犯轩辕一星，入太微而出。夏四月，置崇文观，征善属文者以充之。五月乙卯，司徒董昭薨。丁巳，肃慎氏献楛矢。六月壬申，诏曰："有虞氏画象而民弗犯，周人刑错而不用。朕从百王之末，追望上世之风，邈乎何相去之远？法令滋章，犯者弥多，刑罚愈众，而奸不可止。往者按大辟之条，多所蠲除，思济生民之命，此朕之至意也。而郡国蔽狱，一岁之中尚过数百，岂朕训导不醇，俾民轻罪，将苛法犹存，为之陷阱乎？有司其议狱缓死，务从宽简，及乞恩者，或辞未出而狱以报断，非所以究理尽情也。其令廷尉及天下狱官，诸有死罪具狱以定，非谋反及手杀人，亟语其亲治，有乞恩者，使与奏当文书俱上，朕将思所以全之。其布告天下，使明朕意。"秋七月，高句骊王宫斩送孙权使胡卫等首，诣幽州。甲寅，太白犯轩辕大星。冬十月己卯，行还洛阳宫。甲申，有星孛于大辰，乙酉，又孛于东方。十一月己亥，彗星见，犯宦者天纪星。十二月癸巳，司空陈群薨。乙未，行幸许昌宫。

景初元年春正月壬辰，山茌县言黄龙见。于是有司奏，以为魏得地统，宜以建丑之月为正。三月，定历改年为孟夏四月。《魏书》曰：初，文皇帝即位，以受禅于汉，因循汉正朔弗改。帝在东宫著论，以为五帝三王虽同气共祖，礼不相袭，正朔自宜改变，以明受命之运。及即位，优游者久之，史官复著言宜改，乃诏三公、特进、九卿、中郎将、大夫、博士、议郎、千石、六百石博议，议者或不同。帝据古典，甲子诏曰："夫太极运三辰五星于上，元气转三统五行于下，登降周旋，终则又始。故仲尼作《春秋》，于三微之月，每月称王，以明三正迭相为首。今推三统之次，魏得地统，当以建丑之月为正月。考之群艺，厥义章矣。其改青龙五年三月为景初元年四月。"服色尚黄，牺牲用白，戎事乘黑首白马，建大赤之旗，朝会建大白之旗。臣松之按：魏为土行，故服色尚黄。行殷之时，以建丑为正，故牺牲旍旗一用殷礼。改太和历曰景初历。其春夏秋冬孟仲季月虽与正岁不同，至于郊祀、迎气、祄祠、蒸尝、巡狩、蒐田、分至启闭、班宣时令、中气早晚、敬授民事，皆以正岁斗建为历数之序。五月己巳，行还洛阳宫。己丑，大赦。六月戊申，京都地震。己亥，以尚书令陈矫为司徒，尚书右仆射卫臻为司空。丁未，分魏兴之魏阳、锡郡之安富、上庸为上庸郡。省锡郡，以锡县属魏兴郡。有司奏：武皇帝拨乱反正，为魏太祖，乐用《武始之舞》；文皇帝应天受命，为魏高祖，乐用《咸熙之舞》；帝制作兴治，为魏烈祖，乐用《章武之舞》。三祖之庙万世不毁，其余四庙，亲尽迭毁，如周后稷、文、武庙祧之制。孙盛曰：夫谥以表行，庙以存容，皆于既没然后著焉，所以原始要终，以示百世也。未有当年而逆制祖宗，未终而豫自尊显。昔华、乐以厚敛致讥，周人以豫凶违礼，魏之群司，于是乎失正。秋七月丁卯，司徒陈矫薨。

孙权遣将朱然等二万人围江夏郡，荆州刺史胡质等击之，然退走。初，权遣使浮海与高句骊通，欲袭辽东。遣幽州刺史毌丘俭率诸军及鲜卑、乌丸屯辽东南界，玺书征公孙渊。渊发兵反，俭进军讨之，会连雨十日，辽水大涨，诏俭引军还。右北平乌丸单于寇娄敦、辽西乌丸都督王护留等居辽东，率部众随俭内附。己卯，诏辽东将吏士民为渊所胁略不得降者，一切赦之。辛卯，太白昼见。渊自俭还，遂自立为燕王，置百官，称绍汉元年。诏青、兖、幽、冀四州大作海船。九月，冀、兖、徐、豫四州民遇水，遣侍御史循行没溺死亡及失财产者，在所开仓振救之。庚辰，皇后毛氏卒。冬十月丁未，月犯荧惑。癸丑，葬悼毛后于愍陵。乙卯，营洛阳南委粟山为圜丘。十二月壬子冬至，始祀。丁巳，分襄阳临沮、宜城、旍阳、邔四县，置襄阳南部都尉。己未，有司奏文昭皇后立庙京都。分襄阳郡之郧叶县属义阳郡。《魏略》曰：是岁，徙长安诸钟簴、骆驼、铜人、承露盘。盘折，铜人重不可致，留于霸城。大发铜铸作铜人二，号曰翁仲，列坐于司马门外。又铸黄龙、凤皇各一，龙高四丈，凤高三丈余，置内殿前。起土山于芳林园西北陬，使公卿群僚皆负土成山，树松竹杂木善草于其上，捕山禽杂兽置其中。│《汉晋春秋》曰：帝徙盘，盘折，声闻数十里，金狄或泣，因留霸城。

二年春正月，诏太尉司马宣王帅众讨辽东。干宝《晋纪》曰：帝问宣王："度渊将何计以待君？"宣王对曰："渊弃城预走，上计也；据辽水拒大军，其次也；坐守襄平，此为成禽耳。"帝曰："然则三者何出？"对曰："唯明智审量彼我，乃预有所割弃，此既非渊所及，又谓今往县远，不能持久，必先拒辽水，后守也。"帝曰："往还几日？"对曰："往百日，攻百日，还百日，以六十日为休息，如此，一年足矣。"二月癸卯，以大中大夫韩暨为司徒。癸丑，月犯心距星，又犯心中央大星。夏四月庚子，司徒韩暨薨。壬寅，分沛国萧、相、竹邑、符离、蕲、铚、龙亢、山桑、洨、虹十县，汝阴郡宋县、陈郡苦县皆属谯郡。以沛、杼秋、公丘、彭城丰国、广戚，并五县为沛王国。庚戌，大赦。五月乙亥，月犯心距星，又犯中央大星。《魏书》载戊子诏曰："昔汉高祖创业，光武中兴，谋除残暴，功昭四海，而坟陵崩颓，童儿牧竖践蹑其上，非大魏尊崇所承代之意也。其表高祖、光武陵四面百步，不得使民耕牧樵采。"六月，省渔阳郡之狐奴县，复置安乐县。秋八月，烧当羌王芒中、注诣等叛，凉州刺史率诸郡攻讨，斩注诣首。癸丑，有彗星见张宿。《汉晋春秋》曰：史官言于帝曰："此周之分野也，洛邑恶之。"于是大修禳祷之术以厌焉。丙寅，司马宣王围公孙渊于襄平，大破之，传渊首于京都，海东诸郡平。冬十一月，录讨渊功，太尉宣王以下增邑封爵各有差。

初，帝议遣宣王讨渊，发卒四万人。议臣皆以为四万兵多，役费难供。帝曰："四千里征伐，虽云用奇，亦当任力，不当稍计役费。"遂以四万人行。及宣王至辽东，霖雨不得时攻，群臣或以为渊未可卒破，宜诏宣王还。帝曰："司马懿临危制变，擒渊可计日待也。"卒皆如所策。壬午，以司空卫臻为司徒，司隶校尉崔林为司空。闰月，月犯心中央大星。十二月乙丑，帝寝疾不豫。辛巳，立皇后。赐天下男子爵人二级，鳏寡孤独谷。以燕王宇为大将军，甲申免，以武卫将军曹爽代之。《汉晋春秋》曰：帝以燕王宇为大将军，使与领军将军夏侯献、武卫将军曹爽、屯骑校尉曹肇、骁骑将军秦朗等对辅政。中书监刘放、令孙资久专权宠，为朗等素所不善，惧有后害，阴图间之，而宇常在帝侧，故未得有言。甲申，帝气微，宇下殿呼曹肇有所议，未还，而帝少间，惟曹爽独在。放知之，呼资与谋。资曰："不可动也。"放曰："俱入鼎镬，何不可之有？"乃突前见帝，垂泣曰："陛下气微，若有不讳，将以天下付谁？"帝曰："卿不闻用燕王耶？"放曰："陛下忘先帝诏敕，藩王不得辅政。且陛下方病，而曹肇、秦朗等便与才人侍疾者言戏。燕王拥兵南面，不听臣等入，此即竖刁、赵高也。今皇太子幼弱，未能统政，外有强暴之寇，内有劳怨之民，陛下不远虑存亡，而近系恩旧。委祖宗之业，付二三凡士，寝疾数日，外内拥隔，社稷危殆，而己不知，此臣等所以痛心也。"帝得放言，大怒曰："谁可任者？"放、资乃举爽代宇，又白"宜诏司马宣王使相参"，帝从之。放、资出，曹肇入，泣涕固谏，帝使肇敕停。肇出户，放、资趋而往，复说止帝，帝又从其言。放曰："宜为手诏。"帝曰："我困笃，不能。"放即上床，执帝手强作之，遂赍出，大言曰："有诏免燕王宇等官，不得停省中。"于是宇、肇、献、朗相与泣而归第。

初，青龙三年中，寿春农民妻自言为天神所下，命为登女，当营卫帝室，蠲邪纳福。饮人以水，及以洗疮，或多愈者。于是立馆后宫，下诏称扬，甚见优宠。及帝疾，饮水无验，于是杀焉。

三年春正月丁亥，太尉宣王还至河内，帝驿马召到，引入卧内，执其手谓曰："吾疾甚，以后事属君，君其与爽辅少子。吾得见君，无所恨！"宣王顿首流涕。《魏略》曰：帝既从刘放计，召司马宣王，自力为诏，既封，顾呼宫中常所给使者曰："辟邪来！汝持我此诏授太尉也。"辟邪驰去。先是，燕王为帝画计，以为关中事重，宜便道遣宣王从河内西还，事以施行。宣王得前诏，斯须复得后手笔，疑京师有变，乃驰到，入见帝。劳问讫，乃召齐、秦二王以示宣王，别指齐王谓宣王曰："此是也，君谛视之，勿误也！"又教齐王令前抱宣王颈。｜《魏氏春秋》曰：时太子芳年八岁，秦王九岁，在于御侧。帝执宣王手，目太子曰："死乃复可忍，朕忍死待君，君其与爽辅此。"宣王曰："陛下不见先帝属臣以陛下乎？即日，帝崩于嘉福殿，时年三十六。癸丑，葬高平陵。《魏书》曰：帝容止可观，望之俨然。自在东宫，不交朝臣，不问政事，唯潜思书籍而已。即位之后，褒礼大臣，料简功能，真伪不得相贸，务绝浮华谮毁之端，行师动众，论决大事，谋臣将相咸服帝之大略。性特强识，虽左右小臣官簿性行，名迹所履，及其父兄子弟，一经耳目，终不遗忘。含垢藏疾，容受直言，听受吏民士庶上书，一月之中至数十百封，虽文辞鄙陋，犹览省究竟，意无厌倦。｜孙盛曰：闻之长老，魏明帝天姿秀出，立发垂地，口吃少言，而沉毅好断。初，诸公受遗辅导，帝皆以方任处之，政自己出。而优礼大臣，开容善直，虽犯颜极谏，无所摧戮，其君人之量如此之伟也。然不思建德垂风，不固维城之基，至使大权偏据，社稷无卫，悲夫！

评曰：明帝沉毅断识，任心而行，盖有君人之至概焉。于时百姓雕弊，四海分崩，不先聿修显祖，阐拓洪基，而遽追秦皇、汉武，宫馆是营，格之远猷，其殆疾乎！

四卷 魏书 四

三少帝纪 | 齐王芳 高贵乡公髦 陈留王奂

○齐王芳

齐王讳芳，字兰卿。明帝无子，养王及秦王询；宫省事秘，莫有知其所由来者。《魏氏春秋》曰：或云任城王楷子。青龙三年，立为齐王。景初三年正月丁亥朔，帝病甚，乃立为皇太子。是日，即皇帝位，大赦，尊皇后曰皇太后。大将军曹爽、太尉司马宣王辅政。诏曰："朕以眇身，继承鸿业，茕茕在疚，靡所控告。大将军、太尉奉受末命，夹辅朕躬，司徒、司空、冢宰、元辅总率百寮，以宁社稷，其与群卿大夫勉勖乃心，称朕意焉。诸所兴作宫室之役，皆以遗诏罢之。官奴婢六十已上，免为良人。"二月，西域重译献火浣布，诏大将军、太尉临试以示百寮。《搜神记》曰：昆仑之墟有炎火之山，山上有鸟兽草木，皆生于炎火之中，故有火浣布，非此山草木之皮枲，则其鸟兽之毛也。汉世西域旧献此布，中间久绝；至魏初，时人疑其无有。文帝以为火性酷烈，无含生之气，著之《典论》，明其不然之事，绝智者之听。及明帝立，诏三公曰："先帝昔著《典论》，不朽之格言，其刊石于庙门之外及太学，与石经并，以永示来世。"至是西域使至而献火浣布焉，于是刊灭此论，而天下笑之。丁丑诏曰："太尉体道正直，尽忠三世，南擒孟达，西破蜀虏，东灭公孙渊，功盖海内。昔周成建保傅之官，近汉显宗崇宠邓禹，所以优隆隽乂，必有尊也。其以太尉为太傅，持节统兵都督诸军事如故。"三月，以征东将军满宠为太尉。夏六月，以辽东东沓县吏民渡海居齐郡界，以故纵城为新沓县以居徙民。秋七月，上始亲临朝，听公卿奏事。八月，大赦。冬十月，以镇南将军黄权为车骑将军。十二月，诏曰："烈祖明皇帝以正月弃背天下，臣子永惟忌日之哀，其复用夏正；虽违先帝通三统之义，斯亦礼制所由变改也。又夏正于数为得天正，其以建寅之月为正始元年正月，以建丑月为后十二月。"

正始元年春二月乙丑，加侍中中书监刘放、侍中中书令孙资为左右光禄大夫。丙戌，以辽东汶、北丰县民流徙渡海，规齐郡之西安、临菑、昌国县界为新汶、南丰县，以居流民。自去冬十二月至此月不雨。丙寅，诏令狱官亟平冤枉，理出轻微；群公卿士说言嘉谋，各悉乃心。夏四月，车骑将军黄权薨。秋七月，诏曰："《易》称损上益下，节以制度，不伤财，不害民。方今百姓不足而御府多作金银杂物，将奚以为？今出黄金银物百五十种，千八百余斤，销冶以供军用。"八月，车驾巡省洛阳界秋稼，赐高年、力田各有差。

二年春二月，帝初通《论语》，使太常以太牢祭孔子于辟雍，以颜渊配。夏五月，吴将朱然等围襄阳之樊城，太傅司马宣王率众拒之。

干宝《晋纪》曰：吴将全琮寇芍陂，朱然、孙伦五万人围樊城，诸葛瑾、步骘寇柤中；琮已破走而樊围急。宣王曰："柤中民夷十万，隔在水南，流离无主，樊城被攻，历月不解，此危事也，请自讨之。"议者咸言："贼远围樊城不可拔，挫于坚城之下，有自破之势，宜长策以御之。"宣王曰："《军志》有之：将能而御之，此为縻军；不能而任之，此为覆军。今疆场骚动，民心疑惑，是社稷之大忧也。"六月，督诸军南征，车驾送津阳城门外。宣王以南方暑湿，不宜持久，使轻骑挑之，然不敢动。于是乃令诸军休息洗沐，简精锐，募先登，申号令，示必攻之势。然等闻之，乃夜遁。追至三州口，大杀获。六月辛丑，退。己卯，以征东将军王陵为车骑将军。冬十二月，南安郡地震。

三年春正月，东平王徽薨。三月，太尉满宠薨。秋七月甲申，南安郡地震。乙酉，以领军将军蒋济为太尉。冬十二月，魏郡地震。

四年春正月，帝加元服，赐群臣各有差。夏四月乙卯，立皇后甄氏，大赦。五月朔，日有蚀之，既。秋七月，诏祀故大司马曹真、曹休、征南大将军夏侯尚、太常桓阶、司空陈群、太傅钟繇、车骑将军张郃、左将军徐晃、前将军张辽、右将军乐进、太尉华歆、司徒王朗、骠骑将军曹洪、征西将军夏侯渊、后将军朱灵、文聘、执金吾臧霸、破虏将军李典、立义将军庞德、武猛校尉典韦于太祖庙庭。冬十二月，倭国女王俾弥呼遣使奉献。

五年春二月，诏大将军曹爽率众征蜀。夏四月朔，日有蚀之。五月癸巳，讲《尚书经》通，使太常以太牢祠孔子于辟雍，以颜渊配；赐太傅、大将军及侍讲者各有差。丙午，大将军曹爽引军还。秋八月，秦王询薨。九月，鲜卑内附，置辽东属国，立昌黎县以居之。冬十一月癸卯，诏祀故尚书令荀攸于太祖庙庭。臣松之以为故魏氏配飨不及荀彧，盖以其末年异议，又位非魏臣故也。至于升程昱而遗郭嘉，先钟繇而后荀攸，则未详厥趣也。徐他谋逆而许褚心动，忠诚之至远同于日磾，且潼关之危，非褚不济，褚之功烈有过典韦。今祀书而不及褚，又所未达也。己酉，复秦国为京兆郡。十二月，司空崔林薨。

六年春二月丁卯，南安郡地震。丙子，以骠骑将军赵俨为司空；夏六月，俨薨。八月丁卯，以太常高柔为司空。癸巳，以左光禄大夫刘放为骠骑将军，右光禄大夫孙资为卫将军。冬十一月，祫祭太祖庙，始祀前所论佐命臣二十一人。十二月辛亥，诏故司徒王朗所作《易传》，令学者得以课试。乙亥，诏曰："明日大会群臣，其令太傅乘舆上殿。"

七年春二月，幽州刺史毌丘俭讨高句骊，夏五月，讨濊貊，皆破之。韩那奚等数十国各率种落降。秋八月戊申，诏曰："属到市观见所斥卖官奴婢，年皆七十，或癃疾残病，所谓天民之穷者也。且官以其力竭而复鬻之，进退无谓，其悉遣为良民。若有不能自存者，郡县振给之。"己酉，诏曰："吾乃当以十九日亲祠，而昨出已见治道，得雨当复更治，徒弃功夫。每念百姓力少役多，夙夜存心。道路但当期于通利，闻乃挝捶老小，务崇修饰，疲困流离，以至哀叹，吾岂安乘此而行，致馨德于宗庙邪？自今已后，明申敕之。"冬十二月，讲《礼记》通，使太常以太牢祀孔子于辟雍，以颜渊配。习凿齿《汉晋春秋》曰：是年，吴将朱然入柤中，斩获数千；柤中民吏万余家渡沔。司马宣王谓曹爽曰："若便令还，必复致寇，宜权留之。"爽曰："今不修守沔南，留民沔北，非长策也。"宣王曰："不然。凡物置之安地则安，危地则危，故兵书曰：成败形也，安危势也，形势御众之要，不可不审。设令贼二万人断沔水，三万人与沔南诸军相持，万人陆钞柤中，君将何以救？"爽不听，卒令还。然后袭破之。袁淮言于爽曰："吴楚之民脆弱寡能，英才大贤不出其土，比技量力，不足与中国相抗，然自上世以来常为中国患者，盖以江汉为池，舟楫为用，利则陆钞，不利则入水，攻之道远，中国之长技无所用也。孙权自十数年以来，大畋江北，缮治甲兵，精其守御，数出盗窃，敢远其水，陆次平土，此中国所愿闻也。夫用兵者，贵以饱待饥，以逸击劳，师不欲久，行不欲远，守少则固，力专则强。当今宜捐淮、汉已南，退却避之。若贼能入居中央，来侵边境，则随其所短，中国之长技得用矣。若不敢来，则边境得安，无钞盗之忧矣。使我国富兵强，政修民一，陵其国不足为远矣。今襄阳孤在汉南，贼循汉而上，则断而不通，一战而胜，则不攻而自服，故置之无益于国，亡之不足为辱。自江夏已东，淮南诸郡，三后已来，其所亡几何，以近贼疆界易钞掠之故哉！若徙之淮北，远绝其间，则民人安乐，何鸣吠之惊乎？”遂不徙。

八年春二月朔，日有蚀之。夏五月，分河东之汾北十县为平阳郡。秋七月，尚书何晏奏曰：“善为国者必先治其身，治其身者慎其所习。所习正则其身正，其身正则不令而行；所习不正则其身不正，其身不正则虽令不从。是故为人君者，所与游必择正人，所观览必察正象，放郑声而弗听，远佞人而弗近，然后邪心不生而正道可弘也。季末暗主不知损益，斥远君子，引近小人，忠良疏远，便辟褒狎，乱生近昵，譬之社鼠；考其昏明，所积以然，故圣贤谆谆以为至虑。舜戒禹曰‘邻哉邻哉’，言慎所近也，周公戒成王曰‘其朋其朋’，言慎所与也。《书》云：‘一人有庆，兆民赖之。’可自今以后，御幸式乾殿及游豫后园，皆大臣侍从，因从容戏宴，兼省文书，询谋政事，讲论经义，为万世法。”冬十二月，散骑常侍、谏议大夫孔乂奏曰：“礼，天子之宫，有斫砻之制，无朱丹之饰，宜循礼复古。今天下已平，君臣之分明，陛下但当不懈于位，平公正之心，审赏罚以使之。可绝后园习骑乘马，出必御辇乘车，天下之福，臣子之愿也。”晏、乂咸因阙以进规谏。

九年春二月，卫将军、中书令孙资，癸巳，骠骑将军、中书监刘放，三月甲午，司徒卫臻，各逊位，以侯就第，位特进。四月，以司空高柔为司徒；光禄大夫徐邈为司空，固辞不受。秋九月，以车骑将军王凌为司空。冬十月，大风发屋折树。

嘉平元年春正月甲午，车驾谒高平陵。太傅司马宣王奏免大将军曹爽、爽弟中领军羲、武卫将军训、散骑常侍彦官，以侯就第。戊戌，有司奏收黄门张当付廷尉，考实其辞，爽与谋不轨。又尚书丁谧、邓飏、何晏、司隶校尉毕轨、荆州刺史李胜、大司农桓范皆与爽通奸谋，夷三族，语在《爽传》。丙午，大赦。丁未，以太傅司马宣王为丞相，固让乃止。孔衍《汉魏春秋》曰：诏使太常王肃册命太傅为丞相，增邑万户，群臣奏事不得称名，如汉霍光故事。太傅上书辞让曰："臣亲受顾命，忧深责重，凭赖天威，摧弊奸凶，赎罪为幸，功不足论。又三公之官，圣王所制，著之典礼。至于丞相，始自秦政。汉氏因之，无复变改。今三公之官皆备，横复宠臣，违越先典，革圣明之经，袭秦汉之路，虽在异人，臣所宜正，况当臣身而不固争，四方议者将谓臣何！"书十余上，诏乃许之，复加九锡之礼。太傅又言："太祖有大功大德，汉氏崇重，故加九锡，此乃历代异事，非后代之君臣所得议也。"又辞不受。夏四月乙丑，改年。丙子，太尉蒋济薨。冬十二月辛卯，以司空王凌为太尉。庚子，以司隶校尉孙礼为司空。

二年夏五月，以征西将军郭淮为车骑将军。冬十月，以特进孙资为骠骑将军。十一月，司空孙礼薨。十二月甲辰，东海王霖薨。乙未，征南将军王昶渡江，掩攻吴，破之。

三年春正月，荆州刺史王基、新城太守州泰攻吴，破之，降者数千口。二月，置南郡之夷陵县以居降附。三月，以尚书令司马孚为司空。四月甲申，以征南将军王昶为征南大将军。壬辰，大赦。丙午，闻太尉王凌谋废帝，立楚王彪，太傅司马宣王东征凌。五月甲寅，凌自杀。六月，彪赐死。秋七月壬戌，皇后甄氏崩。辛未，以司空司马孚为太尉。戊寅，太傅司马宣王薨，以卫将军司马景王为抚军大将军，录尚书事。乙未，葬怀甄后于太清陵。庚子，骠骑将军孙资薨。十一月，有司奏诸功臣应飨食于太祖庙者，更以官为次，太傅司马宣王功高爵尊，最在上。十二月，以光禄勋郑冲为司空。

四年春正月癸卯，以抚军大将军司马景王为大将军。二月，立皇后张氏，大赦。夏五月，鱼二，见于武库屋上。《汉晋春秋》曰：初，孙权筑东兴堤以遏巢湖。后征淮南，坏不复修。是岁诸葛恪帅军更于堤左右结山，挟筑两城，使全端、留略守之，引军而还。诸葛诞言于司马景王曰："致人而不致于人者，此之谓也。今因其内侵，使文舒逼江陵，仲恭向武昌，以羁吴之上流，然后简精卒攻两城，比救至，可大获也。"景王从之。冬十一月，诏征南大将军王昶、征东将军胡遵、镇南将军毌丘俭等征吴。十二月，吴大将军诸葛恪拒战，大破众军于东关。不利而还。《汉晋春秋》曰：毌丘俭、王昶闻东军败，各烧屯走。朝议欲贬黜诸将，景王曰："我不听公休，以至于此。此我过也，诸将何罪？"悉原之。时司马文王为监军，统诸军，唯削文王爵而已。是岁，雍州刺史陈泰求敕并州并力讨胡，景王从之。未集，而雁门、新兴二郡以为将远役，遂惊反。景王又谢朝士曰："此我过也，非玄伯之责！"于是魏人愧悦，人思其报。

五年夏四月，大赦。五月，吴太傅诸葛恪围合肥新城，诏太尉司马孚拒之。《汉晋春秋》曰：是时姜维亦出围狄道。司马景王问虞松曰："今东西有事，二方皆急，而诸将意沮，若之何？"松曰："昔周亚夫坚壁昌邑而吴楚自败，事有似弱而强，或似强而弱，不可不察。今恪悉其锐众，足以肆暴，而坐守新城，欲以致一战耳。若攻城不拔，请战不得，师老众疲，势将自走，诸将之不径进，乃公之利也。姜维有重兵而县军应恪，投食我麦，非深根之寇也。且谓我并力于东，西方必虚，是以径进。今若使关中诸军倍道急赴，出其不意，殆将走矣。"景王曰："善！"乃使郭淮、陈泰悉关中之众，解狄道之围；敕毌丘俭等案兵自守，以新城委吴。姜维闻淮进兵，军食少，乃退屯陇西界。秋七月，恪退还。是时，张特守新城。｜《魏略》曰：特字子产，涿郡人。先时领牙门，给事镇东诸葛诞，诞不以为能也，欲遣还护军。会毌丘俭代诞，遂使特屯守合肥新城。及诸葛恪围城，特与将军乐方等三军众合有三千人，吏兵疾病及战死者过半，而恪起土山急攻，城将陷，不可护。特乃谓吴人曰："今我无心复战也。然魏法，被攻过百日而救不至者，虽降，家不坐也。自受敌以来，已九十余日矣。此城中本有四千余人，而战死者已过半，城虽陷，尚有半人不欲降，我当还为相语之，条名别善恶，明日早送名，且持我印绶去以为信。"乃投其印绶以与之。吴人听其辞而不取印绶。不攻。顷之，特还，乃夜彻诸屋材栅，补其缺为二重。明日，谓吴人曰："我但有斗死耳！"吴人大怒，进攻之，不能拔，遂引去。朝廷嘉之，加杂号将军，封列侯，又迁安丰太守。八月，诏曰："故中郎西平郭脩，砥节厉行，秉心不回。乃者蜀将姜维寇钞脩郡，为所执略。往岁伪大将军费祎驱率群众，阴图窥觎，道经汉寿，请会众宾，脩于广坐之中手刃击祎，勇过聂政，功逾介子，可谓杀身成仁，释生取义者矣。夫追加褒宠，所以表扬忠义；祚及后胤，所以奖劝将来。其追封脩为长乐乡侯，食邑千户，谥曰威侯；子袭爵，加拜奉车都尉；赐银千饼，绢千匹，以光宠存亡，永垂来世焉。"《魏氏春秋》曰：脩字孝先，素有业行，著名西州。姜维劫之，脩不为屈。刘禅以为左将军，脩欲刺禅而不得亲近，每因庆贺，且拜禅前，为禅左右所遏，事辄不克，故杀祎焉。｜臣松之以为古之舍生取义者，必有理存焉，或感恩怀德，投命无悔，或利害有机，奋发以应会，诏所称聂政、介子是也。事非斯类，则陷乎妄作矣。魏之与蜀，虽为敌国，非有赵襄灭智之仇，燕丹危亡之急；且刘禅凡下之主，费祎中才之相，二人存亡，固无关于兴丧。郭脩在魏，西州之男子耳，始获于蜀，既不能抗节不辱，于魏又无食禄之责，不为时主所使，而无故规规然糜身于非所，义无所加，功无所立，可谓"折柳樊圃"，其"狂也且"，此之谓也。自帝即位至于是岁，郡国县道多所置省，俄或还复，不可胜纪。

六年春二月己丑，镇东将军毌丘俭上言："昔诸葛恪围合肥新城，城中遣士刘整出围传消息，为贼所得，考问所传，语整曰：'诸葛公欲活汝，汝可具服。'整骂曰：'死狗，此何言也！我当必死为魏国鬼，不苟求活，逐汝去也。欲杀我者，便速杀之。'终无他辞。又遣士郑像出城传消息。或以语恪，恪遣马骑寻围迹索，得像还。四五人的头面缚，将绕城表，救语像，使大呼，言'大军已还洛，不如早降'。像不从其言，更大呼城中曰：'大军近在围外，壮士努力！'贼以刀筑其口，使不得言，像遂大呼，令城中闻知。整、像为兵，能守义执节，子弟宜有差异。"

诏曰："夫显爵所以褒元功，重赏所以宠烈士。整、像召募通使，越蹈重围，冒突白刃，轻身守信，不幸见获，抗节弥厉，扬六军之大势，安城守之惧心，临难不顾，毕志传命。昔解杨执楚，有陨无贰，齐路中大夫以死成命，方之整、像，所不能加。今追赐整、像爵关中侯，各除士名，使子袭爵，如部曲将死事科。"

庚戌，中书令李丰与皇后父光禄大夫张缉等谋废易大臣，以太常夏侯玄为大将军。事觉，诸所连及者皆伏诛。辛亥，大赦。三月，废皇后张氏。夏四月，立皇后王氏，大赦。五月，封后父奉车都尉王夔为广明乡侯、光禄大夫，位特进，妻田氏为宣阳乡君。秋九月，大将军司马景王将谋废帝，以闻皇太后。《世语》及《魏氏春秋》并云：此秋，姜维寇陇右。时安东将军司马文王镇许昌，征还击维，至京师，帝于平乐观以临军过。中领军许允与左右小臣谋，因文王辞，杀之，勒其众以退大将军。已书诏于前。文王入，帝方食栗，优人云午等唱曰："青头鸡，青头鸡。"青头鸡者，鸭也。帝惧不敢发。文王引兵入城，景王因是谋废帝。甲戌，太后令曰："皇帝芳春秋已长，不亲万机，耽淫内宠，沉漫女德，日延倡优，纵其丑谑；迎六宫家人留止内房，毁人伦之叙，乱男女之节；恭孝日亏，悖慠滋甚，不可以承天绪，奉宗庙。使兼太尉高柔奉策，用一元大武告于宗庙，遣芳归藩于齐，以避皇位。"是日迁居别宫，年二十三。使者持节送卫，营齐王宫于河内重门，制度皆如藩国之礼。《魏略》曰：景王将废帝，遣郭芝人白太后，太后与帝对坐。芝谓帝曰："大将军欲废陛下，立彭城王据。"帝乃起去。太后不悦。芝曰："太后有子不能教，今大将军意已成，又勒兵于外以备非常，但当顺旨，将复何言！"太后曰："我欲见大将军，口有所说。"芝曰："何可见邪？但当速取玺绶。"太后意折，乃遣傍侍御取齐王玺绶著坐侧。芝出报景王，景王甚欢。又遣使者授齐王印绶，当出就西宫。帝受命，遂载王车，与太后别，垂涕，始从太极殿南出，群臣送者数十人，太尉司马孚悲不自胜，余多流涕。王出后，景王又使使者请玺绶。太后曰："彭城王，我之季叔也，今来立，我当何之！且明皇帝当绝嗣乎？吾以为高贵乡公者，文皇帝之长孙，明皇帝之弟子，于礼，小宗有后大宗之义，其详议之。"景王乃更召群臣，以皇太后令示之，乃定迎高贵乡公。是时太常已发二日，待玺绶于温。事定，又请玺绶。太后令曰："我见高贵乡公，小时识之，明日我自欲以玺绶手授之也。"丁丑，令曰："东海王霖，高祖文皇帝之子。霖之诸子，与国至亲，高贵乡公髦有大成之量，其以为明皇帝嗣。"《魏世谱》曰：晋受禅，封齐王为邵陵县公。年四十三，泰始十年薨，谥曰厉公。

○高贵乡公髦

高贵乡公讳髦，字彦士，文帝孙，东海定王霖子也。正始五年，封郯县高贵乡公。少好学，夙成。齐王废，公卿议迎立公。十月己丑，公至于玄武馆，群臣奏请舍前殿，公以先帝旧处，避止西厢；群臣又请以法驾迎，公不听。庚寅，公入于洛阳，群臣迎拜西掖门南，公下舆将答拜，傧者请曰："仪不拜。"公曰："吾人臣也。"遂答拜。至止车门下舆。左右曰："旧乘舆入。"公曰："吾被皇太后征，未知所为！"遂步至太极东堂，见于太后。其日即皇帝位于太极前殿，百寮陪位者欣欣焉。《魏氏春秋》曰：公神明爽俊，德音宣朗。罢朝，景王私曰："上何如主也？"钟会对曰："才同陈思，武类太祖。"景王曰："若如卿言，社稷之福也。"

诏曰："昔三祖神武圣德，应天受祚。齐王嗣位，肆行非度，颠覆厥德。皇太后深惟社稷之重，延纳宰辅之谋，用替厥位，集大命于余一人。以眇眇之身，托于王公之上，夙夜祗畏，惧不能嗣守祖宗之大训，恢中兴之弘业，战战兢兢，如临于谷。今群公卿士股肱之辅，四方征镇宣力之佐，皆积德累功，忠勤帝室；庶凭先祖先父有德之臣，左右小子，用保乂皇家，俾朕蒙暗，垂拱而治。盖闻人君之道，德厚侔天地，润泽施四海，先之以慈爱，示之以好恶，然后教化行于上，兆民听于下。朕虽不德，昧于大道，思与宇内共臻兹路。《书》不云乎，'安民则惠，黎民怀之。'"大赦，改元。减乘舆服御，后宫用度，及罢尚方御府百工技巧靡丽无益之物。

正元元年冬十月壬辰，遣侍中持节分适四方，观风俗，劳士民，察冤枉失职者。癸巳，假大将军司马景王黄钺，入朝不趋，奏事不名，剑履上殿。戊戌，黄龙见于邺井中。甲辰，命有司论废立定策之功，封爵、增邑、进位、班赐各有差。

二年春正月乙丑，镇东将军毌丘俭、扬州刺史文钦反。戊寅，大将军司马景王征之。癸未，车骑将军郭淮薨。闰月己亥，破钦于乐嘉。钦遁走，遂奔吴。甲辰，安风津都尉斩俭，传首京都。壬子，复特赦淮南士民诸为俭、钦所诖误者。以镇南将军诸葛诞为镇东大将军；司马景王薨于许昌。二月丁巳，以卫将军司马文王为大将军，录尚书事。甲子，吴大将孙峻等众号十万至寿春，诸葛诞拒击破之，斩吴左将军留赞，献捷于京都。三月，立皇后卞氏，大赦。夏四月甲寅，封后父卞隆为列侯。甲戌，以征南大将军王昶为骠骑将军。秋七月，以征东大将军胡遵为卫将军，镇东大将军诸葛诞为征东大将军。八月辛亥，蜀大将军姜维寇狄道，雍州刺史王经与战洮西，经大败，还保狄道城。

辛未，以长水校尉邓艾行安西将军，与征西将军陈泰并力拒维。戊辰，复遣太尉司马孚为后继。九月庚子，讲《尚书》业终，赐执经亲授者司空郑冲、侍中郑小同等各有差。甲辰，姜维退还。

冬十月，诏曰："朕以寡德，不能式遏寇虐，乃令蜀贼陆梁边陲。洮西之战，至取负败，将士死亡，计以千数，或没命战场，冤魂不反，或牵掣虏手，流离异域，吾深痛愍，为之悼心。其令所在郡典农及安、抚夷二护军各部大吏慰恤其门户，无差赋役一年；其力战死事者，皆如旧科，勿有所漏。"十一月甲午，以陇右四郡及金城连年受敌，或亡叛投贼，其亲戚留在本土者不安，皆特赦之。癸丑，诏曰："往者洮西之战，将吏士民或临阵战亡，或沉溺洮水，骸骨不收，弃于原野，吾常痛之。其告征西、安西将军，各令部人于战处及水次钩求尸丧，收敛藏埋，以慰存亡。"

甘露元年春正月辛丑，青龙见轵县井中。乙巳，沛王林薨。夏四月庚戌，赐大将军司马文王衮冕之服，赤舄副焉。丙辰，帝幸太学，问诸儒曰："圣人幽赞神明，仰观俯察，始作八卦，后圣重之为六十四，立爻以极数，凡斯大义，罔有不备，而夏有《连山》，殷有《归藏》，周曰《周易》。《易》之书，其故何也？"

《易》博士淳于俊对曰："包羲因燧皇之图而制八卦，神农演之为六十四，黄帝、尧、舜通其变，三代随时，质文各繇其事。故《易》者，变易也。名曰《连山》，似山出内云气，连天地也；《归藏》者，万事莫不归藏于其中也。"

帝又曰："若使包羲因燧皇而作《易》，孔子何以不云燧人氏没、包羲氏作乎？"

俊不能答。

帝又问曰："孔子作彖、象，郑玄作注，虽圣贤不同，其所释经义一也。今彖、象不与经文相连，而注连之，何也？"

俊对曰："郑玄合彖、象于经者，欲使学者寻省易了也。"

帝曰："若郑玄合之，于学诚便，则孔子曷为不合以了学者乎？"

俊对曰："孔子恐其与文王相乱，是以不合，此圣人以不合为谦。"

帝曰："若圣人以不合为谦，则郑玄何独不谦邪？"

俊对曰："古义弘深，圣问奥远，非臣所能详尽。"

帝又问曰："《系辞》云'黄帝、尧、舜垂衣裳而天下治'，此包羲、神农之世为无衣裳。但圣人化天下，何殊异尔邪？"

俊对曰："三皇之时，人寡而禽兽众，故取其羽皮而天下用足。及至黄帝，人众而禽兽寡，是以作为衣裳以济时变也。"

帝又问："乾为天，而复为金，为玉，为老马，与细物并邪？"

俊对曰："圣人取象，或远或近，近取诸物，远则天地。"

讲《易》毕，复命讲《尚书》。

帝问曰："郑玄云'稽古同天，言尧同于天也'。王肃云'尧顺考古道而行之'。二义不同，何者为是？"

博士庾峻对曰："先儒所执，各有乖异，臣不足以定之。然《洪范》称'三人占，从二人之言'。贾、马及肃皆以为'顺考古道'。以《洪范》言之，肃义为长。"

帝曰："仲尼言'唯天为大，唯尧则之'。尧之大美，在乎则天，顺考古道，非其至也。今发篇开义以明圣德，而舍其大，更称其细，岂作者之意邪？"

峻对曰："臣奉遵师说，未喻大义，至于折中，裁之圣思。"

次及"四岳举鲧"，帝又问曰："夫大人者，与天地合其德，与日月合其明，思无不周，明无不照，今王肃云'尧意不能明鲧，是以试用'。如此，圣人之明有所未尽邪？"

峻对曰："虽圣人之弘，犹有所未尽，故禹曰'知人则哲，惟帝难之'，然卒能改授圣贤，缉熙庶绩，亦所以成圣也。"

帝曰："夫有始有卒，其唯圣人。若不能始，何以为圣？其言'惟帝难之'，然卒能改授，盖谓知人，圣人所难，非不尽之言也。经云：'知人则哲，能官人。'若尧疑鲧，试之九年，官人失叙，何得谓之圣哲？"

峻对曰："臣窃观经传，圣人行事不能无失，是以尧失之四凶，周公失之二叔，仲尼失之宰予。"

帝曰："尧之任鲧，九载无成，汩陈五行，民用昏垫。至于仲尼失之宰予，言行之间，轻重不同也。至于周公、管、蔡之事，亦《尚书》所载，皆博士所当通也。"

峻对曰："此皆先贤所疑，非臣寡见所能究论。"

次及"有鳏在下曰虞舜"，帝问曰："当尧之时，洪水为害，四凶在朝，宜速登贤圣济斯民之时也。舜年在既立，圣德光明，而久不进用，何也？"

峻对曰："尧咨嗟求贤，欲逊己位，岳曰'否德忝帝位'。尧复使岳扬举仄陋，然后荐舜。荐舜之本，实由于尧，此盖圣人欲尽众心也。"

帝曰："尧既闻舜而不登用，又时忠臣亦不进达，乃使狱扬仄陋而后荐举，非急于用圣恤民之谓也。"

峻对曰："非臣愚见所能逮及。"

于是复命讲《礼记》。

帝问曰："'太上立德，其次务施报。'为治何由而教化各异；皆修何政而能致于立德，施而不报乎？"

博士马照对曰："太上立德，谓三皇五帝之世以德化民；其次报施，谓三王之世以礼为治也。”

帝曰：“二者致化薄厚不同，将主有优劣邪？时使之然乎？”

照对曰：“诚由时有朴文，故化有薄厚也。”傅畅《晋诸公赞》曰：帝常与中护军司马望、侍中王沈、散骑常侍裴秀、黄门侍郎钟会等讲宴于东堂，并属文论。名秀为儒林丈人，沈为文籍先生，望、会亦各有名号。帝性急，请召欲速。秀等在内职，到得及时，以望在外，特给追锋车，虎贲卒五人，每有集会，望辄奔驰而至。

五月，邺及上洛并言甘露降。夏六月丙午，改元为甘露。乙丑，青龙见元城县界井中。秋七月己卯，卫将军胡遵薨。癸未，安西将军邓艾大破蜀大将姜维于上邦，诏曰：“兵未极武，丑虏摧破，斩首获生，动以万计，自顷战克，无如此者。今遣使者犒赐将士，大会临飨，饮宴终日，称朕意焉。”八月庚午，命大将军司马文王加号大都督，奏事不名，假黄钺。癸酉，以太尉司马孚为太傅。九月，以司徒高柔为太尉。冬十月，以司空郑冲为司徒，尚书左仆射卢毓为司空。

二年春二月，青龙见温县井中。三月，司空卢毓薨。夏四月癸卯，诏曰：“玄菟郡高显县吏民反叛，长郑熙为贼所杀。民王简负担熙丧，晨夜星行，远致本州，忠节可嘉。其特拜简为忠义都尉，以旌殊行。”甲子，以征东大将军诸葛诞为司空。五月辛未，帝幸辟雍，会命群臣赋诗。侍中和逌、尚书陈骞等作诗稽留，有司奏免官，诏曰：“吾以暗昧，爱好文雅，广延诗赋，以知得失，而乃尔纷纭，良用反仄。其原逌等。主者宜敕自今以后，群臣皆当玩习古义，修明经典，称朕意焉。”

乙亥，诸葛诞不就征，发兵反，杀扬州刺史乐綝。丙子，赦淮南将吏士民为诞所诖误者。丁丑，诏曰：“诸葛诞造为凶乱，荡覆扬州。

昔黥布逆叛，汉祖亲戎，隗嚣违戾，光武西伐，及烈祖明皇帝躬征吴、蜀，皆所以奋扬赫斯，震耀威武也。今宜皇太后与朕暂共临戎，速定丑虏，时宁东夏。"己卯，诏曰："诸葛诞造构逆乱，迫胁忠义，平寇将军临渭亭侯庞会、骑督偏将军路蕃，各将左右，斩门突出，忠壮勇烈，所宜嘉异。其进会爵乡侯，蕃封亭侯。"六月乙巳，诏："吴使持节都督夏口诸军事、镇军将军、沙羡侯孙壹，贼之枝属，位为上将，畏天知命，深鉴祸福，翻然举众，远归大国，虽微子去殷，乐毅遁燕，无以加之。其以壹为侍中、车骑将军、假节、交州牧、吴侯，开府辟召，仪同三司，依古侯伯八命之礼，衮冕赤舄，事从丰厚。"臣松之以为壹畏逼归命，事无可嘉，格以古义，欲盖而名彰者也。当时之宜，未得远遵式典，固应量才受赏，足以畴其来情而已。至乃光锡八命，礼同台鼎，不亦过乎！于招携致远，又无取焉。何者？若使彼之将守，与时无嫌，终不悦于殊宠，坐生叛心，以叛而愧，辱孰甚焉？如其忧危将及，非奔不免，则必逃死苟存，无希荣利矣，然则高位厚禄何为者哉？魏初有孟达、黄权，在晋有孙秀、孙楷；达、权爵赏比壹为轻，秀、楷礼秩优异尤甚。及至吴平，而降黜数等，不承权舆，岂不缘在始失中乎？甲子，诏曰："今车驾驻项，大将军恭行天罚，前临淮浦。昔相国、大司马征讨，皆与尚书俱行，今宜如旧。"乃令散骑常侍裴秀、给事黄门侍郎钟会咸与大将军俱行。秋八月，诏曰："昔燕刺王谋反，韩谊等谏而死，汉朝显登其子。诸葛诞创造凶乱，主簿宣隆、部曲督秦洁秉节守义，临事固争，为诞所杀，所谓无比干之亲而受其戮者。其以隆、洁子为骑都尉，加以赠赐，光示远近，以殊忠义。"九月，大赦。冬十二月，吴大将全端、全怿等率众降。

三年春二月，大将军司马文王陷寿春城，斩诸葛诞。三月，诏曰："古者克敌，收其尸以为京观，所以惩昏逆而章武功也。汉孝武元鼎中，改桐乡为闻喜，新乡为获嘉，以著南越之亡。大将军亲总六戎，

营据丘头，内夷群凶，外殄寇虏，功济兆民，声振四海。克敌之地，宜有令名，其改丘头为武丘，明以武平乱，后世不忘，亦京观二邑之义也。"夏五月，命大将军司马文王为相国，封晋公，食邑八郡，加之九锡，文王前后九让乃止。六月丙子，诏曰："昔南阳郡山贼扰攘，欲劫质故太守东里衮，功曹应余独身捍衮，遂免于难。余颠沛殒毙，杀身济君。其下司徒，署余孙伦吏，使蒙伏节之报。"《楚国先贤传》曰：余字子正，天姿方毅，志尚仁义，建安二十三年为郡功曹。是时吴、蜀不宾，疆场多虞。宛将侯音扇动山民，保城以叛。余与太守东里衮当扰攘之际，进宵得出。音即遣骑追逐，去城十里相及，贼便射衮，飞矢交流。余前以身当箭，被七创，因谓追贼曰："侯音狂狡，造为凶逆，大军寻至，诛夷在近。谓卿曹本是善人，素无恶心，当思反善，何为受其指挥？我以身代君，已被重创，若身死君全，陨没无恨。"因仰天号哭泣涕，血泪俱下。贼见其义烈，释衮不害。贼去之后，余亦命绝。征南将军曹仁讨平音，表余行状，并修祭醊。太祖闻之，嗟叹良久，下荆州复表门闾，赐谷千斛。衮后为于禁司马，见《魏略·游说传》。辛卯，大论淮南之功，封爵行赏各有差。秋八月甲戌，以骠骑将军王昶为司空。丙寅，诏曰："夫养老兴教，三代所以树风化垂不朽也，必有三老五更以崇至敬，乞言纳诲，著在惇史，然后六合承流，下观而化。宜妙简德行，以充其选。关内侯王祥，履仁秉义，雅志淳固。关内侯郑小同，温恭孝友，帅礼不忒。其以祥为三老，小同为五更。"车驾亲率群司，躬行古礼焉。小同，郑玄孙也。|《玄别传》曰："玄有子，为孔融吏，举孝廉。融之被围，往赴，为贼所害。有遗腹子，以丁卯日生；而玄以丁卯岁生，故名曰小同。"|《魏氏春秋》曰：小同诣司马文王，文王有密疏，未之屏也。如厕还，谓之曰："卿见吾疏乎？"对曰："否。"文王犹疑而鸩之，卒。是岁，青龙、黄龙仍见顿丘、冠军、阳夏县界井中。

四年春正月，黄龙二，见宁陵县界井中。《汉晋春秋》曰：是时龙仍

72

见，咸以为吉祥。帝曰："龙者，君德也。上不在天，下不在田，而数屈于井，非嘉兆也。"仍作潜龙之诗以自讽，司马文王见而恶之。**夏六月，司空王昶薨。秋七月，陈留王峻薨。冬十月丙寅，分新城郡，复置上庸郡。十一月癸卯，车骑将军孙壹为婢所杀。**

五年春正月朔，日有蚀之。夏四月，诏有司率遵前命，复进大将军司马文王位为相国，封晋公，加九锡。五月己丑，高贵乡公卒，年二十。《汉晋春秋》曰：帝见威权日去，不胜其忿。乃召侍中王沈、尚书王经、散骑常侍王业，谓曰："司马昭之心，路人所知也。吾不能坐受废辱，今日当与卿等自出讨之。"王经曰："昔鲁昭公不忍季氏，败走失国，为天下笑。今权在其门，为日久矣，朝廷四方皆为之致死，不顾逆顺之理，非一日也。且宿卫空阙，兵甲寡弱，陛下何所资用，而一旦如此，无乃欲除疾而更深之邪！祸殆不测，宜见重详。"帝乃出怀中版令投地，曰："行之决矣。正使死，何所惧？况不必死邪！"于是入白太后，沈、业奔走告文王，文王为之备。帝遂帅僮仆数百，鼓噪而出。文王弟屯骑校尉伷入，遇帝于东止车门，左右呵之，伷众奔走。中护军贾充又逆帝战于南阙下，帝自用剑。众欲退，太子舍人成济问充曰："事急矣。当云何？"充曰："畜养汝等，正谓今日。今日之事，无所问也。"济即前刺帝，刃出于背。文王闻，大惊，自投于地曰："天下其谓我何！"太傅孚奔往，枕帝股而哭，哀甚，曰："杀陛下者，臣之罪也。"│《世语》曰：王沈、王业驰告文王，尚书王经以正直不出，因沈、业申意。│《晋诸公赞》曰：沈、业将出，呼王经。经不从，曰："吾子行矣！"│干宝《晋纪》曰：成济问贾充曰："事急矣。若之何？"充曰："公畜养汝等，为今日之事也。夫何疑！"济曰："然。"乃抽戈犯跸。│《魏氏春秋》曰：戊子夜，帝自将冗从仆射李昭、黄门从官焦伯等下陵云台，铠仗授兵，欲因际会，自出讨文王。会雨，有司奏却日，遂见王经等出黄素诏于怀曰："是可忍也，孰不可忍也！今日便当决行此事。"入白太后，遂拔剑升辇，帅殿中宿卫苍头官僮击战鼓，出云龙门。贾充自外而入，帝师溃散，犹称天子，手剑奋击，众莫敢逼。充帅厉将士，骑督成倅弟成济以矛进，帝崩于师。时暴雨雷霆，晦冥。

｜《魏末传》曰：贾充呼帐下督成济谓曰："司马家事若败，汝等岂复有种乎？何不出击！"倅兄弟二人乃帅帐下人出，顾曰："当杀邪？执邪？"充曰："杀之。"兵交，帝曰："放仗！"大将军士皆放仗。济兄弟因前刺帝，帝倒车下。

皇太后令曰："吾以不德，遭家不造，昔援立东海王子髦，以为明帝嗣，见其好书疏文章，冀可成济，而情性暴戾，日月滋甚。吾数呵责，遂更忿恚，造作丑逆不道之言以诬谤吾，遂隔绝两宫。其所言道，不可忍听，非天地所覆载。吾即密有令语大将军，不可以奉宗庙，恐颠覆社稷，死无面目以见先帝。大将军以其尚幼，谓当改心为善，殷勤执据。而此儿忿戾，所行益甚，举弩遥射吾宫，祝当令中吾项，箭亲堕吾前。吾语大将军，不可不废之，前后数次。此儿具闻，自知罪重，便图为弑逆，赂遗吾左右人，令因吾服药，密行鸩毒，重相设计。事已觉露，直欲因际会举兵入西宫杀吾，出取大将军，呼侍中王沈、散骑常侍王业、尚书王经，出怀中黄素诏示之，言'今日便当施行'。吾之危殆，过于累卵。吾老寡，岂复多惜余命邪？但伤先帝遗意不遂，社稷颠覆为痛耳。赖宗庙之灵，沈、业即驰语大将军，得先严警，而此儿便将左右出云龙门，雷战鼓，躬自拔刃，与左右杂卫共入兵阵间，为前锋所害。此儿既行悖逆不道，而又自陷大祸，重令吾悼心不可言。昔汉昌邑王以罪废为庶人，此儿亦宜以民礼葬之，当令内外咸知此儿所行。又尚书王经，凶逆无状，其收经及家属皆诣廷尉。"

庚寅，太傅孚、大将军文王、太尉柔、司徒冲稽首言："伏见中令，故高贵乡公悖逆不道，自陷大祸，依汉昌邑王罪废故事，以民礼葬。臣等备位，不能匡救祸乱，式遏奸逆，奉令震悚，肝心悼栗。《春秋》

之义，王者无外，而书'襄王出居于郑'，不能事母，故绝之于位也。今高贵乡公肆行不轨，几危社稷，自取倾覆，人神所绝，葬以民礼，诚当旧典。然臣等伏惟殿下仁慈过隆，虽存大义，犹垂哀矜，臣等之心实有不忍，以为可加恩以王礼葬之。"太后从之，《汉晋春秋》曰：丁卯，葬高贵乡公于洛阳西北三十里瀍涧之滨。下车数乘，不设旌旐，百姓相聚而观之，曰："是前日所杀天子也。"或掩面而泣，悲不自胜。使使持节行中护军、中垒将军司马炎北迎常道乡公璜嗣明帝后。

辛卯，群公奏太后曰："殿下圣德光隆，宁济六合，而犹称令，与藩国同。请自今殿下令书，皆称诏制，如先代故事。"癸卯，大将军固让相国、晋公、九锡之宠。太后诏曰："夫有功不隐，《周易》大义；成人之美，古贤所尚。今听所执，出表示外，以章公之谦光焉。"戊申，大将军文王上言："高贵乡公率将从驾人兵，拔刃鸣金鼓向臣所止；惧兵刃相接，即敕将士不得有所伤害，违令以军法从事。骑督成倅弟太子舍人济，横入兵阵伤公，遂至陨命；辄收济行军法。臣闻人臣之节，有死无二，事上之义，不敢逃难。前者变故卒至，祸同发机，诚欲委身守死，唯命所裁。然惟本谋乃欲上危皇太后，倾覆宗庙。臣忝当大任，义在安国，惧虽身死，罪责弥重。欲遵伊、周之权，以安社稷之难，即骆驿申敕，不得迫近辇舆，而济遽入阵间，以致大变。哀怛痛恨，五内摧裂，不知何地可以陨坠？科律大逆无道，父母妻子同产皆斩。济凶戾悖逆，干国乱纪，罪不容诛。辄敕侍御史收济家属，付廷尉，结正其罪。"《魏氏春秋》曰：成济兄弟不即伏罪，袒而升屋，丑言悖慢；自下射之，乃毙。

太后诏曰："夫五刑之罪，莫大于不孝。夫人有子不孝，尚告治之，此儿岂复成人主邪？吾妇人不达大义，以谓济不得便为大逆也。然大将军志意恳切，发言恻怆，故听如所奏。当班下远近，使知本末也。"

《世语》曰：初，青龙中，石苞鬻铁于长安，得见司马宣王，宣王知焉。后擢为尚书郎，历青州刺史、镇东将军。甘露中入朝，当还，辞高贵乡公，留中尽日。文王遣人要令过。文王问苞："何淹留也？"苞曰："非常人也。"明日发至荥阳，数日而难作。

六月癸丑，诏曰："古者人君之为名字，难犯而易讳。今常道乡公讳字甚难避，其朝臣博议改易，列奏。"

○陈留王奂

陈留王讳奂，字景明，武帝孙，燕王宇子也。甘露三年，封安次县常道乡公。高贵乡公卒，公卿议迎立公。六月甲寅，入于洛阳，见皇太后，是日即皇帝位于太极前殿，大赦，改年，赐民爵及谷帛各有差。

景元元年夏六月丙辰，进大将军司马文王位为相国，封晋公，增封二郡，并前满十，加九锡之礼，一如前诏；诸群从子弟，其未有侯者皆封亭侯，赐钱千万，帛万匹。文王固让，乃止。己未，故汉献帝夫人节薨，帝临于华林园，使使持节追谥夫人为献穆皇后。及葬，车服制度皆如汉氏故事。癸亥，以尚书右仆射王观为司空，冬十月，观薨。十一月，燕王上表贺冬至，称臣。

诏曰："古之王者，或有所不臣，王将宜依此义。表不称臣乎！又当为报。夫后大宗者，降其私亲，况所继者重邪！若便同之臣妾，亦情所未安。其皆依礼典处，当务尽其宜。"有司奏，以为："礼莫崇于尊祖，制莫大于正典。陛下稽德期运，抚临万国，绍大宗之重，隆三祖之基。伏惟燕王体尊戚属，正位藩服，躬秉虔肃，率蹈恭德以先万国；其于正典，阐济大顺，所不得制。圣朝诚宜崇以非常之制，奉以不臣之礼。臣等平议以为燕王章表，可听如旧式。中诏所施，或存好问，准之义类，则'燕觌之敬'也。可少顺圣敬，加崇仪称，示不敢斥，宜曰'皇帝敬问大王侍御'。至于制书，国之正典，朝廷所以辨章公制，宣昭轨仪于天下者也，宜循法，故曰'制诏燕王'。凡诏命、制书、奏事、上书诸称燕王者，可皆上平。其非宗庙助祭之事，皆不得称王名，奏事、上书、文书及吏民皆不得触王讳，以彰殊礼，加于群后。上遵王典尊祖之制，俯顺圣敬烝烝之心，二者不愆，礼实宜之，可普告施行。"十二月甲申，黄龙见华阴县井中。甲午，以司隶校尉王祥为司空。

二年夏五月朔，日有蚀之。秋七月，乐浪外夷韩、濊貊各率其属来朝贡。八月戊寅，赵王幹薨。甲寅，复命大将军进爵晋公，加位相国，备礼崇锡，一如前诏；又固辞乃止。

三年春二月，青龙见于轵县井中。夏四月，辽东郡言肃慎国遣使重译入贡，献其国弓三十张，长三尺五寸，楛矢长一尺八寸，石砮三百枚，皮骨铁杂铠二十领，貂皮四百枚。冬十月，蜀大将姜维寇洮阳，镇西将军邓艾拒之，破维于侯和，维遁走。是岁，诏祀故军祭酒郭嘉于太祖庙庭。

四年春二月，复命大将军进位爵赐一如前诏，又固辞乃止。夏五月，诏曰："蜀，蕞尔小国，土狭民寡，而姜维虐用其众，曾无废志；往岁破败之后，犹复耕种沓中，刻剥众羌，劳役无已，民不堪命。夫兼弱攻昧，武之善经，致人而不致于人，兵家之上略。蜀所恃赖，唯维而已，因其远离巢窟，用力为易。今使征西将军邓艾督帅诸军，趣甘松、沓中以罗取维，雍州刺史诸葛绪督诸军趣武都、高楼，首尾蹑讨。若擒维，便当东西并进，扫灭巴蜀也。"又命镇西将军钟会由骆谷伐蜀。秋九月，太尉高柔薨。冬十月甲寅，复命大将军进位爵赐一如前诏。癸卯，立皇后卞氏，十一月，大赦。自邓艾、钟会率众伐蜀，所至辄克。是月，蜀主刘禅诣艾降，巴蜀皆平。十二月庚戌，以司徒郑冲为太保。壬子，分益州为梁州。癸丑，特赦益州士民，复除租赋之半五年。

乙卯，以征西将军邓艾为太尉，镇西将军钟会为司徒。皇太后崩。

咸熙元年春正月壬戌，槛车征邓艾。甲子，行幸长安。壬申，使使者以璧币祀华山。

是月，钟会反于蜀，为众所讨；邓艾亦见杀。二月辛卯，特赦诸在益土者。庚申，葬明元郭后。三月丁丑，以司空王祥为太尉，征北将军何曾为司徒，尚书左仆射荀顗为司空。己卯，进晋公爵为王，封十郡，并前二十。《汉晋春秋》曰：晋公既进爵为王，太尉王祥、司徒何曾、司空荀顗并诣王。顗曰："相王尊重，何侯与一朝之臣皆已尽敬，今日便当相率而拜，无所疑也。"祥曰："相国位势，诚为尊贵，然要是魏之宰相，吾等魏之三公；公、王相去，一阶而已，班列大同，安有天子三公可辄拜人者！损魏朝之望，亏晋王之德，君子爱人以礼，吾不为也。"及入，顗遂拜，而祥独长揖。王谓祥曰："今日然后知君见顾之重！"丁亥，封刘禅为安乐公。夏五月庚申，相国晋王奏复五等爵。甲戌，改年。癸未，追命舞阳宣文侯为晋宣王，舞阳忠武侯为晋景王。六月，镇西将军卫瓘上雍州兵于成都县获璧玉印各一，印文似"成信"字，依周成王归禾之义，宣示百官，藏于相国府。孙盛曰：昔公孙述自以起成都，号曰成。二玉之文，殆述所作也。

初，自平蜀之后，吴寇屯逼永安，遣荆、豫诸军掎角赴救。七月，贼皆遁退。八月庚寅，命中抚军司马炎副贰相国事，以同鲁公拜后之义。癸巳，诏曰："前逆臣钟会构造反乱，聚集征行将士，劫以兵威，始吐奸谋，发言桀逆，逼胁众人，皆使下议，仓卒之际，莫不惊慑。相国左司马夏侯和、骑士曹属朱抚时使在成都，中领军司马贾辅、郎中羊琇各参会军事；和、琇、抚皆抗节不挠，拒会凶言，临危不顾，词指正烈。辅语散将王起，说'会奸逆凶暴，欲尽杀将士'，又云'相国已率三十万众西行讨会'，欲以称张形势，感激众心。起出，以辅言宣语诸军，遂使将士益怀奋励。宜加显宠，以彰忠义。其进和、辅爵为乡侯，琇、抚爵关内侯。起宣传辅言，告令将士，所宜赏异。其以起为部曲将。"癸卯，以卫将军司马望为骠骑将军。九月戊午，以中抚军司马炎为抚军大将军。

辛未，诏曰："吴贼政刑暴虐，赋敛无极。孙休遣使邓句，敕交阯太守锁送其民，发以为兵。吴将吕兴因民心愤怒，又承王师平定巴蜀，即纠合豪杰，诛除句等，驱逐太守长吏，抚和吏民，以待国命。九真、日南郡闻兴去逆即顺，亦齐心响应，与兴协同。兴移书日南州郡，开示大计，兵临合浦，告以祸福；遣都尉唐谱等诣进乘县，因南中都督护军霍弋上表自陈。又交阯将吏各上表，言'兴创造事业，大小承命。郡有山寇，入连诸郡，惧其计异，各有携贰。权时之宜，以兴为督交阯诸军事、上大将军、定安县侯，乞赐褒奖，以慰边荒'。乃心款诚，形于辞旨。昔仪父朝鲁，《春秋》所美；窦融归汉，待以殊礼。今国威远震，抚怀六合，方包举殊裔，混一四表。兴首向王化，举众稽服，万里驰义，请吏帅职，宜加宠遇，崇其爵位。既使兴等怀忠感悦，远人闻之，必皆竞劝。其以兴为使持节都督交州诸军事、南中大将军，封定安县侯，得以便宜从事，先行后上。"策命未至，兴为下人所杀。

冬十月丁亥，诏曰："昔圣帝明王，静乱济世，保大定功，文武殊涂，勋烈同归。是故或舞干戚以训不庭，或陈师旅以威暴慢。至于爱民全国，康惠庶类，必先修文教，示之轨仪，不得已然后用兵，此盛德之所同也。往者季汉分崩，九土颠覆，刘备、孙权乘间作祸。三祖绥宁中夏，日不暇给，遂使遗寇僭逆历世。幸赖宗庙威灵，宰辅忠武，爰发四方，拓定庸、蜀，役不浃时，一征而克。自顷江表衰弊，政刑荒暗，巴、汉平定，孤危无援，交、荆、扬、越，靡然向风。今交阯伪将吕兴已帅三郡，万里归命；武陵邑侯相严等纠合五县，请为臣妾；豫章、庐陵山民举众叛吴，以助北将军为号。又孙休病死，主帅改易，国内乖违，人各有心。伪将施绩，贼之名臣，怀疑自猜，深见忌恶。众叛亲离，莫有固志，自古及今，未有亡征若此之甚。若六军震曜，南临江、汉，吴会之域必扶老携幼以迎王师，必然之理也。然兴动大众，犹有劳费，宜告喻威德，开示仁信，使知顺附和同之利。相国参军事徐绍、水曹掾孙彧，昔在寿春，并见虏获。绍本伪南陵督，才质开壮；彧，孙权支属，忠良见事。其遣绍南还，以彧为副，宣扬国命，告喻吴人，诸所示语，皆以事实，若其觉悟，不损征伐之计，盖庙胜长算，自古之道也。其以绍兼散骑常侍，加奉车都尉，封都亭侯；彧兼给事黄门侍郎，赐爵关内侯。绍等所赐妾及男女家人在此者，悉听自随，以明国恩，不必使还，以开广大信。"

丙午，命抚军大将军新昌乡侯炎为晋世子。是岁，罢屯田官以均政役，诸典农皆为太守，都尉皆为令长；劝募蜀人能内移者，给廪二年，复除二十岁。安弥、福禄县各言嘉禾生。

二年春二月甲辰，朐䏰县获灵龟以献，归之于相国府。庚戌，以虎贲张脩昔于成都驰马至诸营言钟会反逆，以至没身，赐脩弟倚爵关内侯。夏四月，南深泽县言甘露降。吴遣使纪陟、弘璆请和。五月，诏曰："相国晋王诞敷神虑，光被四海；震耀武功，则威盖殊荒，流风迈化，则旁洽无外。愍恤江表，务存济育，戢武崇仁，示以威德。文告所加，承风向慕，遣使纳献，以明委顺，方宝纤珍，欢以效意。而王谦让之至，一皆簿送，非所以慰副初附，从其款愿也。孙晧诸所献致，其皆还送，归之于王，以协古义。”王固辞乃止。又命晋王冕十有二旒，建天子旌旗，出警入跸，乘金根车、六马，备五时副车，置旄头云罕，乐舞八佾，设钟虡宫县。进王妃为王后，世子为太子，王子、王女、王孙，爵命之号如旧仪。癸未，大赦。秋八月辛卯，相国晋王薨。壬辰，晋太子炎绍封袭位，总摄百揆，备物典册，一皆如前。

是月，襄武县言有大人见，长三丈余，迹长三尺二寸，白发，著黄单衣，黄巾，柱杖，呼民王始语云：“今当太平。”九月乙未，大赦。戊午，司徒何曾为晋丞相。癸亥，以骠骑将军司马望为司徒，征东大将军石苞为骠骑将军，征南大将军陈骞为车骑将军。乙亥，葬晋文王。闰月庚辰，康居、大宛献名马，归于相国府，以显怀万国致远之勋。

十二月壬戌，天禄永终，历数在晋。诏群公卿士具仪设坛于南郊，使使者奉皇帝玺绶册，禅位于晋嗣王，如汉魏故事。甲子，使使者奉策。遂改次于金墉城，而终馆于邺，时年二十。《魏世谱》曰：封帝为陈留王。年五十八，太安元年崩，谥曰元皇帝。

评曰：古者以天下为公，唯贤是与。后代世位，立子以适；若适嗣不继，则宜取旁亲明德，若汉之文、宣者，斯不易之常准也。明帝既不能然，情系私爱，抚养婴孩，传以大器，托付不专，必参枝族，终于曹爽诛夷，齐王替位。高贵公才慧夙成，好问尚辞，盖亦文帝之风流也；然轻躁忿肆，自蹈大祸。陈留王恭己南面，宰辅统政，仰遵前式，揖让而禅，遂飨封大国，作宾于晋，比之山阳，班宠有加焉。

五卷 魏书 ^五

后妃传 | 武宣卞皇后　文昭甄皇后　文德郭皇后
　　　　　明悼毛皇后　明元郭皇后

《易》称"男正位乎外，女正位乎内；男女正，天地之大义也"。古先哲王，莫不明后妃之制，顺天地之德，故二妃嫔妫，虞道克隆，任、姒配姬，周室用熙，废兴存亡，恒此之由。《春秋说》云天子十二女，诸侯九女，考之情理，不易之典也。而末世奢纵，肆其侈欲，至使男女怨旷，感动和气，惟色是崇，不本淑懿，故风教陵迟而大纲毁泯，岂不惜哉！呜呼，有国有家者，其可以永鉴矣！

汉制，帝祖母曰太皇太后，帝母曰皇太后，帝妃曰皇后，其余内官十有四等。魏因汉法，母后之号皆如旧制，自夫人以下，世有增损。太祖建国，始命王后，其下五等：有夫人，有昭仪，有倢伃，有容华，有美人。文帝增贵嫔、淑媛、修容、顺成、良人；明帝增淑妃、昭华、修仪，除顺成官。太和中始复命夫人，登其位于淑妃之上。自夫人以下爵凡十二等：贵嫔、夫人，位次皇后，爵无所视；淑妃位视相国，爵比诸侯王；淑媛位视御史大夫，爵比县公；昭仪比县侯；昭华比乡侯；修容比亭侯；修仪比关内侯；倢伃视中二千石；容华视真二千石；美人视比二千石；良人视千石。

○武宣卞皇后

武宣卞皇后，琅邪开阳人，文帝母也。本倡家，《魏书》曰：后以汉延熹三年十二月己巳生齐郡白亭，有黄气满室移日。父敬侯怪之，以问卜者王旦，旦曰："此吉祥也。"年二十，太祖于谯纳后为姜。后随太祖至洛。及董卓为乱，太祖微服东出避难。袁术传太祖凶问，时太祖左右至洛者皆欲归，后止之曰："曹君吉凶未可知，今日还家，明日若在，何面目复相见也？正使祸至，共死何苦！"遂从后言。太祖闻而善之。建安初，丁夫人废，遂以后为继室。诸子无母者，太祖皆令后养之。《魏略》曰：太祖始有丁夫人，又刘夫人生子脩及清河长公主。刘早终，丁养子脩。子脩亡于穰，丁常言："将我儿杀之，都不复念！"遂哭泣无节。太祖忿之，遣归家，欲其意折。后太祖就见之，夫人方织，外人传云"公至"，夫人踞机如故。太祖到，抚其背曰："顾我共载归乎！"夫人不顾，又不应。太祖却行，立于户外，复云："得无尚可邪！"遂不应，太祖曰："真诀矣。"遂与绝，欲其家嫁之，其家不敢。初，丁夫人既为嫡，加有子脩，丁视后母子不足。后为继室，不念旧恶，因太祖出行，常四时使人馈遗，又私迎之，延以正坐而己下之，迎来送去，有如昔日。丁谢曰："废放之人，夫人何能常尔邪！"其后丁亡，后请太祖殡葬，许之，乃葬许城南。后太祖病困，自虑不起，叹曰："我前后行意，于心未曾有所负也。假令死而有灵，子脩若问'我母所在'，我将何辞以答！" | 《魏书》曰：后性约俭，不尚华丽，无文绣珠玉，器皆黑漆。太祖常得名珰数具，命后自选一具，后取其中者，太祖问其故，对曰："取其上者为贪，取其下者为伪，故取其中者。"

文帝为太子，左右长御贺后曰："将军拜太子，天下莫不欢喜，后当倾府藏赏赐。"后曰："王自以丕年大，故用为嗣，我但当以免无教导之过为幸耳，亦何为当重赐遗乎！"长御还，具以语太祖。太祖悦曰："怒不变容，喜不失节，故是最为难。"二十四年，拜为王后，策曰："夫人卞氏，抚养诸子，有母仪之德。今进位王后，太子诸侯陪位，群卿上寿，减国内死罪一等。"二十五年，太祖崩，文帝即王位，尊后曰王太后，及践阼，尊后曰皇太后，称永寿宫。《魏书》曰：后以国用不足，减损御食，诸金银器物皆去之。东阿王植，太后少子，最爱之。后植犯法，为有司所奏，文帝令太后弟子奉车都尉兰持公卿议白太后，太后曰："不意此儿所作如是，汝还语帝，不可以我故坏国法。"及自见帝，不以为言。｜臣松之案：文帝梦磨钱，欲使文灭而更愈明，以问周宣。宣答曰："此陛下家事，虽意欲尔，而太后不听。"则太后用意，不得如此书所言也。明帝即位，尊太后曰太皇太后。

黄初中，文帝欲追封太后父母，尚书陈群奏曰："陛下以圣德应运受命，创业革制，当永为后式。案典籍之文，无妇人分土命爵之制。在礼典，妇因夫爵。秦违古法，汉氏因之，非先王之令典也。"帝曰："此议是也，其勿施行。以作著诏下藏之台阁，永为后式。"至太和四年春，明帝乃追谥太后祖父广曰开阳恭侯，父远曰敬侯，祖母周封阳都君及敬侯夫人，皆赠印绶。其年五月，后崩。七月，合葬高陵。初，太后弟秉，以功封都乡侯，黄初七年进封开阳侯，邑千二百户，为昭烈将军。《魏略》曰：初，卞后弟秉，当建安时得为别部司马，后常对太祖怨言，太祖答言："但得与我作妇弟，不为多邪？"后又欲太祖给其钱帛，太祖又曰："但汝盗与，不为足邪？"故讫太祖世，秉官不移，财亦不益。秉薨，子兰嗣。少有才学，《魏略》曰：兰献赋赞述太子德美，太子报曰："赋者，言事类之所附也，颂者，美盛德之形容也，故作者不虚其辞，受者必当其实。兰此赋，岂吾实哉？昔吾丘寿王一陈宝鼎，何武等徒以歌颂，犹受金帛之赐，兰事虽不谅，义足嘉也。今赐牛一头。"由是遂见亲敬。为奉车都尉、游击将军，加散骑常侍。兰薨，子晖嗣。《魏略》曰：明帝时，兰见外有二难，而帝留意于宫室，常因侍从，数切谏。帝虽不能从，犹纳其诚款。后兰苦酒消渴，时帝信巫女用水方，使人持水赐兰，兰不肯饮。诏问其意，兰言治病自当以方药，何信于此？帝为变色，而兰终不服。后渴稍甚，以至于亡。故时人见兰好直言，谓帝面折之而兰自杀，其实不然。又分秉爵，封兰弟琳为列侯，官至步兵校尉。兰子隆女为高贵乡公皇后，隆以后父为光禄大夫，位特进，封睢阳乡侯，妻王为显阳乡君。追封隆前妻刘为顺阳乡君，后亲母故也。琳女又为陈留王皇后，时琳已没，封琳妻刘为广阳乡君。

○文昭甄皇后

文昭甄皇后，中山无极人，明帝母，汉太保甄邯后也，世吏二千石。父逸，上蔡令。后三岁失父。《魏书》曰：逸娶常山张氏，生三男五女：长男豫，早终；次俨，举孝廉，大将军掾、曲梁长；次尧，举孝廉；长女姜，次脱，次道，次荣，次即后。后以汉光和五年十二月丁酉生。每寝寐，家中仿佛见如有人持玉衣覆其上者，常共怪之。逸薨，加号慕，内外益奇之。后相者刘良相后及诸子，良指后曰："此女贵乃不可言。"后自少至长，不好戏弄。年八岁，外有立骑马戏者，家人诸姊皆上阁观之，后独不行。诸姊怪问之，后答言："此岂女人之所观邪？"年九岁，喜书，视字辄识，数用诸兄笔砚，兄谓后言："汝当习女工。用书为学，当作女博士邪？"后答言："闻古者贤女，未有不学前世成败，以为己诫。不知书，何由见之？"后天下兵乱，加以饥馑，百姓皆卖金银珠玉宝物，时后家大有储谷，颇以买之。后年十余岁，白母曰："今世乱而多买宝物，匹夫无罪，怀璧为罪。又左右皆饥乏，不如以谷振给亲族邻里，广为恩惠也。"举家称善，即从后言。建安中，袁绍为中子熙纳之。熙出为幽州，后留养姑。及冀州平，文帝纳后于邺，有宠，生明帝及东乡公主。《魏略》曰：熙出在幽州，后留侍姑。及邺城破，绍妻及后共坐室堂上。文帝入绍舍，见绍妻及后，后怖，以头伏姑膝上，绍妻两手自搏。文帝谓曰："刘夫人云何如此？令新妇举头！"姑乃捧后令仰，文帝就视，见其颜色非凡，称叹之。太祖闻其意，遂为迎取。

延康元年正月，文帝即王位，六月，南征，后留邺。黄初元年十月，帝践阼。践阼之后，山阳公奉二女以嫔于魏，郭后、李、阴贵人并爱幸，后愈失意，有怨言。帝大怒，二年六月，遣使赐死，葬于邺。《魏书》曰：有司奏建长秋宫，帝玺书迎后，诣行在所，后上表曰："妾闻先代之兴，所以飨国久长，垂祚后嗣，无不由后妃焉。故必审选其人，以兴内教。今践阼之初，诚宜登进贤淑，统理六宫。妾自省愚陋，不任粲盛之事，加以寝疾，敢守微志。"玺书三至而后三让，言甚恳切。时盛暑，帝欲须秋凉乃更迎后。会后疾遂笃，夏六月丁卯，崩于邺。帝哀痛咨嗟，策赠皇后玺绶。明帝即位，有司奏请追谥，使司空王朗持节奉策以太牢告祠于陵，又别立寝庙。

太和元年三月，以中山魏昌之安城乡户千，追封逸，谥曰敬侯；適孙像袭爵。四月，初营宗庙，掘地得玉玺，方一寸九分，其文曰"天子羡思慈亲"，明帝为之改容，以太牢告庙。又尝梦见后，于是差次舅氏亲疏高下，叙用各有差，赏赐累钜万；以像为虎贲中郎将。是月，后母薨，帝制缌服临丧，百僚陪位。四年十一月，以后旧陵庳下，使像兼太尉，持节诣邺，昭告后土，十二月，改葬朝阳陵。像还，迁散骑常侍。青龙二年春，追谥后兄俨曰安城乡穆侯。夏，吴贼寇扬州，以像为伏波将军，持节监诸将东征，还，复为射声校尉。三年薨，追赠卫将军，改封魏昌县，谥曰贞侯；子畅嗣。又封畅弟温、韡、艳皆为列侯。四年，改逸、俨本封皆曰魏昌侯，谥因故。封俨世妇刘为东乡君，又追封逸世妇张为安喜君。

景初元年夏，有司议定七庙。冬，又奏曰："盖帝王之兴，既有受命之君，又有圣妃协于神灵，然后克昌厥世，以成王业焉。昔高辛氏卜其四妃之子皆有天下，而帝挚、陶唐、商、周代兴。周人上推后稷，以配皇天，追述王初，本之姜嫄，特立宫庙，世世享尝，《周礼》所谓'奏夷则，歌中吕，舞大濩，以享先妣'者也。诗人颂之曰：'厥初生民，时维姜嫄。'言王化之本，生民所由。又曰：'閟宫有侐，实实枚枚，赫赫姜嫄，其德不回。'《诗》《礼》所称姬宗之盛，其美如此。大魏期运，继于有虞，然崇弘帝道，三世弥隆，庙祧之数，实与周同。今武宣皇后、文德皇后各配无穷之祚，至于文昭皇后膺天灵符，诞育明圣，功济生民，德盈宇宙，开诸后嗣，乃道化之所兴也。寝庙特祀，亦姜嫄之閟宫也，而未著不毁之制，惧论功报德之义，万世或阙焉，非所以昭孝示后世也。文昭庙宜世世享祀奏乐，与祖庙同，永著不毁之典，以播圣善之风。"于是与七庙议并勒金策，藏之金匮。

帝思念舅氏不已。畅尚幼，景初末，以畅为射声校尉，加散骑常侍，又特为起大第，车驾亲自临之。又于其后园为像母起观庙，名其里曰"渭阳里"，以追思母氏也。嘉平三年正月，畅薨，追赠车骑将军，谥曰恭侯；子绍嗣。太和六年，明帝爱女淑薨，追封谥淑为平原懿公主，为之立庙。取后亡从孙黄与合葬，追封黄列侯，以夫人郭氏从弟德为之后，承甄氏姓，封德为平原侯，袭公主爵。青龙中，又封后从兄子毅及像弟三人，皆为列侯。毅数上疏陈时政，官至越骑校尉。嘉平中，复封畅子二人为列侯。后兄俨孙女为齐王皇后，后父已没，封后母为广乐乡君。

○文德郭皇后

文德郭皇后，安平广宗人也。祖世长吏。《魏书》曰：父永，官至南郡太守，谥敬侯。母姓董氏，即堂阳君，生三男二女：长男浮，高唐令，次女昱，次即后，后弟都，弟成。后以汉中平元年三月乙卯生，生而有异常。后少而父永奇之曰："此乃吾女中王也。"遂以女王为字。早失二亲，丧乱流离，没在铜鞮侯家。太祖为魏公时，得入东宫。后有智数，时时有所献纳。文帝定为嗣，后有谋焉。太子即王位，后为夫人，及践阼，为贵嫔。甄后之死，由后之宠也。

黄初三年，将登后位，文帝欲立为后，中郎栈潜上疏曰："在昔帝王之治天下，不唯外辅，亦有内助，治乱所由，盛衰从之。故西陵配黄，英、娥降妫，并以贤明，流芳上世。桀奔南巢，祸阶末喜；纣以炮烙，怡悦妲己。是以圣哲慎立元妃，必取先代世族之家，择其令淑以统六宫，虔奉宗庙，阴教聿修。《易》曰：'家道正而天下定。'由内及外，先王之令典也。《春秋》书宗人衅夏云，无以妾为夫人之礼。齐桓誓命于葵丘，亦曰'无以妾为妻'。今后宫嬖宠，常亚乘舆。若因爱登后，使贱人暴贵，臣恐后世下陵上替，开张非度，乱自上起也。"文帝不从，遂立为皇后。《魏书》曰：后上表谢曰："妾无皇、英厘降之节，又非姜、任思齐之伦，诚不足以假充女君之盛位，处中馈之重任。"后自在东宫，及即尊位，虽有异宠，心愈恭肃，供养永寿宫，以孝闻。是时柴贵人亦有宠，后教训奖导之。后宫诸贵人时有过失，常弥覆之，有谴让，辄为帝言其本末，帝或大有所怒，至为之顿首请罪，是以六宫无怨。性俭约，不好音乐，常慕汉明德马后之为人。

后畜丧兄弟，以从兄表继永后，拜奉车都尉。后外亲刘斐与他国为婚，后闻之，敕曰："诸亲戚嫁娶，自当与乡里门户匹敌者，不得因势强与他方人婚也。"后姊子孟武还乡里，求小妻，后止之。遂敕诸家曰："今世妇女少，当配将士，不得因缘取以为妾也。宜各自慎，无为罚首。"《魏书》曰：后常敕戒表、武等曰："汉氏椒房之家，少能自全者，皆由骄奢，可不慎乎！"

五年，帝东征，后留许昌永始台。时霖雨百余日，城楼多坏，有司奏请移止。后曰："昔楚昭王出游，贞姜留渐台，江水至，使者迎而无符，不去，卒没。今帝在远，吾幸未有是患，而便移止，奈何？"群臣莫敢复言。六年，帝东征吴，至广陵，后留谯宫。时表留宿卫，欲遏水取鱼。后曰："水当通运漕，又少材木，奴客不在目前，当复私取官竹木作梁遏。今奉车所不足者，岂鱼乎？"

明帝即位，尊后为皇太后，称永安宫。太和四年，诏封表安阳亭侯，又进爵乡侯，增邑，并前五百户，迁中垒将军。以表子详为骑都尉。其年，帝追谥太后父永为安阳乡敬侯，母董为都乡君。迁表昭德将军，加金紫，位特进，表第二子训为骑都尉。及孟武母卒，欲厚葬，起祠堂，太后止之曰："自丧乱以来，坟墓无不发掘，皆由厚葬也；首阳陵可以为法。"青龙三年春，后崩于许昌，以终制营陵，三月庚寅，葬首阳陵西。《魏略》曰：明帝既嗣立，追痛甄后之薨，故太后以忧暴崩。甄后临没，以帝属李夫人。及太后崩，夫人乃说甄后见谮之祸，不获大敛，被发覆面，帝哀恨流涕，命殡葬太后，皆如甄后故事。｜《汉晋春秋》曰：初，甄后之诛，由郭后之宠，及殡，令被发覆面，以糠塞口，遂立郭后，使养明帝。帝知之，心常怀忿，数泣问甄后死状。郭后曰："先帝自杀，何以责问我？且汝为人子，可追仇死父，为前母枉杀后母邪？"明帝怒，遂逼杀之，敕殡者使如甄后故事。帝进表爵为观津侯，增邑五百，并前千户。迁详为驸马都尉。四年，追改封永为观津敬侯，世妇董为堂阳君。追封谥后兄浮为梁里亭戴侯，都为武城亭孝侯，成为新乐亭定侯，皆使使者

奉策，祠以太牢。表薨，子详嗣，又分表爵封详弟述为列侯。详薨，
子钊嗣。

○明悼毛皇后

明悼毛皇后，河内人也。黄初中，以选入东宫，明帝时为平原王，
进御有宠，出入与同舆辇。及即帝位，以为贵嫔。太和元年，立为皇
后。后父嘉，拜骑都尉，后弟曾，郎中。

初，明帝为王，始纳河内虞氏为妃，帝即位，虞氏不得立为后，
太皇卞太后慰勉焉。虞氏曰："曹氏自好立贱，未有能以义举者也。
然后职内事，君听外政，其道相由而成，苟不能以善始，未有能令终
者也。殆必由此亡国丧祀矣！"虞氏遂绌还邺宫。进嘉为奉车都尉，
曾骑都尉，宠赐隆渥。顷之，封嘉博平乡侯，迁光禄大夫，曾驸马都
尉。嘉本典虞车工，卒暴富贵，明帝令朝臣会其家饮宴，其容止举动
甚蚩骙，语辄自谓"侯身"，时人以为笑。

后又加嘉位特进，曾迁散骑侍郎。青龙三年，嘉薨，追赠光禄大
夫，改封安国侯，增邑五百，并前千户，谥曰节侯。四年，追封后母
夏为野王君。

帝之幸郭元后也，后爱宠日弛。景初元年，帝游后园，召才人以
上曲宴极乐。元后曰："宜延皇后。"帝弗许。乃禁左右，使不得宣。
后知之，明日，帝见后，后曰："昨日游宴北园，乐乎？"帝以左右泄
之，所杀十余人。赐后死，然犹加谥，葬愍陵。迁曾散骑常侍，后徙
为羽林虎贲中郎将、原武典农。

○明元郭皇后

　　明元郭皇后，西平人也，世河右大族。黄初中，本郡反叛，遂没入宫。明帝即位，甚见爱幸，拜为夫人。叔父立为骑都尉，从父芝为虎贲中郎将。帝疾困，遂立为皇后。齐王即位，尊后为皇太后，称永宁宫，追封谥太后父满为西都定侯，以立子建绍其爵。封太后母杜为郃阳君。芝迁散骑常侍、长水校尉，《魏略》曰：诸郭之中，芝最壮直。先时自以他功封侯。立，宣德将军，皆封列侯。建兄德，出养甄氏。德及建俱为镇护将军，皆封列侯，并掌宿卫。值三主幼弱，宰辅统政，与夺大事，皆先咨启于太后而后施行。毌丘俭、钟会等作乱，咸假其命而以为辞焉。景元四年十二月崩，五年二月，葬高平陵西。

　　评曰：魏后妃之家，虽云富贵，未有若衰汉乘非其据，宰割朝政者也。鉴往易轨，于斯为美。追观陈群之议，栈潜之论，适足以为百王之规典，垂宪范乎后叶矣。

六卷 魏书 ^六

董二袁刘传 | 董卓 袁绍 袁术 刘表

○**董卓** 李傕 郭汜

董卓字仲颖，陇西临洮人也。少好侠，尝游羌中，尽与诸豪帅相结。后归耕于野，而豪帅有来从之者，卓与俱还，杀耕牛与相宴乐。诸豪帅感其意，归相敛，得杂畜千余头以赠卓。汉桓帝末，以六郡良家子为羽林郎。卓有才武，旅力少比，双带两鞬，左右驰射。为军司马，从中郎将张奂征并州有功，拜郎中，赐缣九千匹，卓悉以分与吏士。

迁广武令，蜀郡北部都尉，西域戊己校尉，免。征拜并州刺史、河东太守，迁中郎将，讨黄巾，军败抵罪。韩遂等起凉州，复为中郎将，西拒遂。于望垣硖北为羌、胡数万人所围，粮食乏绝。卓伪欲捕鱼，堰其还道当所渡水为池，使水淳满数十里，默从堰下过其军而决堰。比羌、胡闻知追逐，水已深，不得渡。时六军上陇西，五军败绩，卓独全众而还，屯住扶风。拜前将军，封斄乡侯，征为并州牧。《灵帝纪》曰：中平五年，征卓为少府，敕以营吏士属左将军皇甫嵩，诣行在所。卓上言："凉州扰乱，鲸鲵未灭，此臣奋发效命之秋。吏士踊跃，恋恩念报，各遮臣车，辞声恳恻，未得即路也。辄且行前将军事，尽心慰恤，效力行阵。"六年，以卓为并州牧，又敕以吏兵属皇甫嵩。卓复上言："臣掌戎十年，士卒大小，相狃弥久，恋臣畜养之恩，乐为国家奋一旦之命，乞将之州，效力边陲。"卓再违诏敕，会为何进所召。

灵帝崩，少帝即位。大将军何进与司隶校尉袁绍谋诛诸阉官，太后不从。进乃召卓使将兵诣京师，并密令上书曰："中常侍张让等窃幸乘宠，浊乱海内。昔赵鞅兴晋阳之甲，以逐君侧之恶。臣辄鸣钟鼓如洛阳，即讨让等。"欲以胁迫太后。卓未至，进败。中常侍段珪等劫帝走小平津，卓遂将其众迎帝于北芒，还宫。《献帝春秋》曰：先是童谣曰："侯非侯，王非王，千乘万骑走北芒。"卓时适至，屯显阳苑。闻帝当还，率众迎帝。|《典略》曰：帝望见卓兵涕泣。群公谓卓曰："有诏却兵。"卓曰："公诸人为国大臣，不能匡正王室，至使国家播荡，何却兵之有！"遂俱入城。|《献帝纪》曰：卓与帝语，语不可了。乃更与陈留王语，问祸乱由起；王答，自初至终，无所遗失。卓大喜，乃有废立意。时进弟车骑将军苗为进众所杀，进、苗部曲无所属，皆诣卓。卓又使吕布杀执金吾丁原，并其众，故京都兵权唯在卓。《九州春秋》曰：卓初入洛阳，步骑不过三千，自嫌兵少，不为远近所服；率四五日，辄夜遣兵出四城门，明日陈旌鼓而入，宣言云"西兵复入至洛中"。人不觉，谓卓兵不可胜数。

先是，进遣骑都尉太山鲍信所在募兵，适至，信谓绍曰："卓拥强兵，有异志，今不早图，将为所制；及其初至疲劳，袭之可禽也。"绍畏卓，不敢发，信遂还乡里。于是以久不雨，策免司空刘弘而卓代之，俄迁太尉，假节钺、虎贲。遂废帝为弘农王。寻又杀王及何太后，立灵帝少子陈留王，是为献帝。

卓迁相国，封郿侯，赞拜不名，剑履上殿；又封卓母为池阳君，置家令、丞。卓既率精兵来，适值帝室大乱，得专废立，据有武库甲兵、国家珍宝，威震天下。卓性残忍不仁，遂以严刑胁众，睚眦之隙必报，人不自保。《魏书》曰：卓所愿无极，语宾客曰："我相，贵无上也。"

《英雄记》曰：卓欲震威，侍御史扰龙宗诣卓白事，不解剑，立挝杀之，京师震动。发何苗棺，出其尸，枝解节弃于道边。又收苗母舞阳君杀之，弃尸于苑枳落中，不复收敛。尝遣军到阳城。时适二月社，民各在其社下，悉就断其男子头，驾其车牛，载其妇女财物，以所断头系车辕轴，连轸而还洛，云攻贼大获，称万岁。入开阳城门，焚烧其头。以妇女与甲兵为婢妾，至于奸乱宫人公主。其凶逆如此。

初，卓信任尚书周毖、城门校尉伍琼等，用其所举韩馥、刘岱、孔伷、张咨、张邈等出宰州郡。而馥等至官，皆合兵将以讨卓。卓闻之，以为毖、琼等通情卖己，皆斩之。河内太守王匡遣泰山兵屯河阳津，将以图卓。卓遣疑兵若将于平阴渡者，潜遣锐众从小平北渡，绕击其后，大破之津北，死者略尽。卓以山东豪杰并起，恐惧不宁。

初平元年二月，乃徙天子都长安。焚烧洛阳宫室，悉发掘陵墓，取宝物。《献帝纪》曰：卓获山东兵，以猪膏涂布十余匹，用缠其身，然后烧之，先从足起。获袁绍豫州从事李延，煮杀之。卓所爱胡，恃宠放纵，为司隶校尉赵谦所杀。卓大怒曰："我爱狗，尚不欲令人呵之，而况人乎！"乃召司隶都官挝杀之。卓至西京，为太师，号曰"尚父"。乘青盖金华车，爪画两轓，时人号曰"竿摩车"。《献帝纪》曰：卓既为太师，复欲称尚父，以问蔡邕。邕曰："昔武王受命，太公为师，辅佐周室，以伐无道，是以天下尊之，称为尚父。今公之功德诚为巍巍，宜须关东悉定，车驾东还，然后议之。"乃止。京师地震，卓又问邕。邕对曰："地动阴盛，大臣逾制之所致也。公乘青盖车，远近以为非宜。"卓从之，更乘金华皂盖车也。卓弟旻为左将军，封鄠侯；兄子璜为侍中、中军校尉，典兵；宗族内外并列朝廷。公卿见卓，谒拜车下，卓不为礼。召呼三台尚书以下自诣卓府启事。《山阳公载记》曰：初卓为前将军，皇甫嵩为左将军，俱征韩遂，各不相下。后卓征为少府、并州牧，兵当属嵩，卓大怒。及为太师，嵩为御史中丞，拜于车下。

卓问嵩："义真服未乎？"嵩曰："安知明公乃至于是！"卓曰："鸿鹄固有远志，但燕雀自不知耳。"嵩曰："昔与明公俱为鸿鹄，不意今日变为凤皇耳。"卓笑曰："卿早服，今日可不拜也。" | 张璠《汉纪》曰：卓抵其手谓皇甫嵩曰："义真怖未乎？"嵩对曰："明公以德辅朝廷，大庆方至，何怖之有？若淫刑以逞，将天下皆惧，岂独嵩乎？"卓默然，遂与嵩和解。筑郿坞，高与长安城埒，积谷为三十年储，云事成，雄据天下；不成，守此足以毕老。

尝至郿行坞，公卿已下祖道于横门外。卓豫施帐幔饮，诱降北地反者数百人，于坐中先断其舌，或斩手足，或凿眼，或镬煮之。未死，偃转杯案间。会者皆战栗亡失匕箸，而卓饮食自若。

太史望气，言当有大臣戮死者。故太尉张温时为卫尉，素不善卓，卓心怨之，因天有变，欲以塞咎，使人言温与袁术交关，遂笞杀之。法令苛酷，爱憎淫刑，更相被诬，冤死者千数。百姓嗷嗷，道路以目。悉椎破铜人、钟虡，及坏五铢钱。更铸为小钱，大五分，无文章，肉好无轮郭，不磨铤。于是货轻而物贵，谷一斛至数十万。自是后钱货不行。

三年四月，司徒王允、尚书仆射士孙瑞、卓将吕布共谋诛卓。是时，天子有疾新愈，大会未央殿。布使同郡骑都尉李肃等将亲兵十余人，伪著卫士服守掖门。布怀诏书。卓至，肃等格卓。卓惊呼布所在。布曰"有诏"，遂杀卓，夷三族。主簿田景前趋卓尸，布又杀之；凡所杀三人，余莫敢动。《英雄记》曰：时有谣言曰："千里草，何青青，十日卜，犹不生。"又作《董逃》之歌。又有道士书布为"吕"字以示卓，卓不知其为吕布也。卓当入会，陈列步骑，自营至宫，朝服导引行其中。马踬不前，卓心怪欲止，布劝使行，乃衷甲而入。卓既死，当时日月清净，微风不起。旻、璜等及宗族老弱悉在郿，皆还，为其群下所斫射。卓母年九十，走至坞门曰"乞脱我死"，即斩首。袁氏门生故吏改殡诸袁死于郿者，敛聚董氏尸于其侧而焚之。暴卓尸于市。卓素肥，膏流浸地，草为之丹。守尸吏暝以为大炷，置卓脐中以为灯，光明达旦，如是积日。后卓故部曲收所烧者灰，并以一棺棺之，葬于郿。卓坞中金有二三万斤，银八九万斤，珠玉锦绮奇玩杂物皆山崇阜积，不可知数。长安士庶咸相庆贺，诸阿附卓者皆下狱死。谢承《汉书》曰：蔡邕在王允坐，闻卓死，有叹惜之音。允责邕曰："卓，国之大贼，杀主残臣，天地所不祐，人神所同疾。君为王臣，世受汉恩，国主危难，曾不倒戈，卓受天诛，而更嗟痛乎？"便使收付廷尉。邕谢允曰："虽以不忠，犹识大义，古今安危，耳所厌闻，口所常玩，岂当背国而向卓也？狂瞽之词，谬出患人，愿黥首为刑以继汉史。"公卿惜邕才，咸共谏允。允曰："昔武帝不杀司马迁，使作谤书，流于后世。方今国祚中衰，戎马在郊，不可令佞臣执笔在幼主左右，后令吾徒并受谤议。"遂杀邕。

初，卓女婿中郎将牛辅典兵别屯陕，分遣校尉李傕、郭汜、张济略陈留、颍川诸县。卓死，吕布使李肃至陕，欲以诏命诛辅。辅等逆与肃战，肃败走弘农，布诛肃。其后辅营兵有夜叛出者，营中惊，辅以为皆叛，乃取金宝，独与素所厚友胡赤儿等五六人相随，逾城北渡河。赤儿等利其金宝，斩首送长安。比傕等还，辅已败，众无所依，欲各散归。既无赦书，而闻长安中欲尽诛凉州人，忧恐不知所为。用贾诩策，遂将其众而西，所在收兵，比至长安，众十余万，与卓故部曲樊稠、李蒙、王方等合围长安城。十日城陷，与布战城中，布败走。傕等放兵略长安，老少杀之悉尽，死者狼藉。诛杀卓者，尸王允于市。张璠《汉纪》曰：布兵败，住马青琐门外，谓允曰："公可以去。"允曰："安国家，吾之上愿也，若不获，则奉身以死。朝廷幼主恃我而已，临难苟免，吾不为也。努力谢关东诸公，以国家为念。"傕、汜入长安城，屯南宫掖门，杀太仆鲁馗、大鸿胪周奂、城门校尉崔烈、越骑校尉王颀。吏民死者不可胜数。

司徒王允扶天子上宣平城门避兵，傕等于城门下拜，伏地叩头。帝谓傕等曰："卿无作威福，而乃放兵纵横，欲何为乎？"傕等曰："董卓忠于陛下，而无故为吕布所杀。臣等为卓报仇，弗敢为逆也。请事竟，诣廷尉受罪。"允穷逼出见傕，傕诛允及妻子宗族十余人。长安城中男女大小莫不流涕。葬卓于郿，大风暴雨震卓墓，水流入藏，漂其棺椁。

傕为车骑将军、池阳侯，领司隶校尉、假节。氾为后将军、美阳侯。稠为右将军、万年侯。傕、氾、稠擅朝政。济为骠骑将军、平阳侯，屯弘农。是岁，韩遂、马腾等降，率众诣长安。以遂为镇西将军，遣还凉州；腾征西将军，屯郿。侍中马宇与谏议大夫种邵、左中郎将刘范等谋，欲使腾袭长安，己为内应，以诛傕等。腾引兵至长平观，宇等谋泄，出奔槐里。稠击腾，腾败走，还凉州；又攻槐里，宇等皆死。时三辅民尚数十万户，傕等放兵劫略，攻剽城邑，人民饥困，二年间相啖食略尽。诸将争权，遂杀稠，并其众。氾与傕转相疑，战斗长安中。《典略》曰：傕数设酒请氾，或留氾止宿。氾妻惧傕与氾婢妾而夺己爱，思有以离间之。会傕送馈，妻乃以豉为药，氾将食，妻曰："食从外来，傥或有故！"遂摘药示之，曰："一栖不二雄，我固疑将军之信李公也。"他日傕复请氾，大醉。氾疑傕药之，绞粪汁饮之乃解。于是遂生嫌隙，而治兵相攻。傕质天子于营，烧宫殿城门，略官寺，尽收乘舆服御物置其家。傕使公卿诣氾请和，氾皆执之。华峤《汉书》曰：氾飨公卿，议欲攻傕。杨彪曰："群臣共斗，一人劫天子，一人质公卿，此可行乎？"氾怒，欲手刃之，中郎将杨密及左右多谏，氾乃归之。相攻击连月，死者万数。

傕将杨奉与傕军吏宋果等谋杀傕，事泄，遂将兵叛傕。傕众叛，稍衰弱。张济自陕和解之，天子乃得出，至新丰、霸陵间。《献帝起居注》曰：初，天子出到宣平门，当度桥，氾兵数百人遮桥问："是天子邪？"车不得前。傕兵数百人皆持大戟在乘舆车左右，侍中刘艾大呼云："是天子也。"

使侍中杨琦高举车帷。帝言诸兵："汝不却，何敢迫近至尊邪？"汜等兵乃却。既度桥，士众咸呼万岁。郭汜复欲胁天子还郿。天子奔奉营，奉击汜，破之。汜走南山，奉及将军董承以天子还洛阳。傕、汜悔遣天子，复相与和，追及天子于弘农之曹阳。奉急招河东故白波帅韩暹、胡才、李乐等合，与傕、汜大战。奉兵败，傕等纵兵杀公卿百官，略宫人入弘农。天子走陕，北渡河，失辎重，步行，唯皇后、贵人从。至大阳，止人家屋中。奉、暹等遂以天子都安邑，御乘牛车。太尉杨彪、太仆韩融近臣从者十余人。以暹为征东、才为征西、乐征北将军，并与奉、承持政。遣融至弘农与傕、汜等连和，还所略宫人公卿百官，及乘舆车马数乘。

是时蝗虫起，岁旱无谷，从官食枣菜。诸将不能相率，上下乱，粮食尽。奉、暹、承乃以天子还洛阳。出箕关，下轵道，张杨以食迎道路，拜大司马，语在《杨传》。

天子入洛阳，宫室烧尽，街陌荒芜，百官披荆棘，依丘墙间。州郡各拥兵自为，莫有至者。饥穷稍甚，尚书郎以下自出樵采，或饥死墙壁间。

太祖乃迎天子都许。暹、奉不能奉王法，各出奔，寇徐、扬间，为刘备所杀。董承从太祖岁余，诛。建安二年，遣谒者仆射裴茂率关西诸将诛傕，夷三族。汜为其将五习所袭，死于郿。济饥饿，至南阳寇略，为穰人所杀，从子绣摄其众。才、乐留河东，才为怨家所杀，乐病死。遂、腾自还凉州，更相寇，后腾人为卫尉，子超领其部曲。十六年，超与关中诸将及遂等反，太祖征破之，语在《武纪》。遂奔金城，为其将所杀。超据汉阳，腾坐夷三族。赵衢等举义兵讨超，超走汉中从张鲁，后奔刘备，死于蜀。

○袁绍 子尚

　　袁绍字本初，汝南汝阳人也。高祖父安，为汉司徒。自安以下四世居三公位，由是势倾天下。绍有姿貌威容，能折节下士，士多附之，太祖少与交焉。以大将军掾为侍御史，《英雄记》曰：绍生而父死，二公爱之。幼使为郎，弱冠除濮阳长，有清名。遭母丧，服竟，又追行父服，凡在冢庐六年。礼毕，隐居洛阳，不妄通宾客，非海内知名，不得相见。又好游侠，与张孟卓、何伯求、吴子卿、许子远、伍德瑜等皆为奔走之友。不应辟命。中常侍赵忠谓诸黄门曰："袁本初坐作声价，不应呼召而养死士，不知此儿欲何所为乎？"绍叔父隗闻之，责数绍曰："汝且破我家！"绍于是乃起应大将军之命。稍迁中军校尉，至司隶。

　　灵帝崩，太后兄大将军何进与绍谋诛诸阉官，太后不从。乃召董卓，欲以胁太后。常侍、黄门闻之，皆诣进谢，唯所错置。时绍劝进便可于此决之，至于再三，而进不许，令绍使洛阳方略武吏检司诸宦者，又令绍弟虎贲中郎将术选温厚虎贲二百人，当入禁中，代持兵黄门陛守门户。中常侍段珪等矫太后命，召进入议，遂杀之，宫中乱。《九州春秋》曰：初，绍说进曰："黄门、常侍累世太盛，威服海内，前窦武欲诛之而反为所害，但坐言语漏泄，以五营士为兵故耳。五营士生长京师，服畏中人，而窦氏反用其锋，遂果叛走归黄门，是以自取破灭。今将军以元舅之尊，二府并领劲兵，其部曲将吏皆英雄名士，乐尽死力，事在掌握，天赞其时也。今为天下诛除贪秽，功勋显著，垂名后世，虽周之申伯，何足道哉？今大行在前殿，将军以诏书领兵卫守，可勿入宫。"进纳其言，后更狐疑。绍惧进之改变，胁进曰："今交构已成，形势已露，将军何为不早决之？事留变生，后机祸至。"进不从，遂败。术将虎贲烧南宫嘉德殿青琐门，欲以迫出珪等。珪等不出，劫帝及帝弟陈留王走小平津。

绍既斩宦者所署司隶校尉许相，遂勒兵捕诸阉人，无少长皆杀之。或有无须而误死者，至自发露形体而后得免，宦者或有行善自守而犹见及。其滥如此，死者二千余人。

急追珪等，珪等悉赴河死。帝得还宫。董卓呼绍，议欲废帝，立陈留王。是时绍叔父隗为太傅，绍伪许之，曰："此大事，出当与太傅议。"卓曰："刘氏种不足复遗。"绍不应，横刀长揖而去。《献帝春秋》曰：卓欲废帝，谓绍曰："皇帝冲暗，非万乘之主。陈留王犹胜，今欲立之。人有少智，大或痴，亦知复何如，为当且尔；卿不见灵帝乎？念此令人愤毒！"绍曰："汉家君天下四百许年，恩泽深渥，兆民戴之来久。今帝虽幼冲，未有不善宣闻天下，公欲废适立庶，恐众不从公议也。"卓谓绍曰："竖子！天下事岂不决我？我今为之，谁敢不从？尔谓董卓刀为不利乎！"绍曰："天下健者，岂唯董公？"引佩刀横揖而出。

绍既出，遂亡奔冀州。侍中周㻛、城门校尉伍琼、议郎何颙等，皆名士也，卓信之，而阴为绍，乃说卓曰："夫废立大事，非常人所及。绍不达大体，恐惧故出奔，非有他志也。今购之急，势必为变。袁氏树恩四世，门生故吏遍于天下，若收豪杰以聚徒众，英雄因之而起，则山东非公之有也。不如赦之，拜一郡守，则绍喜于免罪，必无患矣。"卓以为然，乃拜绍渤海太守，封邟乡侯。绍遂以渤海起兵，将以诛卓，语在《武纪》。绍自号车骑将军，主盟，与冀州牧韩馥立幽州牧刘虞为帝，遣使奉章诣虞，虞不敢受。后馥军安平，为公孙瓒所败。瓒遂引兵入冀州，以讨卓为名，内欲袭馥。馥怀不自安。《英雄记》曰：逢纪说绍曰："将军举大事而仰人资给，不据一州，无以自全。"绍答云："冀州兵强，吾士饥乏，设不能办，无所容立。"纪曰："可与公孙瓒相闻，导使来南，击取冀州。公孙必至而馥惧矣，因使说利害，为陈祸福，馥必逊让。于此之际，可据其位。"绍从其言而瓒果来。

会卓西入关，绍还军延津，因馥惶遽，使陈留高幹、颍川荀谌等说馥曰："公孙瓚乘胜来向南，而诸郡应之，袁车骑引军东向，此其意不可知，窃为将军危之。"馥曰："为之奈何？"谌曰："公孙提燕、代之卒，其锋不可当。袁氏一时之杰，必不为将军下。夫冀州，天下之重资也，若两雄并力，兵交于城下，危亡可立而待也。夫袁氏，将军之旧，且同盟也，当今为将军计，莫若举冀州以让袁氏。袁氏得冀州，则瓚不能与之争，必厚德将军。冀州入于亲交，是将军有让贤之名，而身安于泰山也。愿将军勿疑！"馥素恇怯，因然其计。馥长史耿武、别驾闵纯、治中李历谏馥曰："冀州虽鄙，带甲百万，谷支十年。袁绍孤客穷军，仰我鼻息，譬如婴儿在股掌之上，绝其哺乳，立可饿杀。奈何乃欲以州与之？"馥曰："吾，袁氏故吏，且才不如本初，度德而让，古人所贵，诸君独何病焉！"从事赵浮、程奂请以兵拒之，馥又不听。乃让绍，绍遂领冀州牧。从事沮授说绍曰："将军弱冠登朝，则播名海内；值废立之际，则忠义奋发；单骑出奔，则董卓怀怖；济河而北，则渤海稽首。振一郡之卒，撮冀州之众，威震河朔，名重天下。虽黄巾猾乱，黑山跋扈，举军东向，则青州可定；还讨黑山，则张燕可灭；回众北首，则公孙必丧；震胁戎狄，则匈奴必从。横大河之北，合四州之地，收英雄之才，拥百万之众，迎大驾于西京，复宗庙于洛邑，号令天下，以讨未复，以此争锋，谁能敌之？比及数年，此功不难。"绍喜曰："此吾心也。"即表授为监军、奋威将军。《英雄记》曰：是时年号初平，绍字本初，自以为年与字合，必能克平祸乱。

卓遣执金吾胡母班、将作大匠吴修赍诏书喻绍，绍使河内太守王匡杀之。卓闻绍得关东，乃悉诛绍宗族太傅隗等。当是时，豪侠多附绍，皆思为之报，州郡锋起，莫不假其名。馥怀惧，从绍索去，往依张邈。《英雄记》曰：绍以河内朱汉为都官从事。汉先时为馥所不礼，内怀怨恨，且欲邀迎绍意，擅发城郭兵围守馥第，拔刃登屋。馥走上楼，收得馥大儿，槌折两脚。绍亦立收汉，杀之。馥犹忧怖，故报绍索去。后绍遣使诣邈，有所计议，与邈耳语。馥在坐上，谓见图构，无何起至溷自杀。

初，天子之立非绍意，及在河东，绍遣颍川郭图使焉。图还说绍迎天子都邺，绍不从。会太祖迎天子都许，收河南地，关中皆附。绍悔，欲令太祖徙天子都鄄城以自密近，太祖拒之。天子以绍为太尉，转为大将军，封邺侯，《献帝春秋》曰：绍耻班在太祖下，怒曰："曹操当死数矣，我辄救存之，今乃背恩，挟天子以令我乎！"太祖闻，而以大将军让于绍。绍让侯不受。顷之，击破瓒于易京，并其众。《典略》曰：自此绍贡御希慢，私使主簿耿苞密白曰："赤德衰尽，袁为黄胤，宜顺天意。"绍以苞密白事示军府将吏。议者咸以苞为妖妄宜诛，绍乃杀苞以自解。出长子谭为青州，沮授谏绍："必为祸始。"绍不听，曰："孤欲令诸儿各据一州也。"又以中子熙为幽州，甥高干为并州。众数十万，以审配、逢纪统军事，田丰、荀谌、许攸为谋主，颜良、文丑为将率，简精卒十万，骑万匹，将攻许。

先是，太祖遣刘备诣徐州拒袁术。术死，备杀刺史车胄，引军屯沛。绍遣骑佐之。太祖遣刘岱、王忠击之，不克。建安五年，太祖自东征备。田丰说绍袭太祖后，绍辞以子疾，不许，丰举杖击地曰："夫遭难遇之机，而以婴儿之病失其会，惜哉！"太祖至，击破备，备奔绍。

绍进军黎阳，遣颜良攻刘延于白马。沮授又谏绍："良性促狭，虽骁勇不可独任。"绍不听。太祖救延，与良战，破斩良。《献帝传》曰：绍临发，沮授会其宗族，散资财以与之曰："夫势在则威无不加，势亡则不保一身，哀哉！"其弟宗曰："曹公士马不敌，君何惧焉！"授曰："以曹兖州之明略，又挟天子以为资，我虽克公孙，众实疲弊，而将骄主怡，军之破败，在此举也。扬雄有言，'六国蚩蚩，为嬴弱姬'，今之谓也。"绍渡河，壁延津南，使刘备、文丑挑战。太祖击破之，斩丑，再战，禽绍大将。绍军大震。《献帝传》曰：绍将济河，沮授谏曰："胜负变化，不可不详。今宜留屯延津，分兵官渡，若其克获，还迎不晚，设其有难，众弗可还。"绍弗从。授临济叹曰："上盈其志，下务其功，悠悠黄河，吾其反乎？"遂以疾辞。绍恨之，乃省其所部兵属郭图。太祖还官渡。沮授又曰："北兵数众而果劲不及南，南谷虚少而货财不及北；南利在于急战，北利在于缓搏。宜徐持久，旷以日月。"绍不从。连营稍前，逼官渡，合战，太祖军不利，复壁。绍为高橹，起土山，射营中，营中皆蒙楯，众大惧。太祖乃为发石车，击绍楼，皆破，绍众号曰"霹雳车"。绍为地道，欲袭太祖营。太祖辄于内为长堑以拒之，又遣奇兵袭击绍运车，大破之，尽焚其谷。

太祖与绍相持日久，百姓疲乏，多叛应绍，军食乏。会绍遣淳于琼等将兵万余人北迎运车，沮授说绍："可遣将蒋奇别为支军于表，以断曹公之钞。"绍复不从。琼宿乌巢，去绍军四十里。太祖乃留曹洪守，自将步骑五千候夜潜往攻琼。绍遣骑救之，败走。破琼等，悉斩之。太祖还，未至营，绍将高览、张郃等率其众降。绍众大溃，绍与谭单骑退渡河。余众伪降，尽坑之。沮授不及绍渡，为人所执，诣太祖，《献帝传》云：授大呼曰："授不降也，为军所执耳！"太祖与之有旧，逆谓授曰："分野殊异，遂用圮绝，不图今日乃相禽也！"授对曰："冀州失策，以取奔北。授智力俱困，宜其见禽耳。"太祖曰："本初无谋，不用君计，今丧乱过纪，国家未定，当相与图之。"授曰："叔父、母、弟，县命袁氏，若蒙公灵，速死为福。"太祖叹曰："孤早相得，天下不足虑。"太祖厚待之。后谋还袁氏，见杀。

初，绍之南也，田丰说绍曰："曹公善用兵，变化无方，众虽少，未可轻也，不如以久持之。将军据山河之固，拥四州之众，外结英雄，内修农战，然后简其精锐，分为奇兵，乘虚迭出，以扰河南，救右则击其左，救左则击其右，使敌疲于奔命，民不得安业；我未劳而彼已困，不及二年，可坐克也。今释庙胜之策，而决成败于一战，若不如志，悔无及也。"绍不从。丰恳谏，绍怒甚，以为沮众，械系之。

绍军既败，或谓丰曰："君必见重。"丰曰："若军有利，吾必全，今军败，吾其死矣。"绍还，谓左右曰："吾不用田丰言，果为所笑。"遂杀之。绍外宽雅，有局度，忧喜不形于色，而内多忌害，皆此类也。冀州城邑多叛，绍复击定之。自军败后发病，七年，忧死。

绍爱少子尚，貌美，欲以为后而未显。《典论》曰：谭长而惠，尚少而美。绍妻刘氏爱尚，数称其才，绍亦奇其貌，欲以为后，未显而绍死。刘氏性酷妒，绍死，僵尸未殡，宠妾五人，刘尽杀之。以为死者有知，当复见绍于地下，乃髡头墨面以毁其形。尚又为尽杀死者之家。审配、逢纪与辛评、郭图争权，配、纪与尚比，评、图与谭比。众以谭长，欲立之。配等恐谭立而评等为己害，缘绍素意，乃奉尚代绍位。谭至，不得立，自号车骑将军。由是谭、尚有隙。

太祖北征谭、尚。谭军黎阳，尚少与谭兵，而使逢纪从谭。谭求益兵，配等议不与。谭怒，杀纪。太祖渡河攻谭，谭告急于尚。尚欲分兵益谭，恐谭遂夺其众，乃使审配守邺，尚自将兵助谭，与太祖相拒于黎阳。自二月至九月，大战城下，谭、尚败退，入城守。太祖将围之，乃夜遁。追至邺，收其麦，拔阴安，引军还许。

太祖南征荆州，军至西平。谭、尚遂举兵相攻，谭败奔平原。尚攻之急，谭遣辛毗诣太祖请救。太祖乃还救谭，十月至黎阳。尚闻太祖北，释平原还邺。其将吕旷、吕翔叛尚归太祖，谭复阴刻将军印假旷、翔。太祖知谭诈，与结婚以安之，乃引军还。尚使审配、苏由守邺，复攻谭平原。太祖进军将攻邺，到洹水，去邺五十里，由欲为内应，谋泄，与配战城中，败，出奔太祖。太祖遂进攻之，为地道，配亦于内作堑以当之。配将冯礼开突门，内太祖兵三百余人，配觉之，从城上以大石击突中栅门，栅门闭，入者皆没。太祖遂围之，为堑，周四十里；初令浅，示若可越。配望而笑之，不出争利。太祖一夜掘之，广深二丈，决漳水以灌之，自五月至八月，城中饿死者过半。

尚闻邺急，将兵万余人还救之，依西山来，东至阳平亭，去邺十七里，临滏水，举火以示城中，城中亦举火相应。配出兵城北，欲与尚对决围。太祖逆击之，败还，尚亦破走，依曲漳为营，太祖遂围之。未合，尚惧，遣阴夔、陈琳乞降，不听。尚还走滥口，进复围之急，其将马延等临阵降，众大溃，尚奔中山。尽收其辎重，得尚印绶、节钺及衣物，以示其家，城中崩沮。配兄子荣守东门，夜开门内太祖兵，与配战城中，生禽配。配声气壮烈，终无挠辞，见者莫不叹息，遂斩之。《先贤行状》曰：配字正南，魏郡人，少忠烈慷慨，有不可犯之节。袁绍领冀州，委以腹心之任，以为治中别驾，并总幕府。初，谭之去，皆呼辛毗、郭图家得出，而辛评家独被收。及配兄子开城门内兵，时配在城东南角楼上，望见太祖兵入，忿辛、郭坏败冀州，乃遣人驰诣邺狱，指杀仲治家。是时，辛毗在军，闻门开，驰走诣狱，欲解其兄家，兄家已死。是日生缚配，将诣帐下，辛毗等逆以马鞭击其头，骂之曰："奴，汝今日真死矣！"配顾曰："狗辈，正由汝曹破我冀州，恨不得杀汝也！且汝今日能杀生我邪？"有顷，公引见，谓配："知谁开卿城门？"配曰："不知也。"曰："自卿子荣耳。"配曰："小儿不足用乃至此！"公复谓曰："曩日孤之行围，何弩之多也？"配曰："恨其少耳！"公曰："卿忠于袁氏父子，亦自不得不尔也。"有意欲活之。配既无挠辞，而辛毗等号哭不已，乃杀之。初，冀州人张子谦先降，素与配不善，笑谓配曰："正南，卿竟何如我？"配厉声曰："汝为降虏，审配为忠臣，虽死，岂若汝生邪！"临行刑，叱持兵者令北向，曰："我君在北。"

高幹以并州降，复以幹为刺史。太祖之围邺也，谭略取甘陵、安平、渤海、河间，攻尚于中山。尚走故安从熙，谭悉收其众。太祖将讨之，谭乃拔平原，并南皮，自屯龙凑。

十二月，太祖军其门，谭不出，夜遁奔南皮，临清河而屯。十年正月，攻拔之，斩谭及图等。熙、尚为其将焦触、张南所攻，奔辽西乌丸。触自号幽州刺史，驱率诸郡太守令长，背袁向曹，陈兵数万，杀白马盟，令曰："违命者斩！"众莫敢语，各以次歃。至别驾韩珩，曰："吾受袁公父子厚恩，今其破亡，智不能救，勇不能死，于义阙矣；若乃北面于曹氏，所弗能为也。"一坐为珩失色。触曰："夫兴大事，当立大义，事之济否，不待一人，可卒珩志，以励事君。"

高幹叛，执上党太守，举兵守壶口关。遣乐进、李典击之，未拔。十一年，太祖征幹。幹乃留其将夏昭、邓升守城，自诣匈奴单于求救，不得，独与数骑亡，欲南奔荆州，上洛都尉捕斩之。《典略》曰：上洛都尉王琰获高幹，以功封侯；其妻哭于室，以为琰富贵将更娶妾媵而夺己爱故也。

十二年，太祖至辽西击乌丸。尚、熙与乌丸逆军战，败走奔辽东，公孙康诱斩之，送其首。《典略》曰：尚为人有勇力，欲夺取康众，与熙谋曰："今到，康必相见，欲与兄手击之，有辽东犹可以自广也。"康亦心计曰："今不取熙、尚，无以为说于国家。"乃先置其精勇于厩中，然后请熙、尚。熙、尚入，康伏兵出，皆缚之，坐于冻地。尚寒，求席，熙曰："头颅方行万里，何席之为！"遂斩首。谭，字显思。熙，字显弈。尚，字显甫。太祖高韩珩节，屡辟不至，卒于家。

○袁术

袁术字公路，司空逢子，绍之从弟也。以侠气闻。举孝廉，除郎中，历职内外，后为折冲校尉、虎贲中郎将。董卓之将废帝，以术为后将军；术亦畏卓之祸，出奔南阳。会长沙太守孙坚杀南阳太守张咨，术得据其郡。南阳户口数百万，而术奢淫肆欲，征敛无度，百姓苦之。既与绍有隙，又与刘表不平而北连公孙瓒；绍与瓒不和而南连刘表。其兄弟携贰，舍近交远如此。

引军入陈留。太祖与绍合击，大破术军。术以余众奔九江，杀扬州刺史陈温，领其州。以张勋、桥蕤等为大将。李傕入长安，欲结术为援，以术为左将军，封阳翟侯，假节，遣太傅马日磾因循行拜授。术夺日磾节，拘留不遣。《献帝春秋》曰：术从日磾借节观之，因夺不还，悉军中千余人，使促辟之。日磾谓术曰："卿家先世诸公，辟士云何，而言促之，谓公府掾可劫得乎！"从术求去，而术留之不遣；既以失节屈辱，忧恚而死。

时沛相下邳陈珪，故太尉球弟子也。术与珪俱公族子孙，少共交游，书与珪曰："昔秦失其政，天下群雄争而取之，兼智勇者卒受其归。今世事纷扰，复有瓦解之势矣，诚英乂有为之时也。与足下旧交，岂肯左右之乎？若集大事，子实为吾心膂。"珪中子应时在下邳，术并胁质应，图必致珪。珪答书曰："昔秦末世，肆暴恣情，虐流天下，毒被生民，下不堪命，故遂土崩。今虽季世，未有亡秦苛暴之乱也。曹将军神武应期，兴复典刑，将拨平凶慝，清定海内，信有征矣。以为足下当戮力同心，匡翼汉室，而阴谋不轨，以身试祸，岂不痛哉！若迷而知反，尚可以免。吾备旧知，故陈至情，虽逆于耳，肉骨之惠也。欲吾营私阿附，有犯死不能也。"

兴平二年冬，天子败于曹阳。术会群下谓曰："今刘氏微弱，海内鼎沸。吾家四世公辅，百姓所归，欲应天顺民，于诸君意如何？"众莫敢对。主簿阎象进曰："昔周自后稷至于文王，积德累功，三分天下有其二，犹服事殷。明公虽弈世克昌，未若有周之盛，汉室虽微，未若殷纣之暴也。"术嘿然不悦。用河内张烔之符命，遂僭号。以九江太守为淮南尹。置公卿，祠南北郊。荒侈滋甚，后宫数百皆服绮縠，余粱肉，《九州春秋》曰：司隶冯方女，国色也，避乱扬州，术登城见而悦之，遂纳焉，甚爱幸。诸妇害其宠，语之曰："将军贵人有志节，当时时涕泣忧愁，必长见敬重。"冯氏以为然，后见术辄垂涕，果以有心志，益哀之。诸妇人因共绞杀，悬之厕梁，术诚以为不得志而死，乃厚加殡敛。而士卒冻馁，江淮间空尽，人民相食。

术前为吕布所破，后为太祖所败，奔其部曲雷薄、陈兰于灊山，复为所拒，忧惧不知所出。将归帝号于绍，欲至青州从袁谭，发病道死。《吴书》曰：术既为雷薄等所拒，留住三日，士众绝粮，乃还至江亭，去寿春八十里。问厨下，尚有麦屑三十斛。时盛暑，欲得蜜浆，又无蜜。坐棂床上，叹息良久，乃大咤曰："袁术至于此乎！"因顿伏床下，呕血斗余，遂死。妻子依术故吏庐江太守刘勋，孙策破勋，复见收视。术女入孙权宫，子耀拜郎中，耀女又配于权子奋。

○刘表

刘表字景升，山阳高平人也。少知名，号八俊。长八尺余，姿貌甚伟。以大将军掾为北军中候。灵帝崩，代王叡为荆州刺史。

是时山东兵起，表亦合兵军襄阳。袁术之在南阳也，与孙坚合从，欲袭夺表州，使坚攻表。坚为流矢所中死，军败，术遂不能胜表。李催、郭汜入长安，欲连表为援，乃以表为镇南将军、荆州牧，封成武侯，假节。天子都许，表虽遣使贡献，然北与袁绍相结。治中邓羲谏表，表不听，《汉晋春秋》曰：表答羲曰："内不失贡职，外不背盟主，此天下之达义也。治中独何怪乎？"羲辞疾而退，终表之世。

张济引兵入荆州界，攻穰城，为流矢所中死。荆州官属皆贺，表曰："济以穷来，主人无礼，至于交锋，此非牧意，牧受吊，不受贺也。"使人纳其众；众闻之喜，遂服从。

长沙太守张羡叛表，表围之，连年不下。羡病死，长沙复立其子怿，表遂攻并怿，南收零、桂，北据汉川，地方数千里，带甲十余万。《英雄记》曰：州界群寇既尽，表乃开立学官，博求儒士，使綦毋闿、宋忠等撰《五经章句》，谓之《后定》。

太祖与袁绍方相持于官渡，绍遣人求助，表许之而不至，亦不佐太祖，欲保江汉间，观天下变。从事中郎韩嵩、别驾刘先说表曰："豪杰并争，两雄相持，天下之重在于将军。将军若欲有为，起乘其弊可也；若不然，固将择所从。将军拥十万之众，安坐而观望。夫见贤而不能助，请和而不得，此两怨必集于将军，将军不得中立矣。夫以曹公之明哲，天下贤俊皆归之，其势必举袁绍，然后称兵以向江汉，恐将军不能御也。故为将军计者，不若举州以附曹公，曹公必重德将军。长享福祚，垂之后嗣，此万全之策也。"表大将蒯越亦劝表，表狐疑，乃遣嵩诣太祖以观虚实。嵩还，深陈太祖威德，说表遣子入质。表疑嵩反为太祖说，大怒，欲杀嵩，考杀随嵩行者，知嵩无他意，乃止。表虽外貌儒雅，而心多疑忌，皆此类也。刘备奔表，表厚待之，然不能用。《汉晋春秋》曰：太祖之始征柳城，刘备说表使袭许，表不从。及太祖还，谓备曰："不用君言，故失此大会也。"备曰："今天下分裂，日寻干戈，事会之来，岂有终极乎？若能应之于后者，则此未足为恨也。"建安十三年，太祖征表。未至，表病死。

　　初，表及妻爱少子琮，欲以为后，而蔡瑁、张允为之支党，乃出长子琦为江夏太守，众遂奉琮为嗣。琦与琮遂为仇隙。越、嵩及东曹掾傅巽等说琮归太祖，琮曰："今与诸君据全楚之地，守先君之业，以观天下，何为不可乎？"巽对曰："逆顺有大体，强弱有定势。以人臣而拒人主，逆也；以新造之楚而御国家，其势弗当也；以刘备而敌曹公，又弗当也。三者皆短，欲以抗王兵之锋，必亡之道也。将军自料何与刘备？"琮曰："吾不若也。"巽曰："诚以刘备不足御曹公乎，则虽保楚之地，不足以自存也；诚以刘备足御曹公乎，则备不为将军下也。愿将军勿疑。"太祖军到襄阳，琮举州降，备走奔夏口。《搜神记》曰：建安初，荆州童谣曰："八九年间始欲衰，至十三年无孑遗。"言自中平以来，荆州独全，及刘表为牧，民又丰乐，至建安八年九年当始衰。始衰者，谓刘表妻死，诸将并零落也。十三年无孑遗者，表当又死，因以丧破也。是时，华容有女子忽啼呼云："荆州将有大丧。"言语过差，县以为妖言，系狱月余，忽于狱中哭曰："刘荆州今日死。"华容去州数百里，即遣马吏验视，而刘表果死，县乃出之。续又歌吟曰："不意李立为贵人。"后无几，太祖平荆州，以涿郡李立字建贤为荆州刺史。太祖以琮为青州刺史，封列侯。蒯越等侯者十五人：越为光禄勋；嵩，大鸿胪；羲，侍中；先，尚书令；其余多至大官。《世语》曰：表死后八十余年，至晋太康中，表冢见发。表及妻身形如生，芬香闻数里。

　　评曰：董卓狼戾贼忍，暴虐不仁，自书契已来，殆未之有也。袁术奢淫放肆，荣不终己，自取之也。袁绍、刘表，咸有威容、器观，知名当世。表跨蹈汉南，绍鹰扬河朔，然皆外宽内忌，好谋无决，有才而不能用，闻善而不能纳，废嫡立庶，舍礼崇爱，至于后嗣颠蹙，社稷倾覆，非不幸也。昔项羽背范增之谋，以丧其王业；绍之杀田丰，乃甚于羽远矣！

七卷 魏书 七

吕布张邈臧洪传 | 吕布 张邈 臧洪

○吕布

  吕布字奉先，五原郡九原人也。以骁武给并州。刺史丁原为骑都尉，屯河内，以布为主簿，大见亲待。灵帝崩，原将兵诣洛阳。《英雄记》曰：原字建阳。本出自寒家，为人粗略，有武勇，善骑射。为南县吏，受使不辞难，有警急，追寇虏，辄在其前。裁知书，少有吏用。与何进谋诛诸黄门，拜执金吾。进败，董卓入京都，将为乱，欲杀原，并其兵众。卓以布见信于原，诱布令杀原。布斩原首诣卓，卓以布为骑都尉，甚爱信之，誓为父子。布便弓马，膂力过人，号为飞将。稍迁至中郎将，封都亭侯。

  卓自以遇人无礼，恐人谋己，行止常以布自卫。然卓性刚而褊，忿不思难，尝小失意，拔手戟掷布。布拳捷避之，为卓顾谢，卓意亦解。由是阴怨卓。卓常使布守中阁，布与卓侍婢私通，恐事发觉，心不自安。先是，司徒王允以布州里壮健，厚接纳之。后布诣允，陈卓几见杀状。时允与仆射士孙瑞密谋诛卓，是以告布使为内应。布曰："奈如父子何！"允曰："君自姓吕，本非骨肉。今忧死不暇，何谓父子？"布遂许之，手刃刺卓，语在《卓传》。允以布为奋威将军，假节，仪比三司，进封温侯，共秉朝政。

布自杀卓后，畏恶凉州人，凉州人皆怨。由是李傕等遂相结还攻长安城。布不能拒，傕等遂入长安。卓死后六旬，布亦败。将数百骑出武关，欲诣袁术。布自以杀卓为术报仇，欲以德之。术恶其反覆，拒而不受。北诣袁绍，绍与布击张燕于常山。燕精兵万余，骑数千。布有良马曰赤兔。《曹瞒传》曰：时人语曰："人中有吕布，马中有赤兔。"常与其亲近成廉、魏越等陷锋突阵，遂破燕军。而求益兵众，将士钞掠，绍患忌之。布觉其意，从绍求去。绍恐还为己害，遣壮士夜掩杀布，不获。事露，布走河内，《英雄记》曰：布自以有功于袁氏，轻傲绍下诸将，以为擅相署置，不足贵也。布求还洛，绍假布领司隶校尉。外言当遣，内欲杀布。明日当发，绍遣甲士三十人，辞以送布。布使止于帐侧，伪使人于帐中鼓筝。绍兵卧，布无何出帐去，而兵不觉。夜半兵起，乱斫布床被，谓为已死。明日，绍讯问，知布尚在，乃闭城门。布遂引去。与张杨合。绍令众追之，皆畏布，莫敢逼近者。《英雄记》曰：杨及部曲诸将皆受傕、汜购募，共图布。布闻之，谓杨曰："布，卿州里也。卿杀布，于卿弱。不如卖布，可极得汜、傕爵宠。"杨于是外许汜、傕，内实保护布。汜、傕患之，更下大封诏书，以布为颍川太守。

○张邈 陈登

张邈字孟卓，东平寿张人也。少以侠闻，振穷救急，倾家无爱，士多归之。太祖、袁绍皆与邈友。辟公府，以高第拜骑都尉，迁陈留太守。董卓之乱，太祖与邈首举义兵。汴水之战，邈遣卫兹将兵随太祖。袁绍既为盟主，有骄矜色，邈正议责绍。绍使太祖杀邈，太祖不听，责绍曰："孟卓，亲友也，是非当容之。今天下未定，不宜自相危也。"邈知之，益德太祖。太祖之征陶谦，敕家曰："我若不还，往依孟卓。"后还，见邈，垂泣相对，其亲如此。吕布之舍袁绍从张杨也，过邈临别，把手共誓。绍闻之，大恨。邈畏太祖终为绍击己也，心不自安。

兴平元年，太祖复征谦，邈弟超，与太祖将陈宫、从事中郎许汜、王楷共谋叛太祖。宫说邈曰："今雄杰并起，天下分崩，君以千里之众，当四战之地，抚剑顾眄，亦足以为人豪，而反制于人，不以鄙乎！今州军东征，其处空虚，吕布壮士，善战无前，若权迎之，共牧兖州，观天下形势，俟时事之变通，此亦纵横之一时也。"邈从之。

太祖初使宫将兵留屯东郡，遂以其众东迎布为兖州牧，据濮阳。郡县皆应，唯鄄城、东阿、范为太祖守。太祖引军还，与布战于濮阳，太祖军不利，相持百余日。是时岁旱、虫蝗、少谷，百姓相食，布东屯山阳。二年间，太祖乃尽复收诸城，击破布于钜野。布东奔刘备。《英雄记》曰：布见备，甚敬之，谓备曰："我与卿同边地人也。布见关东起兵，欲诛董卓。布杀卓东出，关东诸将无安布者，皆欲杀布耳。"请备于帐中坐妇床上，令妇向拜，酌酒饮食，名备为弟。备见布语言无常，外然之而内不说。邈从布，留超将家属屯雍丘。太祖攻围数月，屠之，斩超及其家。邈诣袁术请救，未至，自为其兵所杀。

备东击术，布袭取下邳，备还归布；布遣备屯小沛，布自称徐州刺史。术遣将纪灵等步骑三万攻备，备求救于布。布诸将谓布曰："将军常欲杀备，今可假手于术。"布曰："不然。术若破备，则北连太山诸将，吾为在术围中，不得不救也。"便严步兵千、骑二百，驰往赴备。灵等闻布至，皆敛兵不敢复攻。布于沛西南一里安屯，遣铃下请灵等，灵等亦请布共饮食。布谓灵等曰："玄德，布弟也。弟为诸君所困，故来救之。布性不喜合斗，但喜解斗耳。"布令门候于营门中举一只戟，布言："诸君观布射戟小支，一发中者诸君当解去，不中可留决斗。"布举弓射戟，正中小支。诸将皆惊，言："将军天威也！"明日复欢会，然后各罢。

术欲结布为援，乃为子索布女，布许之。术遣使韩胤以僭号议告布，并求迎妇。沛相陈珪恐术、布成婚，则徐、扬合从，将为国难，于是往说布曰："曹公奉迎天子，辅赞国政，威灵命世，将征四海，将军宜与协同策谋，图太山之安。今与术结婚，受天下不义之名，必有累卵之危。"布亦怨术初不己受也，女已在涂，追还绝婚，械送韩胤，枭首许市。珪欲使子登诣太祖，布不肯遣。会使者至，拜布左将军。布大喜，即听登往，并令奉章谢恩。登见太祖，因陈布勇而无计，轻于去就，宜早图之。太祖曰："布，狼子野心，诚难久养，非卿莫能究其情也。"即增珪秩中二千石，拜登广陵太守。临别，太祖执登手曰："东方之事，便以相付。"令登阴合部众以为内应。

始，布因登求徐州牧不得，登还，布怒，拔戟斫机曰："卿父劝吾协同曹公，绝婚公路；今吾所求无一获，而卿父子并显重，为卿所卖耳！卿为吾言，其说云何？"登不为动容，徐喻之曰："登见曹公言：'待将军譬如养虎，当饱其肉，不饱则将噬人。'公曰：'不如卿言也。譬如养鹰，饥则为用，饱则扬去。'其言如此。"布意乃解。

术怒，与韩暹、杨奉等连势，遣大将张勋攻布。布谓珪曰："今致术军，卿之由也，为之奈何？"珪曰："暹、奉与术，卒合之军耳，策谋不素定，不能相维持；子登策之，比之连鸡，势不俱栖，可解离也。"布用珪策，遣人说暹、奉，使与己并力共击术军，军资所有，悉许暹、奉。于是暹、奉从之，勋大破败。

建安三年，布复叛为术，遣高顺攻刘备于沛，破之。太祖遣夏侯惇救备，为顺所败。太祖自征布，至其城下，遗布书，为陈祸福。布欲降，陈宫等自以负罪深，沮其计。《献帝春秋》曰：太祖军至彭城。陈宫谓布："宜逆击之，以逸击劳，无不克也。"布曰："不如待其来攻，蹙著泗水中。"及太祖军攻之急，布于白门楼上谓军士曰："卿曹无相困，我当自首明公。"陈宫曰："逆贼曹操，何等明公！今日降之，若卵投石，岂可得全也！"

布遣人求救于术，自将千余骑出战，败走，还保城，不敢出。《英雄记》曰：布遣许汜、王楷告急于术。术曰："布不与我女，理自当败，何为复来相闻邪？"汜、楷曰："明上今不救布，为自败耳！布破，明上亦破也。"术时僭号，故呼为明上。术乃严兵为布作声援。布恐术为女不至，故不遣兵救也，以绵缠女身，缚著马上，夜自送女出与术，与太祖守兵相触，格射不得过，复还城。布欲令陈宫、高顺守城，自将骑断太祖粮道。布妻谓曰："将军自出断曹公粮道是也。宫、顺素不和，将军一出，宫、顺必不同心共城守也，如有蹉跌，将军当于何自立乎？愿将军谛计之，无为宫等所误也。妾昔在长安，已为将军所弃，赖得庞舒私藏妾身耳，今不须顾妾也。"布得妻言，愁闷不能自决。｜《魏氏春秋》曰：陈宫谓布："曹公远来，势不能久。若将军以步骑出屯，为势于外，宫将余众闭守于内。若向将军，宫引兵而攻其背；若来攻城，将军为救于外。不过旬日，军食必尽，击之可破。"布然之。布妻曰："昔曹氏待公台如赤子，犹舍而来。今将军厚公台不过于曹公，而欲委全城，捐妻子，孤军远出，若一旦有变，妾岂得为将军妻哉！"布乃止。术亦不能救。

布虽骁猛，然无谋而多猜忌，不能制御其党，但信诸将。诸将各异意自疑，故每战多败。太祖堑围之三月，上下离心，其将侯成、宋宪、魏续缚陈宫，将其众降。布与其麾下登白门楼。兵围急，乃下降。遂生缚布，布曰："缚太急，小缓之。"太祖曰："缚虎不得不急也。"布请曰："明公所患不过于布，今已服矣，天下不足忧。明公将步，令布将骑，则天下不足定也。"太祖有疑色。刘备进曰："明公不见布之事丁建阳及董太师乎！"太祖颔之。布因指备曰："是儿最叵信者。"《英雄记》曰：布谓太祖曰："布待诸将厚也，诸将临急皆叛布耳。"太祖曰："卿背妻，爱诸将妇，何以为厚？"布默然。｜《献帝春秋》曰：布问太祖："明公何瘦？"太祖曰："君何以识孤？"布曰："昔在洛，会温氏园。"太祖曰："然。孤忘之矣。所以瘦，恨不早相得故也。"布曰："齐桓舍射钩，使管仲相；今使布竭股肱之力，为公前驱，可乎？"布缚急，谓刘备曰："玄德，卿为坐客，我为执虏，不能一言以相宽乎？"太祖笑曰："何不相语，而诉明使君乎？"意欲活之，命使宽缚。主簿王必趋进曰："布，劲虏也。其众近在外，不可宽也。"太祖曰："本欲相缓，主簿复不听，如之何？"于是缢杀布。布与宫、顺等皆枭首送许，然后葬之。

太祖之禽宫也，问宫欲活老母及女不。宫对曰："宫闻孝治天下者不绝人之亲，仁施四海者不乏人之祀，老母在公，不在宫也。"太祖召养其母终其身，嫁其女。鱼氏《典略》曰：陈宫字公台，东郡人也。刚直烈壮，少与海内知名之士皆相连结。及天下乱，始随太祖，后自疑，乃从吕布，为布画策，布每不从其计。下邳败，军士执布及宫，太祖皆见之，与语平生，故布有求活之言。太祖谓宫曰："公台，卿平常自谓智计有余，今竟何如？"宫顾指布曰："但坐此人不从宫言，以至于此。若其见从，亦未必为禽也。"太祖笑曰："今日之事当云何？"宫曰："为臣不忠，为子不孝，死自分也。"太祖曰："卿如是，奈卿老母何？"宫曰："宫闻将以孝治天下者不害人之亲，老母之存否，在明公也。"太祖曰："若卿妻子何？"宫曰："宫闻将施仁政于天下者不绝人之祀，妻子之存否，亦在明公也。"太祖未复言。宫曰："请出就戮，以明军法。"遂趋出，不可止。太祖泣而送之，宫不还顾。宫死后，太祖待其家皆厚于初。

陈登者，字元龙，在广陵有威名。又挢角吕布有功，加伏波将军，年三十九卒。后许汜与刘备并在荆州牧刘表坐，表与备共论天下人，汜曰："陈元龙湖海之士，豪气不除。"备谓表曰："许君论是非？"表曰："欲言非，此君为善士，不宜虚言；欲言是，元龙名重天下。"备问汜："君言豪，宁有事邪？"汜曰："昔遭乱过下邳，见元龙。元龙无客主之意，久不相与语，自上大床卧，使客卧下床。"备曰："君有国士之名，今天下大乱，帝主失所，望君忧国忘家，有救世之意，而君求田问舍，言无可采，是元龙所讳也，何缘当与君语？如小人，欲卧百尺楼上，卧君于地，何但上下床之间邪？"表大笑。备因言曰："若元龙文武胆志，当求之于古耳，造次难得比也。"

○臧洪 陈容

臧洪字子源，广陵射阳人也。父旻，历匈奴中郎将，中山、太原太守，所在有名。洪体貌魁梧，有异于人，举孝廉为郎。时选三署郎以补县长，琅邪赵昱为莒长，东莱刘繇下邑长，东海王朗蕃丘长，洪即丘长。

灵帝末，弃官还家，太守张超请洪为功曹。董卓杀帝，图危社稷，洪说超曰："明府历世受恩，兄弟并据大郡，今王室将危，贼臣未枭，此诚天下义烈报恩效命之秋也。今郡境尚全，吏民殷富，若动枹鼓，可得二万人，以此诛除国贼，为天下倡先，义之大者也。"超然其言，与洪西至陈留，见兄邈计事。邈亦素有心，会于酸枣，邈谓超曰："闻弟为郡守，政教威恩，不由己出，动任臧洪，洪者何人？"超曰："洪才略智数优超，超甚爱之，海内奇士也。"邈即引见洪，与语大异之。致之于刘兖州公山、孔豫州公绪，皆与洪亲善。乃设坛场，方共盟誓，诸州郡更相让，莫敢当，咸共推洪。洪乃升坛操盘歃血而盟曰："汉室不幸，皇纲失统，贼臣董卓乘衅纵害，祸加至尊，虐流百姓，大惧沦丧社稷，剪覆四海。兖州刺史岱、豫州刺史伷、陈留太守邈、东郡太守瑁、广陵太守超等，纠合义兵，并赴国难。凡我同盟，齐心戮力，以致臣节，殒首丧元，必无二志。有渝此盟，俾坠其命，无克遗育。皇天后土，祖宗明灵，实皆鉴之！"洪辞气慷慨，涕泣横下，闻其言者，虽卒伍厮养，莫不激扬，人思致节。

顷之，诸军莫适先进，而食尽众散。超遣洪诣大司马刘虞谋，值公孙瓒之难，至河间，遇幽、冀二州交兵，使命不达。而袁绍见洪，又奇重之，与结分合好。会青州刺史焦和卒，绍使洪领青州以抚其众。《九州春秋》曰：初平中，焦和为青州刺史。是时英雄并起，黄巾寇暴，和务及同盟，俱入京畿，不暇为民保障，引军逾河而西。未久而袁、曹二公与卓将战于荥阳，败绩。黄巾遂广，屠裂城邑。和不能御，然军器尚利，战士尚众，而耳目侦逻不设，恐动之言妄至，望寇奔走，未尝接风尘交旗鼓也。欲作陷冰丸沈河，令贼不得渡，祷祈群神，求用兵必利，著筮常陈于前，巫祝不去于侧；入见其清谈干云，出则浑乱，命不可知。州遂萧条，悉为丘墟也。洪在州二年，群盗奔走，绍叹其能，徙为东郡太守，治东武阳。太祖围张超于雍丘，超言："唯恃臧洪，当来救吾。"众人以为袁、曹方睦，而洪为绍所表用，必不败好招祸，远来赴此。超曰："子源，天下义士，终不背本者，但恐见禁制，不相及逮耳。"洪闻之，果徒跣号泣，并勒所领兵，又从绍请兵马，求欲救超，而绍终不听许，超遂族灭。

洪由是怨绍，绝不与通。绍兴兵围之，历年不下。绍令洪邑人陈琳书与洪，喻以祸福，责以恩义。洪答曰：

"隔阔相思，发于寤寐。幸相去步武之间耳，而以趣舍异规，不得相见，其为怆恨，可为心哉！前日不遗，比辱雅贶，述叙祸福，公私切至。所以不即奉答者，既学薄才钝，不足塞诘；亦以吾子携负侧室，息肩主人，家在东州，仆为仇敌。以是事人，虽披中情，堕肝胆，犹身疏有罪，言甘见怪，方首尾不救，何能恤人？且以子之才，穷该典籍，岂将暗于大道，不达余趣哉！然犹复云云者，仆以是知足下之言，信不由衷，将以救祸也。必欲算计长短，辩诠是非，是非之论，言满天下，陈之更不明，不言无所损。又言伤告绝之义，非吾所忍行也，是以捐弃纸笔，一无所答。亦冀遥忖其心，知其计定，不复渝变也。重获来命，援引古今，纷纭六纸，虽欲不言，焉得已哉！

"仆小人也，本因行役，寇窃大州，恩深分厚，宁乐今日自还接刃！每登城勒兵，望主人之旗鼓，感故友之周旋，抚弦搦矢，不觉流涕之覆面也。何者？自以辅佐主人，无以为悔。主人相接，过绝等伦。当受任之初，自谓究竟大事，共尊王室。岂悟天子不悦，本州见侵，郡将遘牖里之厄，陈留克创兵之谋，谋计栖迟，丧忠孝之名，杖策携背，亏交友之分。揆此二者，与其不得已，丧忠孝之名与亏交友之道，轻重殊涂，亲疏异画，故便收泪告绝。若使主人少垂故人，住者侧席，去者克己，不汲汲于离友，信刑戮以自辅，则仆抗季札之志，不为今日之战矣。何以效之？昔张景明亲登坛啑血，奉辞奔走，卒使韩牧让印，主人得地；然后但以拜章朝主，赐爵获传之故，旋时之间，不蒙观过之贷，而受夷灭之祸。臣松之案《英雄记》云："袁绍使张景明、郭公则、高元才等说韩馥，使让冀州。"然则馥之让位，景明亦有其功。其余之事未详。吕奉先讨卓来奔，请兵不获，告去何罪？复见斫刺，滨于死亡。刘子璜奉使逾时，辞不获命，畏君怀亲，以诈求归，可谓有志忠孝，无损霸道者也；然辄僵毙麾下，不蒙亏除。臣松之案公孙瓒表列绍罪过云："绍与故虎牙将军刘勋首共造兵，勋仍有效，而以小忿枉害于勋，绍罪七也。"疑此是子璜也。仆虽不敏，又素不能原始见终，睹微知著，窃度主人之心，岂谓三子宜死，罚当刑中哉？实且欲一统山东，增兵讨仇，惧战士狐疑，无以沮劝，故抑废王命以崇承制，慕义者蒙荣，待放者被戮，此乃主人之利，非游士之愿也。故仆鉴戒前人，困穷死战。仆虽下愚，亦尝闻君子之言矣。此实非吾心也，乃主人招焉。凡吾所以背弃国民，用命此城者，正以君子之违，不适敌国故也。是以获罪主人，见攻逾时，而足下更引此义以为吾规，无乃辞同趋异，非吾子所为休戚者哉！

"吾闻之也，义不背亲，忠不违君，故东宗本州以为亲援，中扶郡将以安社稷，一举二得以徼忠孝，何以为非？而足下欲使吾轻本破家，均君主人。主人之于我也，年为吾兄，分为笃友，道乖告去，以安君亲，可谓顺矣。若子之言，则包胥宜致命于伍员，不当号哭于秦庭矣。苟区区于攘患，不知言乖乎道理矣。足下或者见城围不解，救兵未至，感婚姻之义，惟平生之好，以屈节而苟生，胜守义而倾覆也。昔晏婴不降志于白刃，南史不曲笔以求生，故身著图象，名垂后世。况仆据金城之固，驱士民之力，散三年之畜，以为一年之资，匡困补乏，以悦天下，何图筑室反耕哉！但惧秋风扬尘，伯珪马首南向，张杨、飞燕，膂力作难，北鄙将告倒县之急，股肱奏乞归之诚耳。主人当鉴我曹辈，反旌退师，治兵邺垣，何宜久辱盛怒，暴威于吾城下哉？足下讥吾恃黑山以为救，独不念黄巾之合从邪！加飞燕之属悉以受王命矣。昔高祖取彭越于钜野，光武创基兆于绿林，卒能龙飞中兴，以成帝业，苟可辅主兴化，夫何嫌哉！况仆亲奉玺书，与之从事。

"行矣孔璋！足下徼利于境外，臧洪授命于君亲；吾子托身于盟主，臧洪策名于长安。子谓余身死而名灭，仆亦笑子生死而无闻焉，悲哉！本同而末离，努力努力，夫复何言！"

绍见洪书，知无降意，增兵急攻。城中粮谷以尽，外无强救，洪自度必不免，呼吏士谓曰："袁氏无道，所图不轨，且不救洪郡将。洪于大义，不得不死，念诸君无事空与此祸！可先城未败，将妻子出。"将吏士民皆垂泣曰:"明府与袁氏本无怨隙,今为本朝郡将之故,自致残困,吏民何忍当舍明府去也!"初尚掘鼠煮筋角,后无可复食者。主簿启内厨米三斗,请中分稍以为糜粥,洪叹曰:"独食此何为!"使作薄粥,众分歠之,杀其爱妾以食将士。将士咸流涕,无能仰视者。男女七八千人相枕而死,莫有离叛。

城陷,绍生执洪。绍素亲洪,盛施帷幔,大会诸将见洪,谓曰:"臧洪,何相负若此!今日服未?"洪据地瞋目曰:"诸袁事汉,四世五公,可谓受恩。今王室衰弱,无扶翼之意,欲因际会,希冀非望,多杀忠良以立奸威。洪亲见呼张陈留为兄,则洪府君亦宜为弟,同共戮力,为国除害,何为拥众观人屠灭!惜洪力劣,不能推刃为天下报仇,何谓服乎!"绍本爱洪,意欲令屈服,原之;见洪辞切,知终不为己用,乃杀之。徐众《三国评》曰:洪敦天下名义,救旧君之危,其恩足以感人情,义足以励薄俗。然袁亦知己亲友,致位州郡,虽非君臣,且实盟主,既受其命,义不应贰。袁、曹方睦,夹辅王室,吕布反覆无义,志在逆乱,而邈、超擅立布为州牧,其于王法,乃一罪人也。曹公讨之,袁氏弗救,未为非理也。洪本不当就袁请兵,又不当还为怨仇。为洪计者,苟力所不足,可奔他国以求赴救,若谋力未展以待事机,则宜徐更观衅,效死于超。何必誓守穷城而无变通,身死殄民,功名不立,良可哀也!

洪邑人陈容少为书生,亲慕洪,随洪为东郡丞;城未败,洪遣出。绍令在坐,见洪当死,起谓绍曰:"将军举大事,欲为天下除暴,而专先诛忠义,岂合天意!臧洪发举为郡将,奈何杀之!"绍惭,左右使人牵出,谓曰:"汝非臧洪俦,空复尔为!"容顾曰:"夫仁义岂有常,蹈之则君子,背之则小人。今日宁与臧洪同日而死,不与将军同日而生!"复见杀。在绍坐者无不叹息,窃相谓曰:"如何一日杀二烈士!"先是,洪遣司马二人出,求救于吕布;比还,城已陷,皆赴敌死。

评曰：吕布有虓虎之勇，而无英奇之略，轻狡反覆，唯利是视。自古及今，未有若此不夷灭也。昔汉光武谬于庞萌，近魏太祖亦蔽于张邈。知人则哲，唯帝难之，信矣！陈登、臧洪并有雄气壮节，登降年夙陨，功业未遂，洪以兵弱敌强，烈志不立，惜哉！

八卷 魏书 八

二公孙陶四张传 | 公孙瓒 陶谦 张杨 公孙度
张燕 张绣 张鲁

○公孙瓒

公孙瓒字伯珪，辽西令支人也。为郡门下书佐，有姿仪，大音声，侯太守器之，以女妻焉，*《典略》曰：瓒性辩慧，每白事不肯稍人，常总说数曹事，无有忘误，太守奇其才。*遣诣涿郡卢植读经，后复为郡吏。刘太守坐事征诣廷尉，瓒为御车，身执徒养。及刘徙日南，瓒具米肉，于北芒上祭先人，举觞祝曰："昔为人子，今为人臣，当诣日南。日南瘴气，或恐不还，与先人辞于此。"再拜慷慨而起，时见者莫不歔欷。刘道得赦还。

瓒以孝廉为郎，除辽东属国长史。尝从数十骑出行塞，见鲜卑数百骑，瓒乃退入空亭中，约其从骑曰："今不冲之，则死尽矣。"瓒乃自持矛，两头施刃，驰出刺胡，杀伤数十人，亦亡其从骑半，遂得免。鲜卑惩艾，后不敢复入塞。迁为涿令。

光和中，凉州贼起，发幽州突骑三千人，假瓒都督行事传，使将之。军到蓟中，渔阳张纯诱辽西乌丸丘力居等叛，劫略蓟中，自号将军，*《九州春秋》曰：纯自号弥天将军、安定王。*略吏民攻右北平、辽西属国诸城，所至残破。瓒将所领，追讨纯等有功，迁骑都尉。属国乌丸贪至王率种人诣瓒降。迁中郎将，封都亭侯，进屯属国，与胡相攻击五六年。丘力居等钞略青、徐、幽、冀，四州被其害，瓒不能御。朝议以宗正东海刘伯安既有德义，昔为幽州刺史，恩信流著，戎狄附之，若使镇抚，可不劳众而定，乃以刘虞为幽州牧。虞到，遣使至胡中，告以利害，责使送纯首。

丘力居等闻虞至，喜，各遣译自归。瓒害虞有功，乃阴使人徼杀胡使。胡知其情，间行诣虞。虞上罢诸屯兵，但留瓒将步骑万人屯右北平。纯乃弃妻子，逃入鲜卑，为其客王政所杀，送首诣虞。封政为列侯。虞以功即拜太尉，封襄贲侯。《英雄记》曰：虞让太尉，因荐卫尉赵谟、益州牧刘焉、豫州牧黄琬、南阳太守羊续，并任为公。会董卓至洛阳，迁虞大司马，瓒奋武将军，封蓟侯。关东义兵起，卓遂劫帝西迁，征虞为太傅，道路隔塞，信命不得至。袁绍、韩馥议，以为少帝制于奸臣，天下无所归心。虞，宗室知名，民之望也，遂推虞为帝。遣使诣虞，虞终不肯受。绍等复劝虞领尚书事，承制封拜，虞又不听，然犹与绍等连和。《九州春秋》曰：绍、馥使故乐浪太守甘陵张岐赍议诣虞，使即尊号。虞厉声呵岐曰："卿敢出此言乎！忠孝之道，既不能济。孤受国恩，天下扰乱，未能竭命以除国耻，望诸州郡烈义之士戮力西面，援迎幼主，而乃妄造逆谋，欲涂污忠臣邪！"

虞子和为侍中，在长安。天子思东归，使和伪逃卓，潜出武关诣虞，令将兵来迎。和道经袁术，为说天子意。术利虞为援，留和不遣，许兵至俱西，令和为书与虞。虞得和书，乃遣数千骑诣和。瓒知术有异志，不欲遣兵，止虞，虞不可。瓒惧术闻而怨之，亦遣其从弟越将千骑诣术以自结，而阴教术执和，夺其兵。由是虞、瓒益有隙。

和逃术来北，复为绍所留。是时，术遣孙坚屯阳城拒卓，绍使周昂夺其处。术遣越与坚攻昂，不胜，越为流矢所中，死。瓒怒曰："余弟死，祸起于绍。"遂出军屯磐河，将以报绍。绍惧，以所佩渤海太守印绶授瓒从弟范，遣之郡，欲以结援。范遂以渤海兵助瓒，破青、徐黄巾，兵益盛，进军界桥。以严纲为冀州，田楷为青州，单经为兖州，置诸郡县。绍军广川，令将麴义先登与瓒战，生禽纲。瓒军败走渤海，与范俱还蓟，于大城东南筑小城，与虞相近，稍相恨望。

虞惧瓒为变，遂举兵袭瓒。虞为瓒所败，出奔居庸。瓒攻拔居庸，生获虞，执虞还蓟。会卓死，天子遣使者段训增虞邑，督六州；瓒迁前将军，封易侯。瓒诬虞欲称尊号，胁训斩虞。瓒上训为幽州刺史。瓒遂骄矜，记过忘善，多所贼害。《英雄记》曰：瓒统内外，衣冠子弟有材秀者，必抑困使在穷苦之地。或问其故，答曰："今取衣冠家子弟及善士富贵之，皆自以为职当得之，不谢人善也。"所宠遇骄恣者，类多庸儿，若故卜数师刘纬台、贩缯李移子、贾人乐何当等三人，与之定兄弟之誓，自号为伯，谓三人者为仲叔季，富皆巨亿，或取其女以配己子，常称古者曲周、灌婴之属以譬也。

虞从事渔阳鲜于辅、齐周、骑都尉鲜于银等率州兵欲报瓒，以燕国阎柔素有恩信，共推柔为乌丸司马。柔招诱乌丸、鲜卑，得胡、汉数万人，与瓒所置渔阳太守邹丹战于潞北，大破之，斩丹。袁绍又遣麴义及虞子和，将兵与辅合击瓒。瓒军数败，乃走还易京固守。《英雄记》曰：先是有童谣曰："燕南垂，赵北际，中央不合大如砺，惟有此中可避世。"瓒以易当之，乃筑京固守。瓒别将有为敌所围，义不救也。其言曰："救一人，使后将恃救不力战；今不救此，后将当念在自勉。"是以袁绍始北击之时，瓒南界别营自度守则不能自固，又知必不见救，是以或自杀其将帅，或为绍兵所破，遂令绍军径至其门。为围堑十重，于堑里筑京，皆高五六丈，为楼其上；中堑为京，特高十丈，自居焉，积谷三百万斛。《英雄记》曰：瓒诸将家家各作高楼，楼以千计。瓒作铁门，居楼上，屏去左右，婢妾侍侧，汲上文书。瓒曰："昔谓天下事可指麾而定，今日视之，非我所决，不如休兵，力田畜谷。兵法，百楼不攻。今吾楼橹千重，食尽此谷，足知天下之事矣。"欲以此弊绍。绍遣将攻之，连年不能拔。

建安四年，绍悉军围之。瓒遣子求救于黑山贼，复欲自将突骑直出，傍西南山，拥黑山之众，陆梁冀州，横断绍后。长史关靖说瓒曰："今将军将士皆已土崩瓦解，其所以能相守持者，顾恋其居处老小，以将军为主耳。将军坚守旷日，袁绍要当自退；自退之后，四方之众必复合也。若将军今舍之而去，军无镇重，易京之危，可立待也。将军失本，孤在草野，何所成邪？"瓒遂止不出。《英雄记》曰：关靖字士起，太原人。本酷吏也，谄而无大谋，特为瓒所信幸。救至，欲内外击绍。遣人与子书，克期兵至，举火为应。绍候者得其书，如期举火。瓒以为救兵至，遂出欲战。绍设伏击，大破之，复还守。绍为地道，突坏其楼，稍至中京。瓒自知必败，尽杀其妻子，乃自杀。《汉晋春秋》曰：关靖曰："吾闻君子陷人于危，必同其难，岂可独生乎！"乃策马赴绍军而死。绍悉送其首于许。鲜于辅将其众奉王命。以辅为建忠将军，督幽州六郡。太祖与袁绍相拒于官渡，阎柔遣使诣太祖受事，迁护乌丸校尉。而辅身诣太祖，拜左度辽将军，封亭侯，遣还镇抚本州。太祖破南皮，柔将部曲及鲜卑献名马以奉军，从征三郡乌丸，以功封关内侯。辅亦率其众从。文帝践阼，拜辅虎牙将军，柔渡辽将军，皆进封县侯，位特进。

○陶谦

陶谦字恭祖，丹阳人。少好学，为诸生，仕州郡，举茂才，除卢令，《吴书》曰：谦性刚直，有大节，少察孝廉，拜尚书郎，除舒令。郡守张磐，同郡先辈，与谦父友，意殊亲之，而谦耻为之屈。与众还城，因以公事进见，坐罢，磐常私还入与谦饮宴，或拒不为留。常以舞属谦，谦不为起，固强之；及舞，又不转。磐曰："不当转邪？"曰："不可转，转则胜人。"由是不乐，卒以构隙。迁幽州刺史，征拜议郎，参车骑将军张温军事，西讨韩遂。《吴书》曰：会西羌寇边，皇甫嵩为征西将军，表请武将。召拜谦扬武都尉，与嵩征羌，大破之。后边章、韩遂为乱，司空张温衔命征讨；又请谦为参军事，接遇甚厚，而谦轻其行事，心怀不服。及军罢还，百寮高会，温属谦行酒，谦众辱温。温怒，徙谦于边。或说温曰："陶恭祖本以材略见重于公，一朝以醉饮过失，不蒙容贷，远弃不毛，厚德不终，四方人士安所归望！不如释憾除恨，克复初分，于以远闻德美。"温然其言，乃追还谦。谦至，或又谓谦曰："足下轻辱三公，罪自己作，今蒙释宥，德莫厚矣，宜降志卑辞以谢之。"谦曰："诺。"又谓温曰："陶恭祖今深自罪责，思在变革。谢天子礼毕，必诣公门。公宜见之，以慰其意。"时温于宫门见谦，谦仰曰："谦自谢朝廷，岂为公邪？"温曰："恭祖痴病尚未除邪？"遂为之置酒，待之如初。会徐州黄巾起，以谦为徐州刺史，击黄巾，破走之。董卓之乱，州郡起兵，天子都长安，四方断绝，谦遣使间行致贡献，迁安东将军、徐州牧，封溧阳侯。是时，徐州百姓殷盛，谷米封赡，流民多归之。而谦背道任情：广陵太守琅邪赵昱，徐方名士也，以忠直见疏；曹宏等，谗慝小人也，谦亲任之。刑政失和，良善多被其害，由是渐乱。下邳阙宣自称天子，谦初与合从寇钞，后遂杀宣，并其众。初平四年，太祖征谦，攻拔十余城，至彭城大战。谦兵败走，死者万数，泗水为之不流。谦退守郯。太祖以粮少引军还。兴平元年，复东征，略定琅邪、东海诸县。谦恐，欲走归丹阳。会张邈叛迎吕布，太祖还击布。是岁，谦病死。

128

○张杨

张杨字稚叔，云中人也。以武勇给并州，为武猛从事。灵帝末，天下乱，帝以所宠小黄门蹇硕为西园上军校尉，军京都，欲以御四方，征天下豪杰以为偏裨。太祖及袁绍等皆为校尉，属之。并州刺史丁原遣杨将兵诣硕，为假司马。灵帝崩，硕为何进所杀。杨复为进所遣，归本州募兵，得千余人，因留上党，击山贼。

进败，董卓作乱。杨遂以所将攻上党太守于壶关，不下，略诸县，众至数千人。山东兵起，欲诛卓。袁绍至河内，杨与绍合，复与匈奴单于於夫罗屯漳水。单于欲叛，绍、杨不从。单于执杨与俱去，绍使将麹义追击于邺南，破之。单于执杨至黎阳，攻破渡辽将军耿祉军，众复振。卓以杨为建义将军、河内太守。天子之在河东，杨将兵至安邑，拜安国将军，封晋阳侯。杨欲迎天子还洛，诸将不听；杨还野王。建安元年，杨奉、董承、韩暹挟天子还旧京，粮乏。杨以粮迎道路，遂至洛阳。谓诸将曰："天子当与天下共之，幸有公卿大臣，杨当捍外难，何事京都？"遂还野王。即拜为大司马。《英雄记》曰：杨性仁和，无威刑。下人谋反，发觉，对之涕泣，辄原不问。

杨素与吕布善。太祖之围布，杨欲救之，不能。乃出兵东市，遥为之势。其将杨丑杀杨以应太祖，杨将眭固杀丑，将其众，欲北合袁绍。太祖遣史涣邀击，破之于犬城，斩固，尽收其众也。《典略》曰：固字白兔，既杀杨丑，军屯射犬。时有巫诫固曰："将军字兔而此邑名犬，兔见犬，其势必惊，宜急移去。"固不从，遂战死。

○公孙度 子康 康子晃 康子渊 康弟恭

公孙度字升济，本辽东襄平人也。度父延，避吏居玄菟，任度为郡吏。时玄菟太守公孙域，子豹，年十八岁，早死。度少时名豹，又与域子同年，域见而亲爱之，遣就师学，为取妻。后举有道，除尚书郎，稍迁冀州刺史，以谣言免。同郡徐荣为董卓中郎将，荐度为辽东太守。

度起玄菟小吏，为辽东郡所轻。先时，属国公孙昭守襄平令，召度子康为伍长。度到官，收昭，笞杀于襄平市。郡中名豪大姓田韶等宿遇无恩，皆以法诛，所夷灭百余家，郡中震栗。东伐高句骊，西击乌丸，威行海外。初平元年，度知中国扰攘，语所亲吏柳毅、阳仪等曰："汉祚将绝，当与诸卿图王耳。"时襄平延里社生大石，长丈余，下有三小石为之足。或谓度曰："此汉宣帝冠石之祥，而里名与先君同。社主土地，明当有土地，而三公为辅也。"度益喜。故河内太守李敏，郡中知名，恶度所为，恐为所害，乃将家属入于海。度大怒，掘其父冢，剖棺焚尸，诛其宗族。《晋阳秋》曰：敏子追求敏，出塞，越二十余年不娶。州里徐邈责之曰："不孝莫大于无后，何可终身不娶乎！"乃娶妻，生子胤而遣妻，常如居丧之礼，不胜忧，数年而卒。胤生不识父母，及有识，蔬食哀戚亦如三年之丧。以祖父不知存亡，设主奉之。由是知名，仕至司徒。｜臣松之案：本传云敏将家入海，而复与子相失，未详其故。分辽东郡为辽西、中辽郡，置太守。越海收东莱诸县，置营州刺史。自立为辽东侯、平州牧，追封父延为建义侯。立汉二祖庙，承制设坛墠于襄平城南，郊祀天地，籍田，治兵，乘鸾路，九旒，旄头羽骑。太祖表度为武威将军，封永宁乡侯，度曰："我王辽东，何永宁也！"藏印绶武库。度死，子康嗣位，以永宁乡侯封弟恭。是岁建安九年也。

十二年，太祖征三郡乌丸，屠柳城。袁尚等奔辽东，康斩送尚首，语在《武纪》。封康襄平侯，拜左将军。康死，子晃、渊等皆小，众立恭为辽东太守。文帝践阼，遣使即拜恭为车骑将军、假节，封平郭侯；追赠康大司马。初，恭病阴消为阉人，劣弱不能治国。太和二年，渊胁夺恭位。明帝即拜渊扬烈将军、辽东太守。渊遣使南通孙权，往来赂遗。权遣使张弥、许晏等，赍金玉珍宝，立渊为燕王。渊亦恐权远不可恃，且贪货物，诱致其使，悉斩送弥、晏等首，明帝于是拜渊大司马，封乐浪公，持节、领郡如故。使者至，渊设甲兵为军阵，出见使者，又数对国中宾客出恶言。《吴书》曰：魏遣使者傅容、聂夔拜渊为乐浪公。渊计吏从洛阳还，语渊曰：“使者左骏伯，使皆择勇力者，非凡人也。”渊由是疑怖。容、夔至，住学馆中。渊先以步骑围之，乃入受拜。容、夔大怖，由是还洛言状。景初元年，乃遣幽州刺史毌丘俭等赍玺书征渊。渊遂发兵，逆于辽隧，与俭等战。俭等不利而还。渊遂自立为燕王，置百官有司。遣使者持节，假鲜卑单于玺，封拜边民，诱呼鲜卑，侵扰北方。

二年春，遣太尉司马宣王征渊。六月，军至辽东。《汉晋春秋》曰：公孙渊自立，称绍汉元年。闻魏人将讨，复称臣于吴，乞兵北伐以自救。吴人欲戮其使，羊衜曰：“不可，是肆匹夫之怒而捐霸王之计也。不如因而厚之，遣奇兵潜往以要其成。若魏伐渊不克，而我军远赴，是恩结遐夷，义盖万里；若兵连不解，首尾离隔，则我虏其傍郡，驱略而归，亦足以致天之罚，报雪曩事矣。”权曰：“善。”乃勒兵大出。谓渊使曰：“请俟后问，当从简书，必与弟同休戚，共存亡，虽陨于中原，吾所甘心也。”又曰：“司马懿所向无前，深为弟忧也。”渊遣将军卑衍、杨祚等步骑数万屯辽隧，围堑二十余里。宣王军至，令衍逆战。宣王遣将军胡遵等击破之。宣王令军穿围，引兵东南向，而急东北，即趋襄平。衍等恐襄平无守，夜走。诸军进至首山，渊复遣衍等迎军殊死战。复击，大破之，遂进军造城下，为围堑。会霖雨三十余日，辽水暴长，运船自辽口径至城下。雨霁，起土山、修橹，为发石连弩射城中。渊窘急。粮尽，人相食，死者甚多。将军杨祚等降。八月丙寅夜，大流星长数十丈，从首山东北坠襄平城东南。壬午，渊众溃，与其子修将数百骑突围东南走，大兵急击之，当流星所坠处斩渊父子。城破，斩相国以下首级以千数，传渊首洛阳，辽东、带方、乐浪、玄菟悉平。

初，渊家数有怪，犬冠帻绛衣上屋，炊有小儿蒸死甑中。襄平北市生肉，长围各数尺，有头目口喙，无手足而动摇。占曰："有形不成，有体无声，其国灭亡。"始度以中平六年据辽东，至渊三世，凡五十年而灭。《魏略》曰：始渊兄晃为恭任子，在洛，闻渊劫夺恭位，谓渊终不可保，数自表闻，欲令国家讨渊。帝以渊已秉权，故因而抚之。及渊叛，遂以国法系晃。晃虽有前言，冀不坐，然内以骨肉，知渊破则己从及。渊首到，晃自审必死，与其子相对啼哭。时上亦欲活之，而有司以为不可，遂杀之。

○张燕

张燕，常山真定人也，本姓褚。黄巾起，燕合聚少年为群盗，在山泽间转攻，还真定，众万余人。博陵张牛角亦起众，自号将兵从事，与燕合。燕推牛角为帅，俱攻瘿陶。牛角为飞矢所中，被创且死，令众奉燕，告曰："必以燕为帅。"牛角死，众奉燕，故改姓张。燕剽捍捷速过人，故军中号曰飞燕。其后人众浸广，常山、赵郡、中山、上党、河内诸山谷皆相通，其小帅孙轻、王当等，各以部众从燕，众至百万，号曰黑山。灵帝不能征，河北诸郡被其害。燕遣人至京都乞降，拜燕平难中郎将。《九州春秋》曰：张角之反也，黑山、白波、黄龙、左校、牛角、五鹿、羝根、苦蝤、刘石、平汉、大洪、司隶、缘城、罗市、雷公、浮云、飞燕、白爵、杨凤、于毒等各起兵，大者二三万，小者不减数千。灵帝不能讨，乃遣使拜杨凤为黑山校尉，领诸山贼，得举孝廉、计吏。后遂弥漫，不可复数。｜《典略》曰：黑山、黄巾诸帅，本非冠盖，自相号字，谓骑白马者为张白骑，谓轻捷者为张飞燕，谓声大者为张雷公，其饶须者则自称于羝根，其眼大者自称李大目。｜张璠《汉纪》云：又有左校、郭大贤、左髭丈八三部也。

是后，董卓迁天子于长安，天下兵数起，燕遂以其众与豪杰相结。袁绍与公孙瓒争冀州，燕遣将杜长等助瓒，与绍战，为绍所败，人众稍散，太祖将定冀州，燕遣使求佐王师，拜平北将军；率众诣邺，封安国亭侯，邑五百户。燕薨，子方嗣。方薨，子融嗣。

○张绣

张绣，武威祖厉人，骠骑将军济族子也。边章、韩遂为乱凉州，金城麴胜袭杀祖厉长刘儁。绣为县吏，间伺杀胜，郡内义之。遂招合少年，为邑中豪杰。董卓败，济与李傕等击吕布，为卓报仇，语在《卓传》。绣随济，以军功稍迁至建忠将军，封宣威侯。济屯弘农，士卒饥饿，南攻穰，为流矢所中死。绣领其众，屯宛，与刘表合。太祖南征，军淯水，绣等举众降。太祖纳济妻，绣恨之。太祖闻其不悦，密有杀绣之计。计漏，绣掩袭太祖。太祖军败，二子没。绣还保穰，《傅子》曰：绣有所亲胡车儿，勇冠其军。太祖爱其健，手以金与之。绣闻而疑太祖欲因左右刺之，遂反。｜《吴书》曰：绣降，用贾诩计，乞徙军就高道，道由太祖屯中。绣又曰："车少而重，乞得使兵各被甲。"太祖信绣，皆听之。绣乃严兵入屯，掩太祖。太祖不备，故败。太祖比年攻之，不克。太祖拒袁绍于官渡，绣从贾诩计，复以众降，语在《诩传》。绣至，太祖执其手，与欢宴，为子均取绣女，拜扬武将军。官渡之役，绣力战有功，迁破羌将军。从破袁谭于南皮，复增邑凡二千户。是时天下户口减耗，十裁一在，诸将封未有满千户者，而绣特多。从征乌丸于柳城，未至，薨，谥曰定侯。《魏略》曰：五官将数因请会，发怒曰："君杀吾兄，何忍持面视人邪！"绣心不自安，乃自杀。子泉嗣，坐与魏讽谋反，诛，国除。

○张鲁

张鲁字公祺，沛国丰人也。祖父陵，客蜀，学道鹄鸣山中，造作道书以惑百姓，从受道者出五斗米，故世号米贼。陵死，子衡行其道。衡死，鲁复行之。益州牧刘焉以鲁为督义司马，与别部司马张脩将兵击汉中太守苏固，鲁遂袭脩杀之，夺其众。焉死，子璋代立，以鲁不顺，尽杀鲁母家室。鲁遂据汉中，以鬼道教民，自号"师君"。其来学道者，初皆名"鬼卒"。受本道已信，号"祭酒"。各领部众，多者为治头大祭酒。皆教以诚信不欺诈，有病自首其过，大都与黄巾相似。诸祭酒皆作义舍，如今之亭传。又置义米肉，悬于义舍，行路者量腹取足；若过多，鬼道辄病之。犯法者，三原，然后乃行刑。不置长吏，皆以祭酒为治，民夷便乐之。雄据巴、汉垂三十年。《典略》曰：熹平中，妖贼大起，三辅有骆曜。光和中，东方有张角，汉中有张脩。骆曜教民缅匿法，角为太平道，脩为五斗米道。太平道者，师持九节杖为符祝，教病人叩头思过，因以符水饮之，得病或日浅而愈者，则云此人信道，其或不愈，则云不信道。脩法略与角同，加施静室，使病者处其中思过。又使人为奸令祭酒，祭酒主以《老子》五千文，使都习，号为奸令。为鬼吏，主为病者请祷。请祷之法，书病人姓名，说服罪之意。作三通，其一上之天，著山上，其一埋之地，其一沉之水，谓之三官手书。使病者家出米五斗以为常，故号曰"五斗米师"，实无益于治病，但为淫妄。然小人昏愚，竞共事之。后角被诛，脩亦亡。及鲁在汉中，因其民信行脩业，遂增饰之。教使作义舍，以米肉置其中以止行人；又教使自隐，有小过者，当治道百步，则罪除；又依《月令》，春夏禁杀；又禁酒。流移寄在其地者，不敢不奉。

汉末，力不能征，遂就宠鲁为镇民中郎将，领汉宁太守，通贡献而已。民有地中得玉印者，群下欲尊鲁为汉宁王。鲁功曹巴西阎圃谏鲁曰："汉川之民，户出十万，财富土沃，四面险固；上匡天子，则为桓、文，次及窦融，不失富贵。今承制署置，势足斩断，不烦于王。愿且不称，勿为祸先。"鲁从之。韩遂、马超之乱，关西民从子午谷奔之者数万家。建安二十年，太祖乃自散关出武都征之，至阳平关。鲁欲举汉中降，其弟卫不肯，率众数万人拒关坚守。太祖攻破之，遂入蜀。《魏名臣奏》载董昭表曰："武皇帝承凉州从事及武都降人之辞，说张鲁易攻，阳平城下南北山相远，不可守也，信以为然。及往临履，不如所闻，乃叹曰：'他人商度，少如人意。'攻阳平山上诸屯，既不时拔，士卒伤夷者多。武皇帝意沮，便欲拔军截山而还，遣故大将军夏侯惇、将军许褚呼山上兵还。会前军未还，夜迷惑，误入贼营，贼便退散。侍中辛毗、刘晔等在兵后，语惇、褚，言'官兵已据得贼要屯，贼已散走'，犹不信之。惇前自见，乃还白武皇帝，进兵定之，幸而克获。此近事，吏士所知。"

鲁闻阳平已陷，将稽颡，圃又曰："今以迫往，功必轻；不如依杜濩赴朴胡相拒，然后委质，功必多。"于是乃奔南山入巴中。左右欲悉烧宝货仓库，鲁曰："本欲归命国家，而意未达。今之走，避锐锋，非有恶意。宝货仓库，国家之有。"遂封藏而去。太祖入南郑，甚嘉之。

又以鲁本有善意，遣人慰喻。鲁尽将家出，太祖逆拜鲁镇南将军，待以客礼，封阆中侯，邑万户。封鲁五子及阎圃等皆为列侯。为子彭祖取鲁女。鲁薨，谥之曰原侯。子富嗣。《魏略》曰：刘雄鸣者，蓝田人也。少以采药射猎为事，常居覆车山下，每晨夜出行云雾中，以识道不迷，而时人因谓之能为云雾。郭、李之乱，人多就之。建安中，附属州郡，州郡表荐为小将。马超等反，不肯从，超破之。后诣太祖，太祖执其手谓之曰："孤方入关，梦得一神人，即卿邪！"乃厚礼之，表拜为将军，遣令迎其部党。部党不欲降，遂劫以反，诸亡命皆往依之，有众数千人，据武关道口。太祖遣夏侯渊讨破之，雄鸣南奔汉中。汉中破，穷无所之，乃复归降。太祖捉其须曰："老贼，真得汝矣！"复其官，徙渤海。时又有程银、侯选、李堪，皆河东人也，兴平之乱，各有众千余家。建安十六年，并与马超合。超破走，堪临阵死。银、选南入汉中，汉中破，诣太祖降，皆复官爵。

评曰：公孙瓒保京，坐待夷灭。度残暴而不节，渊仍业以载凶，只足覆其族也。陶谦昏乱而忧死，张杨授首于臣下，皆拥据州郡，曾匹夫之不若，固无可论者也。燕、绣、鲁舍群盗，列功臣，去危亡，保宗祀，则于彼为愈焉。

九卷 魏书 ^九

诸夏侯曹传 | 夏侯惇 夏侯渊 曹仁 曹洪
曹休 曹真 夏侯尚

○**夏侯惇** 韩浩 史涣

　　夏侯惇字元让，沛国谯人，夏侯婴之后也。年十四，就师学，人有辱其师者，惇杀之，由是以烈气闻。太祖初起，惇常为裨将，从征伐。太祖行奋武将军，以惇为司马，别屯白马，迁折冲校尉，领东郡太守。太祖征陶谦，留惇守濮阳。张邈叛迎吕布，太祖家在鄄城，惇轻军往赴，适与布会，交战。布退还，遂入濮阳，袭得惇军辎重。遣将伪降，共执持惇，责以宝货，惇军中震恐。惇将韩浩乃勒兵屯惇营门，召军吏诸将，皆案甲当部不得动，诸营乃定。遂诣惇所，叱持质者曰："汝等凶逆，乃敢执劫大将军，复欲望生邪！且吾受命讨贼，宁能以一将军之故，而纵汝乎？"因涕泣谓惇曰："当奈国法何！"促召兵击持质者。持质者惶遽叩头，言："我但欲乞资用去耳！"浩数责，皆斩之。惇既免，太祖闻之，谓浩曰："卿此可为万世法。"乃著令：自今已后有持质者，皆当并击，勿顾质。由是劫质者遂绝。孙盛曰：案《光武纪》，建武九年，盗劫阴贵人母弟，吏以不得拘质迫盗，盗遂杀之也。然则合击者，乃古制也。自安、顺已降，政教陵迟，劫质不避王公，而有司

137

莫能遵奉国宪者，浩始复斩之，故魏武嘉焉。太祖自徐州还，惇从征吕布，为流矢所中，伤左目。《魏略》曰：时夏侯渊与惇俱为将军，军中号惇为"盲夏侯"。惇恶之，每照镜，恚怒，辄扑镜于地。复领陈留、济阴太守，加建武将军，封高安乡侯。

时大旱，蝗虫起，惇乃断太寿水作陂，身自负土，率将士劝种稻，民赖其利。转领河南尹。太祖平河北，为大将军后拒。邺破，迁伏波将军，领尹如故，使得以便宜从事，不拘科制。建安十二年，录惇前后功，增封邑千八百户，并前二千五百户。二十一年，从征孙权还，使惇都督二十六军，留居巢。赐伎乐名倡，令曰："魏绛以和戎之功，犹受金石之乐，况将军乎！"二十四年，太祖军于摩陂，召惇常与同载，特见亲重，出入卧内，诸将莫得比也。拜前将军，《魏书》曰：时诸将皆受魏官号，惇独汉官，乃上疏自陈不当不臣之礼。太祖曰："吾闻太上师臣，其次友臣。夫臣者，贵德之人也，区区之魏，而臣足以屈君乎？"惇固请，乃拜为前将军。督诸军还寿春，徙屯召陵。文帝即王位，拜惇大将军，数月薨。

惇虽在军旅，亲迎师受业。性清俭，有余财辄以分施，不足资之于官，不治产业。谥曰忠侯。子充嗣。帝追思惇功，欲使子孙毕侯，分惇邑千户，赐惇七子二孙爵皆关内侯。惇弟廉及子楙素自封列侯。初，太祖以女妻楙，即清河公主也。楙历位侍中尚书、安西镇东将军，假节。充薨，子廙嗣。廙薨，子劭嗣。《晋阳秋》曰：泰始二年，高安乡侯夏侯佐卒，惇之孙也，嗣绝。诏曰："惇，魏之元功，勋书竹帛。昔庭坚不祀，犹或悼之，况朕受禅于魏，而可以忘其功臣哉！宜择惇近属绍封之。"

韩浩者，河内人，及沛国史涣与浩，俱以忠勇显。浩至中护军，涣至中领军，皆掌禁兵，封列侯。

○夏侯渊

夏侯渊字妙才，惇族弟也。太祖居家，曾有县官事，渊代引重罪，太祖营救之，得免。《魏略》曰：时兖、豫大乱，渊以饥乏，弃其幼子，而活亡弟孤女。太祖起兵，以别部司马、骑都尉从，迁陈留、颍川太守。及与袁绍战于官渡，行督军校尉。绍破，使督兖、豫、徐州军粮；时军食少，渊传馈相继，军以复振。昌狶反，遣于禁击之，未拔，复遣渊与禁并力，遂击狶，降其十余屯，狶诣禁降。渊还，拜典军校尉。《魏书》曰：渊为将，赴急疾，常出敌之不意，故军中为之语曰："典军校尉夏侯渊，三日五百，六日一千。"济南、乐安黄巾徐和、司马俱等攻城，杀长吏，渊将泰山、齐、平原郡兵击，大破之，斩和，平诸县，收其粮谷以给军士。十四年，以渊为行领军。太祖征孙权还，使渊督诸将击庐江叛者雷绪，绪破，又行征西护军，督徐晃击太原贼，攻下二十余屯，斩贼帅商曜，屠其城。从征韩遂等，战于渭南。又督朱灵平隃糜、汧氐。与太祖会安定，降杨秋。

十七年，太祖乃还邺，以渊行护军将军，督朱灵、路招等屯长安，击破南山贼刘雄，降其众。围遂、超余党梁兴于鄠，拔之，斩兴，封博昌亭侯。马超围凉州刺史韦康于冀，渊救康，未到，康败。去冀二百余里，超来逆战，军不利。汧氐反，渊引军还。十九年，赵衢、尹奉等谋讨超，姜叙起兵卤城以应之。衢等谲说超，使出击叙，于后尽杀超妻子。超奔汉中，还围祁山。叙等急求救，诸将议者欲须太祖节度。渊曰："公在邺，反覆四千里，比报，叙等必败，非救急也。"遂行，使张郃督步骑五千在前，从陈仓狭道入，渊自督粮在后。郃至渭水上，超将氐羌数千逆郃。未战，超走，郃进军收超军器械。渊到，诸县皆已降。韩遂在显亲，渊欲袭取之，遂走。渊收遂军粮，追至略阳城，去遂二十余里，诸将欲攻之，或言当攻兴国氐。渊以为遂兵精，兴国城固，攻不可卒拔，不如击长离诸羌。长离诸羌多在遂军，必归救其家。若舍羌独守则孤，救长离则官兵得与野战，可必虏也。

渊乃留督将守辎重，轻兵步骑到长离，攻烧羌屯，斩获甚众。诸羌在遂军者，各还种落。遂果救长离，与渊军对阵。诸将见遂众，恶之，欲结营作堑乃与战。渊曰："我转斗千里，今复作营堑，则士众罢弊，不可久。贼虽众，易与耳。"乃鼓之，大破遂军，得其旌麾，还略阳，进军围兴国。氐王千万逃奔马超，余众降。转击高平屠各，皆散走，收其粮谷牛马。乃假渊节。

初，枹罕宋建因凉州乱，自号河首平汉王。太祖使渊帅诸将讨建。渊至，围枹罕，月余拔之，斩建及所置丞相已下。渊别遣张郃等平河关，渡河入小湟中，河西诸羌尽降，陇右平。太祖下令曰："宋建造为乱逆三十余年，渊一举灭之，虎步关右，所向无前。仲尼有言：'吾与尔不如也。'"二十一年，增封三百户，并前八百户。还击武都氐羌下辩，收氐谷十余万斛。太祖西征张鲁，渊等将凉州诸将侯王已下，与太祖会休亭。太祖每引见羌、胡，以渊畏之。会鲁降，汉中平，以渊行都护将军，督张郃、徐晃等平巴郡。太祖还邺，留渊守汉中，即拜渊征西将军。二十三年，刘备军阳平关，渊率诸将拒之，相守连年。二十四年正月，备夜烧围鹿角。渊使张郃护东围，自将轻兵护南围。备挑郃战，郃军不利。渊分所将兵半助郃，为备所袭，渊遂战死。谥曰愍侯。

初，渊虽数战胜，太祖常戒曰："为将当有怯弱时，不可但恃勇也。将当以勇为本，行之以智计；但知任勇，一匹夫敌耳。"渊妻，太祖内妹。长子衡，尚太祖弟海阳哀侯女，恩宠特隆。衡袭爵，转封安宁亭侯。黄初中，赐中子霸，太和中，赐霸四弟，爵皆关内侯。霸，正始中为讨蜀护军、右将军，进封博昌亭侯，素为曹爽所厚。闻爽诛，自疑，亡入蜀。以渊旧勋赦霸子，徙乐浪郡。《魏略》曰：霸字仲权。渊为蜀所害，故霸常切齿，欲有报蜀意。黄初中为偏将军。子午之役，霸召为前锋，进至兴势围，安营在曲谷中。蜀人望知其是霸也，指下兵攻之。霸手战鹿角间，赖救至，然后解。后为右将军，屯陇西，其养士和戎，并得其欢心。至正始中，代夏侯儒为征蜀护军，统属征西。时征西将军夏侯玄，于霸为从子，而玄于曹爽为外弟。及司马宣王诛曹爽，遂召玄，玄来东。霸闻曹爽被诛而玄又征，以为祸必转相及，心既内恐；又霸先与雍州刺史郭淮不和，而淮代玄为征西，霸尤不安，故遂奔蜀。南趣阴平而失道，入穷谷中，粮尽，杀马步行，足破，卧岩石下，使人求道，未知何之。蜀闻之，乃使人迎霸。初，建安五年，时霸从妹年十三四，在本郡，出行樵采，为张飞所得。飞知其良家女，遂以为妻，产息女，为刘禅皇后。故渊之初亡，飞妻请而葬之。及霸入蜀，禅与相见，释之曰："卿父自遇害于行间耳，非我先人之手刃也。"指其儿子以示之曰："此夏侯氏之甥也。"厚加爵宠。霸弟威，官至兖州刺史。威弟惠，乐安太守。惠弟和，河南尹。衡薨，子绩嗣，为虎贲中郎将。绩薨，子褒嗣。

○曹仁 弟纯

　　曹仁字子孝，太祖从弟也。少好弓马弋猎。后豪杰并起，仁亦阴结少年，得千余人，周旋淮、泗之间，遂从太祖，为别部司马，行厉锋校尉。太祖之破袁术，仁所斩获颇多。从征徐州，仁常督骑，为军前锋。别攻陶谦将吕由，破之，还与大军合彭城，大破谦军。从攻费、华、即墨、开阳，谦遣别将救诸县，仁以骑击破之。

太祖征吕布，仁别攻句阳，拔之，生获布将刘何。太祖平黄巾，迎天子都许，仁数有功，拜广阳太守。太祖器其勇略，不使之郡，以议郎督骑。太祖征张绣，仁别徇旁县，虏其男女三千余人。太祖军还，为绣所追，军不利，士卒丧气，仁率厉将士甚奋，太祖壮之，遂破绣。

太祖与袁绍久相持于官渡，绍遣刘备徇濦强诸县，多举众应之。自许以南，吏民不安，太祖以为忧。仁曰："南方以大军方有目前急，其势不能相救，刘备以强兵临之，其背叛固宜也。备新将绍兵，未能得其用，击之可破也。"太祖善其言，遂使将骑击备，破走之，仁尽复收诸叛县而还。绍遣别将韩荀钞断西道，仁击荀于鸡洛山，大破之。由是绍不敢复分兵出。复与史涣等钞绍运车，烧其粮谷。

河北既定，从围壶关。太祖令曰："城拔，皆坑之。"连月不下。仁言于太祖曰："围城必示之活门，所以开其生路也。今公告之必死，将人自为守。且城固而粮多，攻之则士卒伤，守之则引日久；今顿兵坚城之下，以攻必死之虏，非良计也。"太祖从之，城降。于是录仁前后功，封都亭侯。

从平荆州，以仁行征南将军，留屯江陵，拒吴将周瑜。瑜将数万众来攻，前锋数千人始至，仁登城望之，乃募得三百人，遣部曲将牛金逆与挑战。贼多，金众少，遂为所围。长史陈矫俱在城上，望见金等垂没，左右皆失色。仁意气奋怒甚，谓左右："取马来！"矫等共援持之，谓仁曰："贼众盛，不可当也。假使弃数百人何苦，而将军以身赴之！"仁不应，遂被甲上马，将其麾下壮士数十骑出城。去贼百余步，迫沟，矫等以为仁当住沟上，为金形势也，仁径渡沟直前，冲入贼围，金等乃得解。余众未尽出，仁复直还突之，拔出金兵，亡其数人，贼众乃退。矫等初见仁出，皆惧，及见仁还，乃叹曰："将军真天人也！"三军服其勇。太祖益壮之，转封安平亭侯。

太祖讨马超，以仁行安西将军，督诸将拒潼关，破超渭南。苏伯、田银反，以仁行骁骑将军，都督七军讨银等，破之。复以仁行征南将军，假节，屯樊，镇荆州。侯音以宛叛，略傍县众数千人，仁率诸军攻破音，斩其首，还屯樊，即拜征南将军。关羽攻樊，时汉水暴溢，于禁等七军皆没，禁降羽。仁人马数千人守城，城不没者数板。羽乘船临城，围数重，外内断绝，粮食欲尽，救兵不至。仁激厉将士，示以必死，将士感之皆无二。徐晃救至，水亦稍减，晃从外击羽，仁得溃围出，羽退走。

仁少时不修行检，及长为将，严整奉法令，常置科于左右，案以从事。鄢陵侯彰北征乌丸，文帝在东宫，为书戒彰曰："为将奉法，不当如征南邪！"及即王位，拜仁车骑将军，都督荆、扬、益州诸军事，进封陈侯，增邑二千，并前三千五百户。追赐仁父炽谥曰陈穆侯，置守冢十家。后召还屯宛。孙权遣将陈邵据襄阳，诏仁讨之。仁与徐晃攻破邵，遂入襄阳，使将军高迁等徙汉南附化民于汉北，文帝遣使即拜仁大将军。又诏仁移屯临颍，迁大司马，复督诸军据乌江，还屯合肥。黄初四年薨，谥曰忠侯。《傅子》曰：曹大司马之勇，贲、育弗加也。张辽其次焉。子泰嗣，官至镇东将军，假节，转封宁陵侯。泰薨，子初嗣。又分封泰弟楷、范，皆为列侯，而牛金官至后将军。

仁弟纯，初以议郎参司空军事，督虎豹骑从围南皮。袁谭出战，士卒多死。太祖欲缓之，纯曰："今千里蹈敌，进不能克，退必丧威；且县师深入，难以持久。彼胜而骄，我败而惧，以惧敌骄，必可克也。"太祖善其言，遂急攻之，谭败。纯麾下骑斩谭首。及北征三郡，纯部骑获单于蹋顿。以前后功封高陵亭侯，邑三百户。从征荆州，追刘备于长坂，获其二女、辎重，收其散卒。进降江陵，从还谯。建安十五

143

年薨。文帝即位，追谥曰威侯。《魏书》曰：纯所督虎豹骑，皆天下骁锐，或从百人将补之，太祖难其帅。纯以选为督，抚循甚得人心。及卒，有司白选代，太祖曰："纯之比，何可复得！吾独不中督邪？"遂不选。子演嗣，官至领军将军，正元中进封平乐乡侯。演薨，子亮嗣。

○曹洪

曹洪字子廉，太祖从弟也。太祖起义兵讨董卓，至荥阳，为卓将徐荣所败。太祖失马，贼追甚急，洪下，以马授太祖，太祖辞让，洪曰："天下可无洪，不可无君。"遂步从到汴水，水深不得渡，洪循水得船，与太祖俱济，还奔谯。

扬州刺史陈温素与洪善，洪将家兵千余人，就温募兵，得庐江上甲二千人，东到丹阳复得数千人，与太祖会龙亢。太祖征徐州，张邈举兖州叛迎吕布。时大饥荒，洪将兵在前，先据东平、范，聚粮谷以继军。太祖讨邈、布于濮阳，布破走，遂据东阿，转击济阴、山阳、中牟、阳武、京、密十余县，皆拔之。以前后功拜鹰扬校尉，迁扬武中郎将。

天子都许，拜洪谏议大夫。别征刘表，破表别将于舞阳、(舞)阴、叶、堵阳、博望，有功，迁厉锋将军，封国明亭侯。累从征伐，拜都护将军。文帝即位，为卫将军，迁骠骑将军，进封野王侯，益邑千户，并前二千一百户，位特进；后徙封都阳侯。

始，洪家富而性吝啬，文帝少时假求不称，常恨之，遂以舍客犯法，下狱当死。群臣并救莫能得。卞太后谓郭后曰："令曹洪今日死，吾明日敕帝废后矣。"于是泣涕屡请，乃得免官削爵土。洪先帝功臣，时人多为觖望。明帝即位，拜后将军，更封乐城侯，邑千户，位特进，复拜骠骑将军。太和六年薨，谥曰恭侯。子馥，嗣侯。初，太祖分洪户封子震列侯。洪族父瑜，修慎笃敬，官至卫将军，封列侯。

○曹休 子肇

　　曹休字文烈，太祖族子也。天下乱，宗族各散去乡里。休年十余岁，丧父，独与一客担丧假葬，携将老母，渡江至吴。《魏书》曰：休祖父尝为吴郡太守。休于太守舍见壁上祖父画像，下榻拜涕泣，同坐者皆嘉叹焉。以太祖举义兵，易姓名转至荆州，间行北归，见太祖。太祖谓左右曰："此吾家千里驹也。"使与文帝同止，见待如子。常从征伐，使领虎豹骑宿卫。

　　刘备遣将吴兰屯下辩，太祖遣曹洪征之，以休为骑都尉，参洪军事。太祖谓休曰："汝虽参军，其实帅也。"洪闻此令，亦委事于休。备遣张飞屯固山，欲断军后。众议狐疑，休曰："贼实断道者，当伏兵潜行。今乃先张声势，此其不能也。宜及其未集，促击兰，兰破则飞自走矣。"洪从之，进兵击兰，大破之，飞果走。太祖拔汉中诸军还长安，拜休中领军。

　　文帝即王位，为领军将军，录前后功，封东阳亭侯。夏侯惇薨，以休为镇南将军、假节都督诸军事，车驾临送，上乃下舆执手而别。孙权遣将屯历阳，休到，击破之，又别遣兵渡江，烧贼芜湖营数千家。迁征东将军，领扬州刺史，进封安阳乡侯。《魏书》曰：休丧母至孝。帝使侍中夺丧服，使饮酒食肉，休受诏而形体益憔悴。乞归谯葬母，帝复遣越骑校尉薛乔奉诏节其忧哀，使归家治丧，一宿便葬，葬讫诣行在所。帝见，亲自宽慰之。其见爱重如此。

　　帝征孙权，以休为征东大将军，假黄钺，督张辽等及诸州郡二十余军，击权大将吕范等于洞浦，破之。拜扬州牧。明帝即位，进封长平侯。吴将审惪屯皖，休击破之，斩惪首，吴将韩综、翟丹等前后率众诣休降。增邑四百，并前二千五百户，迁大司马，都督扬州如故。太和二年，帝为二道征吴，遣司马宣王从汉水下，督休诸军向寻阳。贼将伪降，休深入，战不利，退还宿石亭。军夜惊，士卒乱，弃甲兵辎重甚多。休上书谢罪，帝遣屯骑校尉杨暨慰谕，礼赐益隆。休因此痈发背薨，谥曰壮侯。子肇嗣。

　　肇有当世才度，为散骑常侍、屯骑校尉。明帝寝疾，方与燕王宇等属以后事。帝意寻变，诏肇以侯归第。正始中薨。追赠卫将军。子兴嗣。初，文帝分休户三百封肇弟纂为列侯，后为殄吴将军，薨，追赠前将军。张隐《文士传》曰：肇孙摅，字颜远，少历志操，博学有才藻。仕晋，辟公府，历洛阳令，有能名。大司马齐王冏辅政，摅与齐人左思俱为记室督。从中郎出为襄阳太守、征南司马。值天下乱，摅讨贼向吴，战败死。

○曹真 子爽 子羲 子训 何晏 邓飏 丁谧 毕轨 李胜 桓范

　　曹真字子丹，太祖族子也。太祖起兵，真父邵募徒众，为州郡所杀。《魏略》曰：真本姓秦，养曹氏。或云其父伯南夙与太祖善。兴平末，袁术部党与太祖攻劫，太祖出，为寇所追，走入秦氏，伯南开门受之。寇问太祖所在，答云："我是也。"遂害之。由此太祖思其功，故变其姓。太祖哀真少孤，收养与诸子同，使与文帝共止。常猎，为虎所逐，顾射虎，应声而倒。太祖壮其鸷勇，使将虎豹骑。讨灵丘贼，拔之，封灵寿亭侯。

以偏将军将兵击刘备别将于下辩，破之，拜中坚将军。从至长安，领中领军。是时，夏侯渊没于阳平，太祖忧之。以真为征蜀护军，督徐晃等破刘备别将高详于阳平。太祖自至汉中，拔出诸军，使真至武都迎曹洪等还屯陈仓。

文帝即王位，以真为镇西将军，假节都督雍、凉州诸军事。录前后功，进封东乡侯。张进等反于酒泉，真遣费曜讨破之，斩进等。黄初三年还京都，以真为上军大将军，都督中外诸军事，假节钺。与夏侯尚等征孙权，击牛渚屯，破之。转拜中军大将军，加给事中。七年，文帝寝疾，真与陈群、司马宣王等受遗诏辅政。明帝即位，进封邵陵侯，迁大将军。

诸葛亮围祁山，南安、天水、安定三郡反应亮。帝遣真督诸军军郿，遣张郃击亮将马谡，大破之。安定民杨条等略吏民保月支城，真进军围之。条谓其众曰："大将军自来，吾愿早降耳。"遂自缚出。三郡皆平。真以亮惩于祁山，后出必从陈仓，乃使将军郝昭、王生守陈仓，治其城。明年春，亮果围陈仓，已有备而不能克。增邑，并前二千九百户。四年，朝洛阳，迁大司马，赐剑履上殿，入朝不趋。真以"蜀连出侵边境，宜遂伐之。数道并入，可大克也"，帝从其计。真当发西讨，帝亲临送。真以八月发长安，从子午道南入。司马宣王溯汉水，当会南郑。诸军或从斜谷道，或从武威入。会大霖雨三十余日，或栈道断绝，诏真还军。

真少与宗人曹遵、乡人朱赞并事太祖。遵、赞早亡，真愍之，乞分所食邑封遵、赞子。诏曰："大司马有叔向抚孤之仁，笃晏平久要之分。君子成人之美，听分真邑赐遵、赞子爵关内侯，各百户。"真每征行，与将士同劳苦，军赏不足，辄以家财班赐，士卒皆愿为用。真病还洛阳，帝自幸其第省疾。真薨，谥曰元侯。子爽嗣。帝追思真功，诏曰："大司马蹈履忠节，佐命二祖，内不恃亲戚之宠，外不骄白屋之士，可谓能持盈守位，劳谦其德者也。其悉封真五子羲、训、则、彦、皑皆为列侯。"初，文帝分真邑二百户，封真弟彬为列侯。

爽字昭伯，少以宗室谨重，明帝在东宫，甚亲爱之。及即位，为散骑侍郎，累迁城门校尉，加散骑常侍，转武卫将军，宠待有殊。帝寝疾，乃引爽入卧内，拜大将军，假节钺，都督中外诸军事，录尚书事，与太尉司马宣王并受遗诏辅少主。

明帝崩，齐王即位，加爽侍中，改封武安侯，邑万二千户，赐剑履上殿，入朝不趋，赞拜不名。丁谧画策，使爽白天子，发诏转宣王为太傅，外以名号尊之，内欲令尚书奏事，先来由己，得制其轻重也。爽弟羲为中领军，训武卫将军，彦散骑常侍、侍讲，其余诸弟皆以列侯侍从，出入禁闼，贵宠莫盛焉。南阳何晏、邓飏、李胜、沛国丁谧、东平毕轨咸有声名，进趣于时，明帝以其浮华，皆抑黜之；及爽秉政，乃复进叙，任为腹心。飏等欲令爽立威名于天下，劝使伐蜀，爽从其言，宣王止之不能禁。正始五年，爽乃西至长安，大发卒六七万人，从骆谷入。

是时，关中及氐、羌转输不能供，牛马骡驴多死，民夷号泣道路。入谷行数百里，贼因山为固，兵不得进。爽参军杨伟为爽陈形势，宜急还，不然将败。飏与伟争于爽前，伟曰："飏、胜将败国家事，可斩也。"爽不悦，乃引军还。《汉晋春秋》曰：司马宣王谓夏侯玄曰："《春秋》责大德重，昔武皇帝再入汉中，几至大败，君所知也。今兴平路势至险，蜀已先据；若进不获战，退见徼绝，覆军必矣。将何以任其责！"玄惧，言于爽，引军退。费祎进兵据三岭以截爽，爽争崄苦战，仅乃得过。所发牛马运转者，死失略尽，羌、胡怨叹，而关右悉虚耗矣。

初，爽以宣王年德并高，恒父事之，不敢专行。及晏等进用，咸共推戴，说爽以权重不宜委之于人。乃以晏、飏、谧为尚书，晏典选举，轨司隶校尉，胜河南尹，诸事希复由宣王。宣王遂称疾避爽。初，宣王以爽魏之肺腑，每推先之，爽以宣王名重，亦引身卑下，当时称焉。丁谧、毕轨等既进用，数言于爽曰："宣王有大志而甚得民心，不可以推诚委之。"由是爽恒猜防焉。礼貌虽存，而诸所兴造，皆不复由宣王。宣王力不能争，且惧其祸，故避之。晏等专政，共分割洛阳、野王典农部桑田数百顷，及坏汤沐地以为产业，承势窃取官物，因缘求欲州郡。有司望风，莫敢忤旨。

晏等与廷尉卢毓素有不平，因毓吏微过，深文致毓法，使主者先收毓印绶，然后奏闻。其作威如此。爽饮食车服拟于乘舆，尚方珍玩充牣其家，妻妾盈后庭，又私取先帝才人七八人，及将吏、师工、鼓吹、良家子女三十三人，皆以为伎乐。诈作诏书，发才人五十七人送邺台，使先帝婕妤教习为伎。擅取太乐乐器、武库禁兵。作窟室，绮疏四周，数与晏等会其中，饮酒作乐。羲深以为大忧，数谏止之。又著书三篇，陈骄淫盈溢之致祸败，辞旨甚切，不敢斥爽，托戒诸弟以示爽。爽知其为己发也，甚不悦。羲或时以谏喻不纳，涕泣而起。宣王密为之备。九年冬，李胜出为荆州刺史，往诣宣王。宣王称疾困笃，示以羸形。胜不能觉，谓之信然。《魏末传》曰：爽等令胜辞宣王，并伺察焉。宣王见胜，胜自陈无他功劳，横蒙时恩，当为本州，诣阁拜辞，不悟加恩，得蒙引见。宣王令两婢侍边，持衣，衣落；复上指口，言渴求饮，婢进粥，宣王持杯饮粥，粥皆流出沾胸。胜愍然，为之涕泣，谓宣王曰："今主上尚幼，天下特赖明公。然众情谓明公方旧风疾发，何意尊体乃尔！"宣王徐更宽言，才令气息相属，说："年老沈疾，死在旦夕。君当屈并州，并州近胡，好善为之，恐不复相见，如何！"胜曰："当还忝本州，非并州也。"宣王乃复阳为昏谬，曰："君方到并州，努力自爱！"错乱其辞，状如荒语。胜复曰："当忝荆州，非并州也。"宣王乃若微悟者，谓胜曰："懿年老，意荒忽，不解君言。今还为本州刺史，盛德壮烈，好建功勋。今当与君别，自顾气力转微，后必不更会，因欲自力，设薄主人，生死共别。令师、昭兄弟结君为友，不可相舍去，副懿区区之心。"因流涕哽咽。胜亦长叹，答曰："辄当承教，须待敕命。"胜辞出，与爽等相见，说："太傅语言错误，口不摄杯，指南为北。又云吾当作并州，吾答言当还为荆州，非并州也。徐徐与语，有识人时，乃知当还为荆州耳。又欲设主人祖送。不可舍去，宜须待之。"更向爽等垂泪云："太傅患不可复济，令人怆然。"

十年正月，车驾朝高平陵，爽兄弟皆从。宣王部勒兵马，先据武库，遂出屯洛水浮桥。奏爽曰："臣昔从辽东还，先帝诏陛下、秦王及臣升御床，把臣臂，深以后事为念。臣言'二祖亦属臣以后事（为念），此自陛下所见，无所忧苦；万一有不如意，臣当以死奉明诏'。黄门令董箕等，才人侍疾者，皆所闻知。今大将军爽背弃顾命，败乱国典，内则僭拟，外专威权；破坏诸营，尽据禁兵，群官要职，皆置所亲；殿中宿卫，历世旧人皆复斥出，欲置新人以树私计；根据盘互，纵恣日甚。外既如此，又以黄门张当为都监，专共交关，看察至尊，候伺神器，离间二宫，伤害骨肉。天下汹汹，人怀危惧，陛下但为寄坐，岂得久安！此非先帝诏陛下及臣升御床之本意也。臣虽朽迈，敢忘往言？昔赵高极意，秦氏以灭；吕、霍早断，汉祚永世。此乃陛下之大鉴，臣受命之时也。太尉臣济、尚书令臣孚等，皆以爽为有无君之心，兄弟不宜典兵宿卫，奏永宁宫。皇太后令敕臣如奏施行。臣辄敕主者及黄门令罢爽、羲、训吏兵，以候就第，不得逗留以稽车驾；敢有稽留，便以军法从事。臣辄力疾将兵屯洛水浮桥，伺察非常。"《世语》曰：初，宣王勒兵从阙下趣武库，当爽门，人逼车住。爽妻刘怖，出至厅事，谓帐下守督曰:"公在外。今兵起,如何?"督曰:"夫人勿忧。"乃上门楼,引弩注箭欲发。将孙谦在后牵止之曰:"天下事未可知!"如此者三,宣王遂得过去。

爽得宣王奏事,不通,迫窘不知所为。大司农沛国桓范闻兵起,不应太后召,矫诏开平昌门,拔取剑戟,略将门候,南奔爽。宣王知,曰:"范画策,爽必不能用范计。"范说爽使车驾幸许昌,招外兵。爽兄弟犹豫未决,范重谓羲曰:"当今日,卿门户求贫贱复可得乎?且匹夫持质一人,尚欲望活,今卿与天子相随,令于天下,谁敢不应者?"羲犹不能纳。侍中许允、尚书陈泰说爽,使早自归罪。爽于是遣允、泰诣宣王,归罪请死,乃通宣王奏事。遂免爽兄弟,以侯还第。《魏末传》曰:爽兄弟归家。敕洛阳县发民八百人,使尉部围爽第四角,角作高楼,令人在上望视爽兄弟举动。爽计穷愁闷,持弹到后园中,楼上人便唱言:"故大将军东南行!"爽还厅事上,与兄弟共议,未知宣王意深浅,作书与宣王曰:"贱子爽哀惶恐怖,无状招祸,分受屠灭,前遣家人迎粮,于今未反,数日乏匮,当烦见饷,以继旦夕。"宣王得书大惊,即答书曰:"初不知乏粮,甚怀踧踖。令致米一百斛,并肉脯、盐豉、大豆。"寻送。爽兄弟不达变数,即便喜欢,自谓不死。

初,张当私以所择才人张、何等与爽。疑其有奸,收当治罪。当陈爽与晏等阴谋反逆,并习兵,须三月中欲发,于是收晏等下狱。会公卿朝臣廷议,以为"《春秋》之义,'君亲无将,将而必诛'。爽以支属,世蒙殊宠,亲受先帝握手遗诏,托以天下,而包藏祸心,蔑弃顾命,乃与晏、飏及当等谋图神器,范党同罪人,皆为大逆不道"。于是收爽、羲、训、晏、飏、谧、轨、胜、范、当等,皆伏诛,夷三族。

嘉平中,绍功臣世,封真族孙熙为新昌亭侯,邑三百户,以奉真后。晏,何进孙也。母尹氏,为太祖夫人。晏长于宫省,又尚公主,少以才秀知名，好老庄言，作《道德论》及诸文赋著述凡数十篇。

○夏侯尚 子玄

夏侯尚字伯仁，渊从子也。文帝与之亲友。《魏书》曰：尚有筹画智略，文帝器之，与为布衣之交。太祖定冀州，尚为军司马，将骑从征伐，后为五官将文学。魏国初建，迁黄门侍郎。代郡胡叛，遣鄢陵侯彰征讨之，以尚参彰军事，定代地，还。太祖崩于洛阳，尚持节，奉梓宫还邺。并录前功，封平陵亭侯，拜散骑常侍，迁中领军。文帝践阼，更封平陵乡侯，迁征南将军，领荆州刺史、假节都督南方诸军事。尚奏："刘备别军在上庸，山道险难，彼不我虞，若以奇兵潜行，出其不意，则独克之势也。"遂勒诸军击破上庸，平三郡九县，迁征南大将军。

孙权虽称藩，尚益修攻讨之备，权后果有贰心。黄初三年，车驾幸宛，使尚率诸军与曹真共围江陵。权将诸葛瑾与尚军对江，瑾渡入江中渚，而分水军于江中。尚夜多持油船，将步骑万余人，于下流潜渡，攻瑾诸军，夹江烧其舟船，水陆并攻，破之。城未拔，会大疫，诏敕尚引诸军还。益封六百户，并前千九百户，假钺，进为牧。

荆州残荒，外接蛮夷，而与吴阻汉水为境，旧民多居江南。尚自上庸通道，西行七百余里，山民蛮夷多服从者，五六年间，降附数千家。五年，徙封昌陵乡侯。

尚有爱妾嬖幸，宠夺适室；适室，曹氏女也，故文帝遣人绞杀之。尚悲感，发病恍惚，既葬埋妾，不胜思见，复出视之。文帝闻而恚之曰："杜袭之轻薄尚，良有以也。"然以旧臣，恩宠不衰。六年，尚疾笃，还京都，帝数临幸，执手涕泣。尚薨，谥曰悼侯。子玄嗣。又分尚户三百，赐尚弟子奉爵关内侯。

玄字太初。少知名，弱冠为散骑黄门侍郎。尝进见，与皇后弟毛曾并坐，玄耻之，不悦形之于色。明帝恨之，左迁为羽林监。正始初，曹爽辅政。玄，爽之姑子也。累迁散骑常侍、中护军。《世语》曰：玄世名知人，为中护军，拔用武官，参戟牙门，无非俊杰，多牧州典郡。立法垂教，于今皆为后式。

太傅司马宣王问以时事，玄议以为："夫官才用人，国之柄也，故铨衡专于台阁，上之分也，孝行存乎闾巷，优劣任之乡人，下之叙也。夫欲清教审选，在明其分叙，不使相涉而已。何者？上过其分，则恐所由之不本，而干势驰骛之路开；下逾其叙，则恐天爵之外通，而机权之门多矣。夫天爵下通，是庶人议柄也；机权多门，是纷乱之原也。自州郡中正品度官才之来，有年载矣，缅缅纷纷，未闻整齐，岂非分叙参错，各失其要之所由哉！若令中正但考行伦辈，辈当行均，斯可官矣。何者？夫孝行著于家门，岂不忠恪于在官乎？仁恕称于九族，岂不达于为政乎？义断行于乡党，岂不堪于事任乎？三者之类，取于中正，虽不处其官名，斯任官可知矣。

"行有大小，比有高下，则所任之流，亦涣然明别矣。奚必使中正干铨衡之机于下，而执机柄者有所委仗于上，上下交侵，以生纷错哉？且台阁临下，考功校否，众职之属，各有官长，旦夕相考，莫究于此；闾阎之议，以意裁处，而使匠宰失位，众人驱骇，欲风俗清静，其可得乎？天台县远，众所绝意。所得至者，更在侧近，孰不修饰以要所求？所求有路，则修己家门者，已不如自达于乡党矣。自达乡党者，已不如自求之于州邦矣。苟开之有路，而患其饰真离本，虽复严责中正，督以刑罚，犹无益也。岂若使各帅其分，官长则各以其属能否献之台阁，台阁则据官长能否之第，参以乡闾德行之次，拟其伦比，勿使偏颇。中正则唯考其行迹，别其高下，审定辈类，勿使升降。台阁总之，如其所简，或有参错，则其责负自在有司。官长所第，中正所辈，拟比随次，率而用之，如其不称，责负在外。然则内外相参，得失有所，互相形检，孰能相饰？斯则人心定而事理得，庶可以静风俗而审官才矣。"

又以为："古之建官，所以济育群生，统理民物也，故为之君长以司牧之。司牧之主，欲一而专，一则官任定而上下安，专则职业修而事不烦。夫事简业修，上下相安而不治者，未之有也。先王建万国，虽其详未可得而究，然分疆画界，各守土境，则非重累羁绊之体也。下考殷、周五等之叙，徒有小大贵贱之差，亦无君官臣民而有二统互相牵制者也。夫官统不一，则职业不修；职业不修，则事何得而简？事之不简，则民何得而静？民之不静，则邪恶并兴，而奸伪滋长矣。先王达其如此，故专其职司而一其统业。

"始自秦世，不师圣道，私以御职，奸以待下；惧宰官之不修，立监牧以董之，畏督监之容曲，设司察以纠之；宰牧相累，监察相司，人怀异心，上下殊务。汉承其绪，莫能匡改。魏室之隆，日不暇及，五等之典，虽难卒复，可粗立仪准以一治制。今之长吏，皆君吏民，横重以郡守，累以刺史。若郡所摄，唯在大较，则与州同，无为再重。宜省郡守，但任刺史；刺史职存，则监察不废，郡吏万数还亲农业，以省烦费，丰财殖谷，一也。大县之才，皆堪郡守，是非之讼，每生意异，顺从则安，直己则争。夫和羹之美，在于合异，上下之益，在能相济，顺从乃安，此琴瑟一声也，荡而除之，则官省事简，二也。

又干郡之吏，职监诸县，营护党亲，乡邑旧故，如有不副，而因公掣顿，民之困弊，咎生于此，若皆并合，则乱原自塞，三也。今承衰弊，民人雕落，贤才鲜少，任事者寡，郡县良吏往往非一，郡受县成，其剧在下，而吏之上选，郡当先足，此为亲民之吏，专得底下，吏者民命，而常顽鄙，今如并之，吏多选清良者造职，大化宣流，民物获宁，四也。制使万户之县名之郡守，五千以上名之都尉，千户以下令长如故，自长以上考课迁用，转以能升，所牧亦增，此进才效功之叙也，若经制一定，则官才有次，治功齐明，五也。若省郡守，县皆径达，事不拥隔，官无留滞，三代之风虽未可必，简一之化庶几可致，便民省费在于此矣。”

又以为：“文质之更用，犹四时之迭兴也，王者体天理物，必因弊而济通之，时弥质则文之以礼，时泰侈则救之以质。今承百王之末，秦汉余流，世俗弥文，宜大改之以易民望。今科制自公、列侯以下，位从大将军以上，皆得服绫锦、罗绮、纨素、金银饰镂之物，自是以下，杂彩之服通于贱人，虽上下等级，各示有差，然朝臣之制已得侔至尊矣，玄黄之采已得通于下矣。欲使市不鬻华丽之色，商不通难得之货，工不作雕刻之物，不可得也。是故宜大理其本，准度古法，文质之宜，取其中则，以为礼度。车舆服章，皆从质朴，禁除末俗华丽之事，使干朝之家，有位之室，不复有锦绮之饰，无兼采之服、纤巧之物，自上以下，至于朴素之差，示有等级而已，勿使过一二之觉。若夫功德之赐，上恩所特加，皆表之有司，然后服用之。夫上之化下，犹风之靡草。朴素之教兴于本朝，则弥侈之心自消于下矣。”

宣王报书曰：“审官择人，除重官，改服制，皆大善。礼乡闾本行，朝廷考事，大指如所示。而中间一相承习，卒不能改。秦时无刺史，但有郡守长吏。汉家虽有刺史，奉六条而已，故刺史称传车，其吏言从事，居无常治，吏不成臣，其后转更为官司吏。昔贾谊亦患服制，汉文虽身服弋绨，犹不能使上下如意。恐此三事，当待贤能然后了耳。"

玄又书曰："汉文虽身衣弋绨，而不革正法度，内外有僭拟之服，宠臣受无限之赐，由是观之，似指立在身之名，非笃齐治制之意也。今公侯命世作宰，追踪上古，将隆至治，抑末正本，若制定于上，则化行于众矣。夫当宜改之时，留殷勤之心，令发之日，下之应也犹响寻声耳，犹垂谦谦，曰'待贤能'，此伊、周不正殷、姬之典也。窃未喻焉。"

顷之，为征西将军，假节都督雍、凉州诸军事，与曹爽共兴骆谷之役，时人讥之。爽诛，征玄为大鸿胪，数年徙太常。玄以爽抑绌，内不得意。中书令李丰虽宿为大将军司马景王所亲待，然私心在玄，遂结皇后父光禄大夫张缉，谋欲以玄辅政。丰既内握权柄，子尚公主，又与缉俱冯翊人，故缉信之。丰阴令弟兖州刺史翼求入朝，欲使将兵入，并力起。会翼求朝，不听。

嘉平六年二月，当拜贵人，丰等欲因御临轩，诸门有陛兵，诛大将军，以玄代之，以缉为骠骑将军。丰密语黄门监苏铄、永宁署令乐敦、冗从仆射刘贤等曰："卿诸人居内多有不法，大将军严毅，累以为言，张当可以为诫。"铄等皆许以从命。大将军微闻其谋，请丰相见，丰不知而往，即杀之。事下有司，收玄、缉、铄、敦、贤等送廷尉。《世语》曰：玄至廷尉，不肯下辞。廷尉钟毓自临治玄。玄正色责毓曰："吾当何辞？卿为令史责人也，卿便为吾作。"毓以其名士，节高不可屈，而狱当竟，夜为作辞，令与事相附，流涕以示玄。玄视，颔之而已。毓弟会，年少于玄，玄不与交，是日于毓坐狎玄，玄不受。｜孙盛《杂语》曰：玄在囹圄，会因欲狎而友玄，玄正色曰："钟君何相逼如此也！"廷尉钟毓奏："丰等谋迫胁至尊，擅诛冢宰，大逆无道，请论如法。"于是会公卿朝臣廷尉议，咸以为："丰等各受殊宠，典综机密，缉承外戚椒房之尊，玄备世臣，并居列位，而包藏祸心，构图凶逆，交关阉竖，授以奸计，畏惮天威，不敢显谋，乃欲要君胁上，肆其诈虐，谋诛良辅，擅相建立，将以倾覆京室，颠危社稷。毓所正皆如科律，报毓施行。"诏书："齐长公主，先帝遗爱，丐其三子死命。"于是丰、玄、缉、敦、贤等皆夷三族，其余亲属徙乐浪郡。玄格量弘济，临斩东市，颜色不变，举动自若，时年四十六。《魏略》曰：玄自从西还，不交人事，不蓄华妍。｜《魏氏春秋》曰：初，夏侯霸将奔蜀，呼玄欲与之俱。玄曰："吾岂苟存自客于寇虏乎？"遂还京师。太傅薨，许允谓玄曰："无复忧矣。"玄叹曰："士宗，卿何不见事乎？此人犹能以通家年少遇我，子元、子上不吾容也。"玄尝著《乐毅》《张良》及《本无肉刑论》，辞旨通远，咸传于世。玄之执也，卫将军司马文王流涕请之，大将军曰："卿忘会赵司空葬乎？"先是，司空赵俨薨，大将军兄弟会葬，宾客以百数，玄时后至，众宾客咸越席而迎，大将军由是恶之。正元中，绍功臣世，封尚从孙本为昌陵亭侯，邑三百户，以奉尚后。

初，中领军高阳许允与丰、玄亲善。先是有诈作尺一诏书，以玄为大将军，允为太尉，共录尚书事。无何，有人天未明乘马以诏版付允门吏，曰"有诏"，因便驰走。允即投书烧之，不以开呈司马景王。后丰等事觉，徙允为镇北将军、假节督河北诸军事。未发，以放散官物，收付廷尉，徙乐浪，道死。清河王经亦与允俱称冀州名士。甘露中为尚书，坐高贵乡公事诛。始经为郡守，经母谓经曰："汝田家子，今仕至二千石，物太过不祥，可以止矣。"经不能从，历二州刺史，司隶校尉，终以致败。《汉晋春秋》曰：经被收，辞母。母颜色不变，笑而应曰："人谁不死？往所以不止汝者，恐不得其所也。以此并命，何恨之有哉？"晋武帝太始元年诏曰："故尚书王经，虽身陷法辟，然守志可嘉。门户埋没，意常愍之，其赐经孙郎中。"允友人同郡崔赞，亦尝以处世太盛戒允云。

评曰：夏侯、曹氏，世为婚姻，故惇、渊、仁、洪、休、尚、真等并以亲旧肺腑，贵重于时，左右勋业，咸有效劳。爽德薄位尊，沉溺盈溢，此固《大易》所著，道家所忌也。玄以规格局度，世称其名，然与曹爽中外缱绻；荣位如斯，曾未闻匡弼其非，援致良才。举兹以论，焉能免之乎！

十卷 魏书 ^十

荀彧荀攸贾诩传 | 荀彧 荀攸 贾诩

○**荀彧** 子恽 孙甝 孙霬

荀彧字文若，颍川颍阴人也。祖父淑，字季和，朗陵令。当汉顺、桓之间，知名当世。有子八人，号曰八龙。彧父绲，济南相。叔父爽，司空。张璠《汉纪》曰：淑博学有高行，与李固、李膺同志友善，拔李昭于小吏，友黄叔度于幼童，以贤良方正征，对策讥切梁氏，出补朗陵侯相，卒官。八子：俭、绲、靖、焘、诜、爽、肃、旉。| 皇甫谧《逸士传》：或问许子将，靖与爽孰贤，子将曰："二人皆玉也，慈明外朗，叔慈内润。"

彧年少时，南阳何颙异之，曰："王佐才也。"永汉元年，举孝廉，拜守宫令。董卓之乱，求出补吏。除亢父令，遂弃官归，谓父老曰："颍川，四战之地也，天下有变，常为兵冲，宜亟去之，无久留。"乡人多怀土犹豫，会冀州牧同郡韩馥遣骑迎之，莫有随者，彧独将宗族至冀州。而袁绍已夺馥位，待彧以上宾之礼。彧弟谌及同郡辛评、郭图，皆为绍所任。彧度绍终不能成大事，时太祖为奋武将军，在东郡，初平二年，彧去绍从太祖。太祖大悦曰："吾之子房也。"以为司马，时年二十九。

是时，董卓威陵天下，太祖以问彧，彧曰："卓暴虐已甚，必以乱终，无能为也。"卓遣李傕等出关东，所过虏略，至颍川、陈留而还。乡人留者多见杀略。明年，太祖领兖州牧，彧为镇东将军，彧常以司马从。

兴平元年，太祖征陶谦，任彧留事。会张邈、陈宫以兖州反，潜迎吕布。布既至，邈乃使刘翊告彧曰："吕将军来助曹使君击陶谦，宜亟供其军食。"众疑惑。彧知邈为乱，即勒兵设备，驰召东郡太守夏侯惇，而兖州诸城皆应布矣。时太祖悉军攻谦，留守兵少，而督将大吏多与邈、宫通谋。惇至，其夜诛谋叛者数十人，众乃定。

豫州刺史郭贡帅众数万来至城下，或言与吕布同谋，众甚惧。贡求见彧，彧将往。惇等曰："君，一州镇也，往必危，不可。"彧曰："贡与邈等，分非素结也，今来速，计必未定；及其未定说之，纵不为用，可使中立。若先疑之，彼将怒而成计。"贡见彧无惧意，谓鄄城未易攻，遂引兵去。又与程昱计，使说范、东阿，卒全三城，以待太祖。

太祖自徐州还击布濮阳，布东走。二年夏，太祖军乘氏，大饥，人相食。

陶谦死，太祖欲遂取徐州，还乃定布。彧曰："昔高祖保关中，光武据河内，皆深根固本以制天下，进足以胜敌，退足以坚守，故虽有困败而终济大业。将军本以兖州首事，平山东之难，百姓无不归心悦服。且河、济，天下之要地也，今虽残坏，犹易以自保，是亦将军之关中、河内也，不可以不先定。今以破李封、薛兰，若分兵东击陈宫，宫必不敢西顾，以其间勒兵收熟麦，约食畜谷，一举而布可破也。破布，然后南结扬州，共讨袁术，以临淮、泗。若舍布而东，多留兵则不足用，少留兵则民皆保城，不得樵采。布乘虚寇暴，民心益危，唯鄄城、范、卫可全，其余非己之有，是无兖州也。若徐州不定，将军当安所归乎？且陶谦虽死，徐州未易亡也。彼惩往年之败，将惧而

160

结亲，相为表里。今东方皆以收麦，必坚壁清野以待将军，将军攻之不拔，略之无获，不出十日，则十万之众未战而自困耳。前讨徐州，威罚实行，《曹瞒传》云：自京师遭董卓之乱，人民流移东出，多依彭城间。遇太祖至，坑杀男女数万口于泗水，水为不流。陶谦帅其众军武原，太祖不得进。引军从泗南攻取虑、睢陵、夏丘诸县，皆屠之；鸡犬亦尽，墟邑无复行人。其子弟念父兄之耻，必人自为守，无降心，就能破之，尚不可有也。夫事固有弃此取彼者，以大易小可也，以安易危可也，权一时之势，不患本之不固可也。今三者莫利，愿将军熟虑之。"太祖乃止。大收麦，复与布战，分兵平诸县。布败走，兖州遂平。

建安元年，太祖击破黄巾。汉献帝自河东还洛阳。太祖议奉迎都许，或以山东未平，韩暹、杨奉新将天子到洛阳，北连张杨，未可卒制。或劝太祖曰："昔晋文公纳周襄王而诸侯景从，高祖东伐为义帝缟素而天下归心。自天子播越，将军首唱义兵，徒以山东扰乱，未能远赴关右，然犹分遣将帅，蒙险通使，虽御难于外，乃心无不在王室，是将军匡天下之素志也。今车驾旋轸，东京榛芜，义士有存本之思，百姓感旧而增哀。诚因此时，奉主上以从民望，大顺也；秉至公以服雄杰，大略也；扶弘义以致英俊，大德也。天下虽有逆节，必不能为累，明矣。韩暹、杨奉其敢为害！若不时定，四方生心，后虽虑之，无及。"太祖遂至洛阳，奉迎天子都许。天子拜太祖大将军，进或为汉侍中，守尚书令。常居中持重，《典略》曰：或折节下士，坐不累席。其在台阁，不以私欲挠意。或有群从一人，才行实薄，或谓或："以君当事，不可以某为议郎邪？"或笑曰："官者所以表才也，若如来言，众人其谓我何邪！"其持心平正皆类此。太祖虽征伐在外，军国事皆与或筹焉。《典略》曰：或为人伟美。┃又《平原祢衡传》曰：衡字正平，建安初，自荆州北游许都，恃才傲逸，臧否过差，见不如己者不与语，人皆以是憎之。唯少府孔融高贵其才，上书荐之曰："淑质贞亮，英才卓荦。初涉艺文，升堂睹奥；目所一见，辄诵于口，耳所暂闻，不忘于心。性与道合，思若有神。弘羊心计，安世默识，以衡准之，诚不足怪。"衡时年二十四。是时许都虽新建，尚饶人士。衡尝书一刺怀之，字漫灭而无所适。或问之曰："何不从陈长文、司马伯达乎？"衡曰："卿欲使我从屠沽儿辈也！"又问曰："当今许中，谁最可者？"衡曰："大儿有孔文举，小儿有杨德祖。"又问："曹公、荀令君、赵荡寇皆足盖世乎？"衡称曹公不甚多；又见荀有仪容，赵有腹尺，因答曰："文若可借面吊丧，稚长可使监厨请客。"其意以为荀但有貌，赵健啖肉也。于是众人皆切齿。衡知众不悦，将南还荆州。装束临发，众人为祖道，先设供帐于城南，自共相诫曰："衡数不逊，今因其后到，以不起报之。"及衡至，众人皆坐不起，衡乃号咷大哭。众人问其故，衡曰："行尸柩之间，能不悲乎？"衡南见刘表，表甚礼之。将军黄祖屯夏口，祖子射与衡善，随到夏口。祖嘉其才，每在坐，席有异宾，介使与衡谈。后衡骄蹇，答祖言俳优饶言，祖以为骂己也，大怒，顾伍伯捉头出。左右遂扶以去，拉而杀之。

太祖问彧："谁能代卿为我谋者？"彧言"荀攸、钟繇"。先是，彧言策谋士，进戏志才。志才卒，又进郭嘉。太祖以彧为知人，诸所进达皆称职，唯严象为扬州，韦康为凉州，后败亡。

自太祖之迎天子也，袁绍内怀不服。绍既并河朔，天下畏其强。太祖方东忧吕布，南拒张绣，而绣败太祖军于宛。绍益骄，与太祖书，其辞悖慢。太祖大怒，出入动静变于常，众皆谓以失利于张绣故也。

钟繇以问彧，彧曰："公之聪明，必不追咎往事，殆有他虑。"则见太祖问之，太祖乃以绍书示彧，曰："今将讨不义，而力不敌，何如？"

彧曰："古之成败者，诚有其才，虽弱必强，苟非其人，虽强易弱，刘、项之存亡，足以观矣。今与公争天下者，唯袁绍尔。绍貌外宽而内忌，任人而疑其心，公明达不拘，唯才所宜，此度胜也。绍迟重少决，失在后机，公能断大事，应变无方，此谋胜也。绍御军宽缓，法令不立，士卒虽众，其实难用，公法令既明，赏罚必行，士卒虽寡，皆争致死，此武胜也。绍凭世资，从容饰智，以收名誉，故士之寡能好问者多归之，公以至仁待人，推诚心不为虚美，行己谨俭，而与有功者无所吝惜，故天下忠正效实之士咸愿为用，此德胜也。夫以四胜辅天子，扶义征伐，谁敢不从？绍之强其何能为！"太祖悦。

或曰："不先取吕布，河北亦未易图也。"太祖曰："然。吾所惑者，又恐绍侵扰关中，乱羌、胡，南诱蜀汉，是我独以兖、豫抗天下六分之五也。为将奈何？"

或曰："关中将帅以十数，莫能相一，唯韩遂、马超最强。彼见山东方争，必各拥众自保。今若抚以恩德，遣使连和，相持虽不能久安，比公安定山东，足以不动。钟繇可属以西事，则公无忧矣。"

三年，太祖既破张绣，东禽吕布，定徐州，遂与袁绍相拒。孔融谓或曰："绍地广兵强；田丰、许攸，智计之士也，为之谋；审配、逢纪，尽忠之臣也，任其事；颜良、文丑，勇冠三军，统其兵：殆难克乎！"或曰："绍兵虽多而法不整。田丰刚而犯上，许攸贪而不治。审配专而无谋，逢纪果而自用，此二人留知后事，若攸家犯其法，必不能纵也，不纵，攸必为变。颜良、文丑，一夫之勇耳，可一战而禽也。"

五年，与绍连战。太祖保官渡，绍围之。太祖军粮方尽，书与或，议欲还许以引绍。或曰："今军食虽少，未若楚、汉在荥阳、成皋间也。是时刘、项莫肯先退，先退者势屈也。公以十分居一之众，画地而守之，扼其喉而不得进，已半年矣。情见势竭，必将有变，此用奇之时，不可失也。"太祖乃住。遂以奇兵袭绍别屯,斩其将淳于琼等,绍退走。审配以许攸家不法,收其妻子,攸怒叛绍;颜良、文丑临阵授首;田丰以谏见诛:皆如彧所策。六年,太祖就谷东平之安民,粮少,不足与河北相支,欲因绍新破,以其间击讨刘表。彧曰:"今绍败,其众离心,宜乘其困,遂定之;而背兖、豫,远师江、汉,若绍收其余烬,承虚以出人后,则公事去矣。"太祖复次于河上。

绍病死,太祖渡河,击绍子谭、尚,而高幹、郭援侵略河东,关右震动。钟繇帅马腾等击破之,语在《繇传》。八年,太祖录彧前后功,表封彧为万岁亭侯。《彧别传》载太祖表曰:"臣闻虑为功首,谋为赏本,野绩不越庙堂,战多不逾国勋。是故典册之锡,不后营丘,萧何之土,先于平阳。珍策重计,古今所尚。侍中、守尚书令彧,积德累行,少长无悔,遭世纷扰,怀忠念治。臣自始举义兵,周游征伐,与彧戮力同心,左右王略,发言授策,无施不效。彧之功业,臣由以济,用披浮云,显光日月。陛下幸许,彧左右机近,忠恪祗顺,如履薄冰,研精极锐,以抚庶事。天下之定,彧之功也。宜享高爵,以彰元勋。"彧固辞无野战之劳,不通太祖表。太祖与彧书曰:"与君共事已来,立朝廷,君之相为匡弼,君之相为举人,君之相为建计,君之相为密谋,亦以多矣。夫功未必皆野战也,愿君勿让。"彧乃受。九年,太祖拔邺,领冀州牧。彧说太祖:"宜复古置九州,则冀州所制者广大,天下服矣。"太祖将从之,彧言曰:"若是,则冀州当得河东、冯翊、扶风、西河、幽、并之地,所夺者众。前日公破袁尚,禽审配,海内震骇,必人人自恐不得保其土地,守其兵众也,今使分属冀州,将皆动心。且人多说关右诸将以闭关之计,今闻此,以为必以次见夺。一旦生变,虽有守善者,转相胁为非,则袁尚得宽其死,而袁谭怀贰,刘表遂保江、汉之间,天下未易图也。愿公急引兵先定河北,然后修复旧京,南临荆州,责贡之不入,则天下咸知公意,人人自安。天下大定，乃议古制，此社稷长久之利也。"太祖遂寝九州议。

是时荀攸常为谋主。彧兄衍以监军校尉守邺，都督河北事。太祖之征袁尚也，高幹密遣兵谋袭邺，衍逆觉，尽诛之，以功封列侯。太祖以女妻彧长子恽，后称安阳公主。彧及攸并贵重，皆谦冲节俭，禄赐散之宗族知旧，家无余财。十二年，复增彧邑千户，合二千户。

太祖将伐刘表，问彧策安出，彧曰："今华夏已平，南土知困矣。可显出宛、叶而间行轻进，以掩其不意。"太祖遂行。会表病死，太祖直趋宛、叶如彧计，表子琮以州逆降。十七年，董昭等谓太祖宜进爵国公，九锡备物，以彰殊勋，密以谘彧。彧以为太祖本兴义兵以匡朝宁国，秉忠贞之诚，守退让之实；君子爱人以德，不宜如此。太祖由是心不能平。会征孙权，表请彧劳军于谯，因辄留彧，以侍中、光禄大夫持节，参丞相军事。太祖军至濡须，彧疾留寿春，以忧薨，时年五十。谥曰敬侯。明年，太祖遂为魏公矣。《献帝春秋》曰：董承之诛，伏后与父完书，言司空杀董承，帝方为报怨。完得书以示彧，彧恶之，久隐而不言。完以示妻弟樊普，普封以呈太祖，太祖阴为之备。彧后恐事觉，欲自发之，因求使至邺，劝太祖以女配帝。太祖曰："今朝廷有伏后，吾女何得以配上，吾以微功见录，位为宰相，岂复赖女宠乎！"彧曰："伏后无子，性又凶邪，往常与父书，言辞丑恶，可因此废也。"太祖曰："卿昔何不道之？"彧阳惊曰："昔已尝为公言也。"太祖曰："此岂小事而吾忘之！"彧又惊曰："诚未语公邪！昔公在官渡与袁绍相持，恐增内顾之念，故不言尔。"太祖曰："官渡事后何以不言？"彧无对，谢阙而已。太祖以此恨彧，而外含容之，故世莫得知。至董昭建立魏公之议，彧意不同，欲言之于太祖。及赍玺书犒军，饮飨礼毕，彧留请间。太祖知彧欲言封事，揖而遣之，彧遂不得言。彧卒于寿春，寿春亡者告孙权，言太祖使彧杀伏后，彧不从，故自杀。权以露布于蜀，刘备闻之，曰："老贼不死，祸乱未已。"子恽，嗣侯，官至虎贲中郎将。

初，文帝与平原侯植并有拟论，文帝曲礼事彧。及彧卒，恽又与植善，而与夏侯尚不穆，文帝深恨恽。恽早卒，子甝、霬，以外甥故犹宠待。恽弟俣，御史中丞，俣弟诜，大将军从事中郎，皆知名，早卒。诜弟顗，咸熙中为司空。恽子甝嗣，为散骑常侍，进爵广阳乡侯，年三十薨。子頵嗣。霬官至中领军，薨，谥曰贞侯，追赠骠骑将军。子恺嗣。霬妻，司马景王、文王之妹也，二王皆与亲善。咸熙中，开建五等，霬以著勋前朝，改封恺南顿子。

○荀攸

荀攸字公达，彧从子也。祖父昙，广陵太守。攸少孤。及昙卒，故吏张权求守昙墓。攸年十三，疑之，谓叔父衢曰："此吏有非常之色，殆将有奸！"衢寤，乃推问，果杀人亡命。由是异之。《魏书》曰：攸年七八岁，衢曾醉，误伤攸耳；而攸出入游戏，常避护不欲令衢见。衢后闻之，乃惊其夙智如此。

何进秉政，征海内名士攸等二十余人。攸到，拜黄门侍郎。董卓之乱，关东兵起，卓徙都长安。攸与议郎郑泰、何颙、侍中种辑、越骑校尉伍琼等谋曰："董卓无道，甚于桀纣，天下皆怨之，虽资强兵，实一匹夫耳。今直刺杀之以谢百姓，然后据殽、函，辅王命，以号令天下，此桓、文之举也。"事垂就而觉，收颙、攸系狱，颙忧惧自杀，攸言语饮食自若，会卓死，得免。弃官归，复辟公府，举高第，迁任城相，不行。

攸以蜀汉险固，人民殷盛，乃求为蜀郡太守，道绝不得至，驻荆州。太祖迎天子都许，遗攸书曰："方今天下大乱，智士劳心之时也，而顾观变蜀汉，不已久乎！"于是征攸为汝南太守，入为尚书。太祖素闻攸名，与语大悦，谓荀彧、钟繇曰："公达，非常人也，吾得与之计事，天下当何忧哉！"以为军师。

建安三年，从征张绣。攸言于太祖曰："绣与刘表相恃为强，然绣以游军仰食于表，表不能供也，势必离。不如缓军以待之，可诱而致也；若急之，其势必相救。"太祖不从，遂进军之穰，与战。绣急，表果救之。军不利。太祖谓攸曰："不用君言至是。"乃设奇兵复战，大破之。是岁，太祖自宛征吕布，《魏书》曰：议者云表、绣在后而还袭吕布，其危必也。攸以为表、绣新破，势不敢动。布骁猛，又恃袁术，若纵横淮、泗间，豪杰必应之。今乘其初叛，众心未一，往可破也。太祖曰："善。"比行，布以败刘备，而臧霸等应之。至下邳，布败退固守，攻之不拔，连战，士卒疲，太祖欲还。攸与郭嘉说曰："吕布勇而无谋，今三战皆北，其锐气衰矣。三军以将为主，主衰则军无奋意。夫陈宫有智而迟，今及布气之未复，宫谋之未定，进急攻之，布可拔也。"乃引沂、泗灌城，城溃，生禽布。后从救刘延于白马，攸画策斩颜良，语在《武纪》。

太祖拔白马还，遣辎重循河而西。袁绍渡河追，卒与太祖遇。诸将皆恐，说太祖还保营，攸曰："此所以禽敌，奈何去之！"太祖目攸而笑。遂以辎重饵贼，贼竞奔之，阵乱。乃纵步骑击，大破之，斩其骑将文丑，太祖遂与绍相拒于官渡。

军食方尽，攸言于太祖曰："绍运车旦暮至，其将韩猛锐而轻敌，击可破也。"太祖曰："谁可使？"攸曰："徐晃可。"乃遣晃及史涣邀击，破走之，烧其辎重。会许攸来降，言绍遣淳于琼等将万余兵迎运粮，将骄卒惰，可要击也。众皆疑，唯攸与贾诩劝太祖。太祖乃留攸及曹洪守。太祖自将攻破之，尽斩琼等。绍将张郃、高览烧攻橹降，绍遂弃军走。郃之来，洪疑不敢受，攸谓洪曰："郃计不用，怒而来，君何疑？"乃受之。

七年，从讨袁谭、尚于黎阳。明年，太祖方征刘表，谭、尚争冀州。谭遣辛毗乞降请救，太祖将许之，以问群下。群下多以为表强，宜先平之，谭、尚不足忧也。攸曰："天下方有事，而刘表坐保江、汉之间，其无四方志可知矣。袁氏据四州之地，带甲十万，绍以宽厚得众，借使二子和睦以守其成业，则天下之难未息也。今兄弟遘恶，其势不两全。若有所并则力专，力专则难图也。及其乱而取之，天下定矣，此时不可失也。"太祖曰："善。"乃许谭和亲，遂还击破尚。其后谭叛，从斩谭于南皮。

冀州平，太祖表封攸曰："军师荀攸，自初佐臣，无征不从，前后克敌，皆攸之谋也。"于是封陵树亭侯。十二年，下令大论功行封，太祖曰："忠正密谋，抚宁内外，文若是也。公达其次也。"增邑四百，并前七百户，转为中军师。魏国初建，为尚书令。

攸深密有智防，自从太祖征伐，常谋谟帷幄，时人及子弟莫知其所言。太祖每称曰："公达外愚内智，外怯内勇，外弱内强，不伐善，无施劳，智可及，愚不可及，虽颜子、甯武不能过也。"文帝在东宫，太祖谓曰："荀公达，人之师表也，汝当尽礼敬之。"攸曾病，世子问病，独拜床下，其见尊异如此。攸与钟繇善，繇言："我每有所行，反覆思惟，自谓无以易；以咨公达，辄复过人意。"公达前后凡画奇策十二，唯繇知之。繇撰集未就，会薨，故世不得尽闻也。攸从征孙权，道薨。太祖言则流涕。《魏书》载太祖令曰："孤与荀公达周旋二十余年，无毫毛可非者。"又曰："荀公达真贤人也，所谓'温良恭俭让以得之'。孔子称'晏平仲善与人交，久而敬之'，公达即其人也。"长子缉，有攸风，早没。次子适嗣，无子，绝。黄初中，绍封攸孙彪为陵树亭侯，邑三百户，后转封丘阳亭侯。正始中，追谥攸曰敬侯。

○贾诩

贾诩字文和，武威姑臧人也。少时人莫知，唯汉阳阎忠异之，谓诩有良、平之奇。察孝廉为郎，疾病去官，西还至汧，道遇叛氐，同行数十人皆为所执。诩曰："我段公外孙也，汝别埋我，我家必厚赎之。"时太尉段颎，昔久为边将，威震西土，故诩假以惧氐。氐果不敢害，与盟而送之，其余悉死。诩实非段甥，权以济事，咸此类也。

董卓之入洛阳，诩以太尉掾为平津都尉，迁讨虏校尉。卓婿中郎将牛辅屯陕，诩在辅军。卓败，辅又死，众恐惧，校尉李傕、郭汜、张济等欲解散，间行归乡里。诩曰："闻长安中议欲尽诛凉州人，而诸君弃众单行，即一亭长能束君矣。不如率众而西，所在收兵，以攻长安，为董公报仇，幸而事济，奉国家以征天下，若不济，走未后也。"众以为然。傕乃西攻长安，语在《卓传》。臣松之以为《传》称"仁人之言，其利博哉"，然则不仁之言，理必反是。夫仁功难著，而乱源易成，是故有祸机一发而殃流百世者矣。当是时，元恶既枭，天地始开，致使厉阶重结，大梗殷流，邦国遘殄悴之哀，黎民婴周余之酷，岂不由贾诩片言乎？诩之罪也，一何大哉！自古兆乱，未有如此之甚。

后诩为左冯翊，傕等欲以功侯之，诩曰："此救命之计，何功之有！"固辞不受。又以为尚书仆射，诩曰："尚书仆射，官之师长，天下所望，诩名不素重，非所以服人也。纵诩昧于荣利，奈国朝何！"乃更拜诩尚书，典选举，多所匡济，傕等亲而惮之。《献帝纪》曰：郭汜、樊稠与傕互相违戾，欲斗者数矣。诩辄以道理责之，颇受诩言。｜《魏书》曰：

诩典选举，多选旧名以为令仆，论者以此多诩。会母丧去官，拜光禄大夫。傕、汜等斗长安中，傕复请诩为宣义将军。《献帝纪》曰：傕时召羌、胡数千人，先以御物缯彩与之，又许以宫人妇女，欲令攻郭汜。羌、胡数来窥省门，曰："天子在中邪！李将军许我宫人美女，今皆安在？"帝患之，使诩为之方计。诩乃密呼羌、胡大帅饮食之，许以封爵重宝，于是皆引去。傕由此衰弱。傕等和，出天子，祐护大臣，诩有力焉。《献帝纪》曰：天子既东，而李傕来追，王师败绩。司徒赵温、太常王伟、卫尉周忠、司隶荣邵皆为傕所嫌，欲杀之。诩谓傕曰："此皆天子大臣，卿奈何害之？"傕乃止。

天子既出，诩上还印绶。是时将军段煨屯华阴，《典略》称煨在华阴时，修农事，不虏略。天子东还，煨迎道贡遗周急。与诩同郡，遂去傕托煨。诩素知名，为煨军所望。煨内恐其见夺，而外奉诩礼甚备，诩愈不自安。张绣在南阳，诩阴结绣，绣遣人迎诩。诩将行，或谓诩曰："煨待君厚矣，君安去之？"诩曰："煨性多疑，有忌诩意，礼虽厚，不可恃，久将为所图。我去必喜，又望吾结大援于外，必厚吾妻子。绣无谋主，亦愿得诩，则家与身必俱全矣。"诩遂往，绣执子孙礼，煨果善视其家。

诩说绣与刘表连和。《傅子》曰：诩南见刘表，表以客礼待之。诩曰："表，平世三公才也；不见事变，多疑无决，无能为也。"太祖比征之，一朝引军退，绣自追之。诩谓绣曰："不可追也，追必败。"绣不从，进兵交战，大败而还。诩谓绣曰："促更追之，更战必胜。"绣谢曰："不用公言，以至于此。今已败，奈何复追？"诩曰："兵势有变，亟往必利。"绣信之，遂收散卒赴追，大战，果以胜还。问诩曰："绣以精兵追退军，而公曰必败；退以败卒击胜兵，而公曰必克。悉如公言，何其反而皆验也？"诩曰："此易知耳。将军虽善用兵，非曹公敌也。军虽新退，曹公必自断后；追兵虽精，将既不敌，彼士亦锐，故知必败。

曹公攻将军无失策，力未尽而退，必国内有故；已破将军，必轻军速进，纵留诸将断后，诸将虽勇，亦非将军敌，故虽用败兵而战必胜也。"绣乃服。

是后，太祖拒袁绍于官渡，绍遣人招绣，并与诩书结援。绣欲许之，诩显于绣坐上谓绍使曰："归谢袁本初，兄弟不能相容，而能容天下国士乎？"绣惊惧曰："何至于此！"窃谓诩曰："若此，当何归？"诩曰："不如从曹公。"绣曰："袁强曹弱，又与曹为仇，从之如何？"诩曰："此乃所以宜从也。夫曹公奉天子以令天下，其宜从一也。绍强盛，我以少众从之，必不以我为重。曹公众弱，其得我必喜，其宜从二也。夫有霸王之志者，固将释私怨以明德于四海，其宜从三也。愿将军无疑！"绣从之，率众归太祖。太祖见之，喜，执诩手曰："使我信重于天下者，子也。"表诩为执金吾，封都亭侯，迁冀州牧。冀州未平，留参司空军事。袁绍围太祖于官渡，太祖粮方尽，问诩计焉出，诩曰："公明胜绍，勇胜绍，用人胜绍，决机胜绍，有此四胜而半年不定者，但顾万全故也。必决其机，须臾可定也。"太祖曰："善。"乃并兵出，围击绍三十余里营，破之。绍军大溃，河北平。

太祖领冀州牧，徙诩为太中大夫。建安十三年，太祖破荆州，欲顺江东下。诩谏曰："明公昔破袁氏，今收汉南，威名远著，军势既大；若乘旧楚之饶，以飨吏士，抚安百姓，使安土乐业，则可不劳众而江东稽服矣。"太祖不从，军遂无利。太祖后与韩遂、马超战于渭南，超等索割地以和，并求任子。诩以为可伪许之。又问诩计策，诩曰："离之而已。"太祖曰："解。"一承用诩谋，语在《武纪》。卒破遂、超，诩本谋也。

是时，文帝为五官将，而临菑侯植才名方盛，各有党与，有夺宗之议。文帝使人问诩自固之术，诩曰："愿将军恢崇德度，躬素士之业，朝夕孜孜，不违子道。如此而已。"文帝从之，深自砥砺。太祖又尝屏除左右问诩，诩嘿然不对。太祖曰："与卿言而不答，何也？"诩曰："属适有所思，故不即对耳。"太祖曰："何思？"诩曰："思袁本初、刘景升父子也。"太祖大笑，于是太子遂定。诩自以非太祖旧臣，而策谋深长，惧见猜疑，阖门自守，退无私交，男女嫁娶，不结高门，天下之论智计者归之。

文帝即位，以诩为太尉，《魏略》曰：文帝得诩之对太祖，故即位首登上司。｜《荀勖别传》曰：晋司徒阙，武帝问其人于勖。答曰："三公，具瞻所归，不可用非其人。昔魏文帝用贾诩为三公，孙权笑之。"进爵魏寿乡侯，增邑三百，并前八百户。又分邑二百，封小子访为列侯。以长子穆为驸马都尉。帝问诩曰："吾欲伐不从命以一天下，吴、蜀何先？"对曰："攻取者先兵权，建本者尚德化。陛下应期受禅，抚临率土，若绥之以文德而俟其变，则平之不难矣。吴、蜀虽蕞尔小国，依阻山水，刘备有雄才，诸葛亮善治国，孙权识虚实，陆议见兵势，据险守要，泛舟江湖，皆难卒谋也。用兵之道，先胜后战，量敌论将，故举无遗策。臣窃料群臣，无备、权对，虽以天威临之，未见万全之势也。昔舜舞干戚而有苗服，臣以为当今宜先文后武。"文帝不纳。后兴江陵之役，士卒多死。诩年七十七，薨，谥曰肃侯。子穆嗣，历位郡守。穆薨，子模嗣。

评曰：荀彧清秀通雅，有王佐之风，然机鉴先识，未能充其志也。荀攸、贾诩，庶乎算无遗策，经达权变，其良、平之亚与！臣松之以为列传之体，以事类相从。张子房青云之士，诚非陈平之伦。然汉之谋臣，良、平而已。若不共列，则余无所附，故前史合之，盖其宜也。魏氏如诩之俦，其比幸多。诩不编程、郭之篇，而与二荀并列，失其类矣！且攸、诩之为人，其犹夜光之与蒸烛乎！其照虽均，质则异焉。今荀、贾之评，共同一称，尤失区别之宜也。

十一卷 魏书 ^{十一}

袁张凉国田王邴管传 | 袁涣 张范 凉茂 国渊
田畴 王脩 邴原 管宁

○袁涣

袁涣字曜卿，陈郡扶乐人也。父滂，为汉司徒。袁宏《汉纪》曰：滂字公熙，纯素寡欲，终不言人之短。当权宠之盛，或以同异致祸，滂独中立于朝，故爱憎不及焉。当时诸公子多越法度，而涣清静，举动必以礼。郡命为功曹，郡中奸吏皆自引去。后辟公府，举高第，迁侍御史。除谯令，不就。刘备之为豫州，举涣茂才。后避地江、淮间，为袁术所命。术每有所咨访，涣常正议，术不能抗，然敬之不敢不礼也。顷之，吕布击术于阜陵，涣往从之，遂复为布所拘留。布初与刘备和亲，后离隙。布欲使涣作书詈辱备，涣不可，再三强之，不许。布大怒，以兵胁涣曰："为之则生，不为则死。"涣颜色不变，笑而应之曰："涣闻唯德可以辱人，不闻以骂。使彼固君子邪，且不耻将军之言，彼诚小人邪，将复将军之意，则辱在此不在于彼。且涣他日之事刘将军，犹今日之事将军也，如一旦去此，复骂将军，可乎？"布惭而止。

布诛，乃得归太祖。《袁氏世纪》曰：布之破也，陈群父子时亦在布之军，见太祖皆拜。涣独高揖不为礼，太祖甚严惮之。时太祖又给众官车各数乘，使取布军中物，唯其所欲。众人皆重载，唯涣取书数百卷，资粮而已，众人闻之，大惭。涣谓所亲曰："脱我以行陈，令军发足以为行粮而已，不以此为我有。由是厉名也，大悔恨之。"太祖益以此重焉。涣言曰："夫兵者，凶器也，不得已而用之。鼓之以道德，征之以仁义，兼抚其民而除其害。夫然，故可与之死而可与之生。自大乱以来十数年矣，民之欲安，甚于倒县，然而暴乱未息者，何也？意者政失其道欤！涣闻明君善于救世，故世乱则齐之以义，时伪则镇之以朴；世异事变，治国不同，不可不察也。夫制度损益，此古今之不必同者也。若夫兼爱天下而反之于正，虽以武平乱而济之以德，诚百王不易之道也。公明哲超世，古之所以得其民者，公既勤之矣，今之所以失其民者，公既戒之矣。海内赖公，得免于危亡之祸，然而民未知义，其唯公所以训之，则天下幸甚！"太祖深纳焉。拜为沛南部都尉。

是时新募民开屯田，民不乐，多逃亡。涣白太祖曰："夫民安土重迁，不可卒变，易以顺行，难以逆动，宜顺其意，乐之者乃取，不欲者勿强。"太祖从之，百姓大悦。迁为梁相。涣每敕诸县："务存鳏寡高年，表异孝子贞妇。常谈曰'世治则礼详，世乱则礼简'，全在斟酌之间耳。方今虽扰攘，难以礼化，然在吾所以为之。"为政崇教训，恕思而后行，外温柔而内能断。以病去官，百姓思之。后征为谏议大夫、丞相军祭酒。前后得赐甚多，皆散尽之，家无所储，终不问产业，乏则取之于人，不为徼察之行，然时人服其清。

魏国初建，为郎中令，行御史大夫事。涣言于太祖曰："今天下大难已除，文武并用，长久之道也。以为可大收篇籍，明先圣之教，以易民视听，使海内斐然向风，则远人不服可以文德来之。"太祖善其言。时有传刘备死者，群臣皆贺；涣以尝为备举吏，独不贺。居官数年卒，太祖为之流涕，赐谷二千斛，一教"以太仓谷千斛赐郎中令之家"，一教"以垣下谷千斛与曜卿家"，外不解其意。教曰："以太仓谷者，官法也；以垣下谷者，亲旧也。"又帝闻涣昔拒吕布之事，问涣从弟敏："涣勇怯何如？"敏对曰："涣貌似和柔，然其临大节，处危难，虽贲、育不过也。"涣子侃，亦清粹闲素，有父风，历位郡守、尚书。

初，涣从弟霸，公恪有功干，魏初为大司农，及同郡何夔并知名于时。而霸子亮，夔子曾，与侃复齐声友善。亮贞固有学行，疾何晏、邓飏等，著论以讥切之，位至河南尹、尚书。霸弟徽，以儒素称。遭天下乱，避难交州。司徒辟，不至。袁宏《汉纪》曰：初，天下将乱，涣慨然叹曰："汉室陵迟，乱无日矣。苟天下扰攘，逃将安之？若天未丧道，民以义存，唯强而有礼，可以庇身乎！"徽曰："古人有言：'知机其神乎！'见机而作，君子所以元吉也。天理盛衰，汉其亡矣！夫有大功必有大事，此又君子之所深识，退藏于密者也。且兵革既兴，外患必众，徽将远迹山海，以求免身。"及乱作，各行其志。徽弟敏，有武艺而好水功，官至河堤谒者。

○张范 弟承

张范，字公仪，河内修武人也。祖父歆，为汉司徒。父延，为太尉。太傅袁隗欲以女妻范，范辞不受。性恬静乐道，忽于荣利，征命无所就。弟承，字公先，亦知名，以方正征，拜议郎，迁伊阙都尉。董卓作乱，承欲合徒众与天下共诛卓。承弟昭时为议郎，适从长安来，谓承曰："今欲诛卓，众寡不敌，且起一朝之谋，战阡陌之民，士不素抚，兵不练习，难以成功。卓阻兵而无义，固不能久；不若择所归附，待时而动，然后可以如志。"承然之，乃解印绶间行归家，与范避地扬州。

袁术备礼招请，范称疾不往，术不强屈也。遣承与相见，术问曰："昔周室陵迟，则有桓、文之霸；秦失其政，汉接而用之。今孤以土地之广，士民之众，欲徼福齐桓，拟迹高祖，何如？"承对曰："在德不在强。夫能用德以同天下之欲，虽由匹夫之资，而兴霸王之功，不足为难。若苟僭拟，干时而动，众之所弃，谁能兴之？"术不悦。

是时，太祖将征冀州，术复问曰："今曹公欲以弊兵数千，敌十万之众，可谓不量力矣！子以为何如？"承乃曰："汉德虽衰，天命未改，今曹公挟天子以令天下，虽敌百万之众可也。"术作色不怿，承去之。

太祖平冀州，遣使迎范。范以疾留彭城，遣承诣太祖，太祖表以为谏议大夫。范子陵及承子戬为山东贼所得，范直诣贼请二子，贼以陵还范。范谢曰："诸君相还儿厚矣。夫人情虽爱其子，然吾怜戬之小，请以陵易之。"贼义其言，悉以还范。

太祖自荆州还，范得见于陈，以为议郎，参丞相军事，甚见敬重。太祖征伐，常令范及邴原留，与世子居守。太祖谓文帝："举动必谘此二人。"世子执子孙礼。救恤穷乏，家无所余，中外孤寡皆归焉；赠遗无所逆，亦终不用，及去，皆以还之。建安十七年卒。魏国初建，承以丞相参军祭酒领赵郡太守，政化大行。太祖将西征，征承参军事，至长安，病卒。《魏书》曰：文帝即位，以范子参为郎中。承孙邵，晋中护军，与舅杨骏俱被诛。事见《晋书》。

○凉茂

凉茂字伯方，山阳昌邑人也。少好学，论议常据经典，以处是非。

太祖辟为司空掾，举高第，补侍御史。时泰山多盗贼，以茂为泰山太守，旬月之间，襁负而至者千余家，《博物记》曰：襁，织缕为之，广八寸，长尺二，以约小儿于背上，负之而行。转为乐浪太守。

公孙度在辽东，擅留茂，不遣之官，然茂终不为屈。度谓茂及诸将曰："闻曹公远征，邺无守备，今吾欲以步卒三万，骑万匹，直指邺，谁能御之？"诸将皆曰："然。"又顾谓茂曰："于君意何如？"茂答曰："比者海内大乱，社稷将倾，将军拥十万之众，安坐而观成败，夫为人臣者，固若是邪！曹公忧国家之危败，愍百姓之苦毒，率义兵为天下诛残贼，功高而德广，可谓无二矣。以海内初定，民始安集，故未责将军之罪耳！而将军乃欲称兵西向，则存亡之效，不崇朝而决。将军其勉之！"诸将闻茂言，皆震动。良久，度曰："凉君言是也。"

后征还为魏郡太守、甘陵相，所在有绩。文帝为五官将，茂以选为长史，迁左军师。魏国初建，迁尚书仆射，后为中尉、奉常。文帝在东宫，茂复为太子太傅，甚见敬礼。卒官。

○国渊

国渊字子尼，乐安盖人也。师事郑玄，《玄别传》曰：渊始未知名，玄称之曰："国子尼，美才也，吾观其人，必为国器。"后与邴原、管宁等避乱辽东。《魏书》曰：渊笃学好古，在辽东，常讲学于山岩，士人多推慕之，由此知名。既还旧土，太祖辟为司空掾属，每于公朝论议，常直言正色，退无私焉。太祖欲广置屯田，使渊典其事。渊屡陈损益，相土处民，计民置吏，明功课之法，五年中仓廪丰实，百姓竞劝乐业。

太祖征关中，以渊为居府长史，统留事。田银、苏伯反河间。银等既破，后有余党，皆应伏法。渊以为非首恶，请不行刑。太祖从之，赖渊得生者千余人。破贼文书，旧以一为十，及渊上首级，如其实数。太祖问其故，渊曰："夫征讨外寇，多其斩获之数者，欲以大武功，且示民听也。河间在封域之内，银等叛逆，虽克捷有功，渊窃耻之。"太祖大悦，迁魏郡太守。

时有投书诽谤者，太祖疾之，欲必知其主。渊请留其本书，而不宣露。其书多引《二京赋》，渊敕功曹曰："此郡既大，今在都辇，而少学问者。其简开解年少，欲遣就师。"功曹差三人，临遣引见，训以"所学未及，《二京赋》，博物之书也，世人忽略，少有其师，可求能读者从受之"。又密喻旨。旬日得能读者，遂往受业。吏因请使作笺，比方其书，与投书人同手。收摄案问，具得情理。迁太仆。居列卿位，布衣蔬食，禄赐散之旧故宗族，以恭俭自守，卒官。《魏书》曰：太祖以其子泰为郎。

○田畴

田畴字子泰，右北平无终人也。好读书，善击剑。初平元年，义兵起，董卓迁帝于长安。幽州牧刘虞叹曰："贼臣作乱，朝廷播荡，四海俄然，莫有固志。身备宗室遗老，不得自同于众。今欲奉使展效臣节，安得不辱命之士乎？"众议咸曰："田畴虽年少，多称其奇。"畴时年二十二矣。虞乃备礼请与相见，大悦之，遂署为从事，具其车骑。将行，畴曰："今道路阻绝，寇虏纵横，称官奉使，为众所指名。愿以私行，期于得达而已。"虞从之。畴乃归，自选其家客与年少之勇壮慕从者二十骑俱往。虞自出祖而遣之。《先贤行状》曰：畴将行，引既取道，畴乃更上西关，出塞，傍北方，直趣朔方，循间径去，遂至长安致命。诏拜骑都尉。畴以为天子方蒙尘未安，不可以荷佩荣宠，固辞不受。朝廷高其义。三府并辟，皆不就。得报，驰还。未至，虞已为公孙瓒所害。畴至，谒祭虞墓，陈发章表，哭泣而去。瓒闻之大怒，购求获畴，谓曰："汝何自哭刘虞墓，而不送章报于我也？"畴答曰："汉室衰颓，人怀异心，唯刘公不失忠节。章报所言，于将军未美，恐非所乐闻，故不进也。且将军方举大事以求所欲，既灭无罪之君，又仇守义之臣，诚行此事，则燕、赵之士将皆蹈东海而死耳，岂忍有从将军者乎！"瓒壮其对，释不诛也。拘之军下，禁其故人莫得与通。或说瓒曰："田畴义士，君弗能礼，而又囚之，恐失众心。"瓒乃纵遣畴。

畴得北归，率举宗族他附从数百人，埽地而盟曰："君仇不报，吾不可以立于世！"遂入徐无山中，营深险平敞地而居，躬耕以养父母。百姓归之，数年间至五千余家。畴谓其父老曰："诸君不以畴不肖，远来相就。众成都邑，而莫相统一，恐非久安之道，愿推择其贤长者以为之主。"皆曰："善。"同金推畴。畴曰："今来在此，非苟安而已，将图大事，复怨雪耻。窃恐未得其志，而轻薄之徒自相侵侮，偷快一时，无深计远虑。畴有愚计，愿与诸君共施之，可乎？"皆曰："可。"畴乃为约束相杀伤、犯盗、诤讼之法，法重者至死，其次抵罪，二十余条。又制为婚姻嫁娶之礼，兴举学校讲授之业，班行其众，众皆便之，至道不拾遗。北边翕然服其威信，乌丸、鲜卑并各遣译使致贡遗，畴悉抚纳，令不为寇。袁绍数遣使招命，又即授将军印，因安辑所统，畴皆拒不受。绍死，其子尚又辟焉，畴终不行。

畴常忿乌丸昔多贼杀其郡冠盖，有欲讨之意而力未能。建安十二年，太祖北征乌丸，未至，先遣使辟畴，又命田豫喻指。畴戒其门下趣治严。门人谓曰："昔袁公慕君，礼命五至，君义不屈；今曹公使一来而君若恐弗及者，何也？"畴笑而应之曰："此非君所识也。"遂随使者到军，署司空户曹掾，引见谘议。明日出令曰："田子泰非吾所宜吏者。"即举茂才，拜为蓨令，不之官，随军次无终。时方夏水雨，而滨海洿下，泞滞不通，虏亦遮守蹊要，军不得进。太祖患之，以问畴。畴曰："此道，秋夏每常有水，浅不通车马，深不载舟船，为难久矣。旧北平郡治在平冈，道出卢龙，达于柳城；自建武以来，陷坏断绝，垂二百载，而尚有微径可从。今虏将以大军当由无终，不得进而退，懈弛无备。若嘿回军，从卢龙口越白檀之险，出空虚之地，路近而便，掩其不备，蹋顿之首可不战而禽也。"太祖曰："善。"乃引军还，而署大木表于水侧路傍曰："方今暑夏，道路不通，且俟秋冬，乃复进军。"虏候骑见之，诚以为大军去也。太祖令畴将其众为乡导，上徐无山，出卢龙，历平冈，登白狼堆，去柳城二百余里，虏乃惊觉。单于身自临阵，太祖与交战，遂大斩获，追奔逐北，至柳城。军还入塞，论功行封，封畴亭侯，邑五百户。畴自以始为君难，率众遁逃，志义不立，反以为利，非本意也，固让。太祖知其至心，许而不夺。《魏书》载太祖令曰："昔伯成弃国，夏后不夺，将欲使高尚之士，优贤之主，不止于一世也。其听畴所执。"

辽东斩送袁尚首，令"三军敢有哭之者斩"。畴以尝为尚所辟，乃往吊祭。太祖亦不问。畴尽将其家属及宗人三百余家居邺。太祖赐畴车马谷帛，皆散之宗族知旧。从征荆州还，太祖追念畴功殊美，恨前听畴之让，曰："是成一人之志，而亏王法大制也。"于是乃复以前爵封畴。畴上疏陈诚，以死自誓。太祖不听，欲引拜之，至于数四，终不受。有司劾畴狷介违道，苟立小节，宜免官加刑。太祖重其事，依违者久之。乃下世子及大臣博议，世子以畴同于子文辞禄，申胥逃赏，宜勿夺以优其节。尚书令荀彧、司隶校尉钟繇亦以为可听。太祖犹欲侯之。

畴素与夏侯惇善，太祖语惇曰："且往以情喻之，自从君所言，无告吾意也。"惇就畴宿，如太祖所戒。畴揣知其指，不复发言。惇临去，乃拊畴背曰："田君，主意殷勤，曾不能顾乎！"畴答曰："是何言之过也！畴，负义逃窜之人耳，蒙恩全活，为幸多矣。岂可卖卢龙之塞，以易赏禄哉？纵国私畴，畴独不愧于心乎？将军雅知畴者，犹复如此，若必不得已，请愿效死刎首于前。"言未卒，涕泣横流。惇具答太祖。太祖喟然知不可屈，乃拜为议郎。年四十六卒。子又早死。文帝践阼，高畴德义，赐畴从孙续爵关内侯，以奉其嗣。

〇王脩

王脩字叔治，北海营陵人也。年七岁丧母。母以社日亡，来岁邻里社，脩感念母，哀甚。邻里闻之，为之罢社。年二十，游学南阳，止张奉舍。奉举家得疾病，无相视者，脩亲隐恤之，病愈乃去。

初平中，北海孔融召以为主簿，守高密令。高密孙氏素豪侠，人客数犯法。民有相劫者，贼入孙氏，吏不能执。脩将吏民围之，孙氏拒守，吏民畏惮不敢近。脩令吏民："敢有不攻者与同罪。"孙氏惧，乃出贼，由是豪强慑服。

举孝廉，脩让邴原，融不听。《融集》有融答脩教曰："原之贤也，吾已知之矣。昔高阳氏有才子八人，尧不能用，舜实举之。原可谓不患无位之士。

以遗后贤，不亦可乎！"脩重辞，融答曰："掾清身洁己，历试诸难，谋而鲜过，惠训不倦。余嘉乃勋，应乃懿德，用升尔于王庭，其可辞乎！"时天下乱，遂不行。顷之，郡中有反者。脩闻融有难，夜往奔融。贼初发，融谓左右曰："能冒难来，唯王脩耳！"言终而脩至。复署功曹。时胶东多贼寇，复令脩守胶东令。胶东人公沙卢宗强，自为营堑，不肯应发调。脩独将数骑径入其门，斩卢兄弟，公沙氏惊愕莫敢动。脩抚慰其余，由是寇少止。融每有难，脩虽休归在家，无不至。融常赖脩以免。

袁谭在青州，辟脩为治中从事，别驾刘献数毁短脩。后献以事当死，脩理之，得免。时人益以此多焉。袁绍又辟脩除即墨令，后复为谭别驾。绍死，谭、尚有隙。尚攻谭，谭军败，脩率吏民往救谭。谭喜曰："成吾军者，王别驾也。"谭之败，刘询起兵漯阴，诸城皆应。谭叹息曰："今举州背叛，岂孤之不德邪！"脩曰："东莱太守管统虽在海表，此人不反。必来。"后十余日，统果弃其妻子来赴谭。妻子为贼所杀，谭更以统为乐安太守。谭复欲攻尚，脩谏曰："兄弟还相攻击，是败亡之道也。"谭不悦，然知其忠节。后又问脩："计安出？"脩曰："夫兄弟者，左右手也。譬人将斗而断其右手，而曰'我必胜'，若是者可乎？夫弃兄弟而不亲，天下其谁亲之！属有谗人，固将交斗其间，以求一朝之利，愿明使君塞耳勿听也。若斩佞臣数人，复相亲睦，以御四方，可以横行天下。"谭不听，遂与尚相攻击，请救于太祖。

太祖既破冀州，谭又叛。太祖遂引军攻谭于南皮。脩时运粮在乐安，闻谭急，将所领兵及诸从事数十人往赴谭。至高密，闻谭死，下马号哭曰："无君焉归？"遂诣太祖，乞收葬谭尸。太祖欲观脩意，默然不应。脩复曰："受袁氏厚恩，若得收敛谭尸，然后就戮，无所恨。"太祖嘉其义，听之。《傅子》曰：太祖既诛袁谭，枭其首，令曰："敢哭之者戮及妻子。"于是王叔治、田子泰相谓曰："生受辟命，亡而不哭，非义也。畏死忘义，何以立世？"遂造其首而哭之，哀动三军。军正白行其戮，太祖曰："义士也。"赦之。｜臣松之案《田畴传》，畴为袁尚所辟，不被谭命。《傅子》合而言之，有违事实。以脩为督军粮，还乐安。

谭之破，诸城皆服，唯管统以乐安不从命。太祖命脩取统首，脩以统亡国之忠臣，因解其缚，使诣太祖，太祖悦而赦之。

袁氏政宽，在职势者多畜聚。太祖破邺，籍没审配等家财物赀以万数。及破南皮，阅脩家，谷不满十斛，有书数百卷。太祖叹曰："士不妄有名。"乃礼辟为司空掾，行司金中郎将，迁魏郡太守。为治，抑强扶弱，明赏罚，百姓称之。

魏国既建，为大农、郎中令。太祖议行肉刑，脩以为时未可行，太祖采其议。徙为奉常。其后严才反，与其徒属数十人攻掖门。脩闻变，召车马未至，便将官属步至宫门。太祖在铜爵台望见之，曰："彼来者必王叔治也。"相国钟繇谓脩："旧，京城有变，九卿各居其府。"脩曰："食其禄，焉避其难？居府虽旧，非赴难之义。"顷之，病卒官。子忠，官至东莱太守、散骑常侍。初，脩识高柔于弱冠，异王基于幼童，终皆远至，世称其知人。王隐《晋书》曰：脩一子，名仪，字朱表，高亮雅直。司马文王为安东，仪为司马。东关之败，文王曰："近日之事，谁任其咎？"仪曰："责在军帅。"文王怒曰："司马欲委罪于孤邪？"遂杀之。子裒，字伟元。少立操尚，非礼不动。身长八尺四寸，容貌绝异。痛父不以命终，绝世不仕。立屋墓侧，以教授为务。旦夕常至墓前拜，辄悲号断绝。墓前有一柏树，裒常所攀援，涕泣所著，树色与凡树不同。读《诗》至"哀哀父母，生我劳悴"，未曾不反覆流涕，泣下沾襟。

○邴原

邴原字根矩，北海朱虚人也。少与管宁俱以操尚称，州府辟命皆不就。黄巾起，原将家属入海，住郁洲山中。时孔融为北海相，举原有道。原以黄巾方盛，遂至辽东，与同郡刘政俱有勇略雄气。辽东太守公孙度畏恶欲杀之，尽收捕其家，政得脱。度告诸县："敢有藏政者与同罪。"政窘急，往投原，《魏氏春秋》曰：政投原曰："穷鸟入怀。"原曰："安知此怀之可入邪？"原匿之月余，时东莱太史慈当归，原因以政付之。既而谓度曰："将军前日欲杀刘政，以其为己害。今政已去，君之害岂不除哉！"度曰："然。"原曰："君之畏政者，以其有智也。今政已免，智将用矣，尚奚拘政之家？不若赦之，无重怨。"度乃出之。原又资送政家，皆得归故郡。原在辽东，一年中往归原居者数百家，游学之士、教授之声不绝。

后得归，太祖辟为司空掾。原女早亡，时太祖爱子仓舒亦没，太祖欲求合葬，原辞曰："合葬，非礼也。原之所以自容于明公，公之所以待原者，以能守训典而不易也。若听明公之命，则是凡庸也，明公焉以为哉？"太祖乃止，徙署丞相征事。《献帝起居注》曰：建安十五年，初置征事二人，原与平原王烈俱以选补。崔琰为东曹掾，记让曰："征事邴原、议郎张范，皆秉德纯懿，志行忠方，清静足以厉俗，贞固足以干事，所谓龙翰凤翼，国之重宝。举而用之，不仁者远。"代凉茂为五官将长史，闭门自守，非公事不出。太祖征吴，原从行，卒。《原别传》曰：魏太子为五官中郎将，天下向慕，宾客如云，而原独守道持常，自非公事不妄举动。太祖微使人从容问之，原曰："吾闻国危不事冢宰，君老不奉世子，此典制也。"于是乃转五官长史，令曰："子弱不才，惧其难正，贪欲相屈，以匡励之。虽云利贤，能不恶恶！"太子燕会，众宾百数十人，太子建议曰："君父各有笃疾，有药一丸，可救一人，当救君邪，父邪？"众人纷纭，或父或君。时原在坐，不与此论。太子谘之于原，原悖然对曰："父也。"太子亦不复难之。

是后大鸿胪钜鹿张泰、河南尹扶风庞迪以清贤称，永宁太仆东郡张阁以简质闻。杜恕著《家戒》称阁曰："张子台，视之似鄙朴人，然其心中不知天地间何者为美，何者为好，敦然似如与阴阳合德者。作人如此，自可不富贵，然而患祸当何从而来？世有高亮如子台者，皆多力慕，体之不如也。"

○管宁 王烈 张臸 胡昭

管宁字幼安，北海朱虚人也。《傅子》曰：齐相管仲之后也。昔田氏有齐而管氏去之，或适鲁，或适楚。汉兴有管少卿为燕令，始家朱虚，世有名节，九世而生宁。年十六丧父，中表愍其孤贫，咸共赠赒，悉辞不受，称财以送终。长八尺，美须眉。与平原华歆、同县邴原相友，俱游学于异国，并敬善陈仲弓。

天下大乱，闻公孙度令行于海外，遂与原及平原王烈等至于辽东。度虚馆以候之。既往见度，乃庐于山谷。时避难者多居郡南，而宁居北，示无迁志，后渐来从之。太祖为司空，辟宁，度子康绝命不宣。《傅子》曰：宁往见度，语唯经典，不及世事。还乃因山为庐，凿坏为室。越海避难者，皆来就之而居，旬月而成邑。遂讲《诗》《书》，陈俎豆，饰威仪，明礼让，非学者无见也。由是度安其贤，民化其德。邴原性刚直，清议以格物，度已下心不安之。宁谓原曰："潜龙以不见成德，言非其时，皆招祸之道也。"密遣令西还。度庶子康代居郡，外以将军太守为号，而内实有王心，卑己崇礼，欲官宁以自镇辅，而终莫敢发言，其敬惮如此。

王烈者，字彦方，于时名闻在原、宁之右。辞公孙度长史，商贾自秽。太祖命为丞相掾、征事，未至，卒于海表。

中国少安，客人皆还，唯宁晏然若将终焉。黄初四年，诏公卿举独行君子，司徒华歆荐宁，文帝即征。宁遂将家属浮海还郡，公孙恭送之南郊，加赠服物。自宁之东也，度、康、恭前后所资遗，皆受而藏诸。既已西渡，尽封还之。诏以宁为太中大夫，固辞不受。明帝即位，太尉华歆逊位让宁，遂下诏曰："太中大夫管宁，耽怀道德，服膺六艺，清虚足以侔古，廉白可以当世。曩遭王道衰缺，浮海遁居，大魏受命，则襁负而至，斯盖应龙潜升之道，圣贤用舍之义。而黄初以来，征命屡下，每辄辞疾，拒违不至。岂朝廷之政，与生殊趣，将安乐山林，往而不能反乎！夫以姬公之圣，而耇德不降，则鸣鸟弗闻。以秦穆之贤，犹思询乎黄发。况朕寡德，曷能不愿闻道于子大夫哉！今以宁为光禄勋。礼有大伦，君臣之道，不可废也。望必速至，称朕意焉。"

又诏青州刺史曰："宁抱道怀贞，潜翳海隅，比下征书，违命不至，盘桓利居，高尚其事。虽有素履幽人之贞，而失考父兹恭之义，使朕虚心引领历年，其何谓邪？徒欲怀安，必肆其志，不惟古人亦有翻然改节以隆斯民乎！日逝月除，时方已过，澡身浴德，将以曷为？仲尼有言：'吾非斯人之徒与而谁与哉！'其命别驾从事、郡丞、掾，奉诏以礼发遣宁诣行在所，给安车、吏从、茵蓐、道上厨食，上道先奏。"

宁称草莽臣上疏曰："臣海滨孤微，罢农无伍，禄运幸厚。横蒙陛下纂承洪绪，德侔三皇，化溢有唐。久荷渥泽，积祀一纪，不能仰答陛下恩养之福。沈委笃痾，寝疾弥留，逋违臣隶颠倒之节，夙宵战怖，无地自厝。臣元年十一月被公车司马令所下州郡，八月甲申诏书征臣，更赐安车、衣被、茵蓐，以礼发遣，光宠并臻，优命屡至，怔营竦息，悼心失图。思自陈闻，申展愚情，而明诏抑割，不令稍修章表，是以郁滞，讫于今日。诚谓乾覆，恩有纪极，不意灵润，弥以隆赫。奉今年二月被州郡所下三年十二月辛酉诏书，重赐安车、衣服，别驾从事与郡功曹以礼发遣，又特被玺书，以臣为光禄勋，躬秉劳谦，引喻周、秦，损上益下。受诏之日，精魄飞散，靡所投死。臣重自省揆，德非园、绮而蒙安车之荣，功无窦融而蒙玺封之宠，窃悦驽下，荷栋梁之任，垂没之命，获九棘之位，惧有朱博鼓妖之眚。又年疾日侵，有加无损，不任扶舆进路以塞元责。望慕阊阖，徘徊阙庭，谨拜章陈情，乞蒙哀省，抑恩听放，无令骸骨填于衢路。"

自黄初至于青龙，征命相仍，常以八月赐牛酒。诏书问青州刺史程喜："宁为守节高乎，审老疾尫顿邪？"喜上言："宁有族人管贡为州吏，与宁邻比，臣常使经营消息。贡说：'宁常著皂帽、布襦袴、布裙，随时单复，出入闺庭，能自任杖，不须扶持。四时祠祭，辄自力强，改加衣服，著絮巾，故在辽东所有白布单衣，亲荐馔馈，跪拜成礼。宁少而丧母，不识形象，常特加觞，泫然流涕。又居宅离水七八十步，夏时诣水中澡洒手足，窥于园圃。'臣揆宁前后辞让之意，独自以生长潜逸，耆艾智衰，是以栖迟，每执谦退。此宁志行所欲必全，不为守高。"《高士传》曰：管宁自越海及归，常坐一木榻，积五十余年，未尝箕股，其榻上当膝处皆穿。

正始二年，太仆陶丘一、永宁卫尉孟观、侍中孙邕、中书侍郎王基荐宁曰：

"臣闻龙凤隐耀，应德而臻，明哲潜通，俟时而动。是以鸑鷟鸣岐，周道隆兴，四皓为佐，汉帝用康。伏见太中大夫管宁，应二仪之中和，总九德之纯懿，含章素质，冰洁渊清，玄虚澹泊，与道逍遥；娱心黄老，游志六艺，升堂入室，究其阃奥，韬古今于胸怀，包道德之机要。中平之际，黄巾陆梁，华夏倾荡，王纲弛顿。遂避时难，乘桴越海，羁旅辽东三十余年。在乾之姤，匿景藏光，嘉遁养浩，韬韫儒墨，潜化傍流，畅于殊俗。

"黄初四年，高祖文皇帝畴谘群公，思求俊乂，故司徒华歆举宁应选，公车特征，振翼遐裔，翻然来翔。行遇屯厄，遭罹疾病，即拜太中大夫。烈祖明皇帝嘉美其德，登为光禄勋。宁疾弥留，未能进道。今宁旧疾已瘳，行年八十，志无衰倦。环堵筚门，偃息穷巷，饭鬻糊口，并日而食，吟咏诗书，不改其乐。困而能通，遭难必济，经危蹈险，不易其节，金声玉色，久而弥彰。揆其终始，殆天所祚，当赞大魏，辅亮雍熙。衮职有阙，群下属望。昔高宗刻象，营求贤哲，周文启龟，以卜良佐。况宁前朝所表，名德已著，而久栖迟，未时引致，非所以奉遵明训，继成前志也。陛下践阼，篡承洪绪。圣敬日跻，超越周成。每发德音，动谘师傅。若继二祖招贤故典，宾礼俊迈，以广缉熙，济济之化，侔于前代。

"宁清高恬泊，拟迹前轨，德行卓绝，海内无偶。历观前世玉帛所命，申公、枚乘、周党、樊英之俦，测其渊源，览其清浊，未有历俗独行若宁者也。诚宜束帛加璧，备礼征聘，仍授几杖，延登东序，敷陈坟素，坐而论道，上正璇玑，协和皇极，下阜群生，彝伦攸叙，必有可观，光益大化。若宁固执匪石，守志箕山，追迹洪崖，参踪巢、许，斯亦圣朝同符唐、虞，优贤扬历，垂声千载。虽出处殊涂，俯仰异体，至于兴治美俗，其揆一也。"

于是特具安车蒲轮，束帛加璧聘焉。会宁卒，时年八十四。拜子邈郎中，后为博士。初，宁妻先卒，知故劝更娶，宁曰："每省曾子、王骏之言，意常嘉之，岂自遭之而违本心哉？"

时钜鹿张臶，字子明，颍川胡昭，字孔明，亦养志不仕。臶少游太学，学兼内外，后归乡里。袁绍前后辟命，不应，移居上党。并州牧高幹表除乐平令，不就，徙遁常山，门徒且数百人，迁居任县。太祖为丞相，辟，不诣。太和中，诏求隐学之士能消灾复异者，郡累上臶，发遣，老病不行。广平太守卢毓到官三日，纲纪白承前致版谒臶。毓教曰："张先生所谓上不事天子，下不友诸侯者也。此岂版谒所可光饰哉！"但遣主簿奉书致羊酒之礼。青龙四年辛亥诏书："张掖郡玄川溢涌，激波奋荡，宝石负图，状像灵龟，宅于川西，嶷然磐峙，仓质素章，麟凤龙马，焕炳成形，文字告命，粲然著明。太史令高堂隆上言：古皇圣帝所未尝蒙，实有魏之祯命，东序之世宝。"事颁天下。任令于绰连赍以问臶，臶密谓绰曰："夫神以知来，不追已往，祯祥先见而后废兴从之。汉已久亡，魏已得之，何所追兴征祥乎！此石，当今之变异而将来之祯瑞也。"正始元年，戴鵀之鸟，巢臶门阴。臶告门人曰："夫戴鵀阳鸟，而巢门阴，此凶祥也。"乃援琴歌咏，作诗二篇，旬日而卒，时年一百五岁。

是岁，广平太守王肃至官，教下县曰："前在京都，闻张子明，来至问之，会其已亡，致痛惜之。此君笃学隐居，不与时竞，以道乐身。昔绛县老人屈在泥涂，赵孟升之，诸侯用睦。愍其耄勤好道，而不蒙荣宠。书到，遣吏劳问其家，显题门户，务加殊异，以慰既往，以劝将来。"

胡昭始避地冀州，亦辞袁绍之命，遁还乡里。太祖为司空、丞相，频加礼辟。昭往应命，既至，自陈一介野生，无军国之用，归诚求去。太祖曰："人各有志，出处异趣，勉卒雅尚，义不相屈。"昭乃转居陆浑山中，躬耕乐道，以经籍自娱。闾里敬而爱之。《高士传》曰：初，晋宣帝为布衣时，与昭有旧。同郡周生等谋害帝，昭闻而步陟险，邀生于崤、渑之间，止生，生不肯。昭泣与结诚，生感其义，乃止。昭因与斫枣树共盟而别。昭虽有阴德于帝，口终不言，人莫知之。信行著于乡党。建安十六年，百姓闻马超叛，避兵入山者千余家。饥乏，渐相劫略。昭常逊辞以解之，是以寇难消息，众咸宗焉。故其所居部落中，三百里无相侵暴者。

建安二十三年，陆浑长张固被书调丁夫，当给汉中。百姓恶惮远役，并怀扰扰。民孙狼等因兴兵杀县主簿，作为叛乱，县邑残破。固率将十余吏卒，依昭住止，招集遗民，安复社稷。狼等遂南附关羽。羽授印给兵，还为寇贼，到陆浑南长乐亭，自相约誓，言："胡居士贤者也，一不得犯其部落。"一川赖昭，咸无怵惕。天下安辑，徙宅宜阳。《高士传》曰：幽州刺史杜恕尝过昭所居草庐之中，言事论理，辞意谦敬，恕甚重焉。太尉蒋济辟，不就。

正始中，骠骑将军赵俨、尚书黄休、郭彝、散骑常侍荀顗、钟毓、太仆庾嶷、弘农太守何桢等递荐昭曰："天真高洁，老而弥笃。玄虚静素，有夷、皓之节。宜蒙征命，以励风俗。"至嘉平二年，公车特征，会卒，年八十九，拜子纂郎中。初，昭善史书，与钟繇、邯郸淳、卫觊、韦诞并有名，尺牍之迹，动见模楷焉。

评曰：袁涣、邴原、张范躬履清蹈，进退以道，盖是贡禹、两龚之匹。凉茂、国渊亦其次也。张承名行亚范，可谓能弟矣。田畴抗节，王脩忠贞，足以矫俗；管宁渊雅高尚，确然不拔；张臶、胡昭阖门守静，不营当世：故并录焉。

十二卷 魏书 ^{十二}

崔毛徐何刑鲍司马传 | 崔琰 毛玠 徐奕 何夔
邢颙 鲍勋 司马芝

○**崔琰**

崔琰字季珪，清河东武城人也。少朴讷，好击剑，尚武事。年二十三，乡移为正，始感激，读《论语》《韩诗》。至年二十九，乃结公孙方等就郑玄受学。学未期，徐州黄巾贼攻破北海，玄与门人到不其山避难。时谷籴县乏，玄罢谢诸生。琰既受遣，而寇盗充斥，西道不通。于是周旋青、徐、兖、豫之郊，东下寿春，南望江、湖。自去家四年乃归，以琴书自娱。

大将军袁绍闻而辟之。时士卒横暴，掘发丘陇，琰谏曰："昔孙卿有言：'士不素教，甲兵不利，虽汤、武不能以战胜。'今道路暴骨，民未见德，宜敕郡县掩骼埋骴，示憯怛之爱，追文王之仁。"绍以为骑都尉。后绍治兵黎阳，次于延津，琰复谏曰："天子在许，民望助顺，不如守境述职，以宁区宇。"绍不听，遂败于官渡。及绍卒，二子交争，争欲得琰。琰称疾固辞，由是获罪，幽于囹圄，赖阴夔、陈琳营救得免。

太祖破袁氏，领冀州牧，辟琰为别驾从事，谓琰曰："昨案户籍，可得三十万众，故为大州也。"琰对曰："今天下分崩，九州幅裂，二袁兄弟亲寻干戈，冀方蒸庶暴骨原野。未闻王师仁声先路，存问风俗，救其涂炭，而校计甲兵，唯此为先，斯岂鄙州士女所望于明公哉！"太祖改容谢之。于时宾客皆伏失色。

太祖征并州，留琰傅文帝于邺。世子仍出田猎，变易服乘，志在驱逐。琰书谏曰："盖闻盘于游田，《书》之所戒，鲁隐观鱼，《春秋》讥之，此周、孔之格言，二经之明义。殷鉴夏后，《诗》称不远，子卯不乐，《礼》以为忌，此又近者之得失，不可不深察也。袁族富强，公子宽放，盘游滋侈，义声不闻，哲人君子，俄有色斯之志，熊罴壮士，堕于吞噬之用，固所以拥徒百万，跨有河朔，无所容足也。今邦国殄瘁，惠康未洽，士女企踵，所思者德。况公亲御戎马，上下劳惨，世子宜遵大路，慎以行正，思经国之高略，内鉴近戒，外扬远节，深惟储副，以身为宝。而猥袭虞旅之贱服，忽驰骛而陵险，志雉兔之小娱，忘社稷之为重，斯诚有识所以恻心也。唯世子燔翳捐褶，以塞众望，不令老臣获罪于天。"世子报曰："昨奉嘉命，惠示雅数，欲使燔翳捐褶，翳已坏矣，褶亦去焉。后有此比，蒙复诲诸。"

太祖为丞相，琰复为东西曹掾、属、征事。初授东曹时，教曰："君有伯夷之风，史鱼之直，贪夫慕名而清，壮士尚称而厉，斯可以率时者已。故授东曹，往践厥职。"魏国初建，拜尚书。时未立太子，临菑侯植有才而爱。太祖狐疑，以函令密访于外。唯琰露板答曰："盖闻《春秋》之义，立子以长，加五官将仁孝聪明，宜承正统。琰以死守之。"植，琰之兄女婿也。太祖贵其公亮，喟然叹息，《世语》曰：植妻衣绣，太祖登台见之，以违制命，还家赐死。迁中尉。

琰声姿高畅，眉目疏朗，须长四尺，甚有威重，朝士瞻望，而太祖亦敬惮焉。琰尝荐钜鹿杨训，虽才好不足，而清贞守道，太祖即礼辟之。后太祖为魏王，训发表称赞功伐，褒述盛德。时人或笑训希世浮伪，谓琰为失所举。琰从训取表草视之，与训书曰："省表，事佳耳！时乎时乎，会当有变时。"琰本意讥论者好谴呵而不寻情理也。有白琰此书傲世怨谤者，太祖怒曰："谚言'生女耳'，'耳'非佳语。'会当有变时'，意指不逊。"于是罚琰为徒隶，使人视之，辞色不挠。太祖令曰："琰虽见刑，而通宾客，门若市人，对宾客虬须直视，若有所瞋。"遂赐琰死。《魏略》曰：人得琰书，以裹帻笼，持其笼行都道中。时有与琰宿不平者，遥见琰名著帻笼，从而视之，遂白之。太祖以为琰腹诽心谤，乃收付狱，髡刑输徒。前所白琰者又复白之云："琰为徒，虬须直视，心似不平。"时太祖亦以为然，遂欲杀之。乃使清公大吏往经营琰，教吏曰："三日期消息。"琰不悟，后数日，吏故白琰平安。公忿然曰："崔琰必欲使孤行刀锯乎！"吏以是教告琰，琰谢吏曰："我殊不宜，不知公意至此也！"遂自杀。

　　始琰与司马朗善，晋宣王方壮，琰谓朗曰："子之弟，聪哲明允，刚断英跱，殆非子之所及也。"朗以为不然，而琰每秉此论。琰从弟林，少无名望，虽姻族犹多轻之，而琰常曰："此所谓大器晚成者也，终必远至。"涿郡孙礼、卢毓始入军府，琰又名之曰："孙疏亮亢烈，刚简能断，卢清警明理，百炼不消，皆公才也。"后林、礼、毓咸至鼎辅。及琰友人公孙方、宋阶早卒，琰抚其遗孤，恩若己子。其鉴识笃义，类皆如此。《魏略》曰：明帝时，崔林尝与司空陈群共论冀州人士，称琰为首。群以"智不存身"贬之。林曰："大丈夫为有邂逅耳，即如卿诸人，良足贵乎！"

　　初，太祖性忌，有所不堪者，鲁国孔融、张璠《汉纪》曰：融在郡八年，仅以身免。帝初都许，融以为宜略依旧制，定王畿，正司隶所部为千里之封，乃引公卿上书言其义。是时天下草创，曹、袁之权未分，融所建明，不识时务。又天性气爽，颇推平生之意，狎侮太祖。太祖制酒禁，而融书啁之曰："天有酒旗之星，地列酒泉之郡，人有旨酒之德，故尧不饮千钟，无以成其圣。且桀纣以色亡国，今令不禁婚姻也。"太祖外虽宽容，而内不能平。御史大夫郗虑承知旨，以法免融官。岁余，拜太中大夫。虽居家失势，而宾客日满其门，爱才乐酒，常叹曰："坐上客常满，樽中酒不空，吾无忧矣。"虎贲士有貌似蔡邕者，融每酒酣，辄引与同坐，曰："虽无老成人，尚有典刑。"其好士如此。│《魏氏春秋》曰：袁绍之败也，融与太祖书曰："武王伐纣，以妲己赐周公。"太祖以融学博，谓书传所纪。后见，问之，对曰："以今度之，想其当然耳！"十三年，融对孙权使，有讪谤之言，坐弃市。二子年八岁，时方弈棋，融被收，端坐不起。左右曰："而父见执，不起何也？"二子曰："安有巢毁而卵不破者乎！"遂俱见杀。融有高名清才，世多哀之。太祖惧远近之议也，乃令曰："太中大夫孔融既伏其罪矣，然世人多采其虚名，少于核实，见融浮艳，好作变异，眩其诳诈，不复察其乱俗也。此州人说平原祢衡受传融论，以为父母与人无亲，譬若缶器，寄盛其中。又言若遭饥馑，而父不肖，宁赡活余人。融违天反道，败伦乱理，虽肆市朝，犹恨其晚。更以此事列上，宣示诸军将校掾属，皆使闻见。"南阳许攸、娄圭，皆以恃旧不虔见诛。而琰最为世所痛惜，至今冤之。

○毛玠

毛玠字孝先，陈留平丘人也。少为县吏，以清公称。将避乱荆州，未至，闻刘表政令不明，遂往鲁阳。太祖临兖州，辟为治中从事。玠语太祖曰："今天下分崩，国主迁移，生民废业，饥馑流亡，公家无经岁之储，百姓无安固之志，难以持久。今袁绍、刘表，虽士民众强，皆无经远之虑，未有树基建本者也。夫兵义者胜，守位以财，宜奉天子以令不臣，修耕植，畜军资，如此则霸王之业可成也。"太祖敬纳其言，转幕府功曹。

太祖为司空、丞相，玠尝为东曹掾，与崔琰并典选举。其所举用，皆清正之士，虽于时有盛名而行不由本者，终莫得进。务以俭率人，由是天下之士莫不以廉节自励，虽贵宠之臣，舆服不敢过度。太祖叹曰："用人如此，使天下人自治，吾复何为哉！"文帝为五官将，亲自诣玠，属所亲眷。玠答曰："老臣以能守职，幸得免戾，今所说人非迁次，是以不敢奉命。"大军还邺，议所并省。玠请谒不行，时人惮之，咸欲省东曹。乃共白曰："旧西曹为上，东曹为次，宜省东曹。"太祖知其情，令曰："日出于东，月盛于东，凡人言方，亦复先东，何以省东曹？"遂省西曹。

初，太祖平柳城，班所获器物，特以素屏风素冯几赐玠，曰："君有古人之风，故赐君古人之服。"玠居显位，常布衣蔬食，抚育孤兄子甚笃，赏赐以振施贫族，家无所余。迁右军师。魏国初建，为尚书仆射，复典选举。《先贤行状》曰：玠雅亮公正，在官清恪。其典选举，拔贞实，斥华伪，进逊行，抑阿党。诸宰官治民功绩不著而私财丰足者，皆免黜停废，久不选用。于时四海翕然，莫不励行。至乃长吏还者，垢面羸衣，常乘柴车。军吏入府，朝服徒行。人拟壶飧之洁，家象濯缨之操，贵者无秽欲之累，贱者绝奸货之求，吏洁于上，俗移乎下，民到于今称之。时太子未定，而临菑侯植有宠，玠密谏曰："近者袁绍以嫡庶不分，覆宗灭国。废立大事，非所宜闻。"后群寮会，玠起更衣，太祖目指曰："此古所谓国之司直，我之周昌也。"

崔琰既死，玠内不悦。后有白玠者："出见黥面反者，其妻子没为官奴婢，玠言曰'使天不雨者盖此也'。"太祖大怒，收玠付狱。大理钟繇诘玠曰："自古圣帝明王，罪及妻子。《书》云：'左不共左，右不共右，予则孥戮女。'司寇之职，男子入于罪隶，女子入于春槁。汉律，罪人妻子没为奴婢，黥面。汉法所行黥墨之刑，存于古典。今真奴婢祖先有罪，虽历百世，犹有黥面供官：一以宽良民之命，二以宥并罪之辜。此何以负于神明之意，而当致旱？案典谟：急恒寒若，舒恒燠若；宽则亢阳，所以为旱。玠之吐言，以为宽邪？以为急也？急当阴霖，何以反旱？成汤圣世，野无生草，周宣令主，旱魃为虐。亢旱以来，积三十年，归咎黥面，为相值不？卫人伐邢，师兴而雨。罪恶无征，何以应天？玠讥谤之言，流于下民，不悦之声，上闻圣听。玠之吐言，势不独语。时见黥面，凡为几人？黥面奴婢，所识知邪？何缘得见，对之叹言？时以语谁？见答云何？以何日月？于何处所？事已发露，不得隐欺，具以状对。"

玠曰："臣闻萧生缢死，困于石显；贾子放外，谗在绛、灌；白起赐剑于杜邮；晁错致诛于东市；伍员绝命于吴都：斯数子者，或妒其前，或害其后。臣垂龆执简，累勤取官，职在机近，人事所窜。属臣以私，无势不绝；语臣以冤，无细不理。人情淫利，为法所禁，法禁于利，势能害之。青蝇横生，为臣作谤，谤臣之人，势不在他。昔王叔陈生争正王廷，宣子平理，命举其契，是非有宜，曲直有所，《春秋》嘉焉，是以书之。臣不言此，无有时、人。说臣此言，必有征要。乞蒙宣子之辨，而求王叔之对。若臣以曲闻，即刑之日，方之安驷之赠；赐剑之来，比之重赏之惠。谨以状对。"时桓阶、和洽进言救玠。玠遂免黜，卒于家。孙盛曰：魏武于是失政刑矣。《易》称"明折庶狱"，《传》有"举直措枉"，庶狱明则国无怨民，枉直当则民无不服，未有征青蝇之浮声，信浸润之谮诉，可以允厘四海，惟清缉熙者也。昔者汉高狱萧何，出复相之；玠之一责，永见摈放。二主度量，岂不殊哉！太祖赐棺器钱帛，拜子机郎中。

○徐奕

徐奕字季才，东莞人也。避难江东，孙策礼命之。奕改姓名，微服还本郡。太祖为司空，辟为掾属，从西征马超。超破，军还。时关中新服，未甚安，留奕为丞相长史，镇抚西京，西京称其威信。转为雍州刺史，复还为东曹属。丁仪等见宠于时，并害之，而奕终不为动。《魏书》曰：或谓奕曰："夫以史鱼之直，孰与蘧伯玉之智？丁仪方贵重，宜思所以下之。"奕曰："以公明圣，仪岂得久行其伪乎！且奸以事君者，吾所能御也，子宁以他规我。"｜《傅子》曰：武皇帝，至明也。崔琰、徐奕，一时清贤，皆以忠信显于魏朝；丁仪间之，徐奕失位而崔琰被诛。出为魏郡太守。

太祖征孙权，徙为留府长史，谓奕曰："君之忠亮，古人不过也，然微太严。昔西门豹佩韦以自缓，夫能以柔弱制刚强者，望之于君也。今使君统留事，孤无复还顾之忧也。"魏国既建，为尚书，复典选举，迁尚书令。

太祖征汉中，魏讽等谋反，中尉杨俊左迁。太祖叹曰："讽所以敢生乱心，以吾爪牙之臣无遏奸防谋者故也。安得如诸葛丰者使代俊乎！"桓阶曰："徐奕其人也。"太祖乃以奕为中尉，手令曰："昔楚有子玉，文公为之侧席而坐；汲黯在朝，淮南为之折谋。《诗》称'邦之司直'，君之谓与！"在职数月，疾笃乞退，拜谏议大夫，卒。《魏书》曰：文帝每与朝臣会同，未尝不嗟叹，思奕之为人。奕无子，诏以其族子统为郎，以奉奕后。

○何夔

何夔字叔龙，陈郡阳夏人也。曾祖父熙，汉安帝时官至车骑将军。夔幼丧父，与母兄居，以孝友称。长八尺三寸，容貌矜严。《魏书》曰：汉末阉宦用事，夔从父衡为尚书，有直言，由是在党中，诸父兄皆禁锢。夔叹曰："天地闭，贤人隐。"故不应宰司之命。避乱淮南，后袁术至寿春，辟之，夔不应，然遂为术所留。

久之，术与桥蕤俱攻围蕲阳。蕲阳为太祖固守。术以夔彼郡人，欲胁令说蕲阳。夔谓术谋臣李业曰："昔柳下惠闻伐国之谋而有忧色，曰：'吾闻伐国不问仁人，斯言何为至于我哉！'"遂遁匿灊山。术知夔终不为己用，乃止。术从兄山阳太守遗母，夔从姑也，是以虽恨夔而不加害。

建安二年，夔将还乡里，度术必急追，乃间行得免，明年到本郡。顷之，太祖辟为司空掾属。时有传袁术军乱者，太祖问夔曰："君以为信不？"夔对曰："天之所助者顺，人之所助者信。术无信顺之实，而望天人之助，此不可以得志于天下。夫失道之主，亲戚叛之，而况于左右乎！以夔观之，其乱必矣。"太祖曰："为国失贤则亡。君不为术所用；乱，不亦宜乎！"太祖性严，掾属公事，往往加杖；夔常畜毒药，誓死无辱，是以终不见及。

出为城父令，《魏书》曰：自刘备叛后，东南多变。太祖以陈群为酂令，夔为城父令，诸县皆用名士以镇抚之，其后吏民稍定。迁长广太守。郡滨山海，黄巾未平，豪杰多背叛，袁谭就加以官位。长广县人管承，徒众三千余家，为寇害。议者欲举兵攻之。夔曰："承等非生而乐乱也，习于乱，不能自还，未被德教，故不知反善。今兵迫之急，彼恐夷灭，必并力战。攻之既未易拔，虽胜，必伤吏民，不如徐喻以恩德，使容自悔，可不烦兵而定。"乃遣郡丞黄珍往，为陈成败，承等皆请服。夔遣吏成弘领校尉，长广县丞等郊迎奉牛酒，诣郡。牟平贼从钱，众亦数千，夔率郡兵与张辽共讨定之。东牟人王营，众三千余家，胁昌阳县为乱。夔遣吏王钦等，授以计略，使离散之。旬月皆平定。

是时太祖始制新科下州郡，又收租税绵绢。夔以郡初立，近以师旅之后，不可卒绳以法，乃上言曰："自丧乱已来，民人失所，今虽小安，然服教日浅。所下新科，皆以明罚敕法，齐一大化也。所领六县，疆域初定，加以饥馑，若一切齐以科禁，恐或有不从教者。有不从教者不得不诛，则非观民设教随时之意也。先王辨九服之赋以殊远近，制三典之刑以平治乱，愚以为此郡宜依远域新邦之典，其民间小事，使长吏临时随宜，上不背正法，下以顺百姓之心。比及三年，民安其业，然后齐之以法，则无所不至矣。"太祖从其言。征还，参丞相军事。海贼郭祖寇暴乐安、济南界，州郡苦之。太祖以夔前在长广有威信，拜乐安太守。到官数月，诸城悉平。

入为丞相东曹掾。夔言于太祖曰："自军兴以来，制度草创，用人未详其本，是以各引其类，时忘道德。夔闻以贤制爵，则民慎德；以庸制禄，则民兴功。以为自今所用，必先核之乡间，使长幼顺叙，无相逾越。显忠直之赏，明公实之报，则贤不肖之分，居然别矣。又可修保举故不以实之令，使有司别受其负。在朝之臣，时受教与曹并选者，各任其责。上以观朝臣之节，下以塞争竞之源，以督群下，以率万民，如是则天下幸甚。"太祖称善。魏国既建，拜尚书仆射。《魏书》曰：时丁仪兄弟方进宠，仪与夔不合。尚书傅巽谓夔曰："仪不相好已甚，子友毛玠、玠等仪已害之矣。子宜少下之！"夔曰："为不义适足害其身，焉能害人？且怀奸佞之心，立于明朝，其得久乎！"夔终不屈志，仪后果以凶伪败。

文帝为太子，以凉茂为太傅，夔为少傅，特命二傅与尚书东曹并

200

选太子诸侯官属。茂卒，以爰代茂。每月朔，太傅入见太子，太子正法服而礼焉；他日无会仪。爰迁太仆，太子欲与辞，宿戒供，爰无往意；乃与书请之，爰以国有常制，遂不往。其履正如此。然于节俭之世，最为豪汰。文帝践阼，封成阳亭侯，邑三百户。疾病，屡乞逊位。诏报曰：“盖礼贤亲旧，帝王之常务也。以亲则君有辅弼之勋焉，以贤则君有醇固之茂焉。夫有阴德者必有阳报，今君疾虽未瘳，神明听之矣。君其即安，以顺朕意。”薨，谥曰靖侯。子曾嗣，咸熙中为司徒。

○邢颙

邢颙，字子昂，河间鄚人也。举孝廉，司徒辟，皆不就。易姓字，适右北平，从田畴游。积五年，而太祖定冀州。颙谓畴曰：“黄巾起来二十余年，海内鼎沸，百姓流离。今闻曹公法令严。民厌乱矣，乱极则平。请以身先。”遂装还乡里。田畴曰：“邢颙，民之先觉也。”乃见太祖，求为乡导以克柳城。

太祖辟颙为冀州从事，时人称之曰：“德行堂堂邢子昂。”除广宗长，以故将丧弃官。有司举正，太祖曰：“颙笃于旧君，有一致之节。勿问也。”更辟司空掾，除行唐令，劝民农桑，风化大行。入为丞相门下督，迁左冯翊，病，去官。

是时，太祖诸子高选官属，令曰：“侯家吏，宜得渊深法度如邢颙辈。”遂以为平原侯植家丞。颙防闲以礼，无所屈挠，由是不合。庶子刘桢书谏植曰：“家丞邢颙，北土之彦，少秉高节，玄静澹泊，言少理多，真雅士也。桢诚不足同贯斯人，并列左右。而桢礼遇殊特，颙反疏简，私惧观者将谓君侯习近不肖，礼贤不足，采庶子之春华，忘家丞之秋实。为上招谤，其罪不小，以此反侧。"后参丞相军事，转东曹掾。

初，太子未定，而临菑侯植有宠，丁仪等并赞翼其美。太祖问颙，颙对曰："以庶代宗，先世之戒也。愿殿下深重察之！"太祖识其意，后遂以为太子少傅，迁太傅。文帝践阼，为侍中、尚书仆射，赐爵关内侯，出为司隶校尉，徙太常。黄初四年薨。子友嗣。

○鲍勋

鲍勋字叔业，泰山平阳人也，汉司隶校尉鲍宣九世孙。宣后嗣有从上党徙泰山者，遂家焉。勋父信，灵帝时为骑都尉，大将军何进遣东募兵。后为济北相，协规太祖，身以遇害，语在《董卓传》《武帝纪》。建安十七年，太祖追录信功，表封勋兄邵新都亭侯。辟勋丞相掾。

二十二年，立太子，以勋为中庶子。徙黄门侍郎，出为魏郡西部都尉。太子郭夫人弟为曲周县吏，断盗官布，法应弃市。太祖时在谯，太子留邺，数手书为之请罪。勋不敢擅纵，具列上。勋前在东宫，守正不挠，太子固不能悦，及重此事，恚望滋甚。会郡界休兵有失期者，密敕中尉奏免勋官。久之，拜侍御史。延康元年，太祖崩，太子即王位，勋以驸马都尉兼侍中。

文帝受禅，勋每陈"今之所急，唯在军农，宽惠百姓。台榭苑囿，宜以为后"。文帝将出游猎，勋停车上疏曰："臣闻五帝三王，靡不明本立教，以孝治天下。陛下仁圣恻隐，有同古烈。臣冀当继踪前代，令万世可则也。如何在谅暗之中，修驰骋之事乎！臣冒死以闻，唯陛下察焉。"帝手毁其表而竟行猎，中道顿息，问侍臣曰："猎之为乐，何如八音也？"侍中刘晔对曰："猎胜于乐。"勋抗辞曰："夫乐，上通神明，下和人理，隆治致化，万邦咸乂。故移风易俗莫善于乐。况猎，暴华盖于原野，伤生育之至理，栉风沐雨，不以时隙哉？昔鲁隐观渔于棠，《春秋》讥之。虽陛下以为务，愚臣所不愿也。"因奏："刘晔佞谀不忠，阿顺陛下过戏之言。昔梁丘据取媚于遄台，晔之谓也。请有司议罪，以清皇朝。"帝怒作色，罢还，即出勋为右中郎将。

黄初四年，尚书令陈群、仆射司马宣王并举勋为宫正，宫正即御史中丞也。帝不得已而用之，百寮严惮，罔不肃然。六年秋，帝欲征吴，群臣大议，勋面谏曰："王师屡征而未有所克者，盖以吴、蜀唇齿相依，凭阻山水，有难拔之势故也。往年龙舟飘荡，隔在南岸，圣躬蹈危，臣下破胆。此时宗庙几至倾覆，为百世之戒。今又劳兵袭远，日费千金，中国虚耗，令黠虏玩威，臣窃以为不可。"帝益忿之，左迁勋为治书执法。

帝从寿春还，屯陈留郡界。太守孙邕见，出过勋。时营垒未成，但立标埒，邕邪行不从正道，军营令史刘曜欲推之，勋以堑垒未成，解止不举。大军还洛阳，曜有罪，勋奏绌遣，而曜密表勋私解邕事。诏曰："勋指鹿作马，收付廷尉。"廷尉法议："正刑五岁。"三官驳："依律罚金二斤。"帝大怒曰："勋无活分，而汝等敢纵之！收三官已下付刺奸，当令十鼠同穴。"太尉钟繇、司徒华歆、镇军大将军陈群、侍中辛毗、尚书卫臻、守廷尉高柔等并表"勋父信有功于太祖"，求请勋罪。帝不许，遂诛勋。勋内行既修，廉而能施，死之日，家无余财。后二旬，文帝亦崩，莫不为勋叹恨。

○司马芝

司马芝字子华，河内温人也。少为书生，避乱荆州，于鲁阳山遇贼，同行者皆弃老弱走，芝独坐守老母。贼至，以刃临芝，芝叩头曰："母老，唯在诸君！"贼曰："此孝子也，杀之不义。"遂得免害，以鹿车推载母。居南方十余年，躬耕守节。

太祖平荆州，以芝为菅长。时天下草创，多不奉法。郡主簿刘节，旧族豪侠，宾客千余家，出为盗贼，入乱吏治。顷之，芝差节客王同等为兵，掾史据白："节家前后未尝给徭，若至时藏匿，必为留负。"芝不听，与节书曰："君为大宗，加股肱郡，而宾客每不与役，既众庶怨望，或流声上闻。今调同等为兵，幸时发遣。"兵已集郡，而节藏同等，因令督邮以军兴诡责县，县掾史穷困，乞代同行。芝乃驰檄济南，具陈节罪。太守郝光素敬信芝，即以节代同行，青州号芝"以郡主簿为兵"。迁广平令。征虏将军刘勋，贵宠骄豪，又芝故郡将，宾客子弟在界数犯法。勋与芝书，不著姓名，而多所属托，芝不报其书，一皆如法。后勋以不轨诛，交关者皆获罪，而芝以见称。

迁大理正。有盗官练置都厕上者，吏疑女工，收以付狱。芝曰："夫刑罪之失，失在苛暴。今赃物先得而后讯其辞，若不胜掠，或至诬服。诬服之情，不可以折狱。且简而易从，大人之化也。不失有罪，庸世之治耳。今宥所疑，以隆易从之义，不亦可乎！"太祖从其议。历甘陵、沛、阳平太守，所在有绩。黄初中，入为河南尹，抑强扶弱，私请不行。会内官欲以事托芝，不敢发言，因芝妻伯父董昭。昭犹惮芝，不为通。芝为教与群下曰："盖君能设教，不能使吏必不犯也。吏能犯教，而不能使君必不闻也。夫设教而犯，君之劣也；犯教而闻，吏之祸也。君劣于上，吏祸于下，此政事所以不理也。可不各勉之哉！"于是下吏莫不自励。门下循行尝疑门干盗簪，干辞不符，曹执为狱。芝教曰："凡物有相似而难分者，自非离娄，鲜能不惑。就其实然，循行何忍重惜一簪，轻伤同类乎！其寝勿问。"

明帝即位，赐爵关内侯。顷之，特进曹洪乳母当与临汾公主侍者共事无涧神系狱。卞太后遣黄门诣府传令，芝不通，辄敕洛阳狱考竟，而上疏曰："诸应死罪者，皆当先表须报。前制书禁绝淫祀以正风俗，今当等所犯妖刑，辞语始定，黄门吴达诣臣，传太皇太后令。臣不敢通，惧有救护，速闻圣听，若不得已，以垂宿留。由事不早竟，是臣之罪，是以冒犯常科，辄敕县考竟，擅行刑戮，伏须诛罚。"帝手报曰："省表，明卿至心，欲奉诏书，以权行事，是也。此乃卿奉诏之意，何谢之有？后黄门复往，慎勿通也。"芝居官十一年，数议科条所不便者。其在公卿间，直道而行。会诸王来朝，与京都人交通，坐免。

后为大司农。先是诸典农各部吏民，末作治生，以要利入。芝奏曰："王者之治，崇本抑末，务农重谷。王制：'无三年之储，国非其国也。'《管子·区言》以积谷为急。方今二虏未灭，师旅不息，国家之要，唯在谷帛。武皇帝特开屯田之官，专以农桑为业。建安中，天下仓廪充实，百姓殷足。自黄初以来，听诸典农治生，各为部下之计，诚非国家大体所宜也。夫王者以海内为家，故传曰：'百姓不足，君谁与足！'富足之由，在于不失天时而尽地力。今商旅所求，虽有加倍之显利，然于一统之计，已有不赀之损，不如垦田益一亩之收也。夫农民之事田，自正月耕种，芸锄条桑，耕爨种麦，获刈筑场，十月乃毕。治廪系桥，运输租赋，除道理梁，墐涂室屋，以是终岁，无日不为农事也。今诸典农，各言：'留者为行者宗田计，课其力，势不得不尔。不有所废，则当素有余力。'臣愚以为不宜复以商事杂乱，专以农桑为务，于国计为便。"明帝从之。

每上官有所召问，常先见掾史，为断其意故，教其所以答塞之状，皆如所度。芝性亮直，不矜廉隅。与宾客谈论，有不可意，便面折其短，退无异言。卒于官，家无余财，自魏迄今为河南尹者莫及芝。

芝亡，子岐嗣，从河南丞转廷尉正，迁陈留相。梁郡有系囚，多所连及，数岁不决。诏书徙狱于岐属县，县请豫治牢具。岐曰："今囚有数十，既巧诈难符，且已倦楚毒，其情易见。岂当复久处囹圄邪！"及囚至，诘之，皆莫敢匿诈，一朝决竟，遂超为廷尉。是时大将军爽专权，尚书何晏、邓飏等为之辅翼。南阳圭泰尝以言迕指，考系廷尉。飏讯狱，将致泰重刑。岐数飏曰："夫枢机大臣，王室之佐，既不能辅化成德，齐美古人，而乃肆其私忿，枉论无辜。使百姓危心，非此焉在？"飏于是惭怒而退。岐终恐久获罪，以疾去官。居家未期而卒，年三十五。子肇嗣。

评曰：徐奕、何夔、邢颙贵尚峻厉，为世名人。毛玠清公素履，司马芝忠亮不倾，庶乎不吐刚茹柔。崔琰高格最优，鲍勋秉正无亏，而皆不免其身，惜哉！《大雅》贵"既明且哲"，《虞书》尚"直而能温"，自非兼才，畴克备诸！

十三卷 魏书 ^{十三}

钟繇华歆王朗传 | 钟繇 华歆 王朗

○钟繇 子毓

钟繇字元常，颍川长社人也。尝与族父瑜俱至洛阳，道遇相者，曰："此童有贵相，然当厄于水，努力慎之！"行未十里，度桥，马惊，堕水几死。瑜以相者言中，益贵繇，而供给资费，使得专学。举孝廉，除尚书郎、阳陵令，以疾去。辟三府，为廷尉正、黄门侍郎。是时，汉帝在西京，李傕、郭汜等乱长安中，与关东断绝。太祖领兖州牧，始遣使上书。傕、汜等以为"关东欲自立天子，今曹操虽有使命，非其至实"，议留太祖使，拒绝其意。繇说傕、汜等曰："方今英雄并起，各矫命专制，唯曹兖州乃心王室，而逆其忠款，非所以副将来之望也。"傕、汜等用繇言，厚加答报，由是太祖使命遂得通。太祖既数听荀彧之称繇，又闻其说傕、汜，益虚心。后傕胁天子，繇与尚书郎韩斌同策谋。天子得出长安，繇有力焉。拜御史中丞，迁侍中、尚书仆射，并录前功封东武亭侯。

时关中诸将马腾、韩遂等，各拥强兵相与争。太祖方有事山东，以关右为忧。乃表繇以侍中守司隶校尉，持节督关中诸军，委之以后事，特使不拘科制。繇至长安，移书腾、遂等，为陈祸福，腾、遂各遣子入侍。太祖在官渡，与袁绍相持，繇送马二千余匹给军。太祖与繇书曰：“得所送马，甚应其急。关右平定，朝廷无西顾之忧，足下之勋也。昔萧何镇守关中，足食成军，亦适当尔。”其后匈奴单于作乱平阳，繇帅诸军围之，未拔；而袁尚所置河东太守郭援到河东，众甚盛。诸将议欲释之去，繇曰：“袁氏方强，援之来，关中阴与之通，所以未悉叛者，顾吾威名故耳。若弃而去，示之以弱，所在之民，谁非寇仇？纵吾欲归，其得至乎！此为未战先自败也。且援刚愎好胜，必易吾军，若渡汾为营，及其未济击之，可大克也。”张既说马腾会击援，腾遣子超将精兵逆之。援至，果轻渡汾，众止之，不从。济水未半，击，大破之，司马彪《战略》曰：袁尚遣高干、郭援将兵数万人，与匈奴单于寇河东，遣使与马腾、韩遂等连和，腾等阴许之。傅幹说腾曰：“古人有言‘顺道者昌，逆德者亡’。曹公奉天子诛暴乱，法明国治，上下用命，有义必赏，无义必罚，可谓顺道矣。袁氏背王命，驱胡虏以陵中国，宽而多忌，仁而无断，兵虽强，实失天下心，可谓逆德矣。今将军既事有道，不尽其力，阴怀两端，欲以坐观成败，吾恐成败既定，奉辞责罪，将军先为诛首矣。”于是腾惧。幹曰：“智者转祸为福。今曹公与袁氏相持，而高干、郭援独制河东，曹公虽有万全之计，不能禁河东之不危也。将军诚能引兵讨援，内外击之，其势必举。是将军一举，断袁氏之臂，解一方之急，曹公必重德将军。将军功名，竹帛不能尽载也。唯将军审所择！”腾曰：“敬从教。”于是遣子超将精兵万余人，并将遂等兵，与繇会击援等，大破之。斩援，降单于，语在《既传》。其后河东卫固作乱，与张晟、张琰及高干等并为寇，繇又率诸将讨破之。自天子西迁，洛阳人民单尽，繇徙关中民，又招纳亡叛以充之，数年间民户稍实。太祖征关中，得以为资，表繇为前军师。

魏国初建，为大理，迁相国。文帝在东宫，赐繇五熟釜，为之铭曰：“於赫有魏，作汉藩辅。厥相惟钟，实干心膂。靖恭夙夜，匪遑安处。百寮师师，楷兹度矩。"数年，坐西曹掾魏讽谋反，策罢就第。

《魏略》曰：孙权称臣，斩送关羽。太子书报繇，繇答书曰："臣同郡故司空荀爽言：'人当道情，爱我者一何可爱！憎我者一何可憎！'顾念孙权，了更妩媚。"太子又书曰："得报，知喜南方。至于荀公之清谈，孙权之妩媚，执书唱噱，不能离手。若权复黠，当折以汝南许邵月旦之评。权优游二国，俯仰荀、许，亦已足矣。"

文帝即王位，复为大理。及践阼，改为廷尉，进封崇高乡侯。迁太尉，转封平阳乡侯。时司徒华歆、司空王朗，并先世名臣。文帝罢朝，谓左右曰："此三公者，乃一代之伟人也，后世殆难继矣！"陆氏《异林》曰：繇尝数月不朝会，意性异常，或问其故，云："常有好妇来，美丽非凡。"问者曰："必是鬼物，可杀之。"妇人后往，不即前，止户外。繇问何以，曰："公有相杀意。"繇曰："无此。"乃勤勤呼之，乃入。繇意恨，有不忍之心，然犹斫之伤髀。妇人即出，以新绵拭血竟路。明日使人寻迹之，至一大家，木中有好妇人，形体如生人，著白练衫，丹绣裲裆，伤左髀，以裲裆中绵拭血。叔父清河太守说如此。清河，陆云也。明帝即位，进封定陵侯，增邑五百，并前千八百户，迁太傅。繇有膝疾，拜起不便。时华歆亦以高年疾病，朝见皆使载舆车，虎贲舁上殿就坐。是后三公有疾，遂以为故事。

初，太祖下令，使平议死刑可宫割者。繇以为："古之肉刑，更历圣人，宜复施行，以代死刑。"议者以为非悦民之道，遂寝。及文帝临飨群臣，诏谓："大理欲复肉刑，此诚圣王之法。公卿当善共议。"议未定，会有军事，复寝。

太和中，繇上疏曰："大魏受命，继踪虞、夏。孝文革法，不合古道。先帝圣德，固天所纵，坟典之业，一以贯之。是以继世，仍发明诏，思复古刑，为一代法。连有军事，遂未施行。陛下远追二祖遗意，惜斩趾可以禁恶，恨人死之无辜，使明习律令，与群臣共议。出本当右趾而入大辟者，复行此刑。《书》云：'皇帝清问下民，鳏寡有辞于苗。'此言尧当除蚩尤、有苗之刑，先审问于下民之有辞者也。若今蔽狱之时，讯问三槐、九棘、群吏、万民，使如孝景之令，其当弃市，欲斩右趾者许之。其黥、劓、左趾、宫刑者，自如孝文，易以髡、笞。能有奸者，率年二十至四五十，虽斩其足，犹任生育。今天下人少于孝文之世，下计所全，岁三千人。张苍除肉刑，所杀岁以万计。臣欲复肉刑，岁生三千人。子贡问：'能济民可谓仁乎？'子曰：'何事于仁，必也圣乎，尧、舜其犹病诸！'又曰：'仁远乎哉？我欲仁，斯仁至矣。'若诚行之，斯民永济。"书奏，诏曰："太傅学优才高，留心政事，又于刑理深远。此大事，公卿群寮善共平议。"

司徒王朗议，以为："繇欲轻减大辟之条，以增益刖刑之数，此即起偃为竖，化尸为人矣。然臣之愚，犹有未合微异之意。夫五刑之属，著在科律，自有减死一等之法，不死即为减。施行已久，不待远假斧凿于彼肉刑，然后有罪次也。前世仁者，不忍肉刑之惨酷，是以废而不用。不用已来，历年数百。今复行之，恐所减之文未彰于万民之目，而肉刑之问已宣于寇仇之耳，非所以来远人也。今可按繇所欲轻之死罪，使减死之髡、刖。嫌其轻者，可倍其居作之岁数。内有以生易死不訾之恩，外无以刖易钛骇耳之声。"议者百余人，与朗同者多。帝以吴、蜀未平，且寝。

太和四年，繇薨。帝素服临吊，谥曰成侯。子毓嗣。初，文帝分毓户邑，封繇弟演及子劭、孙豫列侯。

毓字稚叔。年十四为散骑侍郎，机捷谈笑，有父风。太和初，蜀相诸葛亮围祁山，明帝欲西征，毓上疏曰："夫策贵庙胜，功尚帷幄，不下殿堂之上，而决胜千里之外。车驾宜镇守中土，以为四方威势之援。今大军西征，虽有百倍之威，于关中之费，所损非一。且盛暑行师，诗人所重，实非至尊动轫之时也。"迁黄门侍郎。

时大兴洛阳宫室，车驾便幸许昌，天下当朝正许昌。许昌逼狭，于城南以毡为殿，备设鱼龙曼延，民罢劳役。毓谏，以为"水旱不时，帑藏空虚，凡此之类，可须丰年"。又上"宜复关内开荒地，使民肆力于农"。事遂施行。正始中，为散骑常侍。大将军曹爽盛夏兴军伐蜀，蜀拒守，军不得进。爽方欲增兵，毓与书曰："窃以为庙胜之策，不临矢石；王者之兵，有征无战。诚以干戚可以服有苗，退舍足以纳原寇，不必纵吴汉于江关，骋韩信于井陉也。见可而进，知难而退，盖自古之政。惟公侯详之！"爽无功而还。后以失爽意，徙侍中，出为魏郡太守。爽既诛，入为御史中丞、侍中、廷尉。听君父已没，臣子得为理谤，及士为侯，其妻不复配嫁，毓所创也。

正元中，毌丘俭、文钦反，毓持节至扬、豫州班行赦令，告谕士民，还为尚书。诸葛诞反，大将军司马文王议自诣寿春讨诞。会吴大将孙壹率众降，或以为："吴新有衅，必不能复出军。东兵已多，可须后问。"毓以为："夫论事料敌，当以己度人。今诞举淮南之地以与吴国，孙壹所率，口不至千，兵不过三百。吴之所失，盖为无几。若寿春之围未解，而吴国之内转安，未可必其不出也。"大将军曰："善。"遂将毓行。臣松之以为诸葛诞举淮南以与吴，孙壹率三百人以归魏，谓吴有衅，本非有理之言。毓之此议，盖何足称耳！淮南既平，为青州刺史，加后将军，迁都督徐州诸军事，假节，又转都督荆州。景元四年薨，追赠车骑将军，谥曰惠侯。子骏嗣。毓弟会，自有传。

○华歆

华歆字子鱼，平原高唐人也。高唐为齐名都，衣冠无不游行市里。歆为吏，休沐出府，则归家阖门。议论持平，终不毁伤人。《魏略》曰：歆与北海邴原、管宁俱游学，三人相善，时人号三人为"一龙"，歆为龙头，原为龙腹，宁为龙尾。同郡陶丘洪亦知名，自以明见过歆。时王芬与豪杰谋废灵帝，语在《武纪》。芬阴呼歆、洪共定计，洪欲行，歆止之曰："夫废立大事，伊、霍之所难。芬性疏而不武，此必无成，而祸将及族。子其无往！"洪从歆言而止。后芬果败，洪乃服。举孝廉，除郎中，病，去官。

灵帝崩，何进辅政，征河南郑泰、颍川荀攸及歆等。歆到，为尚书郎。董卓迁天子长安，歆求出为下邽令，病不行，遂从蓝田至南阳。时袁术在穰，留歆。歆说术使进军讨卓，术不能用。歆欲弃去，会天子使太傅马日磾安集关东，日磾辟歆为掾。东至徐州，诏即拜歆豫章太守，以为政清静不烦，吏民感而爱之。孙策略地江东，歆知策善用兵，乃幅巾奉迎。策以其长者，待以上宾之礼。胡冲《吴历》曰：孙策击豫章，先遣虞翻说歆。歆答曰："久在江表，常欲北归；孙会稽来，吾便去也。"翻还报策，策乃进军。歆葛巾迎策，策谓歆曰："府君年德名望，远近所归；策年幼稚，宜修子弟之礼。"便向歆拜。｜华峤《谱叙》曰：孙策略有扬州，盛兵徇豫章，一郡大恐。官属请出郊迎，教曰："无然。"策稍进，复白发兵，又不听。及策至，一府皆造阁，请出避之。乃笑曰："今将自来，何遽避之？"有顷，门下白曰："孙将军至。"请见，乃前与歆共坐，谈议良久，夜乃别去。又士闻之，皆长叹息而心自服也。策遂亲执子孙之礼，礼为上宾。是时四方贤士大夫避地江南者甚众，皆出其下，人人望风。每策大会，坐上莫敢先发言，歆时起更衣，则论议欢哗。歆能剧饮，至石余不乱，众人微察，常以其整衣后策死。太祖在官渡，表天子征歆。孙权欲不遣，歆谓权曰："将军奉王命，始交好曹公，分义未固，使仆得为将军效心，岂不有益乎？今空留仆，是为养无用之物，非将军之良计也。"权悦，乃遣歆。宾客旧人送之者千余人，赠遗数百金。歆皆无所拒，密各题识，至临去，悉聚诸物，谓诸宾客曰："本无拒诸君之心，而所受遂多。念单车远行，将以怀璧为罪，愿宾客为之计。"众乃各留所赠，而服其德。

歆至，拜议郎，参司空军事，入为尚书，转侍中，代荀彧为尚书令。太祖征孙权，表歆为军师。魏国既建，为御史大夫。文帝即王位，拜相国，封安乐乡侯。及践阼，改为司徒。歆素清贫，禄赐以振施亲戚故人，家无担石之储。公卿尝并赐没入生口，唯歆出而嫁之。帝叹息，华峤《谱叙》曰：歆淡于财欲，前后宠赐，诸公莫及，然终不殖产业。陈群常叹曰："若华公，可谓通而不泰，清而不介者矣。"下诏曰："司徒，国之俊老，所与和阴阳理庶事也。今太官重膳，而司徒蔬食，甚无谓也。"特赐御衣，及为其妻子男女皆作衣服。

三府议："举孝廉，本以德行，不复限以试经。"歆以为："丧乱以来，六籍堕废，当务存立，以崇王道。夫制法者，所以经盛衰。今听孝廉不以经试，恐学业遂从此而废。若有秀异，可特征用。患于无其人，何患不得哉？"帝从其言。

黄初中，诏公卿举独行君子，歆举管宁，帝以安车征之。明帝即位，进封博平侯，增邑五百户，并前千三百户，转拜太尉。《列异传》曰：歆为诸生时，尝宿人门外。主人妇夜产。有顷，两吏诣门，便辟易却，相谓曰："公在此。"踌躇良久，一吏曰："籍当定，奈何得住？"乃前向歆拜，相将入。出并行，共语曰："当与几岁？"一人曰："当三岁。"天明，歆去。后欲验其事，至三岁，故往问儿消息，果已死。歆乃自知当为公。歆称病乞退，让位于宁。帝不许。临当大会，乃遣散骑常侍缪袭奉诏喻指曰："朕新莅庶事，一日万机，惧听断之不明。赖有德之臣，左右朕躬，而君屡以疾辞位。夫量主择君，不居其朝，委荣弃禄，不究其位，古人固有之矣，顾以为周公、伊尹则不然。洁身徇节，常人为之，不望之于君。君其力疾就会，以惠予一人。将立席机筵，命百官总己，以须君到，朕然后御坐。"又诏袭："须歆必起，乃还。"歆不得已，乃起。

太和中，遣曹真从子午道伐蜀，车驾东幸许昌。歆上疏曰："兵乱以来，过逾二纪。大魏承天受命，陛下以圣德当成康之隆，宜弘一代之治，绍三王之迹。虽有二贼负险延命，苟圣化日跻，远人怀德，将襁负而至。夫兵不得已而用之，故戢而时动。臣诚愿陛下先留心于治道，以征伐为后事。且千里运粮，非用兵之利；越险深入，无独克之功。如闻今年征役，颇失农桑之业。为国者以民为基，民以衣食为本。使中国无饥寒之患，百姓无离土之心，则天下幸甚，二贼之衅，可坐而待也。臣备位宰相，老病日笃，犬马之命将尽，恐不复奉望銮盖，不敢不竭臣子之怀，唯陛下裁察！"帝报曰："君深虑国计，朕甚嘉之。贼凭恃山川，二祖劳于前世，犹不克平，朕岂敢自多，谓必灭之哉！诸将以为不一探取，无由自弊，是以观兵以窥其衅。若天时未至，周武还师，乃前事之鉴，朕敬不忘所戒。"时秋大雨，诏真引军还。

太和五年，歆薨，谥曰敬侯。子表嗣。初，文帝分歆户邑，封歆弟缉列侯。表，咸熙中为尚书。

○王朗 子肃

王朗字景兴，东海郯人也。以通经，拜郎中，除菑丘长。师太尉杨赐，赐薨，弃官行服。举孝廉，辟公府，不应。徐州刺史陶谦察朗茂才。时汉帝在长安，关东兵起，朗为谦治中，与别驾赵昱等说谦曰："《春秋》之义，求诸侯莫如勤王。今天子越在西京，宜遣使奉承王命。"谦乃遣昱奉章至长安。天子嘉其意，拜谦安东将军。以昱为广陵太守，朗会稽太守。《朗家传》曰：会稽旧祀秦始皇，刻木为像，与夏禹同庙。朗到官，以为无德之君不应见祀，于是除之。居郡四年，惠爱在民。

孙策渡江略地。朗功曹虞翻以为力不能拒，不如避之。朗自以身为汉吏，宜保城邑，遂举兵与策战，败绩，浮海至东冶。策又追击，大破之。朗乃诣策。策以朗儒雅，诘让而不害。《献帝春秋》曰：孙策率军如闽、越讨朗。朗泛舟浮海，欲走交州，为兵所逼，遂诣军降。策令使者诘朗曰："问逆贼故会稽太守王朗：朗受国恩当官，云何不惟报德，而阻兵安忍？大军征讨，幸免枭夷，不自扫屏，复聚党众，屯住郡境。远劳王诛，卒不悟顺。捕得云降，庶以欺诈，用全首领，得尔与不，具以状对。"朗称禽虏，对使者曰："朗以琐才，误窃朝私，受爵不让，以遘罪网。前见征讨，畏死苟免。因治人物，寄命须臾。又迫大兵，惶怖北引。从者疾患，死亡略尽。独与老母共乘一柏，流矢始交，便弃柏就俘，稽颡自首于征役之中。朗惶惑不达，自称降虏。缘前迷谬，被诘惭惧。朗愚浅弩怯，畏威自惊。又无良介，不早自归。于破亡之中，然后委命下隶。身轻罪重，死有余辜。申胸就鞅，蹴足入绊，叱咤听声，东西惟命。"虽流移穷困，朝不谋夕，而收恤亲旧，分多割少，行义甚著。

太祖表征之，朗自曲阿展转江海，积年乃至。《汉晋春秋》曰：孙策之始得朗也，谴让之。使张昭私问朗，朗誓不屈，策忿而不敢害也，留置曲阿。

建安三年，太祖表征朗，策遣之。太祖问曰："孙策何以得至此邪？"朗曰："策勇冠一世，有俊才大志。张子布，民之望也，北面而相之。周公瑾，江淮之杰，攘臂而为其将，谋而有成，所规不细，终为天下大贼，非徒狗盗而已。"拜谏议大夫，参司空军事。魏国初建，以军祭酒领魏郡太守，迁少府、奉常、大理。务在宽恕，罪疑从轻。钟繇明察当法，俱以治狱见称。

文帝即王位，迁御史大夫，封安陵亭侯。上疏劝育民省刑曰："兵起已来三十余年，四海荡覆，万国殄瘁。赖先王芟除寇贼，扶育孤弱，遂令华夏复有纲纪。鸠集兆民，于兹魏土，使封鄙之内，鸡鸣狗吠，达于四境，蒸庶欣欣，喜遇升平。今远方之寇未宾，兵戎之役未息，诚令复除足以怀远人，良宰足以宣德泽，阡陌咸修，四民殷炽，必复过于曩时而富于平日矣。《易》称敕法，《书》著祥刑，一人有庆，兆民赖之，慎法狱之谓也。昔曹相国以狱市为寄，路温舒疾治狱之吏。夫治狱者得其情，则无冤死之囚；丁壮者得尽地力，则无饥馑之民；穷老者得仰食仓廪，则无馁饿之殍；嫁娶以时，则男女无怨旷之恨；胎养必全，则孕者无自伤之哀；新生必复，则孩者无不育之累；壮而后役，则幼者无离家之思；二毛不戎，则老者无顿伏之患。医药以疗其疾，宽繇以乐其业，威罚以抑其强，恩仁以济其弱，振贷以赡其乏。十年之后，既笄者必盈巷。二十年之后，胜兵者必满野矣。"

及文帝践阼，改为司空，进封乐平乡侯。时帝颇出游猎，或昏夜还宫。朗上疏曰："夫帝王之居，外则饰周卫，内则重禁门，将行则设兵而后出幄，称警而后践墀，张弧而后登舆，清道而后奉引，遮列而后转毂，静室而后息驾，皆所以显至尊，务戒慎，垂法教也。近日车驾出临捕虎，日昃而行，及昏而反，违警跸之常法，非万乘之至慎也。"帝报曰："览表，虽魏绛称虞箴以讽晋悼，相如陈猛兽以戒汉武，未足以喻。方今二寇未殄，将帅远征，故时入原野以习戎备。至于夜还之戒，已诏有司施行。"

初，建安末，孙权始遣使称藩，而与刘备交兵。诏议"当兴师与吴并取蜀不"，朗议曰："天子之军，重于华、岱，诚宜坐曜天威，不动若山。假使权亲与蜀贼相持，搏战旷日，智均力敌，兵不速决，当须军兴以成其势者，然后宜选持重之将，承寇贼之要，相时而后动，择地而后行，一举可无余事。今权之师未动，则助吴之军无为先征。且雨水方盛，非行军动众之时。"帝纳其计。黄初中，鹈鹕集灵芝池，诏公卿举独行君子。朗荐光禄大夫杨彪，且称疾，让位于彪。帝乃为彪置吏卒，位次三公。诏曰："朕求贤于君而未得，君乃翻然称疾，非徒不得贤，更开失贤之路，增玉铉之倾。无乃居其室出其言不善，见违于君子乎！君其勿有后辞。"朗乃起。

孙权欲遣子登入侍，不至。是时车驾徙许昌，大兴屯田，欲举军东征。朗上疏曰："昔南越守善，婴齐入侍，遂为冢嗣，还君其国。康居骄黠，情不副辞，都护奏议以为宜遣侍子，以黜无礼。且吴濞之祸，萌于子入，隗嚣之叛，亦不顾子。往者闻权有遣子之言而未至，今六军戒严，臣恐舆人未畅圣旨，当谓国家恒于登之逋留，是以为之兴师。设师行而登乃至，则为所动者至大，所致者至细，犹未足以为庆。设其傲很，殊无入志，惧彼舆论之未畅者，并怀伊邑。臣愚以为宜敕别征诸将，各明奉禁令，以慎守所部。外曜烈威，内广耕稼，使泊然若山，澹然若渊，势不可动，计不可测。"是时，帝以成军遂行，权子不至，车驾临江而还。《魏书》曰：车驾既还，诏三公曰："三世为将，道家所忌。穷兵黩武，古有成戒。况连年水旱，士民损耗，而功作倍于前，劳役兼于昔，进不灭贼，退不和民。夫屋漏在上，知之在下，然迷而知反，失道不远，过而能改，谓之不过。今将休息，栖备高山，沉权九渊，割除摈弃，

　　明帝即位，进封兰陵侯，增邑五百，并前千二百户。使至邺省文昭皇后陵，见百姓或有不足。是时方营修宫室，朗上疏曰："陛下即位已来，恩诏屡布，百姓万民莫不欣欣。臣顷奉使北行，往反道路，闻众徭役，其可得蠲除省减者甚多。愿陛下重留日昃之听，以计制寇。昔大禹将欲拯天下之大患，故乃先卑其宫室，俭其衣食，用能尽有九州，弼成五服。勾践欲广其御儿之疆，减夫差于姑苏，故亦约其身以及家，俭其家以施国，用能囊括五湖，席卷三江，取威中国，定霸华夏。汉之文、景亦欲恢弘祖业，增崇洪绪，故能割意于百金之台，昭俭于弋绨之服，内减太官而不受贡献，外省徭赋而务农桑，用能号称升平，几致刑错。孝武之所以能奋其军势，拓其外境，诚因祖考畜积素足，故能遂成大功。霍去病，中才之将，犹以匈奴未灭，不治第宅。明恤远者略近，事外者简内。自汉之初及其中兴，皆于金革略寝之后，然后凤阙猥闳，德阳并起。今当建始之前，足用列朝会，崇华之后，足用序内官，华林、天渊，足用展游宴；若且先成阊阖之象魏，使足用列远人之朝贡者，修城池，使足用绝逾越，成国险；其余一切，且须丰年，一以勤耕农为务，习戎备为事，则国无怨旷，户口滋息，民充兵强，而寇戎不宾，缉熙不作，未之有也。"转为司徒。

　　时屡失皇子，而后宫就馆者少，朗上疏曰："昔周文十五而有武王，遂享十子之祚，以广诸姬之胤。武王既老而生成王，成王是以鲜于兄弟。此二王者，各树圣德，无以相过，比其子孙之祚，则不相如。盖生育有早晚，所产有众寡也。陛下既德祚兼彼二圣，春秋高于姬文育武之时矣，而子发未举于椒兰之奥房，藩王未繁于掖庭之众室。以成王为喻，虽未为晚，取譬伯邑，则不为夙。《周礼》六宫内官百二十人，而诸经常说，咸以十二为限，至于秦汉之末，或以千百为数矣。然虽弥猥，而就时于吉馆者或甚鲜，明'百斯男'之本，诚在于一意，不但在于务广也。老臣偻偻，愿国家同祚于轩辕之五五，而未及周文之二五，用为伊邑。且少小常苦被褥泰温，泰温则不能便柔肤弱体，是以难可防护，而易用感慨。若常令少小之缊袍，不至于甚厚，则必咸保金石之性，而比寿于南山矣。"帝报曰："夫忠至者辞笃，爱重者言深。君既劳思虑，又手笔将顺，三复德音，欣然无量。朕继嗣未立，以为君忧，钦纳至言，思闻良规。"朗著《易》《春秋》《孝经》《周官》传，奏议论记，咸传于世。《魏书》曰：朗高才博雅，而性严整慷慨，多威仪，恭俭节约，自婚姻中表礼赘无所受。常讥世俗有好施之名，而不恤穷贱，故用财以周急为先。太和二年薨，谥曰成侯。子肃嗣。初，文帝分朗户邑，封一子列侯，朗乞封兄子详。

肃字子雍。年十八，从宋忠读《太玄》，而更为之解。黄初中，为散骑、黄门侍郎。太和三年，拜散骑常侍。四年，大司马曹真征蜀，肃上疏曰："前志有之，'千里馈粮，士有饥色，樵苏后爨，师不宿饱'，此谓平涂之行军者也。又况于深入阻险，凿路而前，则其为劳必相百也。今又加之以霖雨，山坂峻滑，众逼而不展，粮县而难继，实行军者之大忌也。闻曹真发已逾月而行裁半谷，治道功夫，战士悉作。是贼偏得以逸而待劳，乃兵家之所惮也。言之前代，则武王伐纣，出关而复还；论之近事，则武、文征权，临江而不济。岂非所谓顺天知时，通于权变者哉！兆民知圣上以水雨艰剧之故，休而息之，后日有衅，乘而用之，则所谓悦以犯难，民忘其死者矣。"于是遂罢。又上疏："宜遵旧礼，为大臣发哀，荐果宗庙。"事皆施行。又上疏陈政本曰："除无事之位，损不急之禄，止因食之费，并从容之官；使官必有职，职任其事，事必受禄，禄代其耕，乃往古之常式，当今之所宜也。官寡而禄厚，则公家之费鲜，进仕之志劝，各展才力，莫相倚仗。敷奏以言，明试以功，能之与否，简在帝心。是以唐、虞之设官分职，申命公卿，各以其事，然后惟龙为纳言，犹今尚书也，以出内帝命而已。夏、殷不可得而详。《甘誓》曰'六事之人'，明六卿亦典事者也。《周官》则备矣，五日视朝，公卿大夫并进，而司士辨其位焉。其《记》曰：'坐而论道，谓之王公；作而行之，谓之士大夫。'及汉之初，依拟前代，公卿皆亲以事升朝。故高祖躬追反走之周昌，武帝遥可奉奏之汲黯，宣帝使公卿五日一朝，成帝始置尚书五人。自是陵迟，朝礼遂阙。可复五日视朝之仪，使公卿尚书各以事进。废礼复兴，光宣圣绪，诚所谓名美而实厚者也。"

青龙中，山阳公薨，汉主也。肃上疏曰："昔唐禅虞，虞禅夏，皆终三年之丧，然后践天子之尊。是以帝号无亏，君礼犹存。今山阳公承顺天命，允答民望，进禅大魏，退处宾位。公之奉魏，不敢不尽节。魏之待公，优崇而不臣。既至其薨，槥敛之制，舆徒之饰，皆同之于王者，是故远近归仁，以为盛美。且汉总帝皇之号，号曰皇帝。有别称帝，无别称皇，则皇是其差轻者也。故当高祖之时，土无二王，其父见在而使称皇，明非二王之嫌也。况今以赠终，可使称皇以配其谥。"明帝不从，使称皇，乃追谥曰汉孝献皇帝。

后肃以常侍领秘书监，兼崇文观祭酒。景初间，宫室盛兴，民失农业，期信不敦，刑杀仓卒。肃上疏曰："大魏承百王之极，生民无几，干戈未戢，诚宜息民而惠之以安静遐迩之时也。夫务畜积而息疲民，在于省徭役而勤稼穑。今宫室未就，功业未讫，运漕调发，转相供奉。是以丁夫疲于力作，农者离其南亩，种谷者寡，食谷者众，旧谷既没，新谷莫继。斯则有国之大患，而非备豫之长策也。今见作者三四万人，九龙可以安圣体，其内足以列六宫，显阳之殿，又向将毕，惟泰极已前，功夫尚大，方向盛寒，疾疢或作。诚愿陛下发德音，下明诏，深愍役夫之疲劳，厚矜兆民之不赡，取常食廪之士，非急要者之用，选其丁壮，择留万人，使一期而更之，咸知息代有日，则莫不悦以即事，劳而不怨矣。计一岁有三百六十万夫，亦不为少。当一岁成者，听且三年。分遣其余，使皆即农，无穷之计也。仓有溢粟，民有余力：以此兴功，何功不立？以此行化，何化不成？夫信之于民，国家大宝也。仲尼曰：'自古皆有死，民非信不立。'夫区区之晋国，微微之重耳，欲用其民，先示以信，是故原虽将降，顾信而归，用能一战而霸，于今见称。前车驾当幸洛阳，发民为营，有司命以营成而罢。既成，又利其功力，不以时遣。有司徒营其目前之利，不顾经国之体。臣愚以为自今以后，傥复使民，宜明其令，使必如期。若有事以次，宁复更发，无或失信。凡陛下临时之所行刑，皆有罪之吏，宜死之人也。然众庶不知，谓为仓卒。故愿陛下下之于吏而暴其罪。钧其死也，无使污于宫掖而为远近所疑。且人命至重，难生易杀，气绝而不续者也，是以圣贤重之。孟轲称杀一无辜以取天下，仁者不为也。汉时有犯跸惊乘舆马者，廷尉张释之奏使罚金，文帝怪其轻，而释之曰：'方其时，上使诛之则已。今下廷尉。廷尉，天下之平也，一倾之，天下用法皆为轻重，民安所措其手足？'臣以为大失其义，非忠臣所宜陈也。廷尉者，天子之吏也，犹不可以失平，而天子之身，反可以惑谬乎？斯重于为己，而轻于为君，不忠之甚也。周公曰：'天子无戏言；言则史书之，工诵之，士称之。'言犹不戏，而况行之乎？故释之之言不可不察，周公之戒不可不法也。"又陈："诸鸟兽无用之物，而有刍谷人徒之费，皆可蠲除。"

帝尝问曰："汉桓帝时，白马令李云上书言：'帝者，谛也。是帝欲不谛。'当何得不死？"肃对曰："但为言失逆顺之节。原其本意，皆欲尽心，念存补国。且帝者之威，过于雷霆，杀一匹夫，无异蝼蚁。宽而宥之，可以示容受切言，广德宇于天下。故臣以为杀之未必为是也。"帝又问："司马迁以受刑之故，内怀隐切，著《史记》非贬孝武，令人切齿。"对曰："司马迁记事，不虚美，不隐恶。刘向、扬雄服其善叙事，有良史之才，谓之实录。汉武帝闻其述《史记》，取孝景及己《本纪》览之，于是大怒，削而投之。于今此两纪有录无书。后遭李陵事，遂下迁蚕室。此为隐切在孝武，而不在于史迁也。"

正始元年，出为广平太守。公事征还，拜议郎。顷之，为侍中，迁太常。时大将军曹爽专权，任用何晏、邓飏等。肃与太尉蒋济、司农桓范论及时政，肃正色曰："此辈即弘恭、石显之属，复称说邪！"爽闻之，戒何晏等曰："当共慎之！公卿已比诸君前世恶人矣。"坐宗庙事免。后为光禄勋。时有二鱼长尺，集于武库之屋，有司以为吉祥。肃曰："鱼生于渊而亢于屋，介鳞之物失其所也。边将其殆有弃甲之变乎？"其后果有东关之败。徙为河南尹。

嘉平六年，持节兼太常，奉法驾，迎高贵乡公于元城。是岁，白气经天，大将军司马景王问肃其故，肃答曰："此蚩尤之旗也，东南其有乱乎？君若修己以安百姓，则天下乐安者归德，唱乱者先亡矣。"明年春，镇东将军毌丘俭、扬州刺史文钦反，景王谓肃曰："霍光感夏侯胜之言，始重儒学之士，良有以也。安国宁主，其术焉在？"肃曰："昔关羽率荆州之众，降于禁于汉滨，遂有北向争天下之志。后孙权袭取其将士家属，羽士众一旦瓦解。今淮南将士父母妻子皆在内州，但急往御卫，使不得前，必有关羽土崩之势矣。"景王从之，遂破俭、钦。后迁中领军，加散骑常侍，增邑三百，并前二千二百户。

222

甘露元年薨，门生缞绖者以百数。追赠卫将军，谥曰景侯。子恽嗣。恽薨，无子，国绝。景元四年，封肃子恂为兰陵侯。咸熙中，开建五等，以肃著勋前朝，改封恂为丞子。

初，肃善贾、马之学，而不好郑氏，采会同异，为《尚书》《诗》《论语》《三礼》《左氏》解，及撰定父朗所作《易传》，皆列于学官。其所论驳朝廷典制、郊祀、宗庙、丧纪、轻重，凡百余篇。时乐安孙叔然，受学郑玄之门，人称东州大儒。征为秘书监，不就。肃集《圣证论》以讥短玄，叔然驳而释之，及作《周易》《春秋》例，《毛诗》《礼记》《春秋三传》《国语》《尔雅》诸注，又著书十余篇。自魏初征士燉煌周生烈，明帝时大司农弘农董遇等，亦历注经传，颇传于世。

评曰：钟繇开达理干，华歆清纯德素，王朗文博富赡，诚皆一时之俊伟也。魏氏初祚，肇登三司，盛矣夫！王肃亮直多闻，能析薪哉！刘寔以为肃方于事上而好下佞己，此一反也；性嗜荣贵而不求苟合，此二反也；吝惜财物而治身不秽，此三反也。

十四卷 魏书 ^{十四}

程郭董刘蒋刘传 | 程昱 郭嘉 董昭 刘晔 蒋济 刘放

○程昱 孙晓

　　程昱字仲德，东郡东阿人也。长八尺三寸，美须髯。黄巾起，县丞王度反应之，烧仓库。县令逾城走，吏民负老幼东奔渠丘山。昱使人侦视度，度等得空城不能守，出城西五六里止屯。昱谓县中大姓薛房等曰："今度等得城郭不能居，其势可知。此不过欲虏掠财物，非有坚甲利兵攻守之志也。今何不相率还城而守之？且城高厚，多谷米，今若还求令，共坚守，度必不能久，攻可破也。"房等以为然。吏民不肯从，曰："贼在西，但有东耳。"昱谓房等："愚民不可计事。"乃密遣数骑举幡于东山上，令房等望见，大呼言"贼已至"，便下山趣城，吏民奔走随之，求得县令，遂共城守。度等来攻城，不能下，欲去。昱率吏民开城门急击之，度等破走。东阿由此得全。

　　初平中，兖州刺史刘岱辟昱，昱不应。是时岱与袁绍、公孙瓒和亲，绍令妻子居岱所，瓒亦遣从事范方将骑助岱。后绍与瓒有隙。瓒击破绍军，乃遣使语岱，令遣绍妻子，使与绍绝。别敕范方："若岱不遣绍家，将骑还。吾定绍，将加兵于岱。"岱议连日不决，别驾王彧白岱："程昱有谋，能断大事。"岱乃召见昱，问计，昱曰："若弃绍近援而求瓒远助，此假人于越以救溺子之说也。夫公孙瓒，非袁绍之敌也。今虽坏绍军，然终为绍所禽。夫趣一朝之权而不虑远计，将军终败。"岱从之。范方将其骑归，未至，瓒大为绍所破。岱表昱为骑都尉，昱辞以疾。

刘岱为黄巾所杀。太祖临兖州，辟昱。昱将行，其乡人谓曰："何前后之相背也！"昱笑而不应。太祖与语，说之，以昱守寿张令。太祖征徐州，使昱与荀彧留守鄄城。张邈等叛迎吕布，郡县响应，唯鄄城、范、东阿不动。布军降者，言陈宫欲自将兵取东阿，又使汜嶷取范，吏民皆恐。或谓昱曰："今兖州反，唯有此三城。宫等以重兵临之，非有以深结其心，三城必动。君，民之望也，归而说之，殆可！"昱乃归，过范，说其令靳允曰："闻吕布执君母弟妻子，孝子诚不可为心！今天下大乱，英雄并起，必有命世，能息天下之乱者，此智者所详择也。得主者昌，失主者亡。陈宫叛迎吕布而百城皆应，似能有为，然以君观之，布何如人哉！夫布，粗中少亲，刚而无礼，匹夫之雄耳。宫等以势假合，不能相君也。兵虽众，终必无成。曹使君智略不世出，殆天所授！君必固范，我守东阿，则田单之功可立也。孰与违忠从恶而母子俱亡乎？唯君详虑之！"允流涕曰："不敢有二心。"时汜嶷已在县，允乃见嶷，伏兵刺杀之，归勒兵守。昱又遣别骑绝仓亭津，陈宫至，不得渡。昱至东阿，东阿令枣祗已率厉吏民，拒城坚守。又兖州从事薛悌与昱协谋，卒完三城，以待太祖。太祖还，执昱手曰："微子之力，吾无所归矣。"乃表昱为东平相，屯范。《魏书》曰：昱少时常梦上泰山，两手捧日。昱私异之，以语荀彧。及兖州反，赖昱得完三城。于是彧以昱梦白太祖。太祖曰："卿当终为吾腹心。"昱本名立，太祖乃加其上"日"，更名昱也。

太祖与吕布战于濮阳，数不利。蝗虫起，乃各引去。于是袁绍使人说太祖连和，欲使太祖迁家居邺。太祖新失兖州，军食尽，将许之。时昱使适还，引见，因言曰："窃闻将军欲遣家，与袁绍连和，诚有之乎？"太祖曰："然。"昱曰："意者将军殆临事而惧，不然何虑之不深也！夫袁绍据燕、赵之地，有并天下之心，而智不能济也。将军自度能为之下乎？将军以龙虎之威，可为韩、彭之事邪？今兖州虽残，尚有三城。能战之士，不下万人。以将军之神武，与文若、昱等，收而用之，霸王之业可成也。愿将军更虑之！"太祖乃止。《魏略》载昱说太祖曰："昔田横，齐之世族，兄弟三人更王，据千里之地，拥百万之众，与诸侯并南面称孤。既而高祖得天下，而横顾为降虏。当此之时，横岂可为心哉！"太祖曰："然。此诚丈夫之至辱也。"昱曰："昱愚，不识大旨，以为将军之志，不如田横。田横，齐一壮士耳，犹羞为高祖臣。今闻将军欲遣家往邺，将北面而事袁绍。夫以将军之聪明神武，而反不羞为袁绍之下，窃为将军耻之！"其后语与本传略同。

天子都许，以昱为尚书。兖州尚未安集，复以昱为东中郎将，领济阴太守，都督兖州事。刘备失徐州，来归太祖。昱说太祖杀备，太祖不听，语在《武纪》。后又遣备至徐州要击袁术，昱与郭嘉说太祖曰："公前日不图备，昱等诚不及也。今借之以兵，必有异心。"太祖悔，追之不及。会术病死，备至徐州，遂杀车胄，举兵背太祖。顷之，昱迁振威将军。袁绍在黎阳，将南渡。时昱有七百兵守鄄城，太祖闻之，使人告昱，欲益二千兵。昱不肯，曰："袁绍拥十万众，自以所向无前。今见昱兵少，必轻易不来攻。若益昱兵，过则不可不攻，攻之必克，徒两损其势。愿公无疑！"太祖从之。绍闻昱兵少，果不往。太祖谓贾诩曰："程昱之胆，过于贲、育。"昱收山泽亡命，得精兵数千人，乃引军与太祖会黎阳，讨袁谭、袁尚。谭、尚破走，拜昱奋武将军，封安国亭侯。太祖征荆州，刘备奔吴。论者以为孙权必杀备，昱料之曰："孙权新在位，未为海内所惮。曹公无敌于天下，初举荆州，威震江表，权虽有谋，不能独当也。刘备有英名，关羽、张飞皆万人敌也，权必资之以御我。难解势分，备资以成，又不可得而杀也。"权果多与备兵，以御太祖。是后中夏渐平，太祖拊昱背曰："兖州之败，不用君言，吾何以至此！"宗人奉牛酒大会，昱曰："知足不辱，吾可以退矣。"乃自表归兵，阖门不出。《魏书》曰：太祖征马超，文帝留守，使昱参军事。田银、苏伯等反河间，遣将军贾信讨之。贼有千余人请降，议者皆以为宜如旧法，昱曰："诛降者，谓在扰攘之时，天下云起，故围而后降者不赦，以示威天下，开其利路，使不至于围也。今天下略定，且在邦域之中，此必降之贼，杀之无所威惧，非前日诛降之意。臣以为不可诛也；纵诛之，宜先启闻。"众议者曰："军事有专，无请。"昱不答。文帝起入，特引见昱曰："君有所不尽邪？"昱曰："凡专命者，谓有临时之急，呼吸之间者耳。今此贼制在贾信之手，无朝夕之变，故老臣不愿将军行之也。"文帝曰："君虑之善。"即白太祖，太祖果不诛。太祖还，闻之甚说，谓昱曰："君非徒明于军计，又善处人父子之间。"

昱性刚戾，与人多迕。人有告昱谋反，太祖赐待益厚。魏国既建，为卫尉，与中尉邢贞争威仪，免。文帝践阼，复为卫尉，进封安乡侯，增邑三百户，并前八百户。分封少子延及孙晓列侯。方欲以为公，会薨，帝为流涕，追赠车骑将军，谥曰肃侯。《魏书》曰：昱时年八十。《世语》曰：初，太祖乏食，昱略其本县，供三日粮，颇杂以人脯，由是失朝望，故位不至公。子武嗣。武薨，子克嗣。克薨，子良嗣。

晓，嘉平中为黄门侍郎。时校事放横，晓上疏曰："《周礼》云：'设官分职，以为民极。'《春秋传》曰：'天有十日，人有十等。'愚不得临贤，贱不得临贵。于是并建圣哲，树之风声。明试以功，九载考绩。

各修厥业，思不出位。故栾书欲拯晋侯，其子不听；死人横于街路，郉吉不问。上不责非职之功，下不务分外之赏，吏无兼统之势，民无二事之役，斯诚为国要道，治乱所由也。远览典志，近观秦汉，虽官名改易，职司不同，至于崇上抑下，显分明例，其致一也。初无校事之官干与庶政者也。昔武皇帝大业草创，众官未备，而军旅勤苦，民心不安，乃有小罪，不可不察，故置校事，取其一切耳，然检御有方，不至纵恣也。此霸世之权宜，非帝王之正典。其后渐蒙见任，复为疾病，转相因仍，莫正其本。遂令上察宫庙，下摄众司，官无局业，职无分限，随意任情，唯心所适。法造于笔端，不依科诏；狱成于门下，不顾覆讯。其选官属，以谨慎为粗疏，以谲诡为贤能。其治事，以刻暴为公严，以循理为怯弱。外则托天威以为声势，内则聚群奸以为腹心。大臣耻与分势，含忍而不言，小人畏其锋芒，郁结而无告。至使尹模公于目下肆其奸慝；罪恶之著，行路皆知，纤恶之过，积年不闻。既非《周礼》设官之意，又非《春秋》十等之义也。今外有公卿、将校总统诸署，内有侍中、尚书综理万机，司隶校尉督察京辇，御史中丞董摄宫殿，皆高选贤才以充其职，申明科诏以督其违。若此诸贤犹不足任，校事小吏，益不可信。若此诸贤各思尽忠，校事区区，亦复无益。若更高选国士以为校事，则是中丞、司隶重增一官耳。若如旧选，尹模之奸今复发矣。进退推算，无所用之。昔桑弘羊为汉求利，卜式以为独烹弘羊，天乃可雨。若使政治得失必感天地，臣恐水旱之灾，未必非校事之由也。曹恭公远君子，近小人，《国风》托以为刺。卫献公舍大臣，与小臣谋，定姜谓之有罪。纵令校事有益于国，以礼义言之，尚伤大臣之心，况奸回暴露，而复不罢，是衮阙不补，迷而不返也。"于是遂罢校事官。晓迁汝南太守，年四十余薨。《晓别传》曰：晓大著文章多亡失，今之存者不能十分之一。

○郭嘉

郭嘉字奉孝，颍川阳翟人也。《傅子》曰：嘉少有远量。汉末天下将乱。自弱冠匿名迹，密交结英俊，不与俗接，故时人多莫知，惟识达者奇之。年二十七，辟司徒府。初，北见袁绍，谓绍谋臣辛评、郭图曰："夫智者审于量主，故百举百全而功名可立也。袁公徒欲效周公之下士，而未知用人之机。多端寡要，好谋无决，欲与共济天下大难，定霸王之业，难矣！"于是遂去之。先是时，颍川戏志才，筹画士也，太祖甚器之。早卒。太祖与荀彧书曰："自志才亡后，莫可与计事者。汝、颍固多奇士，谁可以继之？"彧荐嘉。召见，论天下事。太祖曰："使孤成大业者，必此人也。"嘉出，亦喜曰："真吾主也。"表为司空军祭酒。《傅子》曰：太祖谓嘉曰："本初拥冀州之众，青、并从之，地广兵强，而数为不逊。吾欲讨之，力不敌，如何？"对曰："刘、项之不敌，公所知也。汉祖唯智胜；项羽虽强，终为所禽。嘉窃料之，绍有十败，公有十胜，虽兵强，无能为也。绍繁礼多仪，公体任自然，此道胜一也。绍以逆动，公奉顺以率天下，此义胜二也。汉末政失于宽，绍以宽济宽，故不摄，公纠之以猛而上下知制，此治胜三也。绍外宽内忌，用人而疑之，所任唯亲戚子弟，公外易简而内机明，用人无疑，唯才所宜，不间远近，此度胜四也。绍多谋少决，失在后事，公策得辄行，应变无穷，此谋胜五也。绍因累世之资，高议揖让以收名誉，士之好言饰外者多归之，公以至心待人，推诚而行，不为虚美，以俭率下，与有功者无所吝，士之忠正远见而有实者皆愿为用，此德胜六也。绍见人饥寒，恤念之形于颜色，其所不见，虑或不及也，所谓妇人之仁耳，公于目前小事，时有所忽，至于大事，与四海接，恩之所加，皆过其望，虽所不见，虑之所周，无不济也，此仁胜七也。绍大臣争权，谗言惑乱，公御下以道，浸润不行，此明胜八也。绍是非不可知，公所是进之以礼，所不是正之以法，此文胜九也。

绍好为虚势，不知兵要，公以少克众，用兵如神，军人恃之，敌人畏之，此武胜十也。"太祖笑曰："如卿所言，孤何德以堪之也！"嘉又曰："绍方北击公孙瓒，可因其远征，东取吕布。不先取布，若绍为寇，布为之援，此深害也。"太祖曰："然。"

征吕布，三战破之，布退固守。时士卒疲倦，太祖欲引军还，嘉说太祖急攻之，遂禽布，语在《荀攸传》。《傅子》曰：太祖欲引军还，嘉曰："昔项籍七十余战，未尝败北，一朝失势而身死国亡者，恃勇无谋故也。今布每战辄破，气衰力尽，内外失守。布之威力不及项籍，而困败过之，若乘胜攻之，此成禽也。"太祖曰："善。"

孙策转斗千里，尽有江东，闻太祖与袁绍相持于官渡，将渡江北袭许。众闻皆惧，嘉料之曰："策新并江东，所诛皆英豪雄杰，能得人死力者也。然策轻而无备，虽有百万之众，无异于独行中原也。若刺客伏起，一人之敌耳。以吾观之，必死于匹夫之手。"策临江未济，果为许贡客所杀。《傅子》曰：太祖欲速征刘备，议者惧军出，袁绍击其后，进不得战而退失所据。(语在《武纪》。) 太祖疑，以问嘉。嘉劝太祖曰："绍性迟而多疑，来必不速。备新起，众心未附，急击之必败。此存亡之机，不可失也。"太祖曰："善。"遂东征备。备败奔绍，绍果不出。｜臣松之案《武纪》，决计征备，量绍不出，皆出自太祖。此云用嘉计，则为不同。又本传称嘉料孙策轻佻，必死于匹夫之手，诚为明于见事。然自非上智，无以知其死在何年也。今正以袭许年死，此盖事之偶合。

从破袁绍，绍死，又从讨谭、尚于黎阳，连战数克。诸将欲乘胜遂攻之，嘉曰："袁绍爱此二子，莫适立也。有郭图、逢纪为之谋臣，必交斗其间，还相离也。急之则相持，缓之而后争心生。不如南向荆州若征刘表者，以待其变，变成而后击之，可一举定也。"太祖曰："善。"乃南征。军至西平，谭、尚果争冀州。谭为尚军所败，走保平原，遣辛毗乞降。太祖还救之，遂从定邺。又从攻谭于南皮，冀州平。封嘉洧阳亭侯。《傅子》曰：河北既平，太祖多辟召青、冀、幽、并知名之士，渐臣事之，以为省事掾属。皆嘉之谋也。

太祖将征袁尚及三郡乌丸，诸下多惧刘表使刘备袭许以讨太祖，嘉曰："公虽威震天下，胡恃其远，必不设备。因其无备，卒然击之，可破灭也。且袁绍有恩于民夷，而尚兄弟生存。今四州之民，徒以威附，德施未加，舍而南征，尚因乌丸之资，招其死主之臣，胡人一动，民夷俱应，以生蹋顿之心，成觊觎之计，恐青、冀非己之有也。表，坐谈客耳，自知才不足以御备，重任之则恐不能制，轻任之则备不为用，虽虚国远征，公无忧矣。"太祖遂行。至易，嘉言曰："兵贵神速。今千里袭人，辎重多，难以趣利，且彼闻之，必为备；不如留辎重，轻兵兼道以出，掩其不意。"太祖乃密出卢龙塞，直指单于庭。虏卒闻太祖至，惶怖合战。大破之，斩蹋顿及名王已下。尚及兄熙走辽东。

嘉深通有算略，达于事情。太祖曰："唯奉孝为能知孤意。"年三十八，自柳城还，疾笃，太祖问疾者交错。及薨，临其丧，哀甚，谓荀攸等曰："诸君年皆孤辈也，唯奉孝最少。天下事竟，欲以后事属之，而中年夭折，命也夫！"乃表曰："军祭酒郭嘉，自从征伐，十有一年。每有大议，临敌制变。臣策未决，嘉辄成之。平定天下，谋功为高。不幸短命，事业未终。追思嘉勋，实不可忘。可增邑八百户，并前千户。"谥曰贞侯。子奕嗣。《魏书》称奕通达见理。奕字伯益，见王昶《家诫》。

后太祖征荆州还，于巴丘遇疾疫，烧船，叹曰："郭奉孝在，不使孤至此。"《傅子》曰：太祖又云："哀哉奉孝！痛哉奉孝！惜哉奉孝！"初，陈群非嘉不治行检，数廷诉嘉，嘉意自若。太祖愈益重之，然以群能持正，亦悦焉。《傅子》曰：太祖与荀彧书，追伤嘉曰："郭奉孝年不满四十，相与周旋十一年，阻险艰难，皆共罹之。又以其通达，见世事无所凝滞，欲以后事属之，何意卒尔失之，悲痛伤心。今表增其子满千户，然何益亡者，追念之感深。且奉孝乃知孤者也；天下人相知者少，又以此痛惜。奈何奈何！"又与彧书曰："追惜奉孝，不能去心。其人见时事兵事，过绝于人。又人多畏病，南方有疫，常言'吾往南方，则不生还'，然与共论计，云当先定荆。此为不但见计之忠厚，必欲立功分，弃命定事。人心乃尔，何得使人忘之！"奕为太子文学，早薨。子深嗣。深薨，子猎嗣。

○董昭

董昭字公仁，济阴定陶人也。举孝廉，除廮陶长、柏人令，袁绍以为参军事。绍逆公孙瓒于界桥，钜鹿太守李邵及郡冠盖，以瓒兵强，皆欲属瓒。绍闻之，使昭领钜鹿。问："御以何术？"对曰："一人之微，不能消众谋，欲诱致其心，唱与同议，及得其情，乃当权以制之耳。计在临时，未可得言。"时郡右姓孙伉等数十人专为谋主，惊动吏民。昭至郡，伪作绍檄告郡云："得贼罗候安平张吉辞，当攻钜鹿，贼故孝廉孙伉等为应，檄到收行军法，恶止其身，妻子勿坐。"昭案檄告令，皆即斩之。一郡惶恐，乃以次安慰，遂皆平集。事讫白绍，绍称善。会魏郡太守栗攀为兵所害，绍以昭领魏郡太守。时郡界大乱，贼以万数，遣使往来，交易市买。昭厚待之，因用为间，乘虚掩讨，辄大克破。二日之中，羽檄三至。

昭弟访，在张邈军中。邈与绍有隙，绍受谗将致罪于昭。昭欲诣汉献帝，至河内，为张杨所留。因杨上还印绶，拜骑都尉。时太祖领兖州，遣使诣杨，欲令假涂西至长安，杨不听。昭说杨曰："袁、曹虽为一家，势不久群。曹今虽弱，然实天下之英雄也，当故结之。况今有缘，宜通其上事，并表荐之；若事有成，永为深分。"杨于是通太祖上事，表荐太祖。昭为太祖作书与长安诸将李傕、郭汜等，各随轻重致殷勤。杨亦遣使诣太祖。太祖遗杨犬马金帛，遂与西方往来。天子在安邑，昭从河内往，诏拜议郎。

建安元年，太祖定黄巾于许，遣使诣河东。会天子还洛阳，韩暹、杨奉、董承及杨各违戾不和。昭以奉兵马最强而少党援，作太祖书与奉曰："吾与将军闻名慕义，便推赤心。今将军拔万乘之艰难，反之旧都，翼佐之功，超世无畴，何其休哉！方今群凶猾夏，四海未宁，神器至重，事在维辅；必须众贤以清王轨，诚非一人所能独建。心腹四支，实相恃赖，一物不备，则有阙焉。将军当为内主，吾为外援。今吾有粮，将军有兵，有无相通，足以相济，死生契阔，相与共之。"奉得书喜悦，语诸将曰："兖州诸军近在许耳，有兵有粮，国家所当依仰也。"遂共表太祖为镇东将军，袭父爵费亭侯；昭迁符节令。

太祖朝天子于洛阳，引昭并坐，问曰："今孤来此，当施何计？"昭曰："将军兴义兵以诛暴乱，入朝天子，辅翼王室，此五伯之功也。此下诸将，人殊意异，未必服从，今留匡弼，事势不便，惟有移驾幸许耳。然朝廷播越，新还旧京，远近跂望，冀一朝获安。今复徙驾，不厌众心。夫行非常之事，乃有非常之功，愿将军算其多者。"太祖曰："此孤本志也。杨奉近在梁耳，闻其兵精，得无为孤累乎？"昭曰："奉少党援，将独委质。镇东、费亭之事，皆奉所定，又闻书命申束，足以见信。宜时遣使厚遗答谢，以安其意。说'京都无粮，欲车驾暂幸鲁阳，鲁阳近许，转运稍易，可无县乏之忧'。奉为人勇而寡虑，必不见疑，比使往来，足以定计。奉何能为累！"太祖曰："善。"即遣使诣奉。徙大驾至许。奉由是失望，与韩暹等到定陵钞暴。太祖不应，密往攻其梁营，降诛即定。奉、暹失众，东降袁术。三年，昭迁河南尹。时张杨为其将杨丑所杀，杨长史薛洪、河内太守缪尚城守待绍救。太祖令昭单身入城，告喻洪、尚等，即日举众降。以昭为冀州牧。

太祖令刘备拒袁术，昭曰："备勇而志大，关羽、张飞为之羽翼，恐备之心未可得论也！"太祖曰："吾已许之矣。"备到下邳，杀徐州刺史车胄，反。太祖自征备，徙昭为徐州牧。袁绍遣将颜良攻东郡，又徙昭为魏郡太守，从讨良。良死后，进围邺城。袁绍同族春卿为魏郡太守，在城中，其父元长在扬州，太祖遣人迎之。昭书与春卿曰："盖闻孝者不背亲以要利，仁者不忘君以徇私，志士不探乱以徼幸，智者不诡道以自危。足下大君，昔避内难，南游百越，非疏骨肉，乐彼吴会，智者深识，独或宜然。曹公愍其守志清恪，离群寡俦，故特遣使江东，或迎或送，今将至矣。就令足下处偏平之地，依德义之主，居有泰山之固，身为乔、松之偶，以义言之，犹宜背彼向此，舍民趣父也。且邴仪父始与隐公盟，鲁人嘉之，而不书爵，然则王所未命，爵尊不成，《春秋》之义也。况足下今日之所托者乃危乱之国，所受者乃矫诬之命乎？苟不逞之与群，而厥父之不恤，不可以言孝。忘祖宗所居之本朝，安非正之奸职，难可以言忠。忠孝并替，难以言智。又足下昔日为曹公所礼辟，夫戚族人而疏所生，内所寓而外王室，怀邪禄而叛知己，远福祚而近危亡，弃明义而收大耻，不亦可惜邪！若能翻然易节，奉帝养父，委身曹公，忠孝不坠，荣名彰矣。宜深留计，早决良图。"邺既定，以昭为谏议大夫。后袁尚依乌丸蹋顿，太祖将征之。患军粮难致，凿平虏、泉州二渠入海通运，昭所建也。太祖表封千秋亭侯，转拜司空军祭酒。

后昭建议："宜修古建封五等。"太祖曰："建设五等者，圣人也，又非人臣所制，吾何以堪之？"昭曰："自古以来，人臣匡世，未有今日之功。有今日之功，未有久处人臣之势者也。今明公耻有惭德而未尽善，乐保名节而无大责，德美过于伊、周，此至德之所极也。然太甲、成王未必可遭，今民难化，甚于殷、周，处大臣之势，使人以大事疑己，诚不可不重虑也。明公虽迈威德，明法术，而不定其基，为万世计，犹未至也。定基之本，在地与人，宜稍建立，以自藩卫。明公忠节颖露，天威在颜，耿弇床下之言，朱英无妄之论，不得过耳。昭受恩非凡，不敢不陈。"后太祖遂受魏公、魏王之号，皆昭所创。

及关羽围曹仁于樊，孙权遣使辞以"遣兵西上，欲掩取羽。江陵、公安累重，羽失二城，必自奔走，樊军之围，不救自解。乞密不漏，令羽有备"。太祖诘群臣，群臣咸言宜当密之。昭曰："军事尚权，期于合宜。宜应权以密，而内露之。羽闻权上，若还自护，围则速解，便获其利。可使两贼相对衔持，坐待其弊。秘而不露，使权得志，非计之上。又，围中将吏不知有救，计粮怖惧，傥有他意，为难不小。露之为便。且羽为人强梁，自恃二城守固，必不速退。"太祖曰："善。"即敕救将徐晃以权书射著围里及羽屯中，围里闻之，志气百倍。羽果犹豫。权军至，得其二城，羽乃破败。

文帝即王位，拜昭将作大匠。及践阼，迁大鸿胪，进封右乡侯。二年，分邑百户，赐昭弟访爵关内侯，徙昭为侍中。三年，征东大将军曹休临江在洞浦口，自表："愿将锐卒虎步江南，因敌取资，事必克捷；若其无臣，不须为念。"帝恐休便渡江，驿马诏止。时昭侍侧，因曰："窃见陛下有忧色，独以休济江故乎？今者渡江，人情所难，就休有此志，势不独行，当须诸将。臧霸等既富且贵，无复他望，但欲终其天年，保守禄祚而已，何肯乘危自投死地，以求徼幸？苟霸等不进，休意自沮。臣恐陛下虽有敕渡之诏，犹必沉吟，未便从命也。"是后无几，暴风吹贼船，悉诣休等营下，斩首获生，贼遂进散。诏敕诸军促渡。军未时进，贼救船遂至。

大驾幸宛，征南大将军夏侯尚等攻江陵，未拔。时江水浅狭，尚欲乘船将步骑入渚中安屯，作浮桥，南北往来，议者多以为城必可拔。昭上疏曰："武皇帝智勇过人，而用兵畏敌，不敢轻之若此也。夫兵好进恶退，常然之数。平地无险，犹尚艰难，就当深入，还道宜利，兵有进退，不可如意。今屯渚中，至深也；浮桥而济，至危也；一道而行，至狭也：三者兵家所忌，而今行之。贼频攻桥，误有漏失，渚中精锐，非魏之有，将转化为吴矣。臣私戚之，忘寝与食，而议者怡然不以为忧，岂不惑哉！加江水向长，一旦暴增，何以防御？就不破贼，尚当自完。奈何乘危，不以为惧？事将危也，惟陛下察之！"帝悟昭言，即诏尚等促出。贼两头并前，官兵一道引去，不时得泄，将军石建、高迁仅得自免。军出旬日，江水暴长。帝曰："君论此事，何其审也！正使张、陈当之，何以复加。"五年，徙封成都乡侯，拜太常。其年，徙光禄大夫、给事中。从大驾东征，七年还，拜太仆。明帝即位，进爵乐平侯，邑千户，转卫尉。分邑百户，赐一子爵关内侯。

太和四年，行司徒事，六年，拜真。昭上疏陈末流之弊曰："凡有天下者，莫不贵尚敦朴忠信之士，深疾虚伪不真之人者，以其毁教乱治，败俗伤化也。近魏讽则伏诛建安之末，曹伟则斩戮黄初之始。伏惟前后圣诏，深疾浮伪，欲以破散邪党，常用切齿；而执法之吏皆畏其权势，莫能纠擿，毁坏风俗，侵欲滋甚。窃见当今年少，不复以学问为本，专更以交游为业；国士不以孝悌清修为首，乃以趋势游利为先。合党连群，互相褒叹，以毁訾为罚戮，用党誉为爵赏，附己者则叹之盈言，不附者则为作瑕衅。至乃相谓'今世何忧不度邪，但求人道不勤，罗之不博耳；又何患其不知己矣，但当吞之以药而柔调耳'。又闻或有使奴客名作在职家人，冒之出入，往来禁奥，交通书疏，有所探问。凡此诸事，皆法之所不取，刑之所不赦，虽讽、伟之罪，无以加也。"帝于是发切诏，斥免诸葛诞、邓飏等。昭年八十一薨，谥曰定侯。子胄嗣。胄历位郡守、九卿。

○刘晔

刘晔字子扬，淮南成德人也，汉光武子阜陵王延后也。父普，母脩，产涣及晔。涣九岁，晔七岁，而母病困。临终，戒涣、晔以"普之侍人，有谄害之性。身死之后，惧必乱家。汝长大能除之，则吾无恨矣"。晔年十三，谓兄涣曰："亡母之言，可以行矣。"涣曰："那可尔!"晔即入室杀侍者，径出拜墓。舍内大骇，白普。普怒，遣人追晔。晔还拜谢曰："亡母顾命之言，敢受不请擅行之罚。"普心异之，遂不责也。汝南许劭名知人，避地扬州，称晔有佐世之才。

扬士多轻侠狡桀，有郑宝、张多、许乾之属，各拥部曲。宝最骁果，才力过人，一方所惮。欲驱略百姓越赴江表，以晔高族名人，欲强逼晔使唱导此谋。晔时年二十余，心内忧之，而未有缘。会太祖遣使诣州，有所案问。晔往见，为论事势，要将与归，驻止数日。宝果从数百人赍牛酒来候使，晔令家僮将其众坐中门外，为设酒饭；与宝于内宴饮。密勒健儿，令因行觞而斫宝。宝性不甘酒，视候甚明，觞者不敢发。晔因自引取佩刀斫杀宝，斩其首以令其军，云："曹公有令，敢有动者，与宝同罪。"众皆惊怖，走还营。营有督将精兵数千，惧其为乱，晔即乘宝马，将家僮数人，诣宝营门，呼其渠帅，喻以祸福，皆叩头开门内晔。晔抚慰安怀，咸悉悦服，推晔为主。晔睹汉室渐微，己为支属，不欲拥兵，遂委其部曲与庐江太守刘勋。勋怪其故，晔曰："宝无法制，其众素以钞略为利，仆宿无资，而整齐之，必怀怨难久，故相与耳。"

时勋兵强于江、淮之间。孙策恶之，遣使卑辞厚币，以书说勋曰："上缭宗民，数欺下国，忿之有年矣。击之，路不便，愿因大国伐之。上缭甚实，得之可以富国，请出兵为外援。"勋信之，又得策珠宝、葛越，喜悦。外内尽贺，而晔独否。勋问其故，对曰："上缭虽小，城坚池深，攻难守易，不可旬日而举，则兵疲于外，而国内虚。策乘虚而袭我，则后不能独守。是将军进屈于敌，退无所归。若军必出，祸今至矣。"勋不从。兴兵伐上缭，策果袭其后。勋穷蹙，遂奔太祖。

太祖至寿春，时庐江界有山贼陈策，众数万人，临险而守。先时遣偏将致诛，莫能禽克。太祖问群下可伐与不，咸云："山峻高而溪谷深隘，守易攻难；又无之不足为损，得之不足为益。"晔曰："策等小竖，因乱赴险，遂相依为强耳，非有爵命威信相伏也。往者偏将资轻，而中国未夷，故策敢据险以守。今天下略定，后伏先诛。夫畏死趋赏，愚智所同，故广武君为韩信画策，谓其威名足以先声后实而服邻国也。岂况明公之德，东征西怨，先开赏募，大兵临之，令宣之日，军门启而虏自溃矣。"太祖笑曰："卿言近之！"遂遣猛将在前，大军在后，至则克策，如晔所度。太祖还，辟晔为司空仓曹掾。《傅子》曰：太祖征晔及蒋济、胡质等五人，皆扬州名士。每舍亭传，未曾不讲，所以见重；内论国邑先贤、御贼固守、行军进退之宜，外料敌之变化、彼我虚实、战争之术，夙夜不解。而晔独卧车中，终不一言。济怪而问之，晔答曰："对明主非精神不接，精神可学而得乎？"及见太祖，太祖果问扬州先贤，贼之形势。四人争对，待次而言，再见如此，太祖每和悦，而晔终不一言。四人笑之。后一见太祖止无所复问，晔乃设远言以动太祖，太祖适知便止。若是者三。其旨趣以为远言宜征精神，独见以尽其机，不宜于猥坐说也。太祖已探见其心矣，坐罢，寻以四人为令，而授晔以心腹之任；每有疑事，辄以函问晔，至一夜数十至耳。

太祖征张鲁，转晔为主簿。既至汉中，山峻难登，军食颇乏。太祖曰："此妖妄之国耳，何能为有无？吾军少食，不如速还。"便自引归，令晔督后诸军，使以次出。晔策鲁可克，加粮道不继，虽出，军犹不能皆全，驰白太祖："不如致攻。"遂进兵，多出弩以射其营。鲁奔走，汉中遂平。晔进曰："明公以步卒五千，将诛董卓，北破袁绍，南征刘表，九州百郡，十并其八，威震天下，势慑海外。今举汉中，蜀人望风，破胆失守，推此而前，蜀可传檄而定。刘备，人杰也，有度而迟，得蜀日浅，蜀人未恃也。今破汉中，蜀人震恐，其势自倾。以公之神明，因其倾而压之，无不克也。若小缓之，诸葛亮明于治而为相，关羽、张飞勇冠三军而为将，蜀民既定，据险守要，则不可犯矣。今不取，必为后忧。"太祖不从，《傅子》曰：居七日，蜀降者说："蜀中一日数十惊，备虽斩之而不能安也。"太祖延问晔曰："今尚可击不？"晔曰："今已小定，未可击也。"大军遂还。

晔自汉中还，为行军长史，兼领军。延康元年，蜀将孟达率众降。达有容止才观，文帝甚器爱之，使达为新城太守，加散骑常侍。晔以为："达有苟得之心，而恃才好术，必不能感恩怀义。新城与吴、蜀接连，若有变态，为国生患。"文帝竟不易，后达终于叛败。《傅子》曰：初，太祖时，魏讽有重名，自卿相以下皆倾心交之。其后孟达去刘备归文帝，论者多称有乐毅之量。晔一见讽、达而皆云必反，卒如其言。

黄初元年，以晔为侍中，赐爵关内侯。诏问群臣令料刘备当为关羽出报吴不。众议咸云："蜀，小国耳，名将唯羽。羽死军破，国内忧惧，无缘复出。"晔独曰："蜀虽狭弱，而备之谋欲以威武自强，势必用众以示其有余。且关羽与备，义为君臣，恩犹父子；羽死不能为兴军报敌，于终始之分不足。"后备果出兵击吴。吴悉国应之，而遣使称藩。朝臣皆贺，独晔曰："吴绝在江、汉之表，无内臣之心久矣。陛下虽齐德有虞，然丑虏之性未有所感。因难求臣，必难信也。彼必外迫内困，然后发此使耳，可因其穷，袭而取之。夫一日纵敌，数世之患，不可不察也。"备军败退，吴礼敬转废，帝欲兴众伐之，晔以为"彼新得志，上下齐心，而阻带江湖，必难仓卒"。帝不听。《傅子》曰：孙权遣使求降，帝以问晔。晔对曰："权无故求降，必内有急。权前袭杀关羽，取荆州四郡，备怒，必大兴师伐之。外有强寇，众心不安，又恐中国承其衅而伐之，故委地求降，一以却中国之兵，二则假中国之援，以强其众而疑敌人。权善用兵，见策知变，其计必出于此。今天下三分，中国十有其八。吴、蜀各保一州，阻山依水，有急相救，此小国之利也。今还自相攻，天亡之也。宜大兴师，径渡江袭其内。蜀攻其外，我袭其内，吴之亡不出旬月矣。吴亡则蜀孤。若割吴半，蜀固不能久存，况蜀得其外，我得其内乎！"帝曰："人称臣降而伐之，疑天下欲来者心，必以为惧，其殆不可！孤何不且受吴降，而袭蜀之后乎？"对曰："蜀远吴近，又闻中国伐之，便还军，不能止也。今备已怒，故兴兵击吴，闻我伐吴，知吴必亡，必喜而进与我争割吴地，必不改计抑怒救吴，必然之势也。"帝不听，遂受吴降，即拜权为吴王。晔又进曰："不可。先帝征伐天下，十兼其八，威震海内，陛下受禅即真，德合天地，声暨四远，此实然之势，非卑臣颂言也。权虽有雄才，故汉骠骑将军南昌侯耳，官轻势卑。士民有畏中国心，不可强迫与成所谋也。不得已受其降，可进其将军号，封十万户侯，不可即以为王也。夫王位，去天子一阶耳，其礼秩服御相乱也。彼直为侯，江南士民未有君臣之义也。我信其伪降，就封殖之，崇其位号，定其君臣，是为虎傅翼也。权既受王位，却蜀兵之后，外尽礼事中国，使其国内皆闻之，内为无礼以怒陛下。陛下赫然发怒，兴兵讨之，乃徐告其民曰：'我委身事中国，不爱珍货重宝，随时贡献，不敢失臣礼也，无故伐我，必欲残我国家，俘我民人子女以为僮隶仆妾。'吴民无缘不信其言也。信其言而感怒，上下同心，战加十倍矣。"又不从。遂即拜权为吴王。权将陆议大败刘备，杀其兵八万余人，备仅以身免。权外礼愈卑，而内行不顺，果如晔言。

五年，幸广陵泗口，命荆、扬州诸军并进。会群臣，问："权当自来不？"咸曰："陛下亲征，权恐怖，必举国而应。又不敢以大众委之臣下，必自将而来。"晔曰："彼谓陛下欲以万乘之重牵己，而超越江湖者在于别将，必勒兵待事，未有进退也。"大驾停住积日，权果不至，帝乃旋师。云："卿策之是也。当念为吾灭二贼，不可但知其情而已。"

明帝即位，进爵东亭侯，邑三百户。诏曰："尊严祖考，所以崇孝表行也；追本敬始，所以笃教流化也。是以成汤、文、武，实造商、周，《诗》《书》之义，追尊稷、契，歌颂有娀、姜嫄之事，明盛德之源流，受命所由兴也。自我魏室之承天序，既发迹于高皇、太皇帝，而功隆于武皇、文皇帝。至于高皇之父处士君，潜修德让，行动神明，斯乃乾坤所福飨，光灵所从来也。而精神幽远，号称罔记，非所谓崇孝重本也。其令公卿已下，会议号谥。"晔议曰："圣帝孝孙之欲褒崇先祖，诚无量已。然亲疏之数，远近之降，盖有礼纪，所以割断私情，克成公法，为万世式也。周王所以上祖后稷者，以其佐唐有功，名在祀典故也。至于汉氏之初，追谥之义，不过其父。上比周室，则大魏发迹自高皇始；下论汉氏，则追谥之礼不及其祖。此诚往代之成法，当今之明义也。陛下孝思中发，诚无已已，然君举必书，所以慎于礼制也。以为追尊之义，宜齐高皇而已。"尚书卫臻与晔议同，事遂施行。

辽东太守公孙渊夺叔父位，擅自立，遣使表状。晔以为："公孙氏汉时所用，遂世官相承，水则由海，陆则阻山，故胡夷绝远难制，而世权日久。今若不诛，后必生患。若怀贰阻兵，然后致诛，于事为难。不如因其新立，有党有仇，先其不意，以兵临之，开设赏募，可不劳师而定也。"后渊竟反。

晔在朝，略不交接时人。或问其故，晔答曰："魏室即阼尚新，智者知命，俗或未咸。仆在汉为支叶，于魏备腹心，寡偶少徒，于宜未失也。"太和六年，以疾拜太中大夫。有间，为大鸿胪，在位二年逊位，复为太中大夫，薨。谥曰景侯。子寓嗣。《傅子》曰：晔事明皇帝，又大见亲重。帝将伐蜀，朝臣内外皆曰"不可"。晔入与帝议，因曰"可伐"；出与朝臣言，因曰"不可伐"。晔有胆智，言之皆有形。中领军杨暨，帝之亲臣，又重晔，持不可伐蜀之议最坚，每从内出，辄过晔，晔讲不可之意。后暨从驾行天渊池，帝论伐蜀事，暨切谏。帝曰："卿书生，焉知兵事！"暨谦谢曰："臣出自儒生之末，陛下过听，拔臣群萃之中，立之六军之上，臣有微心，不敢不尽言。臣言诚不足采，侍中刘晔先帝谋臣，常曰蜀不可伐。"帝曰："晔与吾言蜀可伐。"暨曰："晔可召质也。"诏召晔至，帝问晔，终不言。后独见，晔责帝曰："伐国，大谋也，臣得与闻大谋，常恐眯梦漏泄以益臣罪，焉敢向人言之？夫兵，诡道也，军事未发，不厌其密也。陛下显然露之，臣恐敌国已闻之矣。"于是帝谢之。晔见出，责暨曰："夫钓者中大鱼，则纵而随之，须可制而后牵，则无不得也。人主之威，岂徒大鱼而已！子诚直臣，然计不足采，不可不精思也。"暨亦谢之。晔能应变持两端如此。或恶晔于帝曰："晔不尽忠，善伺上意所趋而合之。陛下试与晔言，皆反意而问之，若皆与所问反者，是晔常与圣意合也。复每问皆同者，晔之情必无所逃矣。"帝如言以验之，果得其情，从此疏焉。晔遂发狂，出为大鸿胪，以忧死。谚曰"巧诈不如拙诚"，信矣。以晔之明智权计，若居之以德义，行之以忠信，古之上贤，何以加诸？独任才智，不与世土相经纬，内不推心事上，外困于俗，卒不能自安于天下，岂不惜哉！少子陶，亦高才而薄行，官至平原太守。

○蒋济

蒋济字子通，楚国平阿人也。仕郡计吏、州别驾。建安十三年，孙权率众围合肥。时大军征荆州，遇疾疫，唯遣将军张喜单将千骑，过领汝南兵以解围，颇复疾疫。济乃密白刺史伪得喜书，云步骑四万已到雩娄，遣主簿迎喜。三部使赍书语城中守将，一部得入城，二部为贼所得。权信之，遽烧围走，城用得全。

明年使于谯，太祖问济曰："昔孤与袁本初对官渡，徙燕、白马民，民不得走，贼亦不敢钞。今欲徙淮南民，何如？"济对曰："是时兵弱贼强，不徙必失之。自破袁绍，北拔柳城，南向江、汉，荆州交臂，威震天下，民无他志。然百姓怀土，实不乐徙，惧必不安。"太祖不从，而江、淮间十余万众，皆惊走吴。后济使诣邺，太祖迎见大笑曰："本但欲使避贼，乃更驱尽之。"拜济丹阳太守。大军南征还，以温恢为扬州刺史，济为别驾。令曰："季子为臣，吴宜有君。今君还州，吾无忧矣。"民有诬告济为谋叛主率者，太祖闻之，指前令与左将军于禁、沛相封仁等曰："蒋济宁有此事！有此事，吾为不知人也。此必愚民乐乱，妄引之耳。"促理出之。辟为丞相主簿、西曹属。令曰："舜举皋陶，不仁者远；臧否得中，望于贤属矣。"

关羽围樊、襄阳。太祖以汉帝在许，近贼，欲徙都。司马宣王及济说太祖曰："于禁等为水所没，非战攻之失，于国家大计未足有损。刘备、孙权，外亲内疏，关羽得志，权必不愿也。可遣人劝蹑其后，许割江南以封权，则樊围自解。"太祖如其言。权闻之，即引兵西袭公安、江陵。羽遂见禽。

文帝即王位，转为相国长史。及践阼，出为东中郎将。济请留，诏曰："高祖歌曰：'安得猛士守四方！'天下未宁，要须良臣以镇边境。如其无事，乃还鸣玉，未为后也。"济上《万机论》，帝善之。入为散骑常侍。时有诏，诏征南将军夏侯尚曰："卿腹心重将，特当任使。恩施足死，惠爱可怀。作威作福，杀人活人。"尚以示济。济既至，帝问曰："卿所闻见天下风教何如？"济对曰："未有他善，但见亡国之语耳。"帝忿然作色而问其故，济具以答，因曰："夫'作威作福'，《书》之明诫。'天子无戏言'，古人所慎。惟陛下察之！"于是帝意解，遣追取前诏。

黄初三年，与大司马曹仁征吴，济别袭羡溪。仁欲攻濡须洲中，济曰："贼据西岸，列船上流，而兵入洲中，是为自内地狱，危亡之道也。"仁不从，果败。仁薨，复以济为东中郎将，代领其兵。诏曰："卿兼资文武，志节忼忾，常有超越江湖吞吴会之志，故复授将率之任。"顷之，征为尚书。车驾幸广陵，济表水道难通，又上《三州论》以讽帝，帝不从，于是战船数千皆滞不得行。议者欲就留兵屯田，济以为"东近湖，北临淮，若水盛时，贼易为寇，不可安屯"。帝从之，车驾即发。还到精湖，水稍尽，尽留船付济。船本历适数百里中，济更凿地作四五道，蹴船令聚；豫作土豚遏断湖水，皆引后船，一时开遏入淮中。帝还洛阳，谓济曰："事不可不晓。吾前决谓分半烧船于山阳池中，卿于后致之，略与吾俱至谯。又每得所陈，实入吾意。自今讨贼计画，善思论之。"

明帝即位，赐爵关内侯。大司马曹休帅军向皖，济表以为："深入虏地，与权精兵对，而朱然等在上流，乘休后，臣未见其利也。"军至皖，吴出兵安陆，济又上疏曰："今贼示形于西，必欲并兵图东，宜急诏诸军往救之。"会休军已败，尽弃器仗辎重退还。吴欲塞夹石，遇救兵至，是以官军得不没。迁为中护军。

时中书监、令号为专任，济上疏曰："大臣太重者国危，左右太亲者身蔽，古之至戒也。往者大臣秉事，外内扇动。陛下卓然自览万机，莫不祗肃。夫大臣非不忠也，然威权在下，则众心慢上，势之常也。陛下既已察之于大臣，愿无忘于左右。左右忠正远虑，未必贤于大臣，至于便辟取合，或能工之。今外所言，辄云中书，虽使恭慎不敢外交，但有此名，犹惑世俗。况实握事要，日在目前，傥因疲倦之间有所割制，众臣见其能推移于事，即亦因时而向之。一有此端，因当内设自完，以此众语，私招所交，为之内援。若此，臧否毁誉，必有所兴，功负赏罚，必有所易；直道而上者或壅，曲附左右者反达。因微而入，缘形而出，意所狃信，不复猜觉。此宜圣智所当早闻，外以经意，则形际自见。或恐朝臣畏言不合而受左右之怨，莫适以闻。臣窃亮陛下潜神默思，公听并观，若事有未尽于理而物有未周于用，将改曲易调，远与黄、唐角功，近昭武、文之迹，岂近习而已哉！然人君犹不可悉天下事以适己明，当有所付。三官任一臣，非周公旦之忠，又非管夷吾之公，则有弄机败官之弊。当今柱石之士虽少，至于行称一州，智效一官，忠信竭命，各奉其职，可并驱策，不使圣明之朝有专吏之名也。"诏曰："夫骨鲠之臣，人主之所仗也。济才兼文武，服勤尽节，每军国大事，辄有奏议，忠诚奋发，吾甚壮之。”就迁为护军将军，加散骑常侍。<u>司马彪《战略》曰：太和六年，明帝遣平州刺史田豫乘海渡，幽州刺史王雄陆道，并攻辽东。蒋济谏曰：“凡非相吞之国，不侵叛之臣，不宜轻伐。伐之而不制，是驱使为贼。故曰‘虎狼当路，不治狐狸。先除大害，小害自己’。今海表之地，累世委质，岁选计考，不乏职贡。议者先之，正使一举便克，得其民不足益国，得其财不足为富；傥不如意，是为结怨失信也。”帝不听，豫行竟无成而还。</u>

景初中，外勤征役，内务宫室，怨旷者多，而年谷饥俭。济上疏曰：“陛下方当恢崇前绪，光济遗业，诚未得高枕而治也。今虽有十二州，至于民数，不过汉时一大郡。二贼未诛，宿兵边陲，且耕且战，怨旷积年。宗庙宫室，百事草创，农桑者少，衣食者多，今其所急，唯当息耗百姓，不至甚弊。弊邦之民，傥有水旱，百万之众，不为国用。凡使民必须农隙，不夺其时。夫欲大兴功之君，先料其民力而燠休之。勾践养胎以待用，昭王恤病以雪仇，故能以弱燕服强齐，嬴越灭劲吴。今二敌不攻不灭，不事即侵，当身不除，百世之责也。以陛下圣明神武之略，舍其缓者，专心讨贼，臣以为无难矣。又欢娱之耽，害于精爽；神太用则竭，形太劳则弊。愿大简贤妙，足以充‘百斯男’者。其冗散未齿，且悉分出，务在清静。”诏曰：“微护军，吾弗闻斯言也。”<u>《汉晋春秋》曰：公孙渊闻魏将来讨，复称臣于孙权，乞兵自救。帝问济：“孙权其救辽东乎？”济曰：“彼知官备以固，利不可得，深入则非力所能，浅入则劳而无获；权虽子弟在危，犹将不动，况异域之人，兼以往者之辱乎！今所以外扬此声者，谲其行人疑于我，我之不克，冀折后事已耳。然沓渚之间，去渊尚远，若大军相持，事不速决，则权之浅规，或能轻兵掩袭，未可测也。”</u>

齐王即位，徙为领军将军，进爵昌陵亭侯，迁太尉。初，侍中高堂隆论郊祀事，以魏为舜后，推舜配天。济以为舜本姓妫，其苗曰田，非曹之先，著文以追诘隆。

是时，曹爽专政，丁谧、邓飏等轻改法度。会有日蚀变，诏群臣问其得失，济上疏曰："昔大舜佐治，戒在比周；周公辅政，慎于其朋；齐侯问灾，晏婴对以布惠；鲁君问异，臧孙答以缓役。应天塞变，乃实人事。今二贼未灭，将士暴露已数十年，男女怨旷，百姓贫苦。夫为国法度，惟命世大才，乃能张其纲维以垂于后，岂中下之吏所宜改易哉？终无益于治，适足伤民，望宜使文武之臣各守其职，率以清平，则和气祥瑞可感而致也。"以随太傅司马宣王屯洛水浮桥，诛曹爽等，进封都乡侯，邑七百户。济上疏曰："臣忝宠上司，而爽敢苞藏祸心，此臣之无任也。太傅奋独断之策，陛下明其忠节，罪人伏诛，社稷之福也。夫封宠庆赏，必加有功。今论谋则臣不先知，语战则非臣所率，而上失其制，下受其弊。臣备宰司，民所具瞻，诚恐冒赏之渐自此而兴，推让之风由此而废。"固辞，不许。是岁薨，谥曰景侯。《世语》曰：初，济随司马宣王屯洛水浮桥，济书与曹爽，言宣王旨"惟免官而已"，爽遂诛灭。济病其言之失信，发病卒。子秀嗣。秀薨，子凯嗣。咸熙中，开建五等，以济著勋前朝，改封凯为下蔡子。

○刘放 孙资

刘放字子弃，涿郡人，汉广阳顷王子西乡侯容后也。历郡纲纪，举孝廉。遭世大乱，时渔阳王松据其土，放往依之。太祖克冀州，放说松曰："往者董卓作逆，英雄并起，阻兵擅命，人自封殖，惟曹公能拔拯危乱，翼戴天子，奉辞伐罪，所向必克。以二袁之强，守则淮南冰消，战则官渡大败；乘胜席卷，将清河朔，威刑既合，大势以见。速至者渐福，后服者先亡，此乃不俟终日驰骛之时也。昔黥布弃南面之尊，仗剑归汉，诚识废兴之理，审去就之分也。将军宜投身委命，厚自结纳。"松然之。会太祖讨袁谭于南皮，以书招松，松举雍奴、泉州、安次以附之。放为松答太祖书，其文甚丽。太祖既善之，又闻其说，由是遂辟放。建安十年，与松俱至。太祖大悦，谓放曰："昔班彪依窦融而有河西之功，今一何相似也！"乃以放参司空军事，历主簿、记室，出为郿阳、祋祤、赞令。

魏国既建，与太原孙资俱为秘书郎。先是，资亦历县令，参丞相军事。文帝即位，放、资转为左右丞。数月，放徙为令。黄初初，改秘书为中书，以放为监，资为令，各加给事中；放赐爵关内侯，资为关中侯，遂掌机密。三年，放进爵魏寿亭侯，资关内侯。明帝即位，尤见宠任，同加散骑常侍；进放爵西乡侯，资乐阳亭侯。《资别传》曰：诸葛亮出在南郑，时议者以为可因大发兵，就讨之，帝意亦然，以问资。资曰："昔武皇帝征南郑，取张鲁，阳平之役，危而后济。又自往拔出夏侯渊军，数言'南郑直为天狱中，斜谷道为五百里石穴耳'，言其深险，喜出渊军之辞也。又武皇帝圣于用兵，察蜀贼栖于山岩，视吴虏窜于江湖，皆挠而避之，不责将士之力，不争一朝之忿，诚所谓见胜而战，知难而退也。今若进军就南郑讨亮，道既险阻，计用精兵又转运镇守南方四州遏御水贼，凡用十五六万人，必当复更有所发兴。天下骚动，费力广大，此诚陛下所宜深虑。夫守战之力，力役三倍。但以今日见兵，分命大将据诸要险，威足以震摄强寇，镇静疆场，将士虎睡，百姓无事。数年之间，中国日盛，吴蜀二房必自罢弊。"帝由是止。时吴人彭绮又举义江南，议者以为因此伐之，必有所克。帝问资，资曰："鄱阳宗人前后数有举义者，众弱谋浅，旋辄乖散。昔文皇帝尝密论贼形势，言洞浦杀万人，得船千万，数日间船人复会；江陵被围历月，权裁以千数百兵住东门，而其土地无崩解者。是有法禁，上下相奉持之明验也。以此推绮，惧未能为权腹心大疾也。"绮果寻败亡。太和末，吴遣将周贺浮海诣辽东，招诱公孙渊。帝欲邀讨之，朝议多以为不可。惟资决行策，果大破之，进爵左乡侯。

放善为书檄，三祖诏命有所招喻，多放所为。青龙初，孙权与诸葛亮连和，欲俱出为寇。边候得权书，放乃改易其辞，往往换其本文而傅合之，与征东将军满宠，若欲归化，封以示亮。亮腾与吴大将步骘等，骘等以见权。权惧亮自疑，深自解说。是岁，俱加侍中、光禄大夫。景初二年，辽东平定，以参谋之功，各进爵，封本县，放方城侯，资中都侯。

其年，帝寝疾，欲以燕王宇为大将军，及领军将军夏侯献、武卫将军曹爽、屯骑校尉曹肇、骁骑将军秦朗共辅政。宇性恭良，陈诚固辞。帝引见放、资，入卧内，问曰："燕王正尔为？"放、资对曰："燕王实自知不堪大任故耳。"帝曰："曹爽可代宇不？"放、资因赞成之。又深陈宜速召太尉司马宣王，以纲维皇室。帝纳其言，即以黄纸授放作诏。放、资既出，帝意复变，诏止宣王勿使来。寻更见放、资曰："我自召太尉，而曹肇等反使吾止之，几败吾事！"命更为诏，帝独召爽与放、资俱受诏命，遂免宇、献、肇、朗官。太尉亦至，登床受诏，然后帝崩。齐王即位，以放、资决定大谋，增邑三百，放并前千一百，资千户；封爱子一人亭侯，次子骑都尉，余子皆郎中。正始元年，更加放左光禄大夫，资右光禄大夫，金印紫绶，仪同三司。六年，放转骠骑，资卫将军，领监、令如故。七年，复封子一人亭侯，各年老逊位，以列侯朝朔望，位特进。曹爽诛后，复以资为侍中，领中书令。嘉平二年，放薨，谥曰敬侯。子正嗣。资复逊位归第，就拜骠骑将军，转侍中，特进如故。三年薨，谥曰贞侯。子宏嗣。

放才计优资，而自修不如也。放、资既善承顺主上，又未尝显言得失，抑辛毗而助王思，以是获讥于世。然时因群臣谏诤，扶赞其义，并时密陈损益，不专导谀言云。及咸熙中，开建五等，以放、资著勋前朝，改封正方城子，宏离石子。

评曰：程昱、郭嘉、董昭、刘晔、蒋济才策谋略，世之奇士，虽清治德业，殊于荀攸，而筹画所料是其伦也。刘放文翰，孙资勤慎，并管喉舌，权闻当时，雅亮非体，是故讥谤之声，每过其实矣。

十五卷 魏书 ^{十五}

刘司马梁张温贾传 | 刘馥 司马朗 梁习 张既 温恢 贾逵

○刘馥

刘馥字元颖，沛国相人也。避乱扬州，建安初，说袁术将戚寄、秦翊，使率众与俱诣太祖。太祖悦之，司徒辟为掾。后孙策所置庐江太守李述攻杀扬州刺史严象，庐江梅乾、雷绪、陈兰等聚众数万在江、淮间，郡县残破。太祖方有袁绍之难，谓馥可任以东南之事，遂表为扬州刺史。

馥既受命，单马造合肥空城，建立州治，南怀绪等，皆安集之，贡献相继。数年中恩化大行，百姓乐其政，流民越江山而归者以万数。于是聚诸生，立学校，广屯田，兴治芍陂及茄陂、七门、吴塘诸塌以溉稻田，官民有畜。又高为城垒，多积木石，编作草苫数千万枚，益贮鱼膏数千斛，为战守备。

建安十三年卒。孙权率十万众攻围合肥城百余日，时天连雨，城欲崩，于是以苦蓑覆之，夜然脂照城外，视贼所作而为备，贼以破走。扬州士民益追思之，以为虽董安于之守晋阳，不能过也。及陂塘之利，至今为用。

馥子靖，黄初中从黄门侍郎迁庐江太守，诏曰："卿父昔为彼州，今卿复据此郡，可谓克负荷者也。"转在河内，迁尚书，赐爵关内侯，出为河南尹。散骑常侍应璩书与靖曰："入作纳言，出临京任。富民之术，日引月长。藩落高峻，绝穿窬之心。五种别出，远水火之灾。农器必具，无失时之阙。蚕麦有苫备之用，无雨湿之虞。封符指期，无流连之吏。鳏寡孤独，蒙廪振之实。加之以明摘幽微，重之以秉宪不挠；有司供承王命，百里垂拱仰办。虽昔赵、张、三王之治，未足以方也。"靖为政类如此，初虽如碎密，终于百姓便之，有馥遗风。母丧去官，后为大司农、卫尉，进封广陆亭侯，邑三百户。

上疏陈儒训之本曰："夫学者，治乱之轨仪，圣人之大教也。自黄初以来，崇立太学二十余年，而寡有成者，盖由博士选轻，诸生避役，高门子弟，耻非其伦，故无学者。虽有其名而无其实，虽设其教而无其功。宜高选博士，取行为人表，经任人师者，掌教国子。依遵古法，使二千石以上子孙，年从十五，皆入太学。明制黜陟荣辱之路；其经明行修者，则进之以崇德；荒教废业者，则退之以惩恶；举善而教，不能则劝，浮华交游，不禁自息矣。阐弘大化，以绥未宾；六合承风，远人来格。此圣人之教，致治之本也。"后迁镇北将军、假节都督河北诸军事。靖以为"经常之大法，莫善于守防，使民夷有别"。遂开拓边守，屯据险要。又修广戾陵渠大堨，水溉灌蓟南北；三更种稻，边民利之。嘉平六年薨，追赠征北将军，进封建成乡侯，谥曰景侯。子熙嗣。

○司马朗

司马朗字伯达，河内温人也。九岁，人有道其父字者，朗曰："慢人亲者，不敬其亲者也。"客谢之。十二，试经为童子郎，监试者以其身体壮大，疑朗匿年，劾问。朗曰："朗之内外，累世长大，朗虽稚弱，无仰高之风，损年以求早成，非志所为也。"监试者异之。后关东兵起，故冀州刺史李邵家居野王，近山险，欲徙居温。朗谓邵曰："唇齿之喻，岂唯虞、虢，温与野王即是也；今去彼而居此，是为避朝亡之期耳。且君，国人之望也，今寇未至而先徙，带山之县必骇，是摇动民之心而开奸宄之原也，窃为郡内忧之。"邵不从。边山之民果乱，内徙，或为寇钞。

是时董卓迁天子都长安，卓因留洛阳。朗父防为治书御史，当徙西，以四方云扰，乃遣朗将家属还本县。或有告朗欲逃亡者，执以诣卓，卓谓朗曰："卿与吾亡儿同岁，几大相负！"朗因曰："明公以高世之德，遭阳九之会，清除群秽，广举贤士，此诚虚心垂虑，将兴至治。威德以隆，功业以著，而兵难日起，州郡鼎沸，郊境之内，民不安业，捐弃居产，流亡藏窜，虽四关设禁，重加刑戮，犹不绝息，此朗之所以於邑也。愿明公监观往事，少加三思，即荣名并于日月，伊、周不足侔也。"卓曰："吾亦悟之，卿言有意！"臣松之案朗此对，但为称述卓功德，末相箴诲而已。了不自申释，而卓便云"吾亦悟之，卿言有意"，客主之辞如为不相酬塞也。

朗知卓必亡，恐见留，即散财物以赂遗卓用事者，求归乡里。到谓父老曰："董卓悖逆，为天下所仇，此忠臣义士奋发之时也。郡与京都境壤相接，洛东有成皋，北界大河，天下兴义兵者若未得进，其势必停此。此乃四分五裂战争之地，难以自安，不如及道路尚通，举宗东到黎阳。黎阳有营兵，赵威孙乡里旧婚，为监营谒者，统兵马，足以为主。若后有变，徐复观望未晚也。"父老恋旧，莫有从者，惟同县赵咨将家属俱与朗往焉。后数月，关东诸州郡起兵，众数十万，皆集荥阳及河内。诸将不能相一，纵兵钞掠，民人死者且半。久之，关东兵散，太祖与吕布相持于濮阳，朗乃将家还温。时岁大饥，人相食，朗收恤宗族，教训诸弟，不为衰世解业。

年二十二，太祖辟为司空掾属，除成皋令，以病去，复为堂阳长。其治务宽惠，不行鞭杖，而民不犯禁。先时，民有徙充都内者，后县调当作船，徙民恐其不办，乃相率私还助之，其见爱如此。迁元城令，入为丞相主簿。朗以为："天下土崩之势，由秦灭五等之制，而郡国无蒐狩习战之备故也。今虽五等未可复行，可令州郡并置兵，外备四夷，内威不轨，于策为长。"又以为："宜复井田。往者以民各有累世之业，难中夺之，是以至今。今承大乱之后，民人分散，土业无主，皆为公田，宜及此时复之。"议虽未施行，然州郡领兵，朗本意也。迁兖州刺史，政化大行，百姓称之。虽在军旅，常粗衣恶食，俭以率下。雅好人伦典籍，乡人李觌等盛得名誉，朗常显贬下之；后觌等败，时人服焉。钟繇、王粲著论云："非圣人不能致太平。"朗以为"伊、颜之徒虽非圣人，使得数世相承，太平可致"。《魏书》曰：文帝善朗论，命秘书录其文。│ 孙盛曰：繇既失之，朗亦未为得也。昔"汤举伊尹，而不仁者远矣"。《易》称"颜氏之子，其殆庶几乎！有不善未尝不知，知之未尝复行"。由此而言，圣人之与大贤，行藏道一，舒卷斯同，御世垂风，理无降异；升泰之美，岂俟积世哉？"善人为邦百年，亦可以胜残去杀"。又曰"不践迹，亦不入于室"。数世之论，其在斯乎！方之大贤，固有间矣。建安二十二年，与夏侯惇、臧霸等征吴。到居巢，军士大疫，朗躬巡视，致医药。遇疾卒，时年四十七。遗命布衣幅巾，敛以时服，州人追思之。《魏书》曰：朗临卒，谓将士曰："刺史蒙国厚恩，督司万里，微功未效，而遭此疫疠，既不能自救，辜负国恩。身没之后，其布衣幅巾，敛以时服，勿违吾志也。"明帝即位，封朗子遗昌武亭侯，邑百户。朗弟孚又以子望继朗后。遗薨，望子洪嗣。初，朗所与俱徙赵咨，官至太常，为世好士。

○梁习

梁习字子虞，陈郡柘人也，为郡纲纪。太祖为司空，辟召为漳长，累转乘氏、海西、下邳令，所在有治名。还为西曹令史，迁为属。并土新附，习以别部司马领并州刺史。时承高幹荒乱之余，胡狄在界，张雄跋扈，吏民亡叛，入其部落；兵家拥众，作为寇害，更相扇动，往往棋跱。习到官，诱喻招纳，皆礼召其豪右，稍稍荐举，使诣幕府；豪右已尽，乃次发诸丁强以为义从；又因大军出征，分请以为勇力。吏兵已去之后，稍移其家，前后送邺，凡数万口；其不从命者，兴兵致讨，斩首千数，降附者万计。单于恭顺，名王稽颡，部曲服事供职，同于编户。边境肃清，百姓布野，勤劝农桑，令行禁止。贡达名士，咸显于世，语在《常林传》。

太祖嘉之，赐爵关内侯，更拜为真。长老称咏，以为自所闻识，刺史未有及习者。建安十八年，州并属冀州，更拜议郎、西部都督从事，统属冀州，总故部曲。又使于上党取大材供邺宫室。习表置屯田都尉二人，领客六百夫，于道次耕种菽粟，以给人牛之费。后单于入侍，西北无虞，习之绩也。《魏略》曰：鲜卑大人育延，常为州所畏，而一旦将其部落五千余骑诣习，求互市。习念不听则恐其怨，若听到州下，又恐为所略，于是乃许之往与会空城中交市。遂敕郡县，自将治中以下军往就之。市易未毕，市吏收缚一胡。延骑皆惊，上马弯弓围习数重，吏民惶怖不知所施。习乃徐呼市吏，问缚胡意，而胡实侵犯人。习乃使译呼延，延到，习责延曰："汝胡自犯法，吏不侵汝，汝何为使诸骑惊骇邪？"遂斩之，余胡破胆不敢动。

是后无寇虏。至二十二年，太祖拔汉中，诸军还到长安，因留骑督太原乌丸王鲁昔，使屯池阳，以备卢水。昔有爱妻，住在晋阳。昔既思之，又恐遂不得归，乃以其部五百骑叛还并州，留其余骑置山谷间，而单骑独入晋阳，盗取其妻。已出城，州郡乃觉；吏民又畏昔善射，不敢追。习乃令从事张景，募鲜卑使逐昔。昔马负其妻，重骑行迟，未及与其众合，而为鲜卑所射死。始太祖闻昔叛，恐其为乱于北边；会闻已杀之，大喜，以习前后有策略，封为关内侯。

文帝践阼，复置并州，复为刺史，进封申门亭侯，邑百户；政治常为天下最。太和二年，征拜大司农。习在州二十余年，而居处贫穷，无方面珍物，明帝异之，礼赐甚厚。四年，薨，子施嗣。

初，济阴王思与习俱为西曹令史。思因直日白事，失太祖指。太祖大怒，教召主者，将加重辟。时思近出，习代往对，已被收执矣，思乃驰还，自陈己罪，罪应受死。太祖叹习之不言、思之识分，曰："何意吾军中有二义士乎？"臣松之以为习与王思，同寮而已，亲非骨肉，义非刎颈，而以身代思，受不测之祸。以之为义，无乃乖先哲之雅旨乎！史迁云"死有重于太山，有轻于鸿毛"，故君子不为苟存，不为苟亡。若使思不引分，主不加恕，则所谓自经于沟渎而莫之知也。习之死义者，岂其然哉！后同时擢为刺史，思领豫州。思亦能吏，然苛碎无大体，官至九卿，封列侯。

○张既

张既字德容，冯翊高陵人也。年十六，为郡小吏。后历右职，举孝廉，不行。太祖为司空，辟，未至，举茂才，除新丰令，治为三辅第一。袁尚拒太祖于黎阳，遣所置河东太守郭援、并州刺史高幹及匈奴单于取平阳，发使西与关中诸将合从。司隶校尉钟繇遣既说将军马腾等，既为言利害，腾等从之。腾遣子超将兵万余人，与繇会击干、援，大破之，斩援首。干及单于皆降。其后干复举并州反。河内张晟众万余人无所属，寇殽、渑间，河东卫固、弘农张琰各起兵以应之。太祖以既为议郎，参繇军事，使西征诸将马腾等，皆引兵会击晟等，破之。斩琰、固首，干奔荆州。封既武始亭侯。

太祖将征荆州，而腾等分据关中。太祖复遣既喻腾等，令释部曲求还。腾已许之而更犹豫，既恐为变，乃移诸县促储偫，二千石郊迎。腾不得已，发东。太祖表腾为卫尉，子超为将军，统其众。后超反，既从太祖破超于华阴，西定关右。以既为京兆尹，招怀流民，兴复县邑，百姓怀之。魏国既建，为尚书，出为雍州刺史。太祖谓既曰："还君本州，可谓衣绣昼行矣。"从征张鲁，别从散关入讨叛氐，收其麦以给军食。鲁降，既说太祖拔汉中民数万户以实长安及三辅。其后与曹洪破吴兰于下辩，又与夏侯渊讨宋建，别攻临洮、狄道，平之。是时，太祖徙民以充河北，陇西、天水、南安民相恐动，扰扰不安，既假三郡人为将吏者休课，使治屋宅，作水碓，民心遂安。太祖将拔汉中守，恐刘备北取武都氐以逼关中，问既。既曰："可劝使北出就谷以避贼，前至者厚其宠赏，则先者知利，后必慕之。"太祖从其策，乃自到汉中引出诸军，令既之武都，徙氐五万余落出居扶风、天水界。

《三辅决录注》曰：既为儿童，郡功曹游殷察异之，引既过家，既敬诺。殷先归，敕家具设宾馔。及既至，殷妻笑曰："君其悖乎！张德容童昏小儿，何异客哉！"殷曰："卿勿怪，乃方伯之器也。"殷遂与既论霸王之略。飨讫，以子楚托之；既谦不受，殷固托之，既以殷邦之宿望，难违其旨，乃许之。殷先与司隶校尉胡轸有隙，轸诬构杀殷。殷死月余，轸得疾患，自说但言"伏罪，伏罪，游功曹将鬼来"，于是遂死。于时关中称曰："生有知人之明，死有贵神之灵。"子楚字仲允，为蒲阪令。太祖定关中时，汉兴郡缺，太祖以问既，既称楚才兼文武，遂以为汉兴太守。后转陇西。

是时，武威颜俊、张掖和鸾、酒泉黄华、西平麹演等并举郡反，自号将军，更相攻击。俊遣使送母及子诣太祖为质，求助。太祖问既，既曰："俊等外假国威，内生傲悖，计定势足，后即反耳。今方事定蜀，且宜两存而斗之，犹卞庄子之刺虎，坐收其毙也。"太祖曰："善。"岁余，鸾遂杀俊，武威王秘又杀鸾。是时不置凉州，自三辅拒西域，皆属雍州。文帝即王位，初置凉州，以安定太守邹岐为刺史。

张掖张进执郡守举兵拒岐，黄华、麹演各逐故太守，举兵以应之。既进兵为护羌校尉苏则声势，故则得以有功。既进爵都乡侯。

凉州卢水胡伊健妓妾、治元多等反，河西大扰。帝忧之，曰："非既莫能安凉州。"乃召邹岐，以既代之。诏曰："昔贾复请击郾贼，光武笑曰：'执金吾击郾，吾复何忧？'卿谋略过人，今则其时。以便宜从事，勿复先请。"遣护军夏侯儒、将军费曜等继其后。既至金城，欲渡河，诸将守以为"兵少道险，未可深入"。既曰："道虽险，非井陉之隘，夷狄乌合，无左车之计，今武威危急，赴之宜速。"遂渡河。贼七千余骑逆拒军于鹯阴口，既扬声军从鹯阴，乃潜由且次出至武威。胡以为神，引还显美。

既已据武威，曜乃至，儒等犹未达。既劳赐将士，欲进军击胡。诸将皆曰："士卒疲倦，虏众气锐，难与争锋。"既曰："今军无见粮，当因敌为资。若虏见兵合，退依深山，追之则道险穷饿，兵还则出候寇钞。如此，兵不得解，所谓'一日纵敌，患在数世'也。"遂前军显美。胡骑数千，因大风欲放火烧营，将士皆恐。既夜藏精卒三千人为伏，使参军成公英督千余骑挑战，敕使阳退。胡果争奔之，因发伏截其后，首尾进击，大破之，斩首获生以万数。帝甚悦，诏曰："卿逾河历险，以劳击逸，以寡胜众，功过南仲，勤逾吉甫。此勋非但破胡，乃永宁河右，使吾长无西顾之念矣。"徙封西乡侯，增邑二百，并前四百户。

酒泉苏衡反，与羌豪邻戴及丁令胡万余骑攻边县。既与夏侯儒击破之，衡及邻戴等皆降。遂上疏请与儒治左城，筑部塞，置烽候、邸阁以备胡。西羌恐，率众二万余落降。其后西平麹光等杀其郡守，诸将欲击之，既曰："唯光等造反，郡人未必悉同。若便以军临之，吏民羌胡必谓国家不别是非，更使皆相持著，此为虎傅翼也。光等欲以羌胡为援，今先使羌胡钞击，重其赏募，所虏获者皆以畀之。外沮其势，内离其交，必不战而定。"乃檄告谕诸羌：为光等所诖误者原之，能斩贼帅送首者当加封赏。于是光部党斩送光首，其余咸安堵如故。

既临二州十余年，政惠著闻，其所礼辟扶风庞延、天水杨阜、安定胡遵、酒泉庞淯、燉煌张恭、周生烈等，终皆有名位。《魏略》曰：初，既为郡小吏，功曹徐英尝自鞭既三十。英字伯济，冯翊著姓，建安初为蒲阪令。英性刚爽，自负族氏胜既，于乡里名行在前，加以前辱既，虽知既贵显，终不肯求于既。既虽得志，亦不顾计本原，犹欲与英和。尝因醉欲亲狎英，英故抗意不纳。英由此遂不复进用。故时人善既不挟旧怨，而壮英之不挠。黄初四年薨。诏曰："昔荀桓子立勋翟土，晋侯赏以千室之邑；冯异输力汉朝，光武封其二子。故凉州刺史张既，能容民畜众，使群羌归土，可谓国之良臣。不幸薨陨，朕甚愍之，其赐小子翁归爵关内侯。"明帝即位，追谥曰肃侯。子缉嗣。

缉以中书郎稍迁东莞太守。嘉平中，女为皇后，征拜光禄大夫，位特进，封妻向为安城乡君。缉与中书令李丰同谋，诛，语在《夏侯玄传》。《魏略》曰：缉字敬仲，太和中为温令，名有治能。会诸葛亮出，缉上便宜，诏以问中书令孙资，资以为有筹略，遂召拜骑都尉，遣参征蜀军。军罢，入为尚书郎，以称职为明帝所识。帝以为缉之材能，多所堪任，试呼相者相之。相者云："不过二千石。"帝曰："何材如是而位止二千石乎？"及在东莞，领兵数千人。缉性吝于财而矜于势，一旦以女征去郡，还坐里舍，悒悒躁扰。数为国家陈击吴、蜀形势，又尝对司马大将军料诸葛恪虽得胜于边土，见诛不久。大将军问其故，缉云："威震其主，功盖一国，欲不死可得乎？"及恪从合肥还，吴果杀之。大将军闻恪死，谓众人曰："诸葛恪多辈耳！近张敬仲县论恪，以为必见杀，今果然如此。敬仲之智为胜恪也。"缉与李丰通家，又居相侧近。丰时取急出，子岱往见之，有所咨道。丰被收，事与缉连，遂收送廷尉，赐死狱中，其诸子皆并诛。｜缉孙殷，晋永兴中为梁州刺史，见《晋书》。

○温恢

温恢字曼基，太原祁人也。父恕，为涿郡太守，卒。恢年十五，送葬还归乡里，内足于财。恢曰："世方乱，安以富为？"一朝尽散，振施宗族。州里高之，比之郇越。举孝廉，为廪丘长，鄢陵、广川令，彭城、鲁相，所在见称。入为丞相主簿，出为扬州刺史。太祖曰："甚欲使卿在亲近，顾以为不如此州事大。故《书》云：'股肱良哉！庶事康哉！'得无当得蒋济为治中邪？"时济见为丹阳太守，乃遣济还州。又语张辽、乐进等曰："扬州刺史晓达军事，动静与共咨议。"

建安二十四年，孙权攻合肥，是时诸州皆屯戍。恢谓兖州刺史裴潜曰："此间虽有贼，不足忧，而畏征南方有变。今水生而子孝县军，无有远备。关羽骁锐，乘利而进，必将为患。"于是有樊城之事。诏书召潜及豫州刺史吕贡等，潜等缓之。恢密语潜曰："此必襄阳之急欲赴之也。所以不为急会者，不欲惊动远众。一二日必有密书促卿进道，张辽等又将被召。辽等素知王意，后召前至，卿受其责矣！"潜受其言，置辎重，更为轻装速发，果被促令。辽等寻各见召，如恢所策。

文帝践阼，以恢为侍中，出为魏郡太守。数年，迁凉州刺史，持节领护羌校尉。道病卒，时年四十五。诏曰："恢有柱石之质，服事先帝，功勤明著。及为朕执事，忠于王室，故授之以万里之任，任之以一方之事。如何不遂，吾甚愍之！"赐恢子生爵关内侯。生早卒，爵绝。

恢卒后，汝南孟建为凉州刺史，有治名，官至征东将军。《魏略》曰：建字公威，少与诸葛亮俱游学。亮后出祁山，答司马宣王书，使杜子绪宣意于公威也。

○贾逵 子充

贾逵字梁道，河东襄陵人也。自为儿童，戏弄常设部伍，祖父习异之，曰："汝大必为将率。"口授兵法数万言。《魏略》曰：逵世为著姓，少孤家贫，冬常无袴，过其妻兄柳孚宿，其明无何，著孚袴去，故时人谓之通达。初为郡吏，守绛邑长。郭援之攻河东，所经城邑皆下，逵坚守，援之不拔，乃召单于并军急攻。城将溃，绛父老与援要，不害逵。绛人既溃，援闻逵名，欲使为将，以兵劫之，逵不动。左右引逵使叩头，逵叱之曰："安有国家长吏为贼叩头！"援怒，将斩之。绛吏民闻将杀逵，皆乘城呼曰："负要杀我贤君，宁俱死耳！"左右义逵，多为请，遂得免。《魏略》曰：援捕得逵，逵不肯拜，谓援曰："王府君临郡积年，不知足下曷为者也？"援怒曰："促斩之。"诸将覆护，乃囚于壶关，闭著土窖中，以车轮盖上，使人固守。方将杀之，逵从窖中谓守者曰："此间无健儿邪，而当使义士死此中乎？"时有祝公道者，与逵非故人，而适闻其言，怜其守正危厄，乃夜盗往引出，折械遣去，不语其名姓。

初，逵过皮氏，曰："争地先据者胜。"及围急，知不免，乃使人间行送印绶归郡，且曰"急据皮氏"。援既并绛众，将进兵。逵恐其先得皮氏，乃以他计疑援谋人祝奥，援由是留七日。郡从逵言，故得无败。《魏略》曰：郭援破后，逵乃知前出己者为祝公道。公道，河南人也。后坐他事，当伏法。逵救之，力不能解，为之改服焉。

后举茂才，除渑池令。高幹之反，张琰将举兵以应之。逵不知其谋，往见琰。闻变起，欲还，恐见执，乃为琰画计，如与同谋者，琰信之。时县寄治蠡城，城堑不固，逵从琰求兵修城。诸欲为乱者皆不隐其谋，故逵得尽诛之。遂修城拒琰。琰败，逵以丧祖父去官，司徒辟为掾，以议郎参司隶军事。

太祖征马超，至弘农，曰"此西道之要"，以逵领弘农太守。召见计事，大悦之，谓左右曰："使天下二千石悉如贾逵，吾何忧？"其后发兵，逵疑屯田都尉藏亡民。都尉自以不属郡，言语不顺。逵怒，收之，数以罪，挝折脚，坐免。然太祖心善逵，以为丞相主簿。《魏略》曰：太祖欲征吴而大霖雨，三军多不愿行。太祖知其然，恐外有谏者，教曰："今孤戒严，未知所之，有谏者死。"逵受教，谓其同寮三主簿曰："今实不可出，而教如此，不可不谏也。"乃建谏草以示三人，三人不获已，皆署名，入白事。太祖怒，收逵等。当送狱，教取造意者，逵即言"我造意"，遂走诣狱。狱吏以逵主簿也，不即著械。逵谓狱吏曰："促械我。尊者且疑我在近职，求缓于卿，今将遣人来察我。"逵著械适讫，而太祖果遣家中人就狱视逵。既而教曰："逵无恶意，原复其职。"

太祖征刘备，先遣逵至斜谷观形势。道逢水衡，载囚人数十车，遻以军事急，辄竟重者一人，皆放其余。太祖善之，拜谏议大夫，与夏侯尚并掌军计。太祖崩洛阳，遻典丧事。时鄢陵侯彰行越骑将军，从长安来赴，问遻先王玺绶所在。遻正色曰："太子在邺，国有储副。先王玺绶，非君侯所宜问也。"遂奉梓宫还邺。

文帝即王位，以邺县户数万在都下，多不法，乃以遻为邺令。月余，迁魏郡太守。《魏略》曰：初，魏郡官属颇以公事期会有所急切，会闻遻当为郡，举府皆诣县门外。及迁书到，遻出门，而郡官属悉当门，谒遻于车下。遻抵掌曰："诣治所，何宜如是！"大军出征，复为丞相主簿祭酒。遻尝坐人为罪，王曰："叔向犹十世宥之，况遻功德亲在其身乎？"从至黎阳，津渡者乱行，遻斩之，乃整。至谯，以遻为豫州刺史。《魏略》曰：遻为豫州。遻进曰："臣守天门，出入六年，天门始开，而臣在外。唯殿下为兆民计，无违天人之望。"是时天下初复，州郡多不摄。遻曰："州本以御史出监诸郡，以六条诏书察长吏二千石已下，故其状皆言严能鹰扬有督察之才，不言安静宽仁有恺悌之德也。今长吏慢法，盗贼公行，州知而不纠，天下复何取正乎？"兵曹从事受前刺史假，遻到官数月，乃还；考竟其二千石以下阿纵不如法者，皆举奏免之。帝曰："遻真刺史矣。"布告天下，当以豫州为法。赐爵关内侯。

州南与吴接，遻明斥候，缮甲兵，为守战之备，贼不敢犯。外修军旅，内治民事，遏鄢、汝，造新陂，又断山溜长溪水，造小弋阳陂，又通运渠二百余里，所谓贾侯渠者也。黄初中，与诸将并征吴，破吕范于洞浦，进封阳里亭侯，加建威将军。明帝即位，增邑二百户，并前四百户。时孙权在东关，当豫州南，去江四百余里。每出兵为寇，辄西从江夏，东从庐江。国家征伐，亦由淮、沔。是时州军在项，汝南、弋阳诸郡，守境而已。权无北方之虞，东西有急，并军相救，故常少败。逵以为宜开直道临江，若权自守，则二方无救；若二方无救，则东关可取。乃移屯潦口，陈攻取之计，帝善之。

吴将张婴、王崇率众降。太和二年，帝使逵督前将军满宠、东莞太守胡质等四军，从西阳直向东关，曹休从皖，司马宣王从江陵。逵至五将山，休更表贼有请降者，求深入应之。诏宣王驻军，逵东与休合进。逵度贼无东关之备，必并军于皖；休深入与贼战，必败。乃部署诸将，水陆并进，行二百里，得生贼，言休战败，权遣兵断夹石。诸将不知所出，或欲待后军。逵曰："休兵败于外，路绝于内，进不能战，退不得还，安危之机，不及终日。贼以军无后继，故至此；今疾进，出其不意，此所谓先人以夺其心也，贼见吾兵必走。若待后军，贼已断险，兵虽多何益！"乃兼道进军，多设旗鼓为疑兵，贼见逵军，遂退。逵据夹石，以兵粮给休，休军乃振。初，逵与休不善。黄初中，文帝欲假逵节，休曰："逵性刚，素侮易诸将，不可为督。"帝乃止。及夹石之败，微逵，休军几无救也。《魏略》曰：休怨逵进迟，乃呵责逵，遂使主者敕豫州刺史往拾弃仗。逵恃心直，谓休曰："本为国家作豫州刺史，不来相为拾弃仗也。"乃引军还。遂与休更相表奏，朝廷虽知逵直，犹以休为宗室任重，两无所非也。｜《魏书》云：休犹挟前意，欲以后期罪逵，逵终无言，时人益以此多逵。

会病笃，谓左右曰："受国厚恩，恨不斩孙权以下见先帝。丧事一不得有所修作。"薨，谥曰肃侯。《魏书》曰：逵时年五十五。子充嗣。豫州吏民追思之，为刻石立祠。青龙中，帝东征，乘辇入逵祠，诏曰："昨过项，见贾逵碑像，念之怆然。古人有言，患名之不立，不患年之不长。逵存有忠勋，没而见思，可谓死而不朽者矣。其布告天下，以劝将来。"充，咸熙中为中护军。

评曰：自汉季以来，刺史总统诸郡，赋政于外，非若曩时司察之而已。太祖创基，迄终魏业，此皆其流称誉有名实者也。咸精达事机，威恩兼著，故能肃齐万里，见述于后也。

十六卷 魏书 十六

任苏杜郑仓传 ｜ 任峻 苏则 杜畿 郑浑 仓慈

○任峻

任峻字伯达，河南中牟人也。汉末扰乱，关东皆震。中牟令杨原愁恐，欲弃官走。峻说原曰："董卓首乱，天下莫不侧目，然而未有先发者，非无其心也，势未敢耳。明府若能唱之，必有和者。"原曰："为之奈何？"峻曰："今关东有十余县，能胜兵者不减万人，若权行河南尹事，总而用之，无不济矣。"原从其计，以峻为主簿。峻乃为原表行尹事，使诸县坚守，遂发兵。会太祖起关东，入中牟界，众不知所从，峻独与同郡张奋议，举郡以归太祖。峻又别收宗族及宾客家兵数百人，愿从太祖。太祖大悦，表峻为骑都尉，妻以从妹，甚见亲信。太祖每征伐，峻常居守以给军。是时岁饥旱，军食不足，羽林监颍川枣祗建置屯田，太祖以峻为典农中郎将，数年中所在积粟，仓廪皆满。官渡之战，太祖使峻典军器粮运。贼数寇钞绝粮道，乃使千乘为一部，十道方行，为复陈以营卫之，贼不敢近。军国之饶，起于枣祗而成于峻。太祖以峻功高，乃表封为都亭侯，邑三百户，迁长水校尉。

峻宽厚有度而见事理，每有所陈，太祖多善之。于饥荒之际，收恤朋友孤遗，中外贫宗，周急继乏，信义见称。建安九年薨，太祖流涕者久之。子先嗣。先薨，无子，国除。文帝追录功臣，谥峻曰成侯。复以峻中子览为关内侯。

○苏则

苏则字文师，扶风武功人也。少以学行闻，举孝廉、茂才，辟公府，皆不就。起家为酒泉太守，转安定、武都，《魏书》曰：则刚直疾恶，常慕汲黯之为人。所在有威名。太祖征张鲁，过其郡，见则悦之，使为军导。鲁破，则绥安下辩诸氐，通河西道，徙为金城太守。是时丧乱之后，吏民流散饥穷，户口损耗，则抚循之甚谨。外招怀羌胡，得其牛羊，以养贫老。与民分粮而食，旬月之间，流民皆归，得数千家。乃明为禁令，有干犯者辄戮，其从教者必赏。亲自教民耕种，其岁大丰收，由是归附者日多。李越以陇西反，则率羌胡围越，越即请服。太祖崩，西平麴演叛，称护羌校尉。则勒兵讨之。演恐，乞降。文帝以其功，加则护羌校尉，赐爵关内侯。

后演复结旁郡为乱，张掖张进执太守杜通，酒泉黄华不受太守辛机，进、华皆自称太守以应之。又武威三种胡并寇钞，道路断绝。武威太守毌丘兴告急于则。时雍、凉诸豪皆驱略羌胡以从进等，郡人咸以为进不可当。又将军郝昭、魏平先是各屯守金城，亦受诏不得西度。则乃见郡中大吏及昭等与羌豪帅谋曰："今贼虽盛，然皆新合，或有胁从，未必同心；因衅击之，善恶必离，离而归我，我增而彼损矣。既获益众之实，且有倍气之势，率以进讨，破之必矣。若待大军，旷日持久，善人无归，必合于恶，善恶既合，势难卒离。虽有诏命，违而合权，专之可也。"于是昭等从之，乃发兵救武威，降其三种胡，与兴击进于张掖。

演闻之，将步骑三千迎则，辞来助军，而实欲为变。则诱与相见，因斩之，出以徇军，其党皆散走。则遂与诸军围张掖，破之，斩进及其支党，众皆降。演军败，华惧，出所执乞降，河西平。乃还金城。进封都亭侯，邑三百户。

征拜侍中，与董昭同寮。昭尝枕则膝卧，则推下之，曰："苏则之膝，非佞人之枕也。"初，则及临菑侯植闻魏氏代汉，皆发服悲哭，文帝闻植如此，而不闻则也。帝在洛阳，尝从容言曰："吾应天受禅，而闻有哭者，何也？"则谓为见问，须髯悉张，欲正论以对。侍中傅巽掐则曰："不谓卿也。"于是乃止。《魏略》曰：旧仪，侍中亲省起居，故俗谓之执虎子。始则同郡吉茂者，是时仕甫历县令，迁为冗散。茂见则，嘲之曰："仕进不止，执虎子。"则笑曰："我诚不能效汝塞塞驱鹿车驰也。"初，则在金城，闻汉帝禅位，以为崩也，乃发丧；后闻其在，自以不审，意颇默然。临菑侯植自伤失先帝意，亦怨激而哭。其后文帝出游，追恨临菑，顾谓左右曰："人心不同，当我登大位之时，天下有哭者。"时从臣知帝此言，有为而发也，而则以为为己，欲下马谢。侍中傅巽目之，乃悟。

文帝问则曰："前破酒泉、张掖，西域通使，燉煌献径寸大珠，可复求市益得不？"则对曰："若陛下化洽中国，德流沙漠，即不求自至；求而得之，不足贵也。"帝默然。后则从行猎，槎栝拔，失鹿，帝大怒，踞胡床拔刀，悉收督史，将斩之。则稽首曰："臣闻古之圣王不以禽兽害人，今陛下方隆唐尧之化，而以猎戏多杀群吏，愚臣以为不可。敢以死请！"帝曰："卿，直臣也。"遂皆赦之。然以此见惮。黄初四年，左迁东平相。未至，道病薨，谥曰刚侯。子怡嗣。怡薨，无子，弟愉袭封。愉，咸熙中为尚书。

○杜畿 子恕

杜畿字伯侯,京兆杜陵人也。少孤,继母苦之,以孝闻。年二十,为郡功曹,守郑县令。县囚系数百人,畿亲临狱,裁其轻重,尽决遣之,虽未悉当,郡中奇其年少而有大意也。举孝廉,除汉中府丞。会天下乱,遂弃官客荆州,建安中乃还。荀彧进之太祖,《傅子》曰:畿自荆州还,后至许,见侍中耿纪,语终夜。尚书令荀彧与纪比屋,夜闻畿言,异之,旦遣人谓纪曰:"有国士而不进,何以居位?"既见畿,知之如旧相识者,遂进畿于朝。太祖以畿为司空司直,迁护羌校尉,使持节,领西平太守。

太祖既定河北,而高幹举并州反。时河东太守王邑被征,河东人卫固、范先外以请邑为名,而内实与幹通谋。太祖谓荀彧曰:"关西诸将,恃险与马,征必为乱。张晟寇殽、渑间,南通刘表,固等因之,吾恐其为害深。河东被山带河,四邻多变,当今天下之要地也。君为我举萧何、寇恂以镇之。"彧曰:"杜畿其人也。"《傅子》曰:或称畿勇足以当大难,智能应变,其可试之。于是追拜畿为河东太守。固等使兵数千人绝陕津,畿至不得渡。太祖遣夏侯惇讨之,未至。或谓畿曰:"宜须大兵。"畿曰:"河东有三万户,非皆欲为乱也。今兵迫之急,欲为善者无主,必惧而听于固。固等势专,必以死战。讨之不胜,四邻应之,天下之变未息也;讨之而胜,是残一郡之民也。且固等未显绝王命,外以请故君为名,必不害新君。吾单车直往,出其不意。固为人多计而无断,必伪受吾。吾得居郡一月,以计縻之,足矣。"遂诡道从郖津度。

范先欲杀畿以威众,且观畿去就,于门下斩杀主簿已下三十余人,畿举动自若。于是固曰:"杀之无损,徒有恶名;且制之在我。"遂奉之。畿谓卫固、范先曰:"卫、范,河东之望也,吾仰成而已。然君臣有定义，成败同之，大事当共平议。"以固为都督，行丞事，领功曹；将校吏兵三千余人，皆范先督之。固等喜，虽阳事畿，不以为意。固欲大发兵，畿患之，说固曰："夫欲为非常之事，不可动众心。今大发兵，众必扰，不如徐以赏募兵。"固以为然，从之，遂为赏调发，数十日乃定，诸将贪多应募而少遣兵。又入喻固等曰："人情顾家，诸将掾史，可分遣休息，急缓召之不难。"固等恶逆众心，又从之。于是善人在外，阴为己援；恶人分散，各还其家，则众离矣。会白骑攻东垣，高幹入濩泽，上党诸县杀长吏，弘农执郡守，固等密调兵未至。畿知诸县附己，因出，单将数十骑，赴张辟拒守，吏民多举城助畿者，比数十日，得四千余人。固等与幹、晟共攻畿，不下，略诸县，无所得。会大兵至，幹、晟败，固等伏诛，其余党与皆赦之，使复其居业。

是时天下郡县皆残破，河东最先定，少耗减。畿治之，崇宽惠，与民无为。民尝辞讼，有相告者，畿亲见为陈大义，遣令归谛思之，若意有所不尽，更来诣府。乡邑父老自相责怒曰："有君如此，奈何不从其教？"自是少有辞讼。班下属县，举孝子、贞妇、顺孙，复其繇役，随时慰勉之。渐课民畜牸牛、草马，下逮鸡豚犬豕，皆有章程。百姓勤农，家家丰实。畿乃曰："民富矣，不可不教也。"于是冬月修戎讲武，又开学宫，亲自执经教授，郡中化之。《魏略》曰：博士乐详，由畿而升。至今河东特多儒者，则畿之由矣。

韩遂、马超之叛也，弘农、冯翊多举县邑以应之。河东虽与贼接，民无异心。太祖西征至蒲阪，与贼夹渭为军，军食一仰河东。及贼破，余畜二十余万斛。太祖下令曰："河东太守杜畿，孔子所谓'禹，吾无间然矣'。增秩中二千石。"太祖征汉中，遣五千人运，运者自率勉曰："人生有一死，不可负我府君。"终无一人逃亡，其得人心如此。魏国既建，以畿为尚书。事平，更有令曰："昔萧何定关中，寇恂平河内，卿其有功，间将授卿以纳言之职；顾念河东吾股肱郡，充实之所，足以制天下，故且烦卿卧镇之。"畿在河东十六年，常为天下最。

文帝即王位，赐爵关内侯。征为尚书。及践阼，进封丰乐亭侯。邑百户，《魏略》曰：初畿在郡，被书录寡妇。是时他郡或有已自相配嫁，依书皆录夺，啼哭道路。畿但取寡者，故所送少；及赵俨代畿而所送多。文帝问畿："前君所送何少，今何多也？"畿对曰："臣前所录皆亡者妻，今俨送生人妇也。"帝及左右顾而失色。守司隶校尉。帝征吴，以畿为尚书仆射，统留事。其后帝幸许昌，畿复居守。受诏作御楼船，于陶河试船，遇风没。帝为之流涕，《魏氏春秋》曰：初，畿尝见童子谓之曰："司命使我召子。"畿固请之，童子曰："今将为君求相代者。君其慎勿言！"言卒，忽然不见。至此二十年矣，畿乃言之。其日而卒，时年六十二。诏曰："昔冥勤其官而水死，稷勤百谷而山死。故尚书仆射杜畿于孟津试船，遂至覆没，忠之至也。朕甚愍焉。"追赠太仆，谥曰戴侯。子恕嗣。

恕字务伯，太和中为散骑、黄门侍郎。《杜氏新书》曰：恕少与冯翊李丰俱为父任，总角相善。及各成人，丰砥砺名行以要世誉，而恕诞节直意，与丰殊趣。丰竟驰名一时，京师之士多为之游说。而当路者或以丰名过其实，而恕被褐怀玉也。由此为丰所不善。恕亦任其自然，不力行以合时。丰以显仕朝廷，恕犹居家自若。明帝以恕大臣子，擢拜散骑侍郎，数月，转补黄门侍郎。恕推诚以质，不治饰，少无名誉。及在朝，不结交援，专心向公。每政有得失，常引纲维以正言，于是侍中辛毗等器重之。

时公卿以下大议损益，恕以为："古之刺史，奉宣六条，以清静为名，威风著称，今可勿令领兵，以专民事。"俄而镇北将军吕昭又领冀州，乃上疏曰：

"帝王之道，莫尚乎安民；安民之术，在于丰财。丰财者，务本而节用也。方今二贼未灭，戎车亟驾，此自熊虎之士展力之秋也。然搢绅之儒，横加荣慕，扼腕抗论，以孙、吴为首，州郡牧守，咸共忽恤民之术，修将率之事。农桑之民，竞干戈之业，不可谓务本。帑藏岁虚而制度岁广，民力岁衰而赋役岁兴，不可谓节用。今大魏奄有十州之地，而承丧乱之弊，计其户口不如往昔一州之民，然而二方僭逆，北虏未宾，三边遘难，绕天略帀；所以统一州之民，经营九州之地，其为艰难，譬策羸马以取道里，岂可不加意爱惜其力哉？以武皇帝之节俭，府藏充实，犹不能十州拥兵；郡且二十也。今荆、扬、青、徐、幽、并、雍、凉缘边诸州皆有兵矣，其所恃内充府库外制四夷者，惟兖、豫、司、冀而已。臣前以州郡典兵，则专心军功，不勤民事，宜别置将守，以尽治理之务；而陛下复以冀州宠秩吕昭。冀州户口最多，田多垦辟，又有桑枣之饶，国家征求之府，诚不当复以兵事也。若以北方当须镇守，自可专置大将以镇安之。计所置吏士之费，与兼官无异。然昭于人才尚复易；中朝苟乏人，兼才者势不独多。以此推之，知国家以人择官，不为官择人也。官得其人，则政平讼理；政平故民富实，讼理故图圄虚空。陛下践阼，天下断狱百数十人，岁岁增多，至五百余人矣。民不益多，法不益峻。以此推之，非政教陵迟，牧守不称之明效欤？往年牛死，通率天下十能损二；麦不半收，秋种未下。若二贼游魂于疆场，飞刍挽粟，千里不及。究此之术，岂在强兵乎？武士劲卒愈多，愈多愈病耳。

"夫天下犹人之体，腹心充实，四支虽病，终无大患；今兖、豫、司、冀亦天下之腹心也。是以愚臣偻偻，实愿四州之牧守，独修务本之业，以堪四支之重。然孤论难持，犯欲难成，众怨难积，疑似难分，故累载不为明主所察。凡言此者，类皆疏贱；疏贱之言，实未易听。若使善策必出于亲贵，亲贵固不犯四难以求忠爱，此古今之所常患也。”

时又大议考课之制，以考内外众官。恕以为用不尽其人，虽文具无益，所存非所务，所务非世要。上疏曰：

"《书》称'明试以功，三考黜陟'，诚帝王之盛制。使有能者当其官，有功者受其禄，譬犹乌获之举千钧，良、乐之选骥足也。虽历六代而考绩之法不著，关七圣而课试之文不垂，臣诚以为其法可粗依，其详难备举故也。语曰：'世有乱人而无乱法。'若使法可专任，则唐、虞可不须稷、契之佐，殷、周无贵伊、吕之辅矣。今奏考功者，陈周、汉之云为，缀京房之本旨，可谓明考课之要矣。于以崇揖让之风，兴济济之治，臣以为未尽善也。其欲使州郡考士，必由四科，皆有事效，然后察举，试辟公府，为亲民长吏，转以功次补郡守，或就增秩赐爵，此最考课之急务也。臣以为便当显其身，用其言，使具为课州郡之法，法具施行，立必信之赏，施必行之罚。至于公卿及内职大臣，亦当俱以其职考课之也。

"古之三公，坐而论道，内职大臣，纳言补阙，无善不纪，无过不举。且天下至大，万机至众，诚非一明所能遍照。故君为元首，臣作股肱，明其一体相须而成也。是以古人称廊庙之材，非一木之枝；帝王之业，非一士之略。由是言之，焉有大臣守职辨课可以致雍熙者哉！且布衣之交，犹有务信誓而蹈水火，感知己而披肝胆，徇声名而立节义者；况于束带立朝，致位卿相，所务者非特匹夫之信，所感者非徒知己之惠，所徇者岂声名而已乎！

"诸蒙宠禄受重任者，不徒欲举明主于唐、虞之上而已；身亦欲厕稷、契之列。是以古人不患于念治之心不尽，患于自任之意不足，此诚人主使之然也。唐、虞之君，委任稷、契、夔、龙而责成功，及其罪也，殛鲧而放四凶。今大臣亲奉明诏，给事目下，其有夙夜在公，恪勤特立，当官不挠贵势，执平不阿所私，危言危行以处朝廷者，自明主所察也。若尸禄以为高，拱默以为智，当官苟在于免负，立朝不忘于容身，洁行逊言以处朝廷者，亦明主所察也。诚使容身保位，无放退之辜，而尽节在公，抱见疑之势，公义不修而私议成俗，虽仲尼为谋，犹不能尽一才，又况于世俗之人乎！今之学者，师商、韩而上法术，竞以儒家为迂阔，不周世用，此最风俗之流弊，创业者之所致慎也。"

后考课竟不行。

乐安廉昭以才能拔擢，颇好言事。恕上疏极谏曰：

"伏见尚书郎廉昭奏左丞曹璠以罚当关不依诏，坐判问。又云'诸当坐者别奏'。尚书令陈矫自奏不敢辞罚，亦不敢以处重为恭，意至恳恻。臣窃愍然为朝廷惜之！夫圣人不择世而兴，不易民而治，然而生必有贤智之佐者，盖进之以道，帅之以礼故也。古之帝王之所以能辅世长民者，莫不远得百姓之欢心，近尽群臣之智力。诚使今朝任职之臣皆天下之选，而不能尽其力，不可谓能使人；若非天下之选，亦不可谓能官人。陛下忧劳万机，或亲灯火，而庶事不康，刑禁日弛，岂非股肱不称之明效欤？原其所由，非独臣有不尽忠，亦主有不能使。百里奚愚于虞而智于秦，豫让苟容中行而著节智伯，斯则古人之明验矣。今臣言一朝皆不忠，是诬一朝也；然其事类，可推而得。陛下感帑藏之不充实，而军事未息，至乃断四时之赋衣，薄御府之私谷，帅由圣意，举朝称明，与闻政事密勿大臣，宁有恳恳忧此者乎？

"骑都尉王才、幸乐人孟思所为不法，振动京都，而其罪状发于小吏，公卿大臣初无一言。自陛下践阼以来，司隶校尉、御史中丞宁有举纲维以督奸宄，使朝廷肃然者邪？若陛下以为今世无良才，朝廷乏贤佐，岂可追望稷、契之遐踪，坐待来世之俊乂乎！今之所谓贤者，尽有大官而享厚禄矣，然而奉上之节未立，向公之心不一者，委任之责不专，而俗多忌讳故也。臣以为忠臣不必亲，亲臣不必忠。何者？以其居无嫌之地而事得自尽也。今有疏者毁人不实其所毁，而必曰私报所憎，誉人不实其所誉，而必曰私爱所亲，左右或因之以进憎爱之说。非独毁誉有之，政事损益，亦皆有嫌。陛下当思所以阐广朝臣之心，笃厉有道之节，使之自同古人，望与竹帛耳。反使如廉昭者扰乱其间，臣惧大臣遂将容身保位，坐观得失，为来世戒也！

"昔周公戒鲁侯曰'无使大臣怨乎不以'，言贤愚明皆当世用也。尧数舜之功，称去四凶，不言大小，有罪则去也。今者朝臣不自以为不能，以陛下为不任也；不自以为不智，以陛下为不问也。陛下何不遵周公之所以用，大舜之所以去？使侍中、尚书坐则侍帷幄，行则从华辇，亲对诏问，所陈必达，则群臣之行能否，皆可得而知；忠能者进，暗劣者退，谁敢依违而不自尽？以陛下之圣明，亲与群臣论议政事，使群臣人得自尽，人自以为亲，人思所以报，贤愚能否，在陛下之所用。以此治事，何事不办？以此建功，何功不成？每有军事，诏书常曰：'谁当忧此者邪？吾当自忧耳。'近诏又曰：'忧公忘私者必然，但先公后私即自办也。'伏读明诏，乃知圣思究尽下情，然亦怪陛下不治其本而忧其末也。人之能否，实有本性，虽臣亦以为朝臣不尽称职也。明主之用人也，使能者不敢遗其力，而不能者不得处非其任。选举非其人，未必为有罪也；举朝共容非其人，乃为怪耳。陛下知其不尽力也，而代之忧其职，知其不能也，而教之治其事，岂徒主劳而臣逸哉？虽圣贤并世，终不能以此为治也。

"陛下又患台阁禁令之不密，人事请属之不绝，听伊尹作迎客出入之制，选司徒更恶吏以守寺门；威禁由之，实未得为禁之本也。昔汉安帝时，少府窦嘉辟廷尉郭躬无罪之兄子，犹见举奏，章劾纷纷。近司隶校尉孔羡辟大将军狂悖之弟，而有司嘿尔，望风希指，甚于受属。选举不以实，人事之大者也。臣松之案：大将军，司马宣王也。《晋书》云："宣王第五弟，名通，为司隶从事。"疑恕所云狂悖者。嘉有亲戚之宠，躬非社稷重臣，犹尚如此；以今况古，陛下自不督必行之罚以绝阿党之原耳。伊尹之制，与恶吏守门，非治世之具也。使臣之言少蒙察纳，何患于奸不削灭，而养若昭等乎！

"夫纠擿奸宄，忠事也，然而世憎小人行之者，以其不顾道理而苟求容进也。若陛下不复考其终始，必以违众忤世为奉公，密行白人为尽节，焉有通人大才而更不能为此邪？诚顾道理而弗为耳。使天下皆背道而趋利，则人主之所最病者，陛下将何乐焉，胡不绝其萌乎！夫先意承旨以求容美，率皆天下浅薄无行义者，其意务在于适人主之心而已，非欲治天下安百姓也。陛下何不试变业而示之，彼岂执其所守以违圣意哉？夫人臣得人主之心，安业也；处尊显之官，荣事也；食千钟之禄，厚实也。人臣虽愚，未有不乐此而喜干迕者也，迫于道，自强耳。诚以为陛下当怜而佑之，少委任焉，如何反录昭等倾侧之意，而忽若人者乎？今者外有伺隙之寇，内有贫旷之民，陛下当大计天下之损益，政事之得失，诚不可以怠也。"

恕在朝八年，其论议亢直，皆此类也。

出为弘农太守，数岁转赵相，以疾去官。《杜氏新书》曰：恕遂去京师，营宜阳一泉坞，因其垒堑之固，小大家焉。明帝崩时，人多为恕言者。起家为河东太守，岁余，迁淮北都督护军，复以疾去。恕所在，务存大体而已，其树惠爱，益得百姓欢心，不及于畿。顷之，拜御史中丞。恕在朝廷，以不得当世之和，故屡在外任。复出为幽州刺史，加建威将军、使持节护乌丸校尉。时征北将军程喜屯蓟，尚书袁侃等戒恕曰："程申伯处先帝之世，倾田国让于青州。足下今俱杖节，使共屯一城，宜深有以待之。"而恕不以为意。至官未期，有鲜卑大人儿，不由关塞，径将数十骑诣州，州斩所从来小子一人，无表言上。喜于是劾奏恕，下廷尉，当死。以父畿勤事水死，免为庶人，徙章武郡，是岁嘉平元年。恕倜傥任意，而思不防患，终致此败。

初，恕从赵郡还，陈留阮武亦从清河太守征，俱自簿廷尉。谓恕曰："相观才性可以由公道而持之不厉，器能可以处大官而求之不顺，才学可以述古今而志之不一，此所谓有其才而无其用。今向闲暇，可试潜思，成一家言。"在章武，遂著《体论》八篇。《杜氏新书》曰：以为人伦之大纲，莫重于君臣；立身之基本，莫大于言行；安上理民，莫精于政法；胜残去杀，莫善于用兵。夫礼也者，万物之体也，万物皆得其体，无有不善，故谓之《体论》。又著《兴性论》一篇，盖兴于为己也。四年，卒于徙所。

甘露二年，河东乐详年九十余，上书讼畿之遗绩，朝廷感焉。诏封恕子预为丰乐亭侯，邑百户。恕奏议论驳皆可观，掇其切世大事著于篇。王隐《晋书》称预智谋渊博，明于理乱，常称"德者非所以企及，立功立言，所庶几也"。大观群典，谓《公羊》《谷梁》，诡辩之言。又非先儒说《左氏》未究丘明意，而横以二传乱之。乃错综微言，著《春秋左氏经传集解》，又参考众家，谓之释例，又作《盟会图》《春秋长历》，备成一家之学，至老乃成。尚书郎挚虞甚重之，曰："左丘明本为《春秋》作传，而《左传》遂自孤行；释例本为传设，而所发明何但《左传》，故亦孤行。"预有大功名于晋室，位至征南大将军，开府，封当阳侯，食邑八千户。子锡，字世嘏，尚书左丞。

277

○郑浑

郑浑字文公，河南开封人也。高祖父众，众父兴，皆为名儒。浑兄泰，与荀攸等谋诛董卓，为扬州刺史，卒。浑将泰小子袤避难淮南，袁术宾礼甚厚。浑知术必败。时华歆为豫章太守，素与泰善，浑乃渡江投歆。太祖闻其笃行，召为掾，复迁下蔡长、邵陵令。天下未定，民皆剽轻，不念产殖；其生子无以相活，率皆不举。浑所在夺其渔猎之具，课使耕桑，又兼开稻田，重去子之法。民初畏罪，后稍丰给，无不举赡；所育男女，多以郑为字。辟为丞相掾属，迁左冯翊。

时梁兴等略吏民五千余家为寇钞，诸县不能御，皆恐惧，寄治郡下。议者悉以为当移就险，浑曰："兴等破散，窜在山阳。虽有随者，率胁从耳。今当广开降路，宣喻恩信。而保险自守，此示弱也。"乃聚敛吏民，治城郭，为守御之备。遂发民逐贼，明赏罚，与要誓，其所得获，十以七赏。百姓大悦，皆愿捕贼，多得妇女、财物。贼之失妻子者，皆还求降。浑责其得他妇女，然后还其妻子，于是转相寇盗，党与离散。又遣吏民有恩信者，分布山谷告喻，出者相继，乃使诸县长吏各还本治以安集之。兴等惧，将余众聚鄜城。太祖使夏侯渊就助郡击之，浑率吏民前登，斩兴及其支党。又贼靳富等，胁将夏阳长、邵陵令并其吏民入硙山，浑复讨击破富等，获二县长吏，将其所略还。及赵青龙者，杀左内史程休，浑闻，遣壮士就枭其首。前后归附四千余家，由是山贼皆平，民安产业。转为上党太守。

太祖征汉中，以浑为京兆尹。浑以百姓新集，为制移居之法，使兼复者与单轻者相伍，温信者与孤老为比，勤稼穑，明禁令，以发奸者。由是民安于农，而盗贼止息。及大军入汉中，运转军粮为最。又遣民田汉中，无逃亡者。太祖益嘉之，复入为丞相掾。文帝即位，为侍御史，加驸马都尉，迁阳平、沛郡二太守。郡界下湿，患水潦，百姓饥乏。浑于萧、相二县界，兴陂遏，开稻田。郡人皆以为不便，浑曰："地势洿下，宜溉灌，终有鱼稻经久之利，此丰民之本也。"遂躬率吏民，兴立功夫，一冬间皆成。比年大收，顷亩岁增，租入倍常，民赖其利，刻石颂之，号曰"郑陂"。转为山阳、魏郡太守，其治放此。又以郡下百姓，苦乏材木，乃课树榆为篱，并益树五果；榆皆成藩，五果丰实。入魏郡界，村落齐整如一，民得财足用饶。明帝闻之，下诏称述，布告天下，迁将作大匠。浑清素在公，妻子不免于饥寒。及卒，以子崇为郎中。

○仓慈

　　仓慈字孝仁，淮南人也。始为郡吏。建安中，太祖开募屯田于淮南，以慈为绥集都尉。黄初末，为长安令，清约有方，吏民畏而爱之。太和中，迁燉煌太守。郡在西陲，以丧乱隔绝，旷无太守二十岁，大姓雄张，遂以为俗。前太守尹奉等，循故而已，无所匡革。慈到，抑挫权右，抚恤贫羸，甚得其理。旧大族田地有余，而小民无立锥之土；慈皆随口割赋，稍稍使毕其本直。先是属城狱讼众猥，县不能决，多集治下；慈躬往省阅，料简轻重，自非殊死，但鞭杖遣之，一岁决刑曾不满十人。又常日西域杂胡欲来贡献，而诸豪族多逆断绝；既与贸迁，欺诈侮易，多不得分明。胡常怨望，慈皆劳之。欲诣洛者，为封过所，欲从郡还者，官为平取，辄于府见物与共交市，使吏民护送道路，由是民夷翕然称其德惠。数年卒官，吏民悲感如丧亲戚，图画其形，思其遗像。及西域诸胡闻慈死，悉共会聚于戊己校尉及长吏治下发哀，或有以刀画面，以明血诚，又为立祠，遥共祠之。《魏略》曰：天水王迁，承代慈，虽循其迹，不能及也。金城赵基承迁后，复不如迁。至嘉平中，安定皇甫隆代基为太守。初，燉煌不甚晓田，常灌溉滀水，使极濡洽，然后乃耕。又不晓作耧犁，用水，及种，人牛功力既费，而收谷更少。隆到，教作耧犁，又教衍溉，岁终率计，其所省庸力过半，得谷加五。又燉煌俗，妇人作裙，挛缩如羊肠，用布一匹；隆又禁改之，所省复不訾。故燉煌人以为隆刚断严毅不及于慈，至于勤恪爱惠，为下兴利，可以亚之。

自太祖迄于咸熙，魏郡太守陈国吴瓘、清河太守乐安任燠、京兆太守济北颜斐、弘农太守太原令狐邵、济南相鲁国孔乂，或哀矜折狱，或推诚惠爱，或治身清白，或擿奸发伏，咸为良二千石。

评曰：任峻始兴义兵，以归太祖，辟土殖谷，仓庾盈溢，庸绩致矣。苏则威以平乱，既政事之良，又矫矫刚直，风烈足称。杜畿宽猛克济，惠以康民。郑浑、仓慈，恤理有方。抑皆魏代之名守乎！恕屡陈时政，经纶治体，盖有可观焉。

十七卷 魏书 十七

张乐于张徐传 | 张辽 乐进 于禁 张郃 徐晃

○张辽

　　张辽字文远，雁门马邑人也。本聂壹之后，以避怨变姓。少为郡吏。汉末，并州刺史丁原以辽武力过人，召为从事，使将兵诣京都。何进遣诣河北募兵，得千余人。还，进败，以兵属董卓。卓败，以兵属吕布，迁骑都尉。布为李傕所败，从布东奔徐州，领鲁相，时年二十八。

　　太祖破吕布于下邳，辽将其众降，拜中郎将，赐爵关内侯。数有战功，迁裨将军。袁绍破，别遣辽定鲁国诸县。与夏侯渊围昌豨于东海，数月粮尽，议引军还，辽谓渊曰："数日已来，每行诸围，豨辄属目视辽。又其射矢更稀，此必豨计犹豫，故不力战。辽欲挑与语，傥可诱也？"乃使谓豨曰："公有命，使辽传之。"豨果下与辽语，辽为说"太祖神武，方以德怀四方，先附者受大赏"。豨乃许降。辽遂单身上三公山，入豨家，拜妻子。豨欢喜，随诣太祖。太祖遣豨还，责辽曰："此非大将法也。"辽谢曰："以明公威信著于四海，辽奉圣旨，豨必不敢害故也。"

　　从讨袁谭、袁尚于黎阳，有功，行中坚将军。从攻尚于邺，尚坚守不下。太祖还许，使辽与乐进拔阴安，徙其民河南。复从攻邺，邺破，辽别徇赵国、常山，招降缘山诸贼及黑山孙轻等。从攻袁谭，谭破，别将徇海滨，破辽东贼柳毅等。还邺，太祖自出迎辽，引共载，以辽为荡寇将军。复别击荆州，定江夏诸县，还屯临颍，封都亭侯。从征袁尚于柳城，卒与虏遇，辽劝太祖战，气甚奋，太祖壮之，自以所持麾授辽。遂击，大破之，斩单于蹋顿。《傅子》曰：太祖将征柳城，辽谏曰："夫许，天子之会也。今天子在许，公远北征，若刘表遣刘备袭许，据之以号令四方，公之势去矣。"太祖策表必不能任备，遂行也。

时荆州未定，复遣辽屯长社。临发，军中有谋反者，夜惊乱起火，一军尽扰。辽谓左右曰："勿动。是不一营尽反，必有造变者，欲以动乱人耳。"乃令军中，其不反者安坐。辽将亲兵数十人，中阵而立。有顷定，即得首谋者杀之。陈兰、梅成以氐六县叛，太祖遣于禁、臧霸等讨成，辽督张郃、牛盖等讨兰。成伪降禁，禁还。成遂将其众就兰，转入灊山。灊中有天柱山，高峻二十余里，道险狭，步径裁通，兰等壁其上。辽欲进，诸将曰："兵少道险，难用深入。"辽曰："此所谓一与一，勇者得前耳。"遂进到山下安营，攻之，斩兰、成首，尽虏其众。太祖论诸将功，曰："登天山，履峻险，以取兰、成，荡寇功也。"增邑，假节。

太祖既征孙权还，使辽与乐进、李典等将七千余人屯合肥。太祖征张鲁，教与护军薛悌，署函边曰"贼至乃发"。俄而权率十万众围合肥，乃共发教，教曰："若孙权至者，张、李将军出战；乐将军守，护军勿得与战。"诸将皆疑。辽曰："公远征在外，比救至，彼破我必矣。是以教指及其未合逆击之，折其盛势，以安众心，然后可守也。成败之机，在此一战，诸君何疑？"李典亦与辽同。于是辽夜募敢从之士，得八百人，椎牛飨将士，明日大战。平旦，辽被甲持戟，先登陷阵，杀数十人，斩二将，大呼自名，冲垒入，至权麾下。权大惊，众不知所为，走登高冢，以长戟自守。辽叱权下战，权不敢动，望见辽所将众少，乃聚围辽数重。辽左右麾围，直前急击，围开，辽将麾下数十人得出，余众号呼曰："将军弃我乎！"辽复还突围，拔出余众。权人马皆披靡，无敢当者。自旦战至日中，吴人夺气，还修守备，众心乃安，诸将咸服。权攻合肥十余日，城不可拔，乃引退。辽率诸军追击，几复获权。太祖大壮辽，拜征东将军。

建安二十一年，太祖复征孙权，到合肥，循行辽战处，叹息者良久。乃增辽兵，多留诸军，徙屯居巢。关羽围曹仁于樊，会权称藩，召辽及诸军悉还救仁。辽未至，徐晃已破关羽，仁围解。辽与太祖会摩陂。辽军至，太祖乘辇出劳之，还屯陈郡。

文帝即王位，转前将军。分封兄泛及一子列侯。孙权复叛，遣辽还屯合肥，进辽爵都乡侯。给辽母舆车，及兵马送辽家诣屯，敕辽母至，导从出迎。所督诸军将吏皆罗拜道侧，观者荣之。文帝践阼，封晋阳侯，增邑千户，并前二千六百户。黄初二年，辽朝洛阳宫，文帝引会建始殿，亲问破吴意状。帝叹息顾左右曰："此亦古之召虎也。"为起第舍，又特为辽母作殿，以辽所从破吴军应募步卒，皆为虎贲。孙权复称藩。辽还屯雍丘，得疾。帝遣侍中刘晔将太医视疾，虎贲问消息，道路相属。疾未瘳，帝迎辽就行在所，车驾亲临，执其手，赐以御衣，太官日送御食。疾小差，还屯。孙权复叛，帝遣辽乘舟，与曹休至海陵，临江。权甚惮焉，敕诸将："张辽虽病，不可当也，慎之！"是岁，辽与诸将破权将吕范。辽病遂笃，薨于江都。帝为流涕，谥曰刚侯。子虎嗣。六年，帝追念辽、典在合肥之功，诏曰："合肥之役，辽、典以步卒八百，破贼十万，自古用兵，未之有也。使贼至今夺气，可谓国之爪牙矣。其分辽、典邑各百户，赐一子爵关内侯。"

虎为偏将军，薨。子统嗣。

○乐进

乐进字文谦，阳平卫国人也。容貌短小，以胆烈从太祖，为帐下吏。遣还本郡募兵，得千余人，还为军假司马、陷阵都尉。从击吕布于濮阳，张超于雍丘，桥蕤于苦，皆先登有功，封广昌亭侯。从征张绣于安众，围吕布于下邳，破，别将击眭固于射犬，攻刘备于沛，皆破之，拜讨寇校尉。渡河攻获嘉，还，从击袁绍于官渡，力战，斩绍将淳于琼。从击谭、尚于黎阳，斩其大将严敬，行游击将军。别击黄巾，破之，定乐安郡。从围邺，邺定，从击袁谭于南皮，先登，入谭东门。谭败，别攻雍奴，破之。建安十一年，太祖表汉帝，称进及于禁、张辽曰："武力既弘，计略周备，质忠性一，守执节义，每临战攻，常为督率，奋强突固，无坚不陷，自援枹鼓，手不知倦。又遣别征，统御师旅，抚众则和，奉令无犯，当敌制决，靡有遗失。论功纪用，宜各显宠。"于是禁为虎威；进，折冲；辽，荡寇将军。

进别征高干，从北道入上党，回出其后。干等还守壶关，连战斩首。干坚守未下，会太祖自征之，乃拔。太祖征管承，军淳于，遣进与李典击之。承破走，逃入海岛，海滨平。荆州未服，遣屯阳翟。后从平荆州，留屯襄阳，击关羽、苏非等，皆走之，南郡诸县山谷蛮夷诣进降。又讨刘备临沮长杜普、旌阳长梁太，皆大破之。后从征孙权，假进节。太祖还，留进与张辽、李典屯合肥，增邑五百，并前凡千二百户。以进数有功，分五百户，封一子列侯；进迁右将军。建安二十三年薨，谥曰威侯。子綝嗣。綝果毅有父风，官至扬州刺史。诸葛诞反，掩袭杀綝，诏悼惜之，追赠卫尉，谥曰愍侯。子肇嗣。

○于禁

于禁字文则，泰山钜平人也。黄巾起，鲍信招合徒众，禁附从焉。及太祖领兖州，禁与其党俱诣为都伯，属将军王朗。朗异之，荐禁才任大将军。太祖召见与语，拜军司马，使将兵诣徐州，攻广威，拔之，拜陷阵都尉。从讨吕布于濮阳，别破布二营于城南，又别将破高雅于须昌。从攻寿张、定陶、离狐，围张超于雍丘，皆拔之。从征黄巾刘辟、黄邵等，屯版梁，邵等夜袭太祖营，禁帅麾下击破之，斩辟、邵等，尽降其众。迁平虏校尉。从围桥蕤于苦，斩蕤等四将。从至宛，降张绣。绣复叛，太祖与战不利，军败，还舞阴。是时军乱，各间行求太祖，禁独勒所将数百人，且战且引，虽有死伤不相离。虏追稍缓，禁徐整行队，鸣鼓而还。未至太祖所，道见十余人被创裸走，禁问其故，曰："为青州兵所劫。"初，黄巾降，号青州兵，太祖宽之，故敢因缘为略。禁怒，令其众曰："青州兵同属曹公，而还为贼乎！"乃讨之，数之以罪。青州兵遽走诣太祖自诉。禁既至，先立营垒，不时谒太祖。或谓禁："青州兵已诉君矣，宜促诣公辨之。"禁曰："今贼在后，追至无时，不先为备，何以待敌？且公聪明，谮诉何缘！"徐凿堑安营讫，乃入谒，具陈其状。太祖悦，谓禁曰："淯水之难，吾其急也，将军在乱能整，讨暴坚垒，有不可动之节，虽古名将，何以加之！"于是录禁前后功，封益寿亭侯。复从攻张绣于穰，禽吕布于下邳，别与史涣、曹仁攻眭固于射犬，破斩之。

太祖初征袁绍，绍兵盛，禁愿为先登。太祖壮之，乃选步骑二千人，使禁将，守延津以拒绍，太祖引军还官渡。刘备以徐州叛，太祖东征之。绍攻禁，禁坚守，绍不能拔。复与乐进等将步骑五千，击绍别营，从延津西南缘河至汲、获嘉二县，焚烧保聚三十余屯，斩首获生各数千，降绍将何茂、王摩等二十余人。太祖复使禁别将屯原武，击绍别营于杜氏津，破之。迁裨将军，后从还官渡。太祖与绍连营，起土山相对。绍射营中，士卒多死伤，军中惧。禁督守土山，力战，气益奋。绍破，迁偏将军。冀州平。昌豨复叛，遣禁征之。禁急进攻豨；豨与禁有旧，诣禁降。诸将皆以为豨已降，当送诣太祖，禁曰："诸君不知公常令乎？围而后降者不赦。夫奉法行令，事上之节也。豨虽旧友，禁可失节乎！"自临与豨决，陨涕而斩之。是时太祖军淳于，闻而叹曰："豨降不诣吾而归禁，岂非命耶！"益重禁。臣松之以为围而后降，法虽不赦，囚而送之，未为违命。禁曾不为旧交希冀万一，而肆其好杀之心，以戾众人之议，所以卒为降虏，死加恶谥，宜哉。东海平，拜禁虎威将军。后与臧霸等攻梅成，张辽、张郃等讨陈兰。禁到，成举众三千余人降。既降复叛，其众奔兰。辽等与兰相持，军食少，禁运粮前后相属，辽遂斩兰、成。增邑二百户，并前千二百户。是时，禁与张辽、乐进、张郃、徐晃俱为名将，太祖每征伐，咸递行为军锋，还为后拒；而禁持军严整，得贼财物，无所私入，由是赏赐特重。然以法御下，不甚得士众心。太祖常恨朱灵，欲夺其营。以禁有威重，遣禁将数十骑，赍令书，径诣灵营夺其军，灵及其部众莫敢动；乃以灵为禁部下督，众皆震服，其见惮如此。迁左将军，假节钺，分邑五百户，封一子列侯。

建安二十四年，太祖在长安，使曹仁讨关羽于樊，又遣禁助仁。秋，大霖雨，汉水溢，平地水数丈，禁等七军皆没。禁与诸将登高望水，无所回避；羽乘大船就攻禁等，禁遂降，惟庞德不屈节而死。太祖闻之，哀叹者久之，曰："吾知禁三十年，何意临危处难，反不如庞德邪！"会孙权禽羽，获其众，禁复在吴。文帝践阼，权称藩，遣禁还。帝引见禁，须发皓白，形容憔悴，泣涕顿首。帝慰喻以荀林父、孟明视故事，《魏书》载制曰："昔荀林父败绩于邲，孟明丧师于殽，秦、晋不替，使复其位。其后晋获狄土，秦霸西戎，区区小国，犹尚若斯，而况万乘乎？樊城之败，水灾暴至，非战之咎，其复禁等官。"拜为安远将军。欲遣使吴，先令北诣邺谒高陵。帝使豫于陵屋画关羽战克、庞德愤怒、禁降服之状。禁见，惭恚发病薨。子圭嗣，封益寿亭侯。谥禁曰厉侯。

○张郃

张郃字儁乂，河间鄚人也。汉末应募讨黄巾，为军司马，属韩馥。馥败，以兵归袁绍。绍以郃为校尉，使拒公孙瓒。瓒破，郃功多，迁宁国中郎将。太祖与袁绍相拒于官渡，《汉晋春秋》曰：郃说绍曰："公虽连胜，然勿与曹公战也，密遣轻骑钞绝其南，则兵自败矣。"绍不从之。绍遣将淳于琼等督运屯乌巢，太祖自将急击之。郃说绍曰："曹公兵精，往必破琼等；琼等破，则将军事去矣，宜急引兵救之。"郭图曰："郃计非也。不如攻其本营，势必还，此为不救而自解也。"郃曰："曹公营固，攻之必不拔，若琼等见禽，吾属尽为虏矣。"绍但遣轻骑救琼，而以重兵攻太祖营，不能下。太祖果破琼等，绍军溃。图惭，又更谮郃曰："郃快军败，出言不逊。"郃惧，乃归太祖。臣松之案《武纪》及《袁绍传》并云袁绍使张郃、高览攻太祖营，郃等闻淳于琼破，遂来降，绍众于是大溃。是则缘郃等降而后绍军坏也。至如此传，为绍军先溃，惧郭图之谮，然后归太祖，为参错不同矣。

太祖得郃甚喜，谓曰："昔子胥不早寤，自使身危，岂若微子去殷、韩信归汉邪？"拜郃偏将军，封都亭侯。授以众，从攻邺，拔之。又从击袁谭于渤海，别将军围雍奴，大破之。从讨柳城，与张辽俱为军锋，以功迁平狄将军。别征东莱，讨管承，又与张辽讨陈兰、梅成等，破之。从破马超、韩遂于渭南。围安定，降杨秋。与夏侯渊讨鄜贼梁兴及武都氐。又破马超，平宋建。太祖征张鲁，先遣郃督诸军讨兴和氐王窦茂。太祖从散关入汉中，又先遣郃督步卒五千于前通路。至阳平，鲁降，太祖还，留郃与夏侯渊等守汉中，拒刘备。郃别督诸军，降巴东、巴西二郡，徙其民于汉中。进军宕渠，为备将张飞所拒，引还南郑。拜荡寇将军。刘备屯阳平，郃屯广石。备以精卒万余，分为十部，夜急攻郃。郃率亲兵搏战，备不能克。其后备于走马谷烧都围，渊救火，从他道与备相遇，交战，短兵接刃。渊遂没，郃还阳平。《魏略》曰：渊虽为都督，刘备惮郃而易渊。及杀渊，备曰："当得其魁，用此何为邪！"当是时，新失元帅，恐为备所乘，三军皆失色。渊司马郭淮乃令众曰："张将军，国家名将，刘备所惮；今日事急，非张将军不能安也。"遂推郃为军主。郃出，勒兵安阵，诸将皆受郃节度，众心乃定。太祖在长安，遣使假郃节。太祖遂自至汉中，刘备保高山不敢战。太祖乃引出汉中诸军，郃还屯陈仓。

文帝即王位，以郃为左将军，进爵都乡侯。及践阼，进封鄚侯。诏郃与曹真讨安定卢水胡及东羌，召郃与真并朝许宫，遣南与夏侯尚击江陵。郃别督诸军渡江，取洲上屯坞。明帝即位，遣南屯荆州，与司马宣王击孙权别将刘阿等，追至祁口，交战，破之。诸葛亮出祁山。加郃位特进，遣督诸军，拒亮将马谡于街亭。谡依阻南山，不下据城。郃绝其汲道，击，大破之。南安、天水、安定郡反应亮，郃皆破平之。诏曰："贼亮以巴蜀之众，当虓虎之师。将军被坚执锐，所向克定，朕甚嘉之。益邑千户，并前四千三百户。"司马宣王治水军于荆州，欲顺沔入江伐吴，诏郃督关中诸军往受节度。至荆州，会冬水浅，大船不得行，乃还屯方城。诸葛亮复出，急攻陈仓，帝驿马召郃到京都。帝自幸河南城，置酒送郃，遣南北军士三万及分遣武卫、虎贲使卫郃，因问郃曰："迟将军到，亮得无已得陈仓乎！"郃知亮县军无谷，不能久攻，对曰："比臣未到，亮已走矣；屈指计亮粮不至十日。"郃晨夜进至南郑，亮退。诏郃还京都，拜征西车骑将军。

郃识变数，善处营阵，料战势地形，无不如计，自诸葛亮皆惮之。郃虽武将而爱乐儒士，尝荐同乡卑湛经明行修，诏曰："昔祭遵为将，奏置五经大夫，居军中，与诸生雅歌投壶。今将军外勒戎旅，内存国朝。朕嘉将军之意，今擢湛为博士。"

诸葛亮复出祁山，诏郃督诸将西至略阳，亮还保祁山，郃追至木门，与亮军交战，飞矢中郃右膝，薨，《魏略》曰：亮军退，司马宣王使郃追之，郃曰："军法，围城必开出路，归军勿追。"宣王不听。郃不得已，遂进。蜀军乘高布伏，弓弩乱发，矢中郃髀。谥曰壮侯。子雄嗣。郃前后征伐有功，明帝分郃户，封郃四子列侯。赐小子爵关内侯。

○徐晃

徐晃字公明，河东杨人也。为郡吏，从车骑将军杨奉讨贼有功，拜骑都尉。李催、郭汜之乱长安也，晃说奉，令与天子还洛阳，奉从其计。天子渡河至安邑，封晃都亭侯。及到洛阳，韩暹、董承日争斗，晃说奉归太祖；奉欲从之，后悔。太祖讨奉于梁，晃遂归太祖。

太祖授晃兵，使击卷、原武贼，破之，拜裨将军。从征吕布，别降布将赵庶、李邹等。与史涣斩眭固于河内。从破刘备，又从破颜良，拔白马，进至延津，破文丑，拜偏将军。与曹洪击㶟强贼祝臂，破之，又与史涣击袁绍运车于故市，功最多，封都亭侯。太祖既围邺，破邯郸，易阳令韩范伪以城降而拒守，太祖遣晃攻之。晃至，飞矢城中，为陈成败。范悔，晃辄降之。既而言于太祖曰："二袁未破，诸城未下者倾耳而听，今日灭易阳，明日皆以死守，恐河北无定时也。愿公降易阳以示诸城，则莫不望风。"太祖善之。别讨毛城，设伏兵掩击，破三屯。从破袁谭于南皮，讨平原叛贼，克之。从征蹋顿，拜横野将军。从征荆州，别屯樊，讨中庐、临沮、宜城贼。又与满宠讨关羽于汉津，与曹仁击周瑜于江陵。十五年，讨太原反者，围大陵，拔之，斩贼帅商曜。韩遂、马超等反关右，遣晃屯汾阴以抚河东，赐牛酒，令上先人墓。太祖至潼关，恐不得渡，召问晃。晃曰："公盛兵于此，而贼不复别守蒲阪，知其无谋也。今假臣精兵渡蒲阪津，为军先置，以截其里，贼可擒也。"太祖曰："善。"使晃以步骑四千人渡津。作堑栅未成，贼梁兴夜将步骑五千余人攻晃，晃击走之，太祖军得渡。遂破超等，使晃与夏侯渊平隃糜、汧诸氐，与太祖会安定。太祖还邺，使晃与夏侯渊平鄠、夏阳余贼，斩梁兴，降三千余户。从征张鲁。别遣晃讨攻㯟、仇夷诸山氐，皆降之。迁平寇将军。解将军张顺围。击贼陈福等三十余屯，皆破之。

太祖还邺，留晃与夏侯渊拒刘备于阳平。备遣陈式等十余营绝马鸣阁道，晃别征破之，贼自投山谷，多死者。太祖闻，甚喜，假晃节，令曰："此阁道，汉中之险要咽喉也。刘备欲断绝外内，以取汉中。将军一举，克夺贼计，善之善者也。"太祖遂自至阳平，引出汉中诸军。复遣晃助曹仁讨关羽，屯宛。会汉水暴隘，于禁等没。羽围仁于樊，又围将军吕常于襄阳。晃所将多新卒，以羽难与争锋，遂前至阳陵陂屯。太祖复还，遣将军徐商、吕建等诣晃，令曰："须兵马集至，乃俱前。"贼屯偃城。晃到，诡道作都堑，示欲截其后，贼烧屯走。晃得偃城，两面连营，稍前，去贼围三丈所。未攻，太祖前后遣殷署、朱盖等凡十二营诣晃。贼围头有屯，又别屯四冢。晃扬声当攻围头屯，而密攻四冢。羽见四冢欲坏，自将步骑五千出战，晃击之，退走，遂追陷与俱入围，破之，或自投沔水死。太祖令曰："贼围堑鹿角十重，将军致战全胜，遂陷贼围，多斩首虏。吾用兵三十余年，及所闻古之善用兵者，未有长驱径入敌围者也。且樊、襄阳之在围，过于莒、即墨，将军之功，逾孙武、穰苴。"晃振旅还摩陂，太祖迎晃七里，置酒大会。太祖举卮酒劝晃，且劳之曰："全樊、襄阳，将军之功也。"时诸军皆集，太祖案行诸营，士卒咸离阵观，而晃军营整齐，将士驻阵不动。太祖叹曰："徐将军可谓有周亚夫之风矣。"

文帝即王位，以晃为右将军，进封逯乡侯。及践阼，进封杨侯。与夏侯尚讨刘备于上庸，破之。以晃镇阳平，徙封阳平侯。明帝即位，拒吴将诸葛瑾于襄阳。增邑二百，并前三千一百户。病笃，遗令敛以时服。

性俭约畏慎，将军常远斥候，先为不可胜，然后战，追奔争利，士不暇食。常叹曰："古人患不遭明君，今幸遇之，常以功自效，何用私誉为！"终不广交援。太和元年薨，谥曰壮侯。子盖嗣。盖薨，子霸嗣。明帝分晃户，封晃子孙二人列侯。

初，清河朱灵为袁绍将。太祖之征陶谦，绍使灵督三营助太祖，战有功。绍所遣诸将各罢归，灵曰："灵观人多矣，无若曹公者，此乃真明主也。今以遇，复何之？"遂留不去。所将士卒慕之，皆随灵留。灵后遂为好将，名亚晃等，至后将军，封高唐侯。《九州春秋》曰：初，清河季雍以鄃叛袁绍而降公孙瓒，瓒遣兵卫之。绍遣灵攻之。灵家在城中，瓒将灵母弟置城上，诱呼灵。灵望城涕泣曰："丈夫一出身与人，岂复顾家耶！"遂力战拔之，生擒雍而灵家皆死。

评曰：太祖建兹武功，而时之良将，五子为先。于禁最号毅重，然弗克其终。张郃以巧变为称，乐进以骁果显名，而鉴其行事，未副所闻。或注记有遗漏，未如张辽、徐晃之备详也。

十八卷 魏书 十八

二李臧文吕许典二庞阎传 | 李典 李通 臧霸 文聘 吕虔
许褚 典韦 庞德 庞淯 阎温

○李典

李典字曼成，山阳钜野人也。典从父乾，有雄气，合宾客数千家在乘氏。初平中，以众随太祖，破黄巾于寿张，又从击袁术，征徐州。吕布之乱，太祖遣乾还乘氏，慰劳诸县。布别驾薛兰、治中李封招乾，欲俱叛，乾不听，遂杀乾。太祖使乾子整将乾兵，与诸将击兰、封。兰、封破，从平兖州诸县有功，稍迁青州刺史。整卒，典徙颍阴令，为中郎将，将整军，《魏书》曰：典少好学，不乐兵事，乃就师读《春秋左氏传》，博观群书。太祖善之，故试以治民之政。迁离狐太守。

时太祖与袁绍相拒官渡，典率宗族及部曲输谷帛供军。绍破，以典为裨将军，屯安民。太祖击谭、尚于黎阳，使典与程昱等以船运军粮。会尚遣魏郡太守高蕃将兵屯河上，绝水道，太祖敕典、昱："若船不得过，下从陆道。"典与诸将议曰："蕃军少甲而恃水，有懈怠之心，击之必克。军不内御；苟利国家，专之可也，宜亟击之。"昱亦以为然。遂北渡河，攻蕃，破之，水道得通。刘表使刘备北侵，至叶，太祖遣典从夏侯惇拒之。备一旦烧屯去，惇率诸军追击之，典曰："贼无故退，疑必有伏。南道窄狭，草木深，不可追也。"惇不听，与于禁追之，典留守。惇等果入贼伏里，战不利，典往救，备望见救至，军散退。从围邺，邺定，与乐进围高幹于壶关，击管承于长广，皆破之。迁捕虏将军，封都亭侯。

典宗族部曲三千余家，居乘氏，自请愿徙诣魏郡。太祖笑曰："卿欲慕耿纯邪？"典谢曰："典驽怯功微，而爵宠过厚，诚宜举宗陈力；加以征伐未息，宜实郊遂之内，以制四方，非慕纯也。"遂徙部曲宗族万三千余口居邺。太祖嘉之，迁破虏将军。与张辽、乐进屯合肥，孙权率众围之，辽欲奉教出战。进、典、辽皆素不睦，辽恐其不从，典慨然曰："此国家大事，顾君计何如耳，吾不可以私憾而忘公义乎！"乃率众与辽破走权。增邑百户，并前三百户。

典好学问，贵儒雅，不与诸将争功。敬贤士大夫，恂恂若不及，军中称其长者。年三十六薨，子祯嗣。文帝践阼，追念合肥之功，增祯邑百户，赐典一子爵关内侯，邑百户；谥典曰愍侯。

○李通

李通字文达，江夏平春人也。以侠闻于江、汝之间。与其郡人陈恭共起兵于朗陵，众多归之。时有周直者，众二千余家，与恭、通外和内违。通欲图杀直而恭难之。通知恭无断，乃独定策，与直克会，酒酣杀直。众人大扰，通率恭诛其党帅，尽并其营。后恭妻弟陈郃，杀恭而据其众。通攻破郃军，斩郃首以祭恭墓。又生禽黄巾大帅吴霸而降其属。遭岁大饥，通倾家振施，与士分糟糠，皆争为用，由是盗贼不敢犯。

建安初，通举众诣太祖于许。拜通振威中郎将，屯汝南西界。太祖讨张绣，刘表遣兵以助绣，太祖军不利。通将兵夜诣太祖，太祖得以复战，通为先登，大破绣军。拜裨将军，封建功侯。分汝南二县，以通为阳安都尉。

通妻伯父犯法，朗陵长赵俨收治，致之大辟。是时杀生之柄，决于牧守，通妻子号泣以请其命。通曰："方与曹公戮力，义不以私废公。"嘉俨执宪不阿，与为亲交。太祖与袁绍相拒于官渡。绍遣使拜通征南将军，刘表亦阴招之，通皆拒焉。通亲戚部曲流涕曰："今孤危独守，以失大援，亡可立而待也，不如亟从绍。"通按剑以叱之曰："曹公明哲，必定天下。绍虽强盛，而任使无方，终为之虏耳。吾以死不贰。"即斩绍使，送印绶诣太祖。又击群贼瞿恭、江宫、沈成等，皆破残其众，送其首。遂定淮、汝之地。改封都亭侯，拜汝南太守。

时贼张赤等五千余家聚桃山，通攻破之。刘备与周瑜围曹仁于江陵，别遣关羽绝北道。通率众击之，下马拔鹿角入围，且战且前，以迎仁军，勇冠诸将。通道得病薨，时年四十二。追增邑二百户，并前四百户。文帝践阼，谥曰刚侯。诏曰："昔袁绍之难，自许、蔡以南，人怀异心。通秉义不顾，使携贰率服，朕甚嘉之。不幸早薨，子基虽已袭爵，未足酬其庸勋。基兄绪，前屯樊城，又有功。世笃其劳，以基为奉义中郎将，绪平虏中郎将，以宠异焉。"

○臧霸 孙观

臧霸字宣高，泰山华人也。父戒，为县狱掾，据法不听太守欲所私杀。太守大怒，令收戒诣府，时送者百余人。霸年十八，将客数十人径于费西山中要夺之，送者莫敢动，因与父俱亡命东海，由是以勇壮闻。黄巾起，霸从陶谦击破之，拜骑都尉。遂收兵于徐州，与孙观、吴敦、尹礼等并聚众，霸为帅，屯于开阳。太祖之讨吕布也，霸等将兵助布。既禽布，霸自匿。太祖募索得霸，见而悦之，使霸招吴敦、尹礼、孙观、观兄康等，皆诣太祖。太祖以霸为琅邪相，敦利城、礼东莞、观北海、康城阳太守，割青、徐二州，委之于霸。太祖之在兖州，以徐翕、毛晖为将。兖州乱，翕、晖皆叛。后兖州定，翕、晖亡命投霸。太祖语刘备，令语霸送二人首。霸谓备曰："霸所以能自立者，以不为此也。霸受公生全之恩，不敢违命。然王霸之君可以义告，愿将军为之辞。"备以霸言白太祖，太祖叹息，谓霸曰："此古人之事而君能行之，孤之愿也。"乃皆以翕、晖为郡守。

时太祖方与袁绍相拒，而霸数以精兵入青州，故太祖得专事绍，不以东方为念。太祖破袁谭于南皮，霸等会贺。霸因求遣子弟及诸将父兄家属诣邺，太祖曰："诸君忠孝，岂复在是！昔萧何遣子弟入侍，而高祖不拒，耿纯焚室舆榇以从，而光武不逆，吾将何以易之哉！"东州扰攘，霸等执义征暴，清定海岱，功莫大焉，皆封列侯。霸为都亭侯，加威虏将军。又与于禁讨昌豨，与夏侯渊讨黄巾余贼徐和等，有功，迁徐州刺史。

沛国公武周为下邳令，霸敬异周，身诣令舍。部从事诇调不法，周得其罪，便收考竟，霸益以善周。从讨孙权，先登，再入巢湖，攻居巢，破之。张辽之讨陈兰，霸别遣至皖，讨吴将韩当，使权不得救兰。当遣兵逆霸，霸与战于逢龙，当复遣兵邀霸于夹石，与战破之，还屯舒。权遣数万人乘船屯舒口，分兵救兰，闻霸军在舒，遁还。霸夜追之，比明，行百余里，邀贼前后击之。贼窘急，不得上船，赴水者甚众。由是贼不得救兰，辽遂破之。霸从讨孙权于濡须口，与张辽为前锋，行遇霖雨，大军先及，水遂长，贼船稍进，将士皆不安。辽欲去，霸止之曰："公明于利钝，宁肯捐吾等邪？"明日果有令。辽至，以语太祖。太祖善之，拜扬威将军，假节。后权乞降，太祖还，留霸与夏侯惇等屯居巢。

文帝即王位，迁镇东将军，进爵武安乡侯，都督青州诸军事。及践阼，进封开阳侯，徙封良成侯。与曹休讨吴贼，破吕范于洞浦，征为执金吾，位特进。每有军事，帝常咨访焉。《魏略》曰：霸一名奴寇，孙观名婴子，吴敦名黯奴，尹礼名卢儿。建安二十四年，霸遣别军在洛。会太祖崩，霸所部及青州兵，以为天下将乱，皆鸣鼓擅去。文帝即位，以曹休都督青、徐，霸谓休曰："国家未肯听霸耳！若假霸步骑万人，必能横行江表。"休言之于帝，帝疑霸军前擅去，今意壮乃尔！遂东巡，因霸来朝而夺其兵。明帝即位，增邑五百，并前三千五百户。薨，谥曰威侯。子艾嗣。艾官至青州刺史、少府。艾薨，谥曰恭侯。子权嗣。霸前后有功，封子三人列侯，赐一人爵关内侯。而孙观亦至青州刺史，假节，从太祖讨孙权，战被创，薨。子毓嗣，亦至青州刺史。

○文聘

文聘字仲业，南阳宛人也，为刘表大将，使御北方。表死，其子琮立。太祖征荆州，琮举州降，呼聘欲与俱，聘曰："聘不能全州，当待罪而已。"太祖济汉，聘乃诣太祖，太祖问曰："来何迟邪？"聘曰："先日不能辅弼刘荆州以奉国家，荆州虽没，常愿据守汉川，保全土境，生不负于孤弱，死无愧于地下，而计不得已，以至于此。实怀悲惭，无颜早见耳。"遂欷歔流涕。太祖为之怆然曰："仲业，卿真忠臣也。"厚礼待之。授聘兵，使与曹纯追讨刘备于长阪。太祖先定荆州，江夏与吴接，民心不安，乃以聘为江夏太守，使典北兵，委以边事，赐爵关内侯。孙盛曰：资父事君，忠孝道一。臧霸少有孝烈之称，文聘著垂泣之诚，是以魏武一面，委之以二方之任，岂直壮武见知于仓卒之间哉！与乐进讨关羽于寻口，有功，进封延寿亭侯，加讨逆将军。又攻羽辎重于汉津，烧其船于荆城。

文帝践阼，进爵长安乡侯，假节。与夏侯尚围江陵，使聘别屯沔口，止石梵，自当一队。御贼有功，迁后将军，封新野侯。孙权以五万众自围聘于石阳，甚急，聘坚守不动，权住二十余日乃解去。聘追击破之。《魏略》曰：孙权尝自将数万众卒至。时大雨，城栅崩坏，人民散在田野，未及补治。聘闻权到，不知所施，乃思惟莫若潜默可以疑之。乃敕城中人使不得见，又自卧舍中不起。权果疑之，语其部党曰："北方以此人忠臣也，故委之以此郡，今我至而不动，此不有密图，必当有外救。"遂不敢攻而去。｜《魏略》此语，与本传反。增邑五百户，并前千九百户。

聘在江夏数十年，有威恩，名震敌国，贼不敢侵。分聘户邑封聘子岱为列侯，又赐聘从子厚爵关内侯。聘薨，谥曰壮侯。岱又先亡，聘养子休嗣。卒，子武嗣。

嘉平中，谯郡桓禺为江夏太守，清俭有威惠，名亚于聘。

○吕虔

吕虔字子恪，任城人也。太祖在兖州，闻虔有胆策，以为从事，将家兵守湖陆。襄贲校尉杜松部民炅母等作乱，与昌豨通。太祖以虔代松。虔到，招诱炅母渠率及同恶数十人，赐酒食。简壮士伏其侧，虔察炅母等皆醉，使伏兵尽格杀之。抚其余众，群贼乃平。

太祖以虔领泰山太守，郡接山海。世乱，闻民人多藏窜。袁绍所置中郎将郭祖、公孙犊等数十辈，保山为寇，百姓苦之。虔将家兵到郡，开恩信，祖等党属皆降服，诸山中亡匿者尽出安土业。简其强者补战士，泰山由是遂有精兵，冠名州郡。

济南黄巾徐和等，所在劫长吏，攻城邑。虔引兵与夏侯渊会击之，前后数十战，斩首获生数千人。太祖使督青州诸郡兵以讨东莱群贼李条等，有功。太祖令曰："夫有其志，必成其事，盖烈士之所徇也。卿在郡以来，禽奸讨暴，百姓获安，躬蹈矢石，所征辄克。昔寇恂立名于汝、颍，耿弇建策于青、兖，古今一也。"举茂才，加骑都尉，典郡如故。虔在泰山十数年，甚有威惠。

文帝即王位，加裨将军，封益寿亭侯，迁徐州刺史，加威虏将军。请琅邪王祥为别驾，民事一以委之，世多其能任贤。孙盛《杂语》曰：祥字休征。性至孝，后母苛虐，每欲危害祥，祥色养无怠。盛寒之月，后母曰："吾思食生鱼。"祥脱衣，将剖冰求之，有少，坚冰解，下有鱼跃出，因奉以供，时人以为孝感之所致也。供养三十余年，母终乃仕，以淳诚贞粹见重于时。讨利城叛贼，斩获有功。明帝即位，徙封万年亭侯，增邑二百，并前六百户。虔薨，子翻嗣。翻薨，子桂嗣。

○许褚

许褚字仲康，谯国谯人也。长八尺余，腰大十围，容貌雄毅，勇力绝人。汉末，聚少年及宗族数千家，共坚壁以御寇。时汝南葛陂贼万余人攻褚壁，褚众少不敌，力战疲极。兵矢尽，乃令壁中男女，聚治石如杆斗者置四隅。褚飞石掷之，所值皆摧碎。贼不敢进。粮乏，伪与贼和，以牛与贼易食，贼来取牛，牛辄奔还。褚乃出陈前，一手逆曳牛尾，行百余步。贼众惊，遂不敢取牛而走。由是淮、汝、陈、梁间，闻皆畏惮之。

太祖徇淮、汝，褚以众归太祖。太祖见而壮之曰："此吾樊哙也。"即日拜都尉，引入宿卫。诸从褚侠客，皆以为虎士。从征张绣，先登，斩首万计，迁校尉。从讨袁绍于官渡。时常从士徐他等谋为逆，以褚常侍左右，惮之不敢发。伺褚休下日，他等怀刀入。褚至下舍心动，即还侍。他等不知，入帐见褚，大惊愕。他色变，褚觉之，即击杀他等。太祖益亲信之，出入同行，不离左右。从围邺，力战有功，赐爵关内侯。

从讨韩遂、马超于潼关。太祖将北渡，临济河，先渡兵，独与褚及虎士百余人留南岸断后。超将步骑万余人，来奔太祖军，矢下如雨。褚白太祖，贼来多，今兵渡已尽，宜去，乃扶太祖上船。贼战急，军争济，船重欲没。褚斩攀船者，左手举马鞍蔽太祖。船工为流矢所中死，褚右手并溯船，仅乃得渡。是日，微褚几危。其后太祖与遂、超等单马会语，左右皆不得从，唯将褚。超负其力，阴欲前突太祖，素闻褚勇，疑从骑是褚。乃问太祖曰："公有虎侯者安在？"太祖顾指褚，褚瞋目盼之。超不敢动，乃各罢。后数日会战，大破超等，褚身斩首级，迁武卫中郎将。武卫之号，自此始也。军中以褚力如虎而痴，故号曰"虎痴"；是以超问虎侯，至今天下称焉，皆谓其姓名也。

褚性谨慎奉法，质重少言。曹仁自荆州来朝谒，太祖未出，入与褚相见于殿外。仁呼褚入便坐语，褚曰："王将出。"便还入殿，仁意恨之。或以责褚曰："征南宗室重臣，降意呼君，君何故辞？"褚曰："彼虽亲重，外藩也。褚备内臣，众谈足矣，入室何私乎？"太祖闻，愈爱待之，迁中坚将军。太祖崩，褚号泣欧血。文帝践阼，进封万岁亭侯，迁武卫将军，都督中军宿卫禁兵，甚亲近焉。初，褚所将为虎士者从征伐，太祖以为皆壮士也，同日拜为将，其后以功为将军封侯者数十人，都尉、校尉百余人，皆剑客也。明帝即位，进封牟乡侯，邑七百户，赐子爵一人关内侯。褚薨，谥曰壮侯。子仪嗣。褚兄定，亦以军功封为振威将军，都督徼道虎贲。太和中，帝思褚忠孝，下诏褒赞，复赐褚子孙二人爵关内侯。仪为钟会所杀。泰始初，子综嗣。

○典韦

典韦，陈留己吾人也。形貌魁梧，旅力过人，有志节任侠。襄邑刘氏与睢阳李永为仇，韦为报之。永故富春长，备卫甚谨。韦乘车载鸡酒，伪为候者，门开，怀匕首入杀永，并杀其妻，徐出，取车上刀戟，步出。永居近市，一市尽骇。追者数百，莫敢近。行四五里，遇其伴，转战得脱。由是为豪杰所识。初平中，张邈举义兵，韦为士，属司马赵宠。牙门旗长大，人莫能胜，韦一手建之，宠异其才力。后属夏侯惇，数斩首有功，拜司马。太祖讨吕布于濮阳。布有别屯在濮阳西四五十里，太祖夜袭，比明破之。未及还，会布救兵至，三面掉战。时布身自搏战，自旦至日昳数十合，相持急。太祖募陷阵，韦先占，将应募者数十人，皆重衣两铠，弃楯，但持长矛撩戟。时西面又急，韦进当之，贼弓弩乱发，矢至如雨，韦不视，谓等人曰："虏来十步，乃白之。"等人曰："十步矣。"又曰："五步乃白。"等人惧，疾言："虏至矣！"韦手持十余戟，大呼起，所抵无不应手倒者。布众退。会日暮，太祖乃得引去。拜韦都尉，引置左右，将亲兵数百人，常绕大帐。韦既壮武，其所将皆选卒，每战斗，常先登陷阵。迁为校尉。性忠至谨重，常昼立侍终日，夜宿帐左右，稀归私寝。好酒食，饮啖兼人，每赐食于前，大饮长歠，左右相属，数人益乃供，太祖壮之。韦好持大双戟与长刀等，军中为之语曰："帐下壮士有典君，提一双戟八十斤。"

太祖征荆州，至宛，张绣迎降。太祖甚悦，延绣及其将帅，置酒高会。太祖行酒，韦持大斧立后，刃径尺，太祖所至之前，韦辄举斧目之。竟酒，绣及其将帅莫敢仰视。后十余日，绣反，袭太祖营，太祖出战不利，轻骑引去。韦战于门中，贼不得入。兵遂散从他门并入。时韦校尚有十余人，皆殊死战，无不一当十。贼前后至稍多，韦以长戟左右击之，一叉入，辄十余矛摧。左右死伤者略尽。韦被数十创，短兵接战，贼前搏之。韦双挟两贼击杀之，余贼不敢前。韦复前突贼，杀数人，创重发，瞋目大骂而死。贼乃敢前，取其头，传观之，覆军就视其躯。太祖退住舞阴，闻韦死，为流涕，募间取其丧，亲自临哭之，遣归葬襄邑，拜子满为郎中。车驾每过，常祠以中牢。太祖思韦，拜满为司马，引自近。文帝即王位，以满为都尉，赐爵关内侯。

○庞德

庞德字令明，南安狟道人也。少为郡吏州从事。初平中，从马腾击反羌叛氐。数有功，稍迁至校尉。建安中，太祖讨袁谭、尚于黎阳，谭遣郭援、高干等略取河东，太祖使钟繇率关中诸将讨之。德随腾子超拒援、干于平阳，德为军锋，进攻援、干，大破之，亲斩援首。《魏略》曰：德手斩一级，不知是援。战罢之后，众人皆言援死而不得其首。援，钟繇之甥。德晚后于鞬中出一头，繇见之而哭。德谢繇，繇曰："援虽我甥，乃国贼也。卿何谢之？"拜中郎将，封都亭侯。后张白骑叛于弘农，德复随腾征之，破白骑于两殽间。每战，常陷阵却敌，勇冠腾军。后腾征为卫尉，德留属超。太祖破超于渭南，德随超亡入汉阳，保冀城。后复随超奔汉中，从张鲁。太祖定汉中，德随众降。太祖素闻其骁勇，拜立义将军，封关门亭侯，邑三百户。

侯音、卫开等以宛叛，德将所领与曹仁共攻拔宛，斩音、开，遂南屯樊，讨关羽。樊下诸将以德兄在汉中，颇疑之。《魏略》曰：德从兄名柔，时在蜀。德常曰："我受国恩，义在效死。我欲身自击羽。今年我不杀羽，羽当杀我。"后亲与羽交战，射羽中额。时德常乘白马，羽军谓之白马将军，皆惮之。仁使德屯樊北十里，会天霖雨十余日，汉水暴溢，樊下平地五六丈，德与诸将避水上堤。羽乘船攻之，以大船四面射堤上。德被甲持弓，箭不虚发。将军董衡、部曲将董超等欲降，德皆收斩之。自平旦力战至日过中，羽攻益急，矢尽，短兵接战。德谓督将成何曰："吾闻良将不怯死以苟免，烈士不毁节以求生，今日，我死日也。"战益怒，气愈壮，而水浸盛，吏士皆降。德与麾下将一人，伍伯二人，弯弓傅矢，乘小船欲还仁营。水盛船覆，失弓矢，独抱船覆水中，为羽所得，立而不跪。羽谓曰："卿兄在汉中，我欲以卿为将，不早降何为？"德骂羽曰："竖子，何谓降也！魏王带甲百万，威振天下。汝刘备庸才耳，岂能敌邪！我宁为国家鬼，不为贼将也。"遂为羽所杀。太祖闻而悲之，为之流涕，封其二子为列侯。文帝即王位，乃遣使就德墓赐谥，策曰："昔先轸丧元，王蠋绝脰，陨身徇节，前代美之。惟侯戎昭果毅，蹈难成名，声溢当时，义高在昔，寡人愍焉，谥曰壮侯。"又赐子会等四人爵关内侯，邑各百户。会勇烈有父风，官至中尉将军，封列侯。王隐《蜀记》曰：钟会平蜀，前后鼓吹，迎德尸丧还葬邺，冢中身首如生。｜臣松之案德死于樊城，文帝即位，又遣使至德墓所，则其尸丧不应在蜀。此王隐之虚说也。

○庞淯 母娥

庞淯字子异，酒泉表氏人也。初以凉州从事守破羌长，会武威太守张猛反，杀刺史邯郸商，猛令曰："敢有临商丧，死不赦。"淯闻之，弃官，昼夜奔走，号哭丧所讫，诣猛门，衷匕首，欲因见以杀猛。猛知其义士，敕遣不杀，由是以忠烈闻。《魏略》曰：猛兵欲来缚淯，猛闻之，叹曰："猛以杀刺史为罪。此人以至忠为名，如又杀之，何以劝一州履义之士邪！"遂使行服。太守徐揖请为主簿。后郡人黄昂反，围城。淯弃妻子，夜逾城出围，告急于张掖、燉煌二郡。初疑未肯发兵，淯欲伏剑，二郡感其义，遂为兴兵。军未至而郡城邑已陷，揖死。淯乃收敛揖丧，送还本郡，行服三年乃还。太祖闻之，辟为掾属。文帝践阼，拜驸马都尉，迁西海太守，赐爵关内侯。后征拜中散大夫，薨。子曾嗣。

初，淯外祖父赵安为同县李寿所杀，淯舅兄弟三人同时病死，寿家喜。淯母娥自伤父仇不报，乃帷车袖剑，白日刺寿于都亭前，讫，徐诣县，颜色不变，曰："父仇已报，请受戮。"禄福长尹嘉解印绶纵娥，娥不肯去，遂强载还家。会赦得免，州郡叹贵，刊石表闾。皇甫谧《列女传》曰：酒泉烈女庞娥亲者，表氏庞子夏之妻，禄福赵君安之女也。君安为同县李寿所杀，娥亲有男弟三人，皆欲报仇，寿深以为备。会遭灾疫，三人皆死。寿闻大喜，请会宗族，共相庆贺，云："赵氏强壮已尽，唯有女弱，何足复忧！"防备懈弛。娥亲子淯出行，闻寿此言，还以启娥亲。娥亲既素有报仇之心，及闻寿言，感激愈深，怆然陨涕曰："李寿，汝莫喜也，终不活汝！戴履天地，为吾门户，吾三子之羞也。焉知娥亲不手刃杀汝，而自侥幸

304

邪？"阴市名刀，挟长持短，昼夜哀酸，志在杀寿。寿为人凶豪，闻娥亲之言，更乘马带刀，乡人皆畏惮之。比邻有徐氏妇，忧娥亲不能制，恐逆见中害，每谏止之，曰："李寿，男子也，凶恶有素，加今备卫在身。赵虽有猛烈之志，而强弱不敌。邂逅不制，则为重受祸于寿，绝灭门户，痛辱不轻也。愿详举动，为门户之计。"娥亲曰："父母之仇，不同天地共日月者也。李寿不死，娥亲视息世间，活复何求！今虽三弟早死，门户泯绝，而娥亲犹在，岂可假手于人哉！若以卿心况我，则李寿不可得杀；论我之心，寿必为我所杀明矣。"夜数磨砺所持刀讫，扼腕切齿，悲涕长叹，家人及邻里咸共笑之。娥亲谓左右曰："卿等笑我，直以我女弱不能杀寿故也。要当以寿颈血污此刀刃，令汝辈见之。"遂弃家事，乘鹿车伺寿。至光和二年二月上旬，以白日清时，于都亭之前，与寿相遇，便下车扣寿马，叱之。寿惊愕，回马欲走。娥亲奋刀斫之，并伤其马。马惊，寿挤道边沟中。娥亲寻复就地斫之，探中树兰，折所持刀。寿被创未死，娥亲因前欲取寿所佩刀杀寿，寿护刀瞋目大呼，跳梁而起。娥亲乃挺身奋手，左抵其额，右椿其喉，反覆盘旋，应手而倒。遂拔其刀以截寿头，持诣都亭，归罪有司，徐步诣狱，辞颜不变。时禄福长汉阳尹嘉不忍论娥亲，即解印绶去官，弛法纵之。娥亲曰："仇塞身死，妾之明分也。治狱制刑，君之常典也。何敢贪生以枉官法？"乡人闻之，倾城奔往，观者如堵焉，莫不为之悲喜慷慨嗟叹也。守尉不敢公纵，阴语使去，以便宜自匿。娥亲抗声大言曰："枉法逃死，非妾本心。今仇人已雪，死则妾分，乞得归法以全国体。虽复万死，于娥亲毕足，不敢贪生为明廷负也。"尉故不听所执，娥亲复言曰："匹妇虽微，犹知宪制。杀人之罪，法所不纵。今既犯之，义无可逃。乞就刑戮，陨身朝市，肃明王法，娥亲之愿也。"辞气愈厉，面无惧色。尉知其难夺，强载还家。凉州刺史周洪、酒泉太守刘班等并共表上，称其烈义，刊石立碑，显其门闾。太常弘农张奂贵尚所履，以束帛二十端礼之。海内闻之者，莫不改容赞善，高大其义。故黄门侍郎安定梁宽追述娥亲，为其作传。玄晏先生以为父母之仇，不与共天地，盖男子之所为也。而娥亲以女弱之微，念父辱之酷痛，感仇党之凶言，奋剑仇颈，人马俱摧，塞亡父之怨魂，雪三弟之永恨，近古以来，未之有也。《诗》云"修我戈矛，与子同仇"，娥亲之谓也。

○阎温 张恭 恭子就

阎温字伯俭，天水西城人也。以凉州别驾守上邽令。马超走奔上邽，郡人任养等举众迎之。温止之，不能禁，乃驰还州。超复围州所治冀城甚急，州乃遣温密出，告急于夏侯渊。贼围数重，温夜从水中潜出。明日，贼见其迹，遣人追遮之，于显亲界得温，执还诣超。超解其缚，谓曰："今成败可见，足下为孤城请救而执于人手，义何所施？若从吾言，反谓城中'东方无救'，此转祸为福之计也。不然，今为戮矣。"温伪许之，超乃载温诣城下。温向城大呼曰："大军不过三日至，勉之！"城中皆泣，称万岁。超怒数之曰："足下不为命计邪？"温不应。时超攻城久不下，故徐诱温，冀其改意。复谓温曰："城中故人，有欲与吾同者不？"温又不应。遂切责之，温曰："夫事君有死无贰，而卿乃欲令长者出不义之言，吾岂苟生者乎？"超遂杀之。

先是，河右扰乱，隔绝不通，燉煌太守马艾卒官，府又无丞。功曹张恭素有学行，郡人推行长史事，恩信甚著，乃遣子就东诣太祖，请太守。时酒泉黄华、张掖张进各据其郡，欲与恭并势。就至酒泉，为华所拘执，劫以白刃。就终不回，私与恭疏曰："大人率厉燉煌，忠义显然，岂以就在困厄之中而替之哉？昔乐羊食子，李通覆家，经国之臣，宁怀妻孥邪？今大军垂至，但当促兵以掎之耳；愿不以下流之爱，使就有恨于黄壤也。"恭即遣从弟华攻酒泉沙头、乾齐二县。

恭又连兵寻继华后，以为首尾之援。别遣铁骑二百，迎吏官属，东缘酒泉北塞，径出张掖北河，逢迎太守尹奉。于是张进须黄华之助；华欲救进，西顾恭兵，恐急击其后，遂诣金城太守苏则降。就竟平安。奉得之官。黄初二年，下诏褒扬，赐恭爵关内侯，拜西域戊己校尉。数岁征还，将授以侍臣之位，而以子就代焉。恭至燉煌，固辞疾笃。太和中卒，赠执金吾。就后为金城太守，父子著称于西州。

评曰：李典贵尚儒雅，义忘私隙，美矣。李通、臧霸、文聘、吕虔镇卫州郡，并著威惠。许褚、典韦折冲左右，抑亦汉之樊哙也。庞德授命叱敌，有周苛之节。庞淯不惮伏剑，而诚感邻国。阎温向城大呼，齐解、路之烈焉。

十九卷 魏书 _{十九}

任城陈萧王传 | 任城威王彰 陈思王植 萧怀王熊

○任城威王彰

任城威王彰，字子文。少善射御，膂力过人，手格猛兽，不避险阻。数从征伐，志意慷慨。太祖常抑之曰："汝不念读书慕圣道，而好乘汗马击剑，此一夫之用，何足贵也！"课彰读《诗》《书》，彰谓左右曰："丈夫一为卫、霍，将十万骑驰沙漠，驱戎狄，立功建号耳，何能作博士邪？"太祖尝问诸子所好，使各言其志。彰曰："好为将。"太祖曰："为将奈何？"对曰："被坚执锐，临难不顾，为士卒先；赏必行，罚必信。"太祖大笑。

建安二十一年，封鄢陵侯。二十三年，代郡乌丸反，以彰为北中郎将，行骁骑将军。临发，太祖戒彰曰："居家为父子，受事为君臣，动以王法从事，尔其戒之！"彰北征，入涿郡界，叛胡数千骑卒至。时兵马未集，唯有步卒千人，骑数百匹。用田豫计，固守要隙，虏乃退散。彰追之，身自搏战，射胡骑，应弦而倒者前后相属。战过半日，彰铠中数箭，意气益厉，乘胜逐北，至于桑干，去代二百余里。长史诸将皆以为新涉远，士马疲顿，又受节度，不得过代，不可深进，违令轻敌。彰曰："率师而行，唯利所在，何节度乎？胡走未远，追之必破。从令纵敌，非良将也。"遂上马，令军中："后出者斩。"一日一夜与虏相及，击，大破之，斩首获生以千数。彰乃倍常科大赐将士，将士无不悦喜。

时鲜卑大人轲比能将数万骑观望强弱，见彰力战，所向皆破，乃请服。北方悉平。时太祖在长安，召彰诣行在所。彰自代过邺，太子谓彰曰："卿新有功，今西见上，宜勿自伐，应对常若不足者。"彰到，如太子言，归功诸将。太祖喜，持彰须曰："黄须儿竟大奇也！"《魏略》曰：太祖在汉中，而刘备栖于山头，使刘封下挑战。太祖骂曰："卖履舍儿，长使假子拒汝公乎！待呼我黄须来，令击之。"乃召彰。彰晨夜进道，西到长安而太祖已还，从汉中而归。彰须黄，故以呼之。太祖东还，以彰行越骑将军，留长安。太祖至洛阳，得疾，驿召彰，未至，太祖崩。《魏略》曰：彰至，谓临菑侯植曰："先王召我者，欲立汝也。"植曰："不可。不见袁氏兄弟乎！"

文帝即王位，彰与诸侯就国。《魏略》曰：太子嗣立，既葬，遣彰之国。始彰自以先王见任有功，冀因此遂见授用，而闻当随例，意甚不悦，不待遣而去。时以鄢陵堵薄，使治中牟。及帝受禅，因封为中牟王。是后大驾幸许昌，北州诸侯上下，皆畏彰之刚严；每过中牟，不敢不速。诏曰："先王之道，庸勋亲亲，并建母弟，开国承家，故能藩屏大宗，御侮厌难。彰前受命北伐，清定朔土，厥功茂焉。增邑五千，并前万户。"黄初二年，进爵为公。三年，立为任城王。四年，朝京都，疾薨于邸，谥曰威。《魏氏春秋》曰：初，彰问玺绶，将有异志，故来朝不即得见。彰忿怒暴薨。至葬，赐銮辂、龙旗，虎贲百人，如汉东平王故事。子楷嗣，徙封中牟。五年，改封任城县。太和六年，复改封任城国，食五县二千五百户。青龙三年，楷坐私遣官属诣中尚方作禁物，削县二千户。正始七年，徙封济南，三千户。正元、景元初，连增邑，凡四千四百户。

○陈思王植

陈思王植字子建。年十余岁，诵读《诗》《论》及辞赋数十万言，善属文。太祖尝视其文，谓植曰："汝倩人邪？"植跪曰："言出为论，下笔成章，顾当面试，奈何倩人？"时邺铜爵台新成，太祖悉将诸子登台，使各为赋。植援笔立成，可观，太祖甚异之。阴澹《魏纪》载植赋曰"从明后而嬉游兮，登层台以娱情。见太府之广开兮，观圣德之所营。建高门之嵯峨兮，浮双阙乎太清。立中天之华观兮，连飞阁乎西城。临漳水之长流兮，望园果之滋荣。仰春风之和穆兮，听百鸟之悲鸣。天云垣其既立兮，家愿得而获逞。扬仁化于宇内兮，尽肃恭于上京。惟桓、文之为盛兮，岂足方乎圣明！休矣美矣！惠泽远扬。翼佐我皇家兮，宁彼四方。同天地之规量兮，齐日月之晖光。永贵尊而无极兮，等年寿于东王"云云。太祖深异之。性简易，不治威仪。舆马服饰，不尚华丽。每进见难问，应声而对，特见宠爱。建安十六年，封平原侯。十九年，徙封临菑侯。

太祖征孙权，使植留守邺，戒之曰："吾昔为顿丘令，年二十三。思此时所行，无悔于今。今汝年亦二十三矣，可不勉与！"植既以才见异，而丁仪、丁廙、杨脩等为之羽翼。太祖狐疑，几为太子者数矣。而植任性而行，不自雕励，饮酒不节。文帝御之以术，矫情自饰，宫人左右并为之说，故遂定为嗣。

二十二年，增植邑五千，并前万户。植尝乘车行驰道中，开司马门出。太祖大怒，公车令坐死。由是重诸侯科禁，而植宠日衰。太祖既虑终始之变，以杨脩颇有才策，而又袁氏之甥也，于是以罪诛脩。植益内不自安。《典略》曰：杨脩字德祖，太尉彪子也，谦恭才博。建安中，举孝廉，除郎中，丞相请署仓曹属、主簿。是时，军国多事，脩总知外内，事皆称意。自魏太子已下，并争与交好。二十四年，曹仁为关羽所围。太祖以植为南中郎将，行征虏将军。欲遣救仁，呼有所敕戒。植醉不能受命，于是悔而罢之。《魏氏春秋》曰：植将行，太子饮焉，逼而醉之。王召植，植不能受王命，故王怒也。文帝即王位，诛丁仪、丁廙并其男口。植与诸侯并就国。黄初二年，监国谒者灌均希指，奏"植醉酒悖慢，劫胁使者"。有司请治罪，帝以太后故，贬爵安乡侯。其年改封鄄城侯。三年，立为鄄城王，邑二千五百户。四年，徙封雍丘王。

其年，朝京都。上疏曰：

"臣自抱衅归藩，刻肌刻骨，追思罪戾，昼分而食，夜分而寝。诚以天罔不可重离，圣恩难可再恃。窃感《相鼠》之篇，无礼遄死之义，形影相吊，五情愧赧。以罪弃生，则违古贤'夕改'之劝，忍活苟全，则犯诗人'胡颜'之讥。伏惟陛下德象天地，恩隆父母，施畅春风，泽如时雨。是以不别荆棘者，庆云之惠也；七子均养者，尸鸠之仁也；舍罪责功者，明君之举也；矜愚爱能者，慈父之恩也：是以愚臣徘徊于恩泽而不能自弃者也。前奉诏书，臣等绝朝，心离志绝，自分黄耇无复执珪之望。不图圣诏猥垂齿召，至止之日，驰心辇毂。僻处西馆，未奉阙廷，踊跃之怀，瞻望反仄。谨拜表献诗二篇，其辞曰：

"於穆显考，时惟武皇，受命于天，宁济四方。朱旗所拂，九土披攘，玄化滂流，荒服来王。超商越周，与唐比踪。笃生我皇，奕世载聪，武则肃烈，文则时雍，受禅炎汉，临君万邦。万邦既化，率由旧则；广命懿亲，以藩王国。帝曰尔侯，君兹青土，奄有海滨，方周于鲁，车服有辉，旗章有叙，济济俊义，我弼我辅。伊予小子，恃宠骄盈，举挂时网，动乱国经。作藩作屏，先轨是隳，傲我皇使，犯我朝仪。国有典刑，我削我绌，将置于理，元凶是率。明明天子，时笃同类，不忍我刑，暴之朝肆，违彼执宪，哀予小子。改封兖邑，于河之滨，股肱弗置，有君无臣，荒淫之阙，谁弼予身？茕茕仆夫，于彼冀方，嗟予小子，乃罹斯殃。赫赫天子，恩不遗物，冠我玄冕，要我朱绂。朱绂光大，使我荣华，剖符授玉，王爵是加。仰齿金玺，俯执圣策，皇恩过隆，祗承怵惕。咨我小子，顽凶是婴，逝惭陵墓，存愧阙廷。匪敢慠德，实恩是恃，威灵改加，足以没齿。昊天罔极，性命不图，常惧颠沛，抱罪黄垆。愿蒙矢石，建旗东岳，庶立豪氂，微功自赎。危躯授命，知足免戾，甘赴江、湘，奋戈吴、越。天启其衷，得会京畿，迟奉圣颜，如渴如饥。心之云慕，怆矣其悲，天高听卑，皇肯照微！又曰：肃承明诏，应会皇都，星陈夙驾，秣马脂车。命彼掌徒，肃我征旅，朝发鸾台，夕宿兰渚。芒芒原隰，祁祁士女，经彼公田，乐我稷黍。爰有樛木，重阴匪息；虽有糇粮，饥不遑食。望城不过，面邑匪游，仆夫警策，平路是由。玄驷蔼蔼，扬镳漂沫；流风翼衡，轻云承盖。涉涧之滨，缘山之隈，遵彼河浒，黄阪是阶。西济关谷，或降或升，骈骖倦路，再寝再兴。将朝圣皇，匪敢晏宁；弭节长骛，指日遄征。前驱举燧，后乘抗旌；轮不辍运，鸾无废声。爰暨帝室，税此西墉；嘉诏未赐，朝觐莫从。仰瞻城阈，俯惟阙廷；长怀永慕，忧心如酲。”

帝嘉其辞义，优诏答勉之。

六年，帝东征，还过雍丘，幸植宫，增户五百。太和元年，徙封浚仪。二年，复还雍丘。植常自愤怨，抱利器而无所施，上疏求自试曰：

“臣闻士之生世，入则事父，出则事君；事父尚于荣亲，事君贵于兴国。故慈父不能爱无益之子，仁君不能畜无用之臣。夫论德而授官者，成功之君也；量能而受爵者，毕命之臣也。故君无虚授，臣无虚受；虚授谓之谬举，虚受谓之尸禄，《诗》之‘素餐’所由作也。昔二虢不辞两国之任，其德厚也；旦、奭不让燕、鲁之封，其功大也。

今臣蒙国重恩，三世于今矣。正值陛下升平之际，沐浴圣泽，潜润德教，可谓厚幸矣。而窃位东藩，爵在上列，身被轻暖，口厌百味，目极华靡，耳倦丝竹者，爵重禄厚之所致也。退念古之受爵禄者，有异于此，皆以功勤济国，辅主惠民。今臣无德可述，无功可纪，若此终年无益国朝，将挂风人'彼己'之讥。是以上惭玄冕，俯愧朱绂。

"方今天下一统，九州晏如，而顾西有违命之蜀，东有不臣之吴，使边境未得脱甲，谋士未得高枕者，诚欲混同宇内以致太和也。故启灭有扈而夏功昭，成克商、奄而周德著。今陛下以圣明统世，将欲卒文、武之功，继成、康之隆，简贤授能，以方叔、邵虎之臣镇御四境，为国爪牙者，可谓当矣。然而高鸟未挂于轻缴，渊鱼未县于钩饵者，恐钓射之术或未尽也。昔耿弇不俟光武，殄击张步，言不以贼遗于君父。故车右伏剑于鸣毂，雍门刎首于齐境，若此二士，岂恶生而尚死哉？诚忿其慢主而陵君也。夫君之宠臣，欲以除患兴利；臣之事君，必以杀身靖乱，以功报主也。昔贾谊弱冠，求试属国，请系单于之颈而制其命；终军以妙年使越，欲得长缨缨其王，羁致北阙。此二臣，岂好为夸主而耀世哉？志或郁结，欲逞其才力，输能于明君也。昔汉武为霍去病治第，辞曰：'匈奴未灭，臣无以家为！'固夫忧国忘家，捐躯济难，忠臣之志也。今臣居外，非不厚也，而寝不安席，食不遑味者，伏以二方未克为念。

"伏见先武皇帝武臣宿将，年耆即世者有闻矣。虽贤不乏世，宿将旧卒，犹习战阵，窃不自量，志在效命，庶立毛发之功，以报所受之恩。若使陛下出不世之诏，效臣锥刀之用，使得西属大将军，当一校之队，若东属大司马，统偏舟之任，必乘危蹈险，骋舟奋骊，突刃触锋，为士卒先。虽未能禽权馘亮，庶将虏其雄率，歼其丑类，必效须臾之捷，以灭终身之愧，使名挂史笔，事列朝策。虽身分蜀境，首县吴阙，犹生之年也。如微才弗试，没世无闻，徒荣其躯而丰其体，生无益于事，死无损于数，虚荷上位而忝重禄，禽息鸟视，终于白首，此徒圈牢之养物，非臣之所志也。流闻东军失备，师徒小衄，辍食弃餐，奋袂攘衽，抚剑东顾，而心已驰于吴会矣。臣昔从先武皇帝南极赤岸，东临沧海，西望玉门，北出玄塞，伏见所以行军用兵之势，可谓神妙矣。故兵者不可豫言，临难而制变者也。志欲自效于明时，立功于圣世。每览史籍，观古忠臣义士，出一朝之命，以徇国家之难，身虽屠裂，而功铭著于鼎钟，名称垂于竹帛，未尝不拊心而叹息也。臣闻明主使臣，不废有罪。故奔北败军之将用，秦、鲁以成其功；绝缨盗马之臣赦，楚、赵以济其难。臣窃感先帝早崩，威王弃世，臣独何人，以堪长久！常恐先朝露，填沟壑，坟土未干，而身名并灭。臣闻骐骥长鸣，则伯乐照其能；卢狗悲号，则韩国知其才。是以效之齐、楚之路，以逞千里之任；试之狡兔之捷，以验搏噬之用。今臣志狗马之微功，窃自惟度，终无伯乐、韩国之举，是以於邑而窃自痛者也。

"夫临搏而企竦，闻乐而窃抃者，或有赏音而识道也。昔毛遂，赵之陪隶，犹假锥囊之喻，以寤主立功，何况巍巍大魏多士之朝，而无慷慨死难之臣乎！夫自衒自媒者，士女之丑行也。干时求进者，道家之明忌也。而臣敢陈闻于陛下者，诚与国分形同气，忧患共之者也。冀以尘露之微，补益山海，荧烛末光，增辉日月，是以敢冒其丑而献其忠。"

三年，徙封东阿。五年，复上疏求存问亲戚，因致其意曰：

"臣闻天称其高者，以无不覆；地称其广者，以无不载；日月称其明者，以无不照；江海称其大者，以无不容。故孔子曰：'大哉尧之为君！惟天为大，惟尧则之。'夫天德之于万物，可谓弘广矣。盖尧之为教，先亲后疏，自近及远。其传曰：'克明俊德，以亲九族；九族既睦，平章百姓。'及周之文王亦崇厥化，其诗曰：'刑于寡妻，至于兄弟，以御于家邦。'是以雍雍穆穆，风人咏之。昔周公吊管、蔡之不咸，广封懿亲以藩屏王室，传曰：'周之宗盟，异姓为后。'诚骨肉之恩，爽而不离，亲亲之义，实在敦固。未有义而后其君，仁而遗其亲者也。

"伏惟陛下资帝唐钦明之德，体文王翼翼之仁，惠洽椒房，恩昭九族，群后百寮，番休递上，执政不废于公朝，下情得展于私室，亲理之路通，庆吊之情展，诚可谓恕己治人，推惠施恩者矣。至于臣者，人道绝绪，禁锢明时，臣窃自伤也。不敢乃望交气类，修人事，叙人伦。近且婚媾不通，兄弟乖绝，吉凶之问塞，庆吊之礼废，恩纪之违，甚于路人，隔阂之异，殊于胡越。今臣以一切之制，永无朝觐之望，至于注心皇极，结情紫闼，神明知之矣。然天实为之，谓之何哉！退惟诸王常有戚戚具尔之心，愿陛下沛然垂诏，使诸国庆问，四节得展，以叙骨肉之欢恩。全怡怡之笃义。妃妾之家，膏沐之遗，岁得再通，齐义于贵宗，等惠于百司，如此，则古人之所叹，风雅之所咏，复存于圣世矣。

"臣伏自惟省，无锥刀之用。及观陛下之所拔授，若以臣为异姓，窃自料度，不后于朝士矣。若得辞远游，戴武弁，解朱组，佩青绂，驸马、奉车，趣得一号，安宅京室，执鞭珥笔，出从华盖，入侍辇毂，承答圣问，拾遗左右，乃臣丹诚之至愿，不离于梦想者也。远慕《鹿鸣》君臣之宴，中咏《常棣》匪他之诚，下思《伐木》友生之义，终怀《蓼莪》罔极之哀；每四节之会，块然独处，左右惟仆隶，所对惟妻子，高谈无所与陈，发义无所与展，未尝不闻乐而拊心，临觞而叹息也。臣伏以为犬马之诚不能动人，譬人之诚不能动天。崩城、陨霜，臣初信之，以臣心况，徒虚语耳。若葵藿之倾叶，太阳虽不为之回光，然向之者诚也。窃自比葵藿，若降天地之施，垂三光之明者，实在陛下。

"臣闻《文子》曰：'不为福始，不为祸先。'今之否隔，友于同忧，而臣独倡言者，窃不愿于圣世使有不蒙施之物。有不蒙施之物，必有惨毒之怀，故《柏舟》有'天只'之怨，《谷风》有'弃予'之叹。故伊尹耻其君不为尧舜，孟子曰：'不以舜之所以事尧事其君者，不敬其君者也。'臣之愚蔽，固非虞、伊。至于欲使陛下崇光被时雍之美，宣缉熙章明之德者，是臣惓惓之诚，窃所独守。实怀鹤立企伫之心，敢复陈闻者，冀陛下傥发天聪而垂神听也。"

诏报曰："盖教化所由，各有隆弊，非皆善始而恶终也，事使之然。故夫忠厚仁及草木，则《行苇》之诗作；恩泽衰薄，不亲九族，则《角弓》之章刺。今令诸国兄弟，情理简怠，妃妾之家，膏沐疏略，朕纵不能敦而睦之，王援古喻义备悉矣，何言精诚不足以感通哉？夫明贵贱，崇亲亲，礼贤良，顺少长，国之纲纪，本无禁固诸国通问之诏也，矫枉过正，下吏惧谴，以至于此耳。已敕有司，如王所诉。"

植复上疏陈审举之义，曰：

"臣闻天地协气而万物生，君臣合德而庶政成；五帝之世非皆智，三季之末非皆愚，用与不用，知与不知。既时有举贤之名，而无得贤之实，必各援其类而进矣。谚曰：'相门有相，将门有将。'夫相者，文德昭者也；将者，武功烈者也。文德昭，则可以匡国朝，致雍熙，稷、契、夔、龙是也；武功烈，则可以征不庭，威四夷，南仲、方叔是矣。昔伊尹之为媵臣，至贱也，吕尚之处屠钓，至陋也，及其见举于汤武、周文，诚道合志同，玄谟神通，岂复假近习之荐，因左右之介哉。《书》曰："有不世之君，必能用不世之臣；用不世之臣，必能立不世之功。"殷周二王是矣。若夫龌龊近步，遵常守故，安足为陛下言哉？故阴阳不和，三光不畅，官旷无人，庶政不整者，三司之责也。疆场骚动，方隅内侵，没军丧众，干戈不息者，边将之忧也。岂可虚荷国宠而不称其任哉？故任益隆者负益重，位益高者责益深，《书》称'无旷庶官'，《诗》有'职思其忧'，此其义也。

"陛下体天真之淑圣，登神机以继统，冀闻'康哉'之歌，偃武行文之美。而数年以来，水旱不时，民困衣食，师徒之发，岁岁增调，加东有覆败之军，西有殪没之将，至使蚌蛤浮翔于淮、泗，鼫鼬欢哗于林木。臣每念之，未尝不辍食而挥餐，临觞而扼腕矣。昔汉文发代，疑朝有变，宋昌曰：'内有朱虚、东牟之亲，外有齐、楚、淮南、琅邪，此则磐石之宗，愿王勿疑。'臣伏惟陛下远览姬文二虢之援，中虑周成召、毕之辅，下存宋昌磐石之固。昔骐骥之于吴阪，可谓困矣，及其伯乐相之，孙邮御之，形体不劳而坐取千里。盖伯乐善御马，明君善御臣；伯乐驰千里，明君致太平；诚任贤使能之明效也。若朝司惟良，万机内理，武将行师，方难克弭。陛下可得雍容都城，何事劳动銮驾，暴露于边境哉？

"臣闻羊质虎皮，见草则悦，见豺则战，忘其皮之虎也。今置将不良，有似于此。故语曰：'患为之者不知，知之者不得为也。'昔乐毅奔赵，心不忘燕；廉颇在楚，思为赵将。臣生乎乱，长乎军，又数承教于武皇帝，伏见行师用兵之要，不必取孙、吴而暗与之合。窃揆之于心，常愿得一奉朝觐，排金门，蹈玉陛，列有职之臣，赐须臾之间，使臣得一散所怀，摅舒蕴积，死不恨矣。

"被鸿胪所下发士息书，期会甚急。又闻豹尾已建，戎轩鸾驾，陛下将复劳玉躬，扰挂神思。臣诚竦息，不遑宁处。愿得策马执鞭，首当尘露，撮风后之奇，接孙、吴之要，追慕卜商起予左右，效命先驱，毕命轮毂，虽无大益，冀有小补。然天高听远，情不上通，徒独望青云而拊心，仰高天而叹息耳。屈平曰：'国有骥而不知乘，焉皇皇而更索！'昔管、蔡放诛，周、召作弼；叔鱼陷刑，叔向匡国。三监之衅，臣自当之；二南之辅，求必不远。华宗贵族，藩王之中，必有应斯举者。故传曰：'无周公之亲，不得行周公之事。'唯陛下少留意焉。

"近者汉氏广建藩王，丰则连城数十，约则飨食祖祭而已，未若姬周之树国，五等之品制也。若扶苏之谏始皇，淳于越之难周青臣，可谓知时变矣。夫能使天下倾耳注目者，当权者是矣，故谋能移主，威能慑下。豪右执政，不在亲戚。权之所在，虽疏必重，势之所去，虽亲必轻，盖取齐者田族，非吕宗也，分晋者赵、魏，非姬姓也。惟陛下察之。苟吉专其位，凶离其患者，异姓之臣也。欲国之安，祈家之贵，存共其荣，没同其祸者，公族之臣也。今反公族疏而异姓亲，臣窃惑焉。

"臣闻《孟子》曰：'君子穷则独善其身，达则兼善天下。'今臣与陛下践冰履炭，登山浮涧，寒温燥湿，高下共之，岂得离陛下哉？不胜愤懑，拜表陈情。若有不合，乞且藏之书府，不便灭弃，臣死之后，事或可思。若有毫厘少挂圣意者，乞出之朝堂，使夫博古之士，纠臣表之不合义者。如是，则臣愿足矣。"

帝辄优文答报。

其年冬，诏诸王朝六年正月。其二月，以陈四县封植为陈王，邑三千五百户。植每欲求别见独谈，论及时政，幸冀试用，终不能得。既还，怅然绝望。时法制，待藩国既自峻迫，寮属皆贾竖下才，兵人给其残老，大数不过二百人。又植以前过，事复减半，十一年中而三徒都，常汲汲无欢，遂发疾薨，时年四十一。植尝为琴瑟调歌，辞曰："吁嗟此转蓬，居世何独然！长去本根逝，夙夜无休闲。东西经七陌，南北越九阡，卒遇回风起，吹我入云间。自谓终天路，忽焉下沉渊。惊飚接我出，故归彼中田。当南而更北，谓东而反西，宕宕当何依，忽亡而复存。飘飘周八泽，连翩历五山，流转无恒处，谁知吾苦艰？愿为中林草，秋随野火燔，糜灭岂不痛，愿与林荄连。"｜孙盛曰：异哉，魏氏之封建也！不度先王之典，不思藩屏之术，违敦睦之风，背维城之义。汉初之封，或权侔人主，虽云不度，时势然也。魏氏诸侯，陋同匹夫，虽惩七国，矫枉过也。且魏之代汉，非积德之由，风泽既微，六合未一，而雕剪枝干，委权异族，势同瘣木，危若巢幕，不嗣忽诸，非天丧也。五等之制，万世不易之典。六代兴亡，曹冏论之详矣。遗令薄葬。以小子志，保家之主也，欲立之。初，植登鱼山，临东阿，喟然有归焉之心，遂营为墓。子志嗣，徙封济北王。景初中诏曰："陈思王昔虽有过失，既克己慎行，以补前阙，且自少至终，篇籍不离于手，诚难能也。其收黄初中诸奏植罪状，公卿已下议尚书、中书、秘书三府、大鸿胪者皆削除之。撰录植前后所著赋、颂、诗、铭、杂论凡百余篇，副藏内外。"志累增邑，并前九百九十户。

○萧怀王熊

萧怀王熊，早薨。黄初二年追封谥萧怀公。太和三年，又追进爵为王。青龙二年，子哀王炳嗣，食邑二千五百户。六年薨，无子，国除。

评曰：任城武艺壮猛，有将领之气。陈思文才富艳，足以自通后叶，然不能克让远防，终致携隙。传曰"楚则失之矣，而齐亦未为得也"，其此之谓欤！鱼豢曰：谚言"贫不学俭，卑不学恭"，非人性分也，势使然耳。此实然之势，信不虚矣！假令太祖防遏植等，在于畴昔，此贤之心，何缘有窥望乎？彰之挟恨，尚无所至。至于植者，岂能兴难？乃令杨脩以倚注遇害，丁仪以希意族灭，哀夫！余每览植之华采，思若有神。以此推之，太祖之动心，亦良有以也。

二十卷 魏书 二十

武文世王公传 | 丰愍王昂 相殇王铄 邓哀王冲 彭城王据 燕王宇 沛穆王林 中山恭王衮 济阳怀王玹 陈留恭王峻 范阳闵王矩 赵王幹 临邑殇公子上 楚王彪 刚殇公子勤 谷城殇公子乘 郿戴公子整 灵殇公子京 樊安公均 广宗殇公子棘 东平灵王徽 乐陵王茂 赞哀王协 北海悼王蕤 东武阳怀王鉴 东海定王霖 元城哀王礼 邯郸怀王邕 清河悼王贡 广平哀王俨

　　武皇帝二十五男：卞皇后生文皇帝、任城威王彰、陈思王植、萧怀王熊，刘夫人生丰愍王昂、相殇王铄，环夫人生邓哀王冲、彭城王据、燕王宇，杜夫人生沛穆王林、中山恭王衮，秦夫人生济阳怀王玹、陈留恭王峻，尹夫人生范阳闵王矩，王昭仪生赵王幹，孙姬生临邑殇公子上、楚王彪、刚殇公子勤，李姬生谷城殇公子乘、郿戴公子整、灵殇公子京，周姬生樊安公均，刘姬生广宗殇公子棘，宋姬生东平灵王徽，赵姬生乐陵王茂。

○丰愍王昂

　　丰愍王昂字子脩。弱冠举孝廉。随太祖南征，为张绣所害。无子。

黄初二年追封，谥曰丰悼公。三年，以樊安公均子琬奉昂后，封中都公。其年徙封长子公。五年，追加昂号曰丰悼王。太和三年改昂谥曰愍王。嘉平六年，以琬袭昂爵为丰王。正元、景元中，累增邑，并前二千七百户。琬薨，谥曰恭王。子廉嗣。

○相殇王铄

相殇王铄，早薨，太和三年追封谥。青龙元年，子愍王潜嗣，其年薨。二年，子怀王偃嗣，邑二千五百户，四年薨。无子，国除。正元二年，以乐陵王茂子阳都乡公竦继铄后。

○邓哀王冲

邓哀王冲字仓舒。少聪察岐嶷，生五六岁，智意所及，有若成人之智。时孙权曾致巨象，太祖欲知其斤重，访之群下，咸莫能出其理。冲曰："置象大船之上，而刻其水痕所至，称物以载之，则校可知矣。"太祖大悦，即施行焉。

时军国多事，用刑严重。太祖马鞍在库，而为鼠所啮，库吏惧必死，议欲面缚首罪，犹惧不免。冲谓曰："待三日中，然后自归。"冲于是以刀穿单衣，如鼠啮者，谬为失意，貌有愁色。太祖问之，冲对曰："世俗以为鼠啮衣者，其主不吉。今单衣见啮，是以忧戚。"太祖曰："此妄言耳，无所苦也。"俄而库吏以啮鞍闻，太祖笑曰："儿衣在侧，尚啮，况鞍县柱乎？"一无所问。冲仁爱识达，皆此类也。凡应罪戮，而为冲微所辨理，赖以济宥者，前后数十。《魏书》曰：冲每见当刑者，辄探睹其冤枉之情而微理之。及勤劳之吏，以过误触罪，常为太祖陈说，宜宽宥之。辨察仁爱，与性俱生，容貌姿美，有殊于众，故特见宠异。太祖数对群臣称述，有欲传后意。

年十三，建安十三年疾病，太祖亲为请命。及亡，哀甚。文帝宽喻太祖，太祖曰："此我之不幸，而汝曹之幸也。"孙盛曰：《春秋》之义，立嫡以长不以贤。冲虽存也犹不宜立，况其既没，而发斯言乎？诗云："无易由言。"魏武其易之也。言则流涕，为聘甄氏亡女与合葬，赠骑都尉印绶，命宛侯据子琮奉冲后。二十二年，封琮为邓侯。黄初二年，追赠谥冲曰邓哀侯，又追加号为公。三年，进琮爵，徙封冠军公。四年，徙封己氏公。太和五年，加冲号曰邓哀王。景初元年，琮坐于中尚方作禁物，削户三百，贬爵为都乡侯。三年，复为己氏公。正始七年，转封平阳公。景初、正元、景元中，累增邑，并前千九百户。

○彭城王据

彭城王据，建安十六年封范阳侯。二十二年，徙封宛侯。黄初二年，进爵为公。三年，为章陵王，其年徙封义阳。文帝以南方下湿，又以环太妃彭城人，徙封彭城。又徙封济阴。五年，诏曰："先王建国，随时而制。汉祖增秦所置郡，至光武以天下损耗，并省郡县。以今比之，益不及焉。其改封诸王，皆为县王。"据改封定陶县。太和六年，改封诸王，皆以郡为国，据复封彭城。景初元年，据坐私遣人诣中尚方作禁物，削县二千户。三年，复所削户邑。正元、景元中累增邑，并前四千六百户。

○燕王宇

燕王宇字彭祖。建安十六年，封都乡侯。二十二年，改封鲁阳侯。黄初二年，进爵为公。三年，为下邳王。五年，改封单父县。太和六年，改封燕王。明帝少与宇同止，常爱异之。及即位，宠赐与诸王殊。青龙三年，征入朝。景初元年，还邺。二年夏，复征诣京都。冬十二月，明帝疾笃，拜宇为大将军，属以后事。受署四日，宇深固让；帝意亦变，遂免宇官。三年夏，还邺。景初、正元、景元中，累增邑，并前五千五百户。常道乡公奂，宇之子，入继大宗。

○沛穆王林

沛穆王林，建安十六年封饶阳侯。二十二年，徙封谯。黄初二年，进爵为公。三年，为谯王。五年，改封谯县。七年，徙封鄄城。太和六年，改封沛。景初、正元、景元中，累增邑，并前四千七百户。林薨，子纬嗣。案《嵇氏谱》：嵇康妻，林子之女也。

○中山恭王衮

中山恭王衮，建安二十一年封平乡侯。少好学，年十余岁能属文。每读书，文学左右常恐以精力为病，数谏止之，然性所乐，不能废也。二十二年，徙封东乡侯，其年又改封赞侯。黄初二年，进爵为公，官属皆贺，衮曰："夫生深宫之中，不知稼穑之艰难，多骄逸之失。诸贤既庆其休，宜辅其阙。"每兄弟游娱，衮独潭思经典。文学、防辅相与言曰："受诏察公举错，有过当奏，及有善，亦宜以闻，不可匿其美也。"遂共表称陈衮美。衮闻之，大惊惧，责让文学曰："修身自守，常人之行耳，而诸君乃以上闻，是适所以增其负累也。且如有善，何患不闻，而遽共如是，是非益我者。"其戒慎如此。

三年，为北海王。其年，黄龙见邺西漳水，衮上书赞颂。诏赐黄金十斤，诏曰："昔唐叔归禾，东平献颂，斯皆骨肉赞美，以彰懿亲。王研精坟典，耽味道真，文雅焕炳，朕甚嘉之。王其克慎明德，以终令闻。"四年，改封赞王。七年，徙封濮阳。太和二年就国，尚约俭，教敕妃妾纺绩织纴，习为家人之事。五年冬，入朝。六年，改封中山。

初，衮来朝，犯京都禁。青龙元年，有司奏衮。诏曰："王素敬慎，邂逅至此，其以议亲之典议之。"有司固执。诏削县二，户七百五十。《魏书》载玺书曰："制诏中山王：有司奏，王乃者来朝，犯交通京师之禁。朕惟亲亲之恩，用寝吏议。然法者，所与天下共也，不可得废。今削王县二，户七百五十。夫克己复礼，圣人称仁，朝过夕改，君子与之。王其戒诸，无贰咎悔也。"衮忧惧，戒敕官属愈谨。帝嘉其意，二年，复所削县。三年秋，衮得疾病，诏遣太医视疾，殿中虎贲赍手诏、赐珍膳相属，又遣太妃、沛王林并就省疾。

衮疾困，敕令官属曰："吾寡德忝宠，大命将尽。吾既好俭，而圣朝著终诰之制，为天下法。吾气绝之日，自殡及葬，务奉诏书。昔卫大夫蘧瑗葬濮阳，吾望其墓，常想其遗风，愿托贤灵以弊发齿，营吾兆域，必往从之。《礼》：'男子不卒妇人之手。'亟以时成东堂。"堂成，名之曰"遂志之堂"，舆疾往居之。又令世子曰："汝幼少，未闻义方，早为人君，但知乐，不知苦；不知苦，必将以骄奢为失也。接大臣，务以礼。虽非大臣，老者犹宜答拜。事兄以敬，恤弟以慈；兄弟有不良之行，当造膝谏之。谏之不从，流涕喻之；喻之不改，乃白其母。若犹不改，当以奏闻，并辞国土。与其守宠罹祸，不若贫贱全身也。此亦谓大罪恶耳，其微过细故，当掩覆之。嗟尔小子，慎修乃身，奉圣朝以忠贞，事太妃以孝敬。闺闱之内，奉令于太妃；阃阈之外，受教于沛王。无忝乃心，以慰予灵。"其年薨。诏沛王林留讫葬，使大鸿胪持节典护丧事，宗正吊祭，赠赗甚厚。凡所著文章二万余言，才不及陈思王而好学与之侔。子孚嗣。景初、正元、景元中，累增邑，并前三千四百户。

○济阳怀王玹

济阳怀王玹，建安十六年封西乡侯。早薨，无子。二十年，以沛王林子赞袭玹爵邑，早薨，无子。文帝复以赞弟壹绍玹后。黄初二年，改封济阳侯。四年，进爵为公。太和四年，追进玹爵，谥曰怀公。六年，又进号曰怀王，追谥赞曰西乡哀侯。壹薨，谥曰悼公。子恒嗣。景初、正元、景元中，累增邑，并前千九百户。

○陈留恭王峻

陈留恭王峻字子安，建安二十一年封郿侯。二十二年，徙封襄邑。黄初二年，进爵为公。三年，为陈留王。五年，改封襄邑县。太和六年，又封陈留。甘露四年薨。子澳嗣。景初、正元、景元中，累增邑，并前四千七百户。

○范阳闵王矩

范阳闵王矩，早薨，无子。建安二十二年，以樊安公均子敏奉矩后，封临晋侯。黄初三年追封谥矩为范阳闵公。五年，改封敏范阳王。七年，徙封句阳。太和六年，追进矩号曰范阳闵王，改封敏琅邪王。景初、正元、景元中，累增邑，并前三千四百户。敏薨，谥曰原王。子焜嗣。

○赵王幹

赵王幹，建安二十年封高平亭侯。二十二年，徙封赖亭侯。其年改封弘农侯。黄初二年，进爵，徙封燕公。《魏略》曰：幹一名良。良本陈妾子，良生而陈氏死，太祖令王夫人养之。良年五岁而太祖疾困，遗令语太子言："此儿三岁亡母，五岁失父，以累汝也。"太子由是亲待，隆于诸弟。良年小，常呼文帝为阿翁，帝谓良曰："我，汝兄耳。"文帝又愍其如是，每为流涕。｜臣松之案：此传以母贵贱为次，不计兄弟之年，故楚王彪年虽大，传在幹后。寻《朱建平传》，知彪大幹二十岁。三年，为河间王。五年，改封乐城县。七年，徙封钜鹿。太和六年，改封赵王。幹母有宠于太祖。及文帝为嗣，幹母有力。文帝临崩，有遗诏，是以明帝常加恩意。

青龙二年，私通宾客，为有司所奏，赐幹玺书诫诲之，曰："《易》称'开国承家，小人勿用'，《诗》著'大车惟尘'之诫。自太祖受命创业，深睹治乱之源，鉴存亡之机，初封诸侯，训以恭慎之至言，辅以天下之端士，常称马援之遗诫，重诸侯宾客交通之禁，乃使与犯妖恶同。夫岂以此薄骨肉哉？徒欲使子弟无过失之愆，士民无伤害之悔耳。

高祖践阼，祗慎万机，申著诸侯不朝之令。朕感诗人《常棣》之作，嘉《采菽》之义，亦缘诏文曰'若有诏得诣京都'，故命诸王以朝聘之礼。而楚、中山并犯交通之禁，赵宗、戴捷咸伏其辜。近东平王复使属官殴寿张吏，有司举奏，朕裁削县。今有司以曹纂、王乔等因九族时节，集会王家，或非其时，皆违禁防。朕惟王幼少有恭顺之素，加受先帝顾命，欲崇恩礼，延乎后嗣，况近在王之身乎？且自非圣人，孰能无过？已诏有司宥王之失。古人有言：'戒慎乎其所不睹，恐惧乎其所弗闻，莫见乎隐，莫显乎微，故君子慎其独焉。'叔父兹率先圣之典，以纂乃先帝之遗命，战战兢兢，靖恭厥位，称朕意焉。"景初、正元、景元中，累增邑，并前五千户。

○临邑殇公子上

临邑殇公子上，早薨。太和五年，追封谥。无后。

○楚王彪

楚王彪字朱虎。建安二十一年，封寿春侯。黄初二年，进爵，徙封汝阳公。三年，封弋阳王。其年徙封吴王。五年，改封寿春县。七年，徙封白马。太和五年冬，朝京都。六年，改封楚。初，彪来朝，犯禁，青龙元年，为有司所奏，诏削县三，户千五百。二年，大赦，复所削县。景初三年，增户五百，并前三千户。嘉平元年，兖州刺史令狐愚与太尉王凌谋迎彪都许昌，语在《凌传》。乃遣傅及侍御史就国案验，收治诸相连及者。廷尉请征彪治罪。于是依汉燕王旦故事，使兼廷尉、大鸿胪持节赐彪玺书切责之，使自图焉。彪乃自杀。妃及诸子皆免为庶人，徙平原。彪之官署以下及监国谒者，坐知情无辅导之义，皆伏诛。国除为淮南郡。正元元年诏曰："故楚王彪，背国附奸，身死嗣替，虽自取之，犹哀矜焉。夫含垢藏疾，亲亲之道也，其封彪世子嘉为常山真定王。"景元元年，增邑，并前二千五百户。

○刚殇公子勤

刚殇公子勤，早薨。太和五年追封谥。无后。

○谷城殇公子乘

谷城殇公子乘，早薨。太和五年追封谥。无后。

○郿戴公子整

郿戴公子整，奉从叔父郎中绍后。建安二十二年，封郿侯。二十三年薨。无子。黄初二年追进爵，谥曰戴公。以彭城王据子范奉整后。三年，封平氏侯。四年，徙封成武。太和三年，进爵为公。青龙三年薨。谥曰悼公。无后。四年，诏以范弟东安乡公阐为郿公，奉整后。正元、景元中累增邑，并前千八百户。

○灵殇公子京

灵殇公子京，早薨。太和五年追封谥。无后。

○樊安公均

樊安公均，奉叔父蓟恭公彬后。建安二十二年，封樊侯。二十四年薨。子抗嗣。黄初二年，追进公爵，谥曰樊安公。三年，徙封抗蓟公。四年，徙封屯留公。景初元年薨，谥曰定公。子谌嗣。景初、正元、景元中，累增邑，并前千九百户。

○广宗殇公子棘

广宗殇公子棘，早薨。太和五年追封谥。无后。

○东平灵王徽

东平灵王徽，奉叔公朗陵哀侯王后。建安二十二年，封历城侯。黄初二年，进爵为公。三年，为庐江王。四年，徙封寿张王。五年，改封寿张县。太和六年，改封东平。青龙二年，徽使官属挝寿张县吏，为有司所奏。诏削县一，户五百。其年复所削县。正始三年薨。子翕嗣。景初、正元、景元中，累增邑，并前三千四百户。臣松之案：翕入晋，封廪丘公。魏宗室之中，名次鄄城公。至泰始二年，翕遣世子琨奉表来朝。诏曰："翕秉德履道，魏宗之良。今琨远至，其假世子印绶，加骑都尉，赐朝服一具，钱十万，随才叙用。"翕撰《解寒食散方》，与皇甫谧所撰并行于世。

○乐陵王茂

乐陵王茂，建安二十二年封万岁亭侯。二十三年，改封平舆侯。黄初三年，进爵，徙封乘氏公。七年，徙封中丘。茂性慠很，少无宠于太祖。及文帝世，又独不王。太和元年，徙封聊城公，其年为王。诏曰："昔象之为虐至甚，而大舜犹侯之有鼻。近汉氏淮南、阜陵，皆为乱臣逆子，而犹或及身而复国，或至子而锡土。有虞建之于上古，汉文、明、章行之乎前代，斯皆敦叙亲亲之厚义也。聊城公茂少不闲礼教，长不务善道。先帝以为古之立诸侯也，皆命贤者，故姬姓有未必侯者，是以独不王茂。太皇太后数以为言。如闻茂顷来少知悔昔之非，欲修善将来。君子与其进，不保其往也。今封茂为聊城王，以慰太皇太后下流之念。"六年，改封曲阳王。正始三年，东平灵王徽薨，茂称嗌痛，不肯发哀，居处出入自若。有司奏除国土，诏削县一，户五百。五年，徙封乐陵，诏以茂租奉少，诸子多，复所削户，又增户七百。嘉平、正元、景元中，累增邑，并前五千户。

文皇帝九男：甄氏皇后生明帝，李贵人生赞哀王协，潘淑媛生北海悼王蕤，朱淑媛生东武阳怀王鉴，仇昭仪生东海定王霖，徐姬生元城哀王礼，苏姬生邯郸怀王邕，张姬生清河悼王贡，宋姬生广平哀王俨。

○赞哀王协

赞哀王协，早薨。太和五年追封谥曰经殇公。青龙二年，更追改号谥。三年，子殇王寻嗣。景初三年，增户五百，并前三千户。正始九年薨。无子。国除。

○北海悼王蕤

北海悼王蕤，黄初七年，明帝即位，立为阳平县王。太和六年，改封北海。青龙元年薨。二年，以琅邪王子赞奉蕤后，封昌乡公。景初二年，立为饶安王。正始七年，徙封文安。正元、景元中，累增邑，并前三千五百户。

○东武阳怀王鉴

东武阳怀王鉴，黄初六年立。其年薨。青龙三年赐谥。无子。国除。

○东海定王霖

东海定王霖，黄初三年立为河东王。六年，改封馆陶县。明帝即位，以先帝遗意，爱宠霖异于诸国。而霖性粗暴，闺门之内，婢妾之间，多所残害。太和六年，改封东海。嘉平元年薨。子启嗣。景初、正元、景元中，累增邑，并前六千二百户。高贵乡公髦，霖之子也，入继大宗。

○元城哀王礼

元城哀王礼，黄初二年封秦公，以京兆郡为国。三年，改为京兆王。六年，改封元城王。太和三年薨。五年，以任城王楷子悌嗣礼后。六年，改封梁王。景初、正元、景元中，累增邑，并前四千五百户。

○邯郸怀王邕

邯郸怀王邕，黄初二年封淮南公，以九江郡为国。三年，进为淮南王。四年，改封陈。六年，改封邯郸。太和三年薨。五年，以任城王楷子温嗣邕后。六年，改封鲁阳。景初、正元、景元中，累增邑，并前四千四百户。

○清河悼王贡

清河悼王贡，黄初三年封。四年薨。无子。国除。

○广平哀王俨

广平哀王俨，黄初三年封。四年薨。无子。国除。

评曰：魏氏王公，既徒有国土之名，而无社稷之实，又禁防壅隔，同于囹圄；位号靡定，大小岁易；骨肉之恩乖，《常棣》之义废。为法之弊，一至于此乎！《袁子》曰：魏兴，承大乱之后，民人损减，不可则以古始。于是封建侯王，皆使寄地，空名而无其实。王国使有老兵百余人，以卫其国。虽有王侯之号，而乃侪于匹夫。县隔千里之外，无朝聘之仪，邻国无会同之制。诸侯游猎不得过三十里，又为设防辅监国之官以伺察之。王侯皆思为布衣而不能得，既违宗国藩屏之义，又亏亲戚骨肉之恩。

二十一卷 魏书 _{二十一}

王卫二刘傅传 | 王粲 卫觊 刘廙 刘劭 傅嘏

○**王粲** 徐幹 陈琳 阮瑀 应玚 刘桢 应璩 应贞 阮籍 嵇康 桓威 吴质

　　王粲字仲宣，山阳高平人也。曾祖父龚，祖父畅，皆为汉三公。张璠《汉纪》曰：龚字伯宗，有高名于天下。顺帝时为太尉。初，山阳太守薛勤丧妻不哭，将殡，临之曰："幸不为夭，复何恨哉？"及龚妻卒，龚与诸子并杖行服，时人或两讥焉。畅字叔茂，名在八俊。灵帝时为司空，以水灾免，而李膺亦免归故郡，二人以直道不容当时。天下以畅、膺为高士，诸危言危行之徒皆推宗之，愿涉其流，惟恐不及。会连有灾异，而言事者皆言三公非其人，宜因其变，以畅、膺代之，则祯祥必至。由是宦竖深怨之，及膺诛死而畅遂废，终于家。父谦，为大将军何进长史。进以谦名公之胄，欲与为婚，见其二子，使择焉。谦弗许。以疾免，卒于家。献帝西迁，粲徙长安，左中郎将蔡邕见而奇之。时邕才学显著，贵重朝廷，常车骑填巷，宾客盈坐。闻粲在门，倒屣迎之。粲至，年既幼弱，容状短小，一坐尽惊。邕曰："此王公孙也，有异才，吾不如也。吾家书籍文章，尽当与之。"年十七，司徒辟，诏除黄门侍郎，以西京扰乱，皆不就。乃之荆州依刘表。表以粲貌寝而体弱通侻，不甚重也。表卒。粲劝表子琮，令归太祖。

太祖辟为丞相掾，赐爵关内侯。太祖置酒汉滨，粲奉觞贺曰："方今袁绍起河北，仗大众，志兼天下，然好贤而不能用，故奇士去之。刘表雍容荆楚，坐观时变，自以为西伯可规。士之避乱荆州者，皆海内之俊杰也；表不知所任，故国危而无辅。明公定冀州之日，下车即缮其甲卒，收其豪杰而用之，以横行天下；及平江、汉，引其贤俊而置之列位，使海内回心，望风而愿治，文武并用，英雄毕力，此三王之举也。"后迁军谋祭酒。魏国既建，拜侍中。博物多识，问无不对。时旧仪废弛，兴造制度，粲恒典之。挚虞《决疑要注》曰：汉末丧乱，绝无玉佩。魏侍中王粲识旧佩，始复作之。今之玉佩，受法于粲也。

初，粲与人共行，读道边碑，人问曰："卿能暗诵乎？"曰："能。"因使背而诵之，不失一字。观人围棋，局坏，粲为覆之。棋者不信，以帕盖局，使更以他局为之。用相比校，不误一道。其强记默识如此。性善算，作算术，略尽其理。善属文，举笔便成，无所改定，时人常以为宿构；然正复精意覃思，亦不能加也。《典略》曰：粲才既高，辩论应机。钟繇、王朗等虽各为魏卿相，至于朝廷奏议，皆阁笔不能措手。著诗、赋、论、议垂六十篇。建安二十一年，从征吴。二十二年春，道病卒，时年四十一。粲二子，为魏讽所引，诛。后绝。《文章志》曰：太祖时征汉中，闻粲子死，叹曰："孤若在，不使仲宣无后。"

始文帝为五官将，及平原侯植皆好文学。粲与北海徐幹字伟长、广陵陈琳字孔璋、陈留阮瑀字元瑜、汝南应场字德琏、东平刘桢字公幹并见友善。幹为司空军谋祭酒掾属，五官将文学。《先贤行状》曰：幹清玄体道，六行修备，聪识洽闻，操翰成章，轻官忽禄，不耽世荣。建安中，太祖特加旌命，以疾休息。后除上艾长，又以疾不行。琳前为何进主簿。进欲诛诸宦官，太后不听，进乃召四方猛将，并使引兵向京城，欲以劫恐太后。琳谏进曰："《易》称'即鹿无虞'，谚有'掩目捕雀'。夫微物尚不可欺以得志，况国之大事，其可以诈立乎？今将军总皇威，握兵要，龙骧虎步，高下在心；以此行事，无异于鼓洪炉以燎毛发。但当速发雷霆，行权立断，违经合道，天人顺之；而反释其利器，更征于他。大兵合聚，强者为雄，所谓倒持干戈，授人以柄；必不成功，祇为乱阶。"进不纳其言，竟以取祸。

琳避难冀州，袁绍使典文章。袁氏败，琳归太祖。太祖谓曰："卿昔为本初移书，但可罪状孤而已，恶恶止其身，何乃上及父祖邪？"琳谢罪，太祖爱其才而不咎。瑀少受学于蔡邕。建安中都护曹洪欲使掌书记，瑀终不为屈。太祖并以琳、瑀为司空军谋祭酒，管记室。军国书檄，多琳、瑀所作也。《典略》曰：琳作诸书及檄，草成呈太祖。太祖先苦头风，是日疾发，卧读琳所作，翕然而起曰："此愈我病。"数加厚赐。太祖尝使瑀作书与韩遂，时太祖适近出，瑀随从，因于马上具草，书成呈之。太祖揽笔欲有所定，而竟不能增损。琳徙门下督，瑀为仓曹掾属。场、桢各被太祖辟，为丞相掾属。场转为平原侯庶子，后为五官将文学。桢以不敬被刑，刑竟署吏。《典略》曰：文帝尝赐桢廓落带，其后师死，欲借取以为像，因书嘲桢云："夫物因人为贵。故在贱者之手，不御至尊之侧。今虽取之，勿嫌其不反也。"桢答曰："桢闻荆山之璞，曜元后之宝；随侯之珠，烛众士之好；南垠之金，登窈窕之首；霹貂之尾，缀侍臣之帻：此四宝者，伏朽石之下，潜污泥之中，而扬光千载之上，发彩畴昔之外，亦皆未能初自接于至尊也。夫尊者所服，卑者所修也；贵者所御，贱者所先也。故夏屋初成而大匠先立其下，嘉禾始熟而农夫先尝其粒。恨桢所带，无他妙饰，若实殊异，尚可纳也。"桢辞旨巧妙皆如是，由是特为诸公子所亲爱。其后太子尝请诸文学，酒酣坐欢，命夫人甄氏出拜。坐中众人咸伏，而桢独平视。太祖闻之，乃收桢，减死输作。咸著文赋数十篇。瑀以十七年卒。幹、琳、场、桢二十二年卒。

文帝书与元城令吴质曰："昔年疾疫，亲故多离其灾，徐、陈、应、刘，一时俱逝。观古今文人，类不护细行，鲜能以名节自立。而伟长独怀文抱质，恬淡寡欲，有箕山之志，可谓彬彬君子矣。著《中论》二十余篇，辞义典雅，足传于后。德琏常斐然有述作意，其才学足以著书，美志不遂，良可痛惜！孔璋章表殊健，微为繁富。公幹有逸气，但未遒耳。元瑜书记翩翩，致足乐也。仲宣独自善于辞赋，惜其体弱，不起其文；至于所善，古人无以远过也。昔伯牙绝弦于钟期，仲尼覆醢于子路，痛知音之难遇，伤门人之莫逮也。诸子但为未及古人，自一时之俊也。"《典论》曰：今之文人，鲁国孔融、广陵陈琳、山阳王粲、北海徐幹、陈留阮瑀、汝南应场、东平刘桢，斯七子者，于学无所遗，于辞无所假，咸自以骋骐骥于千里，仰齐足而并驰。粲长于辞赋。幹时有逸气，然非粲匹也。如粲之《初征》《登楼》《槐赋》《征思》，幹之《玄猿》《漏卮》《圆扇》《橘赋》，虽张、蔡不过，然于他文未能称是。琳、瑀之章表书记，今之俊也。应场和而不壮；刘桢壮而不密。孔融体气高妙，有过人者，然不能持论，理不胜辞，至于杂以嘲戏；及其所善，扬、班之俦也。

自颍川邯郸淳、繁钦，陈留路粹，沛国丁仪、丁廙，弘农杨脩，河内荀纬等，亦有文采，而不在此七人之例。场弟璩，璩子贞，咸以文章显。璩官至侍中。贞咸熙中参相国军事。瑀子籍，才藻艳逸，而倜傥放荡，行己寡欲，以庄周为模则。官至步兵校尉。《魏氏春秋》曰：籍旷达不羁，不拘礼俗。性至孝，居丧虽不率常检，而毁几至灭性。兖州刺史王昶请与相见，终日不得与言，昶叹赏之，自以不能测也。太尉蒋济闻而辟之，后为尚书郎、曹爽参军，以疾归田里。岁余，爽诛，太傅及大将军乃以为从事中郎。后朝论以其名高，欲显崇之，籍以世多故，禄仕而已，闻步兵校尉缺，厨多美酒，营人善酿酒，求为校尉，遂纵酒昏酣，遗落世事。尝登广武，观楚、汉战处，乃叹曰："时无英才，使竖子成名乎！"时率意独驾，不由径路，车迹所穷，辄恸哭而反。籍少时尝游苏门山，苏门山有隐者，莫知姓名，有竹实数斛、臼杵而已。籍从之，与谈太古无为之道，及论五帝三王之义，苏门生萧然曾不经听。籍乃对之长啸，清韵响亮，苏门生逌尔而笑。籍既降，苏门生亦啸，若鸾凤之音焉。至是，籍乃假苏门先生之论以寄所怀。其歌曰："日没不周西，月出丹渊中，阳精蔽不见，阴光代为雄。亭亭在须臾，厌厌将复隆。富贵俯仰间，贫贱何必终。"又叹曰："天地解兮六合开，星辰陨兮日月颓，我腾而上将何怀？"籍口不论人过，而自然高迈，故为礼法之士何曾等深所仇疾。大将军司马文王常保持之，卒以寿终。**时又有谯郡嵇康，文辞壮丽，好言老、庄，而尚奇任侠。至景元中，坐事诛。**《魏氏春秋》曰：康寓居河内之山阳县，与之游者，未尝见其喜愠之色。与陈留阮籍、河内山涛、河南向秀、籍兄子咸、琅邪王戎、沛人刘伶相与友善，游于竹林，号为七贤。钟会为大将军所昵，闻康名而造之。会，名公子，以才能贵幸，乘肥衣轻，宾从如云。康方箕踞而锻，会至，不为之礼。康问会曰："何所闻而来？何所见而去？"会曰："有所闻而来，有所见而去。"会深衔之。大将军尝欲辟康。康既有绝世之言，又从子不善，避之河东，或云避世。及山涛为选曹郎，举康自代，康答书拒绝，因自说不堪流俗，而非薄汤、武。大将军闻而怒焉。初，康与东平吕昭子巽及巽弟安亲善。会巽淫安妻徐氏，而诬安不孝，囚之。安引康为证，康义不负心，保明其事，安亦至烈，有济世志力。钟会劝大将军因此除之，遂杀安及康。康临刑自若，援琴而鼓，既而叹曰："雅音于是绝矣！"时人莫不哀之。初，康采药于汲郡共北山中，见隐者孙登。康欲与之言，登默然不对。逾时将去，康曰："先生竟无言乎？"登乃曰："子才多识寡，难乎免于今之世。"及遭吕安事，为诗自责曰："欲寡其过，谤议沸腾。性不伤物，频致怨憎。昔惭柳下，今愧孙登。内负宿心，外恧良朋。"康所著诸文论六七万言，皆为世所玩咏。｜《康别传》云：孙登谓康曰："君性烈而才俊，其能免乎？"称康临终之言曰："袁孝尼尝从吾学《广陵散》，吾每

固之不与。《广陵散》于今绝矣！"与盛所记不同。| 又《晋阳秋》云：康见孙登，登对之长啸，逾时不言。康辞还，曰："先生竟无言乎？"登曰："惜哉！"此二书皆孙盛所述，而自为殊异如此。|《康集目录》曰：登字公和，不知何许人，无家属，于汲县北山土窟中得之。夏则编草为裳，冬则被发自覆。好读《易》鼓琴，见者皆亲乐之。每所止家，辄给其衣服食饮，得无辞让。|《世语》曰：毌丘俭反，康有力，且欲起兵应之，以问山涛，涛曰："不可。"俭亦已败。| 臣松之案本传云康以景元中坐事诛，而干宝、孙盛、习凿齿诸书，皆云正元二年，司马文王反自乐嘉，杀嵇康、吕安。盖缘《世语》云康欲举兵应毌丘俭，故谓破俭便应杀康也。其实不然。山涛为选官，欲举康自代，康书告绝，事之明审者也。案《涛行状》，涛始以景元二年除吏部郎耳。景元与正元相较七八年，以《涛行状》检之，如本传为审。又《钟会传》亦云会作司隶校尉时诛康；会作司隶，景元中也。干宝云吕安兄巽善于钟会，巽为相国掾，俱有宠于司马文王，故遂抵安罪。寻文王以景元四年钟、邓平蜀后，始授相国位；若巽为相国掾时陷安，焉得以破毌丘俭年杀嵇、吕？此又干宝之疏谬，自相违伐也。康子绍，字延祖，少知名。山涛启以为秘书郎，称绍平简温敏，有文思，又晓音，当成济者。帝曰："绍如此，便可以为丞，不足复为郎也。"遂历显位。|《晋诸公赞》曰：绍与山涛子简、弘农杨准同好友善，而绍最有忠正之情。以侍中从惠帝北伐成都王，王师败绩，百官奔走，惟绍独以身捍卫，遂死于帝侧。故累见褒崇，追赠太尉，谥曰忠穆公。

景初中，下邳桓威出自孤微，年十八而著《浑舆经》，依道以见意。从齐国门下书佐、司徒署吏，后为安成令。吴质，济阴人，以文才为文帝所善，官至振威将军、假节都督河北诸军事，封列侯。初，曹真、曹休亦与质等俱在渤海游处，时休、真亦以宗亲并受爵封，出为列将，而质故为长史。王顾质有望，故称二人以慰之。始质为单家，少游遨贵戚间，盖不与乡里相沉浮。故虽已出官，本国犹不与之士名。及魏有天下，文帝征质，与车驾会洛阳。到，拜北中郎将，封列侯、使持节督幽并诸军事，治信都。太和中，入朝。质自以不为本郡所饶，谓司徒董昭曰："我欲溺乡里耳。"昭曰："君且止，我年八十，不能老为君溺攒也。"

○卫觊 潘勖 王象

卫觊字伯儒，河东安邑人也。少夙成，以才学称。太祖辟为司空掾属，除茂陵令、尚书郎。太祖征袁绍，而刘表为绍援，关中诸将又中立。益州牧刘璋与表有隙，觊以治书侍御史使益州，令璋下兵以缀表军。至长安，道路不通，觊不得进，遂留镇关中。

时四方大有还民，关中诸将多引为部曲，觊书与荀彧曰："关中膏腴之地，顷遭荒乱，人民流入荆州者十万余家，闻本土安宁，皆企望思归。而归者无以自业，诸将各竞招怀，以为部曲。郡县贫弱，不能与争，兵家遂强。一旦变动，必有后忧。夫盐，国之大宝也，自乱来散放，宜如旧置使者监卖，以其直益市犁牛。若有归民，以供给之。勤耕积粟，以丰殖关中。远民闻之，必日夜竞还。又使司隶校尉留治关中以为之主，则诸将日削，官民日盛，此强本弱敌之利也。"或以白太祖。太祖从之，始遣谒者仆射监盐官，司隶校尉治弘农。关中服从，乃白召觊还，稍迁尚书。《魏书》曰：初，汉朝迁移，台阁旧事散乱。自都许之后，渐有纲纪，觊以古义多所正定。是时关西诸将，外虽怀附，内未可信。司隶校尉钟繇求以三千兵入关，外托讨张鲁，内以胁取质任。太祖使荀彧问觊，觊以为"西方诸将，皆竖夫屈起，无雄天下意，苟安乐目前而已。今国家厚加爵号，得其所志，非有大故，不忧为变也。宜为后图。若以兵入关中，当讨张鲁，鲁在深山，道径不通，彼必疑之；一相惊动，地险众强，殆难为虑！"或以觊议呈太祖。太祖初善之，而以繇自典其任，遂从繇议。兵始进而关右大叛，太祖自亲征，仅乃平之，死者万计。太祖悔不从觊议，由是益重觊。

魏国既建，拜侍中，与王粲并典制度。文帝即王位，徙为尚书。顷之，还汉朝为侍郎，劝赞禅代之义，为文诰之诏。文帝践阼，复为尚书，封阳吉亭侯。明帝即位，进封闉乡侯，三百户。觊奏曰："九章之律，自古所传，断定刑罪，其意微妙。百里长吏，皆宜知律。刑法者，国家之所贵重，而私议之所轻贱；狱吏者，百姓之所县命，而选用者之所卑下。王政之弊，未必不由此也。请置律博士，转相教授。"事遂施行。

时百姓凋匮而役务方殷，觊上疏曰："夫变情厉性，强所不能，人臣言之既不易，人主受之又艰难。且人之所乐者富贵显荣也，所恶者贫贱死亡也，然此四者，君上之所制也，君爱之则富贵显荣，君恶之则贫贱死亡；顺指者爱所由来，逆意者恶所从至也。故人臣皆争顺指而避逆意，非破家为国，杀身成君者，谁能犯颜色，触忌讳，建一言，开一说哉？陛下留意察之，则臣下之情可见矣。今议者多好悦耳，其言政治则比陛下于尧舜，其言征伐则比二虏于狸鼠。臣以为不然。昔汉文之时，诸侯强大，贾谊累息以为至危。况今四海之内，分而为三，群士陈力，各为其主。其来降者，未肯言舍邪就正，咸称迫于困急，是与六国分治，无以为异也。当今千里无烟，遗民困苦，陛下不善留意，将遂凋弊难可复振。礼，天子之器必有金玉之饰，饮食之肴必有八珍之味，至于凶荒，则彻膳降服。然则奢俭之节，必视世之丰约也。武皇帝之时，后宫食不过一肉，衣不用锦绣，茵蓐不缘饰，器物无丹漆，用能平定天下，遗福子孙。此皆陛下之所亲览也。当今之务，宜君臣上下，并用筹策，计校府库，量入为出。深思勾践滋民之术，由恐不及，而尚方所造金银之物，渐更增广，工役不辍，侈靡日崇，帑藏日竭。昔汉武信求神仙之道，谓当得云表之露以餐玉屑，故立仙掌以承高露。陛下通明，每所非笑。汉武有求于露，而由尚见非，陛下无求于露而空设之；不益于好而糜费功夫，诚皆圣虑所宜裁制也。"

觊历汉、魏，时献忠言，率如此。受诏典著作，又为《魏官仪》，凡所撰述数十篇。好古文、鸟篆、隶草，无所不善。建安末，尚书右丞河南潘勖，黄初时，散骑常侍河内王象，亦与觊并以文章显。觊薨，谥曰敬侯。子瓘嗣。瓘咸熙中为镇西将军。

○刘廙

刘廙字恭嗣，南阳安众人也。年十岁，戏于讲堂上，颍川司马德操拊其头曰："孺子，孺子，'黄中通理'，宁自知不？"廙兄望之，有名于世，荆州牧刘表辟为从事。而其友二人，皆以谗毁，为表所诛。望之又以正谏不合，投传告归。廙谓望之曰："赵杀鸣、犊，仲尼回轮。今兄既不能法柳下惠和光同尘于内，则宜模范蠡迁化于外。坐而自绝于时，殆不可也！"望之不从，寻复见害。廙惧，奔扬州。《傅子》曰：表既杀望之，荆州士人皆自危也。夫表之本心，于望之不轻也，以直忤情，而谗言得入者，以无容直之度也。据全楚之地，不能以成功者，未必不由此也。夷、叔连武王以成名，丁公顺高祖以受戮，二主之度远也。若不远其度，惟褊心是从，难乎以容民畜众矣。遂归太祖。太祖辟为丞相掾属，转五官将文学。文帝器之，命廙通草书。廙答书曰："初以尊卑有逾，礼之常分也。是以贪守区区之节，不敢修草。必如严命，诚知劳谦之素，不贵殊异若彼之高，而惇白屋如斯之好，苟使郭隗不轻于燕，九九不忽于齐，乐毅自至，霸业以隆。亏匹夫之节，成巍巍之美，虽愚不敏，何敢以辞？"

魏国初建，为黄门侍郎。太祖在长安，欲亲征蜀，廙上疏曰："圣人不以智轻俗，王者不以人废言。故能成功于千载者，必以近察远，智周于独断者，不耻于下问，亦欲博采必尽于众也。且韦弦非能言之物，而圣贤引以自匡。臣才智暗浅，愿自比于韦弦。昔乐毅能以弱燕破大齐，而不能以轻兵定即墨者，夫自为计者虽弱必固，欲自溃者虽强必败也。自殿下起军以来，三十余年，敌无不破，强无不服。今以海内之兵，百胜之威，而孙权负险于吴，刘备不宾于蜀。夫夷狄之臣，不当冀州之卒，权、备之籍，不比袁绍之业，然本初以亡，而二寇未捷，非暗弱于今而智武于昔也。斯自为计者，与欲自溃者异势耳。故文王伐崇，三驾不下，归而修德，然后服之。秦为诸侯，所征必服，及兼天下，东向称帝，匹夫大呼而社稷用隳。是力毙于外，而不恤民于内也。臣恐边寇非六国之敌，而世不乏才，土崩之势，此不可不察也。天下有重得，有重失：势可得而我勤之，此重得也；势不可得而我勤之，此重失也。于今之计，莫若料四方之险，择要害之处而守之，选天下之甲卒，随方面而岁更焉。殿下可高枕于广夏，潜思于治国；广农桑，事从节约，修之旬年，则国富民安矣。"

太祖遂进前而报廙曰："非但君当知臣，臣亦当知君。今欲使吾坐行西伯之德，恐非其人也。"

魏讽反，廙弟伟为讽所引，当相坐诛。太祖令曰："叔向不坐弟虎，古之制也。"特原不问，《廙别传》曰：初，廙弟伟与讽善，廙戒之曰："夫交友之美，在于得贤，不可不详。而世之交者，不审择人，务合党众，违先圣人交友之义，此非厚己辅仁之谓也。吾观魏讽，不修德行，而专以鸠合为

344

务，华而不实，此直撩世沽名者也。卿其慎之，勿复与通。"伟不从，故及于难。徙署丞相仓曹属。廙上疏谢曰："臣罪应倾宗，祸应覆族。遭乾坤之灵，值时来之运，扬汤止沸，使不燋烂；起烟于寒灰之上，生华于已枯之木。物不答施于天地，子不谢生于父母，可以死效，难用笔陈。"廙著书数十篇，及与丁仪共论刑礼，皆传于世。文帝即王位，为侍中，赐爵关内侯。黄初二年卒。《廙别传》云：时年四十二。无子。帝以弟子阜嗣。

○刘劭 繆袭 仲长统 苏林 韦诞 夏侯惠 孙该 杜挚

刘劭字孔才，广平邯郸人也。建安中，为计吏，诣许。太史上言："正旦当日蚀。"劭时在尚书令荀彧所，坐者数十人，或云当废朝，或云宜却会。劭曰："梓慎、裨灶，古之良史，犹占水火，错失天时。《礼记》曰诸侯旅见天子，及门不得终礼者四，日蚀在一。然则圣人垂制，不为变异豫废朝礼者，或灾消异伏，或推术谬误也。"或善其言。敕朝会如旧，日亦不蚀。

御史大夫郗虑辟劭，会虑免，拜太子舍人，迁秘书郎。黄初中，为尚书郎、散骑侍郎。受诏集五经群书，以类相从，作《皇览》。明帝即位，出为陈留太守，敦崇教化，百姓称之。征拜骑都尉，与议郎庾嶷、荀诜等定科令，作《新律》十八篇，著《律略论》。迁散骑常侍。时闻公孙渊受孙权燕王之号，议者欲留渊计吏，遣兵讨之，劭以为："昔袁尚兄弟归渊父康，康斩送其首，是渊先世之效忠也。又所闻虚实，未可审知。古者要荒未服，修德而不征，重劳民也。宜加宽贷，使有以自新。"后渊果斩送权使张弥等首。劭尝作《赵都赋》，明帝美之，诏劭作《许都》《洛都》赋。时外兴军旅，内营宫室，劭作二赋，皆讽谏焉。

青龙中，吴围合肥，时东方吏士皆分休，征东将军满宠表请中军兵，并召休将士，须集击之。劭议以为："贼众新至，心专气锐。宠以少人自战其地，若便进击，不必能制。宠求待兵，未有所失也。以为可先遣步兵五千，精骑三千，军前发，扬声进道，震曜形势。骑到合肥，疏其行队，多其旌鼓，曜兵城下，引出贼后，拟其归路，要其粮道。贼闻大军来，骑断其后，必震怖遁走，不战自破贼矣。"帝从之。兵比至合肥，贼果退还。

时诏书博求众贤。散骑侍郎夏侯惠荐劭曰："伏见常侍刘劭，深忠笃思，体周于数，凡所错综，源流弘远，是以群才大小，咸取所同而斟酌焉。故性实之士服其平和良正，清静之人慕其玄虚退让，文学之士嘉其推步详密，法理之士明其分数精比，意思之士知其沉深笃固，文章之士爱其著论属辞，制度之士贵其化略较要，策谋之士赞其明思通微。凡此诸论，皆取适己所长而举其支流者也。臣数听其清谈，览其笃论，渐渍历年，服膺弥久，实为朝廷奇其器量。以为若此人者，宜辅翼机事，纳谋帏幄，当与国道俱隆，非世俗所常有也。惟陛下垂优游之听，使劭承清闲之欢，得自尽于前，则德音上通，辉耀日新矣。"臣松之以为凡相称荐，率多溢美之辞，能不违中者或寡矣。惠之称劭云"玄虚退让"及"明思通微"，近于过也。

景初中，受诏作《都官考课》。劭上疏曰："百官考课，王政之大较，然而历代弗务，是以治典阙而未补，能否混而相蒙。陛下以上圣之宏略，愍王纲之弛颓，神虑内鉴，明诏外发。臣奉恩旷然，得以启蒙，辄作《都官考课》七十二条，又作《说略》一篇。臣学寡识浅，诚不足以宣畅圣旨，著定典制。"又以为宜制礼作乐，以移风俗，著《乐论》十四篇，事成未上。会明帝崩，不施行。正始中，执经讲学，赐爵关内侯。凡所撰述，《法论》《人物志》之类百余篇。卒，追赠光禄勋，子琳嗣。

勔同时东海缪袭亦有才学，多所述叙，官至尚书、光禄勋。袭友人山阳仲长统，汉末为尚书郎，早卒。著《昌言》，词佳可观省。袭撰统《昌言》表，称统字公理，少好学，博涉书记，赡于文辞。年二十余，游学青、徐、并、冀之间，与交者多异之。并州刺史高干素贵有名，招致四方游士，多归焉。统过干，干善待遇之，访以世事。统谓干曰："君有雄志而无雄才，好士而不能择人，所以为君深戒也。"干雅自多，不纳统言。统去之，无几而干败。并、冀之士以是识统。大司农常林与统共在上党，为臣道统性倜傥，敢直言，不矜小节，每列郡命召，辄称疾不就。默语无常，时人或谓之狂。汉帝在许，尚书令荀彧领典枢机，好士爱奇，闻统名，启召以为尚书郎。后参太祖军事，复还为郎。延康元年卒，时年四十余。统每论说古今世俗行事，发愤叹息，辄以为论，名曰《昌言》，凡二十四篇。散骑常侍陈留苏林、光禄大夫京兆韦诞、乐安太守谯国夏侯惠、陈郡太守任城孙该、郎中令河东杜挚等亦著文赋，颇传于世。

○傅嘏

傅嘏字兰石，北地泥阳人，傅介子之后也。伯父巽，黄初中为侍中、尚书。嘏弱冠知名，司空陈群辟为掾。

时散骑常侍刘劭作考课法，事下三府。嘏难劭论曰："盖闻帝制宏深，圣道奥远，苟非其才，则道不虚行，神而明之，存乎其人。暨乎王略亏颓而旷载罔缀，微言既没，六籍泯玷。何则？道弘致远而众才莫晞也。案剙考课论，虽欲寻前代黜陟之文，然其制度略以阙亡。礼之存者，惟有周典，外建侯伯，藩屏九服，内立列司，管齐六职，土有恒贡，官有定则，百揆均任，四民殊业，故考绩可理而黜陟易通也。大魏继百王之末，承秦、汉之烈，制度之流，靡所修采。自建安以来，至于青龙，神武拨乱，肇基皇祚，扫除凶逆，芟夷遗寇，旌旗卷舒，日不暇给。及经邦治戎，权法并用，百官群司，军国通任，随时之宜，以应政机。以古施今，事杂义殊，难得而通也。所以然者，制宜经远，或不切近，法应时务，不足垂后。夫建官均职，清理民物，所以立本也；循名考实，纠励成规，所以治末也。本纲未举而造制未呈，国略不崇而考课是先，惧不足以料贤愚之分，精幽明之理也。昔先王之择才，必本行于州闾，讲道于庠序，行具而谓之贤，道修则谓之能。乡老献贤能于王，王拜受之，举其贤者，出使长之，科其能者，入使治之，此先王收才之义也。方今九州之民，爰及京城，未有六乡之举，其选才之职，专任吏部。案品状则实才未必当，任薄伐则德行未为叙，如此则殿最之课，未尽人才。述综王度，敷赞国式，体深义广，难得而详也。"

正始初，除尚书郎，迁黄门侍郎。时曹爽秉政，何晏为吏部尚书，嘏谓爽弟羲曰："何平叔外静而内铦巧好利，不念务本。吾恐必先惑子兄弟，仁人将远，而朝政废矣。"晏等遂与嘏不平，因微事以免嘏官。起家拜荥阳太守，不行。太傅司马宣王请为从事中郎。曹爽诛，为河南尹，迁尚书。嘏常以为："秦始罢侯置守，设官分职，不与古同。汉、魏因循，以至于今。然儒生学士，咸欲错综以三代之礼，礼弘致远，不应时务，事与制违，名实未附，故历代而不至于治者，盖由是也。欲大改定官制，依古正本，今遇帝室多难，未能革易。"

时论者议欲自伐吴，三征献策各不同。诏以访嘏，嘏对曰："昔夫差陵齐胜晋，威行中国，终祸姑苏；齐闵兼土拓境，辟地千里，身蹈颠覆。有始不必善终，古之明效也。孙权自破关羽并荆州之后，志盈欲满，凶宄以极，是以宣文侯深建宏图大举之策。今权以死，托孤于诸葛恪。若矫权苛暴，蠲其虐政，民免酷烈，偷安新惠，外内齐虑，有同舟之惧，虽不能终自保完，犹足以延期挺命于深江之外矣。而议者或欲泛舟径济，横行江表；或欲四道并进，攻其城垒；或欲大佃疆场，观衅而动：诚皆取贼之常计也。然自治兵以来，出入三载，非掩袭之军也。贼之为寇，几六十年矣，君臣伪立，吉凶共患，又丧其元帅，上下忧危，设令列船津要，坚城据险，横行之计，其殆难捷。惟进军大佃，最差完牢。兵出民表，寇钞不犯；坐食积谷，不烦运士；乘衅讨袭，无远劳费：此军之急务也。昔樊哙愿以十万之众，横行匈奴，季布面折其短。今欲越长江，涉虏庭，亦向时之喻也。未若明法练士，错计于全胜之地，振长策以御敌之余烬，斯必然之数也。”

后吴大将诸葛恪新破东关，乘胜扬声欲向青、徐，朝廷将为之备。嘏议以为：“淮海非贼轻行之路，又昔孙权遣兵入海，漂浪沈溺，略无孑遗，恪岂敢倾根竭本，寄命洪流，以徼干没乎？恪不过遣偏率小将素习水军者，乘海溯淮，示动青、徐，恪自并兵来向淮南耳。”后恪果图新城，不克而归。

嘏常论才性同异，钟会集而论之。《傅子》曰：嘏既达治好正，而有清理识要，好论才性，原本精微，鲜能及之。司隶校尉钟会年甚少，嘏以明智交会。｜臣松之案：《傅子》前云嘏了夏侯之必败，不与之交，而此云与钟会善。愚以为夏侯玄以名重致患，衅由外至；钟会以利动取败，祸自己出。然则夏侯之危兆难睹，而钟氏之败形易照也。嘏若了夏侯之必危，而不见钟会之将败，则为识有所蔽，难以言通；若皆知其不终，而情有彼此，是为厚薄由于爱憎，奚豫于成败哉？以爱憎为厚薄，又亏于雅体矣。《傅子》此论，非所以益嘏也。嘉平末，赐爵关内侯。高贵乡公即尊位，进封武乡亭侯。正元二年春，毌丘俭、文钦作乱。或以司马景王不宜自行，可遣太尉孚往，惟嘏及王肃劝之。景王遂行。《汉晋春秋》曰：嘏固劝景王行，景王未从。嘏重言曰："淮、楚兵劲，而俭等负力远斗，其锋未易当也。若诸将战有利钝，大势一失，则公事败矣。"是时景王新割目瘤，创甚，闻嘏言，蹶然而起曰："我请舆疾而东。"以嘏守尚书仆射，俱东。俭、钦破败，嘏有谋焉。及景王薨，嘏与司马文王径还洛阳，文王遂以辅政，语在《钟会传》。《世语》曰：景王疾甚，以朝政授傅嘏，嘏不敢受。及薨，嘏秘不发丧，以景王命召文王于许昌，领公军焉。｜孙盛评曰：晋宣、景、文王之相魏也，权重相承，王业基矣。岂蕞尔傅嘏所宜间厕？《世语》所云，斯不然矣。会由是有自矜色，嘏戒之曰："子志大其量，而勋业难为也，可不慎哉！"嘏以功进封阳乡侯，增邑六百户，并前千二百户。是岁薨，时年四十七，追赠太常，谥曰元侯。子祗嗣。咸熙中开建五等，以嘏著勋前朝，改封祗泾原子。

评曰：昔文帝、陈王以公子之尊，博好文采，同声相应，才士并出，惟粲等六人最见名目。而粲特处常伯之官，兴一代之制，然其冲虚德宇，未若徐幹之粹也。卫觊亦以多识典故，相时王之式。刘劭该览学籍，文质周洽。刘廙以清鉴著，傅嘏用才达显云。臣松之以为傅嘏识量名辈，实当时高流。而此评但云"用才达显"，既于题目为拙，又不足以见嘏之美也。

二十二卷 魏书 二十二

桓二陈徐卫卢传 | 桓阶 陈群 陈矫 徐宣 卫臻 卢毓

○桓阶

桓阶字伯绪，长沙临湘人也。《魏书》曰：阶祖父超，父胜，皆历典州郡。胜为尚书，著名南方。仕郡功曹。太守孙坚举阶孝廉，除尚书郎。父丧还乡里。会坚击刘表战死，阶冒难诣表乞坚丧，表义而与之。后太祖与袁绍相拒于官渡，表举州以应绍。阶说其太守张羡曰："夫举事而不本于义，未有不败者也。故齐桓率诸侯以尊周，晋文逐叔带以纳王。今袁氏反此，而刘牧应之，取祸之道也。明府必欲立功明义，全福远祸，不宜与之同也。"羡曰："然则何向而可？"阶曰："曹公虽弱，仗义而起，救朝廷之危，奉王命而讨有罪，孰敢不服？今若举四郡保三江以待其来，而为之内应，不亦可乎！"羡曰："善。"乃举长沙及旁三郡以拒表，遣使诣太祖。太祖大悦。

会绍与太祖连战，军未得南。而表急攻羡，羡病死。城陷，阶遂自匿。久之，刘表辟为从事祭酒，欲妻以妻妹蔡氏。阶自陈已结婚，拒而不受，因辞疾告退。太祖定荆州，闻其为张羡谋也，异之，辟为丞相掾、主簿，迁赵郡太守。魏国初建，为虎贲中郎将、侍中。时太子未定，而临菑侯植有宠。阶数陈文帝德优齿长，宜为储副，公规密谏，前后悬至。《魏书》称阶谏曰："今太子位冠群子，名昭海内，仁圣达节，天下莫不闻；而大王甫以植而问臣，臣诚惑之。"于是太祖知阶笃于守正，深益重焉。又毛玠、徐奕以刚塞少党，而为西曹掾丁仪所不善，仪屡言其短，赖阶左右以自全保。其将顺匡救，多此类也。迁尚书，典选举。

曹仁为关羽所围，太祖遣徐晃救之，不解。太祖欲自南征，以问群下。群下皆谓："王不亟行，今败矣。"阶独曰："大王以仁等为足以料事势不也？"曰："能。""大王恐二人遗力邪？"曰："不。""然则何为自往？"曰："吾恐虏众多，而晃等势不便耳。"阶曰："今仁等处重围之中而守死无贰者，诚以大王远为之势也。夫居万死之地，必有死争之心；内怀死争，外有强救，大王案六军以示余力，何忧于败而欲自往？"太祖善其言，驻军于摩陂。贼遂退。文帝践阼，迁尚书令，封高乡亭侯，加侍中。阶疾病，帝自临省，谓曰："吾方托六尺之孤，寄天下之命于卿。勉之！"徙封安乐乡侯，邑六百户，又赐阶三子爵关内侯。祐以嗣子不封，病卒，又追赠关内侯。后阶疾笃，遣使者即拜太常，薨，帝为之流涕，谥曰贞侯。子嘉嗣。以阶弟纂为散骑侍郎，赐爵关内侯。嘉尚升迁亭公主，会嘉平中，以乐安太守与吴战于东关，军败，没，谥曰壮侯。子翊嗣。《世语》曰：阶孙陵，字元徽，有名于晋武帝世，至荥阳太守，卒。

○陈群 子泰

陈群字长文，颍川许昌人也。祖父寔，父纪，叔父谌，皆有盛名。群为儿时，寔常奇异之，谓宗人父老曰："此儿必兴吾宗。"鲁国孔融高才倨傲，年在纪、群之间，先与纪友，后与群交，更为纪拜，由是显名。刘备临豫州，辟群为别驾。时陶谦病死，徐州迎备，备欲往，群说备曰："袁术尚强，今东，必与之争。吕布若袭将军之后，将军虽得徐州，事必无成。"备遂东，与袁术战。布果袭下邳，遣兵助术，大破备军，备恨不用群言。举茂才，除柏令，不行，随纪避难徐州。属吕布，破，太祖辟群为司空西曹掾属。

时有荐乐安王模、下邳周逵者，太祖辟之。群封还教，以为模、逵秽德，终必败，太祖不听。后模、逵皆坐奸宄诛，太祖以谢群。群荐广陵陈矫、丹阳戴乾，太祖皆用之。后吴人叛，乾忠义死难，矫遂为名臣，世以群为知人。除萧、赞、长平令，父卒去官。后以司徒掾举高第，为治书侍御史，转参丞相军事。

魏国既建，迁为御史中丞。时太祖议复肉刑，令曰："安得通理君子达于古今者，使平斯事乎！昔陈鸿胪以为死刑有可加于仁恩者，正谓此也。御史中丞能申其父之论乎？"群对曰："臣父纪以为汉除肉刑而增加笞，本兴仁恻而死者更众，所谓名轻而实重者也。名轻则易犯，实重则伤民。《书》曰：'惟敬五刑，以成三德。'《易》著劓、刖、灭趾之法，所以辅政助教，惩恶息杀也。且杀人偿死，合于古制；至于伤人，或残毁其体而裁翦毛发，非其理也。若用古刑，使淫者下蚕室，盗者刖其足，则永无淫放穿窬之奸矣。夫三千之属，虽未可悉复，若斯数者，时之所患，宜先施用。汉律所杀殊死之罪，仁所不及也，其余逮死者，可以刑杀。如此，则所刑之与所生足以相贸矣。今以笞死之法易不杀之刑，是重人支体而轻人躯命也。"

时钟繇与群议同，王朗及议者多以为未可行。太祖深善繇、群言，以军事未罢，顾众议，故且寝。群转为侍中，领丞相东西曹掾。在朝无适无莫，雅杖名义，不以非道假人。文帝在东宫，深敬器焉，待以交友之礼，常叹曰："自吾有回，门人日以亲。"及即王位，封群昌武亭侯，徙为尚书。制九品官人之法，群所建也。及践阼，迁尚书仆射，加侍中，徙尚书令，进爵颍乡侯。帝征孙权，至广陵，使群领中领军。帝还，假节，都督水军。还许昌，以群为镇军大将军，领中护军，录尚书事。帝寝疾，群与曹真、司马宣王等并受遗诏辅政。明帝即位，进封颍阴侯，增邑五百，并前千三百户，与征东大将军曹休、中军大将军曹真、抚军大将军司马宣王并开府。顷之，为司空，故录尚书事。

是时，帝初莅政，群上疏曰："《诗》称'仪刑文王，万邦作孚'，又曰'刑于寡妻，至于兄弟，以御于家邦'。道自近始，而化洽于天下。自丧乱已来，干戈未戢，百姓不识王教之本，惧其陵迟已甚。陛下当盛魏之隆，荷二祖之业，天下想望至治，唯有以崇德布化，惠恤黎庶，则兆民幸甚。夫臣下雷同，是非相蔽，国之大患也。若不和睦则有仇党，有仇党则毁誉无端，毁誉无端则真伪失实，不可不深防备，有以绝其源流。"

太和中，曹真表欲数道伐蜀，从斜谷入。群以为："太祖昔到阳平攻张鲁，多收豆麦以益军粮，鲁未下而食犹乏。今既无所因，且斜谷阻险，难以进退，转运必见钞截，多留兵守要，则损战士，不可不熟虑也。"帝从群议。真复表从子午道。群又陈其不便，并言军事用度之计。诏以群议下真，真据之遂行。会霖雨积日，群又以为宜诏真还，帝从之。

后皇女淑薨，追封谥平原懿公主。群上疏曰："长短有命，存亡有分。故圣人制礼，或抑或致，以求厥中。防墓有不修之俭，嬴、博有不归之魂。夫大人动合天地，垂之无穷，又大德不逾闲，动为师表故也。八岁下殇，礼所不备，况未期月，而以成人礼送之，加为制服，举朝素衣，朝夕哭临，自古已来，未有此比。而乃复自往视陵，亲临祖载。愿陛下抑割无益有损之事，但悉听群臣送葬，乞车驾不行，此万国之至望也。闻车驾欲幸摩陂，实到许昌，二宫上下，皆悉俱东，举朝大小，莫不惊怪。或言欲以避衰，或言欲于便处移殿舍，或不知何故。臣以为吉凶有命，祸福由人，移徙求安，则亦无益。若必当移避，缮治金墉城西宫，及孟津别宫，皆可权时分止。可无举宫暴露野次，废损盛节蚕农之要。又贼地闻之，以为大衰，加所烦费，不可计量。且吉士贤人，当盛衰，处安危，秉道信命，非徒其家以宁，乡邑从其风化，无恐惧之心。况乃帝王万国之主，静则天下安，动则天下扰；行止动静，岂可轻脱哉？"帝不听。

青龙中，营治宫室，百姓失农时。群上疏曰："禹承唐、虞之盛，犹卑宫室而恶衣服，况今丧乱之后，人民至少，比汉文、景之时，不过一大郡。臣松之案：《汉书·地理志》云：元始二年，天下户口最盛，汝南郡为大郡，有三十余万户。则文、景之时不能如是多也。案《晋太康三年地记》，晋户有三百七十七万，吴、蜀户不能居半。以此言之，魏虽始承丧乱，方晋亦当无乃大殊。长文之言，于是为过。加边境有事，将士劳苦，若有水旱之患，国家之深忧也。且吴、蜀未灭，社稷不安。宜及其未动，讲武劝农，有以待之。今舍此急而先宫室，臣惧百姓遂困，将何以应敌？昔刘备自成都至白水，多作传舍，兴费人役，太祖知其疲民也。今中国劳力，亦吴、蜀之所愿。此安危之机也，惟陛下虑之。"

帝答曰："王业宫室，亦宜并立。灭贼之后，但当罢守耳，岂可复兴役邪？是故君之职，萧何之大略也。"群又曰："昔汉祖唯与项羽争天下，羽已灭，宫室烧焚，是以萧何建武库、太仓，皆是要急，然犹非其壮丽。今二虏未平，诚不宜与古同也。孙盛曰：周礼，天子之宫，有斫砻之制。然质文之饰，与时推移。汉承周、秦之弊，宜敦简约之化，而何崇饰宫室，示侈后嗣。此乃武帝千门万户所以大兴，岂无所复增之谓邪？况乃魏氏方有吴、蜀之难，四海罹涂炭之艰，而述萧何之过议，以为令轨，岂不惑于大道而昧得失之辨哉？使百代之君眩于奢俭之中，何之由矣。《诗》云："斯言之玷，不可为也。"其斯之谓乎！夫人之所欲，莫不有辞，况乃天王，莫之敢违。前欲坏武库，谓不可不坏也；后欲置之，谓不可不置也。若必作之，固非臣下辞言所屈；若少留神，卓然回意，亦非臣下之所及也。汉明帝欲起德阳殿，钟离意谏，即用其言，后乃复作之；殿成，谓群臣曰：'钟离尚书在，不得成此殿也。'夫王者岂惮一臣，盖为百姓也。今臣曾不能少凝圣听，不及意远矣。"帝于是有所减省。

初，太祖时，刘廙坐弟与魏讽谋反，当诛。群言之太祖，太祖曰："廙，名臣也，吾亦欲赦之。"乃复位。廙深德群，群曰："夫议刑为国，非为私也；且自明主之意，吾何知焉？"其弘博不伐，皆此类也。青龙四年薨，谥曰靖侯。子泰嗣。帝追思群功德，分群户邑，封一子列侯。

泰字玄伯。青龙中，除散骑侍郎。正始中，徙游击将军，为并州刺史，加振威将军，使持节，护匈奴中郎将，怀柔夷民，其有威惠。京邑贵人多寄宝货，因泰市奴婢，泰皆挂之于壁，不发其封。及征为尚书，悉以还之。

嘉平初，代郭淮为雍州刺史，加奋威将军。

蜀大将军姜维率众依麹山筑二城，使牙门将句安、李歆等守之，聚羌胡质任等寇逼诸郡。征西将军郭淮与泰谋所以御之，泰曰："麹城虽固，去蜀险远，当须运粮。羌夷患维劳役，必未肯附。今围而取之，可不血刃而拔其城；虽其有救，山道阻险，非行兵之地也。"淮从泰计，使泰率讨蜀护军徐质、南安太守邓艾等进兵围之，断其运道及城外流水。安等挑战，不许，将士困窘，分粮聚雪以稽日月。维果来救，出自牛头山，与泰相对。泰曰："兵法贵在不战而屈人。今绝牛头，维无反道，则我之禽也。"敕诸军各坚垒勿与战，遣使白淮，欲自南渡白水，循水而东，使淮趣牛头，截其还路，可并取维，不惟安等而已。

淮善其策，进率诸军军洮水。维惧，遁走，安等孤县，遂皆降。淮薨，泰代为征西将军，假节都督雍、凉诸军事。后年，雍州刺史王经白泰，云姜维、夏侯霸欲三道向祁山、石营、金城，求进兵为翅，使凉州军至枹罕，讨蜀护军向祁山。泰量贼势终不能三道，且兵势恶分，凉州未宜越境，报经："审其定问，知所趣向，须东西势合乃进。"时维等将数万人至枹罕，趣狄道。泰敕经进屯狄道，须军到，乃规取之。泰进军陈仓。会经所统诸军于故关与贼战不利，经辄渡洮。泰以经不坚据狄道，必有他变，并遣五营在前，泰率诸军继之。经已与维战，大败，以万余人还保狄道城，余皆奔散。维乘胜围狄道。泰军上邽，分兵守要，晨夜进前。邓艾、胡奋、王秘亦到，即与艾、秘等分为三军，进到陇西。

艾等以为："王经精卒破衄于西，贼众大盛，乘胜之兵既不可当，而将军以乌合之卒，继败军之后，将士失气，陇右倾荡。古人有言：'蝮蛇螫手，壮士解其腕。'《孙子》曰：'兵有所不击，地有所不守。'盖小有所失而大有所全故也。今陇右之害，过于蝮蛇，狄道之地，非徒不守之谓。姜维之兵，是所辟之锋。不如割险自保，观衅待弊，然后进救，此计之得者也。"泰曰："姜维提轻兵深入，正欲与我争锋原野，求一战之利。王经当高壁深垒，挫其锐气。今乃与战，使贼得计，走破王经，封之狄道。若维以战克之威，进兵东向，据栎阳积谷之实，放兵收降，招纳羌、胡，东争关、陇，传檄四郡，此我之所恶也。而维以乘胜之兵，挫峻城之下，锐气之卒，屈力致命，攻守势殊，客主不同。兵书云'修橹轒辒，三月乃成，拒堙三月而后已'。诚非轻军远入，维之诡谋仓卒所办。县军远侨，粮谷不继，是我速进破贼之时也，所谓疾雷不及掩耳，自然之势也。洮水带其表，维等在其内，今乘高据势，临其项领，不战必走。寇不可纵，围不可久，君等何言如此？"遂进军度高城岭。

潜行，夜至狄道东南高山上，多举烽火，鸣鼓角。狄道城中将士见救者至，皆愤踊。维始谓官救兵当须众集乃发，而卒闻已至，谓有奇变宿谋，上下震惧。自军之发陇西也，以山道深险，贼必设伏。泰诡从南道，维果三日施伏。臣松之案：此传云"谓救兵当须众集，而卒闻已至，谓有奇变，上下震惧"，此则救至出于不意。若不知救至，何故伏兵深险乃经三日乎？设伏相伺，非不知之谓。此皆语之不通也。定军潜行，卒出其南。维乃缘山突至，泰与交战，维退还。凉州军从金城南至沃干阪。泰与经共密期，当共向其还路，维等闻之，遂遁，城中将士得出。经叹曰："粮不至旬，向不应机，举城屠裂，覆丧一州矣。"泰慰劳将士，前后遣还，更差军守，并治城垒，还屯上邽。

初，泰闻经见围，以州军将士素皆一心，加得保城，非维所能卒倾。表上进军晨夜速至还。众议以经奔北，城不足自固，维若断凉州之道，兼四郡民夷，据关、陇之险，敢能没经军而屠陇右。宜须大兵四集，乃致攻讨。大将军司马文王曰："昔诸葛亮常有此志，卒亦不能。事大谋远，非维所任也。且城非仓卒所拔，而粮少为急，征西速救，得上策矣。"泰每以一方有事，辄以虚声扰动天下，故希简白上事，驿书不过六百里。司马文王语荀颙曰："玄伯沈勇能断，荷方伯之重，救将陷之城，而不求益兵，又希简上事，必能办贼故也。都督大将，不当尔邪！"后征泰为尚书右仆射，典选举，加侍中、光禄大夫。

吴大将孙峻出淮、泗。以泰为镇军将军、假节都督淮北诸军事，诏徐州监军已下受泰节度。峻退，军还，转为左仆射。诸葛诞作乱寿春，司马文王率六军军丘头，泰总署行台。

司马景王、文王皆与泰亲友，及沛国武陔亦与泰善。文王问陔曰：

358

"玄伯何如其父司空也？"陝曰："通雅博畅，能以天下声教为己任者，不如也；明练简至，立功立事，过之。"泰前后以功增邑二千六百户，赐子弟一人亭侯，二人关内侯。景元元年薨，追赠司空。谥曰穆侯。

干宝《晋纪》曰：高贵乡公之杀，司马文王会朝臣谋其故。太常陈泰不至，使其舅荀颛召之。颛至，告以可否。泰曰："世之论者，以泰方于舅，今舅不如泰也。"子弟内外咸共逼之，垂涕而入。文王待之曲室，谓曰："玄伯，卿何以处我？"对曰："诛贾充以谢天下。"文王曰："为吾更思其次。"泰曰："泰言惟有进于此，不知其次。"文王乃不更言。｜《魏氏春秋》曰：帝之崩也，太傅司马孚、尚书右仆射陈泰枕帝尸于股，号哭尽哀。时大将军入于禁中，泰见之悲恸，大将军亦对之泣，谓曰："玄伯，其如我何？"泰曰："独有斩贾充，少可以谢天下耳。"大将军久之曰："卿更思其他。"泰曰："岂可使泰复发后言。"遂呕血薨。｜臣松之案本传，泰不为太常，未详干宝所由知之。孙盛改易泰言，虽为小胜。然检盛言诸所改易，皆非别有异闻，率更自以意制，多不如旧。凡记言之体，当使若出其口。辞胜而违实，固君子所不取，况复不胜而徒长虚妄哉？案《博物记》曰：太丘长陈寔、寔子鸿胪纪、纪子司空群、群子泰四世，于汉、魏二朝并有重名，而其德渐渐小减。时人为其语曰："公惭卿，卿惭长。"子恂嗣。恂薨，无嗣。弟温绍封。咸熙中开建五等，以泰著勋前朝，改封温为慎子。

○陈矫

陈矫字季弼，广陵东阳人也。避乱江东及东城，辞孙策、袁术之命，还本郡。太守陈登请为功曹，使矫诣许，谓曰："许下论议，待吾不足者，足下相为观察，还以见诲。"矫还曰："闻远近之论，颇谓明府骄而自矜。"登曰:"夫闺门雍穆,有德有行,吾敬陈元方兄弟;渊清玉洁,有礼有法,吾敬华子鱼;清修疾恶,有识有义,吾敬赵元达;博闻强记,奇逸卓荦,吾敬孔文举;雄姿杰出,有王霸之略,吾敬刘玄德:所敬如此,何骄之有!余子琐琐,亦焉足录哉?"登雅意如此,而深敬友矫。

郡为孙权所围于匡奇,登令矫求救于太祖。矫说太祖曰:"鄙郡虽小,形便之国也。若蒙救援,使为外藩,则吴人锉谋,徐方永安,武声远震,仁爱滂流;未从之国,望风景附,崇德养威,此王业也。"太祖奇矫,欲留之。矫辞曰:"本国倒县,本奔走告急,纵无申胥之效,敢忘弘演之义乎?"太祖乃遣赴救。吴军既退,登多设间伏,勒兵追奔,大破之。太祖辟矫为司空掾属,除相令,征南长史,彭城、乐陵太守,魏郡西部都尉。

曲周民父病,以牛祷,县结正弃市。矫曰:"此孝子也。"表赦之。迁魏郡太守。

时系囚千数,至有历年,矫以为周有三典之制,汉约三章之法,今惜轻重之理,而忽久系之患,可谓谬矣。悉自览罪状,一时论决。

大军东征,入为丞相长史。军还,复为魏郡,转西曹属。从征汉中,还为尚书。行前未到邺,太祖崩洛阳。群臣拘常,以为太子即位,当须诏命。矫曰:"王薨于外,天下惶惧。太子宜割哀即位,以系远近之望。且又爱子在侧,彼此生变,则社稷危矣。"即具官备礼,一日皆办。明旦,以王后令,策太子即位,大赦荡然。文帝曰:"陈季弼临大节,明略过人,信一时之俊杰也。"帝既践阼,转署史部,封高陵亭侯,迁尚书令。明帝即位,进爵东乡侯,邑六百户。

车驾尝卒至尚书门,矫跪问帝曰:"陛下欲何之?"帝曰:"欲案行文书耳。"矫曰:"此自臣职分,非陛下所宜临也。若臣不称其职,则请就黜退。陛下宜还。"帝惭，回车而反。其亮直如此。《世语》曰：刘晔以先进见幸，因谮矫专权。矫惧，以问长子本，本不知所出。次子骞曰："主上明圣，大人大臣，今若不合，不过不作公耳。"后数日，帝见矫，矫又问二子，骞曰："陛下意解，故见大人也。"既入，尽日，帝曰："刘晔构君，朕有以迹君；朕心故已了。"以金五饼授之，矫辞。帝曰："岂以为小惠？君已知朕心，顾君妻子未知故也。"帝忧社稷，问矫："司马公忠正，可谓社稷之臣乎？"矫曰："朝廷之望。社稷，未知也。"加侍中光禄大夫，迁司徒。景初元年薨，谥曰贞侯。《魏氏春秋》曰：矫本刘氏子，出嗣舅氏而婚于本族。徐宣每非之，庭议其阙。太祖惜矫才量，欲拥全之，乃下令曰："丧乱已来，风教雕薄，谤议之言，难用褒贬。自建安五年已前，一切勿论。其以断前诽议者，以其罪罪之。"子本嗣，历位郡守、九卿。所在操纲领，举大体，能使群下自尽。有统御之才，不亲小事，不读法律而得廷尉之称，优于司马岐等，精练文理。迁镇北将军、假节都督河北诸军事。

薨，子粲嗣。本弟骞，咸熙中为车骑将军。初，矫为郡功曹，使过泰山。泰山太守东郡薛悌异之，结为亲友。戏谓矫曰："以郡吏而交二千石，邻国君屈从陪臣游，不亦可乎！"悌后为魏郡及尚书令，皆承代矫云。

○徐宣

徐宣字宝坚，广陵海西人也。避乱江东，又辞孙策之命，还本郡，与陈矫并为纲纪。二人齐名而私好不协，然俱见器于太守陈登，与登并心于太祖。

海西、淮浦二县民作乱，都尉卫弥、令梁习夜奔宣家，密送免之。

太祖遣督军扈质来讨贼，以兵少不进，宣潜见责之，示以形势，质乃进破贼。太祖辟为司空掾属，除东缗、发干令，迁齐郡太守，入为门下督，从到寿春。会马超作乱，大军西征，太祖见官属曰："今当远征，而此方未定，以为后忧，宜得清公大德以镇统之。"乃以宣为左护军，留统诸军。还，为丞相东曹掾，出为魏郡太守。

太祖崩洛阳，群臣入殿中发哀。或言可易诸城守，用谯、沛人。宣厉声曰："今者远近一统，人怀效节，何必谯、沛，而沮宿卫者心。"文帝闻曰："所谓社稷之臣也。"

帝既践阼，为御史中丞，赐爵关内侯，徙城门校尉。旬月，迁司隶校尉，转散骑常侍。从至广陵，六军乘舟，风浪暴起，帝船回倒。宣病在后，陵波而前，群寮莫先至者。帝壮之，迁尚书。明帝即位，封津阳亭侯，邑二百户。中领军桓范荐宣曰："臣闻帝王用人，度世授才，争夺之时，以策略为先，分定之后，以忠义为首。故晋文行舅犯之计而赏雍季之言，高祖用陈平之智而托后于周勃也。窃见尚书徐宣，体忠厚之行，秉直亮之性；清雅特立，不拘世俗；确然难动，有社稷之节；历位州郡，所在称职。今仆射缺，宣行掌后事；腹心任重，莫宜宣者。"帝遂以宣为左仆射，后加侍中、光禄大夫。

车驾幸许昌，总统留事；帝还，主者奏呈文书，诏曰："吾省与仆射何异？"竟不视。尚方令坐猥见考竟，宣上疏陈威刑太过；又谏作宫殿穷尽民力，帝皆手诏嘉纳。

宣曰："七十有县车之礼，今已六十八，可以去矣。"乃固辞疾逊位，帝终不许。青龙四年薨，遗令布衣疏巾，敛以时服。诏曰："宣体履至实，直内方外，历在三朝，公亮正色，有托孤寄命之节，可谓柱石臣也。常欲倚以台辅，未及登之，惜乎大命不永！其追赠车骑将军，葬如公礼。"谥曰贞侯。子钦嗣。

○卫臻

卫臻字公振，陈留襄邑人也。父兹，有大节，不应三公之辟。

太祖之初至陈留，兹曰："平天下者，必此人也。"太祖亦异之，数诣兹议大事。从讨董卓，战于荥阳而卒。太祖每涉郡境，辄遣使祠焉。《郭林宗传》曰："兹弱冠与同郡圈文生俱称盛德。林宗与二人共至市，子许买物，随价雠直，文生訾呵，减价乃取。林宗曰：'子许少欲，文生多情，此二人非徒兄弟，乃父子也。'后文生以秽货见损，兹以烈节垂名。夏侯惇为陈留太守，举臻计吏，命妇出宴，臻以为"末世之俗，非礼之正"。惇怒，执臻，既而赦之。后为汉黄门侍郎。东郡朱越谋反，引臻。太祖令曰："孤与卿君同共举事，加钦令问。始闻越言，固自不信。及得荀令君书，具亮忠诚。"会奉诏命，聘贵人于魏，因表留臻参丞相军事。追录臻父旧勋，赐爵关内侯，转为户曹掾。文帝即王位，为散骑常侍。及践阼，封安国亭侯。

时群臣并颂魏德，多抑损前朝。臻独明禅授之义，称扬汉美。帝数目臻曰："天下之珍，当与山阳共之。"迁尚书，转侍中、吏部尚书。帝幸广陵，行中领军，从。

征军大将军曹休表得降贼辞：孙权已在濡须口。臻曰："权恃长江，未敢亢衡，此必畏怖伪辞耳。"考核降者，果守将诈所作也。明帝即位，进封康乡侯，后转为右仆射，典选举，如前加侍中。中护军蒋济遗臻书曰："汉祖遇亡虏为上将，周武拔渔父为太师；布衣厮养，可登王公，何必守文，试而后用？"臻答曰："古人遗智慧而任度量，须考绩而加黜陟；今子同牧野于成、康，喻断蛇于文、景，好不经之举，开拔奇之津，将使天下驰骋而起矣。"

诸葛亮寇天水，臻奏："宜遣奇兵入散关，绝其粮道。"乃以臻为征蜀将军、假节督诸军事。到长安，亮退。还，复职，加光禄大夫。

是时，帝方隆意于殿舍，臻数切谏。及殿中监擅收兰台令史，臻奏案之。诏曰："殿舍不成，吾所留心，卿推之何？"臻上疏曰："古制侵官之法，非恶其勤事也，诚以所益者小，所堕者大也。臣每察校事，类皆如此，惧群司将遂越职，以至陵迟矣。"

亮又出斜谷，征南上：朱然等军已过荆城。臻曰："然，吴之骁将，必下从权，且为势以缀征南耳。"权果召然入居巢，进攻合肥。帝欲自东征，臻曰："权外示应亮，内实观望。且合肥城固，不足为虑。车驾可无亲征，以省六军之费。"帝到寻阳而权竟退。

幽州刺史毌丘俭上疏曰："陛下即位以来，未有可书；吴、蜀恃险，未可卒平。聊可以此方无用之士克定辽东。"臻曰："俭所陈皆战国细术，非王者之事也。吴频岁称兵，寇乱边境，而犹案甲养士，未果寻致讨者，诚以百姓疲劳故也。且渊生长海表，相承三世，外抚戎夷，内修战射，而俭欲以偏军长驱，朝至夕卷，知其妄矣。"俭行军遂不利。臻迁为司空，徙司徒。正始中，进爵长垣侯，邑千户，封一子列侯。初，太祖久不立太子，而方奇贵临菑侯。丁仪等为之羽翼，劝臻自结。臻以大义拒之。及文帝即位，东海王霖有宠，帝问臻："平原侯何如？"臻称明德美而终不言。曹爽辅政，使夏侯玄宣指，欲引臻入守尚书令及为弟求婚，皆不许，固乞逊位。诏曰："昔干木偃息，义压强秦；留侯颐神，不忘楚事。说言嘉谋，望不吝焉。"赐宅一区，位特进，秩如三司。薨，追赠太尉，谥曰敬侯。子烈嗣，咸熙中为光禄勋。

○卢毓

卢毓字子家，涿郡涿人也。父植，有名于世。《续汉书》曰：植字子幹。少事马融，与郑玄同门相友。植刚毅有大节，常喟然有济世之志，不苟合取容，不应州郡命召。建宁中，征博士，出补九江太守，以病去官。作《尚书章句》《礼记解诂》。稍迁侍中、尚书。张角起，以植为北中郎将征角，失利抵罪。顷之，复以为尚书。张让劫少帝奔小平津，植手剑责数让等，让等皆放兵，垂泣谢罪，遂自杀。董卓议欲废帝，众莫敢对，植独正言，语在《卓传》。植以老病去位，隐居上谷军都山，初平三年卒。毓十岁而孤，遇本州乱，二兄死难。当袁绍、公孙瓒交兵，幽冀饥荒，养寡嫂孤兄子，以学行见称。文帝为五官将，召毓署门下贼曹，崔琰举为冀州主簿。时天下草创，多逋逃，故重士亡法，罪及妻子。亡士妻白等，始适夫家数日，未与夫相见，大理奏弃市，毓驳之曰："夫女子之情，以接见而恩生，成妇而义重。故《诗》云'未见君子，我心伤悲；亦既见止，我心则夷'。又《礼》'未庙见之妇而死，归葬女氏之党，以未成妇也'。今白等生有未见之悲，死有非妇之痛，而吏议欲肆之大辟，则若同牢合卺之后，罪何所加？且《记》曰'附从轻'，言附人之罪，以轻者为比也。又《书》云'与其杀不辜，宁失不经'，恐过重也。苟以白等皆受礼聘，已入门庭，刑之为可，杀之为重。"太祖曰："毓执之是也。又引经典有意，使孤叹息。"由是为丞相法曹议令史，转西曹议令史。

魏国既建，为吏部郎。文帝践阼，徙黄门侍郎，出为济阴相，梁、谯二郡太守。帝以谯旧乡，故大徙民充之，以为屯田。而谯土地墝瘠，百姓穷困，毓愍之，上表徙民于梁国就沃衍，失帝意。虽听毓所表，心犹恨之，遂左迁毓，使将徙民为睢阳典农校尉。毓心在利民，躬自临视，择居美田，百姓赖之。迁安平、广平太守，所在有惠化。青龙二年，入为侍中。先是，散骑常侍刘劭受诏定律，未就。毓上论古今科律之意，以为法宜一正，不宜有两端，使奸吏得容情。及侍中高堂隆数以宫室事切谏，帝不悦，毓进曰："臣闻君明则臣直，古之圣王恐不闻其过，故有敢谏之鼓。近臣尽规，此乃臣等所以不及隆。隆诸生，名为狂直，陛下宜容之。"在职三年，多所驳争。

诏曰："官人秩才，圣帝所难，必须良佐，进可替否。侍中毓禀性贞固，心平体正，可谓明试有功，不懈于位者也。其以毓为吏部尚书。"使毓自选代，曰："得如卿者乃可。"毓举常侍郑冲，帝曰："文和，吾自知之，更举吾所未闻者。"乃举阮武、孙邕，帝于是用邕。前此诸葛诞、邓飏等驰名誉，有四窗八达之诮，帝疾之。时举中书郎，诏曰："得其人与否，在卢生耳。选举莫取有名，名如画地作饼，不可啖也。"毓对曰："名不足以致异人，而可以得常士。常士畏教慕善，然后有名，非所当疾也。愚臣既不足以识异人，又主者正以循名案常为职，但当有以验其后。故古者敷奏以言，明试以功。今考绩之法废，而以毁誉相进退，故真伪浑杂，虚实相蒙。"帝纳其言，即诏作考课法。

会司徒缺，毓举处士管宁，帝不能用。更问其次，毓对曰："敦笃至行，则太中大夫韩暨；亮直清方，则司隶校尉崔林；贞固纯粹，则太常常林。"帝乃用暨。毓于人及选举，先举性行，而后言才。黄门李丰尝以问毓，毓曰："才所以为善也，故大才成大善，小才成小善。今称之有才而不能为善，是才不中器也。"丰等服其言。

齐王即位，赐爵关内侯。时曹爽秉权，将树其党，徙毓仆射，以侍中何晏代毓。顷之，出毓为廷尉，司隶毕轨又枉奏免官，众论多讼之，乃以毓为光禄勋。爽等见收，太傅司马宣王使毓行司隶校尉，治其狱。复为吏部尚书，加奉车都尉，封高乐亭侯，转为仆射，故典选举，加光禄大夫。高贵乡公即位，进封大梁乡侯。封一子亭侯。毌丘俭作乱，大将军司马景王出征，毓纲纪后事，加侍中。正元三年，疾病，逊位。迁为司空，固推骠骑将军王昶、光禄大夫王观、司隶校尉王祥。诏使使者即授印绶，进爵封容城侯，邑二千三百户。甘露二年薨，谥曰成侯。孙藩嗣。毓子钦、珽，咸熙中钦为尚书，珽泰山太守。

虞预《晋书》曰：钦少居名位，不顾财利，清虚淡泊，动修礼典。同郡张华，家单少孤，不为乡邑所知，惟钦贵异焉。钦子浮，字子云。｜《晋诸公赞》曰：张华博识多闻，无物不知。浮高朗经博，有美于华，起家太子舍人，病疽，截手，遂废。朝廷器重之，就家以为国子博士，迁祭酒。永平中为秘书监。珽及子皓、志并至尚书。志子谌，字子谅。温峤表称谌清出有文思。｜《谌别传》曰：谌善著文章。洛阳倾覆，北投刘琨，琨以为司空从事中郎。琨败，谌归段末波。元帝之初，累召为散骑中书侍郎，不得南赴。永和六年，卒于胡。胡中子孙过江。妖贼帅卢循，谌之曾孙。

评曰：桓阶识睹成败，才周当世；陈群动仗名义，有清流雅望；泰弘济简至，允克堂构矣。魏世事统台阁，重内轻外，故八座尚书，即古六卿之任也。陈、徐、卫、卢，久居斯位，矫、宣刚断骨鲠，臻、毓规鉴清理，咸不忝厥职云。

二十三卷 魏书 _{二十三}

和常杨杜赵裴传 | 和洽 常林 杨俊 杜袭 赵俨 裴潜

○和洽

和洽字阳士，汝南西平人也。举孝廉，大将军辟，皆不就。袁绍在冀州，遣使迎汝南士大夫。洽独以"冀州土平民强，英桀所利，四战之地。本初乘资，虽能强大，然雄豪方起，全未可必也。荆州刘表无他远志，爱人乐士，土地险阻，山夷民弱，易依倚也"，遂与亲旧俱南从表，表以上客待之。洽曰："所以不从本初，辟争地也。昏世之主，不可黩近，久而阽危，必有谗慝间其中者。"遂南度武陵。太祖定荆州，辟为丞相掾属。时毛玠、崔琰并以忠清干事，其选用先尚俭节。洽言曰："天下大器，在位与人，不可以一节俭也。俭素过中，自以处身则可，以此节格物，所失或多。今朝廷之议，吏有著新衣、乘好车者，谓之不清；长吏过营，形容不饰，衣裳弊坏者，谓之廉洁。至令士大夫故污辱其衣，藏其舆服；朝府大吏，或自挈壶餐以入官寺。夫立教观俗，贵处中庸，为可继也。今崇一概难堪之行以检殊涂，勉而为之，必有疲瘁。古之大教，务在通人情而已。凡激诡之行，则容隐伪矣。"

魏国既建，为侍中。后有白毛玠谤毁太祖，太祖见近臣，怒甚。

洽陈玠素行有本，求案实其事。罢朝，太祖令曰："今言事者白玠不但谤吾也，乃复为崔琰觖望。此损君臣恩义，妄为死友怨叹，殆不可忍也。昔萧、曹与高祖并起微贱，致功立勋。高祖每在屈笮，二相恭顺，臣道益彰，所以祚及后世也。和侍中比求实之，所以不听，欲重参之耳。"洽对曰："如言事者言，玠罪过深重，非天地所覆载。臣非敢曲理玠以枉大伦也，以玠出群吏之中，特见拔擢，显在首职，历年荷宠，刚直忠公，为众所惮，不宜有此。然人情难保，要宜考核，两验其实。今圣恩垂含垢之仁，不忍致之于理，更使曲直之分不明，疑自近始。"太祖曰："所以不考，欲两全玠及言事者耳。"洽对曰："玠信有谤上之言，当肆之市朝；若玠无此，言事者加诬大臣以误主听；二者不加检核，臣窃不安。"太祖曰："方有军事，安可受人言便考之邪？狐射姑刺阳处父于朝，此为君之诫也。"

太祖克张鲁，洽陈便宜以时拔军徙民，可省置守之费。太祖未纳，其后竟徙民弃汉中。出为郎中令。文帝践阼，为光禄勋，封安城亭侯。明帝即位，进封西陵乡侯，邑二百户。

太和中，散骑常侍高堂隆奏："时风不至，而有休废之气，必有司不勤职事以失天常也。"诏书谦虚引咎，博谘异同。洽以为："民稀耕少，浮食者多。国以民为本，民以谷为命。故废一时之农，则失育命之本。是以先王务蠲烦费，以专耕农。自春夏已来，民穷于役，农业有废，百姓嚣然，时风不至，未必不由此也。消复之术，莫大于节俭。太祖建立洪业，奉师徒之费，供军赏之用，吏士丰于资食，仓府衍于谷帛，由不饰无用之宫，绝浮华之费。方今之要，固在息省劳烦之役，损除他余之务，以为军戎之储。三边守御，宜在备豫。料贼虚实，蓄士养众，算庙胜之策，明攻取之谋，详询众庶以求厥中。若谋不素定，轻弱小敌，军人数举，举而无庸，所谓'悦武无震'，古人之诫也。"

转为太常，清贫守约，至卖田宅以自给。明帝闻之，加赐谷帛。薨，谥曰简侯。子离嗣。离弟迪，才爽开济，官至廷尉、吏部尚书。

洽同郡许混者，许劭子也。清醇有鉴识，明帝时为尚书。劭字子将。|《汝南先贤传》曰：召陵谢子微，高才远识，见劭年十八时，乃叹息曰："此则希世出众之伟人也。"劭始发明樊子昭于鬻帻之肆，出虞永贤于牧竖，召李淑才乡闾之间，擢郭子瑜鞍马之吏，援杨孝祖，举和阳士，兹六贤者，皆当世之令懿也。其余中流之士，或举之于淹滞，或显之乎童齿，莫不赖劭顾叹之荣。凡所拔育，显成令德者，不可殚记。其探擿伪行，抑损虚名，则周之单襄，无以尚也。劭宗人许相，沉没荣利，致位司徒。举宗莫不匍匐相门，承风而驱，官以贿成，惟劭不过其门。广陵徐孟玉来临汝南，闻劭高名，请为功曹。饕餮放流，洁士盈朝。袁绍公族好名，为濮阳长，弃官来还，有副车从骑，将入郡界，绍乃叹曰："吾之舆服，岂可使许子将见之乎？"遂单车而归。辟公府掾，拜鄢陵令，方正征，皆不就。避乱江南，所历之国，必翔而后集。终于豫章，时年四十六。有子曰混，显名魏世。

○常林

常林字伯槐，河内温人也。年七岁，有父党造门，问林："伯先在否？汝何不拜！"林曰："虽当下客，临子字父，何拜之有？"于是咸共嘉之。《魏略》曰：林少单贫。虽贫，自非手力，不取之于人。性好学，汉末为诸生，带经耕锄。其妻常自馈饷之，林虽在田野，其相敬如宾。

太守王匡起兵讨董卓，遣诸生于属县微伺吏民罪负，便收之，考责钱谷赎罪，稽迟则夷灭宗族，以崇威严。林叔父挝客，为诸生所白，匡怒收治。举宗惶怖，不知所责多少，惧系者不救。林往见匡同县胡母彪曰："王府君以文武高才，临吾鄙郡。鄙郡表里山河，土广民殷，又多贤能，惟所择用。今主上幼冲，贼臣虎据，华夏震栗，雄才奋用之秋也。若欲诛天下之贼，扶王室之微，智者望风，应之若响，克乱在和，何征不捷？苟无恩德，任失其人，覆亡将至，何暇匡翼朝廷，崇立功名乎？君其藏之！"因说叔父见拘之意。彪即书责匡，匡原林叔父。林乃避地上党，耕种山阿。当时旱蝗，林独丰收，尽呼比邻，升斗分之。依故河间太守陈延壁。陈、冯二姓，旧族冠冕。张杨利其妇女，贪其资货。林率其宗族，为之策谋。见围六十余日，卒全堡壁。并州刺史高幹表为骑都尉，林辞不受。后刺史梁习荐州界名士林及杨俊、王凌、王象、荀纬，太祖皆以为县长。林宰南和，治化有成，超迁博陵太守、幽州刺史，所在有绩。文帝为五官将，林为功曹。

　　太祖西征，田银、苏伯反，幽、冀扇动。文帝欲亲自讨之，林曰："昔忝博陵，又在幽州，贼之形势，可料度也。北方吏民，乐安厌乱，服化已久，守善者多。银、伯犬羊相聚，智小谋大，不能为害。方今大军在远，外有强敌，将军为天下之镇也，轻动远举，虽克不武。"文帝从之，遣将往伐，应时克灭。出为平原太守、魏郡东部都尉，入为丞相东曹属。魏国既建，拜尚书。文帝践阼，迁少府，封乐阳亭侯，《魏略》曰：林性既清白，当官又严。少府寺与鸿胪对门，时崔林为鸿胪。崔性阔达，不与林同，数数闻林挝吏声，不以为可。林夜挝吏，不胜痛，叫呼敖敖彻曙。明日，崔出门，与林车相遇，乃喟林曰："闻卿为廷尉，尔邪？"林不觉，答曰："不也。"崔曰："卿不为廷尉，昨夜何故考囚乎？"林大惭，然不能自止。转大司农。明帝即位，进封高阳乡侯，徙光禄勋太常。晋宣王以林乡邑耆德，每为之拜。或谓林曰："司马公贵重，君宜止之。"林曰："司马公自欲敦长幼之叙，为后生之法。贵非吾之所畏，拜非吾之所制也。"言者踧踖而退。《魏略》曰：初，林少与司马京兆善。太傅每见林，辄欲跪。林止之曰："公尊贵矣，止也！"及司徒缺，太傅有意欲以林补之。｜案《魏略》此语，与本传反。臣松之以为林之为人，不畏权贵者也。论其然否，谓本传为是。时论以林节操清峻，欲致之公辅，而林遂称疾笃。拜光禄大夫。年八十三，薨，追赠骠骑将军，葬如公礼，谥曰贞侯。子凯嗣，为泰山太守，坐法诛。凯弟静绍封。案《晋书》，诸葛诞反，大将军东征，凯坐称疾，为司马文王所法。

○杨俊

杨俊字季才，河内获嘉人也。受学陈留边让，让器异之。俊以兵乱方起，而河内处四达之衢，必为战场，乃扶持老弱诣京、密山间，同行者百余家。俊振济贫乏，通共有无。宗族知故为人所略作奴仆者凡六家，俊皆倾财赎之。司马宣王年十六七，与俊相遇，俊曰："此非常之人也。"又司马朗早有声名，其族兄芝，众未之知，惟俊言曰："芝虽风望不及朗，实理但有优耳。"俊转避地并州。本郡王象，少孤特，为人仆隶，年十七八，见使牧羊而私读书，因被棰楚。俊嘉其才质，即赎象著家，聘娶立屋，然后与别。

太祖除俊曲梁长，入为丞相掾属，举茂才，安陵令，迁南阳太守。宣德教，立学校，吏民称之，徙为征南军师。魏国既建，迁中尉。太祖征汉中，魏讽反于邺。俊自劾诣行在所。俊以身方罪免，笺辞太子。太子不悦，曰："杨中尉便去，何太高远邪！"遂被书左迁平原太守。文帝践阼，复在南阳。时王象为散骑常侍，荐俊曰："伏见南阳太守杨俊，秉纯粹之茂质，履忠肃之弘量，体仁足以育物，笃实足以动众，克长后进，惠训不倦，外宽内直，仁而有断。自初弹冠，所历垂化，再守南阳，恩德流著，殊邻异党，襁负而至。今境守清静，无所展其智能，宜还本朝，宣力辇毂，熙帝之载。"

俊自少及长，以人伦自任。同郡审固、陈留卫恂本皆出自兵伍，俊资拔奖致，咸作佳士；后固历位郡守，恂御史、县令，其明鉴行义多此类也。初，临菑侯与俊善，太祖適嗣未定，密访群司。俊虽并论文帝、临菑才分所长，不适有所据当，然称临菑犹美，文帝常以恨之。黄初三年，车驾至宛，以市不丰乐，发怒收俊。尚书仆射司马宣王、常侍王象、荀纬请俊，叩头流血，帝不许。俊曰："吾知罪矣。"遂自杀。众冤痛之。《魏略》曰：王象字羲伯。既为俊所知拔，果有才志。建安中，与同郡荀纬等俱为魏太子所礼待。及王粲、陈琳、阮瑀、路粹等亡后，新出之中，惟象才最高。魏有天下，拜象散骑侍郎，迁为常侍，封列侯。受诏撰《皇览》，使象领秘书监。象从延康元年始撰集，数岁成，藏于秘府，合四十余部，部有数十篇，通合八百余万字。象既性器和厚，又文采温雅，用是京师归美，称为儒宗。车驾南巡，未到宛，有诏百官不得干豫郡县。及车驾到，而宛令不解诏旨，闭市门。帝闻之，忿然曰："吾是寇邪？"乃收宛令及太守杨俊。诏问尚书："汉明帝杀几二千石？"时象见诏文，知俊必不免。乃当帝前叩头，流血竟面，请俊减死一等。帝不答，欲释入禁中。象引帝衣，帝顾谓象曰："我知杨俊与卿本末耳。今听卿，是无我也。卿宁无俊邪？无我邪？"象以帝言切，乃缩手。帝遂入，决俊法，然后乃出。象自恨不能济俊，遂发病死。

○杜袭

杜袭字子绪，颍川定陵人也。曾祖父安，祖父根，著名前世。袭避乱荆州，刘表待以宾礼。同郡繁钦数见奇于表，袭喻之曰："吾所以与子俱来者，徒欲龙蟠幽薮，待时凤翔。岂谓刘牧当为拨乱之主，而规长者委身哉？子若见能不已，非吾徒也。吾其与子绝矣！"钦慨然曰："请敬受命。"袭遂南适长沙。建安初，太祖迎天子都许。袭逃还乡里，太祖以为西鄂长。县滨南境，寇贼纵横。时长吏皆敛民保城郭，不得农业。野荒民困，仓庾空虚。袭自知恩结于民，乃遣老弱各分散就田业，留丁强备守，吏民欢悦。会荆州出步骑万人来攻城，袭乃悉召县吏民任拒守者五十余人，与之要誓。其亲戚在外欲自营护者，恣听遣出；皆叩头愿致死。于是身执矢石，率与戮力。吏民感恩，咸为用命。临阵斩数百级，而袭众死者三十余人，其余十八人尽被创，贼得入城。袭帅伤痍吏民决围得出，死丧略尽，而无反背者。遂收散民，徙至摩陂营，吏民慕而从之如归。《九州春秋》曰：建安六年，刘表攻西鄂，西鄂长杜子绪帅县男女婴城而守。时南阳功曹柏孝长亦在城中，闻兵攻声，恐惧，入室闭户，牵被覆头。相攻半日，稍敢出面。其明，侧立而听。二日，往出户问消息。至四五日，乃更负楯亲斗，语子绪曰："勇可习也。"司隶钟繇表拜议郎参军事。荀彧又荐袭，太祖以为丞相军祭酒。

魏国既建，为侍中，与王粲、和洽并用。粲强识博闻，故太祖游观出入，多得骖乘，至其见敬不及洽、袭。袭尝独见，至于夜半。粲性躁竞，起坐曰："不知公对杜袭道何等也？"洽笑答曰："天下事岂有尽邪？卿昼侍可矣，恛恛于此，欲兼之乎！"后袭领丞相长史，随太祖到汉中讨张鲁。太祖还，拜袭驸马都尉，留督汉中军事。绥怀开导，百姓自乐出徙洛、邺者，八万余口。夏侯渊为刘备所没，军丧元帅，将士失色。袭与张郃、郭淮纠摄诸军事，权宜以郃为督，以一众心，三军遂定。太祖东还，当选留府长史，镇守长安，主者所选多不当，太祖令曰："释骐骥而不乘，焉皇皇而更索？"遂以袭为留府长史，驻关中。

时将军许攸拥部曲，不附太祖而有慢言。太祖大怒，先欲伐之。群臣多谏："可招怀攸，共讨强敌。"太祖横刀于膝，作色不听。袭入欲谏，太祖逆谓之曰："吾计以定，卿勿复言。"袭曰："若殿下计是邪，臣方助殿下成之；若殿下计非邪，虽成宜改之。殿下逆臣，令勿言之，何待下之不阐乎？"太祖曰："许攸慢吾，如何可置乎？"袭曰："殿下谓许攸何如人邪？"太祖曰："凡人也。"袭曰："夫惟贤知贤，惟圣知圣，凡人安能知非凡人邪？方今犲狼当路而狐狸是先，人将谓殿下避强攻弱，进不为勇，退不为仁。臣闻千钧之弩不为鼷鼠发机，万石之钟不以莛撞起音，今区区之许攸，何足以劳神武哉？"太祖曰："善。"遂厚抚攸，攸即归服。

时夏侯尚昵于太子，情好至密。袭谓尚非益友，不足殊待，以闻太祖。文帝初甚不悦，后乃追思，语在《尚传》。其柔而不犯，皆此类也。

文帝即王位，赐爵关内侯。及践阼，为督军粮御史，封武平亭侯，更为督军粮执法，入为尚书。明帝即位，进封平阳乡侯。诸葛亮出秦川，大将军曹真督诸军拒亮，徙袭为大将军军师，分邑百户赐兄基爵关内侯。真薨，司马宣王代之，袭复为军师，增邑三百，并前五百五十户。以疾征还，拜太中大夫。薨，追赠少府，谥曰定侯。子会嗣。

○赵俨

赵俨字伯然，颍川阳翟人也。避乱荆州，与杜袭、繁钦通财同计，合为一家。太祖始迎献帝都许，俨谓钦曰："曹镇东应期命世，必能匡济华夏，吾知归矣。"建安二年，年二十七，遂扶持老弱诣太祖，太祖以俨为朗陵长。县多豪猾，无所畏忌。俨取其尤甚者，收缚案验，皆得死罪。俨既囚之，乃表府解放，自是威恩并著。

时袁绍举兵南侵，遣使招诱豫州诸郡，诸郡多受其命。惟阳安郡不动，而都尉李通急录户调。俨见通曰："方今天下未集，诸郡并叛，怀附者复收其绵绢，小人乐乱，能无遗恨！且远近多虞，不可不详也。"通曰："绍与大将军相持甚急，左右郡县背叛乃尔。若绵绢不调送，观听者必谓我顾望，有所须待也。"俨曰："诚亦如君虑；然当权其轻重，小缓调，当为君释此患。"乃书与荀彧曰："今阳安郡当送绵绢，道路艰阻，必致寇害。百姓困穷，邻城并叛，易用倾荡，乃一方安危之机也。且此郡人执守忠节，在险不贰。微善必赏，则为义者劝。善为国者，藏之于民。以为国家宜垂慰抚，所敛绵绢，皆俾还之。"彧报曰："辄白曹公，公文下郡，绵绢悉以还民。"上下欢喜，郡内遂安。入为司空掾属、主簿，《魏略》曰：太祖北拒袁绍，时远近无不私遗笺记，通意于绍者。俨与领阳安太守李通同治，通亦欲遣使。俨为陈必败意，通乃止。及绍破走，太祖使人搜阅绍记室，惟不见通书疏，阴知俨必为之计，乃曰："此必赵伯然也。" | 臣松之案《魏武纪》：破绍后，得许下军中人书，皆焚之。若故使人搜阅，知其有无，则非所以安人情也。疑此语为不然。时于禁屯颍阴，乐进屯阳翟，张辽屯长社，诸将任气，多共不协；使俨并参三军，每事训喻，遂相亲睦。

太祖征荆州，以俨领章陵太守，徙都督护军，护于禁、张辽、张郃、朱灵、李典、路招、冯楷七军。复为丞相主簿，迁扶风太守。太祖徙出故韩遂、马超等兵五千余人，使平难将军殷署等督领，以俨为关中护军，尽统诸军。羌虏数来寇害，俨率署等追到新平，大破之；屯田客吕并自称将军，聚党据陈仓，俨复率署等攻之，贼即破灭。

时被书差千二百兵往助汉中守，署督送之。行者卒与室家别，皆有忧色。署发后一日，俨虑其有变，乃自追至斜谷口，人人慰劳，又深戒署。还宿雍州刺史张既舍。署军复前四十里，兵果叛乱，未知署吉凶。而俨自随步骑百五十人，皆与叛者同部曲，或婚姻；得此问，各惊，被甲持兵，不复自安。俨欲还，既等以为"今本营党已扰乱，一身赴之无益，可须定问"。俨曰："虽疑本营与叛者同谋，要当闻行者变，乃发之。又有欲善不能自定，宜及犹豫，促抚宁之。且为之元帅，既不能安辑，身受祸难，命也。"遂去。

行三十里止，放马息，尽呼所从人，喻以成败，慰励恳切。皆慷慨曰："死生当随护军，不敢有二。"前到诸营，各召料简诸奸结叛者八百余人，散在原野，惟取其造谋魁率治之，余一不问。郡县所收送，皆放遣，乃即相率还降。俨密白："宜遣将诣大营，请旧兵镇守关中。"太祖遣将军刘柱将二千人，当须到乃发遣，而事露，诸营大骇，不可安喻。俨谓诸将曰："旧兵既少，东兵未到，是以诸营图为邪谋。若或成变，为难不测。因其狐疑，当令早决。"遂宣言当差留新兵之温厚者千人镇守关中，其余悉遣东。便见主者，内诸营兵名籍，案累重，立差别之。留者意定，与俨同心。其当去者亦不敢动，俨一日尽遣上道，因使所留千人，分布罗落之。东兵寻至，乃复胁喻，并徙千人，令相及共东，凡所全致二万余口。孙盛曰：盛闻为国以礼，民非信不立。周成不弃桐叶之言，晋文不违伐原之誓，故能隆刑措之道，建一匡之功。俨既诈留千人，使效心力，始虽权也，宜以信终。兵威既集，而又逼徙。信义丧矣，何以临民？

关羽围征南将军曹仁于樊。俨以议郎参仁军事南行，与平寇将军徐晃俱前。既到，羽围仁遂坚。余救兵未到，晃所督不足解围，而诸将呵责晃促救。俨谓诸将曰："今贼围素固，水潦犹盛。我徒卒单少，而仁隔绝不得同力，此举适所以弊内外耳。当今不若前军逼围，遣谍通仁，使知外救，以励将士。计北军不过十日，尚足坚守。然后表里俱发，破贼必矣。如有缓救之戮，余为诸军当之。"诸将皆喜，便作地道，箭飞书与仁，消息数通，北军亦至，并势大战。

羽军既退，舟船犹据沔水，襄阳隔绝不通，而孙权袭取羽辎重，羽闻之，即走南还。仁会诸将议，咸曰："今因羽危惧，必可追禽也。"俨曰："权邀羽连兵之难，欲掩制其后，顾羽还救，恐我承其两疲，故顺辞求效，乘衅因变，以观利钝耳。今羽已孤进，更宜存之以为权害。若深入追北，权则改虞于彼，将生患于我矣。王必以此为深虑。"仁乃解严。太祖闻羽走，恐诸将追之，果疾敕仁，如俨所策。

文帝即王位，为侍中。顷之，拜驸马都尉，领河东太守，典农中郎将。黄初三年，赐爵关内侯。孙权寇边，征东大将军曹休统五州军御之，征俨为军师。权众退，军还，封宜土亭侯，转为度支中郎将，迁尚书。从征吴，到广陵，复留为征东军师。明帝即位，进封都乡侯，邑六百户，监荆州诸军事，假节。会疾，不行，复为尚书，出监豫州诸军事，转大司马军师，入为大司农。齐王即位，以俨监雍、凉诸军事，假节，转征蜀将军，又迁征西将军，都督雍、凉。正始四年，老疾求还，征为骠骑将军，《魏略》曰：旧故四征有官厨财籍，迁转之际，无不因缘。而俨又手上车，发到霸上，忘持其常所服药。雍州闻之，乃追送杂药材数箱，俨笑曰："人言语殊不易，我偶问所服药耳，何用是为邪？"遂不取。迁司空。薨，谥曰穆侯。子亭嗣。初，俨与同郡辛毗、陈群、杜袭并知名，号曰辛、陈、杜、赵云。

378

○裴潜 子秀

裴潜字文行，河东闻喜人也。避乱荆州，刘表待以宾礼。潜私谓所亲王粲、司马芝曰："刘牧非霸王之才，乃欲西伯自处，其败无日矣。"遂南适长沙。太祖定荆州，以潜参丞相军事，出历三县令，入为仓曹属。太祖问潜曰："卿前与刘备俱在荆州，卿以备才略何如？"潜曰："使居中国，能乱人而不能为治也。若乘间守险，足以为一方主。"

时代郡大乱，以潜为代郡太守。乌丸王及其大人，凡三人，各自称单于，专制郡事。前太守莫能治正，太祖欲授潜精兵以镇讨之。潜辞曰："代郡户口殷众，士马控弦，动有万数。单于自知放横日久，内不自安。今多将兵往，必惧而拒境，少将则不见惮。宜以计谋图之，不可以兵威迫也。"遂单车之郡。单于惊喜。潜抚之以静。单于以下脱帽稽颡，悉还前后所略妇女、器械、财物。潜案诛郡中大吏与单于为表里者郝温、郭端等十余人，北边大震，百姓归心。在代三年，还为丞相理曹掾，太祖褒称治代之功，潜曰："潜于百姓虽宽，于诸胡为峻。今计者必以潜为理过严，而事加宽惠；彼素骄恣，过宽必弛，既弛又将摄之以法，此讼争所由生也。以势料之，代必复叛。"于是太祖深悔还潜之速。后数十日，三单于反问至，乃遣鄢陵侯彰为骁骑将军征之。

潜出为沛国相，迁兖州刺史。太祖次摩陂，叹其军陈齐整，特加赏赐。文帝践阼，入为散骑常侍。出为魏郡、颍川典农中郎将，奏通贡举，比之郡国，由是农官进仕路泰。迁荆州刺史，赐爵关内侯。明帝即位，入为尚书。出为河南尹，转太尉军师、大司农，封清阳亭侯，邑二百户。入为尚书令，奏正分职，料简名实，出事使断官府者百五十余条。丧父去官，拜光禄大夫。正始五年薨，追赠太常，谥曰贞侯。

《魏略》曰：时远近皆云当为公，会病亡。始潜自感所生微贱，无舅氏，又为父所不礼，即折节仕进。虽多所更历，清省恪然。每之官，不将妻子。妻子贫乏，织藜芘以自供。又潜为兖州时，尝作一胡床，及其去也，留以挂柱。又以父在京师，出入薄奢车；群弟之田庐，常步行；家人小大或并日而食；其家教上下相奉，事有似于石奋。其履检校度，自魏兴少能及者。潜为人材博，有雅容，然但如此而已，终无所推进，故世归其洁而不宗其余。子秀嗣。遗令俭葬，墓中惟置一坐，瓦器数枚，其余一无所设。秀，咸熙中为尚书仆射。

评曰：和洽清和干理，常林素业纯固，杨俊人伦行义，杜袭温粹识统，赵俨刚毅有度，裴潜平恒贞干，皆一世之美士也。至林能不系心于三司，以大夫告老，美矣哉！

二十四卷 魏书 二十四

韩崔高孙王传 | 韩暨 崔林 高柔 孙礼 王观

○韩暨

韩暨字公至，南阳堵阳人也。《楚国先贤传》曰：暨，韩王信之后。祖术，河东太守。父纯，南郡太守。同县豪右陈茂，谮暨父兄，几至大辟。暨阳不以为言，庸赁积资，阴结死士，遂追呼寻禽茂，以首祭父墓，由是显名。举孝廉，司空辟，皆不就。乃变名姓，隐居避乱鲁阳山中。山民合党，欲行寇掠。暨散家财以供牛酒，请其渠帅，为陈安危。山民化之，终不为害。避袁术命召，徙居山都之山。荆州牧刘表礼辟，遂遁逃，南居孱陵界，所在见敬爱，而表深恨之。暨惧，应命，除宜城长。

太祖平荆州，辟为丞相士曹属。后迁乐陵太守，徙监冶谒者。旧时冶，作马排，每一熟石用马百匹；更作人排，又费功力；暨乃因长流为水排，计其利益，三倍于前。在职七年，器用充实。制书褒叹，就加司金都尉，班亚九卿。文帝践阼，封宜城亭侯。黄初七年，迁太常，进封南乡亭侯，邑二百户。时新都洛阳，制度未备，而宗庙主祏皆在邺都。暨奏请迎邺四庙神主，建立洛阳庙，四时蒸尝，亲奉粢盛。崇明正礼，废去淫祀，多所匡正。在官八年，以疾逊位。

景初二年春，诏曰："太中大夫韩暨，澡身浴德，志节高洁，年逾八十，守道弥固，可谓纯笃，老而益劭者也。其以暨为司徒。"夏四月薨，遗令敛以时服，葬为土藏。谥曰恭侯。子肇嗣。肇薨，子邦嗣。

○崔林

崔林字德儒，清河东武城人也。少时晚成，宗族莫知，惟从兄琰异之。太祖定冀州，召除邬长，贫无车马，单步之官。太祖征壶关，问长吏德政最者，并州刺史张陟以林对，于是擢为冀州主簿，徙署别驾、丞相掾属。魏国既建，稍迁御史中丞。文帝践阼，拜尚书，出为幽州刺史。

北中郎将吴质统河北军事，涿郡太守王雄谓林别驾曰："吴中郎将，上所亲重，国之贵臣也。仗节统事，州郡莫不奉笺致敬，而崔使君初不与相闻。若以边塞不修斩卿，使君宁能护卿邪？"别驾具以白林，林曰："刺史视去此州如脱屣，宁当相累邪？此州与胡虏接，宜镇之以静，扰之则动其逆心，特为国家生北顾忧，以此为寄。"在官一期，寇窃寝息；犹以不事上司，左迁河间太守，清论多为林怨也。《魏名臣奏》载侍中辛毗奏曰："昔桓阶为尚书令，以崔林非尚书才，迁以为河间太守。"与此传不同。

迁大鸿胪。龟兹王遣侍子来朝，朝廷嘉其远至，褒赏其王甚厚。余国各遣子来朝，间使连属，林恐所遣或非真的，权取疏属贾胡，因通使命，利得印绶，而道路护送，所损滋多。劳所养之民，资无益之事，为夷狄所笑，此羸时之所患也。乃移书燉煌喻指，并录前世待遇诸国丰约故事，使有恒常。明帝即位，赐爵关内侯，转光禄勋、司隶校尉。属郡皆罢非法除过员吏，林为政推诚，简存大体，是以去后每辄见思。

散骑常侍刘劭作《考课论》，制下百僚。林议曰："案《周官》考课，其文备矣，自康王以下，遂以陵迟，此即考课之法存乎其人也。及汉之季，其失岂在乎佐吏之职不密哉？方今军旅，或猥或卒，备之以科条，申之以内外，增减无常，固难一矣。且万目不张举其纲，众毛不整振其领。皋陶仕虞，伊尹臣殷，不仁者远。五帝三王未必如一，而各以治乱。《易》曰：'易简，而天下之理得矣。'太祖随宜设辟，以遗来今，不患不法古也。以为今之制度，不为疏阔，惟在守一勿失而已。若朝臣能任仲山甫之重，式是百辟，则孰敢不肃？"

景初元年，司徒、司空并缺，散骑侍郎孟康荐林曰："夫宰相者，天下之所瞻效，诚宜得秉忠履正本德仗义之士，足为海内所师表者。窃见司隶校尉崔林，禀自然之正性，体高雅之弘量。论其所长以比古人，忠直不回则史鱼之俦，清俭守约则季文之匹也。牧守州郡，所在而治，及为外司，万里肃齐，诚台辅之妙器，衮职之良才也。"后年遂为司空，封安阳亭侯，邑六百户。三公封列侯，自林始也。臣松之以为汉封丞相邑，为荀悦所讥。魏封三公，其失同也。顷之，又进封安阳乡侯。

鲁相上言："汉旧立孔子庙，褒成侯岁时奉祠，辟雍行礼，必祭先师，王家出谷，春秋祭祀。今宗圣侯奉嗣，未有命祭之礼，宜给牲牢，长吏奉祀，尊为贵神。"制三府议，博士傅祗以《春秋传》言立在祀典，则孔子是也。宗圣适足继绝世，章盛德耳。至于显立言，崇明德，则宜如鲁相所上。林议以为："宗圣侯亦以王命祀，不为未有命也。周武王封黄帝、尧、舜之后，及立三恪，禹、汤之世，不列于时，复特命他官祭也。今周公已上，达于三皇，忽焉不祀，而其礼经亦存其言。今独祀孔子者，以世近故也。以大夫之后，特受无疆之祀，礼过古帝，义逾汤、武，可谓崇明报德矣，无复重祀于非族也。"臣松之以为孟轲称宰我之辞曰："以予观夫子，贤于尧舜远矣。"又曰："生民以来，未有盛于孔子者也。"斯非通贤之格言，商较之定准乎！虽妙极则同，万圣犹一，然淳薄异时，质文殊用，或当时则荣，没则已焉，是以遗风所被，实有深浅。若乃经纬天人，立言垂制，百王莫之能违，彝伦资之以立，诚一人而已耳。周监二代，斯文为盛。然于六经之道，未能及其精致。加以圣贤不兴，旷年五百，道化陵夷，宪章殆灭，若使时无孔门，则周典几乎息矣。夫能光明先王之道，以成万世之功，齐天地之无穷，等日月之久照，岂不有逾于群圣哉？林曾无史迁洞想之诚，梅真慷慨之志，而守其蓬心以塞明义，可谓多见其不知量也。明帝又分林邑，封一子列侯。正始五年薨，谥曰孝侯。子述嗣。

○高柔

高柔字文惠，陈留圉人也。父靖，为蜀郡都尉。《陈留耆旧传》曰：靖高祖父固，不仕王莽世，为淮阳太守所害，以烈节垂名。固子慎，字孝甫。敦厚少华，有沈深之量。抚育孤兄子五人，恩义甚笃。琅邪相何英嘉其行履，以女妻焉。英即车骑将军熙之父也。慎历二县令、东莱太守。老病归家，草屋蓬户，瓮缶无储。其妻谓之曰："君累经宰守，积有年岁，何能不少为储畜以遗子孙乎？"慎曰："我以勤身清名为之基，以二千石遗之，不亦可乎！"子式，至孝，常尽力供养。永初中，螟蝗为害，独不食式麦，圉令周强以表州郡。太守杨舜举式孝子，让不行。后以孝廉为郎。次子昌，昌弟赐，并为刺史、郡守。式子弘，孝廉。弘生靖。柔留乡里，谓邑中曰："今者英雄并起，陈留，四战之地也。曹将军虽据兖州，本有四方之图，未得安坐守也。而张府君先得志于陈留，吾恐变乘间作也，欲与诸君避之。"众人皆以张邈与太祖善，柔又年少，不然其言。柔从兄幹，袁绍甥也，谢承《后汉书》曰：幹字元才。才志弘邈，文武秀出。父躬，蜀郡太守。祖赐，司隶校尉。｜案《陈留耆旧传》及谢承书，幹应为柔从父，非从兄也。未知何者为误。在河北呼柔，柔举宗从之。会靖卒于西州，时道路艰涩，兵寇纵横，而柔冒艰险诣蜀迎丧，辛苦荼毒，无所不尝，三年乃还。太祖平袁氏，以柔为菅长。县中素闻其名，奸吏数人皆自引去。柔教曰："昔邴吉临政，吏尝有非，犹尚容之。况此诸吏，于吾未有失乎！其召复之。"咸还，皆自励，咸为佳吏。高幹既降，顷之以并州叛。柔自归太祖，太祖欲因事诛之，以为刺奸令史；处法允当，狱无留滞，辟为丞相仓曹属。《魏氏春秋》曰：柔既处法平允，又夙夜匪懈，至拥膝抱文书而寝。太祖尝夜微出，观察诸吏，见柔，哀之，徐解裘覆柔而去。自是辟焉。太祖欲遣钟繇等讨张鲁，柔谏，以为今猥遣大兵，西有韩遂、马超，谓为己举，将相扇动作逆；宜先招集三辅，三辅苟平，汉中可传檄而定也。繇入关，遂、超等果反。

魏国初建，为尚书郎。转拜丞相理曹掾，令曰："夫治定之化，以礼为首。拨乱之政，以刑为先。是以舜流四凶族，皋陶作士。汉祖除秦苛法，萧何定律。掾清识平当，明于宪典，勉恤之哉！"

鼓吹宋金等在合肥亡逃。旧法，军征士亡，考竟其妻子。太祖患犹不息，更重其刑。金有母妻及二弟皆给官，主者奏尽杀之。柔启曰："士卒亡军，诚在可疾，然窃闻其中时有悔者。愚谓乃宜贷其妻子，一可使贼中不信，二可使诱其还心。正如前科，固已绝其意望，而猥复重之，柔恐自今在军之士，见一人亡逃，诛将及己，亦且相随而走，不可复得杀也。此重刑非所以止亡，乃所以益走耳。"太祖曰："善。"即止，不杀金母、弟，蒙活者甚众。

迁为颍川太守，复还为法曹掾。时置校事卢洪、赵达等，使察群下，柔谏曰："设官分职，各有所司。今置校事，既非居上信下之旨，又达等数以憎爱擅作威福，宜检治之。"太祖曰："卿知达等，恐不如吾也。要能刺举而辨众事，使贤人君子为之，则不能也。昔叔孙通用群盗，良有以也。"达等后奸利发，太祖杀之以谢于柔。

文帝践阼，以柔为治书侍御史，赐爵关内侯，转加治书执法。民间数有诽谤妖言，帝疾之，有妖言辄杀，而赏告者。柔上疏曰："今妖言者必戮，告之者辄赏。既使过误无反善之路，又将开凶狡之群相诬罔之渐，诚非所以息奸省讼，缉熙治道也。昔周公作诰，称殷之祖宗，咸不顾小人之怨。在汉太宗，亦除妖言诽谤之令。臣愚以为宜除妖谤赏告之法，以隆天父养物之仁。"

帝不即从，而相诬告者滋甚。帝乃下诏："敢以诽谤相告者，以所告者罪罪之。"于是遂绝。校事刘慈等，自黄初初数年之间，举吏民奸罪以万数，柔皆请惩虚实；其余小小挂法者，不过罚金。四年，迁为廷尉。

魏初，三公无事，又希与朝政。柔上疏曰："天地以四时成功，元首以辅弼兴治；成汤仗阿衡之佐，文、武凭旦、望之力，逮至汉初，萧、曹之俦并以元勋代作心膂，此皆明王圣主任臣于上，贤相良辅股肱于下也。今公辅之臣，皆国之栋梁，民所具瞻，而置之三事，不使知政，遂各偃息养高，鲜有进纳，诚非朝廷崇用大臣之义，大臣献可替否之谓也。古者刑政有疑，辄议于槐棘之下。自今之后，朝有疑议及刑狱大事，宜数以咨访三公。三公朝朔望之日，又可特延入，讲论得失，博尽事情，庶有裨起天听，弘益大化。"帝嘉纳焉。

帝以宿嫌，欲枉法诛治书执法鲍勋，而柔固执不从诏命。帝怒甚，遂召柔诣台；遣使者承指至廷尉考竟勋。勋死，乃遣柔还寺。

明帝即位，封柔延寿亭侯。时博士执经，柔上疏曰："臣闻遵道重学，圣人洪训；褒文崇儒，帝者明义。昔汉末陵迟，礼乐崩坏，雄战虎争，以战阵为务，遂使儒林之群，幽隐而不显。太祖初兴，愍其如此，在于拨乱之际，并使郡县立教学之官。高祖即位，遂阐其业，兴复辟雍，州立课试，于是天下之士，复闻庠序之教，亲俎豆之礼焉。陛下临政，允迪睿哲，敷弘大猷，光济先轨，虽夏启之承基，周成之继业，诚无以加也。然今博士皆经明行修，一国清选，而使迁除限不过长，惧非所以崇显儒术，帅励怠惰也。孔子称'举善而教不能则劝'，故楚礼申公，学士锐精，汉隆卓茂，搢绅竞慕。臣以为博士者，道之渊薮，六艺所宗，宜随学行优劣，待以不次之位。敦崇道教，以劝学者，于化为弘。"帝纳之。

后大兴殿舍，百姓劳役；广采众女，充盈后宫；后宫皇子连夭，继嗣未育。柔上疏曰："二虏狡猾，潜自讲肆，谋动干戈，未图束手；宜畜养将士，缮治甲兵，以逸待之。而顷兴造殿舍，上下劳扰；若使吴、蜀知人虚实，通谋并势，复俱送死，甚不易也。昔汉文惜十家之资，不营小台之娱；去病虑匈奴之害，不遑治第之事。况今所损者非惟百金之费，所忧者非徒北狄之患乎？可粗成见所营立，以充朝宴之仪。乞罢作者，使得就农。二方平定，复可徐兴。昔轩辕以二十五子，传祚弥远；周室以姬国四十，历年滋多。陛下聪达，穷理尽性，而顷皇子连多夭逝，熊罴之祥又未感应。群下之心，莫不悒戚。《周礼》，天子后妃以下百二十人，嫔嫱之仪，既以盛矣。窃闻后庭之数，或复过之，圣嗣不昌，殆能由此。臣愚以为可妙简淑媛，以备内官之数，其余尽遣还家。且以育精养神，专静为宝。如此，则螽斯之征，可庶而致矣。"

帝报曰："知卿忠允，乃心王室，辄克昌言；他复以闻。"

时猎法甚峻。宜阳典农刘龟窃于禁内射兔，其功曹张京诣校事言之。帝匿京名，收龟付狱。柔表请告者名，帝大怒曰："刘龟当死，乃敢猎吾禁地。送龟廷尉，廷尉便当考掠，何复请告者主名，吾岂妄收龟邪？"柔曰："廷尉，天下之平也，安得以至尊喜怒而毁法乎？"重复为奏，辞指深切。帝意寤，乃下京名。即还讯，各当其罪。

时制，吏遭大丧者，百日后皆给役。有司徒吏解弘遭父丧，后有军事，受敕当行，以疾病为辞。诏怒曰："汝非曾、闵，何言毁邪？"促收考竟。柔见弘信甚羸劣，奏陈其事，宜加宽贷。帝乃诏曰："孝哉弘也！其原之。"

初，公孙渊兄晃，为叔父恭任内侍，先渊未反，数陈其变。及渊谋逆，帝不忍市斩，欲就狱杀之。柔上疏曰："《书》称'用罪伐厥死，用德彰厥善'，此王制之明典也。晃及妻子，叛逆之类，诚应枭县，勿使遗育。而臣窃闻晃先数自归，陈渊祸萌，虽为凶族，原心可恕。夫仲尼亮司马牛之忧，祁奚明叔向之过，在昔之美义也。臣以为晃信有言，宜贷其死；苟自无言，便当市斩。今进不赦其命，退不彰其罪，闭著图圄，使自引分，四方观国，或疑此举也。"帝不听，竟遣使赍金屑饮晃及其妻子，赐以棺、衣，殡敛于宅。

是时，杀禁地鹿者身死，财产没官，有能觉告者厚加赏赐。柔上疏曰："圣王之御世，莫不以广农为务，俭用为资。夫农广则谷积，用俭则财畜，畜财积谷而有忧患之虞者，未之有也。古者，一夫不耕，或为之饥；一妇不织，或为之寒。中间已来，百姓供给众役，亲田者既减，加顷复有猎禁，群鹿犯暴，残食生苗，处处为害，所伤不赀。民虽障防，力不能御。至如荥阳左右，周数百里，岁略不收，元元之命，实可矜伤。方今天下生财者甚少，而麋鹿之损者甚多。卒有兵戎之役，凶年之灾，将无以待之。惟陛下览先圣之所念，愍稼穑之艰难，宽放民间，使得捕鹿，遂除其禁，则众庶久济，莫不悦豫矣。"

《魏名臣奏》载柔上疏曰："臣深思陛下所以不早取此鹿者，诚欲使极蕃息，然后大取以为军国之用。然臣窃以为今鹿但有日耗，终无从得多也。何以知之？今禁地广轮且千余里，臣下计无虑其中有虎大小六百头，狼有五百头，狐万头。使大虎一头三日食一鹿，一虎一岁百二十鹿，是为六百头虎一岁食七万二千头鹿也。使十狼日共食一鹿，是为五百头狼一岁共食万八千头鹿。鹿子始生，未能善走，使十狐一日共食一子，比至健走一月之间，是为万狐一月共食鹿子三万头也。大凡一岁所食十二万头。其雕鹗所害，臣置不计。以此推之，终无从得多，不如早取之为便也。"

顷之，护军营士窦礼近出不还。营以为亡，表言逐捕，没其妻盈及男女为官奴婢。盈连至州府，称冤自讼，莫有省者。乃辞诣廷尉。柔问曰："汝何以知夫不亡？"盈垂泣对曰："夫少单特，养一老姬为母，事甚恭谨，又哀儿女，抚视不离，非是轻狡不顾室家者也。"柔重问曰："汝夫不与人有怨仇乎？"对曰："夫良善，与人无仇。"又曰："汝夫不与人交钱财乎？"对曰："尝出钱与同营士焦子文，久求不得。"

时子文适坐小事系狱，柔乃见子文，问所坐。言次，曰："汝颇曾举人钱不？"子文曰："自以单贫，初不敢举人钱物也。"柔察子文色动，遂曰："汝昔举窦礼钱，何言不邪？"子文怪知事露，应对不次。柔曰："汝已杀礼，便宜早服。"子文于是叩头，具首杀礼本末，埋藏处所。柔便遣吏卒，承子文辞往掘礼，即得其尸。诏书复盈母子为平民。班下天下，以礼为戒。

在官二十三年，转为太常，旬日迁司空，后徙司徒。太傅司马宣王奏免曹爽，皇太后诏召柔假节行大将军事，据爽营。太傅谓柔曰："君为周勃矣。"爽诛，进封万岁乡侯。高贵乡公即位，进封安国侯，转为太尉。常道乡公即位，增邑并前四千，前后封二子亭侯。景元四年，年九十薨，谥曰元侯。孙浑嗣。咸熙中，开建五等，以柔等著勋前朝，改封浑昌陆子。

○孙礼

孙礼字德达，涿郡容城人也。太祖平幽州，召为司空军谋掾。初丧乱时，礼与母相失，同郡马台求得礼母，礼推家财尽以与台。台后坐法当死，礼私导令逾狱自首，既而曰："臣无逃亡之义。"径诣刺奸主簿温恢。恢嘉之，具白太祖，各减死一等。

后除河间郡丞，稍迁荥阳都尉。鲁山中贼数百人，保固险阻，为民作害；乃徙礼为鲁相。礼至官，出俸谷，发吏民，募首级，招纳降附，使还为间，应时平泰。历山阳、平原、平昌、琅邪太守。从大司马曹休征吴于夹石，礼谏以为不可深入，不从而败。迁阳平太守，入为尚书。

明帝方修宫室，而节气不和，天下少谷。礼固争，罢役。诏曰："敬纳谠言，促遣民作。"时李惠监作，复奏留一月，有所成讫。礼径至作所，不复重奏，称诏罢民，帝奇其意而不责也。

帝猎于大石山，虎趋乘舆，礼便投鞭下马，欲奋剑斫虎，诏令礼上马。

明帝临崩之时，以曹爽为大将军，宜得良佐，于床下受遗诏，拜礼大将军长史，加散骑常侍。礼亮直不挠，爽弗便也，以为扬州刺史，加伏波将军，赐爵关内侯。吴大将全琮帅数万众来侵寇，时州兵休使，在者无几。礼躬勒卫兵御之，战于芍陂，自旦及暮，将士死伤过半。

礼犯蹈白刃，马被数创，手秉枹鼓，奋不顾身，贼众乃退。诏书慰劳，赐绢七百匹。礼为死事者设祀哭临，哀号发心，皆以绢付亡者家，无以入身。

征拜少府，出为荆州刺史，迁冀州牧。太傅司马宣王谓礼曰："今清河、平原争界八年，更二刺史，靡能决之；虞、芮待文王而了，宜善令分明。"礼曰："讼者据墟墓为验，听者以先老为正，而老者不可加以榎楚；又墟墓或迁就高敞，或徙避仇雠。如今所闻，虽皋陶犹将为难。若欲使必也无讼，当以烈祖初封平原时图决之。何必推古问故，以益辞讼？昔成王以桐叶戏叔虞，周公便以封之。今图藏在天府，便可于坐上断也，岂待到州乎？"宣王曰："是也，当别下图。"

礼到，案图宜属平原。而曹爽信清河言，下书云："图不可用，当参异同。"礼上疏曰："管仲，霸者之佐，其器又小，犹能夺伯氏骈邑，使没齿无怨言。臣受牧伯之任，奉圣朝明图，验地著之界：界实以王翁河为限。而鄃以马丹候为验，诈以鸣犊河为界。假虚讼诉，疑误台阁。窃闻众口铄金，浮石沉木，三人成市虎，慈母投其杼。今二郡争界八年，一朝决之者，缘有解书图画，可得寻案摘校也。平原在两河，向东上，其间有爵堤，爵堤在高唐西南，所争地在高唐西北，相去二十余里，可谓长叹息流涕者也。案解与图奏而鄃不受诏，此臣软弱不胜其任，臣亦何颜尸禄素餐。辄束带著履，驾车待放。"爽见礼奏，大怒。劾礼怨望，结刑五岁。在家期年，众人多以为言，除城门校尉。

时匈奴王刘靖部众强盛，而鲜卑数寇边，乃以礼为并州刺史，加振武将军，使持节，护匈奴中郎将。往见太傅司马宣王，有忿色而无言。宣王曰："卿得并州，少邪？恚理分界失分乎？今当远别，何不欢也！"礼曰："何明公言之乖细也！礼虽不德，岂以官位往事为意邪？本谓明公齐踪伊、吕，匡辅魏室，上报明帝之托，下建万世之勋。

今社稷将危，天下凶凶，此礼之所以不悦也。"因涕泣横流。宣王曰：
"且止，忍不可忍。"爽诛后，入为司隶校尉，凡临七郡五州，皆有威
信。迁司空，封大利亭侯，邑一百户。礼与卢毓同郡时辈，而情好不
睦。为人虽互有长短，然名位略齐云。嘉平二年薨，谥曰景侯。孙元嗣。

○王观

王观字伟台，东郡廪丘人也。少孤贫厉志，太祖召为丞相文学掾，
出为高唐、阳泉、酂、任令，所在称治。文帝践阼，入为尚书郎、廷
尉监，出为南阳、涿郡太守。涿北接鲜卑，数有寇盗，观令边民十家
已上，屯居，筑京候。时或有不愿者，观乃假遣朝吏，使归助子弟，
不与期会，但敕事讫各还。于是吏民相率不督自劝，旬日之中，一时
俱成。守御有备，寇钞以息。明帝即位，下诏书使郡县条为剧、中、
平者。主者欲言郡为中平，观教曰："此郡滨近外虏，数有寇害，云
何不为剧邪？"主者曰："若郡为外剧，恐于明府有任子。"观曰："夫
君者，所以为民也。今郡在外剧，则于役条当有降差。岂可为太守之
私而负一郡之民乎？"遂言为外剧郡，后送任子诣邺。时观但有一子
而又幼弱。其公心如此。观治身清素，帅下以俭，僚属承风，莫不自励。

明帝幸许昌，召观为治书侍御史，典行台狱。时多有仓卒喜怒，
而观不阿意顺指。太尉司马宣王请观为从事中郎，迁为尚书，出为河
南尹，徙少府。大将军曹爽使材官张达斫家屋材，及诸私用之物，观
闻知，皆录夺以没官。少府统三尚方御府内藏玩弄之宝，爽等奢放，
多有干求，惮观守法，乃徙为太仆。司马宣王诛爽，使观行中领军，
据爽弟羲营，赐爵关内侯，复为尚书，加驸马都尉。高贵乡公即位，

封中乡亭侯。顷之，加光禄大夫，转为右仆射。常道乡公即位，进封阳乡侯，增邑千户，并前二千五百户。迁司空，固辞，不许，遣使即第拜授。就官数日，上送印绶，辄自舆归里舍。薨于家，遗令藏足容棺，不设明器，不封不树。谥曰肃侯。子惺嗣。咸熙中，开建五等，以观著勋前朝，改封惺胶东子。

评曰：韩暨处以静居行化，出以任职流称；崔林简朴知能；高柔明于法理；孙礼刚断伉厉；王观清劲贞白：咸克致公辅。及暨年过八十，起家就列；柔保官二十年，元老终位：比之徐邈、常林，于兹为疚矣。

二十五卷 魏书 二十五

辛毗杨阜高堂隆传 | 辛毗 杨阜 高堂隆

○辛毗

　　辛毗字佐治，颍川阳翟人也。其先建武中，自陇西东迁。毗随兄评从袁绍。太祖为司空，辟毗，毗不得应命。及袁尚攻兄谭于平原，谭使毗诣太祖求和。《英雄记》曰：谭、尚战于外门，谭军败奔北。郭图说谭曰："今将军国小兵少，粮匮势弱，显甫之来，久则不敌。愚以为可呼曹公来击显甫。曹公至，必先攻邺，显甫还救。将军引兵而西，自邺以北皆可虏得。若显甫军破，其兵奔亡，又可敛取以拒曹公。曹公远侨而来，粮饷不继，必自逃去。比此之际，赵国以北皆我之有，亦足与曹公为对矣。不然，不谐。"谭始不纳，后遂从之。问图："谁可使？"图答："辛佐治可。"谭遂遣毗诣太祖。太祖将征荆州，次于西平。毗见太祖致谭意，太祖大悦。

　　后数日，更欲先平荆州，使谭、尚自相弊。他日置酒，毗望太祖色，知有变，以语郭嘉。嘉白太祖，太祖谓毗曰："谭可信？尚必可克不？"毗对曰："明公无问信与诈也，直当论其势耳。袁氏本兄弟相伐，非谓他人能间其间，乃谓天下可定于己也。今一旦求救于明公，此可知也。显甫见显思困而不能取，此力竭也。兵革败于外，谋臣诛于内，兄弟谗阋，国分为二；连年战伐，而介胄生虮虱，加以旱蝗，饥馑并臻，国无囷仓，行无裹粮，天灾应于上，人事困于下，民无愚智，皆知土崩瓦解，此乃天亡尚之时也。兵法称，有石城汤池带甲百万而无粟者，不能守也。今往攻邺，尚不还救，即不能自守。还救，即谭踵其后。以明公之威，应困穷之敌，击疲弊之寇，无异迅风之振秋叶矣。天以袁尚与明公，明公不取而伐荆州。荆州丰乐，国未有衅。仲虺有言：‘取乱侮亡。’方今二袁不务远略而内相图，可谓乱矣；居者无食，行者无粮，可谓亡矣。朝不谋夕，民命靡继，而不绥之，欲待他年；他年或登，又自知亡而改修厥德，失所以用兵之要矣。今因其请救而抚之，利莫大焉。且四方之寇，莫大于河北；河北平，则六军盛而天下震。”太祖曰：“善。”乃许谭平，次于黎阳。明年攻邺，克之，表毗为议郎。

久之，太祖遣都护曹洪平下辩，使毗与曹休参之，令曰：“昔高祖贪财好色，而良、平匡其过失。今佐治、文烈忧不轻矣。”军还，为丞相长史。

文帝践阼，迁侍中，赐爵关内侯。时议改正朔，毗以“魏氏遵舜、禹之统，应天顺民；至于汤、武，以战伐定天下，乃改正朔。孔子曰‘行夏之时’，《左氏传》曰‘夏数为得天正’，何必期于相反”。帝善而从之。

帝欲徙冀州士家十万户实河南。时连蝗民饥，群司以为不可，而帝意甚盛。毗与朝臣俱求见，帝知其欲谏，作色以见之，皆莫敢言。毗曰：“陛下欲徙士家，其计安出？”帝曰：“卿谓我徙之非邪？”毗曰：“诚以为非也。”帝曰：“吾不与卿共议也。”毗曰：“陛下不以臣不肖，置之左右，厕之谋议之官，安得不与臣议邪！臣所言非私也，乃社稷之虑也，安得怒臣！”帝不答，起入内；毗随而引其裾，帝遂奋衣不还。良久乃出，曰：“佐治，卿持我何太急邪？”毗曰：“今徙，既失民心，又无以食也。"帝遂徙其半。

尝从帝射雉，帝曰："射雉乐哉！"毗曰："于陛下甚乐，而于群下甚苦。"帝默然，后遂为之稀出。

上军大将军曹真征朱然于江陵，毗行军师。还，封广平亭侯。帝欲大兴军征吴，毗谏曰："吴、楚之民，险而难御，道隆后服，道洿先叛，自古患之，非徒今也。今陛下祚有海内，夫不宾者，其能久乎？昔尉佗称帝，子阳僭号，历年未几，或臣或诛。何则？违逆之道不久全，而大德无所不服也。方今天下新定，土广民稀。夫庙算而后出军，犹临事而惧，况今庙算有阙而欲用之，臣诚未见其利也。先帝屡起锐师，临江而旋。今六军不增于故，而复循之，此未易也。今日之计，莫若修范蠡之养民，法管仲之寄政，则充国之屯田，明仲尼之怀远；十年之中，强壮未老，童龀胜战，兆民知义，将士思奋，然后用之，则役不再举矣。"帝曰："如卿意，更当以虏遗子孙邪？"毗对曰："昔周文王以纣遗武王，惟知时也。苟时未可，容得已乎！"帝竟伐吴，至江而还。

明帝即位，进封颍乡侯，邑三百户。时中书监刘放、令孙资见信于主，制断时政，大臣莫不交好，而毗不与往来。毗子敞谏曰："今刘、孙用事，众皆影附，大人宜小降意，和光同尘；不然必有谤言。"毗正色曰："主上虽未称聪明，不为暗劣。吾之立身，自有本末。就与刘、孙不平，不过令吾不作三公而已，何危害之有？焉有大丈夫欲为公而毁其高节者邪？"冗从仆射毕轨表言："尚书仆射王思精勤旧吏，忠亮计略不如辛毗，毗宜代思。"帝以访放、资，放、资对曰："陛下用思者，诚欲取其效力，不贵虚名也。毗实亮直，然性刚而专，圣虑所当深察也。"遂不用。出为卫尉。

帝方修殿舍，百姓劳役，毗上疏曰："窃闻诸葛亮讲武治兵，而孙权市马辽东，量其意指，似欲相左右。备豫不虞，古之善政，而今者宫室大兴，加连年谷麦不收，《诗》云：'民亦劳止，迄可小康，惠此中国，以绥四方。'唯陛下为社稷计。"帝报曰："二虏未灭而治宫室，直谏者立名之时也。夫王者之都，当及民劳兼办，使后世无所复增，是萧何为汉规摹之略也。今卿为魏重臣，亦宜解其大归。"帝又欲平北芒，令于其上作台观，则见孟津。毗谏曰："天地之性，高高下下，今而反之，既非其理；加以损费人功，民不堪役。且若九河盈溢，洪水为害，而丘陵皆夷，将何以御之？"帝乃止。《魏略》曰：诸葛亮围祁山，不克，引退。张郃追之，为流矢所中死。帝惜郃，临朝而叹曰："蜀未平而郃死，将若之何！"司空陈群曰："郃诚良将，国所依也。"毗心以为郃虽可惜，然已死，不当内弱主意，而示外以不大也。乃持群曰："陈公，是何言欤！当建安之末，天下不可一日无武皇帝也；及委国祚，而文皇帝受命，黄初之世，亦谓不可无文皇帝也；及委弃天下，而陛下龙兴。今国内所少，岂张郃乎？"陈群曰："亦诚如辛毗言。"帝笑曰："陈公可谓善变矣。"│臣松之以为拟人必于其伦，取譬宜引其类，故君子于其言，无所苟而已矣。毗欲弘广主意，当举若张辽之畴，安有于一将之死而可以祖宗为譬哉？非所宜言，莫过于兹，进违其类，退似谄佞。佐治刚正之体，不宜有此。《魏略》既已难信，习氏又从而载之，窃谓斯人受诬不少。

青龙二年，诸葛亮率众出渭南。先是，大将军司马宣王数请与亮战，明帝终不听。是岁恐不能禁，乃以毗为大将军军师，使持节；六军皆肃，准毗节度，莫敢犯违。《魏略》曰：宣王数数欲进攻，毗禁不听。宣王虽能行意，而每屈于毗。亮卒，复还为卫尉。薨，谥曰肃侯。子敞嗣，咸熙中为河内太守。《世语》曰：敞字泰雍，官至卫尉。毗女宪英，适太常泰山羊耽，外孙夏侯湛为其传曰："宪英聪明有才鉴。初文帝与陈思王争为太子,既而文帝得立,抱毗颈而喜曰:'辛君知我喜不?'毗以告宪英,宪英叹曰:'太子代君主宗庙社稷者也。代君不可以不戚,主国不可以不惧,宜戚而喜,何以能久?魏其不昌乎!'弟敞为大将军曹爽参军。司马宣王将诛爽,因爽出,闭城门。大将军司马鲁芝将爽府兵,犯门斩关,出城门赴爽,来呼敞俱去。敞惧,问宪英曰:'天子在外,太傅闭城门,人云将不利国家,于事可得尔乎?'宪英曰:'天下有不可知,然以吾度之,太傅殆不得不尔!明皇帝临崩,把太傅臂,以后事付之,此言犹在朝士之耳。且曹爽与太傅俱受寄托之任,而独专权势,行以骄奢,于王室不忠,于人道不直,此举不过以诛曹爽耳。'敞曰:'然则事就乎?'宪英曰:'得无殆就!爽之才非太傅之偶也。'敞曰:'然则敞可以无出乎?'宪英曰:'安可以不出。职守,人之大义也。凡人在难,犹或恤之;为人执鞭而弃其事,不祥,不可也。且为人死,为人任,亲昵之职也,从众而已。'敞遂出。宣王果诛爽。事定之后,敞叹曰:'吾不谋于姊,几不获于义。'逮钟会为镇西将军,宪英谓从子羊祜曰:'钟士季何故西出?'祜曰:'将为灭蜀也。'宪英曰:'会在事纵恣,非持久处下之道,吾畏其有他志也。'祜曰:'季母勿多言。'其后会请子琇为参军,宪英忧曰:'他日见钟会之出,吾为国忧之矣。今日难至吾家,此国之大事,必不得止也。'琇固请司马文王,文王不听。宪英语琇曰:'行矣,戒之!古之君子,入则致孝于亲,出则致节于国,在职思其所司,在义思其所立,不遗父母忧患而已。军旅之间,可以济者,其惟仁恕乎!汝其慎之!'琇竟以全身。宪英年至七十有九,泰始五年卒。"

○杨阜

杨阜字义山,天水冀人也。《魏略》曰:阜少与同郡尹奉次曾、赵昂伟章俱发名，伟章、次曾与阜俱为凉州从事。以州从事为牧韦端使诣许，拜安定长史。阜还，关右诸将问袁、曹胜败孰在，阜曰："袁公宽而不断，好谋而少决；不断则无威，少决则失后事，今虽强，终不能成大业。曹公有雄才远略，决机无疑，法一而兵精，能用度外之人，所任各尽其力，必能济大事者也。"长史非其好，遂去官。而端征为太仆，其子康代为刺史，辟阜为别驾。察孝廉，辟丞相府，州表留参军事。

马超之战败渭南也，走保诸戎。太祖追至安定，而苏伯反河间，将引军东还。阜时奉使，言于太祖曰："超有信、布之勇，甚得羌、胡心，西州畏之。若大军还，不严为之备，陇上诸郡非国家之有也。"太祖善之，而军还仓卒，为备不周。超率诸戎渠帅以击陇上郡县，陇上郡县皆应之，惟冀城奉州郡以固守。超尽兼陇右之众，而张鲁又遣大将杨昂以助之，凡万余人攻城。阜率国士大夫及宗族子弟胜兵者千余人，使从弟岳于城上作偃月营，与超接战，自正月至八月拒守而救兵不至。州遣别驾阎温循水潜出求救，为超所杀。于是刺史、太守失色，始有降超之计。阜流涕谏曰："阜等率父兄子弟以义相励，有死无二；田单之守，不固于此也。弃垂成之功，陷不义之名，阜以死守之。"遂号哭。刺史、太守卒遣人请和，开城门迎超。超入，拘岳于冀，使杨昂杀刺史、太守。

阜内有报超之志，而未得其便。顷之，阜以丧妻求葬假。阜外兄姜叙屯历城。阜少长叙家，见叙母及叙，说前在冀中时事，歔欷悲甚。叙曰："何为乃尔？"阜曰："守城不能完，君亡不能死，亦何面目以视息于天下！马超背父叛君，虐杀州将，岂独阜之忧责？一州士大夫皆蒙其耻！君拥兵专制而无讨贼心，此赵盾所以书弑君也。超强而无义，多衅，易图耳。"叙母慨然，敕叙从阜计。

计定，外与乡人姜隐、赵昂、尹奉、姚琼、孔信、武都人李俊、王灵结谋，定讨超约。使从弟谟至冀语岳，并结安定梁宽、南安赵衢、庞恭等。约誓既明，十七年九月，与叙起兵于卤城。超闻阜等兵起，自将出。而衢、宽等解岳，闭冀城门，讨超妻子。超袭历城，得叙母。叙母骂之曰："汝背父之逆子，杀君之桀贼，天地岂久容汝！而不早死，敢以面目视人乎！"超怒，杀之。阜与超战，身被五创，宗族昆弟死者七人。超遂南奔张鲁。

陇右平定，太祖封讨超之功：侯者十一人，赐阜爵关内侯。阜让曰："阜，君存无捍难之功，君亡无死节之效，于义当绌，于法当诛；超又不死，无宜苟荷爵禄。"太祖报曰："君与群贤共建大功，西土之人以为美谈。子贡辞赏，仲尼谓之止善。君其剖心以顺国命。姜叙之母，劝叙早发，明智乃尔，虽杨敞之妻盖不过此。贤哉，贤哉！良史记录，必不坠于地矣。"

太祖征汉中，以阜为益州刺史。还，拜金城太守，未发，转武都太守。郡滨蜀汉，阜请依龚遂故事，安之而已。会刘备遣张飞、马超等从沮道趣下辩，而氐雷定等七部万余落反应之。太祖遣都护曹洪御超等，超等退还。洪置酒大会，令女倡著罗縠之衣，蹋鼓，一坐皆笑。阜厉声责洪曰："男女之别，国之大节，何有于广坐之中裸女人形体！虽桀、纣之乱，不甚于此。"遂奋衣辞出。洪立罢女乐，请阜还坐，肃然惮焉。

及刘备取汉中以逼下辩，太祖以武都孤远，欲移之，恐吏民恋土。阜威信素著，前后徙民、氐，使居京兆、扶风、天水界者万余户，徙郡小槐里，百姓襁负而随之。为政举大纲而已，下不忍欺也。文帝问侍中刘晔等："武都太守何如人也？"皆称阜有公辅之节。未及用，会帝崩。在郡十余年，征拜城门校尉。

阜常见明帝著帢，被缥绫半褎，阜问帝曰："此于礼何法服也？"帝默然不答，自是不法服不以见阜。

迁将作大匠。时初治宫室，发美女以充后庭，数出入弋猎。秋，大雨震电，多杀鸟雀。阜上疏曰："臣闻明主在上，群下尽辞。尧、舜圣德，求非索谏；大禹勤功，务卑宫室；成汤遭旱，归咎责己；周文刑于寡妻，以御家邦；汉文躬行节俭，身衣弋绨：此皆能昭令问，贻厥孙谋者也。伏惟陛下奉武皇帝开拓之大业，守文皇帝克终之元绪，诚宜思齐往古圣贤之善治，总观季世放荡之恶政。所谓善治者，务俭约、重民力也；所谓恶政者，从心恣欲，触情而发也。惟陛下稽古世代之初所以明赫，及季世所以衰弱至于泯灭，近览汉末之变，足以动心诚惧矣。曩使桓、灵不废高祖之法，文、景之恭俭，太祖虽有神武，于何所施其能邪？而陛下何由处斯尊哉？

"今吴、蜀未定，军旅在外，愿陛下动则三思，虑而后行，重慎出入，以往鉴来。言之若轻，成败甚重。顷者天雨，又多卒暴，雷电非常，至杀鸟雀。天地神明，以王者为子也，政有不当，则见灾谴。克己内讼，圣人所记。惟陛下虑患无形之外，慎萌纤微之初，法汉孝文出惠帝美人，令得自嫁；顷所调送小女，远闻不令，宜为后图。诸所缮治，务从约节。《书》曰：'九族既睦，协和万国。'事思厥宜，以从中道，精心计谋，省息费用。吴、蜀以定，尔乃上安下乐，九亲熙熙。如此以往，祖考心欢，尧舜其犹病诸？今宜开大信于天下，以安众庶，以示远人。"

时雍丘王植怨于不齿，藩国至亲，法禁峻密，故阜又陈九族之义焉。诏报曰："间得密表，先陈往古明王圣主，以讽暗政，切至之辞，款诚笃实。退思补过，将顺匡救，备至悉矣。览思苦言，吾甚嘉之。"

后迁少府。是时大司马曹真伐蜀，遇雨不进。阜上疏曰："昔文王有赤乌之符，而犹日昃不暇食；武王白鱼入舟，君臣变色。而动得吉瑞，犹尚忧惧，况有灾异而不战辣者哉？今吴、蜀未平，而天屡降变，陛下宜深有以专精应答，侧席而坐，思示远以德，绥迩以俭。间者诸军始进，便有天雨之患，稽阁山险，以积日矣。转运之劳，担负之苦，所费以多，若有不继，必违本图。《传》曰：'见可而进，知难而退，军之善政也。'徒使六军困于山谷之间，进无所略，退又不得，非主兵之道也。武王还师，殷卒以亡，知天期也。今年凶民饥，宜发明诏损膳减服，技巧珍玩之物，皆可罢之。昔郡信臣为少府于无事之世，而奏罢浮食；今者军用不足，益宜节度。"帝即召诸军还。

后诏大议政治之不便于民者，阜议以为："致治在于任贤，兴国在于务农。若舍贤而任所私，此忘治之甚者也。广开宫馆，高为台榭，以妨民务，此害农之甚者也。百工不敦其器，而竞作奇巧，以合上欲，此伤本之甚者也。孔子曰：'苛政甚于猛虎。'今守功文俗之吏，为政不通治体，苟好烦苛，此乱民之甚者也。当今之急，宜去四甚，并诏公卿郡国，举贤良方正敦朴之士而选用之，此亦求贤之一端也。"

阜又上疏欲省宫人诸不见幸者，乃召御府吏问后宫人数。吏守旧令，对曰："禁密，不得宣露。"阜怒，杖吏一百，数之曰："国家不与九卿为密，反与小吏为密乎？"帝闻而愈敬惮阜。

帝爱女淑，未期而夭，帝痛之甚，追封平原公主，立庙洛阳，葬于南陵。将自临送，阜上疏曰："文皇帝、武宣皇后崩，陛下皆不送葬，所以重社稷、备不虞也。何至孩抱之赤子而可送葬也哉？"帝不从。

帝既新作许宫，又营洛阳宫殿观阁。阜上疏曰："尧尚茅茨而万国安其居，禹卑宫室而天下乐其业；及至殷、周，或堂崇三尺，度以九筵耳。古之圣帝明王，未有极宫室之高丽以雕弊百姓之财力者也。桀作璇室、象廊，纣为倾宫、鹿台，以丧其社稷；楚灵以筑章华而身受其祸；秦始皇作阿房而殃及其子，天下叛之，二世而灭。夫不度万民之力，以从耳目之欲，未有不亡者也。陛下当以尧、舜、禹、汤、文、武为法则，夏桀、殷纣、楚灵、秦皇为深诫，高高在上，实监后德。慎守天位，以承祖考，巍巍大业，犹恐失之，不夙夜敬止，允恭恤民，而乃自暇自逸，惟宫台是侈是饰，必有颠覆危亡之祸。《易》曰：'丰其屋，蔀其家，窥其户，阒其无人。'王者以天下为家，言丰屋之祸，至于家无人也。方今二虏合从，谋危宗庙，十万之军，东西奔赴，边境无一日之娱；农夫废业，民有饥色。陛下不以是为忧，而营作宫室，无有已时。使国亡而臣可以独存，臣又不言也；臣松之以为忠至之道，以亡己为理。是以匡救其恶，不为身计。而阜表云"使国亡而臣可以独存，臣又不言也"，此则发愤为己，岂为国哉？斯言也，岂不伤谠烈之义，为一表之病乎！君作元首，臣为股肱，存亡一体，得失同之。《孝经》曰：'天子有争臣七人，虽无道，不失其天下。'臣虽驽怯，敢忘争臣之义？言不切至，不足以感寤陛下。陛下不察臣言，恐皇祖烈考之祚，将坠于地。使臣身死有补万一，则死之日，犹生之年也。谨叩棺沐浴，伏俟重诛。"

奏御，天子感其忠言，手笔诏答。每朝廷会议，阜常侃然以天下为己任。数谏争，不听，乃屡乞逊位，未许。会卒，家无余财。孙豹嗣。

○高堂隆 栈潜

高堂隆字升平，泰山平阳人，鲁高堂生后也。少为诸生，泰山太守薛悌命为督邮。郡督军与悌争论，名悌而呵之。隆按剑叱督军曰："昔鲁定见侮，仲尼历阶；赵弹秦筝，相如进缶。临臣名君，义之所讨也。"督军失色，悌惊起止之。后去吏，避地济南。

建安十八年，太祖召为丞相军议掾，后为历城侯徽文学，转为相。徽遭太祖丧，不哀，反游猎驰骋；隆以义正谏，甚得辅导之节。黄初中，为堂阳长，以选为平原王傅。王即尊位，是为明帝。以隆为给事中、博士、驸马都尉。帝初践阼，群臣或以为宜飨会，隆曰："唐、虞有遏密之哀，高宗有不言之思，是以至德雍熙，光于四海。"以为不宜为会，帝敬纳之。迁陈留太守。犊民西牧，年七十余，有至行，举为计曹掾；帝嘉之，特除郎中以显焉。征隆为散骑常侍，赐爵关内侯。

青龙中，大治殿舍，西取长安大钟。隆上疏曰："昔周景王不仪刑文、武之明德，忽公旦之圣制，既铸大钱，又作大钟，单穆公谏而弗听，泠州鸠对而弗从，遂迷不反，周德以衰，良史记焉，以为永鉴。然今之小人，好说秦、汉之奢靡以荡圣心，求取亡国不度之器，劳役费损，以伤德政，非所以兴礼乐之和，保神明之休也。"

是日，帝幸上方，隆与卞兰从。帝以隆表授兰，使难隆曰："兴衰在政，乐何为也？化之不明，岂钟之罪？"隆曰："夫礼乐者，为治之大本也。故箫《韶》九成，凤皇来仪；雷鼓六变，天神以降。政是以平，刑是以错，和之至也。新声发响，商辛以陨，大钟既铸，周景以弊。存亡之机，恒由斯作，安在废兴之不阶也？君举必书，古之道也。作而不法，何以示后？圣王乐闻其阙，故有箴规之道；忠臣愿竭其节，故有匡躬之义也。"帝称善。迁侍中，犹领太史令。

崇华殿灾，诏问隆："此何咎？于礼，宁有祈禳之义乎？"隆对曰："夫灾变之发，皆所以明教诫也，惟率礼修德，可以胜之。《易传》曰：'上不俭，下不节，孽火烧其室。'又曰：'君高其台，天火为灾。'此人君苟饰宫室，不知百姓空竭，故天应之以旱，火从高殿起也。上天降鉴，故谴告陛下；陛下宜增崇人道，以答天意。昔太戊有桑谷生于朝，武丁有雊雉登于鼎，皆闻灾恐惧，侧身修德。三年之后，远夷朝贡，故号曰中宗、高宗，此则前代之明鉴也。今案旧占，灾火之发，皆以台榭宫室为诫。然今宫室之所以充广者，实由宫人猥多之故。宜简择留其淑懿，如周之制，罢省其余。此则祖己之所以训高宗，高宗之所以享远号也。"

诏问隆："吾闻汉武帝时，柏梁灾，而大起宫殿以厌之，其义云何？"隆对曰："臣闻《西京》柏梁既灾，越巫陈方，建章是经，以厌火祥，乃夷越之巫所为，非圣贤之明训也。《五行志》曰：'柏梁灾，其后有江充巫蛊，卫太子事。'如《志》之言，越巫建章无所厌也。孔子曰：'灾者修类应行，精祲相感，以戒人君。'是以圣主睹灾责躬，退而修德，以消复之。今宜罢散民役。宫室之制，务从约节，内足以待风雨，外足以讲礼仪。清埽所灾之处，不敢于此有所立作，蓂莆、嘉禾必生此地，以报陛下虔恭之德。岂可疲民之力，竭民之财！实非所以致符瑞而怀远人也。"帝遂复崇华殿，时郡国有九龙见，故改曰九龙殿。

陵霄阙始构，有鹊巢其上，帝以问隆。对曰："《诗》云'惟鹊有巢，惟鸠居之'。今兴宫室，起陵霄阙，而鹊巢之，此宫室未成，身不得居之象也。天意若曰，宫室未成，将有他姓制御之，斯乃上天之戒也。夫天道无亲，惟与善人，不可不深防，不可不深虑。夏、商之季，皆继体也，不钦承上天之明命，惟谗谄是从，废德适欲，故其亡也忽焉。太戊、武丁，睹灾竦惧，祗承天戒，故其兴也勃焉。今若休罢百役，俭以足用，增崇德政，动遵帝则，除普天之所患，兴兆民之所利，三王可四，五帝可六，岂惟殷宗转祸为福而已哉！臣备腹心，苟可以繁祉圣躬，安存社稷，臣虽灰身破族，犹生之年也。岂惮忤逆之灾，而令陛下不闻至言乎？"于是帝改容动色。

是岁，有星孛于大辰。隆上疏曰："凡帝王徙都立邑，皆先定天地、社稷之位，敬恭以奉之。将营宫室，则宗庙为先，厩库为次，居室为后。今圜丘、方泽、南北郊、明堂、社稷，神位未定，宗庙之制又未如礼，而崇饰居室，士民失业。外人咸云宫人之用，与兴戎军国之费，所尽略齐。民不堪命，皆有怨怒。《书》曰'天聪明自我民聪明，天明畏自我民明威'，舆人作颂，则向以五福，民怒吁嗟，则威以六极，言天之赏罚，随民言，顺民心也。是以临政务在安民为先，然后稽古之化，格于上下。自古及今，未尝不然也。夫采橼卑宫，唐、虞、大禹之所以垂皇风也；玉台琼室，夏癸、商辛之所以犯昊天也。今之宫室，实违礼度，乃更建立九龙，华饰过前。天彗章灼，始起于房心，犯帝坐而干紫微，此乃皇天子爱陛下，是以发教戒之象，始卒皆于尊位，殷勤郑重，欲必觉寤陛下；斯乃慈父恳切之训，宜崇孝子祗耸之礼，以率先天下，以昭示后昆，不宜有忽，以重天怒。"

时军国多事，用法深重。隆上疏曰："夫拓迹垂统，必俟圣明，辅世匡治，亦须良佐，用能庶绩其凝而品物康乂也。夫移风易俗，宣明道化，使四表同风，回首面内，德教光熙，九服慕义，固非俗吏之所能也。今有司务纠刑书，不本大道，是以刑用而不措，俗弊而不敦。宜崇礼乐，班叙明堂，修三雍、大射、养老，营建郊庙，尊儒士，举逸民，表章制度，改正朔，易服色，布恺悌，尚俭素，然后备礼封禅，归功天地，使雅颂之声盈于六合，缉熙之化混于后嗣。斯盖至治之美事，不朽之贵业也。然九域之内，可揖计而治，尚何忧哉！不正其本而救其末，譬犹梦丝，非政理也。可命群公卿士通儒，造具其事，以为典式。"隆又以为改正朔，易服色，殊徽号，异器械，自古帝王所以神明其政，变民耳目，故三春称王，明三统也。于是敷演旧章，奏而改焉。帝从其议，改青龙五年春三月为景初元年孟夏四月，服色尚黄，牺牲用白，从地正也。

迁光禄勋。帝愈增崇宫殿，雕饰观阁，凿太行之石英，采谷城之文石，起景阳山于芳林之园，建昭阳殿于太极之北，铸作黄龙凤皇奇伟之兽，饰金墉、陵云台、陵霄阙。百役繁兴，作者万数，公卿以下至于学生，莫不展力，帝乃躬自掘土以率之。而辽东不朝。

悼皇后崩，天作淫雨，冀州水出，漂没民物。隆上疏切谏曰：

"盖'天地之大德曰生，圣人之大宝曰位。何以守位？曰仁；何以聚人？曰财'。然则士民者，乃国家之镇也；谷帛者，乃士民之命也。谷帛非造化不育，非人力不成。是以帝耕以劝农，后桑以成服，所以昭事上帝，告虔报施也。昔在伊唐，世值阳九厄运之会，洪水滔天，使鲧治之，绩用不成，乃举文命，随山刊木，前后历年二十二载。灾眚之甚，莫过于彼，力役之兴，莫久于此，尧、舜君臣，南面而已。禹敷九州，庶士庸勋，各有等差，君子小人，物有服章。今无若时之急，而使公卿大夫并与厮徒共供事役，闻之四夷，非嘉声也，垂之竹帛，非令名也。是以有国有家者，近取诸身，远取诸物，妪煦养育，故称'恺悌君子，民之父母'。今上下劳役，疾病凶荒，耕稼者寡，饥馑荐臻，无以卒岁；宜加愍恤，以救其困。

"臣观在昔书籍所载，天人之际，未有不应也。是以古先哲王，畏上天之明命，循阴阳之逆顺，矜矜业业，惟恐有违。然后治道用兴，德与神符，灾异既发，惧而修政，未有不延期流祚者也。爰及末叶，暗君荒主，不崇先王之令轨，不纳正士之直言，以遂其情志，恬忽变戒，未有不寻践祸难，至于颠覆者也。

"天道既著，请以人道论之。夫六情五性，同在于人，嗜欲廉贞，各居其一。及其动也，交争于心。欲强质弱，则纵滥不禁；精诚不制，则放溢无极。夫情之所在，非好则美，而美好之集，非人力不成，非谷帛不立。情苟无极，则人不堪其劳，物不充其求。劳求并至，将起祸乱。故不割情，无以相供。仲尼云：'人无远虑，必有近忧。'由此观之，礼义之制，非苟拘分，将以远害而兴治也。

"今吴、蜀二贼，非徒白地小虏、聚邑之寇，乃据险乘流，跨有士众，僭号称帝，欲与中国争衡。今若有人来告，权、禅并修德政，复履清俭，轻省租赋，不治玩好，动咨耆贤，事遵礼度。陛下闻之，岂不惕然恶其如此，以为难卒讨灭，而为国忧乎？若使告者曰，彼二贼并为无道，崇侈无度，役其士民，重其征赋，下不堪命，呼嗟日甚。陛下闻之，岂不勃然忿其困我无辜之民，而欲速加之诛？其次，岂不幸彼疲弊而取之不难乎？苟如此，则可易心而度，事义之数亦不远矣。

"且秦始皇不筑道德之基，而筑阿房之宫，不忧萧墙之变，而修长城之役。当其君臣为此计也，亦欲立万世之业，使子孙长有天下，岂意一朝匹夫大呼，而天下倾覆哉？故臣以为使先代之君知其所行必将至于败，则弗为之矣。是以亡国之主自谓不亡，然后至于亡；贤圣之君自谓将亡，然后至于不亡。昔汉文帝称为贤主，躬行约俭，惠下养民，而贾谊方之，以为天下倒县，可为痛哭者一，可为流涕者二，可为长叹息者三。况今天下雕弊，民无儋石之储，国无终年之畜，外有强敌，六军暴边，内兴土功，州郡骚动，若有寇警，则臣惧版筑之士不能投命虏庭矣。

"又，将吏奉禄，稍见折减，方之于昔，五分居一；诸受休者又绝廪赐，不应输者今皆出半：此为官入兼多于旧，其所出与参少于昔。而度支经用，更每不足，牛肉小赋，前后相继。反而推之，凡此诸费，必有所在。且夫禄赐谷帛，人主所以惠养吏民而为之司命者也，若今有废，是夺其命矣。既得之而又失之，此生怨之府也。《周礼》，太府掌九赋之财以给九式之用，入有其分，出有其所，不相干乘而用各足。各足之后，乃以式贡之余，供王玩好。又上用财，必考于司会。今陛下所与共坐廊庙治天下者，非三司九列，则台阁近臣，皆腹心造膝，宜在无讳。若见丰省而不敢以告，从命奔走，惟恐不胜，是则具臣，非鲠辅也。昔李斯教秦二世曰：'为人主而不恣睢，命之曰天下桎梏。'二世用之，秦国以覆，斯亦灭族。是以史迁议其不正谏，而为世诫。"

书奏，帝览焉，谓中书监、令曰："观隆此奏，使朕惧哉！"

隆疾笃，口占上疏曰：

"曾子有疾，孟敬子问之。曾子曰：'鸟之将死，其鸣也哀；人之将死，其言也善。'臣寝疾病，有增无损，常惧奄忽，忠款不昭。臣之丹诚，岂惟曾子？愿陛下少垂省览，涣然改往事之过谬，勃然兴来事之渊塞，使神人向应，殊方慕义，四灵效珍，玉衡曜精，则三王可迈，五帝可越，非徒继体守文而已也。

"臣常疾世主莫不思绍尧、舜、汤、武之治，而蹢躅桀、纣、幽、厉之迹，莫不蚩笑季世惑乱亡国之主，而不登践虞、夏、殷、周之轨。悲夫！以若所为，求若所致，犹缘木求鱼，煎水作冰，其不可得明矣！寻观三代之有天下也，圣贤相承，历载数百，尺土莫非其有，一民莫非其臣，万国咸宁，九有有截；鹿台之金、巨桥之粟，无所用之，仍旧南面，夫何为哉！然癸、辛之徒，恃其旅力，知足以拒谏，才足以饰非，谄谀是尚，台观是崇，淫乐是好，倡优是说，作靡靡之乐，安濮上之音。上天不蠲，眷然回顾，宗国为墟，下夷于隶。纣县白旗，桀放鸣条，天子之尊，汤、武有之，岂伊异人？皆明王之胄也！且当六国之时，天下殷炽，秦既兼之，不修圣道，乃构阿房之宫，筑长城之守，矜夸中国，威服百蛮，天下震竦，道路以目。自谓本枝百叶，永垂洪晖，岂窬二世而灭，社稷崩圮哉？近汉孝武乘文、景之福，外攘夷狄，内兴宫殿，十余年间，天下嚣然。乃信越巫，怼天迁怒，起建章之宫，千门万户，卒致江充妖蛊之变，至于宫室乖离，父子相残，殃咎之毒，祸流数世。

"臣观黄初之际，天兆其戒，异类之鸟，育长燕巢，口爪胸赤，此魏室之大异也，宜防鹰扬之臣于萧墙之内。可选诸王，使君国典兵，往往棋跱，镇抚皇畿，翼亮帝室。昔周之东迁，晋、郑是依，汉吕之乱，实赖朱虚，斯盖前代之明鉴。夫皇天无亲，惟德是辅。民咏德政，则延期过历；下有怨叹，掇录授能。由此观之，天下之天下，非独陛下之天下也。臣百疾所钟，气力稍微，辄自舆出，归还里舍。若遂沈沦，魂而有知，结草以报。"

诏曰："生廉追伯夷，直过史鱼，执心坚白，謇謇匪躬，如何微疾未除，退身里舍？昔邴吉以阴德，疾除而延寿；贡禹以守节，疾笃而济愈。生其强饭专精以自持。"隆卒，遗令薄葬，敛以时服。习凿齿曰：高堂隆可谓忠臣矣。君侈每思谏其恶，将死不忘忧社稷，正辞动于昏主，明戒验于身后，謇谔足以励物，德音没而弥彰，可不谓忠且智乎！《诗》云："听用我谋，庶无大悔。"又曰："曾是莫听，大命以倾。"其高堂隆之谓也。

初，太和中，中护军蒋济上疏曰"宜遵古封禅"。诏曰："闻济斯言，使吾汗出流足。"事寝历岁，后遂议修之，使隆撰其礼仪。帝闻隆没，叹息曰："天不欲成吾事，高堂生舍我亡也。"子琛嗣爵。

始，景初中，帝以苏林、秦静等并老，恐无能传业者。乃诏曰："昔先圣既没，而其遗言余教，著于六艺。六艺之文，礼又为急，弗可斯须离者也。末俗背本，所由来久。故闵子讥原伯之不学，荀卿丑秦世之坑儒，儒学既废，则风化曷由兴哉？方今宿生巨儒，并各年高，教训之道，孰为其继？昔伏生将老，汉文帝嗣以晁错；《谷梁》寡畴，宣帝承以十郎。其科郎吏高才解经义者三十人，从光禄勋隆、散骑常侍林、博士静，分受四经三礼，主者具为设课试之法。夏侯胜有言：'士病不明经术，经术苟明，其取青紫如俯拾地芥耳。'今学者有能究极经道，则爵禄荣宠，不期而至。可不勉哉！"数年，隆等皆卒，学者遂废。

初，任城栈潜，太祖世历县令，尝督守邺城。时文帝为太子，耽乐田猎，晨出夜还。潜谏曰："王公设险以固其国，都城禁卫，用戒不虞。《大雅》云：'宗子维城，无俾城坏。'又曰：'犹之未远，是用大谏。'若逸于游田，晨出昏归，以一日从禽之娱，而忘无垠之衅，愚窃惑之。"太子不悦，然自后游出差简。

黄初中，文帝将立郭贵嫔为皇后，潜上疏谏，语在《后妃传》。

明帝时，众役并兴，戚属疏斥，潜上疏曰："天生蒸民而树之君，所以覆焘群生，熙育兆庶，故方制四海匪为天子，裂土分疆匪为诸侯也。始自三皇，爰暨唐虞，咸以博济加于天下，醇德以洽，黎元赖之。三王既微，降逮于汉，治日益少，丧乱弘多，自时厥后，亦罔克乂。太祖浚哲神武，芟除暴乱，克复王纲，以开帝业。文帝受天明命，廓恢皇基，践阼七载，每事未遑。陛下圣德，纂承洪绪，宜崇晏晏，与民休息。而方隅匪宁，征夫远戍，有事海外，县旌万里，六军骚动，水陆转运，百姓舍业，日费千金。大兴殿舍，功作万计，徂来之松，刊山穷谷，怪石斌砆，浮于河、淮，都圻之内，尽为甸服，当供稿秸铚粟之调，而为苑囿择禽之府。盛林莽之秽，丰鹿兔之薮；伤害农功，地繁茨棘，灾疫流行，民物大溃，上减和气，嘉禾不植。

"臣闻文王作丰，经始勿亟，百姓子来，不日而成。灵沼、灵囿，与民共之。今宫观崇侈，雕镂极妙，忘有虞之总期，思殷辛之琼室，禁地千里，举足投网，丽拟阿房，役百乾溪。臣恐民力雕尽，下不堪

411

命也。昔秦据殽函以制六合，自以德高三皇，功兼五帝，欲号谥至万叶，而二世颠覆，愿为黔首，由枝干既扤，本实先拔也。

"盖圣王之御世也，克明俊德，庸勋亲亲。俊乂在官，则功业可隆；亲亲显用，则安危同忧。深根固本，并为干翼，虽历盛衰，内外有辅。昔成王幼冲，未能莅政，周、吕、召、毕，并在左右。今既无卫侯、康叔之监，分陕所任，又非旦、奭。东宫未建，天下无副，愿陛下留心关塞，永保无极，则海内幸甚。"

后为燕中尉，辞疾不就，卒。

评曰：辛毗、杨阜，刚亮公直，正谏匪躬，亚乎汲黯之高风焉。高堂隆学业修明，志在匡君，因变陈戒，发于恳诚，忠矣哉！及至必改正朔，俾魏祖虞，所谓意过其通者欤！

二十六卷 魏书 二十六

满田牵郭传 ｜ 满宠 田豫 牵招 郭淮

○满宠

满宠字伯宁，山阳昌邑人也。年十八，为郡督邮。时郡内李朔等各拥部曲，害于平民，太守使宠纠焉。朔等请罪，不复钞略。守高平令。县人张苞为郡督邮，贪秽受取，干乱吏政。宠因其来在传舍，率吏卒出收之，诘责所犯，即日考竟，遂弃官归。

太祖临兖州，辟为从事。及为大将军，辟署西曹属，为许令。时曹洪宗室亲贵，有宾客在界，数犯法，宠收治之。洪书报宠，宠不听。洪白太祖，太祖召许主者。宠知将欲原，乃速杀之。太祖喜曰："当事不当尔邪？"故太尉杨彪收付县狱，尚书令荀彧、少府孔融等并属宠："但当受辞，勿加考掠。"宠一无所报，考讯如法。数日，求见太祖，言之曰："杨彪考讯无他辞语。当杀者宜先彰其罪；此人有名海内，若罪不明，必大失民望，窃为明公惜之。"太祖即日赦出彪。初，彧、融闻考掠彪，皆怒，及因此得了，更善宠。臣松之以为杨公积德之门，身为名臣，纵有愆负，犹宜保祐，况淫刑所滥，而可加其楚掠乎？若理应考讯，荀、孔二贤岂其妄有相请属哉？宠以此为能，酷吏之用心耳。虽有后善，何解前虐？时袁绍盛于河朔，而汝南绍之本郡，门生宾客布在诸县，拥

413

兵拒守。太祖忧之，以宠为汝南太守。宠募其服从者五百人，率攻下二十余壁，诱其未降渠帅，于坐上杀十余人，一时皆平。得户二万，兵二千人，令就田业。

建安十三年，从太祖征荆州。大军还，留宠行奋威将军，屯当阳。孙权数扰东陲，复召宠还为汝南太守，赐爵关内侯。关羽围襄阳，宠助征南将军曹仁屯樊城拒之，而左将军于禁等军以霖雨水长为羽所没。羽急攻樊城，樊城得水，往往崩坏，众皆失色。或谓仁曰："今日之危，非力所支。可及羽围未合，乘轻船夜走，虽失城，尚可全身。"宠曰："山水速疾，冀其不久。闻羽遣别将已在郏下，自许以南，百姓扰扰，羽所以不敢遂进者，恐吾军捷其后耳。今若遁去，洪河以南，非复国家有也；君宜待之。"仁曰："善。"宠乃沈白马，与军人盟誓。会徐晃等救至，宠力战有功，羽遂退，进封安昌亭侯。

文帝即王位，迁扬武将军。破吴于江陵有功，更拜伏波将军，屯新野。大军南征，到精湖，宠帅诸军在前，与贼隔水相对。宠敕诸将曰："今夕风甚猛，贼必来烧军，宜为其备。"诸军皆警。夜半，贼果遣十部伏夜来烧，宠掩击破之，进封南乡侯。黄初三年，假宠节钺。五年，拜前将军。

明帝即位，进封昌邑侯。太和二年，领豫州刺史。三年春，降人称吴大严，扬声欲诣江北猎，孙权欲自出。宠度其必袭西阳而为之备，权闻之，退还。秋，使曹休从庐江南入合肥，令宠向夏口。宠上疏曰："曹休虽明果而希用兵，今所从道，背湖旁江，易进难退，此兵之洼地也。若入无彊口，宜深为之备。"宠表未报，休遂深入。贼果从无彊口断夹石，要休还路。休战不利，退走。会朱灵等从后来断道，与贼相遇。贼惊走，休军乃得还。

是岁休薨，宠以前将军代都督扬州诸军事。汝南兵民恋慕，大小相率，奔随道路，不可禁止。护军表上，欲杀其为首者。诏使宠将亲兵千人自随，其余一无所问。四年，拜宠征东将军。其冬，孙权扬声欲至合肥，宠表召兖、豫诸军，皆集。贼寻退还，被诏罢兵。宠以为："今贼大举而还，非本意也，此必欲伪退以罢吾兵，而倒还乘虚，掩不备也。"表不罢兵。后十余日，权果更来，到合肥城，不克而还。其明年，吴将孙布遣人诣扬州求降，辞云："道远不能自致，乞兵见迎。"刺史王凌腾布书，请兵马迎之。宠以为必诈，不与兵，而为凌作报书曰："知识邪正，欲避祸就顺，去暴归道，甚相嘉尚。今欲遣兵相迎，然计兵少则不足相卫，多则事必远闻。且先密计以成本志，临时节度其宜。"宠会被书当入朝，敕留府长史："若凌欲往迎，勿与兵也。"凌于后索兵不得，乃单遣一督将步骑七百人往迎之。布夜掩击，督将进走，死伤过半。初，宠与凌共事不平，凌支党毁宠疲老悖谬，故明帝召之。既至，体气康强，见而遣还。《世语》曰：王凌表宠年过耽酒，不可居方任。帝将召宠，给事中郭谋曰："宠为汝南太守、豫州刺史二十余年，有勋方岳。及镇淮南，吴人惮之。若不如所表，将为所窥。可令还朝，问以方事以察之。"帝从之。宠既至，进见，饮酒至一石不乱。帝慰劳之，遣还。宠屡表求留，诏报曰："昔廉颇强食，马援据鞍，今君未老而自谓已老，何与廉、马之相背邪？其思安边境，惠此中国。"

明年，吴将陆逊向庐江，论者以为宜速赴之。宠曰："庐江虽小，将劲兵精，守则经时。又贼舍船二百里来，后尾空县，尚欲诱致。今宜听其遂进，但恐走不可及耳！"整军趋杨宜口。贼闻大兵东下，即夜遁。

时权岁有来计，青龙元年，宠上疏曰："合肥城南临江湖，北远寿春，贼攻围之，得据水为势；官兵救之，当先破贼大辈，然后围乃得解。贼往甚易，而兵往救之甚难，宜移城内之兵，其西三十里，有奇险可依，更立城以固守，此为引贼平地而掎其归路，于计为便。"护军将军蒋济议，以为："既示天下以弱，且望贼烟火而坏城，此为未攻而自拔。一至于此，劫略无限，必以淮北为守。"帝未许。宠重表曰："孙子言，兵者，诡道也。故能而示之以弱；不能，骄之以利，示之以慑。此为形实不必相应也。又曰：'善动敌者形之。'今贼未至而移城却内，此所谓形而诱之也。引贼远水，择利而动，举得于外，则福生于内矣。"尚书赵咨以宠策为长，诏遂报听。

其年，权自出，欲围新城，以其远水，积二十日不敢下船。宠谓诸将曰："权得吾移城，必于其众中有自大之言。今大举来欲要一切之功，虽不敢至，必当上岸耀兵以示有余。"乃潜遣步骑六千，伏肥城隐处以待之。权果上岸耀兵，宠伏军卒起击之，斩首数百，或有赴水死者。明年，权自将号十万，至合肥新城。宠驰往赴，募壮士数十人，折松为炬，灌以麻油，从上风放火，烧贼攻具，射杀权弟子孙泰。贼于是引退。三年春，权遣兵数千家佃于江北。至八月，宠以为田向收熟，男女布野，其屯卫兵去城远者数百里，可掩击也。遣长史督三军循江东下，摧破诸屯，焚烧谷物而还。诏美之，因以所获尽为将士赏。

景初二年，以宠年老征还，迁为太尉。宠不治产业，家无余财。诏曰："君典兵在外，专心忧公，有行父、祭遵之风。赐田十顷，谷五百斛，钱二十万，以明清忠俭约之节焉。"宠前后增邑，凡九千六百户，封子孙二人亭侯。正始三年薨，谥曰景侯。子伟嗣。伟以格度知名，官至卫尉。

○田豫

田豫字国让，渔阳雍奴人也。刘备之奔公孙瓒也，豫时年少，自托于备，备甚奇之。备为豫州刺史，豫以母老求归，备涕泣与别，曰："恨不与君共成大事也。"

公孙瓒使豫守东州令，瓒将王门叛瓒，为袁绍将万余人来攻。众惧欲降。豫登城谓门曰："卿为公孙所厚而去，意有所不得已也；今还作贼，乃知卿乱人耳。夫挈瓶之智，守不假器，吾既受之矣；何不急攻乎？"门惭而退。瓒虽知豫有权谋而不能任也。瓒败而鲜于辅为国人所推，行太守事，素善豫，以为长史。时雄杰并起，辅莫知所从。豫谓辅曰："终能定天下者，必曹氏也。宜速归命，无后祸期。"辅从其计，用受封宠。太祖召豫为丞相军谋掾，除颍阴、朗陵令，迁弋阳太守，所在有治。

鄢陵侯彰征代郡，以豫为相。军次易北，虏伏骑击之，军人扰乱，莫知所为。豫因地形，回车结圜阵，弓弩持满于内，疑兵塞其隙。胡不能进，散去。追击，大破之，遂前平代，皆豫策也。

迁南阳太守。先时，郡人侯音反，众数千人在山中为群盗，大为郡患。前太守收其党与五百余人，表奏皆当死。豫悉见诸系囚，慰喻，开其自新之路，一时破械遣之。诸囚皆叩头，愿自效，即相告语，群贼一朝解散，郡内清静。具以状上，太祖善之。

文帝初，北狄强盛，侵扰边塞，乃使豫持节护乌丸校尉，牵招、解儁并护鲜卑。自高柳以东，濊貊以西，鲜卑数十部，比能、弥加、素利割地统御，各有分界；乃共要誓，皆不得以马与中国市。豫以戎狄为一，非中国之利，乃先构离之，使自为仇敌，互相攻伐。素利违盟，出马千匹与官，为比能所攻，求救于豫。豫恐遂相兼并，为害滋深，宜救善讨恶，示信众狄。单将锐卒，深入虏庭，胡人众多，钞军前后，断截归路。豫乃进军，去虏十余里结屯营，多聚牛马粪然之，从他道引去。

胡见烟火不绝，以为尚在，去，行数十里乃知之。追豫到马城，围之十重。豫密严，使司马建旌旗，鸣鼓吹，将步骑从南门出，胡人皆属目往赴之。豫将精锐自北门出，鼓噪而起，两头俱发，出虏不意。虏众散乱，皆弃弓马步走。追讨二十余里，僵尸蔽地。又乌丸王骨进桀黠不恭，豫因出塞案行，单将麾下百余骑入进部。进逆拜，遂使左右斩进，显其罪恶以令众。众皆怖慑不敢动，便以进弟代进。自是胡人破胆，威震沙漠。

山贼高艾众数千人寇钞，为幽、冀害。豫诱使鲜卑素利部斩艾，传首京都。封豫长乐亭侯。为校尉九年，其御夷狄，恒摧抑兼并，乖散强猾。凡逋亡奸宄，为胡作计不利官者，豫皆构刺搅离，使凶邪之谋不遂，聚居之类不安。事业未究，而幽州刺史王雄支党欲令雄领乌丸校尉，毁豫乱边，为国生事。遂转豫为汝南太守，加殄夷将军。

太和末，公孙渊以辽东叛，帝欲征之而难其人。中领军杨暨举豫应选，乃使豫以本官督青州诸军，假节，往讨之。会吴贼遣使与渊相结，帝以贼众多，又以渡海，诏豫使罢军。豫度贼船垂还，岁晚风急，必畏漂浪；东随无岸，当赴成山。成山无藏船之处，辄便循海，案行地形，及诸山岛，徼截险要，列兵屯守。自入成山，登汉武之观。贼还，果遇恶风，船皆触山沉没，波荡著岸，无所逃窜，尽虏其众。初，诸将皆笑于空地待贼，及贼破，竞欲与谋，求入海钩取浪船。豫惧穷虏死战，皆不听。初，豫以太守督青州，青州刺史程喜内怀不服，军事之际，多相违错。喜知帝宝爱明珠，乃密上："豫虽有战功而禁令宽弛，所得器仗珠金甚多，放散皆不纳官。"由是功不见列。

后孙权号十万众攻新城，征东将军满宠欲率诸军救之。豫曰："贼悉众大举，非徒投射小利，欲质新城以致大军耳。宜听使攻城，挫其锐气，不当与争锋也。城不可拔，众必罢怠；罢怠然后击之，可大克也。若贼见计，必不攻城，势将自走。若便进兵，适入其计。又大军相向，当使难知，不当使自画也。"豫辄上状，天子从之。会贼遁走。后吴复来寇，豫往拒之，贼即退。诸军夜惊，云："贼复来！"豫卧不起，令众"敢动者斩"。有顷，竟无贼。

景初末，增邑三百，并前五百户。正始初，迁使持节护匈奴中郎将，加振威将军，领并州刺史。外胡闻其威名，相率来献。州界宁肃，百姓怀之。征为卫尉。屡乞逊位，太傅司马宣王以为豫克壮，书喻未听。豫书答曰："年过七十而以居位，譬犹钟鸣漏尽而夜行不休，是罪人也。"遂固称疾笃。拜太中大夫，食卿禄。年八十二薨。子彭祖嗣。《魏略》曰：豫罢官归，居魏县。会汝南遣健步诣征北，感豫宿恩，过拜之。豫为杀鸡炊黍，送诣至陌头，谓之曰："罢老，苦汝来过。无能有益，若何？"健步愍其贫羸，流涕而去，还为故吏民说之。汝南为具资绢数千匹，遣人饷豫，豫一不受。会病，立戒其妻子曰："葬我必于西门豹墓边。"妻之难之，言："西门豹古之神人，那可葬于其边乎？"豫言："豹所履行与我敌等耳，使死而有灵，必与我善。"妻子从之。汝南闻其死也，悲之，既为画像，又就为立碑铭。

豫清俭约素，赏赐皆散之将士。每胡、狄私遗，悉簿藏官，不入家；家常贫匮。虽殊类，咸高豫节。《魏略》曰：鲜卑素利等数来客见，多以牛马遗豫；豫转送官。胡以为前所与豫物显露，不如持金。乃密怀金三十斤，谓豫曰："愿避左右，我欲有所道。"豫从之，胡因跪曰："我见公贫，故前后遗公牛马，公辄送官。今密以此上公，可以为家资。"豫张袖受之，答其厚意。胡去之后，皆悉付外，具以状闻。于是诏褒之曰："昔魏绛开怀以纳戎略，今卿举袖以受狄金，朕甚嘉焉。"乃即赐绢五百匹。豫得赐，分以其半藏小府，后胡复来，以半与之。嘉平六年，下诏褒扬，赐其家钱谷，语在《徐邈传》。

○牵招

牵招字子经，安平观津人也。年十余岁，诣同县乐隐受学。后隐为车骑将军何苗长史，招随卒业。值京都乱，苗、隐见害，招俱与隐门生史路等触蹈锋刃，共殡敛隐尸，送丧还归。道遇寇钞，路等皆悉散走。贼欲斫棺取钉，招垂泪请赦。贼义之，乃释而去。由此显名。

冀州牧袁绍辟为督军从事，兼领乌丸突骑。绍舍人犯令，招先斩乃白，绍奇其意而不见罪也。绍卒，又事绍子尚。建安九年，太祖围邺。尚遣招至上党，督致军粮。未还，尚破走，到中山。时尚外兄高幹为并州刺史，招以并州左有恒山之险，右有大河之固，带甲五万，北阻强胡，劝幹迎尚，并力观变。幹既不能，而阴欲害招。招闻之，间行而去，道隔不得追尚，遂东诣太祖。太祖领冀州，辟为从事。

太祖将讨袁谭，而柳城乌丸欲出骑助谭。太祖以招尝领乌丸，遣诣柳城。到，值峭王严，以五千骑当遣诣谭。又辽东太守公孙康自称平州牧，遣使韩忠赍单于印绶往假峭王。峭王大会群长，忠亦在坐。峭王问招："昔袁公言受天子之命，假我为单于；今曹公复言当更白天子，假我真单于；辽东复持印绶来。如此，谁当为正？"招答曰："昔袁公承制，得有所拜假；中间违错，天子命曹公代之，言当白天子，更假真单于是也。辽东下郡，何得擅称拜假也？"忠曰："我辽东在沧海之东，拥兵百万，又有扶馀、濊貊之用。当今之势，强者为右，曹操独何得为是也？"招呵忠曰："曹公允恭明哲，翼戴天子，伐叛柔服，宁静四海。汝君臣顽嚚，今恃险远，背违王命，欲擅拜假，侮弄神器，方当屠戮，何敢慢易咎毁大人？"便捉忠头顿筑，拔刀欲斩之。峭王惊怖，徒跣抱招，以救请忠，左右失色。招乃还坐，为峭王等说成败之效，祸福所归，皆下席跪伏，敬受敕教，便辞辽东之使，罢所严骑。

太祖灭谭于南皮，署招军谋掾，从讨乌丸。至柳城，拜护乌丸校尉。还邺，辽东送袁尚首，县在马市，招睹之悲感，设祭头下。太祖义之，举为茂才。从平汉中，太祖还，留招为中护军。事罢，还邺，拜平虏校尉，将兵督青、徐州郡诸军事，击东莱贼，斩其渠率，东土宁静。

文帝践阼，拜招使持节护鲜卑校尉，屯昌平。是时，边民流散山泽，又亡叛在鲜卑中者，处有千数。招广布恩信，招诱降附。建义中郎将公孙集等率将部曲，咸各归命；使还本郡。又怀来鲜卑素利、弥加等十余万落，皆令款塞。

大军欲征吴，召招还，至，值军罢，拜右中郎将，出为雁门太守。郡在边陲，虽有候望之备，而寇钞不断。招既教民战阵，又表复乌丸五百余家租调，使备鞍马，远遣侦候。虏每犯塞，勒兵逆击，来辄摧破，于是吏民胆气日锐，荒野无虞。又构间离散，使虏更相猜疑。鲜卑大人步度根、泄归泥等与轲比能为隙，将部落三万余家诣郡附塞。敕令还击比能，杀比能弟苴罗侯，及叛乌丸归义侯王同、王寄等，大结怨仇。是以招自出，率将归泥等讨比能于云中故郡，大破之。招通河西鲜卑附头等十余万家，缮治陉北故上馆城，置屯戍以镇内外，夷虏大小，莫不归心，诸叛亡虽亲戚不敢藏匿，咸悉收送。

于是野居晏闭，寇贼静息。招乃简选有才识者，诣太学受业，还相授教，数年中庠序大兴。郡所治广武，并水咸苦，民皆担辇远汲流水，往返七里。招准望地势，因山陵之宜，凿原开渠，注水城内，民赖其益。

明帝即位，赐爵关内侯。太和二年，护乌丸校尉田豫出塞，为轲比能所围于故马邑城，移招求救。招即整勒兵马，欲赴救豫。并州以常宪禁招，招以为节将见围，不可拘于吏议，自表辄行。又并驰布羽檄，称陈形势，云当西北掩取虏家，然后东行，会诛虏身。檄到，豫军踊跃。又遣一通于虏蹊要，虏即恐怖，种类离散。军到故平城，便皆溃走。比能复大合骑来，到故平州塞北。招潜行扑讨，大斩首级。

招以蜀虏诸葛亮数出，而比能狡猾，能相交通，表为防备。议者以为县远，未之信也。会亮时在祁山，果遣使连结比能。比能至故北地石城，与相首尾。帝乃诏招，使从便宜讨之。时比能已还漠南，招与刺史毕轨议曰："胡虏迁徙无常，若劳师远追，则迟速不相及。若欲潜袭，则山溪艰险，资粮转运，难以密办。可使守新兴、雁门二牙门，出屯陉北，外以镇抚，内令兵田，储畜资粮，秋冬马肥，州郡兵合，乘衅征讨，计必全克。"未及施行，会病卒。招在郡十二年，威风远振。其治边之称，次于田豫，百姓追思之。而渔阳傅容在雁门有名绩，继招后，在辽东又有事功云。

招子嘉嗣。次子弘，亦猛毅有招风，以陇西太守随邓艾伐蜀有功，咸熙中为振威护军。嘉与晋司徒李胤同母，早卒。

○郭淮

郭淮字伯济，太原阳曲人也。建安中举孝廉，除平原府丞。文帝为五官将，召淮署为门下贼曹，转为丞相兵曹议令史，从征汉中。太祖还，留征西将军夏侯渊拒刘备，以淮为渊司马。渊与备战，淮时有疾不出。渊遇害，军中扰扰，淮收散卒，推荡寇将军张郃为军主，诸营乃定。其明日，备欲渡汉水来攻。诸将议众寡不敌，备便乘胜，欲依水为阵以拒。淮曰："此示弱而不足挫敌，非算也。不如远水为阵，引而致之，半济而后击，备可破也。"既阵，备疑不渡，淮遂坚守，示无还心。以状闻，太祖善之，假郃节，复以淮为司马。文帝即王位，赐爵关内侯，转为镇西长史。又行征羌护军，护左将军张郃、冠军将军杨秋讨山贼郑甘、卢水叛胡，皆破平之。关中始定，民得安业。

黄初元年，奉使贺文帝践阼，而道路得疾，故计远近为稽留。及群臣欢会，帝正色责之曰："昔禹会诸侯于涂山，防风后至，便行大戮。今溥天同庆而卿最留迟，何也？"淮对曰："臣闻五帝先教，导民以德，夏后政衰，始用刑辟。今臣遭唐虞之世，是以自知免于防风之诛也。"帝悦之，擢领雍州刺史，封射阳亭侯，五年为真。安定羌大帅辟蹏反，讨破降之。每羌、胡来降，淮辄先使人推问其亲理，男女多少，年岁长幼；及见，一二知其款曲，讯问周至，咸称神明。

太和二年，蜀相诸葛亮出祁山，遣将军马谡至街亭，高详屯列柳城。张郃击谡，淮攻详营，皆破之。又破陇西名羌唐蹏于枹罕，加建威将军。五年，蜀出卤城。是时，陇右无谷，议欲关中大运，淮以威恩抚循羌、胡，家使出谷，平其输调，军食用足，转扬武将军。青龙二年，诸葛亮出斜谷，并田于兰坑。是时司马宣王屯渭南；淮策亮必争北原，宜先据之，议者多谓不然。淮曰："若亮跨渭登原，连兵北山，隔绝陇道，摇荡民、夷，此非国之利也。"宣王善之，淮遂屯北原。堑垒未成，蜀兵大至，淮逆击之。后数日，亮盛兵西行，诸将皆谓欲攻西围，淮独以为此见形于西，欲使官兵重应之，必攻阳遂耳。其夜果攻阳遂，有备不得上。

正始元年，蜀将姜维出陇西。淮遂进军，追至彊中。维退，遂讨羌迷当等，按抚柔氏三千余落，拔徙以实关中。迁左将军。凉州休屠胡梁元碧等，率种落二千余家附雍州。淮奏请使居安定之高平，为民保障，其后因置西川都尉。转拜前将军，领州如故。

五年，夏侯玄伐蜀，淮督诸军为前锋。淮度势不利，辄拔军出，故不大败。还，假淮节。八年，陇西、南安、金城、西平诸羌饿何、烧戈、伐同、蛾遮塞等相结叛乱，攻围城邑，南招蜀兵，凉州名胡治无戴复叛应之。讨蜀护军夏侯霸督诸军屯为翅。淮军始到狄道，议者金谓宜先讨定枹罕，内平恶羌，外折贼谋。淮策维必来攻霸，遂入沨中，转南迎霸。维果攻为翅，会淮军适至，维遁退。进讨叛羌，斩饿何、烧戈，降服者万余落。九年，遮塞等屯河关、白土故城，据河拒军。淮见形上流，密于下渡兵据白土城，击，大破之。治无戴围武威，家属留在西海。淮进军趣西海，欲掩取其累重，会无戴折还，与战于龙夷之北，破走之。令居恶虏在石头山之西，当大道止，断绝王使。淮还过讨，大破之。

姜维出石营，从彊川，乃西迎治无戴，留阴平太守廖化于成重山筑城，敛破羌保质。淮欲分兵取之。诸将以维众西接强胡，化以据险，分军两持，兵势转弱，进不制维，退不拔化，非计也；不如合而俱西，及胡、蜀未接，绝其内外，此伐交之兵也。淮曰："今往取化，出贼不意，维必狼顾。比维自致，足以定化，且使维疲于奔命。兵不远西，而胡交自离，此一举而两全之策也。"乃别遣夏侯霸等追维于沓中，淮自率诸军就攻化等。维果驰还救化，皆如淮计。进封都乡侯。

嘉平元年，迁征西将军，都督雍、凉诸军事。是岁，与雍州刺史陈泰协策，降蜀牙门将句安等于翅上。二年，诏曰："昔汉川之役，几至倾覆。淮临危济难，功书王府。在关右三十余年，外征寇虏，内绥民夷。比岁以来，摧破廖化，禽虏句安，功绩显著，朕甚嘉之。今以淮为车骑将军、仪同三司，持节、都督如故。"进封阳曲侯，邑凡二千七百八十户，分三百户，封一子亭侯。《世语》曰：淮妻，王凌之妹。凌诛，妹当从坐，御史往收。督将及羌、胡渠帅数千人叩头请淮表留妻，淮不从。妻上道，莫不流涕，人人扼腕，欲劫留之。淮五子叩头流血请淮，淮不忍视，乃命左右追妻。于是追者数千骑，数日而还。淮以书白司马宣王曰："五子哀母，不惜其身；若无其母，是无五子；无五子，亦无淮也。今辄追还，若于法未通，当受罪于主者，觊展在近。"书至，宣王亦宥之。正元二年薨，追赠大将军，谥曰贞侯。子统嗣。统官至荆州刺史，薨。子正嗣。咸熙中，开建五等，以淮著勋前朝，改封汾阳子。

评曰：满宠立志刚毅，勇而有谋。田豫居身清白，规略明练。牵招秉义壮烈，威绩显著。郭淮方策精详，垂问秦、雍。而豫位止小州，招终于郡守，未尽其用也。

二十七卷 魏书 ^{二十七}

徐胡二王传 | 徐邈 胡质 王昶 王基

○徐邈

徐邈字景山，燕国蓟人也。太祖平河朔，召为丞相军谋掾，试守奉高令，入为东曹议令史。魏国初建，为尚书郎。时科禁酒，而邈私饮至于沈醉。校事赵达问以曹事，邈曰："中圣人。"达白之太祖，太祖甚怒。度辽将军鲜于辅进曰："平日醉客谓酒清者为圣人，浊者为贤人，邈性修慎，偶醉言耳。"竟坐得免刑。

后领陇西太守，转为南安。文帝践阼，历谯相，平阳、安平太守，颍川典农中郎将，所在著称，赐爵关内侯。车驾幸许昌，问邈曰："颇复中圣人不？"邈对曰："昔子反毙于谷阳，御叔罚于饮酒，臣嗜同二子，不能自惩，时复中之。然宿瘤以丑见传，而臣以醉见识。"帝大笑，顾左右曰："名不虚立。"迁抚军大将军军师。

明帝以凉州绝远，南接蜀寇，以邈为凉州刺史、使持节领护羌校尉。至，值诸葛亮出祁山，陇右三郡反，邈辄遣参军及金城太守等击南安贼，破之。河右少雨，常苦乏谷，邈上修武威、酒泉盐池以收虏谷，又广开水田，募贫民佃之，家家丰足，仓库盈溢。乃支度州界军用之余，以市金帛犬马，通供中国之费。以渐收敛民间私仗，藏之府库。然后率以仁义，立学明训，禁厚葬，断淫祀，进善黜恶，风化大行，百姓归心焉。西域流通，荒戎入贡，皆邈勋也。

讨叛羌柯吾有功，封都亭侯，邑三百户，加建威将军。邈与羌、胡从事，不问小过；若犯大罪，先告部帅，使知，应死者乃斩以徇，是以信服畏威。赏赐皆散与将士，无入家者，妻子衣食不充；天子闻而嘉之，随时供给其家。弹邪绳枉，州界肃清。

正始元年，还为大司农。迁为司隶校尉，百僚敬惮之。公事去官。后为光禄大夫，数岁即拜司空，邈叹曰："三公论道之官，无其人则缺，岂可以老病忝之哉？"遂固辞不受。嘉平元年，年七十八，以大夫薨于家，用公礼葬，谥曰穆侯。子武嗣。六年，朝廷追思清节之士，诏曰："夫显贤表德，圣王所重；举善而教，仲尼所美。故司空徐邈、征东将军胡质、卫尉田豫皆服职前朝，历事四世，出统戎马，入赞庶政，忠清在公，忧国忘私，不营产业，身没之后，家无余财，朕甚嘉之。其赐邈等家谷二千斛，钱三十万，布告天下。"

邈同郡韩观曼游，有鉴识器干，与邈齐名，而在孙礼、卢毓先，为豫州刺史，甚有治功，卒官。《魏名臣奏》载黄门侍郎杜恕表，称："韩观、王昶，信有兼才，高官重任，不但三州。"卢钦著书，称邈曰："徐公志高行洁，才博气猛。其施之也，高而不狷，洁而不介，博而守约，猛而能宽。圣人以清为难，而徐公之所易也。"或问钦："徐公当武帝之时，人以为通；自在凉州，及还京师，人以为介，何也？"钦答曰："往者毛孝先、崔季珪等用事，贵清素之士，于时皆变易车服以求名高，而徐公不改其常，故人以为通。比来天下奢靡，转相仿效，而徐公雅尚自若，不与俗同，故前日之通，乃今日之介也。是世人之无常，而徐公之有常也。"

○胡质 子威

胡质字文德，楚国寿春人也。少与蒋济、朱绩俱知名于江、淮间，仕州郡。蒋济为别驾，使见太祖。太祖问曰："胡通达，长者也，宁有子孙不？"济曰："有子曰质，规模大略不及于父，至于精良综事过之。"案《胡氏谱》：通达名敏，以方正征。太祖即召质为顿丘令。县民郭政通于从妹，杀其夫程他，郡吏冯谅系狱为证。政与妹皆耐掠隐抵，谅不胜痛，自诬，当反其罪。质至官，察其情色，更详其事，检验具服。

入为丞相东曹议令史，州请为治中。将军张辽与其护军武周有隙。辽见刺史温恢求请质，质辞以疾。辽出谓质曰："仆委意于君，何以相辜如此？"质曰："古人之交也，取多知其不贪，奔北知其不怯，闻流言而不信，故可终也。武伯南身为雅士，往者将军称之不容于口，今以睚眦之恨，乃成嫌隙。况质才薄，岂能终好？是以不愿也。"辽感言，复与周平。

太祖辟为丞相属。黄初中，徙吏部郎，为常山太守，迁任东莞。士卢显为人所杀，质曰："此士无仇而有少妻，所以死乎！"悉见其比居年少，书吏李若见问而色动，遂穷诘情状。若即自首，罪人斯得。每军功赏赐，皆散之于众，无入家者。在郡九年，吏民便安，将士用命。迁荆州刺史，加振威将军，赐爵关内侯。

吴大将朱然围樊城，质轻军赴之。议者皆以为贼盛不可迫，质曰："樊城卑下，兵少，故当进军为之外援；不然，危矣。"遂勒兵临围，城中乃安。迁征东将军，假节都督青、徐诸军。广农积谷，有兼年之储，置东征台，且佃且守。又通渠诸郡，利舟楫，严设备以待敌。海边无事。

性沉实内察，不以其节检物，所在见思。嘉平二年薨，家无余财，惟有赐衣书箧而已。军师以闻，追进封阳陵亭侯，邑百户，谥曰贞侯。子威嗣。六年，诏书褒述质清行，赐其家钱谷，语在《徐邈传》。威，咸熙中官至徐州刺史，有殊绩。历三郡守，所在有名。卒于安定。

○王昶

王昶字文舒，太原晋阳人也。少与同郡王凌俱知名。凌年长，昶兄事之。文帝在东宫，昶为太子文学，迁中庶子。文帝践阼，徙散骑侍郎，为洛阳典农。时都畿树木成林，昶斫开荒莱，勤劝百姓，垦田特多。迁兖州刺史。明帝即位，加扬烈将军，赐爵关内侯。昶虽在外任，心存朝廷，以为魏承秦、汉之弊，法制苛碎，不大厘改国典以准先王之风，而望治化复兴，不可得也。乃著《治论》，略依古制而合于时务者二十余篇，又著《兵书》十余篇，言奇正之用，《孙子兵法》曰：兵以正合，以奇胜；奇正还相生，若循环之无端。青龙中奏之。

其为兄子及子作名字，皆依谦实，以见其意，故兄子默字处静，沈字处道，其子浑字玄冲，深字道冲。遂书戒之曰：

"夫人为子之道，莫大于宝身全行，以显父母。此三者人知其善，而或危身破家，陷于灭亡之祸者，何也？由所祖习非其道也。夫孝敬仁义，百行之首，而立身之本也。孝敬则宗族安之，仁义则乡党重之，此行成于内，名著于外者矣。人若不笃于至行，而背本逐末，以陷浮华焉，以成朋党焉；浮华则有虚伪之累，朋党则有彼此之患。此二者之戒，昭然著明，而循覆车滋众，逐末弥甚，皆由惑当时之誉，昧目前之利故也。夫富贵声名，人情所乐，而君子或得而不处，何也？恶不由其道耳。患人知进而不知退，知欲而不知足，故有困辱之累、悔吝之咎。语曰：‘如不知足，则失所欲。’故知足之足常足矣。览往事之成败，察将来之吉凶，未有干名要利，欲而不厌，而能保世持家，永全福禄者也。欲使汝曹立身行己，遵儒者之教，履道家之言，故以玄默冲虚为名，欲使汝曹顾名思义，不敢违越也。古者盘杅有铭，几杖有诫，俯仰察焉，用无过行；况在己名，可不戒之哉！

　　“夫物速成则疾亡，晚就则善终。朝华之草，夕而零落；松柏之茂，隆寒不衰。是以大雅君子恶速成，戒阙党也。若范匄对秦客而武子击之，折其委笄，恶其掩人也。《国语》曰：范文子暮退于朝，武子曰：“何暮也？”对曰：“有秦客廋辞于朝，大夫莫之能对也，吾知三焉。”武子怒曰：“大夫非不能也，让父兄也。尔童子而三掩人于朝，吾不在晋国，亡无日也。”击之以杖，折其委笄。｜臣松之案：对秦客者，范燮也。此云范匄，盖误也。夫人有善鲜不自伐，有能者寡不自矜；伐则掩人，矜则陵人。掩人者人亦掩之，陵人者人亦陵之。故三郤为戮于晋，王叔负罪于周，不惟矜善自伐好争之咎乎？故君子不自称，非以让人，恶其盖人也。夫能屈以为伸，让以为得，弱以为强，鲜不遂矣。夫毁誉，爱恶之原而祸福之机也，是以圣人慎之。孔子曰：‘吾之于人，谁毁谁誉；如有所誉，必有所试。’又曰：‘子贡方人。赐也贤乎哉，我则不暇。’以圣人之德，犹尚如此，况庸庸之徒而轻毁誉哉？昔伏波将军马援戒其兄子，言：‘闻人之恶，当如闻父母之名；耳可得而闻，口不可得而言也。’斯戒至矣。

　　“人或毁己，当退而求之于身。若己有可毁之行，则彼言当矣；若己无可毁之行，则彼言妄矣。当则无怨于彼，妄则无害于身，又何反报焉？且闻人毁己而忿者，恶丑声之加人也，人报者滋甚，不如默而自修己也。谚曰：‘救寒莫如重裘，止谤莫如自修。’斯言信矣。若与是非之士，凶险之人，近犹不可，况与对校乎？其害深矣。夫虚伪之人，言不根道，行不顾言，其为浮浅较可识别；而世人惑焉，犹不检之以言行也。近济阴魏讽、山阳曹伟皆以倾邪败没，荧惑当世，挟持奸慝，驱动后生。虽刑于铁钺，大为炯戒，然所污染，固以众矣。可不慎与！"《世语》曰：黄初中，孙权通章表。伟以白衣登江上，与权交书求赂，欲以交结京师，故诛之。

"若夫山林之士，夷、叔之伦，甘长饥于首阳，安赴火于绵山，虽可以激贪励俗，然圣人不可为，吾亦不愿也。今汝先人世有冠冕，惟仁义为名，守慎为称，孝悌于闺门，务学于师友。吾与时人从事，虽出处不同，然各有所取。颍川郭伯益，好尚通达，敏而有知。其为人弘旷不足，轻贵有余；得其人，重之如山，不得其人，忽之如草。吾以所知亲之昵之，不愿儿子为之。伯益名奕，郭嘉之子。北海徐伟长，不治名高，不求苟得，澹然自守，惟道是务。其有所是非，则托古人以见其意，当时无所褒贬。吾敬之重之，愿儿子师之。东平刘公幹，博学有高才，诚节有大意，然性行不均，少所拘忌，得失足以相补。吾爱之重之，不愿儿子慕之。臣松之以为文舒复拟则文渊，显言人之失。魏讽、曹伟，事陷恶逆，著以为诫，差无可尤。至若郭伯益、刘公幹，虽其人皆往，善恶有定；然既友之于昔，不宜复毁之于今，而乃形于翰墨，永传后叶，于旧交则违久要之义，于子孙则扬人前世之恶。于夫鄙怀，深所不取。善乎东方之诫子也，以首阳为拙，柳下为工，寄旨古人，无伤当时。方之马、王，不亦远哉！乐安任昭先，淳粹履道，内敏外恕，推逊恭让，处不避污，怯而义勇，在朝忘身。吾友之善之，愿儿子遵之。若引而伸之，触类而长之，汝其庶几举一隅耳。及其用财先九族，其施舍务周急，其出入存故老，其论议贵无贬，其进仕尚忠节，其取人务道实，其处势戒骄淫，其贫贱慎无戚，其进退念合宜，其行事加九思，如此而已。吾复何忧哉？"

青龙四年，诏："欲得有才智文章，谋虑渊深，料远若近，视昧而察，筹不虚运，策弗徒发，端一小心，清修密静，乾乾不解，志尚在公者，无限年齿，勿拘贵贱，卿校已上各举一人。"太尉司马宣王以昶应选。正始中，转在徐州，封武观亭侯，迁征南将军，假节都督荆、豫诸军事。昶以为国有常众，战无常胜；地有常险，守无常势。今屯宛，去襄阳三百余里，诸军散屯，船在宣池，有急不足相赴，乃表徙治新野，习水军于三州，广农垦殖，仓谷盈积。

嘉平初，太傅司马宣王既诛曹爽，乃奏博问大臣得失。昶陈治略五事：其一，欲崇道笃学，抑绝浮华，使国子入太学而修庠序；其二，欲用考试，考试犹准绳也，未有舍准绳而意正曲直，废黜陟而空论能否也；其三，欲令居官者久于其职，有治绩则就增位赐爵；其四，欲约官实禄，励以廉耻，不使与百姓争利；其五，欲绝侈靡，务崇节俭，令衣服有章，上下有叙，储谷畜帛，反民于朴。诏书褒赞。因使撰百官考课事，昶以为唐虞虽有黜陟之文，而考课之法不垂；周制冢宰之职，大计群吏之治而诛赏，又无校比之制。由此言之，圣主明于任贤，略举黜陟之体，以委达官之长，而总其统纪，故能否可得而知也。其大指如此。

二年，昶奏："孙权流放良臣，适庶分争，可乘衅而制吴、蜀；白帝、夷陵之间，黔、巫、秭归、房陵皆在江北，民夷与新城郡接，可袭取也。"乃遣新城太守州泰袭巫、秭归、房陵，荆州刺史王基诣夷陵，昶诣江陵，两岸引竹絚为桥，渡水击之。贼奔南岸，凿七道并来攻。于是昶使积弩同时俱发，贼大将施绩夜遁入江陵城，追斩数百级。昶欲引致平地与合战，乃先遣五军案大道发还，使贼望见以喜之。以所获铠马甲首，驰环城以怒之，设伏兵以待之。绩果追军，与战，克之。绩遁走，斩其将钟离茂、许旻，收其甲首旗鼓珍宝器仗，振旅而还。王基、州泰皆有功。于是迁昶征南大将军、仪同三司，进封京陵侯。

毌丘俭、文钦作乱，引兵拒俭、钦有功，封二子亭侯、关内侯，进位骠骑将军。诸葛诞反，昶据夹石以逼江陵，持施绩、全熙使不得东。诞既诛，诏曰："昔孙膑佐赵，直凑大梁。西兵骤进，亦所以成东征之势也。"增邑千户，并前四千七百户，迁司空，持节、都督如故。甘露四年薨，谥曰穆侯。子浑嗣，咸熙中为越骑校尉。

○王基

王基字伯舆，东莱曲城人也。少孤，与叔父翁居。翁抚养甚笃，基亦以孝称。年十七，郡召为吏，非其好也，遂去，入琅邪界游学。黄初中，察孝廉，除郎中。是时青土初定，刺史王凌特表请基为别驾，后召为秘书郎，凌复请还。顷之，司徒王朗辟基，凌不遣。朗书劾州曰："凡家臣之良，则升于公辅，公臣之良，则入于王职，是故古者侯伯有贡士之礼。今州取宿卫之臣，留秘阁之吏，所希闻也。"凌犹不遣。凌流称青土，盖亦由基协和之辅也。大将军司马宣王辟基，未至，擢为中书侍郎。

明帝盛修宫室，百姓劳瘁。基上疏曰："臣闻古人以水喻民，曰'水所以载舟，亦所以覆舟'。故在民上者，不可以不戒惧。夫民逸则虑易，苦则思难，是以先王居之以约俭，俾不至于生患。昔颜渊云东野子之御，马力尽矣而求进不已，是以知其将败。今事役劳苦，男女离旷，愿陛下深察东野之弊，留意舟水之喻，息奔驷于未尽，节力役于未困。昔汉有天下，至孝文时唯有同姓诸侯，而贾谊忧之曰：'置火积薪之

433

下而寝其上，因谓之安也。'今寇贼未殄，猛将拥兵，检之则无以应敌，久之则难以遗后，当盛明之世，不务以除患，若子孙不竞，社稷之忧也。使贾谊复起，必深切于曩时矣。"

散骑常侍王肃著诸经传解及论定朝仪，改易郑玄旧说，而基据持玄义，常与抗衡。迁安平太守，公事去官。大将军曹爽请为从事中郎，出为安丰太守。郡接吴寇，为政清严有威惠，明设防备，敌不敢犯，加讨寇将军。

吴尝大发众集建业，扬声欲入攻扬州，刺史诸葛诞使基策之。基曰："昔孙权再至合肥，一至江夏，其后全琮出庐江，朱然寇襄阳，皆无功而还。今陆逊等已死，而权年老，内无贤嗣，中无谋主。权自出则惧内衅卒起，痈疽发溃；遣将则旧将已尽，新将未信。此不过欲补定支党，还自保护耳。"后权竟不能出。时曹爽专柄，风化陵迟，基著《时要论》以切世事。以疾征还，起家为河南尹，未拜，爽伏诛，基尝为爽官属，随例罢。

其年为尚书，出为荆州刺史，加扬烈将军，随征南王昶击吴。基别袭步协于夷陵，协闭门自守。基示以攻形，而实分兵取雄父邸阁，收米三十余万斛，虏安北将军谭正，纳降数千口。于是移其降民，置夷陵县。赐爵关内侯。基又表城上昶，徙江夏治之，以逼夏口，由是贼不敢轻越江。明制度，整军农，兼修学校，南方称之。

时朝廷议欲伐吴，诏基量进趣之宜。基对曰："夫兵动而无功，则威名折于外，财用穷于内，故必全而后用也。若不资通川聚粮水战之备，则虽积兵江内，无必渡之势矣。今江陵有沮、漳二水，溉灌膏腴之田以千数。安陆左右，陂池沃衍。若水陆并农，以实军资，然后引兵诣江陵、夷陵，分据夏口，顺沮、漳，资水浮谷而下；贼知官兵有经久之势，则拒天诛者意沮，而向王化者益固。然后率合蛮夷以攻其内，精卒劲兵以讨其外，则夏口以上必拔，而江外之郡不守。如此，吴、蜀之交绝，交绝而吴禽矣。不然，兵出之利，未可必矣。"于是遂止。

司马景王新统政，基书戒之曰："天下至广，万机至猥，诚不可不矜矜业业，坐而待旦也。夫志正则众邪不生，心静则众事不躁，思虑审定则教令不烦，亲用忠良则远近协服。故知和远在身，定众在心。许允、傅嘏、袁侃、崔赞皆一时正士，有直质而无流心，可与同政事者也。"景王纳其言。

高贵乡公即尊位，进封常乐亭侯。毌丘俭、文钦作乱，以基为行监军、假节，统许昌军，适与景王会于许昌。景王曰："君筹俭等何如？"基曰："淮南之逆，非吏民思乱也，俭等诳胁迫惧，畏目下之戮，是以尚群聚耳。若大兵临逼，必土崩瓦解，俭、钦之首，不终朝而县于军门矣。"景王曰："善。"乃令基居军前。

议者咸以俭、钦慓悍，难与争锋。诏基停驻。基以为："俭等举军足以深入，而久不进者，是其诈伪已露，众心疑沮也。今不张示威形以副民望，而停军高垒，有似畏懦，非用兵之势也。若或虏略民人，又州郡兵家为贼所得者，更怀离心。俭等所迫胁者，自顾罪重，不敢复还，此为错兵无用之地，而成奸宄之源。吴寇因之，则淮南非国家之有，谯、沛、汝、豫危而不安，此计之大失也。军宜速进据南顿，南顿有大邸阁，计足军人四十日粮。保坚城，因积谷，先人有夺人之心，此平贼之要也。"基屡请，乃听进据濦水。

既至，复言曰："兵闻拙速，未睹工迟之久。方今外有强寇，内有叛臣，若不时决，则事之深浅未可测也。议者多欲将军持重。将军持重是也，停军不进非也。持重非不行之谓也，进而不可犯耳。今据坚城，保壁垒，以积实资虏，县运军粮，甚非计也。"

景王欲须诸军集到，犹尚未许。基曰："将在军，君令有所不受。彼得则利，我得亦利，是谓争城，南顿是也。"遂辄进据南顿。俭等从项亦争欲往，发十余里，闻基先到，复还保项。时兖州刺史邓艾屯乐嘉，俭使文钦将兵袭艾。基知其势分，进兵逼项，俭众遂败。钦等已平，迁镇南将军，都督豫州诸军事，领豫州刺史，进封安乐乡侯。上疏求分户二百，赐叔父子乔爵关内侯，以报叔父拊育之德。有诏特听。

诸葛诞反，基以本官行镇东将军，都督扬、豫诸军事。时大军在项，以贼兵精，诏基敛军坚垒。基累启求进讨。会吴遣朱异来救诞，军于安城。基又被诏引诸军转据北山，基谓诸将曰："今围垒转固，兵马向集，但当精修守备以待越逸，而更移兵守险，使得放纵，虽有智者不能善其后矣。"遂守便宜上疏曰："今与贼家对敌，当不动如山。若迁移依险，人心摇荡，于势大损。诸军并据深沟高垒，众心皆定，不可倾动，此御兵之要也。"书奏，报听。大将军司马文王进屯丘头，分部围守，各有所统。基督城东城南二十六军，文王敕军吏入镇南部界，一不得有所遣。城中食尽，昼夜攻垒，基辄拒击，破之。

寿春既拔，文王与基书曰："初议者云云，求移者甚众，时未临履，亦谓宜然。将军深算利害，独秉固志，上违诏命，下拒众议，终至制敌禽贼，虽古人所述，不是过也。"

文王欲遣诸将轻兵深入，招迎唐咨等子弟，因衅有荡覆吴之势。基谏曰："昔诸葛恪乘东关之胜，竭江表之兵，以围新城，城既不拔，而众死者太半。姜维因洮上之利，轻兵深入，粮饷不继，军覆上邽。夫大捷之后，上下轻敌，轻敌则虑难不深。今贼新败于外，又内患未弭，是其修备设虑之时也。且兵出逾年，人有归志，今俘馘十万，罪人斯得，自历代征伐，未有全兵独克如今之盛者也。武皇帝克袁绍于官渡，自以所获已多，不复追奔，惧挫威也。"文王乃止。以淮南初定，转基为征东将军、都督扬州诸军事，进封东武侯。基上疏固让，归功参佐，由是长史、司马等七人皆侯。

是岁，基母卒，诏秘其凶问，迎基父豹丧合葬洛阳，追赠豹北海太守。甘露四年，转为征南将军，都督荆州诸军事。常道乡公即尊位，增邑千户，并前五千七百户。前后封子二人亭侯、关内侯。

景元二年，襄阳太守表吴贼邓由等欲来归化，基被诏，当因此震荡江表。基疑其诈，驰驿陈状，且曰："嘉平以来，累有内难，当今之务，在于镇安社稷，绥宁百姓，未宜动众以求外利。"文王报书曰："凡处事者，多曲相从顺，鲜能确然共尽理实。诚感忠爱，每见规示，辄敬依来指。"后由等竟不降。司马彪《战略》载基此事，详于本传。曰："景元二年春三月，襄阳太守胡烈表上：'吴贼邓由、李光等，同谋十八屯，欲来归化，遣将张吴、邓生，并送质任。克期欲令郡军临江迎拔。'大将军司马文王启闻。诏征南将军王基部分诸军，使烈督万人径造沮水，荆州、义阳南屯宜城，承书夙发。若由等如期到者，便当因此震荡江表。基疑贼诈降，诱致官兵，驰驿止文王，说由等可疑之状。'且当清澄，未宜便举重兵深入应之。'又曰，'夷陵东道，当由车御，至赤岸乃得渡沮，西道当出箭溪口，乃趣平土，皆山险狭，竹木丛蔚，卒有要害，弩、马不陈。今者筋角弩弱，水潦方降，废盛农之务，徼难必之利，此事之危者也。昔子午之役，兵行数百里而值霖雨，桥阁破坏，后粮腐败，前军县乏。姜维深入，不待辎重，士众饥饿，覆军上邽。文钦、唐咨，举吴重兵，昧利寿春，身没不反。此皆近事之鉴戒也。嘉平以来，累有内难。当今之宜，当镇安社稷，抚宁上下，力农务本，怀柔百姓，未宜动众以求外利也。得之未足为多，失之伤损威重。'文王累得基书，意疑。寻敕诸军已上道者，且权停住所在，须后节度。基又言于文王曰：'昔汉祖纳郦生之说，欲封六国，寤张良之谋，而趣销印。基谋虑浅短，诚不及留侯，亦惧襄阳有食其之谬。'文王于是遂罢军严，后由等果不降。"

是岁基薨，追赠司空，谥曰景侯。子徽嗣，早卒。咸熙中，开建五等，以基著勋前朝，改封基孙廙，而以东武余邑赐一子爵关内侯。晋室践阼，下诏曰："故司空王基既著德立勋，又治身清素，不营产业，久在重任，家无私积，可谓身没行显，足用励俗者也。其以奴婢二人赐其家。"

评曰：徐邈清尚弘通，胡质素业贞粹，王昶开济识度，王基学行坚白，皆掌统方任，垂称著绩。可谓国之良臣，时之彦士矣。

二十八卷 魏书 二十八

王毌丘诸葛邓钟传 | 王凌 毌丘俭 诸葛诞 邓艾 钟会

○王凌 令狐愚

王凌字彦云，太原祁人也。叔父允，为汉司徒，诛董卓。卓将李傕、郭汜等为卓报仇，入长安，杀允，尽害其家。凌及兄晨，时年皆少，逾城得脱，亡命归乡里。凌举孝廉，为发干长，《魏略》曰：凌为长，遇事，髡刑五岁，当道扫除。时太祖车过，问此何徒，左右以状对。太祖曰："此子师兄子也，所坐亦公耳。"于是主者选为骁骑主簿。稍迁至中山太守，所在有治，太祖辟为丞相掾属。

文帝践阼，拜散骑常侍，出为兖州刺史，与张辽等至广陵讨孙权。临江，夜大风，吴将吕范等船漂至北岸。凌与诸将逆击，捕斩首虏，获舟船，有功，封宜城亭侯，加建武将军，转在青州。是时海滨乘丧乱之后，法度未整。凌布政施教，赏善罚恶，甚有纲纪，百姓称之，不容于口。

后从曹休征吴，与贼遇于夹石，休军失利，凌力战决围，休得免难。仍徙为扬、豫州刺史，咸得军民之欢心。始至豫州，旌先贤之后，求未显之士，各有条教，意义甚美。初，凌与司马朗、贾逵友善，及临兖、豫，继其名迹。正始初，为征东将军、假节都督扬州诸军事。

二年，吴大将全琮数万众寇芍陂，凌率诸军逆讨，与贼争塘，力战连日，贼退走。进封南乡侯，邑千三百五十户，迁车骑将军、仪同三司。

是时，凌外甥令狐愚以才能为兖州刺史，屯平阿。舅甥并典兵，专淮南之重。凌就迁为司空。司马宣王既诛曹爽，进凌为太尉，假节钺。凌、愚密协计，谓齐王不任天位，楚王彪长而才，欲迎立彪都许昌。嘉平元年九月，愚遣将张式至白马，与彪相问往来。凌又遣舍人劳精诣洛阳，语子广。广言："废立大事，勿为祸先。"其十一月，愚复遣式诣彪，未还，会愚病死。

二年，荧惑守南斗，凌谓："斗中有星，当有暴贵者。"《魏略》曰：凌闻东平民浩详知星，呼问详。详疑凌有所挟，欲悦其意，不言吴当有死丧，而言淮南楚分也，今吴、楚同占，当有王者兴。故凌计遂定。三年春，吴贼塞涂水。凌欲因此发，大严诸军，表求讨贼；诏报不听。

凌阴谋滋甚，遣将军杨弘以废立事告兖州刺史黄华，华、弘连名以白太傅司马宣王。宣王将中军乘水道讨凌，先下赦赦凌罪，又将尚书广东，使为书喻凌，大军掩至百尺逼凌。凌自知势穷，乃乘船单出迎宣王，遣掾王彧谢罪，送印绶、节钺。军到丘头，凌面缚水次。宣王承诏遣主簿解缚反服，见凌，慰劳之，还印绶、节钺，遣步骑六百人送还京都。凌至项，饮药死。宣王遂至寿春。张式等皆自首，乃穷治其事。彪赐死，诸相连者悉夷三族。

朝议咸以为《春秋》之义，齐崔杼、郑归生皆加追戮，陈尸斫棺，载在方策。凌、愚罪宜如旧典。乃发凌、愚冢，剖棺，暴尸于所近市三日，烧其印绶、朝服，亲土埋之。干宝《晋纪》曰：兖州武吏东平马隆，托为愚家客，以私财更殡葬，行服三年，种植松柏。一州之士愧之。进弘、华爵为乡侯。广有志尚学行，死时年四十余。《魏氏春秋》曰：广字公渊。弟飞枭、金虎，并才武过人。太傅尝从容问蒋济，济曰："凌文武俱赡，当今无双。广等志力，有美于父耳。"退而悔之，告所亲曰："吾此言，灭人门宗矣。"

○毌丘俭

毌丘俭字仲恭，河东闻喜人也。父兴，黄初中为武威太守，伐叛柔服，开通河右，名次金城太守苏则。讨贼张进及讨叛胡有功，封高阳乡侯。入为将作大匠。俭袭父爵，为平原侯文学。明帝即位，为尚书郎，迁羽林监。以东宫之旧，甚见亲待，出为洛阳典农。时取农民以治宫室，俭上疏曰："臣愚以为天下所急除者二贼，所务者衣食。诚使二贼不灭，士民饥冻，虽崇美宫室，犹无益也。"迁荆州刺史。

青龙中，帝图讨辽东，以俭有干策，徙为幽州刺史，加度辽将军、使持节护乌丸校尉，率幽州诸军至襄平，屯辽隧。右北平乌丸单于寇娄敦、辽西乌丸都督率众王护留等，昔随袁尚奔辽东者，率众五千余人降。寇娄敦遣弟阿罗槃等诣阙朝贡，封其渠率二十余人为侯、王，赐舆马缯采各有差。公孙渊逆与俭战，不利，引还。明年，帝遣太尉司马宣王统中军及俭等众数万讨渊，定辽东。俭以功进封安邑侯，食邑三千九百户。

正始中，俭以高句骊数侵叛，督诸军步骑万人出玄菟，从诸道讨之。句骊王宫将步骑二万人，进军沸流水上，大战梁口，宫军破走。俭遂束马悬车，以登丸都，屠句骊所都，斩获首虏以千数。句骊沛者名得来，数谏宫，宫不从其言。得来叹曰："立见此地将生蓬蒿。"遂不食而死，举国贤之。俭令诸军不坏其墓，不伐其树，得其妻子，皆放遣之。宫单将妻子逃窜。俭引军还。六年，复征之，宫遂奔买沟。俭遣玄菟太守王颀追之，《世语》曰：颀字孔硕，东莱人，晋永嘉中大贼王弥，顾之孙。过沃沮千有余里，至肃慎氏南界，刻石纪功，刊丸都之山，铭不耐之城。诸所诛纳八千余口，论功受赏，侯者百余人。穿山溉灌，民赖其利。

迁左将军、假节监豫州诸军事，领豫州刺史，转为镇南将军。诸葛诞战于东关，不利，乃令诞、俭对换。诞为镇南，都督豫州。俭为镇东，都督扬州。吴太傅诸葛恪围合肥新城，俭与文钦御之，太尉司马孚督中军东解围，恪退还。

初，俭与夏侯玄、李丰等厚善。扬州刺史、前将军文钦，曹爽之邑人也，骁果粗猛，数有战功，好增虏获，以徼宠赏，多不见许，怨恨日甚。俭以计厚待钦，情好欢洽。钦亦感戴，投心无二。正元二年正月，有彗星数十丈，西北竟天，起于吴、楚之分。俭、钦喜，以为己祥。遂矫太后诏，罪状大将军司马景王，移诸郡国，举兵反。迫胁淮南将守诸别屯者，及吏民大小，皆入寿春城，为坛于城西，歃血称兵为盟，分老弱守城，俭、钦自将五六万众渡淮，西至项。俭坚守，钦在外为游兵。

大将军统中外军讨之，别使诸葛诞督豫州诸军从安风津拟寿春，征东将军胡遵督青、徐诸军出于谯、宋之间，绝其归路。大将军屯汝阳，使监军王基督前锋诸军据南顿以待之。令诸军皆坚壁勿与战。俭、钦进不得斗，退恐寿春见袭，不得归，计穷不知所为。淮南将士，家皆在北，众心沮散，降者相属，惟淮南新附农民为之用。大将军遣兖州刺史邓艾督泰山诸军万余人至乐嘉，示弱以诱之，大将军寻自洙至。钦不知，果夜来欲袭艾等，会明，见大军兵马盛，乃引还。《魏氏春秋》曰：钦中子俶，小名鸯。年尚幼，勇力绝人，谓钦曰："及其未定，击之可破也。"于是分为二队，夜夹攻军。俶率壮士先至，大呼大将军，军中震扰。钦后期不应。会明，儌退，钦亦引还。｜《魏末传》曰：殿中人姓尹，字大目，小为曹氏家奴，常侍在帝侧，大将军将俱行。大目知大将军一目已突出，启云："文钦本是明公腹心，但为人所误耳，又天子乡里。大目昔为文钦所信，乞得追解语之，令还与公复好。"大将军听遣大目单身往，乘大马，被铠胄，追文钦，遥相与语。大目心实欲曹氏安，谬言："君侯何苦不可复忍数日中也！"欲使钦解其旨。钦殊不悟，乃更厉声骂大目："汝先帝家人，不念报恩，而反与司马师作逆；不顾上天，天不佑汝！"乃张弓傅矢欲射大目，大目涕泣曰："世事败矣，善自努力也。"大将军纵骁骑追击，大破之，钦遁走。是日，俭闻钦战败，恐惧夜走，众溃。比至慎县，左右人兵稍弃俭去，俭独与小弟秀及孙重藏水边草中。安风津都尉部民张属就射杀俭，传首京都。属封侯。秀、重走入吴。将士诸为俭、钦所迫胁者，悉归降。《世语》曰：毌丘俭之诛，党与七百余人，传侍御史杜友治狱，惟举首事十人，余皆奏散。

俭子甸为治书侍御史，先时知俭谋将发，私出将家属逃走新安灵山上。别攻下之，夷俭三族。钦亡入吴，吴以钦为都护、假节、镇北大将军、幽州牧、谯侯。钦《降吴表》曰："禀命不幸，常隶魏国，两绝于天。虽侧伏隅都，自知无路。司马师滔天作逆，废害二主，辛、癸、高、莽，恶不足喻。钦累世受魏恩，乌鸟之情，窃怀愤踊，在三之义，期于弊仆。前与毌丘俭、郭淮等俱举义兵，当共讨师，扫除凶孽，诚臣偻偻愚管所执。智虑浅薄，微节不骋，进无所依，悲痛切心。退惟不能扶翼本朝，抱愧俛仰，靡所自厝。冒缘古义，固有所归，庶假天威，得展万一，僵仆之日，亦所不恨。辄相率将，归命圣化，惭偷苟生，非辞所陈。谨上还所受魏使持节、前将军、山桑侯印绶。临表惶惑，伏须罪诛。"

○诸葛诞 唐咨

诸葛诞字公休，琅邪阳都人，诸葛丰后也。初以尚书郎为荥阳令，《魏氏春秋》曰：诞为郎，与仆射杜畿试船陶河，遭风覆没，诞亦俱溺。虎贲浮河救诞，诞曰："先救杜侯。"诞飘于岸，绝而后苏。入为吏部郎。人有所属托，辄显其言而承用之，后有当否，则公议其得失以为褒贬，自是群僚莫不慎其所举。累迁御史中丞尚书，与夏侯玄、邓飏等相善，收名朝廷，京都翕然。言事者以诞、飏等修浮华，合虚誉，渐不可长。明帝恶之，免诞官。《世语》曰：是时，当世俊士散骑常侍夏侯玄、尚书诸葛诞、邓飏之徒，共相题表，以玄、畴四人为"四聪"，诞、备八人为"八达"，中书监刘放子熙、孙资子密、吏部尚书卫臻子烈三人，咸不及比，以父居势位，容之为"三豫"，凡十五人。帝以构长浮华，皆免官废锢。会帝崩，正始初，玄等并在职。复以诞为御史中丞、尚书，出为扬州刺史，加昭武将军。

王凌之阴谋也，太傅司马宣王潜军东伐，以诞为镇东将军、假节都督扬州诸军事，封山阳亭侯。诸葛恪兴东关，遣诞督诸军讨之，与战，不利。还，徙为镇南将军。

后毌丘俭、文钦反，遣使诣诞，招呼豫州士民。诞斩其使，露布天下，令知俭、钦凶逆。大将军司马景王东征，使诞督豫州诸军，渡安风津向寿春。俭、钦之破也，诞先至寿春。寿春中十余万口，闻俭、钦败，恐诛，悉破城门出，流迸山泽，或散走入吴。以诞久在淮南，乃复以为镇东大将军、仪同三司、都督扬州。吴大将孙峻、吕据、留赞等闻淮南乱，会文钦往，乃帅众将钦径至寿春；时诞诸军已至，城不可攻，乃走。诞遣将军蒋班追击之，斩赞，传首，收其印节。进封高平侯，邑三千五百户，转为征东大将军。

诞既与玄、飏等至亲，又王凌、毌丘俭累见夷灭，惧不自安，倾帑藏振施以结众心，厚养亲附及扬州轻侠者数千人为死士。《魏书》曰：诞赏赐过度。有犯死罪者，亏制以活之。甘露元年冬，吴贼欲向徐堨，计诞所督兵马足以待之，而复请十万众守寿春，又求临淮筑城以备寇，内欲保有淮南。朝廷微知诞有自疑心，以诞旧臣，欲入度之。二年五月，征为司空。诞被诏书，愈恐，遂反。召会诸将，自出攻扬州刺史乐綝，杀之。《世语》曰：司马文王既秉朝政，长史贾充以为宜遣参佐慰劳四征，于是遣充至寿春。充还启文王："诞再在扬州，有威名，民望所归。今征，必不来，祸小事浅；不征，事迟祸大。"乃以为司空。书至，诞曰："我作公当在王文舒后，今便为司空！不遣使者，健步赍书，使以兵付乐綝，此必綝所为。"乃将左右数百人至扬州，扬州人欲闭门，诞叱曰："卿非我故吏邪！"径入，綝逃上楼，就斩之。敛淮南及淮北郡县屯田口十余万官兵，扬州新附胜兵者四五万人，聚谷足一年食，闭城自守，遣长史吴纲将小子靓至吴请救。《世语》曰：黄初末，吴人发长沙王吴芮冢，以其磗于临湘为孙坚立庙。芮容貌如生，衣服不朽。后豫发者见吴纲曰："君何类长沙王吴芮，但微短耳。"纲瞿然曰："是先祖也，君何由见之？"见者言所由，纲曰："更葬否？"答曰："即更葬矣。"自芮之卒年至冢发，四百余年。纲，芮之十六世孙矣。吴人大喜，遣将全怿、全端、唐咨、王祚等，率三万众，密与文钦俱来应诞。以诞为左都护、假节、大司徒、骠骑将军、青州牧、寿春侯。是时镇南将军王基始至，督诸军围寿春，未合。咨、钦等从城东北，因山乘险，得将其众突入城。

六月，车驾东征，至项。大将军司马文王督中外诸军二十六万众，临淮讨之。大将军屯丘头，使基及安东将军陈骞等四面合围，表里再重，堑垒甚峻。又使监军石苞、兖州刺史州泰等，简锐卒为游军，备外寇。钦等数出犯围，逆击走之。吴将朱异再以大众来迎诞等，渡黎浆水，泰等逆与战，每摧其锋。孙綝以异战不进，怒而杀之。城中食

445

转少，外救不至，众无所恃。将军蒋班、焦彝，皆诞爪牙计事者也，弃诞，逾城自归大将军。大将军乃使反间，以奇变说全怿等，怿等率其众数千人开门来出。城中震惧，不知所为。

三年正月，诞、钦、咨等大为攻具，昼夜五六日攻南围，欲决围而出。《汉晋春秋》曰：文钦曰："蒋班、焦彝谓我不能出而走，全端、全怿又率众逆降，此敌无备之时也，可以战矣。"诞及唐咨等皆以为然，遂共悉众出攻。围上诸军，临高以发石车火箭逆烧破其攻具，弩矢及石雨下，死伤者蔽地，血流盈堑。复还入城，城内食转竭，降出者数万口。钦欲尽出北方人，省食，与吴人坚守，诞不听，由是争恨。钦素与诞有隙，徒以计合，事急愈相疑。钦见诞计事，诞遂杀钦。钦子鸯及虎将兵在小城中，闻钦死，勒兵驰赴之，众不为用。

鸯、虎单走，逾城出，自归大将军。军吏请诛之，大将军令曰："钦之罪不容诛，其子固应当戮，然鸯、虎以穷归命，且城未拔，杀之是坚其心也。"乃赦鸯、虎，使将兵数百骑驰巡城，呼语城内云："文钦之子犹不见杀，其余何惧？"表鸯、虎为将军，各赐爵关内侯。城内喜且扰，又日饥困，诞、咨等智力穷。大将军乃自临围，四面进兵，同时鼓噪登城，城内无敢动者。诞窘急，单乘马，将其麾下突小城门出。大将军司马胡奋部兵逆击，斩诞，传首，夷三族。诞麾下数百人，坐不降见斩，皆曰："为诸葛公死，不恨。"其得人心如此。干宝《晋纪》曰：数百人拱手为列，每斩一人，辄降之，竟不变，至尽，时人比之田横。吴将于诠曰："大丈夫受命其主，以兵救人，既不能克，又束手于敌，吾弗取也。"乃免胄冒阵而死。唐咨、王祚及诸裨将皆面缚降，吴兵万众，器仗军实山积。

初围寿春，议者多欲急攻之，大将军以为："城固而众多，攻之必力屈，若有外寇，表里受敌，此危道也。今三叛相聚于孤城之中，天其或者将使同就戮，吾当以全策縻之，可坐而制也。"诞以二年五月反，三年二月破灭。六军按甲，深沟高垒，而诞自困，竟不烦攻而克。干宝《晋纪》曰：初，寿春每岁雨潦，淮水溢，常淹城邑。故文王之筑围也，诞笑之曰："是固不攻而自败也。"及大军之攻，亢旱逾年。城既陷，是日大雨，围垒皆毁。及破寿春，议者又以为淮南仍为叛逆，吴兵室家在江南，不可纵，宜悉坑。大将军以为："古之用兵，全国为上，戮其元恶而已。吴兵就得亡还，适可以示中国之弘耳。"一无所杀，分布三河近郡以安处之。

唐咨本利城人。黄初中，利城郡反，杀太守徐箕，推咨为主。文帝遣诸军讨破之，咨走入海，遂亡至吴，官至左将军，封侯、持节。诞、钦屠戮，咨亦生禽，三叛皆获，天下快焉。《傅子》曰：宋建椎牛祷赛，终自焚灭。文钦日祠祭事天，斩于人手。诸葛诞夫妇聚会神巫，淫祀求福，伏尸淮南，举族诛夷。此天下所共见，足为明鉴也。拜咨安远将军，其余裨将咸假号位，吴众悦服。江东感之，皆不诛其家。其淮南将吏士民诸为诞所胁略者，惟诛其首逆，余皆赦之。听鸯、虎收敛钦丧，给其车牛，致葬旧墓。

○邓艾 州泰

邓艾字士载，义阳棘阳人也。少孤，太祖破荆州，徙汝南，为农民养犊。年十二，随母至颍川，读故太丘长陈寔碑文，言"文为世范，行为士则"，艾遂自名范，字士则。后宗族有与同者，故改焉。为都尉学士，以口吃，不得作干佐，为稻田守丛草吏。同郡吏父怜其家贫，资给甚厚，艾初不稍谢，每见高山大泽，辄规度指画军营处所，时人多笑焉。后为典农纲纪，上计吏，因使见太尉司马宣王。宣王奇之，辟之为掾，迁尚书郎。

时欲广田畜谷，为灭贼资，使艾行陈、项已东至寿春。艾以为："田良水少，不足以尽地利，宜开河渠，可以引水浇溉，大积军粮，又通运漕之道。"乃著《济河论》以喻其指。又以为："昔破黄巾，因为屯田，积谷于许都以制四方。今三隅已定，事在淮南，每大军征举，运兵过半，功费巨亿，以为大役。陈、蔡之间，土下田良，可省许昌左右诸稻田，并水东下。令淮北屯二万人，淮南三万人，十二分休，常有四万人，且田且守。水丰常收三倍于西，计除众费，岁完五百万斛以为军资。六七年间，可积三千万斛于淮上，此则十万之众五年食也。以此乘吴，无往而不克矣。"宣王善之，事皆施行。正始二年，乃开广漕渠，每东南有事，大军兴众，泛舟而下，达于江、淮，资食有储而无水害，艾所建也。

出参征西军事，迁南安太守。嘉平元年，与征西将军郭淮拒蜀偏将军姜维。维退，淮因西击羌。艾曰："贼去未远，或能复还，宜分诸军以备不虞。"于是留艾屯白水北。三日，维遣廖化自白水南向艾结营。艾谓诸将曰："维今卒还，吾军人少，法当来渡而不作桥。此维使化持吾，令不得还。维必自东袭取洮城。"洮城在水北，去艾屯六十里。艾即夜潜军径到，维果来渡，而艾先至据城，得以不败。赐爵关内侯，加讨寇将军，后迁城阳太守。

是时并州右贤王刘豹并为一部，艾上言曰："戎狄兽心，不以义亲，强则侵暴，弱则内附，故周宣有猃狁之寇，汉祖有平城之困。每匈奴一盛，为前代重患。自单于在外，莫能牵制长卑。诱而致之，使来入侍。由是羌夷失统，合散无主。以单于在内，万里顺轨。今单于之尊日疏，外土之威浸重，则胡虏不可不深备也。闻刘豹部有叛胡，可因叛割为二国，以分其势。去卑功显前朝，而子不继业，宜加其子显号，使居雁门。离国弱寇，追录旧勋，此御边长计也。"又陈："羌胡与民同处者，宜以渐出之，使居民表崇廉耻之教，塞奸宄之路。"大将军司马景王新辅政，多纳用焉。迁汝南太守，至则寻求昔所厚己吏父，久已死，遣吏祭之，重遗其母，举其子与计吏。艾所在，荒野开辟，军民并丰。

诸葛恪围合肥新城，不克，退归。艾言景王曰："孙权已没，大臣未附，吴名宗大族，皆有部曲，阻兵仗势，足以违命。恪新秉国政，而内无其主，不念抚恤上下以立根基，竞于外事，虐用其民，悉国之众，顿于坚城，死者万数，载祸而归，此恪获罪之日也。昔子胥、吴起、商鞅、乐毅皆见任时君，主没而败。况恪才非四贤，而不虑大患，其亡可待也。"恪归，果见诛。迁兖州刺史，加振威将军。上言曰："国之所急，惟农与战，国富则兵强，兵强则战胜。然农者，胜之本也。孔子曰'足食足兵'，食在兵前也。上无设爵之劝，则下无财畜之功。今使考绩之赏，在于积粟富民，则交游之路绝，浮华之原塞矣。"

高贵乡公即尊位，进封方城亭侯。毌丘俭作乱，遣健步赍书，欲疑惑大众，艾斩之，兼道进军，先趣乐嘉城，作浮桥。司马景王至，遂据之。文钦以后大军破败于城下，艾追之至丘头，钦奔吴。吴大将军孙峻等号十万众，将渡江，镇东将军诸葛诞遣艾据肥阳，艾以与贼势相远，非要害之地，辄移屯附亭，遣泰山太守诸葛绪等于黎浆拒战，遂走之。其年征拜长水校尉。以破钦等功，进封方城乡侯，行安西将军。解雍州刺史王经围于狄道，姜维退驻钟提，乃以艾为安西将军、假节，领护东羌校尉。

议者多以为维力已竭，未能更出。艾曰："洮西之败，非小失也；破军杀将，仓廪空虚，百姓流离，几于危亡。今以策言之，彼有乘胜之势，我有虚弱之实，一也。彼上下相习，五兵犀利，我将易兵新，器杖未复，二也。彼以船行，吾以陆军，劳逸不同，三也。狄道、陇西、南安、祁山，各当有守，彼专为一，我分为四，四也。从南安、陇西，因食羌谷，若趣祁山，熟麦千顷，为之悬饵，五也。贼有黠数，其来必矣。"顷之，维果向祁山，闻艾已有备，乃回从董亭趣南安，艾据武城山以相持。维与艾争险，不克，其夜，渡渭东行，缘山趣上邽，艾与战于段谷，大破之。

甘露元年诏曰："逆贼姜维连年狡黠，民夷骚动，西土不宁。艾筹画有方，忠勇奋发，斩将十数，馘首千计；国威震于巴、蜀，武声扬于江、岷。今以艾为镇西将军、都督陇右诸军事，进封邓侯。分五百户封子忠为亭侯。"二年，拒姜维于长城，维退还。迁征西将军，前后增邑凡六千六百户。景元三年，又破维于侯和，维却保沓中。四年秋，诏诸军征蜀，大将军司马文王皆指授节度，使艾与维相缀连；雍州刺史诸葛绪要维，令不得归。艾遣天水太守王颀等直攻维营，陇西太守牵弘等邀其前，金城太守杨欣等诣甘松。

维闻钟会诸军已入汉中，引退还。欣等追蹑于彊川口，大战，维败走。闻雍州已塞道，屯桥头，从孔函谷入北道，欲出雍州后。诸葛绪闻之，却还三十里。维入北道三十余里，闻绪军却，寻还，从桥头过，绪趣截维，较一日不及。维遂东引，还守剑阁。钟会攻维未能克。艾上言："今贼摧折，宜遂乘之，从阴平由邪径经汉德阳亭趣涪，出剑阁西百里，去成都三百余里，奇兵冲其腹心。剑阁之守必还赴涪，则会方轨而进；剑阁之军不还，则应涪之兵寡矣。军志有之曰：'攻其不备，出其不意。'今掩其空虚，破之必矣。"

冬十月，艾自阴平道行无人之地七百余里，凿山通道，造作桥阁。山高谷深，至为艰险，又粮运将匮，频于危殆。艾以毡自裹，推转而下。将士皆攀木缘崖，鱼贯而进。先登至江由，蜀守将马邈降。蜀卫将军诸葛瞻自涪还绵竹，列陈待艾。艾遣子惠唐亭侯忠等出其右，司马师纂等出其左。忠、纂战不利，并退还，曰："贼未可击。"艾怒曰："存亡之分，在此一举，何不可之有？"乃叱忠、纂等，将斩之。忠、纂驰还更战，大破之，斩瞻及尚书张遵等首，进军到雒。刘禅遣使奉皇帝玺绶，为笺诣艾请降。

艾至成都，禅率太子诸王及群臣六十余人面缚舆榇诣军门，艾执节解缚焚榇，受而宥之。检御将士，无所虏略，绥纳降附，使复旧业，蜀人称焉。辄依邓禹故事，承制拜禅行骠骑将军，太子奉车、诸王驸马都尉。蜀群司各随高下拜为王官，或领艾官属。以师纂领益州刺史，陇西太守牵弘等领蜀中诸郡。使于绵竹筑台以为京观，用彰战功。士卒死事者，皆与蜀兵同共埋藏。艾深自矜伐，谓蜀士大夫曰："诸君赖遭某，故得有今日耳。若遇吴汉之徒，已殄灭矣。"又曰："姜维自一时雄儿也，与某相值，故穷耳。"有识者笑之。

十二月，诏曰："艾曜威奋武，深入虏庭，斩将搴旗，枭其鲸鲵，使僭号之主稽首系颈，历世逋诛，一朝而平。兵不逾时，战不终日，云彻席卷，荡定巴蜀。虽白起破强楚，韩信克劲赵，吴汉禽子阳，亚夫灭七国，计功论美，不足比勋也。其以艾为太尉，增邑二万户，封子二人亭侯，各食邑千户。"《袁子》曰：诸葛亮，重人也，而骤用蜀兵，此知小国弱民难以久存也。今国家一举而灭蜀，自征伐之功，未有如此之速者也。方邓艾以万人入江由之危险，钟会以二十万众留剑阁而不得进，三军

451

艾言司马文王曰："兵有先声而后实者，今因平蜀之势以乘吴，吴人震恐，席卷之时也。然大举之后，将士疲劳，不可便用，且徐缓之；留陇右兵二万人，蜀兵二万人，煮盐兴冶，为军农要用，并作舟船，豫顺流之事，然后发使告以利害，吴必归化，可不征而定也。今宜厚刘禅以致孙休，安士民以来远人，若便送禅于京都，吴以为流徙，则于向化之心不劝。宜权停留，须来年秋冬，比尔吴亦足平。以为可封禅为扶风王，锡其资财，供其左右。郡有董卓坞，为之宫舍。爵其子为公侯，食郡内县，以显归命之宠。开广陵、城阳以待吴人，则畏威怀德，望风而从矣。"

文王使监军卫瓘喻艾："事当须报，不宜辄行。"艾重言曰："衔命征行，奉指授之策，元恶既服；至于承制拜假，以安初附，谓合权宜。今蜀举众归命，地尽南海，东接吴会，宜早镇定。若待国命，往复道途，延引日月。《春秋》之义，大夫出疆，有可以安社稷，利国家，专之可也。今吴未宾，势与蜀连，不可拘常以失事机。兵法，进不求名，退不避罪，艾虽无古人之节，终不自嫌以损于国也。"钟会、胡烈、师纂等皆白艾所作悖逆，变衅以结。诏书槛车征艾。《魏氏春秋》曰：艾仰天叹曰："艾忠臣也，一至此乎！白起之酷，复见于今日矣。"

艾父子既囚，钟会至成都，先送艾，然后作乱。会已死，艾本营将士追出艾槛车，迎还。瓘遣田续等讨艾，遇于绵竹西，斩之。子忠与艾俱死，余子在洛阳者悉诛，徙艾妻子及孙于西域。《世语》曰：师纂亦与艾俱死。纂性急少恩，死之日体无完皮。

初，艾当伐蜀，梦坐山上而有流水，以问殄虏护军爰邵。邵曰："按《易》卦，山上有水曰'蹇'。'蹇'繇曰：'蹇利西南，不利东北。'孔子曰：'蹇利西南，往有功也；不利东北，其道穷也。'往必克蜀，殆不还乎！"艾怃然不乐。

泰始元年，晋室践阼，诏曰："昔太尉王凌谋废齐王，而王竟不足以守位。征西将军邓艾，矜功失节，实应大辟。然被书之日，罢遣人众，束手受罪，比于求生遂为恶者，诚复不同。今大赦得还，若无子孙者听使立后，令祭祀不绝。"

三年，议郎段灼上疏理艾曰："艾心怀至忠而荷反逆之名，平定巴蜀而受夷灭之诛，臣窃悼之。惜哉，言艾之反也！艾性刚急，轻犯雅俗，不能协同朋类，故莫肯理之。臣敢言艾不反之状。昔姜维有断陇右之志，艾修治备守，积谷强兵。值岁凶旱，艾为区种，身被乌衣，手执耒耜，以率将士。上下相感，莫不尽力。艾持节守边，所统万数，而不难仆虏之劳，士民之役，非执节忠勤，孰能若此？故落门、段谷之战，以少击多，摧破强贼。先帝知其可任，委艾庙胜，授以长策。艾受命忘身，束马县车，自投死地，勇气陵云，士众乘势，使刘禅君臣面缚，叉手屈膝。艾功名以成，当书之竹帛，传祚万世。七十老公，反欲何求！艾诚恃养育之恩，心不自疑，矫命承制，权安社稷；虽违常科，有合古义，原心定罪，本在可论。钟会忌艾威名，构成其事。忠而受诛，信而见疑，头县马市，诸子并斩，见之者垂泣，闻之者叹息。陛下龙兴，阐弘大度，释诸嫌忌，受诛之家，不拘叙用。昔秦民怜白起之无罪，吴人伤子胥之冤酷，皆为立祠。今天下民人为艾悼心痛恨，亦犹是也。臣以为艾身首分离，捐弃草土，宜收尸丧，还其田宅。以平蜀之功，绍封其孙，使阖棺定谥，死无余恨。赦冤魂于黄泉，收信义于后世，葬一人而天下慕其行，埋一魂而天下归其义，所为者寡而悦者众矣。"

九年，诏曰："艾有功勋，受罪不逃刑，而子孙为民隶，朕常愍之。其以嫡孙朗为郎中。"

艾在西时，修治障塞，筑起城坞。泰始中，羌虏大叛，频杀刺史，凉州道断。吏民安全者，皆保艾所筑坞焉。

艾州里时辈南阳州泰，亦好立功业，善用兵，官至征房将军、假节都督江南诸军事。景元二年薨，追赠卫将军，谥曰壮侯。

○钟会 王弼

钟会字士季，颍川长社人，太傅繇小子也。少敏惠夙成。中护军蒋济著论，谓："观其眸子，足以知人。"会年五岁，繇遣见济，济甚异之，曰："非常人也。"及壮，有才数技艺，而博学精练名理，以夜续昼，由是获声誉。正始中，以为秘书郎，迁尚书、中书侍郎。《世语》曰：司马景王命中书令虞松作表，再呈辄不可意，命松更定。以经时，松思竭不能改，心苦之，形于颜色。会察其有忧，问松，松以实答。会取视，为定五字。松悦服，以呈景王，王曰："不当尔邪，谁所定也？"松曰："钟会。向亦欲启之，会公见问，不敢饕其能。"王曰："如此，可大用，可令来。"会问松王所能，松曰："博学明识，无所不贯。"会乃绝宾客，精思十日，平旦入见，至鼓二乃出。出后，王独拊手叹息曰："此真王佐材也！"高贵乡公即尊位，赐爵关内侯。

毌丘俭作乱，大将军司马景王东征，会从，典知密事，卫将军司马文王为大军后继。景王薨于许昌，文王总统六军，会谋谟帷幄。时中诏敕尚书傅嘏，以东南新定，权留卫将军屯许昌为内外之援，令嘏率诸军还。会与嘏谋，使嘏表上，辄与卫将军俱发，还到雒水南屯住。于是朝廷拜文王为大将军、辅政，会迁黄门侍郎，封东武亭侯，邑三百户。

甘露二年，征诸葛诞为司空，时会丧宁在家，策诞必不从命，驰白文王。文王以事已施行，不复追改。及诞反，车驾住项，文王至寿春，会复从行。

初，吴大将全琮，孙权之婚亲重臣也，琮子怿、孙静、从子端、翩、缉等，皆将兵来救诞。怿兄子辉、仪留建业，与其家内争讼，携其母，将部曲数十家渡江，自归文王。会建策，密为辉、仪作书，使辉、仪所亲信赍入城告怿等，说吴中怒怿等不能拔寿春，欲尽诛诸将家，故逃来归命。怿等恐惧，遂将所领开东城门出降，皆蒙封宠，城中由是乖离。

寿春之破，会谋居多，亲待日隆，时人谓之子房。军还，迁为太仆，固辞不就。以中郎在大将军府管记室事，为腹心之任。以讨诸葛诞功，进爵陈侯，屡让不受。诏曰："会典综军事，参同计策，料敌制胜，有谋谟之勋，而推宠固让，辞指款实，前后累重，志不可夺。夫成功不处，古人所重，其听会所执，以成其美。"迁司隶校尉。虽在外司，时政损益，当世与夺，无不综与。嵇康等见诛，皆会谋也。

文王以蜀大将姜维屡扰边陲，料蜀国小民疲，资力单竭，欲大举图蜀。惟会亦以为蜀可取，豫共筹度地形，考论事势。景元三年冬，以会为镇西将军、假节都督关中诸军事。文王敕青、徐、兖、豫、荆、扬诸州，并使作船，又令唐咨作浮海大船，外为将伐吴者。

四年秋，乃下诏使邓艾、诸葛绪各统诸军三万余人，艾趣甘松、沓中连缀维，绪趣武街、桥头绝维归路。会统十余万众，分从斜谷、骆谷入。先命牙门将许仪在前治道，会在后行，而桥穿，马足陷，于是斩仪。仪者，许褚之子，有功王室，犹不原贷。诸军闻之，莫不震竦。蜀令诸围皆不得战，退还汉、乐二城守。魏兴太守刘钦趣子午谷，诸军数道平行，至汉中。蜀监军王含守乐城，护军蒋斌守汉城，兵各五千。会使护军荀恺、前将军李辅各统万人，恺围汉城，辅围乐城。会径过，西出阳安口，遣人祭诸葛亮之墓。使护军胡烈等行前，攻破关城，得库藏积谷。姜维自沓中还，至阴平，合集士众，欲赴关城。未到，闻其已破，退趣白水，与蜀将张翼、廖化等合守剑阁拒会。会移檄蜀将吏士民曰：

"往者汉祚衰微，率土分崩，生民之命，几于泯灭。太祖武皇帝神武圣哲，拨乱反正，拯其将坠，造我区夏。高祖文皇帝应天顺民，受命践阼。烈祖明皇帝奕世重光，恢拓洪业。然江山之外，异政殊俗，率土齐民未蒙王化，此三祖所以顾怀遗恨也。今主上圣德钦明，绍隆前绪，宰辅忠肃明允，劬劳王室，布政垂惠而万邦协和，施德百蛮而肃慎致贡。悼彼巴蜀，独为匪民，愍此百姓，劳役未已。是以命授六师，龚行天罚，征西、雍州、镇西诸军，五道并进。古之行军，以仁为本，以义治之；王者之师，有征无战；故虞舜舞干戚而服有苗，周武有散财、发廪、表闾之义。今镇西奉辞衔命，摄统戎重，庶弘文告之训，以济元元之命，非欲穷武极战，以快一朝之政，故略陈安危之要，其敬听话言。

"益州先主以命世英才，兴兵朔野，困踬冀、徐之郊，制命绍、布之手，太祖拯而济之，与隆大好。中更背违，弃同即异，诸葛孔明仍规秦川，姜伯约屡出陇右，劳动我边境，侵扰我氐、羌，方国家多故，未遑修九伐之征也。今边境乂清，方内无事，畜力待时，并兵一向，而巴蜀一州之众，分张守备，难以御天下之师。段谷、侯和沮伤之气，难以敌堂堂之阵。比年以来，曾无宁岁，征夫勤瘁，难以当子来之民。此皆诸贤所亲见也。蜀相壮见禽于秦，公孙述授首于汉，九州之险，是非一姓。此皆诸贤所备闻也。明者见危于无形，智者规祸于未萌，是以微子去商，长为周宾；陈平背项，立功于汉。岂晏安酖毒，怀禄而不变哉？今国朝隆天覆之恩，宰辅弘宽恕之德，先惠后诛，好生恶杀。往者吴将孙壹举众内附，位为上司，宠秩殊异。文钦、唐咨为国大害，叛主仇贼，还为戎首。咨困逼禽获，钦二子还降，皆将军、封侯；咨与闻国事。壹等穷蹙归命，犹加盛宠，况巴蜀贤知见机而作者哉！诚能深鉴成败，邈然高蹈，投迹微子之踪，错身陈平之轨，则福同古人，庆流来裔，百姓士民，安堵旧业，农不易亩，市不回肆，去累卵之危，就永安之福，岂不美与！若偷安旦夕，迷而不反，大兵一发，玉石皆碎，虽欲悔之，亦无及已。其详择利害，自求多福，各具宣布，咸使闻知。"

邓艾追姜维到阴平，简选精锐，欲从汉德阳入江由、左儋道诣绵竹，趣成都，与诸葛绪共行。绪以本受节度邀姜维，西行非本诏，遂进军前向白水，与会合。会遣将军田章等从剑阁西，径出江由。未至百里，章先破蜀伏兵三校，艾使章先登，遂长驱而前。会与绪军向剑阁，会欲专军势，密白绪畏懦不进，槛车征还，军悉属会。进攻剑阁，不克，引退，蜀军保险拒守。艾遂至绵竹，大战，斩诸葛瞻。维等闻瞻已破，率其众东入于巴。会乃进军至涪，遣胡烈、田续、庞会等追维。艾进军向成都，刘禅诣艾降，遣使敕维等令降于会。维至广汉郪县，令兵悉放器仗，送节传于胡烈，便从东道诣会降。

会上言曰："贼姜维、张翼、廖化、董厥等逃死遁走，欲趣成都。

臣辄遣司马夏侯咸、护军胡烈等，径从剑阁，出新都、大渡截其前；参军爰彰、将军句安等蹑其后；参军皇甫闿、将军王买等从涪南出冲其腹；臣据涪县为东西势援。维等所统步骑四五万人，擐甲厉兵，塞川填谷，数百里中首尾相继，凭恃其众，方轨而西。臣敕咸、闿等令分兵据势，广张罗罔，南杜走吴之道，西塞成都之路，北绝越逸之径，四面云集，首尾并进，蹊路断绝，走伏无地。臣又手书申喻，开示生路，群寇困逼，知命穷数尽，解甲投戈，面缚委质，印绶万数，资器山积。昔舜舞干戚，有苗自服；牧野之师，商旅倒戈：有征无战，帝王之盛业。全国为上，破国次之；全军为上，破军次之：用兵之令典。陛下圣德，侔踪前代，翼辅忠明，齐轨公旦，仁育群生，义征不谲，殊俗向化，无思不服，师不逾时，兵无血刃，万里同风，九州共贯。臣辄奉宣诏命，导扬恩化，复其社稷，安其闾伍，舍其赋调，弛其征役，训之德礼以移其风，示之轨仪以易其俗，百姓欣欣，人怀逸豫，后来其苏，义无以过。"会于是禁检士众不得钞略，虚己诱纳，以接蜀之群司，与维情好欢甚。《汉晋春秋》曰：初，夏侯霸降蜀，姜维问之曰："司马懿既得彼政，当复有征伐之志不？"霸曰："彼方营立家门，未遑外事。有钟士季者，其人虽少，终为吴、蜀之忧，然非非常之人亦不能用也。"后十五年而会果灭蜀。

十二月诏曰："会所向摧弊，前无强敌，缄制众城，罔罗逆逸。蜀之豪帅，面缚归命，谋无遗策，举无废功。凡所降诛，动以万计，全胜独克，有征无战。拓平西夏，方隅清晏。其以会为司徒，进封县侯，增邑万户。封子二人亭侯，邑各千户。"

会内有异志，因邓艾承制专事，密白艾有反状，《世语》曰：会善效人书，于剑阁要艾章表白事，皆易其言，令辞指悖傲，多自矜伐。又毁文王报书，手作以疑之也。于是诏书槛车征艾。司马文王惧艾或不从命，敕会并进军成都。监军卫瓘在会前行，以文王手笔令宣喻艾军，艾军皆释仗，遂收艾入槛车。会所惮惟艾，艾既禽而会寻至，独统大众，威震西土，自谓功名盖世，不可复为人下。加猛将锐卒皆在己手，遂谋反，欲使姜维等皆将蜀兵出斜谷，会自将大众随其后。既至长安，令骑士从陆道，步兵从水道顺流浮渭入河，以为五日可到孟津，与骑会洛阳，一旦天下可定也。

会得文王书云："恐邓艾或不就征，今遣中护军贾充将步骑万人径入斜谷，屯乐城，吾自将十万屯长安，相见在近。"会得书，惊呼所亲，语之曰："但取邓艾，相国知我能独办之；今来大重，必觉我异矣，便当速发。事成，可得天下；不成，退保蜀汉，不失作刘备也。我自淮南以来，画无遗策，四海所共知也。我欲持此安归乎！"

会以五年正月十五日至，其明日，悉请护军、郡守、牙门、骑督以上及蜀之故官，为太后发丧于蜀朝堂。矫太后遗诏，使会起兵废文王，皆班示坐上人，使下议讫，书版署置，更使所亲信代领诸军。所请群官，悉闭著益州诸曹屋中，城门宫门皆闭，严兵围守。会帐下督丘建本属胡烈，烈荐之文王，会请以自随，任爱之。建愍烈独坐，启会，使听内一亲兵出取饮食，诸牙门随例各内一人。烈绐语亲兵及疏与其子曰："丘建密说消息，会已作大坑，白棓数千，欲悉呼外兵入，人赐白帢，拜为散将，以次棓杀坑中。"诸牙门亲兵亦咸说此语，一夜传相告，皆遍。或谓会："可尽杀牙门、骑督以上。"会犹豫未决。十八日日中，烈军兵与烈儿雷鼓出门，诸军兵不期皆鼓噪出，曾无督促之者，而争先赴城。

时方给与姜维铠杖，自外有匈匈声，似失火，有顷，白兵走向城。会惊，谓维曰："兵来似欲作恶，当云何？"维曰："但当击之耳。"会遣兵悉杀所闭诸牙门、郡守，内人共举机以柱门，兵斫门，不能破。斯须，门外倚梯登城，或烧城屋，蚁附乱进，矢下如雨，牙门、郡守各缘屋出，与其卒兵相得。姜维率会左右战，手杀五六人，众既格斩维，争赴杀会。会时年四十，将士死者数百人。

初，艾为太尉，会为司徒，皆持节、都督诸军如故，咸未受命而毙。会兄毓，以四年冬薨，会竟未知问。会兄子邕，随会与俱死。会所养兄子毅及峻、辿等下狱，当伏诛。司马文王表天子下诏曰："峻等祖父繇，三祖之世，极位台司，佐命立勋，飨食庙庭。父毓，历职内外，干事有绩。昔楚思子文之治，不灭鬬氏之祀；晋录成、宣之忠，用存赵氏之后。以会、邕之罪，而绝繇、毓之类，吾有愍然！峻、辿兄弟特原，有官爵者如故。惟毅及邕息伏法。"或曰，毓曾密启司马文王，言会挟术难保，不可专任，故宥峻等云。

初，文王欲遣会伐蜀，西曹属邵悌求见曰："今遣钟会率十余万众伐蜀，愚谓会单身无重任，不若使余人行。"文王笑曰："我宁当复不知此耶？蜀为天下作患，使民不得安息，我今伐之如指掌耳，而众人皆言蜀不可伐。夫人心豫怯则智勇并竭，智勇并竭而强使之，适为敌禽耳。惟钟会与人意同，今遣会伐蜀，必可灭蜀。灭蜀之后，就如卿所虑，当何所能一办耶？凡败军之将不可以语勇，亡国之大夫不可与图存，心胆以破故也。若蜀以破，遗民震恐，不足与图事；中国将士各自思归，不肯与同也。若作恶，祗自灭族耳。卿不须忧此，慎莫使人闻也。"及会白邓艾不轨，文王将西，悌复曰："钟会所统，五六倍于邓艾，但可敕会取艾，不足自行。"文王曰："卿忘前时所言邪，而更云可不须行乎？虽尔，此言不可宣也。我要自当以信义待人，但人不当负我，我岂可先人生心哉！近日贾护军问我，言：'颇疑钟会不？'我答言：'如今遣卿行，宁可复疑卿邪？'贾亦无以易我语也。我到长安，则自了矣。"军至长安，会果已死，咸如所策。

会常论《易》无互体、才性同异。及会死后，于会家得书二十篇，名曰《道论》，而实刑名家也，其文似会。初，会弱冠与山阳王弼并知名。弼好论儒道，辞才逸辩，注《易》及《老子》，为尚书郎，年二十余卒。

评曰：王凌风节格尚，毌丘俭才识拔干，诸葛诞严毅威重，钟会精练策数，咸以显名，致兹荣任，而皆心大志迂，不虑祸难，变如发机，宗族涂地，岂不谬惑邪！邓艾矫然强壮，立功立事，然暗于防患，咎败旋至，岂远知乎诸葛恪而不能近自见，此盖古人所谓目论者也。

二十九卷 魏书 二十九

方技传 ｜ 华佗 杜夔 朱建平 周宣 管辂

○华佗 吴普 樊阿

华佗字元化，沛国谯人也，一名旉。游学徐土，兼通数经。沛相陈珪举孝廉，太尉黄琬辟，皆不就。晓养性之术，时人以为年且百岁而貌有壮容。又精方药，其疗疾，合汤不过数种，心解分剂，不复称量，煮熟便饮，语其节度，舍去辄愈。若当灸，不过一两处，每处不过七八壮，病亦应除。若当针，亦不过一两处，下针言"当引某许，若至，语人"。病者言"已到"，应便拔针，病亦行差。若病结积在内，针药所不能及，当须刳割者，便饮其麻沸散，须臾便如醉死无所知，因破取。病若在肠中，便断肠湔洗，缝腹膏摩，四五日差，不痛，人亦不自寤，一月之间，即平复矣。

故甘陵相夫人有娠六月，腹痛不安，佗视脉，曰："胎已死矣。"使人手摸知所在，在左则男，在右则女。人云"在左"，于是为汤下之，果下男形，即愈。

县吏尹世苦四支烦，口中干，不欲闻人声，小便不利。佗曰："试作热食，得汗则愈；不汗，后三日死。"即作热食而不汗出，佗曰："藏气已绝于内，当啼泣而绝。"果如佗言。

府吏兒寻、李延共止，俱头痛身热，所苦正同。佗曰："寻当下之，延当发汗。"或难其异，佗曰："寻外实，延内实，故治之宜殊。"即各与药，明旦并起。

盐渎严昕与数人共候佗，适至，佗谓昕曰："君身中佳否？"昕曰："自如常。"佗曰："君有急病见于面，莫多饮酒。"坐毕归，行数里，昕卒头眩堕车，人扶将还，载归家，中宿死。

故督邮顿子献得病已差，诣佗视脉，曰："尚虚，未得复，勿为劳事，御内即死。临死，当吐舌数寸。"其妻闻其病除，从百余里来省之，止宿交接，中间三日发病，一如佗言。

督邮徐毅得病，佗往省之。毅谓佗曰："昨使医曹吏刘租针胃管讫，便苦咳嗽，欲卧不安。"佗曰："刺不得胃管，误中肝也，食当日减，五日不救。"遂如佗言。

东阳陈叔山小男二岁得疾，下利常先啼，日以羸困。问佗，佗曰："其母怀躯，阳气内养，乳中虚冷，儿得母寒，故令不时愈。"佗与四物女宛丸，十日即除。

彭城夫人夜之厕，蝱螫其手，呻呼无赖。佗令温汤近热，渍手其中，卒可得寐，但旁人数为易汤，汤令暖之，其旦即愈。

军吏梅平得病，除名还家，家居广陵，未至二百里，止亲人舍。有顷，佗偶至主人许，主人令佗视平，佗谓平曰："君早见我，可不至此。今疾已结，促去可得与家相见，五日卒。"应时归，如佗所刻。

佗行道，见一人病咽塞，嗜食而不得下，家人车载欲往就医。佗闻其呻吟，驻车往视，语之曰："向来道边有卖饼家蒜齑大酢，从取三升饮之，病自当去。"即如佗言，立吐蛇一枚，悬车边，欲造佗。佗尚未还，小儿戏门前，逆见，自相谓曰："似逢我公，车边病是也。"疾者前入坐，见佗北壁悬此蛇辈约以十数。

又有一郡守病，佗以为其人盛怒则差，乃多受其货而不加治，无何弃去，留书骂之。郡守果大怒，令人追捉杀佗。郡守子知之，属使勿逐。守瞋恚既甚，吐黑血数升而愈。

又有一士大夫不快，佗云："君病深，当破腹取。然君寿亦不过十年，病不能杀君，忍病十岁，寿俱当尽，不足故自刳裂。"士大夫不耐痛痒，必欲除之。佗遂下手，所患寻差，十年竟死。

广陵太守陈登得病，胸中烦懑，面赤不食。佗脉之曰："府君胃中有虫数升，欲成内疽，食腥物所为也。"即作汤二升，先服一升，斯须尽服之。食顷，吐出三升许虫，赤头皆动，半身是生鱼脍也，所苦便愈。佗曰："此病后三期当发，遇良医乃可济救。"依期果发动，时佗不在，如言而死。

太祖闻而召佗，佗常在左右。太祖苦头风，每发，心乱目眩，佗针鬲，随手而差。

李将军妻病甚，呼佗视脉，曰："伤娠而胎不去。"将军言："闻实伤娠，胎已去矣。"佗曰："案脉，胎未去也。"将军以为不然。佗舍去，妇稍小差。百余日复动，更呼佗，佗曰："此脉故事有胎。前当生两儿，一儿先出，血出甚多，后儿不及生。母不自觉，旁人亦不寤，不复迎，遂不得生。胎死，血脉不复归，必燥著母脊，故使多脊痛。今当与汤，并针一处，此死胎必出。"汤针既加，妇痛急如欲生者。佗曰："此死胎久枯，不能自出，宜使人探之。"果得一死男，手足完具，色黑，长可尺所。

佗之绝技，凡此类也。然本作士人，以医见业，意常自悔，后太祖亲理，得病笃重，使佗专视。佗曰："此近难济，恒事攻治，可延岁月。"佗久远家思归，因曰："当得家书，方欲暂还耳。"到家，辞以妻病，数乞期不反。太祖累书呼，又敕郡县发遣。佗恃能厌食事，犹不上道。太祖大怒，使人往检：若妻信病，赐小豆四十斛，宽假限日；若其虚诈，便收送之。于是传付许狱，考验首服。荀彧请曰："佗术实工，人命所县，宜含宥之。"太祖曰："不忧，天下当无此鼠辈耶？"遂考竟佗。佗临死，出一卷书与狱吏，曰："此可以活人。"吏畏法不受，佗亦不强，索火烧之。佗死后，太祖头风未除。太祖曰："佗能愈此。小人养吾病，欲以自重，然吾不杀此子，亦终当不为我断此根原耳。"及后爱子仓舒病困，太祖叹曰："吾悔杀华佗，令此儿强死也。"

初，军吏李成苦咳嗽，昼夜不寐，时吐脓血，以问佗。佗言："君病肠臃，咳之所吐，非从肺来也。与君散两钱，当吐二升余脓血讫，快自养，一月可小起；好自将爱，一年便健。十八岁当一小发，服此散，亦行复差。若不得此药，故当死。"复与两钱散。成得药，去五六岁，亲中人有病如成者，谓成曰："卿今强健，我欲死，何忍无急去药，以待不祥？先持贷我，我差，为卿从华佗更索。"成与之。已故到谯，适值佗见收，匆匆不忍从求。后十八岁，成病竟发，无药可服，以至于死。

广陵吴普、彭城樊阿皆从佗学。普依准佗治，多所全济。佗语普曰："人体欲得劳动，但不当使极尔。动摇则谷气得消，血脉流通，病不得生，譬犹户枢不朽是也。是以古之仙者为导引之事，熊颈鸱顾，引挽腰体，动诸关节，以求难老。吾有一术，名五禽之戏，一曰虎，二曰鹿，三曰熊，四曰猨，五曰鸟，亦以除疾，并利蹄足，以当导引。体中不快，起作一禽之戏，沾濡汗出，因上著粉，身体轻便，腹中欲食。"普施行之，年九十余，耳目聪明，齿牙完坚。阿善针术，凡医咸言背及胸藏之间不可妄针，针之不过四分，而阿针背入一二寸，巨阙胸藏针下五六寸，而病辄皆瘳。阿从佗求可服食益于人者，佗授以漆叶青黏散。漆叶屑一升，青黏屑十四两，以是为率，言久服去三虫，利五藏，轻体，使人头不白。阿从其言，寿百余岁。漆叶处所而有，青黏生于丰、沛、彭城及朝歌云。《佗别传》曰：青黏者，一名地节，一名黄芝，主理五脏，益精气。本出于迷入山者，见仙人服之，以告佗。佗以为佳，辄语阿，阿又秘之。近者人见阿之寿而气力强盛，怪之，遂责阿所服，因醉乱误道之。法一施，人多服者，皆有大验。｜ 文帝《典论》论郤俭等事曰："颍川郤俭能辟谷，饵伏苓。甘陵甘始亦善行气，老有少容。庐江左慈知补导之术，并为军吏。初，俭之至，市伏苓价暴数倍。议郎安平李覃学其辟谷，餐伏苓，饮寒水，中泄利，殆至殒命。后始来，众人无不鸱视狼顾，呼吸吐纳。军谋祭酒弘农董芬为之过差，气闭不通，良久乃苏。左慈到，又竞受其补导之术，至寺人严峻，往从问受。阉竖真无事于斯术也，人之逐声，乃至于是。光和中，北海王和平亦好道术，自以当仙。济南孙邕少事之，从至京师。会和平病死，邕因葬之东陶，有书百余卷，药数囊，悉以送之。后弟子夏荣言其尸解。邕至今恨不取其宝书仙药。刘向惑于鸿宝之说，君游眩于子政之言，古今愚谬，岂惟一人哉！"｜ 东阿王作《辩道论》曰："世有方士，吾王悉所招致，甘陵有甘始，庐江有左慈，阳城有郤俭。始能行气导引，慈晓房中之术，俭善辟谷，悉号三百岁。卒所以集之于魏国者，诚恐斯人之徒，接奸宄以欺众，行妖慝以惑民，岂复欲观神仙于瀛洲，求安期于海岛，释金辂而履云舆，弃六骥而美飞龙哉？自家王与太子及余兄弟咸以为调笑，不信之矣。然始等知上遇之有恒，奉不过于员吏，赏不加于无功，海岛难得而游，六黻难得而佩，终不敢进虚诞之言，出非常之语。余尝试郤俭绝谷百日，躬与之寝处，行步起居自若也。夫人不食七日则死，而俭乃如是。然不必益寿，可以疗疾而不惮饥馑焉。左慈善修房内之术，差可终命，然自非有志至精，莫能行也。甘始者，老而有少容，自诸术士咸共归之。然始辞繁寡实，颇有怪言。余尝辟左右，独与之谈，问其所行，温颜以诱之，美辞以导之，始语余：'吾本师姓韩字世雄，尝与师于南海作金，前后数四，投数万斤金于海。'又言：'诸梁时，西域胡来献香罽、腰带、割玉刀，时悔不取也。'又言：'车师之西国，儿生，擘背出脾，欲其食少而弩行也。'又言：'取鲤鱼五寸一双，令其著药，俱投沸膏中，有药者奋尾鼓鳃，游行沉浮，有若处渊，其一者已熟而可啖。'余时问：'言率可试不？'言：'是药去此逾万里，当出塞；始不自行不能得也。'言不尽于此，颇难悉载，故粗举其巨怪者。始若遭秦始皇、汉武帝，则复为徐市、栾大之徒也。"

○杜夔

杜夔字公良，河南人也。以知音为雅乐郎，中平五年，疾去官。州郡司徒礼辟，以世乱奔荆州。荆州牧刘表令与孟曜为汉主合雅乐，乐备，表欲庭观之，夔谏曰："今将军号为天子合乐，而庭作之，无乃不可乎！"表纳其言而止。后表子琮降太祖，太祖以夔为军谋祭酒，参太乐事，因令创制雅乐。

夔善钟律，聪思过人，丝竹八音，靡所不能，惟歌舞非所长。时散郎邓静、尹齐善咏雅乐，歌师尹胡能歌宗庙郊祀之曲，舞师冯肃、服养晓知先代诸舞，夔总统研精，远考诸经，近采故事，教习讲肄，备作乐器，绍复先代古乐，皆自夔始也。

黄初中，为太乐令、协律都尉。汉铸钟工柴玉巧有意思，形器之中，多所造作，亦为时贵人见知。夔令玉铸铜钟，其声均清浊多不如法，数毁改作。玉甚厌之，谓夔清浊任意，颇拒捍夔。夔、玉更相白于太祖，太祖取所铸钟，杂错更试，然后知夔为精而玉之妄也，于是罪玉及诸子，皆为养马士。文帝爱待玉，又尝令夔与左驸等于宾客之中吹笙鼓琴，夔有难色，由是帝意不悦。后因他事系夔，使骐等就学，夔自谓所习者雅，仕宦有本，意犹不满，遂黜免以卒。

弟子河南邵登、张泰、桑馥，各至太乐丞，下邳陈颀司律中郎将。自左延年等虽妙于音，咸善郑声，其好古存正莫及夔。

○朱建平

朱建平，沛国人也。善相术，于闾巷之间，效验非一。太祖为魏公，闻之，召为郎。文帝为五官将，坐上会客三十余人，文帝问己年寿，又令遍相众宾。建平曰："将军当寿八十，至四十时当有小厄，愿谨护之。"谓夏侯威曰："君四十九位为州牧，而当有厄，厄若得过，可年至七十，致位公辅。"谓应璩曰："君六十二位为常伯，而当有厄，先此一年，当独见一白狗，而旁人不见也。"谓曹彪曰："君据藩国，至五十七当厄于兵，宜善防之。"

初，颍川荀攸、钟繇相与亲善。攸先亡，子幼。繇经纪其门户，欲嫁其妾，与人书曰："吾与公达曾共使朱建平相，建平曰：'荀君虽少，然当以后事付钟君。'吾时啁之曰：'惟当嫁卿阿骛耳。'何意此子竟早陨没，戏言遂验乎！今欲嫁阿骛，使得善处。追思建平之妙，虽唐举、许负何以复加也！"

文帝黄初七年，年四十，病困，谓左右曰："建平所言八十，谓昼夜也，吾其决矣。"顷之，果崩。夏侯威为兖州刺史，年四十九，十二月上旬得疾，念建平之言，自分必死，豫作遗令及送丧之备，咸使素办。至下旬转差，垂以平复。三十日昃，请纪纲大吏设酒，曰："吾所苦渐平，明日鸡鸣，年便五十，建平之戒，真必过矣。"威罢客之后，合瞑疾动，夜半遂卒。璩六十一为侍中，直省内，欻见白狗，问之众人，悉无见者。于是数聚会，并急游观田里，饮宴自娱，过期一年，六十三卒。曹彪封楚王，年五十七，坐与王凌通谋，赐死。凡说此辈，无不如言，不能具详，故粗记数事。惟相司空王昶、征北将军程喜、中领军王肃有蹉跌云。肃年六十二，疾笃，众医并以为不愈。肃夫人问以遗言，肃云："建平相我逾七十，位至三公，今皆未也，将何虑乎！"而肃竟卒。

建平又善相马。文帝将出，取马外入，建平道遇之，语曰："此马之相，今日死矣。"帝将乘马，马恶衣香，惊啮文帝膝，帝大怒，即便杀之。建平黄初中卒。

○周宣

周宣字孔和，乐安人也。为郡吏。太守杨沛梦人曰："八月一日曹公当至，必与君杖，饮以药酒。"使宣占之。是时黄巾贼起，宣对曰："夫杖起弱者，药治人病，八月一日，贼必消灭。"至期，贼果破。

后东平刘桢梦蛇生四足，穴居门中，使宣占之，宣曰："此为国梦，非君家之事也。当杀女子而作贼者。"顷之，女贼郑、姜遂俱夷讨，以蛇女子之祥，足非蛇之所宜故也。

文帝问宣曰："吾梦殿屋两瓦堕地，化为双鸳鸯，此何谓也？"宣对曰："后宫当有暴死者。"帝曰："吾诈卿耳！"宣对曰："夫梦者意耳，苟以形言，便占吉凶。"言未毕，而黄门令奏宫人相杀。无几，帝复问曰："我昨夜梦青气自地属天。"宣对曰："天下当有贵女子冤死。"是时，帝已遣使赐甄后玺书，闻宣言而悔之，遣人追使者不及。帝复问曰:"吾梦摩钱文,欲令灭而更愈明,此何谓邪?"宣怅然不对。帝重问之,宣对曰:"此自陛下家事,虽意欲尔而太后不听,是以文欲灭而明耳。"时帝欲治弟植之罪,逼于太后,但加贬爵。以宣为中郎,属太史。

尝有问宣曰:"吾昨夜梦见刍狗,其占何也?"宣答曰:"君欲得美食耳!"有顷,出行,果遇丰膳。后又问宣曰:"昨夜复梦见刍狗,何也?"宣曰:"君欲堕车折脚,宜戒慎之。"顷之,果如宣言。后又问宣:"昨夜复梦见刍狗,何也?"宣曰:"君家欲失火,当善护之。"俄遂火起。语宣曰:"前后三时,皆不梦也。聊试君耳,何以皆验邪?"宣对曰:"此神灵动君使言,故与真梦无异也。"又问宣:"三梦刍狗而其占不同,何也?"宣曰:"刍狗者,祭神之物。故君始梦,当得饮食也。祭祀既讫,则刍狗为车所轹,故中梦当堕车折脚也。刍狗既车轹之后,必载以为樵,故后梦忧失火也。"宣之叙梦,凡此类也。十中八九,世以比建平之相矣。其余效故不次列。明帝末卒。

○管辂

管辂字公明,平原人也。容貌粗丑,无威仪而嗜酒,饮食言戏,不择非类,故人多爱之而不敬也。父为利漕,利漕民郭恩兄弟三人,皆得躄疾,使辂筮其所由。辂曰:"卦中有君本墓,墓中有女鬼,非君伯母,当叔母也。昔饥荒之世,当有利其数升米者,排著井中,喷喷有声,推一大石,下破其头,孤魂冤痛,自诉于天。"于是恩涕泣服罪。

广平刘奉林妇病困,已买棺器。时正月也,使辂占,曰:"命在八月辛卯日日中之时。"林谓必不然，而妇渐差，至秋发动，一如辂言。

辂往见安平太守王基，基令作卦，辂曰："当有贱妇人生一男儿，堕地便走入灶中死。又床上当有一大蛇衔笔，小大共视，须臾去之也。又乌来入室中，与燕共斗，燕死，乌去。有此三怪。"基大惊，问其吉凶。辂曰："直官舍久远，魑魅魍魉为怪耳。儿生便走，非能自走，直宋无忌之妖将其入灶也。大蛇衔笔，直老书佐耳。乌与燕斗，直老铃下耳。今卦中见象而不见其凶，知非妖咎之征，自无所忧也。"后卒无患。

时信都令家妇女惊恐，更互疾病，使辂筮之。辂曰："君北堂西头，有两死男子，一男持矛，一男持弓箭，头在壁内，脚在壁外。持矛者主刺头，故头重痛不得举也。持弓箭者主射胸腹，故心中县痛不得饮食也。昼则浮游，夜来病人，故使惊恐也。"于是掘徙骸骨，家中皆愈。

清河王经去官还家，辂与相见。经曰："近有一怪，大不喜之，欲烦作卦。"卦成，辂曰："爻吉，不为怪也。君夜在堂户前，有一流光如燕爵者，入君怀中，殷殷有声，内神不安，解衣彷徉，招呼妇人，觅索余光。"经大笑曰："实如君言。"辂曰："吉，迁官之征也，其应行至。"顷之，经为江夏太守。

辂又至郭恩家，有飞鸠来在梁头，鸣甚悲。辂曰："当有老公从东方来，携豚一头，酒一壶。主人虽喜，当有小故。"明日果有客，如所占。恩使客节酒、戒肉、慎火，而射鸡作食，箭从树间激中数岁女子手，流血惊怖。

辂至安德令刘长仁家，有鸣鹊来在阁屋上，其声甚急。辂曰："鹊言东北有妇昨杀夫，牵引西家人夫离娄，候不过日在虞渊之际，告者至矣。"到时，果有东北同伍民来告邻妇手杀其夫，诈言："西家人与夫有嫌，来杀我婿。"

辂至列人典农王弘直许，有飘风高三尺余，从申上来，在庭中幢幢回转，息以复起，良久乃止。直以问辂，辂曰："东方当有马吏至，恐父哭子，如何！"明日胶东吏到，直子果亡。直问其故，辂曰："其日乙卯，则长子之候也。木落于申，斗建申，申破寅，死丧之候也。日加午而风发，则马之候也。离为文章，则吏之候也。申未为虎，虎为大人，则父之候也。"有雄雉飞来，登直内铃柱头，直大以不安，令辂作卦，辂曰："到五月必迁。"时三月也，至期，直果为渤海太守。

馆陶令诸葛原迁新兴太守，辂往祖饯之，宾客并会。原自起取燕卵、蜂窠、蜘蛛著器中，使射覆。卦成，辂曰："第一物，含气须变，依乎宇堂，雄雌以形，翅翼舒张，此燕卵也。第二物，家室倒县，门户众多，藏精育毒，得秋乃化，此蜂窠也。第三物，觳觫长足，吐丝成罗，寻网求食，利在昏夜，此蜘蛛也。"举坐惊喜。

辂族兄孝国，居在斥丘，辂往从之，与二客会。客去后，辂谓孝国曰："此二人天庭及口耳之间同有凶气，异变俱起，双魂无宅，流魂于海，骨归于家，少许时当并死也。"复数十日，二人饮酒醉，夜共载车，牛惊下道入漳河中，皆即溺死也。

当此之时，辂之邻里，外户不闭，无相偷窃者。清河太守华表，召辂为文学掾。安平赵孔曜荐辂于冀州刺史裴徽曰："辂雅性宽大，与世无忌，仰观天文则同妙甘公、石申，俯览《周易》则齐思季主。今明使君方垂神幽薮，留精九皋，辂宜蒙阴和之应，得及羽仪之时。"徽于是辟为文学从事，引与相见，大善友之。徙部钜鹿，迁治中、别驾。

初应州召，与弟季儒共载，至武城西，自卦吉凶，语儒云："当在故城中见三狸，尔者乃显。"前到河西故城角，正见三狸共踞城侧，兄弟并喜。正始九年举秀才。

十二月二十八日，吏部尚书何晏请之，邓飏在晏许。晏谓辂曰："闻君蓍爻神妙，试为作一卦，知位当至三公不？"又问："连梦见青蝇数十头，来在鼻上，驱之不肯去，有何意故？"辂曰："夫飞鸮，天下贱鸟，及其在林食椹，则怀我好音，况辂心非草木，敢不尽忠？昔元、凯之弼重华，宣慈惠和，周公之翼成王，坐而待旦，故能流光六合，万国咸宁。此乃履道休应，非卜筮之所明也。今君侯位重山岳，势若雷霆，而怀德者鲜，畏威者众，殆非小心翼翼多福之仁。又鼻者艮，此天中之山，高而不危，所以长守贵。今青蝇臭恶，而集之焉。位峻者颠，轻豪者亡，不可不思害盈之数，盛衰之期。是故山在地中曰谦，雷在天上曰壮；谦则裒多益寡，壮则非礼不履。未有损己而不光大，行非而不伤败。愿君侯上追文王六爻之旨，下思尼父象象之义，然后三公可决，青蝇可驱也。"飏曰："此老生之常谭。"辂答曰："夫老生者见不生，常谭者见不谭。"晏曰："过岁更当相见。"

辂还邑舍，具以此言语舅氏，舅氏责辂言太切至。辂曰："与死人语，何所畏邪？"舅大怒，谓辂狂悖。岁朝，西北大风，尘埃蔽天，十余日，闻晏、飏皆诛，然后舅氏乃服。《辂别传》曰：舅夏大夫问辂："前见何、邓之日，为已有凶气未也？"辂言："与祸人共会，然后知神明交错；与吉人相近，又知圣贤求精之妙。夫邓之行步，则筋不束骨，脉不制肉，起立倾倚，若无手足，谓之鬼躁。何之视候，则魂不守宅，血不华色，精爽烟浮，容若槁木，谓之鬼幽。故鬼躁者为风所收，鬼幽者为火所烧，自然之符，不可以蔽也。"

始辂过魏郡太守钟毓，共论《易》义，辂因言："卜可知君生死之日。"毓使筮其生日月，如言无蹉跌。毓大愕然，曰："君可畏也。死以付天，不以付君。"遂不复筮。毓问辂："天下当太平否？"辂曰："方今四九天飞，利见大人，神武升建，王道文明，何忧不平？"毓未解

473

辂言，无几，曹爽等诛，乃觉寤云。

平原太守刘邠取印囊及山鸡毛著器中，使筮。辂曰："内方外圆，五色成文，含宝守信，出则有章，此印囊也。高岳岩岩，有鸟朱身，羽翼玄黄，鸣不失晨，此山鸡毛也。"邠曰："此郡官舍，连有变怪，使人恐怖，其理何由？"辂曰："或因汉末之乱，兵马扰攘，军尸流血，污染丘山，故因昏夕，多有怪形也。明府道德高妙，自天祐之，愿安百禄，以光休宠。"

清河令徐季龙使人行猎，令辂筮其所得。辂曰："当获小兽，复非食禽，虽有爪牙，微而不强，虽有文章，蔚而不明，非虎非雉，其名曰狸。"猎人暮归，果如辂言。季龙取十三种物，著大笾中，使辂射。云："器中藉藉有十三种物。"先说鸡子，后道蚕蛹，遂一一名之，惟以梳为枇耳。

辂随军西行，过毌丘俭墓下，倚树哀吟，精神不乐。人问其故，辂曰："林木虽茂，无形可久；碑诔虽美，无后可守。玄武藏头，苍龙无足，白虎衔尸，朱雀悲哭，四危以备，法当灭族。不过二载，其应至矣。"卒如其言。后得休，过清河倪太守。时天旱，倪问辂雨期，辂曰："今夕当雨。"是日旸燥，昼无形似，府丞及令在坐，咸谓不然。到鼓一中，星月皆没，风云并起，竟成快雨。于是倪盛修主人礼，共为欢乐。

正元二年，弟辰谓辂曰："大将军待君意厚，冀当富贵乎？"辂长叹曰："吾自知有分直耳，然天与我才明，不与我年寿，恐四十七八间，不见女嫁儿娶妇也。若得免此，欲作洛阳令，可使路不拾遗，枹鼓不鸣。但恐至太山治鬼，不得治生人，如何！"辰问其故，辂曰："吾额上无生骨，眼中无守精，鼻无梁柱，脚无天根，背无三甲，腹无三壬，此皆不寿之验。又吾本命在寅，加月食夜生。天有常数，不可得讳，但人不知耳。吾前后相当死者过百人，略无错也。"是岁八月，为少府丞。明年二月卒，年四十八。

评曰：华佗之医诊，杜夔之声乐，朱建平之相术，周宣之相梦，管辂之术筮，诚皆玄妙之殊巧，非常之绝技矣。昔史迁著扁鹊、仓公、日者之传，所以广异闻而表奇事也。故存录云尔。

三十卷 魏书 三十

乌丸鲜卑东夷传 | 乌丸 鲜卑 东夷

《书》载"蛮夷猾夏",《诗》称"猃狁孔炽",久矣其为中国患也。秦、汉以来,匈奴久为边害。孝武虽外事四夷,东平两越、朝鲜,西讨贰师、大宛,开卭、笮、夜郎之道,然皆在荒服之外,不能为中国轻重。而匈奴最逼于诸夏,胡骑南侵则三边受敌,是以屡遣卫、霍之将,深入北伐,穷追单于,夺其饶衍之地。后遂保塞称藩,世以衰弱。

建安中,呼厨泉南单于入朝,遂留内侍,使右贤王抚其国,而匈奴折节,过于汉旧。然乌丸、鲜卑稍更强盛,亦因汉末之乱,中国多事,不遑外讨,故得擅漠南之地,寇暴城邑,杀略人民,北边仍受其困。会袁绍兼河北,乃抚有三郡乌丸,宠其名王而收其精骑。其后尚、熙又逃于蹋顿。蹋顿又骁武,边长老皆比之冒顿,恃其阻远,敢受亡命,以雄百蛮。太祖潜师北伐,出其不意,一战而定之,夷狄慑服,威振朔土。遂引乌丸之众服从征讨,而边民得用安息。后鲜卑大人轲比能复制御群狄,尽收匈奴故地,自云中、五原以东抵辽水,皆为鲜卑庭。数犯塞寇边,幽、并苦之。田豫有马城之围,毕轨有陉北之败。青龙中,帝乃听王雄,遣剑客刺之。然后种落离散,互相侵伐,强者远遁,弱者请服。由是边陲差安,漠南少事,虽时颇钞盗,不能复相扇动矣。乌丸、鲜卑即古所谓东胡也。其习俗、前事,撰汉记者已录而载之矣。故但举汉末魏初以来，以备四夷之变云。

○乌丸

汉末，辽西乌丸大人丘力居，众五千余落，上谷乌丸大人难楼，众九千余落，各称王；而辽东属国乌丸大人苏仆延，众千余落，自称峭王；右北平乌丸大人乌延，众八百余落，自称汗鲁王，皆有计策勇健。中山太守张纯叛入丘力居众中，自号弥天安定王，为三郡乌丸元帅，寇略青、徐、幽、冀四州，杀略吏民。灵帝末，以刘虞为幽州牧，募胡斩纯首，北州乃定。后丘力居死，子楼班年小，从子蹋顿有武略，代立，总摄三王部，众皆从其教令。袁绍与公孙瓒连战不决，蹋顿遣使诣绍求和亲，助绍击瓒，破之。绍矫制赐蹋顿、峭王、汗鲁王印绶，皆以为单于。

后楼班大，峭王率其部众奉楼班为单于，蹋顿为王，然蹋顿多画计策。广阳阎柔，少没乌丸、鲜卑中，为其种所归信。柔乃因鲜卑众，杀乌丸校尉邢举代之，绍因宠慰以安北边。后袁尚败奔蹋顿，凭其势，复图冀州。会太祖平河北，柔帅鲜卑、乌丸归附，遂因以柔为校尉，犹持汉使节，治广宁如旧。建安十二年，太祖自征蹋顿于柳城，潜军诡道，未至百余里，虏乃觉。尚与蹋顿将众逆战于凡城，兵马甚盛。太祖登高望虏阵，抑军未进，观其小动，乃击破其众，临阵斩蹋顿首，死者被野。速附丸、楼班、乌延等走辽东，辽东悉斩，传送其首。其余遗迸皆降。及幽州、并州柔所统乌丸万余落，悉徙其族居中国，帅其侯王大人种众与征伐。由是三郡乌丸为天下名骑。《魏略》曰：景初元年秋，遣幽州刺史毌丘俭率众军讨辽东。右北平乌丸单于寇娄敦、辽西乌丸都督率众王护留等，昔随袁尚奔辽东，闻俭军至，率众五千余人降。寇娄敦遣弟阿罗槃等诣阙朝贡，封其渠帅三十余人为王侯，赐舆马缯采各有差。

○鲜卑 轲比能

鲜卑步度根既立，众稍衰弱，中兄扶罗韩亦别拥众数万为大人。建安中，太祖定幽州，步度根与轲比能等因乌丸校尉阎柔上贡献。后代郡乌丸能臣氏等叛，求属扶罗韩，扶罗韩将万余骑迎之。到桑乾，氏等议，以为扶罗韩部威禁宽缓，恐不见济，更遣人呼轲比能。比能即将万余骑到，当共盟誓。比能便于会上杀扶罗韩，扶罗韩子泄归泥及部众悉属比能。比能自以杀归泥父，特又善遇之。步度根由是怨比能。

文帝践阼，田豫为乌丸校尉，持节并护鲜卑，屯昌平。步度根遣使献马，帝拜为王。后数与轲比能更相攻击，步度根部众稍寡弱，将其众万余落保太原、雁门郡。步度根乃使人招呼泄归泥曰："汝父为比能所杀，不念报仇，反属怨家。今虽厚待汝，是欲杀汝计也。不如还我，我与汝是骨肉至亲，岂与仇等？"由是归泥将其部落逃归步度根，比能追之弗及。至黄初五年，步度根诣阙贡献，厚加赏赐。是后一心守边，不为寇害，而轲比能众遂强盛。明帝即位，务欲绥和戎狄，以息征伐，羁縻两部而已。至青龙元年，比能诱步度根深结和亲，于是步度根将泄归泥及部众悉保比能，寇钞并州，杀略吏民。帝遣骁骑将军秦朗征之，归泥叛比能，将其部众降，拜归义王，赐幢麾、曲盖、鼓吹，居并州如故。步度根为比能所杀。

轲比能本小种鲜卑，以勇健，断法平端，不贪财物，众推以为大人。部落近塞，自袁绍据河北，中国人多亡叛归之，教作兵器铠楯，颇学文字。故其勒御部众，拟则中国，出入弋猎，建立旌麾，以鼓节为进退。建安中，因阎柔上贡献。太祖西征关中，田银反河间，比能将三千余骑随柔击破银。后代郡乌丸反，比能复助为寇害，太祖以鄢陵侯彰为骁骑将军，北征，大破之。比能走出塞，后复通贡献。延康初，比能遣使献马，文帝亦立比能为附义王。黄初二年，比能出诸魏人在鲜卑者五百余家，还居代郡。明年，比能帅部落大人、小子、代郡乌丸修武卢等三千余骑，驱牛马七万余口交市，遣魏人千余家居上谷。后与东部鲜卑大人素利及步度根三部争斗，更相攻击。田豫和合，使不得相侵。五年，比能复击素利，豫帅轻骑径进掎其后。比能使别小帅琐奴拒豫，豫进讨，破走之，由是怀贰。

乃与辅国将军鲜于辅书曰："夷狄不识文字，故校尉阎柔保我于天子。我与素利为仇，往年攻击之，而田校尉助素利。我临阵使琐奴往，闻使君来，即便引军退。步度根数数钞盗，又杀我弟，而诬我以钞盗。我夷狄虽不知礼义，兄弟子孙受天子印绶，牛马尚知美水草，况我有人心邪！将军当保明我于天子。"辅得书以闻帝，帝复使豫招纳安慰。比能众遂强盛，控弦十余万骑。每钞略得财物，均平分付，一决目前，终无所私，故得众死力，余部大人皆敬惮之，然犹未能及檀石槐也。

太和二年，豫遣译夏舍诣比能女婿郁筑鞬部，舍为鞬所杀。其秋，豫将西部鲜卑蒲头、泄归泥出塞讨郁筑鞬，大破之。还至马城，比能自将三万骑围豫七日。上谷太守阎志，柔之弟也，素为鲜卑所信。志往解喻，即解围去。后幽州刺史王雄并领校尉，抚以恩信。比能数款塞，诣州奉贡献。至青龙元年，比能诱纳步度根，使叛并州，与结和亲，自勒万骑迎其累重于陉北。并州刺史毕轨遣将军苏尚、董弼等击之，比能遣子将骑与尚等会战于楼烦，临阵害尚、弼。至三年中，雄遣勇士韩龙刺杀比能，更立其弟。

素利、弥加、厥机皆为大人，在辽西、右北平、渔阳塞外，道远初不为边患，然其种众多于比能。建安中，因阎柔上贡献，通市，太祖皆表宠以为王。厥机死，又立其子沙末汗为亲汉王。延康初，又各遣使献马。文帝立素利、弥加为归义王。素利与比能更相攻击。太和二年，素利死。子小，以弟成律归为王，代摄其众。

○东夷 夫馀 高句丽 东沃沮 挹娄 濊 韩 辰韩 弁辰 倭人

《书》称"东渐于海，西被于流沙"。其九服之制，可得而言也。然荒域之外，重译而至，非足迹车轨所及，未有知其国俗殊方者也。自虞暨周，西戎有白环之献，东夷有肃慎之贡，皆旷世而至，其遐远也如此。及汉氏遣张骞使西域，穷河源，经历诸国，遂置都护以总领之，然后西域之事具存，故史官得详载焉。魏兴，西域虽不能尽至，其大国龟兹、于寘、康居、乌孙、疏勒、月氏、鄯善、车师之属，无岁不奉朝贡，略如汉氏故事。而公孙渊仍父祖三世有辽东，天子为其绝域，委以海外之事，遂隔断东夷，不得通于诸夏。景初中，大兴师旅，诛渊，又潜军浮海，收乐浪、带方之郡，而后海表谧然，东夷屈服。其后高句丽背叛，又遣偏师致讨，穷追极远，逾乌丸、骨都，过沃沮，践肃慎之庭，东临大海。长老说有异面之人，近日之所出，遂周观诸国，采其法俗，小大区别，各有名号，可得详纪。虽夷狄之邦，而俎豆之象存。中国失礼，求之四夷，犹信。故撰次其国，列其同异，

480

以接前史之所未备焉。

夫馀在长城之北，去玄菟千里，南与高句丽，东与挹娄，西与鲜卑接，北有弱水，方可二千里。户八万，其民土著，有宫室、仓库、牢狱。多山陵、广泽，于东夷之域最平敞。土地宜五谷，不生五果。其人粗大，性强勇谨厚，不寇钞。国有君王，皆以六畜名官，有马加、牛加、猪加、狗加、大使、大使者、使者。邑落有豪民，名下户皆为奴仆。诸加别主四出，道大者主数千家，小者数百家。食饮皆用俎豆，会同、拜爵、洗爵，揖让升降。以殷正月祭天，国中大会，连日饮食歌舞，名曰迎鼓，于是时断刑狱，解囚徒。在国衣尚白，白布大袂，袍裤，履革鞜。出国则尚缯绣锦罽，大人加狐狸、狖白、黑貂之裘，以金银饰帽。译人传辞，皆跪，手据地窃语。用刑严急，杀人者死，没其家人为奴婢。窃盗一责十二。男女淫，妇人妒，皆杀之。尤憎妒，已杀，尸之国南山上，至腐烂。女家欲得，输牛马乃与之。兄死妻嫂，与匈奴同俗。其国善养牲，出名马、赤玉、貂狖、美珠。珠大者如酸枣。以弓矢刀矛为兵，家家自有铠仗。国之耆老自说古之亡人。作城栅皆员，有似牢狱。行道昼夜无老幼皆歌，通日声不绝。有军事亦祭天，杀牛观蹄以占吉凶，蹄解者为凶，合者为吉。有敌，诸加自战，下户俱担粮饮食之。其死，夏月皆用冰。杀人徇葬，多者百数。厚葬，有椁无棺。《魏略》曰：其俗停丧五月，以久为荣。其祭亡者，有生有熟。丧主不欲速而他人强之，常诤引以此为节。其居丧，男女皆纯白，妇人着布面衣，去环佩，大体与中国相仿佛也。

夫馀本属玄菟。汉末，公孙度雄张海东，威服外夷，夫馀王尉仇台更属辽东。时句丽、鲜卑强，度以夫馀在二虏之间，妻以宗女。尉仇台死，简位居立。无適子，有孽子麻余。位居死，诸加共立麻余。

481

牛加兄子名位居，为大使，轻财善施，国人附之，岁岁遣使诣京都贡献。正始中，幽州刺史毌丘俭讨句丽，遣玄菟太守王颀诣夫馀，位居遣大加郊迎，供军粮。季父牛加有二心，位居杀季父父子，籍没财物，遣使簿敛送官。旧夫馀俗，水旱不调，五谷不熟，辄归咎于王，或言当易，或言当杀。麻余死，其子依虑年六岁，立以为王。汉时，夫馀王葬用玉匣，常豫以付玄菟郡，王死则迎取以葬。公孙渊伏诛，玄菟库犹有玉匣一具。今夫馀库有玉璧、珪、瓒数代之物，传世以为宝，耆老言先代之所赐也。《魏略》曰：其国殷富，自先世以来，未尝破坏。其印文言"濊王之印"，国有故城名濊城，盖本濊貊之地，而夫馀王其中，自谓"亡人"，抑有以也。《魏略》曰：旧志又言，昔北方有高离之国者，其王者侍婢有身，王欲杀之，婢云："有气如鸡子来下，我故有身。"后生子，王捐之于溷中，猪以喙嘘之，徙至马闲，马以气嘘之，不死。王疑以为天子也，乃令其母收畜之，名曰东明，常令牧马。东明善射，王恐夺其国也，欲杀之。东明走，南至施掩水，以弓击水，鱼鳖浮为桥，东明得渡，鱼鳖乃解散，追兵不得渡。东明因都王夫馀之地。

高句丽在辽东之东千里，南与朝鲜、濊貊，东与沃沮，北与夫馀接。都于丸都之下，方可二千里，户三万。多大山深谷，无原泽。随山谷以为居，食涧水。无良田，虽力佃作，不足以实口腹。其俗节食，好治宫室，于所居之左右立大屋，祭鬼神，又祠灵星、社稷。其人性凶急，善寇钞。其国有王，其官有相加、对卢、沛者、古雏加、主簿、优台丞、使者、皂衣先人，尊卑各有等级。东夷旧语以为夫馀别种，言语诸事，多与夫馀同，其性气、衣服有异。本有五族，有涓奴部、绝奴部、顺奴部、灌奴部、桂娄部。本涓奴部为王，稍微弱，今桂娄部代之。汉时赐鼓吹伎人，常从玄菟郡受朝服、衣帻，高句丽令主其名籍。后稍骄恣，不复诣郡，于东界筑小城，置朝服衣帻其中，岁时来取之，今胡犹名此城为帻沟溇。沟溇者，句丽名城也。其置官，有对卢则不置沛者，有沛者则不置对卢。王之宗族，其大加皆称古雏加。涓奴部本国主，今虽不为王，适统大人，得称古雏加，亦得立宗庙，祠灵星、社稷。绝奴部世与王婚，加古雏之号。诸大加亦自置使者、皂衣先人，名皆达于王，如卿大夫之家臣，会同坐起，不得与王家使者、皂衣先人同列。其国中大家不佃作，坐食者万余口，下户远担米粮鱼盐供给之。其民喜歌舞，国中邑落，暮夜男女群聚，相就歌戏。无大仓库，家家自有小仓，名之为"桴京"。其人洁清自喜，善藏酿。跪拜申一脚，与夫馀异，行步皆走。以十月祭天，国中大会，名曰东盟。其公会，衣服皆锦绣金银以自饰。大加、主簿头著帻，如帻而无余，其小加著折风，形如弁。其国东有大穴，名隧穴，十月国中大会，迎隧神还于国东上祭之，置木隧于神坐。无牢狱，有罪诸加评议，便杀之，没入妻子为奴婢。其俗作婚姻，言语已定，女家作小屋于大屋后，名婿屋，婿暮至女家户外，自名跪拜，乞得就女宿，如是者再三，女父母乃听使就小屋中宿，傍顿钱帛，至生子已长大，乃将妇归家。其俗淫，男女已嫁娶，便稍作送终之衣。厚葬，金银财币，尽于送死，积石为封，列种松柏。其马皆小，便登山。国人有气力，习战斗，沃沮、东濊皆属焉。又有小水貊。句丽作国，依大水而居，西安平县北有小水，南流入海，句丽别种依小水作国，因名之为小水貊，出好弓，所谓貊弓是也。

王莽初发高句丽兵以伐胡，不欲行，强迫遣之，皆亡出塞为寇盗。辽西大尹田谭追击之，为所杀。州郡县归咎于句丽侯骓，严尤奏言："貊人犯法，罪不起于骓，且宜安慰。今猥被之大罪，恐其遂反。"莽不听，诏尤击之。尤诱期句丽侯骓至而斩之，传送其首诣长安。莽大悦，布告天下，更名高句丽为下句丽。当此时为侯国。汉光武帝八年，高句丽王遣使朝贡，始见称王。

至殇、安之间，句丽王宫数寇辽东，更属玄菟。辽东太守蔡风、玄菟太守姚光以宫为二郡害，兴师伐之。宫诈降请和，二郡不进。宫密遣军攻玄菟，焚烧候城，入辽隧，杀吏民。后宫复犯辽东，蔡风轻将吏士追讨之，军败没。

宫死，子伯固立。顺、桓之间，复犯辽东，寇新、安居乡，又攻西安平，于道上杀带方令，略得乐浪太守妻子。灵帝建宁二年，玄菟太守耿临讨之，斩首虏数百级，伯固降，属辽东。熹平中，伯固乞属玄菟。公孙度之雄海东也，伯固遣大加优居、主簿然人等助度击富山贼，破之。

伯固死，有二子，长子拔奇，小子伊夷模。拔奇不肖，国人便共立伊夷模为王。自伯固时，数寇辽东，又受亡胡五百余家。建安中，公孙康出军击之，破其国，焚烧邑落。拔奇怨为兄而不得立，与涓奴加各将下户三万余口诣康降，还住沸流水。降胡亦叛伊夷模，伊夷模更作新国，今日所在是也。拔奇遂往辽东，有子留句丽国，今古雏加驳位居是也。其后复击玄菟，玄菟与辽东合击，大破之。

伊夷模无子，淫灌奴部，生子名位宫。伊夷模死，立以为王，今句丽王位宫是也。其曾祖名宫，生能开目视，其国人恶之，及长大，果凶虐，数寇钞，国见残破。今王生堕地，亦能开目视人。句丽呼相似为位，似其祖，故名之为位宫。位宫有力勇，便鞍马，善猎射。景初二年，太尉司马宣王率众讨公孙渊，宫遣主簿大加将数千人助军。正始三年，宫寇西安平。其五年，为幽州刺史毌丘俭所破，语在《俭传》。

东沃沮在高句丽盖马大山之东，滨大海而居。其地形东北狭，西南长，可千里，北与挹娄、夫馀，南与濊貊接。户五千，无大君王，世世邑落，各有长帅。其言语与句丽大同，时时小异。汉初，燕亡人卫满王朝鲜，时沃沮皆属焉。汉武帝元封二年，伐朝鲜，杀满孙右渠，分其地为四郡，以沃沮城为玄菟郡。后为夷貊所侵，徙郡句丽西北，今所谓玄菟故府是也。沃沮还属乐浪。汉以土地广远，在单单大领之东，分置东部都尉，治不耐城，别主领东七县，时沃沮亦皆为县。汉建武六年，省边郡，都尉由此罢。其后皆以其县中渠帅为县侯，不耐、华丽、沃沮诸县皆为侯国。夷狄更相攻伐，唯不耐濊侯至今犹置功曹、主簿诸曹，皆濊民作之。沃沮诸邑落渠帅，皆自称三老，则故县国之制也。国小，迫于大国之间，遂臣属句丽。句丽复置其中大人为使者，使相主领，又使大加统责其租税，貊布、鱼、盐、海中食物，千里担负致之，又送其美女以为婢妾，遇之如奴仆。

其土地肥美，背山向海，宜五谷，善田种。人性质直强勇，少牛马，便持矛步战。食饮居处，衣服礼节，有似句丽。《魏略》曰：其嫁娶之法，女年十岁，已相设许。婿家迎之，长养以为妇。至成人，更还女家。女家责钱，钱毕，乃复还婿。其葬作大木椁，长十余丈，开一头作户。新死者皆假埋之，才使覆形，皮肉尽，乃取骨置椁中。举家皆共一椁，刻木如生形，随死者为数。又有瓦鑩，置米其中，编县之于椁户边。

毌丘俭讨句丽，句丽王宫奔沃沮，遂进师击之。沃沮邑落皆破之，斩获首虏三千余级，宫奔北沃沮。北沃沮一名置沟娄，去南沃沮八百余里，其俗南北皆同，与挹娄接。挹娄喜乘船寇钞，北沃沮畏之，夏月恒在山岩深穴中为守备，冬月冰冻，船道不通，乃下居村落。王颀别遣追讨宫，尽其东界。问其耆老："海东复有人不？"耆老言国人尝乘船捕鱼，遭风见吹数十日，东得一岛，上有人，言语不相晓，其俗常以七月取童女沈海。又言有一国亦在海中，纯女无男。又说得一布衣，从海中浮出，其身如中国人衣，其两袖长三丈。又得一破船，随波出在海岸边，有一人项中复有面，生得之，与语不相通，不食而死。其域皆在沃沮东大海中。

挹娄在夫馀东北千余里，滨大海，南与北沃沮接，未知其北所极。其土地多山险。其人形似夫馀，言语不与夫馀、句丽同。有五谷、牛、马、麻布。人多勇力。无大君长，邑落各有大人。处山林之间，常穴居，大家深九梯，以多为好。土气寒，剧于夫馀。其俗好养猪，食其肉，衣其皮。冬以猪膏涂身，厚数分，以御风寒。夏则裸袒，以尺布隐其前后，以蔽形体。其人不洁，作溷在中央，人围其表居。其弓长四尺，力如弩，矢用楛，长尺八寸，青石为镞，古之肃慎氏之国也。善射，射人皆入目。矢施毒，人中皆死。出赤玉、好貂，今所谓挹娄貂是也。自汉已来，臣属夫馀，夫馀责其租赋重，以黄初中叛之。夫馀数伐之，其人众虽少，所在山险，邻国人畏其弓矢，卒不能服也。其国便乘船寇盗，邻国患之。东夷饮食类皆用俎豆，唯挹娄不，法俗最无纲纪也。

濊南与辰韩，北与高句丽、沃沮接，东穷大海，今朝鲜之东皆其地也，户二万。昔箕子既适朝鲜，作八条之教以教之，无门户之闭而民不为盗。其后四十余世，朝鲜侯准僭号称王。陈胜等起，天下叛秦，燕、齐、赵民避地朝鲜数万口。燕人卫满，魋结夷服，复来王之。汉武帝伐灭朝鲜，分其地为四郡。自是之后，胡汉稍别。无大君长，自汉已来，其官有侯、邑君、三老，统主下户。其耆老旧自谓与句丽同种。其人性愿悫，少嗜欲，有廉耻，不请匄。言语法俗大抵与句丽同，衣服有异。男女衣皆著曲领，男子系银花广数寸以为饰。自单单大岭以西属乐浪，自领以东七县，都尉主之，皆以濊为民。后省都尉，封其渠帅为侯，今不耐濊皆其种也。汉末更属句丽。其俗重山川，山川各有部分，不得妄相涉入。同姓不婚。多忌讳，疾病死亡辄捐弃旧宅，更作新居。有麻布，蚕桑作绵。晓候星宿，豫知年岁丰约。不以珠玉为宝。常用十月节祭天，昼夜饮酒歌舞，名之为舞天，又祭虎以为神。其邑落相侵犯，辄相罚责生口牛马，名之为责祸。杀人者偿死。少寇盗。作矛长三丈，或数人共持之，能步战。乐浪檀弓出其地。其海出班鱼皮，土地饶文豹，又出果下马，汉桓时献之。臣松之按：果下马高三尺，乘之可于果树下行，故谓之果下。见《博物志》《魏都赋》。

正始六年，乐浪太守刘茂、带方太守弓遵以领东濊属句丽，兴师伐之，不耐侯等举邑降。其八年，诣阙朝贡，诏更拜不耐濊王。居处杂在民间，四时诣郡朝谒。二郡有军征赋调，供给役使，遇之如民。

韩在带方之南，东西以海为限，南与倭接，方可四千里。有三种，一曰马韩，二曰辰韩，三曰弁韩。辰韩者，古之辰国也。马韩在西。其民土著，种植，知蚕桑，作绵布。各有长帅，大者自名为臣智，其次为邑借，散在山海间，无城郭。有爰襄国、牟水国、桑外国、小石索国、大石索国、优休牟涿国、臣濆沽国、伯济国、速卢不斯国、日华国、古诞者国、古离国、怒蓝国、月支国、咨离牟卢国、素谓乾国、古爰国、莫卢国、卑离国、占离卑国、臣衅国、支侵国、狗卢国、卑弥国、监奚卑离国、古蒲国、致利鞠国、冉路国、儿林国、驷卢国、内卑离国、感奚国、万卢国、辟卑离国、臼斯乌旦国、一离国、不弥国、支半国、狗素国、捷卢国、牟卢卑离国、臣苏涂国、莫卢国、古腊国、临素半国、臣云新国、如来卑离国、楚山涂卑离国、一难国、狗奚国、不云国、不斯濆邪国、爰池国、乾马国、楚离国，凡五十余国。大国万余家，小国数千家，总十余万户。辰王治月支国。臣智或加优呼"臣云遣支报安邪踧支濆臣离儿不例拘邪秦支廉"之号。其官有魏率善、邑君、归义侯、中郎将、都尉、伯长。

侯准既僭号称王，为燕亡人卫满所攻夺，将其左右宫人走入海，居韩地，自号韩王。其后绝灭，今韩人犹有奉其祭祀者。汉时属乐浪郡，四时朝谒。

桓、灵之末，韩濊强盛，郡县不能制，民多流入韩国。建安中，公孙康分屯有县以南荒地为带方郡，遣公孙模、张敞等收集遗民，兴兵伐韩濊，旧民稍出，是后倭、韩遂属带方。景初中，明帝密遣带方太守刘昕、乐浪太守鲜于嗣越海定二郡，诸韩国臣智加赐邑君印绶，其次与邑长。其俗好衣帻，下户诣郡朝谒，皆假衣帻，自服印绶衣帻千有余人。部从事吴林以乐浪本统韩国，分割辰韩八国以与乐浪，吏译转有异同，臣智激韩忿，攻带方郡崎离营。时太守弓遵、乐浪太守刘茂兴兵伐之，遵战死，二郡遂灭韩。

其俗少纲纪，国邑虽有主帅，邑落杂居，不能善相制御。无跪拜之礼。居处作草屋土室，形如冢，其户在上，举家共在中，无长幼男女之别。其葬有棺无椁，不知乘牛马，牛马尽于送死。以璎珠为财宝，或以缀衣为饰，或以县颈垂耳，不以金银锦绣为珍。其人性强勇，魁头露纷，如炅兵；衣布袍，足履革蹻蹋。其国中有所为及官家使筑城郭，诸年少勇健者，皆凿脊皮，以大绳贯之，又以丈许木锸之，通日嚾呼作力，不以为痛，既以劝作，且以为健。常以五月下种讫，祭鬼神，群聚歌舞，饮酒昼夜无休。其舞，数十人俱起相随，踏地低昂，手足相应，节奏有似铎舞。十月农功毕，亦复如之。信鬼神，国、邑各立一人主祭天神，名之天君。又诸国各有别邑，名之为"苏涂"。立大木，县铃鼓，事鬼神。诸亡逃至其中，皆不还之，好作贼。其立苏涂之义，有似浮屠，而所行善恶有异。其北方近郡诸国差晓礼俗，其远处直如囚徒奴婢相聚。无他珍宝，禽兽草木略与中国同。出大栗，大如梨。又出细尾鸡，其尾皆长五尺余。其男子时时有文身。又有州胡在马韩之西海中大岛上，其人差短小，言语不与韩同，皆髡头如鲜卑，但衣韦，好养牛及猪。其衣有上无下，略如裸势。乘船往来，市买韩中。

辰韩在马韩之东，其耆老传世，自言古之亡人避秦役来适韩国，马韩割其东界地与之。有城栅，其言语不与马韩同，名国为邦，弓为弧，贼为寇，行酒为行觞。相呼皆为徒，有似秦人，非但燕、齐之名物也。名乐浪人为阿残；东方人名我为阿，谓乐浪人本其残余人。今有名之为秦韩者。始有六国，稍分为十二国。

弁辰亦十二国，又有诸小别邑，各有渠帅，大者名臣智，其次有险侧，次有樊濊，次有杀奚，次有邑借。有已柢国、不斯国、弁辰弥离弥冻国、弁辰接涂国、勤耆国、难弥离弥冻国、弁辰古资弥冻国、弁辰古淳是国、冉奚国、弁辰半路国、弁辰乐奴国、弁辰军弥国、弁辰弥乌邪马国、如湛国、弁辰甘路国、户路国、州鲜国、马延国、弁辰狗邪国、弁辰走漕马国、弁辰安邪国、弁辰渎卢国、斯卢国、优由国。弁、辰韩合二十四国，大国四五千家，小国六七百家，总四五万户。其十二国属辰王。辰王常用马韩人作之，世世相继。辰王不得自立为王。《魏略》曰：明其为流移之人，故为马韩所制。土地肥美，宜种五谷及稻，晓蚕桑，作缣布，乘驾牛马。嫁娶礼俗，男女有别。以大鸟羽送死，其意欲使死者飞扬。《魏略》曰：其国作屋，横累木为之，有似牢狱也。国出铁，韩、濊、倭皆从取之。诸市买皆用铁，如中国用钱，又以供给二郡。俗喜歌舞饮酒。有瑟，其形似筑，弹之亦有音曲。儿生，便以石压其头，欲其褊。今辰韩人皆褊头。男女近倭，亦文身。便步战，兵仗与马韩同。其俗，行者相逢，皆住让路。

弁辰与辰韩杂居，亦有城郭。衣服居处与辰韩同。言语法俗相似，祠祭鬼神有异，施灶皆在户西。其渎卢国与倭接界。十二国亦有王，其人形皆大。衣服洁清，长发。亦作广幅细布。法俗特严峻。

倭人在带方东南大海之中，依山岛为国邑。旧百余国，汉时有朝见者，今使译所通三十国。从郡至倭，循海岸水行，历韩国，乍南乍东，到其北岸狗邪韩国，七千余里，始度一海，千余里至对马国。其大官曰卑狗，副曰卑奴母离。所居绝岛，方可四百余里，土地山险，多深林，道路如禽鹿径。有千余户，无良田，食海物自活，乘船南北市籴。又南渡一海千余里，名曰瀚海，至一支国，官亦曰卑狗，副曰卑奴母离。方可三百里，多竹木丛林，有三千许家，差有田地，耕田犹不足食，亦南北市籴。又渡一海，千余里至末卢国，有四千余户，滨山海居，草木茂盛，行不见前人。好捕鱼鳆，水无深浅，皆沉没取之。东南陆行五百里，到伊都国，官曰尔支，副曰泄谟觚、柄渠觚。有千余户，世有王，皆统属女王国，郡使往来常所驻。东南至奴国百里，官曰兕马觚，副曰卑奴母离，有二万余户。东行至不弥国百里，官曰多模，副曰卑奴母离，有千余家。南至投马国，水行二十日，官曰弥弥，副曰弥弥那利，可五万余户。南至邪马壹国，女王之所都，水行十日，陆行一月。官有伊支马，次曰弥马升，次曰弥马获支，次曰奴佳鞮，可七万余户。自女王国以北，其户数道里可得略载，其余旁国远绝，不可得详。次有斯马国，次有已百支国，次有伊邪国，次有郡支国，次有弥奴国，次有好古都国，次有不呼国，次有姐奴国，次有对苏国，次有苏奴国，次有呼邑国，次有华奴苏奴国，次有鬼国，次有为吾国，次有鬼奴国，次有邪马国，次有躬臣国，次有巴利国，次有支惟国，次有乌奴国，次有奴国，此女王境界所尽。其南有狗奴国，男子为王，其官有狗古智卑狗，不属女王。自郡至女王国万二千余里。

男子无大小皆黥面文身。自古以来，其使诣中国，皆自称大夫。夏后少康之子封于会稽，断发文身以避蛟龙之害。今倭水人好沉没捕鱼蛤，文身亦以厌大鱼水禽，后稍以为饰。诸国文身各异，或左或右，或大或小，尊卑有差。计其道里，当在会稽、东冶之东。其风俗不淫，男子皆露紒，以木绵招头。其衣横幅，但结束相连，略无缝。妇人被发屈紒，作衣如单被，穿其中央，贯头衣之。种禾稻、纻麻、蚕桑、缉绩，出细纻、缣绵。其地无牛、马、虎、豹、羊、鹊。兵用矛、楯、木弓。木弓短下长上，竹箭或铁镞或骨镞，所有无与儋耳、朱崖同。倭地温暖，冬夏食生菜，皆徒跣。有屋室，父母兄弟卧息异处，以朱丹涂其身体，如中国用粉也。食饮用笾豆，手食。其死，有棺无椁，封土作冢。始死停丧十余日，当时不食肉，丧主哭泣，他人就歌舞饮酒。已葬，举家诣水中澡浴，以如练沐。其行来渡海诣中国，恒使一人，不梳头，不去虮虱，衣服垢污，不食肉，不近妇人，如丧人，名之为持衰。若行者吉善，共顾其生口财物；若有疾病，遭暴害，便欲杀之，谓其持衰不谨。出真珠、青玉。其山有丹；其木有楠、杼、豫樟、楺枥、投橿、乌号、枫香；其竹，筱簳、桃支。有姜、橘、椒、蘘荷，不知以为滋味。有猕猴、黑雉。其俗举事行来，有所云为，辄灼骨而卜，以占吉凶，先告所卜，其辞如令龟法，视火坼占兆。其会同坐起，父子男女无别，人性嗜酒。《魏略》曰：其俗不知正岁四节，但计春耕秋收为年纪。见大人所敬，但搏手以当跪拜。其人寿考，或百年，或八九十年。

其俗，国大人皆四五妇，下户或二三妇。妇人不淫，不妒忌。不盗窃，少诤讼。其犯法，轻者没其妻子，重者没其门户。及宗族尊卑，各有差序，足相臣服。收租赋。有邸阁国，国有市，交易有无，使大倭监之。自女王国以北，特置一大率检察诸国，诸国畏惮之。常治伊都国，于国中有如刺史。王遣使诣京都、带方郡、诸韩国，及郡使倭国，皆临津搜露，传送文书赐遗之物诣女王，不得差错。下户与大人相逢道路，逡巡入草。传辞说事，或蹲或跪，两手据地，为之恭敬。对应声曰"噫"，比如然诺。

其国本亦以男子为王，住七八十年，倭国乱，相攻伐历年，乃共立一女子为王，名曰"卑弥呼"，事鬼道，能惑众，年已长大，无夫婿，有男弟佐治国。自为王以来，少有见者。以婢千人自侍，唯有男子一人给饮食，传辞出入。居处宫室楼观，城栅严设，常有人持兵守卫。

女王国东渡海千余里，复有国，皆倭种。又有侏儒国在其南，人长三四尺，去女王四千余里。又有裸国、黑齿国复在其东南，船行一年可至。参问倭地，绝在海中洲岛之上，或绝或连，周旋可五千余里。

景初二年六月，倭女王遣大夫难升米等诣郡，求诣天子朝献，太守刘夏遣吏将送诣京都。其年十二月，诏书报倭女王曰："制诏亲魏倭王卑弥呼：带方太守刘夏遣使送汝大夫难升米、次使都市牛利奉汝所献男生口四人，女生口六人，班布二匹二丈，以到。汝所在逾远，乃遣使贡献，是汝之忠孝，我甚哀汝。今以汝为亲魏倭王，假金印紫绶，装封付带方太守假授汝。其绥抚种人，勉为孝顺。汝来使难升米、牛利涉远，道路勤劳，今以难升米为率善中郎将，牛利为率善校尉，假银印青绶，引见劳赐遣还。今以绛地交龙锦五匹、绛地绉粟罽十张、蒨绛五十匹、绀青五十匹，答汝所献贡直。又特赐汝绀地句文锦三匹、细班华罽五张、白绢五十匹、金八两、五尺刀二口、铜镜百枚，真珠、铅丹各五十斤,皆装封付难升米、牛利还到录受。悉可以示汝国中人,使知国家哀汝,故郑重赐汝好物也。"

正始元年,太守弓遵遣建中校尉梯俊等奉诏书印绶诣倭国,拜假倭王,并赍诏赐金、帛、锦罽、刀、镜、采物,倭王因使上表答谢诏恩。其四年,倭王复遣使大夫伊声耆、掖邪狗等八人,上献生口、倭锦、绛青缣、绵衣、帛布、丹木、狖、短弓矢。掖邪狗等壹拜率善中郎将印绶。其六年,诏赐倭难升米黄幢,付郡假授。其八年,太守王颀到官。倭女王卑弥呼与狗奴国男王卑弥弓呼素不和,遣倭载斯、乌越等诣郡说相攻击状。遣塞曹掾史张政等因赍诏书、黄幢,拜假难升米为檄告喻之。卑弥呼以死,大作冢,径百余步,徇葬者奴婢百余人。更立男王,国中不服,更相诛杀,当时杀千余人。复立卑弥呼宗女壹与,年十三为王,国中遂定。政等以檄告喻壹与,壹与遣倭大夫率善中郎将掖邪狗等二十人送政等还,因诣台,献上男女生口三十人,贡白珠五千,孔青大句珠二枚,异文杂锦二十匹。

评曰:《史》《汉》著朝鲜、两越,东京撰录西羌。魏世匈奴遂衰,更有乌丸、鲜卑,爰及东夷,使译时通,记述随事,岂常也哉!

附：魏曹氏人物关系表

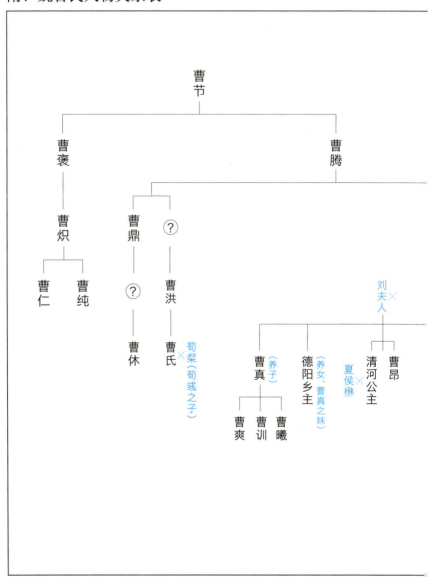

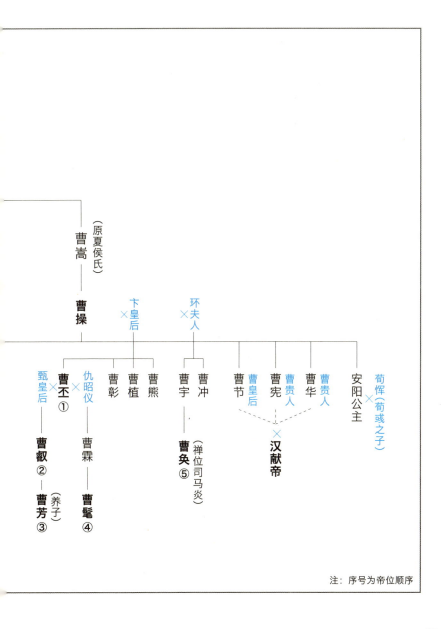

注：序号为帝位顺序

495

三国志
吴书

[西晋]　陈　寿　撰

[南朝宋]　裴松之　注

陕西新华出版　三秦出版社

果麦文化 出品

目录

六十五卷
吴书二十 | 王楼贺韦华传

四十六卷 吴书 一

孙破虏讨逆传 | 孙坚 孙策

○孙坚

孙坚字文台，吴郡富春人，盖孙武之后也。《吴书》曰：坚世仕吴，家于富春，葬于城东。冢上数有光怪，云气五色，上属于天，曼延数里。众皆往观视。父老相谓曰："是非凡气，孙氏其兴矣！"及母怀妊坚，梦肠出绕吴昌门，寤而惧之，以告邻母。邻母曰："安知非吉征也。"坚生，容貌不凡，性阔达，好奇节。少为县吏。年十七，与父共载船至钱唐，会海贼胡玉等从匏里上掠取贾人财物，方于岸上分之，行旅皆住，船不敢进。坚谓父曰："此贼可击，请讨之。"父曰："非尔所图也。"坚行操刀上岸，以手东西指麾，若分部人兵以罗遮贼状。贼望见，以为官兵捕之，即委财物散走。坚追，斩得一级以还；父大惊。由是显闻，府召署假尉。会稽妖贼许昌起于句章，自称阳明皇帝，《灵帝纪》曰：昌以其父为越王也。与其子韶扇动诸县，众以万数。坚以郡司马募召精勇，得千余人，与州郡合讨破之。是岁，熹平元年也。刺史臧旻列上功状，诏书除坚盐渎丞，数岁徙盱眙丞，又徙下邳丞。《江表传》曰：坚历佐三县，所在有称，吏民亲附。乡里知旧，好事少年，往来者常数百人，坚接抚待养，有若子弟焉。

中平元年，黄巾贼帅张角起于魏郡，托有神灵，遣八使以善道教化天下，而潜相连结，自称黄天泰平。三月甲子，三十六万一旦俱发，天下响应，燔烧郡县，杀害长吏。《献帝春秋》曰：角称天公将军，角弟宝称地公将军，宝弟梁称人公将军。汉遣车骑将军皇甫嵩、中郎将朱儁将兵讨击之。儁表请坚为佐军司马，乡里少年随在下邳者皆愿从。坚又募诸商旅及淮、泗精兵，合千许人，与儁并力奋击，所向无前。《吴书》曰：坚乘胜深入，于西华失利。坚被创堕马，卧草中。军众分散，不知坚所在。坚所骑骢马驰还营，踏地呼鸣，将士随马于草中得坚。坚还营十数日，创少愈，乃复出战。汝、颍贼困迫，走保宛城。坚身当一面，登城先入，众乃蚁附，遂大破之。儁具以状闻上，拜坚别部司马。《续汉书》曰：儁字公伟，会稽人，少好学，为郡功曹，察孝廉，举进士。汉朝以讨黄巾功拜车骑将军，累迁河南尹。董卓见儁，外甚亲纳，而心忌之，儁亦阴备焉。关东兵起，卓议移都，儁辄止卓。卓虽惮儁，然贪其名重，乃表拜太仆以自副。儁被召不肯受拜，因进曰："国不宜迁，必孤天下望，成山东之结，臣不见其可也。"有司诘曰："召君受拜而君拒之，不问徙事而君陈之，何也？"儁曰："副相国，非臣所堪也。迁都非计，臣之所急也。辞所不堪，进臣所急，臣之所宜也。"有司曰："迁都之事，初无此计也，就有，未露，何所受闻？"儁曰："相国董卓为臣说之，臣闻之于相国。"有司不能屈，朝廷称服焉。后为太尉。李催、郭汜相攻，劫质天子公卿，儁性刚，即发病而卒。

边章、韩遂作乱凉州。中郎将董卓拒讨无功。中平三年，遣司空张温行车骑将军，西讨章等。温表请坚与参军事，屯长安。

温以诏书召卓，卓良久乃诣温。温责让卓，卓应对不顺。坚时在坐，前耳语谓温曰："卓不怖罪而鸱张大语，宜以召不时至，陈军法斩之。"温曰："卓素著威名于陇蜀之间，今日杀之，西行无依。"坚曰："明公亲率王兵，威震天下，何赖于卓？观卓所言，不假明公，轻上无礼，一罪也。章、遂跋扈经年，当以时进讨，而卓云未可，沮军疑众，二罪也。卓受任无功，应召稽留，而轩昂自高，三罪也。古之名将，仗钺临众，未有不断斩以示威者也，是以穰苴斩庄贾，魏绛戮杨干。今明公垂意于卓，不即加诛，亏损威刑，于是在矣。"温不忍发举，乃曰："君且还，卓将疑人。"坚因起出。章、遂闻大兵向至，党众离散，皆乞降。军还，议者以军未临敌，不断功赏；然闻坚数卓三罪，劝温斩之，无不叹息。拜坚议郎。时长沙贼区星自称将军，众万余人，攻围城邑，乃以坚为长沙太守。到郡亲率将士，施设方略，旬月之间，克破星等。《魏书》曰：坚到郡，郡中震服，任用良吏。敕吏曰："谨遇良善，治官曹文书，必循治，以盗贼付太守。"周朝、郭石亦帅徒众起于零、桂，与星相应。遂越境寻讨，三郡肃然。汉朝录前后功，封坚乌程侯。《吴录》曰：是时庐江太守陆康从子作宜春长，为贼所攻，遣使求救于坚。坚整严救之。主簿进谏，坚答曰："太守无文德，以征伐为功，越界攻讨，以全异国。以此获罪，何愧海内乎？"乃进兵往救，贼闻而走。

灵帝崩，卓擅朝政，横恣京城。诸州郡并兴义兵，欲以讨卓。《江表传》曰：坚闻之，拊膺叹曰："张公昔从吾言，朝廷今无此难也。"坚亦举兵。荆州刺史王叡素遇坚无礼，坚过杀之。案《王氏谱》，叡字通耀，晋太保祥伯父也。｜《吴录》曰：叡先与坚共击零、桂贼，以坚武官，言颇轻之。及叡举兵欲讨卓，素与武陵太守曹寅不相能，扬言

3

当先杀寅。寅惧，诈作案行使者光禄大夫温毅檄，移坚，说叡罪过，令收行刑讫，以状上。坚即承檄勒兵袭叡。叡闻兵至，登楼望之，遣问欲何为，坚前部答曰："兵久战劳苦，所得赏，不足以为衣服，诣使君更乞资直耳。"叡曰："刺史岂有所吝？"便开库藏，使自入视之，知有所遗不。兵进及楼下，叡见坚，惊曰："兵自求赏，孙府君何以在其中？"坚曰："被使者檄诛君。"叡曰："我何罪？"坚曰："坐无所知。"叡穷迫，刮金饮之而死。比至南阳，众数万人。南阳太守张咨闻军至，晏然自若。《英雄记》曰：咨字子议，颍川人，亦知名。|《献帝春秋》曰：袁术表坚假中郎将。坚到南阳，移檄太守请军粮。咨以问纲纪，纲纪曰："坚邻郡二千石，不应调发。"咨遂不与。坚以牛酒礼咨，咨明日亦答诣坚。酒酣，长沙主簿入白坚："前移南阳，而道路不治，军资不具，请收主簿推问意故。"咨大惧欲去，兵陈四周不得出。有顷，主簿复入白坚："南阳太守稽停义兵，使贼不时讨，请收出案军法从事。"便牵咨于军门斩之。郡中震栗，无求不获。《吴历》曰：初坚至南阳，咨既不给军粮，又不肯见坚。坚欲进兵，恐有后患，乃诈得急疾，举军震惶，迎呼巫医，祷祀山川。遣所亲人说咨，言病困，欲以兵付咨。咨闻之，心利其兵，即将步骑五六百人诣营省坚。坚卧与相见。无何，卒然而起，按剑骂咨，遂执斩之。此语与本传不同。前到鲁阳，与袁术相见。术表坚行破虏将军，领豫州刺史。遂治兵于鲁阳城。当进军讨卓，遣长史公仇称将兵从事还州督促军粮。施帐幔于城东门外，祖道送称，官属并会。卓遣步骑数万人逆坚，轻骑数十先到。坚方行酒谈笑，敕部曲整顿行阵，无得妄动。后骑渐益，坚徐罢坐，导引入城，乃谓左右曰："向坚所以不即起者，恐兵相蹈藉，诸君不得入耳。"卓兵见坚士众甚整，不敢攻城，乃引还。《英雄记》

曰：初坚讨董卓，到梁县之阳人。卓亦遣兵步骑五千迎之，陈郡太守胡轸为大督护，吕布为骑督，其余步骑将校都督者甚众。轸字文才，性急，预宣言曰："今此行也，要当斩一青绶，乃整齐耳。"诸将闻而恶之。军到广成，去阳人城数十里。日暮，士马疲极，当止宿，又本受卓节度宿广成，秣马饮食，以夜进兵，投晓攻城。诸将恶惮轸，欲贼败其事，布等宣言"阳人城中贼已走，当追寻之；不然失之矣"，便夜进军。城中守备甚设，不可掩袭。于是吏士饥渴，人马甚疲，且夜至，又无堑垒。释甲休息，而布又宣言相惊，云"城中贼出来"。军众扰乱奔走，皆弃甲，失鞍马。行十余里，定无贼，会天明，便还，拾取兵器，欲进攻城。城守已固，穿堑已深，轸等不能攻而还。

坚移屯梁东，大为卓军所攻，坚与数十骑溃围而出。坚常著赤罽帻，乃脱帻令亲近将祖茂著之。卓骑争逐茂，故坚从间道得免。茂困迫，下马，以帻冠冢间烧柱，因伏草中。卓骑望见，围绕数重，定近觉是柱，乃去。坚复相收兵，合战于阳人，大破卓军，枭其都督华雄等。是时，或间坚于术，术怀疑，不运军粮。《江表传》曰：或谓术曰："坚若得洛，不可复制，此为除狼而得虎也"，故术疑之。

阳人去鲁阳百余里，坚夜驰见术，画地计校，曰："所以出身不顾，上为国家讨贼，下慰将军家门之私仇。坚与卓非有骨肉之怨也，而将军受谮润之言，还相嫌疑！"《江表传》载坚语曰："大勋垂捷而军粮不继，此吴起所以叹泣于西河，乐毅所以遗恨于垂成也。愿将军深思之。"术踧踖，即调发军粮。坚还屯。卓惮坚猛壮，乃遣将军李傕等来求和亲，令坚列疏子弟任刺史、郡守者，许表用之。坚曰："卓逆天无道，荡覆王室，今不夷汝三族，县示四海，则吾死不瞑目，岂将与乃和亲邪？"复进军大谷，拒雒九十里。《山阳公载记》曰：卓谓长史刘艾曰："关东军败数矣，皆畏孤，无能为也。惟孙坚小戆，颇能用人，当语诸将，使知忌之。孤昔与周慎西征，慎围边、韩于金城。孤语张温，求引所将兵为慎作后驻。温不听。孤时上言其形势，知慎必不克。台今有本末。事未报，温又使孤讨先零叛羌，以为西方可一时荡定。孤皆知其不然而不得止，遂行，留别部司马刘靖将步骑四千屯安定，以为声势。叛羌便还，欲截归道，孤小击辄开，畏安定有兵故也。虏谓安定当数万人，不知但靖也。时又上章言状，而孙坚随周慎行，谓慎求将万兵造金城，使慎以二万作后驻。边、韩城中无宿谷，当于外运，畏慎大兵，不敢轻与坚战，而坚兵足以断其运道，儿曹用必还羌谷中，凉州或能定也。温既不能用孤，慎又不用坚，自攻金城，坏其外垣，驰使语温，自以克在旦夕，温时亦自以计中也。而渡辽儿果断葵园，慎弃辎重走，果如孤策。台以此封孤都乡侯。坚以佐军司马，所见与人同，自为可耳。"艾曰："坚虽时见计，故自不如李催、郭汜。闻在美阳亭北，将千骑步与虏合，殆死，亡失印绶，此不为能也。"卓曰："坚时乌合义从，兵不如虏精，且战有利钝。但当论山东大势，终无所至耳。"艾曰："山东儿驱略百姓，以作寇逆，其锋不如人，坚甲利兵强弩之用又不如人，亦安得久？"卓曰："然，但杀二袁、刘表、孙坚，天下自服从孤耳。"**卓寻徙都西入关，焚烧雒邑。坚乃前入至雒，修诸陵，平塞卓所发掘。**

《江表传》曰：旧京空虚，数百里中无烟火。坚前入城，惆怅流涕。|《吴书》曰：坚入洛，埽除汉宗庙，祠以太牢。坚军城南甄官井上，旦有五色气，举军惊怪，莫有敢汲。坚令人入井，探得汉传国玺，文曰"受命于天，既寿永昌"，方圆四寸，上纽交五龙，龙上一角缺。初，黄门张让等作乱，劫天子出奔，左右分散，掌玺者以投井中。|《山阳公载记》曰：袁术将僭号，闻坚得传国玺，乃拘坚夫人而夺之。|《江表传》曰：案《汉献

帝起居注》云"天子从河上还，得六玺于阁上"，又太康之初孙晧送金玺六枚，无有玉，明其伪也。| 虞喜《志林》曰：天子六玺者，文曰"皇帝之玺""皇帝行玺""皇帝信玺""天子之玺""天子行玺""天子信玺"。此六玺所封事异，故文字不同。《献帝起居注》云"从河上还，得六玉玺于阁上"，此之谓也。传国玺者，乃汉高祖所佩秦皇帝玺，世世传受，号曰"传国玺"。案传国玺不在六玺之数，安得总其说乎？应氏《汉官》、皇甫《世纪》，其论六玺，文义皆符。《汉官》传国玺，文曰"受命于天，既寿且康"。"且康""永昌"，二字为错，未知两家何者为得。金玉之精，率有光气，加以神器秘宝，辉耀益彰，盖一代之奇观，将来之异闻；而以不解之故，强谓之伪，不亦诬乎！陈寿为《破虏传》亦除此说，俱惑《起居注》，不知六玺殊名，与传国为七者也。吴时无能刻玉，故天子以金为玺。玺虽以金，于文不异。吴降而送玺者送天子六玺，襄所得玉玺，乃古人遗印，不可施用。天子之玺，今以无有为难，不通其义者耳。| 臣松之以为孙坚于兴义之中最有忠烈之称，若得汉神器而潜匿不言，此为阴怀异志，岂所谓忠臣者乎？吴史欲以为国华，而不知损坚之令德。如其果然，以传子孙，纵非六玺之数，要非常人所畜。孙晧之降，亦不得但送六玺，而宝藏传国也。受命于天，奚取于归命之堂，若如喜言，则此玺今尚在孙门。匹夫怀璧，犹曰有罪，而况斯物哉！讫，引军还，住鲁阳。《吴录》曰：是时关东州郡，务相兼并以自强大。袁绍遣会稽周喁为豫州刺史，来袭取州。坚慨然叹曰："同举义兵，将救社稷。逆贼垂破而各若此，吾当谁与戮力乎！"言发涕下。喁字仁明，周昕之弟也。|《会稽典录》曰：初曹公兴义兵，遣人要喁，喁即收合兵众，得二千人，从公征伐，以为军师。后与坚争豫州，屡战失利。会次兄九江太守昂为袁术所攻，喁往助之。军败，还乡里，为许贡所害。

初平三年，术使坚征荆州，击刘表。表遣黄祖逆于樊、邓之间。坚击破之，追渡汉水，遂围襄阳，单马行岘山，为祖军士所射杀。《典略》曰：坚悉其众攻表，表闭门，夜遣将黄祖潜出发兵。祖将兵欲还，坚逆与战。祖败走，窜岘山中。坚乘胜夜追祖，祖部兵从竹木间暗射坚，杀之。|《吴录》曰：坚时年三十七。|《英雄记》曰：坚以初平四年正月七日死。又云：刘表将吕公将兵缘山向坚，坚轻骑寻山讨公。公兵下石，中坚头，应时脑出物故。其不同如此也。兄子贲，帅将士众就术，术复表贲为豫州刺史。

坚四子：策、权、翊、匡。权既称尊号，谥坚曰武烈皇帝。《吴录》曰：尊坚庙曰始祖，墓曰高陵。|《志林》曰：坚有五子：策、权、翊、匡，吴氏所生；少子朗，庶生也，一名仁。

○孙策

策字伯符。坚初兴义兵，策将母徙居舒，与周瑜相友，收合士大夫，江、淮间人咸向之。《江表传》曰：坚为朱儁所表，为佐军，留家著寿春。策年十余岁，已交结知名，声誉发闻。有周瑜者，与策同年，亦英达夙成。闻策声闻，自舒来造焉。便推结分好，义同断金，劝策徙居舒，策从之。坚薨，还葬曲阿。已乃渡江居江都。《魏书》曰：策当嗣侯，让与弟匡。

徐州牧陶谦深忌策。策舅吴景，时为丹阳太守，策乃载母徙曲阿，与吕范、孙河俱就景，因缘召募得数百人。兴平元年，从袁术。术甚奇之，以坚部曲还策。《吴历》曰：初策在江都时，张纮有母丧。策数诣纮，咨以世务，曰："方今汉祚中微，天下扰攘，英雄俊杰各拥众营私，未有能扶危济乱者也。先君与袁氏共破董卓，功业未遂，卒为黄祖所害。策虽暗稚，窃有微志，欲从袁扬州求先君余兵，就舅氏于丹阳，收合流散，东据吴会，报仇雪耻，为朝廷外藩。君以为何如？"纮答曰："既素空劣，方居衰绖之中，无以奉赞盛略。"策曰："君高名播越，远近怀归。今日事计，决之于君，何得不纡虑启告，副其高山之望？若微志得展，血仇得报，此乃君之勋力，策心所望也。"因涕泣横流，颜色不变。纮见策忠壮内发，辞令慷慨，感其志言，乃答曰："昔周道陵迟，齐、晋并兴；王室已宁，诸侯贡职。今君绍先侯之轨，有骁武之名，若投丹阳，收兵吴会，则荆、扬可一，仇敌可报。据长江，奋威德，诛除群秽，匡辅汉室，功业侔于桓、文，岂徒外藩而已哉？方今世乱多难，若功成事立，当与同好俱南济也。"策曰："一与君同符合契，有永固之分，今便行矣，以老母弱弟委付于君，策无复回顾之忧。"│《江表传》曰：策径到寿春见袁术，涕泣而言曰："亡父昔从长沙入讨董卓，与明使君会于南阳，同盟结好；不幸遇难，勋业不终。策感惟先人旧恩，欲自凭结，愿明使君垂察其诚。"术甚贵异之，然未肯还其父兵。术谓策曰："孤始用贵舅为丹阳太守，贤从伯阳为都尉，彼精兵之地，可还依召募。"策遂诣丹阳依舅，得数百人，而为泾县大帅祖郎所袭，几至危殆。于是复往见术，术以坚余兵千余人还策。

　　太傅马日䃅杖节安集关东，在寿春以礼辟策，表拜怀义校尉，术大将乔蕤、张勋皆倾心敬焉。术常叹曰："使术有子如孙郎，死复何恨！"策骑士有罪，逃入术营，隐于内厩。策指使人就斩之，讫，诣术谢。术曰："兵人好叛，当共疾之，何为谢也？"由是军中益畏惮之。术初许策为九江太守，已而更用丹阳陈纪。后术欲攻徐州，从庐江太守陆康求米三万斛。康不与，术大怒。策昔曾诣康，康不见，使主簿接之，策常衔恨。术遣策攻康，谓曰："前错用陈纪，每恨本意不遂。今若得康，庐江真卿有也。"策攻康，拔之，术复用其故吏刘勋为太守，策益失望。先是，刘繇为扬州刺史，州旧治寿春。寿春，术已据之，繇乃渡江治曲阿。时吴景尚在丹阳，策从兄贲又为丹阳都尉，繇至，皆迫逐之。景、贲退舍历阳。繇遣樊能、于麋东屯横江津，张英屯当利口以距术。术自用故吏琅邪惠衢为扬州刺史，更以景为督军中郎将，与贲共将兵击英等，连年不克。策乃说术，乞助景等平定江东。《江表传》曰：策说术云："家有旧恩在东，愿助舅讨横江；横江拔，因投本土召募，可得三万兵，以佐明使君匡济汉室。"术知其恨，而以刘繇据曲阿，王朗在会稽，谓策未必能定，故许之。术表策为折冲校尉，行殄寇将军，兵财千余，骑数十匹，宾客愿从者数百人。比至历阳，众五六千。策母先自曲阿徙于历阳，策又徙母阜陵，渡江转斗，所向皆破，莫敢当其锋，而军令整肃，百姓怀之。《江表传》曰：策渡江攻繇牛渚营，尽得邸阁粮谷、战具，是岁兴平二年也。时彭城相薛礼、下邳相笮融依繇为盟主。礼据秣陵城，融屯县南。策先攻融，融出兵交战，斩首五百余级，融即闭门不敢动。因渡江攻礼，礼突走，而樊能、于麋等复合众袭夺牛渚屯。策闻之，还攻破能等，获男女万余人。复下攻融，为流矢所中，伤股，不能乘马，因自舆还牛渚营。或叛告融曰："孙郎被箭已死。"融大喜，即遣将於兹乡策。策遣步骑数百挑战，设伏于后，贼出击之，锋刃未接而伪走，贼追入伏中，乃大破之，斩首千余级。策因往到融营下，令左右大呼曰："孙郎竟云何！"贼于是惊怖夜遁。融闻策尚在，更深沟高垒，缮治守备。策以融所屯地势险固，乃舍去，攻破繇别将于海陵，转攻湖孰、江乘，皆下之。

策为人，美姿颜，好笑语，性阔达听受，善于用人，是以士民见者，莫不尽心，乐为致死。刘繇弃军遁逃，诸郡守皆捐城郭奔走。《江表传》曰：策时年少，虽有位号，而士民皆呼为孙郎。百姓闻孙郎至，皆失魂魄；长吏委城郭，窜伏山草。及至，军士奉令，不敢虏略，鸡犬菜茹，一无所犯，民乃大悦，竞以牛酒诣军。刘繇既走，策入曲阿劳赐将士，遣将陈宝诣阜陵迎母及弟。发恩布令，告诸县："其刘繇、笮融等故乡部曲来降首者，一无所问；乐从军者，一身行，复除门户；不乐者，勿强也。"旬日之间，四面云集，得见兵二万余人，马千余匹，威震江东，形势转盛。吴人严白虎等众各万余人，处处屯聚。吴景等欲先击破虎等，乃至会稽。策曰："虎等群盗，非有大志，此成禽耳。"遂引兵渡浙江，据会稽，屠东冶，乃攻破虎等。《吴录》曰：时有乌程邹他、钱铜及前合浦太守嘉兴王晟等，各聚众万余或数千。引兵扑讨，皆攻破之。策母吴氏曰："晟与汝父有升堂见妻之分，今其诸子兄弟皆枭夷，独余一老翁，何足复惮乎？"乃舍之，余咸族诛。策自讨虎，虎高垒坚守，使其弟舆请和。许之。舆请独与策会面约。既会，策引白刃斫席，舆体动，策笑曰："闻卿能坐跃，剿捷不常，聊戏卿耳！"舆曰："我见刃乃然。"策知其无能也，乃以手戟投之，立死。舆有勇力，虎众以其死也，甚惧。进攻破之。虎奔余杭，投许昭于湖中。程普请击昭，策曰："许昭有义于旧君，有诚于故友，此丈夫之志也。"乃舍之。｜臣松之案：许昭有义于旧君，谓济盛宪也，事见后注。有诚于故友，则受严白虎也。尽更置长吏，策自领会稽太守，复以吴景为丹阳太守，以孙贲为豫章太守；分豫章为庐陵郡，以贲弟辅为庐陵太守，丹阳朱治为吴郡太守。彭城张昭，广陵张纮、秦松、陈端等为谋主。

《江表传》曰：策遣奉正都尉刘由、五官掾高承奉章诣许，拜献方物。

时袁术僭号，策以书责而绝之。曹公表策为讨逆将军，封为吴侯。后术死，长史杨弘、大将张勋等将其众欲就策，庐江太守刘勋要击，悉虏之，收其珍宝以归。策闻之，伪与勋好盟。勋新得术众，时豫章上缭宗民万余家在江东，策劝勋攻取之。勋既行，策轻军晨夜袭拔庐江，勋众尽降，勋独与麾下数百人自归曹公。

《江表传》曰：策被诏敕，与司空曹公、卫将军董承、益州牧刘璋等并力讨袁术、刘表。军严当进，会术死，术从弟胤、女婿黄猗等畏惧曹公，不敢守寿春，乃共异术棺柩，扶其妻子及部曲男女，就刘勋于皖城。勋粮食少，无以相振，乃遣从弟偕告籴于豫章太守华歆。歆郡素少谷，遣吏将偕就海昏、上缭，使诸宗帅共出三万斛米以与偕。偕往历月，才得数千斛。偕乃报勋，具说形状，使勋来袭取之。勋得偕书，便潜军到海昏邑下。宗帅知之，空壁逃匿，勋了无所得。时策西讨黄祖，行及石城，闻勋轻身诣海昏，便分遣从兄贲、辅率八千人于彭泽待勋，自与周瑜率二万人步袭皖城。即克之，得术百工及鼓吹部曲三万余人，并术、勋妻子。表用汝南李术为庐江太守，给兵三千人以守皖，皆徙所得人东诣吴。贲、辅又于彭泽破勋。勋走入楚江，从寻阳步上到置马亭，闻策等已克皖，乃投西塞。至沂，筑垒自守，告急于刘表，求救于黄祖。祖遣太子射船军五千人助勋。策复就攻，大破勋。勋与偕北归曹公，射亦遁走。策收得勋兵二千余人，船千艘，遂前进夏口攻黄祖。时刘表遣从子虎、南阳韩晞将长矛五千，来为黄祖前锋。策与战，大破之。是时袁绍方强，而策并江东，曹公力未能逞，且欲抚之。《吴历》曰：曹公闻策平定江南，意甚难之，常呼"猘儿难与争锋也"。乃以弟女配策小弟匡，又为子彰取贲女，皆礼辟策弟权、翊，又命扬州刺史严象举权茂才。

建安五年，曹公与袁绍相拒于官渡，策阴欲袭许，迎汉帝。《江表传》曰：时有道士琅邪于吉，先寓居东方，往来吴会，立精舍，烧香读道书，制作符水以治病，吴会人多事之。策尝于郡城门楼上集会诸将宾客，吉乃盛服杖小函，漆画之，名为"仙人铧"，趋度门下。诸将宾客三分之二下楼迎拜之，掌宾者禁呵不能止。策即令收之。诸事之者，悉使妇女入见策母，请救之。母谓策曰："于先生亦助军作福，医护将士，不可杀之。"策曰："此子妖妄，能幻惑众心，远使诸将不复相顾君臣之礼，尽委策下楼拜之，不可不除也。"诸将复连名通白事陈乞之，策曰："昔南阳张津为交州刺史，舍前圣典训，废汉家法律，尝著绛帕头，鼓琴烧香，读邪俗道书，云以助化，卒为南夷所杀。此甚无益，诸君但未悟耳。今此子已在鬼箓，勿复费纸笔也。"即催斩之，悬首于市。诸事之者，尚不谓其死而云尸解焉，复祭祀求福。|《搜神记》曰：策欲渡江袭许，与吉俱行。时大旱，所在熇厉。策催诸将士使速引船，或身自早出督切，见将吏多在吉许，策因此激怒，言："我为不如于吉邪，而先趋务之？"便使收吉。至，呵问之曰："天旱不雨，道涂艰涩，不时得过，故自早出，而卿不同忧戚，安坐船中作鬼物态，败吾部伍，今当相除。"令人缚置地上暴之，使请雨，若能感天日中雨者，当原赦，不尔行诛。俄而云气上蒸，肤寸而合；比至日中，大雨总至，溪涧盈溢。将士喜悦，以为吉必见原，并往庆慰。策遂杀之。将士哀惜，共藏其尸。天夜，忽更兴云覆之；明旦往视，不知所在。|案《江表传》《搜神记》于吉事不同，未详孰是。密治兵，部署诸将。未发，会为故吴郡太守许贡客所杀。先是，策杀贡，贡小子与客亡匿江边。策单骑出，卒与客遇，客击伤策。《江表传》曰：广陵太守陈登治射阳，登即瑀之从兄子也。策前西征，登阴复遣间使，以印绶与严白虎余党，图为后害，以报瑀见破之辱。策归，复讨登。

军到丹徒，须待运粮。策性好猎，将步骑数出。策驱驰逐鹿，所乘马精骏，从骑绝不能及。初，吴郡太守许贡上表于汉帝曰："孙策骁雄，与项籍相似，宜加贵宠，召还京邑。若被诏不得不还，若放于外必作世患。"策候吏得贡表，以示策。策请贡相见，以责让贡。贡辞无表，策即令武士绞杀之。贡奴客潜民间，欲为贡报仇。猎日，卒有三人即贡客也。策问："尔等何人？"答云："是韩当兵，在此射鹿耳。"策曰："当兵吾皆识之，未尝见汝等。"因射一人，应弦而倒。余二人怖急，便举弓射策，中颊。后骑寻至，皆刺杀之。|《九州春秋》曰·策闻曹公北征柳城，悉起江南之众，自号大司马，将北袭许，恃其勇，行不设备，故及于难。| 孙盛《异同评》曰：凡此数书，各有所失。孙策虽威行江外，略有六郡，然黄祖乘其上流，陈登间其心腹，且深险强宗，未尽归复，曹、袁虎争，势倾山海，策岂暇远师汝、颍，而迁帝于吴、越哉？斯盖庸人之所鉴见，况策达于事势者乎？又案袁绍以建安五年至黎阳，而策以四月遇害，而《志》云策闻曹公与绍相拒于官渡，谬矣。伐登之言，为有证也。又《江表传》说策悉识韩当军士，疑此为诈，便射杀一人。夫三军将士或有新附，策为大将，何能悉识？以所不识，便射杀之，非其论也。又策见杀在五年，柳城之役在十二年，《九州春秋》乖错尤甚矣。| 臣松之案：《傅子》亦云曹公征柳城，将袭许。记述若斯，何其疏哉！然孙盛所讥，未为悉是。黄祖始被策破，魂气未反，且刘表君臣本无兼并之志，虽在上流，何办规拟吴会？策之此举，理应先图陈登，但举兵所在，不止登而已。于时强宗骁帅，祖郎、严虎之徒，禽灭已尽，所余山越，盖何足虑？然则策之所规，未可谓之不暇也。若使策志获从，大权在手，淮、泗之间，所在皆可都，何必毕志江外，其当迁帝于扬越哉？案《魏武纪》，武帝以建安四年已出屯官渡，乃策未死之前，久与袁绍交兵，则《国志》所云不为谬也。许贡

客，无闻之小人，而能感识恩遇，临义忘生，卒然奋发，有侔古烈矣。《诗》云："君子有徽猷，小人与属。"贡客其有焉！创甚，请张昭等谓曰："中国方乱，夫以吴、越之众，三江之固，足以观成败。公等善相吾弟！"呼权佩以印绶，谓曰："举江东之众，决机于两陈之间，与天下争衡，卿不如我；举贤任能，各尽其心，以保江东，我不如卿。"至夜卒，时年二十六。《吴历》曰：策既被创，医言可治，当好自将护，百日勿动。策引镜自照，谓左右曰："面如此，尚可复建功立事乎？"椎几大奋，创皆分裂，其夜卒。|《搜神记》曰：策既杀于吉，每独坐，仿佛见吉在左右，意深恶之，颇有失常。后治创方差，而引镜自照，见吉在镜中，顾而弗见，如是再三。因扑镜大叫，创皆崩裂，须臾而死。

权称尊号，追谥策曰长沙桓王，封子绍为吴侯，后改封上虞侯。绍卒，子奉嗣。孙皓时，讹言谓奉当立，诛死。

评曰：孙坚勇挚刚毅，孤微发迹，导温戮卓，山陵杜塞，有忠壮之烈。策英气杰济，猛锐冠世，览奇取异，志陵中夏。然皆轻佻果躁，陨身致败。且割据江东，策之基兆也，而权尊崇未至，子止侯爵，于义俭矣。孙盛曰：孙氏兄弟皆明略绝群。创基立事，策之由也，且临终之日，顾命委权。夫意气之间，犹有刎颈，况天伦之笃爱，豪达之英鉴，岂吝名号于既往，违情本之至实哉？抑将远思虚盈之数，而慎其名器者乎？夫正本定名，为国之大防；杜绝疑贰，消衅之良谟。是故鲁隐矜义，终致羽父之祸；宋宣怀仁，卒有殇公之哀。皆心存小善，而不达经纶之图，求誉当年，而不思贻厥之谋。可谓轻千乘之国，蹈道则未也。孙氏因扰攘之际，得奋其纵横之志，业非积德之基，邦无磐石之固，势一则禄祚可终，情乖则祸乱尘起，安可不防微于未兆，虑难于将来？壮哉！策为首事之君，有吴开国之主。将相在列，皆其旧也，而嗣子弱劣，析薪弗荷，奉之则鲁桓、田市之难作，崇之则与夷、子冯之祸兴。是以正名定本，使贵贱殊邈，然后国无陵肆之责，后嗣罔猜忌之嫌，群情绝异端之论，不逞杜觊觎之心。于情虽违，于事虽俭，至于括囊远图，永保维城，可谓为之于其未有，治之于其未乱者也。陈氏之评，其未达乎！

四十七卷 吴书 ^二

吴主传 | 孙权

○孙权

孙权字仲谋。兄策既定诸郡，时权年十五，以为阳羡长。《江表传》曰：坚为下邳丞时，权生，方颐大口，目有精光，坚异之，以为有贵象。及坚亡，策起事江东，权常随从。性度弘朗，仁而多断，好侠养士，始有知名，侔于父兄矣。每参同计谋，策甚奇之，自以为不及也。每请会宾客，常顾权曰："此诸君，汝之将也。"郡察孝廉，州举茂才，行奉义校尉。汉以策远修职贡，遣使者刘琬加锡命。琬语人曰："吾观孙氏兄弟虽各才秀明达，然皆禄祚不终，惟中弟孝廉，形貌奇伟，骨体不恒，有大贵之表，年又最寿，尔试识之。"

建安四年，从策征庐江太守刘勋。勋破，进讨黄祖于沙羡。

五年，策薨，以事授权，权哭未及息。策长史张昭谓权曰："孝廉，此宁哭时邪？且周公立法而伯禽不师，非欲违父，时不得行也。臣松之按《礼记·曾子问》子夏曰："三年之丧，金革之事无避也者，礼与？初有司与？"孔子曰："吾闻诸老聃曰，昔者鲁公伯禽有为为之也。"郑玄注曰："周人卒哭而致事。时有徐戎作难，伯禽卒哭而征之，急王事也。"昭所云"伯禽不师"，盖谓此也。况今奸宄竞逐，豺狼满道，乃欲哀亲戚，顾礼制，是犹开门而揖盗，未可以为仁也。"乃改易权服，扶令上马，使出巡军。是时惟有会稽、吴郡、丹阳、豫章、庐陵，然深险之地犹未尽从，而天下英豪布在州郡，宾旅寄寓之士以安危去就为意，未有君臣之固。张昭、周瑜等谓权可与共成大业，故委心而服事焉。曹公表权为讨虏将军，领会稽太守，屯吴。使丞之郡行文书事，待张昭以师傅之礼，而周瑜、程普、吕范等为将率。招延俊秀，聘求名士，鲁肃、诸葛瑾等始为宾客。分部诸将，镇抚山越，讨不从命。《江表传》曰：初策表用李术为庐江太守，策亡之后，术不肯事权，而多纳其亡叛。权移书求索，术报曰："有德见归，无德见叛，不应复还。"权大怒，乃以状白曹公曰："严刺史昔为公所用，又是州举将，而李术凶恶，轻犯汉制，残害州司，肆其无道，宜速诛灭，以惩丑类。今欲讨之，进为国朝扫除鲸鲵，退为举将报塞怨仇，此天下达义，夙夜所甘心。术必惧诛，复诡说求救。明公所居，阿衡之任，海内所瞻，愿敕执事，勿复听受。"是岁举兵攻术于皖城。术闭门自守，求救于曹公。曹公不救。粮食乏尽，妇女或丸泥而吞之。遂屠其城，枭术首，徙其部曲三万余人。

七年，权母吴氏薨。

八年，权西伐黄祖，破其舟军，惟城未克，而山寇复动。还过豫章，使吕范平鄱阳、会稽，程普讨乐安，太史慈领海昏，韩当、周泰、吕蒙等为剧县令长。

九年，权弟丹阳太守翊为左右所害，以从兄瑜代翊。

十年，权使贺齐讨上饶，分为建平县。

十二年，西征黄祖，虏其人民而还。

十三年春，权复征黄祖，祖先遣舟兵拒军，都尉吕蒙破其前锋，而凌统、董袭等尽锐攻之，遂屠其城。祖挺身亡走，骑士冯则追枭其首，虏其男女数万口。是岁，使贺齐讨黟、歙，黟音伊。歙音摄。分歙为始新、新定、《吴录》曰：晋改新定为遂安。犁阳、休阳县，《吴录》曰：晋改休阳为海宁。以六县为新都郡。荆州牧刘表死，鲁肃乞奉命吊表二子，且以观变。肃未到，而曹公已临其境，表子琮举众以降。刘备欲南济江，肃与相见，因传权旨，为陈成败。备进住夏口，使诸葛亮诣权，权遣周瑜、程普等行。是时曹公新得表众，形势甚盛，诸议者皆望风畏惧，多劝权迎之。《江表传》载曹公与权书曰："近者奉辞伐罪，旌麾南指，刘琮束手。今治水军八十万众，方与将军会猎于吴。"权得书以示群臣，莫不向震失色。惟瑜、肃执拒之议，意与权同。瑜、普为左右督，各领万人，与备俱进，遇于赤壁，大破曹公军。公烧其余船引退，士卒饥疫，死者大半。备、瑜等复追至南郡，曹公遂北还，留曹仁、徐晃于江陵，使乐进守襄阳。时甘宁在夷陵，为仁党所围，用吕蒙计，留凌统以拒仁，以其半救宁，军以胜反。权自率众围合肥，使张昭攻九江之当涂。昭兵不利，权攻城逾月不能下。曹公自荆州还，遣张喜将骑赴合肥。未至，权退。

十四年，瑜、仁相守岁余，所杀伤甚众。仁委城走。权以瑜为南郡太守。刘备表权行车骑将军，领徐州牧。备领荆州牧，屯公安。

十五年，分豫章为鄱阳郡；分长沙为汉昌郡，以鲁肃为太守，屯陆口。

十六年，权徙治秣陵。明年，城石头，改秣陵为建业。闻曹公将来侵，作濡须坞。

十八年正月，曹公攻濡须，权与相拒月余。曹公望权军，叹其齐肃，乃退。《吴历》曰：曹公出濡须，作油船，夜渡洲上。权以水军围取，得三千余人，其没溺者亦数千人。权数挑战，公坚守不出。权乃自来，乘轻船，从濡须口入公军。诸将皆以为是挑战者，欲击之。公曰："此必孙权欲身见吾军部伍也。"敕军中皆精严，弓弩不得妄发。权行五六里，回还作鼓吹。公见舟船器仗军伍整肃，喟然叹曰："生子当如孙仲谋，刘景升儿子若豚犬耳！"权为笺与曹公，说："春水方生，公宜速去。"别纸言："足下不死，孤不得安。"曹公语诸将曰："孙权不欺孤。"乃彻军还。| 《魏略》曰：权乘大船来观军，公使弓弩乱发，箭著其船，船偏重将覆，权因回船，复以一面受箭，箭均船平，乃还。

初，曹公恐江滨郡县为权所略，征令内移。民转相惊，自庐江、九江、蕲春、广陵户十余万皆东渡江，江西遂虚，合肥以南惟有皖城。

十九年五月，权征皖城。闰月，克之，获庐江太守朱光及参军董和，男女数万口。是岁刘备定蜀。权以备已得益州，令诸葛瑾从求荆州诸郡。备不许，曰："吾方图凉州，凉州定，乃尽以荆州与吴耳。"权曰："此假而不反，而欲以虚辞引岁。"遂置南三郡长吏，关羽尽逐之。权大怒，乃遣吕蒙督鲜于丹、徐忠、孙规等兵二万取长沙、零陵、桂阳三郡，使鲁肃以万人屯巴丘巴丘今日巴陵。以御关羽。权住陆口，为诸军节度。蒙到，二郡皆服，惟零陵太守郝普未下。会备到公安，使关羽将三万兵至益阳，权乃召蒙等使还助肃。蒙使人诱普，普降，尽得三郡将守，因引军还，与孙皎、潘璋并鲁肃兵并进，拒羽于益阳。未战，会曹公入汉中，

备惧失益州，使使求和。权令诸葛瑾报，更寻盟好，遂分荆州长沙、江夏、桂阳以东属权，南郡、零陵、武陵以西属备。备归，而曹公已还。权反自陆口，遂征合肥。合肥未下，彻军还。兵皆就路，权与凌统、甘宁等在津北为魏将张辽所袭，统等以死捍权，权乘骏马越津桥得去。《献帝春秋》曰：张辽问吴降人："向有紫髯将军，长上短下，便马善射，是谁？"降人答曰："是孙会稽。"辽及乐进相遇，言不早知之，急追自得，举军叹恨。|《江表传》曰：权乘骏马上津桥，桥南已见彻，丈余无版。谷利在马后，使权持鞍缓控，利于后著鞭，以助马势，遂得超度。权既得免，即拜利都亭侯。谷利者，本左右给使也，以谨直为亲近监，性忠果亮烈，言不苟且，权爱信之。

二十一年冬，曹公次于居巢，遂攻濡须。

二十二年春，权令都尉徐详诣曹公请降，公报使修好，誓重结婚。

二十三年十月，权将如吴，亲乘马射虎于庱亭。马为虎所伤，权投以双戟，虎却废，常从张世击以戈，获之。

二十四年，关羽围曹仁于襄阳，曹公遣左将军于禁救之。会汉水暴起，羽以舟兵尽虏禁等步骑三万送江陵，惟城未拔。权内惮羽，外欲以为己功，笺与曹公，乞以讨羽自效。曹公且欲使羽与权相持以斗之，驿传权书，使曹仁以弩射示羽。羽犹豫不能去。闰月，权征羽，先遣吕蒙袭公安，获将军士仁。蒙到南郡，南郡太守糜芳以城降。蒙据江陵，抚其老弱，释于禁之囚。陆逊别取宜都，获秭归、枝江、夷道，还屯夷陵，守峡口以备蜀。关羽还当阳，西保麦城。权使诱之。羽伪降，立幡旗为象人于城上，因遁走，兵皆解散，尚十余骑。权先使朱然、潘璋断其径路。十二月，璋司马马忠获羽及其子平、都督赵累等于章乡，遂定荆州。是岁大疫，尽除荆州民租税。曹公表权为骠骑将军，假节、领荆州牧，封南昌侯。权遣校尉梁寓奉贡于汉，及令王惇市马，又遣朱光等归。《魏略》曰：梁寓字孔儒，吴人也。权遣寓观望曹公，曹公因以为掾，寻遣还南。

二十五年春正月，曹公薨，太子丕代为丞相魏王，改年为延康。秋，魏将梅敷使张俭求见抚纳。南阳阴、酂、筑阳、山都、中庐五县民五千家来附。冬，魏嗣王称尊号，改元为黄初。二年四月，刘备称帝于蜀。《魏略》曰：权闻魏文帝受禅而刘备称帝，乃呼问知星者，己分野中星气何如，遂有僭意。而以位次尚少，无以威众，又欲先卑而后踞之，为卑则可以假宠，后踞则必致讨，致讨然后可以怒众，众怒然后可以自大，故深绝蜀而专事魏。权自公安都鄂，改名武昌，以武昌、下雉、寻阳、阳新、柴桑、沙羡六县为武昌郡。五月，建业言甘露降。八月，城武昌，下令诸将曰："夫存不忘亡，安必虑危，古之善教。昔隽不疑，汉之名臣，于安平之世而刀剑不离于身，盖君子之于武备，不可以已。况今处身疆畔，豺狼交接，而可轻忽不思变难哉？顷闻诸将出入，各尚谦约，不从人兵，甚非备虑爱身之谓。夫保己遗名，以安君亲，孰与危辱？宜深警戒，务崇其大，副孤意焉。"

自魏文帝践阼，权使命称藩，及遣于禁等还。十一月，策命权曰："盖圣王之法，以德设爵，以功制禄；劳大者禄厚，德盛者礼丰。故叔旦有夹辅之勋，太公有鹰扬之功，并启土宇，并受备物，所以表章元功，殊异贤哲也。近汉高祖受命之初，分裂膏腴以王八姓，斯则前世之懿事，后王之元龟也。朕以不德，承运革命，君临万国，秉统天机，思齐先代，坐而待旦。惟君天资忠亮，命世作佐，深睹历数，达见废兴，远遣行人，浮于潜汉。《禹贡》曰：沱、潜既道。注曰："水自江出为沱，汉为潜。"望风影附，抗疏称藩，兼纳纤绵南方之贡，普遣诸将来还本朝，忠肃内发，款诚外昭，信著金石，义盖山河，朕甚嘉焉。今封君为吴王，使使持节太常高平侯贞，授君玺绶策书、金虎符第一至第五、左竹使符第一至第十，以大将军、使持节督交州，领荆州牧事。锡君青土，苴以白茅，对扬朕命，以尹东夏。其上故骠骑将军南昌侯印绶符策。今又加君九锡，其敬听后命。以君绥安东南，纲纪江外，民夷安业，无或携贰，是用锡君大辂、戎辂各一，玄牡二驷。君务财劝农，仓库盈积，是用锡君衮冕之服，赤舄副焉。君化民以德，礼教兴行，是用锡君轩县之乐。君宣导休风，怀柔百越，是用锡君朱户以居。君运其才谋，官方任贤，是用锡君纳陛以登。君忠勇并奋，清除奸慝，是用锡君虎贲之士百人。君振威陵迈，宣力荆南，枭灭凶丑，罪人斯得，是用锡君钺钺各一。君文和于内，武信于外，是用锡君彤弓一、彤矢百、玈弓十、玈矢千。君以忠肃为基，恭俭为德，是用锡君秬鬯一卣，圭瓒副焉。钦哉！敬敷训典，以服朕命，以勗相我国家，永终尔显烈。"《江表传》曰：权群臣议，以为宜称上将军、九州伯，不应受魏封。权曰："九州伯，于古未闻也。昔沛公亦受项羽拜为汉王，此盖时宜耳，复何损邪？"遂受之。｜孙盛曰："昔伯夷、叔齐不屈有周，鲁仲连不为秦民。夫以匹夫之志，犹义不辱，况列国之君三分天下，而可二三其节，或臣或否乎？余观吴、蜀，咸称奉汉，至于汉代，莫能固秉臣节，君子是以知其不能克昌厥后，卒见吞于大国也。向使权从群臣之议，终身称汉将，岂不义悲六合，仁感百世哉！"

　　是岁，刘备帅军来伐，至巫山、秭归，使使诱导武陵蛮夷，假与印传，许之封赏。于是诸县及五溪民皆反为蜀。权以陆逊为督，督朱然、潘璋等以拒之。遣都尉赵咨使魏。魏帝问曰："吴王何等主也？"咨对曰："聪明仁智，雄略之主也。"帝问其状，咨曰："纳鲁肃于凡品，是其聪也；拔吕蒙于行阵，是其明也；获于禁而不害，是其仁也；取荆州而兵不血刃，是其智也；据三州虎视于天下，是其雄也；屈身于陛下，是其略也。"《吴书》曰：咨字德度，南阳人，博闻多识，应对辩捷，权为吴王，擢中大夫，使魏。魏文帝善之，嘲咨曰："吴王颇知学乎？"咨曰："吴王浮江万艘，带甲百万，任贤使能，志存经略，虽有余闲，博览书传，历史籍，采奇异，不效书生寻章摘句而已。"帝曰："吴可征不？"咨对曰："大国有征伐之兵，小国有备御之固。"又曰："吴难魏不？"咨曰："带甲百万，江、汉为池，何难之有？"又曰："吴如大夫者几人？"咨曰："聪明特达者八九十人，如臣之比，车载斗量，不可胜数。"咨频载使魏，北人敬异。权闻而嘉之，拜骑都尉。咨言曰："观北方终不能守盟，今日之计，朝廷承汉四百之际，应东南之运，宜改年号，正服色，以应天顺民。"权纳之。**帝欲封权子登，权以登年幼，上书辞封，重遣西曹掾沈珩陈谢，并献方物。立登为王太子。**《江表传》曰：是岁魏文帝遣使求雀头香、大贝、明珠、象牙、犀角、瑇瑁、孔雀、翡翠、斗鸭、长鸣鸡。群臣奏曰："荆、扬二州，贡有常典，魏所求珍玩之物非礼也，宜勿与。"权曰："昔惠施尊齐为王，客难之曰：'公之学去尊，今王齐，何其倒也？'惠子曰：'有人于此，欲击其爱子之头，而石可以代之，子头所重而石所轻也，以轻代重，何为不可乎？'方有事于西北，江表元元，恃主为命，非我爱子邪？彼所求者，于我瓦石耳，孤何惜焉？彼在谅暗之中，而所求若此，宁可与言礼哉！"皆具以与之。

黄武元年春正月，陆逊部将军宋谦等攻蜀五屯，皆破之，斩其将。三月，鄱阳言黄龙见。蜀军分据险地，前后五十余营，逊随轻重以兵应拒，自正月至闰月，大破之，临阵所斩及投兵降首数万人。刘备奔走，仅以身免。《吴历》曰：权以使聘魏，具上破备获印绶及首级、所得土地，并表将吏功勤宜加爵赏之意。文帝报使，致鼲子裘、明光铠、骓马，又以素书所作《典论》及诗赋与权。|《魏书》载诏答曰："老虏边窟，越险深入，旷日持久，内迫罢弊，外困智力，故见身于鸡头，分兵拟西陵，其计不过谓可转足前迹以摇动江东。根未著地，摧折其支，虽未剖备五脏，使身首分离，其所降诛，亦足使虏部众凶惧。昔吴汉先烧荆门，后发夷陵，而子阳无所逃其死；来歙始袭略阳，文叔喜之，而知隗嚣无所施其巧。今讨此虏，正似其事，将军勉建方略，务全独克。"

初，权外托事魏，而诚心不款。魏欲遣侍中辛毗、尚书桓阶往与盟誓，并征任子，权辞让不受。秋九月，魏乃命曹休、张辽、臧霸出洞口，曹仁出濡须，曹真、夏侯尚、张郃、徐晃围南郡。权遣吕范等督五军，以舟军拒休等，诸葛瑾、潘璋、杨粲救南郡，朱桓以濡须督拒仁。时扬越蛮夷多未平集，内难未弭，故权卑辞上书，求自改厉，"若罪在难除，必不见置，当奉还土地民人，乞寄命交州，以终余年。"文帝报曰："君生于扰攘之际，本有从横之志，降身奉国，以享兹祚。自君策名已来，贡献盈路。讨备之功，国朝仰成。埋而掘之，古人之所耻。《国语》曰：狸埋之，狸掘之，是以无成功。朕之与君，大义已定，岂乐劳师远临江汉？廊庙之议，王者所不得专；三公上君过失，皆有本末。朕以不明，虽有曾母投杼之疑，犹冀言者不信，以为国福。故先遣使者犒劳，又遣尚书、侍中践修前言，以定任子。君遂设辞，不欲使进，议者怪之。

《魏略》载魏三公奏曰："臣闻枝大者披心，尾大者不掉，有国有家之所慎也。昔汉承秦弊，天下新定，大国之王，臣节未尽，以萧、张之谋不备录之，至使六王前后反叛，已而伐之，戎车不辍。又文、景守成，忘战戢役，骄纵吴、楚，养虺成蛇，既为社稷大忧，盖前事之不忘，后事之师也。吴王孙权，幼竖小子，无尺寸之功，遭遇兵乱，因父兄之绪，少蒙翼卵煦伏之恩，长含鸱枭反逆之性，背弃天施，罪恶积大。复与关羽更相觊伺，逐利见便，挟为卑辞。先帝知权奸以求用，时以于禁败于水灾，等当讨羽，因以委权。先帝委裘下席，权不尽心，诚在恻怛，欲因大丧，寡弱王室，希托董桃传先帝令，乘未得报许，擅取襄阳，及见驱逐，乃更折节。邪辟之态，巧言如流，虽重驿累使，发遣禁等，内包隗嚣顾望之奸，外欲缓诛，支仰蜀贼。圣朝含弘，既加不忍，优而赦之，与之更始，猥乃割地王之，使南面称孤，兼官累位，礼备九命，名马百驷，以成其势，光宠显赫，古今无二。权为犬羊之姿，横被虎豹之文，不思靖力致死之节，以报无量不世之恩。臣每见所下权前后章表，又以愚意采察权旨，自以阻带江湖，负固不服，狃忕累世，诈伪成功，上有尉佗、英布之计，下诵伍被屈强之辞，终非不侵不叛之臣。以为晁错不发削弱王侯之谋，则七国同衡，祸久而大；蒯通不决袭历下之策，则田横自虑，罪深变重。臣谨考之《周礼》九伐之法，平权凶恶，逆节萌生，见罪十五。昔九黎乱德，黄帝加诛；项羽罪十，汉祖不舍。权所犯罪衅明白，非仁恩所养，宇宙所容。臣请免权官，鸿胪削爵土，捕治罪。敢有不从，移兵进讨，以明国典好恶之常，以静三州元元之苦。"其十五条，文多不载。又前都尉浩周劝君遣子，乃实朝臣交谋，以此卜君，君果有辞，外引隗嚣遣子不终，内喻窦融守忠而已。世殊时异，人各有心。浩周之还，口陈指麾，益令议者发明众嫌，终始之本，无所据仗，故遂俯仰从群臣议。今省上事，款诚深至，心用慨然，凄怆动容。即日下诏，敕诸军但深沟高垒，不得妄进。若君必效忠节，以解疑议，登身朝到，夕召兵还。此言之诚，有如大江！"权遂改年，临江拒守。

冬十一月，大风，范等兵溺死者数千，余军还江南。曹休使臧霸以轻船五百、敢死万人袭攻徐陵，烧攻城车，杀略数千人。将军全琮、徐盛追斩魏将尹卢，杀获数百。十二月，权使太中大夫郑泉聘刘备于白帝，始复通也。《江表传》曰：权云："近得玄德书，已深引咎，求复旧好。前所以名西为蜀者，以汉帝尚存故耳，今汉已废，自可名为汉中王也。" | 《吴书》曰：郑泉字文渊，陈郡人。博学有奇志，而性嗜酒，其闲居每曰："愿得美酒满五百斛船，以四时甘脆置两头，反覆没饮之，惫即住而啖肴膳。酒有斗升减，随即益之，不亦快乎！"权以为郎中。尝与之言："卿好于众中面谏，或失礼敬，宁不畏龙鳞乎？"对曰："臣闻君明臣直，今值朝廷上下无讳，实恃洪恩，不畏龙鳞。"后侍宴，权乃怖之，使提出付有司促治罪。泉临出屡顾，权呼还，笑曰："卿言不畏龙鳞，何以临出而顾乎？"对曰："实恃恩覆，知无死忧，至当出阁，感惟威灵，不能不顾耳。"使蜀，刘备问曰："吴王何以不答吾书，得无以吾正名不宜乎？"泉曰："曹操父子陵轹汉室，终夺其位。殿下托为宗室，有维城之责，不荷戈执殳为海内率先，而于是自名，未合天下之议，是以寡君未复书耳。"备其惭恧。泉临卒，谓同类曰："必葬我陶家之侧，庶百岁之后化而成土，幸见取为酒壶，实获我心矣。"然犹与魏文帝相往来，至后年乃绝。是岁改夷陵为西陵。

二年春正月，曹真分军据江陵中州。是月，城江夏山。改四分，用《乾象历》。《江表传》曰：权推五德之运，以为土行用未祖辰腊。 | 《志林》曰：土行以辰腊，得其数矣。土盛于戌，而以未祖，其义非也。

土生于未，故未为坤初。是以《月令》：建未之月，祀黄精于郊，祖用其盛。今祖用其始，岂应运乎？三月，曹仁遣将军常雕等，以兵五千，乘油船，晨渡濡须中州。仁子泰因引军急攻朱桓，桓兵拒之，遣将军严圭等击破雕等。是月，魏军皆退。夏四月，权群臣劝即尊号，权不许。《江表传》曰：权辞让曰："汉家堙替，不能存救，亦何心而竞乎？"群臣称天命符瑞，固重以请。权未之许，而谓将相曰："往年孤以玄德方向西鄙，故先命陆逊选众以待之。闻北部分，欲以助孤，孤内嫌其有挟，若不受其拜，是相折辱而趣其速发，便当与西俱至，二处受敌，于孤为剧，故自抑按，就其封王。低屈之趣，诸君似未之尽，今故以此相解耳。"刘备薨于白帝。《吴书》曰：权遣立信都尉冯熙聘于蜀，吊备丧也。熙字子柔，颖川人，冯异之后也。权之为车骑，熙历东曹掾，使蜀还，为中大夫。后使于魏，文帝问曰："吴王若欲修宿好，宜当厉兵江关，县旍巴蜀，而闻复遣修好，必有变故。"熙曰："臣闻西使直报问，且以观衅，非有谋也。"又曰："闻吴国比年灾旱，人物雕损，以大夫之明，观之何如？"熙对曰："吴王体量聪明，善于任使，赋政施役，每事必咨，敬养宾旅，亲贤爱士，赏不择怨仇，而罚必加有罪，臣下皆感恩怀德，惟忠与义。带甲百万，谷帛如山，稻田沃野，民无饥岁，所谓金城汤池，强富之国也。以臣观之，轻重之分，未可量也。"帝不悦，以陈群与熙同郡，使群诱之，啗以重利。熙不为回。送至摩陂，欲困苦之。后又召还，未至，熙惧见迫不从，必危身辱命，乃引刀自刺。御者觉之，不得死。权闻之，垂涕曰："此与苏武何异？"竟死于魏。五月，曲阿言甘露降。先是戏口守将晋宗杀将王直，以众叛如魏，魏以为蕲春太守，数犯边境。六月，权令将军贺齐督糜芳、刘邵等袭蕲春，邵等生虏宗。冬十一月，蜀使中郎将邓芝来聘。《吴历》曰：蜀致马二百匹，锦千端，及方物。自是之后，聘使往来以为常。吴亦致方土所出，以答其厚意焉。

三年夏，遣辅义中郎将张温聘于蜀。秋八月，赦死罪。九月，魏文帝出广陵，望大江，曰"彼有人焉，未可图也"，乃还。干宝《晋纪》曰：魏文帝之在广陵，吴人大骇，乃临江为疑城，自石头至于江乘，车以木桩，衣以苇席，加采饰焉，一夕而成。魏人自江西望，甚惮之，遂退军。权令赵达算之，曰："曹丕走矣，虽然，吴衰庚子岁。"权曰："几何？"达屈指而计之，曰："五十八年。"权曰："今日之忧，不暇及远，此子孙事也。"｜《吴录》曰：是岁蜀主又遣邓芝来聘，重结盟好。权谓芝曰："山民作乱，江边守兵多彻，虑曹丕乘空弄态，而反求和。议者以为内有不暇，幸来求和，于我有利，宜当与通，以自辨定。恐西州不能明孤赤心，用致嫌疑。孤土地边外，间隙万端，而长江巨海，皆当防守。丕观衅而动，惟不见便，宁得忘此，复有他图。"

四年夏五月，丞相孙邵卒。六月，以太常顾雍为丞相；皖口言木连理。冬十二月，鄱阳贼彭绮自称将军，攻没诸县，众数万人。是岁地连震。《吴录》曰：是冬魏文帝至广陵，临江观兵，兵有十余万，旌旗弥数百里，有渡江之志。权严设固守。时大寒冰，舟不得入江。帝见波涛汹涌，叹曰："嗟乎！固天所以隔南北也！"遂归。孙韶又遣将高寿等率敢死之士五百人于径路夜要之，帝大惊，寿等获副车羽盖以还。

五年春，令曰："军兴日久，民离农畔，父子夫妇，不能相恤，孤甚愍之。今北虏缩窜，方外无事，其下州郡，有以宽息。"是时陆逊以所在少谷，表令诸将增广农亩。权报曰："甚善。今孤父子亲自受田，车中八牛以为四耦，虽未及古人，亦欲与众均其劳也。"秋七月，权闻魏文帝崩，征江夏，围石阳，不克而还。苍梧言凤皇见。分三郡恶地十县置东安郡，《吴录》曰：郡治富春也。以全琮为太守，平讨山越。冬十月，陆逊陈便宜，劝以施德缓刑，宽赋息调。又云："忠谠之言，不能极陈，求容小臣，数以利闻。"权报曰："夫法令之设，欲以遏恶防邪，儆戒未然也，焉得不有刑罚以威小人乎？此为先令后诛，不欲使有犯者耳。君以为太重者，孤亦何利其然，但不得已而为之耳。今承来意，当重谘谋，务从其可。且近臣有尽规之谏，亲戚有补察之箴，所以匡君正主明忠信也。《书》载'予违汝弼，汝无面从'，孤岂不乐忠言以自裨补邪？而云"不敢极陈"，何得为忠谠哉？若小臣之中，有可纳用者，宁得以人废言而不采择乎？但谄媚取容，虽暗亦所明识也。至于发调者，徒以天下未定，事以众济。若徒守江东，修崇宽政，兵自足用，复用多为？顾坐自守可陋耳。若不豫调，恐临时未可便用也。又孤与君分义特异，荣戚实同，来表云不敢随众容身苟免，此实甘心所望于君也。"于是令有司尽写科条，使郎中褚逢赍以就逊及诸葛瑾，意所不安，令损益之。是岁，分交州置广州，俄复旧。《江表传》曰：权于武昌新装大船，名为长安，试泛之钓台圻。时风大盛，谷利令柂工取樊口。权曰："当张头取罗州。"利拔刀向柂工曰："不取樊口者斩。"工即转柂入樊口，风遂猛不可行，乃还。权曰："阿利畏水何怯也？"利跪曰："大王万乘之主，轻于不测之渊，戏于猛浪之中，船楼装高，邂逅颠危，奈社稷何？是以利辄敢以死争。"权于是贵重之，自此后不复名之，常呼曰谷。

六年春正月，诸将获彭绮。闰月，韩当子综以其众降魏。

七年春三月，封子虑为建昌侯。罢东安郡。夏五月，鄱阳太守周鲂伪叛，诱魏将曹休。秋八月，权至皖口，使将军陆逊督诸将大破休于石亭。大司马吕范卒。是岁，改合浦为珠官郡。《江表传》

黄龙元年春，公卿百司皆劝权正尊号。夏四月，夏口、武昌并言黄龙、凤凰见。丙申，南郊即皇帝位，《吴录》载权告天文曰："皇帝臣权敢用玄牡昭告于皇皇后帝：汉享国二十有四世，历年四百三十有四，行气数终，禄祚运尽，普天弛绝，率土分崩。孽臣曹丕遂夺神器，丕子叡继世作慝，淫名乱制。权生于东南，遭值期运，承乾秉戎，志在平世，奉辞行罚，举足为民。群臣将相，州郡百城，执事之人，咸以为天意已去于汉，汉氏已绝祀于天，皇帝位虚，郊祀无主。休征嘉瑞，前后杂沓，历数在躬，不得不受。权畏天命，不敢不从，谨择元日，登坛燎祭，即皇帝位。惟尔有神飨之，左右有吴，永终天禄。"是日大赦，改年。追尊父破虏将军坚为武烈皇帝，母吴氏为武烈皇后，兄讨逆将军策为长沙桓王。吴王太子登为皇太子。将吏皆进爵加赏。初，兴平中，吴中童谣曰："黄金车，班兰耳，闾昌门，出天子。"五月，使校尉张刚、管笃之辽东。六月，蜀遣卫尉陈震庆权践位。

权乃参分天下，豫、青、徐、幽属吴，兖、冀、并、凉属蜀。其司州之土，以函谷关为界，造为盟曰："天降丧乱，皇纲失叙，逆臣乘衅，劫夺国柄；始于董卓，终于曹操，穷凶极恶，以覆四海；至令九州幅裂，普天无统，民神痛怨，靡所戾止。及操子丕，桀逆遗丑，荐作奸回，偷取天位；而叡么麽，寻丕凶迹，阻兵盗土，未伏厥诛。昔共工乱象而高辛行师，三苗干度而虞舜征焉。今日灭叡，禽其徒党，非汉与吴，将复谁在？夫讨恶翦暴，必声其罪。宜先分裂，夺其土地，使士民之心，各知所归。是以《春秋》晋侯伐卫，先分其田以界宋人，斯其义也。且古建大事，必先盟誓，故《周礼》有司盟之官，《尚书》有告誓之文。汉之与吴，虽信由中，然分土裂境，宜有盟约。诸葛丞相德威远著，翼戴本国，典戎在外，信感阴阳，诚动天地，重复结盟，广诚约誓，使东西士民咸共闻知。故立坛杀牲，昭告神明，再歃加书，副之天府。天高听下，灵威棐谌，司慎司盟，群神群祀，莫不临之。自今日汉、吴既盟之后，戮力一心，同讨魏贼，救危恤患，分灾共庆，好恶齐之，无或携贰。若有害汉，则吴伐之；若有害吴，则汉伐之。各守分土，无相侵犯。传之后叶，克终若始。凡百之约，皆如载书。信言不艳，实居于好。有渝此盟，创祸先乱，违贰不协，慆慢天命，明神上帝是讨是督，山川百神是纠是殛，俾坠其师，无克祚国。于尔大神，其明鉴之！"秋九月，权迁都建业，因故府不改馆，征上大将军陆逊辅太子登，掌武昌留事。

二年春正月，魏作合肥新城。诏立都讲祭酒，以教学诸子。遣将军卫温、诸葛直将甲士万人浮海求夷洲及亶洲。亶洲在海中，长老传言秦始皇帝遣方士徐福将童男童女数千人入海，求蓬莱神山及仙药，止此洲不还。世相承有数万家，其上人民，时有至会稽货布，会稽东县人海行，亦有遭风流移至亶洲者。所在绝远，卒不可得至，但得夷洲数千人还。

三年春二月，遣太常潘濬率众五万讨武陵蛮夷。卫温、诸葛直皆以违诏无功，下狱诛。夏，有野蚕成茧，大如卵。由拳野稻自生，改为禾兴县。中郎将孙布诈降以诱魏将王凌，凌以军迎布。冬十月，权以大兵潜伏于阜陵俟之，凌觉而走。会稽南始平言嘉禾生。十二月丁卯，大赦，改明年元也。

嘉禾元年春正月，建昌侯虑卒。三月，遣将军周贺、校尉裴潜乘海之辽东。秋九月，魏将田豫要击，斩贺于成山。冬十月，魏辽东太守公孙渊遣校尉宿舒、郎中令孙综称藩于权，并献貂、马。权大悦，加渊爵位。

二年春正月，诏曰："朕以不德，肇受元命，夙夜兢兢，不遑假寝。思平世难，救济黎庶，上答神祇，下慰民望。是以眷眷，勤求俊杰，将与戮力，共定海内，苟在同心，与之偕老。今使持节督幽州领青州牧、辽东太守燕王，久胁贼虏，隔在一方，虽乃心于国，其路靡缘。今因天命，远遣二使，款诚显露，章表殷勤，朕之得此，何喜如之！虽汤遇伊尹，周获吕望，世祖未定而得河右，方之今日，岂复是过？普天一统，于是定矣。《书》不云乎，'一人有庆，兆民赖之'。其大赦天下，与之更始，其明下州郡，咸使闻知。特下燕国，奉宣诏恩，令普天率土备闻斯庆。"三月，遣舒、综还，使太常张弥、执金吾许晏、将军贺达等将兵万人，金宝珍货，九锡备物，乘海授渊。举朝大臣，自丞相雍已下皆谏，以为渊未可信，而宠待太厚，但可遣吏兵数百护送舒、综，权终不听。臣松之以为权愎谏违众，信渊意了，非有攻伐之规，重复之虑。宣达锡命，乃用万人，是何不爱其民，昏虐之甚乎？此役也，非惟暗塞，实为无道。渊果斩弥等，送其首于魏，没其兵资。权大怒，欲自征渊，《江表传》载权怒曰："朕年六十，世事难易，靡所不尝，近为鼠子所前却，令人气涌如山。不自截鼠子头以掷于海，无颜复临万国。就令颠沛，不以为恨。"尚书仆射薛综等切谏乃止。是岁，权向合肥新城，遣将军全琮征六安，皆不克还。《吴书》曰：初，张弥、许晏等俱到襄平，官属从者四百许人。渊欲图弥、晏，先分其人众，置辽东诸县，以中使秦旦、张群、杜德、黄疆等及吏兵六十人，置玄菟郡。玄菟郡在辽东北，相去二百里，太守王赞领户二百，兼重可三四百人。旦等皆舍于民家，仰其饮食。积四十许日，旦与疆等议曰："吾人远辱国命，自弃于此，与死亡何异？今观此郡，形势甚弱。若一旦同心，焚烧城郭，杀其长吏，为国报耻，然后伏死，足以无恨。孰与偷生苟活长为囚虏乎？"疆等然之。于是阴相约结，当用八月十九日夜发。其日中时，为部中张松所告，赞便会士众闭城门。旦、群、德、疆等皆逾城得走。时群病疽创著膝，不及辈旅，德常扶接与俱，崎岖山谷，行六七百里，创益困，不复能前，卧草中，相守悲泣。群曰："吾不幸创甚，死亡无日，卿诸人宜速进道，冀有所达。空相守，俱死于穷谷之中，何益也？"德曰："万里流离，死生共之，不忍相委。"于是推旦、疆使前，德独留守群，捕菜果食之。旦、疆别数日，得达句骊王宫，因宣诏于句骊王宫及其主簿，诏言有赐为辽东所攻夺。宫等大喜，即受诏命，使人随旦还迎群、德。其年，宫遣皂衣二十五人送旦等还，奉表称臣，贡貂皮千枚，鹖鸡皮十具。旦等见权，悲喜不能自胜。权义之，皆拜校尉。间一年，遣使者谢宏、中书陈恂拜宫为单于，加赐衣物珍宝。恂等到安平口，先遣校尉陈奉前见宫，而宫受魏幽州刺史讽旨，令以吴使自效。奉闻之，倒还。宫遣主簿笮咨、带固等出安平，与宏相见。宏即缚得三十余人质之，宫于是谢罪，上马数百匹。宏乃遣咨、固奉诏书赐物归与宫。是时宏船小，载马八十匹而还。

三年春正月，诏曰："兵久不辍，民困于役，岁或不登。其宽诸逋，勿复督课。"夏五月，权遣陆逊、诸葛瑾等屯江夏、沔口，孙韶、张承等向广陵、淮阳，权率大众围合肥新城。是时蜀相诸葛亮出武功，权谓魏明帝不能远出，而帝遣兵助司马宣王拒亮，自率水军东征。未至寿春，权退还，孙韶亦罢。秋八月，以诸葛恪为丹阳太守，讨山越。九月朔，陨霜伤谷。冬十一月，太常潘濬平武陵蛮夷，事毕，还武昌。诏复曲阿为云阳，丹徒为武进。庐陵贼李桓、罗厉等为乱。

四年夏，遣吕岱讨桓等。秋七月，有雹。魏使以马求易珠玑、翡翠、瑇瑁，权曰："此皆孤所不用，而可得马，何苦而不听其交易？"

五年春，铸大钱，一当五百。诏使吏民输铜，计铜畀直。设盗铸之科。二月，武昌言甘露降于礼宾殿。辅吴将军张昭卒。中郎将吾粲获李桓，将军唐咨获罗厉等。自十月不雨，至于夏。冬十月，彗星见于东方。鄱阳贼彭旦等为乱。

六年春正月，诏曰："夫三年之丧，天下之达制，人情之极痛也；贤者割哀以从礼，不肖者勉而致之。世治道泰，上下无事，君子不夺人情，故三年不逮孝子之门。至于有事，则杀礼以从宜，要经而处事。故圣人制法，有礼无时则不行。遭丧不奔非古也，盖随时之宜，以义断恩也。前故设科，长吏在官，当须交代，而故犯之，虽随纠坐，犹已废旷。方事之殷，国家多难，凡在官司，宜各尽节。先公后私，而不恭承，甚非谓也。中外群僚，其更平议，务令得中，详为节度。"顾谭议，以为："奔丧立科，轻则不足以禁孝子之情，重则本非应死之罪，虽严刑益设，违夺必少。若偶有犯者，加其刑则恩所不忍，有减则法废不行。愚以为长吏在远，苟不告语，势不得知。比选代之间，若有传者，必加大辟，则长吏无废职之负，孝子无犯重之刑。"将军胡综议，以为："丧纪之礼，虽有典制，苟无其时，所不得行。方今戎事，军国异容，而长吏遭丧，知有科禁，公敢干突，苟念闻忧不奔之耻，不计为臣犯禁之罪，此由科防本轻所致。忠节在国，孝道立家，出身为臣，焉得兼之？故为忠臣不得为孝子。宜定科文，示以大辟，若故违犯，有罪无赦。以杀止杀，行之一人，其后必绝。"丞相雍奏从大辟。其后吴令孟宗丧母奔赴，已而自拘于武昌以听刑。陆逊陈其素行，因为之请，权乃减宗一等，后不得以为比，因此遂绝。二月，陆逊讨彭旦等，其年，皆破之。冬十月，遣卫将军全琮袭六安，不克。诸葛恪平山越事毕，北屯庐江。

赤乌元年春，铸当千大钱。夏，吕岱讨庐陵贼，毕，还陆口。秋八月，武昌言麒麟见。有司奏言麒麟者太平之应，宜改年号。诏曰："间者赤乌集于殿前，朕所亲见，若神灵以为嘉祥者，改年宜以赤乌为元。"群臣奏曰："昔武王伐纣，有赤乌之祥，君臣观之，遂有天下，圣人书策载述最详者，以为近事既嘉，亲见又明也。"于是改年。步夫人卒，追赠皇后。初，权信任校事吕壹，壹性苛惨，用法深刻。太子登数谏，权不纳，大臣由是莫敢言。后壹奸罪发露伏诛，权引咎责躬，乃使中书郎袁礼告谢诸大将，因问时事所当损益。礼还，复有诏责数诸葛瑾、步骘、朱然、吕岱等曰："袁礼还，云与子瑜、子山、义封、定公相见，并以时事当有所先后，各自以不掌民事，不肯便有所陈，悉推之伯言、承明。伯言、承明见礼，泣涕恳恻，辞旨辛苦，至乃怀执危怖，有不自安之心。闻此怅然，深自刻怪。何者？夫惟圣人能无过行，明者能自见耳。人之举厝，何能悉中？独当己有以伤拒众意，忽不自觉，故诸君有嫌难耳；不尔，何缘乃至于此乎？自孤兴军五十年，所役赋凡百皆出于民。天下未定，孽类犹存，士民勤苦，诚所贯知。然劳百姓，事不得已耳。与诸君从事，自少至长，发有二色，以谓表里足以明露，公私分计，足用相保。尽言直谏，所望诸君；拾遗补阙，孤亦望之。昔卫武公年过志壮，勤求辅弼，每独叹责。《江表传》曰：权又云："天下无粹白之狐，而有粹白之裘，众之所积也。夫能以驳致纯，不惟积乎？故能用众力，则无敌于天下矣；能用众智，则无畏于圣人矣。"且布衣韦带，相与交结，分成好合，尚污垢不异。今日诸君与孤从事，虽君臣义存，犹谓骨肉不复是过。荣福喜戚，相与共之。忠不匿情，智无遗计，事统是非，诸君岂得从容而已哉！同船济水，将谁与易？齐桓诸侯之霸者耳，有善，管子未尝不叹，有过未尝不谏，谏而不得，终谏不止。今孤自省无桓公之德，而诸君谏诤未出于口，仍执嫌难。以此言之，孤于齐桓良优，未知诸君于管子何如耳？久不相见，因事当笑。共定大业，整齐天下，当复有谁？凡百事要所当损益，乐闻异计，匡所不逮。"

二年春三月，遣使者羊衜、郑胄、将军孙怡之辽东，击魏守将张持、高虑等，虏得男女。零陵言甘露降。夏五月，城沙羡。冬十月，将军蒋秘南讨夷贼。秘所领都督廖式杀临贺太守严纲等，自称平南将军，与弟潜共攻零陵、桂阳，及摇动交州、苍梧、郁林诸郡，众数万人。遣将军吕岱、唐咨讨之，岁余皆破。

三年春正月，诏曰："盖君非民不立，民非谷不生。顷者以来，民多征役，岁又水旱，年谷有损，而吏或不良，侵夺民时，以致饥困。自今以来，督军郡守，其谨察非法，当农桑时，以役事扰民者，举正以闻。"夏四月，大赦，诏诸郡县治城郭，起谯楼，穿堑发渠，以备盗贼。冬十一月，民饥，诏开仓廪以振贫穷。

四年春正月，大雪，平地深三尺，鸟兽死者大半。夏四月，遣卫将军全琮略淮南，决芍陂，烧安城邸阁，收其人民。威北将军诸葛恪攻六安。琮与魏将王凌战于芍陂，中郎将秦晃等十余人战死。车骑将军朱然围樊，大将军诸葛瑾取柤中。《汉晋春秋》曰：零陵太守殷礼言于权曰："今天弃曹氏，丧诛累见，虎争之际而幼童莅事。陛下身自御戎，取乱侮亡，宜涤荆、扬之地，举强羸之数，使强者执戟，羸者转运，西命益州军于陇右，授诸葛瑾、朱然大众，直指襄阳，陆逊、朱桓别征寿春，大驾入淮阳，历青、徐。襄阳、寿春困于受敌，长安以西务对蜀军，许、洛之众势必分离；掎角瓦解，民必内应，将帅对向，或失便宜；一军败绩，则三军离心，便当秣马脂车，陵蹈城邑，乘胜逐北，以定华夏。若不悉军动众，循前轻举，则不足大用，易于屡退。民疲威消，时往力竭，非出兵之策也。"权弗能用之。五月，太子登卒。是月，魏太傅司马宣王救樊。六月，军还。闰月，大将军瑾卒。秋八月，陆逊城邾。

五年春正月，立子和为太子，大赦，改禾兴为嘉兴。百官奏立皇后及四王，诏曰："今天下未定，民物劳瘁，且有功者或未录，饥寒者尚未恤，猥割土壤以丰子弟，崇爵位以宠妃妾，孤甚不取。其释此议。"三月，海盐县言黄龙见。夏四月，禁进献御，减太官膳。秋七月，遣将军聂友、校尉陆凯以兵三万讨珠崖、儋耳。是岁大疫，有司又奏立后及诸王。八月，立子霸为鲁王。

六年春正月，新都言白虎见。诸葛恪征六安，破魏将谢顺营，收其民人。冬十一月，丞相顾雍卒。十二月，扶南王范旃遣使献乐人及方物。是岁，司马宣王率军人舒，诸葛恪自皖迁于柴桑。

七年春正月，以上大将军陆逊为丞相。秋，宛陵言嘉禾生。是岁，步骘、朱然等各上疏云："自蜀还者，咸言欲背盟与魏交通，多作舟船，缮治城郭。又蒋琬守汉中，闻司马懿南向，不出兵乘虚以掎角之，反委汉中，还近成都。事已彰灼，无所复疑，宜为之备。"权揆其不然，曰："吾待蜀不薄，聘享盟誓，无所负之，何以致此？又司马懿前来入舒，旬日便退，蜀在万里，何知缓急而便出兵乎？昔魏欲入汉川，此间始严，亦未举动，会闻魏还而止，蜀宁可复以此有疑邪？又人家治国，舟船城郭，何得不护？今此间治军，宁复欲以御蜀邪？人言苦不可信，朕为诸君破家保之。"蜀竟自无谋，如权所筹。《江表传》载权诏曰："督将亡叛而杀其妻子，是使妻去夫，子弃父，其伤义教，自今勿杀也。"

八年春二月，丞相陆逊卒。夏，雷霆犯宫门柱，又击南津大桥楣。茶陵县鸿水溢出，流漂居民二百余家。秋七月，将军马茂等图逆，夷三族。《吴历》曰：茂本淮南钟离长，而为王凌所失，叛归吴。吴以为征西将军、九江太守、外部督，封侯，领千兵。权数出苑中，与公卿诸将射。茂与兼符节令朱贞、无难督虞钦、牙门将朱志等合计，伺权在苑中，公卿诸将在门未入，令贞持节称诏，悉收缚之；茂引兵入苑击权，分据宫中及石头坞，遣人报魏。事觉，皆族之。八月，大赦。遣校尉陈勋将屯田及作士三万人凿句容中道，自小其至云阳西城，通会市，作邸阁。

九年春二月，车骑将军朱然征魏祖中，斩获千余。夏四月，武昌言甘露降。秋九月，以骠骑步骘为丞相，车骑朱然为左大司马，卫将军全琮为右大司马，镇南吕岱为上大将军，威北将军诸葛恪为大将军。《江表传》曰：是岁，权诏曰："谢宏往日陈铸大钱，云以广货，故听之。今闻民意不以为便，其省息之，铸为器物，官勿复出也。私家有者，敕以输藏，计界其直，勿有所枉也。"

十年春正月，右大司马全琮卒。《江表传》曰：是岁权遣诸葛壹伪叛以诱诸葛诞，诞以步骑二万迎壹于高山。权出涂中，遂至高山，潜军以待之。诞觉而退。二月，权适南宫。三月，改作太初宫，诸将及州郡皆义作。《江表传》载权诏曰："建业宫乃朕从京来所作将军府寺耳，材柱卒细，皆以腐朽，常恐损坏。今未复西，可徙武昌宫材瓦，更缮治之。"有司奏言曰："武昌宫已二十八岁，恐不堪用，宜下所在通更伐致。"权曰："大禹以卑宫为美，今军事未已，所在多赋，若更通伐，妨损农桑。徙武昌材瓦，自可用也。"夏五月，丞相步骘卒。冬十月，赦死罪。

十一年春正月，朱然城江陵。二月，地仍震。《江表传》载权诏曰："朕以寡德，过奉先祀，莅事不聪，获谴灵祇，夙夜祗戒，若不终日。群僚其各厉精，思朕过失，勿有所讳。"三月，宫成。夏四月，雨雹，云阳言黄龙见。五月，鄱阳言白虎仁。《瑞应图》曰：白虎仁者，王者不暴虐，则仁虎不害也。诏曰："古者圣王积行累善，修身行道，以有天下，故符瑞应之，所以表德也。朕以不明，何以臻兹？《书》云'虽休勿休'，公卿百司，其勉修所职，以匡不逮。"

十二年春三月，左大司马朱然卒。四月，有两乌衔鹊堕东馆。丙寅，骠骑将军朱据领丞相，燎鹊以祭。《吴录》曰：六月戊戌，宝鼎出临平湖。八月癸丑，白鸠见于章安。

十三年夏五月，日至，荧惑入南斗，秋七月，犯魁第二星而东。八月，丹阳、句容及故鄣、宁国诸山崩，鸿水溢。诏原逋责，给贷种食。废太子和，处故鄣。鲁王霸赐死。冬十月，魏将文钦伪叛以诱朱异，权遣吕据就异以迎钦。异等持重，钦不敢进。十一月，立子亮为太子。遣军十万，作堂邑涂塘以淹北道。十二月，魏大将军王昶围南郡，荆州刺史王基攻西陵，遣将军戴烈、陆凯往拒之，皆引还。庾阐《扬都赋》注曰：烽火以炬置孤山头，皆缘江相望，或百里，或五十、三十里，寇至则举以相告，一夕可行万里。孙权时合暮举火于西陵，鼓三竟达吴郡南沙。是岁，神人授书，告以改年、立后。

太元元年夏五月，立皇后潘氏，大赦，改年。初临海罗阳县有神，自称王表。《吴录》曰：罗阳今安固县。周旋民间，语言饮食与人无异，然不见其形。又有一婢，名纺绩。是月，遣中书郎李崇赍辅国将军罗阳王印绶迎表。表随崇俱出，与崇及所在郡守令长谈论，崇等无以易。所历山川，辄遣婢与其神相闻。秋七月，崇与表至，权于苍龙门外为立第舍，数使近臣赍酒食往。表说水旱小事，往往有验。孙盛曰：盛闻国将兴，听于民；国将亡，听于神。权年老志衰，谗臣在侧，废適立庶，以妾为妻，可谓多凉德矣。而伪设符命，求福妖邪，将亡之兆，不亦显乎！秋八月朔，大风，江海涌溢，平地深八尺，吴高陵松柏斯拔，郡城南门飞落。冬十一月，大赦。权祭南郊还，寝疾。《吴录》曰：权得风疾。十二月，驿征大将军恪，拜为太子太傅。诏省徭役，减征赋，除民所患苦。

二年春正月，立故太子和为南阳王，居长沙；子奋为齐王，居武昌；子休为琅邪王，居虎林。二月，大赦，改元为神风。皇后潘氏薨。诸将吏数诣王表请福，表亡去。夏四月，权薨，时年七十一，谥曰大皇帝。秋七月，葬蒋陵。《傅子》曰：孙策为人明果独断，勇盖天下，以父坚战死，少而合其兵将以报仇，转斗千里，尽有江南之地，诛其名豪，威行邻国。及权继其业，有张子布以为腹心，有陆议、诸葛瑾、步骘以为股肱，有吕范、朱然以为爪牙，分任受职，乘间伺隙，兵不妄动，故战少败而江南安。

评曰：孙权屈身忍辱，任才尚计，有勾践之奇，英人之杰矣。故能自擅江表，成鼎峙之业。然性多嫌忌，果于杀戮，暨臻末年，弥以滋甚。至于谗说殄行，胤嗣废毙，马融注《尚书》曰：殄，绝也，绝君子之行。岂所谓"贻厥孙谋，以燕翼子"者哉？其后叶陵迟，遂致覆国，未必不由此也。臣松之以为孙权横废无罪之子，虽为兆乱，然国之倾覆，自由暴晧。若权不废和，晧为世适，终至灭亡，有何异哉？此则丧国由于昏虐，不在于废黜也。设使亮保国祚，休不早死，则晧不得立。晧不得立，则吴不亡矣。

四十八卷 吴书 ^三

三嗣主传 | 孙亮 孙休 孙晧

○孙亮

孙亮字子明，权少子也。权春秋高，而亮最少，故尤留意。姊全公主尝谮太子和子母，心不自安；因倚权意，欲豫自结，数称述全尚女，劝为亮纳。赤乌十三年，和废，权遂立亮为太子，以全氏为妃。

太元元年夏，亮母潘氏立为皇后。冬，权寝疾，征大将军诸葛恪为太子太傅，会稽太守滕胤为太常，并受诏辅太子。明年四月，权薨，太子即尊号，大赦，改元。是岁，于魏嘉平四年也。

建兴元年闰月，以恪为帝太傅，胤为卫将军、领尚书事，上大将军吕岱为大司马，诸文武在位皆进爵班赏，冗官加等。冬十月，太傅恪率军遏巢湖，城东兴，使将军全端守西城，都尉留略守东城。十二月朔丙申，大风雷电，魏使将军诸葛诞、胡遵等步骑七万围东兴，将军王昶攻南郡，毌丘俭向武昌。甲寅，恪以大兵赴敌。戊午，兵及东兴，交战，大破魏军，杀将军韩综、桓嘉等。是月，雷雨，天灾武昌端门；改作端门，又灾内殿。臣松之案：

孙权赤乌十年，诏徙武昌宫材瓦，以缮治建康宫，而此犹有端门内殿。|《吴录》云：诸葛恪有迁都意，更起武昌宫。今所灾者恪所新作。

二年春正月丙寅，立皇后全氏，大赦。庚午，王昶等皆退。二月，军还自东兴，大行封赏。三月，恪率军伐魏。夏四月，围新城，大疫，兵卒死者大半。秋八月，恪引军还。冬十月，大飨。武卫将军孙峻伏兵杀恪于殿堂。大赦。以峻为丞相，封富春侯。十一月，有大鸟五见于春申，明年改元。

五凤元年夏，大水。秋，吴侯英谋杀峻，觉，英自杀。冬十一月，星茀于斗、牛。《江表传》曰：是岁交阯稗草化为稻。

二年春正月，魏镇东将军毌丘俭、前将军文钦以淮南之众西入，战于乐嘉。闰月壬辰，峻及骠骑将军吕据、左将军留赞率兵袭寿春，军及东兴，闻钦等败。壬寅，兵进于橐皋，钦诣峻降，淮南余众数万口来奔。魏诸葛诞入寿春，峻引军还。二月，及魏将军曹珍遇于高亭，交战，珍败绩。留赞为诞别将蒋班所败于菰陂，赞及将军孙楞、蒋脩等皆遇害。三月，使镇南将军朱异袭安丰，不克。秋七月，将军孙仪、张怡、林恂等谋杀峻。发觉，仪自杀，恂等伏辜。阳羡离里山大石自立。使卫尉冯朝城广陵，拜将军吴穰为广陵太守，留略为东海太守。是岁大旱。十二月，作太庙。以冯朝为监军使者，督徐州诸军事，民饥，军士怨畔。

太平元年春二月朔，《吴历》曰：正月，为权立庙，称太祖庙。建业火。峻用征北大将军文钦计，将征魏。八月，先遣钦及骠骑将军吕据、车骑将军刘纂、镇南将军朱异、前将军唐咨军自江都入淮、泗。九月丁亥，峻卒，以从弟偏将军綝为侍中、武卫将军，领中外诸军事，召还据等。据闻綝代峻，大怒。己丑，大司马吕岱卒。壬辰，太白犯南斗。据、钦、咨等表荐卫将军滕胤为丞相，綝不听。癸卯，更以胤为大司马，代吕岱驻武昌。据引兵还，欲讨綝。綝遣使以诏书告喻钦、咨等，使取据。冬十月丁未，遣孙宪及丁奉、施宽等以舟兵逆据于江都，遣将军刘丞督步骑攻胤。胤兵败夷灭。己酉，大赦，改年。辛亥，获吕据于新州。十一月，以綝为大将军，假节，封永宁侯。孙宪与将军王惇谋杀綝，事觉，綝杀惇，迫宪令自杀。十二月，使五官中郎将刁玄告乱于蜀。

二年春二月甲寅，大雨，震电。乙卯，雪，大寒。以长沙东部为湘东郡，西部为衡阳郡，会稽东部为临海郡，豫章东部为临川郡。夏四月，亮临正殿，大赦，始亲政事。綝所表奏，多见难问；又科兵子弟年十八已下、十五已上，得三千余人，选大将子弟年少有勇力者为之将帅。亮曰："吾立此军，欲与之俱长。"日于苑中习焉。《吴历》曰：亮数出中书视孙权旧事，问左右侍臣："先帝数有特制，今大将军问事，但令我书可邪！"亮后出西苑，方食生梅，使黄门至中藏取蜜渍梅，蜜中有鼠矢。召问藏吏，藏吏叩头。亮问吏曰："黄门从汝求蜜邪？"吏曰："向求，实不敢与。"黄门不服，侍中刁玄、张邠启："黄门、藏吏辞语不同，请付狱推尽。"亮曰："此易知耳。"令破鼠矢，矢里燥。亮大笑谓玄、邠曰："若矢先在蜜中，中外当俱湿，今外湿里燥，必是黄门所为。"黄门首服，左右莫不惊悚。|《江表传》曰：亮使黄门以银碗并盖就中藏吏取交州所献甘蔗饧。黄门先恨藏吏，以鼠矢投饧中，启言藏吏不谨。亮呼吏持饧器入，问曰："此器既盖之，且有掩覆，无缘有此，黄门将有恨于汝邪？"吏叩头曰："尝从某求宫中莞席，宫席有数，不敢与。"亮曰："必是此也。"覆问黄门，具首伏。即于目前加髡鞭，斥付外署。

五月，魏征东大将军诸葛诞以淮南之众保寿春城，遣将军朱成称臣上疏，又遣子靓、长史吴纲诸牙门子弟为质。六月，使文钦、唐咨、全端等步骑三万救诞。朱异自虎林率众袭夏口，夏口督孙壹奔魏。秋七月，綝率众救寿春，次于镬里，朱异至自夏口，綝使异为前部督，与丁奉等将介士五万解围。八月，会稽南部反，杀都尉。鄱阳、新都民为乱，廷尉丁密、步兵校尉郑胄、将军钟离牧率军讨之。朱异以军士乏食引还，綝大怒，九月朔己巳，杀异于镬里。辛未，綝自镬里还建业。甲申，大赦。十一月，全绪子祎、仪以其母奔魏。十二月，全端、怿等自寿春城诣司马文王。

三年春正月，诸葛诞杀文钦。三月，司马文王克寿春，诞及左右战死，将吏已下皆降。秋七月，封故齐王奋为章安侯。诏州郡伐宫材。自八月沈阴不雨四十余日。亮以綝专恣，与太常全尚、将军刘丞谋诛綝。九月戊午，綝以兵取尚，遣弟恩攻杀丞于苍龙门外。召大臣会宫门，黜亮为会稽王，时年十六。

○孙休

孙休字子烈，权第六子。年十三，从中书郎射慈、郎中盛冲受学。太元二年正月，封琅邪王，居虎林。四月，权薨，休弟亮承统，诸葛恪秉政，不欲诸王在滨江兵马之地，徙休于丹阳郡。太守李衡数以事侵休，休上书乞徙他郡，诏徙会稽。居数岁，梦乘龙上天，顾不见尾，觉而异之。孙亮废，己未，孙綝使宗正孙楷与中书郎董朝迎休。休初闻问，意疑，楷、朝具述綝等所以奉迎本意，留一日二夜，遂发。十月戊寅，行至曲阿，有老公干休叩头曰："事久变生，天下嗷嗷，愿陛下速行。"休善之，是日进及布塞亭。武卫将军恩行丞相事，率百僚以乘舆法驾迎于永昌亭，筑宫，以武帐为便殿，设御座。己卯，休至，望便殿止住，使孙楷先见恩。楷还，休乘辇进，群臣再拜称臣。休升便殿，谦不即御坐，止东厢。户曹尚书前即阶下赞奏，丞相奉玺符。休三让，群臣三请。休曰："将相诸侯咸推寡人，寡人敢不承受玺符。"群臣以次奉引，休就乘舆，百官陪位，綝以兵千人迎于半野，拜于道侧，休下车答拜。即日，御正殿，大赦，改元。是岁，于魏甘露三年也。

永安元年冬十月壬午，诏曰："夫褒德赏功，古今通义。其以大将军綝为丞相、荆州牧，增食五县。武卫将军恩为御史大夫、卫将军、中军督，封县侯。威远将军据为右将军、县侯。偏将军干杂号将军、亭侯。长水校尉张布辅导勤劳，以布为辅义将军，封永康侯。董朝亲迎，封为乡侯。"又诏曰："丹阳太守李衡，以往事之嫌，自拘有司。夫射钩斩袪，在君为君，遣衡还郡，勿令自疑。"《襄阳记》曰：衡字叔平，本襄阳卒家子也，汉末入吴为武昌庶民。闻羊衟有人物之鉴，往干之，衟曰："多事之世，尚书剧曹郎才也。"是时校事吕壹操弄权柄，大臣畏逼，莫有敢言，衟曰："非李衡无能困之者。"遂共荐为郎。权引见，衡口陈壹奸短数千言，权有愧色。数月，壹被诛，而衡大见显擢。后常为诸葛恪司马，干恪府事。恪被诛，求为丹阳太守。

时孙休在郡治，衡数以法绳之。妻习氏每谏衡，衡不从。会休立，衡忧惧，谓妻曰："不用卿言，以至于此。"遂欲奔魏。妻曰："不可。君本庶民耳，先帝相拔过重，既数作无礼，而复逆自猜嫌，逃叛求活，以此北归，何面见中国人乎？"衡曰："计何所出？"妻曰："琅邪王素好善慕名，方欲自显于天下，终不以私嫌杀君明矣。可自囚诣狱，表列前失，显求受罪。如此，乃当逆见优饶，非但直活而已。"衡从之，果得无患，又加威远将军，援以棨戟。衡每欲治家，妻辄不听，后密遣客十人于武陵龙阳汜洲上作宅，种甘橘千株。临死，敕儿曰："汝母恶我治家，故穷如是。然吾州里有千头木奴，不责汝衣食，岁上一匹绢，亦可足用耳。"衡亡后二十余日，儿以白母，母曰："此当是种甘橘也，汝家失十户客来七八年，必汝父遣为宅。汝父恒称太史公言，'江陵千树橘，当封君家'。吾答曰：'且人患无德义，不患不富，若贵而能贫，方好耳，用此何为！'"吴末，衡甘橘成，岁得绢数千匹，家道殷足。晋咸康中，其宅址枯树犹在。己丑，封孙晧为乌程侯，晧弟德钱唐侯，谦永安侯。《江表传》曰：群臣奏立皇后、太子，诏曰："朕以寡德，奉承洪业，莅事日浅，恩泽未敷，加后妃之号，嗣子之位，非所急也。"有司又固请，休谦虚不许。

十一月甲午，风四转五复，蒙雾连日。綝一门五侯皆典禁兵，权倾人主，有所陈述，敬而不违，于是益恣。休恐其有变，数加赏赐。丙申，诏曰："大将军忠款内发，首建大计以安社稷，卿士内外，咸赞其议，并有勋劳。昔霍光定计，百僚同心，无复是过。亟案前日与议定策告庙人名，依故事应加爵位者，促施行之。"戊戌，诏曰："大将军掌中外诸军事，事统烦多，其加卫将军、御史大夫恩侍中，与大将军分省诸事。"壬子，诏曰："诸吏家有五人三人兼重为役，父兄在都，子弟给郡县吏，既出限米，军出又从，至于家事无经护者，朕甚愍之。其有五人三人为役，听其父兄所欲留，为留一人，除其米限，军出不从。"又曰："诸将吏奉迎陪位在永昌亭者，皆加位一级。"顷之，休闻綝逆谋，阴与张布图计。十二月戊辰腊，百僚朝贺，公卿升殿，诏武士缚綝，即日伏诛。己巳，诏以左将军张布讨奸臣，加布为中军督，封布弟惇为都亭侯，给兵三百人，惇弟恂为校尉。

诏曰："古者建国，教学为先，所以道世治性，为时养器也。自建兴以来，时事多故，吏民颇以目前趋务，去本就末，不循古道。夫所尚不惇，则伤化败俗。其案古置学官，立五经博士，核取应选，加其宠禄；科见吏之中及将吏子弟有志好者，各令就业。一岁课试，差其品第，加以位赏。使见之者乐其荣，闻之者羡其誉。以敦王化，以隆风俗。"

二年春正月，震电。三月，备九卿官，诏曰："朕以不德，托于王公之上，夙夜战战，忘寝与食。今欲偃武修文，以崇大化。推此之道，当由士民之赡，必须农桑。《管子》有言：'仓廪实，知礼节；衣食足，知荣辱。'夫一夫不耕，有受其饥，一妇不织，有受其寒；饥寒并至而民不为非者，未之有也。自顷年已来，州郡吏民及诸营兵，多违此业，皆浮船长江，贾作上下，良田渐废，见谷日少。欲求大定，岂可得哉？亦由租入过重，农人利薄，使之然乎！今欲广开田业，轻其赋税，差科强羸，课其田亩，务令优均，官私得所，使家给户赡，足相供养；则爱身重命，不犯科法，然后刑罚不用，风俗可整。以群僚之忠贤，若尽心于时，虽太古盛化，未可卒致。汉文升平，庶几可及。及之则臣主俱荣，不及则损削侵辱，何可从容俯仰而已？诸卿尚书，可共咨度，务取便佳。田桑已至，不可后时。事定施行，称朕意焉。"

三年春三月，西陵言赤乌见。秋，用都尉严密议，作浦里塘。会稽郡谣言王亮当还为天子，而亮宫人告亮使巫祷祠，有恶言。有司以闻，黜为候官侯，遣之国。道自杀，卫送者伏罪。《吴录》曰：或云休鸩杀之。至晋太康中，吴故少府丹阳戴颙迎亮丧，葬之赖乡。以会稽南部为建安郡，分宜都置建平郡。《吴历》曰：是岁得大鼎于建德县。

四年夏五月，大雨，水泉涌溢。秋八月，遣光禄大夫周奕、石伟巡行风俗，察将吏清浊，民所疾苦，为黜陟之诏。《楚国先贤传》曰：石伟字公操，南郡人。少好学，修节不怠，介然独立，有不可夺之志。举茂才、贤良方正，皆不就。孙休即位，特征伟，累迁至光禄勋。及晧即位，朝政昏乱，伟乃辞老耄痼疾乞身，就拜光禄大夫。吴平，建威将军王戎亲诣伟。太康二年，诏曰："吴故光禄大夫石伟，秉志清白，皓首不渝，虽处危乱，廉节可纪。年已过迈，不堪远涉，其以伟为议郎，加二千石秩，以终厥世。"伟遂阳狂及盲，不受晋爵。年八十三，太熙元年卒。九月，布山言白龙见。是岁，安吴民陈焦死，埋之，六日更生，穿土中出。

五年春二月，白虎门北楼灾。秋七月，始新言黄龙见。八月壬午，大雨震电，水泉涌溢。乙酉，立皇后朱氏。戊子，立子霍为太子，大赦。《吴录》载休诏曰："人之有名，以相纪别，长为作字，惮其名耳。礼，名子欲令难犯易避，五十称伯仲，古或一字。今人竞作好名好字，又令相配，所行不副，此瞽字伯明者也，孤常哂之。或师友父兄所作，或自己为；师友尚可，父兄犹非，自为最不谦。孤今为四男作名字：太子名霍，霍音如湖水湾澳之湾，字莔，莔音如迄今之迄；次

子名霙，霙音如兕觥之觥，字霏，霏音如玄礵首之礵；次子名舉，舉音如草莽之莽，字晜，晜音如举物之举；次子名寇，寇音如褒衣下宽大之褒，字燚，燚音如有所拥持之拥。此都不与世所用者同，故钞旧文会合之。夫书八体损益，因事而生。今造此名字，既不相配，又字但一，庶易弃避，其普告天下，使咸闻知。"| 臣松之以为《传》称"名以制义，义以出礼，礼以体政，政以正民。是以政成而民听，易则生乱"。斯言之作，岂虚也哉！休欲令难犯，何患无名，而乃造无况之字，制不典之音，违明诰于前修，垂嗤騃于后代，不亦异乎！是以坟土未干而妻子夷灭。师服之言，于是乎征矣。

　　冬十月，以卫将军濮阳兴为丞相，廷尉丁密、光禄勋孟宗为左右御史大夫。休以丞相兴及左将军张布有旧恩，委之以事；布典宫省，兴关军国。休锐意于典籍，欲毕览百家之言，尤好射雉，春夏之间常晨出夜还，唯此时舍书。休欲与博士祭酒韦曜、博士盛冲讲论道艺，曜、冲素皆切直，布恐入侍发其阴失，令己不得专，因妄饰说以拒遏之。休答曰："孤之涉学，群书略遍，所见不少也；其明君暗主，奸臣贼子，古今贤愚成败之事，无不览也。今曜等入，但欲与论讲书耳，不为从曜等始更受学也。纵复如此，亦何所损？君特当以曜等恐道臣下奸变之事，以此不欲令入耳。如此之事，孤已自备之，不须曜等然后乃解也。此都无所损，君意特有所忌故耳。"

　　布得诏陈谢，重自序述，又言惧妨政事，休答曰："书籍之事，患人不好，好之无伤也。此无所为非，而君以为不宜，是以孤有所及耳。王务学业，其流各异，不相妨也。不图君今日在事，更行此于孤也，良所不取。"布拜表叩头，休答曰："聊相开悟耳，何至叩头乎！如君之忠诚，远近所知。往者所以相感，今日之巍巍也。《诗》云：'靡不有初，鲜克有终。'终之实难，君其终之。"初休为王时，布为左右将督，素见信爱；及至践阼，厚加宠待，专擅国势，多行无礼；自嫌瑕短，惧曜、冲言之，故尤患忌。休虽解此旨，心不能悦，更恐其疑惧；竟如布意，废其讲业，不复使冲等入。是岁使察战到交阯调孔爵、大猪。臣松之案：察战，吴官号。今扬都有察战巷。

六年夏四月，泉陵言黄龙见。五月，交阯郡吏吕兴等反，杀太守孙谞。谞先是科郡上手工千余人送建业，而察战至，恐复见取，故兴等因此扇动兵民，招诱诸夷也。冬十月，蜀以魏见伐来告。癸未，建业石头小城火，烧西南百八十丈。甲申，使大将军丁奉督诸军向魏寿春，将军留平别诣施绩于南郡，议兵所向，将军丁封、孙异如沔中，皆救蜀。蜀主刘禅降魏问至，然后罢。吕兴既杀孙谞，使使如魏，请太守及兵。丞相兴建取屯田万人以为兵。分武陵为天门郡。《吴历》曰：是岁青龙见于长沙，白燕见于慈湖，赤雀见于豫章。

七年春正月，大赦。二月，镇军将军陆抗、抚军将军步协、征西将军留平、建平太守盛曼，率众围蜀巴东守将罗宪。夏四月，魏将新附督王稚浮海入句章，略长吏赀财及男女二百余口。将军孙越徼得一船，获三十人。秋七月，海贼破海盐，杀司盐校尉骆秀。使中书郎刘川发兵庐陵。豫章民张节等为乱，众万余人。魏使将军胡烈步骑二万侵西陵，以救罗宪，陆抗等引军退。复分交州置广州。壬午，大赦。癸未，休薨，《江表传》曰：休寝疾，口不能言，乃手书呼丞相濮阳兴入，令子𩇕出拜之。休把兴臂，而指𩇕以托之。时年三十，谥曰景皇帝。葛洪《抱朴子》曰：吴景帝时，戍将于广陵掘诸冢，取版以治城，所坏甚多。后发一大冢，内有重阁，户扇皆枢转可开闭；四周为徼道通车，其高可以乘马。又铸铜为人数十枚，长五尺，皆大冠朱衣，执剑列侍灵座。皆刻铜人背后石壁，言殿中将军，或言侍郎、常侍，似公王之冢。破其棺，棺中有人，发已班白，衣冠鲜明，面体如生人。棺中云母厚尺许，以白玉璧三十枚藉尸。兵人辈共举出死人，以倚冢壁。有一玉长一尺许，形似冬瓜，从死人怀中透出堕地。两耳及鼻孔中，皆有黄金如枣许大，此则骸骨有假物而不朽之效也。

○孙皓

孙皓字元宗，权孙，和子也。一名彭祖，字皓宗。孙休立，封皓为乌程侯，遣就国。西湖民景养相皓当大贵，皓阴喜而不敢泄。休薨，是时蜀初亡，而交阯携叛，国内震惧，贪得长君。左典军万彧昔为乌程令，与皓相善，称皓才识明断，是长沙桓王之俦也；又加之好学，奉遵法度，屡言之于丞相濮阳兴、左将军张布。兴、布说休妃太后朱，欲以皓为嗣。朱曰："我寡妇人，安知社稷之虑，苟吴国无陨，宗庙有赖，可矣。"于是遂迎立皓，时年二十三。改元，大赦。是岁，于魏咸熙元年也。

元兴元年八月，以上大将军施绩、大将军丁奉为左右大司马，张布为骠骑将军，加侍中，诸增位班赏，一皆如旧。九月，贬太后为景皇后，追谥父和曰文皇帝，尊母何为太后。十月，封休太子𩅂为豫章王，次子汝南王，次子梁王，次子陈王，立皇后滕氏。

《江表传》曰：皓初立，发优诏，恤士民，开仓廪，振贫乏，科出宫女以配无妻，禽兽扰于苑者皆放之。当时翕然称为明主。

皓既得志，粗暴骄盈，多忌讳，好酒色，大小失望。兴、布窃悔之。或以谮皓，十一月，诛兴、布。十二月，孙休葬定陵。封后父滕牧为高密侯，《吴历》曰：牧本名密，避丁密，改名牧，丁密避牧，改名为固。舅何洪等三人皆列侯。是岁，魏置交阯太守之郡。晋文帝为魏相国，遣昔吴寿春城降将徐绍、孙彧衔命赍书，陈事势利害，以申喻皓。

甘露元年三月，皓遣使随绍、彧报书曰："知以高世之才，处宰辅之任，渐导之功，勤亦至矣。孤以不德，阶承统绪，思与贤良共济世道；而以壅隔未有所缘，嘉意允著，深用依依。今遣光禄大夫纪陟、五官中郎将弘璆宣明至怀。"《江表传》曰：皓书两头言白，称名言而不著姓。| 干宝《晋纪》曰：陟、璆奉使如魏，入境而问讳，入国而问俗。寿春将王布示之马射，既而问之曰："吴之君子亦能斯乎？"陟曰："此军人骑士肄业所及，士大夫君子未有为之者矣。"布大惭。既至，魏帝见之，使傧问曰："来时吴王何如？"陟对曰："来时皇帝临轩，百寮陪位，御膳无恙。"晋文王飨之，百寮毕会，使傧者告曰："某者安乐公也，某者匈奴单于也。"陟曰："西主失土，为君王所礼，位同三代，莫不感义；匈奴边塞难羁之国，君王怀之，亲在坐席，此诚威恩远著。"又问："吴之戍备几何？"对曰："自西陵以至江都，五千七百里。"又问："道里甚远，难为坚固？"对曰："疆界虽远，而其险要必争之地，不过数四，犹人虽有八尺之躯靡不受患，其护风寒亦数处耳。"文王善之，厚为之礼。| 臣松之以为人有八尺之体靡不受患，防护风寒岂唯数处？取譬若此，未

足称能。若日譬如金城万雉，所急防者四门而已。方陟此对，不犹愈乎！

绍行到濡须，召还杀之，徙其家属建安，始有白绍称美中国者故也。夏四月，蒋陵言甘露降，于是改年大赦。秋七月，晧逼杀景后朱氏，亡不在正殿，于苑中小屋治丧，众知其非疾病，莫不痛切。又送休四子于吴小城，寻复追杀大者二人。九月，从西陵督步阐表，徙都武昌，御史大夫丁固、右将军诸葛靓镇建业。陟、璹至洛，遇晋文帝崩，十一月，乃遣还。晧至武昌，又大赦。以零陵南部为始安郡，桂阳南部为始兴郡。十二月，晋受禅。

宝鼎元年正月，遣大鸿胪张俨、五官中郎将丁忠吊祭晋文帝。及还，俨道病死。《吴录》曰：俨字子节，吴人也。弱冠知名，历显位，以博闻多识，拜大鸿胪。使于晋，晧谓俨曰："今南北通好，以君为有出境之才，故相屈行。"对曰："皇皇者华，臣蒙其荣，惧无古人延誉之美，磨厉锋锷，思不辱命。"既至，车骑将军贾充、尚书令裴秀、侍中荀勖等欲傲以所不知而不能屈。尚书仆射羊祜、尚书何桢并结缟带之好。忠说晧曰："北方守战之具不设，弋阳可袭而取。"晧访群臣，镇西大将军陆凯曰："夫兵不得已而用之耳，且三国鼎立已来，更相侵伐，无岁宁居。今强敌新并巴蜀，有兼土之实，而遣使求亲，欲息兵役，不可谓其求援于我。今敌形势方强，而欲徼幸求胜，未见其利也。"车骑将军刘纂曰："天生五才，谁能去兵？谲诈相雄，有自来矣。若其有阙，庸可弃乎？宜遣间谍，以观其势。"晧阴纳纂言，且以蜀新平，故不行，然遂自绝。八月，所在言得大鼎，于是改年，大赦。以陆凯为左丞相，常侍万彧为右丞相。冬十月，永安山贼施但等聚众数千人，《吴录》曰：永安今武康县也。劫晧庶

55

弟永安侯谦出乌程，取孙和陵上鼓吹曲盖。比至建业，众万余人。丁固、诸葛靓逆之于牛屯，大战，但等败走。获谦，谦自杀。《汉晋春秋》曰：初望气者云荆州有王气破扬州而建业宫不利，故晧徙武昌，遣使者发民掘荆州界大臣名家冢与山冈连者以厌之。既闻但反，自以为徙土得计也。使数百人鼓噪入建业，杀但妻子，云天子使荆州兵来破扬州贼，以厌前气。分会稽为东阳郡，分吴、丹阳为吴兴郡。以零陵北部为邵陵郡。十二月，晧还都建业，卫将军滕牧留镇武昌。

二年春，大赦。右丞相万彧上镇巴丘。夏六月，起显明宫，《太康三年地记》曰：吴有太初宫，方三百丈，权所起也。昭明宫方五百丈，晧所作也。避晋讳，故曰显明。|《吴历》云：显明在太初之东。|《江表传》曰：晧营新宫，二千石以下皆自入山督摄伐木。又破坏诸营，大开园囿，起土山楼观，穷极伎巧，功役之费以亿万计。陆凯固谏，不从。冬十二月，晧移居之。是岁，分豫章、庐陵、长沙为安成郡。

三年春二月，以左右御史大夫丁固、孟仁为司徒、司空。《吴录》曰：初，固为尚书，梦松树生其腹上，谓人曰："'松'字十八公也，后十八岁，吾其为公乎！"卒如梦焉。秋九月，晧出东关，丁奉至合肥。是岁，遣交州刺史刘俊、前部督脩则等入击交阯，为晋将毛炅等所破，皆死，兵散还合浦。

建衡元年春正月，立子瑾为太子，及淮阳、东平王。冬十月，改年，大赦。十一月，左丞相陆凯卒。遣监军虞汜、威南将军薛珝、苍梧太守陶璜由荆州，监军李勖、督军徐存从建安海道，皆就合浦击交阯。

二年春，万彧还建业。李勖以建安道不通利，杀导将冯斐，引军还。三月，天火烧万余家，死者七百人。夏四月，左大司马施绩卒。殿中列将何定白："少府李勖枉杀冯斐，擅彻军退还。"勖及徐存家属皆伏诛。秋九月，何定将兵五千人上夏口猎。都督孙秀奔晋。是岁大赦。

三年春正月晦，晧举大众出华里，晧母及妃妾皆行，东观令华覈等固争，乃还。《江表传》曰：初丹阳刁玄使蜀，得司马徽与刘廙论运命历数事。玄诈增其文以诳国人曰："黄旗紫盖见于东南，终有天下者，荆、扬之君乎！"又得中国降人，言寿春下有童谣曰"吴天子当上"。晧闻之，喜曰："此天命也。"即载其母妻子及后宫数千人，从牛渚陆道西上，云青盖入洛阳，以顺天命。行遇大雪，道涂陷坏，兵士被甲持仗，百人共引一车，寒冻殆死。兵人不堪，皆曰："若遇敌便当倒戈耳。"晧闻之，乃还。是岁，氾、璜破交阯，禽杀晋所置守将，九真、日南皆还属。大赦，分交阯为新昌郡。诸将破扶严，置武平郡。以武昌督范慎为太尉。右大司马丁奉、司空孟仁卒。西苑言凤皇集，改明年元。

凤皇元年秋八月，征西陵督步阐。阐不应，据城降晋。遣乐乡都督陆抗围取阐，阐众悉降。阐及同计数十人皆夷三族。大赦。是岁右丞相万彧被谴忧死，徙其子弟于庐陵。《江表传》曰：初晧游华里，彧与丁奉、留平密谋曰："此行不急，若至华里不归，社稷事重，不得不自还。"此语颇泄。晧闻知，以彧等旧臣，且以计忍而阴衔之。后因会，以毒酒饮彧，传酒人私减之。又饮留平，平觉之，服他药以解，得不死。彧自杀。平忧懑，月余亦死。何定奸秽发闻，伏诛。晧以其恶似张布，追改定名为布。《江表传》曰：定，汝南人，本孙权给使也，后出补吏。定佞邪僭媚，自表先帝旧人，求还内侍，晧以为楼下都尉，典知酤糴事，专为威福。而晧信任，委以众事。定为子求少府李勖女，不许。定挟忿潛勖于晧，晧尺口诛之，焚其尸。定又使诸将各上好犬，皆千里远求，一犬至直数千匹。御犬率具缨，直钱一万。一犬一兵，养以捕兔供厨。所获无几。吴人皆归罪于定，而晧以为忠勤，赐爵列侯。

二年春三月，以陆抗为大司马。司徒丁固卒。秋九月，改封淮阳为鲁，东平为齐，又封陈留、章陵等九王，凡十一王，王给三千兵。大赦。晧爱妾或使人至市劫夺百姓财物，司市中郎将陈声，素晧幸臣也，恃晧宠遇，绳之以法。妾以诉晧，晧大怒，假他事烧锯断声头，投其身于四望之下。是岁，太尉范慎卒。

三年，会稽妖言章安侯奋当为天子。临海太守奚熙与会稽太守郭诞书，非论国政。诞但白熙书，不白妖言，送付建安作船。《会稽邵氏家传》曰：邵畴字温伯，时为诞功曹。诞被收，惶遽无以自明。畴进曰："畴今自在，畴之事，明府何忧？"遂诣吏自列，云不白妖言，事由于己，非府君罪。吏上畴辞，晧怒诞犹盛。畴虑诞卒不免，遂自杀以证之。临亡，置辞曰："畴生长边陲，不闲教道，得以门资，厕身本郡，逾越侪类，位极朝右，不能赞扬盛化，养之以福。今妖讹横兴，干国乱纪，畴以噂嗒之语，本非事实，虽家诵人咏，不足有虑。天下重器，而匹夫横议，疾其丑声，不忍闻见，欲含垢藏疾，不彰之翰笔，镇躁归静，使之自息。愚心勤勤，每执斯旨，故诞屈其所是，默以见从。此之为愆，实由于畴。谨不敢逃死，归罪有司，唯乞天鉴，特垂清察。"吏收畴丧，得辞以闻，晧乃免诞大刑，送付建安作船。畴亡时，年四十。晧嘉畴节义，诏郡县图形庙堂。遣三郡督何植收熙，熙发兵自卫，断绝海道。熙部曲杀熙，送首建业，夷三族。秋七月，遣使者二十五人分至州郡，科出亡叛。大司马陆抗卒。自改年及是岁，连大疫。分郁林为桂林郡。

天册元年，吴郡言掘地得银，长一尺，广三分，刻上有年月字，于是大赦，改年。

天玺元年，吴郡言临平湖自汉末草秽壅塞，今更开通。长老相传，此湖塞，天下乱，此湖开，天下平。又于湖边得石函，中有小石，青白色，长四寸，广二寸余，刻上作皇帝字，于是改年，大赦。会稽太守车浚、湘东太守张咏不出算缗，就在所斩之，徇首诸郡。《江表传》曰：浚在公清忠，值郡荒旱，民无资粮，表求振贷。晧谓浚欲树私恩，遣人枭首。又尚书熊睦见晧酷虐，微有所谏，晧使人以刀环撞杀之，身无完肌。秋八月，京下督孙楷降晋。鄱阳言历阳山石文理成字，凡二十，云"楚九州渚，吴九州都，扬州士，作天子，四世治，太平始"。又吴兴阳羡山有空石，长十余丈，名曰石室，在所表为大瑞。乃遣兼司徒董朝、兼太常周处至阳羡县，封禅国山。明年改元，大赦，以协石文。

天纪元年夏，夏口督孙慎出江夏、汝南，烧略居民。初，骑子张俶多所谮白，累迁为司直中郎将，封侯，甚见宠爱。是岁奸情发闻，伏诛。《江表传》曰：俶父，会稽山阴县卒也，知俶不良，上表云："若用俶为司直，有罪乞不从坐。"晧许之。俶表立弹曲二十人，专纠司不法。于是爱恶相攻，互相谤告。弹曲承言，收系囹圄，听讼失理，狱以贿成。人民穷困，无所措手足。俶奢淫无厌，取小妻三十余人，擅

59

杀无辜，众奸并发，父子俱见车裂。

二年秋七月，立成纪、宣威等十一王，王给三千兵，大赦。

三年夏，郭马反。马本合浦太守脩允部曲督。允转桂林太守，疾病，住广州，先遣马将五百兵至郡安抚诸夷。允死，兵当分给，马等累世旧军，不乐离别。晧时又科实广州户口，马与部曲将何典、王族、吴述、殷兴等因此恐动兵民，合聚人众，攻杀广州督虞授。马自号都督交、广二州诸军事、安南将军，兴广州刺史，述南海太守。典攻苍梧，族攻始兴。《汉晋春秋》曰：先是，吴有说谶者曰："吴之败，兵起南裔，亡吴者公孙也。"晧闻之，文武职位至于卒伍有姓公孙者，皆徒于广州，不令停江边。及闻马反，大惧曰："此天亡也。"八月，以军师张悌为丞相，牛渚都督何植为司徒。执金吾滕循为司空，未拜，转镇南将军，假节领广州牧，率万人从东道讨马，与族遇于始兴，未得前。马杀南海太守刘略，逐广州刺史徐旗。晧又遣徐陵督陶濬将七千人从西道，命交州牧陶璜部伍所领及合浦、郁林诸郡兵，当与东西军共击马。

有鬼目菜生工人黄耇家，依缘枣树，长丈余，茎广四寸，厚三分。又有买菜生工人吴平家，高四尺，厚三分，如枇杷形，上广尺八寸，下茎广五寸，两边生叶绿色。东观案图，名鬼目作芝草，买菜作平虑草，遂以耇为侍芝郎，平为平虑郎，皆银印青绶。

冬，晋命镇东大将军司马伷向涂中，安东将军王浑、扬州刺史周浚向牛渚，建威将军王戎向武昌，平南将军胡奋向夏口，镇南将军杜预向江陵，龙骧将军王濬、广武将军唐彬浮江东下，太尉贾充为大都督，量宜处要，尽军势之中。陶濬至武昌，闻北军大出，停驻不前。

初，晧每宴会群臣，无不咸令沈醉。置黄门郎十人，特不与酒，侍立终日，为司过之吏。宴罢之后，各奏其阙失，迕视之咎，谬言之愆，罔有不举。大者即加威刑，小者辄以为罪。后宫数千，而采择无已。又激水入宫，宫人有不合意者，辄杀流之。或剥人之面，或凿人之眼。岑昏险谀贵幸，致位九列，好兴功役，众所患苦。是以上下离心，莫为晧尽力，盖积恶已极，不复堪命故也。

四年春，立中山、代等十一王，大赦。濬、彬所至，则土崩瓦解，靡有御者。预又斩江陵督伍延，浑复斩丞相张悌、丹阳太守沈莹等，所在战克。

三月丙寅，殿中亲近数百人叩头请晧杀岑昏，晧惶愦从之。干宝《晋纪》曰：晧殿中亲近数百人叩头请晧："北军日近，而兵不举刃，陛下将如之何！"晧曰："何故？"对曰："坐岑昏。"晧独言："若尔，当以奴谢百姓。"众因曰："唯！"遂并起收昏。晧骆驿追止，已屠之也。

戊辰，陶濬从武昌还，即引见，问水军消息，对曰："蜀船皆小，今得二万兵，乘大船战，自足击之。"于是合众，授濬节钺。明日当发，其夜众悉逃走。而王濬顺流将至，司马伷、王浑皆临近境。晧用光禄勋薛莹、中书令胡冲等计，分遣使奉书于濬、伷、浑曰："昔汉室失统，九州分裂，先人因时，略有江南，遂分阻山川，与魏乖隔。今大晋龙兴，德覆四海。暗劣偷安，未喻天命。至于今者，猥烦六军，衡盖路次，远临江渚，举国震惶，假息漏刻。敢缘天朝含弘光大，谨遣私署太常张夔等奉所佩印绶，委质请命，惟垂信纳，以济元元。"《江表传》载晧将败，与舅何植书曰："昔大皇帝以神武之略，奋三千之卒，割据江南，席卷交、广，开拓洪基，欲祚之万世。至孤末德，嗣守成绪，不能怀集黎元，多为咎阙，以违天

61

度。暗昧之变，反谓之祥，致使南蛮逆乱，征讨未克。闻晋大众，远来临江，庶竭劳瘁，众皆摧退，而张悌不反，丧军过半。孤甚愧怅，于今无聊。得陶濬表云武昌以西并复不守。不守者，非粮不足，非城不固，兵将背战耳。兵之背战，岂怨兵邪？孤之罪也。天文悬变于上，士民愤叹于下，观此事势，危如累卵，吴祚终讫，何其局哉！天匮亡吴，孤所招也。瞑目黄壤，当复何颜见四帝乎！公其勖勉奇谟，飞笔以闻。"晧又遗群臣书曰："孤以不德，忝继先轨。处位历年，政教凶勃，遂令百姓久困涂炭，至使一朝归命有道，社稷倾覆，宗庙无主，惭愧山积，没有余罪。自惟空薄，过偷尊号，才琐质秽，任重王公，故《周易》有"折鼎"之诫，诗人有"彼其"之讥。自居宫室，仍抱笃疾，计有不足，思虑失中，多所荒替。边侧小人，因生酷虐，虐毒横流，忠顺被害。暗昧不觉，寻其壅蔽，孤负诸君，事已难图，覆水不可收也。今大晋平治四海，劳心务于擢贤，诚是英俊展节之秋也。管仲极仇，桓公用之，良、平去楚，入为汉臣，舍乱就理，非不忠也。莫以移朝改朔，用损厥志。嘉勖休尚，爰敬动静。夫复何言，投笔而已！"

壬申，王濬最先到，于是受晧之降，解缚焚榇，延请相见。《晋阳秋》曰：濬收其图籍，领州四、郡四十三、县三百一十三、户五十二万三千、吏三万二千、兵二十三万、男女口二百三十万、米谷二百八十万斛、舟船五千余艘、后宫五千余人。仙以晧致印绶于己，遣使送晧。晧举家西迁，以太康元年五月丁亥集于京邑。四月甲申，诏曰："孙晧穷迫归降，前诏待之以不死，今晧垂至，意犹愍之，其赐号为归命侯。进给衣服车乘，田三十顷，岁给谷五千斛，钱五十万，绢五百匹，绵五百斤。"晧太子瑾拜中郎，诸子为王者，拜郎中。《搜神记》曰：吴以草创之国，信不坚固，边屯守将皆质其妻子，名曰保质。童子少年，以类相与嬉游者，日有十数。永安二年三月，有一异儿，长四尺余，年可六七岁，衣青衣，来从群儿戏，诸儿莫之识也。皆问曰："尔谁家小儿，今日忽来？"答曰："见尔群戏乐，故来耳。"详而视之，眼有光芒，熖熖外射。诸儿畏之，重问其故。儿乃答曰："尔恶我乎？我非人也，乃荧惑星也。将有以告：三公锄，司马如。"诸儿大惊，或走告大人，大人驰往观之。儿曰："舍尔去乎！"竦身而跃，即以化矣。仰而视之，若引一匹练以登天。大人来者，犹及见焉，飘飘渐高，有顷而没。时吴政峻急，莫敢宣也。后五年而蜀亡，六年而晋兴，至是而吴灭，司马如矣。｜干宝《晋纪》曰：王濬治船于蜀，吴彦取其流柹以呈孙皓，曰："晋必有攻吴之计，宜增建平兵。建平不下，终不敢渡江。"皓弗从。陆抗之克步阐，皓意张大，乃使尚广筮并天下，遇《同人》之《颐》，对曰："吉。庚子岁，青盖当入洛阳。"故皓不修其政，而恒有窥上国之志。是岁也，实在庚子。**五年，皓死于洛阳。**《吴录》曰：皓以四年十二月死，时年四十二，葬河南县界。

评曰：孙亮童孺而无贤辅，其替位不终，必然之势也。休以旧爱宿恩，任用兴、布，不能拔进良才，改弦易张，虽志善好学，何益救乱乎？又使既废之亮不得其死，友于之义薄矣。皓之淫刑所滥，陨毙流黜者，盖不可胜数。是以群下人人惴恐，皆日日以冀，朝不谋夕。其荧惑、巫祝，交致祥瑞，以为至急。昔舜、禹躬稼，至圣之德，犹或矢誓众臣，"予违女弼"；或拜昌言，常若不及。况皓凶顽，肆行残暴，忠谏者诛，谗谀者进，虐用其民，穷淫极侈，宜腰首分离，以谢百姓。既蒙不死之诏，复加归命之宠，岂非旷荡之恩，过厚之泽也哉！

四十九卷 吴书 ^四

刘繇太史慈士燮传 | 刘繇 太史慈 士燮

○**刘繇** 子基

刘繇字正礼，东莱牟平人也。齐孝王少子封牟平侯，子孙家焉。繇伯父宠，为汉太尉。繇兄岱，字公山，历位侍中，兖州刺史。*《续汉书》曰：繇父舆，一名方，山阳太守。岱、繇皆有隽才。|《英雄记》称岱孝悌仁恕，以虚己受人。*

繇年十九，从父踬为贼所劫质，繇纂取以归，由是显名。举孝廉，为郎中，除下邑长。时郡守以贵戚托之，遂弃官去。州辟部济南，济南相中常侍子，贪秽不循，繇奏免之。平原陶丘洪荐繇，欲令举茂才。刺史曰："前年举公山，奈何复举正礼乎？"洪曰："若明使君用公山于前，擢正礼于后，所谓御二龙于长涂，骋骐骥于千里，不亦可乎！"会辟司空掾，除侍御史，不就。避乱淮浦，诏书以为扬州刺史。时袁术在淮南，繇畏惮，不敢之州。欲南渡江，吴景、孙贲迎置曲阿。术图为僭逆，攻没诸郡县。繇遣樊能、张英屯江边以拒之。以景、贲术所授用，乃迫逐使去。于是术乃自置扬州刺史，与景、贲并力攻英、能等，岁余不下。

汉命加繇为牧，振武将军，众数万人。孙策东渡，破英、能等。繇奔丹徒，袁宏《汉纪》曰：刘繇将奔会稽，许子将曰："会稽富实，策之所贪，且穷在海隅，不可往也。不如豫章，北连豫壤，西接荆州。若收合吏民，遣使贡献，与曹兖州相闻，虽有袁公路隔在其间，其人豺狼，不能久也。足下受王命，孟德、景升必相救济。"繇从之。遂溯江南保豫章，驻彭泽。笮融先至，杀太守朱皓，《献帝春秋》曰：是岁，繇屯彭泽，又使融助皓讨刘表所用太守诸葛玄。许子将谓繇曰："笮融出军，不顾名义者也。朱文明善推诚以信人，宜使密防之。"融到，果诈杀皓，代领郡事。入居郡中。繇进讨融，为融所破，更复招合属县，攻破融。融败走入山，为民所杀，繇寻病卒，时年四十二。

笮融者，丹阳人，初聚众数百，往依徐州牧陶谦。谦使督广陵、彭城运漕，遂放纵擅杀，坐断三郡委输以自人。乃大起浮图祠，以铜为人，黄金涂身，衣以锦采，垂铜槃九重，下为重楼阁道，可容三千余人，悉课读佛经，令界内及旁郡人有好佛者听受道，复其他役以招致之，由此远近前后至者五千余人户。每浴佛，多设酒饭，布席于路，经数十里，民人来观及就食且万人，费以巨亿计。曹公攻陶谦，徐土骚动，融将男女万口，马三千匹，走广陵，广陵太守赵昱待以宾礼。先是，彭城相薛礼为陶谦所逼，屯秣陵。融利广陵之众，因酒酣杀昱，放兵大略，因载而去。过杀礼，然后杀皓。

后策西伐江夏，还过豫章，收载繇丧，善遇其家。王朗遗策书曰："刘正礼昔初临州，未能自达，实赖尊门为之先后，用能济江成治，有所处定。践境之礼，感分结意，情在终始。后以袁氏之嫌，稍更乖刺。更以同盟，还为仇敌，原其本心，实非所乐。

康宁之后，常愿渝平更成，复践宿好。一尔分离，款意不昭，奄然殂陨，可为伤恨！知敦以厉薄，德以报怨，收骨育孤，哀亡愍存；捐既往之猜，保六尺之托，诚深恩重分，美名厚实也。昔鲁人虽有齐怨，不废丧纪，《春秋》善之，谓之得礼，诚良史之所宜藉，乡校之所叹闻。正礼元子，致有志操，想必有以殊异。威盛刑行，施之以恩，不亦优哉！"

绦长子基，字敬舆，年十四，居绦丧尽礼，故吏馈饷，皆无所受。《吴书》曰：基遭多难，婴丁困苦，潜处味道，不以为戚。与群弟居，常夜卧早起，妻妾希见其面。诸弟敬惮，事之犹父。不妄交游，门无杂宾。姿容美好，孙权爱敬之。权为骠骑将军，辟东曹掾，拜辅义校尉、建忠中郎。权为吴王，迁基大农。权尝宴饮，骑都尉虞翻醉酒犯忤，权欲杀之，威怒甚盛，由基谏争，翻以得免。权大暑时尝于船中宴饮，于船楼上值雷雨，权以盖自覆，又命覆基，余人不得也。其见待如此。徙郎中令。权称尊号，改为光禄勋，分平尚书事。年四十九卒。后权为子霸纳基女，赐第一区，四时宠赐，与全、张比。基二弟，铄、尚，皆骑都尉。

○太史慈

太史慈字子义，东莱黄人也。少好学，仕郡奏曹史。会郡与州有隙，曲直未分，以先闻者为善。时州章已去，郡守恐后之，求可使者。慈年二十一，以选行，晨夜取道，到洛阳，诣公车门，见州吏始欲求通。慈问曰："君欲通章邪？"吏曰："然。"问："章安在？"曰："车上。"慈曰："章题署得无误邪？取来视之。"吏殊不知其东莱人也，因为取章。慈已先怀刀，便截败之。吏踊跃大呼，言："人坏我章！"慈将至车间，与语曰："向使君不以章相与，吾亦无因得败之，是为吉凶祸福等耳，吾不独受此罪。岂若默然俱出去，可以存易亡，无事俱就刑辟。"吏言："君为郡败吾章，已得如意，欲复亡为？"慈答曰："初受郡遣，但来视章通与未耳。吾用意太过，乃相败章。今还，亦恐以此见谴怒，故俱欲去尔。"吏然慈言，即日俱去。慈既与出城，因遁还通郡章。州家闻之，更遣吏通章，有司以格章之故不复见理，州受其短。由是知名，而为州家所疾，恐受其祸，乃避之辽东。

北海相孔融闻而奇之，数遣人讯问其母，并致饷遗。时融以黄巾寇暴，出屯都昌，为贼管亥所围。慈从辽东还，母谓慈曰："汝与孔北海未尝相见，至汝行后，赡恤殷勤，过于故旧，今为贼所围，汝宜赴之。"慈留三日，单步径至都昌。时围尚未密，夜伺间隙，得入见融，因求兵出斫贼。融不听，欲待外救。外救未至者，而围日逼。融欲告急平原相刘备，城中人无由得出，慈自请求行。融曰："今贼围甚密，众人皆言不可，卿意虽壮，无乃实难乎？"慈对曰："昔府君倾意于老母，老母感遇，遣慈赴府君之急，固以慈有可取，而来必有益也。今众人言不可，慈亦言不可，岂府君爱顾之义，老母遣慈之意邪？事已急矣，愿府君无疑。"融乃然之。

于是严行蓐食，须明，便带鞬摄弓上马，将两骑自随，各作一的持之，开门直出。外围下左右人并惊骇，兵马互出。慈引马至城下堑内，植所持的各一，出射之，射之毕，径入门。明晨复如此，围下人或起或卧，慈复植的，射之毕，复入门。明晨复出如此，无复起者，于是下鞭马直突围中驰去。比贼觉知，慈行已过，又射杀数人，皆应弦而倒，故无敢追者。遂到平原，说备曰："慈，东莱之鄙人也，与孔北海亲非骨肉，比非乡党，特以名志相好，有分灾共患之义。今管亥暴乱，北海被围，孤穷无援，危在旦夕。以君有仁义之名，能救人之急，故北海区区，延颈恃仰，使慈冒白刃，突重围，从万死之中自托于君，惟君所以存之。"备敛容答曰："孔北海知世间有刘备邪！"即遣精兵三千人随慈。贼闻兵至，解围散走。融既得济，益奇贵慈，曰："卿吾之少友也。"事毕，还启其母，母曰："我喜汝有以报孔北海也。"

扬州刺史刘繇与慈同郡，慈自辽东还，未与相见，暂渡江到曲阿见繇，未去，会孙策至。或劝繇可以慈为大将军，繇曰："我若用子义，许子将不当笑我邪？"但使慈侦视轻重。时独与一骑卒遇策。策从骑十三，皆韩当、宋谦、黄盖辈也。慈便前斗，正与策对。策刺慈马，而揽得慈项上手戟，慈亦得策兜鍪。会两家兵骑并各来赴，于是解散。

慈当与繇俱奔豫章，而遁于芜湖，亡入山中，称丹阳太守。是时，策已平定宣城以东，惟泾以西六县未服。慈因进住泾县，立屯府，大为山越所附。策躬自攻讨，遂见囚执。策即解缚，捉其手曰："宁识神亭时邪？若卿尔时得我云何？"慈曰："未可量也。"策大笑曰："今日之事，当与卿共之。"《吴历》云：慈于神亭战败，为策所执。策素闻其名，即解缚请见，咨问进取之术。慈答曰："破军之将，不足与论事。"策曰："昔韩信定计于广武，今策决疑于仁者，君

何辞焉？"慈曰："州军新破，士卒离心，若偿分散，难复合聚；欲出宣恩安集，恐不合尊意。"策长跪答曰："诚本心所望也。明日中，望君来还。"诸将皆疑，策曰："太史子义，青州名士，以信义为先，终不欺策。"明日，大请诸将，豫设酒食，立竿视影。日中而慈至，策大悦，常与参论诸军事。| 臣松之案：《吴历》云慈于神亭战败，为策所得，与本传大异，疑为谬误。|《江表传》曰：策问慈曰："闻卿昔为太守劫州章，赴文举，诣玄德，皆有烈义，天下智士也，但所托未得其人耳。射钩斩袪，古人不嫌。孤是卿知己，勿忧不如意也。"出教曰："龙欲腾翥，先阶尺木者也。"**即署门下督，还吴授兵，拜折冲中郎将。后刘繇亡于豫章，士众万余人未有所附，策命慈往抚安焉。**《江表传》曰：策谓慈曰："刘牧往责吾为袁氏攻庐江，其意颇猥，理恕不足。何者？先君手下兵数千余人，尽在公路许。孤志在立事，不得不屈意于公路，求索故兵，再往才得千余人耳。仍令孤攻庐江，尔时事势，不得不为行。但其后不遵臣节，自弃作邪僭事，谏之不从。丈夫义交，苟有大故，不得不离，孤交求公路及绝之本末如此。今刘繇丧亡，恨不及其生时与共论辩。今儿子在豫章，不知华子鱼待遇何如，其故部曲复依随之否？卿则州人，昔又从事，宁能往视其儿子，并宣孤意于其部曲？部曲乐来者便与俱来，不乐来者且安慰之。并观察子鱼所以牧御方规何似，视庐陵、鄱阳人民亲附之否？卿手下兵，宜将多少，自由意。"慈对曰："慈有不赦之罪，将军量同桓、文，待遇过望。古人报主以死，期于尽节，没而后已。今并息兵，兵不宜多，将数十人，自足以往还也。"左右皆曰："慈必北去不还。"策曰："子义舍我，当复与谁？"饯送昌门，把腕别曰："何时能还？"答曰："不过六十日。"果如期而反。《江表传》曰：策初遣慈也，议者纷纭，谓慈未可信，或云与华子鱼州里，恐留彼为筹策，或疑慈西托黄祖，

假路还北，多言遣之非计。策曰："诸君语皆非也，孤断之详矣。太史子义虽气勇有胆烈，然非纵横之人。其心有士谟，志经道义，贵重然诺，一以意许知己，死亡不相负，诸君勿复忧也。"慈从豫章还，议者乃始服。慈见策曰："华子鱼良德也，然非筹略才，无他方规，自守而已。又丹阳僮芝自擅庐陵，诈言被诏书为太守。鄱阳民帅别立宗部，阻兵守界，不受子鱼所遣长吏，言：'我以别立郡，须汉遣真太守来，当迎之耳。'子鱼不但不能谐庐陵、鄱阳，近自海昏有上缭壁，有五六千家相结聚作宗伍，惟输租布于郡耳，发召一人遂不可得，子鱼亦睹视之而已。"策拊掌大笑，乃有兼并之志矣。顷之，遂定豫章。

刘表从子磐，骁勇，数为寇于艾、西安诸县。策于是分海昏、建昌左右六县，以慈为建昌都尉，治海昏，并督诸将拒磐。磐绝迹不复为寇。

慈长七尺七寸，美须髯，猿臂善射，弦不虚发。尝从策讨麻保贼，贼于屯里缘楼上行詈，以手持楼栋，慈引弓射之，矢贯手著栋，围外万人莫不称善。其妙如此。曹公闻其名，遗慈书，以箧封之，发省无所道，而但贮当归。孙权统事，以慈能制磐，遂委南方之事。年四十一，建安十一年卒。《吴书》曰：慈临亡，叹息曰："丈夫生世，当带七尺之剑，以升天子之阶。今所志未从，奈何而死乎！"权甚悼惜之。子亨，官至越骑校尉。《吴书》曰：亨字元复，历尚书、吴郡太守。

○士燮 子徽 弟壹 弟䵣 壹子匡

　　士燮字威彦，苍梧广信人也。其先本鲁国汶阳人，至王莽之
乱，避地交州。六世至燮父赐，桓帝时为日南太守。燮少游学京
师，事颍川刘子奇，治《左氏春秋》。察孝廉，补尚书郎，公事免
官。父赐丧阕后，举茂才，除巫令，迁交阯太守。

　　弟壹，初为郡督邮。刺史丁宫征还京都，壹侍送勤恪，宫感
之，临别谓曰："刺史若待罪三事，当相辟也。"后宫为司徒，辟壹。
比至，宫已免，黄琬代为司徒，甚礼遇壹。董卓作乱，壹亡归乡
里。《吴书》曰：琬与卓相害，而壹尽心于琬，甚有声称。卓恶之，乃署
教曰："司徒掾士壹，不得除用。"故历年不迁。会卓入关，壹乃亡归。交
州刺史朱符为夷贼所杀，州郡扰乱。燮乃表壹领合浦太守，次弟
徐闻令䵣领九真太守，䵣弟武，领南海太守。

　　燮体器宽厚，谦虚下士，中国士人往依避难者以百数。耽玩
《春秋》，为之注解。陈国袁徽与尚书令荀彧书曰："交阯士府君既
学问优博，又达于从政，处大乱之中，保全一郡，二十余年疆场
无事，民不失业，羁旅之徒，皆蒙其庆，虽窦融保河西，曷以加
之？官事小阕，辄玩习书传，《春秋左氏传》尤简练精微，吾数以
咨问《传》中诸疑，皆有师说，意思甚密。又《尚书》兼通古今，
大义详备。闻京师古今之学，是非忿争，今欲条《左氏》《尚书》
长义上之。"其见称如此。

　　燮兄弟并为列郡，雄长一州，偏在万里，威尊无上。出入鸣
钟磬，备具威仪，笳箫鼓吹，车骑满道，胡人夹毂焚烧香者常有
数十。妻妾乘辎䡛，子弟从兵骑，当时贵重，震服百蛮，尉他不

足逾也。葛洪《神仙传》曰：燮尝病死，已三日，仙人董奉以一丸药与服，以水含之，捧其头，摇捎之。食顷，即开目动手，颜色渐复，半日能起坐，四日复能语，遂复常。奉字君异，侯官人也。武先病没。

朱符死后，汉遣张津为交州刺史，津后又为其将区景所杀，而荆州牧刘表遣零陵赖恭代津。是时苍梧太守史璜死，表又遣吴巨代之，与恭俱至。汉闻张津死，赐燮玺书曰："交州绝域，南带江海，上恩不宣，下义壅隔，知逆贼刘表又遣赖恭窥看南土，今以燮为绥南中郎将，董督七郡，领交阯太守如故。"后燮遣吏张旻奉贡诣京都，是时天下丧乱，道路断绝，而燮不废贡职，特复下诏拜安远将军，封龙度亭侯。后巨与恭相失，举兵逐恭，恭走还零陵。

建安十五年，孙权遣步骘为交州刺史。骘到，燮率兄弟奉承节度。而吴巨怀异心，骘斩之。权加燮为左将军。建安末年，燮遣子廞入质，权以为武昌太守，燮、壹诸子在南者，皆拜中郎将。燮又诱导益州豪姓雍闿等，率郡人民使遥东附，权益嘉之，迁卫将军，封龙编侯，弟壹偏将军，都乡侯。燮每遣使诣权，致杂香细葛，辄以千数，明珠、大贝、流离、翡翠、瑇瑁、犀、象之珍，奇物异果，蕉、邪、龙眼之属，无岁不至。壹时贡马凡数百匹。权辄为书，厚加宠赐，以答慰之。燮在郡四十余岁，黄武五年，年九十卒。

权以交阯县远，乃分合浦以北为广州，吕岱为刺史；交阯以南为交州，戴良为刺史。又遣陈时代燮为交阯太守。岱留南海，良与时俱前行到合浦，而燮子徽自署交阯太守，发宗兵拒良。良留合浦。交阯桓邻，燮举吏也，叩头谏徽使迎良，徽怒，笞杀邻。邻兄治子发又合宗兵击徽，徽闭门城守，治等攻之数月不能下，乃约和亲，各罢兵还。而吕岱被诏诛徽，自广州将兵昼夜驰入，过合浦，与良俱前。壹子中郎将匡与岱有旧，岱署匡师友从事，先移书交阯，告喻祸福，又遣匡见徽，说令服罪，虽失郡守，保无他忧。岱寻匡后至，徽兄祗，弟幹、颂等六人肉袒奉迎。岱谢令复服，前至郡下。明旦早施帐幔，请徽兄弟以次入，宾客满坐。岱起，拥节读诏书，数徽罪过，左右因反缚以出，即皆伏诛，传首诣武昌。孙盛曰：夫柔远能迩，莫善于信；保大定功，莫善于义。故齐桓创基，德彰于柯会；晋文始伯，义显于伐原。故能九合一匡，世主夏盟，令问长世，贻范百王。吕岱师友士匡，使通信誓，徽兄弟肉袒，推心委命，岱因灭之，以要功利。君子是以知孙权之不能远略，而吕氏之祚不延者也。壹、䂪、匡后出，权原其罪，及燮质子廞，皆免为庶人。数岁，壹、䂪坐法诛。廞病卒，无子，妻寡居，诏在所月给俸米，赐钱四十万。

评曰：刘繇藻厉名行，好尚臧否，至于扰攘之时，据万里之土，非其长也。太史慈信义笃烈，有古人之分。士燮作守南越，优游终世，至子不慎，自贻凶咎。盖庸才玩富贵而恃阻险，使之然也。

五十卷 吴书 ^五

妃嫔传 | 孙破虏吴夫人 吴主权谢夫人 吴主权徐夫人

吴主权步夫人 吴主权王夫人 吴主权王夫人

吴主权潘夫人 孙亮全夫人 孙休朱夫人

孙和何姬 孙皓滕夫人

○孙破虏吴夫人 弟景

　　孙破虏吴夫人，吴主权母也。本吴人，徙钱唐，早失父母，与弟景居。孙坚闻其才貌，欲娶之。吴氏亲戚嫌坚轻狡，将拒焉，坚甚以惭恨。夫人谓亲戚曰："何爱一女以取祸乎？如有不遇，命也。"于是遂许为婚，生四男一女。《搜神记》曰：初，夫人孕而梦月入其怀，既而生策。及权在孕，又梦日入其怀，以告坚曰："昔妊策，梦月入我怀，今也又梦日入我怀，何也？"坚曰："日月者阴阳之精，极贵之象，吾子孙其兴乎！"

　　景常随坚征伐有功，拜骑都尉。袁术上景领丹阳太守，讨故太守周昕，遂据其郡。孙策与孙河、吕范依景，合众共讨泾县山贼祖郎，郎败走。会景为刘繇所迫，复北依术，术以为督军中郎将，与孙贲共讨樊能、于麋于横江，又击笮融、薛礼于秣陵。时策被创牛渚，降贼复反，景攻讨，尽禽之。从讨刘勋，勋奔豫章，策遣景、贲到寿春报术。术方与刘备争徐州，以景为广陵太守。术后僭号，策以书喻术，术不纳，便绝江津，不与通，使人告景。景即委郡东归，策复以景为丹阳太守。汉遣议郎王誧衔命南行，表景为扬武将军，领郡如故。

及权少年统业，夫人助治军国，甚有补益。《会稽典录》曰：策功曹魏腾，以迕意见谴。将杀之，士大夫忧恐，计无所出。夫人乃倚大井而谓策曰："汝新造江南，其事未集，方当优贤礼士，舍过录功。魏功曹在公尽规，汝今日杀之，则明日人皆叛汝。吾不忍见祸之及，当先投此井中耳。"策大惊，遽释腾。夫人智略权谲，类皆如此。建安七年，临薨，引见张昭等，属以后事，合葬高陵。

八年，景卒官，子奋授兵为将，封新亭侯，卒。子安嗣，安坐党鲁王霸死。奋弟祺，封都亭侯，卒。子纂嗣。纂妻即滕胤女也，胤被诛，并遇害。

○吴主权谢夫人

吴主权谢夫人，会稽山阴人也。父煚，汉尚书郎、徐令。煚子承撰《后汉书》，称煚幼以仁孝为行，明达有令才。煚弟贞，履蹈法度，笃学尚义，举孝廉，建昌长，卒官。权母吴，为权聘以为妃，爱幸有宠。后权纳姑孙徐氏，欲令谢下之，谢不肯，由是失志，早卒。后十余年，弟承拜五官郎中，稍迁长沙东部都尉、武陵太守，撰《后汉书》百余卷。《会稽典录》曰：承字伟平，博学洽闻，尝所知见，终身不忘。子崇扬威将军，崇弟勖吴郡太守，并知名。

○吴主权徐夫人 父琨

　　吴主权徐夫人，吴郡富春人也。祖父真，与权父坚相亲，坚以妹妻真，生琨。琨少仕州郡，汉末扰乱，去吏，随坚征伐有功，拜偏将军。坚薨，随孙策讨樊能、于麋等于横江，击张英于当利口，而船少，欲驻军更求。琨母时在军中，谓琨曰："恐州家多发水军来逆人，则不利矣，如何可驻邪？宜伐芦苇以为浮，佐船渡军。"琨具启策，策即行之，众悉俱济，遂破英，击走笮融、刘繇，事业克定。策表琨领丹阳太守，会吴景委广陵来东，复为丹阳守，《江表传》曰：初，袁术遣从弟胤为丹阳，策令琨讨而代之。会景还，以景前在丹阳，宽仁得众，吏民所思，而琨手下兵多，策嫌其太重，且方攻伐，宜得琨众，乃复用景，召琨还吴。琨以督军中郎将领兵，从破庐江太守李术，封广德侯，迁平虏将军。后从讨黄祖，中流矢卒。

　　琨生夫人，初适同郡陆尚。尚卒，权为讨虏将军在吴，聘以为妃，使母养子登。后权迁移，以夫人妒忌，废处吴。积十余年，权为吴王及即尊号，登为太子，群臣请立夫人为后，权意在步氏，卒不许。后以疾卒。兄矫，嗣父琨侯，讨平山越，拜偏将军，先夫人卒，无子。弟祚袭封，亦以战功至于芜湖督、平魏将军。

○吴主权步夫人

吴主权步夫人，临淮淮阴人也，与丞相骘同族。汉末，其母携将徙庐江，庐江为孙策所破，皆东渡江，以美丽得幸于权，宠冠后庭。生二女，长曰鲁班，字大虎，前配周瑜子循，后配全琮；少曰鲁育，字小虎，前配朱据，后配刘纂。《吴历》曰：纂先尚权中女，早卒，故又以小虎为继室。

夫人性不妒忌，多所推进，故久见爱待。权为王及帝，意欲以为后，而群臣议在徐氏，权依违者十余年，然宫内皆称皇后，亲戚上疏称中宫。及薨，臣下缘权指，请追正名号，乃赠印绶，策命曰："惟赤乌元年闰月戊子，皇帝曰：呜呼皇后，惟后佐命，共承天地。虔恭夙夜，与朕均劳。内教修整，礼义不愆。宽容慈惠，有淑懿之德。民臣县望，远近归心。朕以世难未夷，大统未一，缘后雅志，每怀谦损。是以于时未授名号，亦必谓后降年有永，永与朕躬对扬天休。不寤奄忽，大命近止。朕恨本意不早昭显，伤后殂逝，不终天禄。愍悼之至，痛于厥心。今使使持节丞相醴陵亭侯雍，奉策授号，配食先后。魂而有灵，嘉其宠荣。呜呼哀哉！"葬于蒋陵。

○吴主权王夫人

吴主权王夫人，琅邪人也。夫人以选入宫，黄武中得幸，生孙和，宠次步氏。步氏薨后，和立为太子。权将立夫人为后，而全公主素憎夫人，稍稍谮毁。及权寝疾，言有喜色，由是权深责怒，以忧死。和子晧立，追尊夫人曰大懿皇后，封三弟皆列侯。

○吴主权王夫人

吴主权王夫人，南阳人也，以选入宫，嘉禾中得幸，生孙休。及和为太子，和母贵重，诸姬有宠者，皆出居外。夫人出公安，卒，因葬焉。休即位，遣使追尊曰敬怀皇后，改葬敬陵。王氏无后，封同母弟文雍为亭侯。

○吴主权潘夫人

吴主权潘夫人，会稽句章人也。父为吏，坐法死。夫人与姊俱输织室，权见而异之，召充后宫。得幸有娠，梦有以龙头授己者，己以蔽膝受之，遂生孙亮。赤乌十三年，亮立为太子，请出嫁夫人之姊，权听许之。明年，立夫人为皇后。性险妒容媚，自始至卒，谮害袁夫人等甚众。《吴录》曰：袁夫人者，袁术女也，有节行而无子。权数以诸姬子与养之，辄不育。及步夫人薨，权欲立之。夫人自以无子，固辞不受。

权不豫，夫人使问中书令孙弘吕后专制故事。侍疾疲劳，因以羸疾，诸宫人伺其昏卧，共缢杀之，托言中恶。后事泄，坐死者六七人。权寻薨，合葬蒋陵。孙亮即位，以夫人姊婿谭绍为骑都尉，授兵。亮废，绍与家属送本郡庐陵。

○孙亮全夫人

孙亮全夫人，全尚女也。从祖母公主爱之，每进见辄与俱。及潘夫人母子有宠，全主自以与孙和母有隙，乃劝权为潘氏男亮纳夫人，亮遂为嗣。夫人立为皇后，以尚为城门校尉，封都亭侯，代滕胤为太常、卫将军，进封永平侯，录尚书事。时全氏侯有五人，并典兵马，其余为侍郎、骑都尉，宿卫左右。自吴兴，外戚贵盛莫及。及魏大将诸葛诞以寿春来附，而全怿、全端、全祎、全仪等并因此际降魏，全熙谋泄见杀，由是诸全衰弱。会孙綝废亮为会稽王，后又黜为候官侯，夫人随之国，居候官，尚将家属徙零陵，追见杀。《吴录》曰：亮妻惠解有容色，居候官，吴平乃归，永宁中卒。

○孙休朱夫人

孙休朱夫人，朱据女，休姊公主所生也。臣松之以为休妻其甥，事同汉惠。荀悦讥之已当，故不复广言。赤乌末，权为休纳以为妃。休为琅邪王，随居丹阳。建兴中，孙峻专政，公族皆患之。全尚妻即峻姊，故惟全主祐焉。初，孙和为太子时，全主谮害王夫人，欲废太子，立鲁王。朱主不听，由是有隙。五凤中，孙仪谋杀峻，

79

事觉被诛。全主因言朱主与仪同谋，峻枉杀朱主。休惧，遣夫人还建业，执手泣别。既至，峻遣还休。太平中，孙亮知朱主为全主所害，问朱主死意。全主惧曰："我实不知，皆据二子熊、损所白。"亮杀熊、损。损妻是峻妹也，孙綝益忌亮，遂废亮，立休。永安五年，立夫人为皇后。休卒，群臣尊夫人为皇太后。孙晧即位月余，贬为景皇后，称安定宫。甘露元年七月，见逼薨，合葬定陵。《搜神记》曰：孙峻杀朱主，埋于石子冈。归命即位，将欲改葬之。冢墓相亚，不可识别，而宫人颇识主亡时所著衣服，乃使两巫各住一处以伺其灵，使察鉴之，不得相近。久时，二人俱白：见一女人年可三十余，上著青锦束头，紫白裌裳，丹绨丝履，从石子冈上半冈，而以手抑膝长太息，小住须臾，进一冢上便住，徘徊良久，奄然不见。二人之言，不谋而同，于是开冢，衣服如之。

○孙和何姬

孙和何姬，丹阳句容人也。父遂，本骑士。孙权尝游幸诸营，而姬观于道中，权望见异之，命宦者召入，以赐子和。生男，权喜，名之曰彭祖，即晧也。太子和既废，后为南阳王，居长沙。孙亮即位，孙峻辅政。峻素媚事全主，全主与和母有隙，遂劝峻徙和居新都，遣使赐死，嫡妃张氏亦自杀。何姬曰："若皆从死，谁当养孤？"遂拊育晧及其三弟。晧即位，尊和为昭献皇帝，《吴录》曰：晧初尊和为昭献皇帝，俄改曰文皇帝。何姬为昭献皇后，称升平宫，月余，进为皇太后。封弟洪永平侯，蒋溧阳侯，植宣城侯。

洪卒，子邈嗣，为武陵监军，为晋所杀。植官至大司徒。吴末昏乱，何氏骄僭，子弟横放，百姓患之。故民讹言"皓久死，立者何氏子"云。《江表传》曰：皓以张布女为美人，有宠，皓问曰："汝父所在？"答曰："贼以杀之。"皓大怒，棒杀之。后思其颜色，使巧工刻木作美人形象，恒置座侧。问左右："布复有女否？"答曰："布大女适故卫尉冯朝子纯。"即夺纯妻入宫，大有宠，拜为左夫人，昼夜与夫人房宴，不听朝政，使尚方以金作华燧、步摇、假髻以千数。令宫人著以相扑，朝成夕败，辄出更作，工匠因缘偷盗，府藏为空。会夫人死，皓哀愍思念，葬于苑中。大作冢，使工匠刻柏作木人，内冢中以为兵卫，以金银珍玩之物送葬，不可称计。已葬之后，皓治丧于内，半年不出。国人见葬太奢丽，皆谓皓已死，所葬者是也。皓舅子何都颜状似皓，云都代立。临海太守奚熙信讹言，举兵欲还秫陵诛都，都叔父植时为备海督，击杀熙，夷三族，讹言乃息，而人心犹疑。

○孙皓滕夫人

孙皓滕夫人，故太常胤之族女也。胤夷灭，夫人父牧，以疏远徙边郡。孙休即位，大赦，得还，以牧为五官中郎。皓既封乌程侯，聘牧女为妃。皓即位，立为皇后，封牧高密侯，拜卫将军，录尚书事。后朝士以牧尊戚，颇推令谏争。而夫人宠渐衰，皓滋不悦，皓母何恒左右之。又太史言，于运历，后不可易，皓信巫觋，故得不废，常供养升平宫。牧见遣居苍梧郡，虽爵位不夺，其实裔也，遂道路忧死。长秋官僚，备员而已，受朝贺表疏如故。而晧内诸宠姬，佩皇后玺绶者多矣。《江表传》曰：晧又使黄门备行州郡，科取将吏家女。其二千石大臣子女，皆当岁岁言名，年十五六一简阅；简阅不中，乃得出嫁。后宫千数，而采择无已。天纪四年，随晧迁于洛阳。

评曰：《易》称"正家而天下定"。《诗》云："刑于寡妻，至于兄弟，以御于家邦。"诚哉，是言也！远观齐桓，近察孙权，皆有识士之明，杰人之志，而嫡庶不分，闺庭错乱，遗笑古今，殃流后嗣。由是论之，惟以道义为心、平一为主者，然后克免斯累邪！

五十一卷 吴书 六

宗室传 | 孙静 孙贲 孙辅 孙翊
孙匡 孙韶 孙桓

○ **孙静** 子瑜 子皎 子奂

　　孙静字幼台，坚季弟也。坚始举事，静纠合乡曲及宗室五六百人以为保障，众咸附焉。策破刘繇，定诸县，进攻会稽，遣人请静，静将家属与策会于钱唐。是时太守王朗拒策于固陵，策数度水战，不能克。静说策曰："朗负阻城守，难可卒拔。查渎南去此数十里，而道之要径也，宜从彼据其内，所谓攻其无备、出其不意者也。吾当自帅众为军前队，破之必矣。"策曰："善。"乃诈令军中曰："顷连雨水浊，兵饮之多腹痛，令促具罂缶数百口澄水。"至昏暮，罗以然火诳朗，便分军夜投查渎道，袭高迁屯。臣松之案：今永兴县有高迁桥。朗大惊，遣故丹阳太守周昕等帅兵前战。策破昕等，斩之，遂定会稽，《会稽典录》曰：昕字大明。少游京师，师事太傅陈蕃，博览群书，明于风角，善推灾异。辟太尉府，举高第，稍迁丹阳太守。曹公起义兵，昕前后遣兵万余人助公征伐。袁术之在淮南也，昕恶其淫虐，绝不与通。|《献帝春秋》曰：袁术遣吴景

攻昕，未拔，景乃募百姓敢从周昕者死不赦。昕曰："我则不德，百姓何罪？"遂散兵，还本郡。表拜静为奋武校尉，欲授之重任。静恋坟墓宗族，不乐出身，求留镇守。策从之。权统事，就迁昭义中郎将，终于家。有五子，暠、瑜、皎、奂、谦。暠三子：绰、超、恭。超为偏将军。恭生峻。绰生绯。

瑜字仲异，以恭义校尉始领兵众。是时宾客诸将多江西人，瑜虚心绥抚，得其欢心。建安九年，领丹阳太守，为众所附，至万余人。加绥远将军。十一年，与周瑜共讨麻、保二屯，破之。后从权拒曹公于濡须，权欲交战，瑜说权持重，权不从，军果无功。迁奋威将军，领郡如故，自溧阳徙屯牛渚。瑜以永安人饶助为襄安长，无锡人颜连为居巢长，使招纳庐江二郡，各得降附。济阴人马普笃学好古，瑜厚礼之，使二府将吏子弟数百人就受业，遂立学官，临飨讲肄。是时诸将皆以军务为事，而瑜好乐坟典，虽在戎旅，诵声不绝。年三十九，建安二十年卒。瑜五子：弥、熙、耀、曼、纮。曼至将军，封侯。

皎字叔朗，始拜护军校尉，领众二千余人。是时曹公数出濡须，皎每赴拒，号为精锐。迁都护、征虏将军，代程普督夏口。黄盖及兄瑜卒，又并其军。赐沙羡、云杜、南新市、竟陵为奉邑，自置长吏。轻财能施，善于交结，与诸葛瑾至厚，委庐江刘靖以得失，江夏李允以众事，广陵吴硕、河南张梁以军旅，而倾心亲待，莫不自尽。皎尝遣兵候，获魏边将吏美女以进皎，皎更其衣服送还之，下令曰："今所诛者曹氏，其百姓何罪？自今以往，不得击其老弱。"由是江淮间多归附者。

尝以小故与甘宁忿争，或以谏宁，宁曰："臣子一例，征虏虽公子，何可专行侮人邪！吾值明主，但当输效力命，以报所天，诚不能随俗屈曲矣。"权闻之，以书让皎曰："自吾与北方为敌，中间十年，初时相持年小，今者且三十矣。孔子言'三十而立'，非但谓五经也。授卿以精兵，委卿以大任，都护诸将于千里之外，欲使如楚任昭奚恤，扬威于北境，非徒相使逞私志而已。近闻卿与甘兴霸饮，因酒发作，侵陵其人，其人求属吕蒙督中。此人虽粗豪，有不如人意时，然其较略大丈夫也。吾亲之者，非私之也。吾亲爱之，卿疏憎之；卿所为每与吾违，其可久乎？夫居敬而行简，可以临民；爱人多容，可以得众。二者尚不能知，安可董督在远，御寇济难乎？卿行长大，特受重任，上有远方瞻望之观，下有部曲朝夕从事，何可恣意有盛怒邪？人谁无过，贵其能改，宜追前愆，深自咎责。今故烦诸葛子瑜重宣吾意。临书摧怆，心悲泪下。"皎得书，上疏陈谢，遂与宁结厚。

后吕蒙当袭南郡，权欲令皎与蒙为左、右部大督，蒙说权曰："若至尊以征虏能，宜用之；以蒙能，宜用蒙。昔周瑜、程普为左、右部督，共攻江陵，虽事决于瑜，普自恃久将，且俱是督，遂共不睦，几败国事，此目前之戒也。"权寤，谢蒙曰："以卿为大督，命皎为后继。"禽关羽，定荆州，皎有力焉。建安二十四年卒。权追录其功，封子胤为丹阳侯。胤卒，无子。弟晞嗣，领兵，有罪自杀，国除。弟咨、弥、仪皆将军，封侯。咨羽林督，仪无难督。咨为滕胤所杀，仪为孙峻所害。

孙奂字季明。兄皎既卒，代统其众，以扬武中郎将领江夏太守。在事一年，遵皎旧迹，礼刘靖、李允、吴硕、张梁及江夏闾举等，并纳其善。奂讷于造次而敏于当官，军民称之。黄武五年，权攻石阳，奂以地主，使所部将军鲜于丹帅五千人先断淮道，自帅吴硕、张梁五千人为军前锋，降高城，得三将。大军引还，权诏使在前往，驾过其军，见奂军阵整齐，权叹曰："初吾忧其迟钝，今治军，诸将少能及者，吾无忧矣。"拜扬威将军，封沙羡侯。吴硕、张梁皆裨将军，赐爵关内侯。《江表传》曰：初权在武昌，欲还都建业，而虑水道溯流二千里，一旦有警，不相赴及，以此怀疑。及至夏口，于坞中大会百官议之，诏曰："诸将吏勿拘位任，其有计者，为国言之。"诸将或陈宜立栅栅夏口，或言宜重设铁锁者，权皆以为非计。时梁为小将，未有知名，乃越席而进曰："臣闻香饵引泉鱼，重币购勇士，今宜明树赏罚之信，遣将入沔，与敌争利，形势既成，彼不敢干也。使武昌有精兵万人，付智略者任将，常使严整。一旦有警，应声相赴。作甘水城，轻舰数千，诸所宜用，皆使备具。如此开门延敌，敌自不来矣。"权以梁计为最得，即超增梁位。后稍以功进至沔中督。

奂亦爱乐儒生，复命部曲子弟就业，后仕进朝廷者数十人。年四十，嘉禾三年卒。子承嗣，以昭武中郎将代统兵，领郡。赤乌六年卒，无子，封承庶弟壹奉奂后，袭业为将。孙峻之诛诸葛恪也，壹与全熙、施绩攻恪弟公安督融，融自杀。壹从镇南迁镇军，假节督夏口。及孙綝诛滕胤、吕据，据、胤皆壹之妹夫也；壹弟封又知胤、据谋，自杀。綝遣朱异潜袭壹。异至武昌，壹知其攻己，率部曲千余口过将胤妻奔魏。魏以壹为车骑将军、仪同三司，封吴侯，以故主芳贵人邢氏妻之。邢美色妒忌，下不堪命，遂共杀壹及邢氏。壹入魏，黄初三年死。

○孙贲 子邻

孙贲字伯阳。父羌字圣台，坚同产兄也。贲早失二亲，弟辅婴孩，贲自赡育，友爱甚笃。为郡督邮守长。坚于长沙举义兵，贲去吏从征伐。坚薨，贲摄帅余众，扶送灵柩。后袁术徙寿春，贲又依之。术从兄绍用会稽周昂为九江太守，绍与术不协，术遣贲攻破昂于阴陵。术表贲领豫州刺史，转丹阳都尉，行征虏将军，讨平山越。为扬州刺史刘繇所迫逐，因将士众还住历阳。顷之，术复使贲与吴景共击樊能、张英等，未能拔。及策东渡，助贲、景破英、能等，遂进击刘繇。繇走豫章。策遣贲、景还寿春报术，值术僭号，署置百官，除贲九江太守。贲不就，弃妻孥还江南。《江表传》曰：袁术以吴景守广陵，策族兄香亦为术所用，作汝南太守，而令贲为将军，领兵在寿春。策与景等书曰："今征江东，未知二三君意云何耳？"景即弃守归，贲困而后免，香以道远独不得还。|《吴书》曰：香字文阳。父孺，字仲孺，坚再从弟也，仕郡主簿、功曹。香从坚征伐有功，拜郎中。后为袁术驱驰，加征南将军，死于寿春。时策已平吴、会二郡，贲与策征庐江太守刘勋、江夏太守黄祖，军旋，闻繇病死，过定豫章，上贲领太守，《江表传》曰：时丹阳僮芝自署庐陵太守，策留贲弟辅领兵住南昌，策谓贲曰："兄今据豫章，是扼僮芝咽喉而守其门户矣。但当伺其形便，因令国仪杖兵而进，使公瑾为作势援，一举可定也。"后贲闻芝病，即如策计。周瑜到巴丘，辅遂得进据庐陵。后封都亭

侯。建安十三年，使者刘隐奉诏拜贲为征虏将军，领郡如故。在官十一年卒。子邻嗣。

邻年九岁，代领豫章，进封都乡侯。《吴书》曰：邻字公达，雅性精敏，幼有令誉。在郡垂二十年，讨平叛贼，功绩修理。召还武昌，为绕帐督。时太常潘濬掌荆州事，重安长陈留舒燮有罪下狱，濬尝失燮，欲置之于法。论者多为有言，濬犹不释。邻谓濬曰："舒伯膺兄弟争死，海内义之，以为美谭，仲膺又有奉国旧意。今君杀其子弟，若天下一统，青盖北巡，中州士人必问仲膺继嗣，答者云潘承明杀燮，于事何如？"濬意即解，燮用得济。《博物志》曰：仲膺名邵。初，伯膺亲友为人所杀，仲膺为报怨。事觉，兄弟争死，皆得免。袁术时，邵为阜陵长。亦见《江表传》。邻迁夏口、沔中督，威远将军，所居任职。赤乌十二年卒。子苗嗣。苗弟旅及叔父安、熙、绩，皆历列位。

○孙辅

孙辅字国仪，贲弟也，以扬武校尉佐孙策平三郡。策讨丹阳七县，使辅西屯历阳以拒袁术，并招诱余民，鸠合遗散。又从策讨陵阳，生得祖郎等。《江表传》曰：策既平定江东，逐袁胤。袁术深怨策，乃阴遣间使赍印绶与丹阳宗帅陵阳祖郎等，使激动山越，大合众，图共攻策。策自率将士讨郎，生获之。策谓郎曰："尔昔袭击孤，斫孤马鞍，今创军立事，除弃宿恨，惟取能用，与天下通耳。非但汝，汝莫恐怖。"郎叩头谢罪。即破械，赐衣服，署门下贼曹。及军还，郎与太史慈俱在前导军，人以为荣。策西袭庐江太守刘勋，辅随从，身先士卒，有功。策立辅为庐陵太守，抚定属城，分置长吏。迁平南将军，假节领交州刺史。遣使与曹公相闻，事觉，权幽系之。《典略》曰：辅恐权不能保守江东，因权出行东冶，乃遣人赍书呼曹公。行人以告，权乃还，伪若不知，与张昭共见辅，权谓辅曰："兄厌乐邪，何为呼他人？"辅云无是。权因投书与昭，昭示辅，辅惭无辞。乃悉斩辅亲近，分其部曲，徙辅置东。数岁卒。子兴、昭、伟、昕，皆历列位。

○孙翊

孙翊字叔弼，权弟也，骁悍果烈，有兄策风。太守朱治举孝廉，司空辟。《典略》曰：翊名俨，性似策。策临卒，张昭等谓策当以兵属俨，而策呼权，佩以印绶。建安八年，以偏将军领丹阳太守，时年二十，后年为左右边鸿所杀，鸿亦即诛。《吴历》载翊妻徐节行，宜与妫览等事相次，故列于后《孙韶传》中。

子松为射声校尉、都乡侯。《吴录》曰：松善与人交，轻财好施。镇巴丘，数咨陆逊以得失。尝有小过，逊面责松，松意色不平，逊观其少释，谓曰："君过听不以其鄙，数见访及，是以承来意进尽言，便变色，何也？"松笑曰："属亦自忿行事有此，岂有望邪！"黄龙三年卒。蜀丞相诸葛亮与兄瑾书曰："既受东朝厚遇，依依于子弟。又子乔良器，为之恻怆。见其所与亮器物，感用流涕。"其悼松如此，由亮养子乔咨述故云。

○孙匡

孙匡字季佐，翊弟也。举孝廉、茂才，未试用，卒，时年二十余。《江表传》曰：曹休出洞口，吕范率军御之。时匡为定武中郎将，违范令放火，烧损茅芒以乏军用，范即启送匡还吴。权别其族为丁氏，禁固终身。｜臣松之案本传曰："匡未试用卒，时年二十余。"而《江表传》云吕范在洞口，匡为定武中郎将。既为定武，非为未试用。且孙坚以初平二年卒，洞口之役在黄初三年，坚卒至此合三十一年，匡时若尚在，本传不得云卒时年二十余也。此盖权别生弟朗，《江表传》误以为匡也。子泰，曹氏之甥也，为长水校尉。嘉禾三年，从权围新城，中流矢死。泰子秀为前将军、夏口督。秀公室至亲，握兵在外，晧意不能平。建衡二年，晧遣何定将五千人至夏口猎。先是，民间金言秀当见图。而定远猎，秀遂惊，夜将妻子亲兵数百人奔晋。晋以秀为骠骑将军，仪同三司，封会稽公。《江表传》曰：晧大怒，追改秀姓曰厉。｜干宝《晋纪》曰：秀在晋朝，初闻晧降，群臣毕贺，秀称疾不与，南向流涕曰："昔讨逆弱冠以一校尉创业，今后主举江南而弃之，宗庙山陵，于此为墟。悠悠苍天，此何人哉！"朝廷美之。｜《晋诸公赞》曰：吴平，降为伏波将军，开府如故。永宁中卒，追赠骠骑、开府。子俭，字仲节，给事中。

○孙韶

孙韶字公礼。伯父河，字伯海，本姓俞氏，亦吴人也。孙策爱之，赐姓为孙，列之属籍。《吴书》曰：河，坚族子也，出后姑俞氏，后复姓为孙。河质性忠直，讷言敏行，有气干，能服勤。少从坚征讨，常为前驱，后领左右兵，典知内事，待以腹心之任。又从策平定吴、会，从权讨李术，术破，拜威寇中郎将，领庐江太守。**后为将军，屯京城。**

初，孙权杀吴郡太守盛宪，《会稽典录》曰：宪字孝章，器量雅伟，举孝廉，补尚书郎，稍迁吴郡太守，以疾去官。孙策平定吴、会，诛其英豪，宪素有高名，策深忌之。初，宪与少府孔融善，融忧其不免祸，乃与曹公书曰："岁月不居，时节如流，五十之年，忽焉已至。公为始满，融又过二，海内知识，零落殆尽，惟会稽盛孝章尚存。其人困于孙氏，妻孥湮没，单子独立，孤危愁苦，若使忧能伤人，此子不得复永年矣。《春秋传》曰：'诸侯有相灭亡者，桓公不能救，则桓公耻之。'今孝章实丈夫之雄也，天下谭士依以扬声，而身不免于幽执，命不期于旦夕，是吾祖不当复论损益之友，而朱穆所以绝交也。公诚能驰一介之使，加咫尺之书，则孝章可致，友道可弘也。今之少年，喜谤前辈，或能讥平孝章；孝章要为有天下大名，九牧之民所共称叹。燕君市骏马之骨，非欲以骋道里，乃当以招绝足也。惟公匡复汉室，宗社将绝，又能正之，正之之术，实须得贤。珠玉无胫而自至者，以人好之也，况贤者之有足乎？昭王筑台以尊郭隗，隗虽小才，而逢大遇，竟能发明主之至心，故乐毅自魏往，剧辛自赵往，邹衍自齐往。向使郭隗倒县而王不解，临溺而王不拯，则士亦将高翔远引，莫有北首燕路者矣。凡所称引，自公所知，而有云者，欲公崇笃斯义也，因表不悉。"由是征为骑都尉。制命未至，果为权所害。子匡奔魏，位至征东司马。宪故孝廉妫览、戴员亡匿山中，孙翊为丹阳，皆礼致之。览为大都督，督兵，员为郡丞。及翊遇害，河驰赴宛陵，责怒览、员，以不能全护，令使奸变得施。二人议曰：

"伯海与将军疏远，而责我乃耳。讨虏若来，吾属无遗矣。"遂杀河，使人北迎扬州刺史刘馥，令住历阳，以丹阳应之。会翊帐下徐元、孙高、傅婴等杀览、员。

韶年十七，收河余众，缮治京城，起楼橹，修器备以御敌。权闻乱，从椒丘还，过定丹阳，引军归吴。夜至京城下营，试攻惊之，兵皆乘城传檄备警，欢声动地，颇射外人，权使晓喻乃止。明日见韶，甚器之，即拜承烈校尉，统河部曲，食曲阿、丹徒二县，自置长吏，一如河旧。后为广陵太守、偏将军。权为吴王，迁扬威将军，封建德侯。权称尊号，为镇北将军。韶为边将数十年，善养士卒，得其死力。常以警疆场远斥候为务，先知动静而为之备，故鲜有负败。青、徐、汝、沛颇来归附，淮南滨江屯候皆彻兵远徙，徐、泗、江、淮之地，不居者各数百里。自权西征，还都武昌，韶不进见者十余年。权还建业，乃得朝觐。权问青、徐诸屯要害，远近人马众寡，魏将帅姓名，尽具识之，所问咸对。身长八尺，仪貌都雅。权欢悦曰："吾久不见公礼，不图进益乃尔。"加领幽州牧、假节。赤乌四年卒。子越嗣，至右将军。越兄楷武卫大将军、临成侯，代越为京下督。楷弟异至领军将军，弈宗正卿，恢武陵太守。天玺元年，征楷为宫下镇骠骑将军。初永安贼施但等劫晧弟谦，袭建业，或白楷二端不即赴讨者，晧数遣诘楷。楷常惶怖，而卒被召，遂将妻子亲兵数百人归晋，晋以为车骑将军，封丹阳侯。《晋诸公赞》曰：吴平，降为渡辽将军，永安元年卒。|《吴录》曰：楷处事严整不如孙秀，而人闻知名，过也。

○孙桓

孙桓字叔武，河之子也。《吴书》曰：河有四子。长助，曲阿长。次谊，海盐长。并早卒。次桓，仪容端正，器怀聪朗，博学强记，能论议应对，权常称为宗室颜渊，擢为武卫都尉。从讨关羽于华容，诱羽余党，得五千人，牛马器械甚众。年二十五，拜安东中郎将，与陆逊共拒刘备。备军众甚盛，弥山盈谷，桓投刀奋命，与逊戮力，备遂败走。桓斩上夔道，截其径要。备逾山越险，仅乃得免，忿恚叹曰："吾昔初至京城，桓尚小儿，而今迫孤乃至此也！"桓以功拜建武将军，封丹徒侯，下督牛渚，作横江坞，会卒。《吴书》曰：桓弟俊，字叔英，性度恢弘，才经文武，为定武中郎将，屯戍薄落，赤乌十三年卒。长子建袭爵，平虏将军。少子慎，镇南将军。慎子丞，字显世。|《文士传》曰：丞好学，有文章，作《萤火赋》行于世。为黄门侍郎，与顾荣俱为侍臣。归命世内侍多得罪尤，惟荣、丞独获全。常使二人记事，丞答顾问，乃下诏曰："自今已后，用侍郎皆当如今宗室丞、顾荣畴也。"吴平赴洛，为范阳涿令，甚有称绩。永安中，陆机为成都王大都督，请丞为司马，与机俱被害。

评曰：夫亲亲恩义，古今之常。宗子维城，诗人所称。况此诸孙，或赞兴初基，或镇据边垂，克堪厥任，不忝其荣者乎！故详著云。

五十二卷 吴书 ^七

张顾诸葛步传 | 张昭 顾雍 诸葛瑾 步骘

○张昭 弟子奋 子承 子休

张昭字子布，彭城人也。少好学，善隶书，从白侯子安受《左氏春秋》，博览众书，与琅邪赵昱、东海王朗俱发名友善。弱冠察孝廉，不就，与朗共论旧君讳事，州里才士陈琳等皆称善之。刺史陶谦举茂才，不应，谦以为轻己，遂见拘执。昱倾身营救，方以得免。汉末大乱，徐方士民多避难扬土，昭皆南渡江。孙策创业，命昭为长史、抚军中郎将，升堂拜母，如比肩之旧，文武之事，一以委昭。《吴书》曰：策得昭甚悦，谓曰："吾方有事四方，以士人贤者上，吾于子不得轻矣。"乃上为校尉，待以师友之礼。昭每得北方士大夫书疏，专归美于昭，昭欲嘿而不宣则惧有私，宣之则恐非宜，进退不安。策闻之，欢笑曰："昔管子相齐，一则仲父，二则仲父，而桓公为霸者宗。今子布贤，我能用之，其功名独不在我乎！"

策临亡，以弟权托昭，昭率群僚立而辅之。《吴历》曰：策谓昭曰："若仲谋不任事者，君便自取之。正复不克捷，缓步西归，亦无所虑。"

上表汉室，下移属城，中外将校，各令奉职。权悲感未视事，昭谓权曰："夫为人后者，贵能负荷先轨，克昌堂构，以成勋业也。方今天下鼎沸，群盗满山，孝廉何得寝伏哀戚，肆匹夫之情哉？"乃身自扶权上马，陈兵而出，然后众心知有所归。昭复为权长史，授任如前。《吴书》曰：是时天下分裂，擅命者众。孙策莅事日浅，恩泽未洽，一旦倾陨，士民狼狈，颇有同异。及昭辅权，绥抚百姓，诸侯宾旅寄寓之士，得用自安。权每出征，留昭镇守，领幕府事。后黄巾贼起，昭讨平之。权征合肥，命昭别讨匡琦，又督领诸将，攻破豫章贼率周凤等于南城。自此希复将帅，常在左右，为谋谟臣。权以昭旧臣，待遇尤重。

后刘备表权行车骑将军，昭为军师。权每田猎，常乘马射虎，虎尝突前攀持马鞍。昭变色而前曰："将军何有当尔？夫为人君者，谓能驾御英雄，驱使群贤，岂谓驰逐于原野，校勇于猛兽者乎？如有一旦之患，奈天下笑何？"权谢昭曰："年少虑事不远，以此惭君。"然犹不能已，乃作射虎车，为方目，闲不置盖，一人为御，自于中射之。时有逸群之兽，辄复犯车，而权每手击以为乐。昭虽谏争，常笑而不答。

魏黄初二年，遣使者邢贞拜权为吴王。贞入门，不下车。昭谓贞曰："夫礼无不敬，故法无不行。而君敢自尊大，岂以江南寡弱，无方寸之刃故乎！"贞即遽下车。拜昭为绥远将军，封由拳侯。《吴录》曰：昭与孙绍、滕胤、郑礼等，采周、汉，撰定朝仪。权于武昌，临钓台，饮酒大醉。权使人以水洒群臣曰："今日酣饮，惟醉堕台中，乃当止耳。"昭正色不言，出外车中坐。权遣人呼昭还，谓曰："为共作乐耳，公何为怒乎？"昭对曰："昔纣为糟丘酒池长夜之饮，当时亦以为乐，不以为恶也。"权默然，有惭色，遂罢酒。

初，权当置丞相，众议归昭。权曰："方今多事，职统者责重，非所以优之也。"后孙邵卒，百寮复举昭，权曰："孤岂为子布有爱乎？领丞相事烦，而此公性刚，所言不从，怨咎将兴，非所以益之也。"乃用顾雍。

权既称尊号，昭以老病，上还官位及所统领。《江表传》曰：权既即尊位，请会百官，归功周瑜。昭举笏欲褒赞功德，未及言，权曰："如张公之计，今已乞食矣。"昭大惭，伏地流汗。昭忠謇亮直，有大臣节，权敬重之，然所以不相昭者，盖以昔驳周瑜、鲁肃等议为非也。更拜辅吴将军，班亚三司，改封娄侯，食邑万户。在里宅无事，乃著《春秋左氏传解》及《论语注》。权尝问卫尉严畯："宁念小时所闇书不？"畯因诵《孝经》"仲尼居"。昭曰："严畯鄙生，臣请为陛下诵之。"乃诵"君子之事上"，咸以昭为知所诵。

昭每朝见，辞气壮厉，义形于色，曾以直言逆旨，中不进见。后蜀使来，称蜀德美，而群臣莫拒，权叹曰："使张公在坐，彼不折则废，安复自夸乎？"明日，遣中使劳问，因请见昭。昭避席谢，权跪止之。昭坐定，仰曰："昔太后、桓王不以老臣属陛下，而以陛下属老臣，是以思尽臣节，以报厚恩，使泯没之后，有可称述，而意虑浅短，违逆盛旨，自分幽沦，长弃沟壑，不图复蒙引见，得奉帷幄。然臣愚心所以事国，志在忠益，毕命而已。若乃变心易虑，以偷荣取容，此臣所不能也。"权辞谢焉。

权以公孙渊称藩，遣张弥、许晏至辽东拜渊为燕王，昭谏曰："渊背魏惧讨，远来求援，非本志也。若渊改图，欲自明于魏，两使不反，不亦取笑于天下乎？"权与相反覆，昭意弥切。权不能堪，案刀而怒曰："吴国士人入宫则拜孤，出宫则拜君，孤之敬君，亦为至矣。而数于众中折孤，孤尝恐失计。"昭熟视权曰："臣虽知言不用，每竭愚忠者，诚以太后临崩，呼老臣于床下，遗诏顾命之言故在耳。"因涕泣横流。权掷刀致地，与昭对泣。然卒遣弥、晏往。昭忿言之不用，称疾不朝。权恨之，土塞其门，昭又于内以土封之。渊果杀弥、晏。权数慰谢昭，昭固不起，权因出过其门呼昭，昭辞疾笃。权烧其门，欲以恐之，昭更闭户。权使人灭火，住门良久，昭诸子共扶昭起，权载以还宫，深自克责。昭不得已，然后朝会。

昭容貌矜严，有威风，权常曰："孤与张公言，不敢妄也。"举邦惮之。年八十一，嘉禾五年卒。遗令幅巾素棺，敛以时服。权素服临吊，谥曰文侯。《典略》曰：余襄闻刘荆州尝自作书欲与孙伯符，以示祢正平，正平蚩之，言："如是为欲使孙策帐下儿读之邪，将使张子布见乎？"如正平言，以为子布之才高乎？虽然，犹自蕴藉典雅，不可谓之无笔迹也。加闻吴中称谓之仲父，如此，其人信一时之良干，恨其不于嵩岳等资，而乃播殖于会稽。长子承已自封侯，少子休袭爵。

昭弟子奋年二十，造作攻城大攻车，为步骘所荐。昭不愿，曰："汝年尚少，何为自委于军旅乎？"奋对曰："昔童汪死难，子奇治阿，奋实不才耳，于年不为少也。"遂领兵为将军，连有功效，至平州都督，封乐乡亭侯。

承字仲嗣，少以才学知名，与诸葛瑾、步骘、严畯相友善。权为骠骑将军，辟西曹掾，出为长沙西部都尉。讨平山寇，得精兵万五千人。后为濡须都督、奋威将军，封都乡侯，领部曲五千人，承为人壮毅忠谠，能甄识人物，拔彭城蔡款、南阳谢景于孤微童幼，后并为国士，款至卫尉，景豫章太守。又诸葛恪年少时，众人奇其英才，承言终败诸葛氏者元逊也。勤于长进，笃于物类，凡在庶几之流，无不造门。年六十七，赤乌七年卒，谥曰定侯。子震嗣。初，承丧妻，昭欲为索诸葛瑾女，承以相与有好，难之，权闻而劝焉，遂与婚。臣松之案：承与诸葛瑾同以赤乌中卒，计承年小瑾四岁耳。生女，权为子和纳之。权数令和修敬于承，执子婿之礼。震，诸葛恪诛时亦死。

休字叔嗣，弱冠与诸葛恪、顾谭等俱为太子登僚友，以《汉书》授登。《吴书》曰：休进授，指摘文义，分别事物，并有章条。每升堂宴饮，酒酣乐作，登辄降意与同欢乐。休为人解达，登其爱之，常在左右。从中庶子转为右弼都尉。权尝游猎，追暮乃归，休上疏谏戒，权大善之，以示于昭。及登卒后，为侍中，拜羽林都督，平三典军事，迁扬武将军。为鲁王霸友党所谮，与顾谭、承俱以芍陂论功事，休、承与典军陈恂通情，诈增其伐，并徙交州。中书令孙弘佞伪险诐，休素所忿，弘因是谮诉，下诏书赐休死，时年四十一。

○顾雍 子邵 邵子谭 邵子承

顾雍字元叹，吴郡吴人也。《吴录》曰：雍曾祖父奉，字季鸿，颍川太守。蔡伯喈从朔方还，尝避怨于吴，雍从学琴书。《江表传》曰：雍从伯喈学，专一清静，敏而易教。伯喈贵异之，谓曰："卿必成致，今以吾名与卿。"故雍与伯喈同名，由此也。|《吴录》曰：雍字元叹，言为

蔡邕之所叹，因以为字焉。州郡表荐，弱冠为合肥长，后转在娄、曲阿、上虞，皆有治迹。孙权领会稽太守，不之郡，以雍为丞，行太守事，讨除寇贼，郡界宁静，吏民归服。数年，入为左司马。权为吴王，累迁大理、奉常，领尚书令，封阳遂乡侯；拜侯还寺，而家人不知，后闻乃惊。

黄武四年，迎母于吴。既至，权临贺之，亲拜其母于庭，公卿大臣毕会，后太子又往庆焉。雍为人不饮酒，寡言语，举动时当。权尝叹曰："顾君不言，言必有中。"至饮宴欢乐之际，左右恐有酒失而雍必见之，是以不敢肆情。权亦曰："顾公在坐，使人不乐。"其见惮如此。是岁，改为太常，进封醴陵侯，代孙邵为丞相，平尚书事。其所选用文武将吏各随能所任，心无适莫。时访逮民间，及政职所宜，辄密以闻。若见纳用，则归之于上，不用，终不宣泄。权以此重之。然于公朝有所陈及，辞色虽顺而所执者正。权尝咨问得失，张昭因陈听采闻，颇以法令太稠，刑罚微重，宜有所蠲损。权默然，顾问雍曰："君以为何如？"雍对曰："臣之所闻，亦如昭所陈。"于是权乃议狱轻刑。《江表传》曰：权常令中书郎诣雍，有所咨访。若合雍意，事可施行，即与相反覆，究而论之，为设酒食。如不合意，雍即正色改容，默然不言，无所施设，即退告。权曰："顾公欢悦，是事合宜也；其不言者，是事未平也，孤当重思之。"其见敬信如此。江边诸将，各欲立功自效，多陈便宜，有所掩袭。权以访雍，雍曰："臣闻兵法戒于小利，此等所陈，欲邀功名而为其身，非为国也，陛下宜禁制。苟不足以曜威损敌，所不宜听也。"权从之。军国得失，行事可不，自非面见，口未尝言之。

久之，吕壹、秦博为中书，典校诸官府及州郡文书。壹等因此渐作威福，遂造作榷酤障管之利，举罪纠奸，纤介必闻；重以深案丑诬，毁短大臣，排陷无辜。雍等皆见举白，用被谴让。后壹奸罪发露，收系廷尉。雍往断狱，壹以囚见，雍和颜色，问其辞状，临出，又谓壹曰："君意得无欲有所道？"壹叩头无言。时尚书郎怀叙面詈辱壹，雍责叙曰："官有正法，何至于此！"徐众评曰：雍不以吕壹见毁之故，而和颜悦色，诚长者矣。然开引其意，问所欲道，此非也。壹奸险乱法，毁伤忠贤，吴国寒心。自太子登、陆逊已下，切谏不能得，是以潘濬欲因会手剑之，以除国患，疾恶忠主，又形于色。而今乃发起令言，若壹称枉邪，不申理，则非录狱本旨；若承辞而奏之，吴主傥以敬丞相所言，而复原宥，伯言、承明不当悲慨哉！怀叙本无私恨，无所为嫌，故詈辱之，疾恶意耳。恶不仁者，其为仁也。季武子死，曾点倚其门而歌；子晳创发，子产催令自裁。以此言之，雍不当责怀叙也。

雍为相十九年，年七十六，赤乌六年卒。初疾微时，权令医赵泉视之，拜其少子济为骑都尉。雍闻，悲曰："泉善别死生，吾必不起，故上欲及吾目见济拜也。"权素服临吊，谥曰肃侯。长子邵早卒，次子裕有笃疾，少子济嗣，无后，绝。永安元年，诏曰："故丞相雍，至德忠贤，辅国以礼，而侯统废绝，朕其愍之。其以雍次子裕袭爵为醴陵侯，以明著旧勋。"

邵字孝则，博览书传，好乐人伦。少与舅陆绩齐名，而陆逊、张敦、卜静等皆亚焉。《吴录》曰：敦字叔方，静字玄风，并吴郡人。敦德量渊懿，清虚淡泊，又善文辞。孙权为车骑将军，辟西曹掾，转主簿，出补海昏令，甚有惠化，年三十二卒。卜静终于剡令。自州郡庶几及四方人士，往来相见，或言议而去，或结厚而别，风声流闻，远近称之。权妻以策女。年二十七，起家为豫章太守。下车祀先贤徐孺子之墓，优待其后；禁其淫祀非礼之祭者。小吏资质佳者，辄令就学，择其先进，擢置右职，举善以教，风化大行。

初，钱唐丁谞出于役伍，阳羡张秉生于庶民，乌程吴粲、云阳殷礼起乎微贱，邵皆拔而友之，为立声誉。秉遭大丧，亲为制服结绖。邵当之豫章，发在近路；值秉疾病，时送者百数，邵辞宾客曰："张仲节有疾，苦不能来别，恨不见之，暂还与诀，诸君少时相待。"其留心下士，惟善所在，皆此类也。谞至典军中郎，秉云阳太守，礼零陵太守，礼子基作《通语》曰：礼字德嗣，弱不好弄，潜识过人。少为郡吏，年十九，守吴县丞。孙权为王，召除郎中。后与张温俱使蜀，诸葛亮甚称叹之。稍迁至零陵太守，卒官。粲太子少傅。世以邵为知人。在郡五年，卒官，子谭、承云。

谭字子默，弱冠与诸葛恪等为太子四友，从中庶子转辅正都尉。陆机为谭传曰：宣太子正位东宫，天子方隆训导之义，妙简俊彦，讲学左右。时四方之杰毕集，太傅诸葛恪以雄奇盖众，而谭以清识绝伦，独见推重。自太尉范慎、谢景、羊衜之徒，皆以秀称其名，而悉在谭下。赤乌中，代恪为左节度。《吴书》曰：谭初践官府，上疏陈事，权辍食称善，以为过于徐详。雅性高亮，不修意气，或以此望之。然权鉴其能，见待甚隆，数蒙赏赐，特见召请。每省簿书，未尝下筹，徒屈指心计，尽发疑谬，下吏以此服之。加奉车都尉。薛综为选曹尚书，固让谭曰："谭心精体密，贯道达微，才照人物，德允众望，诚非愚臣所可越先。"后遂代综。祖父雍卒数月，拜太常，代雍平尚书事。

是时鲁王霸有盛宠，与太子和齐衡，谭上疏曰："臣闻有国有家者，必明嫡庶之端，异尊卑之礼，使高下有差，阶级逾邈，如此则骨肉之恩生，觊觎之望绝。昔贾谊陈治安之计，论诸侯之势。以为势重，虽亲必有逆节之累；势轻，虽疏必有保全之祚。故淮南亲弟，不终飨国，失之于势重也；吴芮疏臣，传祚长沙，得之于势轻也。昔汉文帝使慎夫人与皇后同席，袁盎退夫人之座，帝有怒色，及盎辨上下之仪，陈人彘之戒，帝既悦怿，夫人亦悟。今臣所陈，非有所偏，诚欲以安太子而便鲁王也。"由是霸与谭有隙。

时长公主婿卫将军全琮子寄为霸宾客，寄素倾邪，谭所不纳。先是，谭弟承与张休俱北征寿春，全琮时为大都督，与魏将王凌战于芍陂，军不利，魏兵乘胜陷没五营将秦晃军，休、承奋击之，遂驻魏师。时琮群子绪、端亦并为将，因敌既住，乃进击之，凌军用退。时论功行赏，以为驻敌之功大，退敌之功小，休、承并为杂号将军，绪、端偏裨而已。寄父子益恨，共构会谭。《吴录》曰：全琮父子屡言芍陂之役为典军陈恂诈增张休、顾承之功，而休、承与恂通情。休坐系狱，权为谭故，沉吟不决，欲令谭谢而释之。及大会，以问谭，谭不谢，而曰："陛下，谗言其兴乎！"|《江表传》曰：有司奏谭诬罔大不敬，罪应大辟。权以雍故，不致法，皆徙之。谭坐徙交州，幽而发愤，著《新言》二十篇。其《知难篇》盖以自悼伤也。见流二年，年四十二，卒于交阯。

承字子直，嘉禾中与舅陆瑁俱以礼征。权赐丞相雍书曰："贵孙子直，令问休休，至与相见，过于所闻，为君嘉之。"拜骑都尉，领羽林兵。后为吴郡西部都尉，与诸葛恪等共平山越，别得精兵八千人，还屯军章坑，拜昭义中郎将，入为侍中。芍陂之役，拜奋威将军，出领京下督。数年，与兄谭、张休等俱徙交州，年三十七卒。

○诸葛瑾 子融

诸葛瑾字子瑜，琅邪阳都人也。《吴书》曰：其先葛氏，本琅邪诸县人，后徙阳都。阳都先有姓葛者，时人谓之诸葛，因以为氏。瑾少游京师，治《毛诗》《尚书》《左氏春秋》。遭母忧，居丧至孝，事继母恭谨，甚得人子之道。|《风俗通》曰：葛婴为陈涉将军，有功而诛，孝文帝追录，封其孙诸县侯，因并氏焉。| 此与《吴书》所说不同。汉末避乱江东。值孙策卒，孙权姊婿曲阿弘咨见而异之，荐之于权，与鲁肃等并见宾待；后为权长史，转中司马。建安二十年，权遣瑾使蜀通好刘备，与其弟亮俱公会相见，退无私面。

与权谈说谏喻，未尝切愕，微见风彩，粗陈指归；如有未合，则舍而及他，徐复托事造端，以物类相求，于是权意往往而释。吴郡太守朱治，权举将也，权曾有以望之，而素加敬，难自诘让，忿忿不解。瑾揣知其故，而不敢显陈，乃乞以意私自问，遂于权前为书，泛论物理，因以己心遥往忖度之。毕，以呈权，权喜，笑曰："孤意解矣。颜氏之德，使人加亲，岂谓此邪？"权又怪校尉殷模，罪至不测。群下多为之言，权怒益甚，与相反覆，惟瑾默然。权曰："子瑜何独不言？"瑾避席曰："瑾与殷模等遭本州倾覆，生类殄尽。弃坟墓，携老弱，披草莱，归圣化，在流隶之中，蒙生成之福，不能躬相督厉，陈答万一，至令模孤负恩惠，自陷罪戾。臣谢过不暇，诚不敢有言。"权闻之怆然，乃曰："特为君赦之。"

后从讨关羽，封宣城侯，以绥南将军代吕蒙领南郡太守，住公安。刘备东伐吴，吴王求和，瑾与备笺曰："奄闻旗鼓来至白帝，或恐议臣以吴王侵取此州，危害关羽，怨深祸大，不宜答和。此用心于小，未留意于大者也。试为陛下论其轻重及其大小。陛下若抑威损忿，暂省瑾言者，计可立决，不复咨之于群后也。陛下以关羽之亲何如先帝？荆州大小孰与海内？俱应仇疾，谁当先后？若审此数，易于反掌。"臣松之云：以为刘后以庸蜀为关河，荆楚为维翰，关羽扬兵沔汉，志陵上国，虽匡主定霸，功未可必；要为威声远震，有其经略。孙权潜包祸心，助魏除害，是为翦宗子勤王之师，纾曹公移都之计，拯汉之规，于兹而止。义旗所指，宜其在孙氏矣。瑾以大义责备，答之何患无辞？且备、羽相与，有若四体，股肱横亏，愤痛已深，岂此奢阔之书所能回驻哉！载之于篇，实为辞章之费。时或言瑾别遣亲人与备相闻，权曰："孤与子瑜有死生不易之誓，子瑜之不负孤，犹孤之不负子瑜也。"《江表传》曰：瑾之在南郡，人有密谗瑾者。此语颇流闻于外，陆逊表保明瑾无此，宜以散其意。权报曰："子瑜与孤从事积年，恩如骨肉，深相明究，其为人非道不行，非义不言。玄德昔遣孔明至吴，孤尝语子瑜曰：'卿与孔明同产，且弟随兄，于义为顺，何以不留孔明？孔明若留从卿者，孤当以书解玄德，意自随人耳。'子瑜答孤言：'弟亮以失身于人，委质定分，义无二心。弟之不留，犹瑾之不往也。'其言足贯神明。今岂当有此乎？孤前得妄语文疏，即封示子瑜，并手笔与子瑜，即得其报，论天下君臣大节一定之分。孤与子瑜，可谓神交，非外言所间也。知卿意至，辄封来表，以示子瑜，使知卿意。"黄武元年，迁左将军，督公安，假节，封宛陵侯。《吴录》曰：曹真、夏侯尚等围朱然于江陵，又分据中州，瑾以大兵为之救援。瑾性弘缓，推道理，任计画，无应卒倚伏之术，兵久不解，权以此望之。及春水生，潘璋等作水城于上流，瑾进攻浮桥，真等退走。虽无大勋，亦以全师保境为功。

虞翻以狂直流徙，惟瑾屡为之说。翻与所亲书曰："诸葛敦仁，则天活物，比蒙清论，有以保分。恶积罪深，见忌殷重，虽有祁老之救，德无羊舌，解释难冀也。"

瑾为人有容貌思度，于时服其弘雅。权亦重之，大事咨访。又别咨瑾曰："近得伯言表，以为曹丕已死，毒乱之民，当望旌瓦解，而更静然。闻皆选用忠良，宽刑罚，布恩惠，薄赋省役，以悦民心，其患更深于操时。孤以为不然。操之所行，其惟杀伐小为过差，及离间人骨肉，以为酷耳。至于御将，自古少有。丕之于操，万不及也。今叡之不如丕，犹丕不如操也。其所以务崇小惠，必以其父新死，自度衰微，恐困苦之民一朝崩沮，故强屈曲以求民心，欲以自安住耳，宁是兴隆之渐邪！闻任陈长文、曹子丹辈，或文人诸生，或宗室戚臣，宁能御雄才虎将以制天下乎？夫威柄不专，则其事乖错，如昔张耳、陈馀，非不敦睦，至于秉势，自还相贼，乃事理使然也。又长文之徒，昔所以能守善者，以操笮其头，畏操威严，故竭心尽意，不敢为非耳。逮丕继业，年已长大，承操之后，以恩情加之，用能感义。今叡幼弱，随人东西，此曹等辈，必当因此弄巧行态，阿党比周，各助所附。如此之日，奸谗并起，更相陷怼，转成嫌贰。自尔已往，群下争利，主幼不御，其为败也焉得久乎？所以知其然者，自古至今，安有四五人把持刑柄，而不离刺转相蹄啮者也！强当陵弱，弱当求援，此乱亡之道也。子瑜，卿但侧耳听之，伯言常长于计校，恐此一事小短也。"臣松之以为魏明帝一时明主，政自己出，孙权此论，竟为无征，而史载之者，将以主幼国疑，威柄不一，乱亡之形，有如权言；宜其存录以为鉴戒。或当以虽失之于明帝，而事著于齐王，齐王之世，可不谓验乎！不敢显斥，抑足表之微辞。

权称尊号，拜大将军、左都护，领豫州牧。及吕壹诛，权又有诏切磋瑾等，语在《权传》。瑾辄因事以答，辞顺理正。瑾子恪，名盛当世，权深器异之；然瑾常嫌之，谓非保家之子，每以忧戚。《吴书》曰：初，瑾为大将军，而弟亮为蜀丞相，二子恪、融皆典戎马，督领将帅，族弟诞又显名于魏，一门三方为冠盖，天下荣之。瑾才略虽不及弟，而德行尤纯。妻死不改娶，有所爱妾，生子不举，其笃慎皆如此。赤乌四年，年六十八卒，遗命令素棺敛以时服，事从省约。恪已自封侯，故弟融袭爵，摄兵业驻公安。《吴书》曰：融字叔长，生于宠贵，少而骄乐，学为章句，博而不精。性宽容，多技艺，数以巾褐奉朝请，后拜骑都尉。赤乌中，诸郡出部伍，新都都尉陈表、吴郡都尉顾承各率所领人会佃毗陵，男女各数万口。表病死，权以融代表，后代父瑾领摄。部曲吏士亲附之。疆外无事，秋冬则射猎讲武，春夏则延宾高会，休吏假卒，或不远千里而造焉。每会辄历问宾客，各言其能，乃合榻促席，量敌选对，或有博奕，或有摴蒱，投壶弓弹，部别类分；于是甘果继进，清酒徐行，融周流观览，终日不倦。融父兄质素，虽在军旅，身无采饰；而融锦罽文绣，独为奢绮。孙权薨，徙奋威将军。后恪征淮南，假融节，令引军入沔，以击西兵。恪既诛，遣无难督施宽就将军施绩、孙壹、全熙等取融。融卒闻兵士至，惶惧犹豫，不能决计，兵到围城，饮药而死，三子皆伏诛。《江表传》曰：先是，公安有灵龟鸣，童谣曰："白龟鸣，龟背平，南郡城中可长生，守死不去义无成。"及恪被诛，融果刮金印龟，服之而死。

○步骘 子阐

步骘字子山，临淮淮阴人也。《吴书》曰：晋有大夫扬食采于步，后有步叔，与七十子师事仲尼。秦汉之际有为将军者，以功封淮阴侯，骘其后也。世乱，避难江东，单身穷困，与广陵卫旌同年相善，俱以种瓜自给，昼勤四体，夜诵经传。《吴书》曰：骘博研道艺，靡不贯览，性宽雅沈深，能降志辱身。

会稽焦征羌，郡之豪族，《吴录》曰：征羌名矫，尝为征羌令。人客放纵。骘与旌求食其地，惧为所侵，乃共修刺奉瓜，以献征羌。征羌方在内卧，驻之移时，旌欲委去，骘止之曰："本所以来，畏其强也；而今舍去，欲以为高，只结怨耳。"良久，征羌开牖见之，身隐几坐帐中，设席致地，坐骘、旌于牖外，旌愈耻之，骘辞色自若。征羌作食，身享大案，肴膳重沓，以小盘饭与骘、旌，惟菜茹而已。旌不能食，骘极饭致饱乃辞出。旌怒骘曰："何能忍此？"骘曰："吾等贫贱，是以主人以贫贱遇之，固其宜也，当何所耻？"《吴录》曰：卫旌字子旗，官至尚书。

孙权为讨虏将军，召骘为主记，《吴书》曰：岁余，骘以疾免，与琅邪诸葛瑾、彭城严畯俱游吴中，并著声名，为当时英俊。除海盐长，还辟车骑将军东曹掾。《吴书》曰：权为徐州牧，以骘为治中从事，举茂才。

建安十五年，出领鄱阳太守。岁中，徙交州刺史、立武中郎将，领武射吏千人，便道南行。明年，追拜使持节、征南中郎将。刘表所置苍梧太守吴巨阴怀异心，外附内违。骘降意怀诱，请与相见，因斩徇之，威声大震。士燮兄弟相率供命，南土之宾自此始也。益州大姓雍闿等杀蜀所署太守正昂，与燮相闻，求欲内附。骘因承制遣使宣恩抚纳，由是加拜平戎将军，封广信侯。

延康元年，权遣吕岱代骘，骘将交州义士万人出长沙。会刘备东下，武陵蛮夷蠢动，权遂命骘上益阳。备既败绩，而零、桂诸郡犹相惊扰，处处阻兵；骘周旋征讨，皆平之。黄武二年，迁右将军、左护军，改封临湘侯。五年，假节，徙屯沤口。

权称尊号，拜骠骑将军，领冀州牧。是岁，都督西陵，代陆逊抚二境，顷以冀州在蜀分，解牧职。时权太子登驻武昌，爱人好善，与骘书曰："夫贤人君子，所以兴隆大化，佐理时务者也。受性暗蔽，不达道数，虽实区区欲尽心于明德，归分于君子，至于远近士人，先后之宜，犹或缅焉，未之能详。传曰：'爱之能勿劳乎？忠焉能勿诲乎？'斯其义也，岂非所望于君子哉！"骘于是条于时事业在荆州界者，诸葛瑾、陆逊、朱然、程普、潘濬、裴玄、夏侯承、卫旌、李肃、周条、石幹十一人，甄别行状，因上疏奖劝曰："臣闻人君不亲小事，百官有司各任其职。故舜命九贤，则无所用心，弹五弦之琴，咏南风之诗，不下堂庙而天下治也。齐桓用管仲，被发载车，齐国既治，又致匡合。近汉高祖揽三杰以兴帝业，西楚失雄俊以丧成功。汲黯在朝，淮南寝谋；郅都守边，匈奴窜迹。故贤人所在，折冲万里，信国家之利器，崇替之所由也。方今王化未被于汉北，河、洛之滨尚有僭逆之丑，诚揽英雄拔俊任贤之时也。愿明太子重以经意，则天下幸甚。"

后中书吕壹典校文书，多所纠举，骘上疏曰："伏闻诸典校擿抉细微，吹毛求瑕，重案深诬，辄欲陷人以成威福；无罪无辜，横受大刑，是以使民蹐天蹐地，谁不战栗？昔之狱官，惟贤是任，故皋陶作士，吕侯赎刑，张、于廷尉，民无冤枉，休泰之祚，实由此兴。今之小臣，动与古异，狱以贿成，轻忽人命，归咎于上，为国速怨。夫一人吁嗟，王道为亏，甚可仇疾。明德慎罚，哲人惟刑，书传所美。自今蔽狱，都下则宜谘顾雍，武昌则陆逊、潘濬，平心专意，务在得情，骘党神明，受罪何恨？"

又曰："天子父天母地，故宫室百官，动法列宿。若施政令，钦顺时节，官得其人，则阴阳和平，七曜循度。至于今日，官寮多阙，虽有大臣，复不信任，如此天地焉得无变？故频年枯旱，亢阳之应也。又嘉禾六年五月十四日、赤乌二年正月一日及二十七日，地皆震动。地阴类，臣之象，阴气盛故动，臣下专政之故也。夫天地见异，所以警悟人主，可不深思其意哉！"

又曰："丞相顾雍、上大将军陆逊、太常潘濬，忧深责重，志在谒诚，夙夜兢兢，寝食不宁，念欲安国利民，建久长之计，可谓心膂股肱，社稷之臣矣。宜各委任，不使他官监其所司，责其成效，课其负殿。此三臣者，思虑不到则已，岂敢专擅威福欺负所天乎？"

又曰："县赏以显善，设刑以威奸，任贤而使能，审明于法术，则何功而不成，何事而不辨，何听而不闻，何视而不睹哉？若今郡守百里，皆各得其人，共相经纬，如是，庶政岂不康哉？窃闻诸县并有备吏，吏多民烦，俗以之弊。但小人因缘衔命，不务奉公而作威福，无益视听，更为民害，愚以为可一切罢省。"权亦觉悟，遂诛吕壹。骘前后荐达屈滞，救解患难，书数十上。权虽不能悉纳，然时采其言，多蒙济赖。《吴录》云：骘表言曰："北降人王潜等说，北相部伍，图以东向，多作布囊，欲以盛沙塞江，以大向荆州。夫备不豫设，难以应卒，宜为之防。"权曰："此曹衰弱，何能有图？必不敢来。若不如孤言，当以牛千头，为君作主人。"后见吕岱、诸葛恪为说骘所言，云："每读步骘表，辄失笑。此江与开辟俱生，宁有可以沙囊塞理也！"

赤乌九年，代陆逊为丞相，犹诲育门生，手不释书，被服居处有如儒生。然门内妻妾服饰奢绮，颇以此见讥。在西陵二十年，邻敌敬其威信。性宽弘得众，喜怒不形于声色，而外内肃然。

十年卒，子协嗣，统骘所领，加抚军将军。协卒，子玑嗣侯。协弟阐，继业为西陵督，加昭武将军，封西亭侯。凤皇元年，召为绕帐督。阐累世在西陵，卒被征命，自以失职，又惧有谗祸，于是据城降晋。遣玑与弟璇诣洛阳为任，晋以阐为都督西陵诸军事、卫将军、仪同三司，加侍中，假节领交州牧，封宜都公；玑监江陵诸军事、左将军，加散骑常侍，领庐陵太守，改封江陵侯；璇给事中、宣威将军，封都乡侯。命车骑将军羊祜、荆州刺史杨肇往赴救阐。孙皓使陆抗西行，祜等遁退。抗陷城，斩阐等，步氏泯灭，惟璇绍祀。

颍川周昭著书称步骘及严畯等曰："古今贤士大夫所以失名丧身倾家害国者，其由非一也，然要其大归，总其常患，四者而已。

急论议一也，争名势二也，重朋党三也，务欲速四也。急论议则伤人，争名势则败友，重朋党则蔽主，务欲速则失德，此四者不除，未有能全也。当世君子能不然者，亦比有之，岂独古人乎！然论其绝异，未若顾豫章、诸葛使君、步丞相、严卫尉、张奋威之为美也。《论语》言'夫子恂恂然善诱人'，又曰'成人之美，不成人之恶'，豫章有之矣。'望之俨然，即之也温，听其言也厉'，使君体之矣。'恭而安，威而不猛'，丞相履之矣。学不求禄，心无苟得，卫尉、奋威蹈之矣。此五君者，虽德实有差，轻重不同，至于趣舍大检，不犯四者，俱一揆也。昔丁谓出于孤家，吾粲由于牧竖，豫章扬其善，以并陆、全之列，是以人无幽滞而风俗厚焉。使君、丞相、卫尉三君，昔以布衣俱相友善，诸论者因各叙其优劣。初，先卫尉，次丞相，而后有使君也；其后并事明主，经营世务，出处之才有不同，先后之名须反其初，此世常人所决勤薄也。至于三君分好，卒无亏损，岂非古人交哉！又鲁横江昔杖万兵，屯据陆口，当世之美业也。能与不能，孰不愿焉？而横江既亡，卫尉应其选，自以才非将帅，深辞固让，终于不就。后徙九列，迁典八座，荣不足以自曜，禄不足以自奉。至于二君，皆位为上将，穷富极贵。卫尉既无求欲，二君又不称荐，各守所志，保其名好。孔子曰：'君子矜而不争，群而不党。'斯有风矣。又奋威之名，亦三君之次也，当一方之成，受上将之任，与使君、丞相不异也。然历国事，论功劳，实有先后，故爵位之荣殊焉。而奋威将处此，决能明其部分，心无失道之欲，事无充诎之求；每升朝堂，循礼而动，辞气謇謇，罔不惟忠。叔嗣虽亲贵，言忧其败，蔡文至虽疏贱，谈称其贤。女配太子，受礼若吊，慊忾之趋，惟笃人物，成败得失，皆如所虑，可谓守道见机，好古之士也。若乃经国家，当军旅，于驰骛之际，立霸王之功，此五者未为过人。至其纯粹履道，求不苟得，升降当世，保全名行，邈然绝俗，实有所师。故粗论其事，以示后之君子。"

周昭者，字恭远，与韦曜、薛莹、华覈并述《吴书》。后为中书郎，坐事下狱，覈表救之。孙休不听，遂伏法云。

评曰：张昭受遗辅佐，功勋克举，忠謇方直，动不为己，而以严见惮，以高见外，既不处宰相，又不登师保，从容闾巷，养老而已，以此明权之不及策也。顾雍依杖素业，而将之智局，故能究极荣位。诸葛瑾、步骘并以德度规检见器当世。张承、顾邵虚心长者，好尚人物。周昭之论，称之甚美，故辞录焉。谭献纳在公，有忠贞之节。休、承修志，咸庶为善。爱恶相攻，流播南裔，哀哉！

五十三卷 吴书 八

张严程阚薛传 | 张纮 严畯 程秉 阚泽 薛综

○张纮 子玄 孙尚

张纮字子纲，广陵人。少游学京都，还本郡，举茂才，公府辟，皆不就。《吴书》曰：大将军何进、太尉朱儁、司空荀爽三府辟为掾，皆称疾不就。避难江东。孙策创业，遂委质焉。表为正议校尉，《吴书》曰：纮与张昭并与参谋，常令一人居守，一人从征讨。后吕布袭取徐州，因为之牧，不欲令纮与策从事。追举茂才，移书发遣纮。纮心恶布，耻为之屈。策亦重惜纮，欲以自辅。答记不遣，曰："海产明珠，所在为宝，楚虽有才，晋实用之。英伟君子，所游见珍，何必本州哉？"从讨丹阳。策身临行阵，纮谏曰："夫主将乃筹谟之所自出，三军之所系命也，不宜轻脱，自敌小寇。愿麾下重天授之姿，副四海之望，无令国内上下危惧。"

建安四年，策遣纮奉章至许宫，留为侍御史。少府孔融等皆与亲善。《吴书》曰：纮至，与在朝公卿及知旧述策才略绝异，平定三郡，风行草偃，加以忠敬款诚，乃心王室。时曹公为司空，欲加恩厚，以悦远人，至乃优文褒崇，改号加封；辟纮为掾，举高第，补侍御史，后以

纮为九江太守。纮心恋旧恩，思还反命，以疾固辞。曹公闻策薨，欲因丧伐吴。纮谏，以为乘人之丧，既非古义，若其不克，成仇弃好，不如因而厚之。曹公从其言，即表权为讨虏将军，领会稽太守。曹公欲令纮辅权内附，出纮为会稽东部都尉。《吴书》曰：权初承统，春秋方富，太夫人以方外多难，深怀忧劳，数有优令辞谢，付属以辅助之义。纮辄拜笺答谢，思惟补察。每有异事密计及章表书记，与四方交结，常令纮与张昭草创撰作。纮以破虏有破走董卓、扶持汉室之勋；讨逆平定江外，建立大业，宜有纪颂以昭公美。既成，呈权，权省读悲感，曰："君真识孤家门阀阅也。"乃遣纮之部。或以纮本受北任，嫌其志趣不止于此，权不以介意。|《江表传》曰：初，权于群臣多呼其字，惟呼张昭曰张公，纮曰东部，所以重二人也。

后权以纮为长史，从征合肥。《吴书》曰：合肥城久不拔，纮进计曰："古之围城，开其一面，以疑众心。今围之甚密，攻之又急，诚惧并命戮力。死战之寇，固难卒拔，及救未至，可小宽之，以观其变。"议者不同。会救骑至，数至围下，驰骋挑战。权率轻骑将往突敌，纮谏曰："夫兵者凶器，战者危事也。今麾下恃盛壮之气，忽强暴之虏，三军之众，莫不寒心，虽斩将搴旗，威震敌场，此乃偏将之任，非主将之宜也。愿抑贲、育之勇，怀霸王之计。"权纳纮言而止。既还，明年将复出军，纮又谏曰："自古帝王受命之君，虽有皇灵佐于上，文德播于下，亦赖武功以昭其勋。然而贵于时动，乃后为威耳。今麾下值四百之厄，有扶危之功，宜且隐息师徒，广开播殖，任贤使能，务崇宽惠，顺天命以行诛，可不劳而定也。"于是遂止不行。纮建计宜出都秣陵，权从之。《江表传》曰：纮谓权曰："秣陵，楚威王所置，名为金陵，地势冈阜连石头。访问故老，云昔

秦始皇东巡会稽经此县，望气者云金陵地形有王者都邑之气，故掘断连冈，改名秣陵。今处所具存，地有其气，天之所命，宜为都邑。"权善其议，未能从也。后刘备之东，宿于秣陵，周观地形，亦劝权都之。权曰："智者意同。"遂都焉。|《献帝春秋》云：刘备至京，谓孙权曰："吴去此数百里，即有警急，赴救为难，将军无意屯京乎？"权曰："秣陵有小江百余里，可以安大船，吾方理水军，当移据之。"备曰："芜湖近濡须，亦佳也。"权曰："吾欲图徐州，宜近下也。"|臣松之以为秣陵之与芜湖，道里所校无几，于北侵利便，亦有何异？而云欲窥徐州，贪秣陵近下，非其理也。诸书皆云刘备劝都秣陵，而此独云权自欲都之，又为虚错。令还吴迎家，道病卒。临困，授子靖留笺曰："自古有国有家者，咸欲修德政以比隆盛世，至于其治，多不馨香。非无忠臣贤佐，暗于治体也，由主不胜其情，弗能用耳。夫人情惮难而趋易，好同而恶异，与治道相反。传曰'从善如登，从恶如崩'，言善之难也。人君承奕世之基，据自然之势，操八柄之威，甘易同之欢，无假取于人；而忠臣挟难进之术，吐逆耳之言，其不合也，不亦宜乎！离则有衅，巧辩缘间，眩于小忠，恋于恩爱，贤愚杂错，长幼失叙，其所由来，情乱之也。故明君悟之，求贤如饥渴，受谏而不厌，抑情损欲，以义割恩，上无偏谬之授，下无希冀之望。宜加三思，含垢藏疾，以成仁覆之大。"时年六十卒。权省书流涕。

纮著诗赋铭诔十余篇。《吴书》曰：纮见楠榴枕，爱其文，为作赋。陈琳在北见之，以示人曰："此吾乡里张子纲所作也。"后纮见陈琳作《武库赋》《应机论》，与琳书深叹美之。琳答曰："自仆在河北，与天下隔，此间率少于文章，易为雄伯，故使仆受此过差之谭，非其实也。今景兴在此，足下与子布在彼，所谓小巫见大巫，神气尽矣。"纮既好文学，又善楷篆，尝与孔融书，自书。融遗纮书曰："前劳手笔，多篆书。每举篇见字，欣然独笑，如复睹其人也。"子玄，官至南郡太守、尚书。玄子尚，《江表传》称尚有俊才。孙晧时为侍郎，以言语辩捷见知，擢为侍中、中书令。晧使尚鼓琴，尚对曰："素不能。"敕使学之。后宴言次说琴之精妙，尚因道："晋平公使师旷作清角，旷言吾君德薄，不足以听之。"晧意谓尚以斯喻己，不悦。后积他事下狱，皆追以此为诘，环氏《吴纪》曰：晧尝问："《诗》云'泛彼柏舟'，惟柏中舟乎？尚对曰："《诗》言'桧楫松舟'，则松亦中舟也。"又问："鸟之大者惟鹤，小者惟雀乎？"尚对曰："大者有秃鹙，小者有鹪鹩。"晧性忌胜己，而尚谈论每出其表，积以致恨。后问："孤饮酒以方谁？"尚对曰："陛下有百觚之量。"晧云："尚知孔丘之不王，而以孤方之！"因此发怒收尚。尚书岑昏率公卿已下百余人，诣宫叩头请，尚罪得减死。送建安作船。久之，又就加诛。

初，纮同郡秦松字文表，陈端字子正，并与纮见待于孙策，参与谋谟。各早卒。

○严畯 裴玄

严畯字曼才，彭城人也。少耽学，善《诗》《书》《三礼》，又好《说文》。避乱江东，与诸葛瑾、步骘齐名友善。性质直纯厚，其于人物，忠告善道，志存补益。张昭进之于孙权，权以为骑都尉、从事中郎。及横江将军鲁肃卒，权以畯代肃，督兵万人，镇据陆口。众人咸为畯喜，畯前后固辞："朴素书生，不闲军事，非才而据，咎悔必至。"发言慷慨，至于流涕，《志林》曰：权又试畯骑，上马堕鞍。权乃听焉。世嘉其能以实让。权为吴王，及称尊号，畯尝为卫尉，使至蜀，蜀相诸葛亮深善之。不畜禄赐，皆散之亲戚知故，家常不充。广陵刘颖与畯有旧，颖精学家巷，权闻征之，以疾不就。其弟略为零陵太守，卒官，颖往赴丧，权知其诈病，急驿收录。畯亦驰语颖，使还谢权。权怒，废畯，而颖得免罪。久之，以畯为尚书令，后卒。《吴书》曰：畯时年七十八，二子凯、爽。凯官至升平少府。

畯著《孝经传》《潮水论》，又与裴玄、张承论管仲、季路，皆传于世。玄字彦黄，下邳人也，亦有学行，官至太中大夫。问子钦齐桓、晋文、夷、惠四人优劣，钦答所见，与玄相反覆，各有文理。钦与太子登游处，登称其翰采。

○程秉

程秉字德枢，汝南南顿人也。逮事郑玄，后避乱交州，与刘熙考论大义，遂博通五经。士燮命为长史，权闻其名儒，以礼征秉。既到，拜太子太傅。黄武四年，权为太子登娉周瑜女，秉守太常，迎妃于吴。权亲幸秉船，深见优礼。既还，秉从容进说登曰："婚姻人伦之始，王教之基，是以圣王重之，所以率先众庶，风化天下，故《诗》美《关雎》，以为称首。愿太子尊礼教于闺房，存《周南》之所咏，则道化隆于上，颂声作于下矣。"登笑曰："将顺其美，匡救其恶，诚所赖于傅君也。"

病卒官。著《周易摘》《尚书驳》《论语弼》，凡三万余言。秉为傅时，率更令河南征崇亦笃学立行云。《吴录》曰：崇字子和，治《易》《春秋左氏传》，兼善内术。本姓李，遭乱更姓，遂隐于会稽，躬耕以求其志。好尚者从学，所教不过数人辄止，欲令其业必有成也。所交结如丞相步骘等，咸亲焉。严畯荐崇行足以厉俗，学足以为师。初见太子登，以疾赐不拜。东宫官僚皆从谘询。太子数访以异闻。年七十而卒。

○阚泽 唐固

阚泽字德润，会稽山阴人也。家世农夫，至泽好学，居贫无资，常为人佣书，以供纸笔，所写既毕，诵读亦遍。追师论讲，究览群籍，兼通历数，由是显名。察孝廉，除钱唐长，迁郴令。孙权为骠骑将军，辟补西曹掾；及称尊号，以泽为尚书。嘉禾中，为中书令，加侍中。赤乌五年，拜太子太傅，领中书如故。

泽以经传文多，难得尽用，乃斟酌诸家，刊约《礼》文及诸注说以授二宫，为制行出入及见宾仪，又著《乾象历注》以正时日。每朝廷大议，经典所疑，辄谘访之。以儒学勤劳，封都乡侯。性谦恭笃慎，宫府小吏，呼召对问，皆为抗礼。人有非短，口未尝及，容貌似不足者，然所闻少穷。权尝问："书传篇赋，何者为美？"泽欲讽喻以明治乱，因对贾谊《过秦论》最善，权览读焉。初，以吕壹奸罪发闻，有司穷治，奏以大辟，或以为宜加焚裂，用彰元恶。权以访泽，泽曰："盛明之世，不宜复有此刑。"权从之。又诸官司有所患疾，欲增重科防，以检御臣下，泽每曰"宜依礼、律"，其和而有正，皆此类也。六年冬卒，权痛惜感悼，食不进者数日。

泽州里先辈丹阳唐固亦修身积学，称为儒者，著《国语》《公羊》《谷梁传》注，讲授常数十人。权为吴王，拜固议郎，自陆逊、张温、骆统等皆拜之。黄武四年为尚书仆射，卒。《吴录》曰：固字子正，卒时年七十余矣。

○薛综 子珝 子莹

薛综字敬文，沛郡竹邑人也。少依族人避地交州，从刘熙学。士燮既附孙权，召综为五官中郎将，除合浦、交阯太守。时交土始开，刺史吕岱率师讨伐，综与俱行，越海南征，及到九真。事毕还都，守谒者仆射。西使张奉于权前列尚书阚泽姓名以嘲泽，泽不能答。综下行酒，因劝酒曰："蜀者何也？有犬为独，无犬为蜀，横目苟身，虫入其腹。"臣松之见诸书本"苟身"或作"句身"，以为既云"横目"，则宜曰"句身"。奉曰："不当复列君吴邪？"综应声曰："无口为天，有口为吴，君临万邦，天子之都。"于是众坐喜笑，而奉无以对。其枢机敏捷，皆此类也。

吕岱从交州召出，综惧继岱者非其人，上疏曰："昔帝舜南巡，卒于苍梧。秦置桂林、南海、象郡，然则四国之内属也，有自来矣。赵佗起番禺，怀服百越之君，珠官之南是也。汉武帝诛吕嘉，开九郡，设交阯刺史以镇监之。山川长远，习俗不齐，言语同异，重译乃通；民如禽兽，长幼无别，椎结徒跣，贯头左衽。长吏之设，虽有若无。自斯以来，颇徙中国罪人杂居其间，稍使学书，粗知言语，使驿往来，观见礼化。

"及后锡光为交阯，任延为九真太守，乃教其耕犁，使之冠履；为设媒官，始知聘娶；建立学校，导之经义。由此已降，四百余年，颇有似类。自臣昔客始至之时，珠崖除州县嫁娶，皆须八月引户。人民集会之时，男女自相可适，乃为夫妻，父母不能止。交阯糜泠、九真都庞二县，皆兄死弟妻其嫂，世以此为俗，长吏恣听，不能禁制。日南郡男女倮体，不以为羞。由此言之，可谓虫豸，有靦面目耳。

"然而土广人众，阻险毒害，易以为乱，难使从治。县官羁縻，示令威服，田户之租赋，裁取供办。贵致远珍名珠、香药、象牙、犀角、瑇瑁、珊瑚、琉璃、鹦鹉、翡翠、孔雀、奇物，充备宝玩，不必仰其赋入以益中国也。然在九甸之外，长吏之选，类不精核。汉时法宽，多自放恣，故数反违法。珠崖之废，起于长吏睹其好发，髡取为髲。及臣所见，南海黄盖为日南太守，下车以供设不丰，挝杀主簿，仍见驱逐。九真太守儋萌为妻父周京作主人，并请大吏，酒酣作乐，功曹番歆起舞属京，京不肯起，歆犹迫强，萌忿杖歆，亡于郡内。歆弟苗帅众攻府，毒矢射萌，萌至物故。交阯太守士燮遣兵致讨，卒不能克。又故刺史会稽朱符，多以乡人虞褒、刘彦之徒分作长吏，侵虐百姓，强赋于民。黄鱼一枚收稻一斛，百姓怨叛，山贼并出，攻州突郡。符走入海，流离丧亡。次得南阳张津，与荆州牧刘表为隙，兵弱敌强，岁岁兴军，诸将厌患，去留自在。津小检摄，威武不足，为所陵侮，遂至杀没。后得零陵赖恭，先辈仁谨，不晓时事。表又遣长沙吴巨为苍梧太守。巨武夫轻悍，不为恭所服，辄相怨恨，逐出恭，求步骘。是时津故将夷廖、钱博之徒尚多，骘以次锄治，纲纪适定，会仍召出。

"吕岱既至，有士氏之变。越军南征，平讨之日，改置长吏；章明王纲，威加万里，大小承风。由此言之，绥边抚裔，实有其人。牧伯之任，既宜清能，荒流之表，祸福尤甚。今日交州虽名粗定，尚有高凉宿贼；其南海、苍梧、郁林、珠官四郡界未绥，依作寇盗，专为亡叛迸逃之薮。若岱不复南，新刺史宜得精密，检摄八郡，方略智计，能稍稍以渐治高凉者，假其威宠，借之形势，责其成效，庶几可补复。如但中人，近守常法，无奇数异术者，则群恶日滋，久远成害。故国之安危，在于所任，不可不察也。窃惧朝廷忽轻其选，故敢竭愚情，以广圣思。"

黄龙三年，建昌侯虑为镇军大将军，屯半州，以综为长史，外掌众事，内授书籍。虑卒，入守贼曹尚书，迁尚书仆射。时公孙渊降而复叛，权盛怒，欲自亲征。综上疏谏曰："夫帝王者，万国之元首，天下之所系命也。是以居则重门击柝以戒不虞，行则清道案节以养威严，盖所以存万安之福，镇四海之心。昔孔子疾时，托乘桴浮海之语，季由斯喜，拒以无所取才。汉元帝欲御楼船，薛广德请刎颈以血染车。何则？水火之险至危，非帝王所宜涉也。谚曰：'千金之子，坐不垂堂。'况万乘之尊乎？今辽东戎貊小国，无城池之固、备御之术，器械铢钝，犬羊无政，往必禽克，诚如明诏。然其方土寒埆，谷稼不殖，民习鞍马，转徙无常。卒闻大军之至，自度不敌，鸟惊兽骇，长驱奔窜，一人匹马，不可得见；虽获空地，守之无益，此不可一也。加又洪流混瀁，有成山之难，海行无常，风波难免，倏忽之间，人船异势。虽有尧舜之德，智无所施，贲育之勇，力不得设，此不可二也。加以郁雾冥其上，咸水蒸其下，善生流肿，转相洿染，凡行海者，稀无斯患，此不可三也。天生神圣，显以符瑞，当乘平丧乱，康此民物；嘉祥日集，海内垂定，逆虏凶虐，灭亡在近。中国一平，辽东自毙，但当拱手以待耳。今乃违必然之图，寻至危之阻，忽九州之固，肆一朝之忿，既非社稷之重计，又开辟以来所未尝有，斯诚群僚所以倾身侧息，食不甘味，寝不安席者也。惟陛下抑雷霆之威，忍赫斯之怒，遵乘桥之安，远履冰之险，则臣子赖祉，天下幸甚。"时群臣多谏，权遂不行。

正月乙未，权敕综祝祖不得用常文，综承诏，卒造文义，信辞粲烂。权曰："复为两头，使满三也。"综复再祝，辞令皆新，众咸称善。赤乌三年，徙选曹尚书。五年，为太子少傅，领选职如故。《吴书》曰：后权赐综紫绶囊，综陈让紫色非所宜服，权曰："太子年少，涉道日浅，君当博之以文，约之以礼，茅土之封，非君而谁？"是时综以名儒居师傅之位，仍兼选举，甚为优重。六年春，卒。凡所著诗赋难论数万言，名曰《私载》，又定《五宗图述》《二京解》，皆传于世。

子珝，官及威南将军，征交阯还，道病死。《汉晋春秋》曰：孙休时，珝为五官中郎将，遣至蜀求马。及还，休问蜀政得失，对曰："主暗而不知其过，臣下容身以求免罪，入其朝不闻正言，经其野民皆菜色。臣闻燕雀处堂，子母相乐，自以为安也。突决栋焚，而燕雀怡然不知祸之将及，其是之谓乎！"珝弟莹，字道言，初为秘府中书郎，孙休即位，为散骑中常侍。数年，以病去官。孙晧初，为左执法，迁选曹尚书，及立太子，又领少傅。

建衡三年，晧追叹莹父综遗文，且命莹继作。莹献诗曰："惟臣之先，昔仕于汉，奕世绵绵，颇涉台观。暨臣父综，遭时之难，卯金失御，邦家毁乱。适兹乐土，庶存孑遗，天启其心，东南是归。厥初流隶，困于蛮垂。大皇开基，恩德远施。特蒙招命，拯擢泥污，释放巾褐，受职剖符。作守合浦，在海之隅，迁入京华，遂升机枢。枯瘁更荣，绝统复纪，自微而显，非愿之始。亦惟宠遇，心存足止。重值文皇，建号东宫，乃作少傅，光华益隆。明明圣嗣，至德谦崇，礼遇兼加，惟渥惟丰。哀哀先臣，念竭其忠，洪恩未报，委世以终。嗟臣蔑贱，惟昆及弟，幸生幸育，托综遗体。过庭既训，顽蔽难启。堂构弗克，志存耦耕。岂悟圣朝，仁泽流盈。追录先臣，愍其无成，是济是拔，被以殊荣。玥呇千里，受命南征，旌旗备物，金革扬声。及臣斯陋，实暗实微，既显前轨，人物之机；复傅东宫，继世荷辉，才不逮先，是呇是违。乾德博好，文雅是贵，追悼亡臣，冀存遗类。如何愚胤，曾无仿佛！瞻彼旧宠，顾此顽虚，孰能忍愧，臣实与居。夙夜反侧，克心自论，父子兄弟，累世蒙恩，死惟结草，生誓杀身，虽则灰陨，无报万分。"

是岁，何定建议凿圣溪以通江淮，晧令莹督万人往，遂以多盘石难施功罢还，出为武昌左部督。后定被诛，晧追圣溪事，下莹狱，徙广州。

右国史华覈上疏曰："臣闻五帝三王皆立史官，叙录功美，垂之无穷。汉时司马迁、班固，咸命世大才，所撰精妙，与六经俱传。大吴受命，建国南土。大皇帝末年，命太史令丁孚、郎中项峻始撰《吴书》。孚、峻俱非史才，其所撰作，不足纪录。至少帝时，更差韦曜、周昭、薛莹、梁广及臣五人，访求往事，所共撰立，备有本末。昭、广先亡，曜负恩蹈罪，莹出为将，复以过徙；其书遂委滞，迄今未撰奏。臣愚浅才劣，适可为莹等记注而已。若使撰合，必袭孚、峻之迹，惧坠大皇帝之元功，损当世之盛美。莹涉学既博，文章尤妙，同寮之中，莹为冠首。今者见史，虽多经学，记述之才，如莹者少，是以娄娄为国惜之。实欲使卒垂成之功，编于前史之末。奏上之后，退填沟壑，无所复恨。"

晧遂召莹还，为左国史。顷之，选曹尚书同郡缪祎以执意不移，为群小所疾，左迁衡阳太守。既拜，又追以职事见诘责，拜表陈谢。因过诣莹，复为人所白，云祎不惧罪，多将宾客会聚莹许。乃收祎下狱，徙桂阳，莹还广州。未至，召莹还，复职。是时法政多谬，举措烦苛，莹每上便宜，陈缓刑简役，以济育百姓，事或施行。迁光禄勋。天纪四年，晋军征晧，晧奉书于司马伷、王浑、王濬请降。其文，莹所造也。莹既至洛阳，特先见叙，为散骑常侍，答问处当，皆有条理。干宝《晋纪》曰：武帝从容问莹曰："孙晧之所以亡者何也？"莹对曰："归命侯臣晧之君吴也，昵近小人，刑罚妄加，大臣大将，无所亲信，人人忧恐，各不自保，危亡之衅，实由于此。"帝遂问吴士存亡者之贤愚，莹各以状对。太康三年卒。著书八篇，名曰《新议》。

评曰：张纮文理意正，为世令器，孙策待之亚于张昭，诚有以也。严、程、阚生，一时儒林也。至峻辞荣济旧，不亦长者乎！薛综学识规纳，为吴良臣。及莹纂蹈，允有先风，然于暴酷之朝，屡登显列，君子殆诸。

五十四卷 吴书 ^九

周瑜鲁肃吕蒙传 | 周瑜 鲁肃 吕蒙

○周瑜

周瑜字公瑾，庐江舒人也。从祖父景，景子忠，皆为汉太尉。谢承《后汉书》曰：景字仲向，少以廉能见称，以明学察孝廉，辟公府。后为豫州刺史，辟汝南陈蕃为别驾，颍川李膺、荀绲、杜密，沛国朱寓为从事，皆天下英俊之士也。稍迁至尚书令，遂登太尉。| 张璠《汉纪》曰：景祖父荣，章、和世为尚书令。初景历位牧守，好善爱士，每岁举孝廉，延请入，上后堂，与家人宴会，如此者数四。及赠送既备，又选用其子弟，常称曰："移臣作子，于政何有？"先是，司徒韩缜为河内太守，在公无私，所举一辞而已，后亦不及其门户，曰："我举若可矣，不令恩偏称一家也。"当时论者，或两讥焉。父异，洛阳令。

瑜长壮有姿貌。初，孙坚兴义兵讨董卓，徙家于舒。坚子策与瑜同年，独相友善，瑜推道南大宅以舍策，升堂拜母，有无通共。瑜从父尚为丹阳太守，瑜往省之。会策将东渡，到历阳，驰书报瑜，瑜将兵迎策。策大喜曰："吾得卿，谐也。"遂从攻横江、当利，皆拔之。乃渡江击秣陵，破笮融、薛礼，转下湖孰、江乘，进入曲阿；刘繇奔走，而策之众已数万矣。因谓瑜曰："吾以此众取吴会平山越已足，卿还镇丹阳。"瑜还。顷之，袁术遣从弟胤代尚为太守，而瑜与尚俱还寿春。术欲以瑜为将，瑜观术终无所成，故求为居巢长，欲假涂东归，术听之。遂自居巢还吴。是岁，建安三年也。策亲自迎瑜，授建威中郎将，即与兵二千人，骑五十匹。《江表传》曰：策又给瑜鼓吹，为治馆舍，赠赐莫与为比。策令曰："周公瑾英俊异才，与孤有总角之好，骨肉之分。如前在丹阳，发众及船粮以济大事，论德酬功，此未足以报者也。"

瑜时年二十四，吴中皆呼为周郎。以瑜恩信著于庐江，出备牛渚，后领春谷长。顷之，策欲取荆州，以瑜为中护军，领江夏太守，从攻皖，拔之。时得桥公两女，皆国色也。策自纳大桥，瑜纳小桥。《江表传》曰：策从容戏瑜曰："桥公二女虽流离，得吾二人作婿，亦足为欢。"复进寻阳，破刘勋，讨江夏，还定豫章、庐陵，留镇巴丘。臣松之案：孙策于时始得豫章、庐陵，尚未能得定江夏。瑜之所镇，应在今巴丘县也，与后所平巴丘处不同。

五年，策薨，权统事。瑜将兵赴丧，遂留吴，以中护军与长史张昭共掌众事。《江表传》曰：曹公新破袁绍，兵威日盛，建安七年，下书责权质任子。权召群臣会议，张昭、秦松等犹豫不能决，权意不欲遣质，乃独将瑜诣母前定议，瑜曰："昔楚国初封于荆山之侧，不满百里之地，继嗣贤能，广土开境，立基于郢；遂据荆扬，至于南海，传业延祚，九百余年。今将军承父兄余资，兼六郡之众，兵精粮多，将士用命；铸山为铜，煮海为盐；境内富饶，人不思乱；泛舟举帆，朝发夕到；士风劲勇，所向无敌，有何逼迫，而欲送质？质一人，不得不与曹氏相首尾；与相首尾，则命召不得不往，便见制于人也。极不过一侯印，仆从十余人，车数乘，马数匹，岂与南面称孤同哉？不如勿遣，徐观其变。若曹氏能率义以正天下，将军事之未晚。若图为暴乱，兵犹火也，不戢将自焚。将军韬勇抗威，以待天命，何送质之有！"权母曰："公瑾议是也。公瑾与伯符同年，小一月耳，我视之如子也，汝其兄事之。"遂不送质。十一年，督孙瑜等讨麻、保二屯，枭其渠帅，囚俘万余口，还备宫亭。江夏太守黄祖遣将邓龙将兵数千人入柴桑，瑜追讨击，生虏龙送吴。

十三年春，权讨江夏，瑜为前部大督。其年九月，曹公入荆州，刘琮举众降，曹公得其水军，船步兵数十万，将士闻之皆恐。权延见群下，问以计策。议者咸曰："曹公豺虎也，然托名汉相，挟天子以征四方，动以朝廷为辞，今日拒之，事更不顺。且将军大势，可以拒操者，长江也。今操得荆州，奄有其地，刘表治水军，蒙冲斗舰，乃以千数；操悉浮以沿江，兼有步兵，水陆俱下，此为长江之险，已与我共之矣。而势力众寡，又不可论。愚谓大计不如迎之。"瑜曰："不然。操虽托名汉相，其实汉贼也。将军以神武雄才，兼仗父兄之烈，割据江东，地方数千里，兵精足用，英雄乐业，尚当横行天下，为汉家除残去秽。况操自送死，而可迎之邪？请为将军筹之：今使北土已安，操无内忧，能旷日持久来争疆场，又能与我校胜负于船楫可也。今北土既未平安，加马超、韩遂尚在关西，为操后患。且舍鞍马，仗舟楫，与吴越争衡，本非中国所长。又今盛寒，马无槁草，驱中国士众远涉江湖之间，不习水土，必生疾病。此数四者，用兵之患也，而操皆冒行之。将军禽操，宜在今日。瑜请得精兵三万人，进住夏口，保为将军破之。"权曰："老贼欲废汉自立久矣，徒忌二袁、吕布、刘表与孤耳。今数雄已灭，惟孤尚存，孤与老贼势不两立。君言当击，甚与孤合，此天以君授孤也。"《江表传》曰：权拔刀斫前奏案曰："诸将吏敢复有言当迎操者，与此案同！"及会罢之夜，瑜请见曰："诸人徒见操书，言水步八十万，而各恐慑，不复料其虚实，便开此议，甚无谓也。今以实校之，彼所将中国人，不过十五六万，且军已久疲，所得表众，亦极七八万耳，尚怀狐疑。夫以疲病之卒，御狐疑之众，众数虽多，甚未足畏。得精兵五万，自足制之，愿将军勿虑。"权抚背曰："公瑾，卿言至此，甚合孤心。子布、文表诸人，各顾妻子，挟持私虑，深失所望，独卿与子敬与孤同耳，此天以卿二人赞孤也。五万兵难卒合，已选三万人，船粮战具俱办，卿与子敬、程公便在前发。孤当续发人众，多载资粮，为卿后援。卿能办之者诚快，邂逅不如意，便还就孤，孤当与孟德决之。"｜臣松之以为建计拒曹公，实始鲁肃。于时周瑜使鄱阳，肃劝权呼瑜，瑜使鄱阳还，但与肃暗同，故能共成大勋。本传直云，权延见群下问以计策，瑜摒拨众人之议，独言抗拒之计，了不云肃先有谋，殆为攘肃之善也。

时刘备为曹公所破，欲引南渡江，与鲁肃遇于当阳，遂共图计，因进住夏口，遣诸葛亮诣权，权遂遣瑜及程普等与备并力逆曹公，遇于赤壁。时曹公军众已有疾病，初一交战，公军败退，引次江北。瑜等在南岸。瑜部将黄盖曰："今寇众我寡，难与持久。然观操军方连船舰首尾相接，可烧而走也。"乃取蒙冲斗舰数十艘，实以薪草，膏油灌其中，裹以帷幕，上建牙旗，先书报曹公，欺以欲降。《江表传》载盖书曰："盖受孙氏厚恩，常为将帅，见遇不薄。然顾天下事有大势，用江东六郡山越之人，以当中国百万之众。众寡不敌，海内所共见也。东方将吏，无有愚智，皆知其不可，惟周瑜、鲁肃偏怀浅戆，意未解耳。今日归命，是其实计。瑜所督领，自易摧破。交锋之日，盖为前部，当因事变化，效命在近。"曹公特见行人，密问之，口敕曰："但恐汝诈耳。盖若信实，当授爵赏，超于前后也。"又豫备走舸，各系大船后，因引次俱前。曹公军吏士皆延颈观望，指言盖降。盖放诸船，同时发火。时风盛猛，悉延烧岸上营落。顷之，燎炎张天，人马烧溺死者甚众，军遂败退，还保南郡。《江表传》曰：至战日，盖先取轻利舰十舫，载燥荻枯柴积其中，灌以鱼膏，赤幔覆之，建旌旗龙幡于舰上。时东南风急，因以十舰最著前；中江举帆，盖举火白诸校，使众兵齐声大叫曰："降焉！"操军人皆出营立观。去北军二里余同时发火，火烈风猛，往船如箭，飞埃绝烂，烧尽北船，延及岸边营柴。瑜等率轻锐寻继其后，雷鼓大进，北军大坏，曹公退走。备与瑜等复共追。曹公留曹仁等守江陵城，径自北归。

瑜与程普又进南郡，与仁相对，各隔大江。兵未交锋，《吴录》曰：备谓瑜云："仁守江陵城，城中粮多，足为疾害。使张益德将千人随卿，卿分二千人追我，相为从夏水入截仁后，仁闻吾人必走。"瑜以二千人益之。瑜即遣甘宁前据夷陵。仁分兵骑别攻围宁，宁告急于瑜。瑜用吕蒙计，留凌统以守其后，身与蒙上救宁。宁围既解，乃渡屯北岸，克期大战。瑜亲跨马擽阵，会流矢中右胁，疮甚，便还。后仁闻瑜卧未起，勒兵就阵。瑜乃自兴，案行军营，激扬吏士，仁由是遂退。

权拜瑜偏将军，领南郡太守。以下隽、汉昌、浏阳、州陵为奉邑，屯据江陵。刘备以左将军领荆州牧，治公安。备诣京见权，瑜上疏曰："刘备以枭雄之姿，而有关羽、张飞熊虎之将，必非久屈为人用者。愚谓大计宜徙备置吴，盛为筑宫室，多其美女玩好以娱其耳目；分此二人，各置一方，使如瑜者得挟与攻战，大事可定也。今猥割土地以资业之，聚此三人，俱在疆场，恐蛟龙得云雨，终非池中物也。"权以曹公在北方，当广揽英雄，又恐备难卒制，故不纳。

是时刘璋为益州牧，外有张鲁寇侵，瑜乃诣京见权曰："今曹操新折衄，方忧在腹心，未能与将军连兵相事也。乞与奋威俱进取蜀，得蜀而并张鲁，因留奋威固守其地，好与马超结援。瑜还与将军据襄阳以蹙操，北方可图也。"权许之。瑜还江陵，为行装，而道于巴丘病卒，时年三十六。权素服举哀，感动左右。丧当还吴，又迎之芜湖，众事费度，一为供给。后著令曰："故将军周瑜、程普，其有人客，皆不得问。"初，瑜见友于策，太妃又使权以兄奉之。是时权位为将军，诸将宾客为礼尚简，而瑜独先尽敬，便执臣节。性度恢廓，大率为得人，惟与程普不睦。《江表传》曰：普颇以年长，数陵侮瑜。瑜折节容下，终不与校。普后自敬服而亲重之，乃告人曰："与周公瑾交，若饮醇醪，不觉自醉。"时人以其谦让服人如此。初曹公闻瑜年少有美才，谓可游说动也，乃密下扬州，遣九江蒋干往见瑜。干有仪容，以才辩见称，独步江、淮之间，莫与为对。乃布衣葛巾，自托私行诣瑜。瑜出迎之，立谓干曰："子翼良苦，远涉江湖为曹氏作说客邪？"干曰："吾与足下州里，中间别隔，遥闻芳烈，故来叙阔，并观雅规，而云说客，无乃逆诈乎？"瑜曰："吾虽不及夔、旷，闻弦赏音，足知雅曲也。"因延干入，为设酒食。毕，遣之曰："适吾有密事，且出就馆，事了，别自相请。"后三日，瑜请干与周观营中，行视仓库军资器仗讫，还宴饮，示之侍者服饰珍玩之物，因谓干曰："丈夫处世，遇知己之主，外托君臣之义，内结骨肉之恩，言行计从，祸福共之，假使苏张更生，郦叟复出，犹抚其背而折其辞，岂足下幼生所能移乎？"干但笑，终无所言。干还，称瑜雅量高致，非言辞所间。中州之士，亦以此多之。

刘备之自京还也，权乘飞云大船，与张昭、秦松、鲁肃等十余人共追送之，大宴会叙别。昭、肃等先出，权独与备留语，因言次，叹瑜曰："公瑾文武筹略，万人之英，顾其器量广大，恐不久为人臣耳。"瑜之破魏军也，曹公曰："孤不羞走。"后书与权曰："赤壁之役，值有疾病，孤烧船自退，横使周瑜虚获此名。"瑜威声远著，故曹公、刘备咸欲疑谮之。及卒，权流涕曰："公瑾有王佐之资，今忽短命，孤何赖哉！"后权称尊号，谓公卿曰："孤非周公瑾，不帝矣。"

瑜少精意于音乐，虽三爵之后，其有阙误，瑜必知之，知之必顾，故时人谣曰："曲有误，周郎顾。"

瑜两男一女。女配太子登。男循尚公主，拜骑都尉，有瑜风，早卒。循弟胤，初拜兴业都尉，妻以宗女，授兵千人，屯公安。黄龙元年，封都乡侯，后以罪徙庐陵郡。赤乌二年，诸葛瑾、步骘连名上疏曰："故将军周瑜子胤，昔蒙粉饰，受封为将，不能养之以福，思立功效，至纵情欲，招速罪辟。臣窃以瑜昔见宠任，入作心膂，出为爪牙，衔命出征，身当矢石，尽节用命，视死如归，故能摧曹操于乌林，走曹仁于郢都，扬国威德，华夏是震，蠢尔蛮荆，莫不宾服，虽周之方叔，汉之信、布，诚无以尚也。夫折冲捍难之臣，自古帝王莫不贵重，故汉高帝封爵之誓曰'使黄河如带，太山如砺，国以永存，爰及苗裔'，申以丹书，重以盟诅，藏于宗庙，传于无穷，欲使功臣之后，世世相踵，非徒子孙，乃关苗裔，报德明功，勤勤恳恳，如此之至，欲以劝戒后人，用命之臣，死而无悔也。况于瑜身没未久，而其子胤降为匹夫，益可悼伤。窃惟陛下钦明稽古，隆于兴继，为胤归诉，乞匄余罪，还兵复爵；使失旦之鸡，复得一鸣，抱罪之臣，展其后效。"

权答曰:"腹心旧勋,与孤协事,公瑾有之,诚所不忘。昔胤年少,初无功劳,横受精兵,爵以侯将,盖念公瑾以及于胤也。而胤恃此,酗淫自恣,前后告喻,曾无悛改。孤于公瑾,义犹二君,乐胤成就,岂有已哉?迫胤罪恶,未宜便还,且欲苦之,使自知耳。今二君勤勤援引汉高河山之誓,孤用恶然。虽德非其畴,犹欲庶几,事亦如尔,故未顺旨。以公瑾之子,而二君在中间,苟使能改,亦何患乎!"瑾、鹭表比上,朱然及全琮亦俱陈乞,权乃许之。会胤病死。

瑜兄子峻,亦以瑜元功为偏将军,领吏士千人。峻卒,全琮表峻子护为将。权曰:"昔走曹操,拓有荆州,皆是公瑾,常不忘之。初闻峻亡,仍欲用护,闻护性行危险,用之适为作祸,故便止之。孤念公瑾,岂有已乎?"

○鲁肃

鲁肃字子敬,临淮东城人也。生而失父,与祖母居。家富于财,性好施与。尔时天下已乱,肃不治家事,大散财货,摽卖田地,以赈穷弊结士为务,甚得乡邑欢心。

周瑜为居巢长,将数百人故过候肃,并求资粮。肃家有两囤米,各三千斛,肃乃指一囤与周瑜,瑜益知其奇也,遂相亲结,定侨、札之分。袁术闻其名,就署东城长。肃见术无纲纪,不足与立事,乃携老弱将轻侠少年百余人,南到居巢就瑜。瑜之东渡,因与同行,《吴书》曰:肃体貌魁奇,少有壮节,好为奇计。天下将乱,乃学击剑骑射，招聚少年，给其衣食，往来南山中射猎，阴相部勒，讲武习兵。父老咸曰："鲁氏世衰，乃生此狂儿！"后雄杰并起，中州扰乱，肃乃命其属曰："中国失纲，寇贼横暴，淮、泗间非遗种之地。吾闻江东沃野万里，民富兵强，可以避害，宁肯相随俱至乐土，以观时变乎？"其属皆从命。乃使细弱在前，强壮在后，男女三百余人行。州追骑至，肃等徐行，勒兵持满，谓之曰："卿等丈夫，当解大数。今日天下兵乱，有功弗赏，不追无罚，何为相逼乎？"又自植盾，引弓射之，矢皆洞贯。骑既嘉肃言，且度不能制，乃相率还。肃渡江往见策，策亦雅奇之。留家曲阿。会祖母亡，还葬东城。

刘子扬与肃友善，遗肃书曰："方今天下豪杰并起，吾子姿才，尤宜今日。急还迎老母，无事滞于东城。近郑宝者，今在巢湖，拥众万余，处地肥饶，庐江间人多依就之，况吾徒乎？观其形势，又可博集，时不可失，足下速之。"肃答然其计。葬毕还曲阿，欲北行。会瑜已徙肃母到吴，肃具以状语瑜。时孙策已薨，权尚住吴，瑜谓肃曰："昔马援答光武云'当今之世，非但君择臣，臣亦择君'。今主人亲贤贵士，纳奇录异，且吾闻先哲秘论，承运代刘氏者，必兴于东南。推步事势，当其历数，终构帝基，以协天符。是烈士攀龙附凤驰骛之秋。吾方达此，足下不须以子扬之言介意也。"肃从其言。瑜因荐肃才宜佐时，当广求其比，以成功业，不可令去也。

权即见肃，与语甚悦之。众宾罢退，肃亦辞出，乃独引肃还，合榻对饮。因密议曰："今汉室倾危，四方云扰，孤承父兄遗业，思有桓、文之功。君既惠顾，何以佐之？"肃对曰："昔高帝区区欲尊事义帝而不获者，以项羽为害也。今之曹操，犹昔项羽，将军何由得为桓、文乎？肃窃料之，汉室不可复兴，曹操不可卒除。为将军计，惟有鼎足江东，以观天下之衅。规模如此，亦自无嫌。何者？北方诚多务也。因其多务，剿除黄祖，进伐刘表，竟长江所极，据而有之，然后建号帝王以图天下，此高帝之业也。"权曰："今尽力一方，冀以辅汉耳，此言非所及也。"张昭非肃谦下不足，颇訾毁之，云肃年少粗疏，未可用。权不以介意，益贵重之，赐肃母衣服帏帐，居处杂物，富拟其旧。

刘表死，肃进说曰："夫荆楚与国邻接，水流顺北，外带江汉，内阻山陵，有金城之固，沃野万里，士民殷富，若据而有之，此帝王之资也。今表新亡，二子素不辑睦，军中诸将，各有彼此。加刘备天下枭雄，与操有隙，寄寓于表，表恶其能而不能用也。若备与彼协心，上下齐同，则宜抚安，与结盟好；如有离违，宜别图之，以济大事。肃请得奉命吊表二子，并慰劳其军中用事者；及说备使抚表众，同心一意，共治曹操，备必喜而从命。如其克谐，天下可定也。今不速往，恐为操所先。"权即遣肃行。到夏口，闻曹公已向荆州，晨夜兼道。比至南郡，而表子琮已降曹公，备惶遽奔走，欲南渡江。肃径迎之，到当阳长阪，与备会。宣腾权旨，及陈江东强固，劝备与权并力，备甚欢悦。时诸葛亮与备相随，肃谓亮曰"我子瑜友也"，即共定交。备遂到夏口，遣亮使权，肃亦反命。臣松之案：刘备与权并力，共拒中国，皆肃之本谋。又语诸葛亮曰"我子瑜友也"，则亮已亟闻肃言矣。而《蜀书》亮传云："亮以连横之略说权，权乃大喜。"如似此计始出于亮。若二国史官，各记所闻，竟欲称扬本国容美，各取其功。今此二书，同出一人，而舛互若此，非载述之体也。

会权得曹公欲东之问，与诸将议，皆劝权迎之，而肃独不言。权起更衣，肃追于宇下，权知其意，执肃手曰："卿欲何言？"肃对曰："向察众人之议，专欲误将军，不足与图大事。今肃可迎操耳，如将军，不可也。何以言之？今肃迎操，操当以肃还付乡党，品其名位，犹不失下曹从事；乘犊车，从吏卒，交游士林，累官故不失州郡也。将军迎操，将安所归？愿早定大计，莫用众人之议也。"权叹息曰："此诸人持议，甚失孤望；今卿廓开大计，正与孤同，此天以卿赐我也。"《魏书》及《九州春秋》曰：曹公征荆州，孙权大惧，鲁肃实欲劝权拒曹公，乃激说权曰："彼曹公者，实严敌也，新并袁绍，兵马甚精，乘战胜之威，伐丧乱之国，克可必也。不如遣兵助之，且送将军家诣邺。不然，将危。"权大怒，欲斩肃，肃因曰："今事已急，即有他图，何不遣兵助刘备，而欲斩我乎？"权然之，乃遣周瑜助备。| 孙盛曰：《吴书》及《江表传》，鲁肃一见孙权便说拒曹公而论帝王之略；刘表之死也，又请使观变，无缘方复激说劝迎曹公也。又是时劝迎者众，而云独欲斩肃，非其论也。

时周瑜受使至鄱阳，肃劝追召瑜还。遂任瑜以行事，以肃为赞军校尉，助画方略。曹公破走，肃即先还，权大请诸将迎肃。肃将入阁拜，权起礼之，因谓曰："子敬，孤持鞍下马相迎，足以显卿未？"肃趋进曰："未也。"众人闻之，无不愕然。就坐，徐举鞭言曰："愿至尊威德加乎四海，总括九州，克成帝业，更以安车软轮征肃，始当显耳。"权抚掌欢笑。

后备诣京见权，求都督荆州，惟肃劝权借之，共拒曹公。《汉晋春秋》曰：吕范劝留备，肃曰："不可。将军虽神武命世，然曹公威力实重，初临荆州，恩信未洽，宜以借备，使抚安之。多操之敌，而自为树党，计之上也。"权即从之。曹公闻权以土地业备，方作书，落笔于地。

周瑜病困，上疏曰："当今天下，方有事役，是瑜乃心夙夜所忧，愿至尊先虑未然，然后康乐。今既与曹操为敌，刘备近在公安，边境密迩，百姓未附，宜得良将以镇抚之。鲁肃智略足任，乞以代瑜。瑜陨蹙之日，所怀尽矣。"《江表传》载：初瑜疾困，与权笺曰："瑜以凡才，昔受讨逆殊特之遇，委以腹心，遂荷荣任，统御兵马，志执鞭弭，自效戎行。规定巴蜀，次取襄阳，凭赖威灵，谓若在握。至以不谨，道遇暴疾，昨自医疗，日加无损。人生有死，修短命矣，诚不足惜，但恨微志未展，不复奉教命耳。方今曹公在北，疆场未静，刘备寄寓，有似养虎，天下之事，未知终始，此朝士旰食之秋，至尊垂虑之日也。鲁肃忠烈，临事不苟，可以代瑜。人之将死，其言也善，傥或可采，瑜死不朽矣。"案此笺与本传所载意旨虽同，其辞乖异耳。即拜肃奋武校尉，代瑜领兵。瑜士众四千余人，奉邑四县，皆属焉。令程普领南郡太守。肃初住江陵，后下屯陆口，威恩大行，众增万余人，拜汉昌太守、偏将军。十九年，从权破皖城，转横江将军。

先是，益州牧刘璋纲维颓弛，周瑜、甘宁并劝权取蜀。权以咨备，备内欲自规，乃伪报曰："备与璋托为宗室，冀凭英灵，以匡汉朝。今璋得罪左右，备独竦惧，非所敢闻，愿加宽贷。若不获请，备当放发归于山林。"后备西图璋，留关羽守，权曰："猾虏乃敢挟诈！"及羽与肃邻界，数生狐疑，疆场纷错，肃常以欢好抚之。备既定益州，权求长沙、零、桂，备不承旨，权遣吕蒙率众进取。备闻，自还公安，遣羽争三郡。肃住益阳，与羽相拒。肃邀羽相见，各驻兵马百步上，但请将军单刀俱会。肃因责数羽曰："国家区区本以土地借卿家者，卿家军败远来，无以为资故也。今已得益州，既无奉还之意，但求三郡，又不从命。"语未究竟，坐有一人曰："夫土地者，惟德所在耳，何常之有！"肃厉声呵之，辞色甚切。羽操刀起谓曰："此自国家事，是人何知！"目使之去。《吴书》曰：肃欲与羽会语，诸将疑恐有变，议不可往。肃曰："今日之事，宜相开譬。刘备负国，是非未决，羽亦何敢重欲干命！"乃趋就羽。羽曰："乌林之役，左将军身在行间，寝不脱介，戮力破敌，岂得徒劳？无一块壤，而足下来欲收地邪？"肃曰："不然。始与豫州观于长阪，豫州之众不当一校，计穷虑极，志势摧弱，图欲远窜，望不及此。主上矜愍豫州之身无有处所，不爱土地士人之力，使有所庇荫以济其患，而豫州私独饰情，愆德隳好。今已藉手于西州矣，又欲翦并荆州之土，斯盖凡夫所不忍行，而况整领人物之主乎！肃闻贪而弃义，必为祸阶。吾子属当重任，曾不能明道处分，以义辅时，而负恃弱众以图力争，师曲为老，将何获济？"羽无以答。备遂割湘水为界，于是罢军。

肃年四十六，建安二十二年卒。权为举哀，又临其葬。诸葛亮亦为发哀。《吴书》曰：肃为人方严，寡于玩饰，内外节俭，不务俗好。治军整顿，禁令必行，虽在军阵，手不释卷。又善谈论，能属文辞，思度弘远，有过人之明。周瑜之后，肃为之冠。权称尊号，临坛，顾谓公卿曰："昔鲁子敬尝道此，可谓明于事势矣。"

肃遗腹子淑既壮，濡须督张承谓终当到至。永安中，为昭武将军、都亭侯、武昌督。建衡中，假节，迁夏口督。所在严整，有方干。凤皇三年卒。子睦袭爵，领兵马。

○吕蒙

吕蒙字子明，汝南富陂人也。少南渡，依姊夫邓当。当为孙策将，数讨山越。蒙年十五六，窃随当击贼，当顾见大惊，呵叱不能禁止。归以告蒙母，母恚欲罚之，蒙曰："贫贱难可居，脱误有功，富贵可致。且不探虎穴，安得虎子？"母哀而舍之。时当职吏以蒙年小轻之，曰："彼竖子何能为？此欲以肉喂虎耳。"他日与蒙会，又蚩辱之。蒙大怒，引刀杀吏，出走，逃邑子郑长家。出因校尉袁雄自首，承间为言。策召见，奇之，引置左右。

数岁，邓当死，张昭荐蒙代当，拜别部司马。权统事，料诸小将兵少而用薄者，欲并合之。蒙阴赊贳，为兵作绛衣行縢；及简日，陈列赫然，兵人练习，权见之大悦，增其兵。从讨丹阳，所向有功，拜平北都尉，领广德长。

从征黄祖，祖令都督陈就逆以水军出战。蒙勒前锋，亲枭就首；将士乘胜，进攻其城。祖闻就死，委城走，兵追禽之。权曰："事之克，由陈就先获也。"以蒙为横野中郎将，赐钱千万。

是岁，又与周瑜、程普等西破曹公于乌林，围曹仁于南郡。益州将袭肃举军来附，瑜表以肃兵益蒙，蒙盛称肃有胆用，且慕化远来，于义宜益不宜夺也。权善其言，还肃兵。瑜使甘宁前据夷陵，曹仁分众攻宁，宁困急，使使请救。诸将以兵少不足分，蒙谓瑜、普曰："留凌公绩，蒙与君行，解围释急，势亦不久，蒙保公绩能十日守也。"又说瑜分遣三百人柴断险道，贼走可得其马。瑜从之。军到夷陵，即日交战，所杀过半。敌夜遁去，行遇柴道，骑皆舍马步走。兵追蹑击，获马三百匹，方船载还。于是将士形势自倍，乃渡江立屯，与相攻击；曹仁退走，遂据南郡，抚定荆州。还，拜偏将军，领寻阳令。

　　鲁肃代周瑜，当之陆口，过蒙屯下。肃意尚轻蒙，或说肃曰："吕将军功名日显，不可以故意待也，君宜顾之。"遂往诣蒙。酒酣，蒙问肃曰："君受重任，与关羽为邻，将何计略，以备不虞？"肃造次应曰："临时施宜。"蒙曰："今东西虽为一家，而关羽实熊虎也，计安可不豫定？"因为肃画五策。肃于是越席就之，拊其背曰："吕子明，吾不知卿才略所及乃至于此也。"遂拜蒙母，结友而别。《江表传》曰：初，权谓蒙及蒋钦曰："卿今并当涂掌事，宜学问以自开益。"蒙曰："在军中常苦多务，恐不容复读书。"权曰："孤岂欲卿治经为博士邪？但当令涉猎见往事耳。卿言多务孰若孤，孤少时历《诗》《书》《礼记》《左传》《国语》，惟不读《易》。至统事以来，省三史、诸家兵书，自以为大有所益。如卿二人，意性朗悟，学必得之，宁当不为乎？宜急读《孙子》《六韬》《左传》《国语》及三史。孔子言'终日不食，终夜不寝以思，无益，不如学也'。光武当兵马之务，手不释卷。孟德亦自谓老而好学。卿何独不自勉勖邪？"蒙始就学，笃志不倦，其所览见，旧儒不胜。后鲁肃上代周瑜，过蒙言议，常欲受屈。肃拊蒙背曰："吾谓大弟但有武略耳。至于今者，学识英博，非复吴下阿蒙。"蒙曰："士别三日，即更刮目相待。大兄今论，何一称穰侯乎！兄今代公瑾，既难为继，且与关羽为邻。斯人长而好学，读《左传》略皆上口，梗亮有雄气，然性颇自负，好陵人。今与为对，当有单复以乡待之。"密为肃陈三策，肃敬受之，秘而不宣。权常叹曰："人长而进益，如吕蒙、蒋钦，盖不可及也。富贵荣显，更能折节好学，耽悦书传，轻财尚义，所行可迹，并作国士，不亦休乎！"

时蒙与成当、宋定、徐顾屯次比近，三将死，子弟幼弱，权悉以兵并蒙。蒙固辞，陈启顾等皆勤劳国事，子弟虽小，不可废也。书三上，权乃听。蒙于是又为择师，使辅导之，其操心率如此。

魏使庐江谢奇为蕲春典农，屯皖田乡，数为边寇。蒙使人诱之，不从，则伺隙袭击，奇遂缩退，其部伍孙子才、宋豪等，皆携负老弱，诣蒙降。后从权拒曹公于濡须，数进奇计，又劝权夹水口立坞，所以备御甚精，《吴录》曰：权欲作坞，诸将皆曰："上岸击贼，洗足入船，何用坞为？"吕蒙曰："兵有利钝，战无百胜，如有邂逅，敌步骑蹙人，不暇及水，其得入船乎？"权曰："善。"遂作之。曹公不能下而退。

曹公遣朱光为庐江太守，屯皖，大开稻田，又令间人招诱鄱阳贼帅，使作内应。蒙曰："皖田肥美，若一收熟，彼众必增。如是数岁，操态见矣，宜早除之。"乃具陈其状。于是权亲征皖，引见诸将，问以计策。蒙乃荐甘宁为升城督，督攻在前，蒙以精锐继之。侵晨进攻，蒙手执枹鼓，士卒皆腾踊自升，食时破之。既而张辽至夹石，闻城已拔，乃退。权嘉其功，即拜庐江太守，所得人马皆分与之，别赐寻阳屯田六百户，官属三十人。蒙还寻阳，未期而庐陵贼起，诸将讨击不能禽，权曰："鸷鸟累百，不如一鹗。"复令蒙讨之。蒙至，诛其首恶，余皆释放，复为平民。

是时刘备令关羽镇守，专有荆土，权命蒙西取长沙、零、桂三郡。蒙移书二郡，望风归服，惟零陵太守郝普城守不降。而备自蜀亲至公安，遣羽争三郡。权时住陆口，使鲁肃将万人屯益阳拒羽，而飞书召蒙，使舍零陵，急还助肃。初，蒙既定长沙，当之零陵，过酃，载南阳邓玄之，玄之者郝普之旧也，欲令诱普。及被书当还，蒙秘之，夜召诸将，授以方略，晨当攻城，顾谓玄之曰："郝子太闻世间有忠义事，亦欲为之，而不知时也。左将军在汉中，为夏侯渊所围。关羽在南郡，今至尊身自临之。近者破樊本屯，救酃，逆为孙规所破。此皆目前之事，君所亲见也。彼方首尾倒县，救死不给，岂有余力复营此哉？今吾士卒精锐，人思致命，至尊遣兵，相继于道。今子太以旦夕之命，待不可望之救，犹牛蹄中鱼，冀赖江汉，其不可恃亦明矣。若子太必能一士卒之心，保孤城之守，尚能稽延旦夕，以待所归者，可也。今吾计力度虑，而以攻此，曾不移日，而城必破；城破之后，身死何益于事，而令百岁老母戴白受诛，岂不痛哉？度此家不得外问，谓援可恃，故至于此耳。君可见之，为陈祸福。"玄之见普，具宣蒙意，普惧而听之。玄之先出报蒙，普寻后当至。蒙豫敕四将，各选百人，普出，便入守城门。须臾普出，蒙迎执其手，与俱下船。语毕，出书示之，因拊手大笑。普见书，知备在公安，而羽在益阳，惭恨入地。蒙留孙皎委以后事，即日引军赴益阳。刘备请盟，权乃归普等，割湘水，以零陵还之。以寻阳、阳新为蒙奉邑。

师还，遂征合肥。既彻兵，为张辽等所袭，蒙与凌统以死捍卫。后曹公又大出濡须，权以蒙为督，据前所立坞，置强弩万张于其上以拒曹公。曹公前锋屯未就，蒙攻破之，曹公引退。拜蒙左护军、虎威将军。

鲁肃卒，蒙西屯陆口，肃军人马万余尽以属蒙。又拜汉昌太守，食下隽、刘阳、汉昌、州陵。与关羽分土接境，知羽骁雄，有并兼心，且居国上流，其势难久。初，鲁肃等以为曹公尚存，祸难始构，宜相辅协，与之同仇，不可失也，蒙乃密陈计策曰：“令征虏守南郡，潘璋住白帝，蒋钦将游兵万人，循江上下，应敌所在。蒙为国家前据襄阳，如此，何忧于操，何赖于羽？且羽君臣，矜其诈力，所在反覆，不可以腹心待也。今羽所以未便东向者，以至尊圣明，蒙等尚存也。今不于强壮时图之，一旦僵仆，欲复陈力，其可得邪？”权深纳其策，又聊复与论取徐州意，蒙对曰：“今操远在河北，新破诸袁，抚集幽、冀，未暇东顾。徐土守兵，闻不足言，往自可克。然地势陆通，骁骑所骋，至尊今日得徐州，操后旬必来争，虽以七八万人守之，犹当怀忧。不如取羽，全据长江，形势益张。”权尤以此言为当。及蒙代肃，初至陆口，外倍修恩厚，与羽结好。

后羽讨樊，留兵将备公安、南郡。蒙上疏曰：“羽讨樊而多留备兵，必恐蒙图其后故也。蒙常有病，乞分士众还建业，以治疾为名。羽闻之，必撤备兵，尽赴襄阳。大军浮江，昼夜驰上，袭其空虚，则南郡可下，而羽可禽也。”遂称病笃，权乃露檄召蒙还，阴与图计。羽果信之，稍撤兵以赴樊。魏使于禁救樊，羽尽禽禁等，人马数万，托以粮乏，擅取湘关米。权闻之，遂行，先遣蒙在前。蒙至寻阳，尽伏其精兵𦪇𦨶中，使白衣摇橹，作商贾人服，昼夜兼行，至羽所置江边屯候，尽收缚之，是故羽不闻知。遂到南郡，士仁、糜芳皆降。

蒙入据城，尽得羽及将士家属，皆抚慰，约令军中不得干历人家，有所求取。蒙麾下士，是汝南人，取民家一笠，以覆官铠。官铠虽公，蒙犹以为犯军令，不可以乡里故而废法，遂垂涕斩之。于是军中震栗，道不拾遗。蒙旦暮使亲近存恤耆老，问所不足，疾病者给医药，饥寒者赐衣粮。羽府藏财宝，皆封闭以待权至。羽还，在道路，数使人与蒙相闻，蒙辄厚遇其使，周游城中，家家致问，或手书示信。羽人还，私相参讯，咸知家门无恙，见待过于平时，故羽吏士无斗心。会权寻至，羽自知孤穷，乃走麦城，西至漳乡，众皆委羽而降。权使朱然、潘璋断其径路，即父子俱获，荆州遂定。

以蒙为南郡太守，封孱陵侯，《江表传》曰：权于公安大会，吕蒙以疾辞，权笑曰："禽羽之功，子明谋也，今大功已捷，庆赏未行，岂邑邑邪？"乃增给步骑鼓吹，敕选虎威将军官属，并南郡、庐江二郡威仪。拜毕还营，兵马导从，前后鼓吹，光耀于路。赐钱一亿，黄金五百斤。蒙固辞金钱，权不许。封爵未下，会蒙疾发，权时在公安，迎置内殿，所以治护者万方，募封内有能愈蒙疾者，赐千金。时有针加，权为之惨戚，欲数见其颜色，又恐劳动，常穿壁瞻之，见小能下食则喜，顾左右言笑，不然则咄唶，夜不能寐。病中瘳，为下赦令，群臣毕贺。后更增笃，权自临视，命道士于星辰下为之请命。年四十二，遂卒于内殿。时权哀痛甚，为之降损。蒙未死时，所得金宝诸赐尽付府藏，敕主者命绝之日皆上还，丧事务约。权闻之，益以悲感。

蒙少不修书传，每陈大事，常口占为笺疏。常以部曲事为江夏太守蔡遗所白，蒙无恨意。及豫章太守顾邵卒，权问所用，蒙因荐遗奉职佳吏，权笑曰："君欲为祁奚耶？"于是用之。甘宁粗暴好杀，既常失蒙意，又时违权令，权怒之，蒙辄陈请："天下未定，斗将如宁难得，宜容忍之。"权遂厚宁，卒得其用。

蒙子霸袭爵，与守冢三百家，复田五十顷。霸卒，兄琮袭侯。琮卒，弟睦嗣。

孙权与陆逊论周瑜、鲁肃及蒙曰："公瑾雄烈，胆略兼人，遂破孟德，开拓荆州，邈焉难继，君今继之。公瑾昔要子敬来东，致达于孤，孤与宴语，便及大略帝王之业，此一快也。后孟德因获刘琮之势，张言方率数十万众水步俱下。孤普请诸将，咨问所宜，无适先对，至子布、文表，俱言宜遣使修檄迎之，子敬即驳言不可，劝孤急呼公瑾，付任以众，逆而击之，此二快也。且其决计策，意出张苏远矣。后虽劝吾借玄德地，是其一短，不足以损其二长也。周公不求备于一人，故孤忘其短而贵其长，常以比方邓禹也。又子明少时，孤谓不辞剧易，果敢有胆而已；及身长大，学问开益，筹略奇至，可以次于公瑾，但言议英发不及之耳。图取关羽，胜于子敬。子敬答孤书云：'帝王之起，皆有驱除，羽不足忌。'此子敬内不能辨，外为大言耳，孤亦恕之，不苟责也。然其作军，屯营不失，令行禁止，部界无废负，路无拾遗，其法亦美也。"

评曰：曹公乘汉相之资，挟天子而扫群桀，新荡荆城，仗威东夏，于时议者莫不疑贰。周瑜、鲁肃建独断之明，出众人之表，实奇才也。吕蒙勇而有谋断，识军计，谲郝普，禽关羽，最其妙者。初虽轻果妄杀，终于克己，有国士之量，岂徒武将而已乎！孙权之论，优劣允当，故载录焉。

五十五卷 吴书 ⁺

程黄韩蒋周陈
董甘凌徐潘丁传 | 程普 黄盖 韩当 蒋钦 周泰 陈武
董袭 甘宁 凌统 徐盛 潘璋 丁奉

○程普

程普字德谋，右北平土垠人也。初为州郡吏，有容貌计略，善于应对。从孙坚征伐，讨黄巾于宛、邓，破董卓于阳人，攻城野战，身被创夷。

坚薨，复随孙策在淮南，从攻庐江，拔之，还俱东渡。策到横江、当利，破张英、于麋等，转下秣陵、湖熟、句容、曲阿，普皆有功，增兵二千，骑五十匹。进破乌程、石木、波门、陵传、余杭，普功为多。策入会稽，以普为吴郡都尉，治钱唐。后徙丹阳都尉，居石城。复讨宣城、泾、安吴、陵阳、春谷诸贼，皆破之。策尝攻祖郎，大为所围，普与一骑共蔽捍策，驱马疾呼，以矛突贼，贼披，策因随出。后拜荡寇中郎将，领零陵太守，从讨刘勋于寻阳，进攻黄祖于沙羡，还镇石城。

策薨，与张昭等共辅孙权，遂周旋三郡，平讨不服。又从征江夏，还过豫章，别讨乐安。乐安平定，代太史慈备海昏，与周瑜为左右督，破曹公于乌林，又进攻南郡，走曹仁。拜裨将军，领江夏太守，治沙羡，食四县。

先出诸将，普最年长，时人皆呼程公。性好施与，喜士大夫。周瑜卒，代领南郡太守。权分荆州与刘备，普复还领江夏，迁荡寇将军，卒。《吴书》曰：普杀叛者数百人，皆使投火，即日病疠，百余日卒。权称尊号，追论普功，封子咨为亭侯。

○黄盖

黄盖字公覆，零陵泉陵人也。《吴书》曰：故南阳太守黄子廉之后也，枝叶分离，自祖迁于零陵，遂家焉。盖少孤，婴丁凶难，辛苦备尝。然有壮志，虽处贫贱，不自同于凡庸，常以负薪余闲学书疏，讲兵事。初为郡吏，察孝廉，辟公府。孙坚举义兵，盖从之。坚南破山贼，北走董卓，拜盖别部司马。坚薨，盖随策及权，擐甲周旋，蹈刃屠城。

诸山越不宾，有寇难之县，辄用盖为守长。石城县吏，特难检御，盖乃署两掾，分主诸曹。教曰："令长不德，徒以武功为官，不以文吏为称。今贼寇未平，有军旅之务，一以文书委付两掾，当检摄诸曹，纠摘谬误。两掾所署，事入诺出，若有奸欺，终不加以鞭杖，宜各尽心，无为众先。"初皆怖威，夙夜恭职；久之，吏以盖不视文书，渐容人事。盖亦嫌外懈怠，时有所省，各得两掾不奉法数事。乃悉请诸掾吏，赐酒食，因出事诘问。两掾辞屈，皆叩头谢罪。盖曰："前已相敕，终不以鞭杖相加，非相欺也。"遂杀之。县中震栗。后转春谷长，寻阳令。凡守九县，所在平定。迁丹阳都尉，抑强扶弱，山越怀附。

盖姿貌严毅，善于养众，每所征讨，士卒皆争为先。建安中，随周瑜拒曹公于赤壁，建策火攻，语在《瑜传》。《吴书》曰：赤壁之役，盖为流矢所中，时寒堕水，为吴军人所得，不知其盖也，置厕床中。盖自强以一声呼韩当，当闻之，曰："此公覆声也。"向之垂涕，解易其衣，遂以得生。拜武锋中郎将。武陵蛮夷反乱，攻守城邑，乃以盖领太守。时郡兵才五百人，自以不敌，因开城门，贼半入，乃击之，斩首数百，余皆奔走，尽归邑落。诛讨魁帅，附从者赦之。自春讫夏，寇乱尽平，诸幽邃巴、醴、由、诞邑侯君长，皆改操易节，奉礼请见，郡境遂清。后长沙益阳县为山贼所攻，盖又平讨。加偏将军，病卒于官。

盖当官决断，事无留滞，国人思之。《吴书》曰：又图画盖形，四时祠祭。及权践阼，追论其功，赐子柄爵关内侯。

○韩当

韩当字义公，辽西令支人也。以便弓马，有膂力，幸于孙坚，从征伐周旋，数犯危难，陷敌擒虏，为别部司马。《吴书》曰：当勤苦有功，以军旅陪隶，分于英豪，故爵位不加。终于坚世，为别部司马。及孙策东渡，从讨三郡，迁先登校尉，授兵二千，骑五十匹。从征刘勋，破黄祖，还讨鄱阳，领乐安长，山越畏服。后以中郎将与周瑜等拒破曹公，又与吕蒙袭取南郡，迁偏将军，领永昌太守。

宜都之役，与陆逊、朱然等共攻蜀军于涿乡，大破之，徙威烈将军，封都亭侯。曹真攻南郡，当保东南。在外为帅，厉将士同心固守，又敬望督司，奉遵法令，权善之。黄武二年，封石城侯，迁昭武将军，领冠军太守，后又加都督之号。将敢死及解烦兵万人，讨丹阳贼，破之。会病卒，子综袭侯领兵。

其年，权征石阳，以综有忧，使守武昌，而综淫乱不轨。权虽以父故不问，综内怀惧，《吴书》曰：综欲叛，恐左右不从，因讽使劫略，示欲饶之，转相放效，为行旅大患。后因诈言被诏，以部曲为寇盗见诘让，云"将吏以下，当并收治"，又言恐罪自及。左右因曰："惟当去耳。"遂共图计，以当葬父，尽呼亲戚姑姊，悉以嫁将吏，所幸婢妾，皆赐与亲近，杀牛饮酒歃血，与共盟誓。载父丧，将母家属部曲男女数千人奔魏。魏以为将军，封广阳侯。数犯边境，杀害人民，权常切齿。东兴之役，综为前锋，军败身死，诸葛恪斩送其首，以白权庙。

○蒋钦

蒋钦字公奕，九江寿春人也。孙策之袭袁术，钦随从给事。及策东渡，拜别部司马，授兵。与策周旋，平定三郡，又从定豫章。调授葛阳尉，历三县长，讨平盗贼，迁西部都尉。会稽东冶贼吕合、秦狼等为乱，钦将兵讨击，遂禽合、狼，五县平定，徙讨越中郎将，以泾拘、昭阳为奉邑。贺齐讨黟贼，钦督万兵，与齐并力，黟贼平定。从征合肥，魏将张辽袭权于津北，钦力战有功，迁荡寇将军，领濡须督。后召还都，拜右护军，典领辞讼。

权尝入其堂内，母疏帐缥被，妻妾布裙。权叹其在贵守约，即敕御府为母作锦被，改易帷帐，妻妾衣服悉皆锦绣。

初，钦屯宣城，尝讨豫章贼。芜湖令徐盛收钦屯吏，表斩之，权以钦在远不许，盛由是自嫌于钦。曹公出濡须，钦与吕蒙持诸军节度。盛常畏钦因事害己，而钦每称其善。盛既服德，论者美焉。

《江表传》曰：权谓钦曰："盛前白卿，卿今举盛，欲慕祁奚邪？"钦对曰："臣闻公举不挟私怨，盛忠而勤强，有胆略器用，好万人督也。今大事未定，臣当助国求才，岂敢挟私恨以蔽贤乎！"权嘉之。

权讨关羽，钦督水军入沔，还，道病卒。权素服举哀，以芜湖民二百户、田二百顷，给钦妻子。子壹封宣城侯，领兵拒刘备有功，还赴南郡，与魏交战，临阵卒。壹无子，弟休领兵，后有罪失业。

○周泰

周泰字幼平，九江下蔡人也。与蒋钦随孙策为左右，服事恭敬，数战有功。策入会稽，署别部司马，授兵。权爱其为人，请以自给。策讨六县山贼，权住宣城，使士自卫，不能千人，意尚忽略，不治围落，而山贼数千人卒至。权始得上马，而贼锋刃已交于左右，或斫中马鞍，众莫能自定。惟泰奋激，投身卫权，胆气倍人，左右由泰并能就战。贼既解散，身被十二创，良久乃苏。是日无泰，权几危殆。策深德之，补春谷长。后从攻皖，及讨江夏，还过豫章，复补宜春长，所在皆食其征赋。

从讨黄祖有功。后与周瑜、程普拒曹公于赤壁，攻曹仁于南郡。荆州平定，将兵屯岑。曹公出濡须，泰复赴击，曹公退，留督濡须，拜平虏将军。时朱然、徐盛等皆在所部，并不伏也，权特为案行至濡须坞，因会诸将，大为酣乐。权自行酒到泰前，命泰解衣，权手自指其创痕，问以所起。泰辄记昔战斗处以对。毕，使复服，欢宴极夜。其明日，遣使者授以御盖。《江表传》曰：权把其臂，因流涕交连，字之曰："幼平，卿为孤兄弟战如熊虎，不惜躯命，被创数十，肤如刻画，孤亦何心不待卿以骨肉之恩，委卿以兵马之重乎！卿吴之功臣，孤当与卿同荣辱，等休戚。幼平意快为之，勿以寒门自退也。"即敕以己常所用御帻青缣盖赐之。坐罢，住驾，使泰以兵马导从出，鸣鼓角作鼓吹。于是盛等乃伏。

后权破关羽，欲进图蜀，拜泰汉中太守、奋威将军，封陵阳侯。黄武中卒。

子邵以骑都尉领兵。曹仁出濡须，战有功，又从攻破曹休，进位裨将军，黄龙二年卒。弟承领兵袭侯。

○陈武 子表

陈武字子烈，庐江松滋人。孙策在寿春，武往修谒，时年十八，长七尺七寸，因从渡江，征讨有功，拜别部司马。策破刘勋，多得庐江人，料其精锐，乃以武为督，所向无前。及权统事，转督五校。仁厚好施，乡里远方客多依托之。尤为权所亲爱，数至

其家。累有功劳，进位偏将军。建安二十年，从击合肥，奋命战死。权哀之，自临其葬。《江表传》曰：权命以其爱妾殉葬，复客二百家。| 孙盛曰：昔三良从穆，秦师以之不征；魏妾既出，杜回以之僵仆。祸福之报，如此之效也。权仗计任术，以生从死，世祚之促，不亦宜乎！

子脩有武风，年十九，权召见奖厉，拜别部司马，授兵五百人。时诸将新兵多有逃叛，而脩抚循得意，不失一人。权奇之，拜为校尉。建安末，追录功臣后，封脩都亭侯，为解烦督。黄龙元年卒。

弟表，字文奥，武庶子也。少知名，与诸葛恪、顾谭、张休等并侍东宫，皆共亲友。尚书暨艳亦与表善，后艳遇罪，时人咸自营护，信厚言薄，表独不然，士以此重之。徙太子中庶子，拜翼正都尉。兄脩亡后，表母不肯事脩母，表谓其母曰："兄不幸早亡，表统家事；当奉嫡母。母若能为表屈情，承顺嫡母者，是至愿也；若母不能，直当出别居耳。"表于大义公正如此，由是二母感寤雍穆。

表以父死敌场，求用为将，领兵五百人。表欲得战士之力，倾意接待，士皆爱附，乐为用命。时有盗官物者，疑无难士施明。明素壮悍，收考极毒，惟死无辞，廷尉以闻。权以表能得健儿之心，诏以明付表，使自以意求其情实。表便破械沐浴，易其衣服，厚设酒食，欢以诱之。明乃首服，具列支党。表以状闻。权奇之，欲全其名，特为赦明，诛戮其党。迁表为无难右部督，封都亭侯，以继旧爵。表皆陈让，乞以传脩子延，权不许。

嘉禾三年，诸葛恪领丹阳太守，讨平山越，以表领新安都尉，与恪参势。初，表所受赐复人得二百家，在会稽新安县。表简视其人，皆堪好兵，乃上疏陈让，乞以还官，充足精锐。诏曰："先将军有功于国，国家以此报之，卿何得辞焉？"表乃称曰："今除国贼，报父之仇，以人为本。空枉此劲锐以为僮仆，非表志也。"皆辄料取以充部伍。所在以闻，权甚嘉之。下郡县，料正户羸民以补其处。表在官三年，广开降纳，得兵万余人。事捷当出，会鄱阳民吴遽等为乱，攻没城郭，属县摇动，表便越界赴讨，遽以破败，遂降。陆逊拜表偏将军，进封都乡侯，北屯章阬。年三十四卒。家财尽于养士，死之日，妻子露立，太子登为起屋宅。子敖年十七，拜别部司马，授兵四百人。敖卒，脩子延复为司马代敖。延弟永，将军，封侯。始施明感表，自变行为善，遂成健将，致位将军。

○董袭

董袭字元代，会稽余姚人，长八尺，武力过人。谢承《后汉书》称袭志节慷慨，武毅英烈。孙策入郡，袭迎于高迁亭，策见而伟之，到署门下贼曹。时山阴宿贼黄龙罗、周勃聚党数千人，策自出讨，袭身斩罗、勃首，还拜别部司马，授兵数千，迁扬武都尉。从策攻皖，又讨刘勋于寻阳，伐黄祖于江夏。

策薨，权年少，初统事，太妃忧之，引见张昭及袭等，问江东可保安不，袭对曰："江东地势有山川之固，而讨逆明府，恩德在民。讨虏承基，大小用命，张昭秉众事，袭等为爪牙，此地利人和之时也，万无所忧。"众皆壮其言。

鄱阳贼彭虎等众数万人，袭与凌统、步骘、蒋钦各别分讨。袭所向辄破，虎等望见旌旗，便散走，旬日尽平，拜威越校尉，迁偏将军。

建安十三年，权讨黄祖。祖横两蒙冲挟守沔口，以棑闾大绁系石为矴，上有千人，以弩交射，飞矢雨下，军不得前。袭与凌统俱为前部，各将敢死百人，人被两铠，乘大舸船，突入蒙冲里。袭身以刀断两绁，蒙冲乃横流，大兵遂进。祖便开门走，兵追斩之。明日大会，权举觞属袭曰："今日之会，断绁之功也。"

曹公出濡须，袭从权赴之，使袭督五楼船住濡须口。夜卒暴风，五楼船倾覆，左右散走舸，乞使袭出。袭怒曰："受将军任，在此备贼，何等委去也，敢复言此者斩！"于是莫敢干。其夜船败，袭死。权改服临殡，供给甚厚。

○甘宁

甘宁字兴霸，巴郡临江人也。《吴书》曰：宁本南阳人，其先客于巴郡。宁为吏举计掾，补蜀郡丞，顷之，弃官归家。少有气力，好游侠，招合轻薄少年，为之渠帅；群聚相随，挟持弓弩，负毦带铃，民闻铃声，即知是宁。《吴书》曰：宁轻侠杀人，藏舍亡命，闻于郡中。其出入，步则陈车骑，水则连轻舟，侍从被文绣，所如光道路，住止常以缯锦维舟，去或割弃，以示奢也。人与相逢，及属城长吏，接待隆厚者乃与交欢；不尔，即放所将夺其资货，于长吏界中有所贼害，作其发负，至二十余年。止不攻劫，颇读诸子，乃往依刘表，因居南阳，不见进用，后转托黄祖，祖又以凡人畜之。《吴书》曰：宁将僮客八百人就刘表。表儒人，不习军事。时诸英豪各各起兵，宁观表事势，终必无成，恐一朝土崩，并受其祸，欲东入吴。黄祖在夏口，军不得过，乃留依祖，三年，祖不礼之。权讨祖，祖军败奔走，追兵急，宁以善射，将兵在后，射杀校尉凌操。祖既得免，军罢还营，待宁如初。祖都督苏飞数荐宁，祖不用，令人化诱其客，客稍亡。宁欲去，恐不获免，独忧闷不知所出。飞知其意，乃要宁，为之置酒，谓曰："吾荐子者数矣，主不能用。日月逾迈，人生几何，宜自远图，庶遇知己。"宁良久乃曰："虽有其志，未知所由。"飞曰："吾欲白子为邾长，于是去就，孰与临阪转丸乎？"宁曰："幸甚。"飞白祖，听宁之县。招怀亡客并义从者，得数百人。

于是归吴。周瑜、吕蒙皆共荐达，孙权加异，同于旧臣。宁陈计曰："今汉祚日微，曹操弥憍，终为篡盗。南荆之地，山陵形便，江川流通，诚是国之西势也。宁已观刘表，虑既不远，儿子又劣，非能承业传基者也。至尊当早规之，不可后操。图之之计，宜先取黄祖。祖今年老，昏耄已甚，财谷并乏，左右欺弄，务于货利，侵求吏士，吏士心怨，舟船战具，顿废不修，怠于耕农，军无法伍。至尊今往，其破可必。一破祖军，鼓行而西，西据楚关，大势弥广，即可渐规巴蜀。"权深纳之。张昭时在坐，难曰："吴下业业，若军果行，恐必致乱。"宁谓昭曰："国家以萧何之任付君，君居守而忧乱，奚以希慕古人乎？"权举酒属宁曰："兴霸，今年行讨，如此酒矣，决以付卿。卿但当勉建方略，令必克祖，则卿之功，何嫌张长史之言乎。"权遂西，果禽祖，尽获其士众。遂授宁兵，屯当口。《吴书》曰：初，权破祖，先作两函，欲以盛祖及苏飞首。飞令人告急于宁，宁曰："飞若不言，吾岂忘之？"权为诸将置酒，宁下席叩头，血涕交流，为权言："飞畴昔旧恩，宁不值飞，固已殒骸于沟壑，不得致命于麾下。今飞罪当夷戮，特从将军乞其首领。"权感其言，谓曰："今为君致之，若走去何？"宁曰："飞免分裂之祸，受更生之恩，逐之尚必不走，岂图亡哉！若尔，宁头当代入函。"权乃赦之。

后随周瑜拒破曹公于乌林。攻曹仁于南郡，未拔，宁建计先径进取夷陵，往即得其城，因入守之。时手下有数百兵，并所新得，仅满千人。曹仁乃令五六千人围宁。宁受攻累日，敌设高楼，雨射城中，士众皆惧，惟宁谈笑自若。遣使报瑜，瑜用吕蒙计，帅诸将解围。后随鲁肃镇益阳，拒关羽。羽号有三万人，自择选锐士五千人，投县上流十余里浅濑，云欲夜涉渡。肃与诸将议。宁时有三百兵，乃曰："可复以五百人益吾，吾往对之，保羽闻吾咳唾，不敢涉水，涉水即是吾禽。"肃便选千兵益宁，宁乃夜往。羽闻之，住不渡，而结柴营，今遂名此处为"关羽濑"。权嘉宁功，拜西陵太守，领阳新、下雉两县。

后从攻皖，为升城督。宁手持练，身缘城，为吏士先，卒破获朱光。计功，吕蒙为最。宁次之，拜折冲将军。

后曹公出濡须，宁为前部督，受敕出斫敌前营。权特赐米酒众肴，宁乃料赐手下百余人食。食毕，宁先以银碗酌酒，自饮两碗，乃酌与其都督。都督伏，不肯时持。宁引白削置膝上，呵谓之曰："卿见知于至尊，孰与甘宁？甘宁尚不惜死，卿何以独惜死乎？"都督见宁色厉，即起拜持酒，通酌兵各一银碗。至二更时，衔枚出斫敌。敌惊动，遂退。宁益贵重，增兵二千人。《江表传》曰：曹公出濡须，号步骑四十万，临江饮马。权率众七万应之，使宁领三千人为前部督。权密敕宁，使夜入魏军。宁乃选手下健儿百余人，径诣曹公营下，使拔鹿角，逾垒入营，斩得数十级。北军惊骇鼓噪，举火如星，宁已还入营，作鼓吹，称万岁。因夜见权，权喜曰："足以惊骇老子否？聊以观卿胆耳。"即赐绢千匹，刀百口。权曰："孟德有张辽，孤有兴霸，足相敌也。"停住月余，北军便退。

　　宁虽粗猛好杀，然开爽有计略，轻财敬士，能厚养健儿，健儿亦乐为用命。建安二十年，从攻合肥，会疫疾，军旅皆已引出，唯车下虎士千余人，并吕蒙、蒋钦、凌统及宁，从权逍遥津北。张辽觇望知之，即将步骑奄至。宁引弓射敌，与统等死战。宁厉声问鼓吹何以不作，壮气毅然，权尤嘉之。《吴书》曰：凌统怨宁杀其父操，宁常备统，不与相见。权亦命统不得仇之。尝于吕蒙舍会，酒酣，统乃以刀舞。宁起曰："宁能双戟舞。"蒙曰："宁虽能，未若蒙之巧也。"因操刀持楯，以身分之。后权知统意，因令宁将兵，遂徙屯于半州。

　　宁厨下儿曾有过，走投吕蒙。蒙恐宁杀之，故不即还。后宁赍礼礼蒙母，临当与升堂，乃出厨下儿还宁。宁许蒙不杀。斯须还船，缚置桑树，自挽弓射杀之。毕，敕船人更增舸缆，解衣卧船中。蒙大怒，击鼓会兵，欲就船攻宁。宁闻之，故卧不起。蒙母徒跣出谏蒙曰："至尊待汝如骨肉，属汝以大事，何有以私怒而欲攻杀甘宁？宁死之日，纵至尊不问，汝是为臣下非法。"蒙素至孝，闻母言，即豁然意释，自至宁船，笑呼之曰："兴霸，老母待卿食，急上！"宁涕泣歔欷曰："负卿。"与蒙俱还见母，欢宴竟日。

　　宁卒，权痛惜之。子瓌，以罪徙会稽，无几死。

○凌统

凌统字公绩，吴郡余杭人也。父操，轻侠有胆气，孙策初兴，每从征伐，常冠军履锋。守永平长，平治山越，奸猾敛手，迁破贼校尉。及权统军，从讨江夏。入夏口，先登，破其前锋，轻舟独进，中流矢死。

统年十五，左右多称述者，权亦以操死国事，拜统别部司马，行破贼都尉，使摄父兵。后从击山贼，权破保屯先还，余麻屯万人，统与督张异等留攻围之，克日当攻。先期，统与督陈勤会饮酒，勤刚勇任气，因督祭酒，陵轹一坐，举罚不以其道。统疾其侮慢，面折不为用。勤怒詈统，及其父操，统流涕不答，众因罢出。勤乘酒凶悖，又于道路辱统。统不忍，引刀斫勤，数日乃死。及当攻屯，统曰："非死无以谢罪。"乃率厉士卒，身当矢石，所攻一面，应时披坏，诸将乘胜，遂大破之。还，自拘于军正。权壮其果毅，使得以功赎罪。

后权复征江夏，统为前锋，与所厚健儿数十人共乘一船，常去大兵数十里。行入右江，斩黄祖将张硕，尽获船人。还以白权，引军兼道，水陆并集。时吕蒙败其水军，而统先搏其城，于是大获。权以统为承烈都尉，与周瑜等拒破曹公于乌林，遂攻曹仁，迁为校尉。虽在军旅，亲贤接士，轻财重义，有国士之风。

又从破皖，拜荡寇中郎将，领沛相。与吕蒙等西取三郡，反自益阳，从往合肥，为右部督。时权彻军，前部已发，魏将张辽等奄至津北。权使追还前兵，兵去已远，势不相及，统率亲近三百人陷围，扶捍权出。敌已毁桥，桥之属者两版，权策马驱驰，统复还战，左右尽死，身亦被创，所杀数十人，度权已免，乃还。桥败路绝，统被甲潜行。权既御船，见之惊喜。统痛亲近无反者，悲不自胜。权引袂拭之，谓曰："公绩，亡者已矣，苟使卿在，何患无人？"《吴书》曰：统创甚，权遂留统于舟，尽易其衣服。其创赖得卓氏良药，故得不死。拜偏将军，倍给本兵。

时有荐同郡盛暹于权者，以为梗概大节有过于统，权曰："且令如统足矣。"后召暹夜至，时统已卧，闻之，摄衣出门，执其手以入。其爱善不害如此。

统以山中人尚多壮悍，可以威恩诱也，权令东占且讨之，命敕属城，凡统所求，皆先给后闻。统素爱士，士亦慕焉。得精兵万余人，过本县，步入寺门，见长吏怀三版，恭敬尽礼，亲旧故人，恩意益隆。事毕当出，会病卒，时年四十九。权闻之，拊床起坐，哀不能自止，数日减膳，言及流涕，使张承为作铭诔。

二子烈、封，年各数岁，权内养于宫，爱待与诸子同，宾客进见，呼示之曰："此吾虎子也。"及八九岁，令葛光教之读书，十日一令乘马，追录统功，封烈亭侯，还其故兵。后烈有罪免，封复袭爵领兵。孙盛曰：观孙权之养士也，倾心竭思，以求其死力，泣周泰之夷，殉陈武之妾，请吕蒙之命，育凌统之孤，卑曲苦志，如此之勤。是故虽令德无闻，仁泽罔著，而能屈强荆吴，僭拟年岁者，抑有由也。然霸王之道，期于大者远者，是以先王建德义之基，恢信顺之宇，制经略之纲，明贵贱之序，易简而其亲可久，体全而其功可大，岂委璅近务，邀利于当年哉？语曰"虽小道，必有可观者焉，致远恐泥"，其是之谓乎！

○徐盛

徐盛字文向，琅邪莒人也。遭乱，客居吴，以勇气闻。孙权统事，以为别部司马，授兵五百人，守柴桑长，拒黄祖。祖子射，尝率数千人下攻盛。盛时吏士不满二百，与相拒击，伤射吏士千余人。已乃开门出战，大破之。射遂绝迹不复为寇。权以为校尉、芜湖令。复讨临城南阿山贼有功，徙中郎将，督校兵。

曹公出濡须，从权御之。魏尝大出横江，盛与诸将俱赴讨。时乘蒙冲，遇迅风，船落敌岸下，诸将恐惧，未有出者，盛独将兵，上突斫敌，敌披退走，有所伤杀，风止便还，权大壮之。

及权为魏称藩，魏使邢贞拜权为吴王。权出都亭候贞，贞有骄色，张昭既怒，而盛忿愤，顾谓同列曰："盛等不能奋身出命，为国家并许洛，吞巴蜀，而令吾君与贞盟，不亦辱乎！"因涕泣横流。贞闻之，谓其旅曰："江东将相如此，非久下人者也。"

后迁建武将军，封都亭侯，领庐江太守，赐临城县为奉邑。刘备次西陵，盛攻取诸屯，所向有功。曹休出洞口，盛与吕范、全琮渡江拒守。遭大风，船人多丧，盛收余兵，与休夹江。休使兵将就船攻盛，盛以少御多，敌不能克，各引军退。迁安东将军，封芜湖侯。

后魏文帝大出，有渡江之志，盛建计从建业筑围，作薄落，围上设假楼，江中浮船。诸将以为无益，盛不听，固立之。文帝到广陵，望围愕然，弥漫数百里，而江水盛长，便引军退。诸将乃伏。干宝《晋纪》所云疑城，已注《孙权传》。|《魏氏春秋》云：文帝叹曰："魏虽有武骑千群，无所用也。"

黄武中卒。子楷，袭爵领兵。

○潘璋

潘璋字文珪，东郡发干人也。孙权为阳羡长，始往随权。性博荡嗜酒，居贫，好赊酤，债家至门，辄言后豪富相还。权奇爱之，因使召募，得百余人，遂以为将。讨山贼有功，署别部司马。后为吴大市刺奸，盗贼断绝，由是知名，迁豫章西安长。刘表在荆州，民数被寇，自璋在事，寇不入境。比县建昌起为贼乱，转领建昌，加武猛校尉，讨治恶民，旬月尽平，召合遗散，得八百人，将还建业。

合肥之役，张辽奄至，诸将不备，陈武斗死，宋谦、徐盛皆披走，璋身次在后，便驰进，横马斩谦、盛兵走者二人，兵皆还战。权甚壮之，拜偏将军，遂领百校，屯半州。

权征关羽，璋与朱然断羽走道，到临沮，住夹石。璋部下司马马忠禽羽，并羽子平、都督赵累等。权即分宜都巫、秭归二县为固陵郡，拜璋为太守、振威将军，封溧阳侯。甘宁卒，又并其军。刘备出夷陵，璋与陆逊并力拒之，璋部下斩备护军冯习等，所杀伤甚众，拜平北将军、襄阳太守。

魏将夏侯尚等围南郡，分前部三万人作浮桥，渡百里洲上；诸葛瑾、杨粲并会兵赴救，未知所出，而魏兵日渡不绝。璋曰："魏势始盛，江水又浅，未可与战。"便将所领，到魏上流五十里，伐苇数百万束，缚作大筏，欲顺流放火，烧败浮桥。作筏适毕，伺水长当下，尚便引退。璋下备陆口。权称尊号，拜右将军。

璋为人粗猛，禁令肃然，好立功业，所领兵马不过数千，而其所在常如万人。征伐止顿，便立军市，他军所无，皆仰取足。然性奢泰，末年弥甚，服物僭拟。吏兵富者，或杀取其财物，数不奉法。监司举奏，权惜其功而辄原不问。嘉禾三年卒。子平，以无行徙会稽。璋妻居建业，赐田宅，复客五十家。

○丁奉

丁奉字承渊，庐江安丰人也。少以骁勇为小将，属甘宁、陆逊、潘璋等。数随征伐，战斗常冠军。每斩将搴旗，身被创夷。稍迁偏将军。孙亮即位，为冠军将军，封都亭侯。

魏遣诸葛诞、胡遵等攻东兴，诸葛恪率军拒之。诸将皆曰："敌闻太傅自来，上岸必遁走。"奉独曰："不然。彼动其境内，悉许、洛兵大举而来，必有成规，岂虚还哉？无恃敌之不至，恃吾有以胜之。"及恪上岸，奉与将军唐咨、吕据、留赞等，俱从山西上。奉曰："今诸军行迟，若敌据便地，则难与争锋矣。"乃辟诸军使下道，帅麾下三千人径进。时北风，奉举帆二日至，遂据徐塘。天寒雪，敌诸将置酒高会，奉见其前部兵少，相谓曰："取封侯爵赏，正在今日！"乃使兵解铠著胄，持短兵。敌人从而笑焉，不为设备。奉纵兵斫之，大破敌前屯。会据等至，魏军遂溃。迁灭寇将军，进封都乡侯。

魏将文钦来降，以奉为虎威将军，从孙峻至寿春迎之，与敌追军战于高亭。奉跨马持矛，突入其阵中，斩首数百，获其军器。进封安丰侯。

太平二年，魏大将军诸葛诞据寿春来降，魏人围之。遣朱异、唐咨等往救，复使奉与黎斐解围。奉为先登，屯于黎浆，力战有功，拜左将军。

孙休即位，与张布谋，欲诛孙綝，布曰："丁奉虽不能吏书，而计略过人，能断大事。"休召奉告曰："綝秉国威，将行不轨，欲与将军诛之。"奉曰："丞相兄弟友党甚盛，恐人心不同，不可卒制，可因腊会，有陛下兵以诛之也。"休纳其计，因会请綝，奉与张布目左右斩之。迁大将军，加左、右都护。永安三年，假节领徐州牧。六年，魏伐蜀，奉率诸军向寿春，为救蜀之势。蜀亡，军还。

休薨，奉与丞相濮阳兴等从万彧之言，共迎立孙晧，迁右大司马左军师。宝鼎三年，晧命奉与诸葛靓攻合肥。奉与晋大将石苞书，构而间之，苞以征还。建衡元年，奉复帅众治徐塘，因攻晋谷阳。谷阳民知之，引去，奉无所获。晧怒，斩奉导军。三年，卒。奉贵而有功，渐以骄矜，或有毁之者，晧追以前出军事，徙奉家于临川。奉弟封，官至后将军，先奉死。

评曰：凡此诸将，皆江表之虎臣，孙氏之所厚待也。以潘璋之不修，权能忘过记功，其保据东南，宜哉！陈表将家支庶，而与胄子名人比翼齐衡，拔萃出类，不亦美乎！

五十六卷 吴书 ^{十一}

朱治朱然吕范朱桓传 | 朱治 朱然 吕范 朱桓

○朱治

朱治字君理，丹阳故鄣人也。初为县吏，后察孝廉，州辟从事，随孙坚征伐。中平五年，拜司马，从讨长沙、零、桂等三郡贼周朝、苏马等，有功，坚表治行都尉。从破董卓于阳人，入洛阳。表治行督军校尉，特将步骑，东助徐州牧陶谦讨黄巾。

会坚薨，治扶翼策，依就袁术。后知术政德不立，乃劝策还平江东。时太傅马日磾在寿春，辟治为掾，迁吴郡都尉。是时吴景已在丹阳，而策为术攻庐江，于是刘繇恐为袁、孙所并，遂构嫌隙。而策家门尽在州下，治乃使人于曲阿迎太妃及权兄弟，所以供奉辅护，甚有恩纪。治从钱唐欲进到吴，吴郡太守许贡拒之于由拳，治与战，大破之。贡南就山贼严白虎，治遂入郡，领太守事。策既走刘繇，东定会稽。

权年十五，治举为孝廉。后策薨，治与张昭等共尊奉权。建安七年，权表治为吴郡太守，行扶义将军，割娄、由拳、无锡、毗陵为奉邑，置长吏。征讨夷越，佐定东南，禽截黄巾余类陈败、万秉等。黄武元年，封毗陵侯，领郡如故。二年，拜安国将军，金印紫绶，徙封故鄣。

权历位上将，及为吴王，治每进见，权常亲迎，执版交拜，飨宴赠赐，恩敬特隆；至从行吏，皆得奉赞私觌。其见异如此。

初，权弟翊，性峭急，喜怒快意，治数责数，谕以道义。权从兄豫章太守贲，女为曹公子妇，及曹公破荆州，威震南土，贲畏惧，欲遣子入质。治闻之，求往见贲，为陈安危，《江表传》载治说贲曰："破虏将军昔率义兵入讨董卓，声冠中夏，又十壮。讨逆继世，廓定六郡，特以君侯骨肉至亲，器为时生，故表汉朝，剖符大郡，兼建将校，仍关综两府，荣冠宗室，为远近所瞻。加讨虏聪明神武，继承洪业，揽结英雄，周济世务，军众日盛，事业日隆，虽昔萧王之在河北，无以加也；必克成王基，应运东南。故刘玄德远布腹心，求见拯救，此天下所共知也。前在东闻道路之言，云将军有异趣，良用忧然。今曹公阻兵，倾覆汉室，幼帝流离，百姓元元未知所归。而中国萧条，或百里无烟，城邑空虚，道殣相望，士叹于外，妇怨乎室，加之以师旅，因之以饥馑。以此料之，岂能越长江与我争利哉？将军当斯时也，而欲背骨肉之亲，违万安之计，割同气之肤，啖虎狼之口，为一女子，改虑易图，失机毫厘，差以千里，岂不惜哉！"贲由此遂止。

权常叹治忧勤王事。性俭约，虽在富贵，车服惟供事。权优异之，自令督军御史典属城文书，治领四县租税而已。然公族子弟及吴四姓多出仕郡，郡吏常以千数，治率数年一遣诣王府，所遣数百人，每岁时献御，权答报过厚。是时丹阳深地，频有奸叛，亦以年向老，思恋土风，自表屯故鄣，镇抚山越。诸父老故人，莫不诣门，治皆引进，与共饮宴，乡党以为荣。在故鄣岁余，还吴。

黄武三年卒，在郡三十一年，年六十九。

子才，素为校尉领兵，既嗣父爵，迁偏将军。《吴书》曰：才字君业，为人精敏，善骑射，权爱异之，常侍从游戏。少以父任为武卫校尉，领兵随从征伐，屡有功捷。本郡议者以才少处荣贵，未留意于乡党，才乃叹曰："我初为将，谓跨马蹈敌，当身履锋，足以扬名，不知乡党复追迹其举措乎！"于是更折节为恭，留意于宾客，轻财尚义，施不望报。又学兵法，名声始闻于远近。会疾卒。才弟纪，权以策女妻之，亦以校尉领兵。纪弟纬、万岁，皆早夭。才子琬，袭爵为将，至镇西将军。

○朱然 子绩

朱然字义封，治姊子也，本姓施氏。初治未有子，然年十三，乃启策乞以为嗣。策命丹阳郡以羊酒召然，然到吴，策优以礼贺。

然尝与权同学书，结恩爱。至权统事，以然为余姚长，时年十九。后迁山阴令，加折冲校尉，督五县。权奇其能，分丹阳为临川郡，然为太守，臣松之案：此郡寻罢，非今临川郡。授兵二千人。会山贼盛起，然平讨，旬月而定。曹公出濡须，然备大坞及三关屯，拜偏将军。建安二十四年，从讨关羽，别与潘璋到临沮禽羽，迁昭武将军，封西安乡侯。

虎威将军吕蒙病笃。权问曰："卿如不起，谁可代者？"蒙对曰："朱然胆守有余，愚以为可任。"蒙卒，权假然节，镇江陵。黄武元年，刘备举兵攻宜都，然督五千人与陆逊并力拒备。然别攻破备前锋，断其后道，备遂破走。拜征北将军，封永安侯。

魏遣曹真、夏侯尚、张郃等攻江陵；魏文帝自住宛，为其势援，连屯围城。权遣将军孙盛督万人备州上，立围坞，为然外救。郃渡兵攻盛，盛不能拒，即时却退；郃据州上围守，然中外断绝。权遣潘璋、杨粲等解围，而围不解。时然城中兵多肿病，堪战者裁五千人。真等起土山，凿地道，立楼橹，临城弓矢雨注，将士皆失色，然晏如而无恐意，方厉吏士，伺间隙攻破两屯。魏攻围然凡六月日，未退。江陵令姚泰领兵备城北门，见外兵盛，城中人少，谷食欲尽，因与敌交通，谋为内应。垂发，事觉，然治戮泰。尚等不能克，乃彻攻退还。由是然名震于敌国，改封当阳侯。

六年，权自率众攻石阳，及至旋师，潘璋断后。夜出错乱，敌追击璋，璋不能禁。然即还住拒敌，使前船得引极远，徐乃后发。黄龙元年，拜车骑将军、右护军，领兖州牧。顷之，以兖州在蜀分，解牧职。

嘉禾三年，权与蜀克期大举，权自向新城，然与全琮各受斧钺，为左右督。会吏士疾病，故未攻而退。

赤乌五年，征柤中，魏将蒲忠、胡质各将数千人；忠要遮险隘，图断然后，质为忠继援。时然所督兵将先四出，闻问不暇收合，便将帐下见兵八百人逆掩。忠战不利，质等皆退。九年，复征柤中，魏将李兴等闻然深入，率步骑六千断然后道。然夜出逆之，军以胜反。先是，归义马茂怀奸，觉诛，权深忿之。然临行上疏曰："马茂小子，敢负恩养。臣今奉天威，事蒙克捷，欲令所获，震耀远近，方舟塞江，使足可观，以解上下之忿。惟陛下识臣先言，责臣后效。"权时抑表不出。然既献捷，群臣上贺，权乃举酒作乐，而出然表曰："此家前初有表，孤以为难必，今果如其言，可谓明于见事也。"遣使拜然为左大司马、右军师。

然长不盈七尺，气候分明，内行修洁。其所文采，惟施军器，余皆质素。终日钦钦，常在战场，临急胆定，尤过绝人。虽世无事，每朝夕严鼓，兵在营者，咸行装就队，以此玩敌，使不知所备，故出辄有功。诸葛瑾子融、步骘子协，虽各袭任，权特复使然总为大督。又陆逊亦卒，功臣名将存者惟然，莫与比隆。寝疾二年，后渐增笃，权昼为减膳，夜为不寐，中使医药口食之物，相望于道。然每遣使表疾病消息，权辄召见，口自问讯，入赐酒食，出送布帛。自创业功臣疾病，权意之所钟，吕蒙、凌统最重，然其次矣。年六十八，赤乌十二年卒，权素服举哀，为之感恸。子绩嗣。

绩字公绪，以父任为郎，后拜建忠都尉。叔父才卒，绩领其兵，随太常潘濬讨五溪，以胆力称。迁偏将军营下督，领盗贼事，持法不倾。鲁王霸注意交绩，尝至其廨，就之坐，欲与结好；绩下地住立，辞而不当。

然卒，绩袭业，拜平魏将军，乐乡督。明年，魏征南将军王昶率众攻江陵城，不克而退。绩与奋威将军诸葛融书曰："昶远来疲困，马无所食，力屈而走，此天助也。今追之力少，可引兵相继，吾欲破之于前，足下乘之于后，岂一人之功哉？宜同断金之义。"融答许绩。绩便引兵及昶于纪南。纪南去城三十里，绩先战胜而融不进，绩后失利。权深嘉绩，盛责怒融。融兄大将军恪贵重，故融得不废。初绩与恪、融不平，及此事变，为隙益甚。建兴元年，迁镇东将军。二年春，恪向新城，要绩并力，而留置半州，使融兼其任。冬，恪、融被害，绩复还乐乡，假节。太平二年，拜骠骑将军。

孙綝秉政，大臣疑贰，绩恐吴必扰乱，而中国乘衅，乃密书结蜀，使为并兼之虑。蜀遣右将军阎宇将兵五千，增白帝守，以须绩之后命。永安初，迁上大将军、都护督，自巴丘上迄西陵。元兴元年，就拜左大司马。初，然为治行丧竟，乞复本姓，权不许。绩以五凤中表还为施氏，建衡二年卒。

○吕范 子据

吕范字子衡，汝南细阳人也。少为县吏，有容观姿貌。邑人刘氏，家富女美，范求之。女母嫌，欲勿与，刘氏曰："观吕子衡宁当久贫者邪？"遂与之婚。后避乱寿春，孙策见而异之，范遂自委昵，将私客百人归策。时太妃在江都，策遣范迎之。徐州牧陶谦谓范为袁氏觇候，讽县掠考范，范亲客健儿篡取以归。时唯范与孙河常从策，跋涉辛苦，危难不避，策亦亲戚待之，每与升堂，饮宴于太妃前。

后从策攻破庐江，还俱东渡，到横江、当利，破张英、于糜，下小丹阳、湖熟，领湖熟相。策定秣陵、曲阿，收笮融、刘繇余众，增范兵二千，骑五十匹。后领宛陵令，讨破丹阳贼，还吴，迁都督。《江表传》曰：策从容独与范棋，范曰："今将军事业日大，士众日盛，范在远，闻纲纪犹有不整者，范愿暂领都督，佐将军部分之。"策曰："子衡，卿既士大夫，加手下已有大众，立功于外，岂宜复屈小职，知军中细碎事乎！"范曰："不然。今舍本土而托将军者，非为妻子也，欲济世务。犹同舟涉海，一事不牢，即俱受其败。此亦范计，非但将军也。"策笑，无以答。范出，便释褠，著袴褶，执鞭，诣阁下启事，自称领都督。策乃授传，委以众事。由是军中肃睦，威禁大行。

是时下邳陈瑀自号吴郡太守，住海西，与强族严白虎交通。策自将讨虎，别遣范与徐逸攻瑀于海西，枭其大将陈牧。又从攻祖郎于陵阳，太史慈于勇里。七县平定，拜征房中郎将，征江夏，还平鄱阳。

策薨，奔丧于吴。后权复征江夏，范与张昭留守。

曹公至赤壁，与周瑜等俱拒破之，拜裨将军，领彭泽太守，以彭泽、柴桑、历阳为奉邑。刘备诣京见权，范密请留备。后迁平南将军，屯柴桑。

权讨关羽，过范馆，谓曰："昔早从卿言，无此劳也。今当上取之，卿为我守建业。"权破羽还，都武昌，拜范建威将军，封宛陵侯，领丹阳太守，治建业，督扶州以下至海，转以溧阳、怀安、宁国为奉邑。

曹休、张辽、臧霸等来伐，范督徐盛、全琮、孙韶等，以舟师拒休等于洞口。迁前将军，假节，改封南昌侯。时遭大风，船人覆溺，死者数千，还军，拜扬州牧。

性好威仪，州民如陆逊、全琮及贵公子，皆修敬虔肃，不敢轻脱。其居处服饰，于时奢靡，然勤事奉法，故权悦其忠，不怪其侈。《江表传》曰：人有白范与贺齐奢丽夸绮，服饰僭拟王者，权曰："昔管仲逾礼，桓公优而容之，无损于霸。今子衡、公苗，身无夷吾之失，但其器械精好，舟车严整耳，此适足作军容，何损于治哉？"告者乃不敢复言。

初策使范典主财计，权时年少，私从有求，范必关白，不敢专许，当时以此见望。权守阳羡长，有所私用，策或料覆，功曹周谷辄为傅著簿书，使无谴问。权临时悦之，及后统事，以范忠诚，厚见信任，以谷能欺更簿书，不用也。

黄武七年，范迁大司马，印绶未下，疾卒。权素服举哀，遣使者追赠印绶。及还都建业，权过范墓呼曰："子衡！"言及流涕，祀以太牢。

范长子先卒，次子据嗣。据字世议，以父任为郎，后范寝疾，拜副军校尉，佐领军事。范卒，迁安军中郎将。数讨山贼，诸深恶剧地，所击皆破。随太常潘濬讨五溪，复有功。朱然攻樊，据与朱异破城外围，还拜偏将军，入补马闲右部督，迁越骑校尉。太元元年，大风，江水溢流，渐淹城门，权使视水，独见据使人取大船以备害。权嘉之，拜荡魏将军。权寝疾，以据为太子右部督。太子即位，拜右将军。魏出东兴，据赴讨有功。明年，孙峻杀诸葛恪，迁据为骠骑将军，平西宫事。五凤二年，假节，与峻等袭寿春，还遇魏将曹珍，破之于高亭。太平元年，帅师侵魏，未及淮，闻孙峻死，以从弟綝自代。据大怒，引军还，欲废綝。綝闻之，使中书奉诏，诏文钦、刘纂、唐咨等使取据，又遣从兄宪以都下兵逆据于江都。左右劝据降魏，据曰："耻为叛臣。"遂自杀，夷三族。

○朱桓 子异

朱桓字休穆，吴郡吴人也。孙权为将军，桓给事幕府，除余姚长。往遇疫疠，谷食荒贵，桓分部良吏，隐亲医药，殡粥相继，士民感戴之。迁荡寇校尉，授兵二千人，使部伍吴、会二郡，鸠合遗散，期年之间，得万余人。后丹阳、鄱阳山贼蜂起，攻没城郭，杀略长吏，处处屯聚。桓督领诸将，周旋赴讨，应皆平定。稍迁裨将军，封新城亭侯。

后代周泰为濡须督。黄武元年，魏使大司马曹仁步骑数万向濡须，仁欲以兵袭取州上，伪先扬声，欲东攻羡溪。桓分兵将赴羡溪，既发，卒得仁进军拒濡须七十里间。桓遣使追还羡溪兵，兵未到而仁奄至。时桓手下及所部兵，在者五千人，诸将业业，各有惧心，桓喻之曰："凡两军交对，胜负在将，不在众寡。诸君闻曹仁用兵行师，孰与桓邪？兵法所以称客倍而主人半者，谓俱在平原，无城池之守，又谓士众勇怯齐等故耳。今人既非智勇，加其士卒甚怯，又千里步涉，人马罢困；桓与诸军共据高城，南临大江，北背山陵，以逸待劳，为主制客，此百战百胜之势也。虽曹丕自来，尚不足忧，况仁等邪！"桓因偃旗鼓，外示虚弱，以诱致仁。仁果遣其子泰攻濡须城，分遣将军常雕督诸葛虔、王双等，乘油船别袭中洲。中洲者，部曲妻子所在也。仁自将万人留橐皋，复为泰等后拒。桓部兵将攻取油船，或别击雕等，桓等身自拒泰，烧营而退。遂枭雕，生虏双，送武昌，临阵斩溺，死者千余。权嘉桓功，封嘉兴侯，迁奋武将军，领彭城相。

黄武七年，鄱阳太守周鲂谲诱魏大司马曹休，休将步骑十万至皖城以迎鲂。时陆逊为元帅，全琮与桓为左右督，各督三万人击休。休知见欺，当引军还，自负众盛，邀于一战。桓进计曰："休本以亲戚见任，非智勇名将也。今战必败，败必走，走当由夹石、挂车，此两道皆险厄，若以万兵柴路，则彼众可尽，而休可生虏，臣请将所部以断之。若蒙天威，得以休自效，便可乘胜长驱，进取寿春，割有淮南，以规许、洛。此万世一时，不可失也。"权先与陆逊议，逊以为不可，故计不施行。

黄龙元年、拜桓前将军，领青州牧，假节。嘉禾六年，魏庐江主簿吕习请大兵自迎，欲开门为应。桓与卫将军全琮俱以师迎。既至，事露，军当引还。城外有溪水，去城一里所，广三十余丈，深者八九尺，浅者半之，诸军勒兵渡去，桓自断后。时庐江太守李膺整严兵骑，欲须诸军半渡，因迫击之。及见桓节盖在后，卒不敢出，其见惮如此。

是时全琮为督，权又令偏将军胡综宣传诏命，参与军事。琮以军出无获，议欲部分诸将，有所掩袭。桓素气高，耻见部伍，乃往见琮；问行意，感激发怒，与琮校计。琮欲自解，因曰："上自令胡综为督，综意以为宜尔。"桓愈恚恨，还乃使人呼综。综至军门，桓出迎之，顾谓左右曰："我纵手，汝等各自去。"有一人旁出，语综使还。桓出，不见综，知左右所为，因斫杀之。桓佐军进谏，刺杀佐军，遂托狂发，诣建业治病。权惜其功能，故不罪。孙盛曰：《书》云臣无作威作福，作威作福，则凶于而家，害于而国。桓之贼忍，殆虎狼也。人君且犹不可，况将相乎？语曰：得一夫而失一国，纵罪亏刑，失孰大焉！

使子异摄领部曲，令医视护，数月复遣还中洲。权自出祖送，谓曰:"今寇虏尚存,王涂未一,孤当与君共定天下,欲令君督五万人专当一面,以图进取,想君疾未复发也。"桓曰:"天授陛下圣姿,当君临四海。猥重任臣,以除奸逆,臣疾当自愈。"《吴录》曰:桓奉觞曰:"臣当远去,愿一捋陛下须,无所复恨。"权冯几前席,桓进前捋须曰:"臣今日真可谓捋虎须也。"权大笑。

桓性护前,耻为人下,每临敌交战,节度不得自由,辄嗔恚愤激。然轻财贵义,兼以强识,与人一面,数十年不忘,部曲万口,妻子尽识之。爱养吏士,赡护六亲,俸禄产业,皆与共分。及桓疾困,举营忧戚。年六十二,赤乌元年卒。吏士男女,无不号慕。又家无余财,权赐盐五千斛以周丧事。子异嗣。

异字季文,以父任除郎,后拜骑都尉,代桓领兵。赤乌四年,随朱然攻魏樊城,建计破其外围,还拜偏将军。魏庐江太守文钦营住六安,多设屯砦,置诸道要,以招诱亡叛,为边寇害。异乃身率其手下二千人,掩破钦七屯,斩首数百,迁扬武将军。权与论攻战,辞对称意。权谓异从父骠骑将军据曰:"本知季文憻定,见之复过所闻。"十三年,文钦诈降,密书与异,欲令自迎。异表呈钦书,因陈其伪,不可便迎。权诏曰:"方今北土未一,钦云欲归命,宜且迎之。若嫌其有谲者,但当设计网以罗之,盛重兵以防之耳。"乃遣吕据督二万人,与异并力,至北界,钦果不降。建兴元年,迁镇南将军。是岁魏遣胡遵、诸葛诞等出东兴,异督水军攻浮梁,坏之,魏军大破。《吴书》曰:异又随诸葛恪围新城,城既不拔,异等皆言宜速还豫章,袭石头城,不过数日可拔。恪以书晓异,异投书于地曰:"不用我计,而用僬子言!"恪大怒,立夺其兵,遂废还建业。太平二年，假节，为大都督，救寿春围，不解。还军，为孙綝所枉害。《吴书》曰：綝要异相见，将往，恐陆抗止之，异曰："子通，家人耳，当何所疑乎！"遂往。綝使力人于坐上取之。异曰："我吴国忠臣，有何罪乎？"乃拉杀之。

评曰：朱治、吕范以旧臣任用，朱然、朱桓以勇烈著闻，吕据、朱异、施绩咸有将领之才，克绍堂构。若范、桓之越隘，得以吉终，至于据、异无此之尤而反罹殃者，所谓之时殊也。

五十七卷 吴书 ^{十二}

虞陆张骆陆吾朱传｜虞翻 陆绩 张温 骆统 陆瑁 吾粲 朱据

○ **虞翻** 子汜 子忠 子耸

虞翻字仲翔，会稽余姚人也，《吴书》曰：翻少好学，有高气。年十二，客有候其兄者，不过翻，翻追与书曰："仆闻虎魄不取腐芥，磁石不受曲针，过而不存，不亦宜乎！"客得书奇之，由是见称。太守王朗命为功曹。孙策征会稽，翻时遭父丧，衰绖诣府门，朗欲就之，翻乃脱衰入见，劝朗避策。朗不能用，拒战败绩，亡走浮海。翻追随营护，到东部候官，候官长闭城不受，翻往说之，然后见纳。朗谓翻曰："卿有老母，可以还矣。"翻既归，策复命为功曹，待以交友之礼，身诣翻第。《江表传》曰：策书谓翻曰："今日之事，当与卿共之，勿谓孙策作郡吏相待也。"

策好驰骋游猎，翻谏曰："明府用乌集之众，驱散附之士，皆得其死力，虽汉高帝不及也。至于轻出微行，从官不暇严，吏卒常苦之。夫君人者不重则不威，故白龙鱼服，困于豫且，白蛇自放，刘季害之，愿少留意。"策曰："君言是也。然时有所思，端坐恨恨，有裨谋草创之计，是以行耳。"

翻出为富春长。策薨，诸长吏并欲出赴丧，翻曰："恐邻县山民或有奸变，远委城郭，必致不虞。"因留制服行丧。诸县皆效之，咸以安宁。后翻州举茂才，汉召为侍御史，曹公为司空辟，皆不就。《吴书》曰：翻闻曹公辟，曰："盗跖欲以余财污良家邪？"遂拒不受。

翻与少府孔融书，并示以所著《易》注。融答书曰："闻延陵之理乐，睹吾子之治《易》，乃知东南之美者，非徒会稽之竹箭也。又观象云物，察应寒温，原其祸福，与神合契，可谓探赜穷通者也。"会稽东部都尉张纮又与融书曰："虞仲翔前颇为论者所侵，美宝为质，雕摩益光，不足以损。"

孙权以为骑都尉。翻数犯颜谏争，权不能悦，又性不协俗，多见谤毁，坐徙丹阳泾县。吕蒙图取关羽，称疾还建业，以翻兼知医术，请以自随，亦欲因此令翻得释也。后蒙举军西上，南郡太守糜芳开城出降。蒙未据郡城而作乐沙上，翻谓蒙曰："今区区一心者糜将军也，城中之人岂可尽信，何不急入城持其管籥乎？"蒙即从之。时城中有伏计，赖翻谋不行。关羽既败，权使翻筮之，得《兑》下《坎》上，《节》，五爻变之《临》，翻曰："不出二日，必当断头。"果如翻言。权曰："卿不及伏羲，可与东方朔为比矣。"

魏将于禁为羽所获，系在城中，权至释之，请与相见。他日，权乘马出，引禁并行，翻呵禁曰："尔降虏，何敢与吾君齐马首乎！"欲抗鞭击禁，权呵止之。后权于楼船会群臣饮，禁闻乐流涕，翻又曰："汝欲以伪求免邪？"权怅然不平。

权既为吴王，欢宴之末，自起行酒，翻伏地阳醉，不持。权去，翻起坐。权于是大怒，手剑欲击之，侍坐者莫不惶遽，惟大司农刘基起抱权谏曰："大王以三爵之后，手杀善士，虽翻有罪，天下孰知之？且大王以能容贤畜众，故海内望风，今一朝弃之，可乎？"权曰："曹孟德尚杀孔文举，孤于虞翻何有哉？"基曰："孟德轻害士人，天下非之。大王躬行德义，欲与尧、舜比隆，何得自喻于彼乎？"翻由是得免。权因敕左右，自今酒后言杀，皆不得杀。

翻尝乘船行，与糜芳相逢，芳船上人多欲令翻自避，先驱曰："避将军船！"翻厉声曰："失忠与信，何以事君？倾人二城，而称将军，可乎？"芳阖户不应而遽避之。后翻乘车行，又经芳营门，吏闭门，车不得过。翻复怒曰："当闭反开，当开反闭，岂得事宜邪？"芳闻之，有惭色。

翻性疏直，数有酒失。权与张昭论及神仙，翻指昭曰："彼皆死人，而语神仙，世岂有仙人邪！"权积怒非一，遂徙翻交州。虽处罪放，而讲学不倦，门徒常数百人。又为《老子》《论语》《国语》训注，皆传于世。

初，山阴丁览，太末徐陵，或在县吏之中，或众所未识，翻一见之，便与友善，终咸显名。

在南十余年，年七十卒。归葬旧墓，妻子得还。

翻有十一子，第四子汜最知名，永安初，从选曹郎为散骑中常侍，后为监军使者，讨扶严，病卒。汜弟忠，宜都太守；耸，越骑校尉，累迁廷尉，湘东、河间太守；昺，廷尉、尚书，济阴太守。

○陆绩

陆绩字公纪，吴郡吴人也。父康，汉末为庐江太守。绩年六岁，于九江见袁术。术出橘，绩怀三枚，去，拜辞堕地，术谓曰："陆郎作宾客而怀橘乎？"绩跪答曰："欲归遗母。"术大奇之。孙策在吴，张昭、张纮、秦松为上宾，共论四海未泰，须当用武治而平之，绩年少末坐，遥大声言曰："昔管夷吾相齐桓公，九合诸侯，一匡天下，不用兵车。孔子曰·'远人不服，则修文德以来之。'今论者不务道德怀取之术，而惟尚武，绩虽童蒙，窃所未安也。"昭等异焉。

绩容貌雄壮，博学多识，星历算数无不该览。虞翻旧齿名盛，庞统荆州令士，年亦差长，皆与绩友善。孙权统事，辟为奏曹掾，以直道见惮，出为郁林太守，加偏将军，给兵二千人。绩既有躄疾，又意在儒雅，非其志也。虽有军事，著述不废，作《浑天图》，注《易》释《玄》，皆传于世。豫自知亡日，乃为辞曰："有汉志士吴郡陆绩，幼敦《诗》《书》，长玩《礼》《易》，受命南征，遘疾遇厄，遭命不幸，呜呼悲隔！"又曰："从今已去，六十年之外，车同轨，书同文，恨不及见也。"年三十二卒。长子宏，会稽南部都尉；次子叡，长水校尉。

○张温

张温字惠恕，吴郡吴人也。父允，以轻财重士，名显州郡，为孙权东曹掾，卒。温少修节操，容貌奇伟。权闻之，以问公卿曰："温当今与谁为比？"大司农刘基曰："可与全琮为辈。"太常顾雍曰："基未详其为人也。温当今无辈。"权曰："如是，张允不死也。"征到延见，文辞占对，观者倾竦，权改容加礼。罢出，张昭执其手曰："老夫托意，君宜明之。"拜议郎、选曹尚书，徙太子太傅，甚见信重。

时年三十二，以辅义中郎将使蜀。权谓温曰："卿不宜远出，恐诸葛孔明不知吾所以与曹氏通意，以故屈卿行。若山越都除，便欲大构于丕。行人之义，受命不受辞也。"温对曰："臣入无腹心之规，出无专对之用，惧无张老延誉之功，又无子产陈事之效。然诸葛亮达见计数，必知神虑屈申之宜，加受朝廷天覆之惠，推亮之心，必无疑贰。"温至蜀，诣阙拜章曰："昔高宗以谅暗昌殷祚于再兴，成王以幼冲隆周德于太平，功冒溥天，声贯罔极。今陛下以聪明之姿，等契往古，总百揆于良佐，参列精之炳耀，遐迩望风，莫不欣赖。吴国勤任旅力，清澄江浒，愿与有道平一宇内，委心协规，有如河水；军事充烦，使役乏少，是以忍鄙倍之羞，使下臣温通致情好。陛下敦崇礼义，未便耻忽。臣自远境，及即近郊，频蒙劳来，恩诏辄加，以荣自惧，悚怛若惊。谨奉所赍函书一封。"蜀甚贵其才。还，顷之，使入豫章部伍出兵，事业未究。

权既阴衔温称美蜀政，又嫌其声名太盛，众庶炫惑，恐终不为己用，思有以中伤之，会暨艳事起，遂因此发举。

艳字子休，亦吴郡人也，温引致之，以为选曹郎，至尚书。

艳性狷厉，好为清议，见时郎署混浊淆杂，多非其人，欲臧否区别，贤愚异贯。弹射百僚，核选三署，率皆贬高就下，降损数等，其守故者十未能一。其居位贪鄙、志节污卑者，皆以为军吏，置营府以处之，而怨愤之声积，浸润之谮行矣。竞言艳及选曹郎徐彪专用私情，爱憎不由公理，艳、彪皆坐自杀。

温宿与艳、彪同意，数交书疏，闻问往还，即罪温。权幽之有司，下令曰：

"昔令召张温，虚己待之，既至显授，有过旧臣，何图凶丑，专挟异心。昔暨艳父兄，附于恶逆，寡人无忌，故进而任之，欲观艳何如。察其中间，形态果见。而温与之结连死生，艳所进退，皆温所为头角，更相表里，共为腹背，非温之党，即就疵瑕，为之生论。又前任温董督三郡，指拨吏客及残余兵，时恐有事，欲令速归，故授荣戟，奖以威柄。乃便到豫章，表讨宿恶，寡人信受其言，特以绕帐、帐下、解烦兵五千人付之。后闻曹丕自出淮、泗，故豫敕温有急便出，而温悉内诸将，布于深山，被命不至。赖丕自退，不然，已往岂可深计。又殷礼者，本占候召，而温先后乞将到蜀，扇扬异国，为之谭论。又礼之还，当亲本职，而令守尚书户曹郎，如此署置，在温而已。又温语贾原，当荐卿作御史，语蒋康，当用卿代贾原，专衔贾国恩，为己形势。揆其奸心，无所不为。不忍暴于市朝，今斥还本郡，以给厮吏。呜呼温也，免罪为幸！"

将军骆统表理温曰：

"伏惟殿下，天生明德，神启圣心，招髦秀于四方，置俊义于宫朝。多士既受普笃之恩，张温又蒙最隆之施。而温自招罪谴，孤负荣遇，念其如此，诚可悲疚。然臣周旋之间，为国观听，深知其状，故密陈其理。温实心无他情，事无逆迹，但年纪尚少，镇重尚浅，而戴赫烈之宠，体卓伟之才，亢臧否之谭，效褒贬之议。于是务势者妒其宠，争名者嫉其才，玄默者非其谭，瑕衅者讳其议，此臣下所当详辨，明朝所当究察也。昔贾谊，至忠之臣也，汉文，大明之君也，然而绛、灌一言，贾谊远退。何者？疾之者深，谮之者巧也。然而误闻于天下，失彰于后世，故孔子曰'为君难，为臣不易'也。

"温虽智非从横，武非虓虎，然其弘雅之素，英秀之德，文章之采，论议之辩，卓跞冠群，炜晔曜世，世人未有及之者也。故论温才即可惜，言罪则可恕。若忍威烈以赦盛德，宥贤才以敦大业，固明朝之休光，四方之丽观也。国家之于暨艳，不内之忌族，犹等之平民，是故先见用于朱治，次见举于众人，中见任于明朝，亦见交于温也。君臣之义，义之最重，朋友之交，交之最轻者也。国家不嫌于艳为最重之义，是以温亦不嫌与艳为最轻之交也。时世宠之于上，温窃亲之于下也。夫宿恶之民，放逸山险，则为劲寇，将置平土，则为健兵；故温念在欲取宿恶，以除劲寇之害，而增健兵之锐也。但自错落，功不副言。然计其送兵，以比许晏：数之多少，温不减之；用之强赢，温不下之；至于迟速，温不后之；故得及秋冬之月，赴有警之期，不敢忘恩而遗力也。

"温之到蜀，共誉殷礼，虽臣无境外之交，亦有可原也。境外之交，谓无君命而私相从，非国事而阴相闻者也；若以命行，既修君好，因叙己情，亦使臣之道也。故孔子使邻国，则有私觌之礼；季子聘诸夏，亦有燕谭之义也。古人有言，欲知其君，观其所使，见其下之明明，知其上之赫赫。温若誉礼，能使彼叹之，诚所以昭我臣之多良，明使之得其人，显国美于异境，扬君命于他邦。是以晋赵文子之盟于宋也，称随会于屈建；楚王孙围之使于晋也，誉左史于赵鞅。亦向他国之辅，而叹本邦之臣，经传美之以光国，而不讥之以外交也。王靖内不忧时，外不趋事，温弹之不私，推之不假，于是与靖遂为大怨，此其尽节之明验也。靖兵众之势、干任之用，皆胖于贾原、蒋康，温尚不容私以安于靖，岂敢卖恩以协原、康邪？又原在职不勤，当事不堪，温数对以丑色，弹以急声；若其诚欲卖恩作乱，则亦不必贪原也。

　　"凡此数者，校之于事既不合，参之于众亦不验。臣窃念人君虽有圣哲之姿，非常之智，然以一人之身，御兆民之众，从层宫之内，瞰四国之外，照群下之情，求万机之理，犹未易周也，固当听察群下之言，以广聪明之烈。今者人非温既殷勤，臣是温又契阔，辞则俱巧，意则俱至，各自言欲为国，谁其言欲为私，仓卒之间，犹难即别。然以殿下之聪睿，察讲论之曲直，若潜神留思，纤粗研核，情何嫌而不宣，事何昧而不昭哉？温非亲臣，臣非爱温者也。昔之君子，皆抑私忿，以增君明。彼独行之于前，臣耻废之于后，故遂发宿怀于今日，纳愚言于圣听，实尽心于明朝，非有念于温身也。"

　　权终不纳。

　　后六年，温病卒。二弟祇、白，亦有才名，与温俱废。《会稽典录》曰：余姚虞俊叹曰："张惠恕才多智少，华而不实，怨之所聚，有覆家之祸，吾见其兆矣。"诸葛亮闻俊忧温，意未之信，及温放黜，亮乃叹俊之有先见。亮初闻温败，未知其故，思之数日，曰："吾已得之矣，其人于清浊太明，善恶太分。"

○骆统

骆统字公绪，会稽乌伤人也。父俊，官至陈相，为袁术所害。统母改适，为华歆小妻，统时八岁，遂与亲客归会稽。其母送之，拜辞上车，面而不顾，其母泣涕于后。御者曰："夫人犹在也。"统曰："不欲增母思，故不顾耳。"事适母甚谨。时饥荒，乡里及远方客多有困乏，统为之饮食衰少。其姊仁爱有行，寡归无子，见统甚哀之，数问其故。统曰："士大夫糟糠不足，我何心独饱！"姊曰："诚如是，何不告我，而自苦若此？"乃自以私粟与统，又以告母，母亦贤之，遂使分施，由是显名。

孙权以将军领会稽太守，统年二十，试为乌程相，民户过万，咸叹其惠理。权嘉之，召为功曹，行骑都尉，妻以从兄辅女。统志在补察，苟所闻见，夕不待旦。常劝权以尊贤接士，勤求损益，飨赐之日，可人人别进，问其燥湿，加以密意，诱谕使言，察其志趣，令皆感恩戴义，怀欲报之心。权纳用焉。出为建忠中郎将，领武射吏三千人。及凌统死，复领其兵。

是时征役繁数，重以疫疠，民户损耗，统上疏曰：

"臣闻君国者，以据疆土为强富，制威福为尊贵，曜德义为荣显，永世胤为丰祚。然财须民生，强赖民力，威恃民势，福由民殖，德俟民茂，义以民行。六者既备，然后应天受祚，保族宜邦。《书》曰：'众非后无能胥以宁，后非众无以辟四方。'推是言之，则民以君安，君以民济，不易之道也。

"今强敌未殄，海内未乂，三军有无已之役，江境有不释之备，征赋调数，由来积纪；加以殃疫死丧之灾，郡县荒虚，田畴芜旷，听闻属城，民户浸寡，又多残老，少有丁夫；闻此之日，心若焚燎。思寻所由，小民无知，既有安土重迁之性，且又前后出为兵者。生则困苦无有温饱，死则委弃骸骨不反，是以尤用恋本畏远，同之于死。每有征发，羸谨居家重累者先见输送。小有财货，倾居行赂，不顾穷尽。轻剽者则迸入险阻，党就群恶。百姓虚竭，嗷然愁扰，愁扰则不营业，不营业则致穷困，致穷困则不乐生。故口腹急，则奸心动而携叛多也。又闻民间，非居处小能自供，生产儿子，多不起养；屯田贫兵，亦多弃子。天则生之，而父母杀之，既惧干逆和气，感动阴阳。且惟殿下开基建国，乃无穷之业也，强邻大敌非造次所灭，疆场常守非期月之戍，而兵民减耗，后生不育，非所以历远年、致成功也。

"夫国之有民，犹水之有舟，停则以安，扰则以危，愚而不可欺，弱而不可胜，是以圣王重焉，祸福由之，故与民消息，观时制政。方今长吏亲民之职，惟以办具为能，取过目前之急；少复以恩惠为治，副称殿下天覆之仁，勤恤之德者。官民政俗，日以雕弊，渐以陵迟，势不可久。夫治疾及其未笃，除患贵其未深，愿殿下少以万机余闲，留神思省，补复荒虚，深图远计，育残余之民，阜人财之用，参曜三光，等崇天地。臣统之大愿，足以死而不朽矣。"权感统言，深加意焉。

以随陆逊破蜀军于宜都，迁偏将军。黄武初，曹仁攻濡须，使别将常雕等袭中洲，统与严圭共拒破之，封新阳亭侯，后为濡须督。数陈便宜，前后书数十上，所言皆善，文多故不悉载。尤以占募在民间长恶败俗，生离叛之心，急宜绝置；权与相反覆，终遂行之。年三十六，黄武七年卒。

○陆瑁

陆瑁字子璋，丞相逊弟也。少好学笃义。陈国陈融、陈留濮阳逸、沛郡蒋纂、广陵袁迪等，皆单贫有志，就瑁游处，瑁割少分甘，与同丰约。及同郡徐原，爰居会稽，素不相识，临死遗书，托以孤弱，瑁为起立坟墓，收导其子。又瑁从父绩早亡，二男一女，皆数岁以还，瑁迎摄养，至长乃别。州郡辟举，皆不就。

时尚书暨艳盛明臧否，差断三署，颇扬人暗昧之失，以显其谪。瑁与书曰："夫圣人嘉善矜愚，忘过记功，以成美化。加今王业始建，将一大统，此乃汉高弃瑕录用之时也，若令善恶异流，贵汝颖月旦之评，诚可以厉俗明教，然恐未易行也。宜远模仲尼之泛爱，中则郭泰之弘济，近有益于大道也。"艳不能行，卒以致败。

嘉禾元年，公车征瑁，拜议郎、选曹尚书。孙权忿公孙渊之巧诈反覆，欲亲征之，瑁上疏谏曰："臣闻圣王之御远夷，羁縻而已，不常保有，故古者制地，谓之荒服，言慌惚无常，不可保也。今渊东夷小丑，屏在海隅，虽托人面，与禽兽无异。国家所为不爱货宝远以加之者，非嘉其德义也，诚欲诱纳愚算，以规其马耳。渊之骄黠，恃远负命，此乃荒貊常态，岂足深怪？昔汉诸帝亦尝锐意以事外夷，驰使散货，充满西域，虽时有恭从，然其使人见害，财货并没，不可胜数。今陛下不忍悁悁之忿，欲越巨海，身践其土，群臣愚议，窃谓不安。何者？北寇与国，壤地连接，苟有间隙，应机而至。夫所以越海求马，曲意于渊者，为赴目前之急，除腹心之疾也，而更弃本追末，捐近治远，忿以改规，激以动众，斯乃獝房所愿闻，非大吴之至计也。又兵家之术，以功役相疲，劳逸相待，得失之间，所觉辄多。且沓渚去渊，道里尚远，今到其岸，兵势三分，使强者进取，次当守船，又次运粮，行人虽多，难得悉用；加以单步负粮，经远深入，贼地多马，邀截无常。若渊狙诈，与北未绝，动众之日，唇齿相济。若实子然无所凭赖，其畏怖远进，或难卒灭。使天诛稽于朔野，山房承间而起，恐非万安之长虑也。"权未许。

瑁重上疏曰："夫兵革者，固前代所以诛暴乱，威四夷也，然其役皆在奸雄已除，天下无事，从容庙堂之上，以余议议之耳。至于中夏鼎沸，九域槃互之时，率须深根固本，爱力惜费，务自休养，以待邻敌之阙，未有正于此时，舍近治远，以疲军旅者也。昔尉佗叛逆，僭号称帝，于时天下乂安，百姓殷阜，带甲之数，粮食之积，可谓多矣；然汉文犹以远征不易，重兴师旅，告喻而已。今凶桀未殄，疆场犹警，虽蚩尤、鬼方之乱，故当以缓急差之，未宜以渊为先。愿陛下抑威任计，暂宁六师，潜神嘿规，以为后图，天下幸甚。"权再览琯书，嘉其词理端切，遂不行。

初，琯同郡闻人敏见待国邑，优于宗修，惟琯以为不然，后果如其言。

赤乌二年，琯卒。子喜亦涉文籍，好人伦，孙晧时为选曹尚书。

○吾粲

吾粲字孔休，吴郡乌程人也。《吴录》曰：粲生数岁，孤城妪见之，谓其母曰："是儿有卿相之骨。"孙河为县长，粲为小吏，河深奇之。河后为将军，得自选长吏，表粲为曲阿丞，迁为长史，治有名迹。虽起孤微，与同郡陆逊、卜静等比肩齐声矣。孙权为车骑将军，召为主簿，出为山阴令，还为参军校尉。

黄武元年，与吕范、贺齐等俱以舟师拒魏将曹休于洞口。值天大风，诸船绠缆断绝，漂没著岸，为魏军所获；或覆没沈溺，其大船尚存者，水中生人皆攀缘号呼，他吏士恐船倾没，皆以戈矛撞击不受。粲与黄渊独令船人以承取之，左右以为船重必败，粲曰："船败，当俱死耳！人穷，奈何弃之？"粲、渊所活者百余人。

还，迁会稽太守，召处士谢谭为功曹，谭以疾不诣，粲教曰："夫应龙以屈伸为神，凤皇以嘉鸣为贵，何必隐形于天外，潜鳞于重渊者哉？"粲募合人众，拜昭义中郎将，与吕岱讨平山越，入为屯骑校尉、少府，迁太子太傅。遭二宫之变，抗言执正，明嫡庶之分，欲使鲁王霸出驻夏口，遣杨竺不得令在都邑。又数以消息语陆逊，逊时驻武昌，连表谏争。由此为霸、竺等所谮害，下狱诛。

○朱据

朱据字子范，吴郡吴人也。有姿貌膂力，又能论难。黄武初，征拜五官郎中，补侍御史。是时选曹尚书暨艳，疾贪污在位，欲沙汰之。据以为天下未定，宜以功覆过，弃瑕取用，举清厉浊，足以沮劝，若一时贬黜，惧有后咎。艳不听，卒败。

权咨嗟将率，发愤叹息，追思吕蒙、张温，以为据才兼文武，可以继之，自是拜建义校尉，领兵屯湖熟。黄龙元年，权迁都建业，征据尚公主，拜左将军，封云阳侯。谦虚接士，轻财好施，禄赐虽丰而常不足用。嘉禾中，始铸大钱，一当五百。后据部曲应受三万缗，工王遂诈而受之，典校吕壹疑据实取，考问主者，死于杖下。据哀其无辜，厚棺敛之。壹又表据吏为据隐，故厚其殡。权数责问据，据无以自明，藉草待罪。数月，典军吏刘助觉，言王遂所取，权大感寤，曰：“朱据见枉，况吏民乎？”乃穷治壹罪，赏助百万。

赤乌九年，迁骠骑将军。遭二宫构争，据拥护太子，言则恳至，义形于色，守之以死，遂左迁新都郡丞。未到，中书令孙弘谮润据，因权寝疾，弘为诏书追赐死，时年五十七。孙亮时，二子熊、损各复领兵，为全公主所谮，皆死。永安中，追录前功，以熊子宣袭爵云阳侯，尚公主。孙晧时，宣至骠骑将军。

评曰：虞翻古之狂直，固难免乎末世，然权不能容，非旷宇也。陆绩之于杨《玄》，是仲尼之左丘明，老聃之严周矣；以瑚琏之器，而作守南越，不亦贼夫人欤！张温才藻俊茂，而智防未备，用致艰患。骆统抗明大义，辞切理至，值权方闭不开。陆瑁笃义规谏，君子有称焉。吾粲、朱据遭罹屯蹇，以正丧身，悲夫！

五十八卷 吴书 ^{十三}

陆逊传 | 陆逊

○陆逊 子抗

　　陆逊字伯言，吴郡吴人也。本名议，世江东大族。《陆氏世颂》曰：逊祖纾，字叔盘，敏淑有思学，守城门校尉。父骏，字季才，淳懿信厚，为邦族所怀，官至九江都尉。逊少孤，随从祖庐江太守康在官。袁术与康有隙，将攻康，康遣逊及亲戚还吴。逊年长于康子绩数岁，为之纲纪门户。

　　孙权为将军，逊年二十一，始仕幕府，历东西曹令史，出为海昌屯田都尉，并领县事。县连年亢旱，逊开仓谷以振贫民，劝督农桑，百姓蒙赖。时吴、会稽、丹阳多有伏匿，逊陈便宜，乞与募焉。会稽山贼大帅潘临，旧为所在毒害，历年不禽。逊以手下召兵，讨治深险，所向皆服，部曲已有二千余人。鄱阳贼帅尤突作乱，复往讨之，拜定威校尉，军屯利浦。

　　权以兄策女配逊，数访世务，逊建议曰："方今英雄棋跱，豺狼窥望，克敌宁乱，非众不济。而山寇旧恶，依阻深地。夫腹心未平，难以图远，可大部伍，取其精锐。"权纳其策，以为帐下右部督。会丹阳贼帅费栈受曹公印绶，扇动山越，为作内应，权遣逊讨栈。栈支党多而往兵少，逊乃益施牙幢，分布鼓角，夜潜山谷间，鼓噪而前，应时破散。遂部伍东三郡，强者为兵，羸者补户，得精卒数万人，宿恶荡除，所过肃清，还屯芜湖。

会稽太守淳于式表逊枉取民人，愁扰所在。逊后诣都，言次，称式佳吏，权曰："式白君而君荐之，何也？"逊对曰："式意欲养民，是以白逊。若逊复毁式以乱圣听，不可长也。"权曰："此诚长者之事，顾人不能为耳。"

吕蒙称疾诣建业，逊往见之，谓曰："关羽接境，如何远下，后不当可忧也？"蒙曰："诚如来言，然我病笃。"逊曰："羽矜其骁气，陵轹于人。始有大功，意骄志逸，但务北进，未嫌于我，有相闻病，必益无备。今出其不意，自可禽制。下见至尊，宜好为计。"蒙曰："羽素勇猛，既难为敌，且已据荆州，恩信大行，兼始有功，胆势益盛，未易图也。"蒙至都，权问："谁可代卿者？"蒙对曰："陆逊意思深长，才堪负重，观其规虑，终可大任。而未有远名，非羽所忌，无复是过。若用之，当令外自韬隐，内察形便，然后可克。"权乃召逊，拜偏将军右部督代蒙。

逊至陆口，书与羽曰："前承观衅而动，以律行师，小举大克，一何巍巍！敌国败绩，利在同盟，闻庆拊节，想遂席卷，共奖王纲。近以不敏，受任来西，延慕光尘，思禀良规。"又曰："于禁等见获，遐迩欣叹，以为将军之勋足以长世，虽昔晋文城濮之师，淮阴拔赵之略，蔑以尚兹。闻徐晃等步骑驻旌，窥望麾葆。操猾虏也，忿不思难，恐潜增众，以逞其心。虽云师老，犹有骁悍。且战捷之后，常苦轻敌。古人杖术，军胜弥警，愿将军广为方计，以全独克。仆书生疏迟，忝所不堪，喜邻威德，乐自倾尽，虽未合策，犹可怀也。傥明注仰，有以察之。"

羽览逊书，有谦下自托之意，意大安，无复所嫌。逊具启形状，陈其可禽之要。权乃潜军而上，使逊与吕蒙为前部，至即克公安、南郡。逊径进，领宜都太守，拜抚边将军，封华亭侯。备宜都太守樊友委郡走，诸城长吏及蛮夷君长皆降。逊请金银铜印，以假授初附。是岁建安二十四年十一月也。

逊遣将军李异、谢旌等将三千人，攻蜀将詹晏、陈凤。异将水军，旌将步兵，断绝险要，即破晏等，生降得凤。又攻房陵太守邓辅、南乡太守郭睦，大破之。秭归大姓文布、邓凯等合夷兵数千人，首尾西方。逊复部旌讨破布、凯。布、凯脱走，蜀以为将。逊令人诱之，布帅众还降。前后斩获招纳，凡数万计。权以逊为右护军、镇西将军，进封娄侯。《吴书》曰：权嘉逊功德，欲殊显之，虽为上将军列侯，犹欲令历本州举命，乃使扬州牧吕范就辟别驾从事，举茂才。

时荆州士人新还，仕进或未得所，逊上疏曰："昔汉高受命，招延英异，光武中兴，群俊毕至，苟可以熙隆道教者，未必远近。今荆州始定，人物未达，臣愚偻偻，乞普加覆载抽拔之恩，令并获自进，然后四海延颈，思归大化。"权敬纳其言。

黄武元年，刘备率大众来向西界，权命逊为大都督、假节，督朱然、潘璋、宋谦、韩当、徐盛、鲜于丹、孙桓等五万人拒之。备从巫峡、建平、连围至夷陵界，立数十屯，以金锦爵赏诱动诸夷，使将军冯习为大督，张南为前部，辅匡、赵融、廖淳、傅肜等各为别督，先遣吴班将数千人于平地立营，欲以挑战。诸将皆欲击之，逊曰："此必有谲，且观之。"《吴书》曰：诸将并欲迎击备，逊以为不可，曰："备举军东下，锐气始盛，且乘高守险，难可卒攻，攻之纵下，犹难尽克，若有不利，损我大势，非小故也。今但且奖厉将士，广施方略，以观其变。若此间是平原旷野，当恐有颠沛交驰之忧，今缘山行军，势不得展，自当罢于木石之间，徐制其弊耳。"诸将不解，以为逊畏之，各怀愤恨。

备知其计不行，乃引伏兵八千，从谷中出。逊曰："所以不听诸君击班者，揣之必有巧故也。"逊上疏曰："夷陵要害，国之关限，虽为易得，亦复易失。失之非徒损一郡之地，荆州可忧。今日争之，当令必谐。备干天常，不守窟穴，而敢自送。臣虽不才，凭奉威灵，以顺讨逆，破坏在近。寻备前后行军，多败少成，推此论之，不足为戚。臣初嫌之，水陆俱进，今反舍船就步，处处结营，察其布置，必无他变。伏愿至尊高枕，不以为念也。"诸将并曰："攻备当在初，今乃令入五六百里，相衔持经七八月，其诸要害皆以固守，击之必无利矣。"逊曰："备是猾虏，更尝事多，其军始集，思虑精专，未可干也。今住已久，不得我便，兵疲意沮，计不复生，掎角此寇，正在今日。"乃先攻一营，不利。诸将皆曰："空杀兵耳。"逊曰："吾已晓破之之术。"乃敕各持一把茅，以火攻拔之。一尔势成，通率诸军同时俱攻，斩张南、冯习及胡王沙摩柯等首，破其四十余营。备将杜路、刘宁等穷逼请降。备升马鞍山，陈兵自绕。逊督促诸军四面蹙之，土崩瓦解，死者万数。备因夜遁，驿人自担，烧铙铠断后，仅得入白帝城。其舟船器械，水步军资，一时略尽，尸骸漂流，塞江而下。备大惭恚，曰："吾乃为逊所折辱,岂非天邪!"

初,孙桓别讨备前锋于夷道,为备所围,求救于逊。逊曰:"未可。"诸将曰:"孙安东公族,见围已困,奈何不救?"逊曰:"安东得士众心,城牢粮足,无可忧也。待吾计展,欲不救安东,安东自解。"及方略大施,备果奔溃。桓后见逊曰:"前实怨不见救,定至今日,乃知调度自有方耳。"

当御备时,诸将军或是孙策时旧将,或公室贵戚,各自矜恃,不相听从。逊案剑曰:"刘备天下知名,曹操所惮,今在境界,此强对也。诸君并荷国恩,当相辑睦,共翦此虏,上报所受,而不相顺,非所谓也。仆虽书生,受命主上。国家所以屈诸君使相承望者,以仆有尺寸可称,能忍辱负重故也。各任其事,岂复得辞!军令有常,不可犯矣。"及至破备,计多出逊,诸将乃服。权闻之,曰:"君何以初不启诸将违节度者邪?"逊对曰:"受恩深重,任过其才。又此诸将或任腹心,或堪爪牙,或是功臣,皆国家所当与共克定大事者。臣虽驽懦,窃慕相如、寇恂相下之义,以济国事。"权大笑称善,加拜逊辅国将军,领荆州牧,即改封江陵侯。

又备既住白帝,徐盛、潘璋、宋谦等各竞表言备必可禽,乞复攻之。权以问逊,逊与朱然、骆统以为曹丕大合士众,外托助国讨备,内实有奸心,谨决计辄还。无几,魏军果出,三方受敌也。《吴录》曰:刘备闻魏军大出,书与逊云:"贼今已在江陵,吾将复东,将军谓其能然不?"逊答曰:"但恐军新破,创痍未复,始求通亲,且当自补,未暇穷兵耳。若不推算,欲复以倾覆之余,远送以来者,无所逃命。"

备寻病亡,子禅袭位,诸葛亮秉政,与权连和。时事所宜,权辄令逊语亮,并刻权印,以置逊所。权每与禅、亮书,常过示逊,轻重可否，有所不安，便令改定，以印封行之。

七年，权使鄱阳太守周鲂谲魏大司马曹休，休果举众入皖，乃召逊假黄钺，为大都督，逆休。休既觉知，耻见欺诱，自恃兵马精多，遂交战。逊自为中部，令朱桓、全琮为左右翼，三道俱进，果冲休伏兵，因驱走之，追亡逐北，径至夹石，斩获万余，牛马骡驴车乘万两，军资器械略尽。休还，疽发背死。诸军振旅过武昌，权令左右以御盖覆逊，入出殿门，凡所赐逊，皆御物上珍，于时莫与为比。遣还西陵。

黄龙元年，拜上大将军、右都护。是岁，权东巡建业，留太子、皇子及尚书九官，征逊辅太子，并掌荆州及豫章三郡事，董督军国。时建昌侯虑于堂前作斗鸭栏，颇施小巧，逊正色曰："君侯宜勤览经典以自新益，用此何为？"虑即时毁彻之。射声校尉松于公子中最亲，戏兵不整，逊对之髡其职吏。南阳谢景善刘廙先刑后礼之论，逊呵景曰："礼之长于刑久矣，廙以细辩而诡先圣之教，皆非也。君今侍东宫，宜遵仁义以彰德音，若彼之谈，不须讲也。"

逊虽身在外，乃心于国，上疏陈时事曰："臣以为科法严峻，下犯者多。顷年以来，将吏罹罪，虽不慎可责，然天下未一，当图进取，小宜恩贷，以安下情。且世务日兴，良能为先，自非奸秽入身，难忍之过，乞复显用，展其力效。此乃圣王忘过记功，以成王业。昔汉高舍陈平之愆，用其奇略，终建勋祚，功垂千载。夫峻法严刑，非帝王之隆业；有罚无恕，非怀远之弘规也。"

权欲遣偏师取夷州及朱崖，皆以谘逊，逊上疏曰："臣愚以为四海未定，当须民力，以济时务。今兵兴历年，见众损减，陛下忧劳圣虑，忘寝与食，将远规夷州，以定大事，臣反覆思惟，未见其利。万里袭取，风波难测；民易水土，必致疾疫。今驱见众，经涉不毛，欲益更损，欲利反害；又珠崖绝险，民犹禽兽，得其民不足济事，无其兵不足亏众。今江东见众，自足图事，但当畜力而后动耳。昔桓王创基，兵不一旅，而开大业。陛下承运，拓定江表。臣闻治乱讨逆，须兵为威，农桑衣食，民之本业，而干戈未戢，民有饥寒。臣愚以为宜育养士民，宽其租赋，众克在和，义以劝勇，则河渭可平，九有一统矣。"权遂征夷州，得不补失。

及公孙渊背盟，权欲往征，逊上疏曰："渊凭险恃固，拘留大使，名马不献，实可仇忿。蛮夷猾夏，未染王化，鸟窜荒裔，拒逆王师，至令陛下爰赫斯怒，欲劳万乘泛轻越海，不虑其危而涉不测。方今天下云扰，群雄虎争，英豪踊跃，张声大视。陛下以神武之姿，诞膺期运，破操乌林，败备西陵，禽羽荆州，斯三虏者当世雄杰，皆摧其锋。圣化所绥，万里草偃，方荡平华夏，总一大猷。今不忍小忿，而发雷霆之怒，违垂堂之戒，轻万乘之重，此臣之所惑也。臣闻志行万里者，不中道而辍足；图四海者，匪怀细以害大。强寇在境，荒服未庭，陛下乘桴远征，必致窥窬，戚至而忧，悔之无及。若使大事时捷，则渊不讨自服；今乃远惜辽东众之与马，奈何独欲捐江东万安之本业而不惜乎？乞息六师，以威大虏，早定中夏，垂曜将来。"权用纳焉。

嘉禾五年，权北征，使逊与诸葛瑾攻襄阳。逊遣亲人韩扁赍表奉报，还，遇敌于沔中，钞逻得扁。瑾闻之甚惧，书与逊云："大驾已旋，贼得韩扁，具知吾阔狭。且水干，宜当急去！"逊未答，方催人种葑豆，与诸将弈棋射戏如常。瑾曰："伯言多智略，其当有以。"自来见逊，逊曰："贼知大驾以旋，无所复戚，得专力于吾。又已守要害之处，兵将意动，且当自定以安之，施设变术，然后出耳。今便示退，贼当谓吾怖，仍来相蹙，必败之势也。"乃密与瑾立计，令瑾督舟船，逊悉上兵马，以向襄阳城。敌素惮逊，遽还赴城。瑾便引船出，逊徐整部伍，张拓声势，步趋船，敌不敢干。军到白围，托言住猎，潜遣将军周峻、张梁等击江夏新市、安陆、石阳。石阳市盛，峻等奄至，人皆捐物入城。城门噎不得关，敌乃自斫杀己民，然后得阖。斩首获生，凡千余人。臣松之以为逊虑孙权已退，魏得专力于己，既能张拓形势，使敌不敢犯，方舟顺流，无复忧惕矣，何为复潜遣诸将，奄袭小县，致令市人骇奔，自相伤害？俘馘千人，未足损魏，徒使无辜之民横罹荼酷，与诸葛渭滨之师，何其殊哉！用兵之道既违，失律之凶宜应，其祚无三世，及孙而灭，岂此之余殃哉！其所生得，皆加营护，不令兵士干扰侵侮。将家属来者，使就料视。若亡其妻子者，即给衣粮，厚加慰劳，发遣令还，或有感慕相携而归者。邻境怀之，臣松之以为此无异残林覆巢而全其遗鷇，曲惠小仁，何补大虐？江夏功曹赵濯、弋阳备将裴生及夷王梅颐等，并帅支党来附逊。逊倾财帛，周赡经恤。

又魏江夏太守逯式兼领兵马，颇作边害，而与北旧将文聘子休宿不协。逊闻其然，即假作答式书云："得报恳恻，知与休久结嫌隙，势不两存，欲来归附，辄以密呈来书表闻，撰众相迎。宜潜速严，更示定期。"以书置界上，式兵得书以见式，式惶惧，遂自送妻子还洛。由是吏士不复亲附，遂以免罢。臣松之以为边将为害，盖其常事，使逯式得罪，代者亦复如之，自非狡焉思肆，将成大患，何足亏损雅虑，尚为小诈哉？以斯为美，又所不取。

六年，中郎将周祗乞于鄱阳召募，事下问逊。逊以为此郡民易动难安，不可与召，恐致贼寇。而祗固陈取之，郡民吴遽等果作贼杀祗，攻没诸县。豫章、庐陵宿恶民，并应遽为寇。逊自闻，辄讨即破，遽等相率降，逊料得精兵八千余人，三郡平。

时中书典校吕壹，窃弄权柄，擅作威福，逊与太常潘濬同心忧之，言至流涕。后权诛壹，深以自责，语在《权传》。

时谢渊、谢厷等各陈便宜，欲兴利改作，以事下逊。逊议曰："国以民为本，强由民力，财由民出。夫民殷国弱，民瘠国强者，未之有也。故为国者，得民则治，失之则乱，若不受利，而令尽用立效，亦为难也。是以《诗》叹'宜民宜人，受禄于天'。乞垂圣恩，宁济百姓，数年之间，国用小丰，然后更图。"

赤乌七年，代顾雍为丞相，诏曰："朕以不德，应期践运，王涂未一，奸宄充路，夙夜战惧，不惶鉴寐。惟君天资聪睿，明德显融，统任上将，匡国弭难。夫有超世之功者，必应光大之宠；怀文武之才者，必荷社稷之重。昔伊尹隆汤，吕尚翼周，内外之任，君实兼之。今以君为丞相，使使持节、守太常傅常授印绶。君其茂昭明德，修乃懿绩，敬服王命，绥靖四方。於乎！总司三事，以训群寮，可不敬与，君其勖之！其州牧、都护、领武昌事如故。"

先是，二宫并阙，中外职司多遣子弟给侍。全琮报逊，逊以为子弟苟有才，不忧不用，不宜私出以要荣利；若其不佳，终为取祸。且闻二宫势敌，必有彼此，此古人之厚忌也。琮子寄，果阿附鲁王，轻为交构。逊书与琮曰："卿不师日䃅，而宿留阿寄，

198

终为足下门户致祸矣。"琮既不纳，更以致隙。及太子有不安之议，逊上疏陈："太子正统，宜有磐石之固，鲁王藩臣，当使宠秩有差，彼此得所，上下获安。谨叩头流血以闻。"书三四上，及求诣都，欲口论适庶之分，以匡得失。既不听许，而逊外生顾谭、顾承、姚信，并以亲附太子，枉见流徙。太子太傅吾粲坐数与逊交书，下狱死。权累遣中使责让逊，逊愤恚致卒，时年六十三，家无余财。

初，暨艳造营府之论，逊谏戒之，以为必祸。又谓诸葛恪曰："在我前者，吾必奉之同升；在我下者，则扶持之。今观君气陵其上，意蔑乎下，非安德之基也。"又广陵杨竺少获声名，而逊谓之终败，劝竺兄穆令与别族。其先睹如此。长子延早夭，次子抗袭爵。孙休时，追谥逊曰昭侯。

抗字幼节，孙策外孙也。逊卒时，年二十，拜建武校尉，领逊众五千人，送葬东还，诣都谢恩。孙权以杨竺所白逊二十事问抗，禁绝宾客，中使临诘，抗无所顾问，事事条答，权意渐解。赤乌九年，迁立节中郎将，与诸葛恪换屯柴桑。抗临去，皆更缮完城围，葺其墙屋，居庐桑果，不得妄败。恪入屯，俨然若新。而恪柴桑故屯，颇有毁坏，深以为惭。太元元年，就都治病。病差当还，权涕泣与别，谓曰："吾前听用谗言，与汝父大义不笃，以此负汝。前后所问，一焚灭之，莫令人见也。"建兴元年，拜奋威将军。太平二年，魏将诸葛诞举寿春降，拜抗为柴桑督，赴寿春，破魏牙门将、偏将军，迁征北将军。永安二年，拜镇军将军，都督西陵，自关羽至白帝。三年，假节。孙皓即位，加镇军大将军，领益州牧。建衡二年，大司马施绩卒，拜抗都督信陵、西陵、夷道、乐乡、公安诸军事，治乐乡。

抗闻都下政令多阙，忧深虑远，乃上疏曰："臣闻德均则众者胜寡，力侔则安者制危，盖六国所以兼并于强秦，西楚所以北面于汉高也。今敌跨制九服，非徒关右之地；割据九州，岂但鸿沟以西而已。国家外无连国之援，内非西楚之强，庶政陵迟，黎民未乂，而议者所恃，徒以长川峻山，限带封域，此乃守国之末事，非智者之所先也。臣每远惟战国存亡之符，近览刘氏倾覆之衅，考之典籍，验之行事，中夜抚枕，临餐忘食。昔匈奴未灭，去病辞馆；汉道未纯，贾生哀泣。况臣王室之出，世荷光宠，身名否泰，与国同戚，死生契阔，义无苟且，夙夜忧怛，念至情惨。夫事君之义犯而勿欺，人臣之节匪躬是殉，谨陈时宜十七条如左。"十七条失本，故不载。

时何定弄权，阉官预政；抗上疏曰："臣闻开国承家，小人勿用，靖谮庸回，唐书攸戒，是以雅人所以怨刺，仲尼所以叹息也。春秋已来，爰及秦、汉，倾覆之衅，未有不由斯者也。小人不明理道，所见既浅，虽使竭情尽节，犹不足任，况其奸心素笃，而憎爱移易哉？苟患失之，无所不至。今委以聪明之任，假以专制之威，而冀雍熙之声作，肃清之化立，不可得也。方今见吏，殊才虽少，然或冠冕之胄，少渐道教，或清苦自立，资能足用，自可随才授职，抑黜群小，然后俗化可清，庶政无秽也。"

凤皇元年，西陵督步阐据城以叛，遣使降晋。抗闻之，日部分诸军，令将军左奕、吾彦、蔡贡等径赴西陵，敕军营更筑严围，自赤溪至故市，内以围阐，外以御寇，昼夜催切，如敌以至，众甚苦之。诸将咸谏曰："今及三军之锐，亟以攻阐，比晋救至，阐必可拔。何事于围，而以弊士民之力乎？"抗曰："此城处势既固，粮谷又足，且所缮修备御之具，皆抗所宿规。今反身攻之，既非可卒克，且北救必至，至而无备，表里受难，何以御之？"诸将咸欲攻阐，抗每不许。宜都太守雷谭言至恳切，抗欲服众，听令一攻。攻果无利，围备始合。

晋车骑将军羊祜率师向江陵，诸将咸以抗不宜上，抗曰："江陵城固兵足，无所忧患。假令敌没江陵，必不能守，所损者小。如使西陵槃结，则南山群夷皆当扰动，则所忧虑，难可竟言也。吾宁弃江陵而赴西陵，况江陵牢固乎！"初，江陵平衍，道路通利，抗敕江陵督张咸作大堰遏水，渐渍平中，以绝寇叛。祜欲因所遏水，浮船运粮，扬声将破堰以通步车。抗闻，使咸亟破之。诸将皆惑，屡谏不听。祜至当阳，闻堰败，乃改船以车运，大费损功力。晋巴东监军徐胤率水军诣建平，荆州刺史杨肇至西陵。抗令张咸固守其城；公安督孙遵巡南岸御祜；水军督留虑、镇西将军朱琬拒胤；身率三军，凭围对肇。将军朱乔、营都督俞赞亡诣肇。抗曰："赞军中旧吏，知吾虚实者，吾常虑夷兵素不简练，若敌攻围，必先此处。"即夜易夷民，皆以旧将充之。明日，肇果攻故夷兵处，抗命旋军击之，矢石雨下，肇众伤死者相属。肇至经月，计屈夜遁。抗欲追之，而虑阐畜力项领，伺视间隙，兵不足分，于是但鸣鼓戒众，若将追者。肇众凶惧，悉解甲挺走，抗使轻兵蹑之，肇大破败，祜等皆引军还。抗遂陷西陵城，诛夷阐族及其大将吏，自此以下，所请赦者数万口。修治城围，东还乐乡，貌无矜色，谦冲如常，故得将士欢心。《晋阳秋》曰：抗与羊祜推侨、札之好。抗尝遗祜酒，祜饮之不疑。抗有疾，祜馈之药，抗亦推心服之。于时以为华元、子反复见于今。│《汉晋春秋》曰：羊祜既归，增修德信，以怀吴人。陆抗每告其边戍曰："彼专为德，我专为暴，是不战而自服也。各保分界，无求细益而已。"于是吴、晋之间，余粮栖亩而不犯，牛马逸而入境，可宣告而取也。沔上猎，吴获晋人先伤者，皆送而相还。抗尝疾，求药于祜，祜以成合与之，曰："此上药也，近始自作，未及服，以君疾急，故相致。"抗得而服之，诸将或谏，抗不答。孙皓闻二境交和，以诘于抗，抗曰："夫一邑一乡，不可以无信义之人，而况大国乎？臣不如是，正足以彰其德耳，于祜无伤也。"或以祜、抗为失臣节，两讥之。

　　加拜都护。闻武昌左部督薛莹征下狱，抗上疏曰："夫俊乂者，国家之良宝，社稷之贵资，庶政所以伦叙，四门所以穆清也。故大司农楼玄、散骑中常侍王蕃、少府李勖，皆当世秀颖，一时显器，既蒙初宠，从容列位，而并旋受诛殛，或圮族替祀，或投弃荒裔。盖《周礼》有赦贤之辟，《春秋》有宥善之义，《书》曰：'与其杀不辜，宁失不经。'而蕃等罪名未定，大辟以加，心经忠义，身被极刑，岂不痛哉！且已死之刑，固无所识，至乃焚烁流漂，弃之水滨，惧非先王之正典，或甫侯之所戒也。是以百姓哀耸，士民同戚。蕃、勖永已，悔亦靡及，诚望陛下赦召玄出，而顷闻薛莹卒见逮录。莹父综纳言先帝，傅弼文皇，及莹承基，内厉名行，今之所坐，罪在可宥。臣惧有司未详其事，如复诛戮，益失民望，乞垂天恩，原赦莹罪，哀矜庶狱，清澄刑网，则天下幸甚！"

　　时师旅仍动，百姓疲弊，抗上疏曰："臣闻《易》贵随时，《传》美观衅，故有夏多罪而殷汤用师，纣作淫虐而周武授钺。苟无其时，玉台有忧伤之虑，孟津有反旆之军。今不务富国强兵，力农畜谷，使文武之才效展其用，百揆之署无旷厥职，明黜陟以厉庶尹，审刑赏以示劝沮，训诸司以德，而抚百姓以仁，然后顺天乘运，席卷宇内；而听诸将徇名，穷兵黩武，动费万计，士卒雕瘁，寇不为衰，而我已大病矣！今争帝王之资，而昧十百之利，此人臣之奸便，非国家之良策也。昔齐鲁三战，鲁人再克而亡不旋踵。何则？大小之势异也。况今师所克获，不补所丧哉？且阻兵无众，古之明鉴，诚宜暂息进取小规，以畜士民之力，观衅伺隙，庶无悔吝。”

　　二年春，就拜大司马、荆州牧。三年夏，疾病，上疏曰：“西陵、建平，国之蕃表，既处下流，受敌二境。若敌泛舟顺流，舳舻千里，星奔电迈，俄然行至，非可恃援他部以救倒县也。此乃社稷安危之机，非徒封疆侵陵小害也。臣父逊昔在西垂陈言，以为西陵国之西门，虽云易守，亦复易失。若有不守，非但失一郡，则荆州非吴有也。如其有虞，当倾国争之。臣往在西陵，得涉逊迹，前乞精兵三万，而主者循常，未肯差赴。自步阐以后，益更损耗。今臣所统千里，受敌四处，外御强对，内怀百蛮，而上下见兵财有数万，羸弊日久，难以待变。臣愚以为诸王幼冲，未统国事，可且立傅相，辅导贤姿，无用兵马，以妨要务。又黄门竖宦，开立占募，兵民怨役，逋逃入占。乞特诏简阅，一切料出，以补疆场受敌常处，使臣所部足满八万，省息众务，信其赏罚，虽韩、白复生，无所展巧。若兵不增，此制不改，而欲克谐大事，此臣之所深戚也。若臣死之后，乞以西方为属。愿陛下思览臣言，则臣死且不朽。”

秋遂卒，子晏嗣。晏及弟景、玄、机、云分领抗兵。晏为裨将军、夷道监。天纪四年，晋军伐吴，龙骧将军王濬顺流东下，所至辄克，终如抗虑。景字士仁，以尚公主拜骑都尉，封毗陵侯，既领抗兵，拜偏将军、中夏督，澡身好学，著书数十篇也。《文士传》曰：陆景母张承女，诸葛恪外生。恪诛，景母坐见黜。景少为祖母所育养，及祖母亡，景为之心丧三年。二月壬戌，晏为王濬别军所杀。癸亥，景亦遇害，时年三十一。景妻，孙晧適妹，与景俱张承外孙也。景弟机，字士衡，云字士龙。《机云别传》曰：晋太康末，俱入洛，造司空张华，华一见而奇之，曰："伐吴之役，利在获二俊。"遂为之延誉，荐之诸公。太傅杨骏辟机为祭酒，转太子洗马、尚书著作郎。云为吴王郎中令，出宰浚仪，甚有惠政，吏民怀之，生为立祠。后并历显位。机天才绮练，文藻之美，独冠于时。云亦善属文，清新不及机，而口辩持论过之。于时朝廷多故，机、云并自结于成都王颖。颖用机为平原相，云清河内史。寻转云右司马，甚见委仗。无几而与长沙王构隙，遂举兵攻洛，以机行后将军，督王粹、牵秀等诸军二十万，士龙著《南征赋》以美其事。机吴人，羁旅单宦，顿居群士之右，多不厌服。机屡战失利，死散过半。初，宦人孟玖，颖所嬖幸，乘宠豫权，云数言其短，颖不能纳，玖又从而毁之。是役也，玖弟超亦领众配机，不奉军令。机绳之以法，超宣言曰陆机将反。及牵秀等谮机于颖，以为持两端，玖又构之于内，颖信之，遣收机，并收云及弟耽，并伏法。机兄弟既江南之秀，亦著名诸夏，并以无罪夷灭，天下痛惜之。机文章为世所重，云所著亦传于世。初，抗之克步阐也，诛及婴孩，识道者尤之曰："后世必受其殃！"及机之诛，三族无遗，孙惠与朱诞书曰："马援择君，凡人所闻，不意三陆相携暴朝，杀身伤名，可为悼叹。"事亦并在《晋书》。

评曰：刘备天下称雄，一世所惮；陆逊春秋方壮，威名未著，摧而克之，罔不如志。予既奇逊之谋略，又叹权之识才，所以济大事也。及逊忠诚恳至，忧国亡身，庶几社稷之臣矣。抗贞亮筹干，咸有父风，奕世载美，具体而微，可谓克构者哉！

五十九卷 吴书 ^{十四}

吴主五子传 | 孙登 孙虑 孙和 孙霸 孙奋

○孙登

孙登字子高，权长子也。魏黄初二年，以权为吴王，拜登东中郎将，封万户侯，登辞疾不受。是岁，立登为太子，选置师傅、铨简秀士以为宾友，于是诸葛恪、张休、顾谭、陈表等以选入，侍讲诗书，出从骑射。权欲登读《汉书》，习知近代之事，以张昭有师法，重烦劳之；乃令休从昭受读，还以授登。登待接寮属，略用布衣之礼，与恪、休、谭等或同舆而载，或共帐而寐。太傅张温言于权曰："夫中庶子官最亲密，切问近对，宜用俊德。"于是乃用表等为中庶子。后又以庶子礼拘，复令整巾侍坐。黄龙元年，权称尊号，立为皇太子，以恪为左辅，休右弼，谭为辅正，表为翼正都尉，是为四友。而谢景、范慎、刁玄、羊衜等皆为宾客，于是东宫号为多士。

权迁都建业，征上大将军陆逊辅登镇武昌，领宫府留事。登或射猎，当由径道，常远避良田，不践苗稼，至所顿息，又择空闲之地，其不欲烦民如此。尝乘马出，有弹丸过，左右求之。有一人操弹佩丸，咸以为是，辞对不服，从者欲捶之，登不听，使求过丸，比之非类，乃见释。又失盛水金马盂，觉得其主，左右所为，不忍致罚，呼责数之，长遣归家，敕亲近勿言。后弟虑卒，权为之降损，登昼夜兼行，到赖乡，自闻，即时召见。见权悲泣，因谏曰："虑寝疾不起，此乃命也。方今朔土未一，四海喁喁，天戴陛下，而以下流之念，减损太官肴馔，过于礼制，臣窃忧惶。"权纳其言，为之加膳。住十余日，欲遣西还，深自陈乞，以久离定省，子道有阙；又陈陆逊忠勤，无所顾忧，权遂留焉。嘉禾三年，权征新城，使登居守，总知留事。时年谷不丰，颇有盗贼，乃表定科令，所以防御，甚得止奸之要。

初，登所生庶贱，徐夫人少有母养之恩，后徐氏以妒废处吴，而步夫人最宠。步氏有赐，登不敢辞，拜受而已。徐氏使至，所赐衣服，必沐浴服之。登将拜太子，辞曰："本立而道生，欲立太子，宜先立后。"权曰："卿母安在？"对曰："在吴。"权嘿然。《吴书》曰：弟和有宠于权，登亲敬，待之如兄，常有欲让之心。

立凡二十一年，年三十三卒。临终，上疏曰：

"臣以无状，婴抱笃疾，自省微劣，惧卒陨毙。臣不自惜，念当委离供养，埋骸后土，长不复奉望宫省，朝觐日月，生无益于国，死贻陛下重戚，以此为哽结耳。臣闻死生有命，长短自天，周晋、颜回有上智之才，而尚夭折，况臣愚陋，年过其寿，生为国嗣，没享荣祚，于臣已多，亦何悲恨哉！方今大事未定，逋寇未讨，万国喁喁，系命陛下，危者望安，乱者仰治。愿陛下弃忘臣身，割下流之恩，修黄老之术，笃养神光，加羞珍膳，广开神明之虑，以定无穷之业，则率土幸赖，臣死无恨也。皇子和仁孝聪哲，德行清茂，宜早建置，以系民望。诸葛恪才略博达，器任佐时。张休、顾谭、谢景，皆通敏有识断，入宜委腹心，出可为爪牙。范慎、华融矫矫壮节，有国士之风。羊衜辩捷，有专对之材。刁玄优弘，志履道真。裴钦博记，翰采足用。蒋修、虞翻，志节分明。凡此诸臣，或宜廊庙，或任将帅，皆练时事，明习法令，守信固义，有不可夺之志。此皆陛下日月所照，选置臣宫，得与从事，备知情素，敢以陈闻。

"臣重惟当今方外多虞，师旅未休，当厉六军，以图进取。军以人为众，众以财为宝，窃闻郡县颇有荒残，民物凋弊，奸乱萌生，是以法令繁滋，刑辟重切。臣闻为政听民，律令与时推移，诚宜与将相大臣详择时宜，博采众议，宽刑轻赋，均息力役，以顺民望。陆逊忠勤于时，出身忧国，謇謇在公，有匡弼之节。诸葛瑾、步骘、朱然、全琮、朱据、吕岱、吾粲、阚泽、严畯、张承、孙怡忠于为国，通达治体。可令陈上便宜，蠲除苛烦，爱养士马，抚循百姓。五年之外，十年之内，远者归复，近者尽力，兵不血刃，而大事可定也。臣闻'鸟之将死其鸣也哀，人之将死其言也善'，故子囊临终，遗言戒时，君子以为忠，岂况臣登，其能已乎？愿陛下留意听采，臣虽死之日，犹生之年也。"

既绝而后书闻，权益以摧感，言则陨涕。是岁，赤乌四年也。谢景时为豫章太守，不胜哀情，弃官奔赴，拜表自劾。权曰："君与太子从事，异于他吏。"使中使慰劳，听复本职，发遣还郡。谥登曰宣太子。

子璠、希，皆早卒，次子英，封吴侯。五凤元年，英以大将军孙峻擅权，谋诛峻，事觉自杀，国除。《吴历》曰：孙和以无罪见杀，

208

众庶皆怀愤叹，前司马桓虑因此招合将吏，欲共杀峻立英，事觉，皆见杀，英实不知。

谢景者字叔发，南阳宛人。在郡有治迹，吏民称之，以为前有顾劭，其次即景。数年卒官。

○孙虑

孙虑字子智，登弟也。少敏惠有才艺，权器爱之。黄武七年，封建昌侯。后二年，丞相雍等奏虑性聪体达，所尚日新，比方近汉，宜进爵称王，权未许。久之，尚书仆射存上疏曰："帝王之兴，莫不褒崇至亲，以光群后，故鲁、卫于周，宠冠诸侯，高帝五王，封列于汉，所以藩屏本朝，为国镇卫。建昌侯虑禀性聪敏，才兼文武，于古典制，宜正名号。陛下谦光，未肯如旧，群寮大小，咸用於邑。方今奸寇恣睢，金鼓未弭，腹心爪牙，惟亲与贤。辄与丞相雍等议，咸以虑宜为镇军大将军，授任偏方，以光大业。"权乃许之，于是假节、开府，治半州。《吴书》载权诏曰："期运扰乱，凶邪肆虐，威罚有序，干戈不戢。以虑气志休懿，武略夙昭，必能为国佐定大业，故授以上将之位，显以殊特之荣，宠以兵马之势，委以偏方之任。外欲威振敌虏，厌难万里，内欲镇抚远近，慰恤将士，诚虑建功立事竭命之秋也。虑其内修文德，外经武训，持盈若冲，则满而不溢。敬慎乃心，无忝所受。"

虑以皇子之尊，富于春秋，远近嫌其不能留意。及至临事，遵奉法度，敬纳师友，过于众望。年二十，嘉禾元年卒。无子，国除。

○孙和

孙和字子孝，虑弟也。少以母王有宠见爱，年十四，为置宫卫，使中书令阚泽教以书艺。好学下士，甚见称述。赤乌五年，立为太子，时年十九。阚泽为太傅，薛综为少傅，而蔡颖、张纯、封俌、严维等皆从容侍从。《吴书》曰：和少岐嶷有智意，故权尤爱幸，常在左右，衣服礼秩雕玩珍异之赐，诸子莫得比焉。好文学，善骑射，承师涉学，精识聪敏，尊敬师傅，爱好人物。颖等每朝见进贺，和常降意，欢以待之。讲校经义，综察是非，及访诏朝臣，考绩行能，以知优劣，各有条贯。后诸葛壹伪叛以诱魏将诸葛诞，权潜军待之。和以权暴露外次，又战者凶事，常忧劳悁悒，不复会同饮食，数上谏，戒令持重，务在全胜，权还，然后敢安。

是时有司颇以条书问事，和以为奸妄之人，将因事错意，以生祸心，不可长也，表宜绝之。又都督刘宝白庶子丁晏，晏亦白宝，和谓晏曰："文武在事，当能几人，因隙构薄，图相危害，岂有福哉？"遂两释之，使之从厚。常言当世士人宜讲修术学，校习射御，以周世务，而但交游博弈以妨事业，非进取之谓。后群寮侍宴，言及博弈，以为："妨事费日而无益于用，劳精损思而终无所成，非所以进德修业，积累功绪者也。且志士爱日惜力，君子慕其大者，高山景行，耻非其次。夫以天地长久，而人居其间，有白驹过隙之喻，年齿一暮，荣华不再。凡所患者，在于人情所不能绝，诚能绝无益之欲以奉德义之涂，弃不急之务以修功业之基，其于名行，岂不善哉？夫人情犹不能无嬉娱，嬉娱之好，亦在于饮宴琴书射御之间，何必博弈，然后为欢。"乃命侍坐者八人，各著论以矫之。于是中庶子韦曜退而论奏，和以示宾客。时蔡颖好弈，直事在署者颇教焉，故以此讽之。

是后王夫人与全公主有隙。权尝寝疾，和祠祭于庙，和妃叔父张休居近庙，邀和过所居。全公主使人觇视，因言太子不在庙中，专就妃家计议；又言王夫人见上寝疾，有喜色。权由是发怒，夫人忧死，而和宠稍损，惧于废黜。鲁王霸觊觎滋甚，陆逊、吾粲、顾谭等数陈适庶之义，理不可夺，全寄、杨竺为鲁王霸支党，谮诉日兴。粲遂下狱诛，谭徙交州。权沉吟者历年，殷基《通语》曰：初权既立和为太子，而封霸为鲁王，初拜犹同宫室，礼秩未分。群公之议，以为太子、国王上下有序，礼秩宜异，于是分宫别僚，而隙端开矣。自侍御宾客造为二端，仇党疑贰，滋延大臣。丞相陆逊、大将军诸葛恪、太常顾谭、骠骑将军朱据、会稽太守滕胤、大都督施绩、尚书丁密等奉礼而行，宗事太子；骠骑将军步骘、镇南将军吕岱、大司马全琮、左将军吕据、中书令孙弘等附鲁王。中外官僚将军大臣举国中分。权患之，谓侍中孙峻曰："子弟不睦，臣下分部，将有袁氏之败，为天下笑。一人立者，安得不乱？"于是有改嗣之规矣。| 臣松之以为袁绍、刘表谓尚、琮为贤，本有传后之意，异于孙权既以立和而复宠霸，坐生乱阶，自构家祸，方之袁、刘，昏悖甚矣。步骘以德度著称，为吴良臣，而阿附于霸，事同杨竺，何哉？和既正位，适庶分定，就使才德不殊，犹将义不党庶，况霸实无闻，而和为令嗣乎？夫邪僻之人，岂其举体无善，但一为不善，众美皆亡耳。骘若果有此事，则其余不足观矣！吕岱、全琮之徒，

盖所不足论耳。后遂幽闭和。于是骠骑将军朱据、尚书仆射屈晃率诸将吏泥头自缚，连日诣阙请和。权登白爵观见，甚恶之，敕据、晃等无事念念。权欲废和立亮，无难督陈正、五营督陈象上书，称引晋献公杀申生、立奚齐，晋国扰乱，又据、晃固谏不止。权大怒，族诛正、象，据、晃牵入殿，杖一百，竟徙和于故鄣，群司坐谏诛放者十数。众咸冤之。《吴书》曰：权寝疾，意颇感寤，欲征和还立之，全公主及孙峻、孙弘等固争之，乃止。

太元二年正月，封和为南阳王，遣之长沙。四月，权薨，诸葛恪秉政。恪即和妃张之舅也。妃使黄门陈迁之建业上疏中宫，并致问于恪。临去，恪谓迁曰："为我达妃，期当使胜他人。"此言颇泄。又恪有徙都意，使治武昌宫，民间或言欲迎和。及恪被诛，孙峻因此夺和玺绶，徙新都，又遣使者赐死。和与妃张辞别，张曰："吉凶当相随，终不独生活也。"亦自杀，举邦伤焉。

孙休立，封和子皓为乌程侯，自新都之本国。休薨，皓即阼，其年追谥父和曰文皇帝，改葬明陵，置园邑二百家，令、丞奉守。后年正月，又分吴郡、丹阳九县为吴兴郡，治乌程，置太守，四时奉祠。有司奏言，宜立庙京邑。宝鼎二年七月，使守大匠薛珝营立寝堂，号曰清庙。十二月，遣守丞相孟仁、太常姚信等备官僚中军步骑二千人，以灵舆法驾东迎神于明陵。皓引见仁，亲拜送于庭。《吴书》曰：比仁还，中使手诏，日夜相继，奉问神灵起居动止。巫觋言见和被服，颜色如平生日，皓悲喜涕泪，悉召公卿尚书诣阙门下受赐。灵舆当至，使丞相陆凯奉三牲祭于近郊，皓于金城外露宿。明日，望拜于东门之外。其翌日，拜庙荐祭，歔欷悲感。比七日三祭，倡技昼夜娱乐。有司奏言"祭不欲数，数则黩，宜以礼断情"，然后止。《吴历》曰：和四子：晧、德、谦、俊。孙休即位，封德钱唐侯，谦永安侯，俊拜骑都尉。晧在武昌，吴兴施但因民之不堪命，聚万余人，劫谦，将至秣陵，欲立之。未至三十里住，择吉日，但遣使以谦命诏丁固、诸葛靓。靓即斩其使。但遂前到九里，固、靓出击，大破之。但兵裸身无铠甲，临阵皆披散。谦独坐车中，遂生获之。固不敢杀，以状告晧，晧酖之，母子皆死。俊，张承外孙，聪明辨惠，为远近所称，晧又杀之。

○孙霸

孙霸字子威，和弟也。和为太子。霸为鲁王，宠爱崇特，与和无殊。顷之，和、霸不穆之声闻于权耳，权禁断往来，假以精学。督军使者羊衜上疏曰："臣闻古之有天下者，皆先显别適庶，封建子弟，所以尊重祖宗，为国藩表也。二宫拜授，海内称宜，斯乃大吴兴隆之基。顷闻二宫并绝宾客，远近悚然，大小失望。窃从下风，听采众论，咸谓二宫智达英茂，自正名建号，于今三年；德行内著，美称外昭，西北二隅，久所服闻。谓陛下当副顺遐迩所以归德，勤命二宫宾延四远，使异国闻声，思为臣妾。今既未垂意于此，而发明诏，省夺备卫，抑绝宾客，使四方礼敬不复得通，虽实陛下敦尚古义，欲令二宫专志于学，不复顾虑观听小宜，期于温故博物而已，然非臣下倾企喁喁之至愿也。或谓二宫不遵典式，此臣所以寝息不宁。就如所嫌，犹宜补察，密加斟酌，不使远近得容异言。臣惧积疑成谤，久将宣流，而西北二隅，去国不远，异同之语，易以闻达。闻达之日，声论当兴，将谓二宫有不顺之愆，不审陛下何以解之？若无以解异国，则亦无以释境内。境内守疑，异国兴谤，非所以育巍巍，镇社稷也。愿陛下早发优诏，使二宫周旋礼命如初，则天清地晏，万国幸甚矣。"

时全寄、吴安、孙奇、杨竺等阴共附霸，图危太子。谮毁既行，太子以败，霸亦赐死。流竺尸于江，兄穆以数谏戒竺，得免大辟，犹徙南州。霸赐死后，又诛寄、安、奇等，咸以党霸构和故也。

霸二子，基、壹。五凤中，封基为吴侯，壹宛陵侯。基侍孙亮在内，太平二年，盗乘御马，收付狱。亮问侍中刁玄曰："盗乘御马罪云何？"玄对曰："科应死。然鲁王早终，惟陛下哀原之。"亮曰："法者，天下所共，何得阿以亲亲故邪？当思惟可以释此者，奈何以情相迫乎？"玄曰："旧赦有大小，或天下，亦有千里、五百里赦，随意所及。"亮曰："解人不当尔邪！"乃赦宫中，基以得免。孙晧即位，追和、霸旧隙，削基、壹爵土，与祖母谢姬俱徙会稽乌伤县。

○孙奋

孙奋字子扬，霸弟也，母曰仲姬。太元二年，立为齐王，居武昌。权薨，太傅诸葛恪不欲诸王处江滨兵马之地，徙奋于豫章。奋怒，不从命，又数越法度。恪上笺谏曰：

"帝王之尊，与天同位，是以家天下，臣父兄，四海之内，皆为臣妾。仇雠有善，不得不举，亲戚有恶，不得不诛，所以承天理物，先国后身，盖圣人立制，百代不易之道也。昔汉初兴，多王子弟，至于太强，辄为不轨；上则几危社稷，下则骨肉相残，其后惩戒，以为大讳。自光武以来，诸王有制，惟得自娱于宫内，不得临民，干与政事，其与交通，皆有重禁，遂以全安，各保福祚。此则前世得失之验也。近袁绍、刘表各有国土，土地非狭，人众非弱，以適庶不分，遂灭其宗祀，此乃天下愚智所共嗟痛。大行皇帝览古戒今，防芽遏萌，虑于千载。是以寝疾之日，分遣诸王，各早就国，诏策殷勤，科禁严峻，其所戒敕，无所不至，诚欲上安宗庙，下全诸王，使百世相承，无凶国害家之悔也。大王宜上惟太伯顺父之志，中念河间献王、东海王彊恭敬之节，下当裁抑骄恣荒乱以为警戒。

"而闻顷至武昌以来，多违诏敕，不拘制度，擅发诸将兵治护宫室。又左右常从有罪过者，当以表闻，公付有司，而擅私杀，事不明白。大司马吕岱亲受先帝诏敕，辅导大王，既不承用其言，令怀忧怖。华锜先帝近臣，忠良正直，其所陈道，当纳用之，而闻怒锜，有收缚之语。又中书杨融，亲受诏敕，所当恭肃，云：'正自不听禁，当如我何？'闻此之日，大小惊怪，莫不寒心。里语曰：'明镜所以照形，古事所以知今。'大王宜深以鲁王为戒，改易其行，战战兢兢，尽敬朝廷，如此则无求不得。若弃忘先帝法教，怀轻慢之心，臣下宁负大王，不敢负先帝遗诏，宁为大王所怨疾，岂敢忘尊主之威，而令诏敕不行于藩臣邪？此古今正义，大王所照知也。夫福来有由，祸来有渐，渐生不忧，将不可悔。向使鲁王早纳忠直之言，怀惊惧之虑，享祚无穷，岂有灭亡之祸哉？夫良药苦口，惟疾者能甘之。忠言逆耳，惟达者能受之。今者恪等偻偻欲为大王除危殆于萌芽，广福庆之基原，是以不自知言至，愿蒙三思。"

奋得笺惧，遂移南昌，游猎弥甚，官属不堪命。及恪诛，奋下住芜湖，欲至建业观变。傅相谢慈等谏奋，奋杀之。坐废为庶人，徙章安县。太平三年，封为章安侯。《江表传》载亮诏曰："齐王奋前坐杀吏，废为庶人，连有赦令，独不见原，纵未宜复王，何以不侯？又诸孙兄弟作将，列在江渚，孤有兄独尔云何？"有司奏可，就拜为侯。

建衡二年，孙晧左夫人王氏卒。晧哀念过甚，朝夕哭临，数月不出，由是民间或谓晧死，讹言奋与上虞侯奉当有立者。奋母仲姬墓在豫章，豫章太守张俊疑其或然，扫除坟茔。晧闻之，车裂俊，夷三族，诛奋及其五子，国除。《江表传》曰：豫章吏十人乞代俊死，晧不听。奋以此见疑，本在章安，徙还吴城禁锢，使男女不得通婚，或年三十、四十不得嫁娶。奋上表乞自比禽兽，使男女自相配偶。晧大怒，遣察战赍药赐奋，奋不受药，叩头千下，曰："老臣自将儿子治生求活，无豫国事，乞丐余年。"晧不听，父子皆饮药死。｜臣松之案：建衡二年至奋之死，孙晧即位，尚犹未久。若奋未被疑之前，儿女年二十左右，至奋死时，不得年三十、四十也。若先已长大，自失时未婚娶，则不由晧之禁锢矣。此虽欲增晧之恶，然非实理。

评曰：孙登居心所存，足为茂美之德。虑、和并有好善之姿，规自砥砺，或短命早终，或不得其死，哀哉！霸以庶干适，奋不遵轨度，固取危亡之道也。然奋之诛夷，横遇飞祸矣。

六十卷 吴书 十五

贺全吕周钟离传 | 贺齐 全琮 吕岱 周鲂 钟离牧

○贺齐

贺齐字公苗，会稽山阴人也。虞预《晋书》曰：贺氏本姓庆氏。齐伯父纯，儒学有重名，汉安帝时为侍中、江夏太守，去官，与江夏黄琼、汉中杨厚俱公车征。避安帝父孝德皇讳，改为贺氏。齐父辅，永宁长。少为郡吏，守剡长。县吏斯从轻侠为奸，齐欲治之，主簿谏曰："从，县大族，山越所附，今日治之，明日寇至。"齐闻大怒，便立斩从。从族党遂相纠合，众千余人，举兵攻县。齐率吏民，开城门突击，大破之，威震山越。后太末、丰浦民反，转守太末长，诛恶养善，期月尽平。

建安元年，孙策临郡，察齐孝廉。时王朗奔东冶，候官长商升为朗起兵。策遣永宁长韩晏领南部都尉，将兵讨升，以齐为永宁长。晏为升所败，齐又代晏领都尉事。升畏齐威名，遣使乞盟。齐因告喻，为陈祸福，升遂送上印绶，出舍求降。贼帅张雅、詹彊等不愿升降，反共杀升，雅称无上将军，彊称会稽太守。贼盛兵少，未足以讨，齐住军息兵。雅与女婿何雄争势两乖，齐令越人因事交构，遂致疑隙，阻兵相图。齐乃进讨，一战大破雅，彊党震惧，率众出降。

候官既平，而建安、汉兴、南平复乱，齐进兵建安，立都尉府，是岁八年也。郡发属县五千兵，各使本县长将之，皆受齐节度。贼洪明、洪进、苑御、吴免、华当等五人，率各万户，连屯汉兴，吴五 姓吴，名五。 六千户别屯大潭，邹临六千户别屯盖竹，同出余汗。军讨汉兴，经余汗。齐以为贼众兵少，深入无继，恐为所断，令松阳长丁蕃留备余汗。蕃本与齐邻城，耻见部伍，辞不肯留。齐乃斩蕃，于是军中震栗，无不用命。遂分兵留备，进讨明等，连大破之。临阵斩明，其免、当、进、御皆降。转击盖竹，军向大潭，二将又降。凡讨治斩首六千级，名帅尽禽，复立县邑，料出兵万人，拜为平东校尉。十年，转讨上饶，分以为建平县。

十三年，迁威武中郎将，讨丹阳黟、歙。时武强、叶乡、东阳、丰浦四乡先降，齐表言以叶乡为始新县。而歙贼帅金奇万户屯安勒山，毛甘万户屯乌聊山，黟帅陈仆、祖山等二万户屯林历山。林历山四面壁立，高数十丈，径路危狭，不容刀楯，贼临高下石，不可得攻。军住经日，将吏患之。齐身出周行，观视形便，阴募轻捷士，为作铁弋，密于隐险贼所不备处，以弋拓堑为缘道，夜令潜上；乃多县布以援下人，得上百数人，四面流布，俱鸣鼓角，齐勒兵待之。贼夜闻鼓声四合，谓大军悉已得上，惊惧惑乱，不知所为，守路备险者，皆走还依众。大军因是得上，大破仆等，其余皆降，凡斩首七千。《抱朴子》曰：昔吴遣贺将军讨山贼，贼中有善禁者，每当交战，官军刀剑不得拔，弓弩射矢皆还自向，辄致不利。贺将军长情有思，乃曰："吾闻金有刃者可禁，虫有毒者可禁，其无刃之物、无毒之虫则不可禁。彼必是能禁吾兵者也，必不能禁无刃物矣。"乃多作劲木白棓，选有力精卒五千人为先登，尽捉棓。彼山贼恃其有善禁者，了不严备。于是官军以白棓击之，彼禁者果不复行，所击杀者万计。齐复表分歙为新定、黎阳、休阳。并黟、歙，凡六县，权遂割为新都郡，齐为太守，立府于始新，加偏将军。

十六年，吴郡余杭民郎稚合宗起贼，复数千人，齐出讨之，即复破稚，表言分余杭为临水县。《吴录》曰：晋改为临安。被命诣所在，及当还郡，权出祖道，作乐舞象。赐齐軿车骏马，罢坐住驾，使齐就车。齐辞不敢，权使左右扶齐上车，令导吏卒兵骑，如在郡仪。权望之笑曰："人当努力，非积行累勤，此不可得。"去百余步乃旋。

十八年，豫章东部民彭材、李玉、王海等起为贼乱，众万余人。齐讨平之，诛其首恶，余皆降服。拣其精健为兵，次为县户。迁奋武将军。

二十年，从权征合肥。时城中出战，徐盛被创失矛，齐引兵拒击，得盛所失。《江表传》曰：权征合肥还，为张辽所掩袭于津北，几至危殆。齐时率三千兵在津南迎权。权既入大船，会诸将饮宴，齐下席涕泣而言曰："至尊人主，常当持重。今日之事，几至祸败，群下震怖，若无天地，愿以此为终身诫。"权自前收其泪曰："大惭！谨以刻心，非但书诸绅也。"

二十一年，鄱阳民尤突受曹公印绶，化民为贼，陵阳、始安、泾县皆与突相应。齐与陆逊讨破突，斩首数千，余党震服，丹阳三县皆降，料得精兵八千人。拜安东将军，封山阴侯，出镇江上，督扶州以上至皖。

黄武初，魏使曹休来伐，齐以道远后至，因住新市为拒。会洞口诸军遭风流溺，所亡中分，将士失色。赖齐未济，偏军独全，诸将倚以为势。

齐性奢绮，尤好军事，兵甲器械极为精好。所乘船雕刻丹镂，青盖绛襜；干橹戈矛，葩瓜文画；弓弩矢箭，咸取上材；蒙冲斗舰之属，望之若山。休等惮之，遂引军还。迁后将军，假节领徐州牧。

初，晋宗为戏口将，以众叛如魏，还为蕲春太守，图袭安乐，取其保质。权以为耻忿，因军初罢，六月盛夏，出其不意，诏齐督糜芳、鲜于丹等袭蕲春，遂生虏宗。后四年卒，子达及弟景皆有令名，为佳将。

○全琮

全琮字子璜，吴郡钱唐人也。父柔，汉灵帝时举孝廉，补尚书郎右丞，董卓之乱，弃官归，州辟别驾从事，诏书就拜会稽东部都尉。孙策到吴，柔举兵先附，策表柔为丹阳都尉。孙权为车骑将军，以柔为长史，徙桂阳太守。柔尝使琮赍米数千斛到吴，有所市易。琮至，皆散用，空船而还。柔大怒，琮顿首曰："愚以所市非急，而士大夫方有倒县之患，故便振赡，不及启报。"柔更以奇之。是时中州士人避乱而南，依琮居者以百数，琮倾家给济，与共有无，遂显名远近。后权以为奋威校尉，授兵数千人，使讨山越。因开募召，得精兵万余人，出屯牛渚，稍迁偏将军。

建安二十四年，刘备将关羽围樊、襄阳，琮上疏陈羽可讨之计，权时已与吕蒙阴议袭之，恐事泄，故寝琮表不答。及禽羽，权置酒公安，顾谓琮曰："君前陈此，孤虽不相答，今日之捷，抑亦君之功也。"于是封阳华亭侯。

黄武元年，魏以舟军大出洞口，权使吕范督诸将拒之，军营相望。敌数以轻船钞击，琮常带甲仗兵，伺候不休。顷之，敌数千人出江中，琮击破之，枭其将军尹卢。迁琮绥南将军，进封钱唐侯。四年，假节领九江太守。

七年，权到皖，使琮与辅国将军陆逊击曹休，破之于石亭。是时丹阳、吴、会山民复为寇贼，攻没属县，权分三郡险地为东安郡，琮领太守。《吴录》曰：琮时治富春。至，明赏罚，招诱降附，数年中，得万余人。权召琮还牛渚，罢东安郡。《江表传》曰：琮还，经过钱唐，修祭坟墓，麾幢节盖，曜于旧里，请会邑人平生知旧、宗族六亲，施散惠与，千有余万，本土以为荣。黄龙元年，迁卫将军、左护军、徐州牧，《吴书》曰：初，琮为将甚勇决，当敌临难，奋不顾身。及作督帅，养威持重，每御军，常任计策，不营小利。|《江表传》曰：权使子登出征，已出军，次于安乐，群臣莫敢谏。琮密表曰："古来太子未尝偏征也，故从曰抚军，守曰监国。今太子东出，非古制也，臣窃忧疑。"权即从之，命登旋军，议者咸以为琮有大臣之节也。尚公主。

嘉禾二年，督步骑五万征六安，六安民皆散走，诸将欲分兵捕之。琮曰："夫乘危徼幸，举不百全者，非国家大体也。今分兵捕民，得失相半，岂可谓全哉？纵有所获，犹不足以弱敌而副国望也。如或邂逅，亏损非小，与其获罪，琮宁以身受之，不敢徼功以负国也。"

赤乌九年，迁右大司马、左军师。为人恭顺，善于承颜纳规，言辞未尝切迕。初，权将围珠崖及夷州，皆先问琮，琮曰："以圣朝之威，何向而不克？然殊方异域，隔绝障海，水土气毒，自古有之，兵入民出，必生疾病，转相污染，往者惧不能反，所获何可多致？猥亏江岸之兵，以冀万一之利，愚臣犹所不安。"权不听。军行经岁，士众疾疫死者十有八九，权深悔之。后言次及之，琮对曰："当是时，群臣有不谏者，臣以为不忠。"

琮既亲重，宗族子弟并蒙宠贵，赐累千金，然犹谦虚接士，貌无骄色。十二年卒，子怿嗣。后袭业领兵，救诸葛诞于寿春，出城先降，魏以为平东将军，封临湘侯。怿兄子祎、仪、静等亦降魏，皆历郡守列侯。

○吕岱

吕岱字定公，广陵海陵人也，为郡县吏，避乱南渡。孙权统事，岱诣幕府，出守吴丞。权亲断诸县仓库及囚系，长、丞皆见，岱处法应问，甚称权意，召署录事，出补余姚长，召募精健，得千余人。会稽东冶五县贼吕合、秦狼等为乱，权以岱为督军校尉，与将军蒋钦等将兵讨之，遂禽合、狼，五县平定，拜昭信中郎将。

建安二十年，督孙茂等十将从取长沙三郡。又安成、攸、永新、茶陵四县吏共入阴山城，合众拒岱，岱攻围，即降，三郡克定。权留岱镇长沙。安成长吴砀及中郎将袁龙等首尾关羽，复为反乱。砀据攸县，龙在醴陵。权遣横江将军鲁肃攻攸，砀得突走。岱攻醴陵，遂禽斩龙，迁庐陵太守。

延康元年，代步骘为交州刺史。到州，高凉贼帅钱博乞降，岱因承制，以博为高凉西部都尉。又郁林夷贼攻围郡县，岱讨破之。是时桂阳浈阳贼王金合众于南海界上，首乱为害，权又诏岱讨之，生缚金，传送诣都，斩首获生凡万余人。迁安南将军，假节，封都乡侯。

交阯太守士燮卒，权以燮子徽为安远将军，领九真太守，以校尉陈时代燮。岱表分海南三郡为交州，以将军戴良为刺史，海东四郡为广州，岱自为刺史。遣良与时南入，而徽不承命，举兵戍海口以拒良等。岱于是上疏请讨徽罪，督兵三千人晨夜浮海。或谓岱曰："徽藉累世之恩，为一州所附，未易轻也。"岱曰："今徽虽怀逆计，未虞吾之卒至，若我潜军轻举，掩其无备，破之必也。稽留不速，使得生心，婴城固守，七郡百蛮，云合响应，虽有智者，谁能图之？"遂行，过合浦，与良俱进。徽闻岱至，果大震怖，不知所出，即率兄弟六人肉袒迎岱。岱皆斩送其首。徽大将甘醴、桓治等率吏民攻岱，岱奋击，大破之，进封番禺侯。于是除广州，复为交州如故。岱既定交州，复进讨九真，斩获以万数。又遣从事南宣国化，暨徼外扶南、林邑、堂明诸王，各遣使奉贡。权嘉其功，进拜镇南将军。

黄龙三年，以南土清定，召岱还屯长沙沤口。王隐《交广记》曰：吴后复置广州，以南阳滕脩为刺史。或语脩虾须长一丈，脩不信，其人后故至东海，取虾须长四丈四尺，封以示脩，脩乃服之。会武陵蛮夷蠢动，岱与太常潘濬共讨定之。嘉禾三年，权令岱领潘璋士众，屯陆口，后徙蒲圻。四年，庐陵贼李桓、路合，会稽东冶贼随春，南海贼罗厉等一时并起。权复诏岱督刘纂、唐咨等分部讨击，春即时首降，岱拜春偏将军，使领其众，遂为列将，桓、厉等皆见斩获，传首诣都。权诏岱曰："厉负险作乱，自致枭首；桓凶狡反覆，已降复叛。前后讨伐，历年不禽，非君规略，谁能枭之？忠武之节，于是益著。元恶既除，大小震慑，其余细类，扫地族矣。自今已去，国家永无南顾之虞，三郡晏然，无怵惕之惊，又得恶民以供赋役，重用叹息。赏不逾月，国之常典，制度所宜，君其裁之。"

潘濬卒，岱代濬领荆州文书，与陆逊并在武昌，故督蒲圻。顷之，廖式作乱，攻围城邑，零陵、苍梧、郁林诸郡搔扰，岱自表辄行，星夜兼路。权遣使追拜岱交州牧，及遣诸将唐咨等骆驿相继，攻讨一年破之，斩式及遣诸所伪署临贺太守费杨等，并其支党，郡县悉平，复还武昌。时年已八十，然体素精勤，躬亲王事。奋威将军张承与岱书曰："昔旦奭翼周，二《南》作歌，今则足下与陆子也。忠勤相先，劳谦相让，功以权成，化与道合，君子叹其德，小人悦其美。加以文书鞅掌，宾客终日，罢不舍事，劳不言倦；又知上马辄自超乘，不由跨蹋，如此足下过廉颇也，何其事事快也。《周易》有之，礼言恭，德言盛，足下何有尽此美耶！"及陆逊卒，诸葛恪代逊，权乃分武昌为两部，岱督右部，自武昌上至蒲圻。迁上大将军，拜子凯副军校尉，监兵蒲圻。孙亮即位，拜大司马。

岱清身奉公，所在可述。初在交州，历年不饷家，妻子饥乏。权闻之叹息，以让群臣曰："吕岱出身万里，为国勤事，家门内困，而孤不早知。股肱耳目，其责安在？"于是加赐钱米布绢，岁有常限。

始，岱亲近吴郡徐原，慷慨有才志，岱知其可成，赐巾褠，与共言论，后遂荐拔，官至侍御史。原性忠壮，好直言，岱时有得失，原辄谏诤，又公论之，人或以告岱，岱叹曰："是我所以贵德渊者也。"及原死，岱哭之甚哀，曰："德渊，吕岱之益友，今不幸，岱复于何闻过？"谈者美之。

太平元年，年九十六卒，子凯嗣。遗令殡以素棺，疏巾布褠，葬送之制，务从约俭，凯皆奉行之。

○周鲂

周鲂字子鱼，吴郡阳羡人也。少好学，举孝廉，为宁国长，转在怀安。钱唐大帅彭式等蚁聚为寇，以鲂为钱唐侯相，旬月之间，斩式首及其支党，迁丹阳西部都尉。黄武中，鄱阳大帅彭绮作乱，攻没属城，乃以鲂为鄱阳太守，与胡综戮力攻讨，遂生禽绮，送诣武昌，加昭义校尉。被命密求山中旧族名帅为北敌所闻知者，令谲挑魏大司马扬州牧曹休。鲂答，恐民帅小丑不足仗任，事或漏泄，不能致休，乞遣亲人赍笺七条以诱休：

其一曰："鲂以千载徼幸，得备州民，远隔江川，敬恪未显，瞻望云景，天实为之。精诚微薄，名位不昭，虽怀焦渴，曷缘见明？狐死首丘，人情恋本，而逼所制，奉觐礼违。每独矫首西顾，未尝不寤寐劳叹、展转反侧也。今因隙穴之际，得陈宿昔之志，非神启之，岂能致此！不胜翘企，万里托命。谨遣亲人董岑、邵南等托叛奉笺。时事变故，列于别纸，惟明公君侯垂日月之光，照远民之趣，永令归命者有所戴赖。"

其二曰："魴远在边隅，江汜分绝，恩泽教化，未蒙抚及，而于山谷之间，遥陈所怀，惧以大义，未见信纳。夫物有感激，计因变生，古今同揆。魴仕东典郡，始愿已获，铭心立报，永矣无贰。岂图顷者中被横谴，祸在漏刻，危于投卵，进有离合去就之宜，退有诬罔枉死之咎，虽志行轻微，存没一节，顾非其所，能不怅然！敢缘古人，因知所归，拳拳输情，陈露肝膈。乞降春天之润，哀拯其急，不复猜疑，绝其委命。事之宣泄，受罪不测，一则伤慈损计，二则杜绝向化者心，惟明使君远览前世，矜而愍之，留神所质，速赐秘报。魴当候望举动，俟须向应。"

其三曰："魴所代故太守广陵王靖，往者亦以郡民为变，以见谴责，靖勤自陈释，而终不解，因立密计，欲北归命，不幸事露，诛及婴孩。魴既目见靖事，且观东主一所非薄，嬺不复厚，虽或暂舍，终见翦除。今又令魴领郡者，是欲责后效。必杀魴之趣也。虽尚视息，忧惕焦灼，未知躯命，竟在何时。人居世间，犹白驹过隙，而常抱危怖，其可言乎！惟当陈愚，重自披尽，惧以卑贱，未能采纳。愿明使君少垂详察，忖度其言。今此郡民，虽外名降首，而故在山草，看伺空隙，欲复为乱，为乱之日，魴命讫矣。东主顷者潜部分诸将，图欲北进。吕范、孙韶等入淮，全琮、朱桓趋合肥，诸葛瑾、步骘、朱然到襄阳，陆议、潘璋等讨梅敷。东主中营自掩石阳，别遣从弟孙奂治安陆城，修立邸阁，辇赍运粮，以为军储；又命诸葛亮进指关西，江边诸将无复在者，才留三千所兵守武昌耳。若明使君以万兵从皖南首江渚，魴便从此率厉吏民以为内应。此方诸郡，前后举事，垂成而败者，由无外援使其然耳；若北军临境，传檄属城，思咏之民，谁不企踵？愿明使君上观天时，下察人事，中参蓍龟，则足昭往言之不虚也。"

其四曰："所遣董岑、邵南少长家门，亲之信之，有如儿子，是以特令赍笺，托叛为辞，目语心计，不宣唇齿，骨肉至亲，无有知者。又已敕之，到州当言往降，欲北叛来者得传之也。鲂建此计，任之于天，若其济也，则有生全之福；邂近泄漏，则受夷灭之祸。常中夜仰天，告誓星辰。精诚之微，岂能上感，然事急孤穷，惟天是诉耳。遣使之日，载生载死，形存气亡，魄爽恍惚。私恐使君未深保明，岑、南二人可留其一，以为后信。一赍教还，教还故当言悔叛还首。东主有常科，悔叛还者，皆自原罪。如是彼此俱塞，永无端原。县命西望，涕笔俱下。"

其五曰："鄱阳之民，实多愚劲，帅之赴役，未即应人，倡之为变，闻声响扑。今虽降首，盘节未解，山栖草藏，乱心犹存，而今东主图兴大众，举国悉出，江边空旷，屯坞虚损，惟有诸刺奸耳。若因是际而骚动此民，一旦可得便会，然要恃外援，表里机互，不尔以往，无所成也。今使君若从皖道进住江上，鲂当从南对岸历口为应。若未径到江岸，可住百里上，令此间民知北军在彼，即自善也。此间民非苦饥寒而甘вз寇，苦于征讨，乐得北属，但穷困举事，不时见应，寻受其祸耳。如使石阳及青、徐诸军首尾相衔，牵缀往兵，使不得速退者，则善之善也。鲂生在江、淮，长于时事，见其便利，百举百捷，时不再来，敢布腹心。"

其六曰："东主致恨前者不拔石阳，今此后举，大合新兵，并使潘濬发夷民，人数甚多，闻豫设科条，当以新赢兵置前，好兵在后；攻城之日，云欲以赢兵填堑，使即时破，虽未能然，是事大趣也。私恐石阳城小，不能久留往兵，明使君速垂救济，诚宜疾密。王靖之变，其鉴不远。今舫归命，非复在天，正在明使君耳。若见救以往，则功可必成，如见救不时，则与靖等同祸。前彭绮时，闻旌麾在逢龙，此郡民大小欢喜，并思立效。若留一月日间，事当大成，恨去电速，东得增众专力讨绮，绮始败耳。愿使君深察此言。"

其七曰："今举大事，自非爵号无以劝之，乞请将军、侯印各五十纽，郎将印百纽，校尉、都尉印各二百纽，得以假授诸魁帅，奖厉其志；并乞请幢麾数十，以为表帜，使山兵吏民，目瞻见之，知去就之分已决，承引所救画定。又彼此降叛，日月有人，阔狭之间，辄得闻知。今之大事，事宜神密，若省舫笺，乞加隐秘。伏知智度有常，防虑必深，舫怀忧震灼，启事蒸仍，乞未罪怪。"

舫因别为密表曰："方北有逋寇，固阻河洛，久稽王诛，自擅朔土，臣曾不能吐奇举善，上以光赞洪化，下以输展万一，忧心如捣，假寐忘寝。圣朝天覆，含臣无效，猥发优命，敕臣以前诱致贼休，恨不如计。令于郡界求山谷魁帅为北贼所闻知者，令与北通。臣伏思惟，喜怖交集，窃恐此人不可卒得，假使得之，惧不可信，不如令臣谲休，于计为便。此臣得以经年之冀愿，逢值千载之一会，辄自督竭，竭尽顽蔽，撰立笺草以诳诱休者，如别纸。臣知无古人单复之术，加卒奉大略，伀矇狼狈，惧以轻愚，忝负特施，豫怀忧灼。臣闻唐尧先天而天弗违，博询刍荛，以成盛勋。朝廷神谟，欲必致休于步度之中，灵赞圣规，休必自送，使六军囊括，虏无孑遗，威风电迈，天下幸甚。谨拜表以闻，并呈笺草，惧于浅局，追用悚息。"被报施行。休果信魴，帅步骑十万，辎重满道，径来入皖。魴亦合众，随陆逊横截休。休幅裂瓦解，斩获万计。

魴初建密计时，频有郎官奉诏诘问诸事，魴乃诣部郡门下，因下发谢，故休闻之，不复疑虑。事捷军旋，权大会诸将欢宴，酒酣，谓魴曰："君下发载义，成孤大事，君之功名，当书之竹帛。"加裨将军，赐爵关内侯。徐众评曰：夫人臣立功效节，虽非一涂，然各有分也。为将执枹鼓，则有必死之义，志守则有不假器之义，死必得所，义在不苟。魴为郡守，职在治民，非君所命，自占诱敌，髡剔发肤，以徇功名，虽事济受爵，非君子所美。

贼帅董嗣负阻劫钞，豫章、临川并受其害。臣松之案：孙亮太平二年始立临川郡，是时未有临川。吾粲、唐咨尝以三千兵攻守，连月不能拔。魴表乞罢兵，得以便宜从事。魴遣间谍，授以方策，诱狙杀嗣。嗣弟怖惧，诣武昌降于陆逊，乞出平地，自改为善，由是数郡无复忧惕。

魴在郡十三年卒，赏善罚恶，威恩并行。子处，亦有文武材干，天纪中为东观令、无难督。虞预《晋书》曰：处入晋，为御史中丞，多所弹纠，不避强御。齐万年反，以处为建威将军，西征，众寡不敌，处临阵慷慨，奋不顾命，遂死于战场，追赠平西将军。处子玘、札，皆有才力，中兴之初，并见宠任。其诸子侄悉处列位，为扬土豪右，而札凶淫放恣，为百姓所苦。泰宁中，王敦诛之，灭其族。

○钟离牧

钟离牧字子幹，会稽山阴人，汉鲁相意七世孙也。少爱居永兴，躬自垦田，种稻二十余亩。临熟，县民有识认之，牧曰："本以田荒，故垦之耳。"遂以稻与县人。县长闻之，召民系狱，欲绳以法，牧为之请。长曰："君慕承宫，自行义事，仆为民主，当以法率下，何得寝公宪而从君邪？"牧曰："此是郡界，缘君意顾，故来暂住。今以少稻而杀此民，何心复留？"遂出装，还山阴，长自往止之，为释系民。民惭惧，率妻子春所取稻得六十斛米，送还牧，牧闭门不受。民输置道旁，莫有取者。牧由此发名。

赤乌五年，从郎中补太子辅义都尉，迁南海太守。《会稽典录》曰：高凉贼率仍弩等破略百姓，残害吏民，牧越界扑讨，旬日降服。又揭阳县贼率曾夏等众数千人，历十余年，以侯爵杂缯千匹，下书购募，绝不可得。牧遣使慰譬，登皆首服，自改为良民。始兴太守羊衜与太常滕胤书曰："钟离子幹吾昔知之不熟，定见其在南海，威恩部伍，智勇分明，加操行清纯，有古人之风。"其见贵如此。在郡四年，以疾去职。还为丞相长史，转司直，迁中书令。会建安、鄱阳、新都三郡山民作乱，出牧为监军使者，讨平之。贼帅黄乱、常俱等出其部伍，以充兵役。封秦亭侯，拜越骑校尉。

永安六年，蜀并于魏。武陵五溪夷与蜀接界，时论惧其叛乱，乃以牧为平魏将军，领武陵太守，往之郡。魏遣汉葭县长郭纯试守武陵太守，率涪陵民入蜀迁陵界，屯于赤沙，诱致诸夷邑君，或起应纯；又进攻酉阳县，郡中震惧。牧问朝吏曰："西蜀倾覆，边境见侵，何以御之？"皆对曰："今二县山险，诸夷阻兵，不可以军惊扰，惊扰则诸夷盘结。宜以渐安，可遣恩信吏宣教慰劳。"
牧曰："不然。外境内侵，诳诱人民，当及其根柢未深而扑取之，
此救火贵速之势也。"敕外趣严，掾史沮议者便行军法。抚夷将军
高尚说牧曰："昔潘太常督兵五万，然后以讨五溪夷耳。又是时刘
氏连和，诸夷率化，今既无往日之援，而郭纯已据迁陵，而明府
以三千兵深入，尚未见其利也。"牧曰："非常之事，何得循旧？"
即率所领，晨夜进道，缘山险行，垂二千里，从塞上，斩恶民怀
异心者魁帅百余人及其支党凡千余级。纯等散，五溪平。迁公安
督、扬武将军，封都乡侯，徙濡须督。《会稽典录》曰：牧之在濡须，
深以进取可图，而不敢陈其策，与侍中东观令朱育宴，慨然叹息。育谓
牧恨于策爵未副，因谓牧曰："朝廷诸君，以际会坐取高官，亭侯功无与
比，不肯在人下，见顾者犹以於邑，况于侯也！"牧笑而答曰："卿之所言，
未获我心也。马援有言，人当功多而赏薄。吾功不足录，而见宠已过当，
岂以为恨？国家不深相知，而见害朝人，是以默默不敢有所陈。若其不
然，当建进取之计，以报所受之恩，不徒自守而已，愤叹以此也。"育复
曰："国家已自知侯，以侯之才，无为不成。愚谓自可陈所怀。"牧曰："武
安君谓秦王云：'非成业难，得贤难；非得贤难，用之难；非用之难，任
之难。'武安君欲为秦王并兼六国，恐授事而不见任，故先陈此言。秦王
既许而不能，卒陨将成之业，赐剑杜邮。今国家知吾，不如秦王之知武
安，而害吾者有过范雎。大皇帝时，陆丞相讨鄱阳，以二千人授吾，潘
太常讨武陵，吾又有三千人，而朝廷下议，弃吾于彼，使江渚诸督，不
复发兵相继。蒙国威灵自济，今日何为常。向使吾不料时度宜，苟有所陈，
至见委以事，不足兵势，终有败绩之患，何无不成之有？"复以前将军
假节，领武陵太守。卒官。家无余财，士民思之。子祎嗣，代领兵。

评曰：山越好为叛乱，难安易动，是以孙权不遑外御，卑词魏氏。凡此诸臣，皆克宁内难，绥静邦域者也。吕岱清恪在公，周鲂谲略多奇，钟离牧蹈长者之规，全琮有当世之才，贵重于时，然不检奸子，获讥毁名云。

六十一卷 吴书 十六

潘濬陆凯传 | 潘濬 陆凯

○潘濬

潘濬字承明，武陵汉寿人也。弱冠从宋仲子受学。《吴书》曰：濬为人聪察，对问有机理，山阳王粲见而贵异之。由是知名，为郡功曹。年未三十，荆州牧刘表辟为部江夏从事。时沙羡长赃秽不修，濬按杀之，一郡震竦。后为湘乡令，治甚有名。刘备领荆州，以濬为治中从事。备入蜀，留典州事。

孙权杀关羽，并荆土，拜濬辅军中郎将，授以兵。《江表传》曰：权克荆州，将吏悉皆归附，而濬独称疾不见。权遣人以床就家舆致之，濬伏面著床席不起，涕泣交横，哀哽不能自胜。权慰劳与语，呼其字曰："承明，昔观丁父，鄀俘也，武王以为军帅；彭仲爽，申俘也，文王以为令尹。此二人，卿荆国之先贤也，初虽见囚，后皆擢用，为楚名臣。卿独不然，未肯降意，将以孤异古人之量邪？"使亲近以手巾拭其面，濬起下地拜谢。即以为治中，荆州诸军事一以谘之。武陵部从事樊伷诱导诸夷，图以武陵属刘备，外白差督督万人往讨之。权不听，特召问濬，濬答："以五千兵往，足可以擒伷。"权曰："卿何以轻之？"濬曰："伷是南阳旧姓，颇能弄唇吻，而实无辩论之才。臣所以知之者，偶昔尝为州人设馔，比至日中，食不可得，而十余自起，此亦侏儒观一节之验也。"权大笑而纳其言，即遣潘将五千往，果斩平之。迁奋威将军，封常迁亭侯。权称尊号，拜为少府，进封刘阳侯，《江表传》曰：权数射雉，潘谏权，权曰："相与别后，时时暂出耳，不复如往日之时也。"潘曰："天下未定，万机务多，射雉非急，弦绝括破，皆能为害，乞特为臣故息置之。"潘出，见雉翳故在，乃手自撤坏之。权由是自绝，不复射雉。迁太常。五溪蛮夷叛乱盘结，权假潘节，督诸军讨之。信赏必行，法不可干，斩首获生，盖以万数，自是群蛮衰弱，一方宁静。《江表传》曰：时潘姨兄零陵蒋琬为蜀大将军，或有间潘于武陵太守卫旌者，云潘遣密使与琬相闻，欲有自托之计。旌以启权，权曰："承明不为此也。"即封旌表以示于潘，而召旌还，免官。

先是，潘与陆逊俱驻武昌，共掌留事，还复故。时校事吕壹操弄威柄，奏按丞相顾雍、左将军朱据等，皆见禁止。黄门侍郎谢厷语次问壹："顾公事何如？"壹答："不能佳。"厷又问："若此公免退，谁当代之？"壹未答厷，厷曰："得无潘太常得之乎？"壹良久曰："君语近之也。"厷谓曰："潘太常常切齿于君，但道远无因耳。今日代顾公，恐明日便击君矣。"壹大惧，遂解散雍事。潘求朝，诣建业，欲尽辞极谏。至，闻太子登已数言之而不见从，潘乃大请百寮，欲因会手刃杀壹，以身当之，为国除患。壹密闻知，称疾不行。潘每进见，无不陈壹之奸险也。由此壹宠渐衰，后遂诛戮。权引咎责躬，因诮让大臣，语在《权传》。

赤乌二年，潘卒，子翥嗣。潘女配建昌侯孙虑。

234

○陆凯 弟胤

陆凯字敬风，吴郡吴人，丞相逊族子也。黄武初为永兴、诸暨长，所在有治迹，拜建武都尉，领兵。虽统军众，手不释书。好《太玄》，论演其意，以筮辄验。赤乌中，除儋耳太守，讨朱崖，斩获有功，迁为建武校尉。五凤二年，讨山贼陈毖于零陵，斩毖克捷，拜巴丘督、偏将军，封都乡侯，转为武昌右部督。与诸将共赴寿春，还，累迁荡魏、绥远将军。孙休即位，拜征北将军，假节领豫州牧。孙晧立，迁镇西大将军，都督巴丘，领荆州牧，进封嘉兴侯。孙晧与晋平，使者丁忠自北还，说晧弋阳可袭，凯谏止，语在《晧传》。宝鼎元年，迁左丞相。

晧性不好人视己，群臣侍见，皆莫敢迕。凯说晧曰："夫君臣无不相识之道，若卒有不虞，不知所赴。"晧听凯自视。

晧时徙都武昌，扬土百姓溯流供给，以为患苦，又政事多谬，黎元穷匮。凯上疏曰：

"臣闻有道之君，以乐乐民；无道之君，以乐乐身。乐民者，其乐弥长；乐身者，不久而亡。夫民者，国之根也，诚宜重其食，爱其命。民安则君安，民乐则君乐。自顷年以来，君威伤于桀纣，君明暗于奸雄，君惠闭于群孽。无灾而民命尽，无为而国财空，辜无罪，赏无功，使君有谬误之愆，天为作妖。而诸公卿媚上以求爱，困民以求饶，导君于不义，败政于淫俗，臣窃为痛心。今邻国交好，四边无事，当务息役养士，实其廪库，以待天时。而更倾动天心，搔扰万姓，使民不安，大小呼嗟，此非保国养民之术也。

"臣闻吉凶在天，犹影之在形，响之在声也。形动则影动，形止则影止，此分数乃有所系，非在口之所进退也。昔秦所以亡天下者，但坐赏轻而罚重，政刑错乱，民力尽于奢侈，目眩于美色，志浊于财宝，邪臣在位，贤哲隐藏，百姓业业，天下苦之，是以遂有覆巢破卵之忧。汉所以强者，躬行诚信，听谏纳贤，惠及负薪，躬请岩穴，广采博察，以成其谋。此往事之明证也。

"近者汉之衰末，三家鼎立，曹失纲纪，晋有其政。又益州危险，兵多精强，闭门固守，可保万世，而刘氏与夺乖错，赏罚失所，君恣意于奢侈，民力竭于不急，是以为晋所伐，君臣见虏。此目前之明验也。

"臣暗于大理，文不及义，智慧浅劣，无复冀望，窃为陛下惜天下耳。臣谨奏耳目所闻见，百姓所为烦苛，刑政所为错乱，愿陛下息大功，损百役，务宽荡，忽苛政。

"又武昌土地，实危险而墝确，非王都安国养民之处，船泊则沈漂，陵居则峻危，且童谣言：'宁饮建业水，不食武昌鱼；宁还建业死，不止武昌居。'臣闻翼星为变，荧惑作妖，童谣之言，生于天心，乃以安居而比死，足明天意，知民所苦也。

"臣闻国无三年之储，谓之非国，而今无一年之畜，此臣下之责也。而诸公卿位处人上，禄延子孙，曾无致命之节、匡救之术，苟进小利于君以求容媚，荼毒百姓，不为君计也。自从孙弘造义兵以来，耕种既废，所在无复输入，而分一家父子异役，廪食日张，畜积日耗，民有离散之怨，国有露根之渐，而莫之恤也。民力困穷，鬻卖儿子，调赋相仍，日以疲极；所在长吏，不加隐括，加有监官，既不爱民，务行威势，所在搔扰，更为烦苛。民

236

苦二端，财力再耗，此为无益而有损也。愿陛下一息此辈，矜哀孤弱，以镇抚百姓之心。此犹鱼鳖得免毒螫之渊，鸟兽得离罗网之纲，四方之民襁负而至矣。如此，民可得保，先王之国存焉。

"臣闻五音令人耳不聪，五色令人目不明，此无益于政，有损于事者也。自昔先帝时，后宫列女，及诸织络，数不满百，米有畜积，货财有余。先帝崩后，幼、景在位，更改奢侈，不蹈先迹。伏闻织络及诸徒坐，乃有千数，计其所长，不足为国财，然坐食官廪，岁岁相承，此为无益，愿陛下料出赋嫁，给与无妻者。如此，上应天心，下合地意，天下幸甚。

"臣闻殷汤取士于商贾，齐桓取士于车辕，周武取士于负薪，大汉取士于奴仆。明王圣主取士以贤，不拘卑贱，故其功德洋溢，名流竹素，非求颜色而取好服、捷口、容悦者也。臣伏见当今内宠之臣，位非其人，任非其量，不能辅国匡时，群党相扶，害忠隐贤。愿陛下简文武之臣，各勤其官，州牧督将，藩镇方外，公卿尚书，务修仁化，上助陛下，下拯黎民，各尽其忠，拾遗万一，则康哉之歌作，刑错之理清。愿陛下留神思臣愚言。"

时殿上列将何定佞巧便辟，贵幸任事，凯面责定曰："卿见前后事主不忠，倾乱国政，宁有得以寿终者邪！何以专为佞邪，秽尘天听？宜自改厉。不然，方见卿有不测之祸矣。"定大恨凯，思中伤之，凯终不以为意，乃心公家，义形于色，表疏皆指事不饰，忠恳内发。

建衡元年，疾病，晧遣中书令董朝问所欲言，凯陈："何定不可任用，宜授外任，不宜委以国事。奚熙小吏，建起浦里田，欲复严密故迹，亦不可听。姚信、楼玄、贺邵、张悌、郭逴、薛莹、滕修及族弟喜、抗，或清白忠勤，或姿才卓茂，皆社稷之桢干，国家之良辅，愿陛下重留神思，访以时务，各尽其忠，拾遗万一。"遂卒，时年七十二。

子祎，初为黄门侍郎，出领部曲，拜偏将军。凯亡后，入为太子中庶子。右国史华覈表荐祎曰："祎体质方刚，器干强固，董率之才，鲁肃不过。及被召当下，径还赴都，道由武昌，曾不回顾，器械军资，一无所取，在戎果毅，临财有节。夫夏口，贼之冲要，宜选名将以镇戍之，臣窃思惟，莫善于祎。"

初，晧常衔凯数犯颜忤旨，加何定谮构非一，既以重臣，难绳以法，又陆抗时为大将在疆埸，故以计容忍。抗卒后，竟徙凯家于建安。

或曰宝鼎元年十二月，凯与大司马丁奉、御史大夫丁固谋，因晧谒庙，欲废晧立孙休子。时左将军留平领兵先驱，故密语平，平拒而不许，誓以不泄，是以所图不果。太史郎陈苗奏晧久阴不雨，风气回逆，将有阴谋，晧深警惧云。《吴录》曰：旧拜庙，选兼大将军领三千兵为卫，凯欲因此兵图之，令选曹白用丁奉。晧偶不欲，曰："更选。"凯令执据，虽暂兼，然宜得其人。晧曰："用留平。"凯令其子祎以谋语平。平素与丁奉有隙，祎未及得宣凯旨，平语祎曰："闻野猪入丁奉营，此凶征也。"有喜色。祎乃不敢言，还，因具启凯，故辍止。

予连从荆、扬来者得凯所谏晧二十事，博问吴人，多云不闻凯有此表。又按其文殊甚切直，恐非晧之所能容忍也。或以为凯藏之篋笥，未敢宣行，病困，晧遣董朝省问欲言，因以付之。虚实难明，故不著于篇，然爱其指擿晧事，足为后戒，故钞列于《凯传》左云。

晧遣亲近赵钦口诏报凯前表曰："孤动必遵先帝，有何不平？君所谏非也。又建业宫不利，故避之，而西宫室宇摧朽，须谋移都，何以不可徙乎？"凯上疏曰：

"臣窃见陛下执政以来，阴阳不调，五星失晷，职司不忠，奸党相扶，是陛下不遵先帝之所致。《江表传》载凯此表曰："臣拜受明诏，心与气结。陛下何心之难悟，意不聪之甚也！"夫王者之兴，受之于天，修之由德，岂在宫乎？而陛下不谘之公辅，便盛意驱驰，六军流离悲惧，逆犯天地，天地以灾，童歌其谣。纵令陛下一身得安，百姓愁劳，何以用治？此不遵先帝一也。

"臣闻有国以贤为本，夏杀龙逢，殷获伊挚，斯前世之明效，今日之师表也。中常侍王蕃黄中通理，处朝忠謇，斯社稷之重镇，大吴之龙逢也，而陛下忿其苦辞，恶其直对，枭之殿堂，尸骸暴弃。邦内伤心，有识悲悼，咸以吴国夫差复存。先帝亲贤，陛下反之，是陛下不遵先帝二也。

"臣闻宰相国之柱也，不可不强，是故汉有萧、曹之佐，先帝有顾、步之相。而万彧琐才凡庸之质，昔从家隶，超步紫闼，于彧已丰，于器已溢，而陛下爱其细介，不访大趣，荣以尊辅，越尚旧臣。贤良愤惋，智士赫咤，是不遵先帝三也。

"先帝爱民过于婴孩，民无妻者以妾妻之，见单衣者以帛给之，枯骨不收而取埋之。而陛下反之，是不遵先帝四也。

"昔桀纣灭由妖妇，幽厉乱在嬖妾，先帝鉴之，以为身戒，故左右不置淫邪之色，后房无旷积之女。今中宫万数，不备嫔嫱，外多鳏夫，女吟于中。风雨逆度，正由此起，是不遵先帝五也。

"先帝忧劳万机，犹惧有失。陛下临阼以来，游戏后宫，眩惑妇女，乃令庶事多旷，下吏容奸，是不遵先帝六也。

"先帝笃尚朴素，服不纯丽，宫无高台，物不雕饰，故国富民充，奸盗不作。而陛下征调州郡，竭民财力，土被玄黄，宫有朱紫，是不遵先帝七也。

"先帝外仗顾、陆、朱、张，内近胡综、薛综，是以庶绩雍熙，邦内清肃。今者外非其任，内非其人，陈声、曹辅，斗筲小吏，先帝之所弃，而陛下幸之，是不遵先帝八也。

"先帝每宴见群臣，抑损醇酎，臣下终日无失慢之尤，百寮庶尹，并展所陈。而陛下拘以视瞻之敬，惧以不尽之酒。夫酒以成礼，过则败德，此无异商辛长夜之饮也，是不遵先帝九也。

"昔汉之桓、灵，亲近宦竖，大失民心。今高通、詹廉、羊度，黄门小人，而陛下赏以重爵，权以战兵。若江渚有难，烽燧互起，则度等之武不能御侮明也，是不遵先帝十也。

"今宫女旷积，而黄门复走州郡，条牒民女，有钱则舍，无钱则取，怨呼道路，母子死诀，是不遵先帝十一也。

"先帝在时，亦养诸王太子，若取乳母，其夫复役，赐与钱财，给其资粮，时遣归来，视其弱息。今则不然，夫妇生离，夫故作役，儿从后死，家为空户，是不遵先帝十二也。

"先帝叹曰：'国以民为本，民以食为天，衣其次也，三者，孤存之于心。'今则不然，农桑并废，是不遵先帝十三也。

"先帝简士，不拘卑贱，任之乡闾，效之于事，举者不虚，受者不妄。今则不然，浮华者登，朋党者进，是不遵先帝十四也。

"先帝战士，不给他役，使春惟知农，秋惟收稻，江渚有事，责其死效。今之战士，供给众役，廪赐不赡，是不遵先帝十五也。

"夫赏以劝功，罚以禁邪，赏罚不中，则士民散失。今江边将士，死不见哀，劳不见赏，是不遵先帝十六也。

"今在所监司，已为烦猥，兼有内使，扰乱其中，一民十吏，何以堪命？昔景帝时，交阯反乱，实由兹起，是为遵景帝之阙，不遵先帝十七也。

"夫校事，吏民之仇也。先帝末年，虽有吕壹、钱钦，寻皆诛夷，以谢百姓。今复张立校曹，纵吏言事，是不遵先帝十八也。

"先帝时，居官者咸久于其位，然后考绩黜陟。今州郡职司，或莅政无几，便征召迁转，迎新送旧，纷纭道路，伤财害民，于是为甚，是不遵先帝十九也。

"先帝每察竟解之奏，当留心推按，是以狱无冤囚，死者吞声。今则违之，是不遵先帝二十也。

"若臣言可录，藏之盟府；如其虚妄，治臣之罪。愿陛下留意。"《江表传》曰：晧所行弥暴，凯知其将亡，上表曰："臣闻恶不可积，过不可长；积恶长过，丧乱之源也。是以古人惧不闻非，故设进善之旌，立敢谏之鼓。武公九十，思闻警戒，《诗》美其德，士悦其行。臣察陛下无思警戒之义，而有积恶之渐，臣深忧之，此祸兆见矣。故略陈其要，写尽愚怀。陛下宜克己复礼，述履前德，不可捐弃臣言，而放奢意。意奢情至，吏日欺民；民离则上不信下，下当疑上，骨肉相克，公子相奔。臣虽愚，暗于天命，以心审之，败不过二十稔也。臣常忿亡国之人夏桀、殷纣，亦不可使后人复忿陛下也。臣受国恩，奉朝三世，复以余年，值遇陛下，不能循俗，与众沈浮。若比干、伍员，以忠见戮，以正见疑，自谓毕足，无所余恨，灰身泉壤，无负先帝，愿陛下九思，社稷存焉。"初，晧始起宫，凯上表谏，不听，凯重表曰："臣闻宫功当起，夙夜反侧，是以频烦上事，往往留中，不见省报，於邑叹息，企想应罢。昨食时，被诏曰：'君所谏，诚是大趣，然未合鄙意，如何？此宫殿不利，宜当避之，乃可以妨劳役，长坐不利宫乎？父之不安，子亦何倚？'臣拜纸诏，伏读一周，不觉气结于胸，而涕泣雨集也。臣年已六十九，荣禄已重，于臣过望，复何所冀？所以勤勤数进苦言者，臣伏念大皇帝创基立业，劳苦勤至，白发生于鬓肤，黄耇被于甲胄。天下始静，晏驾早崩，自含息之类，能言之伦，无不歔欷，如丧考妣。幼主嗣统，柄在臣下，军有连征之费，民有雕残之损。贼臣干政，公家空竭。今强敌当涂，西州倾覆，孤罢之民，宜当畜养，广力肆业，以备有虞。且始徙都，属有军征，战士流离，州郡搔扰，而大功复起，征召四方，斯非保国致治之渐也。臣闻为人主者，攘灾以德，除咎以义。故汤遭大旱，身祷桑林，荧惑守心，宋景退殿，是以旱魃销亡，妖星移舍。今宫室之不利，但当克己复礼，笃汤、宋之至道，愍黎庶之困苦，何忧宫之不安，灾之不销乎？陛下不务修德，而务筑宫室，若德之不修，行之不贵，虽殷辛之瑶台，秦皇之阿房，何止而不丧身覆国，宗庙作墟乎？夫兴土功，高台榭，既致水旱，民又多疾，其不疑也。为父长安，使子无倚，此乃子离于父，臣离于陛下之象也。臣子一离，虽念克骨，茅茨不翦，复何益焉？是以大皇帝居于南宫，自谓过于阿房。故先朝大臣，以为宫室宜厚，备卫非常，大皇帝曰：'逆房游魂，当爱育百姓，何聊趣于不急？'然臣下恳恻，由不获已，故裁调近郡，苟副众心，比当就功，犹豫三年。当此之时，寇钞慑威，不犯我境，师徒奔北，且西阻岷、汉，南州无事，尚犹冲让，未肯筑宫，况陛下危恻之世，又乏大皇帝之德，可不虑哉？愿陛下留意，臣不虚言。”

胤字敬宗，凯弟也。始为御史、尚书选曹郎，太子和闻其名，待以殊礼。会全寄、杨竺等阿附鲁王霸，与和分争，阴相谮构，胤坐收下狱，楚毒备至，终无他辞。《吴录》曰：太子自惧黜废，而鲁王觊觎益甚。权时见杨竺，辟左右而论霸之才，竺深述霸有文武英姿，宜为嫡嗣，于是权乃许立焉。有给使伏于床下，具闻之，以告太子。胤当至武昌，往辞太子。太子不见，而微服至其车上，与共密议，欲令陆逊表谏。既而逊有表极谏，权疑竺泄之，竺辞不服。权使竺出寻其由，竺白顷惟胤西行，必其所道。又遣问逊何由知之，逊言胤所述。召胤考问，胤为太子隐曰：“杨竺向臣道之。”遂共为狱。竺不胜痛毒，服是所道。初权疑竺泄之，及服，以为果然，乃斩竺。

后为衡阳督军都尉。赤乌十一年，交阯、九真夷贼攻没城邑，交部骚动。以胤为交州刺史、安南校尉。胤入南界，喻以恩信，务崇招纳，高凉渠帅黄吴等支党三千余家皆出降。引军而南，重宣至诚，遗以财币。贼帅百余人，民五万余家，深幽不羁，莫不稽颡，交域清泰。就加安南将军。复讨苍梧建陵贼，破之，前后出兵八千余人，以充军用。

永安元年，征为西陵督，封都亭侯，后转在虎林。中书丞华覈表荐胤曰：“胤天姿聪朗，才通行洁，昔历选曹，遗迹可纪。还在交州，奉宣朝恩，流民归附，海隅肃清。苍梧、南海，岁有暴风瘴气之害，风则折木，飞砂转石，气则雾郁，飞鸟不经。自胤至州，风气绝息，商旅平行，民无疾疫，田稼丰稔。州治临海，海流秋咸，胤又畜水，民得甘食。惠风横被，化感人神，遂凭天威，招合遗散。至被诏书当出，民感其恩，以忘恋土，负老携幼，甘心景从，众无携贰，不烦兵卫。自诸将合众，皆胁之以威，未有如胤结以恩信者也。衔命在州，十有余年，宾带殊俗，宝玩所生，而内无粉黛附珠之妾，家无文甲犀象之珍，方之今臣，实难多得。宜在辇毂，股肱王室，以赞唐虞康哉之颂。江边任轻，不尽其才，虎林选督，堪之者众。若召还都，宠以上司，则天工毕修，庶绩咸熙矣。"

胤卒，子式嗣，为柴桑督、扬武将军。天策元年，与从兄祎俱徙建安。天纪二年，召还建业，复将军、侯。

评曰：潘濬公清割断，陆凯忠壮质直，皆节概梗梗，有大丈夫格业。胤身洁事济，著称南土，可谓良牧矣。

六十二卷 吴书 ^{十七}

是仪胡综传 | 是仪 胡综

○是仪

是仪字子羽，北海营陵人也。本姓氏，初为县吏，后仕郡，郡相孔融嘲仪，言"氏"字"民"无上，可改为"是"，乃遂改焉。

徐众评曰：古之建姓，或以所生，或以官号，或以祖名，皆有义体以明氏族。故曰胙之土而命之氏，此先王之典也，所以明本重始，彰示功德，子孙不忘也。今离文析字，横生忌讳，使仪易姓，忘本诬祖，不亦谬哉！教人易姓，从人改族，融既失之，仪又不得也。后依刘繇，避乱江东。繇军败，仪徙会稽。

孙权承摄大业，优文征仪。到见亲任，专典机密，拜骑都尉。

吕蒙图袭关羽，权以问仪，仪善其计，劝权听之。从讨羽，拜忠义校尉。仪陈谢，权令曰："孤虽非赵简子，卿安得不自屈为周舍邪？"

既定荆州，都武昌，拜裨将军，后封都亭侯，守侍中。欲复授兵，仪自以非材，固辞不受。黄武中，遣仪之皖就将军刘邵，欲诱致曹休。休到，大破之，迁偏将军，入阙省尚书事，外总平诸官，兼领辞讼，又令教诸公子书学。

大驾东迁，太子登留镇武昌，使仪辅太子。太子敬之，事先谘询，然后施行。进封都乡侯。后从太子还建业，复拜侍中、中执法，平诸官事、领辞讼如旧。典校郎吕壹诬白故江夏太守刁嘉谤讪国政，权怒，收嘉系狱，悉验问。时同坐人皆怖畏壹，并言闻之，仪独云无闻。于是见穷诘累日，诏旨转厉，群臣为之屏息。仪对曰："今刀锯已在臣颈，臣何敢为嘉隐讳，自取夷灭，为不忠之鬼！顾以闻知当有本末。"据实答问，辞不倾移。权遂舍之，嘉亦得免。徐众评曰：是仪以羁旅异方，客仕吴朝，值谗邪殄行，当严毅之威，命县漏刻，祸急危机，不雷同以害人，不苟免以伤义，可谓忠勇公正之士，虽祁奚之免叔向，庆忌之济朱云，何以尚之？忠不诏君，勇不慑耸，公不存私，正不党邪，资此四德，加之以文敏，崇之以谦约，履之以和顺，保傅二宫，存身爱名，不亦宜乎！

蜀相诸葛亮卒，权垂心西州，遣仪使蜀申固盟好。奉使称意，后拜尚书仆射。

南、鲁二宫初立，仪以本职领鲁王傅。仪嫌二宫相近切，乃上疏曰："臣窃以鲁王天挺懿德，兼资文武，当今之宜，宜镇四方，为国藩辅。宣扬德美，广耀威灵，乃国家之良规，海内所瞻望。但臣言辞鄙野，不能究尽其意。愚以二宫宜有降杀，正上下之序，明教化之本。"书三四上。为傅尽忠，动辄规谏；事上勤，与人恭。

不治产业，不受施惠，为屋舍财足自容。邻家有起大宅者，权出望见，问起大室者谁，左右对曰："似是仪家也。"权曰："仪俭，必非也。"问果他家。其见知信如此。服不精细，食不重膳，拯赡贫困，家无储畜。权闻之，幸仪舍，求视蔬饭，亲尝之，对

246

之叹息，即增俸赐，益田宅。仪累辞让，以恩为戚。

时时有所进达，未尝言人之短。权常责仪以不言事，无所是非，仪对曰："圣主在上，臣下守职，惧于不称，实不敢以愚管之言，上干天听。"

事国数十年，未尝有过。吕壹历白将相大臣，或一人以罪闻者数四，独无以白仪。权叹曰："使人尽如是仪，当安用科法为？"

及寝疾，遗令素棺，敛以时服，务从省约，年八十一卒。

○胡综 徐详

胡综字伟则，汝南固始人也。少孤，母将避难江东。孙策领会稽太守，综年十四，为门下循行，留吴与孙权共读书。策薨，权为讨虏将军，以综为金曹从事，从讨黄祖，拜鄂长。权为车骑将军，都京，召综还，为书部，与是仪、徐详俱典军国密事。刘备下白帝，权以见兵少，使综料诸县，得六千人，立解烦两部，详领左部、综领右部督。吴将晋宗叛归魏，魏以宗为蕲春太守，去江数百里，数为寇害。权使综与贺齐轻行掩袭，生虏得宗，加建武中郎将。魏拜权为吴王，封综、仪、详皆为亭侯。

黄武八年夏，黄龙见夏口，于是权称尊号，因瑞改元。又作黄龙大牙，常在中军，诸军进退，视其所向，命综作赋，曰：

"乾坤肇立，三才是生。狼、弧垂象，实惟兵精。圣人观法，是效是营，始作器械，爰求厥成。黄、农创代，拓定皇基，上顺天心，下息民灾。高辛诛共，舜征有苗，启有甘师，汤有鸣条。周之牧野，汉之垓下，靡不由兵，克定厥绪。明明大吴，实天生德，神武是经，惟皇之极。乃自在昔，黄、虞是祖，越历五代，继世在下。应期受命，发迹南土，将恢大繇，革我区夏。乃律天时，制为神军，取象太一，五将三门；疾则如电，迟则如云，进止有度，约而不烦。四灵既布，黄龙处中，周制日月，实曰太常，桀然特立，六军所望。仙人在上，鉴观四方，神实使之，为国休祥。军欲转向，黄龙先移，金鼓不鸣，寂然变施，暗谟若神，可谓秘奇。在昔周室，赤乌衔书，今也大吴，黄龙吐符。合契河、洛，动与道俱，天赞人和，金曰惟休。"

蜀闻权践阼，遣使重申前好。综为盟文，文义甚美，语在《权传》。

权下都建业，详、综并为侍中，进封乡侯，兼左右领军。时魏降人或云魏都督河北振威将军吴质颇见猜疑，综乃伪为质，作降文三条：

其一曰："天纲弛绝，四海分崩，群生憔悴，士人播越，兵寇所加，邑无居民，风尘烟火，往往而处，自三代以来，大乱之极，未有若今时者也。臣质志薄，处时无方，系于土壤，不能翻飞，遂为曹氏执事戎役，远处河朔，天衢隔绝，虽望风慕义，思托大命，愧无因缘，得展其志。每往来者，窃听风化，伏知陛下齐德乾坤，同明日月，神武之姿，受之自然，敷演皇极，流化万里，自江以南，户受覆焘。英雄俊杰，上达之士，莫不心歌腹咏，乐在归附者也。今年六月末，奉闻吉日，龙兴践阼，恢弘大繇，整理天纲，将使遗民，睹见定主。昔武王伐殷，殷民倒戈；高祖诛项，四面楚歌。方之今日，未足以喻。臣质不胜昊天至愿，谨遣所亲同郡黄定恭行奉表，及托降叛，间关求达，其欲所陈，载列于左。"

其二曰："昔伊尹去夏入商，陈平委楚归汉，书功竹帛，遗名后世，世主不谓之背诞者，以为知天命也。臣昔为曹氏所见交接，外托君臣，内如骨肉，恩义绸缪，有合无离，遂受偏方之任，总河北之军。当此之时，志望高大，永与曹氏同死俱生，惟恐功之不建，事之不成耳。及曹氏之亡，后嗣继立，幼冲统政，谗言弥兴。同侪者以势相害，异趣者得间其言，而臣受性简略，素不下人，视彼数子，意实迫之，此亦臣之过也。遂为邪议所见构会，招致猜疑，诬臣欲叛。虽识真者保明其心，世乱谗胜，余嫌犹在，常惧一旦横受无辜，忧心孔疚，如履冰炭。昔乐毅为燕昭王立功于齐，惠王即位，疑夺其任，遂去燕之赵，休烈不亏。彼岂欲二三其德，盖畏功名不建，而惧祸之将及也。昔遣魏郡周光以贾贩为名，托叛南诣，宣达密计。时以仓卒，未敢便有章表，使光口传而已。以为天下大归可见，天意所在，非吴复谁？此方之民，思为臣妾，延颈举踵，惟恐兵来之迟耳。若使圣恩少加信纳，当以河北承望王师，款心赤实，天日是鉴。而光去经年，不闻咳唾，未审此意竟得达不？瞻望长叹，日月以几，鲁望高子，何足以喻！又臣今日见待稍薄，苍蝇之声，绵绵不绝，必受此祸，迟速事耳。臣私度陛下未垂明慰者，必以臣质贯穿仁义之道，不行若此之事，谓光所传，多虚少实，或谓此中有他消息，不知臣质构谗见疑，恐受大害也。且臣质若有罪之日，自当奔赴鼎镬，束身待罪，此盖人臣之宜也。今日无罪，横见谮毁，将有商鞅、白起之祸。寻惟事势，去亦宜也。死而弗义，不去何为！乐毅之出，吴起之走，君子伤其不遇，未有非之者也。愿陛下推古况今，不疑怪于臣质也。又念人臣获罪，当如伍员奉己自效，不当徼幸因事为利。然今与古，厥势不同，南北悠远，江湖隔绝，自不举事，何得济免！

是以忘志士之节，而思立功之义也。且臣质又以曹氏之嗣，非天命所在，政弱刑乱，柄夺于臣，诸将专威于外，各自为政，莫或同心，士卒衰耗，帑藏空虚，纲纪毁废，上下并昏，想前后数得降叛，具闻此问。兼弱攻昧，宜应天时，此实陛下进取之秋，是以区区敢献其计。

"今若内兵淮、泗，据有下邳，荆、扬二州，闻声响应，臣从河北席卷而南，形势一连，根牙永固。关西之兵系于所卫，青、徐二州不敢彻守，许、洛余兵众不满万，谁能来东与陛下争者？此诚千载一会之期，可不深思而熟计乎！及臣所在，既自多马，加以羌、胡常以三四月中美草时，驱马来出，隐度今者，可得三千余匹。陛下出军，当投此时，多将骑士来就马耳。此皆先定所一二知。凡两军不能相究虚实，今此间实赢，易可克定，陛下举动，应者必多。上定洪业，使普天一统，下令臣质建非常之功，此乃天也。若不见纳，此亦天也。愿陛下思之，不复多陈。"

其三曰："昔许子远舍袁就曹，规画计较，应见纳受，遂破袁军，以定曹业。向使曹氏不信子远，怀疑犹豫，不决于心，则今天下袁氏有也。愿陛下思之。间闻界上将阎浮、赵楫欲归大化，唱和不速，以取破亡。今臣款款，远授其命，若复怀疑，不时举动，令臣孤绝，受此厚祸，即恐天下雄夫烈士欲立功者，不敢复托命陛下矣。愿陛下思之。皇天后土，实闻其言。"

此文既流行，而质已入为侍中矣。

二年，青州人隐蕃归吴，上书曰："臣闻纣为无道，微子先

出；高祖宽明，陈平先入。臣年二十二，委弃封域，归命有道，赖蒙天灵，得自全致。臣至止有日，而主者同之降人，未见精别，使臣微言妙旨，不得上达。於邑三叹，曷惟其已。谨诣阙拜章，乞蒙引见。"权即召入。蕃谢答问，及陈时务，甚有辞观。综时侍坐，权问何如，综对曰："蕃上书，大语有似东方朔，巧捷诡辩有似祢衡，而才皆不及。"权又问可堪何官，综对曰："未可以治民，且试以都辇小职。"权以蕃盛论刑狱，用为廷尉监。左将军朱据、廷尉郝普称蕃有王佐之才，普尤与之亲善，常怨叹其屈。后蕃谋叛，事觉伏诛，《吴录》曰：蕃有口才，魏明帝使诈叛如吴，令求作廷尉职，重案大臣以离间之。既为廷尉监，众人以据、普与蕃亲善，常车马云集，宾客盈堂。及至事觉，蕃亡走，捕得，考问党与，蕃无所言。吴主使将入，谓曰："何乃以肌肉为人受毒乎？"蕃曰："孙君，丈夫图事，岂有无伴！烈士死，不足相牵耳。"遂闭口而死。|《吴历》曰：权问普："卿前盛称蕃，又为之怨望朝廷，使蕃反叛，皆卿之由。"普见责自杀。据禁止，历时乃解。拜综偏将军，兼左执法，领辞讼。辽东之事，辅吴将军张昭以谏权言辞切至，权亦大怒，其和协彼此，使之无隙，综有力焉。

性嗜酒，酒后欢呼极意，或推引杯觞，搏击左右。权爱其才，弗之责也。

凡自权统事，诸文诰策命，邻国书符，略皆综之所造也。初以内外多事，特立科，长吏遭丧，皆不得去，而数有犯者。权患之，使朝臣下议。综议以为宜定科文，示以大辟，行之一人，其后必绝。遂用综言，由是奔丧乃断。

赤乌六年卒，子冲嗣。冲平和有文干，天纪中为中书令。

徐详者字子明，吴郡乌程人也，先综死。

评曰：是仪、徐详、胡综，皆孙权之时干兴事业者也。仪清恪贞素，详数通使命，综文采才用，各见信任。譬之广夏，其榱橑之佐乎！

六十三卷 吴书 ^{十八}

吴范刘惇赵达传 | 吴范 刘惇 赵达

○吴范

吴范字文则，会稽上虞人也。以治历数，知风气，闻于郡中。举有道，诣京都，世乱不行。会孙权起于东南，范委身服事，每有灾祥，辄推数言状，其术多效，遂以显名。

初，权在吴，欲讨黄祖，范曰："今兹少利，不如明年。明年戊子，荆州刘表亦身死国亡。"权遂征祖，卒不能克。明年，军出，行及寻阳，范见风气，因诣船贺，催兵急行，至即破祖，祖得夜亡。权恐失之，范曰："未远，必生禽祖。"至五更中，果得之。刘表竟死，荆州分割。

及壬辰岁，范又白言："岁在甲午，刘备当得益州。"后吕岱从蜀还，遇之白帝，说备部众离落，死亡且半，事必不克。权以难范，范曰："臣所言者天道也，而岱所见者人事耳。"备卒得蜀。

权与吕蒙谋袭关羽，议之近臣，多曰不可。权以问范，范曰："得之。"后羽在麦城，使使请降。权问范曰："竟当降否？"范曰："彼有走气，言降诈耳。"权使潘璋邀其径路，觇候者还，白羽已去。范曰:"虽去不免。"问其期,曰:"明日日中。"权立表下漏以待之。及中不至,权问其故,范曰:"时尚未正中也。"顷之,有风动帷,范拊手曰:"羽至矣。"须臾,外称万岁,传言得羽。

后权与魏为好,范曰:"以风气言之,彼以貌来,其实有谋,宜为之备。"刘备盛兵西陵,范曰:"后当和亲。"终皆如言。其占验明审如此。

权以范为骑都尉,领太史令,数从访问,欲知其决。范秘惜其术,不以至要语权。权由是恨之。《吴录》曰:范独心计,所以见重者术,术亡则身弃矣,故终不言。

初,权为将军时,范尝白言江南有王气,亥子之间有大福庆。权曰:"若终如言,以君为侯。"及立为吴王,范时侍宴,曰:"昔在吴中,尝言此事,大王识之邪?"权曰:"有之。"因呼左右,以侯绶带范。范知权欲以厌当前言,辄手推不受。及后论功行封,以范为都亭侯。诏临当出,权恚其爱道于己也,削除其名。

范为人刚直,颇好自称,然与亲故交接有终始。素与魏滕同邑相善。滕尝有罪,权责怒甚严,敢有谏者死,范谓滕曰:"与汝偕死。"滕曰:"死而无益,何用死为?"范曰:"安能虑此,坐观汝邪?"乃髡头自缚诣门下,使铃下以闻。铃下不敢,曰:"必死,不敢白。"范曰:"汝有子邪?"曰:"有。"曰:"使汝为吴范死,子以属我。"铃下曰:"诺。"乃排阁入。言未卒,权大怒,欲便投以戟。逡巡走出,范因突入,叩头流血,言与涕并。良久,权意释,乃免滕。滕见范谢曰:"父母能生长我,不能免我于死。丈夫相知,如汝足矣,何用多为!"《会稽典录》曰:滕字周林,祖父河内太守朗,字少英,列在八俊。滕性刚直,行不苟合,虽遭困逼,终不回挠。初亦连策,几殆,

254

赖太妃救得免，语见《妃嫔传》。历历阳、鄱阳、山阴三县令，鄱阳太守。

黄武五年，范病卒。长子先死，少子尚幼，于是业绝。权追思之，募三州有能举知术数如吴范、赵达者，封千户侯，卒无所得。《吴录》曰：范先知其死日，谓权曰："陛下某日当丧军师。"权曰："吾无军师，焉得丧之？"范曰："陛下出军临敌，须臣言而后行，臣乃陛下之军师也。"至其日果卒。| 臣松之案：范死时，权未称帝，此云陛下，非也。

○刘惇

刘惇字子仁，平原人也。遭乱避地，客游庐陵，事孙辅。以明天官达占数显于南土。每有水旱寇贼，皆先时处期，无不中者。辅异焉，以为军师，军中咸敬事之，号曰神明。建安中，孙权在豫章，时有星变，以问惇，惇曰："灾在丹阳。"权曰："何如？"曰："客胜主人，到某日当得问。"是时边鸿作乱，卒如惇言。

于诸术皆善，尤明太乙，皆能推演其事，穷尽要妙，著书百余篇，名儒刁玄称以为奇。惇亦宝爱其术，不以告人，故世莫得而明也。

○赵达

赵达，河南人也。少从汉侍中单甫受学，用思精密，谓东南有王者气，可以避难，故脱身渡江。治九宫一算之术，究其微旨，是以能应机立成，对问若神，至计飞蝗，射隐伏，无不中效。或难达曰："飞者固不可校，谁知其然，此殆妄耳。"达使其人取小豆数斗，播之席上，立处其数，验覆果信。尝过知故，知故为之具食。食毕，谓曰："仓卒乏酒，又无嘉肴，无以叙意，如何？"达因取盘中只箸，再三从横之，乃言："卿东壁下有美酒一斛，又有鹿肉三斤，何以辞无？"时坐有他宾，内得主人情，主人惭曰："以卿善射有无，欲相试耳，竟效如此。"遂出酒醘饮。又有书简上作千万数，著空仓中封之，令达算之。达处如数，云："但有名无实。"其精微若是。

达宝惜其术，自阚泽、殷礼皆名儒善士，亲屈节就学，达秘而不告。太史丞公孙滕少师事达，勤苦累年，达许教之者有年数矣，临当喻语而辄复止。滕他日赍酒具，候颜色，拜跪而请，达曰："吾先人得此术，欲图为帝王师，至仕来三世，不过太史郎，诚不欲复传之。且此术微妙，头乘尾除，一算之法，父子不相语。然以子笃好不倦，今真以相授矣。"饮酒数行，达起取素书两卷，大如手指，达曰："当写读此，则自解也。吾久废，不复省之，今欲思论一过，数日当以相与。"滕如期往，至乃阳求索书，惊言失之，云："女婿昨来，必是渠所窃。"遂从此绝。

初，孙权行师征伐，每令达有所推步，皆如其言。权问其法，达终不语，由此见薄，禄位不至。《吴书》曰：初，权即尊号，令达算作天子之后，当复几年。达曰："高祖建元十二年，陛下倍之。"权大喜，左右称万岁。果如达言。

达常笑谓诸星气风术者曰："当回算帷幕，不出户牖以知天道，而反昼夜暴露以望气祥，不亦难乎！"闲居无为，引算自校，

乃叹曰："吾算讫尽某年月日，其终矣。"达妻数见达效，闻而哭泣。达欲弭妻意，乃更步算，言："向者谬误耳，尚未也。"后如期死。权闻达有书，求之不得，乃录问其女，及发棺无所得，法术绝焉。《吴录》曰：皇象字休明，广陵江都人。幼工书。时有张子并、陈梁甫能书。甫恨迟，并恨峻，象斟酌其间，甚得其妙，中国善书者不能及也。严武字子卿，卫尉畯再从子也，围棋莫与为辈。宋寿占梦，十不失一。曹不兴善画，权使画屏风，误落笔点素，因就以作蝇。既进御，权以为生蝇，举手弹之。孤城郑妪能相人，及范、惇、达八人，世皆称妙，谓之八绝云。|《晋阳秋》曰：吴有葛衡字思真，明达天官，能为机巧，作浑天，使地居于中，以机动之，天转而地止，以上应暑度。

评曰：三子各于其术精矣，其用思妙矣，然君子等役心神，宜于大者远者，是以有识之士，舍彼而取此也。

六十四卷 吴书 十九

诸葛滕二孙濮阳传 | 诸葛恪 滕胤 孙峻 孙綝 濮阳兴

○诸葛恪

诸葛恪字元逊，瑾长子也。少知名。《江表传》曰：恪少有才名，发藻岐嶷，辩论应机，莫与为对。权见而奇之，谓瑾曰："蓝田生玉，真不虚也。"|《吴录》曰：恪长七尺六寸，少须眉，折頞广额，大口高声。弱冠拜骑都尉，与顾谭、张休等侍太子登讲论道艺，并为宾友。从中庶子转为左辅都尉。

恪父瑾面长似驴，孙权大会群臣，使人牵一驴入，长检其面，题曰诸葛子瑜。恪跪曰："乞请笔益两字。"因听与笔。恪续其下曰"之驴"，举坐欢笑，乃以驴赐恪。他日复见，权问恪曰："卿父与叔父孰贤？"对曰："臣父为优。"权问其故，对曰："臣父知所事，叔父不知，以是为优。"权又大噱。命恪行酒，至张昭前，昭先有酒色，不肯饮，曰："此非养老之礼也。"权曰："卿其能令张公辞屈，乃当饮之耳。"恪难昭曰："昔师尚父九十，秉旄仗钺，犹未告老也。今军旅之事，将军在后，酒食之事，将军在先，何谓不养老也？"昭卒无辞，遂为尽爵。后蜀使至，群臣并会，权谓使曰："此诸葛恪雅好骑乘，还告丞相，为致好马。"恪因下谢，权曰："马未至而谢何也？"恪对曰："夫蜀者陛下之外厩，今有恩诏，马必至也，安敢不谢？"恪之才捷，皆此类也。《恪别传》曰：权尝飨蜀使费祎，先逆敕群臣："使至，伏食勿起。"祎至，权为辍食，而群下不起。祎嘲之曰："凤皇来翔，骐骥吐哺，驴骡无知，伏食如故。"恪答曰："爰植梧桐，以待凤皇，有何燕雀，自称来翔？何不弹射，使还故乡！"祎停食饼，索笔作《麦赋》，恪亦请笔作《磨赋》，咸称善焉。权尝问恪："顷何以自娱，而更肥泽？"恪对曰："臣闻富润屋，德润身，臣非敢自娱，修己而已。"又问："卿何如滕胤？"恪答曰："登阶蹑履，臣不如胤；回筹转策，胤不如臣。"恪尝献权马，先钖其耳。范慎时在坐，嘲恪曰："马虽六畜，禀气于天，今残其耳，岂不伤仁？"恪答曰："母之于女，恩爱至矣，穿耳附珠，何伤于仁？"太子尝嘲恪："诸葛元逊可食马矢。"恪曰："愿太子食鸡卵。"权曰："人令卿食马矢，卿使人食鸡卵何也？"恪曰："所出同耳。"权大笑。｜《江表传》曰：曾有白头鸟集殿前，权曰："此何鸟？"恪曰："白头翁也。"张昭自以坐中最老，疑恪以鸟戏之，因曰："恪欺陛下，未尝闻鸟名白头翁者，试使恪复求白头母。"恪曰："鸟名鹦母，未必有对，试使辅吴复求鹦父。"昭不能答，坐中皆欢笑。**权甚异之，欲试以事，令守节度。节度掌军粮谷，文书繁猥，非其好也。**《江表传》曰：权为吴王，初置节度官，使典掌军粮，非汉制也。初用侍中、偏将军徐详，详死，将用恪。诸葛亮闻恪代详，书与陆逊曰："家兄年老，而恪性疏，今使典主粮谷；粮谷，军之要最。仆虽在远，窃用不安。足下特为启至尊转之。"逊以白权，即转恪领兵。

　　恪以丹阳山险，民多果劲，虽前发兵，徒得外县平民而已，其余深远，莫能禽尽，屡自求乞为官出之，三年可得甲士四万。

众议咸以丹阳地势险阻，与吴郡、会稽、新都、鄱阳四郡邻接，周旋数千里，山谷万重，其幽邃民人，未尝入城邑；对长吏，皆仗兵野逸，白首于林莽。逋亡宿恶，咸共逃窜。山出铜铁，自铸甲兵。俗好武习战，高尚气力，其升山赴险，抵突丛棘，若鱼之走渊，猨狖之腾木也。时观间隙，出为寇盗，每致兵征伐，寻其窟藏。其战则蜂至，败则鸟窜，自前世以来，不能羁也，皆以为难。

恪父瑾闻之，亦以事终不逮，叹曰："恪不大兴吾家，将大赤吾族也。"恪盛陈其必捷。权拜恪抚越将军、领丹阳太守，授棨戟武骑三百。拜毕，命恪备威仪，作鼓吹，导引归家，时年三十二。

恪到府，乃移书四郡属城长吏，令各保其疆界，明立部伍，其从化平民，悉令屯居。乃分内诸将，罗兵幽阻，但缮藩篱，不与交锋，候其谷稼将熟，辄纵兵芟刈，使无遗种。旧谷既尽，新田不收，平民屯居，略无所入。于是山民饥穷，渐出降首。恪乃复敕下曰："山民去恶从化，皆当抚慰，徙出外县，不得嫌疑，有所执拘。"臼阳长胡伉得降民周遗，遗旧恶民，困迫暂出，内图叛逆，伉缚送言府。恪以伉违教，遂斩以徇，以状表上。民闻伉坐执人被戮，知官惟欲出之而已，于是老幼相携而出，岁期，人数皆如本规。恪自领万人，余分给诸将。

权嘉其功，遣尚书仆射薛综劳军。综先移恪等曰："山越恃阻，不宾历世，缓则首鼠，急则狼顾。皇帝赫然，命将西征，神策内授，武师外震。兵不染锷，甲不沾汗。元恶既枭，种党归义，荡涤山薮，献戎十万。野无遗寇，邑罔残奸。既埽凶慝，又充军用。藜蓧稂莠，化为善草。魑魅魍魉，更成虎士。虽实国家威灵之所加，亦信元帅临履之所致也。虽《诗》美执讯，《易》嘉折首，周之方、召，汉之卫、霍，岂足以谈？功轶古人，勋超前世。主上欢然，遥用叹息。感《四牡》之遗典，思"饮至"之旧章。故遣中台近官，迎致犒赐，以旌茂功，以慰勤劳。"拜恪威北将军，封都乡侯。恪乞率众佃庐江、皖口，因轻兵袭舒，掩得其民而还。复远遣斥候，观相径要，欲图寿春，权以为不可。

赤乌中，魏司马宣王谋欲攻恪，权方发兵应之，望气者以为不利，于是徙恪屯于柴桑，与丞相陆逊书曰："杨敬叔传述清论，以为方今人物雕尽，守德业者不能复几，宜相左右，更为辅车，上熙国事，下相珍惜。又疾世俗好相谤毁，使已成之器，中有损累；将进之徒，意不欢笑。闻此喟然，诚独击节。愚以为君子不求备于一人，自孔氏门徒大数三千，其见异者七十二人，至于子张、子路、子贡等七十之徒，亚圣之德，然犹各有所短，师辟由喭，赐不受命，岂况下此而无所阙？且仲尼不以数子之不备而引以为友，不以人所短弃其所长也。加以当今取士，宜宽于往古，何者？时务从横，而善人单少，国家职司，常苦不充。苟令性不邪恶，志在陈力，便可奖就，骋其所任。若于小小宜适，私行不足，皆宜阔略，不足缕责。且士诚不可纤论苛克，苛克则彼贤圣犹将不全，况其出入者邪？故曰以道望人则难，以人望人则易，贤愚可知。自汉末以来，中国士大夫如许子将辈，所以更相谤讪，或至为祸，原其本起，非为大仇，惟坐克己不能尽如礼，而责人专以正义。夫克己不如礼，则人不服；责人以正义，则人不堪。内不服其行，外不堪其责，则不得不相怨。相怨一生，则小人得容其间。得容其间，则三至之言、浸润之谮纷错交至，虽使至明至亲者处之，犹难以自定，况已为隙，且未能明者乎？是故张、陈至于血刃，萧、朱不终其好，本由于此而已。夫不舍小过，纤微相责，久乃至于家户为怨，一国无复全行之士也。"恪知逊以此嫌己，故遂广其理而赞其旨也。会逊卒，恪迁大将军，假节，驻武昌，代逊领荆州事。

久之，权不豫，而太子少，乃征恪以大将军领太子太傅，中书令孙弘领少傅。权疾困，召恪、弘及太常滕胤、将军吕据、侍中孙峻属以后事。《吴书》曰：权寝疾，议所付托。时朝臣咸皆注意于恪，而孙峻表恪器任辅政，可付大事。权嫌恪刚很自用，峻以当今朝臣皆莫及，遂固保之，乃征恪。后引恪等见卧内，受诏床下，权诏曰："吾病困矣，恐不复相见，诸事一以相委。"恪歔欷流涕曰："臣等皆受厚恩，当以死奉诏，愿陛下安精神，损思虑，无以外事为念。"权诏有司诸事一统于恪，惟杀生大事然后以闻。为治第馆、设陪卫，群官百司拜揖之仪，各有品叙。诸法令有不便者，条列以闻，权辄听之。中外翕然，人怀欢欣。

翌日，权薨。弘素与恪不平，惧为恪所治，秘权死问，欲矫诏除恪。峻以告恪，恪请弘咨事，于坐中诛之，乃发丧制服。与弟公安督融书曰："今月十六日乙未，大行皇帝委弃万国，群下大小，莫不伤悼。至吾父子兄弟，并受殊恩，非徒凡庸之隶，是以悲恸，肝心圮裂。皇太子以丁酉践尊号，哀喜交并，不知所措。吾身受顾命，辅相幼主，窃自揆度，才非博陆而受姬公负图之托，惧忝丞相辅汉之效，恐损先帝委付之明，是以忧惭惶惶，所虑万端。且民恶其上，动见瞻观，何时易哉？今以顽钝之姿，处保傅之位，艰多智寡，任重谋浅，谁为唇齿？近汉之世，燕、盖交遘，有上官之变，以身值此，何敢怡豫邪？又弟所在，与贼犬牙相错，当于今时整顿军具，率厉将士，警备过常，念出万死，无顾一生，以报朝廷，无忝尔先。又诸将备守各有境界，犹恐贼虏闻讳，恣睢寇窃。边邑诸曹，已别下约敕，所部督将，不得妄委所戍，径来奔赴。虽怀怆怛不忍之心，公义夺私，伯禽服戎，若苟违戾，非徒小故。以亲正疏，古今明戒也。”恪更拜太傅。于是罢视听，息校官，原逋责，除关税，事崇恩泽，众莫不悦。恪每出入，百姓延颈，思见其状。

初，权黄龙元年迁都建业，二年筑东兴堤遏湖水。后征淮南，败以内船，由是废不复修。恪以建兴元年十月会众于东兴，更作大堤，左右结山侠筑两城，各留千人，使全端、留略守之，引军而还。魏以吴军入其疆土，耻于受侮，命大将胡遵、诸葛诞等率众七万，欲攻围两坞，图坏堤遏。恪兴军四万，晨夜赴救。遵等敕其诸军作浮桥度，阵于堤上，分兵攻两城。城在高峻，不可卒拔。恪遣将军留赞、吕据、唐咨、丁奉为前部。时天寒雪，魏诸将会饮，见赞等兵少，而解置铠甲，不持矛戟，但兜鍪刀楯，倮身缘遏，大笑之，不即严兵。兵得上，便鼓噪乱斫。魏军惊扰散走，争渡浮桥，桥坏绝，自投于水，更相蹈藉。乐安太守桓嘉等同时并没，死者数万。故叛将韩综为魏前军督，亦斩之。获车乘牛马驴骡各数千，资器山积，振旅而归。进封恪阳都侯，加荆、扬州牧，督中外诸军事，赐金一百斤，马二百匹，缯布各万匹。

恪遂有轻敌之心，以十二月战克，明年春，复欲出军。诸大臣以为数出罢劳，同辞谏恪，恪不听。中散大夫蒋延或以固争，扶出。

恪乃著论谕众意曰：

"夫天无二日，土无二王，王者不务兼并天下而欲垂祚后世，古今未之有也。昔战国之时，诸侯自恃兵强地广，互有救援，谓此足以传世，人莫能危。恣情从怀，惮于劳苦，使秦渐得自大，遂以并之，此既然矣。近者刘景升在荆州，有众十万，财谷如山，不及曹操尚微，与之力竞，坐观其强大，吞灭诸袁。北方都定之后，操率三十万众来向荆州，当时虽有智者，不能复为画计，于是景升儿子交臂请降，遂为囚虏。凡敌国欲相吞，即仇雠欲相除也。有仇而长之，祸不在己，则在后人，不可不为远虑也。昔伍子胥曰：'越十年生聚，十年教训，二十年之外，吴其为沼乎！'夫差自恃强大，闻此邈然，是以诛子胥而无备越之心，至于临败悔之，岂有及乎？越小于吴，尚为吴祸，况其强大者邪？昔秦但得关西耳，尚以并吞六国，今贼皆得秦、赵、韩、魏、燕、齐九州之地，地悉戎马之乡、士林之薮。今以魏比古之秦，土地数倍；以吴与蜀比古六国，不能半之。然今所以能敌之，但以操时兵众，于今适尽，而后生者未悉长大，正是贼衰少未盛之时。加司马懿先诛王凌，续自陨毙，其子幼弱，而专彼大任，虽有智计之士，未得施用。当今伐之，是其厄会。圣人急于趋时，诚谓今日。若顺众人之情，怀偷安之计，以为长江之险可以传世，不论魏之终始，而以今日遂轻其后，此吾所以长叹息者也。

"自古以来，务在产育，今者贼民岁月繁滋，但以尚小，未可得用耳。若复十数年后，其众必倍于今，而国家劲兵之地，皆已空尽，唯有此见众可以定事。若不早用之，端坐使老，复十数年，略当损半，而见子弟数不足言。若贼众一倍，而我兵损半，虽复使伊、管图之，未可如何。今不达远虑者，必以此言为迂。

夫祸难未至而豫忧虑，此固众人之所迂也。及于难至，然后顿颡，虽有智者，又不能图。此乃古今所病，非独一时。昔吴始以伍员为迂，故难至而不可救。刘景升不能虑十年之后，故无以诒其子孙。今恪无具臣之才，而受大吴萧、霍之任，智与众同，思不经远，若不及今日为国斥境，俯仰年老，而仇敌更强，欲刎颈谢责，宁有补邪？

"今闻众人或以百姓尚贫，欲务闲息，此不知虑其大危而爱其小勤者也。昔汉祖幸已自有三秦之地，何不闭关守险，以自娱乐？空出攻楚，身被创痍，介胄生虮虱，将士厌困苦，岂甘锋刃而忘安宁哉？虑于长久不得两存者耳！每览荆邯说公孙述以进取之图，近见家叔父表陈与贼争竞之计，未尝不喟然叹息也。夙夜反侧，所虑如此，故聊疏愚言，以达二三君子之末。若一朝陨殁，志画不立，贵令来世知我所忧，可思于后。"众皆以恪此论欲必为之辞，然莫敢复难。

丹阳太守聂友素与恪善，书谏恪曰："大行皇帝本有遏东关之计，计未施行。今公辅赞大业，成先帝之志，寇远自送，将士凭赖威德，出身用命，一旦有非常之功，岂非宗庙神灵社稷之福邪！宜且案兵养锐，观衅而动。今乘此势，欲复大出，天时未可。而苟任盛意，私心以为不安。"恪题论后，为书答友曰："足下虽有自然之理，然未见大数。熟省此论，可以开悟矣。"于是违众出军，大发州郡二十万众，百姓骚动，始失人心。

恪意欲曜威淮南，驱略民人，而诸将或难之曰："今引军深入，疆埸之民，必相率远遁，恐兵劳而功少，不如止围新城。新城困，救必至，至而图之，乃可大获。"恪从其计，回军还围新城。攻守连月，城不拔。士卒疲劳，因暑饮水，泄下流肿，病者大半，死伤涂地。诸营吏日白病者多，恪以为诈，欲斩之，自是莫敢言。恪内惟失计，而耻城不下，忿形于色。将军朱异有所是非，恪怒，立夺其兵。都尉蔡林数陈军计，恪不能用，策马奔魏。魏知战士罢病，乃进救兵。恪引军而去。士卒伤病，流曳道路，或顿仆坑壑，或见略获，存亡忿痛，大小呼嗟。而恪晏然自若。出住江渚一月，图起田于浔阳，诏召相衔，徐乃旋师。由此众庶失望，而怨黩兴矣。

秋八月军还，陈兵导从，归入府馆。即召中书令孙嘿，厉声谓曰："卿等何敢妄数作诏？"嘿惶惧辞出，因病还家。恪征行之后，曹所奏署令长职司，一罢更选，愈治威严，多所罪责，当进见者，无不竦息。又改易宿卫，用其亲近，复敕兵严，欲向青、徐。

孙峻因民之多怨，众之所嫌，构恪欲为变，与亮谋，置酒请恪。恪将见之夜，精爽扰动，通夕不寐。明将盥漱，闻水腥臭，侍者授衣，衣服亦臭。恪怪其故，易衣易水，其臭如初，意惆怅不悦。严毕趋出，犬衔引其衣，恪曰："犬不欲我行乎？"还坐，顷刻乃复起，犬又衔其衣，恪令从者逐犬，遂升车。

初，恪将征淮南，有孝子著缞衣入其阁中，从者白之，令外诘问，孝子曰："不自觉入。"时中外守备亦悉不见，众皆异之。出行之后，所坐厅事屋栋中折。自新城出住东兴，有白虹见其船，还拜蒋陵，白虹复绕其车。

及将见，驻车宫门，峻已伏兵于帷中，恐恪不时入，事泄，自出见恪曰："使君若尊体不安，自可须后，峻当具白主上。"欲以尝知恪。恪答曰："当自力入。"散骑常侍张约、朱恩等密书与恪曰：“今日张设非常，疑有他故。”恪省书而去。未出路门，逢太常滕胤，恪曰：“卒腹痛，不任入。”胤不知峻阴计，谓恪曰：“君自行旋未见，今上置酒请君，君已至门，宜当力进。”恪踌躇而还，剑履上殿，谢亮，还坐。设酒，恪疑未饮，峻因曰：“使君病未善平，当有常服药酒，自可取之。”恪意乃安，别饮所赍酒。酒数行，亮还内。峻起如厕，解长衣，著短服，出曰：“有诏收诸葛恪！”恪惊起，拔剑未得，而峻刀交下。张约从旁斫峻，裁伤左手，峻应手斫约，断右臂。武卫之士皆趋上殿，峻曰：“所取者恪也，今已死。”悉令复刃，乃除地更饮。《搜神记》曰：恪入，已被杀，其妻在室使婢，语曰：“汝何故血臭？”婢曰：“不也。”有顷愈剧，又问婢曰：“汝眼目视瞻，何以不常？”婢蹶然起跃，头至于栋，攘臂切齿而言曰：“诸葛公乃为孙峻所杀！”于是大小知恪死矣，而吏兵寻至。｜《志林》曰：初权病笃，召恪辅政。临去，大司马吕岱戒之曰：“世方多难，子每事必十思。”恪答曰：“昔季文子三思而后行，夫子曰‘再思可矣’，今君令恪十思，明恪之劣也。”岱无以答，当时咸谓之失言。

先是，童谣曰：“诸葛恪，芦苇单衣篾钩落，于何相求成子阁。”成子阁者，反语石子冈也。建业南有长陵，名曰石子冈，葬者依焉。钩落者，校饰革带，世谓之钩络带。恪果以苇席裹其身而篾束其腰，投之于此冈。《吴录》曰：恪时年五十一。

恪长子绰，骑都尉，以交关鲁王事，权遣付恪，令更教诲，恪鸩杀之。中子竦，长水校尉。少子建，步兵校尉。闻恪诛，车载其母而走。峻遣骑督刘承追斩竦于白都。建得渡江，欲北走魏，行数十里，为追兵所逮。恪外甥都乡侯张震及常侍朱恩等，皆夷三族。

初，竦数谏恪，恪不从，常忧惧祸。及亡，临淮臧均表乞收葬恪曰："臣闻震雷电激，不崇一朝，大风冲发，希有极日，然犹继以云雨，因以润物，是则天地之威，不可经日浃辰，帝王之怒，不宜讫情尽意。臣以狂愚，不知忌讳，敢冒破灭之罪，以邀风雨之会。伏念故太傅诸葛恪得承祖考风流之烈，伯叔诸父遭汉祚尽，九州鼎立，分托三方，并履忠勤，熙隆世业。爰及于恪，生长王国，陶育圣化，致名英伟，服事累纪，祸心未萌，先帝委以伊、周之任，属以万机之事。恪素性刚愎，矜己陵人，不能敬守神器，穆静邦内，兴功暴师，未期三出，虚耗士民，空竭府藏，专擅国宪，废易由意，假刑劫众，大小屏息。侍中、武卫将军、都乡侯俱受先帝嘱寄之诏，见其奸虐，日月滋甚，将恐荡摇宇宙，倾危社稷，奋其威怒，精贯昊天，计虑先于神明，智勇百于荆、聂，躬持白刃，枭恪殿堂，勋超朱虚，功越东牟。国之元害，一朝大除，驰首徇示，六军喜踊，日月增光，风尘不动，斯实宗庙之神灵，天人之同验也。今恪父子三首，县市积日，观者数万，罳声成风。国之大刑，无所不震，长老孩幼，无不毕见。人情之于品物，乐极则哀生，见恪贵盛，世莫与贰，身处台辅，中间历年；今之诛夷，无异禽兽，观讫情反，能不憯然！且已死之人，与土壤同域，凿掘斫刺，无所复加。愿圣朝稽则乾坤，怒不极旬，使其乡邑若故吏民，收以士伍之服，惠以三寸之棺。昔项籍受殡葬之施，韩信获收敛之恩，斯则汉高发神明之誉也。惟陛下敦三皇之仁，垂哀矜之心，使国泽加于辜戮之骸，复受不已之恩，于以扬声遐方，沮劝天下，岂不弘哉！昔栾布矫命彭越，臣窃恨之，不先请主上，而专名以肆情，其得不诛，实为幸耳。今臣不敢章宣愚情，以露天恩，谨伏手书，冒昧陈闻，乞圣朝哀察。"于是亮、峻听恪故吏敛葬，遂求之于石子冈。《江表传》曰：朝臣有乞为恪立碑以铭其勋绩者，博士盛冲以为不应。孙休曰："盛夏出军，士卒伤损，无尺寸之功，不可谓能；受托孤之任，死于竖子之手，不可谓智。冲议为是。"遂寝。

始恪退军还，聂友知其将败，书与滕胤曰："当人强盛，河山可拔；一朝羸缩，人情万端，言之悲叹。"恪诛后，孙峻忌友，欲以为郁林太守，友发病忧死。友字文悌，豫章人也。

○滕胤

滕胤字承嗣，北海剧人也。伯父耽，父胄，与刘繇州里通家，以世扰乱，渡江依繇。孙权为车骑将军，拜耽右司马，以宽厚称，早卒，无嗣。胄善属文，权待以宾礼，军国书疏，常令损益润色之，亦不幸短命。权为吴王，追录旧恩，封胤都亭侯。少有节操，美容仪。《吴书》曰：胤年十二，而孤单茕立，能治身厉行。为人白皙，威仪可观。每正朔朝贺修勤，在位大臣见者，无不叹赏。弱冠尚公主。年三十，起家为丹阳太守，徙吴郡、会稽，所在见称。

太元元年，权寝疾，诣都，留为太常，与诸葛恪等俱受遗诏辅政。孙亮即位，加卫将军。

恪将悉众伐魏，胤谏恪曰："君以丧代之际，受伊、霍之托，入安本朝，出摧强敌，名声振于海内，天下莫不震动，万姓之心，冀得蒙君而息。今猥以劳役之后，兴师出征，民疲力屈，远主有备。若攻城不克，野略无获，是丧前劳而招后责也。不如案甲息师，观隙而动。且兵者大事，事以众济，众苟不悦，君独安之？"恪曰："诸云不可者，皆不见计算，怀居苟安者也，而子复以为然，吾何望焉？夫以曹芳暗劣，而政在私门，彼之臣民，固有离心。今吾因国家之资，藉战胜之威，则何往而不克哉！"以胤为都下督，掌统留事。胤白日接宾客，夜省文书，或通晓不寐。《吴书》曰：胤宠任弥高，接士愈勤，表奏书疏，皆自经意，不以委下。

○孙峻

孙峻字子远，孙坚弟静之曾孙也。静生暠。暠生恭，为散骑侍郎。恭生峻。少便弓马，精果胆决。孙权末，徙武卫都尉，为侍中。权临薨，受遗辅政，领武卫将军，故典宿卫，封都乡侯。既诛诸葛恪，迁丞相、大将军，督中外诸军事，假节，进封富春侯。滕胤以恪子竦妻父辞位，峻曰："鲧、禹罪不相及，滕侯何为？"峻、胤虽内不沾洽，而外相包容，进胤爵高密侯，共事如前。《吴录》曰：群臣上奏，共推峻为太尉，议胤为司徒。时有媚峻者，以为大统宜在公族，若滕胤为亚公，声名素重，众心所附，不可贰也。乃表以峻为丞相，又不置御史大夫，士人皆失望矣。

峻素无重名，骄矜险害，多所刑杀，百姓嚣然。又奸乱宫人，与公主鲁班私通。五凤元年，吴侯英谋杀峻，英事泄死。

二年，魏将毌丘俭、文钦以众叛，与魏人战于乐嘉。峻帅骠骑将军吕据、左将军留赞袭寿春，会钦败降，军还。是岁，蜀使来聘，将军孙仪、张怡、林恂等欲因会杀峻。事泄，仪等自杀，死者数十人，并及公主鲁育。

峻欲城广陵，朝臣知其不可城，而畏之莫敢言。唯滕胤谏止，不从，而功竟不就。

其明年，文钦说峻征魏，峻使钦与吕据、车骑刘纂、镇南朱异、前将军唐咨自江都入淮、泗，以图青、徐。峻与胤至石头，因饯之，领从者百许人入据营。据御军齐整，峻恶之，称心痛去，遂梦为诸葛恪所击，恐惧发病死，时年三十八，以后事付綝。

○孙綝

孙綝字子通，与峻同祖。綝父绰为安民都尉。綝始为偏将军，及峻死，为侍中武卫将军，领中外诸军事，代知朝政。吕据闻之大恐，与诸督将连名，共表荐滕胤为丞相，綝更以胤为大司马，代吕岱驻武昌。据引兵还，使人报胤，欲共废綝。綝闻之，遣从兄虑将兵逆据于江都，使中使敕文钦、刘纂、唐咨等合众击据，遣侍中左将军华融、中书丞丁晏告胤取据，并喻胤宜速去意。胤自以祸及，因留融、晏，勒兵自卫，召典军杨崇、将军孙咨，告以綝为乱，迫融等使有书难綝。綝不听，表言胤反，许将军刘丞以封爵，使率兵骑急攻围胤。胤又劫融等，使诈诏发兵。融等不从，胤皆杀之。胤颜色不变，谈笑若常。或劝胤引兵至苍龙门，将士见公出，必皆委綝就公。时夜已半，胤恃与据期，又难举兵向宫，乃约令部曲，说吕侯以在近道，故皆为胤尽死，无离散者。

时大风，比晓，据不至。綝兵大会，遂杀胤及将士数十人，夷胤三族。臣松之以为孙綝虽凶虐，与滕胤宿无嫌隙。胤若且顺綝意，出镇武昌，岂徒免当时之祸？仍将永保元吉。而犯机触害，自取夷灭，悲夫！

綝迁大将军，假节，封永宁侯，负贵倨傲，多行无礼。初，峻从弟虑与诛诸葛恪之谋，峻厚之，至右将军、无难督，授节盖，平九官事。綝遇虑薄于峻时，虑怒，与将军王惇谋杀綝。綝杀惇，虑服药死。

魏大将军诸葛诞举寿春叛，保城请降。吴遣文钦、唐咨、全端、全怿等帅三万人救之。魏镇南将军王基围诞，钦等突围入城。魏悉中外军二十余万增诞之围。朱异帅三万人屯安丰城，为文钦势。魏兖州刺史州泰拒异于阳渊，异败退，为泰所追，死伤二千人。綝于是大发卒出屯镬里，复遣异率将军丁奉、黎斐等五万人攻魏，留辎重于都陆。异屯黎浆，遣将军任度、张震等募勇敢六千人，于屯西六里为浮桥夜渡，筑偃月垒。为魏监军石苞及州泰所破，军却退就高。异复作车箱围趣五木城。苞、泰攻异，异败归，而魏太山太守胡烈以奇兵五千诡道袭都陆，尽焚异资粮。綝授兵三万人使异死战，异不从，綝斩之于镬里，而遣弟恩救，会诞败引还。綝既不能拔出诞，而丧败士众，自戮名将，莫不怨之。

綝以孙亮始亲政事，多所难问，甚惧。还建业，称疾不朝，筑室于朱雀桥南，使弟威远将军据入苍龙宿卫，弟武卫将军恩、偏将军幹、长水校尉闓分屯诸营，欲以专朝自固。亮内嫌綝，乃推鲁育见杀本末，责怒虎林督朱熊、熊弟外部督朱损不匡正孙峻；乃令丁奉杀熊于虎林，杀损于建业。綝入谏不从，亮遂与公主鲁班、太常全尚、将军刘承议诛綝。亮妃，綝从姊女也，以其谋告

綝。綝率众夜袭全尚，遣弟恩杀刘承于苍龙门外，遂围宫。《江表传》曰：亮召全尚息黄门侍郎纪密谋，曰："孙綝专势，轻小于孤。孤前敕之，使速上岸，为唐咨等作援，而留湖中，不上岸一步。又委罪朱异，擅杀功臣，不先表闻。筑第桥南，不复朝见。此为自在，无复所畏，不可久忍。今规取之，卿父作中军都督，使密严整士马，孤当自出临桥，帅宿卫虎骑、左右无难一时围之。作版诏敕綝所领皆解散，不得举手，正尔自得之。卿去，但当使密耳。卿宣诏语卿父，勿令卿母知之，女人既不晓大事，且綝同堂姊，邂逅泄漏，误孤非小也。"纪承诏，以告尚，尚无远虑，以语纪母。母使人密语綝。綝夜发严兵废亮，比明，兵已围宫。亮大怒，上马，带鞬执弓欲出，曰："孤大皇帝之適子，在位已五年，谁敢不从者？"侍中近臣及乳母共牵攀止之，乃不得出，叹咤二日不食，骂其妻曰："尔父愦愦，败我大事！"又呼纪，纪曰："臣父奉诏不谨，负上，无面目复见。"因自杀。| 孙盛曰：亮传称亮少聪慧，势当先与纪谋，不先令妻知也。《江表传》说漏泄有由，于事为详矣。使光禄勋孟宗告庙废亮，召群司议曰："少帝荒病昏乱，不可以处大位，承宗庙，以告先帝废之。诸君若有不同者，下异议。"皆震怖，曰："唯将军令。"綝遣中书郎李崇夺亮玺绶，以亮罪状班告远近。尚书桓彝不肯署名，綝怒杀之。《汉晋春秋》曰：彝，魏尚书令阶之弟。|《吴录》曰：晋武帝问薛莹吴之名臣，莹对称彝有忠贞之节。

典军施正劝綝征立琅邪王休，綝从之，遣宗正楷奉书于休曰："綝以薄才，见授大任，不能辅导陛下。顷月以来，多所造立，亲近刘承，悦于美色，发吏民妇女，料其好者，留于宫内；取兵子弟十八已下三千余人，习之苑中，连日续夜，大小呼嗟，败坏藏中矛戟五千余枚，以作戏具。朱据先帝旧臣，子男熊、损皆承父之基，以忠义自立，昔杀小主，自是大主所创，帝不复精其本末，便杀熊、损，谏不见用，诸下莫不侧息。帝于宫中作小船三百余艘，成以金银，师工昼夜不息。太常全尚，累世受恩，不能督诸宗亲，而全端等委城就魏。尚位过重，曾无一言以谏陛下，而与敌往来，使传国消息，惧必倾危社稷。推案旧典，运集大王，辄以今月二十七日擒尚斩承。以帝为会稽王，遣楷奉迎，百寮喁喁，立住道侧。"

綝遣将军孙耽送亮之国，徙尚于零陵，迁公主于豫章。綝意弥溢，侮慢民神，遂烧大桥头伍子胥庙，又坏浮屠祠，斩道人。休既即位，称草莽臣，诣阙上书曰："臣伏自省，才非干国，因缘肺腑，位极人臣，伤锦败驾，罪负彰露，寻愆惟阙，夙夜忧惧。臣闻天命裴谌，必就有德，是以幽厉失度，周宣中兴。陛下圣德，纂承大统，宜得良辅，以协雍熙，虽尧之盛，犹求稷契之佐，以协明圣之德。古人有言：'陈力就列，不能者止。'臣虽自展竭，无益庶政，谨上印绶节钺，退还田里，以避贤路。"休引见慰喻。又下诏曰："朕以不德，守藩于外，值兹际会，群公卿士，暨于朕躬，以奉宗庙。朕用忟然，若涉渊水。大将军忠计内发，扶危定倾，安康社稷，功勋赫然。昔汉孝宣践阼，霍光尊显，襃德赏功，古今之通义也。其以大将军为丞相、荆州牧，食五县。"恩为御史大夫、卫将军，据右将军，皆县侯。幹杂号将军、亭侯，闿亦封亭侯。綝一门五侯，皆典禁兵，权倾人主，自吴国朝臣未尝有也。

綝奉牛酒诣休，休不受，赍诣左将军张布；酒酣，出怨言曰："初废少主时，多劝吾自为之者。吾以陛下贤明，故迎之。帝非我不立，今上礼见拒，是与凡臣无异，当复改图耳。"布以言闻休，休衔之，恐其有变，数加赏赐，又复加恩侍中，与綝分省文书。或有告綝怀怨侮上欲图反者，休执以付綝，綝杀之，由是愈惧，因孟宗求出屯武昌，休许焉，尽敕所督中营精兵万余人，皆令装载，所取武库兵器，咸令给与。《吴历》曰：綝求中书两郎，典知荆州诸军事，主者奏中书不应外出，休特听之，其所请求，一皆给与。将军魏邈说休曰"綝居外必有变"，武卫士施朔又告"綝欲反有征"。休密问张布，布与丁奉谋于会杀綝。

永安元年十二月丁卯，建业中谣言明会有变，綝闻之，不悦。夜大风发木扬沙，綝益恐。戊辰腊会，綝称疾。休强起之，使者十余辈，綝不得已，将入，众止焉。綝曰："国家屡有命，不可辞。可豫整兵，令府内起火，因是可得速还。"遂入，寻而火起，綝求出，休曰："外兵自多，不足烦丞相也。"綝起离席，奉、布目左右缚之。綝叩首曰："愿徙交州。"休曰："卿何以不徙滕胤、吕据？"綝复曰："愿没为官奴。"休曰："何不以胤、据为奴乎！"遂斩之。以綝首令其众曰："诸与綝同谋皆赦。"放仗者五千人。闿乘船欲北降，追杀之。夷三族。发孙峻棺，取其印绶，斫其木而埋之，以杀鲁育等故也。

綝死时年二十八。休耻与峻、綝同族。特除其属籍，称之曰故峻、故綝云。休又下诏曰："诸葛恪、滕胤、吕据盖以无罪为峻、綝兄弟所见残害，可为痛心，促皆改葬，各为祭奠。其罹恪等事见远徙者，一切召还。"

○濮阳兴

濮阳兴字子元，陈留人也。父逸，汉末避乱江东，官至长沙太守。逸事见《陆瑁传》。兴少有士名，孙权时除上虞令，稍迁至尚书左曹，以五官中郎将使蜀，还为会稽太守。时琅邪王休居会稽，兴深与相结。及休即位，征兴为太常卫将军，平军国事，封外黄侯。

永安三年，都尉严密建丹阳湖田，作浦里塘。诏百官会议，咸以为用功多而田不保成，唯兴以为可成。遂会诸兵民就作，功佣之费不可胜数，士卒死亡，或自贼杀，百姓大怨之。

兴迁为丞相。与休宠臣左将军张布共相表里，邦内失望。

七年七月，休薨。左典军万彧素与乌程侯孙晧善，乃劝兴、布，于是兴、布废休适子而迎立晧。晧既践阼，加兴侍中，领青州牧。俄彧谮兴、布追悔前事。十一月朔入朝，晧因收兴、布，徙广州，道追杀之，夷三族。

评曰：诸葛恪才气干略，邦人所称，然骄且吝，周公无观，况在于恪？矜己陵人，能无败乎！若躬行所与陆逊及弟融之书，则悔吝不至，何尤祸之有哉？滕胤厉修士操，遵蹈规矩，而孙峻之时犹保其贵，必危之理也。峻、綝凶竖盈溢，固无足论者。濮阳兴身居宰辅，虑不经国，协张布之邪，纳万彧之说，诛夷其宜矣。

六十五卷 吴书 二十

王楼贺韦华传 | 王蕃 楼玄 贺邵 韦曜 华覈

○王蕃

王蕃字永元，庐江人也。博览多闻，兼通术艺。始为尚书郎，去官。孙休即位，与贺邵、薛莹、虞汜俱为散骑中常侍，皆加驸马都尉。时论清之。遣使至蜀，蜀人称焉，还为夏口监军。

孙皓初，复入为常侍，与万彧同官。彧与皓有旧，俗士挟侵，谓蕃自轻。又中书丞陈声，皓之嬖臣，数谮毁蕃。蕃体气高亮，不能承颜顺指，时或迕意，积以见责。

甘露二年，丁忠使晋还，皓大会群臣，蕃沈醉顿伏，皓疑而不悦，舆蕃出外。顷之请还，酒亦不解。蕃性有威严，行止自若，皓大怒，呵左右于殿下斩之。卫将军滕牧、征西将军留平请，不能得。《江表传》曰：皓用巫史之言，谓建业宫不利，乃西巡武昌，仍有迁都之意，恐群臣不从，乃大请会，赐将吏。问蕃："射不主皮，为力不同科，其义云何？"蕃思惟未答，即于殿上斩蕃。出登来山，使亲近将掷蕃首，作虎跳狼争咋啮之，头皆碎坏，欲以示威，使众不敢犯也。此与本传不同。|《吴录》曰：皓每于会，因酒酣，辄令侍臣嘲谑公卿，以为

笑乐。万彧既为左丞相，蕃嘲彧曰："鱼潜于渊，出水煦沫。何则？物有本性，不可横处非分也。彧出自溪谷，羊质虎皮，虚受光赫之宠，跨越三九之位，犬马犹能识养，将何以报厚施乎！"彧曰："唐虞之朝无谬举之才，造父之门无驽蹇之质，蕃上诬明选，下讪桢干，何伤于日月，适多见其不知量耳。"｜臣松之按本传云丁忠使晋还，晧为大会，于会中杀蕃。检忠从北还在此年之春，彧时尚未为丞相，至秋乃为相耳。《吴录》所言为乖互不同。

丞相陆凯上疏曰："常侍王蕃黄中通理，知天知物，处朝忠蹇，斯社稷之重镇，大吴之龙逢也。昔事景皇，纳言左右，景皇钦嘉，叹为异伦。而陛下忿其苦辞，恶其直对，枭之殿堂，尸骸暴弃，邦内伤心，有识悲悼。"其痛蕃如此。蕃死时年三十九，晧徙蕃家属广州。二弟著、延皆作佳器，郭马起事，不为马用，见害。

○楼玄

楼玄字承先，沛郡蕲人也。孙休时为监农御史。孙晧即位，与王蕃、郭逴、万彧俱为散骑中常侍，出为会稽太守，入为大司农。旧禁中主者自用亲近人作之，彧陈亲密近职，宜用好人，晧因敕有司，求忠清之士，以应其选；遂用玄为宫下镇禁中侯，主殿中事。玄从九卿持刀侍卫，正身率众，奉法而行，应对切直，数近晧意，渐见责怒。后人诬白玄与贺邵相逢，驻共耳语大笑，谤讪政事，遂被诏诘责，送付广州。

东观令华覈上疏曰："臣窃以治国之体，其犹治家。主田野者，

皆宜良信。又宜得一人总其条目，为作维纲，众事乃理。《论语》曰：'无为而治者其舜也与！恭己正南面而已。'言所任得其人，故优游而自逸也。今海内未定，天下多事，事无大小，皆当关闻；动经御坐，劳损圣虑。陛下既垂意博古，综极艺文，加勤心好道，随节致气，宜得闲静以展神思，呼翕清淳，与天同极。臣夙夜思惟，诸吏之中，任干之事，足委仗者，无胜于楼玄。玄清忠奉公，冠冕当世，众服其操，无与争先。夫清者则心平而意直，忠者惟正道而履之，如玄之性，终始可保，乞陛下赦玄前愆，使得自新，擢之宰司，责其后效，使为官择人，随才授任，则舜之恭己，近亦可得。"皓疾玄名声，复徙玄及子据，付交阯将张弈，使以战自效，阴别敕弈令杀之。据到交阯，病死。玄一身随弈讨贼，持刀步涉，见弈辄拜，弈未忍杀。会弈暴卒，玄殡敛弈，于器中见敕书，还便自杀。《江表传》曰：皓遣将张弈追赐玄鸩，弈以玄贤者，不忍即宣诏致药，玄阴知之，谓弈曰："当早告玄，玄何惜邪？"即服药死。| 臣松之以玄之清高，必不以安危易操，无缘骤拜张弈，以亏其节。且祸机既发，岂百拜所免？《江表传》所言，于理为长。

○贺邵

贺邵字兴伯，会稽山阴人也。《吴书》曰：邵，贺齐之孙，景之子。孙休即位，从中郎为散骑中常侍，出为吴郡太守。孙皓时，入为左典军，迁中书令，领太子太傅。皓凶暴骄矜，政事日弊。邵上疏谏曰：

"古之圣王，所以潜处重闱之内而知万里之情，垂拱衽席之上，明照八极之际者，任贤之功也。陛下以至德淑姿，统承皇业，宜率身履道，恭奉神器，旌贤表善，以康庶政。自顷年以来，朝列纷错，真伪相贸，上下空任，文武旷位，外无山岳之镇，内无拾遗之臣；佞谀之徒柎翼天飞，干弄朝威，盗窃荣利，而忠良排坠，信臣被害。是以正士摧方，而庸臣苟媚，先意承旨，各希时趣，人执反理之评，士吐诡道之论，遂使清流变浊，忠臣结舌。陛下处九天之上，隐百重之室，言出风靡，令行景从，亲洽宠媚之臣，日闻顺意之辞；将谓此辈实贤，而天下已平也。臣心所不安，敢不以闻。

"臣闻兴国之君乐闻其过，荒乱之主乐闻其誉；闻其过者过日消而福臻，闻其誉者誉日损而祸至。是以古之人君，揖让以进贤，虚己以求过，譬天位于乘犇，以虎尾为警戒。至于陛下，严刑法以禁直辞，黜善士以逆谏臣，眩耀毁誉之实，沈沦近习之言。昔高宗思佐，梦寐得贤，而陛下求之如忘，忽之如遗。故常侍王蕃忠恪在公，才任辅弼，以醉酒之间加之大戮。近鸿胪葛奚，先帝旧臣，偶有逆迕，昏醉之言耳，三爵之后，礼所不讳，陛下猥发雷霆，谓之轻慢，饮之醇酒，中毒陨命。自是之后，海内悼心，朝臣失图，仕者以退为幸，居者以出为福，诚非所以保光洪绪，熙隆道化也。

"又何定本趋走小人，仆隶之下，身无锱铢之行，能无鹰犬之用，而陛下爱其佞媚，假其威柄，使定恃宠放恣，自擅威福，口正国议，手弄天机，上亏日月之明，下塞君子之路。夫小人求入，必进奸利，定间妄兴事役，发江边戍兵以驱麋鹿，结置山陵，芟夷林莽，殚其九野之兽，聚于重围之内，上无益时之分，下有损耗之费。而兵士罢于运送，人力竭于驱逐，老弱饥冻，大小怨叹。臣窃观天变，自比年以来阴阳错谬，四时逆节，日食地震，中夏陨霜，参之典籍，皆阴气陵阳，小人弄势之所致也。臣尝览书传，验诸行事，灾祥之应，所为寒栗。昔高宗修己以消鼎雉之异，宋景崇德以退荧惑之变，愿陛下上惧皇天谴告之诮，下追二君攘灾之道，远览前代任贤之功，近寤今日谬授之失，清澄朝位，旌叙俊义，放退佞邪，抑夺奸势，如是之辈，一勿复用，广延淹滞，容受直辞，祗承乾指，敬奉先业，则大化光敷，天人望塞也。

"《传》曰：'国之兴也，视民如赤子；其亡也，以民为草芥。'陛下昔韬神光，潜德东夏，以圣哲茂姿，龙飞应天，四海延颈，八方拭目，以成康之化必隆于旦夕也。自登位以来，法禁转苛，赋调益繁；中宫内竖，分布州郡，横兴事役，竞造奸利；百姓罹杼轴之困，黎民罢无已之求，老幼饥寒，家户菜色，而所在长吏，迫畏罪负，严法峻刑，苦民求办。是以人力不堪，家户离散，呼嗟之声，感伤和气。又江边戍兵，远当以拓土广境，近当以守界备难，宜特优育，以待有事；而征发赋调，烟至云集，衣不全裋褐，食不赡朝夕，出当锋镝之难，入抱无聊之戚。是以父子相弃，叛者成行。愿陛下宽赋除烦，振恤穷乏，省诸不急，荡禁约法，则海内乐业，大化普洽。夫民者国之本，食者民之命也，今国无一年之储，家无经月之畜，而后宫之中坐食者万有余人。内有离旷之怨，外有损耗之费，使库廪空于无用，士民饥于糟糠。

"又北敌注目，伺国盛衰，陛下不恃己之威德，而怙敌之不来，忽四海之困穷，而轻房之不为难，诚非长策庙胜之要也。昔大皇帝勤身苦体，创基南夏，割据江山，拓土万里，虽承天赞，实由人力也。余庆遗祚，至于陛下，陛下宜勉崇德器，以光前烈，爱民养士，保全先轨，何可忽显祖之功勤，轻难得之大业，忘天下之不振，替兴衰之巨变哉？臣闻否泰无常，吉凶由人，长江之限不可久恃，苟我不守，一苇可航也。昔秦建皇帝之号，据殽函之阻，德化不修，法政苛酷，毒流生民，忠臣杜口，是以一夫大呼，社稷倾覆。近刘氏据三关之险，守重山之固，可谓金城石室，万世之业；任授失贤，一朝丧没，君臣系颈，共为羁仆。此当世之明鉴，目前之炯戒也。愿陛下远考前事，近鉴世变，丰基强本，割情从道，则成康之治兴，而圣祖之祚隆矣。"

书奏，晧深恨之。邵奉公贞正，亲近所惮。乃共谮邵与楼玄谤毁国事，俱被诘责，玄见送南州，邵原复职。后邵中恶风，口不能言，去职数月，晧疑其托疾，收付酒藏，掠考千所，邵卒无一语，竟见杀害，家属徙临海。并下诏诛玄子孙，是岁天册元年也，邵年四十九。

○韦曜

韦曜字弘嗣，吴郡云阳人也。曜本名昭，史为晋讳，改之。少好学，能属文，从丞相掾，除西安令，还为尚书郎，迁太子中庶子。时蔡颖亦在东宫，性好博弈，太子和以为无益，命曜论之。其辞曰：

"盖闻君子耻当年而功不立，疾没世而名不称，故曰学如不及，犹恐失之。是以古之志士，悼年齿之流迈，而惧名称之不立也。故勉精厉操，晨兴夜寐，不遑宁息，经之以岁月，累之以日力，若甯越之勤，董生之笃，渐渍德义之渊，栖迟道艺之域。且以西伯之圣，姬公之才，犹有日昃待旦之劳，故能隆兴周道，垂名亿载，况在臣庶，而可以已乎？历观古今立功名之士，皆有累积殊异之迹，劳身苦体，契阔勤思，平居不堕其业，穷困不易其素，是以卜式立志于耕牧，而黄霸受道于圄圉，终有荣显之福，以成不朽之名。故山甫勤于夙夜，而吴汉不离公门，岂有游惰哉？

"今世之人多不务经术，好玩博弈，废事弃业，忘寝与食，穷日尽明，继以脂烛。当其临局交争，雌雄未决，专精锐意，心劳体倦，人事旷而不修，宾旅阙而不接，虽有太牢之馈，《韶》《夏》之乐，不暇存也。至或赌及衣物，徙棋易行，廉耻之意弛，而忿戾之色发，然其所志不出一枰之上，所务不过方罫之间，胜敌无封爵之赏，获地无兼土之实，技非六艺，用非经国；立身者不阶其术，征选者不由其道。求之于战阵，则非孙、吴之伦；考之于道艺，则非孔氏之门也；以变诈为务，则非忠信之事也；以劫杀为名，则非仁者之意也；而空妨日废业，终无补益。是何异设木而击之，置石而投之哉！且君子之居室也勤身以致养，其在朝也竭命以纳忠，临事且犹旰食，而何博弈之足耽？夫然，故孝友之行立，贞纯之名彰也。

"方今大吴受命，海内未平，圣朝乾乾，务在得人，勇略之士则受熊虎之任，儒雅之徒则处龙凤之署，百行兼苞，文武并骛，博选良才，旌简髦俊，设程试之科，垂金爵之赏，诚千载之嘉会，百世之良遇也。当世之士，宜勉思至道，爱功惜力，以佐明时，使名书史籍，勋在盟府，乃君子之上务，当今之先急也。

"夫一木之枰孰与方国之封？枯棋三百孰与万人之将？衮龙之服、金石之乐，足以兼棋局而贸博弈矣。假令世士移博弈之力而用之于诗书，是有颜、闵之志也；用之于智计，是有良、平之思也；用之于资货，是有猗顿之富也；用之于射御，是有将帅之备也。如此，则功名立而鄙贱远矣。"

和废后，为黄门侍郎。孙亮即位，诸葛恪辅政，表曜为太史令，撰《吴书》，华覈、薛莹等皆与参同。孙休践阼，为中书郎、博士祭酒。命曜依刘向故事，校定众书。又欲延曜侍讲，而左将军张布近习宠幸，事行多玷，惮曜侍讲儒士，又性精确，惧以古今警戒休意，固争不可。休深恨布，语在《休传》。然曜竟止不入。

孙皓即位，封高陵亭侯，迁中书仆射，职省，为侍中，常领左国史。时所在承指数言瑞应。皓以问曜，曜答曰："此人家筐箧中物耳。"又皓欲为父和作纪，曜执以和不登帝位，宜名为传。如是者非一，渐见责怒。曜益忧惧，自陈衰老，求去侍、史二官，乞欲成所造书，以从业别有所付，皓终不听。时有疾病，医药监护，持之愈急。

皓每飨宴，无不竟日，坐席无能否率以七升为限，虽不悉入口，皆浇灌取尽。曜素饮酒不过二升，初见礼异时，常为裁减，或密赐茶荈以当酒，至于宠衰，更见逼强，辄以为罪。又于酒后使侍臣难折公卿，以嘲弄侵克，发摘私短以为欢。时有愆过，或误犯皓讳，辄见收缚，至于诛戮。曜以为外相毁伤，内长尤恨，使不济济，非佳事也，故但示难问经义言论而已。皓以为不承用诏命，意不忠尽，遂积前后嫌忿，收曜付狱。是岁凤皇二年也。

曜因狱吏上辞曰："囚荷恩见哀，无与为比，曾无芒氂有以上报，孤辱恩宠，自陷极罪。念当灰灭，长弃黄泉，愚情惓惓，窃有所怀，贪令上闻。囚昔见世间有古历注，其所纪载既多虚无，在书籍者亦复错谬。囚寻按传记，考合异同，采摭耳目所及，以作《洞纪》，起自庖牺，至于秦、汉，凡为三卷，当起黄武以来，别作一卷，事尚未成。又见刘熙所作《释名》，信多佳者，然物类众多，难得详究，故时有得失，而爵位之事，又有非是。愚以官爵，今之所急，不宜乖误。囚自忘至微，又作《官职训》及《辩释名》各一卷，欲表上之。新写始毕，会以无状幽囚待命，泯没之日，恨不上闻，谨以先死列状，乞上言秘府，于外料取，呈内以闻。追惧浅蔽，不合天听，抱怖雀息，乞垂哀省。"

曜冀以此求免，而皓更怪其书之垢，故又以诘曜。曜对曰："囚撰此书，实欲表上，惧有误谬，数数省读，不觉点污。被问寒战，形气呐吃。谨追辞叩头五百下，两手自搏。"而华覈连上疏救曜曰："曜运值千载，特蒙哀识，以其儒学，得与史官，貂蝉内侍，承合天问。圣朝仁笃，慎终追远，迎神之际，垂涕救曜。曜愚惑不达，不能敷宣陛下大舜之美，而拘系史官，使圣趣不叙，至行不彰，实曜愚蔽当死之罪。然臣惓惓，见曜自少勤学，虽老不倦，探综坟典，温故知新，及意所经识古今行事，外吏之中少过曜者。昔李陵为汉将，军败不还而降匈奴，司马迁不加疾恶，为陵游说，汉武帝以迁有良史之才，欲使毕成所撰，忍不加诛，书卒成立，垂之无穷。今曜在吴，亦汉之史迁也。伏见前后符瑞彰著，神指天应，继出累见，一统之期，庶不复久。事平之后，当观时设制，三王不相因礼，五帝不相沿乐，质文殊涂，损益异体，宜得曜辈依准古义，有所改立。汉氏承秦，则有叔孙通定一代之仪，曜之才学亦汉通之次也。又《吴书》虽已有头角，叙赞未述。昔班固作《汉书》，文辞典雅，后刘珍、刘毅等作《汉记》，远不及固，叙传尤劣。今《吴书》当垂千载，编次诸史，后之才士论次善恶，非得良才如曜者，实不可使阙不朽之书。如臣顽蔽，诚非其人。曜年已七十，余数无几，乞赦其一等之罪，为终身徒，使成书业，永足传示，垂之百世。谨通进表，叩首百下。"

皓不许，遂诛曜，徙其家零陵。子隆，亦有文学也。

○华覈

华覈字永先，吴郡武进人也。始为上虞尉、典农都尉，以文学入为秘府郎，迁中书丞。

蜀为魏所并，覈诣宫门发表曰："间闻贼众蚁聚向西境，西境艰险，谓当无虞；定闻陆抗表至，成都不守，臣主播越，社稷倾覆。昔卫为翟所灭而桓公存之，今道里长远，不可救振，失委附之土，弃贡献之国，臣以草芥，窃怀不宁。陛下圣仁，恩泽远抚，卒闻如此，必垂哀悼。臣不胜忡怅之情，谨拜表以闻。"

孙皓即位，封徐陵亭侯。宝鼎二年，皓更营新宫，制度弘广，饰以珠玉，所费甚多。是时盛夏兴工，农守并废，覈上疏谏曰：

"臣闻汉文之世，九州晏然，秦民喜去惨毒之苛政，归刘氏之宽仁，省役约法，与之更始，分王子弟以藩汉室，当此之时，皆以为泰山之安，无穷之基也。至于贾谊，独以为可痛哭及流涕者三，可为长叹息者六，乃曰当今之势何异抱火于积薪之下而寝其上，火未及然而谓之安。其后变乱，皆如其言。臣虽下愚，不识大伦，窃以曩时之事，揆今之势。

"谊曰复数年间，诸王方刚，汉之傅相称疾罢归，欲以此为治，虽尧舜不能安。今大敌据九州之地，有大半之众，习攻战之余术，乘戎马之旧势，欲与中国争相吞之计，其犹楚汉势不两立，非徒汉之诸王淮南、济北而已。谊之所欲痛哭，比今为缓；抱火卧薪之喻，于今为急。

"大皇帝览前代之如彼，察今势之如此，故广开农桑之业，积不訾之储，恤民重役，务养战士；是以大小感恩，各思竭命。期运未至，早弃万国。自是之后，强臣专政，上诡天时，下违众议，忘安存之本，邀一时之利，数兴军旅，倾竭府藏，兵劳民困，无时获安。今之存者乃创夷之遗众，哀苦之余民耳。遂使军资空匮，仓廪不实，布帛之赐，寒暑不周，重以失业，家户不赡。而北积谷养民，专心东向，无复他警。蜀为西藩，土地险固，加承先主统御之术，谓其守御足以长久，不图一朝，奄至倾覆。唇亡齿寒，古人所惧。交州诸郡，国之南土，交阯、九真二郡已没，日南孤危，存亡难保；合浦以北，民皆摇动，因连避役，多有离叛，而备戍减少，威镇转轻，常恐呼吸复有变故。昔海虏窥窬东县，多得离民，地习海行，狃于往年，钞盗无日；今胸背有嫌，首尾多难，乃国朝之厄会也。诚宜住建立之役，先备豫之计，勉垦殖之业，为饥乏之救。惟恐农时将过，东作向晚，有事之日，整严未办。若舍此急，尽力功作，卒有风尘不虞之变，当委版筑之役，应烽燧之急，驱怨苦之众，赴白刃之难，此乃大敌所因为资也。如但固守，旷日持久，则军粮必乏，不待接刃，而战士已困矣。

"昔太戊之时，桑谷生庭，惧而修德，怪消殷兴。荧惑守心，宋以为灾，景公下从瞀史之言，而荧惑退舍，景公延年。夫修德于身而感异类，言发于口而通神明，臣以愚蔽，误忝近署，不能翼宣仁泽以感灵祇，仰惭俯愧，无所投处。退伏思惟，荧惑桑谷之异，天示二主，至于他余锱介之妖，近是门庭小神所为，验之天地，无有他变，而征祥符瑞前后屡臻，明珠既觌，白雀继见，万亿之祚，实灵所挺，以九域为宅，天下为家，不与编户之民转徙同也。又今之宫室，先帝所营，卜土立基，非为不祥。又杨市土地与宫连接，若大功毕竟，舆驾迁住，门行之神，皆当转移，犹恐长久未必胜旧。屡迁不可，留则有嫌，此乃愚臣所以夙夜为忧灼也。臣省《月令》，季夏之月，不可以兴土功，不可以会诸侯，不可以起兵动众，举大事必有大殃。今虽诸侯不会，诸侯之军与会无异。六月戊己，土行正王，既不可犯，加又农月，时不可失。昔鲁隐公夏城中丘，《春秋》书之，垂为后戒。今筑宫为长世之洪基，而犯天地之大禁，袭《春秋》之所书，废敬授之上务，臣以愚管，窃所未安。

"又恐所召离民，或有不至，讨之则废役兴事，不讨则日月滋蔓。若悉并到，大众聚会，希无疾病。且人心安则念善，苦则怨叛，江南精兵，北土所难，欲以十卒当东一人，天下未定，深可忧惜。如此宫成，死叛五千，则北军之众更增五万，若到万人，则倍益十万，病者有死亡之损，叛者传不善之语，此乃大敌所以欢喜也。今当角力中原，以定强弱，正于际会，彼益我损，加以劳困，此乃雄夫智士所以深忧。

"臣闻先王治国无三年之储，曰国非其国，安宁之世戒备如此，况敌强大而忽农忘畜。今虽颇种殖，间者大水沈没，其余存者当须耘获，而长吏怖期，上方诸郡，身涉山林，尽力伐材，废农弃务，士民妻孥羸小，垦殖又薄，若有水旱则永无所获。州郡见米，当待有事，冗食之众，仰官供济。若上下空乏，运漕不供，而北敌犯疆，使周、召更生，良、平复出，不能为陛下计明矣。臣闻君明者臣忠，主圣者臣直，是以偻偻，昧犯天威，乞垂哀省。"

书奏，晧不纳。

后迁东观令，领右国史，覈上疏辞让，晧答曰："得表，以东观儒林之府，当讲校文艺，处定疑难，汉时皆名学硕儒乃任其职，乞更选英贤。闻之，以卿研精坟典，博览多闻，可谓悦礼乐、敦诗书者也。当飞翰骋藻，光赞时事，以越杨、班、张、蔡之畴，怪乃谦光，厚自菲薄，宜勉修所职，以迈先贤，勿复纷纷。"

时仓廪无储，世俗滋侈，覈上疏曰："今寇虏充斥，征伐未已，居无积年之储，出无应敌之畜，此乃有国者所宜深忧也。夫财谷所生，皆出于民，趋时务农，国之上急。而都下诸官，所掌别异，各自下调，不计民力，辄与近期。长吏畏罪，昼夜催民，委舍佃事，遑赴会日，定送到都，或蕴积不用，而徒使百姓消力失时。到秋收月，督其限入，夺其播殖之时，而责其今年之税，如有逋悬，则籍没财物，故家户贫困，衣食不足。宜暂息众役，专心农桑。古人称：一夫不耕，或受其饥，一女不织，或受其寒。是以先王治国，惟农是务。军兴以来，已向百载，农人废南亩之务，女工停机杼之业。推此揆之，则蔬食而长饥，薄衣而履冰者，固不少矣。

　　"臣闻主之所求于民者二，民之所望于主者三。二谓求其为己劳也，求其为己死也。三谓饥者能食之，劳者能息之，有功者能赏之。民以致其二事而主失其三望者，则怨心生而功不建。今帑藏不实，民劳役猥，主之二求已备，民之三望未报。且饥者不待美馔而后饱，寒者不俟狐貉而后温，滋味者口之奇，文绣者身之饰也。今事多而役繁，民贫而俗奢，百工作无用之器，妇人为绮靡之饰，不勤麻枲，并绣文黼黻，转相仿效，耻独无有。兵民之家，犹复逐俗，内无儋石之储，而出有绫绮之服，至于富贾商贩之家，重以金银，奢恣尤甚。天下未平，百姓不赡，宜一生民之原，丰谷帛之业，而弃功于浮华之巧，妨日于侈靡之事，上无尊卑等级之差，下有耗财费力之损。今吏士之家，少无子女，多者三四，少者一二，通令户有一女，十万家则十万人，人织绩一岁一束，则十万束矣。使四疆之内同心戮力，数年之间，布帛必积。恣民五色，惟所服用，但禁绮绣无益之饰。且美貌者不待华采以崇好，艳姿者不待文绮以致爱，五采之饰，足以丽矣。若极粉黛，穷盛服，未必无丑妇；废华采，去文绣，未必无美人也。若实如论，有之无益废之无损者，何爱而不暂禁以充府藏之急乎？此救乏之上务，富国之本业也，使管、晏复生，无以易此。汉之文、景，承平继统，天下已定，四方无虞，犹以雕文之伤农事，锦绣之害女红，开富国之利，杜饥寒之本。况今六合分乖，豺狼充路，兵不离疆，甲不解带，而可以不广生财之原，充府藏之积哉？"

　　晧以纂年老，敕令草表，纂不敢。又敕作草文，停立待之。纂为文曰："咨纂小臣，草芥凡庸。遭眷值圣，受恩特隆。越从朽壤，蝉蜕朝中。熙光紫闼，青琐是凭。毖挹清露，沐浴凯风。效无丝氂，负阙山崇。滋润含垢，恩贷累重。秽质被荣，局命得融。欲报罔极，委之皇穹。圣恩雨注，哀弃其尤。猥命草对，润被下愚。不敢违敕，惧速罪诛。冒承诏命，魂逝形留。"

曜前后陈便宜，及贡荐良能、解释罪过，书百余上，皆有补益，文多，不悉载。天册元年以微谴免，数岁卒。曜、曜所论事章疏，咸传于世也。

评曰：薛莹称王蕃器量绰异，弘博多通；楼玄清白节操，才理条畅；贺邵厉志高洁，机理清要；韦曜笃学好古，博见群籍，有记述之才。胡冲以为玄、邵、蕃一时清妙，略无优劣。必不得已，玄宜在先，邵当次之。华覈文赋之才，有过于曜，而典诰不及也。予观覈数献良规，期于自尽，庶几忠臣矣。然此数子，处无妄之世而有名位，强死其理，得免为幸耳。

附：上《三国志》注表

[南朝宋] 裴松之

臣松之言：臣闻智周则万理自宾，鉴远则物无遗照。虽尽性穷微，深不可识，至于绪余所寄，则必接乎粗迹。是以体备之量，犹曰好察迩言。畜德之厚，在于多识往行。伏惟陛下道该渊极，神超妙物，晖光日新，郁哉弥盛。虽一贯坟典，怡心玄赜，犹复降怀近代，博观兴废。将以总括前踪，贻诲来世。

臣前被诏，使采三国异同以注陈寿《国志》。寿书铨叙可观，事多审正。诚游览之苑囿，近世之嘉史。然失在于略，时有所脱漏。臣奉旨寻详，务在周悉。上搜旧闻，傍摭遗逸。按三国虽历年不远，而事关汉、晋。首尾所涉，出入百载。注记纷错，每多舛互。其寿所不载，事宜存录者，则罔不毕取以补其阙。或同说一事而辞有乖杂，或出事本异，疑不能判，并皆抄内以备异闻。若乃纰缪显然，言不附理，则随违矫正，以惩其妄。其时事当否，及寿之小失，颇以愚意有所论辩。自就撰集，已垂期月。写校始讫，谨封上呈。

窃惟缀事以众色成文，蜜蜂以兼采为味，故能使绚素有章，甘逾本质。臣实顽乏，顾惭二物。虽自罄励，分绝藻缋，既谢淮南食时之敏，又微狂简斐然之作。淹留无成，祇秽翰墨，不足以上酬圣旨，少塞愆责。愧惧之深，若坠渊谷。谨拜表以闻，随用流汗。臣松之诚惶诚恐，顿首顿首，死罪谨言。

元嘉六年七月二十四日，中书侍郎西乡侯臣裴松之上。

东吴孙氏人物关系表

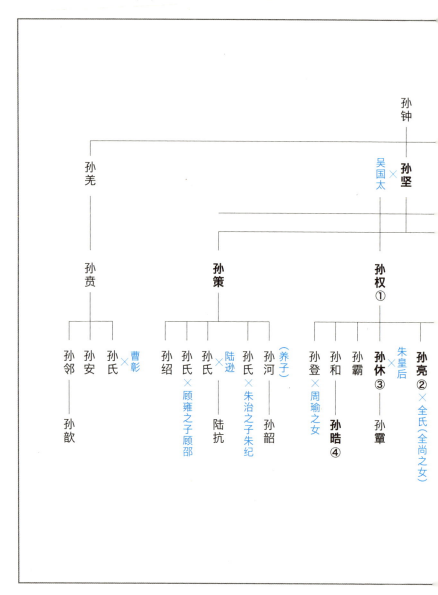

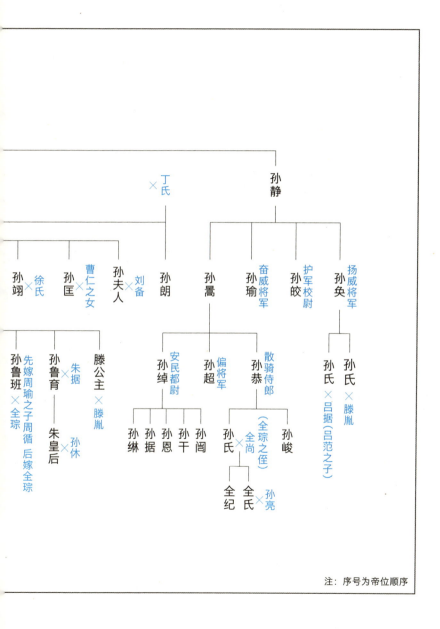

注：序号为帝位顺序

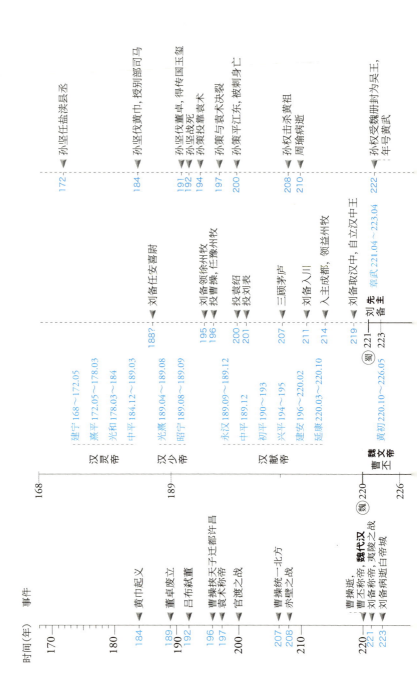

时间 (年)   事件

170

180

184 ▶ 黄巾起义

189 ▶ 董卓废立
190 ▶ 吕布弑董
192

196 ▶ 曹操挟天子都许昌
197 ▶ 袁术称帝

200 ▶ 官渡之战

207 ▶ 曹操统一北方
208 ▶ 赤壁之战

210

220 ▶ 曹操逝，**曹丕代汉，魏代汉**
221 ▶ 曹丕称帝，刘备称帝，夷陵之战
223 ▶ 刘备病逝白帝城

汉灵帝
　建宁 168～172.05
　熹平 172.05～178.03
　光和 178.03～184
　中平 184.12～189.03

汉少帝
　光熹 189.04～189.08
　昭宁 189.08～189.09

汉献帝
　永汉 189.09～189.12
　中平 189.12
　初平 190～193
　兴平 194～195
　建安 196～220.02
　延康 220.03～220.10

魏220 ⏺ 黄初 220.10～226.05
　　　　魏文帝 曹丕

226

172 ▽ 孙坚任盐渎县丞

184 ▽ 孙坚伐黄巾，授别部司马

191 ▽ 孙坚伐董卓，得传国玉玺
192 ▽ 孙坚伐战败死
194 ▽ 孙策投靠袁术

197 ▽ 孙策与袁术决裂

200 ▽ 孙策平江东，被刺身亡

208 ▽ 孙权击杀黄祖
210 ▽ 周瑜病逝

222 ▽ 孙权受魏册封为吴王，年号黄武

188? ▽ 刘备任安喜尉

195 ▽ 刘备领徐州牧
196 ▽ 投曹操，任豫州牧

200 ▽ 投袁绍
201 ▽ 投刘表

207 ▽ 三顾茅庐

211 ▽ 刘备入川

214 ▽ 入主成都，领益州牧

219 ▽ 刘备取汉中，自立汉中王

蜀221 ⏺ 章武 221.04～223.04
223 ⏺ 　先主 刘备

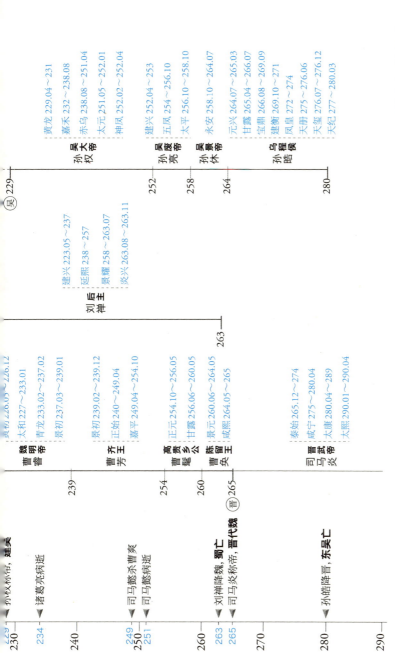

三国大事年表

注：表中月份为农历月份

吴

吴大帝 孙权 （吴 229）
- 黄龙 229.04～231
- 嘉禾 232～238.08
- 赤乌 238.08～251.04
- 太元 251.05～252.01
- 神凤 252.02～252.04

吴废帝 孙亮 （252）
- 建兴 252.04～253
- 五凤 254～256.10
- 太平 256.10～258.10

吴景帝 孙休 （258）
- 永安 258.10～264.07

吴乌程侯 孙皓 （264）
- 元兴 264.07～265.03
- 甘露 265.04～266.07
- 宝鼎 266.08～269.09
- 建衡 269.10～271
- 凤皇 272～274
- 天册 275～276.06
- 天玺 276.07～276.12
- 天纪 277～280.03（280）

蜀

刘后主 刘禅
- 建兴 223.05～237
- 延熙 238～257
- 景耀 258～263.07
- 炎兴 263.08～263.11
（263）

魏

魏明帝 曹叡
- 黄初 226.05～226.12
- 太和 227～233.01
- 青龙 233.02～237.02
- 景初 237.03～239.01（239）

齐王 曹芳
- 景初 239.02～239.12
- 正始 240～249.04
- 嘉平 249.04～254.10

高贵乡公 曹髦 （254）
- 正元 254.10～256.05
- 甘露 256.06～260.05

陈留王 曹奂 （260）
- 景元 260.06～264.05
- 咸熙 264.05～265

晋

晋武帝 司马炎 （晋 265）
- 泰始 265.12～274
- 咸宁 275～280.04
- 太康 280.04～289
- 太熙 290.01～290.04

大事记

- 230 — 孙权称帝，**建吴**
- 234 — 诸葛亮病逝
- 240
- 249 — 司马懿杀曹爽
- 250
- 251 — 司马懿病逝
- 260
- 263 — 刘禅降魏，**蜀亡**
- 265 — 司马炎称帝，**晋代魏**
- 270
- 280 — 孙皓降晋，**东吴亡**
- 290

陈寿（233—297）

字承祚，蜀汉遗臣，巴西安汉人。蜀亡而仕晋，除著作郎。好学善著述，撰魏、蜀、吴三志，凡六十五卷。时人称其善叙事，文义典正，有古良史之风。

裴松之（372—451）

字世期，生官宦世家，河东闻喜人。历仕殿中将军、散骑侍郎、司州主簿、中书侍郎等。注陈寿《三国志》，鸠集传记，广增异闻。既成，奏之，上览之谓裴世期为不朽矣。

三国志（全三册）

撰 _ [西晋] 陈寿　　注 _ [南朝宋] 裴松之

产品经理 _ 石祎睿　　装帧设计 _ 陈章 吴偲靓　　产品总监 _ 王光裕

技术编辑 _ 顾逸飞　　责任印制 _ 杨景依　　出品人 _ 贺彦军

营销团队 _ 毛婷 林芹 李洋

果麦
www.guomai.cn

以 微 小 的 力 量 推 动 文 明

图书在版编目（CIP）数据

三国志 /（西晋）陈寿撰；（南朝宋）裴松之注. —
西安：三秦出版社，2021.3（2024.4重印）
ISBN 978-7-5518-2373-9

Ⅰ. ①三… Ⅱ. ①陈… ②裴… Ⅲ. ①中国历史－三
国时代－纪传体②《三国志》－注释 Ⅳ. ①K236.042

中国版本图书馆CIP数据核字（2021）第037445号

三国志

[西晋] 陈寿 撰　　[南朝宋] 裴松之 注

出版发行　三秦出版社
社　　址　西安市雁塔区曲江新区登高路 1388 号
电　　话　（029）81205236
邮政编码　710061
印　　刷　北京世纪恒宇印刷有限公司
开　　本　880mm×1230mm　1/32
印　　张　32.25
字　　数　800 千字
版　　次　2021 年 3 月第 1 版
印　　次　2024 年 4 月第 13 次印刷
印　　数　65 001—70 000
标准书号　ISBN 978-7-5518-2373-9
定　　价　148.00 元

网　　址　http://www.sqcbs.cn

如发现印装质量问题，影响阅读，请联系 021-64386496 调换。

三国志
蜀书

［西晋］　陈　寿　撰
［南朝宋］　裴松之　注

陕西新华出版　三秦出版社

果麦文化 出品

目录

三十一卷 蜀书一

刘二牧传 | 刘焉 刘璋

○刘焉

刘焉字君郎，江夏竟陵人也，汉鲁恭王之后裔，章帝元和中徙封竟陵，支庶家焉。焉少仕州郡，以宗室拜中郎，后以师祝公丧去官。臣松之案：祝公，司徒祝恬也。居阳城山，积学教授，举贤良方正，辟司徒府，历雒阳令、冀州刺史、南阳太守、宗正、太常。焉睹灵帝政治衰缺，王室多故，乃建议言："刺史、太守，货赂为官，割剥百姓，以致离叛。可选清名重臣以为牧伯，镇安方夏。"焉内求交阯牧，欲避世难。议未即行，侍中广汉董扶私谓焉曰："京师将乱，益州分野有天子气。"焉闻扶言，意更在益州。会益州刺史郤俭赋敛烦扰，俭，郤正祖也。谣言远闻，而并州杀刺史张壹，凉州杀刺史耿鄙，焉谋得施。出为监军使者，领益州牧，封阳城侯，当收俭治罪；《续汉书》曰：是时用刘虞为幽州，刘焉为益州，刘表为荆州，贾琮为冀州。虞等皆海内清名之士，或从列卿尚书以选为牧伯，各以本秩居任。旧典：传车参驾，施赤为帷裳。｜臣松之案：灵帝崩后，义军起，孙坚杀荆州刺史王叡，然后刘表为荆州，不与焉同时也。｜《汉灵帝纪》曰：帝引见焉，宣示方略，加以赏赐，敕焉为益州刺史。前刺史刘儁、郤俭皆贪残放滥，取受狼藉，元元无聊，呼嗟充野。焉到便收摄行法，以示万姓，勿令漏露，使痈疽决溃，为国生梗。焉受命而行，以道路不通，住荆州东界。**扶亦求为蜀郡西部属国都尉，及太仓令巴西赵韪去官，俱随焉。**陈寿《益部耆旧传》曰：董扶字茂安。少从师学，兼通数经，善欧阳《尚书》，又事聘士杨厚，究极图谶。遂至京师，游览太学，还家讲授，弟子自远而至。永康元年，日有蚀之，诏举贤良方正之士，策问得失。左冯翊赵谦等举扶，扶以病不诣，遥于长安上封事，遂称疾笃归家。前后宰府十辟，公车三征，再举贤良方正、博士、有道皆不就，名称尤重。大将军何进表荐扶曰："资游、夏之德，述孔氏之风，内怀焦、董消复之术。方今并、凉骚扰，西戎蠢叛，宜敕公车特召，待以异礼，谘谋奇策。"于是灵帝征扶，即拜侍中。在朝称为儒宗，甚见器重。求为蜀郡属国都尉。扶出一岁而灵帝崩，天下大乱。后去官，年八十二卒于家。始扶发辞抗论，益部少双，故号曰至止，言人莫能当，所至而谈止也。后丞相诸葛亮问秦宓以扶所长，宓曰："董扶褒秋毫之善，贬纤芥之恶。"

是时益州逆贼马相、赵祗等于绵竹县自号黄巾，合聚疲役之民，一二日中得数千人，先杀绵竹令李升，吏民翕集，合万余人，便前破雒县，攻益州杀俭；又到蜀郡、犍为，旬月之间，破坏三郡。相自称天子，众以万数。州从事贾龙领兵数百人在犍为东界，摄敛吏民，得千余人，攻相等，数日破走，州界清静。龙乃选吏卒迎焉。焉徙治绵竹，抚纳离叛，务行宽惠，阴图异计。

张鲁母始以鬼道，又有少容，常往来焉家，故焉遣鲁为督义司马，住汉中，断绝谷阁，杀害汉使。焉上书言米贼断道，不得复通，又托他事杀州中豪强王咸、李权等十余人，以立威刑。《益部耆旧杂记》曰：李权字伯豫，为临邛长。子福。见犍为杨戏《辅臣赞》。犍为太守任岐及贾龙由此反攻焉，焉击杀岐、龙。《英雄记》曰：刘焉起兵，不与天下讨董卓，保州自守。犍为太守任岐自称将军，与从事陈超举兵击焉，焉击破之。董卓使司徒赵谦将兵向州，说校尉贾龙，使引兵还击焉，焉出青羌与战，故能破杀。岐、龙等皆蜀郡人。

焉意渐盛，造作乘舆车具千余乘。荆州牧刘表表上焉有似子夏在西河疑圣人之论。时焉子范为左中郎将，诞治书御史，璋为奉车都尉，皆从献帝在长安，《英雄记》曰：范父焉为益州牧，董卓所征发，皆不至。收范兄弟三人，锁械于郿坞，为阴狱以系之。惟小子别部司马瑁素随焉。献帝使璋晓谕焉，焉留璋不遣。《典略》曰：时璋为奉车都尉，在京师。焉托疾召璋，璋自表省焉，焉遂留璋不还。

时征西将军马腾屯郿而反，焉及范与腾通谋，引兵袭长安。范谋泄，奔槐里，腾败，退还凉州，范应时见杀，于是收诞行刑。《英雄记》曰：范从长安亡之马腾营，从焉求兵。焉使校尉孙肇将兵往助之，败于长安。议郎河南庞羲与焉通家，乃募将焉诸孙入蜀。时焉被天火烧城，车具荡尽，延及民家。焉徙治成都，既痛其子，又感祅灾，兴平元年，痈疽发背而卒。州大吏赵韪等贪璋温仁，共上璋为益州刺史，诏书因以为监军使者，领益州牧，以韪为征东中郎将，率众击刘表。《英雄记》曰：焉死，子璋代为刺史。会长安拜颍川扈瑁为刺史，入汉中。荆州别驾刘阖，璋将沈弥、娄发、甘宁反，击璋不胜，走入荆州。璋使赵韪进攻荆州，屯朐䏰。

○刘璋

璋，字季玉，既袭焉位，而张鲁稍骄恣，不承顺璋，璋杀鲁母及弟，遂为仇敌。璋累遣庞羲等攻鲁，数为所破。鲁部曲多在巴西，故以羲为巴西太守，领兵御鲁。《英雄记》曰：庞羲与璋有旧，又免璋诸子于难，故璋厚德羲，以羲为巴西太守，遂专权势。后羲与璋情好携隙，赵韪称兵内向，众散见杀，皆由璋明断少而外言入故也。《英雄记》曰：先是，南阳、三辅人流入益州数万家，收以为兵，名曰东州兵。璋性宽柔，无威略，东州人侵暴旧民，璋不能禁，政令多阙，益州颇怨。赵韪素得人心，璋委任之。韪因民怨谋叛，乃厚赂荆州请和，阴结州中大姓，与俱起兵，还击璋。蜀郡、广汉、犍为皆应韪。璋驰入成都城守，东州人畏韪，咸同心并力助璋，皆殊死战，遂破反者，进攻韪于江州。韪将庞乐、李异反杀韪军，斩韪。|《汉献帝春秋》曰：汉朝闻益州乱，遣五官中郎将牛亶为益州刺史；征璋为卿，不至。璋闻曹公征荆州，已定汉中，遣河内阴溥致敬于曹公。加璋振威将军，兄瑁平寇将军。瑁狂疾物故。臣松之案：魏台访"物故"之义，高堂隆答曰："闻之先师：物，无也；故，事也；言无复所能于事也。"璋复遣别驾从事蜀郡张肃送叟兵三百人并杂御物于曹公，曹公拜肃为广汉太守。璋复遣别驾张松诣曹公，曹公时已定荆州，走先主，不复存录松，松以此怨。会曹公军不利于赤壁，兼以疫死。松还，疵毁曹公，劝璋自绝，《汉晋春秋》曰：张松见曹公，曹公方自矜伐，不存录松。松归，乃劝璋自绝。| 习凿齿曰：昔齐桓一矜其功而叛者九国，曹操暂自骄伐而天下三分，皆勤之于数十年之内而弃之于俯仰之顷，岂不惜乎！是以君子劳谦日昃，虑以下人，功高而居之以让，势尊而守之以卑。情近

于物，故虽贵而人不厌其重；德洽群生，故业广而天下愈欣其庆。夫然，故能有其富贵，保其功业，隆显当时，传福百世，何骄矜之有哉！君子是以知曹操之不能遂兼天下者也。因说璋曰："刘豫州，使君之肺腑，可与交通。"璋皆然之，遣法正连好先主，寻又令正及孟达送兵数千助先主守御，正遂还。后松复说璋曰："今州中诸将庞羲、李异等皆恃功骄豪，欲有外意，不得豫州，则敌攻其外，民攻其内，必败之道也。"璋又从之，遣法正请先主。璋主簿黄权陈其利害，从事广汉王累自倒县于州门以谏，璋一无所纳，敕在所供奉先主，先主入境如归。

先主至江州，北由垫江水诣涪，音浮。去成都三百六十里，是岁建安十六年也。璋率步骑三万余人，车乘帐幔，精光耀日，往就与会；先主所将将士，更相之适，欢饮百余日。璋资给先主，使讨张鲁，然后分别。《吴书》曰：璋以米二十万斛，骑千匹，车千乘，缯絮锦帛，以资送刘备。

明年，先主至葭萌，还兵南向，所在皆克。十九年，进围成都数十日，城中尚有精兵三万人，谷帛支一年，吏民咸欲死战。璋言："父子在州二十余年，无恩德以加百姓。百姓攻战三年，肌膏草野者，以璋故也，何心能安！"遂开城出降，群下莫不流涕。先主迁璋于南郡公安，尽归其财物及故佩振威将军印绶。孙权杀关羽，取荆州，以璋为益州牧，驻秭归。璋卒，南中豪率雍闿据益州反，附于吴。权复以璋子阐为益州刺史，处交、益界首。丞相诸葛亮平南土，阐还吴，为御史中丞。《吴书》曰：阐一名纬，为人恭恪，轻财爱义，有仁让之风，后疾终于家。

初，璋长子循妻，庞羲女也。先主定蜀，羲为左将军司马，璋时从羲启留循，先主以为奉车中郎将。是以璋二子之后，分在吴、蜀。

评曰：昔魏豹闻许负之言则纳薄姬于室，孔衍《汉魏春秋》曰：许负，河内温县之妇人，汉高祖封为明雌亭侯。臣松之以为今东人呼母为负，衍以许负为妇人，如为有似，然汉高祖时封皆列侯，未有乡亭之爵，疑此封为不然。刘歆见图谶之文则名字改易，终于不免其身，而庆钟二主。此则神明不可虚要，天命不可妄冀，必然之验也。而刘焉闻董扶之辞则心存益土，听相者之言则求婚吴氏，遂造舆服，图窃神器，其惑甚矣。璋才非人雄，而据土乱世，负乘致寇，自然之理，其见夺取，非不幸也。张璠曰：刘璋愚弱而守善言，斯亦宋襄公、徐偃王之徒，未为无道之主也。张松、法正，虽君臣之义不正，然固已委名附质，进不显陈事势，若韩嵩、刘先之说刘表，退不告绝奔亡，若陈平、韩信之去项羽，而两端携贰，为谋不忠，罪之次也。

三十二卷 蜀书 二

先主传 | 刘备

○刘备

先主姓刘，讳备，字玄德，涿郡涿县人，汉景帝子中山靖王胜之后也。胜子贞，元狩六年封涿县陆城亭侯。坐酎金失侯，因家焉。《典略》曰：备本临邑侯枝属也。先主祖雄，父弘，世仕州郡。雄举孝廉，官至东郡范令。

先主少孤，与母贩履织席为业。舍东南角篱上有桑树生高五丈余，遥望见童童如小车盖，往来者皆怪此树非凡，或谓当出贵人。《汉晋春秋》曰：涿人李定云："此家必出贵人。"先主少时与宗中诸小儿于树下戏，言："吾必当乘此羽葆盖车。"叔父子敬谓曰："汝勿妄语，灭吾门也！"年十五，母使行学，与同宗刘德然、辽西公孙瓒俱事故九江太守同郡卢植。德然父元起常资给先主，与德然等。元起妻曰："各自一家，何能常尔邪！"起曰："吾宗中有此儿，非常人也。"而瓒深与先主相友。瓒年长，先主以兄事之。

先主不甚乐读书，喜狗马、音乐、美衣服。身长七尺五寸，垂手下膝，顾自见其耳。少语言，善下人，喜怒不形于色。好交结豪侠，年少争附之。中山大商张世平、苏双等赀累千金，贩马周旋于涿郡，见而异之，乃多与之金财。先主由是得用合徒众。

灵帝末，黄巾起，州郡各举义兵，先主率其属从校尉邹靖讨黄巾贼有功，除安喜尉。《典略》曰：平原刘子平知备有武勇，时张纯反叛，青州被诏，遣从事将兵讨纯，过平原，子平荐备于从事，遂与相随，遇贼于野，备中创阳死，贼去后，故人以车载之，得免。后以军功，为中山安喜尉。督邮以公事到县，先主求谒，不通，直入缚督邮，杖二百，解绶系其颈著马柳，弃官亡命。《典略》曰：其后州郡被诏书，其有军功为长吏者，当沙汰之，备疑在遣中。督邮至县，当遣备，备素知之。闻督邮在传舍，备欲求见督邮，督邮称疾不肯见备，备恨之，因还治，将吏卒更诣传舍，突入门，言"我被府君密教收督邮"。遂就床缚之，将出到界，自解其绶以系督邮颈，缚之著树，鞭杖百余下，欲杀之。督邮求哀，乃释去。顷之，大将军何进遣都尉毌丘毅诣丹阳募兵，先主与俱行，至下邳遇贼，力战有功，除为下密丞。复去官。后为高唐尉，迁为令。《英雄记》云：灵帝末年，备尝在京师，后与曹公俱还沛国，募召合众。会灵帝崩，天下大乱，备亦起军从讨董卓。为贼所破，往奔中郎将公孙瓒，瓒表为别部司马，使为青州刺史田楷以拒冀州牧袁绍。数有战功，试守平原令，后领平原相。郡民刘平素轻先主，耻为之下，使客刺之。客不忍刺，语之而去。其得人心如此。《魏书》曰：刘平结客刺备，备不知而待客甚厚，客以状语之而去。是时人民饥馑，屯聚钞暴。备外御寇难，内丰财施，士之下者，必与同席而坐，同簋而食，无所简择。众多归焉。

袁绍攻公孙瓒，先主与田楷东屯齐。曹公征徐州，徐州牧陶谦遣使告急于田楷，楷与先主俱救之。时先主自有兵千余人，及幽州乌丸杂胡骑，又略得饥民数千人。既到，谦以丹阳兵四千益先主，先主遂去楷归谦。谦表先主为豫州刺史，屯小沛。谦病笃，谓别驾麋竺曰："非刘备不能安此州也。"谦死，竺率州人迎先主，先主未敢当。

下邳陈登谓先主曰："今汉室陵迟，海内倾覆，立功立事，在于今日。彼州殷富，户口百万，欲屈使君抚临州事。"先主曰："袁公路近在寿春，此君四世五公，海内所归，君可以州与之。"登曰："公路骄豪，非治乱之主。今欲为使君合步骑十万，上可以匡主济民，成五霸之业，下可以割地守境，书功于竹帛。若使君不见听许，登亦未敢听使君也。"北海相孔融谓先主曰："袁公路岂忧国忘家者邪？冢中枯骨，何足介意。今日之事，百姓与能，天与不取，悔不可追。"先主遂领徐州。《献帝春秋》曰：陈登等遣使诣袁绍曰："天降灾沴，祸臻鄙州，州将殂殒，生民无主，恐惧奸雄一旦承隙，以贻盟主日昃之忧，辄共奉故平原相刘备府君以为宗主，永使百姓知有依归。方今寇难纵横，不遑释甲，谨遣下吏奔告于执事。"绍答曰："刘玄德弘雅有信义，今徐州乐戴之，诚副所望也。"袁术来攻先主，先主拒之于盱眙、淮阴。曹公表先主为镇东将军，封宜城亭侯，是岁建安元年也。先主与术相持经月，吕布乘虚袭下邳。下邳守将曹豹反，间迎布。布虏先主妻子，先主转军海西。《英雄记》曰：备留张飞守下邳，引兵与袁术战于淮阴石亭，更有胜负。陶谦故将曹豹在下邳，张飞欲杀之。豹众坚营自守，使人招吕布。布取下邳，张飞败走。备闻之，引兵还，比至下邳，兵溃。收散卒，东取广陵，与袁术战，又败。杨奉、韩暹寇徐、扬间，先主邀击，尽斩之。先主求和于吕布，布还其妻子。先主遣关羽守下邳。

先主还小沛《英雄记》曰：备军在广陵，饥饿困踬，吏士大小自相啖食，穷饿侵逼，欲还小沛，遂使吏请降布。布令备还州，并势击术。具刺史车马童仆，发遣备妻子部曲家属于泗水上，祖道相乐。|《魏书》曰：诸将谓布曰："备数反覆难养，宜早图之。"布不听，以状语备。备心不安而求自托，使人说布，求屯小沛，布乃遣之。复合兵得万余人。吕布恶之，自出兵攻先主，先主败走归曹公。曹公厚遇之，以为豫州牧。将至沛收散卒，给其军粮，益与兵使东击布。布遣高顺攻之，曹公遣夏侯惇往，不能救，为顺所败，复虏先主妻子送布。曹公自出东征，《英雄记》曰：建安三年春，布使人赍金欲诣河内买马，为备兵所钞。布由是遣中郎将高顺、北地太守张辽等攻备。九月，遂破沛城，备单身走，获其妻息。十月，曹公自征布，备于梁国界中与曹公相遇，遂随公俱东征。助先主围布于下邳，生禽布。先主复得妻子，从曹公还许。表先主为左将军，礼之愈重，出则同舆，坐则同席。袁术欲经徐州北就袁绍，曹公遣先主督朱灵、路招要击术。未至，术病死。

先主未出时，献帝舅车骑将军董承臣松之按：董承，汉灵帝母董太后之侄，于献帝为丈人。盖古无丈人之名，故谓之舅也。辞受帝衣带中密诏，当诛曹公。先主未发。是时曹公从容谓先主曰："今天下英雄，惟使君与操耳。本初之徒，不足数也。"先主方食，失匕箸。《华阳国志》云：于时正当雷震，备因谓操曰："圣人云'迅雷风烈必变'，良有以也。一震之威，乃可至于此也！"遂与承及长水校尉种辑、将军吴子兰、王子服等同谋。会见使，未发。事觉，承等皆伏诛。《献帝起居注》曰：承等与备谋未发，而备出。承谓服曰："郭多有数百兵，坏李傕数万人，但足下与吾同耳！昔吕不韦之门，须子楚而后高，今吾与子由是也。"服曰："惶惧不敢当，且兵又少。"承曰："举事讫，得曹公成兵，顾不足邪？"服曰："今京师岂有所任乎？"承曰："长水校尉种辑、议郎吴硕是吾腹心办事者。"遂定计。

先主据下邳。灵等还，先主乃杀徐州刺史车胄，留关羽守下邳，而身还小沛。胡冲《吴历》曰：曹公数遣亲近密觇诸将有宾客酒食者，辄因事害之。备时闭门，将人种芜菁，曹公使人窥门。既去，备谓张飞、关羽曰："吾岂种菜者乎？曹公必有疑意，不可复留。"其夜开后栅，与飞等轻骑俱去，所得赐遗衣服，悉封留之，乃往小沛收合兵众。｜臣松之案：魏武帝遣先主统诸将要击袁术，郭嘉等并谏，魏武不从，其事显然，非因种菜遁逃而去。如胡冲所云，何乖僻之甚乎！东海昌霸反，郡县多叛曹公为先主，众数万人，遣孙乾与袁绍连和，曹公遣刘岱、王忠击之，不克。五年，曹公东征先主，先主败绩。《魏书》曰：是时公方有急于官渡，乃分留诸将屯官渡，自勒精兵征备。备初谓公与大敌连，不得东，而候骑卒至，言曹公自来。备大惊，然犹未信。自将数十骑出望公军，见麾旌，便弃众而走。曹公尽收其众，虏先主妻子，并禽关羽以归。

先主走青州。青州刺史袁谭，先主故茂才也，将步骑迎先主。先主随谭到平原，谭驰使白绍。绍遣将道路奉迎，身去邺二百里，与先主相见。《魏书》曰：备归绍，绍父子倾心敬重。驻月余日，所失亡士卒稍稍来集。曹公与袁绍相拒于官渡，汝南黄巾刘辟等叛曹公应绍。绍遣先主将兵与辟等略许下。关羽亡归先主。曹公遣曹仁将兵击先主，先主还绍军，阴欲离绍，乃说绍南连荆州牧刘表。绍遣先主将本兵复至汝南，与贼龚都等合，众数千人。曹公遣蔡杨击之，为先主所杀。

曹公既破绍，自南击先主。先主遣麋竺、孙乾与刘表相闻，表自郊迎，以上宾礼待之，益其兵，使屯新野。荆州豪杰归先主者日益多，表疑其心，阴御之。《九州春秋》曰：备住荆州数年，尝于表坐起至厕，见髀里肉生，慨然流涕。还坐，表怪问备，备曰："吾常身不离鞍，髀肉皆消。今不复骑，髀里肉生。日月若驰，老将至矣，而功业不建，是以悲耳。"|《世语》曰：备屯樊城，刘表礼焉，惮其为人，不甚信用。曾请备宴会，蒯越、蔡瑁欲因会取备，备觉之，伪如厕，潜遁出。所乘马名的卢，骑的卢走，堕襄阳城西檀溪水中，溺不得出。备急曰："的卢：今日厄矣，可努力！"的卢乃一踊三丈，遂得过，乘桴渡河，中流而追者至，以表意谢之，曰："何去之速乎！"|孙盛曰：此不然之言。备时羁旅，客主势殊，若有此变，岂敢晏然终表之世而无衅故乎？此皆世俗妄说，非事实也。使拒夏侯惇、于禁等于博望。久之，先主设伏兵，一旦自烧屯伪遁，惇等追之，为伏兵所破。

　　十二年，曹公北征乌丸，先主说表袭许，表不能用。《汉晋春秋》曰：曹公自柳城还，表谓备曰："不用君言，故为失此大会。"备曰："今天下分裂，日寻干戈，事会之来，岂有终极乎？若能应之于后者，则此未足为恨也。"及曹公南征表，会表卒，《英雄记》曰：表病，上备领荆州刺史。|《魏书》曰：表病笃，托国于备，顾谓曰："我儿不才，而诸将并零落，我死之后，卿便摄荆州。"备曰："诸子自贤，君其忧病。"或劝备宜从表言，备曰："此人待我厚，今从其言，人必以我为薄，所不忍也。"|臣松之以为表夫妻素爱琮，舍適立庶，情计久定，无缘临终举荆州以授备，此亦不然之言。子琮代立，遣使请降。先主屯樊，不知曹公卒至，至宛乃闻之，遂将其众去。过襄阳，诸葛亮说先主攻琮，荆州可有。先主曰："吾不忍也。"孔衍《汉魏春秋》曰：刘琮乞降，不敢

告备。备亦不知，久之乃觉，遣所亲问琮。琮令宋忠诣备宣旨。是时曹公在宛，备乃大惊骇，谓忠曰："卿诸人作事如此，不早相语，今祸至方告我，不亦太剧乎！"引刀向忠曰："今断卿头，不足以解忿，亦耻大丈夫临别复杀卿辈！"遣忠去，乃呼部曲议。或劝备劫将琮及荆州吏士径南到江陵，备答曰："刘荆州临亡托我以孤遗，背信自济，吾所不为，死何面目以见刘荆州乎！"乃驻马呼琮，琮惧不能起。琮左右及荆州人多归先主。《典略》曰：备过辞表墓，遂泣涕而去。比到当阳，众十余万，辎重数千两，日行十余里，别遣关羽乘船数百艘，使会江陵。或谓先主曰："宜速行保江陵，今虽拥大众，被甲者少，若曹公兵至，何以拒之？"先主曰："夫济大事必以人为本，今人归吾，吾何忍弃去！"习凿齿曰：先主虽颠沛险难而信义愈明，势逼事危而言不失道。追景升之顾，则情感三军；恋赴义之士，则甘与同败。观其所以结物情者，岂徒投醪抚寒、含蓼问疾而已哉！其终济大业，不亦宜乎！

曹公以江陵有军实，恐先主据之，乃释辎重，轻军到襄阳。闻先主已过，曹公将精骑五千急追之，一日一夜行三百余里，及于当阳之长坂。先主弃妻子，与诸葛亮、张飞、赵云等数十骑走，曹公大获其人众辎重。先主斜趣汉津，适与羽船会，得济沔，遇表长子江夏太守琦众万余人，与俱到夏口。先主遣诸葛亮自结于孙权，《江表传》曰：孙权遣鲁肃吊刘表二子，并令与备相结。肃未至而曹公已济汉津。肃故进前，与备相遇于当阳。因宣权旨，论天下事势，致殷勤之意。且问备曰："豫州今欲何至？"备曰："与苍梧太守吴巨有旧，欲往投之。"肃曰："孙讨虏聪明仁惠，敬贤礼士，江表英豪咸归附之，已据有六郡，兵精粮多，足以立事。今为君计，莫若遣腹心使自结于东，崇连和之好，共济世业，而云欲投吴巨，巨是凡人，偏在远郡，行将为

人所并，岂足托乎？"备大喜，进住鄂县，即遣诸葛亮随肃诣孙权，结同盟誓。权遣周瑜、程普等水军数万与先主并力，《江表传》曰：备从鲁肃计，进住鄂县之樊口。诸葛亮诣吴未还，备闻曹公军下，恐惧，日遣逻吏于水次候望权军。吏望见瑜船，驰往白备，备曰："何以知非青徐军邪？"吏对曰："以船知之。"备遣人慰劳。瑜曰："有军任，不可得委署，傥能屈威，诚副其所望。"备谓关羽、张飞曰："彼欲致我，我今自结托于东而不往，非同盟之意也。"乃乘单舸往见瑜，问曰："今拒曹公，深为得计。战卒有几？"瑜曰："三万人。"备曰："恨少。"瑜曰："此自足用，豫州但观瑜破之。"备欲呼鲁肃等共会语，瑜曰："受命不得妄委署，若欲见子敬，可别过之。又孔明已俱来，不过三两日到也。"备虽深愧异瑜，而心未许之能必破北军也，故差池在后，将二千人与羽、飞俱，未肯系瑜，盖为进退之计也。| 孙盛曰：刘备雄才，处必亡之地，告急于吴，而获奔助，无缘复顾望江渚而怀后计。《江表传》之言，当是吴人欲专美之辞。与曹公战于赤壁，大破之，焚其舟船。先主与吴军水陆并进，追到南郡，时又疾疫，北军多死，曹公引归。《江表传》曰：周瑜为南郡太守，分南岸地以给备。备别立营于油江口，改名为公安。刘表吏士见从北军，多叛来投备。备以瑜所给地少，不足以安民，后从权借荆州数郡。

先主表琦为荆州刺史，又南征四郡。武陵太守金旋、长沙太守韩玄、桂阳太守赵范、零陵太守刘度皆降。《三辅决录注》曰：金旋字元机，京兆人，历位黄门郎、汉阳太守，征拜议郎，迁中郎将，领武陵太守，为备所攻劫死。子祎，事见《魏武本纪》。庐江雷绪率部曲数万口稽颡。琦病死，群下推先主为荆州牧，治公安。权稍畏之，进妹固好。先主至京见权，绸缪恩纪。《山阳公载记》曰：备还，谓左右曰："孙车骑长上短下，其难为下，吾不可以再见之。"乃昼夜兼行。

| 臣松之案：《魏书》载刘备与孙权语，与《蜀志》述诸葛亮与权语正同。刘备未破魏军之前，尚未与孙权相见，不得有此说。故知《蜀志》为是。

权遣使云欲共取蜀，或以为宜报听许，吴终不能越荆有蜀，蜀地可为己有。荆州主簿殷观进曰："若为吴先驱，进未能克蜀，退为吴所乘，即事去矣。今但可然赞其伐蜀，而自说新据诸郡，未可兴动，吴必不敢越我而独取蜀。如此进退之计，可以收吴、蜀之利。"先主从之，权果辍计。迁观为别驾从事。《献帝春秋》曰：孙权欲与备共取蜀，遣使报备曰："米贼张鲁居王巴、汉，为曹操耳目，规图益州。刘璋不武，不能自守。若操得蜀，则荆州危矣。今欲先攻取璋，进讨张鲁，首尾相连，一统吴、楚，虽有十操，无所忧也。"备欲自图蜀，拒答不听，曰："益州民富强，土地险阻，刘璋虽弱，足以自守。张鲁虚伪，未必尽忠于操。今暴师于蜀、汉，转运于万里，欲使战克攻取，举不失利，此吴起不能定其规，孙武不能善其事也。曹操虽有无君之心，而有奉主之名，议者见操失利于赤壁，谓其力屈，无复远志也。今操三分天下已有其二，将欲饮马于沧海，观兵于吴会，何肯守此坐须老乎？今同盟无故自相攻伐，借枢于操，使敌承其隙，非长计也。"权不听，遣孙瑜率水军住夏口。备不听军过，谓瑜曰："汝欲取蜀，吾当被发入山，不失信于天下也。"使关羽屯江陵，张飞屯秭归，诸葛亮据南郡，备自住潺陵。权知备意，因召瑜还。

十六年，益州牧刘璋遥闻曹公将遣钟繇等向汉中讨张鲁，内怀恐惧。别驾从事蜀郡张松说璋曰："曹公兵强无敌于天下，若因张鲁之资以取蜀土，谁能御之者乎？"璋曰："吾固忧之而未有计。"松曰："刘豫州，使君之宗室而曹公之深仇也，善用兵，若使之讨鲁，鲁必破。鲁破，则益州强，曹公虽来，无能为也。”璋然之，遣法正将四千人迎先主，前后赂遗以巨亿计。正因陈益州可取之策。《吴书》曰：备前见张松，后得法正，皆厚以恩意接纳，尽其殷勤之欢。因问蜀中阔狭，兵器府库人马众寡，及诸要害道里远近，松等具言之，又画地图山川处所，由是尽知益州虚实也。先主留诸葛亮、关羽等据荆州，将步卒数万人入益州。至涪，璋自出迎，相见甚欢。张松令法正白先主，及谋臣庞统进说，便可于会所袭璋。先主曰：“此大事也，不可仓卒。”璋推先主行大司马，领司隶校尉；先主亦推璋行镇西大将军，领益州牧。璋增先主兵，使击张鲁，又令督白水军。先主并军三万余人，车甲器械资货甚盛。是岁，璋还成都。先主北到葭萌，未即讨鲁，厚树恩德，以收众心。

　　明年，曹公征孙权，权呼先主自救。先主遣使告璋曰：“曹公征吴，吴忧危急。孙氏与孤本为唇齿，又乐进在青泥与关羽相拒，今不往救羽，进必大克，转侵州界，其忧有甚于鲁。鲁自守之贼，不足虑也。”乃从璋求万兵及资实，欲以东行。璋但许兵四千，其余皆给半。《魏书》曰：备因激怒其众曰：“吾为益州征强敌，师徒勤瘁，不遑宁居；今积帑藏之财而吝于赏功，望士大夫为出死力战，其可得乎！”张松书与先主及法正曰：“今大事垂可立，如何释此去乎！”松兄广汉太守肃，惧祸逮己，白璋发其谋。于是璋收斩松，嫌隙始构矣。《益部耆旧杂记》曰：张肃有威仪，容貌甚伟。松为人短小，放荡不治节操，然识达精果，有才干。刘璋遣诣曹公，曹公不甚礼松；主簿杨脩深器之，白公辟松，公不纳。脩以公所撰兵书示松，松饮宴之间一看便暗诵。脩以此益异之。璋敕关戍诸将文书勿复关通先主。先主大怒，召璋白水军督杨怀，责以无礼，斩之。乃使黄忠、卓膺勒兵向璋。先主径至关中，质诸将并士卒妻子，引兵与忠、膺等进到涪，据其城。璋遣刘璝、冷苞、张任、邓贤等拒先主于涪，《益部耆旧杂记》曰：张任，蜀郡人，家世寒门。少有胆勇，有志节，仕州为从事。皆破败，退保绵竹。璋复遣李严督绵竹诸军，严率众降先主。先主军益强，分遣诸将平下属县，诸葛亮、张飞、赵云等将兵溯流定白帝、江州、江阳，惟关羽留镇荆州。先主进军围雒；时璋子循守城，被攻且一年。

十九年夏，雒城破，《益部耆旧杂记》曰：刘璋遣张任与刘璝率精兵拒捍先主于涪，为先主所破，退与璋子循守雒城。任勒兵出于雁桥，战复败。禽任。先主闻任之忠勇，令军降之，任厉声曰："老臣终不复事二主矣。"乃杀之。先主叹惜焉。进围成都数十日，璋出降。《傅子》曰：初，刘备袭蜀，丞相掾赵戬曰："刘备其不济乎？拙于用兵，每战则败，奔亡不暇，何以图人？蜀虽小区，险固四塞，独守之国，难卒并也。"征士傅幹曰："刘备宽仁有度，能得人死力。诸葛亮达治知变，正而有谋，而为之相；张飞、关羽勇而有义，皆万人之敌，而为之将：此三人者，皆人杰也。以备之略，三杰佐之，何为不济也？"蜀中殷盛丰乐，先主置酒大飨士卒，取蜀城中金银分赐将士，还其谷帛。先主复领益州牧，诸葛亮为股肱，法正为谋主，关羽、张飞、马超为爪牙，许靖、麋竺、简雍为宾友。及董和、黄权、李严等本璋之所授用也，吴壹、费观等又璋之婚亲也，彭羕又璋之所排摈也，刘巴者宿昔之所忌恨也，皆处之显任，尽其器能。有志之士无不竞劝。

二十年，孙权以先主已得益州，使使报欲得荆州。先主言："须得凉州，当以荆州相与。"权忿之，乃遣吕蒙袭夺长沙、零陵、桂阳三郡。先主引兵五万下公安，令关羽入益阳。是岁，曹公定汉中，张鲁遁走巴西。先主闻之，与权连和，分荆州，江夏、长沙、桂阳东属，南郡、零陵、武陵西属，引军还江州。遣黄权将兵迎张鲁，张鲁已降曹公。曹公使夏侯渊、张郃屯汉中，数数犯暴巴界。先主令张飞进兵宕渠，与郃等战于瓦口，破郃等，郃收兵还南郑。先主亦还成都。

二十三年，先主率诸将进兵汉中。分遣将军吴兰、雷铜等入武都，皆为曹公军所没。先主次于阳平关，与渊、郃等相拒。

二十四年春，自阳平南渡沔水，缘山稍前，于定军山势作营。渊将兵来争其地。先主命黄忠乘高鼓噪攻之，大破渊军，斩渊及曹公所署益州刺史赵颙等。曹公自长安举众南征。先主遥策之曰："曹公虽来，无能为也，我必有汉川矣。"及曹公至，先主敛众拒险，终不交锋，积月不拔，亡者日多。夏，曹公果引军还，先主遂有汉中。遣刘封、孟达、李平等攻申耽于上庸。

秋，群下上先主为汉中王，表于汉帝曰："平西将军、都亭侯臣马超，左将军长史领镇军将军臣许靖，营司马臣庞羲，议曹从事中郎、军议中郎将臣射援，军师将军臣诸葛亮，荡寇将军、汉寿亭侯臣关羽，征虏将军、新亭侯臣张飞，征西将军臣黄忠，镇远将军臣赖恭，扬武将军臣法正，兴业将军臣李严等一百二十人上言曰：

"昔唐尧至圣而四凶在朝，周成仁贤而四国作难，高后称制而诸吕窃命，孝昭幼冲而上官逆谋，皆冯世宠，藉履国权，穷凶极乱，社稷几危。非大舜、周公、朱虚、博陆，则不能流放禽讨，安危定倾。伏惟陛下诞姿圣德，统理万邦，而遭厄运不造之艰。

董卓首难，荡覆京畿，曹操阶祸，窃执天衡；皇后太子，鸩杀见害，剥乱天下，残毁民物。久令陛下蒙尘忧厄，幽处虚邑。人神无主，遏绝王命，厌昧皇极，欲盗神器。左将军领司隶校尉豫、荆、益三州牧宜城亭侯备，受朝爵秩，念在输力，以殉国难。睹其机兆，赫然愤发，与车骑将军董承同谋诛操，将安国家，克宁旧都。会承机事不密，令操游魂得遂长恶，残泯海内。臣等每惧王室大有阎乐之祸，小有定安之变，赵高使阎乐杀二世；王莽废孺子以为定安公。夙夜惴惴，战栗累息。昔在《虞书》，敦序九族，周监二代，封建同姓，《诗》著其义，历载长久。汉兴之初，割裂疆土，尊王子弟，是以卒折诸吕之难，而成太宗之基。臣等以备肺腑枝叶，宗子藩翰，心存国家，念在弭乱。自操破于汉中，海内英雄望风蚁附，而爵号不显，九锡未加，非所以镇卫社稷，光昭万世也。奉辞在外，礼命断绝。昔河西太守梁统等值汉中兴，限于山河，位同权均，不能相率，咸推窦融以为元帅，卒立效绩，摧破隗嚣。今社稷之难，急于陇、蜀。操外吞天下，内残群寮，朝廷有萧墙之危，而御侮未建，可为寒心。臣等辄依旧典，封备汉中王，拜大司马，董齐六军，纠合同盟，扫灭凶逆。以汉中、巴、蜀、广汉、犍为为国，所署置依汉初诸侯王故典。夫权宜之制，苟利社稷，专之可也。然后功成事立，臣等退伏矫罪，虽死无恨。"

遂于沔阳设坛场，陈兵列众，群臣陪位，读奏讫，御王冠于先主。

先主上言汉帝曰："臣以具臣之才，荷上将之任，董督三军，奉辞于外，不能扫除寇难，靖匡王室，久使陛下圣教陵迟，六合之内否而未泰，惟忧反侧，疢如疾首。曩者董卓造为乱阶，自是之后，群凶纵横，残剥海内。赖陛下圣德威灵，人臣同应，或忠义奋讨，或上天降罚，暴逆并殄，以渐冰消。惟独曹操久未枭除，侵擅国权，恣心极乱。臣昔与车骑将军董承图谋讨操，机事不密，承见陷害，臣播越失据，忠义不果。遂得使操穷凶极逆，主后戮杀，皇子鸩害。虽纠合同盟，念在奋力，懦弱不武，历年未效。常恐殒没，孤负国恩，寤寐永叹，夕惕若厉。今臣群寮以为在昔《虞书》敦叙九族，庶明励翼，郑玄注曰：庶，众也；励，作也；叙，次序也。序九族而亲之，以众明作羽翼之臣也。五帝损益，此道不废。周监二代，并建诸姬，实赖晋、郑夹辅之福。高祖龙兴，尊王子弟，大启九国，卒斩诸吕，以安大宗。今操恶直丑正，实繁有徒，包藏祸心，篡盗已显。既宗室微弱，帝族无位，斟酌古式，依假权宜，上臣大司马、汉中王。臣伏自三省，受国厚恩，荷任一方，陈力未效，所获已过，不宜复忝高位以重罪谤。群寮见逼，迫臣以义。臣退惟寇贼不枭，国难未已，宗庙倾危，社稷将坠，成臣忧责碎首之负。若应权通变，以宁靖圣朝，虽赴水火，所不得辞，敢虑常宜，以防后悔。辄顺众议，拜受印玺，以崇国威。仰惟爵号，位高宠厚，俯思报效，忧深责重，惊怖累息，如临于谷。尽力输诚，奖厉六师，率齐群义，应天顺时，扑讨凶逆，以宁社稷，以报万分，谨拜章因驿上还所假左将军、宜城亭侯印绶。”

于是还治成都。拔魏延为都督，镇汉中。《典略》曰：备于是起馆舍，筑亭障，从成都至白水关，四百余区。时关羽攻曹公将曹仁，禽于禁于樊。俄而孙权袭杀羽，取荆州。

二十五年，魏文帝称尊号，改年曰黄初。或传闻汉帝见害，先主乃发丧制服，追谥曰孝愍皇帝。是后在所并言众瑞，日月相属，故议郎阳泉侯刘豹、青衣侯向举，偏将军张裔、黄权，大司马属殷纯、益州别驾从事赵莋、治中从事杨洪、从事祭酒何宗、议曹从事杜琼，劝学从事张爽、尹默、谯周等上言："臣闻《河图》《洛书》，五经谶、纬，孔子所甄，验应自远。谨按《洛书甄曜度》曰：'赤三日德昌，九世会备，合为帝际。'《洛书宝号命》曰：'天度帝道备称皇，以统握契，百成不败。'《洛书录运期》曰：'九侯七杰争命民炊骸，道路籍籍履人头，谁使主者玄且来。'《孝经钩命决录》曰：'帝三建九会备。'臣父群未亡时，言西南数有黄气，直立数丈，见来积年，时时有景云祥风，从璿玑下来应之，此为异瑞。又二十二年中，数有气如旗，从西竟东，中天而行，《图》《书》曰'必有天子出其方'。加是年太白、荧惑、填星，常从岁星相追。近汉初兴，五星从岁星谋；岁星主义，汉位在西，义之上方，故汉法常以岁星候人主。当有圣主起于此州，以致中兴。时许帝尚存，故群下不敢漏言。顷者荧惑复追岁星，见在胃、昴、毕；昴、毕为天纲，经曰'帝星处之，众邪消亡'。圣讳豫睹，推癸期验，符合数至，若此非一。臣闻圣王先天而天不违，后天而奉天时，故应际而生，与神合契。愿大王应天顺民，速即洪业，以宁海内。"

太傅许靖、安汉将军麋竺、军师将军诸葛亮、太常赖恭、光禄勋黄柱、少府王谋等上言："曹丕篡弑，湮灭汉室，窃据神器，劫迫忠良，酷烈无道。人鬼忿毒，咸思刘氏。今上无天子，海内惶惶，靡所式仰。群下前后上书者八百余人，咸称述符瑞，图、谶明征。间黄龙见武阳赤水，九日乃去。《孝经援神契》曰'德至渊泉则黄龙见'，龙者，君之象也。《易·乾》九五'飞龙在天'，大王当龙升，登帝位也。又前关羽围樊、襄阳，襄阳男子张嘉、王休献玉玺，玺潜汉水，伏于渊泉，晖景烛耀，灵光彻天。夫汉者，高祖本所起定天下之国号也，大王袭先帝轨迹，亦兴于汉中也。今天子玉玺神光先见，玺出襄阳，汉水之末，明大王承其下流，授与大王以天子之位，瑞命符应，非人力所致。昔周有乌、鱼之瑞，咸曰休哉。二祖受命，《图》《书》先著，以为征验。今上天告祥，群儒英俊，并进《河》《洛》，孔子谶、记，咸悉其至。伏惟大王出自孝景皇帝中山靖王之胄，本支百世，乾祗降祚，圣姿硕茂，神武在躬，仁覆积德，爱人好士，是以四方归心焉。考省《灵图》，启发谶、纬，神明之表，名讳昭著。宜即帝位，以纂二祖，绍嗣昭穆，天下幸甚。臣等谨与博士许慈、议郎孟光建立礼仪，择令辰，上尊号。”

即皇帝位于成都武担之南。《蜀本纪》曰：武都有丈夫化为女子，颜色美好，盖山精也。蜀王娶以为妻，不习水土，疾病欲归国，蜀王留之，无几物故。蜀王发卒之武都担土，于成都郭中葬，盖地数亩，高十丈，号曰武担也。| 臣松之案：武担，山名，在成都西北，盖以乾位在西北，故就之以即阼。为文曰：“惟建安二十六年四月丙午，皇帝备敢用玄牡，昭告皇天上帝后土神祗：汉有天下，历数无疆。曩者王莽篡盗，光武皇帝震怒致诛，社稷复存。今曹操阻兵安忍，戮杀主后，滔天泯夏，罔顾天显。操子丕，载其凶逆，窃居神器。群臣将士以为社稷墯废，备宜修之，嗣武二祖，龚行天罚。备惟否德，惧忝帝位。询于庶民，外及蛮夷君长，佥曰‘天命不可以不答，祖业不可以久替，四海不可以无主’。率土式望，在备一人。备畏天明命，又惧汉祚将湮于地，谨择元日，与百寮登坛，受皇

帝玺绶。修燔瘗，告类于天神，惟神飨祚于汉家，永绥四海！"《魏书》曰：备闻曹公薨，遣掾韩冉奉书吊，并致赙赠之礼。文帝恶其因丧求好，敕荆州刺史斩冉，绝使命。|《典略》曰：备遣军谋掾韩冉赍书吊，并贡锦布。冉称疾，住上庸。上庸致其书，适会受终，有诏报答以引致之。备得报书，遂称制。

章武元年夏四月，大赦，改年。以诸葛亮为丞相，许靖为司徒。置百官，立宗庙，祫祭高皇帝以下。臣松之以为先主虽云出自孝景，而世数悠远，昭穆难明，既绍汉祚，不知以何帝为元祖以立亲庙。于时英贤作辅，儒生在官，宗庙制度必有宪章，而载记阙略，良可恨哉！五月，立皇后吴氏，子禅为皇太子。六月，以子永为鲁王，理为梁王。车骑将军张飞为其左右所害。初，先主忿孙权之袭关羽，将东征，秋七月，遂帅诸军伐吴。孙权遣书请和，先主盛怒不许，吴将陆议、李异、刘阿等屯巫、秭归；将军吴班、冯习自巫攻破异等，军次秭归，武陵五溪蛮夷遣使请兵。

二年春正月，先主军还秭归，将军吴班、陈式水军屯夷陵，夹江东西岸。二月，先主自秭归率诸将进军，缘山截岭，于夷道猇亭驻营，自佷山通武陵，遣侍中马良安慰五溪蛮夷，咸相率响应。镇北将军黄权督江北诸军，与吴军相拒于夷陵道。夏六月，黄气见自秭归十余里中，广数十丈。后十余日，陆议大破先主军于猇亭，将军冯习、张南等皆没。先主自猇亭还秭归，收合离散兵，遂弃船舫，由步道还鱼复，改鱼复县曰永安。吴遣将军李异、刘阿等蹑踵先主军，屯驻南山。秋八月，收兵还巫。司徒许靖卒。冬十月，诏丞相亮营南北郊于成都。孙权闻先主住白帝，甚惧，遗使请和。先主许之，遣太中大夫宗玮报命。冬十二月，汉嘉太守黄元闻先主疾不豫，举兵拒守。

三年春二月，丞相亮自成都到永安。三月，黄元进兵攻临邛县。遣将军陈曶讨元，元军败，顺流下江，为其亲兵所缚，生致成都，斩之。先主病笃，托孤于丞相亮，尚书令李严为副。夏四月癸巳，先主殂于永安宫，时年六十三。《诸葛亮集》载先主遗诏敕后主曰："朕初疾但下痢耳，后转杂他病，殆不自济。人五十不称夭，年已六十有余，何所复恨，不复自伤，但以卿兄弟为念。射君到，说丞相叹卿智量甚大，增修过于所望，审能如此，吾复何忧！勉之，勉之！勿以恶小而为之，勿以善小而不为。惟贤惟德，能服于人。汝父德薄，勿效之。可读《汉书》《礼记》，闲暇历观诸子及《六韬》《商君书》，益人意智。闻丞相为写《申》《韩》《管子》《六韬》一通已毕，未送，道亡，可自更求闻达。"临终时，呼鲁王与语："吾亡之后，汝兄弟父事丞相，令卿与丞相共事而已。"

亮上言于后主曰："伏惟大行皇帝迈仁树德，覆焘无疆，昊天不吊，寝疾弥留，今月二十四日奄忽升遐，臣妾号啕，若丧考妣。乃顾遗诏，事惟太宗，动容损益；百寮发哀，满三日除服，到葬期复如礼；其郡国太守、相、都尉、县令长，三日便除服。臣亮亲受敕戒，震畏神灵，不敢有违。臣请宣下奉行。"五月，梓宫自永安还成都，谥曰昭烈皇帝。秋，八月，葬惠陵。葛洪《神仙传》曰：仙人李意其，蜀人也。传世见之，云是汉文帝时人。先主欲伐吴，遣人迎意其。意其到，先主礼敬之，问以吉凶。意其不答而求纸笔，画作兵马器仗数十纸已，便一一以手裂坏之，又画作一大人，掘地埋之，便径去。先主大不喜。而自出军征吴，大败还，忿耻发病死，众人乃知意其画作大人而埋之者，即是言先主死意。

评曰：先主之弘毅宽厚，知人待士，盖有高祖之风、英雄之器焉。及其举国托孤于诸葛亮，而心神无贰，诚君臣之至公，古今之盛轨也。机权干略，不逮魏武，是以基宇亦狭。然折而不挠，终不为下者，抑揆彼之量必不容己，非唯竞利，且以避害云尔。

三十三卷 蜀书 ^三

后主传 | 刘禅

○**刘禅**

后主讳禅，字公嗣，先主子也。建安二十四年，先主为汉中王，立为王太子。及即尊号，册曰："惟章武元年五月辛巳，皇帝若曰：太子禅，朕遭汉运艰难，贼臣篡盗，社稷无主，格人群正，以天明命，朕继大统。今以禅为皇太子，以承宗庙，祗肃社稷。使使持节丞相亮授印绶，敬听师傅，行一物而三善皆得焉，可不勉与！"《礼记》曰：行一物而三善者，惟世子而已，其齿于学之谓也。郑玄曰：物犹事也。

三年夏四月，先主殂于永安宫。五月，后主袭位于成都，时年十七。尊皇后曰皇太后。大赦，改元。是岁魏黄初四年也。《魏略》曰：初备在小沛，不意曹公卒至，遑遽弃家属，后奔荆州。禅时年数岁，窜匿，随人西入汉中，为人所卖。及建安十六年，关中破乱，扶风人刘括避乱入汉中，买得禅，问知其良家子，遂养为子，与娶妇，生一子。初禅与备相失时，识其父字玄德。比舍人有姓简者，及备得益州而简为将军，备遣简到汉中，舍都邸。禅乃诣简，简相检讯，事皆符验。简喜，以语张鲁，鲁为洗沐送诣益州，备乃立以为太子。初备以诸葛亮为太子太傅，及禅立，以亮为丞相，委以诸事，谓亮曰："政由葛氏，祭则寡人。"亮亦以禅未闲于政，遂总内外。｜臣松之案：《二主妃子传》曰"后主生于荆州"，《后主传》云"初即帝位，年十七"，则建安十二年生也。十三年败于长阪，备弃妻子走，《赵云传》曰"云身抱弱子以免"，即后主也。如此，备与禅未尝相失也。又诸葛亮以禅立之明年领益州牧，其年与主簿杜微书曰"朝廷今年十八"，与禅传相应，理当非虚。而鱼豢云备败于小沛，禅时年始生，及奔荆州，能识其父字玄德，计当五六岁。备败于小沛时，建安五年也，至禅初立，首尾二十四年，禅应过三十矣。以事相验，理不得然。此则《魏略》之妄说，乃至二百余言，异也！又案诸书记及《诸葛亮集》，亮亦不为太子太傅。

建兴元年夏，牂牁太守朱褒拥郡反。《魏氏春秋》曰：初，益州从事常房行部，闻褒将有异志，收其主簿案问，杀之。褒怒，攻杀房，诬以谋反。诸葛亮诛房诸子，徙其四弟于越巂，欲以安之。褒犹不悛改，遂以郡叛应雍闿。｜臣松之案：以为房为褒所诬，执政所宜澄察，安有妄杀不辜以悦奸慝？斯殆妄矣！先是，益州郡有大姓雍闿反，流太守张裔于吴，据郡不宾，越巂夷王高定亦背叛。是岁，立皇后张氏。遣尚书郎邓芝固好于吴，吴王孙权与蜀和亲使聘，是岁通好。

二年春，务农殖谷，闭关息民。

三年春三月，丞相亮南征四郡，四郡皆平。改益州郡为建宁郡，分建宁、永昌郡为云南郡，又分建宁、牂牁为兴古郡。十二月，亮还成都。

四年春，都护李严自永安还住江州，筑大城。

五年春，丞相亮出屯汉中，营沔北阳平石马。《诸葛亮集》载禅三月下诏曰："朕闻天地之道，福仁而祸淫；善积者昌，恶积者丧，古今常数也。是以汤、武修德而王，桀、纣极暴而亡。曩者汉祚中微，网漏凶慝，董卓造难，震荡京畿。曹操阶祸，窃执天衡，残剥海内，怀无君之心。子丕孤竖，敢寻乱阶，盗据神器，更姓改物，世济其凶。当此之时，皇极幽昧，天下无主，则我帝命陨越于下。昭烈皇帝体明睿之德，光演文武。应乾坤之运，出身平难，经营四方，人鬼同谋，百姓与能，兆民欣戴。奉顺符谶，建位易号，丕承天序，补弊兴衰，存复祖业，诞膺皇纲，不坠于地。万国未定，早世遐殂。朕以幼冲，继统鸿基，未习保傅之训，而婴祖宗之重。六合壅否，社稷不建，永惟所以，念在匡救，光载前绪，未有攸济，朕甚惧焉。是以夙兴夜寐，不敢自逸，每崇菲薄以益国用，劝分务穑以阜民财，授方任能以参其听，断私降意以养将士。欲奋剑长驱，指讨凶逆，朱旗未举，而丕复陨丧，斯所谓不燃我薪而自焚也。残类余丑，又支天祸，恣睢河、洛，阻兵未弭。诸葛丞相弘毅忠壮，忘身忧国，先帝托以天下，以勖朕躬。今授之以旄钺之重，付之以专命之权，统领步骑二十万众，董督元戎，龚行天罚，除患宁乱，克复旧都，在此行也。昔项籍总一强众，跨州兼土，所务者大，然卒败垓下，死于东城，宗族焚如，为笑千载，皆不以义，陵上虐下故也。今贼效尤，天人所怨，奉时宜速，庶凭炎精祖宗威灵相助之福，所向必克。吴王孙权同恤灾患，潜军合谋，掎角其后。凉州诸国王各遣月支、康居胡侯支富、康植等二十余人诣受节度，大军北出，便欲率将兵马，奋戈先驱。天命既集，人事又至，师贞势并，必无敌矣。夫王者之兵，有征无战，尊而且义，莫敢抗也。故鸣条之役，军不血刃；牧野之师，商人倒戈。今旍麾首路，其所经至，亦不欲穷兵极武。有能弃邪从正，箪食壶浆以迎王师者，国有常典，封宠大小，各有品限。及魏之宗族、支叶、中外，有能规利害、审逆顺之数，来诣降者，皆原除之。昔辅果绝亲于智氏，而蒙全宗之福，微子去殷，项伯归汉，皆受茅土之庆。此前世之明验也。若其迷沉不反，将助乱人，不式王命，戮及妻孥，罔有攸赦。广宣恩威，贷其元帅，吊其残民。他如诏书律令，丞相其露布天下，使称朕意焉。"

六年春，亮出攻祁山，不克。冬，复出散关，围陈仓，粮尽退。魏将王双率军追亮，亮与战，破之，斩双，还汉中。

七年春，亮遣陈式攻武都、阴平，遂克定二郡。冬，亮徙府营于南山下原上，筑汉、乐二城。是岁，孙权称帝，与蜀约盟，共交分天下。

八年秋，魏使司马懿由西城，张郃由子午，曹真由斜谷，欲攻汉中。丞相亮待之于城固、赤阪，大雨道绝，真等皆还。是岁，魏延破魏雍州刺史郭淮于阳溪。徙鲁王永为甘陵王。梁王理为安平王，皆以鲁、梁在吴分界故也。

九年春二月，亮复出军围祁山，始以木牛运。魏司马懿、张郃救祁山。夏六月，亮粮尽退军，郃追至青封，与亮交战，被箭死。秋八月，都护李平废徙梓潼郡。《汉晋春秋》曰：冬十月，江阳至江州有鸟从江南飞渡江北，不能达，堕水死者以千数。

十年，亮休士劝农于黄沙，作流马木牛毕，教兵讲武。

十一年冬，亮使诸军运米，集于斜谷口，治斜谷邸阁。是岁，南夷刘胄反，将军马忠破平之。

十二年春二月，亮由斜谷出，始以流马运。秋八月，亮卒于渭滨。征西大将军魏延与丞相长史杨仪争权不和，举兵相攻，延败走；斩延首，仪率诸军还成都。大赦。以左将军吴壹为车骑将军，假节督汉中。以丞相留府长史蒋琬为尚书令，总统国事。

十三年春正月，中军师杨仪废徙汉嘉郡。夏四月，进蒋琬位为大将军。

十四年夏四月，后主至湔，臣松之案：湔，县名也，属蜀郡，音翦。登观阪，看汶水之流，旬日还成都。徙武都氐王苻健及氐民四百余户于广都。

十五年夏六月，皇后张氏薨。

延熙元年春正月，立皇后张氏。大赦，改元。立子璿为太子，子瑶为安定王。冬十一月，大将军蒋琬出屯汉中。

二年春三月，进蒋琬位为大司马。

三年春，使越巂太守张嶷平定越巂郡。

四年冬十月，尚书令费祎至汉中，与蒋琬谘论事计，岁尽还。

五年春正月，监军姜维督偏军，自汉中还屯涪县。

六年冬十月，大司马蒋琬自汉中还，住涪。十一月，大赦。以尚书令费祎为大将军。

七年闰月，魏大将军曹爽、夏侯玄等向汉中，镇北大将军王平拒兴势围，大将军费祎督诸军往赴救，魏军退。夏四月，安平王理卒。秋九月，祎还成都。

八年秋八月，皇太后薨。十二月，大将军费祎至汉中，行围守。

九年夏六月，费祎还成都。秋，大赦。冬十一月，大司马蒋琬卒。《魏略》曰：琬卒，禅乃自摄国事。

十年，凉州胡王白虎文、治无戴等率众降，卫将军姜维迎逆安抚，居之于繁县。是岁，汶山平康夷反，维往讨，破平之。

十一年夏五月，大将军费祎出屯汉中。秋，涪陵属国民夷反，车骑将军邓芝往讨，皆破平之。

十二年春正月，魏诛大将军曹爽等，右将军夏侯霸来降。夏四月，大赦。秋，卫将军姜维出攻雍州，不克而还。将军句安、李韶降魏。

十三年，姜维复出西平，不克而还。

十四年夏，大将军费祎还成都。冬，复北驻汉寿。大赦。

十五年，吴王孙权薨。立子琮为西河王。

十六年春正月，大将军费祎为魏降人郭循所杀于汉寿。夏四月，卫将军姜维复率众围南安，不克而还。

十七年春正月，姜维还成都。大赦。夏六月，维复率众出陇西。冬，拔狄道、河关、临洮三县民，居于绵竹、繁县。

十八年春，姜维还成都。夏，复率诸军出狄道，与魏雍州刺史王经战于洮西，大破之。经退保狄道城，维却住钟题。

十九年春，进姜维位为大将军，督戎马，与镇西将军胡济期会上邽，济失誓不至。秋八月，维为魏大将军邓艾所破于上邽。维退军还成都。是岁，立子瓒为新平王。大赦。

二十年，闻魏大将军诸葛诞据寿春以叛，姜维复率众出骆谷，至芒水。是岁大赦。

景耀元年，姜维还成都。史官言景星见，于是大赦，改年。宦人黄皓始专政。吴大将军孙綝废其主亮，立琅邪王休。

二年夏六月，立子谌为北地王，恂为新兴王，虔为上党王。

三年秋九月，追谥故将军关羽、张飞、马超、庞统、黄忠。

四年春三月，追谥故将军赵云。冬十月，大赦。

五年春正月，西河王琮卒。是岁，姜维复率众出侯和，为邓艾所破，还住沓中。

六年夏，魏大兴徒众，命征西将军邓艾、镇西将军钟会、雍州刺史诸葛绪数道并攻。于是遣左右车骑将军张翼、廖化、辅国大将军董厥等拒之。大赦。改元为炎兴。冬，邓艾破卫将军诸葛瞻于绵竹。用光禄大夫谯周策，降于艾，奉书曰："限分江、汉，遇值深远，偕缘蜀土，斗绝一隅，干运犯冒，渐苒历载，遂与京畿攸隔万里。每惟黄初中，文皇帝命虎牙将军鲜于辅，宣温密之诏，申三好之恩，开示门户，大义炳然，而否德暗弱，窃贪遗绪，俯仰累纪，未率大教。天威既震，人鬼归能之数，怖骇王师，神武所次，敢不革面，顺以从命！辄敕群帅投戈释甲，官府帑藏一无所毁。百姓布野，余粮栖亩，以俟后来之惠，全元元之命。伏惟大魏布德施化，宰辅伊、周，含覆藏疾。谨遣私署侍中张绍、光禄大夫谯周、驸马都尉邓良奉赍印绶，请命告诚，敬输忠款，存亡敕赐，惟所裁。舆榇在近，不复缕陈。"是日，北地王谌伤国之亡，先杀妻子，次以自杀。《汉晋春秋》曰：后主将从谯周之策，北地王谌怒曰："若理穷力屈，祸败必及，便当父子君臣背城一战，同死社稷，以见先帝可也。"后主不纳，遂送玺绶。是日，谌哭于昭烈之庙，先杀妻子，而后自杀，左右无不为涕泣者。

绍、良与艾相遇于雒县。艾得书，大喜，即报书，王隐《蜀记》曰：艾报书云："王纲失道，群英并起，龙战虎争，终归真主，此盖天命去就之道也。自古圣帝，爰逮汉、魏，受命而王者，莫不在乎中土。河出《图》，洛出《书》，圣人则之，以兴洪业，其不由此，未有不颠覆者也。隗嚣凭陇而亡，公孙述据蜀而灭，此皆前世覆车之鉴也。圣上明哲，宰相忠贤，将比隆黄轩，侔功往代。衔命来征，思闻嘉响，果烦来使，告以德音，此非人事，岂天启哉！昔微子归周，实为上宾，君子豹变，义存《大易》，来辞谦冲，以礼舆榇，皆前哲归命之典也。全国为上，破国次之，自非通明达智，何以见王者之义乎！"禅又遣太常张峻、益州别驾汝超受节度，遣太仆蒋显有命敕姜维。又遣尚书郎李虎送士民簿，领户二十八万，男女口九十四万，带甲将士十万二千，吏四万人，米四十余万斛，金银各二千斤，锦绮彩绢各二十万匹，余物称此。遣绍、良先还。艾至城北，后主舆榇自缚，诣军垒门。艾解缚焚榇，延请相见。

《晋诸公赞》曰：刘禅乘骡车诣艾，不具亡国之礼。因承制拜后主为骠骑将军。诸围守悉被后主敕，然后降下。艾使后主止其故宫，身往造焉。资严未发，明年春正月，艾见收。钟会自涪至成都作乱。会既死，蜀中军众钞略，死丧狼藉，数日乃安集。

后主举家东迁，既至洛阳，策命之曰："惟景元五年三月丁亥，皇帝临轩，使太常嘉命刘禅为安乐县公。於戏，其进听朕命！盖统天载物，以咸宁为大，光宅天下，以时雍为盛。故孕育群生者，君人之道也，乃顺承天者，坤元之义也。上下交畅，然后万物协和，庶类获乂。乃者汉氏失统，六合震扰。我太祖承运龙兴，弘济八极，是用应天顺民，抚有区夏。于时乃考因群杰虎争，九服不静，乘间阻远，保据庸蜀，遂使西隅殊封，方外壅隔。自是以来，干戈不戢，元元之民不得保安其性，几将五纪。朕永惟祖考遗志，思在绥缉四海，率土同轨，故爰整六师，耀威梁、益。公恢崇德度，深秉大正，不惮屈身委质，以爱民全国为贵，降心回虑，应机豹变，履信思顺，以享左右无疆之休，岂不远欤！朕嘉与君公长飨显禄，用考咨前训，开国胙土，率遵旧典，锡兹玄牡，苴以白茅，永为魏藩辅，往钦哉！公其祗服朕命，克广德心，以终乃显烈。"食邑万户，赐绢万匹，奴婢百人，他物称是。子孙为三都尉封侯者五十余人。尚书令樊建、侍中张绍、光禄大夫谯周、秘书令郤正、殿中督张通并封列侯。《汉晋春秋》曰：司马文王与禅宴，为之作故蜀技，旁人皆为之感怆，而禅喜笑自若。王谓贾充曰："人之无情，乃可至于是乎！虽使诸葛亮在，不能辅之久全，而况姜维邪？"充曰："不如是，殿下何由并之。"他日，王问禅曰："颇思蜀否？"禅曰："此间乐，不思蜀。"郤正闻之，求见禅曰："若王后问，宜泣而答曰'先人坟墓远在陇、蜀，乃心西悲，无日不思'，因闭其目。"会王复问，对如前，王曰："何乃似郤正语邪！"禅惊视曰："诚如尊命。"左右皆笑。公泰始七年薨于洛阳。《蜀记》云：谥曰思公，子恂嗣。

评曰：后主任贤相则为循理之君，惑阉竖则为昏暗之后，传曰"素丝无常，唯所染之"，信矣哉！礼，国君继体，逾年改元，而章武之三年，则革称建兴，考之古义，体理为违。又国不置史，注记无官，是以行事多遗，灾异靡书。诸葛亮虽达于为政，凡此之类，犹有未周焉。然经载十二而年名不易，军旅屡兴而赦不妄下，不亦卓乎！自亮没后，兹制渐亏，优劣著矣。《华阳国志》曰：丞相亮时，有言公惜赦者，亮答曰："治世以大德，不以小惠，故匡衡、吴汉不愿为赦。先帝亦言吾周旋陈元方、郑康成间，每见启告，治乱之道悉矣，曾不语赦也。若刘景升、季玉父子，岁岁赦宥，何益于治！"｜臣松之以为"赦不妄下"，诚为可称，至于"年名不易"，犹所未达。案建武、建安之号，皆久而不改，未闻前史以为美谈。"经载十二"，盖何足云？岂别有他意，求之未至乎！亮殁后，延熙之号，数盈二十，"兹制渐亏"，事又不然也。

三十四卷 蜀书 ^四

二主妃子传 | 甘皇后 穆皇后 敬哀皇后

张皇后 刘永 刘理 太子璿

○甘皇后

　　先主甘皇后，沛人也。先主临豫州，住小沛，纳以为妾。先主数丧嫡室，常摄内事。随先主于荆州，产后主。值曹公军至，追及先主于当阳长阪，于时困逼，弃后及后主，赖赵云保护，得免于难。后卒，葬于南郡。章武二年，追谥皇思夫人，迁葬于蜀，未至而先主殂陨。丞相亮上言："皇思夫人履行修仁，淑慎其身。大行皇帝昔在上将，嫔妃作合，载育圣躬，大命不融。大行皇帝存时，笃义垂恩，念皇思夫人神柩在远飘飘，特遣使者奉迎。会大行皇帝崩，今皇思夫人神柩以到，又梓宫在道，园陵将成，安厝有期。臣辄与太常臣赖恭等议：《礼记》曰：'立爱自亲始，教民孝也；立敬自长始，教民顺也。'不忘其亲，所由生也。《春秋》之义，母以子贵。昔高皇帝追尊太上昭灵夫人为昭灵皇后，孝和皇帝改葬其母梁贵人，尊号曰恭怀皇后，孝愍皇帝亦改葬其母王夫人，尊号曰灵怀皇后。今皇思夫人宜有尊号，以慰寒泉之思，辄与恭等案谥法，宜曰昭烈皇后。《诗》曰：'谷则异室，死则同穴。'《礼》云：上古无合葬，中古后因时方有。故昭烈皇后宜与大行皇帝合葬，臣请太尉告宗庙，布露天下，具礼仪别奏。"制曰可。

○穆皇后

先主穆皇后，陈留人也。兄吴壹，少孤，壹父素与刘焉有旧，是以举家随焉入蜀。焉有异志，而闻善相者相后当大贵。焉时将子瑁自随，遂为瑁纳后。瑁死，后寡居。先主既定益州，而孙夫人还吴，《汉晋春秋》云：先主入益州，吴遣迎孙夫人。夫人欲将太子归吴，诸葛亮使赵云勒兵断江留太子，乃得止。群下劝先主聘后，先主疑与瑁同族，法正进曰："论其亲疏，何与晋文之于子圉乎？"于是纳后为夫人。习凿齿曰：夫婚姻，人伦之始，王化之本，匹夫犹不可以无礼，而况人君乎？晋文废礼行权，以济其业，故子犯曰，有求于人，必先从之，将夺其国，何有于妻，非无故而违礼教者也。今先主无权事之道，而引前失以为譬，非导其君以尧、舜之道者。先主从之，过矣。建安二十四年，立为汉中王后。章武元年夏五月，策曰："朕承天命，奉至尊，临万国。今以后为皇后，遣使持节丞相亮授玺绶，承宗庙，母天下，皇后其敬之哉！"建兴元年五月，后主即位，尊后为皇太后，称长乐宫。壹官至车骑将军，封县侯。延熙八年，后薨，合葬惠陵。孙盛《蜀世谱》曰：壹孙乔，没李雄中三十年，不为雄屈也。

○敬哀皇后

后主敬哀皇后，车骑将军张飞长女也。章武元年，纳为太子妃。建兴元年，立为皇后。十五年薨，葬南陵。

○张皇后

后主张皇后，前后敬哀之妹也。建兴十五年，入为贵人。延熙元年春正月，策曰："朕统承大业，君临天下，奉郊庙社稷。今以贵人为皇后，使行丞相事左将军向朗持节授玺绶。勉修中馈，恪肃禋祀，皇后其敬之哉！"咸熙元年，随后主迁于洛阳。《汉晋春秋》曰：魏以蜀宫人赐诸将之无妻者，李昭仪曰："我不能二三屈辱。"乃自杀。

○刘永

刘永字公寿，先主子，后主庶弟也。章武元年六月，使司徒靖立永为鲁王，策曰："少子永，受兹青土。朕承天序，继统大业，遵修稽古，建尔国家，封于东土，奄有龟蒙，世为藩辅。呜呼，恭朕之诏！惟彼鲁邦，一变适道，风化存焉。人之好德，世兹懿美。王其秉心率礼，绥尔士民，是飨是宜，其戒之哉！"建兴八年，改封为甘陵王。初，永憎宦人黄皓，皓既信任用事，谮构永于后主，后主稍疏外永，至不得朝见者十余年。咸熙元年，永东迁洛阳，拜奉车都尉，封为乡侯。

○刘理

刘理字奉孝，亦后主庶弟也，与永异母。章武元年六月，使司徒靖立理为梁王，策曰："小子理，朕统承汉序，祗顺天命，遵修典秩，建尔于东，为汉藩辅。惟彼梁土，畿甸之邦，民狎教化，易导以礼。往悉乃心，怀保黎庶，以永尔国，王其敬之哉！"建兴八年，改封理为安平王。延熙七年卒，谥曰悼王。子哀王胤嗣，十九年卒。子殇王承嗣，二十年卒。景耀四年诏曰："安平王，先帝所命。三世早夭，国嗣颓绝，朕用伤悼。其以武邑侯辑袭王位。"辑，理子也，咸熙元年，东迁洛阳，拜奉车都尉，封乡侯。

○太子璿

后主太子璿，字文衡。母王贵人，本敬哀张皇后侍人也。延熙元年正月策曰："在昔帝王，继体立嗣，副贰国统，古今常道。今以璿为皇太子，昭显祖宗之威命，使行丞相事、左将军朗持节授印绶。其勉修茂质，祗恪道义，谘询典礼，敬友师傅，斟酌众善，翼成尔德，可不务修以自勖哉！"时年十五。景耀六年冬，蜀亡。咸熙元年正月，钟会作乱于成都，璿为乱兵所害。孙盛《蜀

世谱》曰：璿弟，瑶、琮、瓚、谌、恂、璩六人。蜀败，谌自杀，余皆内
徙。值永嘉大乱，子孙绝火。唯永孙玄奔蜀，李雄伪署安乐公以嗣禅后。
永和三年讨李势，盛参戎行，见玄于成都也。

评曰：《易》称有夫妇然后有父子，夫人伦之始，恩纪之隆，
莫尚于此矣。是故纪录，以究一国之体焉。

三十五卷 蜀书 ^五

诸葛亮传 | 诸葛亮

○**诸葛亮** 子乔 子瞻 董厥 樊建

　　诸葛亮字孔明，琅邪阳都人也。汉司隶校尉诸葛丰后也。父珪，字君贡，汉末为太山郡丞。亮早孤，从父玄为袁术所署豫章太守，玄将亮及亮弟均之官。会汉朝更选朱皓代玄，玄素与荆州牧刘表有旧，往依之。《献帝春秋》曰：初，豫章太守周术病卒，刘表上诸葛玄为豫章太守，治南昌。汉朝闻周术死，遣朱皓代玄。皓从扬州刺史刘繇求兵击玄，玄退屯西城，皓入南昌。建安二年正月，西城民反，杀玄，送首诣繇。| 此书所云，与本传不同。玄卒，亮躬耕陇亩，好为《梁父吟》。《汉晋春秋》曰：亮家于南阳之邓县，在襄阳城西二十里，号曰隆中。身长八尺，每自比于管仲、乐毅，时人莫之许也。惟博陵崔州平、颍川徐庶元直与亮友善，谓为信然。案《崔氏谱》：州平，太尉烈子，均之弟也。| 《魏略》曰：亮在荆州，以建安初与颍川石广元、徐元直、汝南孟公威等俱游学，三人务于精熟，而亮独观其大略。每晨夜从容，常抱膝长啸，而谓三人曰："卿诸人仕进可至郡守、刺史也。"三人问

其所至，亮但笑而不言。后公威思乡里，欲北归，亮谓之曰："中国饶士大夫，遨游何必故乡邪！"｜臣松之以为《魏略》此言，谓诸葛亮为公威计者可也，若谓兼为己言，可谓未达其心矣。老氏称知人者智，自知者明，凡在贤达之流，固必兼而有焉。以诸葛之鉴识，岂不能自审其分乎？夫其高吟俟时，情见乎言，志气所存，既已定于其始矣。若使游步中华，骋其龙光，岂夫多士所能沈翳哉！委质魏氏，展其器能，诚非陈长文、司马仲达所能颉颃，而况于余哉！苟不患功业不就、道之不行，虽志恢宇宙而终不北向者，盖以权御已移，汉祚将倾，方将翊赞宗杰，以兴微继绝克复为己任故也。岂其区区利在边鄙而已乎！此相如所谓"鹍鹏已翔于辽廓，而罗者犹视于薮泽"者矣。公威名建，在魏亦贵达。

时先主屯新野。徐庶见先主，先主器之，谓先主曰："诸葛孔明者，卧龙也，将军岂愿见之乎？"《襄阳记》曰：刘备访世事于司马德操。德操曰："儒生俗士，岂识时务？识时务者在乎俊杰。此间自有伏龙、凤雏。"备问为谁，曰："诸葛孔明、庞士元也。"先主曰："君与俱来。"庶曰："此人可就见，不可屈致也。将军宜枉驾顾之。"由是先主遂诣亮，凡三往，乃见。因屏人曰："汉室倾颓，奸臣窃命，主上蒙尘。孤不度德量力，欲信大义于天下，而智术浅短，遂用猖獗，至于今日。然志犹未已，君谓计将安出？"亮答曰："自董卓已来，豪杰并起，跨州连郡者不可胜数。曹操比于袁绍，则名微而众寡，然操遂能克绍，以弱为强者，非惟天时，抑亦人谋也。今操已拥百万之众，挟天子而令诸侯，此诚不可与争锋。孙权据有江东，已历三世，国险而民附，贤能为之用，此可与为援而不可图也。荆州北据汉沔，利尽南海，东连吴会，西通巴蜀，此用武之国，而其主不能守，此殆天所以资将军，将军岂有意乎？益州险塞，沃野千里，天府之土，高祖因之以成帝业。刘璋暗弱，张鲁在北，民殷国富而不知存恤，智能之士思得明君。将军既帝室之胄，信义著于四海，总揽英雄，思贤如渴，若跨有荆、益，保其岩阻，西和诸戎，南抚夷越，外结好孙权，内修政理；天下有变，则命一上将将荆州之军以向宛、洛，将军身率益州之众出于秦川，百姓孰敢不箪食壶浆以迎将军者乎？诚如是，则霸业可成，汉室可兴矣。"先主曰："善！"于是与亮情好日密。关羽、张飞等不悦，先主解之曰："孤之有孔明，犹鱼之有水也。愿诸君勿复言。"羽、飞乃止。《魏略》曰：刘备屯于樊城。是时曹公方定河北，亮知荆州次当受敌，而刘表性缓，不晓军事。亮乃北行见备，备与亮非旧，又以其年少，以诸生意待之。坐集既毕，众宾皆去，而亮独留，备亦不问其所欲言。备性好结毦，时适有人以髦牛尾与备者，备因手自结之。亮乃进曰："明将军当复有远志，但结毦而已邪！"备知亮非常人也，乃投毦而答曰："是何言与！我聊以忘忧尔。"亮遂言曰："将军度刘镇南孰与曹公邪？"备曰："不及。"亮又曰："将军自度何如也？"备曰："亦不如。"曰："今皆不及，而将军之众不过数千人，以此待敌，得无非计乎！"备曰："我亦愁之，当若之何？"亮曰："今荆州非少人也，而著籍者寡，平居发调，则人心不悦；可语镇南，令国中凡有游户，皆使自实，因录以益众可也。"备从其计，故众遂强。备由此知亮有英略，乃以上客礼之。《九州春秋》所言亦如之。｜臣松之以为亮表云"先帝不以臣卑鄙，猥自枉屈，三顾臣于草庐之中，谘臣以当世之事"，则非亮先诣备，明矣。虽闻见异辞，各生彼此，然乖背至是，亦良为可怪。

刘表长子琦，亦深器亮。表受后妻之言，爱少子琮，不悦于琦。琦每欲与亮谋自安之术，亮辄拒塞，未与处画。琦乃将亮游观后园，共上高楼，饮宴之间，令人去梯，因谓亮曰："今日上不至天，下不至地，言出子口，入于吾耳，可以言未？"亮答曰："君不见申生在内而危，重耳在外而安乎？"琦意感悟，阴规出计。会黄祖死，得出，遂为江夏太守。俄而表卒，琮闻曹公来征，遣使请降。先主在樊闻之，率其众南行，亮与徐庶并从，为曹公所追破，获庶母。庶辞先主而指其心曰："本欲与将军共图王霸之业者，以此方寸之地也。今已失老母，方寸乱矣，无益于事，请从此别。"遂诣曹公。《魏略》曰：庶先名福，本单家子，少好任侠击剑。中平末，尝为人报仇，白垩突面，被发而走，为吏所得，问其姓字，闭口不言。吏乃于车上立柱维磔之，击鼓以令于市鄽，莫敢识者，而其党伍共篡解之，得脱。于是感激，弃其刀戟，更疏巾单衣，折节学问。始诣精舍，诸生闻其前作贼，不肯与共止。福乃卑躬早起，常独扫除，动静先意，听习经业，义理精熟。遂与同郡石韬相亲爱。初平中，中州兵起，乃与韬南客荆州，到，又与诸葛亮特相善。及荆州内附，孔明与刘备相随去，福与韬俱来北。至黄初中，韬仕历郡守、典农校尉，福至右中郎将、御史中丞。逮太和中，诸葛亮出陇右，闻元直、广元仕财如此，叹曰："魏殊多士邪！何彼二人不见用乎？"庶后数年病卒，有碑在彭城，今犹存焉。

先主至于夏口，亮曰："事急矣，请奉命求救于孙将军。"时权拥军在柴桑，观望成败，亮说权曰："海内大乱，将军起兵据有江东，刘豫州亦收众汉南，与曹操并争天下。今操芟夷大难，略已平矣，遂破荆州，威震四海。英雄无所用武，故豫州遁逃至此。将军量力而处之：若能以吴、越之众与中国抗衡，不如早与之绝；若不能当，何不案兵束甲，北面而事之！今将军外托服从之名，而内怀犹豫之计，事急而不断，祸至无日矣！"

权曰："苟如君言，刘豫州何不遂事之乎？"

亮曰："田横，齐之壮士耳，犹守义不辱，况刘豫州王室之胄，英才盖世，众士慕仰，若水之归海，若事之不济，此乃天也，安能复为之下乎！"

权勃然曰："吾不能举全吴之地，十万之众，受制于人。吾计决矣！非刘豫州莫可以当曹操者，然豫州新败之后，安能抗此难乎？"

亮曰："豫州军虽败于长阪，今战士还者及关羽水军精甲万人，刘琦合江夏战士亦不下万人。曹操之众远来疲弊，闻追豫州，轻骑一日一夜行三百余里，此所谓'强弩之末，势不能穿鲁缟'者也。故兵法忌之，曰'必蹶上将军'。且北方之人，不习水战；又荆州之民附操者，逼兵势耳，非心服也。今将军诚能命猛将统兵数万，与豫州协规同力，破操军必矣。操军破，必北还，如此则荆、吴之势强，鼎足之形成矣。成败之机，在于今日。"权大悦，即遣周瑜、程普、鲁肃等水军三万，随亮诣先主，并力拒曹公。《袁子》曰：张子布荐亮于孙权，亮不肯留。人问其故，曰："孙将军可谓人主，然观其度，能贤亮而不能尽亮，吾是以不留。"｜臣松之以为袁孝尼著文立论，甚重诸葛之为人，至如此言则失之殊远。观亮君臣相遇，可谓希世一时，终始之分，谁能间之？宁有中违断金，甫怀择主，设使权尽其量，便当翻然去就乎？葛生行己，岂其然哉！关羽为曹公所获，遇之甚厚，可谓能尽其用矣，犹义不背本，曾谓孔明之不若云长乎！

曹公败于赤壁，引军归邺。先主遂收江南，以亮为军师中郎将，使督零陵、桂阳、长沙三郡，调其赋税，以充军实。《零陵先贤传》云：亮时住临烝。

建安十六年，益州牧刘璋遣法正迎先主，使击张鲁。亮与关羽镇荆州。先主自葭萌还攻璋，亮与张飞、赵云等率众溯江，分定郡县，与先主共围成都。成都平，以亮为军师将军，署左将军府事。先主外出，亮常镇守成都，足食足兵。

二十六年，群下劝先主称尊号，先主未许，亮说曰："昔吴汉、耿弇等初劝世祖即帝位，世祖辞让，前后数四，耿纯进言曰：'天下英雄喁喁，冀有所望。如不从议者，士大夫各归求主，无为从公也。'世祖感纯言深至，遂然诺之。今曹氏篡汉，天下无主，大王刘氏苗族，绍世而起，今即帝位，乃其宜也。士大夫随大王久勤苦者，亦欲望尺寸之功如纯言耳。"先主于是即帝位，策亮为丞相曰："朕遭家不造，奉承大统，兢兢业业，不敢康宁，思靖百姓，惧未能绥。於戏！丞相亮其悉朕意，无怠辅朕之阙，助宣重光，以照明天下，君其勖哉！"亮以丞相录尚书事，假节。张飞卒后，领司隶校尉。《蜀记》曰：晋初，扶风王骏镇关中，司马高平刘宝、长史荥阳桓隰诸官属士大夫共论诸葛亮，于时谭者多讥亮托身非所，劳困蜀民，力小谋大，不能度德量力。金城郭冲以为亮权智英略，有逾管、晏，功业未济，论者惑焉，条亮五事隐没不闻于世者，宝等亦不能复难。扶风王慨然善冲之言。｜臣松之以为亮之异美，诚所愿闻，然冲之所说，实皆可疑，谨随事难之如左。其一事曰：亮刑法峻急，刻剥百姓，自君子小人咸怀怨叹，法正谏曰："昔高祖入关，约法三章，秦民知德，今君假借威力，跨据一州，初有其国，未垂惠抚；且客主之义，宜相降下，愿缓刑弛禁，以慰其望。"亮答曰："君知其一，未知其二。秦以无道，政苛民怨，匹夫大呼，天下土崩，高祖因之，可以弘济。刘璋暗弱，自焉已来有累世之恩，文法羁縻，互相承奉，德政不举，威刑不肃。蜀土人士，

专权自恣，君臣之道，渐以陵替；宠之以位，位极则贱，顺之以恩，恩竭则慢。所以致弊，实由于此。吾今威之以法，法行则知恩，限之以爵，爵加则知荣；荣恩并济，上下有节。为治之要，于斯而著。" | 难曰：案法正在刘主前死，今称法正谏，则刘主在也。诸葛职为股肱，事归元首，刘主之世，亮又未领益州，庆赏刑政不出于己。寻冲所述亮答，专自有其能，有违人臣自处之宜。以亮谦顺之体，殆必不然。又云亮刑法峻急，刻剥百姓，未闻善政以刻剥为称。| 其二事曰：曹公遣刺客见刘备，方得交接，开论伐魏形势，甚合备计。稍欲亲近，刺者尚未得便会，既而亮入，魏客神色失措。亮因而察之，亦知非常人。须臾，客如厕，备谓亮曰："向得奇士，足以助君补益。"亮问所在，备曰："起者其人也。"亮徐叹曰："观客色动而神惧，视低而忤数，奸形外漏，邪心内藏，必曹氏刺客也。"追之，已越墙而走。| 难曰：凡为刺客，皆暴虎冯河，死而无悔者也。刘主有知人之鉴，而惑于此客，则此客必一时之奇士也。又语诸葛云"足以助君补益"，则亦诸葛之流亚也。凡如诸葛之俦，鲜有为人作刺客者矣，时主亦当惜其器用，必不投之死地也。且此人不死，要应显达为魏，竟是谁乎？何其寂蔑而无闻！

　　章武三年春，先主于永安病笃，召亮于成都，属以后事，谓亮曰："君才十倍曹丕，必能安国，终定大事。若嗣子可辅，辅之；如其不才，君可自取。"亮涕泣曰："臣敢竭股肱之力，效忠贞之节，继之以死！"先主又为诏敕后主曰："汝与丞相从事，事之如父。"孙盛曰：夫杖道扶义，体存信顺，然后能匡主济功，终定大业。语曰：弈者举棋不定犹不胜其偶，况量君之才否而二三其节，可以摧服强邻襄括四海者乎？备之命亮，乱孰甚焉！世或有谓备欲以固委付之诚，且以一蜀人之志。君子曰，不然；苟所寄忠贤，则不须若斯之诲，如非

46

其人，不宜启篡逆之涂。是以古之顾命，必贻话言；诡伪之辞，非托孤之谓。幸值刘禅暗弱，无猜险之性，诸葛威略，足以检卫异端，故使异同之心无由自起耳。不然，殆生疑隙不逞之衅。谓之为权，不亦惑哉！

建兴元年，封亮武乡侯，开府治事。顷之，又领益州牧。政事无巨细，咸决于亮。南中诸郡，并皆叛乱，亮以新遭大丧，故未便加兵，且遣使聘吴，因结和亲，遂为与国。《亮集》曰：是岁，魏司徒华歆、司空王朗、尚书令陈群、太史令许芝、谒者仆射诸葛璋各有书与亮，陈天命人事，欲使举国称藩。亮遂不报书，作《正议》曰："昔在项羽，起不由德，虽处华夏，秉帝者之势，卒就汤镬，为后永戒。魏不审鉴，今次之矣；免身为幸，戒在子孙。而二三子各以耆艾之齿，承伪指而进书，有若崇、竦称莽之功，亦将逼于元祸苟免者邪！昔世祖之创迹旧基，奋羸卒数千，摧莽强旅四十余万于昆阳之郊。夫据道讨淫，不在众寡。及至孟德，以其谲胜之力，举数十万之师，救张郃于阳平，势穷虑悔，仅能自脱，辱其锋锐之众，遂丧汉中之地，深知神器不可妄获，旋还未至，感毒而死。子桓淫逸，继之以篡。纵使二三子多逞苏、张诡靡之说，奉进驩兜滔天之辞，欲以诬毁唐帝，讽解禹、稷，所谓徒丧文藻烦劳翰墨者矣。夫大人君子之所不为也。又《军诫》曰：'万人必死，横行天下。'昔轩辕氏整卒数万，制四方，定海内，况以数十万之众，据正道而临有罪，可得干拟者哉！"

三年春，亮率众南征，诏赐亮金铁钺一具，曲盖一，前后羽葆鼓吹各一部，虎贲六十人。事在《亮集》。其秋悉平。军资所出，国以富饶，《汉晋春秋》曰：亮至南中，所在战捷。闻孟获者，为夷、汉所服，募生致之。既得，使观于营阵之间，问曰："此军何如？"获对曰："向者不知虚实，故败。今蒙赐观看营阵，若只如此，即定易胜耳。"亮笑，纵使更战，七纵七禽，而亮犹遣获。获止不去，曰："公，天威也，南人不复反矣。"遂至滇池。南中平，皆即其渠率而用之。或以谏亮，亮曰："若留外人，则当留兵，兵留则无所食，一不易也；加夷新伤破，父兄死丧，留外人而无兵者，必成祸患，二不易也；又夷累有废杀之罪，自嫌衅重，若留外人，终不相信，三不易也；今吾欲使不留兵，不运粮，而纲纪粗定，夷、汉粗安故耳。"乃治戎讲武，以俟大举。

五年，率诸军北驻汉中，临发，上疏曰：

"先帝创业未半，而中道崩殂，今天下三分，益州疲弊，此诚危急存亡之秋也。然侍卫之臣不懈于内，忠志之士忘身于外者，盖追先帝之殊遇，欲报之于陛下也。诚宜开张圣听，以光先帝遗德，恢弘志士之气，不宜妄自菲薄，引喻失义，以塞忠谏之路也。宫中府中，俱为一体，陟罚臧否，不宜异同。若有作奸犯科及为忠善者，宜付有司论其刑赏，以昭陛下平明之理，不宜偏私，使内外异法也。侍中、侍郎郭攸之、费祎、董允等，此皆良实，志虑忠纯，是以先帝简拔以遗陛下。愚以为宫中之事，事无大小，悉以咨之，然后施行，必能裨补阙漏，有所广益。将军向宠，性行淑均，晓畅军事，试用于昔日，先帝称之曰能，是以众议举宠为督。愚以为营中之事，悉以咨之，必能使行阵和睦，优劣得所。亲贤臣，远小人，此先汉所以兴隆也；亲小人，远贤臣，此后汉所以倾颓也。先帝在时，每与臣论此事，未尝不叹息痛恨于桓、灵也。侍中、尚书、长史、参军，此悉贞良死节之臣，愿陛下亲之信之，则汉室之隆，可计日而待也。

"臣本布衣，躬耕于南阳，苟全性命于乱世，不求闻达于诸侯。先帝不以臣卑鄙，猥自枉屈，三顾臣于草庐之中，谘臣以当世之事，由是感激，遂许先帝以驱驰。后值倾覆，受任于败军之际，奉命于危难之间，尔来二十有一年矣。臣松之案：刘备以建安十三年败，遣亮使吴，亮以建兴五年抗表北伐，自倾覆至此整二十年。然则备始与亮相遇，在败军之前一年时也。先帝知臣谨慎，故临崩寄臣以大事也。

"受命以来，夙夜忧叹，恐托付不效，以伤先帝之明，故五月渡泸，深入不毛。《汉书·地理志》曰：泸惟水出牂牁郡句町县。今南方已定，兵甲已足，当奖率三军，北定中原，庶竭驽钝，攘除奸凶，兴复汉室，还于旧都。此臣所以报先帝，而忠陛下之职分也。至于斟酌损益，进尽忠言，则攸之、祎、允之任也。愿陛下托臣以讨贼兴复之效；不效，则治臣之罪，以告先帝之灵。若无兴德之言，则责攸之、祎、允等之慢，以彰其咎。陛下亦宜自谋，以谘诹善道，察纳雅言，深追先帝遗诏。臣不胜受恩感激，今当远离，临表涕零，不知所言。"

遂行，屯于沔阳。郭冲三事曰：亮屯于阳平，遣魏延诸军并兵东下，亮惟留万人守城。晋宣帝率二十万众拒亮，而与延军错道，径至前，当亮六十里所，侦候白宣帝说亮在城中兵少力弱。亮亦知宣帝垂至，已与相逼，欲前赴延军，相去又远，回迹反追，势不相及，将士失色，莫知其计。亮意气自若，敕军中皆卧旗息鼓，不得妄出菴幔，又令大开四城门，扫地却洒。宣帝常谓亮持重，而猥见势弱，疑其有伏兵，于是引军北趣山。明日食时，亮谓参佐拊手大笑曰："司马懿必谓吾怯，将有强伏，循山走矣。"候逻还白，如亮所言。宣帝后知，深以为恨。|难曰：案阳平在汉中。亮初屯阳平，宣帝尚为荆州都督，镇宛城，至曹真死后，始与亮于

关中相抗御耳。魏尝遣宣帝自宛由西城伐蜀，值霖雨，不果。此之前后，无复有于阳平交兵事。就如冲言，宣帝既举二十万众，已知亮兵少力弱，若疑其有伏兵，正可设防持重，何至便走乎？案《魏延传》云："延每随亮出，辄欲请精兵万人，与亮异道会于潼关，亮制而不许；延常谓亮为怯，叹己才用之不尽也。"亮尚不以延为万人别统，岂得如冲言，顿使将重兵在前，而以轻弱自守乎？且冲与扶风王言，显彰宣帝之短，对子毁父，理所不容，而云"扶风王慨然善冲之言"，故知此书举引皆虚。

六年春，扬声由斜谷道取郿，使赵云、邓芝为疑军，据箕谷，魏大将军曹真举众拒之。亮身率诸军攻祁山，戎阵整齐，赏罚肃而号令明，南安、天水、安定三郡叛魏应亮，关中响震。《魏略》曰：始，国家以蜀中惟有刘备。备既死，数岁寂然无闻，是以略无备预；而卒闻亮出，朝野恐惧，陇右、祁山尤甚，故三郡同时应亮。魏明帝西镇长安，命张郃拒亮，亮使马谡督诸军在前，与郃战于街亭。谡违亮节度，举动失宜，大为郃所破。亮拔西县千余家，还于汉中，郭冲四事曰：亮出祁山，陇西、南安二郡应时降，围天水，拔冀城，虏姜维，驱略士女数千人还蜀。人皆贺亮，亮颜色愀然有戚容，谢曰："普天之下，莫非汉民，国家威力未举，使百姓困于豺狼之吻。一夫有死，皆亮之罪，以此相贺，能不为愧。"于是蜀人咸知亮有吞魏之志，非惟拓境而已。｜难曰：亮有吞魏之志久矣，不始于此众人方知也，且于时师出无成，伤缺而反者众，三郡归降而不能有。姜维，天水之匹夫耳，获之则于魏何损？拔西县千家，不补街亭所丧，以何为功，而蜀人相贺乎？戮谡以谢众。上疏曰："臣以弱才，叨窃非据，亲秉旄钺以厉三军，不能训章明法，临事而惧，至有街亭违命之阙，箕谷不戒之失，咎皆在臣授任无方。臣明不知人，恤事多暗，《春秋》责帅，臣职是当。请自贬三等，以督厥咎。"于是以亮为右将军，行丞相事，所总统如前。《汉晋春秋》曰：或劝亮更发兵者，亮曰："大军在祁山、箕谷，皆多于贼，而不能破贼为贼所破者，则此病不在兵少也，在一人耳。今欲减兵省将，明罚思过，校变通之道于将来；若不能然者，虽兵多何益！自今已后，诸有忠虑于国，但勤攻吾之阙，则事可定，贼可死，功可跷足而待矣。"于是考微劳，甄烈壮，引咎责躬，布所失于天下，厉兵讲武，以为后图，戎士简练，民忘其败矣。

亮闻孙权破曹休，魏兵东下，关中虚弱。十一月，上言曰："先帝虑汉贼不两立，王业不偏安，故托臣以讨贼也。以先帝之明，量臣之才，故知臣伐贼才弱敌强也；然不伐贼，王业亦亡，惟坐待亡，孰与伐之？是故托臣而弗疑也。臣受命之日，寝不安席，食不甘味，思惟北征，宜先入南，故五月渡泸，深入不毛，并日而食。臣非不自惜也，顾王业不得偏全于蜀都，故冒危难以奉先帝之遗意也，而议者谓为非计。今贼适疲于西，又务于东，兵法乘劳，此进趋之时也。谨陈其事如左：高帝明并日月，谋臣渊深，然涉险被创，危然后安。今陛下未及高帝，谋臣不如良、平，而欲以长计取胜，坐定天下，此臣之未解一也。刘繇、王朗各据州郡，论安言计，动引圣人，群疑满腹，众难塞胸，今岁不战，明年不征，使孙策坐大，遂并江东，此臣之未解二也。曹操智计殊绝于人，其用兵也，仿佛孙、吴，然困于南阳，险于乌巢，危于祁连，逼于黎阳，几败伯山，殆死潼关，然后伪定一时耳，况臣才弱，而欲以不危而定之，此臣之未解三也。曹操五攻昌霸不下，四越巢湖不成，任用李服而李服图之，委夏侯而夏侯败亡，先帝每称操为能，犹有此失，况臣驽下，何能必胜？此臣之未解四也。自臣到汉中，中间期年耳，然丧赵云、阳群、马玉、阎芝、丁立、白寿、刘郃、邓铜等及曲长屯将七十余人，突将、无前、賨叟、青羌、散骑、武骑一千余人，此皆数

十年之内所纠合四方之精锐，非一州之所有，若复数年，则损三分之二也，当何以图敌？此臣之未解五也。今民穷兵疲，而事不可息，事不可息，则住与行劳费正等，而不及虚图之，欲以一州之地与贼持久，此臣之未解六也。夫难平者，事也。昔先帝败军于楚，当此时，曹操拊手，谓天下以定。然后先帝东连吴、越，西取巴、蜀，举兵北征，夏侯授首，此操之失计而汉事将成也。然后吴更违盟，关羽毁败，秭归蹉跌，曹丕称帝。凡事如是，难可逆见。臣鞠躬尽力，死而后已，至于成败利钝，非臣之明所能逆睹也。"于是有散关之役。| 此表《亮集》所无，出张俨《默记》。

冬，亮复出散关，围陈仓，曹真拒之，亮粮尽而还。魏将王双率骑追亮，亮与战，破之，斩双。七年，亮遣陈式攻武都、阴平。魏雍州刺史郭淮率众欲击式，亮自出至建威，淮退还，遂平二郡。诏策亮曰："街亭之役，咎由马谡，而君引愆，深自贬抑，重违君意，听顺所守。前年耀师，馘斩王双；今岁爰征，郭淮遁走；降集氐、羌，兴复二郡，威镇凶暴，功勋显然。方今天下骚扰，元恶未枭，君受大任，干国之重，而久自挹损，非所以光扬洪烈矣。今复君丞相，君其勿辞。"《汉晋春秋》曰：是岁，孙权称尊号，其群臣以并尊二帝来告。议者咸以为交之无益，而名体弗顺，宜显明正义，绝其盟好。亮曰："权有僭逆之心久矣，国家所以略其衅情者，求掎角之援也。今若加显绝，仇我必深，便当移兵东伐，与之角力，须并其土，乃议中原。彼贤才尚多，将相缉穆，未可一朝定也。顿兵相持，坐而须老，使北贼得计，非算之上者。昔孝文卑辞匈奴，先帝优与吴盟，皆应权通变，弘思远益，非匹夫之为分者也。今议者咸以权利在鼎足，不能并力，且志望以满，无上岸之情，推此，皆似是而非也。何者？其智力不侔，故限江自保；权之不能越江，犹魏贼之不能渡汉，非力有余而利不取也。

若大军致讨，彼高当分裂其地以为后规，下当略民广境，示武于内，非端坐者也。若就其不动而睦于我，我之北伐，无东顾之忧，河南之众不得尽西，此之为利，亦已深矣。权僭之罪，未宜明也。"乃遣卫尉陈震庆权正号。

九年，亮复出祁山，以木牛运，《汉晋春秋》曰：亮围祁山，招鲜卑轲比能，比能等至故北地石城以应亮。于是魏大司马曹真有疾，司马宣王自荆州入朝，魏明帝曰："西方事重，非君莫可付者。"乃使西屯长安，督张郃、费曜、戴陵、郭淮等。宣王使曜、陵留精兵四千守上邽，余众悉出，西救祁山。郃欲分兵驻雍、郿，宣王曰："料前军能独当之者，将军言是也；若不能当而分为前后，此楚之三军所以为黥布禽也。"遂进。亮分兵留攻，自逆宣王于上邽。郭淮、费曜等徼亮，亮破之，因大芟刈其麦，与宣王遇于上邽之东，敛兵依险，军不得交，亮引而还。宣王寻亮至于卤城。张郃曰："彼远来逆我，请战不得，谓我利在不战，欲以长计制之也。且祁山知大军以在近，人情自固，可止屯于此，分为奇兵，示出其后，不宜进前而不敢逼，坐失民望也。今亮县军食少，亦行去矣。"宣王不从，故寻亮。既至，又登山掘营，不肯战。贾诩、魏平数请战，因曰："公畏蜀如虎，奈天下笑何！"宣王病之。诸将咸请战。五月辛巳，乃使张郃攻无当监何平于南围，自案中道向亮。亮使魏延、高翔、吴班赴拒，大破之，获甲首三千级、玄铠五千领、角弩三千一百张，宣王还保营。**粮尽退军，与魏将张郃交战，射杀郃。**郭冲五事曰：魏明帝自征蜀，幸长安，遣宣王督张郃诸军，雍、凉劲卒三十余万，潜军密进，规向剑阁。亮时在祁山，旌旗利器，守在险要，十二更下，在者八万。时魏军始陈，幡兵适交，参佐咸以贼众强盛，非力所制，宜权停下兵一月，以并声势。亮曰："吾统武行师，以大信为本，得原失信，古人所惜；

53

去者束装以待期，妻子鹤望而计日，虽临征难，义所不废。"皆催遣令去。于是去者感悦，愿留一战，住者愤踊，思致死命。相谓曰："诸葛公之恩，死犹不报也。"临战之日，莫不拔刃争先，以一当十，杀张郃，却宣王，一战大克，此信之由也。| 难曰：臣松之案：亮前出祁山，魏明帝身至长安耳，此年不复自来。且亮大军在关、陇，魏人何由得越亮径向剑阁？亮既在战场，本无久驻之规，而方休兵还蜀，皆非经通之言。孙盛、习凿齿搜求异同，罔有所遗，而并不载冲言，知其乖剌多矣。

十二年春，亮悉大众由斜谷出，以流马运，据武功五丈原，与司马宣王对于渭南。亮每患粮不继，使己志不申，是以分兵屯田，为久驻之基。耕者杂于渭滨居民之间，而百姓安堵，军无私焉。《汉晋春秋》曰：亮自至，数挑战。宣王亦表固请战。使卫尉辛毗持节以制之。姜维谓亮曰："辛佐治仗节而到，贼不复出矣。"亮曰："彼本无战情，所以固请战者，以示武于其众耳。将在军，君命有所不受，苟能制吾，岂千里而请战邪！" |《魏氏春秋》曰：亮使至，问其寝食及其事之烦简，不问戎事。使对曰："诸葛公夙兴夜寐，罚二十以上，皆亲揽焉；所啖食不至数升。"宣王曰："亮将死矣。"相持百余日。其年八月，亮疾病，卒于军，时年五十四。《魏书》曰：亮粮尽势穷，忧恚欧血，一夕烧营遁走，入谷，道发病卒。|《汉晋春秋》曰：亮卒于郭氏坞。|《晋阳秋》曰：有星赤而芒角，自东北西南流，投于亮营，三投再还，往大还小。俄而亮卒。| 臣松之以为亮在渭滨，魏人蹑迹，胜负之形，未可测量，而云欧血，盖因亮自亡而自夸大也。夫以孔明之略，岂为仲达欧血乎？及至刘琨丧师，与晋元帝笺亦云"亮军败欧血"，此则引虚记以为言也。其云入谷而卒，缘蜀人入谷发丧故也。及军退，宣王案行其营垒处所，曰："天下奇才也！"《汉晋春秋》曰：杨仪等整军而出，百姓奔告宣王，

54

宣王追焉。姜维令仪反旗鸣鼓，若将向宣王者，宣王乃退，不敢逼。于是仪结阵而去，入谷然后发丧。宣王之退也，百姓为之谚曰："死诸葛走生仲达。"或以告宣王，宣王曰："吾能料生，不便料死也。"

亮遗命葬汉中定军山，因山为坟，冢足容棺，敛以时服，不须器物。诏策曰："惟君体资文武，明睿笃诚，受遗托孤，匡辅朕躬，继绝兴微，志存靖乱；爰整六师，无岁不征，神武赫然，威镇八荒，将建殊功于季汉，参伊、周之巨勋。如何不吊，事临垂克，遘疾陨丧！朕用伤悼，肝心若裂。夫崇德序功，纪行命谥，所以光昭将来，刊载不朽。今使使持节左中郎将杜琼，赠君丞相武乡侯印绶，谥君为忠武侯。魂而有灵，嘉兹宠荣。呜呼哀哉！呜呼哀哉！"

初，亮自表后主曰："成都有桑八百株，薄田十五顷，子弟衣食自有余饶。至于臣在外任，无别调度，随身衣食，悉仰于官，不别治生，以长尺寸。若臣死之日，不使内有余帛，外有赢财，以负陛下。"及卒，如其所言。

亮性长于巧思，损益连弩，木牛流马，皆出其意；推演兵法，作八阵图，咸得其要云。《魏氏春秋》曰：亮作八务、七戒、六恐、五惧，皆有条章，以训厉臣子。又损益连弩，谓之元戎，以铁为矢，矢长八寸，一弩十矢俱发。|《亮集》载作木牛流马法曰："木牛者，方腹曲头，一脚四足，头入领中，舌著于腹。载多而行少，宜可大用，不可小使；特行者数十里，群行者二十里也。曲者为牛头，双者为牛脚，横者为牛领，转者为牛足，覆者为牛背，方者为牛腹，垂者为牛舌，曲者为牛肋，刻者为牛齿，立者为牛角，细者为牛鞅，摄者为牛秋轴。牛仰双辕，人行六尺，牛行四步。载一岁粮，日行二十里，而人不大劳。流马尺寸之

数，肋长三尺五寸，广三寸，厚二寸二分，左右同。前轴孔分墨去头四寸，径中二寸。前脚孔分墨二寸，去前轴孔四寸五分，广一寸。前杠孔去前脚孔分墨二寸七分，孔长二寸，广一寸。后轴孔去前杠孔分墨一尺五分，大小与前同。后脚孔分墨去后轴孔三寸五分，大小与前同。后杠孔去后脚孔分墨二寸七分，后载克去后杠孔分墨四寸五分。前杠长一尺八寸，广二寸，厚一寸五分。后杠与等版方囊二枚，厚八分，长二尺七寸，高一尺六寸五分，广一尺六寸，每枚受米二斛三斗。从上杠孔去肋下七寸，前后同。上杠孔去下杠孔分墨一尺三寸，孔长一寸五分，广七分，八孔同。前后四脚，广二寸，厚一寸五分。形制如象，轩长四寸，径面四寸三分。孔径中三脚杠，长二尺一寸，广一寸五分，厚一寸四分，同杠耳。"亮言教书奏多可观，别为一集。

景耀六年春，诏为亮立庙于沔阳。《襄阳记》曰：亮初亡，所在各求为立庙，朝议以礼秩不听，百姓遂因时节私祭之于道陌上。言事者或以为可听立庙于成都者，后主不从。步兵校尉习隆、中书郎向充等共上表曰："臣闻周人怀召伯之德，甘棠为之不伐；越王思范蠡之功，铸金以存其像。自汉兴以来，小善小德而图形立庙者多矣。况亮德范遐迩，勋盖季世，王室之不坏，实斯人是赖，而蒸尝止于私门，庙像阙而莫立，使百姓巷祭，戎夷野祀，非所以存德念功，述追在昔者也。今若尽顺民心，则渎而无典，建之京师，又逼宗庙，此圣怀所以惟疑也。臣愚以为宜因近其墓，立之于沔阳，使所亲属以时赐祭，凡其臣故吏欲奉祠者，皆限至庙。断其私祀，以崇正礼。"于是始从之。秋，魏镇西将军钟会征蜀，至汉川，祭亮之庙，令军士不得于亮墓所左右刍牧樵采。亮弟均，官至长水校尉。亮子瞻，嗣爵。《襄阳记》曰：黄承彦者，高爽开列，为沔南名士，谓诸葛孔明曰："闻君择妇；身有丑女，黄头黑色，而才堪相配。"孔明许，即载送之。时人以为笑乐，乡里为之谚曰："莫作孔明择妇，止得阿承丑女。"

《诸葛氏集》目录：

开府作牧第一

权制第二

南征第三

北出第四

计算第五

训厉第六

综核上第七

综核下第八

杂言上第九

杂言下第十

贵和第十一

兵要第十二

传运第十三

与孙权书第十四

与诸葛瑾书第十五

与孟达书第十六

废李平第十七

法检上第十八

法检下第十九

科令上第二十

科令下第二十一

军令上第二十二

军令中第二十三

军令下第二十四

右二十四篇，凡十万四千一百一十二字。

臣寿等言：臣前在著作郎，侍中领中书监济北侯臣荀勖、中
书令关内侯臣和峤奏，使臣定故蜀丞相诸葛亮故事。亮毗佐危国，
负阻不宾，然犹存录其言，耻善有遗，诚是大晋光明至德，泽被
无疆，自占以来，未之有伦也。辄删除复重，随类相从，凡为
二十四篇，篇名如右。

亮少有逸群之才，英霸之器，身长八尺，容貌甚伟，时人异
焉。遭汉末扰乱，随叔父玄避难荆州，躬耕于野，不求闻达。时
左将军刘备以亮有殊量，乃三顾亮于草庐之中；亮深谓备雄姿杰
出，遂解带写诚，厚相结纳。及魏武帝南征荆州，刘琮举州委质，
而备失势众寡，无立锥之地。亮时年二十七，乃建奇策，身使孙
权，求援吴会。权既宿服仰备，又睹亮奇雅，其敬重之，即遣兵
三万人以助备。备得用与武帝交战，大破其军，乘胜克捷，江南
悉平。后备又西取益州，益州既定，以亮为军师将军。备称尊号，
拜亮为丞相，录尚书事。及备殂没，嗣子幼弱，事无巨细，亮皆
专之。于是外连东吴，内平南越，立法施度，整理戎旅，工械技巧，
物究其极，科教严明，赏罚必信，无恶不惩，无善不显，至于吏
不容奸，人怀自厉，道不拾遗，强不侵弱，风化肃然也。

当此之时，亮之素志，进欲龙骧虎视，苞括四海，退欲跨陵
边疆，震荡宇内。又自以为无身之日，则未有能蹈涉中原、抗衡

上国者，是以用兵不戢，屡耀其武。然亮才，于治戎为长，奇谋为短，理民之干，优于将略。而所与对敌，或值人杰，加众寡不侔，攻守异体，故虽连年动众，未能有克。昔萧何荐韩信，管仲举王子城父，皆忖己之长，未能兼有故也。亮之器能政理，抑亦管、萧之亚匹也，而时之名将无城父、韩信，故使功业陵迟，大义不及邪？盖天命有归，不可以智力争也。

青龙二年春，亮帅众出武功，分兵屯田，为久驻之基。其秋病卒，黎庶追思，以为口实。至今梁、益之民咨述亮者，言犹在耳，虽《甘棠》之咏召公，郑人之歌子产，无以远譬也。孟轲有云："以逸道使民，虽劳不怨；以生道杀人，虽死不忿。"信矣！论者或怪亮文彩不艳，而过于丁宁周至。臣愚以为咎繇大贤也，周公圣人也，考之《尚书》，咎繇之谟略而雅，周公之诰烦而悉。何则？咎繇与舜、禹共谈，周公与群下矢誓故也。亮所与言，尽众人凡士，故其文指不及得远也。然其声教遗言，皆经事综物，公诚之心，形于文墨，足以知其人之意理，而有补于当世。

伏惟陛下迈踪古圣，荡然无忌，故虽敌国诽谤之言，咸肆其辞而无所革讳，所以明大通之道也。谨录写上诣著作。臣寿诚惶诚恐，顿首顿首，死罪死罪。

泰始十年二月一日癸巳，平阳侯相臣陈寿上。

乔字伯松，亮兄瑾之第二子也，本字仲慎。与兄元逊俱有名于时，论者以为乔才不及兄，而性业过之。初，亮未有子，求乔为嗣，瑾启孙权遣乔来西，亮以乔为己適子，故易其字焉。拜为驸马都尉，随亮至汉中。亮与兄瑾书曰："乔本当还成都，今诸将子弟皆得传运，思惟宜同荣辱。今使乔督五六百兵，与诸子弟传于谷中。"书在《亮集》。年二十五，建兴六年卒。子攀，官至行护军翊武将军，亦早卒。诸葛恪见诛于吴，子孙皆尽，而亮自有胄裔，故攀还复为瑾后。

瞻字思远。建兴十二年，亮出武功，与兄瑾书曰："瞻今已八岁，聪慧可爱，嫌其早成，恐不为重器耳。"年十七，尚公主，拜骑都尉。其明年为羽林中郎将，屡迁射声校尉、侍中、尚书仆射，加军师将军。瞻工书画，强识念，蜀人追思亮，咸爱其才敏。每朝廷有一善政佳事，虽非瞻所建倡，百姓皆传相告曰："葛侯之所为也。"是以美声溢誉，有过其实。景耀四年，为行都护、卫将军，与辅国大将军南乡侯董厥并平尚书事。六年冬，魏征西将军邓艾伐蜀，自阴平由景谷道旁入。瞻督诸军至涪停住，前锋破，退还，住绵竹。艾遣书诱瞻曰："若降者必表为琅邪王。"瞻怒，斩艾使。遂战，大败，临阵死，时年三十七。众皆离散，艾长驱至成都。瞻长子尚，与瞻俱没。干宝曰：瞻虽智不足以扶危，勇不足以拒敌，而能外不负国，内不改父之志，忠孝存焉。｜《华阳国志》曰：尚叹曰："父子荷国重恩，不早斩黄皓，以致倾败，用生何为！"乃驰赴魏军而死。次子京及攀子显等，咸熙元年内移河东。案《诸葛氏谱》云：京字行宗。｜《晋泰始起居注》载诏曰："诸葛亮在蜀，尽其心力，其子瞻临难而死义，天下之善一也。"其孙京，随才署吏，后为郿令。｜尚书仆射山涛《启事》曰："郿令诸葛京，祖父亮，遇汉乱分隔，父子在蜀，虽不达天命，要为尽心所事。京治郿自复有称，臣以为宜补东宫舍人，以明事人之理，副梁、益之论。"京位至江州刺史。

董厥者，丞相亮时为府令史，亮称之曰："董令史，良士也。

吾每与之言，思慎宜适。"徙为主簿。亮卒后，稍迁至尚书仆射，代陈祗为尚书令，迁大将军，平台事，而义阳樊建代焉。案《晋百官表》：董厥字龚袭，亦义阳人。建字长元。延熙十四年，以校尉使吴，值孙权病笃，不自见建。权问诸葛恪曰："樊建何如宗预也？"恪对曰："才识不及预，而雅性过之。"后为侍中，守尚书令。自瞻、厥、建统事，姜维常征伐在外，宦人黄皓窃弄机柄，咸共将护，无能匡矫，孙盛《异同记》曰：瞻、厥等以维好战无功，国内疲弊，宜表后主，召还为益州刺史，夺其兵权；蜀长老犹有瞻表以阎宇代维故事。晋永和三年，蜀史常璩说蜀长老云："陈寿尝为瞻吏，为瞻所辱，故因此事归恶黄皓，而云瞻不能匡矫也。"然建特不与皓和好往来。蜀破之明年春，厥、建俱诣京都，同为相国参军，其秋并兼散骑常侍，使蜀慰劳。《汉晋春秋》曰：樊建为给事中，晋武帝问诸葛亮之治国，建对曰："闻恶必改，而不矜过，赏罚之信，足感神明。"帝曰："善哉！使我得此人以自辅，岂有今日之劳乎！"建稽首曰："臣窃闻天下之论，皆谓邓艾见枉，陛下知而不理，此岂冯唐之所谓'虽得颇、牧而不能用'者乎！"帝笑曰："吾方欲明之，卿言起我意。"于是发诏治艾焉。

评曰：诸葛亮之为相国也，抚百姓，示仪轨，约官职，从权制，开诚心，布公道；尽忠益时者虽仇必赏，犯法怠慢者虽亲必罚，服罪输情者虽重必释，游辞巧饰者虽轻必戮；善无微而不赏，恶无纤而不贬；庶事精练，物理其本，循名责实，虚伪不齿；终于邦域之内，咸畏而爱之，刑政虽峻而无怨者，以其用心平而劝戒明也。可谓识治之良才，管、萧之亚匹矣。然连年动众，未能成功，盖应变将略，非其所长欤！

三十六卷 蜀书 ^六

关张马黄赵传 | 关羽 张飞 马超 黄忠 赵云

○关羽

关羽字云长，本字长生，河东解人也。亡命奔涿郡。先主于乡里合徒众，而羽与张飞为之御侮。先主为平原相，以羽、飞为别部司马，分统部曲。先主与二人寝则同床，恩若兄弟。而稠人广坐，侍立终日，随先主周旋，不避艰险。《蜀记》曰：曹公与刘备围吕布于下邳，关羽启公，布使秦宜禄行求救，乞娶其妻，公许之。临破，又屡启于公。公疑其有异色，先遣迎看，因自留之，羽心不自安。| 此与《魏氏春秋》所说无异也。先主之袭杀徐州刺史车胄，使羽守下邳城，行太守事，《魏书》云：以羽领徐州。而身还小沛。

建安五年，曹公东征，先主奔袁绍。曹公禽羽以归，拜为偏将军，礼之甚厚。绍遣大将军颜良攻东郡太守刘延于白马，曹公使张辽及羽为先锋击之。羽望见良麾盖，策马刺良于万众之中，斩其首还，绍诸将莫能当者，遂解白马围。曹公即表封羽为汉寿亭侯。初，曹公壮羽为人，而察其心神无久留之意，谓张辽曰："卿试以情问之。"既而辽以问羽，羽叹曰："吾极知曹公待我厚，然吾受刘将军厚恩，誓以共死，不可背之。吾终不留，吾要当立效以报曹公乃去。"辽以羽言报曹公，曹公义之。《傅子》曰：辽欲白太祖，恐太祖杀羽；不白，非事君之道，乃叹曰："公，君父也；羽，兄弟耳。"遂白之。太祖曰："事君不忘其本，天下义士也。度何时能去？"辽曰："羽受公恩，必立效报公而后去也。"及羽杀颜良，曹公知其必去，重加赏赐。羽尽封其所赐，拜书告辞，而奔先主于袁军。左右欲追之，曹公曰："彼各为其主，勿追也。"臣松之以为曹公知羽不留而心嘉其志，去不遣追以成其义，自非有王霸之度，孰能至于此乎？斯实曹氏之休美。

从先主就刘表。表卒，曹公定荆州，先主自樊将南渡江，别遣羽乘船数百艘会江陵。曹公追至当阳长阪，先主斜趣汉津，适与羽船相值，共至夏口。《蜀记》曰：初，刘备在许，与曹公共猎。猎中，众散，羽劝备杀公，备不从。及在夏口，飘飖江渚，羽怒曰："往日猎中，若从羽言，可无今日之困。"备曰："是时亦为国家惜之耳；若天道辅正，安知此不为福邪！"｜臣松之以为备后与董承等结谋，但事泄不克谐耳，若为国家惜曹公，其如此言何！羽若果有此劝而备不肯从者，将以曹公腹心亲戚，实繁有徒，事不宿构，非造次所行；曹虽可杀，身必不免，故以计而止，何惜之有乎！既往之事，故托为雅言耳。

孙权遣兵佐先主拒曹公，曹公引军退归。先主收江南诸郡，乃封拜元勋，以羽为襄阳太守、荡寇将军，驻江北。先主西定益州，拜羽董督荆州事。羽闻马超来降，旧非故人，羽书与诸葛亮，问超人才可谁比类。亮知羽护前，乃答之曰："孟起兼资文武，雄烈过人，一世之杰，黥、彭之徒，当与益德并驱争先，犹未及髯之绝伦逸群也。"羽美须髯，故亮谓之髯。羽省书大悦，以示宾客。

羽尝为流矢所中，贯其左臂，后创虽愈，每至阴雨，骨常疼痛，医曰："矢镞有毒，毒入于骨，当破臂作创，刮骨去毒，然后此患乃除耳。"羽便伸臂令医劈之。时羽适请诸将饮食相对，臂血流离，盈于盘器，而羽割炙引酒，言笑自若。

二十四年，先主为汉中王，拜羽为前将军，假节钺。是岁，羽率众攻曹仁于樊。曹公遣于禁助仁。秋，大霖雨，汉水泛溢，禁所督七军皆没。禁降羽，羽又斩将军庞德。梁、郏、陆浑群盗或遥受羽印号，为之支党，羽威震华夏。曹公议徙许都以避其锐，司马宣王、蒋济以为关羽得志，孙权必不愿也。可遣人劝权蹑其后，许割江南以封权，则樊围自解。曹公从之。先是，权遣使为子索羽女，羽骂辱其使，不许婚，权大怒。《典略》曰：羽围樊，权遣使求助之，敕使莫速进，又遣主簿先致命于羽。羽忿其淹迟，又自已得于禁等，乃骂曰："狢子敢尔，如使樊城拔，吾不能灭汝邪！"权闻之，知其轻己，伪手书以谢羽，许以自往。|臣松之以为荆、吴虽外睦，而内相猜防，故权之袭羽，潜师密发。按《吕蒙传》云："伏精兵于䑽䑸之中，使白衣摇橹，作商贾服。"以此言之，羽不求助于权，权必不语羽当往也。若许相援助，何故匿其形迹乎？又南郡太守糜芳在江陵，将军士仁屯公安，素皆嫌羽轻己。羽之出军，芳、仁供给军资，不悉相救。羽言"还当治之"，芳、仁咸怀惧不安。于是权阴诱芳、仁，芳、仁使人迎权。而曹公遣徐晃救曹仁，《蜀记》曰：羽与晃宿相爱，遥共语，但说平生，不及军事。须臾，晃下马宣令："得关云长头，赏金千斤。"羽惊怖，谓晃曰："大兄，是何言邪！"晃曰："此国之事耳。"羽不能克，引军退还。权已据江陵，尽虏羽士众妻子，羽军遂散。权

遣将逆击羽，斩羽及子平于临沮。《蜀记曰》：权遣将军击羽，获羽及子平。权欲活羽以敌刘、曹，左右曰："狼子不可养，后必为害。曹公不即除之，自取大患，乃议徙都。今岂可生！"乃斩之。| 臣松之按《吴书》：孙权遣将潘璋逆断羽走路，羽至即斩，且临沮去江陵二三百里，岂容不时杀羽，方议其生死乎？又云"权欲活羽以敌刘、曹"，此之不然，可以绝智者之口。|《吴历》曰：权送羽首于曹公，以诸侯礼葬其尸骸。

追谥羽曰壮缪侯。《蜀记曰》：羽初出军围樊，梦猪啮其足，语子平曰："吾今年衰矣，然不得还！"|《江表传》云：羽好《左氏传》，讽诵略皆上口。子兴嗣。兴字安国，少有令问，丞相诸葛亮深器异之。弱冠为侍中、中监军，数岁卒。子统嗣，尚公主，官至虎贲中郎将。卒，无子，以兴庶子彝续封。《蜀记》曰：庞德子会，随钟、邓伐蜀，蜀破，尽灭关氏家。

○张飞

张飞字益德，涿郡人也，少与关羽俱事先主。羽年长数岁，飞兄事之。先主从曹公破吕布，随还许，曹公拜飞为中郎将。先主背曹公依袁绍、刘表。表卒，曹公入荆州，先主奔江南。曹公追之，一日一夜，及于当阳之长阪。先主闻曹公卒至，弃妻子走，使飞将二十骑拒后。飞据水断桥，瞋目横矛曰："身是张益德也，可来共决死！"敌皆无敢近者，故遂得免。

先主既定江南，以飞为宜都太守、征虏将军，封新亭侯，后转在南郡。先主入益州，还攻刘璋，飞与诸葛亮等溯流而上，分定郡县。至江州，破璋将巴郡太守严颜，生获颜。飞呵颜曰："大军至，何以不降，而敢拒战？"颜答曰："卿等无状，侵夺我州，我州但有断头将军，无有降将军也。"飞怒，令左右牵去斫头，颜色不变，曰："斫头便斫头，何为怒邪！"飞壮而释之，引为宾客。《华阳国志》曰：初，先主入蜀，至巴郡，颜拊心叹曰："此所谓独坐穷山，放虎自卫也！"飞所过战克，与先主会于成都。益州既平，赐诸葛亮、法正、飞及关羽金各五百斤，银千斤，钱五千万，锦千匹，其余颁赐各有差，以飞领巴西太守。

曹公破张鲁，留夏侯渊、张郃守汉川。郃别督诸军下巴西，欲徙其民于汉中，进军宕渠、蒙头、荡石，与飞相拒五十余日。飞率精卒万余人，从他道邀郃军交战，山道迮狭，前后不得相救，飞遂破郃。郃弃马缘山，独与麾下十余人从间道退，引军还南郑，巴土获安。

先主为汉中王，拜飞为右将军、假节。章武元年，迁车骑将军，领司隶校尉，进封西乡侯，策曰："朕承天序，嗣奉洪业，除残靖乱，未烛厥理。今寇虏作害，民被荼毒，思汉之士，延颈鹤望。朕用惕然，坐不安席，食不甘味，整军诰誓，将行天罚。以君忠毅，侔踪召虎，名宣遐迩，故特显命，高墉进爵，兼司于京。其诞将天威，柔服以德，伐叛以刑，称朕意焉。《诗》不云乎，'匪疚匪棘，王国来极。肇敏戎功，用锡尔祉'。可不勉欤！"

初，飞雄壮威猛，亚于关羽，魏谋臣程昱等咸称羽、飞万人之敌也。羽善待卒伍而骄于士大夫，飞爱敬君子而不恤小人。先主常戒之曰："卿刑杀既过差，又日鞭挝健儿，而令在左右，此取祸之道也。"飞犹不悛。先主伐吴，飞当率兵万人，自阆中会江州。

临发，其帐下将张达、范强杀飞，持其首，顺流而奔孙权。飞营都督表报先主，先主闻飞都督之有表也，曰："噫！飞死矣。"追谥飞曰桓侯。长子苞，早夭。次子绍嗣，官至侍中、尚书仆射。苞子遵为尚书，随诸葛瞻于绵竹，与邓艾战，死。

○马超

马超字孟起，扶风茂陵人也。父腾，灵帝末与边章、韩遂等俱起事于西州。初平三年，遂、腾率众诣长安。汉朝以遂为镇西将军，遣还金城，腾为征西将军，遣屯郿。后腾袭长安，败走，退还凉州。司隶校尉钟繇镇关中，移书遂、腾，为陈祸福。腾遣超随繇讨郭援、高幹于平阳，超将庞德亲斩援首。后腾与韩遂不和，求还京畿。于是征为卫尉，以超为偏将军，封都亭侯，领腾部曲。《典略》曰：腾字寿成，马援后也。桓帝时，其父字子硕，尝为天水兰干尉。后失官，因留陇西，与羌错居。家贫无妻，遂娶羌女，生腾。腾少贫无产业，常从鄣山中斫材木，负贩诣城市，以自供给。腾为人长八尺余，身体洪大，面鼻雄异，而性贤厚，人多敬之。灵帝末，凉州刺史耿鄙任信奸吏，民王国等及氐、羌反叛。州郡募发民中有勇力者，欲讨之，腾在募中。州郡异之，署为军从事，典领部众。讨贼有功，拜军司马，后以功迁偏将军，又迁征西将军，常屯汧、陇之间。初平中，拜征东将军。是时，西州少谷，腾自表军人多乏，求就谷于池阳，遂移屯长平岸头。而将王承等恐腾为己害，乃攻腾营。时腾近出无备，遂破走，西上。会三辅乱，不复来东，而与镇西将军韩遂结为异姓兄弟，始甚相亲，后转以部曲相侵，又更为仇敌。腾攻遂，遂走，合众还攻腾，杀腾妻子，连兵不解。建安之初，国家纲纪始弛，乃使司隶校尉钟繇、凉州牧韦端和解之。征腾还屯槐里，转拜为前将军，假节，封槐里侯。北备胡寇，东备白骑，待士进贤，矜救民命，三辅甚安爱之。十三年，征为卫尉，腾自见年老，遂入宿卫。初，曹公为丞相，辟腾长子超，不就。超后为司隶校尉督军从事，讨郭援，为飞矢所中，乃以囊囊其足而战，破斩援首。诏拜徐州刺史，后拜谏议大夫。及腾之入，因诏拜为偏将军，使领腾营。又拜超弟休奉车都尉，休弟铁骑都尉，徙其家属皆诣邺，惟超独留。

　　超既统众，遂与韩遂合从，及杨秋、李堪、成宜等相结，进军至潼关。曹公与遂、超单马会语，超负其多力，阴欲突前捉曹公，曹公左右将许褚瞋目盼之，超乃不敢动。曹公用贾诩谋，离间超、遂，更相猜疑，军以大败。《山阳公载记》曰：初，曹公军在蒲阪，欲西渡，超谓韩遂曰："宜于渭北拒之，不过二十日，河东谷尽，彼必走矣。"遂曰："可听令渡，蹙于河中，顾不快耶！"超计不得施。曹公闻之曰："马儿不死，吾无葬地也。"超走保诸戎，曹公追至安定，会北方有事，引军东还。杨阜说曹公曰："超有信、布之勇，甚得羌、胡心。若大军还，不严为其备，陇上诸郡非国家之有也。"超果率诸戎以击陇上郡县，陇上郡县皆应之，杀凉州刺史韦康，据冀城，有其众。超自称征西将军，领并州牧，督凉州军事。康故吏民杨阜、姜叙、梁宽、赵衢等合谋击超。阜、叙起于卤城，超出攻之，不能下；宽、衢闭冀城门，超不得入。进退狼狈，乃奔汉中依张鲁。鲁不足与计事，内怀於邑，闻先主围刘璋于成都，密书请降。《典略》曰：建安十六年，超与关中诸将侯选、程银、李堪、张横、梁兴、成宜、马玩、杨秋、韩遂等，凡十部，俱反，其众十万，同据河、潼，建列营阵。是岁，曹公西征，与超等战于河、渭之交，超等败走。超至安定，遂奔凉州。诏收灭超家属。超复败于陇上。后奔汉中，张鲁以为都讲祭酒，欲妻之以女，或谏鲁曰："有人若此不爱其亲，焉能爱人？"鲁乃止。初，超未反时，其小妇弟种留三辅，及超败，种先入汉中。正旦，种上寿于超，超捶胸吐血曰："阖门百口，一旦同命，今二人相贺邪？"后数从鲁求兵，欲北取凉州，鲁遣往，无利。又鲁将杨白等欲害其能，超遂从武都逃入氐中，转奔往蜀。是岁建安十九年也。

先主遣人迎超，超将兵径到城下。城中震怖，璋即稽首，《典略》曰：备闻超至，喜曰："我得益州矣。"乃使人止超，而潜以兵资之。超到，令引军屯城北，超至未一旬而成都溃。以超为平西将军，督临沮，因为前都亭侯。《山阳公载记》曰：超因见备待之厚，与备言，常呼备字，关羽怒，请杀之。备曰："人穷来归我，卿等怒，以呼我字故而杀之，何以示于天下也！"张飞曰："如是，当示之以礼。"明日大会，请超入，羽、飞并杖刀立直，超顾坐席，不见羽、飞，见其直也，乃大惊，遂止不复呼备字。明日叹曰："我今乃知其所以败。为呼人主字，几为关羽、张飞所杀。"自后乃尊事备。｜臣松之按，以为超以穷归备，受其爵位，何容傲慢而呼备字？且备之入蜀，留关羽镇荆州，羽未尝在益土也。故羽闻马超归降，以书问诸葛亮"超人才可谁比类"，不得如书所云。羽焉得与张飞立直乎？凡人行事，皆谓其可也，知其不可，则不行之矣。超若果呼备字，亦谓于理宜尔也。就令羽请杀超，超不应闻，但见二子立直，何由便知以呼字之故，云几为关、张所杀乎？言不经理，深可忿疾也。袁暐、乐资等诸所记载，秽杂虚谬，若此之类，殆不可胜言也。

先主为汉中王，拜超为左将军，假节。章武元年，迁骠骑将军，领凉州牧，进封斄乡侯，策曰："朕以不德，获继至尊，奉承宗庙。曹操父子，世载其罪，朕用惨怛，疢如疾首。海内怨愤，归正反本，暨于氐、羌率服，獯鬻慕义。以君信著北土，威武并昭，是以委任授君，抗扬虓虎，兼董万里，求民之瘼。其明宣朝化，怀保远迩，肃慎赏罚，以笃汉祜，以对于天下。"二年卒，时年四十七。临没，上疏曰："臣门宗二百余口，为孟德所诛略尽，惟有从弟岱，当为微宗血食之继，深托陛下，余无复言。"追谥超曰威侯，子承嗣。岱位至平北将军，进爵陈仓侯。超女配安平王理。《典略》曰：初超之入蜀，其庶妻董及子秋，留依张鲁。鲁败，曹公得之，以董赐阎圃，以秋付鲁，鲁自手杀之。

○黄忠

黄忠字汉升，南阳人也。荆州牧刘表以为中郎将，与表从子磐共守长沙攸县。及曹公克荆州，假行裨将军，仍就故任，统属长沙太守韩玄。先主南定诸郡，忠遂委质，随从入蜀。自葭萌受任，还攻刘璋，忠常先登陷阵，勇毅冠三军。益州既定，拜为讨虏将军。建安二十四年，于汉中定军山击夏侯渊。渊众甚精，忠推锋必进，劝率士卒，金鼓振天，欢声动谷，一战斩渊，渊军大败。迁征西将军。

是岁，先主为汉中王，欲用忠为后将军，诸葛亮说先主曰："忠之名望，素非关、马之伦也，而今便令同列。马、张在近，亲见其功，尚可喻指；关遥闻之，恐必不悦，得无不可乎！"先主曰："吾自当解之。"遂与羽等齐位，赐爵关内侯。明年卒，追谥刚侯。子叙，早没，无后。

○赵云

赵云字子龙，常山真定人也。本属公孙瓒，瓒遣先主为田楷拒袁绍，云遂随从，为先主主骑。《云别传》曰：云身长八尺，姿颜雄伟，为本郡所举，将义从吏兵诣公孙瓒。时袁绍称冀州牧，瓒深忧州人之从绍也，善云来附，嘲云曰："闻贵州人皆愿袁氏，君何独回心，迷而能反乎？"云答曰："天下讻讻，未知孰是，民有倒县之厄，鄙州论议，从仁政所在，不为忽袁公私明将军也。"遂与瓒征讨。时先主亦依托瓒，每接纳云，云得深自结托。云以兄丧，辞瓒暂归，先主知其不反，捉手而别，云辞曰："终不背德也。"先主就袁绍，云见于邺。先主与云同床眠卧，密遣云合募得数百人，皆称刘左将军部曲，绍不能知。遂随先主至荆州。及先主为曹公所追于当阳长阪，弃妻子南走，云身抱弱子，即后主也，保护甘夫人，即后主母也，皆得免难。迁为牙门将军。先主入蜀，云留荆州。《云别传》曰：初，先主之败，有人言云已北去者，先主以手戟擿之曰："子龙不弃我走也！"顷之，云至。从平江南，以为偏将军，领桂阳太守，代赵范。范寡嫂曰樊氏，有国色，范欲以配云。云辞曰："相与同姓，卿兄犹我兄。"固辞不许。时有人劝云纳之，云曰："范迫降耳，心未可测；天下女不少。"遂不取。范果逃走，云无纤介。先是，与夏侯惇战于博望，生获夏侯兰。兰是云乡里人，少小相知，云白先主活之，荐兰明于法律，以为军正。云不用自近，其慎虑类如此。先主入益州，云领留营司马。此时先主孙夫人以权妹骄豪，多将吴吏兵，纵横不法。先主以云严重，必能整齐，特任掌内事。权闻备西征，大遣舟船迎妹，而夫人内欲将后主还吴，云与张飞勒兵截江，乃得后主还。

先主自葭萌还攻刘璋，召诸葛亮。亮率云与张飞等俱溯江西上，平定郡县。至江州，分遣云从外水上江阳，与亮会于成都。成都既定，以云为翊军将军。《云别传》曰：益州既定，时议欲以成都中屋舍及城外园地桑田分赐诸将。云驳之曰："霍去病以匈奴未灭，无用家为，今国贼非但匈奴，未可求安也。须天下都定，各反桑梓，归耕本土，乃其宜耳。益州人民，初罹兵革，田宅皆可归还，今安居复业，然后可役调，得其欢心。"先主即从之。夏侯渊败，曹公争汉中地，运米北山下，数千万囊。黄忠以为可取，云兵随忠取米。忠过期不还，云将数十骑轻行出围，迎视忠等。值曹公扬兵大出，云为公前锋所击，方战，其大众至，势逼，遂前突其阵，且斗且却。公军散，已复合，云陷敌，还趣围。将张著被创，云复驰马还营迎著。公军追至围，此时沔阳长张翼在云围内，翼欲闭门拒守，而云入营，更大开门，偃旗息鼓。公军疑云有伏兵，引去。云雷鼓震天，惟以戎弩于后射公军，公军惊骇，自相蹂践，堕汉水中死者甚多。先主明旦自来至云营围视昨战处，曰："子龙一身都是胆也。"作乐饮宴至暝，军中号云为虎威将军。孙权袭荆州，先主大怒，欲讨权。云谏曰："国贼是曹操，非孙权也，且先灭魏，则吴自服。操身虽毙，子丕篡盗，当因众心，早图关中，居河、渭上流以讨凶逆，关东义士必裹粮策马以迎王师。不应置魏，先与吴战；兵势一交，不得卒解也。"先主不听，遂东征，留云督江州。先主失利于秭归，云进兵至永安，吴军已退。建兴元年，为中护军、征南将军，封永昌亭侯，迁镇东将军。五年，随诸葛亮驻汉中。明年，亮出军，扬声由斜谷道，曹真遣大众当之。亮令云与邓芝往拒，而身攻祁山。云、芝兵弱敌强，失

利于箕谷，然敛众固守，不至大败。军退，贬为镇军将军。《云别传》
曰：亮曰："街亭军退，兵将不复相录，箕谷军退，兵将初不相失，何故？"
芝答曰："云身自断后，军资什物，略无所弃，兵无缘相失。"云有军资
余绢，亮使分赐将士，云曰："军事无利，何为有赐？其物请悉入赤岸府
库，须十月为冬赐。"亮大善之。七年卒，追谥顺平侯。

初，先主时，惟法正见谥；后主时，诸葛亮功德盖世，蒋琬、
费祎荷国之重，亦见谥；陈祗宠待，特加殊奖，夏侯霸远来归国，
故复得谥；于是关羽、张飞、马超、庞统、黄忠及云乃追谥，时
论以为荣。《云别传》载后主诏曰："云昔从先帝，功绩既著。朕以幼冲，
涉涂艰难，赖恃忠顺，济于危险。夫谥所以叙元勋也，外议云宜谥。"大
将军姜维等议，以为云昔从先帝，劳绩既著，经营天下，遵奉法度，功
效可书。当阳之役，义贯金石，忠以卫上，君念其赏；礼以厚下，臣忘
其死。死者有知，足以不溺；生者感恩，足以殉身。谨按谥法，柔贤慈
惠曰"顺"，执事有班曰"平"，克定祸乱曰"平"，应谥云曰"顺平侯"。
云子统嗣，官至虎贲中郎督、行领军。次子广，牙门将，随姜维
沓中，临阵战死。

评曰：关羽、张飞皆称万人之敌，为世虎臣。羽报效曹公，
飞义释严颜，并有国士之风。然羽刚而自矜，飞暴而无恩，以短
取败，理数之常也。马超阻戎负勇，以覆其族，惜哉！能因穷致泰，
不犹愈乎！黄忠、赵云强挚壮猛，并作爪牙，其灌、滕之徒欤？

三十七卷 蜀书 ^七

庞统法正传 | 庞统 法正

○庞统

庞统字士元，襄阳人也。少时朴钝，未有识者。颍川司马徽清雅有知人鉴，统弱冠往见徽，徽采桑于树上，坐统在树下，共语自昼至夜。徽甚异之，称统当为南州士之冠冕，由是渐显。《襄阳记》曰：诸葛孔明为卧龙，庞士元为凤雏，司马德操为水镜，皆庞德公语也。德公，襄阳人。孔明每至其家，独拜床下，德公初不令止。德操尝造德公，值其渡沔，上祀先人墓，德操径入其室，呼德公妻子，使速作黍，"徐元直向云有客当来就我与庞公谭。"其妻子皆罗列拜于堂下，奔走供设。须臾，德公还，直入相就，不知何者是客也。德操年小德公十岁，兄事之，呼作庞公，故世人遂谓庞公是德公名，非也。德公子山民，亦有令名，娶诸葛孔明小姊，为魏黄门、吏部郎，早卒。子涣，字世文，晋太康中为牂柯太守。统，德公从子也，少未有识者，惟德公重之，年十八，使往见德操。德操与语，既而叹曰："德公诚知人，此实盛德也。"

后郡命为功曹。性好人伦，勤于长养。每所称述，多过其才，时人怪而问之，统答曰："当今天下大乱，雅道陵迟，善人少而恶人多。方欲兴风俗，长道业，不美其谭即声名不足慕企，不足慕企而为善者少矣。今拔十失五，犹得其半，而可以崇迈世教，使有志者自励，不亦可乎？”

吴将周瑜助先主取荆州，因领南郡太守。瑜卒，统送丧至吴，吴人多闻其名。及当西还，并会昌门，陆绩、顾劭、全琮皆往。统曰：“陆子可谓驽马有逸足之力，顾子可谓驽牛能负重致远也。”

谓全琮曰：“卿好施慕名，有似汝南樊子昭。绩、劭谓统曰：“使天下太平，当与卿共料四海之士。”深与统相结而还。

先主领荆州，统以从事守耒阳令，在县不治，免官。吴将鲁肃遗先主书曰：“庞士元非百里才也，使处治中、别驾之任，始当展其骥足耳。”诸葛亮亦言之于先主，先主见与善谭，大器之，以为治中从事。亲待亚于诸葛亮，遂与亮并为军师中郎将。《九州春秋》曰：统说备曰："荆州荒残，人物殚尽，东有吴孙，北有曹氏，鼎足之计，难以得志。今益州国富民强，户口百万，四部兵马，所出必具，宝货无求于外，今可权借以定大事。"备曰："今指与吾为水火者，曹操也，操以急，吾以宽；操以暴，吾以仁；操以谲，吾以忠；每与操反，事乃可成耳。今以小故而失信义于天下者，吾所不取也。"统曰："权变之时，固非一道所能定也。兼弱攻昧，五伯之事。逆取顺守，报之以义，事定之后，封以大国，何负于信？今日不取，终为人利耳。"备遂行。亮留镇荆州。统随从入蜀。

益州牧刘璋与先主会涪，统进策曰："今因此会，便可执之，则将军无用兵之劳而坐定一州也。"先主曰："初入他国，恩信未著，此不可也。"璋既还成都，先主当为璋北征汉中，统复说曰："阴选精兵，昼夜兼道，径袭成都；璋既不武，又素无预备，大军卒至，一举便定，此上计也。杨怀、高沛，璋之名将，各杖强兵，据守关头，闻数有笺谏璋，使发遣将军还荆州。将军未至，遣与相闻，说荆州有急，欲还救之，并使装束，外作归形；此二子既服将军英名，又喜将军之去，计必乘轻骑来见，将军因此执之，进取其兵，乃向成都，此中计也。退还白帝，连引荆州，徐还图之，此下计也。若沉吟不去，将致大困，不可久矣。"先主然其中计，即斩怀、沛，还向成都，所过辄克。于涪大会，置酒作乐，谓统曰："今日之会，可谓乐矣。"统曰："伐人之国而以为欢，非仁者之兵也。"先主醉，怒曰："武王伐纣，前歌后舞，非仁者邪？卿言不当，宜速起出！"于是统逡巡引退。先主寻悔，请还。统复故位，初不顾谢，饮食自若。先主谓曰："向者之论，阿谁为失？"统对曰："君臣俱失。"先主大笑，宴乐如初。习凿齿曰：夫霸王者，必体仁义以为本，杖信顺以为宗，一物不具，则其道乖矣。今刘备袭夺璋土，权以济业，负信违情，德义俱愆，虽功由是隆，宜大伤其败，譬断手全躯，何乐之有？庞统惧斯言之泄宣，知其君之必悟，故众中匡其失，而不修常谦之道，矫然太当，尽其謇谔之风。夫上失而能正，是有臣也，纳胜而无执，是从理也；有臣则陛降堂高，从理则群策毕举；一言而三善兼明，暂谏而义彰百代，可谓达乎大体矣。若惜其小失而废其大益，矜此过言，自绝远说，能成业济务者，未之有也。｜臣松之以为谋袭刘璋，计虽出于统，然违义成功，本由诡道，心既内疚，则欢情自戢，故闻备称乐之言，不觉率尔而对也。备酣宴失时，事同乐祸，自比武王，曾无愧色，此备有非而统无失，其云"君臣俱失"，盖分谤之言耳。习氏所论，虽大旨无乖，然推演之辞，近为流宕也。

进围雒县，统率众攻城，为流矢所中，卒，时年三十六。先主痛惜，言则流涕。拜统父议郎，迁谏议大夫，诸葛亮亲为之拜。追赐统爵关内侯，谥曰靖侯。统子宏，字巨师，刚简有臧否，轻傲尚书令陈祗，为祗所抑，卒于涪陵太守。统弟林，以荆州治中从事参镇北将军黄权征吴，值军败，随权入魏，魏封列侯，至钜鹿太守。《襄阳记》曰：林妇，同郡习祯妹。祯事在杨戏《辅臣赞》。曹公之破荆州，林妇与林分隔，守养弱女十有余年，后林随黄权降魏，始复集聚。魏文帝闻而贤之，赐床帐衣服，以显其义节。

○法正

法正字孝直，右扶风郿人也。祖父真，有清节高名。《三辅决录注》曰：真字高卿，少明五经，兼通谶纬，学无常师，名有高才。常幅巾见扶风守，守曰："哀公虽不肖，犹臣仲尼，柳下惠不去父母之邦，欲相屈为功曹何如？"真曰："以明府见待有礼，故四时朝觐，若欲吏使之，真将在北山之北南山之南矣。"扶风守遂不敢以为吏。初，真年未弱冠，父在南郡，步往候父，已欲去，父留之待正旦，使观朝吏会。会者数百人，真于窗中窥其与父语。毕，问真："孰贤？"真曰："曹掾胡广有公卿之量。"其后广果历九卿三公之位，世以服真之知人。前后征辟，皆不就，友人郭正等美之，号曰"玄德先生"。年八十九，中平五年卒。正父衍，字季谋，司徒掾、廷尉左监。建安初，天下饥荒，正与同郡孟达俱入蜀依刘璋，久之为新都令，后召署军议校尉。既不任用，又为其州邑俱侨客者所谤无行，志意不得。益州别驾张松与正相善，忖璋不足与有为，常窃叹息。松于荆州见曹公还，劝璋绝曹公而自结先主。璋曰："谁可使者？"松乃举正，正辞让，不得已而往。正既还，为松称说先主有雄略，密谋协规，愿共戴奉，而未有缘。后因璋闻曹公欲遣将征张鲁之有惧心也，松遂说璋宜迎先主，使之讨鲁，复令正衔命。正既宣旨，阴献策于先主曰："以明将军之英才，乘刘牧之懦弱；张松，州之股肱，以响应于内；然后资益州之殷富，冯天府之险阻，以此成业，犹反掌也。"先主然之，溯江而西，与璋会涪。北至葭萌，南还取璋。

郑度说璋曰：《华阳国志》曰：度，广汉人，为州从事。"左将军县军袭我，兵不满万，十众未附，野谷是资，军无辎重。其计莫若尽驱巴西、梓潼民内涪水以西，其仓廪野谷，一皆烧除，高垒深沟，静以待之。彼至，请战，勿许，久无所资，不过百日，必将自走。走而击之，则必禽耳。"先主闻而恶之，以问正。正曰："终不能用，无可忧也。"璋果如正言，谓其群下曰："吾闻拒敌以安民，未闻动民以避敌也。"于是黜度，不用其计。

及军围雒城，正笺与璋曰：

"正受性无术，盟好违损，惧左右不明本末，必并归咎，蒙耻没身，辱及执事，是以捐身于外，不敢反命。恐圣听秽恶其声，故中间不有笺敬，顾念宿遇，瞻望恨恨。然惟前后披露腹心，自从始初以至于终，实不藏情，有所不尽，但愚暗策薄，精诚不感，以致于此耳。今国事已危，祸害在速，虽捐放于外，言足憎尤，犹贪极所怀，以尽余忠。

"明将军本心，正之所知也，实为区区不欲失左将军之意，而卒至于是者，左右不达英雄从事之道，谓可违信黩誓，而以意气相致，日月相迁，趋求顺耳悦目，随阿遂指，不图远虑为国深计故也。事变既成，又不量强弱之势，以为左将军县远之众，粮谷无储，欲得以多击少，旷日相持。而从关至此，所历辄破，离宫别屯，日自零落。雒下虽有万兵，皆坏阵之卒，破军之将，若欲争一旦之战，则兵将势力实不相当。各欲远期计粮者，今此营守已固，谷米已积，而明将军土地日削，百姓日困，敌对遂多，所供远旷。愚意计之，谓必先竭，将不复以持久也。空尔相守，犹不相堪，今张益德数万之众已定巴东，入犍为界，分平资中、德阳，三道并侵，将何以御之？本为明将军计者，必谓此军县远无粮，馈运不及，兵少无继。今荆州道通，众数十倍，加孙车骑遣弟及李异、甘宁等为其后继。若争客主之势，以土地相胜者，今此全有巴东、广汉、犍为，过半已定，巴西一郡，复非明将军之有也。计益州所仰惟蜀，蜀亦破坏；三分亡二，吏民疲困，思为乱者十户而八；若敌远则百姓不能堪役，敌近则一旦易主矣。广汉诸县，是明比也。又鱼复与关头实为益州福祸之门，今二门悉开，坚城皆下，诸军并破，兵将俱尽，而敌家数道并进，已入心腹，坐守都、雒，存亡之势，昭然可见。斯乃大略，其外较耳，其余屈曲，难以辞极也。以正下愚，犹知此事不可复成，况明将军左右明智用谋之士，岂当不见此数哉？旦夕偷幸，求容取媚，不虑远图，莫肯尽心献良计耳。若事穷势迫，将各索生，求济门户，展转反覆，与今计异，不为明将军尽死难也。而尊门犹当受其忧。正虽获不忠之谤，然心自谓不负圣德，顾惟分义，实窃痛心。左将军从本举来，旧心依依，实无薄意。愚以为可图变化，以保尊门。"

十九年，进围成都，璋蜀郡太守许靖将逾城降，事觉，不果。璋以危亡在近，故不诛靖。璋既稽服，先主以此薄靖不用也。正说曰："天下有获虚誉而无其实者，许靖是也。然今主公始创大业，天下之人不可户说，靖之浮称，播流四海，若其不礼，天下之人以是谓主公为贱贤也。宜加敬重，以眩远近，追昔燕王之待郭隗。"先主于是乃厚待靖。孙盛曰：夫礼贤崇德，为邦之要道，封墓式闾，先王之令轨，故必以体行英邈，高义盖世，然后可以延视四海，振服群黎。苟非其人，道不虚行。靖处室则友于不穆，出身则受位非所，语信则夷险易心，论识则殆为衅首，安在其可宠先而有以感致者乎？若乃浮虚是崇，偷薄斯荣，则秉直杖义之士将何以礼之？正务眩惑之术，违贵尚之风，譬之郭隗，非其伦矣。｜臣松之以为郭隗非贤，犹以权计蒙宠，况文休名声夙著，天下谓之英伟，虽末年有瑕，而事不彰彻，若不加礼，何以释远近之惑乎？法正以靖方隗，未为不当，而盛以封墓式闾为难，以正为蜀郡太守、扬武将军，外统都畿，内为谋主。一餐之德，睚眦之怨，无不报复，擅杀毁伤己者数人。或谓诸葛亮曰："法正于蜀郡太纵横，将军宜启主公，抑其威福。"亮答曰："主公之在公安也，北畏曹公之强，东惮孙权之逼，近则惧孙夫人生变于肘腋之下；当斯之时，进退狼跋，法孝直为之辅翼，令翻然翔翔，不可复制，如何禁止法正使不得行其意邪！"初，孙权以妹妻先主，妹才捷刚猛，有诸兄之风，侍婢百余人，皆亲执刀侍立，先主每入，衷心常凛凛；亮又知先主雅爱信正，故言如此。孙盛曰：夫威福自下，亡家害国之道，刑纵于宠，毁政乱理之源，安可以功臣而极其陵肆，嬖幸而藉其国柄者哉？故颠颉虽勤，不免违命之刑，杨干虽亲，犹加乱行之戮，夫岂不爱，王宪故也。诸葛氏之言，于是乎失政刑矣。

二十二年，正说先主曰："曹操一举而降张鲁，定汉中，不因此势以图巴、蜀，而留夏侯渊、张郃屯守，身遽北还，此非其智不逮而力不足也，必将内有忧逼故耳。今策渊、郃才略，不胜国之将帅，举众往讨，则必可克之，克之之日，广农积谷，观衅伺隙，上可以倾覆寇敌，尊奖王室，中可以蚕食雍、凉，广拓境土，下可以固守要害，为持久之计。此盖天以与我，时不可失也。"先主善其策，乃率诸将进兵汉中，正亦从行。

二十四年，先主自阳平南渡沔水，缘山稍前，于定军兴势作营。渊将兵来争其地。正曰："可击矣。"先主命黄忠乘高鼓噪攻之，大破渊军，渊等授首。曹公西征，闻正之策，曰："吾故知玄德不辨有此，必为人所教也。"臣松之以为蜀与汉中，其由唇齿也。刘主之智，岂不及此？将计略未展，正先发之耳。夫听用嘉谋以成功业，霸王之主，谁不皆然？魏武以为人所教，亦岂劣哉！此盖耻恨之余辞，非测实之当言也。

先主立为汉中王，以正为尚书令、护军将军。明年卒，时年四十五。先主为之流涕者累日，谥曰翼侯。赐子邈爵关内侯，官至奉车都尉、汉阳太守。诸葛亮与正，虽好尚不同，以公义相取，亮每奇正智术。先主既即尊号，将东征孙权以复关羽之耻，群臣多谏，一不从。章武二年，大军败绩，还住白帝。亮叹曰："法孝直若在，则能制主上，令不东行；就复东行，必不倾危矣。"先主与曹公争，势有不便，宜退，而先主大怒不肯退，无敢谏者。矢下如雨，正乃往当先主前，先主云："孝直避箭。"正曰："明公亲当矢石，况小人乎？"先主乃曰："孝直，吾与汝俱去。"遂退。

评曰：庞统雅好人流，经学思谋，于时荆、楚谓之高俊。法正著见成败，有奇画策算，然不以德素称也。拟之魏臣，统其荀彧之仲叔，正其程、郭之俦俪邪？

三十八卷 蜀书 八

许糜孙简伊秦传 | 许靖 糜竺 孙乾 简雍 伊籍 秦宓

○许靖

许靖字文休，汝南平舆人。少与从弟劭俱知名，并有人伦臧否之称，而私情不协。劭为郡功曹，排摈靖不得齿叙，以马磨自给。颍川刘翊为汝南太守，乃举靖计吏，察孝廉，除尚书郎，典选举。灵帝崩，董卓秉政，以汉阳周毖为吏部尚书，与靖共谋议，进退天下之士，沙汰秽浊，显拔幽滞。进用颍川荀爽、韩融、陈纪等为公、卿、郡守，拜尚书韩馥为冀州牧，侍中刘岱为兖州刺史，颍川张咨为南阳太守，陈留孔伷为豫州刺史，东郡张邈为陈留太守，而迁靖巴郡太守，不就，补御史中丞。馥等到官，各举兵还向京都，欲以诛卓。卓怒毖曰："诸君言当拔用善士，卓从君计，不欲违天下人心。而诸君所用人，至官之日，还来相图。卓何用相负！"叱毖令出，于外斩之。靖从兄陈相炜，又与伷合规，靖惧诛，奔伷。《蜀记》云：靖后自表曰："党贼求生，情所不忍；守官自危，死不成义。窃念古人当难诡常，权以济其道。"伷卒，依扬州刺史陈祎。祎死，吴郡都尉许贡、会稽太守王朗素与靖有旧，故往保焉。靖收恤亲里，经纪振赡，出于仁厚。

　　孙策东渡江，皆走交州以避其难，靖身坐岸边，先载附从，疏亲悉发，乃从后去，当时见者莫不叹息。既至交阯，交阯太守士燮厚加敬待。陈国袁徽以寄寓交州，徽与尚书令荀彧书曰："许文休英才伟士，智略足以计事。自流宕已来，与群士相随，每有患急，常先人后己，与九族中外同其饥寒。其纪纲同类，仁恕恻隐，皆有效事，不能复一二陈之耳。"钜鹿张翔《万机论》云：翔字元凤。衔王命使交部，乘势募靖，欲与誓要，靖拒而不许。靖与曹公书曰：

　　"世路戎夷，祸乱遂合，驽怯偷生，自窜蛮貊，成阔十年，吉凶礼废。昔在会稽，得所贻书，辞旨款密，久要不忘。迫于袁术放命圮族，扇动群逆，津涂四塞，虽县心北风，欲行靡由。正礼师退，术兵前进，会稽倾覆，景兴失据，三江五湖，皆为虏庭。临时困厄，无所控告。便与袁沛、邓子孝等浮涉沧海，南至交州。经历东瓯、闽越之国，行经万里，不见汉地，漂薄风波，绝粮茹草，饥殍荐臻，死者大半。既济南海，与领守兒孝德相见，知足下忠义奋发，整饬元戎，西迎大驾，巡省中岳。承此休问，且悲且喜，即与袁沛及徐元贤复共严装，欲北上荆州。会苍梧诸县夷、越蜂起，州府倾覆，道路阻绝，元贤被害，老弱并杀。靖寻循渚岸五千余里，复遇疾疠，伯母陨命，并及群从，自诸妻子，一时略尽。复相扶侍，前到此郡，计为兵害及病亡者，十遗一二。生民之艰，辛苦之甚，岂可具陈哉！臣松之以为孔子称"贤者避世，其次避地"，盖贵其识见安危，去就得所也。许靖羁客会稽，闾阎之士；孙策之来，于靖何为？而乃泛万里之海，入疫疠之乡，致使尊弱涂炭，百罹备经，可谓自贻矣。谋臣若斯，难以言智。孰若安时处顺，端拱吴、越，与张昭、张纮之俦同保元吉者哉？惧卒颠仆，永为亡虏，忧瘁惨惨，忘寝与食。欲附奉朝贡使，自获济通，归死阙庭，而荆州水陆无津，交部驿使断绝。欲上益州，复有峻防，故官长吏，一不得入。前令交阯太守士威彦，深相分托于益州兄弟，又靖亦自与书，辛苦恳恻，而复寂寞，未有报应。虽仰瞻光灵，延颈企踵，何由假翼自致哉？

"知圣主允明，显授足下专征之任，凡诸逆节，多所诛讨，想力竞者一心，顺从者同规矣。又张子云昔在京师，志匡王室，今虽临荒域，不得参与本朝，亦国家之藩镇，足下之外援也。子云名津，南阳人，为交州刺史。见《吴志》。若荆、楚平和，王泽南至，足下忽有声命于子云，勤见保属，令得假途由荆州出；不然，当复相绍介于益州兄弟，使相纳受。傥天假其年，人缓其祸，得归死国家，解逋逃之负，泯躯九泉，将复何恨！若时有险易，事有利钝，人命无常，陨没不达者，则永衔罪责，入于裔土矣。

"昔营丘翼周，杖钺专征；博陆佐汉，虎贲警跸。《汉书·霍光传》曰："光出都肄郎羽林，道上称警跸。"未详虎贲所出也。今日足下扶危持倾，为国柱石，秉师望之任，兼霍光之重。五侯九伯，制御在手，自古及今，人臣之尊未有及足下者也。夫爵高者忧深，禄厚者责重，足下据爵高之任，当责重之地，言出于口，即为赏罚，意之所存，便为祸福。行之得道，即社稷用宁；行之失道，即四方散乱。国家安危，在于足下；百姓之命，县于执事。自华及夷，颙颙注望。足下任此，岂可不远览载籍废兴之由，荣辱之机，弃忘旧恶，宽和群司，审量五材，为官择人？苟得其人，虽仇必举；苟非其人，虽亲不授。以宁社稷，以济下民，事立功成，则系音于管弦，勒勋于金石，愿君勉之！为国自重，为民自爱。"

翔恨靖之不自纳，搜索靖所寄书疏，尽投之于水。

后刘璋遂使使招靖，靖来入蜀。璋以靖为巴郡、广汉太守。南阳宋仲子于荆州与蜀郡太守王商书曰："文休倜傥瑰玮，有当世之具，足下当以为指南。"《益州耆旧传》曰：商字文表，广汉人，以才学称，声问著于州里。刘璋辟为治中从事。是时王涂隔绝，州之牧伯犹七国之诸侯也，而璋懦弱多疑，不能党信大臣。商奏记谏璋，璋颇感悟。初，韩遂与马腾作乱关中，数与璋父焉交通信，至腾子超复与璋相闻，有连蜀之意。商谓璋曰："超勇而不仁，见得不思义，不可以为唇齿。《老子》曰：'国之利器，不可以示人。'今之益部，土美民丰，宝物所出，斯乃狡夫所欲倾覆，超等所以西望也。若引而近之，则由养虎，将自遗患矣。"璋从其言，乃拒绝之。荆州牧刘表及儒者宋忠咸闻其名，遗书与商叙致殷勤。许靖号为臧否，至蜀，见商而称之曰："设使商生于华夏，虽王景兴无以加也。"璋以商为蜀郡太守。成都禽坚有至孝之行，商表其墓，追赠孝廉。又与严君平、李弘立祠作铭，以旌先贤。修学广农，百姓便之。在郡十载，卒于官，许靖代之。建安十六年，转在蜀郡。《山阳公载记》曰：建安十七年，汉立皇子熙为济阴王，懿为山阳王，敦为东海王。靖闻之曰："'将欲歙之，必固张之；将欲取之，必固与之。'其孟德之谓乎！"十九年，先主克蜀，以靖为左将军长史。先主为汉中王，靖为太傅。及即尊号，策靖曰："朕获奉洪业，君临万国，夙宵惶惶，惧不能绥。百姓不亲，五品不逊。汝作司徒，其敬敷五教在宽。君其勖哉！秉德无怠，称朕意焉。"

靖虽年逾七十，爱乐人物，诱纳后进，清谈不倦。丞相诸葛亮皆为之拜。章武二年卒。子钦，先靖夭没。钦子游，景耀中为尚书。始靖兄事颍川陈纪，与陈郡袁涣、平原华歆、东海王朗等亲善。歆、朗及纪子群，魏初为公辅大臣，咸与靖书，申陈旧好，情义款至，文多故不载。《魏略》：王朗与文休书曰："文休足下：消息平安，甚善甚善。岂意脱别三十余年而无相见之缘乎！诗人比一日之别于岁月，岂况悠悠历累纪之年者哉！自与子别，若没而复浮，若绝而复连者数矣。而今而后，居升平之京师，攀附于飞龙之圣主；侪辈略尽，幸得老与足下并为遗种之叟，而相去数千里，加有遝塞之隔，时闻消息于风声，托旧情于思想，眇眇异处，与异世无以异也。往者随军到荆州，见邓子孝、桓元将，粗闻足下动静，云夫子既在益州，执职领郡，德素规矩，老而不堕。是时侍宿武皇帝于江陵刘景升听事之上，共道足下于通夜，拳拳饥渴，诚无已也。自天子在东宫，及即位之后，每会群贤，论天下髦俊之见在者，岂独人尽易为英，士鲜易取最。故乃狠以原壤之朽质，感夫子之情听；每叙足下，以为谋首，岂其注意，乃复过于前世。《书》曰'人惟求旧'，《易》称'同声相应，同气相求'，刘将军之与大魏，兼而两之，总此二义。前世邂逅，以同为暌，非武皇帝之旨；顷者蹉跌，其泰而否，亦非足下之意也。深思《书》《易》之义，利结分于宿好，故遣降者送吴所献致名马、貂、罽，得因无嫌。道初开通，展叙旧情，以达声问。久阔情愊，非夫笔墨所能写陈，亦想足下同其志念。今者，亲生男女凡有几人？年并几何？仆连失一男一女，今有二男：大儿名肃，年二十九，生于会稽；小儿裁岁余。临书怆恨，有怀缅然。"｜又曰："过闻'受终于文祖'之言于《尚书》。又闻'历数在躬，允执其中'之文于《论语》。岂自意得于老耄之齿，正值天命受于圣主之会，亲见三让之

弘辞，观众瑞之总集，睹升堂穆穆之盛礼，瞻燔燎焜曜之青烟；于时忽自以为处唐、虞之运，际于紫微之天庭也。徒慨不得携子之手，共列于廿有二子之数，以听有唐‘钦哉’之命也。子虽在裔土，想亦极目而回望，侧耳而遐听，延颈而鹤立也。昔汝南陈公初拜，不依故常，让上卿于李元礼。以此推之，吾宜退身以避子位也。苟得避子以窃让名，然后缓带委质，游谈于平、勃之间，与子共陈往时避地之艰辛，乐酒酣宴，高谈大噱，亦足遗忧而忘老。捉笔陈情，随以喜笑。”| 又曰：“前夏有书而未达，今重有书，而并致前问。皇帝既深悼刘将军之早世，又愍其孤之不易，又惜使足下孔明等士人气类之徒，遂沈溺于羌夷异种之间，永与华夏乖绝，而无朝聘中国之期缘，瞻晞故土桑梓之望也，故复运慈念而劳仁心，重下明诏以发德音，申敕朗等，使重为书与足下等。以足下聪明，揆殷勤之圣意，亦足悟海岱之所常在，知百川之所宜注矣。昔伊尹去夏而就殷，陈平违楚而归汉，犹曜德于阿衡，著功于宰相。若足下能弼人之遗孤，定人之犹豫，去非常之伪号，事受命之大魏，客主兼不世之荣名，上下蒙不朽之常耀，功与事并，声与勋著，考其绩效，足以超越伊、吕矣。既承诏旨，且服旧之情，情不能已。若不言足下之所能，陈足下之所见，则无以宣明诏命，弘光大之恩，叙宿昔梦想之思。若天启众心，子导蜀意，诚此意有携手之期。若险路未夷，子谋不从，则惧声问或否，复面何由！前后二书，言每及斯，希不切然有动于怀。足下周游江湖，以暨南海，历观夷俗，可谓遍矣；想子之心，结思华夏，可谓深矣。为身择居，犹愿中土；为主择安，岂可以不系意于京师，而持疑于荒裔乎？详思愚言，速示还报也。”

○麋竺

麋竺字子仲，东海朐人也。祖世货殖，僮客万人，赀产钜亿。《搜神记》曰：竺尝从洛归，未达家数十里，路傍见一妇人，从竺求寄载。行可数里，妇谢去，谓竺曰："我天使也，当往烧东海麋竺家，感君见载，故以相语。"竺因私请之，妇曰："不可得不烧。如此，君可驰去，我当缓行，日中火当发。"竺乃还家，遽出财物，日中而火大发。后徐州牧陶谦辟为别驾从事。谦卒，竺奉谦遗命，迎先主于小沛。建安元年，吕布乘先主之出拒袁术，袭下邳，虏先主妻子。先主转军广陵海西，竺于是进妹于先主为夫人，奴客二千，金银货币以助军资；于时困匮，赖此复振。后曹公表竺领嬴郡太守，《曹公集》载公表曰："泰山郡界广远，旧多轻悍，权时之宜，可分五县为嬴郡，拣选清廉以为守将。偏将军麋竺，素履忠贞，文武昭烈，请以竺领嬴郡太守，抚慰吏民。"竺弟芳为彭城相，皆去官，随先主周旋。先主将适荆州，遣竺先与刘表相闻，以竺为左将军从事中郎。益州既平，拜为安汉将军，班在军师将军之右。竺雍容敦雅，而干翮非所长。是以待之以上宾之礼，未尝有所统御。然赏赐优宠，无与为比。

芳为南郡太守，与关羽共事，而私好携贰，叛迎孙权，羽因覆败。竺面缚请罪，先主慰谕以兄弟罪不相及，崇待如初。竺惭恚发病，岁余卒。子威，官至虎贲中郎将。威子照，虎骑监。自竺至照，皆便弓马，善射御云。

○孙乾

孙乾字公祐，北海人也。先主领徐州，辟为从事，《郑玄传》云：玄荐乾于州。乾被辟命，玄所举也。后随从周旋。先主之背曹公，遣乾自结袁绍，将适荆州，乾又与糜竺俱使刘表，皆如意指。后表与袁尚书，说其兄弟分争之变，曰："每与刘左将军、孙公祐共论此事，未尝不痛心入骨，相为悲伤也。"其见重如此。先主定益州，乾自从事中郎为秉忠将军，见礼次糜竺，与简雍同等。顷之，卒。

○简雍

简雍字宪和，涿郡人也。少与先主有旧，随从周旋。先主至荆州，雍与糜竺、孙乾同为从事中郎，常为谈客，往来使命。先主入益州，刘璋见雍，甚爱之。后先主围成都，遣雍往说璋，璋遂与雍同舆而载，出城归命。先主拜雍为昭德将军。优游风议，性简傲跌宕，在先主坐席，犹箕踞倾倚，威仪不肃，自纵适；诸葛亮已下则独擅一榻，项枕卧语，无所为屈。时天旱禁酒，酿者有刑。吏于人家索得酿具，论者欲令与作酒者同罚。雍与先主游观，见一男女行道，谓先主曰："彼人欲行淫，何以不缚？"先主曰："卿何以知之？"雍对曰："彼有其具，与欲酿者同。"先主大笑，而原欲酿者。雍之滑稽，皆此类也。或曰：雍本姓耿，幽州人语谓耿为简，遂随音变之。

○伊籍

伊籍字机伯，山阳人也。少依邑人镇南将军刘表。先主之在荆州，籍常往来自托。表卒，遂随先主南渡江，从入益州。益州既定，以籍为左将军从事中郎，见待亚于简雍、孙乾等。遣东使于吴，孙权闻其才辩，欲逆折以辞。籍适入拜，权曰："劳事无道之君乎？"籍既对曰："一拜一起，未足为劳。"籍之机捷，类皆如此，权甚异之。后迁昭文将军，与诸葛亮、法正、刘巴、李严共造《蜀科》；《蜀科》之制，由此五人焉。

○秦宓

秦宓字子勑，广汉绵竹人也。少有才学，州郡辟命，辄称疾不往。奏记州牧刘焉，荐儒士任定祖曰："昔百里、蹇叔以耆艾而定策，甘罗、子奇以童冠而立功，故《书》美黄发，而《易》称颜渊，固知选士用能，不拘长幼，明矣。乃者以来，海内察举，率多英俊而遗旧齿，众论不齐，异同相半，此乃承平之翔步，非乱世之急务也。夫欲救危抚乱，修己以安人，则宜卓荦超伦，与时殊趣，震惊邻国，骇动四方，上当天心，下合人意；天人既和，内省不疚，虽遭凶乱，何忧何惧！昔楚叶公好龙，神龙下之，好伪彻天，何况于真？今处士任安，仁义直道，流名四远，如今见察，则一州斯服。昔汤举伊尹，不仁者远，何武贡二龚，双名竹帛，故贪寻常之高而忽万仞之嵩，乐面前之饰而忘天下之誉，斯诚往古之所重慎也。甫欲凿石索玉，剖蚌求珠，今乃随、和炳然，有如皎日，复何疑哉！诚知昼不操烛，日有余光，但愚情区区，贪陈所见。"《益部耆旧传》曰：安，广汉人。少事聘士杨厚，究极图籍，游览京师，还家讲授，与董扶俱以学行齐声。郡请功曹，州辟治中、别驾，终不久居。举孝廉、茂才，太尉载辟，除博士，公车征，皆称疾不就。州牧刘焉表荐安昧精道度，厉节高邈，揆其器量，国之元宝，宜处弼疑之辅，以消非常之咎。玄纁之礼，所宜招命。王涂隔塞，遂无聘命。年七十九，建安七年卒，门人慕仰，为立碑铭。后丞相亮问秦宓以安所长，宓曰："记人之善，忘人之过。"

刘璋时，宓同郡王商为治中从事，与宓书曰："贫贱困苦，亦何时可以终身！卞和衔玉以耀世，宜一来，与州尊相见。"宓答书曰："昔尧优许由，非不弘也，洗其两耳；楚聘庄周，非不广也，执竿不顾。《易》曰'确乎其不可拔'，夫何衔之有？且以国君之贤，子为良辅，不以是时建萧、张之策，未足为智也。仆得曝背乎陇亩之中，诵颜氏之箪瓢，咏原宪之蓬户，时翱翔于林泽，与沮、溺之等俦，听玄猿之悲吟，察鹤鸣于九皋，安身为乐，无忧为福，处空虚之名，居不灵之龟，知我者希，则我贵矣。斯乃仆得志之秋也，何困苦之戚焉！"后商为严君平、李弘立祠，宓与书曰："疾病伏匿，甫知足下为严、李立祠，可谓厚党勤类者也。观严文章，冠冒天下，由、夷逸操，山岳不移，使扬子不叹，固自昭明。如李仲元不遭《法言》，令名必沦，其无虎豹之文故也，可谓攀龙附凤者矣。如扬子云潜心著述，有补于世，泥蟠不滓，行参圣师，于今海内，谈咏厥辞。邦有斯人，以耀四远，怪子替兹，不立祠堂。蜀本无学士，文翁遣相如东受七经，还教吏民，于是蜀学比于齐、鲁。故《地里志》

曰：'文翁倡其教，相如为之师。'汉家得士，盛于其世；仲舒之徒，不达封禅，相如制其礼。夫能制礼造乐，移风易俗，非礼所秩有益于世者乎！虽有王孙之累，犹孔子大齐桓之霸，《公羊》贤叔术之让。仆亦善长卿之化，宜立祠堂，速定其铭。"

先是，李权从宓借《战国策》，宓曰："战国从横，用之何为？"权曰："仲尼、严平，会聚众书，以成《春秋》《指归》之文，故海以合流为大，君子以博识为弘。"宓报曰："书非史记周图，仲尼不采；道非虚无自然，严平不演。海以受淤，岁一荡清；君子博识，非礼不视。今战国反覆仪、秦之术，杀人自生，亡人自存，经之所疾。故孔子发愤作《春秋》，大乎居正，复制《孝经》，广陈德行。杜渐防萌，预有所抑，是以老氏绝祸于未萌，岂不信邪！成汤大圣，睹野鱼而有猎逐之失，定公贤者，见女乐而弃朝事，臣松之案：书传鲁定公无善可称。宓谓之贤者，浅学所未达也。若此辈类，焉可胜陈。道家法曰：'不见所欲，使心不乱。'是故天地贞观，日月贞明；其直如矢，君子所履。《洪范》记灾，发于言貌，何战国之谲权乎哉！"

或谓宓曰："足下欲自比于巢、许、四皓，何故扬文藻见瑰颖乎？"宓答曰："仆文不能尽言，言不能尽意，何文藻之有扬乎！昔孔子三见哀公，言成七卷，事盖有不可嘿嘿也。刘向《七略》曰：孔子三见哀公，作《三朝记》七篇，今在《大戴礼》。| 臣松之案：《中经部》有《孔子三朝》八卷，一卷目录，余者所谓七篇。接舆行且歌，论家以光篇；渔父咏沧浪，贤者以耀章。此二人者，非有欲于时者也。夫虎生而文炳，风生而五色，岂以五采自饰画哉？天性自然也。盖《河》《洛》由文兴，六经由文起，君子懿文德，采藻其何

伤！以仆之愚，犹耻革子成之误，况贤于己者乎！"臣松之案：今
《论语》作棘子成。子成曰："君子质而已矣，何以文为！"屈于子贡之言，
故谓之误也。

先主既定益州，广汉太守夏侯纂请宓为师友祭酒，领五官掾，
称曰仲父。宓称疾，卧在第舍，纂将功曹古朴、主簿王普，厨膳
即宓第宴谈，宓卧如故。纂问朴曰："至于贵州养生之具，实绝余
州矣，不知士人何如余州也？"朴对曰："乃自先汉已来，其爵位
者或不如余州耳，至于著作为世师式，不负于余州也。严君平见
黄、老作《指归》，扬雄见《易》作《太玄》，见《论语》作《法言》，
司马相如为武帝制封禅之文，于今天下所共闻也。"纂曰："仲父
何如？"宓以簿击颊，簿，手版也。曰："愿明府勿以仲父之言假
于小草，民请为明府陈其本纪。蜀有汶阜之山，江出其腹，帝以
会昌，神以建福，故能沃野千里。《河图括地象》曰：岷山之地，上
为东井络，帝以会昌，神以建福，上为天井。| 左思《蜀都赋》曰：远则
岷山之精，上为井络，天帝运期而会昌，景福肸蠁而兴作。淮、济四渎，
江为其首，此其一也。禹生石纽，今之汶山郡是也。《帝王世纪》曰：
鲧纳有莘氏女曰志，是为修己。上山行，见流星贯昴，梦接意感，又吞
神珠薏苡，胸坼，而生禹于石纽。| 谯周《蜀本纪》曰：禹本汶山广柔县
人也，生于石纽，其地名刳儿坪，见《世帝纪》。昔尧遭洪水，鲧所不治，
禹疏江决河，东注于海，为民除害，生民已来功莫先者，此其二
也。天帝布治房、心，决政参、伐，参、伐则益州分野，三皇乘
祇车出谷口，今之斜谷是也。《蜀记》曰：三皇乘祇车出谷口。未详宓
所由知为斜谷也。此便鄙州之阡陌，明府以雅意论之，何若于天下
乎？"于是纂逡巡无以复答。

益州辟宓为从事祭酒。先主既称尊号，将东征吴，宓陈天时必无其利，坐下狱幽闭，然后贷出。建兴二年，丞相亮领益州牧，选宓迎为别驾，寻拜左中郎将、长水校尉。吴遣使张温来聘，百官皆往饯焉。众人皆集而宓未往，亮累遣使促之，温曰："彼何人也？"亮曰："益州学士也。"及至，温问曰："君学乎？"宓曰："五尺童子皆学，何必小人！"温复问曰："天有头乎？"宓曰："有之。"温曰："在何方也？"宓曰："在西方。《诗》曰：'乃眷西顾。'以此推之，头在西方。"温曰："天有耳乎？"宓曰："天处高而听卑，《诗》云：'鹤鸣九皋，声闻于天。'若其无耳，何以听之？"温曰："天有足乎？"宓曰："有。《诗》云：'天步艰难，之子不犹。'若其无足，何以步之？"温曰："天有姓乎？"宓曰："有。"温曰："何姓？"宓曰："姓刘。"温曰："何以知之？"答曰："天子姓刘，故以此知之。"温曰："日生于东乎？"宓曰："虽生于东而没于西。"答问如响，应声而出，于是温大敬服。宓之文辩，皆此类也。迁大司农，四年卒。初宓见帝系之文，五帝皆同一族，宓辨其不然之本。又论皇帝王霸豢龙之说，其有通理。谯允南少时数往谘访，纪录其言于《春秋然否论》，文多故不载。

评曰：许靖夙有名誉，既以笃厚为称，又以人物为意，虽行事举动，未悉允当，蒋济以为"大较廊庙器"也。《万机论》论许子将曰：许文休者，大较廊庙器也，而子将贬之。若实不贵之，是不明也；诚令知之，盖善人也。糜竺、孙乾、简雍、伊籍，皆雍容风议，见礼于世。秦宓始慕肥遁之高，而无若愚之实。然专对有余，文藻壮美，可谓一时之才士矣。

三十九卷 蜀书 ^九

董刘马陈董吕传 | 董和 刘巴 马良 陈震 董允 吕乂

○董和

董和字幼宰，南郡枝江人也，其先本巴郡江州人。汉末，和率宗族西迁，益州牧刘璋以为牛鞞、江原长、成都令。蜀土富实，时俗奢侈，货殖之家，侯服玉食，婚姻葬送，倾家竭产。和躬率以俭，恶衣蔬食，防遏逾僭，为之轨制，所在皆移风变善，畏而不犯。然县界豪强惮和严法，说璋转和为巴东属国都尉。吏民老弱相携乞留和者数千人，璋听留二年，还迁益州太守，其清约如前。与蛮夷从事，务推诚心，南土爱而信之。

先主定蜀，征和为掌军中郎将，与军师将军诸葛亮并署左将军、大司马府事，献可替否，共为欢交。自和居官食禄，外牧殊域，内干机衡。二十余年，死之日家无儋石之贮。亮后为丞相，教与群下曰："夫参署者，集众思广忠益也。若远小嫌，难相违覆，旷阙损矣。违覆而得中，犹弃弊蹻而获珠玉。然人心苦不能尽，惟徐元直处兹不惑，又董幼宰参署七年，事有不至，至于十反，来相启告。苟能慕元直之十一，幼宰之殷勤，有忠于国，则亮可少过矣。"又曰："昔初交州平，屡闻得失，后交元直，勤见启诲，前参事于幼宰，每言则尽，后从事于伟度，数有谏止；虽姿性鄙暗，不能悉纳，然与此四子终始好合，亦足以明其不疑于直言也。"其追思和如此。伟度者，姓胡，名济，义阳人。为亮主簿，有忠荩之效，故见褒述。亮卒，为中典军，统诸军，封成阳亭侯，迁中监军、前将军，督汉中，假节领兖州刺史，至右骠骑将军。济弟博，历长水校尉、尚书。

○刘巴

刘巴字子初，零陵烝阳人也。少知名，《零陵先贤传》曰：巴祖父曜，苍梧太守。父祥，江夏太守、荡寇将军。时孙坚举兵讨董卓，以南阳太守张咨不给军粮，杀之。祥与同心，南阳士民由此怨祥，举兵攻之，与战，败亡。刘表亦素不善祥，拘巴，欲杀之，数遣祥故所亲信人密诈谓巴曰："刘牧欲相危害，可相随逃之。"如此再三，巴辄不应。具以报表，表乃不杀巴。年十八，郡署户曹史、主记、主簿。刘先欲遣周不疑就巴学，巴答曰："昔游荆北，时涉师门，记问之学，不足纪名，内无杨朱守静之术，外无墨翟务时之风，犹天之南箕，虚而不用。赐书乃欲令贤甥摧鸾凤之艳，游燕雀之宇，将何以启明之哉？愧于'有若无，实若虚'，何以堪之！"荆州牧刘表连辟，及举茂才，皆不就。表卒，曹公征荆州。先主奔江南，荆、楚群士从之如云，而巴北诣曹公。曹公辟为掾，使招纳长沙、零陵、桂阳。《零陵先贤传》曰：曹公败于乌林，还北时，欲遣桓阶，阶辞不如巴。巴谓曹公曰："刘备据荆州，不可也。"公曰："备如相图，孤以六军继之也。"会先主略有三郡，巴不得反使，遂远适交阯，《零陵先贤传》云：巴往零陵，事不成，欲游交州，道还京师。时诸葛亮在临烝，巴与亮书曰："乘危历险，到值思义之民，自与之众，承天之心，顺物之性，非余身谋所能动劝。若道穷数尽，将托命于沧海，不复顾荆州矣。"亮追谓曰："刘公雄才盖世，据有荆土，莫不归德，天人去就，已可知矣。足下欲何之？"巴曰："受命而来，不成当还，此其宜也。足下何言邪！"先主深以为恨。

　　巴复从交阯至蜀。《零陵先贤传》曰：巴入交阯，更姓为张。与交阯太守士燮计议不合，乃由牂牁道去。为益州郡所拘留，太守欲杀之，主簿曰："此非常人，不可杀也。"主簿请自送至州，见益州牧刘璋，璋父焉昔为巴父祥所举孝廉，见巴惊喜，每大事辄以咨访。| 臣松之案：刘焉在汉灵帝时已经宗正、太常，出为益州牧，祥始以孙坚作长沙时为江夏太守，不得举焉为孝廉，明也。俄而先主定益州，巴辞谢罪负，先主不责。《零陵先贤传》曰：璋遣法正迎刘备，巴谏曰："备，雄人也，入必为害，不可内也。"既入，巴复谏曰："若使备讨张鲁，是放虎于山林也。"璋不听。巴闭门称疾。备攻成都，令军中曰："其有害巴者，诛及三族。"及得巴，甚喜。而诸葛孔明数称荐之，先主辟为左将军西曹掾。《零陵先贤传》曰：张飞尝就巴宿，巴不与语，飞遂忿恚。诸葛亮谓巴曰："张飞虽实武人，敬慕足下。主公今方收合文武，以定大事；足下虽天素高亮，宜少降意也。"巴曰："大丈夫处世，当交四海英雄，如何与兵子共语乎？"备闻之，怒曰："孤欲定天下，而子初专乱之。其欲还北，假道于此，岂欲成孤事邪？"备又曰："子初才智绝人，如孤，可任用之，非孤者难独任也。"亮亦曰："运筹策于帷幄之中，吾不如子初远矣！若提枹鼓，会军门，使百姓喜勇，当与人议之耳。"初攻刘璋，备与士众约："若事定，府库百物，孤无预焉。"及拔成都，士众皆舍干戈，赴诸藏竞取宝物。军用

不足，备甚忧之。巴曰："易耳，但当铸直百钱，平诸物价，令吏为官市。"备从之，数月之间，府库充实。建安二十四年，先主为汉中王，巴为尚书，后代法正为尚书令。躬履清俭，不治产业，又自以归附非素，惧见猜嫌，恭默守静，退无私交，非公事不言。《零陵先贤传》曰：是时中夏人情未一，闻备在蜀，四方延颈。而备锐意欲即真，巴以为如此示天下不广，且欲缓之。与主簿雍茂谏备，备以他事杀茂，由是远人不复至矣。先主称尊号，昭告于皇天上帝后土神祇，凡诸文诰策命，皆巴所作也。章武二年卒。卒后，魏尚书仆射陈群与丞相诸葛亮书，问巴消息，称曰刘君子初，甚敬重焉。《零陵先贤传》曰：辅吴将军张昭尝对孙权论巴褊厄，不当拒张飞太甚。权曰："若令子初随世沈浮，容悦玄德，交非其人，何足称为高士乎？"

○马良 弟谡

马良字季常，襄阳宜城人也。兄弟五人，并有才名，乡里为之谚曰："马氏五常，白眉最良。"良眉中有白毛，故以称之。先主领荆州，辟为从事。及先主入蜀，诸葛亮亦从后往，良留荆州，与亮书曰："闻雒城已拔，此天祚也。尊兄应期赞世，配业光国，魄兆见矣。臣松之以为良盖与亮结为兄弟，或相与有亲；亮年长，良故呼亮为尊兄耳。夫变用雅虑，审贵垂明，于以简才，宜适其时。若乃和光悦远，迈德天壤，使时闲于听，世服于道，齐高妙之音，正郑、卫之声，并利于事，无相夺伦，此乃管弦之至，牙、旷之调也。虽非钟期，敢不击节！"先主辟良为左将军掾。

后遣使吴，良谓亮曰："今衔国命，协穆二家，幸为良介于孙将军。"亮曰："君试自为文。"良即为草曰："寡君遣掾马良通聘继好，以绍昆吾、豕韦之勋。奇人吉士，荆楚之令，鲜于造次之华，而有克终之美，愿降心存纳，以慰将命。"权敬待之。

先主称尊号，以良为侍中。及东征吴，遣良入武陵招纳五溪蛮夷，蛮夷渠帅皆受印号，咸如意指。会先主败绩于夷陵，良亦遇害。先主拜良子秉为骑都尉。

良弟谡，字幼常，以荆州从事随先主入蜀，除绵竹、成都令，越嶲太守。才器过人，好论军计，丞相诸葛亮深加器异。先主临薨谓亮曰："马谡言过其实，不可大用，君其察之！"亮犹谓不然，以谡为参军，每引见谈论，自昼达夜。《襄阳记》曰：建兴三年，亮征南中，谡送之数十里。亮曰："虽共谋之历年，今可更惠良规。"谡对曰："南中恃其险远，不服久矣，虽今日破之，明日复反耳。今公方倾国北伐以事强贼。彼知官势内虚，其叛亦速。若殄尽遗类以除后患，既非仁者之情，且又不可仓卒也。夫用兵之道，攻心为上，攻城为下，心战为上，兵战为下，愿公服其心而已。"亮纳其策，赦孟获以服南方。故终亮之世，南方不敢复反。建兴六年，亮出军向祁山，时有宿将魏延、吴壹等，论者皆言以为宜令为先锋，而亮违众拔谡，统大众在前，与魏将张郃战于街亭，为郃所破，士卒离散。亮进无所据，退军还汉中。谡下狱物故，亮为之流涕。良死时年三十六，谡年三十九。

○陈震

陈震字孝起，南阳人也。先主领荆州牧，辟为从事，部诸郡，随先主入蜀。蜀既定，为蜀郡北部都尉，因易郡名，为汶山太守，转在犍为。建兴三年，入拜尚书，迁尚书令，奉命使吴。七年，孙权称尊号。以震为卫尉，贺权践阼。诸葛亮与兄瑾书曰："孝起忠纯之性，老而益笃，及其赞述东西，欢乐和合，有可贵者。"震入吴界，移关候曰："东之与西，驿使往来，冠盖相望，申盟初好，日新其事。东尊应保圣祚，告燎受符，剖判土宇，天下响应，各有所归。于此时也，以同心讨贼，则何寇不灭哉！西朝君臣，引领欣赖。震以不才，得充下使，奉聘叙好，践界踊跃，入则如归。献子适鲁，犯其山讳，《春秋》讥之。望必启告，使行人睦焉。即日张旍诰众，各自约誓。顺流漂疾，国典异制，惧或有违，幸必斟诲，示其所宜。"

震到武昌，孙权与震升坛歃盟，交分天下：以徐、豫、幽、青属吴，并、凉、冀、兖属蜀；其司州之土，以函谷关为界。震还，封城阳亭侯。九年，都护李平坐诬罔废；诸葛亮与长史蒋琬、侍中董允书曰："孝起前临至吴，为吾说正方腹中有鳞甲，乡党以为不可近。吾以为鳞甲者但不当犯之耳，不图复有苏、张之事出于不意。可使孝起知之。"十三年，震卒。子济嗣。

○董允 黄皓 陈祗

董允字休昭，掌军中郎将和之子也。先主立太子，允以选为舍人，徙洗马。后主袭位，迁黄门侍郎。丞相亮将北征，住汉中，虑后主富于春秋，朱紫难别，以允秉心公亮，欲任以宫省之事。上疏曰："侍中郭攸之、费祎，侍郎董允等，先帝简拔以遗陛下，至于斟酌规益，进尽忠言，则其任也。愚以为宫中之事，事无大小，悉以咨之，必能裨补阙漏，有所广益。若无兴德之言，则戮允等以彰其慢。"亮寻请祎为参军，允迁为侍中，领虎贲中郎将，统宿卫亲兵。攸之性素和顺，备员而已。《楚国先贤传》曰：攸之，南阳人，以器业知名于时。献纳之任，允皆专之矣。允处事为防制，甚尽匡救之理。后主常欲采择以充后宫，允以为古者天子后妃之数不过十二，今嫔嫱已具，不宜增益，终执不听。后主益严惮之。

尚书令蒋琬领益州刺史，上疏以让费祎及允，又表"允内侍历年，翼赞王室，宜赐爵土以褒勋劳"。允固辞不受。后主渐长大，爱宦人黄皓。皓便辟佞慧，欲自容入。允常上则正色匡主，下则数责于皓。皓畏允，不敢为非。终允之世，皓位不过黄门丞。

允尝与尚书令费祎、中典军胡济等共期游宴，严驾已办，而郎中襄阳董恢诣允修敬。恢年少官微，见允停出，逡巡求去，允不许，曰："本所以出者，欲与同好游谈也，今君已自屈，方展阔积，舍此之谈，就彼之宴，非所谓也。"乃命解骖，祎等罢驾不行。其守正下士，凡此类也。《襄阳记》曰：董恢字休绪，襄阳人。入蜀，以宣信中郎副费祎使吴。孙权尝大醉问祎曰："杨仪、魏延，牧竖小人也。虽尝有鸣吠之益于时务，然既已任之，势不得轻，若一朝无诸葛亮，

102

必为祸乱矣。诸君愦愦，曾不知防虑于此，岂所谓贻厥孙谋乎？"祎愕
然四顾视，不能即答。恢目祎曰："可速言仪、延之不协起于私忿耳，而
无黥、韩难御之心也。今方扫除强贼，混一函夏，功以才成，业由才广，
若舍此不任，防其后患，是犹备有风波而逆废舟楫，非长计也。"权大笑
乐。诸葛亮闻之，以为知言。还未满三日，辟为丞相府属，迁巴郡太守。
| 臣松之案：《汉晋春秋》亦载此语，不云董恢所教，辞亦小异，此二书俱
出习氏而不同若此。本传云"恢年少官微"，若已为丞相府属，出作巴郡，
则官不微矣。以此疑习氏之言为不审的也。延熙六年，加辅国将军。
七年，以侍中守尚书令，为大将军费祎副贰。九年，卒。《华阳国志》
曰：时蜀人以诸葛亮、蒋琬、费祎及允为四相，一号四英也。

陈祗代允为侍中，与黄皓互相表里，皓始预政事。祗死后，
皓从黄门令为中常侍、奉车都尉，操弄威柄，终至覆国。蜀人无
不追思允。及邓艾至蜀，闻皓奸险，收闭，将杀之，而皓厚赂艾
左右，得免。

祗字奉宗，汝南人，许靖兄之外孙也。少孤，长于靖家。弱
冠知名，稍迁至选曹郎，矜厉有威容。多技艺，挟数术，费祎甚
异之，故超继允内侍。吕乂卒，祗又以侍中守尚书令，加镇军将
军，大将军姜维虽班在祗上，常率众在外，希亲朝政。祗上承主
指，下接阉竖，深见信爱，权重于维。景耀元年卒，后主痛惜，
发言流涕，乃下诏曰："祗统职一纪，柔嘉惟则，干肃有章，和义
利物，庶绩允明。命不融远，朕用悼焉。夫存有令问，则亡加美
谥，谥曰忠侯。"赐子粲爵关内侯，拔次子裕为黄门侍郎。自祗之
有宠，后主追怨允日深，谓为自轻，由祗媚兹一人，皓构间浸润
故耳。允孙宏，晋巴西太守。臣松之以为陈群子泰，陆逊子抗，传皆

以子系父，不别载姓；及王肃、杜恕、张承、顾劭之流，莫不皆然，惟董允独否，未详其意，当以允名位优重，事迹逾父故邪？夏侯玄、陈表并有骍角之美，而亦如泰者，《魏书》总名此卷云《诸夏侯曹传》，故不复稍加品藻。陈武与表俱至偏将军，以位不相过故也。

○吕乂

吕乂字季阳，南阳人也。父常，送故将军刘焉入蜀，值王路隔塞，遂不得还。乂少孤，好读书鼓琴。初，先主定益州，置盐府校尉，较盐铁之利，后校尉王连请乂及南阳杜祺、南乡刘幹等并为典曹都尉。乂迁新都、绵竹令，乃心隐恤，百姓称之，为一州诸城之首。迁巴西太守。丞相诸葛亮连年出军，调发诸郡，多不相救，乂募取兵五千人诣亮，慰喻检制，无逃窜者。徙为汉中太守，兼领督农，供继军粮。亮卒，累迁广汉、蜀郡太守。蜀郡一都之会，户口众多，又亮卒之后，士伍亡命，更相重冒，奸巧非一。乂到官，为之防禁，开喻劝导，数年之中，漏脱自出者万余口。后入为尚书，代董允为尚书令，众事无留，门无停宾。乂历职内外，治身俭约，谦靖少言，为政简而不烦，号为清能；然持法刻深，好用文俗吏，故居大官，名声损于郡县。延熙十四年卒。子辰，景耀中为成都令。辰弟雅，谒者。雅清厉有文才，著《格论》十五篇。

杜祺历郡守、监军、大将军司马，刘幹官至巴西太守，皆与乂亲善，亦有当时之称，而俭素守法，不及于乂。

评曰：董和蹈羔羊之素，刘巴履清尚之节，马良贞实，称为令士，陈震忠恪，老而益笃，董允匡主，义形于色，皆蜀臣之良矣。吕乂临郡则垂称，处朝则被损，亦黄、薛之流亚矣。

四十卷 蜀书 十

刘彭廖李刘魏杨传 | 刘封 彭羕 廖立 李严 刘琰 魏延 杨仪

○刘封

刘封者，本罗侯寇氏之子，长沙刘氏之甥也。先主至荆州，以未有继嗣，养封为子。及先主入蜀，自葭萌还攻刘璋，时封年二十余，有武艺，气力过人，将兵俱与诸葛亮、张飞等溯流西上，所在战克。益州既定，以封为副军中郎将。

初，刘璋遣扶风孟达副法正，各将兵二千人，使迎先主，先主因令达并领其众，留屯江陵。蜀平后，以达为宜都太守。建安二十四年，命达从秭归北攻房陵，房陵太守蒯祺为达兵所害。达将进攻上庸，先主阴恐达难独任，乃遣封自汉中乘沔水下统达军，与达会上庸。上庸太守申耽举众降，遣妻子及宗族诣成都。先主加耽征北将军，领上庸太守、员乡侯如故，以耽弟仪为建信将军、西城太守，迁封为副军将军。自关羽围樊城、襄阳，连呼封、达，令发兵自助。封、达辞以山郡初附，未可动摇，不承羽命。会羽覆败，先主恨之。又封与达忿争不和，封寻夺达鼓吹。达既惧罪，又忿恚封，遂表辞先主，率所领降魏。《魏略》载达辞先主表曰："伏

106

惟殿下将建伊、吕之业，追桓、文之功，大事草创，假势吴、楚，是以有为之士深睹归趣。臣委质已来，愆戾山积，臣犹自知，况于君乎！今王朝以兴，英俊鳞集，臣内无辅佐之器，外无将领之才，列次功臣，诚自愧也。臣闻范蠡识微，浮于五湖；咎犯谢罪，逡巡于河上。夫际会之间，请命乞身。何则？欲洁去就之分也。况臣卑鄙，无元功巨勋，自系于时，窃慕前贤，早思远耻。昔申生至孝见疑于亲，子胥至忠见诛于君，蒙恬拓境而被大刑，乐毅破齐而遭谗佞，臣每读其书，未尝不慷慨流涕，而亲当其事，益以伤绝。何者？荆州覆败，大臣失节，百无一还。惟臣寻事，自致房陵、上庸，而复乞身，自放于外。伏想殿下圣恩感悟，愍臣之心，悼臣之举。臣诚小人，不能始终，知而为之，敢谓非罪！臣每闻交绝无恶声，去臣无怨辞，臣过奉教于君子，愿君王勉之也。"

魏文帝善达之姿才容观，以为散骑常侍、建武将军，封平阳亭侯。合房陵、上庸、西城三郡为新城郡，以达领新城太守。遣征南将军夏侯尚、右将军徐晃与达共袭封。达与封书曰：

"古人有言：'疏不间亲，新不加旧。'此谓上明下直，谗愬不行也。若乃权君谲主，贤父慈亲，犹有忠臣蹈功以罹祸，孝子抱仁以陷难，种、商、白起、孝己、伯奇，皆其类也。其所以然，非骨肉好离，亲亲乐患也。或有恩移爱易，亦有谗间其间，虽忠臣不能移之于君，孝子不能变之于父者也。势利所加，改亲为仇，况非亲亲乎！故申生、卫伋、御寇、楚建禀受形之气，当嗣立之正，而犹如此。今足下与汉中王，道路之人耳，亲非骨血而据势权，义非君臣而处上位，征则有偏任之威，居则有副军之号，远近所闻也。自立阿斗为太子已来，有识之人相为寒心。如使申生从子舆之言，必为太伯；卫伋听其弟之谋，无彰父之讥也。且小白出奔，入而为霸；重耳逾垣，卒以克复。自古有之，非独今也。

"夫智贵免祸，明尚夙达，仆揆汉中王虑定于内，疑生于外矣；虑定则心固，疑生则心惧，乱祸之兴作，未曾不由废立之间也。私怨人情，不能不见，恐左右必有以间于汉中王矣。然则疑成怨闻，其发若践机耳。今足下在远，尚可假息一时；若大军遂进，足下失据而还，窃相为危之。昔微子去殷，智果别族，违难背祸，犹皆如斯。《国语》曰：智宣子将以瑶为后，智果曰："不如霄也。"宣子曰："霄也很。"对曰："霄也很在面，瑶之贤于人者五，其不逮者一也。美须长大则贤，射御足力则贤，技艺毕给则贤，巧文辩惠则贤，强毅果敢则贤，如是而甚不仁；以其五贤陵人，而不仁行之，其谁能待之！若果立瑶也，智宗必灭。"不听。智果别族于太史为辅氏。及智氏亡，惟辅果在焉。今足下弃父母而为人后，非礼也；知祸将至而留之，非智也；见正不从而疑之，非义也。自号为丈夫，为此三者，何所贵乎？以足下之才，弃身来东，继嗣罗侯，不为背亲也；北面事君，以正纲纪，不为弃旧也；怒不致乱，以免危亡，不为徒行也。加陛下新受禅命，虚心侧席，以德怀远，若足下翻然内向，非但与仆为伦，受三百户封，继统罗国而已，当更剖符大邦，为始封之君。陛下大军，金鼓以震，当转都宛、邓；若二敌不平，军无还期。足下宜因此时早定良计。《易》有'利见大人'，《诗》有'自求多福'，行矣。今足下勉之，无使狐突闭门不出。"

封不从达言。

申仪叛封，封破走还成都。申耽降魏，魏假耽怀集将军，徙居南阳，仪魏兴太守，封员乡侯，屯洵口。《魏略》曰：申仪兄名耽，字义举。初在西平、上庸间聚众数千家，后与张鲁通，又遣使诣曹公，曹公加其号为将军，因使领上庸都尉。至建安末，为蜀所攻，以其郡西属。黄初中，仪复来还，诏即以兄故号加仪，因拜魏兴太守，封列侯。太和中，仪与孟达不和，数上言达有贰心于蜀，及达反，仪绝蜀道，使救不到。达死后，仪诣宛见司马宣王，宣王劝使来朝。仪至京师，诏转仪拜楼船将军，在礼请中。封既至，先主责封之侵陵达，又不救羽。诸葛亮虑封刚猛，易世之后终难制御，劝先主因此除之。于是赐封死，使自裁。封叹曰："恨不用孟子度之言！"先主为之流涕。达本字子敬，避先主叔父敬，改之。封子林为牙门将，咸熙元年内移河东。达子兴为议督军，是岁徙还扶风。

○彭羕

彭羕字永年，广汉人。身长八尺，容貌甚伟。姿性骄傲，多所轻忽，惟敬同郡秦子勑，荐之于太守许靖曰："昔高宗梦傅说，周文求吕尚，爰及汉祖，纳食其于布衣，此乃帝王之所以倡业垂统，缉熙厥功也。今明府稽古皇极，允执神灵，体公刘之德，行勿翦之惠，《清庙》之作于是乎始，褒贬之义于是乎兴，然而六翮未之备也。伏见处士绵竹秦宓，膺山甫之德，履隽生之直，枕石漱流，吟咏缊袍，偃息于仁义之途，恬惔于浩然之域，高概节行，守真不亏，虽古人潜遁，蔑以加旃。若明府能招致此人，必有忠谠落落之誉，丰功厚利，建迹立勋，然后纪功于王府，飞声于来世，不亦美哉！"

羕仕州，不过书佐，后又为众人所谤毁于州牧刘璋，璋髡钳

109

莍为徒隶。会先主入蜀，溯流北行。莍欲纳说先主，乃往见庞统。统与莍非故人，又适有宾客，莍径上统床卧，谓统曰："须客罢当与卿善谈。"统客既罢，往就莍坐，莍又先责统食，然后共语，因留信宿，至于经日。统大善之，而法正宿自知莍，遂并致之先主。先主亦以为奇，数令莍宣传军事，指授诸将，奉使称意，识遇日加。

成都既定，先主领益州牧，拔莍为治中从事。莍起徒步，一朝处州人之上，形色嚣然，自矜得遇滋甚。诸葛亮虽外接待莍，而内不能善。屡密言先主，莍心大志广，难可保安。先主既敬信亮，加察莍行事，意以稍疏，左迁莍为江阳太守。

莍闻当远出，私情不悦，往诣马超。超问莍曰："卿才具秀拔，主公相待至重，谓卿当与孔明、孝直诸人齐足并驱，宁当外授小郡，失人本望乎？"莍曰："老革荒悖，可复道邪！"扬雄《方言》曰：愖、鳃、乾、都、耇、革，老也。郭璞注曰：皆老者皮色枯瘁之形也。| 臣松之以为皮去毛曰革。古者以革为兵，故语称兵革，革犹兵也。莍骂备为老革，犹言老兵也。又谓超曰："卿为其外，我为其内，天下不足定也。"超羁旅归国，常怀危惧，闻莍言大惊，默然不答。莍退，具表莍辞，于是收莍付有司。

莍于狱中与诸葛亮书曰："仆昔有事于诸侯，以为曹操暴虐，孙权无道，振威暗弱，其惟主公有霸王之器，可与兴业致治，故乃翻然有轻举之志。会公来西，仆因法孝直自衔鬻，庞统斟酌其间，遂得诣公于葭萌，指掌而谭，论治世之务，讲霸王之业，建取益州之策。公亦宿虑明定，即相然赞，遂举事焉。仆于故州不免凡庸，忧于罪罔，得遭风云激矢之中，求君得君，志行名显，从布衣之中擢为国士，盗窃茂才。分子之厚，谁复过此！臣松之以为"分子之厚"者，兼言刘主分儿子厚恩，施之于己，故其书后语云"负我慈父，罪有百死"也。兼一朝狂悖，自求菹醢，为不忠不义之鬼乎！先民有言：左手据天下之图，右手刎咽喉，愚夫不为也。况仆颇别菽麦者哉！所以有怨望意者，不自度量，苟以为首兴事业，而有投江阳之论，不解主公之意，意卒感激；颇以被酒，傥失'老'语。此仆之下愚薄虑所致，主公实未老也。且夫立业，岂在老少，西伯九十，宁有衰志，负我慈父，罪有百死。至于内外之言，欲使孟起立功北州，戮力主公，共讨曹操耳，宁敢有他志邪？孟起说之是也，但不分别其间，痛人心耳。昔每与庞统共相誓约，庶托足下末踪，尽心于主公之业，追名古人，载勋竹帛。统不幸而死，仆败以取祸。自我堕之，将复谁怨！足下，当世伊、吕也，宜善与主公计事，济其大猷。天明地察，神祇有灵，复何言哉！贵使足下明仆本心耳。行矣努力，自爱，自爱！"

兼竟诛死，时年三十七。

○廖立

廖立字公渊，武陵临沅人。先主领荆州牧，辟为从事，年未三十，擢为长沙太守。先主入蜀，诸葛亮镇荆土，孙权遣使通好于亮，因问士人皆谁相经纬者，亮答曰："庞统、廖立，楚之良才，当赞兴世业者也。"建安二十年，权遣吕蒙奄袭南三郡，立脱身走，自归先主。先主素识待之，不深责也，以为巴郡太守。二十四年，先主为汉中王，征立为侍中。后主袭位，徙长水校尉。

立本意，自谓才名宜为诸葛亮之贰，而更游散在李严等下，常怀怏怏。后丞相掾李邵、蒋琬至，立计曰："军当远出，卿诸人好谛其事。昔先帝不取汉中，走与吴人争南三郡，卒以三郡与吴人，徒劳役吏士，无益而还。既亡汉中，使夏侯渊、张郃深入于巴，几丧一州。后至汉中，使关侯身死无子遗，上庸覆败，徒失一方。是羽怙恃勇名，作军无法，直以意突耳，故前后数丧师众也。如向朗、文恭，凡俗之人耳。恭作治中无纲纪；朗昔奉马良兄弟，谓为圣人，今作长史，素能合道。中郎郭演长，从人者耳，不足与经大事，而作侍中。今弱世也，欲任此三人，为不然也。王连流俗，苟作掊克，使百姓疲弊，以致今日。"邵、琬具白其言于诸葛亮。

亮表立曰："长水校尉廖立，坐自贵大，臧否群士，公言国家不任贤达而任俗吏，又言万人率者皆小子也；诽谤先帝，疵毁众臣。人有言国家兵众简练，部伍分明者，立举头视屋，愤咤作色曰：'何足言！'凡如是者不可胜数。羊之乱群，犹能为害，况立托在大位，中人以下识真伪邪？"《亮集》有亮表曰："立奉先帝无忠孝之心，守长沙则开门就敌，领巴郡则有暗昧闒茸其事，随大将军则诽谤讥诃，侍梓宫则挟刃断人头于梓宫之侧。陛下即位之后，普增职号，立随比为将军，面语臣曰：'我何宜在诸将军中！不表我为卿，上当在五校！'臣答：'将军者，随大比耳。至于卿者，正方亦未为卿也。且宜处五校。'自是之后，怏怏怀恨。"诏曰："三苗乱政，有虞流宥，廖立狂惑，朕不忍刑，亟徙不毛之地。"于是废立为民，徙汶山郡。立躬率妻子耕殖自守，闻诸葛亮卒，垂泣叹曰："吾终为左衽矣！"后监军姜维率偏军经汶山，往诣立，称立意气不衰，言论自若。立遂终于徙所。妻子还蜀。

○李严

李严字正方，南阳人也。少为郡职吏，以才干称。荆州牧刘表使历诸郡县。曹公入荆州时，严宰秭归，遂西诣蜀，刘璋以为成都令，复有能名。建安十八年，署严为护军，拒先主于绵竹。严率众降先主，先主拜严裨将军。成都既定，为犍为太守、兴业将军。二十三年，盗贼马秦、高胜等起事于郪，音凄。合聚部伍数万人，到资中县。时先主在汉中，严不更发兵，但率将郡士五千人讨之，斩秦、胜等首。枝党星散，悉复民籍。又越巂夷率高定遣军围新道县，严驰往赴救，贼皆破走。加辅汉将军，领郡如故。

章武二年，先主征严诣永安宫，拜尚书令。三年，先主疾病，严与诸葛亮并受遗诏辅少主；以严为中都护，统内外军事，留镇永安。建兴元年，封都乡侯，假节，加光禄勋。四年，转为前将军。以诸葛亮欲出军汉中，严当知后事，移屯江州，留护军陈到驻永安，皆统属严。严与孟达书曰："吾与孔明俱受寄托，忧深责重，思得良伴。"亮亦与达书曰："部分如流，趋舍罔滞，正方性也。"其见贵重如此。《诸葛亮集》有严与亮书，劝亮宜受九锡，进爵称王。亮答书曰："吾与足下相知久矣，可不复相解！足下方海以光国，戒之以勿拘之道，是以未得默已。吾本东方下士，误用于先帝，位极人臣，禄赐百亿，今讨贼未效，知己未答，而方宠齐、晋，坐自贵大，非其义也。若灭魏斩叡，帝还故居，与诸子并升，虽十命可受，况于九邪！"八年，迁骠骑将军。以曹真欲三道向汉川，亮命严将二万人赴汉中。亮表严子丰为江州都督督军，典严后事。亮以明年当出军，命严以中都护署府事。严改名为平。

九年春，亮军祁山，平催督运事。秋夏之际，值天霖雨，运粮不继，平遣参军狐忠、督军成藩喻指，呼亮来还；亮承以退军。平闻军退，乃更阳惊，说："军粮饶足，何以便归！"欲以解己不办之责，显亮不进之愆。又表后主，说"军伪退，欲以诱贼与战"。亮具出其前后手笔书疏本末，平违错章灼。

　　平辞穷情竭，首谢罪负。于是亮表平曰："自先帝崩后，平所在治家，尚为小惠，安身求名，无忧国之事。臣当北出，欲得平兵以镇汉中，平穷难纵横，无有来意，而求以五郡为巴州刺史。去年臣欲西征，欲令平主督汉中，平说司马懿等开府辟召。臣知平鄙情，欲因行之际逼臣取利也，是以表平子丰督主江州，隆崇其遇，以取一时之务。平至之日，都委诸事，群臣上下皆怪臣待平之厚也。正以大事未定，汉室倾危，伐平之短，莫若褒之。然谓平情在于荣利而已，不意平心颠倒乃尔。若事稽留，将致祸败，是臣不敏，言多增咎。"亮公文上尚书曰："平为大臣，受恩过量，不思忠报，横造无端，危耻不办，迷罔上下，论狱弃科，导人为奸，情狭志狂，若无天地。自度奸露，嫌心遂生，闻军临至，西向托疾还沮、漳，军临至沮，复还江阳，平参军狐忠勤谏乃止。今篡贼未灭，社稷多难，国事惟和，可以克捷，不可苞含，以危大业。辄与行中军师、车骑将军、都乡侯臣刘琰，使持节前军师、征西大将军、领凉州刺史、南郑侯臣魏延，前将军、都亭侯臣袁綝，左将军领荆州刺史、高阳乡侯臣吴壹，督前部右将军、玄乡侯臣高翔，督后部后将军、安乐亭侯臣吴班，领长史、绥军将军臣杨仪，督左部行中监军、扬武将军臣邓芝，行前监军、征南将军臣刘巴，行中护军、偏将军臣费祎，行前护军、偏将军、汉成亭侯臣许允，行左护军、笃信中郎将臣丁咸，行右护军、偏将军臣刘敏，行护军、征南将军、当阳亭侯臣姜维，行中典军、讨虏将军臣上官雍，行中参军、昭武中郎将臣胡济，行参军、建义将军臣阎晏，行参军、偏将军臣爨习，行参军、裨将军臣杜义，行参军、武略中郎将臣杜祺，行参军、绥戎都尉臣盛勃，领从事中郎、武略中郎将臣樊岐等议，辄解平任，免官禄、节传、印绶、符策，削其爵土。"乃废平为民，徙梓潼郡。诸葛亮又与平子丰教曰："吾与君父子戮力以奖汉室，此神明所闻，非但人知之也。表都护典汉中，委君于东关者，不与人议也。谓至心感动，终始可保，何图中乖乎！昔楚卿屡绌，亦乃克复，思道则福，应自然之数也。愿宽慰都护，勤追前阙。今虽解任，形业失故，奴婢宾客百数十人，君以中郎参军居府，方之气类，犹为上家。若都护思负一意，君与公琰推心从事者，否可复通，逝可复还也。详思斯戒，明吾用心，临书长叹，涕泣而已。"十二年，平闻亮卒，发病死。平常冀亮当自补复，策后人不能，故以激愤也。习凿齿曰：昔管仲夺伯氏骈邑三百，没齿而无怨言，圣人以为难。诸葛亮之使廖立垂泣，李平致死，岂徒无怨言而已哉！夫水至平而邪者取法，镜至明而丑者无怒，水镜之所以能穷物而无怨者，以其无私也。水镜无私，犹以免谤，况大人君子怀乐生之心，流矜恕之德，法行于不可不用，刑加乎自犯之罪，爵之而非私，诛之而不怒，天下有不服者乎！诸葛亮于是可谓能用刑矣，自秦、汉以来未之有也。丰官至朱提太守。

○刘琰

刘琰字威硕，鲁国人也。先主在豫州，辟为从事，以其宗姓，有风流，善谈论，厚亲待之，遂随从周旋，常为宾客。先主定益州，以琰为固陵太守。后主立，封都乡侯，班位每亚李严，为卫尉、中军师、后将军，迁车骑将军。然不豫国政，但领兵千余，随丞相亮讽议而已。车服饮食，号为侈靡，侍婢数十，皆能为声乐，又悉教诵读《鲁灵光殿赋》。建兴十年，与前军师魏延不和，言语虚诞，亮责让之。琰与亮笺谢曰："琰禀性空虚，本薄操行，加有酒荒之病，自先帝以来，纷纭之论，殆将倾覆。颇蒙明公本其一心在国，原其身中秽垢，扶持全济，致其禄位，以至今日。间者迷醉，言有违错，慈恩含忍，不致之于理，使得全完，保育性命。虽必克己责躬，改过投死，以誓神灵；无所用命，则靡寄颜。"于是亮遣琰还成都，官位如故。

琰失志慌惚。十二年正月，琰妻胡氏入贺太后，太后令特留胡氏，经月乃出。胡氏有美色，琰疑其与后主有私，呼五百挝胡，至于以履搏面，而后弃遣。胡具以告言琰，琰坐下狱。有司议曰："卒非挝妻之人，面非受履之地。"琰竟弃市。自是大臣妻母朝庆遂绝。

○魏延

魏延字文长，义阳人也。以部曲随先主入蜀，数有战功，迁牙门将军。先主为汉中王，还治成都，当得重将以镇汉川，众论以为必在张飞，飞亦以心自许。先主乃拔延为督汉中镇远将军，领汉中太守，一军尽惊。先主大会群臣，问延曰："今委卿以重任，卿居之欲云何？"延对曰："若曹操举天下而来，请为大王拒之；

偏将十万之众至，请为大王吞之。"先主称善，众咸壮其言。先主践尊号，进拜镇北将军。建兴元年，封都亭侯。五年，诸葛亮驻汉中，更以延为督前部，领丞相司马、凉州刺史。八年，使延西入羌中，魏后将军费瑶、雍州刺史郭淮与延战于阳溪，延大破淮等，迁为前军师、征西大将军，假节，进封南郑侯。

延每随亮出，辄欲请兵万人，与亮异道会于潼关，如韩信故事，亮制而不许。延常谓亮为怯，叹恨己才用之不尽。《魏略》曰：夏侯楙为安西将军，镇长安，亮于南郑与群下计议，延曰："闻夏侯楙少，主婿也，怯而无谋。今假延精兵五千，负粮五千，直从褒中出，循秦岭而东，当子午而北，不过十日可到长安。楙闻延奄至，必乘船逃走。长安中惟有御史、京兆太守耳，黄门邸阁与散民之谷足周食也。比东方相合聚，尚二十许日，而公从斜谷来，必足以达。如此，则一举而咸阳以西可定矣。"亮以为此县危，不如安从坦道，可以平取陇右，十全必克而无虞，故不用延计。延既善养士卒，勇猛过人，又性矜高，当时皆避下之。唯杨仪不假借延，延以为至忿，有如水火。十二年，亮出北谷口，延为前锋。出亮营十里，延梦头上生角，以问占梦赵直，直诈延曰："夫麒麟有角而不用，此不战而贼欲自破之象也。"退而告人曰："角之为字，刀下用也；头上用刀，其凶甚矣。"

秋，亮病困，密与长史杨仪、司马费祎、护军姜维等作身殁之后退军节度，令延断后，姜维次之；若延或不从命，军便自发。亮适卒，秘不发丧，仪令祎往揣延意指。延曰："丞相虽亡，吾自见在。府亲官属便可将丧还葬，吾自当率诸军击贼，云何以一人死废天下之事邪？且魏延何人，当为杨仪所部勒，作断后将乎！"因与祎共作行留部分，令祎手书与己连名，告下诸将。祎绐延曰：

"当为君还解杨长史，长史文吏，稀更军事，必不违命也。"祎出门驰马而去，延寻悔，追之已不及矣。

延遣人觇仪等，遂使欲案亮成规，诸营相次引军还。延大怒，搀仪未发，率所领径先南归，所过烧绝阁道。延、仪各相表叛逆，一日之中，羽檄交至。后主以问侍中董允、留府长史蒋琬，琬、允咸保仪疑延。仪等槎山通道，昼夜兼行，亦继延后。延先至，据南谷口，遣兵逆击仪等，仪等令何平在前御延。平叱延先登曰："公亡，身尚未寒，汝辈何敢乃尔！"延士众知曲在延，莫为用命，军皆散。延独与其子数人逃亡，奔汉中。仪遣马岱追斩之，致首于仪，仪起自踏之，曰："庸奴！复能作恶不？"遂夷延三族。

初，蒋琬率宿卫诸营赴难北行，行数十里，延死问至，乃旋。原延意不北降魏而南还者，但欲除杀仪等。平日诸将素不同，冀时论必当以代亮。本指如此。不便背叛。《魏略》曰：诸葛亮病，谓延等云："我之死后，但谨自守，慎勿复来也。"令延摄行己事，密持丧去。延遂匿之，行至褒口，乃发丧。亮长史杨仪宿与延不和，见延摄行军事，惧为所害，乃张言延欲举众北附，遂率其众攻延。延本无此心，不战军走，追而杀之。| 臣松之以为此盖敌国传闻之言，不得与本传争审。

○杨仪

杨仪字威公，襄阳人也。建安中，为荆州刺史傅群主簿，背群而诣襄阳太守关羽。羽命为功曹，遣奉使西诣先主。先主与语论军国计策、政治得失，大悦之，因辟为左将军兵曹掾。及先主为汉中王，拔仪为尚书。先主称尊号，东征吴，仪与尚书令刘巴不睦，左迁遥署弘农太守。建兴三年，丞相亮以为参军，署府事，将南行。五年，随亮汉中。八年，迁长史，加绥军将军。亮数出军，仪常规画分部，筹度粮谷，不稽思虑，斯须便了。军戎节度，取办于仪。亮深惜仪之才干，凭魏延之骁勇，常恨二人之不平，不忍有所偏废也。十二年，随亮出屯谷口。亮卒于敌场。仪既领军还，又诛讨延，自以为功勋至大，宜当代亮秉政，呼都尉赵正以《周易》筮之，卦得《家人》，默然不悦。而亮平生密指，以仪性狷狭，意在蒋琬。琬遂为尚书令、益州刺史。仪至，拜为中军师，无所统领，从容而已。

初，仪为先主尚书，琬为尚书郎，后虽俱为丞相参军长史，仪每从行，当其劳剧，自为年宦先琬，才能逾之，于是怨愤形于声色，叹咤之音发于五内。时人畏其言语不节，莫敢从也，惟后军师费祎往慰省之。仪对祎恨望，前后云云，又语祎曰：“往者丞相亡没之际，吾若举军以就魏氏，处世宁当落度如此邪！令人追悔不可复及。”祎密表其言。十三年，废仪为民，徙汉嘉郡。仪至徙所，复上书诽谤，辞指激切，遂下郡收仪。仪自杀，其妻子还蜀。

《楚国先贤传》云：仪兄虑，字威方。少有德行，为江南冠冕。州郡礼召，诸公辟请，皆不能屈。年十七，夭，乡人宗贵，号曰“德行杨君”。

评曰：刘封处嫌疑之地，而思防不足以自卫。彭羕、廖立以才拔进，李严以干局达，魏延以勇略任，杨仪以当官显，刘琰旧仕，并咸贵重。览其举措，迹其规矩，招祸取咎，无不自己也。

四十一卷 蜀书 十一

霍王向张杨费传 | 霍峻 王连 向朗 张裔 杨洪 费诗

○霍峻

　　霍峻字仲邈，南郡枝江人也。兄笃，于乡里合部曲数百人。笃卒，荆州牧刘表令峻摄其众。表卒，峻率众归先主，先主以峻为中郎将。先主自葭萌还袭刘璋，留峻守葭萌城。张鲁遣将杨帛诱峻，求共守城，峻曰："小人头可得，城不可得。"帛乃退去。后璋将扶禁、向存等帅万余人由阆水上，攻围峻，且一年，不能下。峻城中兵才数百人，伺其怠隙，选精锐出击，大破之，即斩存首。先主定蜀，嘉峻之功，乃分广汉为梓潼郡，以峻为梓潼太守、裨将军。在官三年，年四十卒，还葬成都。先主甚悼惜，乃诏诸葛亮曰："峻既佳士，加有功于国，欲行酹。"遂亲率群僚临会吊祭，因留宿墓上，当时荣之。

　　子弋，字绍先，先主末年为太子舍人。后主践阼，除谒者。丞相诸葛亮北驻汉中，请为记室，使与子乔共周旋游处。亮卒，为黄门侍郎。后主立太子璿，以弋为中庶子，璿好骑射，出入无度，弋援引古义，尽言规谏，甚得切磋之体。后为参军庲降屯副

贰都督，又转护军，统事如前。时永昌郡夷獠恃险不宾，数为寇害，乃以弋领永昌太守，率偏军讨之，遂斩其豪帅，破坏邑落，郡界宁静。迁监军、翊军将军，领建宁太守，还统南郡事。景耀六年，进号安南将军。是岁，蜀并于魏。弋与巴东领军襄阳罗宪各保全一方，举以内附，咸因仍前任，宠待有加。《汉晋春秋》曰：霍弋闻魏军来，弋欲赴成都，后主以备敌既定，不听。及成都不守，弋素服号哭，大临三日。诸将咸劝宜速降，弋曰："今道路隔塞，未详主之安危，大故去就，不可苟也。若主上与魏和，见遇以礼，则保境而降，不晚也。若万一危辱，吾将以死拒之，何论迟速邪！"得后主东迁之问，始率六郡将守上表曰："臣闻人生于三，事之如一，惟难所在，则致其命。今臣国败主附，守死无所，是以委质，不敢有贰。"晋文王善之，又拜南中都督，委以本任。后遣将兵救援吕兴，平交阯、日南、九真三郡，功封列侯，进号崇赏焉。弋孙彪，晋越巂太守。|《襄阳记》曰：罗宪字令则。父蒙，避乱于蜀，官至广汉太守。宪少以才学知名，年十三能属文。后主立太子，为太子舍人，迁庶子、尚书吏部郎，以宣信校尉再使于吴，吴人称美焉。时黄皓预政，众多附之，宪独不与同，皓恚，左迁巴东太守。时右大将军阎宇都督巴东，为领军，后主拜宪为宇副贰。魏之伐蜀，召宇西还，留宇二千人，令宪守永安城。寻闻成都败，城中扰动，江边长吏皆弃城走，宪斩称成都乱者一人，百姓乃定。得后主委质问至，乃帅所统临于都亭三日。吴闻蜀败，起兵西上，外托救援，内欲袭宪。宪曰："本朝倾覆，吴为唇齿，不恤我难而徼其利，背盟违约。且汉已亡，吴何得久，宁能为吴降虏乎！"保城缮甲，告誓将士，厉以节义，莫不用命。吴闻钟、邓败，百城无主，有兼蜀之志，而巴东固守，兵不得过，使步协率众而西。宪临江拒射，不能御，遣参军杨宗突围北出，告急安东将军陈骞，又送

文武印绶、任子诣晋王。协攻城，宪出与战，大破其军。孙休怒，复遣陆抗等帅众三万人增宪之围。被攻凡六月日而救援不到，城中疾病大半。或说宪奔走之计，宪曰："夫为人主，百姓所仰，危不能安，急而弃之，君子不为也，毕命于此矣。"陈骞言于晋王，遣荆州刺史胡烈救宪，抗等引退。晋王即委前任，拜宪凌江将军，封万年亭侯。会武陵四县举众叛吴，以宪为武陵太守、巴东监军。泰始元年改封西鄂县侯。宪遣妻子居洛阳，武帝以子袭为给事中。三年冬，入朝，进位冠军将军、假节。四年三月，从帝宴于华林园，诏问蜀大臣子弟，后问先辈宜时叙用者、宪荐蜀郡常忌、杜轸、寿良、巴西陈寿、南郡高轨、南阳吕雅、许国，江夏费恭、琅邪诸葛京、汝南陈裕，即皆叙用，咸显于世。宪还，袭取吴之巫城，因上伐吴之策。宪方亮严正，待士不倦，轻财好施，不治产业。六年薨，赠安南将军，谥曰烈侯。子袭，以凌江将军领部曲，早卒，追赠广汉太守。袭子徽，顺阳内史，永嘉五年为王如所杀。| 此作"献"，名与本传不同，未详孰是也。

○王连

　　王连字文仪，南阳人也。刘璋时入蜀，为梓潼令。先主起事葭萌，进军来南，连闭城不降，先主义之，不强逼也。及成都既平，以连为什邡令，转在广都，所居有绩。迁司盐校尉，较盐铁之利，利入甚多，有裨国用，于是简取良才以为官属，若吕乂、杜祺、刘幹等，终皆至大官，自连所拔也。迁蜀郡太守、兴业将军，领盐府如故。建兴元年，拜屯骑校尉，领丞相长史，封平阳亭侯。时南方诸郡不宾，诸葛亮将自征之，连谏以为"此不毛之地，疫疠之乡，不宜以一国之望，冒险而行"。亮虑诸将才不及己，意欲必往，而连言辄恳至，故停留者久之。会连卒。子山嗣，官至江阳太守。

○向朗 兄子宠

向朗字巨达，襄阳宜城人也。《襄阳记》曰：朗少师事司马德操，与徐元直、韩德高、庞士元皆亲善。荆州牧刘表以为临沮长。表卒，归先主。先主定江南，使朗督秭归、夷道、巫、夷陵四县军民事。蜀既平，以朗为巴西太守，顷之转任牂牁，又徙房陵。后主践阼，为步兵校尉，代王连领丞相长史。丞相亮南征，朗留统后事。五年，随亮汉中。朗素与马谡善，谡逃亡，朗知情不举，亮恨之，免官还成都。数年，为光禄勋，亮卒后徙左将军，追论旧功，封显明亭侯，位特进。初，朗少时虽涉猎文学，然不治素检，以吏能见称。自去长史，优游无事垂三十年，臣松之案：朗坐马谡免长史，则建兴六年中也。朗至延熙十年卒，整二十年耳，此云"三十"，字之误也。乃更潜心典籍，孜孜不倦。年逾八十，犹手自校书，刊定谬误，积聚篇卷，于时最多。开门接宾，诱纳后进，但讲论古义，不干时事，以是见称。上自执政，下及童冠，皆敬重焉。延熙十年卒。《襄阳记》曰：朗遗言戒子曰："传称师克在和不在众，此言天地和则万物生，君臣和则国家平，九族和则动得所求，静得所安，是以圣人守和，以存以亡也。吾，楚国之小子耳，而早丧所天，为二兄所诱养，使其性行不随禄利以堕。今但贫耳；贫非人患，惟和为贵，汝其勉之！"子条嗣，景耀中为御史中丞。《襄阳记》曰：条字文豹，亦博学多识，入晋为江阳太守、南中军司马。

朗兄子宠，先主时为牙门将。秭归之败，宠营特完。建兴元年封都亭侯，后为中部督，典宿卫兵。诸葛亮当北行，表与后主曰："将军向宠，性行淑均，晓畅军事，试用于昔，先帝称之曰能，是以众论举宠为督。愚以为营中之事，悉以咨之，必能使行阵和睦，优劣得所也。"迁中领军。延熙三年，征汉嘉蛮夷，遇害。宠弟充，历射声校尉、尚书。《襄阳记》曰：魏咸熙元年六月，镇西将军卫瓘至于成都，得璧玉印各一枚，文似"成信"字，魏人宣示百官，藏于相国府。充闻之曰："吾闻谯周之言，先帝讳备，其训具也，后主讳禅，其训授也。如言刘已具矣，当授与人也。今中抚军名炎，而汉年极于炎兴，瑞出成都，而藏之于相国府，此殆天意也。"是岁，拜充为梓潼太守，明年十二月而晋武帝即尊位，炎兴于是乎征焉。| 孙盛曰：昔公孙述自以起成都，号曰成氏，二玉之文，殆述所作乎！

○张裔

张裔字君嗣，蜀郡成都人也。治《公羊春秋》，博涉《史》《汉》。汝南许文休入蜀，谓裔干理敏捷，是中夏钟元常之伦也。刘璋时，举孝廉，为鱼复长，还州署从事，领帐下司马。张飞自荆州由垫江入，璋授裔兵，拒张飞于德阳陌下，军败，还成都。为璋奉使诣先主，先主许以礼其君而安其人也，裔还，城门乃开。先主以裔为巴郡太守，还为司金中郎将，典作农战之器。先是，益州郡杀太守正昂，耆率雍闿恩信著于南土，使命周旋，远通孙权。乃以裔为益州太守，径往至郡。闿遂趑趄不宾，假鬼教曰："张府君如瓠壶，外虽泽而内实粗，不足杀，令缚与吴。"于是遂送裔于权。

会先主薨，诸葛亮遣邓芝使吴，亮令芝言次可从权请裔。裔自至吴数年，流徙伏匿，权未之知也，故许芝遣裔。裔临发，权乃引见，问裔曰："蜀卓氏寡女，亡奔司马相如，贵土风俗何以乃尔乎？"裔对曰："愚以为卓氏之寡女，犹贤于买臣之妻。"权又谓裔曰："君还，必用事西朝，终不作田父于闾里也，将何以报我？"裔对曰："裔负罪而归，将委命有司。若蒙徼幸得全首领，五十八已前父母之年也，自此已后大王之赐也。"权言笑欢悦，有器裔之色。裔出阁，深悔不能阳愚，即便就船，倍道兼行。权果追之，裔已入永安界数十里，追者不能及。

既至蜀，丞相亮以为参军，署府事，又领益州治中从事。亮出驻汉中，裔以射声校尉领留府长史，常称曰："公赏不遗远，罚不阿近，爵不可以无功取，刑不可以贵势免，此贤愚之所以佥忘其身者也。"其明年，北诣亮谘事，送者数百，车乘盈路，裔还书与所亲曰："近者涉道，昼夜接宾，不得宁息，人自敬丞相长史，男子张君嗣附之，疲倦欲死。"其谈啁流速，皆此类也。臣松之以为谈啁贵于机捷，书疏可容留意。今因书疏之巧，以著谈啁之速，非其理也。少与犍为杨恭友善，恭早死，遗孤未数岁，裔迎留，与分屋而居，事恭母如母。恭之子息长大，为之娶妇，买田宅产业，使立门户。抚恤故旧，振赡衰宗，行义甚至。加辅汉将军，领长史如故。建兴八年卒。子毖嗣，历三郡守、监军。毖弟郁，太子中庶子。

○杨洪

杨洪字季休，犍为武阳人也。刘璋时历部诸郡。先主定蜀，太守李严命为功曹。严欲徙郡治舍，洪固谏不听，遂辞功曹，请退。严欲荐洪于州，为蜀部从事。先主争汉中，急书发兵，军师将军诸葛亮以问洪，洪曰："汉中则益州咽喉，存亡之机会，若无汉中则无蜀矣，此家门之祸也。方今之事，男子当战，女子当运，发兵何疑？"时蜀郡太守法正从先主北行，亮于是表洪领蜀郡太守，众事皆办，遂使即真。顷之，转为益州治中从事。

先主既称尊号，征吴不克，还住永安。汉嘉太守黄元素为诸葛亮所不善，闻先主疾病，惧有后患，举郡反，烧临邛城。时亮东行省疾，成都单虚，是以元益无所惮。洪即启太子，遣其亲兵，使将军陈曶、郑绰讨元。众议以为元若不能围成都，当由越嶲据南中。洪曰："元素性凶暴，无他恩信，何能办此？不过乘水东下，冀主上平安，面缚归死；如其有异，奔吴求活耳。敕曶、绰但于南安峡口遮，即便得矣。"曶、绰承洪言，果生获元。洪建兴元年赐爵关内侯，复为蜀郡太守、忠节将军，后为越骑校尉，领郡如故。

五年，丞相亮北住汉中，欲用张裔为留府长史，问洪何如，洪对曰："裔天姿明察，长于治剧，才诚堪之，然性不公平，恐不可专任，不如留向朗。朗情伪差少，裔随从目下，效其器能，于事两善。"初，裔少与洪亲善。裔流放在吴，洪临郡，裔子郁给郡吏，微过受罚，不特原假。裔后还闻之，深以为恨，与洪情好有损。及洪见亮出，至裔许，具说所言。裔答洪曰："公留我了矣，明府不能止。"时人或疑洪意自欲作长史，或疑洪知裔自嫌，不愿裔处要职，典后事也。后裔与司盐校尉岑述不和，至于忿恨。亮与裔书曰："君昔在陌下，营坏，吾之用心，食不知味；后流迸南海，相为悲叹，寝不安席；及其来还，委付大任，同奖王室，自以为与君古之石交也。石交之道，举仇以相益，割骨肉以相明，犹不相谢也，况吾但委意于元俭，而君不能忍邪？"论者由是明洪无私。

洪少不好学问，而忠清款亮，忧公如家，事继母至孝。六年卒官。始洪为李严功曹，严未去犍为而洪已为蜀郡。洪迎门下书佐何祗，有才策功干。举郡吏，数年为广汉太守，时洪亦尚在蜀郡。是以西土咸服诸葛亮能尽时人之器用也。《益部耆旧传杂记》曰：每朝会，祗次洪坐。嘲祗曰："君马何驶？"祗曰："故吏马不敢驶，但明府未著鞭耳。"众传之以为笑。祗字君肃，少寒贫，为人宽厚通济，体甚壮大，又能饮食，好声色，不持节俭，故时人少贵之者。尝梦井中生桑，以问占梦赵直，直曰："桑非井中之物，会当移植；然'桑'字四十下八，君寿恐不过此。"祗笑言"得此足矣"。初仕郡，后为督军从事。时诸葛亮用法峻密，阴闻祗游戏放纵，不勤所职，常奄往录狱。众人咸为祗惧。祗密闻之，夜张灯火见囚，读诸解状。诸葛晨往，祗悉已暗诵，答对解释，无所凝滞，亮甚异之。出补成都令，时郫县令缺，以祗兼二县。二县户口猥多，切近都治，饶诸奸秽，每比人，常眠睡，值其觉寤，辄得奸诈，众咸畏祗之发摘，或以为有术，无敢欺者。使人投算，祗听其读而心计之，不差升合，其精如此。汶山夷不安，以祗为汶山太守，民夷服信。迁广汉。后夷反叛，辞："令得前何府君，乃能安我耳！"时难复屈祗，拔祗族人为之，汶山复得安，转祗为犍为。年四十八卒，如直所言。后有广汉王离，字伯元，亦以才干显。为督军从事，推法平当，稍迁，代祗为犍为太守，治有美绩，虽聪明不及祗，而文采过之也。

○费诗

费诗字公举，犍为南安人也。刘璋时为绵竹令，先主攻绵竹时，诗先举城降。成都既定，先主领益州牧，以诗为督军从事，出为牂牁太守，还为州前部司马。先主为汉中王，遣诗拜关羽为前将军，羽闻黄忠为后将军，羽怒曰："大丈夫终不与老兵同列！"不肯受拜。诗谓羽曰："夫立王业者，所用非一。昔萧、曹与高祖少小亲旧，而陈、韩亡命后至，论其班列，韩最居上，未闻萧、曹以此为怨。今汉王以一时之功，隆崇于汉升，然意之轻重，宁当与君侯齐乎！且王与君侯，譬犹一体，同休等戚，祸福共之，愚为君侯，不宜计官号之高下、爵禄之多少为意也。仆一介之使，衔命之人，君侯不受拜，如是便还，但相为惜此举动，恐有后悔耳！"羽大感悟，遽即受拜。

后群臣议欲推汉中王称尊号，诗上疏曰："殿下以曹操父子逼主篡位，故乃羁旅万里，纠合士众，将以讨贼。今大敌未克，而先自立，恐人心疑惑。昔高祖与楚约，先破秦者王。及屠咸阳，获子婴，犹怀推让，况今殿下未出门庭，便欲自立邪！愚臣诚不为殿下取也。"由是忤指，左迁部永昌从事。习凿齿曰：夫创本之君，须大定而后正己；篡统之主，侯速建以系众心，是故惠公朝虏而子圉夕立，更始尚存而光武举号。夫岂忘主徼利？社稷之故也！今先主纠合义兵，将以讨贼。贼强祸大，主没国丧，二祖之庙，绝而不祀。苟非亲贤，孰能绍此？嗣祖配天，非咸阳之譬；杖正讨逆，何推让之有？于此时也，不知速尊有德以奉大统，使民欣反正，世睹旧物，杖顺者齐心，附逆者同惧，可谓暗惑矣！其黜降也宜哉！｜臣松之以为凿齿论议，惟此议最善。

128

建兴三年，随诸葛亮南行，归至汉阳县，降人李鸿来诣亮，亮见鸿，时蒋琬与诗在坐。鸿曰："间过孟达许，适见王冲从南来，言往者达之去就，明公切齿，欲诛达妻子，赖先主不听耳。达曰：'诸葛亮见顾有本末，终不尔也。'尽不信冲言，委仰明公，无复已已。"亮谓琬、诗曰："还都当有书与子度相闻。"诗进曰："孟达小子，昔事振威不忠，后又背叛先主，反覆之人，何足与书邪！"亮默然不答。

亮欲诱达以为外援，竟与达书曰："往年南征，岁末乃还，适与李鸿会于汉阳，承知消息，慨然永叹，以存足下平素之志，岂徒空托名荣，贵为乖离乎！呜呼孟达，斯实刘封侵陵足下，以伤先主待士之义。又鸿道王冲造作虚语，云足下量度吾心，不受冲说。寻表明之言，追平生之好，依依东望，故遣有书。"达得亮书，数相交通，辞欲叛魏。魏遣司马宣王征之，即斩灭达。亮亦以达无款诚之心，故不救助也。蒋琬秉政，以诗为谏议大夫，卒于家。孙盛《蜀世谱》曰：诗子立，晋散骑常侍。自后益州诸费有名位者，多是诗之后也。

王冲者，广汉人也。为牙门将，统属江州督李严。为严所疾，惧罪降魏。魏以冲为乐陵太守。

评曰：霍峻孤城不倾，王连固节不移，向朗好学不倦，张裔肤敏应机，杨洪乃心忠公，费诗率意而言，皆有可纪焉。以先主之广济，诸葛之准绳，诗吐直言，犹用陵迟，况庸后乎哉！

四十二卷 蜀书 ^{十二}

杜周杜许孟来尹李谯郤传 | 杜微 周群 杜琼 许慈 孟光
来敏 尹默 李譔 谯周 郤正

○**杜微**

　　杜微字国辅，梓潼涪人也。少受学于广汉任安。刘璋辟为从事，以疾去官。及先主定蜀，微常称聋，闭门不出。建兴二年，丞相亮领益州牧，选迎皆妙简旧德，以秦宓为别驾，五梁为功曹，微为主簿。微固辞，舆而致之。既至，亮引见微，微自陈谢。亮以微不闻人语，于坐上与书曰："服闻德行，饥渴历时，清浊异流，无缘咨觐。王元泰、李伯仁、王文仪、杨季休、丁君幹、李永南兄弟、文仲宝等，每叹高志，未见如旧。猥以空虚，统领贵州，德薄任重，惨惨忧虑。朝廷今年始十八，天姿仁敏，爱德下士。天下之人思慕汉室，欲与君因天顺民，辅此明主，以隆季兴之功，著勋于竹帛也。以谓贤愚不相为谋，故自割绝，守劳而已，不图自屈也。"微自乞老病求归，亮又与书答曰："曹丕篡弑，自立为帝，是犹土龙刍狗之有名也。欲与群贤因其邪伪，以正道灭之。怪君未有相诲，便欲求还于山野。丕又大兴劳役，以向吴、楚。

今因丕多务，且以闭境勤农，育养民物，并治甲兵，以待其挫；然后伐之，可使兵不战民不劳而天下定也。君但当以德辅时耳，不责君军事，何为汲汲欲求去乎！”其敬微如此。拜为谏议大夫，以从其志。

五梁者，字德山，犍为南安人也，以儒学节操称。从议郎迁谏议大夫、五官中郎将。

○周群 张裕

周群字仲直，巴西阆中人也。父舒，字叔布，少学术于广汉杨厚，名亚董扶、任安。数被征，终不诣。时人有问：“《春秋谶》曰‘代汉者，当涂高’，此何谓也？”舒曰：“当涂高者，魏也。”乡党学者私传其语。群少受学于舒，专心候业。于庭中作小楼，家富多奴，常令奴更直于楼上视天灾。才见一气，即白群，群自上楼观之，不避晨夜。故凡有气候，无不见者，是以所言多中。州牧刘璋，辟以为师友从事。《续汉书》曰：建安七年，越嶲有男子化为女人，时群言哀帝时亦有此，将易代之祥也。至二十五年，献帝果封于山阳。十二年十月，有星孛于鹑尾，荆州分野，群以为荆州牧将死而失土。明年秋，刘表卒，曹公平荆州。十七年十二月，星孛于五诸侯，群以为西方专据土地者皆将失土。是时，刘璋据益州，张鲁据汉中，韩遂据凉州，宋建据枹罕。明年冬，曹公遣偏将击凉州。十九年，获宋建，韩遂逃于羌中，被杀。其年秋，璋失益州。二十年秋，曹公攻汉中，张鲁降。

先主定蜀，署儒林校尉。先主欲与曹公争汉中，问群，群对曰:"当得其地,不得其民也。若出偏军,必不利,当戒慎之!"
时州后部司马蜀郡张裕亦晓占候,而天才过群,谏先主曰:"不可
争汉中,军必不利。"先主竟不用裕言,果得地而不得民也。遣将
军吴兰、雷铜等入武都,皆没不还,悉如群言。于是举群茂才。

裕又私语人曰:"岁在庚子,天下当易代,刘氏祚尽矣。主公
得益州,九年之后,寅卯之间当失之。"人密白其言。

初,先主与刘璋会涪时,裕为璋从事,侍坐。其人饶须,先
主嘲之曰:"昔吾居涿县,特多毛姓,东西南北皆诸毛也,涿令称
曰:'诸毛绕涿居乎!'"裕即答曰:"昔有作上党潞长,迁为涿令。
涿令者,去官还家,时人与书,欲署潞则失涿,欲署涿则失潞,
乃署曰'潞涿君'。"先主无须,故裕以此及之。先主常衔其不逊,
加忿其漏言,乃显裕谏争汉中不验,下狱,将诛之。诸葛亮表请
其罪,先主答曰:"芳兰生门,不得不锄。"裕遂弃市。后魏氏之立,
先主之薨,皆如裕所刻。又晓相术,每举镜视面,自知刑死,未
尝不扑之于地也。群卒,子巨颇传其术。

○杜琼

杜琼字伯瑜,蜀郡成都人也。少受学于任安,精究安术。刘
璋时辟为从事。先主定益州,领牧,以琼为议曹从事。后主践阼,
拜谏议大夫,迁左中郎将、大鸿胪、太常。为人静默少言,阖门
自守,不与世事。蒋琬、费祎等皆器重之。虽学业入深,初不视
天文有所论说。后进通儒谯周常问其意,琼答曰:"欲明此术甚难,

须当身视，识其形色，不可信人也。晨夜苦剧，然后知之，复忧漏泄，不如不知，是以不复视也。"周因问曰："昔周征君以为'当涂高'者魏也，其义何也？"琼答曰："魏，阙名也，当涂而高，圣人取类而言耳。"又问周曰："宁复有所怪邪？"周曰："未达也。"琼又曰："古者名官职不言曹；始自汉已来，名官尽言曹，吏言属曹，卒言侍曹，此殆天意也。"

琼年八十余，延熙十三年卒。著《韩诗章句》十余万言，不教诸子，内学无传业者。周缘琼言，乃触类而长之曰："《春秋传》著晋穆侯名太子曰仇，弟曰成师。师服曰：'异哉君之名子也！嘉耦曰妃，怨耦曰仇，今君名太子曰仇，弟曰成师，始兆乱矣，兄其替乎？'其后果如服言。及汉灵帝名二子曰史侯、董侯，既立为帝，后皆免为诸侯，与师服言相似也。先主讳备，其训具也，后主讳禅，其训授也，如言刘已具矣，当授与人也；意者甚于穆侯、灵帝之名子。"后宦人黄皓弄权于内，景耀五年，宫中大树无故自折，周深忧之，无所与言，乃书柱曰："众而大，期之会，具而授，若何复？"言曹者众也，魏者大也，众而大，天下其当会也。具而授，如何复有立者乎？蜀既亡，咸以周言为验。周曰："此虽己所推寻，然有所因，由杜君之辞而广之耳，殊无神思独至之异也。"

○许慈

许慈字仁笃，南阳人也。师事刘熙，善郑氏学，治《易》《尚书》《三礼》《毛诗》《论语》。建安中，与许靖等俱自交州入蜀。时又有魏郡胡潜，字公兴，不知其所以在益土。潜虽学不沾洽，然卓荦强识，祖宗制度之仪，丧纪五服之数，皆指掌画地，举手可采。先主定蜀，承丧乱历纪，学业衰废，乃鸠合典籍，沙汰众学，慈、潜并为博士，与孟光、来敏等典掌旧文。值庶事草创，动多疑议，慈、潜更相克伐，谤讟忿争，形于声色；书籍有无，不相通借，时寻楚挞，以相震挠。其矜己妒彼，乃至于此。先主愍其若斯，群僚大会，使倡家假为二子之容。效其讼阋之状，酒酣乐作，以为嬉戏，初以辞义相难，终以刀杖相屈，用感切之。

潜先没，慈后主世稍迁至大长秋，卒。孙盛曰：蜀少人士，故慈、潜等并见载述。子勋传其业，复为博士。

○孟光

孟光字孝裕，河南洛阳人，汉太尉孟郁之族。《续汉书》曰：郁，中常侍孟贲之弟。灵帝末为讲部吏。献帝迁都长安，遂逃入蜀，刘焉父子待以客礼。博物识古，无书不览，尤锐意三史，长于汉家旧典。好《公羊春秋》而讥呵《左氏》，每与来敏争此二义，光常谈谈欢咋。谈音奴交反。欢音休袁反。咋音徂格反。先主定益州，拜为议郎，与许慈等并掌制度。后主践阼，为符节令、屯骑校尉、长乐少府，迁大司农。

延熙九年秋，大赦，光于众中责大将军费祎曰："夫赦者，偏枯之物，非明世所宜有也。衰弊穷极，必不得已，然后乃可权而行之耳。今主上仁贤，百僚称职，有何旦夕之危，倒县之急，而数施非常之恩，以惠奸宄之恶乎？又鹰隼始击，而更原宥有罪，上犯天时，下违人理。老夫耄朽，不达治体，窃谓斯法难以经久，岂具瞻之高美，所望于明德哉！”祎但顾谢踧踖而已。光之指摘痛痒，多如是类，故执政重臣，心不能悦，爵位不登；每直言无所回避，为世所嫌。太常广汉镡承、《华阳国志》曰：承字公文，历郡守、少府。光禄勋河东裴儁等，年资皆在光后，而登据上列，处光之右，盖以此也。傅畅《裴氏家记》曰：儁字奉先，魏尚书令潜弟也。儁姊夫为蜀中长史，儁送之，时年十余岁，遂遭汉末大乱，不复得还。既长知名，为蜀所推重也。子越，字令绪，为蜀督军。蜀破，迁还洛阳，拜议郎。

后进文士秘书郎郤正数从光谘访，光问正太子所习读并其情性好尚，正答曰：“奉亲虔恭，夙夜匪懈，有古世子之风；接待群僚，举动出于仁恕。”光曰：“如君所道，皆家户所有耳；吾今所问，欲知其权略智调何如也。”正曰：“世子之道，在于承志竭欢，既不得妄有所施为，且智调藏于胸怀，权略应时而发，此之有无，焉可豫设也？”光解正慎宜，不为放谈，乃曰：“吾好直言，无所回避，每弹射利病，为世人所讥嫌；省君意亦不甚好吾言，然语有次，今天下未定，智意为先，智意虽有自然，然亦可力强致也。此储君读书，宁当效吾等竭力博识以待访问，如博士探策讲试以求爵位邪！当务其急者。”正深谓光言为然。后光坐事免官，年九十余卒。

○来敏

来敏字敬达，义阳新野人，来歙之后也。父艳，为汉司空。华峤《后汉书》曰：艳好学下士，开馆养徒众。少历显位，灵帝时位至司空。汉末大乱，敏随姊奔荆州，姊夫黄琬是刘璋祖母之侄，故璋遣迎琬妻，敏遂俱与姊入蜀，常为璋宾客。涉猎书籍，善《左氏春秋》，尤精于《仓》《雅》训诂，好是正文字。先主定益州，署敏典学校尉，及立太子，以为家令。后主践阼，为虎贲中郎将。丞相亮住汉中，请为军祭酒、辅军将军，坐事去职。《亮集》有教曰："将军来敏对上官显言：'新人有何功德而夺我荣资与之邪？诸人共憎我，何故如是？'敏年老狂悖，生此怨言。昔成都初定，议者以为来敏乱群，先帝以新定之际，故遂含容，无所礼用。后刘子初选以为太子家令，先帝不悦而不忍拒也。后主上即位，吾暗于知人，遂复擢为将军祭酒，违议者之审见，背先帝所疏外，自谓能以敦厉薄俗，帅之以义。今既不能，表退职，使闭门思愆。"

亮卒后，还成都，为大长秋，又免，后累迁为光禄大夫，复坐过黜。前后数贬削，皆以语言不节，举动违常也。时孟光亦以枢机不慎，议论干时，然犹愈于敏，俱以其耆宿学士见礼于世。而敏荆楚名族，东宫旧臣，特加优待，是故废而复起。后以敏为执慎将军，欲令以官重自警戒也。年九十七，景耀中卒。子忠，亦博览经学，有敏风，与尚书向充等并能协赞大将军姜维。维善之，以为参军。

○尹默

尹默字思潜，梓潼涪人也。益部多贵今文而不崇章句，默知其不博，乃远游荆州，从司马德操、宋仲子等受古学。皆通诸经史，又专精于《左氏春秋》，自刘歆《条例》，郑众、贾逵父子、陈元、服虔注说，咸略诵述，不复按本。先主定益州，领牧，以为劝学从事，及立太子，以默为仆射，以《左氏传》授后主。后主践阼，拜谏议大夫。丞相亮住汉中，请为军祭酒。亮卒，还成都，拜太中大夫，卒。子宗传其业，为博士。宋仲子后在魏。|《魏略》曰：其子与魏讽谋反，伏诛。魏太子答王朗书曰："昔石厚与州吁游，父碏知其与乱；韩子昵田苏，穆子知其好仁：故君子游必有方，居必就士，诚有以也。嗟乎！宋忠无石子先识之明，老罹此祸。今虽欲愿行灭亲之诛，立纯臣之节，尚可得邪！"

○李譔

李譔字钦仲，梓潼涪人也。父仁，字德贤，与同县尹默俱游荆州，从司马徽、宋忠等学。譔具传其业，又从默讲论义理，五经、诸子，无不该览，加博好技艺，算术、卜数、医药、弓弩、机械之巧，皆致思焉。始为州书佐、尚书令史。延熙元年，后主立太子，以譔为庶子，迁为仆射，转中散大夫、右中郎将，犹侍太子。太子爱其多知，甚悦之。然体轻脱，好戏啁，故世不能重也。著古文《易》《尚书》《毛诗》《三礼》《左氏传》《太玄指归》，皆依准贾、马，异于郑玄。与王氏殊隔，初不见其所述，而意归多同。景耀中卒。时又有汉中陈术，字申伯，亦博学多闻，著《释问》七篇、《益部耆旧传》及《志》，位历三郡太守。

○谯周

谯周字允南，巴西西充国人也。父岎，字荣始，治《尚书》，兼通诸经及图、纬。州郡辟请，皆不应，州就假师友从事。周幼孤，与母兄同居。既长，耽古笃学，家贫未尝问产业，诵读典籍，欣然独笑，以忘寝食。研精六经，尤善书札。颇晓天文，而不以留意；诸子文章非心所存，不悉遍视也。身长八尺，体貌素朴，性推诚不饰，无造次辩论之才，然潜识内敏。

建兴中，丞相亮领益州牧，命周为劝学从事。《蜀记》曰：周初见亮，左右皆笑。既出，有司请推笑者，亮曰："孤尚不能忍，况左右乎！"亮卒于敌庭，周在家闻问，即便奔赴，寻有诏书禁断，惟周以速行得达。大将军蒋琬领刺史，徙为典学从事，总州之学者。

后主立太子，以周为仆，转家令。时后主颇出游观，增广声乐。周上疏谏曰："昔王莽之败，豪杰并起，跨州据郡，欲弄神器，于是贤才智士思望所归，未必以其势之广狭，惟其德之薄厚也。是故于时更始、公孙述及诸有大众者多已广大，然莫不快情恣欲，怠于为善，游猎饮食，不恤民物。世祖初入河北，冯异等劝之曰：'当行人所不能为。'遂务理冤狱，节俭饮食，动遵法度，故北州歌叹，声布四远。于是邓禹自南阳追之，吴汉、寇恂未识世祖，遥闻德行，遂以权计举渔阳、上谷突骑迎于广阿；其余望风慕德者，邳彤、耿纯、刘植之徒；至于舆病赍棺，襁负而至者，不可胜数。故能以弱为强，屠王郎，吞铜马，折赤眉而成帝业也。及在洛阳，尝欲小出，车驾已御，铫期谏曰：'天下未宁，臣诚不愿陛下细行数出。'即时还车。及征隗嚣，颖川盗起，世祖还洛阳，但遣寇恂往，恂曰：'颖川以陛下远征，故奸猾起叛，未知陛下还，恐不时降；陛下自临颖川，贼必即降。'遂至颖川，竟如恂言。故非急务，欲小出不敢，至于急务，欲自安不为，故帝者之欲善也如此！故《传》曰'百姓不徒附'，诚以德先之也。今汉遭厄运，天下三分，雄哲之士思望之时也。陛下天姿至孝，丧逾三年，言及陨涕，虽曾、闵不过也。敬贤任才，使之尽力，有逾成、康。故国内和一，大小戮力，臣所不能陈。然臣不胜大愿，愿复广人所不能者。夫挽大重者，其用力苦不众；拔大艰者，其善术苦不广。且承事宗庙者，非徒求福祐，所以率民尊上也。至于四时之祀，或有不临，池苑之观，或有仍出，臣之愚滞，私不自安。夫忧责在身者，不暇尽乐，先帝之志，堂构未成，诚非尽乐之时。愿省减乐官、后宫所增造，但奉修先帝所施，下为子孙节俭之教。"徙为中散大夫，犹侍太子。

于时军旅数出，百姓雕瘁，周与尚书令陈祗论其利害，退而书之，谓之《仇国论》。其辞曰："因余之国小，而肇建之国大，并争于世而为仇敌。因余之国有高贤卿者，问于伏愚子曰：'今国事未定，上下劳心，往古之事，能以弱胜强者，其术何如？'伏愚子曰：'吾闻之，处大无患者恒多慢，处小有忧者恒思善；多慢则生乱，思善则生治，理之常也。故周文养民，以少取多，勾践恤众，以弱毙强，此其术也。'贤卿曰：'曩者项强汉弱，相与战争，无日宁息，然项羽与汉约分鸿沟为界，各欲归息民；张良以为民志既定，则难动也，寻帅追羽，终毙项氏，岂必由文王之事乎？肇建之国方有疾疢，我因其隙，陷其边陲，觊增其疾而毙之也。'伏愚子曰：'当殷、周之际，王侯世尊，君臣久固，民习所专；深根者难拔，据固者难迁。当此之时，虽汉祖安能杖剑鞭马而取天下乎？当秦罢侯置守之后，民疲秦役，天下土崩，或岁改主，或月易公，鸟惊兽骇，莫知所从。于是豪强并争，虎裂狼分，疾搏者获多，迟后者见吞。今我与肇建皆传国易世矣，既非秦末鼎沸之时，实有六国并据之势，故可为文王，难为汉祖。夫民疲劳则骚扰之兆生，上慢下暴则瓦解之形起。谚曰："射幸数跌，不如审发。"是故智者不为小利移目，不为意似改步，时可而后动，数合而后举，故汤、武之师不再战而克，诚重民劳而度时审也。如遂极武黩征，土崩势生，不幸遇难，虽有智者将不能谋之矣。若乃奇变从横，出入无间，冲波截辙，超谷越山，不由舟楫而济盟津者，我愚子也，实所不及。'"

后迁光禄大夫，位亚九列。周虽不与政事，以儒行见礼，时访大议，辄据经以对，而后生好事者亦咨问所疑焉。

景耀六年冬，魏大将军邓艾克江由，长驱而前。而蜀本谓敌不便至，不作城守调度；及闻艾已入阴平，百姓扰扰，皆迸山野，不可禁制。后主使群臣会议，计无所出。或以为蜀之与吴，本为和国，宜可奔吴；或以为南中七郡，阻险斗绝，易以自守，宜可奔南。惟周以为："自古已来，无寄他国为天子者也，今若入吴，固当臣服。且政理不殊，则大能吞小，此数之自然也。由此言之，则魏能并吴，吴不能并魏明矣。等为小称臣，孰与为大？再辱之耻，何与一辱？且若欲奔南，则当早为之计，然后可果。今大敌以近，祸败将及，群小之心，无一可保。恐发足之日，其变不测，何至南之有乎！"群臣或难周曰："今艾以不远，恐不受降，如之何？"周曰："方今东吴未宾，事势不得不受，受之之后，不得不礼。若陛下降魏，魏不裂土以封陛下者，周请身诣京都，以古义争之。"众人无以易周之理。

后主犹疑于入南，周上疏曰："或说陛下以北兵深入，有欲适南之计，臣愚以为不安。何者？南方远夷之地，平常无所供为，犹数反叛。自丞相亮南征，兵势逼之，穷乃幸从。是后供出官赋，取以给兵，以为愁怨，此患国之人也。今以穷迫，欲往依恃，恐必复反叛，一也。北兵之来，非但取蜀而已，若奔南方，必因人势衰，及时赴追，二也。若至南方，外当拒敌，内供服御，费用张广，他无所取，耗损诸夷必甚，甚必速叛，三也。昔王郎以邯郸僭号，时世祖在信都，畏逼于郎，欲弃还关中，邳肜谏曰：'明公西还，则邯郸城民不肯捐父母，背城主，而千里送公，其亡叛可必也。'世祖从之，遂破邯郸。今北兵至，陛下南行，诚恐邳肜之言复信于今，四也。愿陛下早为之图，可获爵土；若遂适南，势穷乃服，其祸必深。《易》曰：'亢之为言，知得而不知丧，知存而不知亡；知得失存亡而不失其正者，其惟圣人乎！'言圣人知命而不苟必也。故尧、舜以子不善，知天有授，而求授人；子虽不肖，祸尚未萌，而迎授与人，况祸以至乎！故微子以殷王之昆，面缚衔璧而归武王，岂所乐哉？不得已也！"于是遂从周策。刘氏无虞，一邦蒙赖，周之谋也。孙绰评曰：谯周说后主降魏，可乎？

曰：自为天子而乞降请命，何耻之深乎！夫为社稷死则死之，为社稷亡则亡之。先君正魏之篡，不与同天矣。推过于其父，俯首而事仇，可谓苟存，岂大居正之道哉！｜孙盛曰：《春秋》之义，国君死社稷，卿大夫死位，况称天子而可辱于人乎！周谓万乘之君偷生苟免，亡礼希利，要冀微荣，惑矣。且以事势言之，理有未尽。何者？禅虽庸主，实无桀纣之酷，战虽屡北，未有土崩之乱，纵不能君臣固守，背城借一，自可退次东鄙以思后图。是时罗宪以重兵据白帝，霍弋以强卒镇夜郎。蜀土险狭，山水峻隔，绝巇激湍，非步卒所涉。若悉取舟楫，保据江州，征兵南中，乞师东国，如此则姜、廖五将自然云从，吴之三师承命电赴，何投寄之无所而虑于必亡邪？魏师之来，襄国大举，欲追则舟楫靡资，欲留则师老多虞。且屈伸有会，情势代起，徐因思奋之民，以攻骄惰之卒，此越王所以败阖闾，田单所以摧骑劫也，何为匆匆遽自囚虏，下坚壁于敌人，致砥石之至恨哉？葛生有云："事之不济则已耳，安能复为之下！"壮哉斯言，可以立懦夫之志矣！观古燕、齐、荆、越之败，或国覆主灭，或鱼县鸟窜，终能建功立事，康复社稷，岂曰天助，抑亦人谋也。向使怀苟存之计，纳谯周之言，何邦基之能构，令名之可获哉？禅既暗主，周实驽臣，方之申包、田单、范蠡、大夫种，不亦远乎！

时晋文王为魏相国，以周有全国之功，封阳城亭侯。又下书辟周，周发至汉中，困疾不进。咸熙二年夏，巴郡文立从洛阳还蜀，过见周。周语次，因书版示立曰："典午忽兮，月酉没兮。"典午者谓司马也，月酉者谓八月也，至八月而文王果崩。《华阳国志》曰：文立字广休，少治《毛诗》《三礼》，兼通群书。刺史费祎命为从事，入为尚书郎，复辟祎大将军东曹掾，稍迁尚书。蜀并于魏，梁州建，首为别驾从事，举秀才。晋泰始二年，拜济阴太守，迁太子中庶子。立上言：

"故蜀大官及尽忠死事者子孙，虽仕郡国，或有不才，同之齐民为剧；又诸葛亮、蒋琬、费祎等子孙流徙中畿，各宜量才叙用，以慰巴、蜀之心，倾吴人之望。"事皆施行。转散骑常侍，献可替否，多所补纳。稍迁卫尉，中朝服其贤雅，为时名卿。咸宁末卒。立章奏诗赋论颂凡数十篇。晋室践阼，累下诏所在发遣周。周遂舆疾诣洛，泰始三年至。以疾不起，就拜骑都尉，周乃自陈无功而封，求还爵土，皆不听许。

五年，予尝为本郡中正，清定事讫，求休还家，往与周别。周语予曰："昔孔子七十二，刘向、扬雄七十一而没，今吾年过七十，庶慕孔子遗风，可与刘、扬同轨，恐不出后岁，必便长逝，不复相见矣。"疑周以术知之，假此而言也。六年秋，为散骑常侍，疾笃不拜，至冬卒。凡所著述，撰定《法训》《五经论》《古史考》之属百余篇。周三子，熙、贤、同。少子同颇好周业，亦以忠笃质素为行，举孝廉，除锡令、东宫洗马，召不就。

○郤正

郤正字令先，河南偃师人也。祖父俭，灵帝末为益州刺史，为盗贼所杀。会天下大乱，故正父揖因留蜀。揖为大将军孟达营都督，随达降魏，为中书令史。正本名纂，少以父死母嫁，单茕只立，而安贫好学，博览坟籍。弱冠能属文，入为秘书吏，转为令史，迁郎，至令。性澹于荣利，而尤耽意文章，自司马、王、扬、班、傅、张、蔡之俦遗文篇赋，及当世美书善论，益部有者，则钻凿推求，略皆寓目。自在内职，与宦人黄皓比屋周旋，经三十年。皓从微至贵，操弄威权，正既不为皓所爱，亦不为皓所憎，是以官不过六百石，而免于忧患。

依则先儒，假文见意，号曰《释讥》，其文继于崔骃《达旨》。其辞曰：

"或有讥余者曰：'闻之前记，夫事与时并，名与功偕，然则名之与事，前哲之急务也。是故创制作范，匪时不立，流称垂名，匪功不记，名必须功而乃显，事亦俟时以行止，身没名灭，君子所耻。是以达人研道，探赜索微，观天运之符表，考人事之盛衰，辩者驰说，智者应机，谋夫演略，武士奋威，云合雾集，风激电飞，量时揆宜，用取世资，小屈大申，存公忽私，虽尺枉而寻直，终扬光以发辉也。今三方鼎跱，九有未乂，悠悠四海，婴丁祸败，嗟道义之沈塞，愍生民之颠沛，此诚圣贤拯救之秋，烈士树功之会也。吾子以高朗之才，珪璋之质，兼览博窥，留心道术，无远不致，无幽不悉；挺身取命，干兹奥秘，踌躇紫闼，喉舌是执，九考不移，有入无出，《尚书》曰：三载考绩，三考黜陟幽明。九考则二十七年。究古今之真伪，计时务之得失。虽时献一策，偶进一言，释彼官责，慰此素飧，固未能输竭忠款，尽沥胸肝，排方入直，惠彼黎元，俾吾徒草鄙并有闻焉也。盍亦绥衡缓辔，回轨易涂，舆安驾肆，思马斯徂，审厉揭以投济，要夷庚之赫怃，播秋兰以芳世，副吾徒之披图，不亦盛与！'

"余闻而叹曰：'呜呼，有若云乎邪！夫人心不同，实若其面，子虽光丽，既美且艳，管窥筐举，守厥所见，未可以言八纮之形埒，信万事之精练也。'

"或人率尔，抑而扬衡曰：'是何言与！是何言与！'

"余应之曰：'虞帝以面从为戒，孔圣以悦己为尤，若子之言，良我所思，将为吾子论而释之。昔在鸿荒，蒙昧肇初，三皇应箓，五帝承符；爰暨夏、商，前典攸书。姬衰道缺，霸者翼扶，嬴氏惨虐，吞嚼八区；于是从横云起，狙诈如星，奇邪蜂动，智故萌生。或饰真以仇伪，或挟邪以干荣，或诡道以要上，或鬻技以自矜；背正崇邪，弃直就佞，忠无定分，义无常经。故鞅法穷而愿作，斯义败而奸成，吕门大而宗灭，韩辩立而身刑。夫何故哉？利回其心，宠耀其目，赫赫龙章，铄铄车服，媮幸苟得，如反如仄，淫邪荒迷，恣睢自极。和鸾未调而身在辕侧，庭宁未践而栋折榱覆。天收其精，地缩其泽，人吊其躬，鬼茇其额。初升高冈，终陨幽壑，朝含荣润，夕为枯魄。是以贤人君子，深图远虑，畏彼咎戾，超然高举，宁曳尾于涂中，秽浊世之休誉。彼岂轻主慢民，而忽于时务哉？盖《易》著行止之戒，《诗》有靖恭之叹，乃神之听之而道使之然也。

"'自我大汉，应天顺民，政治之隆，皓若阳春，俯宪坤典，仰式乾文。播皇泽以熙世，扬茂化之酝醇，君臣履度，各守厥真；上垂询纳之弘，下有匡救之责，士无虚华之宠，民有一行之迹，粲乎韎韎，尚此忠益。然而道有隆窊，物有兴废，有声有寂，有光有翳。朱阳否于素秋，玄阴抑于孟春，羲和逝而望舒系，运气匮而耀灵陈。冲、质不永，桓、灵坠败，英雄云布，豪杰盖世，家挟殊议，人怀异计，故从横者歘披其胸，狙诈者暂吐其舌也。

"'今天纲已缀，德树西邻，丕显祖之宏规，縻好爵于士人，兴五教以训俗，丰九德以济民，肃明祀以衬祭，几皇道以辅真。虽蹍者未一，伪者未分，圣人垂戒，盖均无贫；故君臣协美于朝，黎庶欣戴于野，动若重规，静若叠矩。济济伟彦，元凯之伦也，有过必知，颜子之仁也，侃侃庶政，冉、季之治也，鹰扬鸯腾，伊、望之事也；总群俊之上略，含薛氏之三计，敷张、陈之秘策，故力征以勤世，援华英而不遑，岂暇修枯箨于榛秽哉！

"'然吾不才，在朝累纪，托身所天，心焉是恃。乐沧海之广深，叹嵩岳之高跱，闻仲尼之赞商，感乡校之益己，彼平仲之和羹，亦进可而替否；故蒙冒瞀说，时有攸献，譬遒人之有采于市间，游童之吟咏乎疆畔，庶以增广福祥，输力规谏。若其合也，则以暗协明，进应灵符；如其违也，自我常分，退守己愚。进退任数，不矫不诬，循性乐天，夫何恨诸？此其所以既入不出，有而若无者也。狭屈氏之常醒，浊渔父之必醉，溺柳季之卑辱，褊夷叔之高忿。合不以得，违不以失，得不充诎，失不惨悸；不乐前以顾轩，不就后以虑轻，不鬻誉以干泽，不辞愆以忌绌。何责之释？何殆之恤？何方之排？何责之人？九考不移，固其所执也。

"'方今朝士山积，髦俊成群，犹鳞介之潜乎巨海，毛羽之集乎邓林，游禽逝不为之尟，浮鲂臻不为之殷。且阳灵幽于唐叶，阴精应于商时，阳盱请而洪灾息，桑林祷而甘泽兹。《淮南子》曰：禹为水，以身请于阳盱之河，汤苦旱，以身祷于桑林之际，圣人之忧民，如此其明也。|《吕氏春秋》曰：昔殷汤克夏桀而天下大旱，五年不收，汤乃以身祷于桑林曰："余一人有罪，无及万方，万方有罪，在余一人，无以一人之不敏，使上帝鬼神伤民之大命。"汤于是剪其发，摖其爪，自以为牺牲，用祈福于上帝。民乃甚悦。雨乃大至。行止有道，启塞有期，我师遗训，不怨不尤，委命恭己，我又何辞？辞穷路单，将反初节。综坟典之流芳，寻孔氏之遗艺，缀微辞以存道，宪先

轨而投制。毗叔胖之优游，美疏氏之遐逝，收止足以言归，泛皓然以容裔。欣环堵以恬娱，免咎悔于斯世，顾兹心之未泰，惧末涂之泥滞，仍求激而增愤，肆中怀以告誓。昔九方考精于至贵，秦牙沉思于殊形；《淮南子》曰：秦穆公谓伯乐曰："子之年长矣，子姓有可使求马者乎？"对曰："良马者，可以形容筋骨相也。相天下之马者，若灭若没，若失若亡，其一若此马者，绝尘弭辙。臣之子皆下才也，可告以良马而不可告以天下之马。天下之马，臣有所与共儋缠采薪者九方埋，此其相马，非臣之下也，请见之。"穆公见之，使之求马，三月而反，报曰："已得马矣，在于沙丘。"穆公曰："何马也？"对曰："牝而黄。"使人往取之，牡而骊。穆公不说，召伯乐而问之曰："败矣，子之所使求马者也！毛物牝牡尚弗能知，又何马之能知？"伯乐喟然太息曰："一至此乎！是乃所以千万里臣而无数者也。若埋之所观者天机也，得其精而忘其粗，在其内而忘其外，见其所见而不见其所不见，视其所视而遗其所不视，若彼之所相者，乃有贵乎马者。"马至，而果天下之马也。《淮南子》又曰：伯乐、寒风、秦牙、葛青，所相各异，其知马一也；盖九方观其精，秦牙察其形。**薛烛察宝以飞誉，**《越绝书》曰：昔越王勾践有宝剑五枚，闻于天下。客有能相剑者名薛烛，王召而问之："吾有宝剑五，请以示子。"乃取豪曹、臣阙，薛烛曰："皆非也。"又取纯钩、湛卢，烛曰："观其钒，烂烂如列宿之行，观其光，浑浑如水之将溢于塘，观其文，涣涣如冰将释，此所谓纯钩邪？"王曰："是也。"王曰："客有直之者，有市之乡三，骏马千匹，千户之都二，可乎？"薛烛曰："不可。当造此剑之时，赤堇之山破而出锡，若邪之溪涸而出铜。雨师扫洒，雷公击鼓，太一下观，天精下之，欧冶乃因天之精，悉其技巧，一曰纯钩，二曰湛卢。今赤堇之山已合，若邪之溪深而不测，欧冶子已死，虽倾城量金，珠玉竭河，独不得此一物。有市之乡三，骏马千匹，千户之都二，亦何足言与！”

瓠梁托弦以流声；《淮南子》曰：瓠巴鼓瑟而鳣鱼听之。又曰：瓠梁之歌可随也，而以歌者不可为也。**齐隶拊髀以济文**，臣松之曰：按此谓孟尝君田文下坐客，能作鸡鸣以济其厄者也。凡作鸡鸣，必先拊髀，以效鸡之拊翼也。**楚客潜寇以保荆**；《淮南子》曰：楚将子发好求技道之士。楚有善为偷者，往见曰：“闻君求技道之士，臣偷也，愿以技备一卒。”子发闻之，衣不及带，冠不暇正，出见而礼之。左右谏曰：“偷者，天下之盗也，何为礼之？”君曰：“此非左右之所得与。”后无几何，齐兴兵伐楚。子发将师以当之，兵三却。楚贤大夫皆尽其计而悉其诚，齐师愈强。于是卒偷进请曰：“臣有薄技，愿为君行之。”君曰：“诺。”偷即夜出，解齐将军之畴帐，而献之子发。子发使人归之，曰：“卒有出采薪者，得将军之帐，使使归于执事。”明日又复往取枕，子发又使归之。明日又复往取簪，子发又使归之。齐师闻之大骇，将军与军吏谋曰：“今日不去，楚军恐取吾头矣！”即旋师而去。**雍门援琴而挟说**，桓谭《新论》曰：雍门周以琴见，孟尝君曰：“先生鼓琴，亦能令文悲乎？”对曰：“臣之所能令悲者，先贵而后贱，昔富而今贫，摈压穷巷，不交四邻；不若身材高妙，怀质抱真，逢谗罹谤，怨结而不得信；不若交欢而结爱，无怨而生离，远赴绝国，无相见期；不若幼无父母，壮无妻儿，出以野泽为邻，入用堀穴为家，困于朝夕，无所假贷：若此人者，但闻飞鸟之号，秋风鸣条，则伤心矣，臣一为之援琴而长太息，未有不凄恻而涕泣者也。今若足下，居则广厦高堂，连阁洞房，下罗帷，来清风；倡优在前，诙谀侍侧，扬激楚，舞郑妾，流声以娱耳，练色以淫目；水戏则舫龙舟，建羽旗，鼓钓乎不测之渊；野游则登平原，驰广囿，强弩下高鸟，勇士格猛兽。置酒娱乐，沈醉忘归。方此之时，视天地曾不若一指，虽有善鼓琴，未能动足下也。"孟尝君曰："固然！"雍门周曰："然臣窃为足下有所常悲。夫角帝而困秦者君也，连五国而伐楚者又君也。天下未尝无事，不从即衡；从成则楚王，衡成则秦帝。夫以秦、楚之强而报弱薛，犹磨萧斧而伐朝菌也，有识之士，莫不为足下寒心。天道不常盛，寒暑更进退，千秋万岁之后，宗庙必不血食；高台既已倾，曲池又已平，坟墓生荆棘，狐狸穴其中，游儿牧竖踯躅其足而歌其上曰：'孟尝君之尊贵，亦犹若是乎！'"于是孟尝君喟然太息，涕泪承睫而未下。雍门周引琴而鼓之，徐动宫徵，叩角羽，终而成曲，孟尝君遂歔欷而就之曰："先生鼓琴，令文立若亡国之人也。" **韩哀秉辔而驰名；**《吕氏春秋》曰：韩哀作御。｜王褒《圣主得贤臣颂》曰：及至驾啮膝，参乘旦，王良执靶，韩哀附舆，纵驰骋骛，忽如景靡，过都越国，蹶如历块，追奔电，逐遗风，周流八极，万里一息，何其辽哉！人马相得也。**卢敖翱翔乎玄阙，若士竦身于云清。**《淮南子》曰：卢敖游乎北海，经乎太阴，入乎玄阙，至于蒙毂之上，见一士焉，深目而玄准，戾颈而鸢肩，丰上而杀下，轩轩然方迎风而舞，顾见卢敖慢然下其臂，遁逃乎碑下。卢敖俯而视之，方卷龟壳而食合梨。卢敖乃与之语曰："惟敖为背群离党，穷观于六合之外者，非敖而已乎！敖幼而好游，长不喻解，周行四极，惟北阴之不窥，今卒睹夫子于是，子殆可与敖为交乎！"若士者齰然而笑曰："嘻乎！子中州民，宁肯而远至此？此犹光乎日月而戴列星，阴阳之所行，四时之所生，此其比夫不名之地，犹窔奥也。若我南游乎罔㝗之野，北息于沈墨之乡，西穷冥冥之党，东贯鸿濛之光，此其下无地而上无天，听焉无闻，视焉则眴，此其外犹有汰沃之汜，其余一举而千万里，吾犹未能之在。今子游始至于此，乃语穷观，岂不亦远哉！然子处矣，吾与汗漫期于九垓之上，吾不可以久驻。"若士举臂而竦身，遂入云中。卢敖仰而视之，弗见乃止，曰："吾比夫子也，

犹黄鹄之与壤虫，终日行不离咫尺，自以为远，不亦悲哉！"余实不能
齐技于数子，故乃静然守己而自宁。'"

景耀六年，后主从谯周之计，遣使请降于邓艾。其书，正所
造也。明年正月，钟会作乱成都，后主东迁洛阳，时扰攘仓卒，
蜀之大臣无翼从者，惟正及殿中督汝南张通，舍妻子单身随侍。
后主赖正相导宜适，举动无阙，乃慨然叹息，恨知正之晚。时论
嘉之。赐爵关内侯。泰始中，除安阳令，迁巴西太守。泰始八年
诏曰："正昔在成都，颠沛守义，不违忠节，及见受用，尽心干事，
有治理之绩，其以正为巴西太守。"咸宁四年卒。凡所著述诗论赋
之属，垂百篇。

评曰：杜微修身隐静，不役当世，庶几夷、皓之概。周群占
天有征，杜琼沈默慎密，诸生之纯也。许、孟、来、李，博涉多闻，
尹默精于《左氏》，虽不以德业为称，信皆一时之学士。谯周词理
渊通，为世硕儒，有董、扬之规。郤正文辞灿烂，有张、蔡之风，
加其行止，君子有取焉。二子处晋事少，在蜀事多，故著于篇。

四十三卷 蜀书 十三

黄李吕马王张传 | 黄权 李恢 吕凯 马忠 王平 张嶷

○黄权

　　黄权字公衡，巴西阆中人也。少为郡吏，州牧刘璋召为主簿。时别驾张松建议，宜迎先主，使伐张鲁。权谏曰："左将军有骁名，今请到，欲以部曲遇之，则不满其心，欲以宾客礼待，则一国不容二君。若客有泰山之安，则主有累卵之危。可但闭境，以待河清。"璋不听，竟遣使迎先主，出权为广汉长。及先主袭取益州，将帅分下郡县，郡县望风景附，权闭城坚守，须刘璋稽服，乃诣降先主。先主假权偏将军。徐众评曰：权既忠谏于主，又闭城拒守，得事君之礼。武王下车，封比干之墓，表商容之闾，所以大显忠贤之士，而明示所贵之旨。先主假权将军，善矣，然犹薄少，未足彰忠义之高节，而大劝为善者之心。及曹公破张鲁，鲁走入巴中，权进曰："若失汉中，则三巴不振，此为割蜀之股臂也。"于是先主以权为护军，率诸将迎鲁。鲁已还南郑，北降曹公，然卒破杜濩、朴胡，杀夏侯渊，据汉中，皆权本谋也。

先主为汉中王，犹领益州牧，以权为治中从事。及称尊号，将东伐吴，权谏曰："吴人悍战，又水军顺流，进易退难，臣请为先驱以尝寇，陛下宜为后镇。"先主不从，以权为镇北将军，督江北军以防魏师；先主自在江南。及吴将军陆议乘流断围，南军败绩，先主引退。而道隔绝，权不得还，故率将所领降于魏。有司执法，白收权妻子。先主曰："孤负黄权，权不负孤也。"待之如初。臣松之以为汉武用虚罔之言，灭李陵之家，刘主拒宪司所执，宥黄权之室，二主得失县邈远矣。《诗》云"乐只君子，保艾尔后"，其刘主之谓也。

魏文帝谓权曰："君舍逆效顺，欲追踪陈、韩邪？"权对曰："臣过受刘主殊遇，降吴不可，还蜀无路，是以归命。且败军之将，免死为幸，何古人之可慕也！"文帝善之，拜为镇南将军，封育阳侯，加侍中，使之陪乘。蜀降人或云诛权妻子，权知其虚言，未便发丧，《汉魏春秋》曰：文帝诏令发丧，权答曰："臣与刘、葛推诚相信，明臣本志。疑惑未实，请须后问。"后得审问，果如所言。及先主薨问至，魏群臣咸贺而权独否。文帝察权有局量，欲试惊之，遣左右诏权，未至之间，累催相属，马使奔驰，交错于道，官属侍从莫不碎魄，而权举止颜色自若。后领益州刺史，徙占河南。大将军司马宣王深器之，问权曰："蜀中有卿辈几人？"权笑而答曰："不图明公见顾之重也！"宣王与诸葛亮书曰："黄公衡，快士也，每坐起叹述足下，不去口实。"景初三年，蜀延熙二年，权迁车骑将军、仪同三司。《蜀记》曰：魏明帝问权："天下鼎立，当以何地为正？"权对曰："当以天文为正。往者荧惑守心而文皇帝崩，吴、蜀二主平安，此其征也。"明年卒，谥曰景侯。子邕嗣。邕无子，绝。

权留蜀子崇，为尚书郎，随卫将军诸葛瞻拒邓艾。到涪县，瞻盘桓未进，崇屡劝瞻宜速行据险，无令敌得入平地。瞻犹与未纳，崇至于流涕。会艾长驱而前，瞻却战至绵竹，崇帅厉军士，期于必死，临阵见杀。

○李恢

李恢字德昂，建宁俞元人也。仕郡督邮，姑夫爨习为建伶令，有违犯之事，恢坐习免官。太守董和以习方土大姓，寝而不许。《华阳国志》曰：习后官至领军。后贡恢于州，涉道未至，闻先主自葭萌还攻刘璋。恢知璋之必败，先主必成，乃托名郡使，北诣先主，遇于绵竹。先主嘉之，从至雒城，遣恢至汉中交好马超，超遂从命。成都既定，先主领益州牧，以恢为功曹书佐、主簿。后为亡虏所诬，引恢谋反，有司执送，先主明其不然，更迁恢为别驾从事。章武元年，庲降都督邓方卒，先主问恢："谁可代者？"恢对曰："人之才能，各有长短，故孔子曰'其使人也器之'。且夫明主在上，则臣下尽情，是以先零之役，赵充国曰'莫若老臣'。臣窃不自揆，惟陛下察之。"先主笑曰："孤之本意，亦已在卿矣。"遂以恢为庲降都督、使持节领交州刺史，住平夷县。臣松之讯之蜀人，云庲降地名，去蜀二千余里，时未有宁州，号为南中，立此职以总摄之。晋泰始中，始分为宁州。

先主薨，高定恣睢于越嶲，雍闿跋扈于建宁，朱褒反叛于牂舸。丞相亮南征，先由越嶲，而恢案道向建宁。诸县大相纠合，围恢军于昆明。时恢众少敌倍，又未得亮声息，绐谓南人曰："官军粮尽，欲规退还，吾中间久斥乡里，乃今得旋，不能复北，欲还与汝等同计谋，故以诚相告。"南人信之，故围守怠缓。于是恢出击，大破之，追奔逐北，南至槃江，东接牂牁，与亮声势相连。南土平定，恢军功居多，封汉兴亭侯，加安汉将军。后军还，南夷复叛，杀害守将。恢身往扑讨，锄尽恶类，徙其豪帅于成都，赋出叟、濮耕牛、战马、金银、犀革，充继军资，于时费用不乏。

建兴七年，以交州属吴，解恢刺史。更领建宁太守，以还居本郡。徙居汉中，九年卒。子遗嗣。恢弟子球，羽林右部督，随诸葛瞻拒邓艾，临阵授命，死于绵竹。

○吕凯

吕凯字季平，永昌不韦人也。孙盛《蜀世谱》曰：初，秦徙吕不韦子弟宗族于蜀汉。汉武帝时，开西南夷，置郡县，徙吕氏以充之，因曰不韦县。仕郡五官掾、功曹。时雍闿等闻先主薨于永安，骄黠滋甚。都护李严与闿书六纸，解喻利害，闿但答一纸曰："盖闻天无二日，土无二王，今天下鼎立，正朔有三，是以远人惶惑，不知所归也。"其桀慢如此。闿又降于吴，吴遥署闿为永昌太守。永昌既在益州郡之西，道路壅塞，与蜀隔绝，而郡太守改易，凯与府丞蜀郡王伉帅厉吏民，闭境拒闿。闿数移檄永昌，称说云云。凯答檄曰："天降丧乱，奸雄乘衅，天下切齿，万国悲悼，臣妾大小，莫不思竭筋力，肝脑涂地，以除国难。伏惟将军世受汉恩，以为当躬聚党众，率先启行，上以报国家，下不负先人，书功竹帛，遗名千载。何期臣仆吴越，背本就末乎？昔舜勤民事，陟于苍梧，书籍嘉之，流声无穷。崩于江浦，何足可悲！文、武受命，成王乃平。先帝龙兴，海内望风，宰臣聪睿，自天降康。而将军不睹盛衰之纪，成败之符，譬如野火在原，蹈履河冰，火灭冰泮，将何所依附？曩者将军先君雍侯，造怨而封，窦融知兴，归志世祖，皆流名后叶，世歌其美。今诸葛丞相英才挺出，深睹未萌，受遗托孤，翊赞季兴，与众无忌，录功忘瑕。将军若能翻然改图，易迹更步，古人不难追，鄙土何足宰哉！盖闻楚国不恭，齐桓是责，夫差僭号，晋人不长，况臣于非主，谁肯归之邪？窃惟古义，臣无越境之交，是以前后有来无往。重承告示，发愤忘食，故略陈所怀，惟将军察焉。"凯威恩内著，为郡中所信，故能全其节。

及丞相亮南征讨闿，既发在道，而闿已为高定部曲所杀。亮至南，上表曰："永昌郡吏吕凯、府丞王伉等，执忠绝域，十有余年，雍闿、高定逼其东北，而凯等守义不与交通。臣不意永昌风俗敦直乃尔！"以凯为云南太守，封阳迁亭侯。会为叛夷所害，子祥嗣。而王伉亦封亭侯，为永昌太守。《蜀世谱》曰：吕祥后为晋南夷校尉，祥子及孙世为永昌太守。李雄破宁州，诸吕不肯附，举郡固守。王伉等亦守正节。

○马忠

马忠字德信，巴西阆中人也。少养外家，姓狐，名笃，后乃复姓，改名忠。为郡吏，建安末举孝廉，除汉昌长。先主东征，败绩猇亭，巴西太守阎芝发诸县兵五千人以补遗阙，遣忠送往。先主已还永安，见忠与语，谓尚书令刘巴曰："虽亡黄权，复得狐笃，此为世不乏贤也。"建兴元年，丞相亮开府，以忠为门下督。三年，亮入南，拜忠牂牁太守。郡丞朱褒反。叛乱之后，忠抚育恤理，甚有威惠。八年，召为丞相参军，副长史蒋琬署留府事。又领州治中从事。明年，亮出祁山，忠诣亮所，经营戎事。军还，督将军张嶷等讨汶山郡叛羌。十一年，南夷豪帅刘胄反，扰乱诸郡。征庲降都督张翼还，以忠代翼。忠遂斩胄，平南土。加忠监军、奋威将军，封博阳亭侯。初，建宁郡杀太守正昂，缚太守张裔于吴，故都督常驻平夷县。至忠，乃移治味县，处民夷之间。又越巂郡亦久失土地，忠率将太守张嶷开复旧郡，由此就加安南将军，进封彭乡侯。延熙五年还朝，因至汉中，见大司马蒋琬，宣传诏旨，加拜镇南大将军。七年春，大将军费祎北御魏敌，留忠成都，平尚书事。祎还，忠乃归南。十二年卒，子脩嗣。脩弟恢。恢子义，晋建宁太守。

　　忠为人宽济有度量，但诙啁大笑，忿怒不形于色。然处事能断，威恩并立，是以蛮夷畏而爱之。及卒，莫不自致丧庭，流涕尽哀，为之立庙祀，迄今犹在。

　　张表，时名士，清望逾忠。阎宇，宿有功干，于事精勤。继踵在忠后，其威风称绩，皆不及忠。

○王平

王平字子均，巴西宕渠人也。本养外家何氏，后复姓王。随杜濩、朴胡诣洛阳，假校尉。从曹公征汉中，因降先主，拜牙门将、裨将军。建兴六年，属参军马谡先锋。谡舍水上山，举措烦扰，平连规谏谡，谡不能用，大败于街亭。众尽星散，惟平所领千人鸣鼓自持，魏将张郃疑其伏兵，不往逼也。于是平徐徐收合诸营遗迸，率将士而还。丞相亮既诛马谡及将军张休、李盛，夺将军黄袭等兵，平特见崇显，加拜参军，统五部兼当营事，进位讨寇将军，封亭侯。九年，亮围祁山，平别守南围。魏大将军司马宣王攻亮，张郃攻平，平坚守不动，郃不能克。十二年，亮卒于武功，军退还，魏延作乱，一战而败，平之功也。迁后典军、安汉将军，副车骑将军吴壹住汉中，又领汉中太守。十五年，进封安汉侯，代壹督汉中。延熙元年，大将军蒋琬住沔阳，平更为前护军，署琬府事。六年，琬还住涪，拜平前监军、镇北大将军，统汉中。

七年春，魏大将军曹爽率步骑十余万向汉川，前锋已在骆谷。时汉中守兵不满三万，诸将大惊。或曰："今力不足以拒敌，听当固守汉、乐二城，遇贼令入，比尔间，涪军足得救关。"平曰："不然。汉中去涪垂千里。贼若得关，便为祸也。今宜先遣刘护军、杜参军据兴势，平为后拒；若贼分向黄金，平率千人下自临之，比尔间，涪军行至，此计之上也。"惟护军刘敏与平意同，即便施行。涪诸军及大将军费祎自成都相继而至，魏军退还，如平本策。是时，邓芝在东，马忠在南，平在北境，咸著名迹。

平生长戎旅，手不能书，而所识不过十字，而口授作书，皆有意理。使人读《史》《汉》诸纪传，听之，备知其大义，往往论说不失其指。遵履法度，言不戏谑，从朝至夕，端坐彻日，慬无武将之体，然性狭侵疑，为人自轻，以此为损焉。十一年卒，子训嗣。

初，平同郡汉昌句扶忠勇宽厚，数有战功，功名爵位亚平，官至左将军，封宕渠侯。《华阳国志》曰：后张翼、廖化并为大将军，时人语曰："前有王、句，后有张、廖。"

○张嶷

张嶷字伯岐，巴西郡南充国人也。《益部耆旧传》曰：嶷出自孤微，而少有通壮之节。弱冠为县功曹。先主定蜀之际，山寇攻县，县长捐家逃亡。嶷冒白刃，携负夫人，夫人得免。由是显名，州召为从事。时郡内士人龚禄、姚伷位二千石，当世有声名，皆与嶷友善。建兴五年，丞相亮北住汉中，广汉、绵竹山贼张慕等钞盗军资，劫掠吏民，嶷以都尉将兵讨之。嶷度其鸟散，难以战禽，乃诈与和亲，克期置酒。酒酣，嶷身率左右，因斩慕等五十余级，渠帅悉珍。寻其余类，旬日清泰。后得疾病困笃，家素贫匮，广汉太守蜀郡何祗，名为通厚，嶷宿与疏阔，乃自舆诣祗，托以治疾。祗倾财医疗，数年除愈。其党道信义皆此类也。拜为牙门将，属马忠，北讨汶山叛羌，南平四郡蛮夷，辄有筹画战克之功。《益部耆旧传》曰：嶷受兵三百人，随马忠讨叛羌。嶷别督数营在先，至他里。

邑所在高峻，嶷随山立上四五里。于要厄作石门，于门上施床，积石于其上，过者下石槌击之，无不糜烂。嶷度不可得攻，乃使译告晓之曰："汝汶山诸种反叛，伤害良善，天子命将讨灭恶类。汝等若稽颡过军，资给粮费，福禄永隆，其报百倍。若终不从，大兵致诛，雷击电下，虽追悔之，亦无益也。"耆帅得命，即出诣嶷，给粮过军。军前讨余种，余种闻他里已下，悉恐怖失所，或迎军出降，或奔窜山谷，放兵攻击，军以克捷。后南夷刘胄又反，以马忠为督庲降讨胄，嶷复属焉，战斗常冠军首，遂斩胄。平南事讫，牂牁、兴古獠种复反，忠令嶷领诸营往讨，嶷内招降得二千人，悉传诣汉中。十四年，武都氐王苻健请降，遣将军张尉往迎，过期不到，大将军蒋琬深以为念。嶷平之曰："苻健求附款至，必无他变，素闻健弟狡黠，又夷狄不能同功，将有乖离，是以稽留耳。"数日，问至，健弟果将四百户就魏，独健来从。

初，越巂郡自丞相亮讨高定之后，叟夷数反，杀太守龚禄、焦璜，是后太守不敢之郡，只住安定县，去郡八百余里，其郡徒有名而已。时论欲复旧郡，除嶷为越巂太守，嶷将所领往之郡，诱以恩信，蛮夷皆服，颇来降附。北徼捉马最骁劲，不承节度，嶷乃往讨，生缚其帅魏狼，又解纵告喻，使招怀余类。表拜狼为邑侯，种落三千余户皆安土供职。诸种闻之，多渐降服，嶷以功赐爵关内侯。

苏祁邑君冬逢、逢弟隗渠等，已降复反。嶷诛逢。逢妻，旄牛王女，嶷以计原之。而渠逃入西徼。渠刚猛捷悍，为诸种深所畏惮，遣所亲二人诈降嶷，实取消息。嶷觉之，许以重赏，使为反间，二人遂合谋杀渠。渠死，诸种皆安。又斯都耆帅李求承，昔手杀龚禄，嶷求募捕得，数其宿恶而诛之。

始嶷以郡郭宇颓坏，更筑小坞。在官三年，徙还故郡，缮治城郭，夷种男女莫不致力。

定莋、台登、卑水三县去郡三百余里，旧出盐铁及漆，而夷徼久自固食。嶷率所领夺取，署长吏焉。嶷之到定莋，定莋率豪狼岑，槃木王舅，甚为蛮夷所信任，忿嶷自侵，不自来诣。嶷使壮士数十直往收致，挞而杀之，持尸还种，厚加赏赐，喻以狼岑之恶，且曰："无得妄动，动即殄矣！"种类咸面缚谢过。嶷杀牛飨宴，重申恩信，遂获盐铁，器用周赡。

汉嘉郡界旄牛夷种类四千余户，其率狼路，欲为姑婿冬逢报怨，遣叔父离将逢众相度形势。嶷逆遣亲近赍牛酒劳赐，又令离姊逆逢妻宣畅意旨。离既受赐，并见其姊，姊弟欢悦，悉率所领将诣嶷，嶷厚加赏待，遣还。旄牛由是辄不为患。

郡有旧道，经旄牛中至成都，既平且近；自旄牛绝道，已百余年，更由安上，既险且远。嶷遣左右赍货币赐路，重令路姑喻意，路乃率兄弟妻子悉诣嶷，嶷与盟誓，开通旧道，千里肃清，复古亭驿。奏封路为旄牛朐毗王，遣使将路朝贡。后主于是加嶷抚戎将军，领郡如故。

嶷初见费祎为大将军，恣性泛爱，待信新附太过，嶷书戒之曰："昔岑彭率师，来歙杖节，咸见害于刺客。今明将军位尊权重，宜鉴前事，少以为警。"后祎果为魏降人郭脩所害。

吴太傅诸葛恪以初破魏军，大兴兵众以图攻取。侍中诸葛瞻，丞相亮之子，恪从弟也，嶷与书曰："东主初崩，帝实幼弱，太傅受寄托之重，亦何容易！亲以周公之才，犹有管、蔡流言之变，霍光受任，亦有燕、盖、上官逆乱之谋，赖成、昭之明，以免斯难耳。昔每闻东主杀生赏罚，不任下人，又今以垂没之命，卒召太傅，属以后事，诚实可虑。加吴、楚剽急，乃昔所记，而太傅离少主，履敌庭，恐非良计长算之术也。虽云东家纲纪肃然，上下辑睦，百有一失，非明者之虑邪？取古则今，今则古也，自非郎君进忠言于太傅，谁复有尽言者也！旋军广农，务行德惠，数年之中，东西并举，实为不晚，愿深采察。"恪竟以此夷族。嶷识见多如是类。

在郡十五年，邦域安穆。屡乞求还，乃征诣成都。民夷恋慕，扶毂泣涕，过旄牛邑，邑君襁负来迎，及追寻至蜀郡界，其督相率随嶷朝贡者百余人。嶷至，拜荡寇将军，慷慨壮烈，士人咸多贵之，然放荡少礼，人亦以此讥焉，《益部耆旧传》曰：时车骑将军夏侯霸谓嶷曰："虽与足下疏阔，然托心如旧，宜明此意。"嶷答曰："仆未知子，子未知我，大道在彼，何云托心乎！愿三年之后徐陈斯言。"有识之士以为美谈。是岁延熙十七年也。魏狄道长李简密书请降，卫将军姜维率嶷等因简之资以出陇西。《益部耆旧传》曰：嶷风湿固疾，至都寝笃，扶杖然后能起。李简请降，众议狐疑，而嶷曰必然。姜维之出，时论以嶷初还，股疾不能在行中，由是嶷自乞肆力中原，致身敌庭。临发，辞后主曰："臣当值圣明，受恩过量，加以疾病在身，常恐一朝陨没，辜负荣遇。天不违愿，得豫戎事。若凉州克定，臣为藩表守将；若有未捷，杀身以报。"后主慨然为之流涕。既到狄道，简悉率城中吏民出迎军。军前与魏将徐质交锋，嶷临阵陨身，然其所杀伤亦过倍。既亡，封长子瑛西乡侯，次子护雄袭爵。南土越嶲民夷闻嶷死，无不悲泣，为嶷立庙，四时水旱辄祀之。《益部耆旧传》曰：余观张嶷仪貌辞令，不能骇人，而其策略足以入算，果烈足以立威，为臣有忠诚之节，

处类有亮直之风，而动必顾典，后主深崇之。虽古之英士，何以远逾哉！| 《蜀世谱》曰：嶷孙奕，晋梁州刺史。

评曰：黄权弘雅思量，李恢公亮志业，吕凯守节不回，马忠扰而能毅，《尚书》曰：扰而毅。郑玄注曰：扰，驯也。致果曰毅。王平忠勇而严整，张嶷识断明果，咸以所长，显名发迹，遇其时也。

四十四卷 蜀书 ^{十四}

蒋琬费祎姜维传 | 蒋琬 费祎 姜维

○**蒋琬** 子斌 斌弟显 刘敏

蒋琬字公琰，零陵湘乡人也。弱冠与外弟泉陵刘敏俱知名。琬以州书佐随先主入蜀，除广都长。先主尝因游观奄至广都，见琬众事不理，时又沈醉，先主大怒，将加罪戮。军师将军诸葛亮请曰："蒋琬，社稷之器，非百里之才也。其为政以安民为本，不以修饰为先，愿主公重加察之。"先主雅敬亮，乃不加罪，仓卒但免官而已。

琬见推之后，夜梦有一牛头在门前，流血滂沱，意甚恶之，呼问占梦赵直。直曰："夫见血者，事分明也。牛角及鼻，'公'字之象，君位必当至公，大吉之征也。"顷之，为什邡令。先主为汉中王，琬入为尚书郎。建兴元年，丞相亮开府，辟琬为东曹掾。举茂才，琬固让刘邕、阴化、庞延、廖淳，亮教答曰："思惟背亲舍德，以殄百姓，众人既不隐于心，实又使远近不解其义，是以君宜显其功举，以明此选之清重也。"迁为参军。五年，亮住汉中，琬与长史张裔统留府事。八年，代裔为长史，加抚军将军。亮数外出，琬常足食足兵以相供给。亮每言："公琰托志忠雅，当与吾共赞王业者也。"密表后主曰："臣若不幸，后事宜以付琬。"

亮卒，以琬为尚书令，俄而加行都护，假节，领益州刺史，迁大将军，录尚书事，封安阳亭侯。时新丧元帅，远近危悚。琬出类拔萃，处群僚之右，既无戚容，又无喜色，神守举止，有如平日。由是众望渐服。延熙元年，诏琬曰："寇难未弭，曹叡骄凶，辽东三郡苦其暴虐，遂相纠结，与之离隔。叡大兴众役，还相攻伐。曩秦之亡，胜、广首难，今有此变，斯乃天时。君其治严，总帅诸军屯住汉中，须吴举动，东西掎角，以乘其衅。"又命琬开府，明年就加为大司马。

东曹掾杨戏素性简略，琬与言论，时不应答。或欲构戏于琬曰："公与戏语而不见应，戏之慢上，不亦甚乎！"琬曰："人心不同，各如其面；面从后言，古人之所诫也。戏欲赞吾是耶，则非其本心；欲反吾言，则显吾之非。是以默然，是戏之快也。"又督农杨敏曾毁琬曰："作事愦愦，诚非及前人。"或以白琬，主者请推治敏，琬曰："吾实不如前人，无可推也。"主者重据听不推，则乞问其愦愦之状。琬曰："苟其不如，则事不当理，事不当理，则愦愦矣。复何问邪？"后敏坐事系狱，众人犹惧其必死，琬心无适莫，得免重罪。其好恶存道，皆此类也。

琬以为昔诸葛亮数窥秦川，道险运艰，竟不能克，不若乘水东下。乃多作舟船，欲由汉、沔袭魏兴、上庸。会旧疾连动，未时得行。而众论咸谓如不克捷，还路甚难，非长策也。于是遣尚书令费祎、中监军姜维等喻指。琬承命上疏曰："芟秽弭难，臣职是掌。自臣奉辞汉中，已经六年，臣既暗弱，加婴疾疢，规方无成，夙夜忧惨。今魏跨带九州，根蒂滋蔓，平除未易。若东西并力，首尾掎角，虽未能速得如志，且当分裂蚕食，先摧其支党。然吴期二三，连不克果，俯仰惟艰，实忘寝食。辄与费祎等议，以凉州胡塞之要，进退有资，贼之所惜；且羌、胡乃心思汉如渴，又昔偏军入羌，郭淮破走，算其长短，以为事首，宜以姜维为凉州刺史。若维征行，衔持河右，臣当帅军为维镇继。今涪水陆四通，惟急是应，若东北有虞，赴之不难。"由是琬遂还住涪。疾转增剧，至九年卒，谥曰恭。

子斌嗣，为绥武将军、汉城护军。魏大将军钟会至汉城，与斌书曰："巴蜀贤智文武之士多矣。至于足下、诸葛思远，譬诸草木，吾气类也。桑梓之敬，古今所敦。西到，欲奉瞻尊大君公侯墓，当洒扫坟茔，奉祠致敬。愿告其所在！"斌答书曰："知惟臭味意眷之隆，雅托通流，未拒来谓也。亡考昔遭疾疢，亡于涪县，卜云其吉，遂安厝之。知君西迈，乃欲屈驾修敬坟墓。视予犹父，颜子之仁也，闻命感怆，以增情思。"会得斌书报，嘉叹意义，及至涪，如其书云。

后主既降邓艾，斌诣会于涪，待以交友之礼。随会至成都，为乱兵所杀。斌弟显，为太子仆，会亦爱其才学，与斌同时死。

刘敏，左护军、扬威将军，与镇北大将军王平俱镇汉中。魏遣大将军曹爽袭蜀时，议者或谓但可守城，不出拒敌，必自引退。敏以为男女布野，农谷栖亩，若听敌人，则大事去矣。遂帅所领与平据兴势，多张旗帜，弥亘百余里。会大将军费祎从成都至，魏军即退，敏以功封云亭侯。

○费祎

费祎字文伟，江夏郾人也。少孤，依族父伯仁。伯仁姑，益州牧刘璋之母也。璋遣使迎仁，仁将祎游学入蜀。会先主定蜀，祎遂留益土，与汝南许叔龙、南郡董允齐名。时许靖丧子，允与祎欲共会其葬所。允白父和请车，和遣开后鹿车给之。允有难载之色，祎便从前先上。及至丧所，诸葛亮及诸贵人悉集，车乘甚鲜，允犹神色未泰，而祎晏然自若。持车人还，和问之，知其如此，乃谓允曰："吾常疑汝于文伟优劣未别也，而今而后，吾意了矣。"

先主立太子，祎与允俱为舍人，迁庶子。后主践位，为黄门侍郎。丞相亮南征还，群寮于数十里逢迎，年位多在祎右，而亮特命祎同载，由是众人莫不易观。亮以初从南归，以祎为昭信校尉使吴。孙权性既滑稽，嘲啁无方，诸葛恪、羊衜等才博果辩，论难锋至，祎辞顺义笃，据理以答，终不能屈。《祎别传》曰：孙权每别酌好酒以饮祎，视其已醉，然后问以国事，并论当世之务，辞难累至。祎辄辞以醉，退而撰次所问，事事条答，无所遗失。权甚器之，谓祎曰："君天下淑德，必当股肱蜀朝，恐不能数来也。"《祎别传》曰：权乃以手中常所执宝刀赠之，祎答曰："臣以不才，何以堪明命？然刀所以讨不庭、禁暴乱者也，但愿大王勉建功业，同奖汉室，臣虽暗弱，终不负东顾。"还，迁为侍中。亮北住汉中，请祎为参军。以奉使称旨，频烦至吴。建兴八年，转为中护军，后又为司马。值军师魏延与长史杨仪相憎恶，每至并坐争论，延或举刃拟仪，仪泣涕横集。祎常入其坐间，谏喻分别。终亮之世，各尽延、仪之用者，祎匡救之力也。亮卒，祎为后军师。顷之，代蒋琬为尚书令。《祎别传》曰：于时军国多事，公务烦猥，祎识悟过人，每省读书记，举目暂视，已究其意旨，其速数倍于人，终亦不忘。常以朝晡听事，其间接纳宾客，饮食嬉戏，加之博弈，每尽人之欢，事亦不废。董允代祎为尚书令，欲斅祎之所行，旬日之中，事多愆滞。允乃叹曰："人才力相悬若此甚远，此非吾之所及也。听事终日，犹有不暇尔。"琬自汉中还涪，祎迁大将军，录尚书事。

延熙七年，魏军次于兴势，假祎节，率众往御之。光禄大夫来敏至祎许别，求共围棋。于时羽檄交驰，人马擐甲，严驾已讫，祎与敏留意对戏，色无厌倦。敏曰："向聊观试君耳！君信可人，必能办贼者也。"祎至，敌遂退，封成乡侯。殷基《通语》曰：司马懿诛曹爽，祎设甲乙论平其是非。甲以为曹爽兄弟凡品庸人，苟以宗子枝属，得蒙顾命之任，而骄奢僭逸，交非其人，私树朋党，谋以乱国。懿奋诛讨，一朝殄尽，此所以称其任，副士民之望也。乙以为懿感曹仲付己不一，岂爽与相干？事势不专，以此阴成疵瑕。初无忠告侃尔之训，一朝屠戮，攘其不意，岂大人经国笃本之事乎！若爽信有谋主之心，大逆已构，而发兵之日，更以芳委爽兄弟。懿父子从后闭门举兵，蹙而向芳，必无悉宁，忠臣为君深虑之谓乎？以此推之，爽无大恶明矣。若懿以爽奢僭，废之刑之可也，灭其尺口，被以不义，绝子丹血食，及何晏子魏之亲甥，亦与同戮，为僭滥不当矣。琬固让州职，祎复领益州刺史。祎当国功名，略与琬比。《祎别传》曰：祎雅性谦素，家不积财。儿子皆令布衣素食，出入不从车骑，无异凡人。十一年，出住汉中。自琬及祎，虽自身在外，庆赏威刑，皆遥先谘断，然后乃行，其推任如此。后十四年夏，还成都，成都望气者云都邑无宰相位，故冬复北屯汉寿。延熙十五年，命祎开府。十六年岁首大会，魏降人郭脩在坐。祎欢饮沈醉，为脩手刃所害，谥曰敬侯。子承嗣，为黄门侍郎。承弟恭，尚公主。《祎别传》曰：恭为尚书郎，显名当世，早卒。祎长女配太子璿为妃。

○姜维

姜维字伯约，天水冀人也。少孤，与母居。好郑氏学。《傅子》曰：维为人好立功名，阴养死士，不修布衣之业。仕郡上计掾，州辟为从事。以父囧昔为郡功曹，值羌、戎叛乱，身卫郡将，没于战场，赐维官中郎，参本郡军事。建兴六年，丞相诸葛亮军向祁山，时天水太守适出案行，维及功曹梁绪、主簿尹赏、主记梁虔等从行。太守闻蜀军垂至，而诸县响应，疑维等皆有异心，于是夜亡保上邽。维等觉太守去，追迟，至城门，城门已闭，不纳。维等相率还冀，冀亦不入维。维等乃俱诣诸葛亮。会马谡败于街亭，亮拔将西县千余家及维等还，故维遂与母相失。《魏略》曰：天水太守马遵将维及诸官属随雍州刺史郭淮偶自西至洛门案行，会闻亮已到祁山，淮顾遵曰："是欲不善！"遂驱东还上邽。遵念所治冀县界在西偏，又恐吏民乐乱，遂亦随淮去。时维谓遵曰："明府当还冀。"遵谓维等曰："卿诸人回复信，皆贼也。"各自行。维亦无如遵何，而家在冀，遂与郡吏上官子脩等还冀。冀中吏民见维等大喜，便推令见亮。二人不获已，乃共诣亮。亮见，大悦。未及遣迎冀中人，会亮前锋为张郃、费繇等所破，遂将维等却缩。维不得还，遂入蜀。诸军攻冀，皆得维母妻子，亦以维本无去意，故不没其家，但系保官以延之。此语与本传不同。亮辟维为仓曹掾，加奉义将军，封当阳亭侯，时年二十七。亮与留府长史张裔、参军蒋琬书曰："姜伯约忠勤时事，思虑精密，考其所有，永南、季常诸人不如也。其人，凉州上士也。"又曰："须先教中虎步兵五六千人。姜伯约甚敏于军事，既有胆义，深解兵意。此人心存汉室，而才兼于人，毕教军事，当遣诣宫，觐见主上。"孙盛《杂记》曰：初，姜维诣亮，与母相失，复得母书，令求当归。维曰："良田百顷，不在一亩，但有远志，不在当归也。"后迁中监军、征西将军。

十二年，亮卒，维还成都，为右监军、辅汉将军，统诸军，进封平襄侯。延熙元年，随大将军蒋琬住汉中。琬既迁大司马，以维为司马，数率偏军西入。六年，迁镇西大将军，领凉州刺史。十年，迁卫将军，与大将军费祎共录尚书事。是岁，汶山平康夷反，维率众讨定之。又出陇西、南安、金城界，与魏大将军郭淮、夏侯霸等战于洮西。胡王治无戴等举部落降，维将还安处之。十二年，假维节，复出西平，不克而还。维自以练西方风俗，兼负其才武，欲诱诸羌、胡以为羽翼，谓自陇以西可断而有也。每欲兴军大举，费祎常裁制不从，与其兵不过万人。《汉晋春秋》曰：费祎谓维曰："吾等不如丞相亦已远矣；丞相犹不能定中夏，况吾等乎！且不如保国治民，敬守社稷，如其功业，以俟能者，无以为希冀徼幸而决成败于一举。若不如志，悔之无及。"

十六年春，祎卒。夏，维率数万人出石营，经董亭，围南安，魏雍州刺史陈泰解围至洛门，维粮尽退还。明年，加督中外军事。复出陇西，守狄道长李简举城降。进围襄武，与魏将徐质交锋，斩首破敌，魏军败退。维乘胜多所降下，拔河间、狄道、临洮三县民还。后十八年，复与车骑将军夏侯霸等俱出狄道，大破魏雍州刺史王经于洮西，经众死者数万人。经退保狄道城，维围之。魏征西将军陈泰进兵解围，维却住钟题。

十九年春，就迁维为大将军。更整勒戎马，与镇西大将军胡济期会上邽，济失誓不至，故维为魏大将邓艾所破于段谷，星散流离，死者甚众。众庶由是怨讟，而陇已西亦骚动不宁，维谢过引负，求自贬削。为后将军，行大将军事。

二十年，魏征东大将军诸葛诞反于淮南，分关中兵东下。维欲乘虚向秦川，复率数万人出骆谷，径至沈岭。时长城积谷甚多而守兵乃少，闻维方到，众皆惶惧。魏大将军司马望拒之，邓艾亦自陇右，皆军于长城。维前住芒水，皆倚山为营。望、艾傍渭坚围，维数下挑战，望、艾不应。景耀元年，维闻诞破败，乃还成都。复拜大将军。

初，先主留魏延镇汉中，皆实兵诸围以御外敌，敌若来攻，使不得入。及兴势之役，王平捍拒曹爽，皆承此制。维建议，以为错守诸围，虽合《周易》"重门"之义，然适可御敌，不获大利。不若使闻敌至，诸围皆敛兵聚谷，退就汉、乐二城，使敌不得入平，且重关镇守以捍。有事之日，令游军并进以伺其虚。敌攻关不克，野无散谷，千里县粮，自然疲乏。引退之日，然后诸城并出，与游军并力博之，此殄敌之术也。于是令督汉中胡济却住汉寿，监军王含守乐城，护军蒋斌守汉城，又于西安、建威、武卫、石门、武城、建昌、临远皆立围守。

五年，维率众出汉、侯和，为邓艾所破，还住沓中。维本羁旅托国，累年攻战，功绩不立，而宦官黄皓等弄权于内，右大将军阎宇与皓协比，而皓阴欲废维树宇。维亦疑之，故自危惧，不

复还成都。《华阳国志》曰：维恶黄皓恣擅，启后主欲杀之。后主曰："皓趋走小臣耳，往董允切齿，吾常恨之，君何足介意！"维见皓枝附叶连，惧于失言，逊辞而出。后主敕皓诣维陈谢。维说皓求沓中种麦，以避内逼尔。六年，维表后主："闻钟会治兵关中，欲规进取，宜并遣张翼、廖化督诸军分护阳安关口、阴平桥头以防未然。"皓征信鬼巫，谓敌终不自致，启后主寝其事，而群臣不知。及钟会将向骆谷，邓艾将入沓中，然后乃遣右车骑廖化诣沓中为维援，左车骑张翼、辅国大将军董厥等诣阳安关口以为诸围外助。比至阴平，闻魏将诸葛绪向建威，故住待之。月余，维为邓艾所摧，还住阴平。钟会攻围汉、乐二城，遣别将进攻关口，蒋舒开城出降，傅佥格斗而死。《汉晋春秋》曰：蒋舒将出降，乃诡谓傅佥曰："今贼至不击而闭城自守，非良图也。"佥曰："受命保城，惟全为功，今违命出战，若丧师负国，死无益矣。"舒曰："子以保城获全为功，我以出战克敌为功，请各行其志。"遂率众出。佥谓其战也，至阴平，以降胡烈。烈乘虚袭城，佥格斗而死，魏人义之。|《蜀记》曰：蒋舒为武兴督，在事无称。蜀命人代之，因留舒助汉中守。舒恨，故开城出降。会攻乐城，不能克，闻关口已下，长驱而前。翼、厥甫至汉寿，维、化亦舍阴平而退，适与翼、厥合，皆退保剑阁以拒会。会与维书曰："公侯以文武之德，怀迈世之略，功济巴、汉，声畅华夏，远近莫不归名。每惟畴昔，尝同大化，吴札、郑侨，能喻斯好。"维不答书，列营守险。会不能克，粮运县远，将议还归。

　　而邓艾自阴平由景谷道傍入，遂破诸葛瞻于绵竹。后主请降于艾，艾前据成都。维等初闻瞻破，或闻后主欲固守成都，或闻欲南入建宁，于是引军由广汉、郪道以审虚实。寻被后主敕令，乃投戈放甲，诣会于涪军前，将士咸怒，拔刀斫石。干宝《晋纪》云：会谓维曰："来何迟也？"维正色流涕曰："今日见此为速矣！"会甚奇之。

会厚待维等，皆权还其印号节盖。会与维出则同舆，坐则同席，谓长史杜预曰："以伯约比中土名士，公休、太初不能胜也。"《世语》曰：时蜀官属皆天下英俊，无出维右。会既构邓艾，艾槛车征，因将维等诣成都，自称益州牧以叛。《汉晋春秋》曰：会阴怀异图，维见而知其心，谓可构成扰乱以图克复也，乃诡说会曰："闻君自淮南已来，算无遗策，晋道克昌，皆君之力。今复定蜀，威德振世，民高其功，主畏其谋，欲以此安归乎！夫韩信不背汉于扰攘，以见疑于既平，大夫种不从范蠡于五湖，卒伏剑而妄死，彼岂暗主愚臣哉？利害使之然也。今君大功既立，大德已著，何不法陶朱公泛舟绝迹，全功保身，登峨嵋之岭，而从赤松游乎？"会曰："君言远矣，我不能行，且为今之道，或未尽于此也。"维曰："其他则君智力之所能，无烦于老夫矣。"由是情好欢甚。|《华阳国志》曰：维教会诛北来诸将，既死，徐欲杀会，尽坑魏兵，还复蜀祚，密书与后主曰："愿陛下忍数日之辱，臣欲使社稷危而复安，日月幽而复明。"|孙盛《晋阳秋》曰：盛以永和初从安西将军平蜀，见诸故老，及姜维既降之后密与刘禅表疏，说欲伪服事钟会，因杀之以复蜀土，会事不捷，遂至泯灭，蜀人于今伤之。盛以为古人云"非所困而困焉名必辱，非所据而据焉身必危。既辱且危，死其将至"，其姜维之谓乎！邓艾之入江由，士众鲜少，维进不能奋节绵竹之下，退不能总帅五将，拥卫蜀主，思后图之计，而乃反覆于逆顺之间，希违情于难冀之会。以衰弱之国，而屡观兵于三秦，已灭之邦，冀理外之奇举，不亦暗哉！|臣松之以为盛之讥维，又为不当。于时钟会大众既造剑阁，维与诸将列营守险，会不得进，已议还计，全蜀之功，几乎立矣。但邓艾诡道傍入，

出于其后，诸葛瞻既败，成都自溃。维若回军救内，则会乘其背。当时之势，焉得两济？而责维不能奋节绵竹，拥卫蜀主，非其理也。会欲尽坑魏将以举大事，授维重兵，使为前驱。若令魏将皆死，兵事在维手，杀会复蜀，不为难矣。夫功成理外，然后为奇，不可以事有差互，而抑谓不然。设使田单之计，邂逅不会，复可谓之愚暗哉！**欲授维兵五万人，使为前驱。魏将士愤发，杀会及维，维妻子皆伏诛。**《世语》曰：维死时见剖，胆如斗大。

　　郤正著论论维曰："姜伯约据上将之重，处群臣之右，宅舍弊薄，资财无余。侧室无妾媵之亵，后庭无声乐之娱。衣服取供，舆马取备；饮食节制，不奢不约；官给费用，随手消尽。察其所以然者，非以激贪厉浊，抑情自割也，直谓如是为足，不在多求。凡人之谈，常誉成毁败，扶高抑下，咸以姜维投厝无所，身死宗灭。以是贬削，不复料摘，异乎《春秋》褒贬之义矣。如姜维之乐学不倦，清素节约，自一时之仪表也。"孙盛曰：异哉郤氏之论也！夫士虽百行，操业万殊，至于忠孝义节，百行之冠冕也。姜维策名魏室，而外奔蜀朝，违君徇利，不可谓忠；捐亲苟免，不可谓孝；害加旧邦，不可谓义；败不死难，不可谓节；且德政未敷而疲民以逞，居御侮之任而致敌丧守，于夫智勇，莫可云也。凡斯六者，维无一焉；实有魏之逋臣，亡国之乱相。而云人之仪表，斯亦惑矣。纵维好书而微自藻洁，岂异夫盗者分财之义，而程、郑降阶之善也？｜臣松之以为郤正此论，取其可称，不谓维始终行事皆可准则也。所云"一时仪表"，止在好学与俭素耳。本传及《魏略》皆云维本无叛心，以急逼归蜀。盛相讥贬，惟可责其背母。余既过苦，又非所以难郤正也。维昔所俱至蜀，梁绪官至大鸿胪，尹赏执金吾，梁虔大长秋，皆先蜀亡没。

评曰：蒋琬方整有威重，费祎宽济而博爱，咸承诸葛之成规，因循而不革，是以边境无虞，邦家和一。然犹未尽治小之宜，居静之理也。臣松之以为蒋、费为相，克遵画一，未尝徇功妄动，有所亏丧，外却骆谷之师，内保宁缉之实，治小之宜，居静之理，何以过于此哉！今讥其未尽而不著其事，故使览者不知所谓也。姜维粗有文武，志立功名，而玩众黩旅，明断不周，终致陨毙。《老子》有云："治大国者犹烹小鲜。"况于区区蕞尔，而可屡扰乎哉？干宝曰：姜维为蜀相，国亡主辱弗之死，而死于钟会之乱，惜哉！非死之难，处死之难也。是以古之烈士，见危授命，投节如归，非不爱死也，固知命之不长而惧不得其所也。

四十五卷 蜀书 _{十五}

邓张宗杨传 | 邓芝 张翼 宗预 杨戏

○邓芝

邓芝字伯苗，义阳新野人，汉司徒禹之后也。汉末入蜀，未见知待。时益州从事张裕善相，芝往从之，裕谓芝曰："君年过七十，位至大将军，封侯。"芝闻巴西太守庞羲好士，往依焉。先主定益州，芝为郫邸阁督。先主出至郫，与语，大奇之，擢为郫令，迁广汉太守。所在清严有治绩，入为尚书。

先主薨于永安。先是，吴王孙权请和，先主累遣宋玮、费祎等与相报答。丞相诸葛亮深虑权闻先主殂陨，恐有异计，未知所如。芝见亮曰："今主上幼弱，初在位，宜遣大使重申吴好。"亮答之曰："吾思之久矣，未得其人耳，今日始得之。"芝问其人为谁，亮曰："即使君也。"乃遣芝修好于权。权果狐疑，不时见芝，芝乃自表请见权曰："臣今来亦欲为吴，非但为蜀也。"权乃见之，语芝曰："孤诚愿与蜀和亲，然恐蜀主幼弱，国小势逼，为魏所乘，不自保全，以此犹豫耳。"芝对曰："吴、蜀二国四州之地，大王命世之英，诸葛亮亦一时之杰也。蜀有重险之固，吴有三江之阻，合此二长，共为唇齿，进可并兼天下，退可鼎足而立，此理之自然也。大王今若委质于魏，魏必上望大王之入朝，下求太子之内侍，若不从命，则奉辞伐叛，蜀必顺流见可而进，如此，江南之地非复大王之有也。"权默然良久曰："君言是也。"遂自绝魏，与蜀连和，遣张温报聘于蜀。蜀复令芝重往，权谓芝曰："若天下太平，二主分治，不亦乐乎！"芝对曰："夫天无二日，土无二王，如并魏之后，大王未深识天命者也，君各茂其德，臣各尽其忠，将提枹鼓，则战争方始耳。"权大笑曰："君之诚款，乃当尔邪！"权与亮书曰："丁厷谈张，谈音夷念反，或作艳。臣松之案《汉书·礼乐志》曰"长离前谈光耀明"，左思《蜀都赋》："摛藻谈天庭。"孙权盖谓丁厷之言多浮艳也。阴化不尽；和合二国，唯有邓芝。"及亮北住汉中，以芝为中监军、扬武将军。亮卒，迁前军师、前将军，领兖州刺史，封阳武亭侯，顷之，为督江州。权数与芝相闻，馈遗优渥。延熙六年，就迁为车骑将军，后假节。十一年，涪陵国人杀都尉反叛，芝率军征讨，即枭其渠帅，百姓安堵。《华阳国志》曰：芝征涪陵，见玄猿缘山。芝性好弩，手自射猿，中之。猿拔其箭，卷木叶塞其创。芝曰："嘻，吾违物之性，其将死矣！"一曰：芝见猿抱子在树上，引弩射之，中猿母，其子为拔箭，以木叶塞创。芝乃叹息，投弩水中，自知当死。十四年卒。

芝为大将军二十余年，赏罚明断，善恤卒伍。身之衣食资仰于官，不苟素俭，然终不治私产，妻子不免饥寒，死之日家无余财。性刚简，不饰意气，不得士类之和。于时人少所敬贵，唯器异姜维云。子良，袭爵，景耀中为尚书左选郎，晋朝广汉太守。

○张翼

　　张翼字伯恭，犍为武阳人也。高祖父司空浩，曾祖父广陵太守纲，皆有名迹。《益部耆旧传》曰：浩字叔明，治律、《春秋》，游学京师，与广汉镡粲、汉中李郃、蜀郡张霸共结为友善。大将军邓骘辟浩，稍迁尚书仆射，出为彭城相，荐隐士间丘邈等，征拜廷尉。延光三年，安帝议废太子，唯浩与太常桓焉、太仆来历议以为不可。顺帝初立，拜浩司空，年八十三卒。｜《续汉书》曰：纲字文纪，少以三公子经明行修举孝廉，不就；司徒辟，以高第为侍御史。汉安元年，拜光禄大夫，与侍中杜乔等八人同日受诏，持节分出，案行天下贪廉，墨绶有罪便收，刺史二千石以驿表闻，威惠清忠，名振郡国，号曰"八隽"。是时，大将军梁冀侵扰百姓，乔等七人皆奉命四出，唯纲独埋车轮于洛阳都亭不去，曰："豺狼当路，安问狐狸？"遂上书曰："大将军梁冀、河南尹不疑，蒙外戚之援，荷国厚恩，以豸鬼之姿，安居阿保，不能敷扬五教，翼赞日月，而专为封豕长蛇，肆其贪饕，甘心好货，纵恣无厌，多树诂谀以害忠良，诚天威所不赦，大辟所宜加也。谨条其无君之心十五事于左，皆忠臣之所切齿也。"书奏御，京师震悚。时冀妹为皇后，内宠方盛，冀兄弟权重于人主，顺帝虽知纲言不诬，然无心治冀。冀深恨纲。会广陵贼张婴等众数万人杀刺史、二千石，冀欲陷纲，乃讽尚书以纲为广陵太守；若不为婴所杀，则欲以法中之。前太守往，辄多请兵，及纲受拜，诏问当得兵马几何，纲对曰无用兵马，遂单车之官，径诣婴垒门，示以祸福。婴大惊惧，走欲闭门。纲又于门外罢遣吏兵，留所亲者十余人，以书语其长老素为婴所信者，请与相见，问以本变，因示以诏恩，使还请婴。婴见纲意诚，即出见纲。纲延置上坐，问其疾苦，礼毕，乃谓之曰："前后二千石，多非其人，杜塞国恩，肆其私求。乡郡远，天子不能朝夕闻也，故民人相聚以避害。二千石信有罪矣；为之者乃非义也。忠臣不欺君以自荣，孝子不捐父以求福，天子圣仁，欲文德以来之，故使太守来，思以爵禄相荣，不愿以刑也。今诚转祸为福之时也；若闻义不服，天子赫然发怒，大兵云合，岂不危乎！宜深计其利害。"婴闻，泣曰："荒裔愚人，数为二千石所侵枉，不堪其困，故遂相聚偷生。明府仁及草木，乃婴等更生之泽，但恐投兵之日，不免孥戮耳。"纲曰："岂其然乎！要之以天地，誓之以日月，方当相显以爵位，何祸之有乎？"婴曰："苟赦其罪，得全首领以就农亩，则抱戴没齿，爵禄非所望也。"婴虽为大贼，起于狂暴，自以为必死，及得纲言，旷然开明，乃辞还营。明日，遂将所部万余人，与妻子面缚诣纲降。纲悉释缚慰纳，谓婴曰："卿诸人一旦解散，方垂荡然，当条名上之，必受封赏。"婴曰："乞归故业，不愿以秽名污明时也。"纲以其至诚，乃各从其意，亲为安处居宅。子弟欲为吏者，随才任职，欲为民者，劝以农桑，田业并丰，南州晏然。论功，纲当封，为冀所遏绝，故不得侯。天子美其功，征欲用之。婴等上书，乞留在郡二岁。建康元年，病，卒官，时年三十六。婴等三百余人，皆衰杖送纲丧至雒阳，葬讫，为起冢立祠，四时奉祭，思慕如丧考妣。天子追念不已，下诏褒扬，除一子为郎。先主定益州，领牧，翼为书佐。建安末，举孝廉，为江阳长，徙涪陵令；迁梓潼太守，累迁至广汉、蜀郡太守。建兴九年，为庲降都督、绥南中郎将。翼性持法严，不得殊俗之欢心。耆率刘胄背叛作乱，翼举兵讨胄。胄未破，会被征当还，群下咸以为宜便驰骑即罪，翼曰："不然。吾以蛮夷蠢动，不称职故还耳，然代人未至，吾方临战场，当运粮积谷，为灭贼之资，岂可以黜退之故而废公家之务乎？"于是统摄不懈，代到乃发。马忠因其成基以破玹胄，丞相亮闻而善之。亮出武功，以翼为前军都督，领扶风太守。亮卒，拜前领军，追论讨刘胄功，赐爵关内侯。延熙元年，入为尚书，稍迁督建威，假节，进封都亭侯，征西大将军。

十八年，与卫将军姜维俱还成都。维议复出军，唯翼庭争，以为国小民劳，不宜黩武。维不听，将翼等行，进翼位镇南大将军。维至狄道，大破魏雍州刺史王经，经众死于洮水者以万计。翼曰："可止矣，不宜复进，进或毁此大功。"维大怒，曰："为蛇画足。"维竟围经于狄道城，不能克。自翼建异论，维心与翼不善，然常牵率同行，翼亦不得已而往。景耀二年，迁左车骑将军，领冀州刺史。六年，与维咸在剑阁，共诣降钟会于涪。明年正月，随会至成都，为乱兵所杀。《华阳国志》曰：翼子微，笃志好学，官至广汉太守。

○宗预 廖化

宗预字德艳，南阳安众人也。建安中，随张飞入蜀。建兴初，丞相亮以为主簿，迁参军、右中郎将。及亮卒，吴虑魏或承衰取蜀，增巴丘守兵万人，一欲以为救援，二欲以事分割也。蜀闻之，亦益永安之守，以防非常。预将命使吴，孙权问预曰："东之与西，譬犹一家，而闻西更增白帝之守，何也？"预对曰："臣以为东益巴丘之戍，西增白帝之守，皆事势宜然，俱不足以相问也。"权大笑，嘉其抗直，甚爱待之，见敬亚于邓芝、费祎。迁为侍中，徙

尚书。延熙十年，为屯骑校尉。时车骑将军邓芝自江州还，来朝，谓预曰："礼，六十不服戎，而卿甫受兵，何也？"预答曰："卿七十不还兵，我六十何为不受邪？"臣松之以为芝以年嘲预，是不自顾。然预之此答，触人所忌。载之记牒，近为烦文。芝性骄傲，自大将军费祎等皆避下之，而预独不为屈。预复东聘吴，孙权捉预手，涕泣而别曰："君每衔命结二国之好。今君年长，孤亦衰老，恐不复相见！"遗预大珠一斛，《吴历》曰：预临别，谓孙权曰："蜀土僻小，虽云邻国，东西相赖，吴不可无蜀，蜀不可无吴，君臣凭恃，唯陛下重垂神虑。"又自说"年老多病，恐不复得奉圣颜"。 | 孙盛曰：夫帝王之保，唯道与义，道义既建，虽小可大，殷、周是也。苟任诈力，虽强必败，秦、项是也。况乎居偏鄙之城，恃山水之固，而欲连横万里，永相资赖哉？昔九国建合从之计，而秦人卒并六合；嚣、述营辅车之谋，而光武终兼陇、蜀。夫以九国之强、陇、汉之大，莫能相救，坐观屠覆。何者？道德之基不固，而强弱之心难一故也。而云"吴不可无蜀，蜀不可无吴"，岂不诡哉！乃还。迁后将军，督永安，就拜征西大将军，赐爵关内侯。景耀元年，以疾征还成都。后为镇军大将军，领兖州刺史。时都护诸葛瞻初统朝事，廖化过预，欲与预共诣瞻许。预曰："吾等年逾七十，所窃已过，但少一死耳，何求于年少辈而屑屑造门邪？"遂不往。

廖化字元俭，本名淳，襄阳人也。为前将军关羽主簿，羽败，属吴。思归先主，乃诈死，时人谓为信然，因携持老母昼夜西行。会先主东征，遇于秭归。先主大悦，以化为宜都太守。先主薨，为丞相参军，后为督广武，稍迁至右车骑将军，假节，领并州刺史，封中乡侯，以果烈称。官位与张翼齐，而在宗预之右。《汉晋春秋》曰：景耀五年，姜维率众出狄道，廖化曰："'兵不戢，必自焚'，伯约之谓也。智不出敌，而力少于寇，用之无厌，将何以能立？《诗》云'不自我先，不自我后'，今日之事也。"

咸熙元年春，化、预俱内徙洛阳，道病卒。

○杨戏

杨戏字文然，犍为武阳人也。少与巴西程祁公弘、巴郡杨汰季儒、蜀郡张表伯达并知名。戏每推祁以为冠首，丞相亮深识之。戏年二十余，从州书佐为督军从事，职典刑狱，论法决疑，号为平当，府辟为属、主簿。亮卒，为尚书右选部郎，刺史蒋琬请为治中从事史。琬以大将军开府，又辟为东曹掾，迁南中郎、参军，副贰庲降都督，领建宁太守。以疾征还成都，拜护军、监军，出领梓潼太守，入为射声校尉，所在清约不烦。延熙二十年，随大将军姜维出军至芒水。戏素心不服维，酒后言笑，每有傲弄之辞。维外宽内忌，意不能堪，军还，有司承旨奏戏，免为庶人。后景耀四年卒。

戏性虽简惰省略，未尝以甘言加人，过情接物。书符指事，希有盈纸。然笃于旧故，居诚存厚。与巴西韩俨、黎韬童幼相亲厚。后俨痼疾废顿，韬无行见捐。戏经纪振恤，恩好如初。又时人谓谯周无当世才，少归敬者，唯戏重之，常称曰："吾等后世，终自不如此长儿也。"有识以此贵戏。

张表有威仪风观，始名位与戏齐，后至尚书、督庲降、后将

军，先戏没。祁、汰各早死。戏同县后进有李密者，字令伯。|《华阳国志》曰：密祖父光，朱提太守。父早亡，母何氏，更适人。密见养于祖母。治《春秋左氏传》，博览多所通涉，机警辩捷。事祖母以孝闻，其侍疾则泣涕侧息，日夜不解带，膳饮汤药，必自口尝。本郡礼命不应，州辟从事，尚书郎，大将军主簿，太子洗马，奉使聘吴。吴主问蜀马多少，对曰："官用有余，民间自足。"吴主与群臣泛论道义，谓宁为人弟，密曰："愿为人兄矣。"吴主曰："何以为兄？"密曰："为兄供养之日长。"吴主及群臣皆称善。蜀平后，征西将军邓艾闻其名，请为主簿，及书招，欲与相见，皆不往。以祖母年老，心在色养。晋武帝立太子，征为太子洗马，诏书累下，郡县逼遣，于是密上书曰："臣以险衅，夙遭闵凶，生孩六月，慈父见背，行年四岁，舅夺母志。祖母刘，愍臣孤弱，躬见抚养。臣少多疾病，九岁不行，零丁孤苦，至于成立，既无伯叔，终鲜兄弟，门衰祚薄，晚有儿息。外无期功强近之亲，内无应门五尺之童，茕茕孑立，形影相吊。而刘早婴疾病，常在床蓐，臣侍汤药，未曾废离。逮奉圣朝，沐浴清化，前太守臣逵察臣孝廉，后刺史臣荣举臣秀才，臣以供养无主，辞不赴命。诏书特下，拜臣郎中，寻蒙国恩，除臣洗马，猥以微贱，当侍东宫，非臣陨首所能上报。臣具表闻，辞不就职。诏书切峻，责臣逋慢，郡县逼迫，催臣上道，州司临门，急于星火。臣欲奉诏奔驰，则刘病日笃，苟顺私情，则告诉不许，臣之进退，实为狼狈。伏惟圣朝以孝治天下，凡在故老，犹蒙矜恤，况臣孤苦，特为尤甚。且臣少仕伪朝，历职郎署，本图宦达，不矜名节。今臣亡国贱俘，至微至陋，猥蒙拔擢，宠命优渥，岂敢盘桓，有所希冀？但以刘日薄西山，气息奄奄，人命危浅，朝不虑夕。臣无祖母，无以至今日，祖母无臣，亦无以终余年，母孙二人，更相为命，是以区区不敢废远。臣今年四十有四，祖母刘今年九十有六，是臣尽节

于陛下之日长，报养刘之日短也。乌鸟私情，愿乞终养。臣之辛苦，非徒蜀之人士及二州牧伯所见明知，皇天后土，实所共鉴。愿陛下矜愍愚诚，听臣微志，庶刘侥幸，保卒余年。臣生当陨首，死当结草，臣不胜犬马怖惧之情！"武帝览表曰："密不空有名也。"嘉其诚款，赐奴婢二人，下郡县供养其祖母奉膳。及祖母卒，服终，徙尚书郎为河内温县令，政化严明。中山诸王每过温县，必责求供给，温吏民患之。及密至，中山王过县，欲求刍茭薪蒸，密笺引高祖过沛，宾礼老幼，桑梓之供，一无烦扰，"伏惟明王孝思惟则，动识先戒，本国望风，式歌且舞，诛求之碎，所未闻命。"自后诸王过，不敢有烦。陇西王司马子舒深敬友密，而贵势之家惮其公直。密去官，为州大中正，性方直，不曲意势位。后失荀勖、张华指，左迁汉中太守，诸王多以为冤。一年去官，年六十四卒。著《述理论》十篇，安东将军胡罴与皇甫士安并善之。

戏以延熙四年著《季汉辅臣赞》，其所颂述，今多载于《蜀书》，是以记之于左。自此之后卒者，则不追谥，故或有应见称纪而不在乎篇者也。其戏之所赞而今不作传者，余皆注疏本末于其辞下，可以粗知其髣髴云尔：

昔文王歌德，武王歌兴，夫命世之主，树身行道，非唯一时，亦由开基植绪，光于来世者也。自我中汉之末，王纲弃柄，雄豪并起，役殷难结，生人涂地。于是世主感而虑之，初自燕、代则仁声洽著，行自齐、鲁则英风播流，寄业荆、郢则臣主归心，顾援吴、越则贤愚赖风，奋威巴、蜀则万里肃震，厉师庸、汉则元寇敛迹，故能承高祖之始兆，复皇汉之宗祀也。然而奸凶怒险，天征未加，犹孟津之翔师，复须战于鸣条也。天禄有终，奄忽不豫。虽摄归一统，万国合从者，当时俊乂扶携翼戴，明德之所怀致也，盖济济有可观焉。遂乃并述休风，动于后听。其辞曰：

皇帝遗植，爰滋八方，别自中山，灵精是钟，顺期挺生，杰起龙骧。始于燕、代，伯豫君荆，吴、越凭赖，望风请盟，挟巴跨蜀，庸汉以并。乾坤复秩，宗祀惟宁，蹑基履迹，播德芳声。华夏思美，西伯其音，开庆来世，历载攸兴。——赞昭烈皇帝

忠武英高，献策江滨，攀吴连蜀，权我世真。受遗阿衡，整武齐文，敷陈德教，理物移风，贤愚竞心，佥忘其身。诞静邦内，四裔以绥，屡临敌庭，实耀其威，研精大国，恨于未夷。——赞诸葛丞相

司徒清风，是咨是臧，识爱人伦，孔音锵锵。——赞许司徒

关、张赳赳，出身匡世，扶翼携上，雄壮虎烈。藩屏左右，翻飞电发，济于艰难，赞主洪业，侔迹韩、耿，齐声双德。交待无礼，并致奸慝，悼惟轻虑，陨身匡国。——赞关云长、张益德

骠骑奋起，连横合从，首事三秦，保据河、潼。宗计于朝，或异或同，敌以乘衅，家破军亡。乖道反德，托凤攀龙。——赞马孟起

翼侯良谋，料世兴衰，委质于主，是训是咨，暂思经算，睹

184

事知机。—— 赞法孝直

军师美至，雅气晔晔，致命明主，忠情发臆，惟此义宗，亡身报德。—— 赞庞士元

将军敦壮，摧锋登难，立功立事，于时之干。—— 赞黄汉升

掌军清节，亢然恒常，说言惟司，民思其纲。—— 赞董幼宰

安远强志，允休允烈，轻财果壮，当难不惑，以少御多，殊方保业。—— 赞邓孔山

孔山名方，南郡人也。以荆州从事随先主入蜀。蜀既定，为犍为属国都尉，因易郡名，为朱提太守，迁为安远将军、庲降都督，住南昌县。章武二年卒。失其行事，故不为传。

扬威才干，欻歘文武，当官理任，衎衎辩举，图殖财施，有义有叙。—— 赞费宾伯

宾伯名观，江夏鄳人也。刘璋母，观之族姑，璋又以女妻观。观建安十八年参李严军，拒先主于绵竹，与严俱降。先主既定益州，拜为裨将军，后为巴郡太守、江州都督。建兴元年封都亭侯，加振威将军。观为人善于交接。都护李严性自矜高，护军辅匡等年位与严相次，而严不与亲亵；观年少严二十余岁，而与严通狎如时辈云。年三十七卒。失其行事，故不为传。

屯骑主旧，固节不移，既就初命，尽心世规，军资所恃，是辨是裨。——赞王文仪

尚书清尚，敕行整身，抗志存义，味览典文，倚其高风，好侔古人。——赞刘子初

安汉雍容，或婚或宾，见礼当时，是谓循臣。——赞糜子仲

少府修慎，鸿胪明真，谏议隐行，儒林天文。宣班大化，或首或林。——赞王元泰、何彦英、杜辅国、周仲直

王元泰名谋，汉嘉人也。有容止操行。刘璋时，为巴郡太守，还为州治中从事。先主定益州，领牧，以为别驾。先主为汉中王，用荆楚宿士零陵赖恭为太常，南阳黄柱为光禄勋，谋为少府。建兴初，赐爵关内侯，后代赖恭为太常。恭、柱、谋皆失其行事，故不为传。恭子玄，为丞相西曹令史，随诸葛亮于汉中，早夭，亮甚惜之，与留府长史参军张裔、蒋琬书曰："令史失赖玄，掾属丧杨颙，为朝中损益多矣。"颙亦荆州人也。后大将军蒋琬问张休曰："汉嘉前辈有王元泰，今谁继者？"休对曰："至于元泰，州里无继，况鄙郡乎！"其见重如此。《襄阳记》曰：杨颙字子昭，杨仪宗人也。入蜀，为巴郡太守，丞相诸葛亮主簿。亮尝自校簿书，颙直入谏曰："为治有体，上下不可相侵，请为明公以作家譬之。今有人使奴执耕稼，婢典炊爨，鸡主司晨，犬主吠盗，牛负重载，马涉远路，私业无旷，所求皆足，雍容高枕，饮食而已；忽一旦尽欲以身亲其役，不复付任，劳其体力，为此碎务，形疲神困，终无一成。岂其智之不如奴婢鸡狗哉？失为家主之法也。是故古人称坐而论道谓之王公，作而行之

谓之士大夫。故邴吉不问横道死人而忧牛喘，陈平不肯知钱谷之数，云自有主者，彼诚达于位分之体也。今明公为治，乃躬自校簿书，流汗竟日，不亦劳乎！”亮谢之。后为东曹属典选举。颙死，亮垂泣三日。

何彦英名宗，蜀郡郫人也。事广汉任安学，精究安术，与杜琼同师而名问过之。刘璋时，为犍为太守。先主定益州，领牧，辟为从事祭酒。后援引图、谶，劝先主即尊号。践阼之后，迁为大鸿胪。建兴中卒。失其行事，故不为传。子双，字汉偶。滑稽谈笑，有淳于髡、东方朔之风。为双柏长。早卒。

车骑高劲，惟其泛爱，以弱制强，不陷危坠。——赞吴子远

子远名壹，陈留人也。随刘焉入蜀。刘璋时，为中郎将，将兵拒先主于涪，诣降。先主定益州，以壹为护军、讨逆将军，纳壹妹为夫人。章武元年，为关中都督。建兴八年，与魏延入南安界，破魏将费瑶，徙亭侯，进封高阳乡侯，迁左将军。十二年，丞相亮卒，以壹督汉中，车骑将军，假节，领雍州刺史，进封济阳侯。十五年卒。失其行事，故不为传。壹族弟班，字元雄，大将军何进官属吴匡之子也。以豪侠称，官位常与壹相亚。先主时，为领军。后主世，稍迁至骠骑将军，假节，封绵竹侯。

安汉宰南，奋击旧乡，翦除芜秽，惟刑以张，广迁蛮、濮，国用用强。——赞李德昂

辅汉惟聪，既机且惠，因言远思，切问近对，赞时休美，和我业世。——赞张君嗣

镇北敏思，筹画有方，导师襄秽，遂事成章。偏任东隅，末命不祥，哀悲本志，放流殊疆。——赞黄公衡

越骑惟忠，厉志自祇，职于内外，念公忘私。——赞杨季休

征南厚重，征西忠克，统时选士，猛将之烈。——赞赵子龙、陈叔至

叔至名到，汝南人也。自豫州随先主，名位常亚赵云，俱以忠勇称。建兴初，官至永安都督、征西将军，封亭侯。

镇南粗强，监军尚笃，并豫戎任，任自封裔。——赞辅元弼、刘南和

辅元弼名匡，襄阳人也。随先主入蜀。益州既定，为巴郡太守。建兴中，徙镇南，为右将军，封中乡侯。

刘南和名邕，义阳人也。随先主入蜀。益州既定，为江阳太守。建兴中，稍迁至监军、后将军，赐爵关内侯，卒。子式嗣。少子武，有文，与樊建齐名，官亦至尚书。

司农性才，敷述允章，藻丽辞理，斐斐有光。——赞秦子勒

正方受遗，豫闻后纲，不陈不金，造此异端，斥逐当时，任业以丧。——赞李正方

文长刚粗，临难受命，折冲外御，镇保国境。不协不和，忘节言乱，疾终惜始，实惟厥性。—— 赞魏文长

威公猜狭，取异众人；闲则及理，逼则伤侵，舍顺入凶，《大易》之云。—— 赞杨威公

季常良实，文经勤类，士元言规，处仁闻计，孔休、文祥，或才或臧，播播述志，楚之兰芳。—— 赞马季常、卫文经、韩士元、张处仁、殷孔休、习文祥

文经、士元，皆失其名实、行事、郡县。处仁本名存，南阳人也。以荆州从事随先主入蜀，南次至雒，以为广汉太守。存素不服庞统，统中矢卒，先主发言嘉叹，存曰："统虽尽忠可惜，然违大雅之义。"先主怒曰："统杀身成仁，更为非也？"免存官。顷之，病卒。失其行事，故不为传。

孔休名观，为荆州主簿、别驾从事，见《先主传》。失其郡县。文祥名祯，襄阳人也。随先主入蜀，历雒、郫令，南广汉太守。失其行事。子忠，官至尚书郎。《襄阳记》曰：习祯有风流，善谈论，名亚庞统，而在马良之右。子忠，亦有名。忠子隆，为步兵校尉，掌校秘书。

国山休风，永南耽思；盛衡、承伯，言藏言时；孙德果锐，伟南笃常；德绪、义彊，志壮气刚。济济修志，蜀之芬香。—— 赞王国山、李永南、马盛衡、马承伯、李孙德、李伟南、龚德绪、王义彊

国山名甫，广汉郪人也。好人流言议。刘璋时，为州书佐。先主定

蜀后，为绵竹令，还为荆州议曹从事。随先主征吴，军败于秭归，遇害。子祐，有父风，官至尚书右选郎。

永南名邵，广汉郪人也。先主定蜀后，为州书佐、部从事。建兴元年，丞相亮辟为西曹掾。亮南征，留邵为治中从事，是岁卒。《华阳国志》曰：邵兄逊，字汉南，刘璋时为牛鞞长。先主领牧，为从事，正旦命行酒，得进见，让先主曰："振威以将军宗室肺腑，委以讨贼，元功未效，先寇而灭；逊以将军之取鄙州，甚为不宜也。"先主曰："知其不宜，何以不助之？"逊曰："匪不敢也，力不足耳。"有司将杀之，诸葛亮为请，得免。久之，为犍为太守、丞相参军、安汉将军。建兴六年，亮西征，马谡在前败绩，亮将杀之，逊谏以"秦赦孟明，用伯西戎，楚诛子玉，二世不竞"，失亮意，还蜀。十二年，亮卒，后主素服发哀三日，逊上疏曰："吕禄、霍禹未必怀反叛之心，孝宣不好为杀臣之君，直以臣惧其逼，主畏其威，故奸萌生。亮身杖强兵，狼顾虎视，五大不在边，臣常危之。今亮殒没，盖宗族得全，西戎静息，大小为庆。"后主怒，下狱诛之。

盛衡名勋，承伯名齐，皆巴西阆中人也。勋，刘璋时为州书佐，先主定蜀，辟为左将军属，后转州别驾从事，卒。齐为太守张飞功曹。飞贡之先主，为尚书郎。建兴中，从事丞相掾，迁广汉太守，复为参军。亮卒，为尚书。勋、齐皆以才干自显见；归信于州党，不如姚伷。伷字子绪，亦阆中人。先主定益州后，为功曹、书佐。建兴元年，为广汉太守。丞相亮北驻汉中，辟为掾。并进文武之士，亮称曰："忠益者莫大于进人，进人者各务其所尚；今姚掾并存刚柔，以广文武之用，可谓博雅矣。愿诸掾各希此事，以属其望。"迁为参军。亮卒，稍迁为尚书仆射。时人服其真诚笃粹。延熙五年卒，在作赞之后。

孙德名福，梓潼涪人也。先主定益州后，为书佐、西充国长、成都令。

建兴元年，徙巴西太守，为江州督、扬威将军，入为尚书仆射，封平阳亭侯。延熙初，大将军蒋琬出征汉中，福以前监军领司马，卒。《益部耆旧杂记》曰：诸葛亮于武功病笃，后主遣福省侍，遂因谘以国家大计。福往具宣圣旨，听亮所言，至别去数日，忽驰思未尽其意，遂却骑驰还见亮。亮语福曰："孤知君还意。近日言语，虽弥日有所不尽，更来一决耳。君所问者，公琰其宜也。"福谢："前实失不谘请公，如公百年后，谁可任大事者，故辄还耳。乞复请，蒋琬之后，谁可任者？"亮曰："文伟可以继之。"又复问其次，亮不答。福还，奉使称旨。福为人精识果锐，敏于从政。子骧，字叔龙，亦有名，官至尚书郎、广汉太守。

伟南名朝，永南兄。郡功曹，举孝廉，临邛令，入为别驾从事。随先主东征吴，章武二年卒于永安。《益部耆旧杂记》曰：朝又有一弟，早亡，各有才望，时人号之李氏三龙。|《华阳国志》曰：群下上先主为汉中王；其文，朝所造也。|臣松之案《耆旧》所记，以朝、邵及早亡者为三龙。邈之狂直，不得在此数。

德绪名禄，巴西安汉人也。先主定益州，为郡从事、牙门将。建兴三年，为越巂太守，随丞相亮南征，为蛮夷所害，时年三十一。弟衡，景耀中为领军。义彊名士，广汉郪人，国山从兄也。从先主入蜀后，举孝廉，为符节长，迁牙门将，出为宕渠太守，徙在犍为。会丞相亮南征，转为益州太守，将南行，为蛮夷所害。

休元轻寇，损时致害，文进奋身，同此颠沛，患生一人，至于弘大。—— 赞冯休元、张文进

休元名习，南郡人。随先主入蜀。先主东征吴，习为领军，统诸军，大败于猇亭。

文进名南，亦自荆州随先主入蜀，领兵从先主征吴，与习俱死。时又有义阳傅肜，先主退军，断后拒战，兵人死尽，吴将语肜令降，肜骂曰："吴狗！何有汉将军降者！"遂战死。拜子金为左中郎，后为关中都督，景耀六年，又临危授命。论者嘉其父子奕世忠义。《蜀记》载晋武帝诏曰："蜀将军傅佥，前在关城，身拒官军，致死不顾。佥父肜，复为刘备战亡。天下之善一也，岂由彼此以为异？"金息著、募，后没入奚官，免为庶人。

江阳刚烈，立节明君，兵合遇寇，不屈其身，单夫只役，陨命于军。—— 赞程季然

季然名畿，巴西阆中人也。刘璋时为汉昌长。县有賨人，种类刚猛，昔高祖以定关中。巴西太守庞羲以天下扰乱，郡宜有武卫，颇招合部曲。有谗于璋，说羲欲叛者，璋阴疑之。羲闻，甚惧，将谋自守，遣畿子郁宣旨，索兵自助。畿报曰："郡合部曲，本不为叛，虽有交构，要在尽诚；若必以惧，遂怀异志，非畿之所闻。"并敕郁曰："我受州恩，当为州牧尽节。汝为郡吏，当为太守效力，不得以吾故有异志也。"羲使人告畿曰："尔子在郡，不从太守，家将及祸！"畿曰："昔乐羊为将，饮子之羹，非父子无恩，大义然也。今虽复羹子，吾必饮之。"羲知畿必不为己，厚陈谢于璋以致无咎。璋闻之，迁畿江阳太守。先主领益州牧，辟为从事祭酒。后随先主征吴，遇大军败绩，溯江而还，或告之曰："后追已至，解船轻去，乃可以免。"畿曰："吾在军，未曾为敌走，况从天子而见危哉！"追人遂及畿船，畿身执戟战，敌船有覆者。众大至，共击之，乃死。

公弘后生，卓尔奇精，天命二十，悼恨未呈。—— 赞程公弘

公弘，名祁，季然之子也。

古之奔臣，礼有来逼，怨兴司官，不顾大德。靡有匡救，倍成奔北，自绝于人，作笑二国。——赞糜芳、士仁、郝普、潘濬

糜芳字子方，东海人也，为南郡太守。士仁字君义，广阳人也，为将军，住公安，统属关羽；与羽有隙，叛迎孙权。郝普字子太，义阳人。先主自荆州入蜀，以普为零陵太守。为吴将吕蒙所诳，开城诣蒙。潘濬字承明，武陵人也。先主入蜀，以为荆州治中，典留州事，亦与关羽不穆。孙权袭羽，遂入吴。普至廷尉，濬至太常，封侯。

《益部耆旧杂记》载王嗣、常播、卫继三人，皆刘氏王蜀时人，故录于篇。

王嗣字承宗，犍为资中人也。其先延熙世以功德显著。举孝廉，稍迁西安围督、汶山太守，加安远将军。绥集羌、胡，咸悉归服，诸种素桀恶者皆来首降，嗣待以恩信，时北境得以宁静。大将军姜维每出北征，羌、胡出马牛羊毡毦及义谷裨军粮，国赖其资。迁镇军，故领郡。后从维北征，为流矢所伤，数月卒。戎夷会葬，赠送数千人，号呼涕泣。嗣为人美厚笃至，众所爱信。嗣子及孙，羌、胡见之如骨肉，或结兄弟，恩至于此。

常播字文平，蜀郡江原人也。播仕县主簿、功曹。县长广都朱游，建兴十五年中被上官诬劾以逋没官谷，当论重罪。播诣狱讼争，身受数千杖，肌肤刻烂，毒痛惨至，更历三狱，幽闭二年有余。每将考掠，吏先验问，播不答，言："但急行罚，无所多问！"辞终不挠，事遂分明。长免刑戮。时唯主簿杨玩亦证明其事，与播辞同。众咸嘉播忘身为君，节义抗烈。举孝廉，除郪长，年五十余卒，书于《旧德传》。后县令颍川赵敦图其像，赞颂之。

卫继字子业，汉嘉严道人也。兄弟五人。继父为县功曹。继为儿时，与兄弟随父游戏庭寺中，县长蜀郡成都张君无子，数命功曹呼其子省弄，甚怜爱之。张因言宴之间，语功曹欲乞继，功曹即许之，遂养为子。继敏达夙成，学识通博，进仕州郡，历职清显。而其余兄弟四人，各无堪当世者，父恒言己之将衰，张明府将盛也。时法禁以异姓为后，故复为卫氏。屡迁拜奉车都尉、大尚书，忠笃信厚，为众所敬。钟会之乱，遇害成都。

评曰：邓芝坚贞简亮，临官忘家，张翼亢姜维之锐，宗预御孙权之严，咸有可称。杨戏商略，意在不群，然智度有短，殆罹世难云。

附：汉皇室宗亲人物关系表

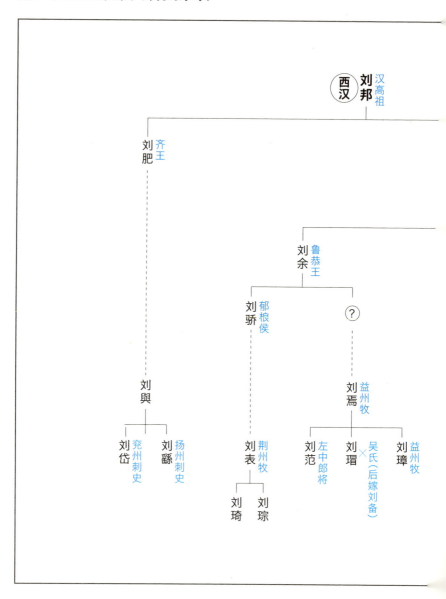

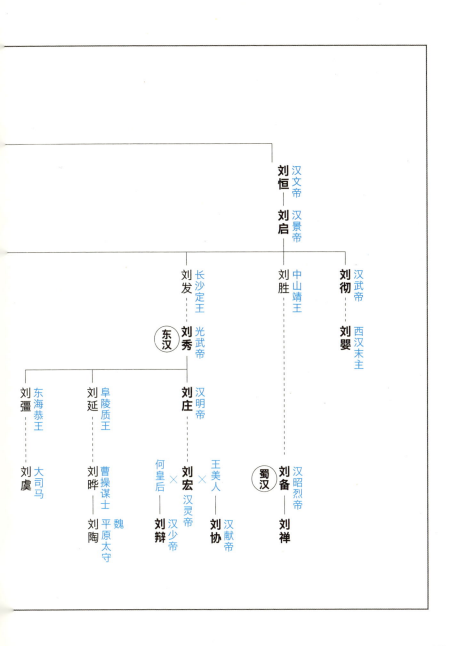

197

蜀汉刘氏及其他人物关系表

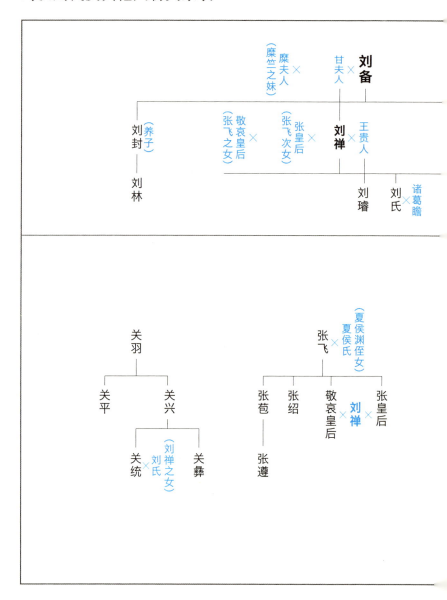

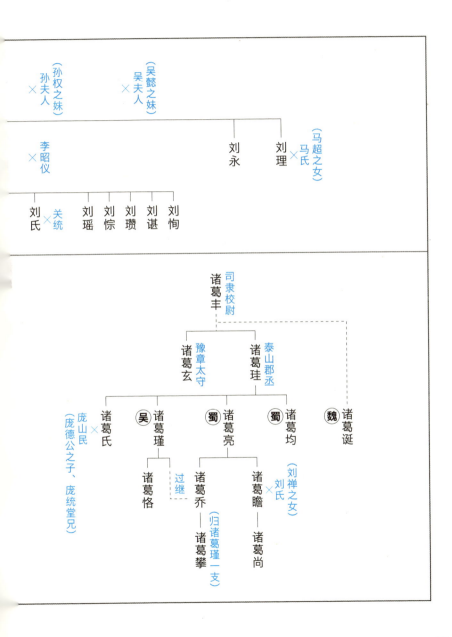

（孙权之妹）
孙夫人
×

（吴懿之妹）
吴夫人
×

李昭仪
×

（马超之女）
马氏
×

刘永　刘理

刘氏 × 关统　刘瑶　刘悰　刘瓒　刘谌　刘恂

司隶校尉
诸葛丰

豫章太守
诸葛玄　泰山郡丞　诸葛珪

庞山民
（庞德公之子、庞统堂兄）
× 庞山民
诸葛氏

吴 诸葛瑾　蜀 诸葛亮　蜀 诸葛均　魏 诸葛诞

诸葛恪　过继

诸葛乔　（归诸葛瑾一支）　诸葛攀

（刘禅之女）
刘氏
× 诸葛瞻　诸葛尚